Dictionnaire Français-Chinois
des Travaux Routiers

法汉公路工程词典

（下册）

中交第一公路勘察设计研究院有限公司

丁小军　王　佐　主编

人民交通出版社股份有限公司
China Communications Press Co.,Ltd.

内 容 提 要

《法汉公路工程词典》主要收录了道路工程、桥隧工程、交通工程、筑路材料、施工机械与设备等方面的单词和词组，可供在法语国家承接工程的公路工程技术人员参考使用。

图书在版编目(CIP)数据

法汉公路工程词典 / 丁小军，王佐主编. — 北京：
人民交通出版社股份有限公司，2015.1
ISBN 978-7-114-11856-2

Ⅰ. ①法… Ⅱ. ①丁… ②王… Ⅲ. ①公路工程－词典－法、汉 Ⅳ. ①U41-61

中国版本图书馆 CIP 数据核字(2014)第 270884 号

书　　名	法汉公路工程词典（下册）
著 作 者	丁小军　王　佐
责任编辑	吴有铭　刘　涛　丁　遥　李　农　潘艳霞　张　鑫
出版发行	人民交通出版社股份有限公司
地　　址	(100011)北京市朝阳区安定门外外馆斜街 3 号
网　　址	http://www.ccpress.com.cn
销售电话	(010)59757973
总 经 销	人民交通出版社股份有限公司发行部
经　　销	各地新华书店
印　　刷	北京市密东印刷有限公司
开　　本	880×1230　1/16
印　　张	102.5
字　　数	2886 千
版　　次	2015 年 1 月　第 1 版
印　　次	2015 年 1 月　第 1 次印刷
书　　号	ISBN 978-7-114-11856-2
定　　价	800.00 元(上、下两册)

(有印刷、装订质量问题的图书，由本公司负责调换)

《法汉公路工程词典》
编 委 会

主　　编：丁小军　王　佐

副 主 编：张　婷　王学军　王书伏　孙忠宁
　　　　　韩常领　李宏斌　王少君

编　　委：张　博　李　艺　陈　波　祖元弟
　　　　　杨铁山　蔡立周　王　威　张　瑞
　　　　　李　刚　欧阳邦　齐　菲　韩　信
　　　　　郗　磊　张海龙　岳永利　张敏静
　　　　　史　丹　曹校勇　史彦文　师　伟
　　　　　党育辉　郑　萍　亚米娜　刘　玲
　　　　　景　华　菅永斌　李　妮　李　露
　　　　　李泳波

校　　审：张　婷　黄建昆　彭　琪　刘　玲

前　言

《法汉公路工程词典》以阿尔及利亚东西高速公路勘察设计为契机,选收了公路勘察、设计、施工过程中常用的基础词汇,主要包括道路工程、桥隧工程、交通工程、筑路材料、施工机械与设备等方面的单词和词组,同时还收录了国外工程项目招投标领域及部分银行、海关和少量其他工程领域的单词和词组。本词典的编纂和出版,不仅能为公路工程技术人员提供方便参考,而且能为我国在法语国家承接工程提供帮助与有力支撑。

由于编者水平有限,加之缺乏经验,词典中的缺点和错误之处在所难免,热忱欢迎读者给予批评指正。

《法汉公路工程词典》编委会
2014 年 10 月

使 用 说 明

1. 本词典法文词目均按字母顺序排列。同一词目组成的词组排列顺序为：按照词目为单数的进行排列，词目前有搭配词的按照搭配词与其他词一起进行排列。

2. 词目均用黑体字母排印，词组用普通字体，排在相应词目下，其中词目用"～"代替。词目的复数形式用"～"加复数词尾表示，如"～s"、"～x"、"～aux"。

3. 词目均加注词性，采用斜体小写字母表示。所用符号含义如下：

   n——nom　阴阳双性名词

   m——masculin　阳性名词

   f——féminin　阴性名词

   $m. pl$——masculin pluriel　阳性复数名词

   $f. pl$——féminin pluriel　阴性复数名词

   a——adjectif　形容词

   v——verbe　动词

   adv——adverbe　副词

   $conj$——conjonction　连词

   $prép$——préposition　介词

   $art. déf$——article défini　定冠词

   $pron$——pronom　代词

4. 形容词等与名词同形时，合并为同一词目，先注释名词，后注释形容词等。有阴性词尾的形容词，另列词目并注出阴性词尾。

5. 一个法文词条有若干汉语释义时，词义相近的用逗号分隔，词义不同的用分号分隔。

6. 圆括号表示（　）内的字可以省略，或表示解释，或表示缩略语。

7. 方括号表示[　]中词可替换前面的词。

8. 地质时代符号如下：

前寒武纪 An∈	侏罗纪 $J(J_{1-3})$	太古代 Ar
白垩纪 $K(K_{1-2})$	元古代 Pt	新生代 Cz
震旦纪 Z	第三纪 R	古生代 Pz
早第三纪 E	寒武纪 $\in(\in_{1-3})$	古新世 E_1
奥陶纪 $O(O_{1-3})$	始新世 E_2	志留纪 $S(S_{1-3})$
渐新世 E_3	泥盆纪 $D(D_{1-3})$	晚第三纪 N
石炭纪 $C(C_{1-2})$	中新世 N_1	二叠纪 $P(P_{1-2})$
上新世 N_2	中生代 Mz	第四纪 Q
三叠纪 $T(T_{1-3})$	更新世 Qp	全新世 Qh

9. 本词典词条不注音标。

总 目 录

上 册

词典正文(A~K) .... 1~870

下 册

词典正文(L~Z) .... 871~1619

L

la *art.def* 定冠词
~ fréquence de retour de 100 ans 百年周期
~ voie la plus chargée 荷载最大车道
laachite *f* 黑云透长岩
laanilite *f* 榴铁伟晶岩
laavénite *f* 钙钠锰锆石
label *m* 标签,签条,厂名牌,机器简介牌
labile *a* 滑动的,易变的,易变化的,易分解的,不稳定的
labilité *f* 不稳定性,易变性
labite *f* 镁坡缕石,拉比温石棉
laborant *m* 实验室技术员
laborantin *m* 实验员,化验员,实验室技术员
laboratoire *m* 研究所,实验[化验、试验]室
~ à ciment 水泥试验室
~ central 中心实验室
~ Central des Ponts et Chaussées(L.C.P.C.) 道路与桥梁中心研究所(法国巴黎)
~ d'analyse de carottes sur place 野外岩芯分析室
~ d'analyses 化验室,分析室
~ d'électronique 电子设备试验室
~ d'entreprise 企业实验室
~ d'essai 试验室
~ d'essai d'appareillage nucléaire 核设备实验室
~ d'essai de béton 混凝土实验室
~ d'essai géotechnique 土工试验室
~ d'étude des routes 道路研究实验室
~ d'hydraulique 水力研究试验室
~ d'interprétation sismique 地震数据解释室
~ d'isotopie 同位素实验室
~ de béton 混凝土实验室
~ de biologie 生物实验室
~ de campagne 野外实验室,现场实验室
~ de carrière 石场试验室,料场试验室,山场试验室
~ de chantier 工地实验室,施工现场试验室
~ de chimie 化学实验室
~ de contrôle des matériaux 材料检验室
~ de diagraphie 测井站
~ de géologie 地质试验室
~ de géologie appliquée et géotechnique 应用地质和土力学试验室
~ de géotechnique routière 道路土工实验室
~ de l'État pour la Construction Routière (LECR) 国家道路建筑研究室
~ de logging 测井站
~ de mécanique des sols 土壤力学实验室,土工试验室
~ de minéralogie 矿物实验室
~ de moteurs 发动机试验室
~ de pétrographie 岩石实验室
~ de physique 物理实验室
~ de radioélectricité 无线电技术设备试验室
~ de recherches 研究[科研]试验室
~ de site 现场实验室
~ de terrain 野外试验室
~ de tranche 单项实验室
~ des bétons 混凝土试验室
~ des Ponts et Chaussées(LPC) 道路桥梁研究所
~ des sols 土壤试验室
~ des télécommandes automatiques 自动遥控装置实验室
~ du chantier 工地实验室,工地试验室
~ du forage 钻探实验室
~ froid 非放射性实验室
~ géologique de chantier 地质工地试验室
~ hydraulique 水力实验室,水工实验室,水力试验室,水工试验室
~ industriel 工业实验室
~ météorologique 气象实验室
~ mobile 移动式实验室,活动实验室,移动式试验室,活动试验室,流动试验室
~ mobile de diagraphie 活动测井站
~ régional(LR) 道桥地区研究所
~ spécialisé 专业实验室
laborieux,euse *a* 费力的,艰难的,勤劳的

labountsovite *f* 硅碱铌铁矿（拉崩佐夫石）
labour *m* 耕地
labourable *a* 可开垦的，适于耕种的
labourer *v* 翻耕
labradite *f* 拉长岩
labradophyre *f* 拉长斑岩
labrador *m* 拉长石岩
labrador-bytownite *f* 拉长石
labrador-hornblende *f* 紫苏辉石
Labradorien *m* 拉布拉多统（An∈）
labradorique *a* 拉长斑状的
labradorite *f* 拉长石，淡辉长石，富拉玄武岩，无橄榄石玄武岩
labradoritite *f* 拉长岩
labradroite *f* 无橄榄石玄武岩
labratownite *f* 拉培长石
labrodite *f* 钙长石
labuntsovite *m* 硅碱铌钛矿（拉崩佐夫石）
labyrinthe *m* 挡圈，密封圈，封严圈，迷宫，曲径，选矿槽，曲径式密封环
～ inférieur 转轮下环挡圈
～ supérieur 转轮上冠密封
lac *m* 湖，池，湖泊，水库，虫漆，虫胶
～ à bourrelet glaciel 有冰川砾石堆积的湖
～ à faible profondeur 浅水湖
～ à tincal 碱性湖
～ amer 苦水湖，咸水湖，苦碱湖
～ apatotrophique 有生物咸湖
～ artificiel 人工湖，水库，储水池，蓄水池，人工蓄水池
～ asphaltique 沥青漆
～ asséché 干涸湖，干盐湖
～ boraté 硼砂湖，硼酸湖
～ bordure 海滨湖，泻潮
～ cratère 火山口湖
～ croissant 牛轭湖，弓形湖，新月形湖
～ d'accumulation 蓄水库，人工湖
～ d'asphalte 沥青湖
～ d'asphalte naturel 天然沥青湖
～ d'atoll 环礁湖，环礁内潟湖
～ d'eau douce 淡水湖
～ d'éboulement 崩塌湖
～ d'effondrement 塌陷湖
～ d'érosion 侵蚀湖
～ d'origine volcanique 火山湖
～ de barrage 水库，堰塞湖，(堤坝围成的)人工湖；储水池，蓄水池
～ de barrage glaciaire 冰川湖，冰堵湖，冰川堰塞湖
～ de barrage morainique 冰碛湖
～ de barrage par alluvions fluviatiles 河流冲积堰塞湖
～ de barrage par alluvions torrentielles 暴雨冲积堰塞湖
～ de barrage par coulée de lave 熔岩堰塞湖
～ de barrage volcanique 熔岩流阻塞湖，火山堰塞湖
～ de cirque 环奔湖，冰斗湖
～ de cirque glaciaire 冰斗湖
～ de cuvette éolienne 风蚀湖，吹蚀湖
～ de delta 三角洲湖
～ de dépression 下陷湖
～ de dépression d'effondrement 下陷湖
～ de dislocation 断层湖
～ de doline 谷湖，岩溶湖，陷坑湖，落水洞湖
～ de feu 熔岩湖
～ de front glaciaire 冰堰湖，冰边湖，冰川前缘湖
～ de haute altitude 高山湖
～ de haute montagne 高山湖
～ de la retenue 水库，人工湖
～ de lave 熔岩湖
～ de montagne 山岳湖
～ de piémont 山麓冰川湖，冰川舌盆地湖
～ de plaine 平原湖
～ de poljé 岩溶湖，溶蚀湖
～ de retenue 水库，人工湖，蓄水池，堰塞湖（用堤围成的人工湖）
～ de trop plein 洪水湖，泛滥湖
～ de vallée 山谷湖
～ de vailée glaciaire surcreusée 冰川谷湖
～ dimictique 双对流混合湖（温带湖水春秋两季垂直对流）
～ dystrophe 无滋养湖
～ éolien 风蚀湖
～ éteint 干涸湖
～ eutrophe 富营养湖
～ fermé 堰塞湖，无口湖

~ glaciaire 冰湖,冰川湖,冰成湖
~ intérieur 内陆湖
~ karstique 岩溶湖,喀斯特湖,石灰岩区湖
~ littoral 海滨湖,滨岸湖,岸边湖
~ morainique 冰碛湖
~ natroné, ~ à natron 碱水湖
~ naturel 湖泊,天然蓄水库
~ oligotrophique 营养湖
~ ouvert 开敞湖,有出口湖,出流湖
~ permanent 永久湖泊
~ proglaciaire 冰碛湖,冰堰湖
~ ramifié 滨冰川湖
~ reliquant, ~ relique 残湖
~ réservoir 水库
~ salé, ~ salifère 盐湖,咸水湖
~ sans écoulement 堰塞湖,无口湖
~ souterrain 地下湖
~ stratifié 成层湖
~ subalpin 冰川边缘湖
~ sulfaté 苦水湖
~ tectonique 构造湖,断层湖
~ temporaire 暂时湖,季节性湖,周期性湖泊
~ terminal 闭合湖,闭塞湖
~ thermokarstique 热岩溶湖,消溶凹陷湖

laccolithe *m* 岩盘,岩盖
~ biconvexe 底部凸起的岩盖
~ composé 复合岩盖
~ dressé 上升岩层中的岩盖
~ interformationnel 层间岩盖,建造间岩盖
~ plan-convexe 蘑菇状岩盖
~ simple divisé 分枝岩盖

laccolithique *a* 岩盘的,岩盖的

lacé, e *a* 系紧的,编织的,曲折的

lacer *v* 编织,曲折,用绳系牢,用绳系紧,光栅波状失真

lacération *f* 撕破,扯破

lacéré, e *a* 撕破的,撕裂的

lacet *m* 绳,软线,带子,摇摆,双环线,曲折道路,机车车辆的摆头
~ pilote 引导线,标志线(电缆内)
~ s 弯曲,曲折

lâchage *m* 松动,松弛,放松,投放
~ du bandage 轮箍松动

Lachamp *m* 拉商期(布容正向期的末期)

lâche *m* 松动,松开,松弛,弛度;*a* 松弛的,疏松的,松散的,开口的

lâcher *v* 放松,放开,松弛,释放,解锁
~ l'armature 释放衔铁(继电器)
~ le bouton 松开按钮
~ les freins 制动机缓解

lâchure *f* 泄水,放水
~ d'eau 泄水,放水

lacis *m* 栅,栅极,网,网状物
~ de rigoles 河岔网系,支流网
~ de fils de fer 铁丝网

lac-lac *f* 虫胶清漆

lacroisite *f* 杂锰辉菱锰矿

lacroixite *f* 锥晶石

lacrymogène *a* 催泪的,刺眼的

lactique *a* 乳状的,乳白色的

lacunaire *a* 有陷窝的,有空隙的,有缺陷的

lacune *f* 空隙,陷窝,小洞,缺陷,小孔,空白,(地层)缺失,间断,洼地
~ d'érosion 侵蚀间断
~ dans la série géologique 地层缺失,地层间断
~ de dépôt 沉积间断
~ de dilatation 温度接头,热延伸间隙,膨胀间隙(钢轨接头)
~ de sédimentation 沉积间断
~ de temps 时间空隙
~ par absence de dépôt 沉积间断
~ stratigraphique 裂开,裂缝,破坏,断层,地层缺失,地层间断
~ stratigraphique apparente 视地层缺失,视地层间断
~ tectonique 构造缺失

lacustre *a* 湖泊的,湖成的,湖边生的

ladères *m. pl* 巴黎盆地下始新统的一种砂岩(库伊兹阶砂岩)

Ladinien *m* 拉迪尼亚阶(T_2,欧洲)

ladmannite *f* 拉德曼矿(含铬酸铅的铅铜磷酸盐)

laffittite *f* 硫砷汞银矿

laforce *f* 矿井瓦斯

lagénite *f* 暗绿玻璃

lagg[laggar] *m* 边缘沼泽,高沼边缘,沼泽边缘低地

lagon *m* 潟湖,礁湖
~ annulaire 堡礁潟湖,环形潟潮

lagonite

~ d'atoll 假环礁；环礁潟湖，堡礁潟湖
~ empate 潟湖浅滩

lagonite *f* 杂硼褐铁矿
lagoriolite *f* 钠榴石
laguis *m* 带索环的缆绳
lagunaire *a* 潟湖的
lagune *f* 潟湖，咸水湖，礁湖，小湖，污水池
~ (métallurgie) （冶金）空穴
~ à marée 潮汐潟湖
~ d'atoll, ~ centrale 假环礁；环礁潟湖
~ littorale 海滨潟湖，滨岸潟湖
~ salée 潟湖，咸水湖

lahar *m* 泥(石)流，(火山喷发的)火山泥流
~ chaud 热火山泥流
~ froid 凝结火山泥流
~ de rupture 爆发火山泥流（火山口湖喷发的泥流）

laie *f* 林中开出的小路
~ de charbon （被页岩层分隔的）薄煤层

laihunite *f* 莱河矿
laine *f* 绒毛，羊毛，兽毛，绒线，毛织品
~ artificielle 人造羊毛
~ de bois 刨花，刨屑，木丝
~ de laitier 矿渣棉
~ de pin sylvestre 松木纤维
~ de plomb 铅绒，铅棉
~ de roche, ~ de la salamandre 石棉
~ de verre 玻璃丝，玻璃绒，玻璃棉，玻璃纤维
~ isolante 绝缘纤维
~ minérale 矿棉，石纤维

laineux, euse *a* 羊毛的，羊毛状的，绒状的
lais *m* 冲击层，河流冲积层，海滨冲积层
laisse *f* 潮痕，潮汐带，滨海带，沿岸地带，海成冲积层
~ de basse mer 低潮波痕，低潮线，低潮滩
~ de haute mer 高潮波痕，高潮线，高潮滩
~ de marée 潮线，潮痕，潮滩，低湖滩，低潮滩
~ de vague déferlante 冲痕

laisser *v* 让，允许，留下，抛弃，放弃，保留原状
~ des wagons 摘车
~ échapper la vapeur 放汽，排汽
~ passer 让……通过
~ tomber le feu 压火

lait *m* 奶，浆，乳汁，乳液，乳状浆，乳状物

~ d'argile 泥浆，淤泥，泥土，钻探泥浆
~ de caoutchouc 橡胶浆，橡胶乳液
~ de chaux 石灰乳，石灰浆
~ de ciment 素水泥浆，纯水泥浆；水泥薄浆
~ de glacier 冰川乳浆（冰川底流出的乳白色水流）
~ de lune, ~ de montagne, ~ de roche 岩乳，石乳

laitakarite *f* 硫硒铋矿
laitance *f* 水泥浆沫，(混凝土表面的)浮浆皮
~ de ciment 水泥薄浆，水泥浆沫

laiteux, euse *a* 乳状的，乳白的，乳白色的
laitier *m* 渣，焊渣，矿渣，炉渣，熔渣
~ à souder 焊渣
~ acide 酸性渣，酸性熔渣
~ amoncelé 堆积炉渣
~ basique 碱性渣，碱性熔渣
~ blanc 白渣
~ bouleté de haut fourneau 球状高炉矿渣
~ broyé 磨细熔渣
~ chaine 粒状熔渣
~ concassé 轧碎熔渣，轧碎矿渣
~ d'aciérie 钢渣
~ d'enrobage 焊药渣
~ de forge 锻造渣，炉渣
~ déstiné à la cimenterie 水泥生产用的炉渣
~ du haut fourneau 高炉熔渣，高炉炉渣，高炉矿渣，鼓风炉渣
~ du haut fourneau en morceaux 块渣，高炉熔渣
~ du haut fourneau expansé 泡沫矿渣，水淬矿渣，高炉泡沫渣
~ du haut fourneau granulé 熔渣砂，粒状熔渣
~ expansé 水淬矿渣，泡沫矿渣
~ granulé 粒状熔渣，粒状炉渣，粒状矿渣
~ granulé prébroyé 预研粒状矿渣
~ inclus 夹渣
~ mousseux 泡沫渣
~ prébroyé 预碾炉渣，预轧碎炉渣
~ protecteur 覆盖熔渣
~ tout-venant 未经加工的炉渣
~ trempé de haut fourneau 高炉水淬渣，水淬熔渣

laiton *m* 黄铜（铜锌合金）

laitonisage *m* 镀黄铜

laitonnage *m* 镀黄铜

laize *f* 帆布,帆篷布,卷筒纸的宽度

lakarpite *f* 含霞钠闪正长岩

lambeau *m* 夹层,分层,残体,残山;脉,支脉(矿脉);一小部分

~ de charriage　飞来峰,残存推覆体,推覆体块体

~ de chevauchement　递掩层,上冲岩块

~ de nuages　碎雨云

~ de poussée　上冲片体,掩冲岩片,上冲推覆体

~ de recouvrement　飞来峰,孤残层,外来岩体,残存推覆体

~ de terrasse　阶地片段

~ sédimentaire　沉积岩捕虏体

Lambert *m* 兰勃特投影

lambert *m* 郎伯(亮度单位)

lambertite *f* 硅钙铀矿

lamboanite *f* 暗色混合岩

lambourde *f* 壁板,搁栅,底梁,垫木,货车横梁,灰岩层(E_2,巴黎盆地)

lambris *m* 镶板,护墙板,壁板

~ des plafonds　天花板

~ en bois　木护板

lambrissage *m* 壁面,镶板,铺壁面

lambrisser *v* 粉刷墙壁,镶装护壁板

lame *f* 纹层,纹理;簧片,刀片;扁钢;波涛,海浪;块体,块段;叶片,薄片[叶、层、板],层状体

~ à commande hydraulique　液压操纵的推土机刀片

~ à commande par câble　缆索操纵的推土机刀片

~ à faces parallèles　光学平面

~ angledozer　斜角推土机刀片

~ aux diamants　金刚石刀片

~ auxiliaire　(岩矿)备用薄片

~ biaise　斜角犁片,斜角刀片,叶片雪木犁

~ bimétallique　双金属片

~ bull　平地机刀片

~ bulldozer　推土机犁板

~ bullgrader　平地机刮板,平地机刀片

~ coupante　切削刀片,平地机刮刀

~ criblée　筛板

~ d'aiguille　指针

~ d'air　气浪

~ d'alésage　镗孔刀

~ d'eau　波,波浪,水层,水膜,薄水层

~ d'eau écoulée　径流层

~ d'eau infiltrée　渗透速率(深度/时间)

~ d'eau précipitée　降雨深

~ d'eau tombée　降雨深

~ d'eau tombée annuelle　年降雨量

~ d'étanchéité　止水片,止水条,填缝条,密封垫片[层]

~ de bulldozer　推土机刀片,推土铲

~ de charriage　推覆层

~ de cisaille　剪刀片

~ de collecteur　整流子片

~ de curage de fossée　清沟机刀片

~ de découpage　剪切刀片,切料头刀片,修剪刀片,切刀

~ de fond　地浪,地隆;底浪,浅海下层浪

~ de fossés　挖沟刀片

~ de frein　制动带,刹车带

~ de gypse　石膏板

~ de mica　云母片

~ de niveleuse　平地机刮板,平地机刀片

~ de plancher　地板板条

~ de quartz　石英片

~ de rabot　刨刀

~ de raboteuse　刨刃

~ de racleur　铲运机铲刀

~ de remblayage　回填刀片

~ de ressort　扁弹簧片,板弹簧片

~ de scie　锯条,锯片

~ de scie à main　手工锯条

~ de scie à métaux　钢锯条

~ de scie circulaire　锯盘

~ de talutage　整坡刀片

~ de tempêtes　风暴,巨大海浪

~ de vastringue　刨刃

~ demi-onde　半波片

~ déversante　溢流,滥流浪,溢出水流,溢流水舌

~ déversante libre　自由滥流,自由溢流层

~ équipotentielle　有均压线槽的整流子片

~ équivalente　等雨量线

~ fendeuse　纵断器,纵切机,切条机,剪切机

～ fendue 齿形电容器动片(可变电容的)
～ fixe 电容器定片(可变电容的)
～ flexible d'acier 韧性钢板
～ fusible 易熔片,熔断片,保险丝
～ maîtresse d'un ressort 扁弹簧主片
～ mince (岩矿)薄片,磨片
～ mobile 动叶片,转轮叶片(叶轮),旋转片(转子)
～ niveleuse 平地机刀片
～ oblique 斜角推土机刀片
～ ondulée 波纹板,凹槽板
～ orientable 可调向刀片,斜角推土机刀片
～ pétrographique 薄片
～ porte-objet 载玻片
～ pour rouleuse de barre 刀片
～ quart-d'onde 四分之一波片
～ renforcée 加强片,加强板
～ rotor de turbine 涡轮转子叶片
～ sans fin 带锯
～ tranchante 刃口
～ vibrante 震动片

lame-bull f 推土机犁板,推土机刀片
lamellage m 使成片状
lamellaire a 片状的,页状的,叶片状的,鳞片状的,层纹状,层状的(构造)
　　～ réticulé 片状—网脉状的
　　～ schisteux 叶片状的,片状的
lamellation f 纹理,页理;制成薄片
lamelle f 薄板,薄片,薄层,鳞片,细层,齿片,细层,片晶,聚片,纹层,纹理,壳层
　　～ couvre-objet 玻璃盖片,显微镜载物片
　　～ cristalline 晶片
　　～ d'acier 薄钢板
　　～ de collecteur 整流子片,换向片
　　～ de connexion 连接片
　　～ de gypse 石膏板
　　～ de macle 双晶片
　　～ de mica 云母片
　　～ de quartz 石英片
　　～ de raccord 焊片,焊条
　　～ de radiateur 散热片
　　～ du glissement 滑块,滑片
lamellé,e a 薄片的,层状的,迭层的
lamelleux a 成片的,分层的,薄板状的,薄片状的,易剥落的,纹层状的,叶片状的
lamelliforme a 层状的,薄片状的,薄板状的
lamellite f 片晶,薄片状微晶
laminac m 塑料样板,塑料模板
laminage m 轧制,轧钢,压延,压薄,薄层,纹层,纹理,层理,滚轧,调节,叠层,囊层,分层,抽丝,消洪
　　～ à chaud 热轧
　　～ à froid 冷轧
　　～ croisé 纵横交叉轧制
　　～ de fils 线材轧制
　　～ de tôles 板材轧制
　　～ de tubes 管材轧制
　　～ de vapeur 蒸汽节流
　　～ schisteux 片理
　　～ tectonique (构造推覆体的)片理
laminaire a 成层的,层流的,薄片的,层理的,纹理的,层状的,片状的,分层的,叠片状的
lamination f 层合,叠层,叠片,纹理,层理,成层,薄层,纹层,分层,成薄层,(构造推覆体的)片理化
　　～ à vide 真空层合
　　～ de marée 潮汐分层(化)
　　～ verticale (木材)垂直叠合(法)
laminationen f 分层,叠层,纹理,成薄层
lamine[lamina] f 纹层,薄片,薄层,薄板,(随物)叶片,钙质薄板,纹层
laminé,e a 轧制的,压薄的,分成薄片的,薄板状的,叠层构造的,压延的,纹层状的,叶片状的
　　～ à chaud 热轧的(钢材)
　　～ à froid 冷轧的
laminer v 滚,轧,轧制,轧钢,成层,层叠,分层,叠层,压延,挤压,调节,节流
　　～ la vapeur 蒸汽节流
laminerie f 轧钢车间,压延车间
lamineux, euse a 层状的,成层的
laminites f.pl 纹层岩,细复理岩
laminoir m 轧机,压延机,轧钢机
　　～ à bandages 轮箍轧机
　　～ à demi-produits 钢坯轧机,坯料轧机
　　～ à feuillards 扁材轧机,薄板轧机,带钢轧机
　　～ à froid 冷轧机
　　～ à lingots 开坯机,初轧机
　　～ à profilés 型钢轧机,型材轧机
　　～ à roues 车轮轧机

~ à tôles　钢板轧机
~ à tôles épaisses　厚板轧机
~ à tôles minces　薄板轧机
~ à tubes　轧管机
~ ébaucheur　开坯机,粗轧机,小(中)坯轧机
~ finisseur　精轧机
~ multicylindre　多轮式轧机
~ universel　万能轧机

lampadaire *m* 灯柱,落地灯,路灯柱
lampadite *f* 铜锰土
lampe *f* 灯,灯泡,电子管(无线电的,真空管)
~ à accumulateur　蓄电池灯
~ à acétylène　乙炔灯,电石灯
~ à alcool　酒精灯
~ à arc　弧光灯
~ à arc à vapeur de mercure　汞弧灯
~ à arc à vapeur de mercure à surpression　高压汞弧灯
~ à arc concentré　聚焦弧光灯
~ à arc en parallèle　并联弧灯
~ à arc en série　串联弧灯
~ à atmosphère gazeuse　充气灯管
~ à auréole　瓦斯检测灯
~ à braser　喷灯,钎焊灯
~ à brigrille　双棚极电子管
~ à carbure　电石灯
~ à casque　(矿工的)头灯
~ à cathode chaude　热阴极电子管
~ à cycle d'iode　碘钨灯
~ à décharge　放电管
~ à décharge luminescente　弧光放电灯,气体放电灯
~ à deux filaments　双丝灯泡
~ à deux systèmes　孪生管,孪合管
~ à douille nue　裸头灯
~ à éclaires rythmés　定时闪光灯(电话)
~ à éclats　闪光灯
~ à effluves　辉光灯,辉光放电管
~ à électrodes　电子管
~ à essence　汽油喷焊灯
~ à faisceaux électroniques dirigés　定向电子射线管
~ à filament centré　聚焦灯
~ à filament dans le vide　真空管

~ à filament de carbone　碳丝灯
~ à filament de tungstène　钨丝灯
~ à filament double　双丝灯,双重灯丝灯
~ à filament étiré　拉丝灯,延展丝灯
~ à filament métallique　金属丝灯
~ à filament thorié　涂钍灯丝电子管
~ à filament de carbone　碳丝灯
~ à gaz　煤气灯
~ à gaz à cathode froide　冷阴极气体放电管
~ à grille de champ　双栅管(第二栅极在控制极与阴极之间)
~ à grille-écran　帘栅管,四极管
~ à halogène　卤素灯
~ à hydrogène　氢气灯
~ à incandescence　白炽灯
~ à iode　碘化灯
~ à l'hélium　氦气灯,霓虹灯
~ à l'usage spécial　特种灯泡
~ à lueurs　辉光放电管,辉光灯
~ à luminescence　日光灯,荧光灯
~ à main　手信号灯
~ à mesure　测试灯
~ à néon　霓虹灯,氖灯,氖管
~ à pente variable　变跨导管
~ à plusieurs électrodes　多极管
~ à rayons cathodiques　阴极射线管
~ à rayons ultra-violets　紫外光灯
~ à réactance variable　可调电抗管
~ à réflecteur　反光灯
~ à refroidissement par air　气冷管
~ à souder　焊炬,喷灯,焊接灯,焊接用喷灯
~ à source ultra-violette　紫外线灯
~ à table　台灯
~ à tube　管灯
~ à tube de quartz　石英灯
~ à vapeur de mercure　水银灯,汞蒸气灯
~ à vapeur de mercure à basse pression　低压汞灯
~ à vapeur de mercure à haute pression fluo-ballon avec bobine de self incorporé　自镇式荧光高压汞灯
~ à vapeur de mercure fluorescent　荧光水银灯
~ à vapeur de sodium　钠光灯
~ à vapeur métallique　金属蒸汽灯

lampe

~ à vide　电子管，真空管
~ à xénon　氙灯
~ acorn　橡实管
~ alternative　旁热电子管
~ amplificatrice de puissance　功率放大管
~ anti-explosion　防爆灯
~ antimicrophonique　抗话筒效应电子管
~ anti-TR　ATR 管，收发转换管，发射机阻塞放电管
~ appliquée　壁灯；壁灯架
~ appliquée au plafond　吸顶灯
~ au gaz carbonique　二氧化碳灯
~ au krypton　氪管
~ au néon　霓虹灯
~ au sodium de haute pression（SHP）　高压钠灯
~ au tantale　钽丝灯
~ baladeuse　手灯
~ binode　孪生管，复合管，复合电子管
~ bloquée　闭塞电子管
~ d'alarme　信号灯，指示灯，警报灯
~ d'amplificateur　放大管
~ d'appel　信号灯，呼叫信号灯
~ d'avertissement　信号灯
~ d'éclairage　照明灯
~ d'éclairage du tableau de bord　仪表板照明灯
~ d'éclairage localisé　局部照明灯
~ d'émission　发射管
~ d'épreuve　检验灯
~ d'essai　测试灯
~ d'excitation　励磁灯，激活灯，励磁指示灯
~ d'iconoscope　光电摄像管
~ d'indication　指示灯
~ d'inoccupation　空闲信号灯
~ d'occupation　占用表示灯，（轨道）占线灯（电话）
~ d'occupation de voie　轨道占用表示灯
~ de bloc radiateurs　散热器组用灯
~ de bogie　转向架灯
~ de bureau　台灯
~ de cadran　度盘照明灯
~ de charge　充电灯
~ de chevet　床头灯
~ de contrôle　控制灯，监视灯，监督灯
~ de contrôle de discordance des aiguilles　尖轨与道岔握柄位置不符时的表示灯
~ de couloir du bloc des radiateurs　过道散热器组用灯
~ de discordance　事故灯
~ de halogénure　金属卤化物灯
~ de luxe　水晶灯
~ de mesure　测试灯
~ de mine　矿灯
~ de mineur　矿工（用）灯
~ de phare　探照灯
~ de phase　相位表示灯
~ de plafond　顶棚灯
~ de planche-tablier　仪表板灯
~ de poche　手电筒
~ de projection　幻灯，投影灯
~ de quartz　石英灯
~ de queue　尾灯；电话通话完毕表示灯
~ de radio　电子管
~ de réactance　电抗管
~ de réception　接收管，收音机用接收管
~ de relais　中继管
~ de repère　色灯信号机上辅助灯光
~ de réserve　备用灯
~ de séchage　烘干灯，干燥灯
~ de secours　紧急信号灯，事故信号灯
~ de signal　信号灯，表示灯
~ de signalisation　信号灯，表示灯；信号机上灯框
~ de signalisation blanche　白色信号灯
~ de signalisation bleue　蓝色信号灯
~ de signalisation jaune　黄色信号灯
~ de signalisation rouge　红色信号灯
~ de signalisation verte　绿色信号灯
~ de signalisation-surcharge auxiliaire　辅助装置过负荷信号灯
~ de sortie　输出信号灯，出口指示灯
~ de stationnement　停车灯
~ de supervision　电话监视灯，应答监视灯
~ de sûreté　安全灯，防爆灯
~ de table　台灯
~ de tableau　仪表盘灯，仪表板灯
~ démontable　可拆电子管
~ dépolie　毛玻璃灯泡，磨砂灯泡
~ détectrice　检波管

~ dissimulée 暗灯
~ du poteau de la grande porte 门垛柱灯
~ du tube des tables téléphoniques 电话灯
~ dure 高真空电子管,硬性电子管(无残余气体)
~ électronique à faisceau 集射电子管
~ en applique 壁灯
~ en arrière 尾灯,后标志灯
~ en dérivation 并激式灯泡
~ encastrée 暗,镶入式灯
~ étalon 标准灯
~ étanche 防水灯
~ fer-hydrogène 镇流管,整流管
~ fluorescente 荧光灯,日光灯
~ germicide 杀菌灯,消毒灯
~ gland 橡实管
~ halogène 卤灯
~ inactinique 无光化(性)灯
~ indicatrice de durée 报时灯,通话时间指示灯
~ individuelle 个人用灯(客车内的)
~ infrarouge 红外线灯
~ iode-quartz 碘钨灯
~ lumière du jour 日光灯
~ mélangeuse 混频管;外差振荡器
~ molle 低真空管,软性电子管
~ muette 坏电子管(失去放射电子作用的)
~ naine 小型电子管
~ normale 标准灯
~ opale 乳白灯泡
~ opaline 乳光灯
~ oscillatrice 振荡管;电子振荡管
~ oscillatrice-modulatrice 变频管
~ phonique 励磁灯,励磁指示灯
~ pilote 指示灯,监视灯
~ portative 手提灯,行灯
~ pour illumination 装饰灯
~ pour irradiation 辐射灯
~ pour projection de lumière 聚光灯
~ pour standard téléphonique 电话交换机灯
~ redresseuse 整流管
~ régulatrice 调节灯
~ rouge "红"牌电子管(美国KCA的长寿管)
~ secteur 旁热式(交流)电子管
~ solaire 日光灯
~ stabilisatrice 稳压管
~ stérilisatrice 杀菌灯,消毒灯
~ suspendue 吊灯
~ tare 比较灯
~ teintée 色灯
~ témoin 控制灯,信号灯,指示灯,警报灯
~ torche 闪光灯
~ tous secteurs 交直流通用电子管,万能电子管
~ tout métal 金属壳电子管
~ trigrille 五极管,三栅管
~ triode 三极管
~ tubulaire 管形灯
~ tubulaire à décharge 放电管,气体放电管
~ tungar 吞加整流管,二极钨氩整流管
~ universelle 万能电子管,交直流通用电子管
~ urdox 二氧化铀热敏电阻器
~ veilleuse (voitures) 终夜灯,客车通宵照明灯
lampe-cratère *f* 凹孔放电管,点源录影灯(一种特殊的充氖、氩或氦的辉光管)
lampe-éclair *f* 脉冲管,闪光灯(泡)
lampe-étalon *m* 比较灯,标准灯,标准光源
　　~ à acétylène 乙炔灯,电石灯
　　~ de Vernon-Harcourt 戊烷标准灯
lampe-lumière du jour 日光灯
lampemètre *m* 电子管测试仪
lampe-phare *f* 闪光信号灯;(汽车)前大灯
　　~ pour repère 标志灯
lampe-signal *f* 信号灯
lampe-témoin *f* 指示灯
lampe-tube *f* 灯管
lampiste *m* 灯具维修工;司灯员
lampisterie *f* 灯房,灯具维修间,灯具室
lamprites *f. pl* 辉闪矿物
lampritite *f* 硫化岩浆岩类
lamprobolite *f* 氧角闪石,玄武角闪石
lamproïte *f* 钾镁煌斑岩类
lamprophane[**lamprophanite**] *f* 闪光矿
lamprophyllite *f* 闪叶石
lamprophyre *m* 煌斑岩
lamprophyrique *a* 煌斑岩的
lamprosité *f* 发光度
　　~ spectrale 光谱亮度
　　~ totale 总亮度,总发光度
lamprosommaïte *f* 煌斑白榴橄辉二长岩

lamprostibian *m* 黑锑铁锰矿(闪锑铁锰矿),黑锑锰矿

lamprosyénite *f* 煌斑正长岩

lançage *m* 喷射,喷注,水冲钻探,水冲钻进,射水钻进,滑曳法架桥,推顶或拖拉法架桥,土方的水力机械化,水力沉桩法,(桥梁架设)滑曳

lancastérite *f* 水碳镁矿,文石,霰石

lance *f* 流,气体,喷嘴,喷管,喷口,气流,矛,长枪,标枪
～ à jet de sable 喷砂嘴
～ à main 手持喷枪,喷雾器
～ à vapeur 低压蒸汽除冰器
～ d'arrosage 喷水枪
～ d'incendie 消防水龙头,灭火水龙头
～ d'injection 喷枪,注射器
～ de pulvérisateur 喷雾器
～ de soudo-brasure 钎焊喷管

lance-glace *m* 风力送冰机(将碎冰送入车内的一种加冰设备)水;推送,调车,推顶或拖拉架梁滑曳法架桥
～ d'un programme 程序起始,程序开始进行,执行一个程序
～ d'une procédure 过程开始,工序开始
～ du moteur diesel 内燃机的起动
～ par tamponnement 溜放调车

lancement *m* 起动,开车,投入,抛掷,投产,滑曳法架桥
～ à froid 冷起动
～ de feutre 毡条
～ de la fabrication 投入生产
～ de la fabrication en série 成批投产
～ de tablier 铺桥面
～ des câbles 架缆索
～ des poutres 安装大梁
～ des travaux 工程开工,工程动工
～ en route 起动,起步,开车

lancer *v* 投,抛,掷,起动,开动,发动,甩送,发射,滑曳架桥,推送调车
～ des wagons 发车,调车
～ un pont 架桥

lanceur *m* 发起人,运载火箭
～ de poutres 架桥机

lancière *f* 溢水,溢水堰

lande *f* 沼泽,荒野,旷野,荒地,低沙质平原(法国)

landérite *f* 蔷薇[钙铝]榴石

landevanite *f* 淡红蒙脱石

lanéite *f* 亚铁韭闪质角闪石,黑钠闪石

langage *m* 语言
～ à instructions 语句语言
～ absolu 绝对语言
～ clair 明码电报
～ commun 通用语言
～ conversationnel 对话语言
～ d'analyse 分析语言,设计语言
～ d'application 应用语言
～ de bas niveau 初级语言
～ de code 代码语言
～ de commande 指令语言
～ de communication 通信语言
～ de description des données 数据描述语言
～ de formule 公式语言
～ de machine 机器语言
～ de procédure 过程语言
～ de programmation (traitement de l'information) 程序语言(信息处理)
～ de programmation d'ordinateur 计算机设计语言
～ des affaires 面向商业的公用语言
～ évolué 高级语言
～ formel 形式语言;人工语言
～ géostatistique 地质统计学语言
～ machine 机器语言
～ objet 目的语言
～ récursif 递归语言
～ source 源语言
～ traducteur 翻译语言

langbanite *f* 硅锑锰矿

langonien *m* 朗贡阶(E_3 中部)

langue *f* 话,语言,文字,舌状物
～ de boue 泥流舌
～ de lave 熔岩舌
～ de machine 机器语言
～ de terre 岬,海角;地峡,沙嘴,舌状沙地
～ glaciaire d'ablation 消融盆地
～ intermédiaire (翻译机中的)中间语言

langueter *v* 做榫舌

languette *f* 片,销钉,舌片,簧舌;叶舌,雄榫,榫

舌,尖轨,凸榫,楔形物
~ à queue d'aronde   鸠尾榫
~ et rainure   舌槽,企口
lanière *f*   带,皮带,束,麻绳,构造破裂带
lansfordite *f*   五水碳镁石
lanterne *f*   提灯,灯笼,幻灯,挂灯,灯筐,信号灯,手信号灯
~ à boule   球形手信号灯
~ à éclairage diffusé   柔光灯
~ à lumière invisible   荧光灯
~ à main   手提灯,手信号灯
~ à projections   幻灯机
~ à réflecteur (parabolique)   带有抛物线反射镜的灯筐
~ clignotante   闪光信号灯
~ d'arrière   尾灯
~ d'aspiration   (泵的)进水过滤器
~ de chantier   工地信号灯
~ de cheminée   烟囱帽
~ de projection   投射灯
~ s de queue   标志灯
~ de queue (train)   尾灯(列车)
~ de repère   标志灯
~ de serrage   螺丝接头
~ de signal   信号灯,信号灯框
~ de signal à main   手信号灯
~ de soupape   气门柄
~ de tampon   尾灯
~ de tendeur   花篮螺丝;拉线螺丝;松紧螺旋扣
~ du rotor   星形轮,十字叉,星形接头
~ est dépourvue de réflecteur intérieur   内部无反射镜的色灯信号机
~ sur potelet   柱上信号灯,带托架的手信号灯
~ tempête   风暴灯
lanterneau *m*   采光楼,顶盖板,采光天窗,自然照明,楼梯采光顶窗
~ central   中央照明灯;中央天窗
~ d'éclairage   采光天窗
~ du bloc électrique   电器柜照明灯
~ sur auxiliaire du côté bloc électrique   电器柜侧辅助设备照明灯
~ sur auxiliaire du côté radiateur   散热器侧辅助设备照明灯
lanterne-guide *f*   信号灯,导向信号灯

lanthanite *f*   碳镧石(镧石)
lanthanite-(Nd) *f*   碳钕石
lanthanocérite *f*   镧铈石(镧硅石)
laparite *f*   钙拉帕兰石
laper *v*   搭接,重叠,叠成鳞状
lapiaz [lapié] *m*   岩沟,溶槽,岩溶沟,灰岩溶沟,喀斯特沟,石灰岩沟;岩溶沟分布区
~ à rigoles   溶蚀岩沟,石芽
~ couvert   暗溶沟
~ de diaclases   节理岩沟
~ fluviatile   河流溶沟
~ littoral   沿岸石芽,沿海灰岩参差面,浪蚀溶沟
~ nu   裸露石芽,裸露溶沟
~ sous-cutané   表土下石芽(或灰岩参差面),表土下岩溶沟
~ souterrain   地下岩溶沟,地下岩沟,地下石芽(或灰岩参差面)
lapideux *a*   宝石的,石质的
lapidification *f*   石化,岩化,石化作用,固结成岩石状
lapidifié, e *a*   石化的,变成岩石的
lapidifier *v*   岩化
lapidifique *a*   能使石化的,起石化作用的
lapiésation *f*   溶沟化
lapillaire *a*   火山砾的
lapilleux, euse *a*   坚硬的
lapilli *m*   火山砾
~ accrétionné   增生火山砾
lapilliforme *a*   火山砾状的
lapis *m*   天青石,青金石
~ crucifère   空晶石
lapis-lazuli *m*   青金石(金精、琉璃壁、杂青金石)
laplacien *m*   曲率,曲率参数
~ matériel   材料曲率,材料拉式参数
laplandite *f*   硅钛铈钠石
lapparentite *f*   基性铝矾,羟铝矾,斜钠明矾
laps *m*   经过,期间
~ de temps   时间间隔
~ de temps de fonctionnement   使用期限,使用寿命
laquage *m*   涂漆
laque *f*   漆,生漆,清漆,(植物性)漆
~ à l'asphalte   沥青漆,黑漆

~ à l'essence 油精清漆,挥发清漆
~ à la térébenthine 松节油清漆
~ à modèles 模型漆
~ antirouille 防锈漆
~ cellulosique 纤维素清漆
~ d'émail 瓷漆
~ du Japon 日本漆,深黑漆
~ émail 瓷漆
~ en écailles 虫胶片;虫漆
~ isolante 绝缘漆
~ naturelle 天然漆
~ synthétique 合成漆

laque-émail *f* 瓷漆
laquer *v* 涂漆
Laramides *m. pl* 拉腊米褶皱系[带]
Laramien *m* 拉腊米期,拉猎米造山运动期（K_3—E_1 北美）
Laramienne *f* 拉腊米造山运动
laranskite *f* 钇锆钽矿
lardalite *f* 歪霞正长岩
lardérellite *f* 硼铵石
lardite *f* 块滑石,寿山石,冻石（猪脂石）,冻蛋白石
lardon *m* 片,扁键,楔子
~ conique 锥形扁栓
~ de réglage 调整用扁栓,调节用扁键

large *m* 外海;*a* 宽阔的,开阔的,广[远]大的,粗的
au long et au ~ 向四面八方,向四周围
de long en ~ 纵横地;用各种方式
en long et en ~ 纵横地;用各种方式
~ grand 外海

larget *m* 扁钢,扁坯,板坯
largeur *f* 宽,宽度,阔度,宽广,厚度（岩层、矿层）,幅度
~ à la base 基础宽度,坝基宽（一般用于重力坝和拱坝以外的其他坝）
~ à la base du ballast 道床底宽
~ à la flottaison 水面宽度
~ apparente （褶皱）视厚度,角幅
~ base de diffusion 扩散宽度
~ chaussée 路面宽度
~ cylindrée 碾压宽度
~ d'abattage 可采厚度,采厚
~ d'affleurement 岩层露头宽度,水平原度
~ d'âme 腹板宽度
~ d'écoulement 流水宽度;净跨
~ d'emprise 征用土地宽度
~ d'emprise de la route 道路用地宽度
~ d'emprise disponible 可用地宽度
~ d'encombrement （车辆）占用路宽（车辆外形宽度加会车的余宽）
~ d'entraxe 两线路中心线间距离
~ d'épandage （沥青洒布机）洒布宽度
~ d'imprégnation 透油宽度,渗透宽度
~ d'impulsion 脉冲宽度,脉冲持续时间
~ de bande 带宽
~ de bande transmise 传输带宽度,传输带面宽度
~ de chargement 荷载宽度,受荷宽度
~ de chaussée 行车道宽度;路面宽度
~ de compactage 碾压宽度
~ de console 襟边宽度
~ de cylindrage 辊轧宽度;碾压宽度
~ de défonçage 翻松（路面）宽度
~ de déforestage 砍伐森林宽度
~ de dégagement （道路）净宽
~ de faille 断距;断层厚度,断层宽度
~ de fissure 裂缝宽度
~ de fond 底部宽度
~ de l'assiette 路基宽度
~ de l'évidement 槽宽,凹口宽度
~ de la couche de roulement 表面处治层宽度
~ de la couronne 道床顶宽
~ de la fondation 基础宽度
~ de la nappe d'eau 水面宽（度）
~ de la section de calcul 计算截面宽度
~ de la surface d'une roue 车轮占地面（接触）面积
~ de la voie secondaire 次要道路宽度
~ de mailles 筛孔大小
~ de membrure 翼缘宽度
~ de plate-forme 路基表面宽度
~ de pose （在路上）摊铺混合料的宽度
~ de profil en travers 路基设计宽度
~ de recouvrement 覆盖层厚度;倒转褶皱宽度
~ de recouvrement de la nappe 推覆体覆盖宽度

~ de sous-couche 底层宽度
~ de tour （生）旋宽
~ de voie 车道设计宽度
~ de voie de circulation 行车道宽
~ des accotements 路肩宽度
~ des couches de base 基层宽度
~ des lits 河床宽度
~ développée （褶皱）相对宽度
~ du ballast 道床顶宽
~ du couronnement 路拱宽度
~ du couronnement (barrage en béton) （混凝土坝）顶宽
~ du couvre-joint 连接板宽度
~ du plan d'eau 水线宽度（水道）
~ du pli 褶皱宽度
~ du pont 桥梁宽度
~ du profil en travers 横断面宽度
~ du quai 站台宽度
~ du route 公路宽度
~ du sommet 路面宽
~ effective 有效宽度
~ effective de chaussée en hiver 冬季保障通车路宽,冬季路面有效宽度
~ en crête (barrage en remblai) （回填坝）顶宽
~ entre garde-corps 栏杆间宽度
~ entre nus des appuis 净支承宽度
~ fictive de plateforme 路基假定宽度
~ finie 有限宽度
~ hors tout 总宽度
~ intérieur d'un pont 桥孔净宽度
~ libre 净宽；内径
~ libre de route 道路净宽
~ libre sous le pont 净跨,净孔
~ magnétique 磁宽,当量气隙宽度
~ minima 最小宽度
~ nette 净宽
~ normalisée 标准宽度
~ optimale 最佳宽度
~ roulable(LR) 行车宽度
~ routière 车道宽度,限界宽度
~ totale 总宽度,总覆盖宽度
~ utile 有效宽度
~ utilisable 使用宽度
largue *a* 自由的,后侧风松开的

larguer *v* 扔下,摘钩,脱钩,解开,松开
larix *m* 落叶松
larmes *f. pl* 泪
~ de Pelé 培雷式火山泪,火山泪（玄武玻璃碎块）
~ de verre, ~ volcaniques 火山砾
larmier *m* 檐口,挑口饰,檐,滴水槽
larnite *f* 斜硅钙石,β硅酸二钙
larnite-bêta *f* β硅钙石
larnite-gamma *f* γ硅钙石,斜方正硅钙石
larosite *f* 硫铋铅铜矿
larsénite *f* 硅铅锌矿
larvikite *f* 歪碱正长岩
laser *m* 激光
~ à cristal liquide 液晶激光
~ à gaz 气体激光（器）
~ à jonction 结型激光器
~ à rubis 红宝石激光
~ à semi-conducteur 半导体激光器
~ chimique 化学激光
~ commercial 民用激光
~ communication 激光通信
~ de double quantum 双量子激光器
~ de gaz 气体激光器
~ de grande puissance 大功率激光器
~ de rayon X X射线激光器
~ différentiel 微分激光器
~ dipôle 偶极子激光器
~ intense 强激光
~ ultraviolet 紫外激光（器）
lassalite *f* 坡缕石,拉石棉,银星石
lassénite *f* 新鲜粗玻岩,英安玻璃
lassolatite *f* 硅华（绢蛋白石）
lasulithe *m* 硫铜铋矿；青金石；天蓝石
lasurapatite *f* 青磷灰石
lasurfeldspath *m* 蓝奥长石
lasurite *f* 青金石,蓝铜矿（石青）
latence *f* 潜在,潜伏物,潜在因素,潜伏状态
latent *a* 隐状的,潜在的,隐蔽的,潜伏的
latéral *a* 侧向的,横向的,侧面的,旁侧的,边坡的,单面的
latérale *f* （测井）梯度曲线,梯度电极系测井
latérisation *f* 红土化（作用）
latérite *f* 红土,（铝）红土,砖红土,砖红壤,红

壤土
～ à gibbsite, ～ gibbsitique, ～ hydrargillique 三水铝石红土
～ à pisolithes 豆状红土
～ alumineuse 铝土矿,铝红土
～ caverneuse 多孔状红土
～ éluviale 残积红壤土
～ ferrugineuse 铁质红土
～ gravillonnaire 结核状红土
～ kaolinique 高岭红壤土
～ scoriacée 板结红壤土
～ vacuolaire 多孔状红土

latéritique *a* 红土的,红土状的,多孔状的,砖红壤的

latéritisation *f* 红土化,砖红土化,砖红壤化(作用)

latéritisé, e *a* 红土化的

latéritite *f* 次生红土,红土碎屑岩,再造铝红壤

latéritoïde *m* 似红土,准红土,类红土,砖红壤状土壤

latex *m* 胶液,胶乳,乳胶,乳状液,橡胶浆,橡胶乳液

latialit(h)e *f* 蓝方石

latiandesite *f* 安粗安山岩

lationite *f* 银星石

latite *f* 安粗岩

latite-andésite *f* 安粗岩

latitude *f* 纬度,黄纬,范围,幅度,活动余地,宽容度
～ géodésique 大地测量纬度
～ géographique 地理纬度
～ géomagnétique 地磁纬度
haute ～ 高纬度,北纬
～ isométrique 等量纬度
～ isothermique 等温纬度
～ totale (测量)纵距(总)和

latitudinal *a* 横的,横向的,纬度的,东西向的,纬度的

latiumite *f* 硫硅碱钙石

latosol *m* 红土,赭土,砖红壤土,红化土类

latrappite *f* 铌钙钛矿

latrines *f. pl* 公共厕所

latrobite *f* 淡红钙长石

lattage *m* 钉板条,板条栅,挂瓦条,板条钉成的工程

～ métallique 金属板条,金属网格

latte *f* 杆;(灰)板条
～ de lissage 镘光用的板条
～ de niveau 水准尺,标尺
～ de plâtre 抹灰板条
～ de recouvrement 盖板
～ de réglage 样板,长抹子,修整混凝土混合料的刮平板
～ de soudure 焊接根部垫圈
～ de tuile 挂瓦条
～ en bois 木板条,木压条
～ en croix 交叉支撑,人字撑
～ en plâtre 灰镘板条

latter *v* 挂瓦条,钉板条

lattis *m* 栅,栅状物;网,网状网
～ métallique 金属网

Lattorfien *m* 拉托尔夫阶(期)(E_3,欧洲)

laubanite *f* 钠沸石

laubmannite *f* 劳磷铁矿

lauéite *f* 劳埃石

laugénite *f* 奥长闪长岩

laumontite *f* 浊沸石

laumontite-bêta *f* β浊沸石

launayite *f* 劳硫锑铅矿

laurandite *f* 红铊矿

Laurasia *a* 劳亚古陆

laurasiatique *a* 苏亚古陆的

laurdalite *f* 歪霞正长岩

Laurentide *m* 劳伦构造带

laurentien *a* 劳伦造山运动(太古代、元古代之间)的

laurionite *f* 羟氯铅矿

laurite *f* 硫钌矿

laurvikite *f* 歪碱正长岩

lause *f* 石板

Laussannien *m* 洛桑阶(N_1)

lautarite *f* 碘钙石

lautite *f* 辉砷铜矿

lauze *f* 石板

lavabilité *f* 可选性(水选)

lavabo *m* 便所,盥洗室,洗脸盆[台]
～ collectif 集体洗脸槽
～ mural (靠墙的)洗脸盆
～ sur colonne 柱式[立式]脸盆

lavage *m* 淘洗,冲洗,洗涤,清洗,选矿,洗矿,洗选
　~ à l'acide 酸洗选,钻孔酸蚀(法)
　~ à l'augette 淘砂盘淘洗,洗槽洗选
　~ à bras 人工洗选
　~ à la batée 淘金盘洗选
　~ à la carotte 冲洗岩芯
　~ à la cuve 槽选,槽式洗选
　~ à la soude chaude 用热碱冲洗
　~ au bac à piston 跳汰机选矿,跳选
　~ au crible 筛选,筛洗选矿
　~ au jet d'eau chaude 用热水喷洗
　~ au jig 跳汰机选矿
　~ chimique 化学清洗法
　~ d'or 淘金
　~ de l'air 风选,风力分选,吹洗,空气洗涤
　~ de l'air de locomotive 机车洗炉
　~ des alluvions métallifères 淘洗金属砂矿,金属砂矿的洗选
　~ des boues 污泥冲洗
　~ du charbon 选煤,洗煤
　~ du filtre 洗滤,在过滤器中洗涤
　~ du minerai 选矿,洗矿
　~ du sondage 洗井,冲洗钻孔
　~ en liqueur dense 重液选矿,重悬浮液选矿
　~ en milieu dense 重介质选矿
　~ intérieur de la chaudière 洗炉
　~ mécanique 机械洗涤;用洗涤机冲洗
　~ par flottation 浮选
　~ sur table oscillante 摇动槽选矿,摇选
lavagne *f* 片状灰岩
lave *f* 火山岩,熔岩,泥石流,泥流
　~ à coulée discontinue 块熔岩
　~ à surface lisse 流动熔岩,波状熔岩
　~ aa 渣状熔岩,渣块熔岩
　~ acide 酸性熔岩
　~ basaltique 玄武质熔岩
　~ basique 基性熔岩
　~ boueuse 泥熔岩
　~ boursouflée 膨胀熔岩
　~ chaotique 块状熔岩,渣块熔岩
　~ clastogène 无火山灰碎屑熔岩
　~ cordée 波纹熔岩,绳状熔岩,枕状熔岩,肤状熔岩
　~ d'agglomérat 集块熔岩
　~ de boue et de pierres 泥石流,砂石熔岩
　~ de mottes 块熔岩
　~ en blocs 块状熔岩
　~ en boyaux 绳状熔岩
　~ en coussin 枕状熔岩
　~ en échaudé 多泡熔岩
　~ en galettes 绳状熔岩
　~ en gratons 块熔岩
　~ en mottes 块熔岩
　~ en oreillers 枕状熔岩
　~ figée 凝结熔岩
　~ formée de mottes 块熔岩
　~ hérissée 熔岩塔,熔岩刺
　~ hypervisqueuse 超黏性熔岩
　~ incandescente 白热熔岩
　~ lisse 波状熔岩
　~ lithoïde 粒玄岩
　~ mamelonnée 乳房状熔岩
　~ massive 块状熔岩
　~ morte 阶(地)状熔岩,底熔岩
　~ pahoéhoé 绳状熔岩
　~ pâteuse 黏性熔岩
　~ pétrosilcieuse 粗面熔岩,粗面岩
　~ poreuse 孔隙状熔岩
　~ prismée 柱熔岩,棱柱状熔岩
　~ pumicée 轻石,浮石,浮岩,泡沫岩,浮岩层,浮岩沉积
　~ ridée 皱纹熔岩,波纹熔岩
　~ rubanée 绳状熔岩,带状熔岩
　~ scoriacée 火山渣熔岩,块状熔岩
　~ torrentielle 泥石急流,石川
　~ trachytique 粗面熔岩
　~ visqueuse 黏性熔岩
　~ vitreuse 黑曜岩
　~ vitreuse pumicée 浮岩,浮岩层
　~ volcanique 火山熔岩
lave-bassin *m* 洗涤槽,洗矿槽
lavée *f* 精洗矿石,洗选矿石
lave-glace *m* (洗涤汽车前风窗用的)喷水器
lavendulan *m* **lavendulanite** *f* **lavendulite** *f* 氯砷钠铜石
lavenite *f* 钠钙锆石
laver *v* 洗,洗涤,洗去,清洗,冲洗

~ à grande eau　用大量的水冲洗

laverie　*f*　选矿厂,选煤厂,洗煤厂;洗涤设备

laveur　*m*　洗涤器,洗涤机,洗气器,洗选设备,选洗工

　　~ à barbotage　蒸馏塔,分馏塔,泡罩塔
　　~ d'air　空气洗涤器,滤气器,空气洗涤装置
　　~ de battitures　清洗氧化铁皮的设备
　　~ de sable　洗砂机
　　~ de voiture　车辆清洗员,客车清洗员

laveuse　*f*　洗涤机

　　~ cyclone　漩流洗涤器
　　~ d'air　滤气器,净气器,空气洗涤器,空气净化器
　　~ de gravier　砾石洗涤机
　　~ de gravier par contre-courant　逆流式洗砾机
　　~ de sable　洗砂机
　　~ des agrégats　集料洗涤机
　　~ primaire　初洗洗涤机

laveuse-trieuse　*f*　筛洗机

lavialite　*f*　残粒闪玄岩

lavique　*a*　熔岩的

lavis　*m*　冲洗,洗涤,冲刷,刷色

lavoir　*m*　洗矿槽,洗矿机,洗涤设备,洗选装置

lavoisite　*f*　石膏灰岩

lavrovite　*f*　钒透辉石(钒辉石)

lavures　*f. pl*　尾矿渣,(洗矿后的)尾矿

lawine　*f*　雪崩

lawrencite　*f*　陨氯铁

lawsonite　*f*　硬柱石

laxite　*f*　机械碎屑岩

laxmannite　*f*　磷铬铜铅矿

layer　*v*　凿刻;开辟小径

layette　*f*　夹层,薄层,煤夹层

lazarevicite　*f*　方辉砷铜矿

lazialite　*f*　蓝方石

lazionite　*f*　银星石

lazuli　*a*　杂青金石的

lazulite　*f*　天蓝石,天青石

lazurapatite　*f*　青磷灰石

lazurite　*f*　青金石,蓝铜矿

le　*art. def*　定冠词

　　~ s compacteurs statiques à pieds dameurs　夯击式静碾压路机
　　~ s compacteurs vibrants à cylindres lisses　滚筒式振动压路机
　　~ s compacteurs vibrants à pieds dameurs　夯击式振动压路机
　　~ coût de transport　运输成本
　　l'eau de surface　表层水
　　l'eau souterraine　地下水

lé　*m*　宽度,幅

　　~ horizontal　横幅
　　~ vertical　竖幅

leadhillite　*f*　硫碳铅石

leberkies　*m*　白铁矿,磁黄铁矿

léchage　*m*　环流,绕流;精心加工

lechateliérite　*f*　焦石英

lechedor　*m*　银钠盐

lécheuse　*f*　静压受感器

lecithine　*f*　卵磷脂

lecteur　*m*　读数器,读数仪,读出装置,记录装置

lecture　*f*　照准,阅读,读物,判读,(仪表的)读数

　　à ~ directe　直接读数
　　à deux ~ s　双读
　　~ approximative　近似读数
　　~ arrière　后视读数
　　~ au compas　罗盘读数
　　~ au miroir　镜测读数
　　~ automatique　自动测量,自动判读,自动读出
　　~ automatique de distance　自动远距离跟踪装置(雷达)
　　~ automatique de la distance　距离自动测量,自动测距,距离自动判读
　　~ avec effacement　破坏读出,抹除读出
　　~ brute　近似读数,概略读数
　　~ cyclique　度盘读数
　　~ d'étiquette　标志读出,标签读出装置
　　~ de baromètre　气压读数
　　~ de la carte　识图,看图
　　~ de la tension affichée　指令电压的读出
　　~ de signaux　信号读出法,信息读出法
　　~ des données (traitement de l'information)　数据阅读(信息处理)
　　~ des indications des instruments　仪表读数
　　~ des piézomètres　测压计读数
　　~ destructive　破坏读出,破坏信息的读出
　　~ directe　直接传送;直接读数
　　~ du dessin　认图,识图

~ initiale 初始读数
~ non destructive 无损读出,不破坏读出
~ préalable 预先读数
~ ralentie 慢读
~ sans effacement 无破坏读出,不抹除读出
~ suivie d'effacement 破坏读出,抹除读出
~ verticale 垂直读出,垂直标度
~ visuelle 目视读出,目视判读

lède 沙丘间干谷
lédérérite f 钠菱沸石
léderite f 褐楣石,楣石
lédickite f 伊利石,三八面体伊利石
Lédien m 莱第阶(E_2,欧洲)
ledmorite f 榴霞正长岩
ledouxite f 杂砷铜矿
leedsite f 杂重晶石膏
leelite f 肉红正长岩;正长石
leesbergite f 杂碳钙菱镁矿
leeuwfonteinite f 歪闪正长岩
légal, e a 合法的,法定的
légalisation f 合法化,认证,确认
légaliser v 使合法,认证,确认
lège a 无载的;小负荷的
légende f 代号,符号表,说明书,注解,凡例,图例,说明,(图表等的)说明文字,电影的翻译字幕
~ de la carte 图例
léger m 轻粒级,轻颗粒 a 轻的,轻巧的,轻便的,稀薄的,轻微的,砂质的,淡色的
légèrement positif 略大于零的
légèreté f 轻,轻巧,轻便性
~ d'une voiture 客车的轻便性
législation f 立法,法制,法律,法规
~ des transports 运输法规
~ douanière 海关法规
~ économique 经济立法,经济法规
~ financière 财政立法,财政法规
~ industrielle 工厂法
~ sur la compensation pour les accidents du travail 工伤事故赔偿法
legrandite f 水羟砷锌石
legumocopalite f 黄透脂石
léhiite f 磷钙碱铝石
lehm m 黄土,壤土,亚黏土
~ à blocaux 漂砾亚黏土

~ argileux 泥质亚黏土
~ limono-argileux 粉砂质亚黏土
~ sableux 砂质亚黏土
lehmification f 亚黏土化(黄土经淋滤并变成亚黏土)
léhnérite f 板磷铁矿
lehrachite f 杂硒铅汞矿
leidléite f 流安松脂岩
leidyite f 脂壳石
leifite f 白针柱石
leiptinite f 壳质类,壳质组,稳定类
léirochroïte f 铜泡石,羟砷钙铜矿
leitéite f 亚砷锌石
lémanite f 铬铅矿
lembergite f 绿蒙脱石,铁绿皂石,含水霞石
lemnasite f 钠磷锰矿
lemoynite f 水钠钙锆石
lenartite f 莱钠陨铁
lendemain m 将来,次日,第二天
lengenbachite f 辉砷银铅矿(林根巴矿)
lenneporphyre m 角斑岩
lennilite f 绿色长石,蛭石
lenoblite f 二水钒石
lent, e a 缓慢的,迟钝的,慢性的
lentement adv 缓慢地
lenteur f 缓慢,迟钝
lenticulaire[lentiforme] a 透镜状的,扁豆状的,凸镜状的
lentille f 透镜体,小扁豆层,盘形阀舌,扁豆体
~ allongée 伸长状透镜体
~ d'argile 黏土透镜体
~ de Ghyben-Herzberg 盖本—赫尔伯水体(被降雨入渗压低了的海滨含盐地下水体)
~ de glace 冰晶体,冰透镜体
~ de grossissement 膨胀透镜体,增厚透镜体
~ de minerai 扁豆状矿体
~ de poudingues 透镜状圆砾岩
~ de sable 砂透镜体
~ de sable de pétrole 透镜状油砂,油砂透镜体
~ divergente 树枝状透镜体
~ minéralisée 矿化透镜体,含矿透镜体
~ rocheuse 小扁豆体
~ rubanée 条带状透镜体
lentulite f 水砷铝铜矿(豆铜矿)

lenzinite[lenzine] *f* 埃洛石
léobénite *f* 水磷钙铁矿
Léognanon *m* 列奥纳农阶(下 E_3)
Léonardien *m* 伦纳德(统)(P_1,北美)
leone *n* 利昂(塞拉利昂货币单位)
léonhardite *f* 黄烛沸石
léonhardite-alpha *f* α黄浊沸石
léonhardite-bêta *f* β黄浊沸石
léopardite *f* 豹斑石英斑岩
lepaigite *f* 多斑黑曜石
lépidoblastique *a* 鳞片变晶结构的
　～ fin 细鳞片变晶的
　～ grossier 大鳞片变晶的
lépidochlore *m* **lépidochlorite** *f* 不纯绿泥石(杂云母绿泥石)
lépidocrocite *f* 纤铁矿
lépidogranoblastique *a* 鳞片粒状变晶(结构)
lépidolamprite *f* 辉锑锡铅矿
lépidolite[lithionite] *f* 锂云母
　～ ferrifère 绿鳞云母
lépidomélane *m* 铁黑云母
lépidomorphite *f* 多硅白云母
lépidophaeite *f* 铜锰土,水铜锰土
lépolite *f* 钙长石
leptaenakalk *m* 薄皱贝灰岩
léptinite *f* 长石白粒岩
leptite *f* 长英麻粒岩
leptochlore[leptochlorite] *m* 鳞绿泥石
leptoclases *f. pl* 细微裂隙,微小裂隙
leptogéosynclinal *m* 瘦地槽,薄地槽
leptonématite *f* 硬锰矿,褐锰矿,布劳陨铁
leptynite *f* 长英麻粒岩
leptynolite *f* 片状角岩
leptyte *f* 长英麻粒岩
lermontovite *f* 稀土磷铀矿
lernatite *f* 莱尔纳托型陨石
lésé *m* 受害者
lesleyite *f* 杂绢云母刚玉;钾珍珠云母
lessérite *f* 多水硼镁石
lessingite *f* 钙硅铈镧矿(钙硅铈石)
lessivabilité *f* 可淋滤性,可浸出性,淋溶力
lessivage *m* 洗涤,刷洗,搽洗,冲洗,浸洗,淋溶,淋滤,淋蚀,浸出,浸析,沥滤(法),溶滤,(混凝土)渗溶作用
　～ des argiles 土壤淋滤
　～ des roches 岩石淋溶
　～ des sels (从土壤)浸出盐,洗盐渍
　～ différentiel 分异淋溶
　～ du ciment 水泥淋溶
　～ latéral 侧向淋洗
lessivé *f* 浸出,溶出,浸析,碱液,洗涤液,浸出用溶液;*a* 淋滤的,淋溶的,浸出的,浸析的
lessiver *v* 淋滤,淋蚀,淋溶,浸析,洗涤
lest *m* 压载物,压舱物,重量,载重
　～ d'eau 水压载,压载水
　～ de gravier 砾石压载
　～ de pierres 石块压载
　～ de sable 砂压载
　～ hydraulique 液体压载
　～ métallique 金属块压载
lestage *m* 平衡,均衡;补偿;压载,装压载物
lesté *a* 压载的
lester *v* 镇重,压载;负载(装压舱物),装压载物
lestiwarite *f* 辉闪正长细晶岩
lettenkohle *f* 泥煤;莱滕科勒统(T_2,德国)
lettre *f* 信件,文件;通知书,通知
　～ anonyme 匿名信
　～ autographe 亲笔信
　～ chargée 保价信
　～ circulaire 通告,通报,通函
　～ d'aval 担保书
　～ d'avis 通知书,通知单
　～ d'embouchement 聘用书
　～ d'engagement 承诺书,保证书
　～ d'envoi 运单,发货单,随货单据
　～ d'hypothèque 抵押书
　～ d'indemnité 赔偿书
　～ d'instruction 通知信,指示信
　～ d'intention (签订合同的)意向书,(说明意图的)委托函
　～ d'introduction 介绍信
　～ d'invitation pour soumission 投标邀请函
　～ d'offre 报价书
　～ s de candidateur 自荐信
　～ de change 汇票
　～ de change《pro forma》 形式汇票,试算汇票
　～ de change bancaire 银行汇票
　～ de change étrangère 国外汇票

~ de change payable à vue 即期汇票,见票即付票据
~ de change payable au porteur 无记名汇票
~ de code 字母码
~ de confirmation 确认书
~ de confort 支持函,举荐信
~ de crédit 信用证
~ de crédit documentaire 跟单信用证
~ de délégation 代理收款委托书
~ de démission 辞职信
~ de fonction 运算码,操作码
~ de gage 质押书
~ de garantie 保函,保证书,信用保证书
~ de garantie pour soumission 投标保证书
~ de légitimation 身份证明书
~ de licenciement 解雇书
~ de marché 中标通知,中标函
~ de nantissement 抵押书
~ de procuration 授权书
~ de rappel 备忘录,追讨欠款的信
~ de réclamation 索赔书,赔偿要求书
~ de référence 查询书,证明信
~ de service 调派工作通知书
~ de soumission 投标书
~ de transport aérien 空运货单
~ de valeur déclarée 保价信
~ de voiture 运单,货运单
~ de voiture à grande vitesse 快运货物运单
~ de voiture à petite vitesse 慢运货物运单
~ de voiture directe 联运货物运单
~ de voiture fournie par les particularités 特定情况下用的运单
~ de voiture internationale 国际联运货物运单
~ de voiture originale 货物运单正本
~ de voiture pour colis express 包裹运单,快运货物运单
~ égarée 无法投递的信
~ morte 一纸空文
~ ordinaire 平信
~ par fil 有线通信
~ par fréquence vocale 无线电话通信
~ recommandée 挂号信
~ recommandée avec accusé de réception 双挂号信,带回执的挂号信

~ téléphonique 电话联系
lettsomite *f* 绒铜矾(绒铜矿)
leucachate *f* 玉髓
leucaugite *f* 白辉石
leuchtenbergite *f* 淡斜绿泥石
leucit(t)éphrite *f* 白榴熔岩,白榴碱玄岩
~ à olivine 白榴碧玄岩,白榴玄武岩
leucite *f* 白榴石
leucitique *a* 白榴质的
leucitite *f* 白榴岩
leucitoèdre *m* 四角三八面体,锥形三八面体
leucitoïde *f* 似白榴岩;*a* 白榴石状的
leucitophyre *m* 白榴斑岩
leucittuf *m* 白榴凝灰岩
leucochalcite *f* 橄榄铜矿
leucocrate *f* 淡色岩,酸性岩石;*a* 淡色的
leucocyclite *f* 白鱼眼石
leucodérivé *m* 无色化合物
leucogabbro *m* 淡色辉长岩
leucogranite *m* 淡色花岗岩
leucogranitique *a* 淡色花岗质的,淡色花岗状的
leucogranodiorite *f* 淡色花岗闪长岩
leucogranophyre *m* 淡色花斑岩,淡色文象斑岩
leucogrenat *m* 淡钙铝榴石
leucolite *f* 针柱石,白榴石,淡色岩
leucomanganite *f* 磷钙锰石(淡磷钙锰矿)
leucopétrite *f* 蜡褐煤
leucophane[leucophanite] *f* 白铍石
leucophite *f* 白环蛇纹岩
leucophœnicite *f* 淡硅锰石
leucophonolite *f* 淡色响岩,白榴石响岩
leucophosphite *f* 淡磷钾铁矿
leucophyllite *f* 淡云母,淡色千枚岩
leucophyre *m* 淡色斑岩,糟化辉绿岩
leucopyrite *f* 斜方砷铁矿
leucosaphir *m* 白蓝宝石
leucosphénite *f* 淡钡钛石
leucostine *f* 响岩及苦榄粗面岩
leucotile *f* 白发石,纤蛇纹石(温石棉)
leucotonalite *f* 淡英闪长岩
leucoxène *m* 白钛石,榍石,锐钛矿
leucoxénisation *f* 白钛石化
leukagate *f* 玉髓
levage *m* 举起,抬起,吊起,架修设备(机车大修

作业）
～ de caisse　车体起重设备
levant *m*　顶板，上盘
Levantin *m*　勒万丁期（晚 N_2，黑海，里海区）（布容正向期的前期）
levay *m*　开采中段，阶段
levé *m*　测量，测图，丈量，测绘，摄影，地形图，测量图，平面绘图，（混凝土）层
　　～ à grande échelle　大比例尺测量
　　～ à la boussole　罗盘仪测量
　　～ à la chaîne　链测
　　～ à la planchette　平板测绘，平板仪测绘，平板仪测量
　　～ à la polygonation　导线测量
　　～ à la trilatération　三边测量
　　～ à vue[d'œil]　目测，草测
　　～ aérien　航测，航空测量
　　～ aéromagnétique　航磁测量
　　～ aérophotogrammétrique　航空摄影测量，航测
　　～ agraire　农田测量
　　～ altimétrique　高程测量
　　～ au jour　地面测量
　　～ au sol　地形测量
　　～ au stadia　视距测量
　　～ au tachéomètre　视距仪测量，经纬仪测量
　　～ au théodolite　视距测量，经纬仪测量
　　～ bathymétrique　深水测量，水深测量
　　～ cadastral　土地测量
　　～ cartographique　地形测绘，地形测量
　　～ contradictoire　（双方共同）复测，验核测量
　　～ d'exploitation　探测，踏勘测量
　　～ d'exploration　踏勘测量，勘探测量
　　～ d'itinéraire　路线测量，导线测量，线路测量
　　～ d'itinéraire espacé　稀疏路线测量
　　～ d'une coupe géologique　地质断面图
　　～ d'une rivière　河道测量
　　～ de bande　路线测量，导线测量，导线测绘，连续摄影，带状（测绘）图
　　～ de canevas de polygonation　测网
　　～ de construction　建筑测量，建筑图绘制
　　～ de contrôle　检查测量
　　～ de détails　详细测量，细部测量，碎部测量
　　～ de l'arc　矢高
　　～ de la carte géologique　地质填图
　　～ de machines　机器图绘制
　　～ de petite échelle　小比例尺测量
　　～ de reconnaissance　普查测量，路线测量
　　～ de site　公路场地测量
　　～ de site d'ouvrages　构造物场地测量
　　～ de terrain　土地测量；地形图，野外测量
　　～ de trafic　测交通量
　　～ des plans　测绘，测量，勘测，地形测绘，地形测量，平面测量，大地平面测量
　　～ des profils en long et en travers　测量纵横断面
　　～ direct　野外测量，实地测量，地形测量，地形测绘
　　～ direct sur terrain　野外测量，地形测绘
　　～ du fond　井下测量，地下测量，坑内测量
　　～ d'une rivière　河道测量
　　～ d'une route　道路测量
　　～ expédié　目测，草测，踏勘
　　～ géodésique　大地测量
　　～ géologique　地质调查，地质勘测，地质测量，地表工程地质测绘
　　～ géologique aérien de reconnaissance par radar　雷达航空地质摄影测量
　　～ géologique de surface　地面地质测量
　　～ géométrique　仪器测绘，仪器测量，几何测量，线形测量
　　～ géomorphologique　地貌测量
　　～ géotectonique　大地构造测量
　　～ géothermique　地热测量，地温测量
　　～ gravimétrique　重力测量
　　～ hydrogéologique　水文地质测量
　　～ hydrographique　河海测量，水文测量，水道测量，航道测量
　　～ in situ　现场测量，外业测绘
　　～ magnétique　罗盘仪测量
　　～ magnétique au sol　地面磁（法）测（量）
　　～ minier　矿山测量
　　～ par cheminement　路线测量，导线测量，航海测量
　　～ par intersection　交会测量，交叉测量
　　～ par la photographie　摄影测量
　　～ par triangulation　三角测量
　　～ photogrammétrique　（立体）摄影测量，摄影测绘

~ planimétrique　平面测量
~ polygonométrique　导线测量
~ radiométrique　放射性测量
~ souterrain　地下测量
~ tachéométrique　经纬仪测量, 逐桩测量
~ tachymétrique　视距仪测量
~ tectonique　构造测量
~ terrestre　地面测量, 地形测量
~ topographique　地形测绘, 地形测量
~ trigonométrique　三角测量

lève-auto m　汽车千斤顶
lève-culasse f　起吊汽缸头专用工具
levée f　举起, 提升, 上升, 高涨, 升高, 高度, 提升力, (活塞的)行程, 启封, 解除, 收获, 隆起, 突起高程; (混凝土)浇筑层, (土坎)填筑层
　~ d'un dérangement　消除故障
　~ de bétonnage　混凝土浇筑层
　~ de l'embargo　取消禁运
　~ de la séance　闭会, 休会
　~ de plan　制图
　~ de soupape　阀开高度
　~ de terre　土壤上升高度
　~ des impôts　收税

lève-fûts m　圆筒提升机
lève-piston m　活塞拔出器
lever v　绘图, 测绘, 升高, 提高, 取去, 割去, 撤去; m　测量, 测图, 测绘, 摄影
　~ à vue　目测, 草测
　~ au tachéomètre　经纬仪测量, 视距仪测量
　~ au vérin　用千升顶顶起
　~ de la carte géologique　地质测量
　~ de plans　测绘
　~ du doute　测向
　~ en détail　碎部测量
　~ forestier　森林测量
　~ les scellés　启封
　~ photogéologique　摄影地质测量
　~ rapide　踏勘测量, 路线测量

léverriérite f　晶蛭石(伊利石)
leveur m　提升机; 检字工人
lève-vitre f　窗把手
levier m　杆, 柄, 杠杆, 手柄, 把手, 摇臂, 撬棍, 平衡杆, 控制杆, 操纵杆, 变递杆, 换挡杆
　~ à bouterolle　铆钉顶棍
　~ à contrepoids　平衡重锤杆; 重锤式道岔握柄
　~ à dresser　拨道撬棍
　~ à fond de course　握柄在终端位置
　~ à fourche　叉杆
　~ à main　手柄, 操作杆
　~ à mouvement de rotation　转动握柄
　~ à rabattement dans les deux sens　双向活动开关
　~ à retour rapide　快速复原杆
　~ à rotation　转动手柄
　~ à trois positions　三位式握柄
　~ à fourchette　叉头杆, 叉形杠杆
　~ agit en deux temps　二位式手柄
　~ articulé　曲柄, 曲(柄杠)杆, 活节手柄, 活节杠杆
　~ au cran actif　握柄在转动状况
　~ basculant　摇杆, 摇臂
　~ brisé　曲柄, 曲柄杠杆
　~ cintré　弯拐肘
　~ compensateur　平衡杠杆, 补偿杠杆
　~ coudé　拐肘, 曲柄
　~ d'angle　曲臂, 角杆
　~ d'annulation　解锁杆
　~ d'arrêt　止动杆, 锁定杆, 止动手柄
　~ d'arrêt automatique d'un train　列车自动停车手柄
　~ d'arrêt du mouvement d'horlogerie　钟表止动杠杆
　~ d'assentiment　同意手柄(闭塞机)
　~ d'attaque　触发杠杆, 触发弯板
　~ d'aube directrice　导叶臂
　~ d'autorisation　授权手柄
　~ d'avance　前导杆
　~ d'embrayage　(汽车)离合杆
　~ d'enclenchement　联锁握柄, 锁闭握柄
　~ d'induit　衔铁挡, 电枢把
　~ d'interrupteur　转辙杆, 开关杆
　~ d'inversion　反向手柄
　~ d'itinéraire　进路握柄
　~ d'itinéraire à réitération　回动进路握柄
　~ dans la position renversée　握柄在反位
　~ de came　凸轮式闭锁手柄
　~ de changement de marche　变速杆, 行程变换杆, 回动器手把

levier-pendule

~ de changement de vitesse 变速杆
~ de combinaison 选择手柄(驼峰自动机中的)
~ de combinateur 控制器手柄,组合开关手柄
~ de commande 操纵杆,控制杆
~ de commande à main 操纵手柄
~ de concordance 同意握柄
~ de contact 接触握柄
~ de coupe 进路储存器握柄(驼峰自动集中)
~ de débrayage 离合器杆,(汽车)分离杆
~ de déclenchement 断电杆,解锁握柄
~ de démarrage 起动杆
~ de destination 终端握柄,出口握柄(进路集中联锁)
~ de direction (汽车)转向杆
~ de fer 撬棍,铁棍,铁撬棍
~ de frein 闸杆,制动杆
~ de grue 起重机臂
~ de la commande de l'itinéraire (进路继电集中连锁内的)进路手柄
~ de libération 解锁杆,自动车钩提杆
~ de manœuvre 撬棍;操纵杆
~ de manœuvre d'une transmission 拐肘,机械操纵杆
~ de manœuvre de la boîte de vitesse 变速杆
~ de manœuvre du tendeur d'attelage 链钩螺杆,链钩手柄
~ de mise en marche 起动手柄
~ de pale 叶片转臂
~ de parcours 进路握柄
~ de pression 调压杆
~ de provenance 进路开始握柄(Descubes 式联锁机内)
~ de rail 撬棍,进路握柄(驼峰自动集中)
~ de rappel 复位握柄
~ de régulateur 节流杆,调节杆
~ de renversement de marche 回动杆;回动把手
~ de renvoi 回动杆
~ de signal 信号握柄
~ de sûreté 保安握柄,安全握柄
~ de vindas 纹盘棒
~ des vitesses 变速杆
~ directeur 操纵杆;进路握柄
~ disposé au cran neutre 握柄在定位

~ s disposés en quatre rangées superposées 排成重叠四排的拐肘
~ distinct 分开操纵的握柄(例如一个扳道岔一个扳锁闭杆)
~ double 双握柄,双臂拐肘,双向开关
~ droit 直握柄,直拐肘
~ du frein 闸杆,制动杠杆
~ émetteur 给出握柄(闭塞装置)
~ en cartouche 安置响炮手柄
~ en position normale 定位握柄,定位手柄
~ en triangle de frein 三角形制动梁
~ enclenché 握柄不能转动
~ manœuvré mécaniquement 机械握柄,机械操纵杆
~ oscillant 摇杆,操纵连杆
~ porte-tas 铆钉顶把
~ poussé au cran actif 握柄在扳动位置
~ pousse-wagons 撬棍
~ poussoir 按扣,脚踏电门
~ récepteur 接车握柄,机车上警戒手柄
~ renversé 反位握柄
~ sélecteur 电动转辙机中切断电源开关(打开盖子自动切断)
~ simple 单元握柄
~ surmonté de deux lampes 上方有两个表示灯光的握柄
~ tendeur 张力杆
~ tiré au cran actif 握柄处在扳动位置
~ trajecteur 排列整个进路的握柄(包括在其他联锁中的进路)

levier-pendule *m* 测力计摆锤
lévigation *f* 粉碎,细磨,水磨,洗净;淘析;分级沉降法
léviger *v* 粉碎,磨光,研磨,水磨,水磨漂选
levisite *f* 埃洛高岭石
lévogyration *f* 左旋
lèvre *f* 边,边缘,凸缘,(断层)翼,棱;刀刃,刨床的刀头斜面

~ affaissée 下降翼,下盘
~ de l'évacuateur de crue 溢洪道前缘,溢洪堰缘
~ de la faille 断层翼
~ de la fissure 裂纹边缘
~ du joint 接缝边缘

~ inférieure 下盘,断层下盘
~ soulevée 上升翼,上盘
~ supérieure 上盘

lévyne[lévynite] *f* 插晶菱沸石

Lewisien *m* 刘易斯(群)(An∈,英国)

lewisite *f* 钛锑钙石

lewistonite *f* 碳氟磷灰石

lexique *m* stratigraphique 地层词汇

lézarde *f* 裂缝,组缝,裂痕,裂口,墙壁裂缝,细裂纹

lézardé,e *a* 破裂的,有裂缝的,有裂隙的,带裂隙的,有裂口的

lézarder *v* 使裂开

lézinne *f* 节理,(灰岩中的)劈理

lherzite *f* 黑云褐闪岩

lherzolite *f* 二辉橄榄岩;铬尖晶石

liage *m* 连结,结合,混合,混合物,混合料,混合剂

liais *m* 坚硬灰岩,细粒硬质石灰石
~ dur 坚硬灰岩,坚硬致密灰岩
~ rose 中等硬度灰岩

liaison *f* 通信,联系,联络,连接,接合,砌合,连接线,耦合,连接法;单渡线,黏合剂
~ à grande distance 长途通信
~ à haute fréquence 高频通信,载波通信
~ à pivot 插针连接
~ acier-béton 钢筋混凝土结合
~ aérienne 空中联系
~ assurant la continuité du réseau autoroutier 高速公路连接线
~ atomique 原子键
~ automatique 自动分配呼叫制(电话)
~ autoroutière 高速公路连接
~ bilatérale 双向通信
~ câblée 钢缆连接
~ chimique 化学键,化学键合
~ croisée 交叉连接
~ d'abonnement 用户通信(联系)
~ d'aérage 通风联络巷道
~ d'hydrogène 氢键
~ d'ordres 业务通信,业务联系
~ de base 基础链
~ de données 数据链路,数据链路符
~ de gare à gare 站间通信
~ de la poussière 减尘
~ de valence 化合价键
~ de voies avec branchements à droite 双直线间右侧渡线
~ de voies en courbe 曲线间渡线
~ de voies en courbe S S形曲线渡线
~ diagonale 斜对连接
~ directe 直接耦合
~ duplex 双工通信(收发同时进行的通信)
~ électrique 电信;电导耦合
~ électrostatique 极键,静电键
~ en alternat 单工通信
~ en aluminium 铝连接线
~ en mortier 灰浆砌合,灰浆连接
~ en radiotéléphone 无线电话通信
~ en retour 反馈,回授
~ entre couches 层次连按
~ entre les postes d'aiguillage 集中信号楼间通信
~ fixe (traitement de l'information) 永久数据传输线(信息处理)
~ graphique 电报通信
~ hertzienne multiplex 多路无线电中继
~ hertzienne 无线电中继
~ hertzienne à relais 无线电中继
~ hertzienne multiplex par impulsions 脉冲多路无线电中继
~ intégrée production-transport 生产运输间的联系,生产与运输挂钩
~ inter tubes 电子管间耦合
~ interétages 级间耦合
~ interrégionale 地区间连接线,地区间通信
~ inter-unités 单位间的联系
~ locale 地区通信
~ lointaine 远距通信
~ mécanique 机械结合
~ mécanique d'enclenchement 机械锁闭
~ multicanale 多路通信
~ multiplex 多路通信
~ optique 灯光信号联络
~ panneresse 顺砖砌合
~ par appareils synchros 同步耦合
~ par courant porteur 载波传输,载波电流传输
~ par fac-similé 传真电报通信

liaisonnement

~ par fil　有线通信
~ par fréquence vocale　无线电话通信
~ par frottement　摩擦连接,摩擦结合
~ par guides d'ondes　波导线通信
~ par haut-parleur　广播通信
~ par interphone　电话通信,电话联系
~ par ondes courtes　短波通信
~ par ondes hertziennes　无线电通信
~ par radiotéléimprimeur　用无线电电传打字机联系
~ par satellite　卫星通信
~ par T.S.F　无线电通信
~ par téléscripteur　电传打字通信
~ point à point　两地直接通信
~ radio　无线电联系
~ radio d'autoroute　高速公路无线电话通信,高速公路无限联系
~ radio de triage　驼峰调车无线电联系,驼峰信号楼值班员同调车司机用无线电话联系
~ radio entre la butte et la machine de débranchement　驼峰与调车机车间的无线电联系
~ radio tête et queue　列车首尾无线电话联系
~ radioélectrique　无线电联系,无线电通信
~ radiophonique　无线电话联系
~ rapide complémentaire　辅助快速连结线,补充快速连结线
~ réciproque　互相联系
~ régulière　正常联络,日常联络表
~ rigide　刚性接合,刚性连接
~ routière　公路连接线
~ sélective (traitement de l'information)　暂时数据传输线(信息处理)
~ sous-marine　水下通信
~ téléphonique　电话联系,电话通信
~ téléphonique par câble　电缆线路电话通信
~ téléphonique par ligne H.T.　高压线路电话通信
~ télétype　电传打字通信
~ transversale　横向连杆;横向联系
~ troposphérique　对流层散射通信

liaisonnement *m*　联系,联络
~ entre maçonneries anciennes et nouvelles　新旧砌体相接

lianite *f*　斑状碱性花岗岩

liant *m*　连接,接合;砂浆,灰浆;挠性,柔韧性,柔软,有弹性;铺路沥青;黏合剂,黏结料,黏结剂,胶合料,胶结剂,胶凝物质,胶结材料,结合料
~ 《bitume brai》　掺煤沥膏的石油沥青结合料
~ à base de phosphogypse et de laitier　以磷酸石膏和矿渣为主要材料的结合料
~ à l'argile　黏土黏合剂
~ à prise lente　慢凝水泥,慢凝结合料
~ à prise rapide　快凝水泥,快凝结合料
~ activé　活性结合料
~ aérien　气硬性砂浆(建筑用)气凝结合剂
~ argileux　黏土黏结剂
~ asphaltique　沥青结合料
~ avec activant　加强黏结料
~ bitume-polymère　掺聚合物的沥青结合料
~ bitume-soufre　沥青—硫黄结合料
~ bitumineux　沥青结合料,沥青黏结料,地沥青胶合料
~ bitumineux amélioré　改善的沥青结合料
~ cendre volante-chaux　粉煤灰—石灰结合料
~ coloré　染色黏结料
~ d'agrégation　结合料,黏结料,胶合料,黏合剂
~ d'imprégnation　渗透黏结料,浸透黏结料
~ de peinture　涂料结合料(画交通标志用)
~ déshydraté　脱水结合料
~ dopé　加强黏结料
~ émulsionné　乳液黏结料,乳液结合
~ en excès　剩余结合料,多余结合料
~ époxydique　环氧树脂结合料,环氧树脂结料
~ exempt d'eau　无水结合料,除水结合料
~ fillerisé　填缝结合料
~ fluide　流体黏结料
~ fluidifié　稀释结合料
~ goudron époxyde　环氧煤沥青结合料,环氧煤沥青黏结料
~ goudronneux　柏油胶结料
~ hydraulique　水硬性结合料,水凝结合剂,液体胶合料,水硬性砂浆(建筑用)
~ hydrocarboné　碳水结合料,有机结合料,沥青结合料(液态)
~ hydrocarboné de haute viscosité　高黏度沥青结合料,高黏度沥青黏结料
~ hydrocarboné modifié　改善的沥青结合料,改善的有机结合料

~ hydrocarboné modifié aux polymères 聚合物改善的沥青结合料
~ inorganique 无机黏结料，无机结合料
~ liquide 液体黏合剂，液体黏结料
~ naturel 胶结土；黏土砂浆
~ noir 沥青结合料
~ plastique 塑性黏合剂
~ pouzzolane-chaux 火山灰—石灰黏结剂
~ pouzzolanique 火山灰黏结料，火山灰结合料
~ résineux 树脂结合料
~ rigide 水硬性砂浆，水硬性黏结料
~ routier 路用沥青结合料
~ semi-visqueux 半黏性黏结料
~ viscoélastique 黏弹性黏结料
~ visqueux 黏性黏结料

liant, e *a* 可挠的，柔韧的，弹性的；胶结的，连接的，键合的，黏合的

liante *f* 藤，藤本植物

liard *m* de Saint-Pierre 圣皮埃尔灰岩（片状灰岩的一种，法国）

liardite *f* 冻蛋白石

lias *m* 下侏罗纪，里阿斯统（J_1，欧洲）

Liasien *m* 里阿斯统（J_1，欧洲）

liasique *a* 下侏罗纪的

liasse *f* de plans 生产文件，整套图纸，文件夹

libage *m* 毛石

libelle *f* 气泡，气包体，气体包裹体

libération *f* 解锁，释放，分解；开通；发射；（矿物）析出，解离；逸出
~ à temps 限时解锁
~ d'énergie 释出能量
~ de gaz 析出气体，放出气体
~ de l'itinéraire 进路锁闭解锁
~ de la voie 线路开通，腾清股道
~ de service d'un parcours 区段开通
~ de tronçon 区段开通
~ des grains 单体分离
~ du signal par le poste d'aval 列车尾部运转车长发出安全信号
~ manuelle temporisée 手动延时解锁
~ prématurée 预先解锁
~ secours (signal) 紧急解锁（信号）

libérer *v* 解放，解除，腾空，清偿
~ les enclenchements 解除锁闭
~ la voie 开通线路
~ un wagon 卸空货车

liberté *f* 自由，自由度
~ de déplacement 移动自由度，位移自由度
~ de manœuvre 操作灵活
~ de mouvement 运动自由度
~ de piston 活塞死点空间

libertite *f* 锂铍石

libéthénite *f* 磷铜矿

libite *f* 焦石英

libol(l)ite *f* 暗沥青

librairie *f* 书业，书店
~ de gare 车站书亭

libration *f* 摆动，平衡，天平动

libre *a* 自由的，空闲的，放任的，不受约束的
~ accès 自由存取，自由进入
~ parcours moyen 平均自由行程

libyanite *f* 焦石英

Libyen *m* 利比亚阶（E_2，下部）

lice *f* 围棚

licence *f* 许可，执照，许可证，专利权，学士学位
~ d'affaire 营业执照
~ d'exploitation 经营许可证
~ d'exportation 出口许可证
~ d'importation 进口许可证
~ de fabrication 制造许可证
~ de transit 过境[转口]许可证
~ de vente 销售许可证
~ en ingénierie 工学士学位
~ en science 理学士学位

licenciement *m* 开出，解雇，解散
~ d'un agent 辞退人员

lichen *m* 地衣，青苔，沼泽，泥沼

lichtfieldite *f* 钠长霞正长岩（含钠长斜石闪长岩）

liddicoatite *f* 钙锂电气石

lidienne *f* 燧石板岩；试金石；黑色碧玉

lido *m* 浴滩，海滨浴场，离岸坝，滨外洲，岸外沙，潟湖前沙滩

lié *a* 被连接的

liebenbergite *f* 镍橄榄石

liebénérite *f* 蚀霞石块云母

liebéthénite *f* 磷铜矿

liébigite *f* 绿碳钙铀矿

liège *m* 软木,木栓,皮层,木栓层
　～ bitumineux　沥青软木
　～ de montagne　山纸,浮石棉(石棉的变种)
　～ expansé　膨胀软木
　～ granulé　颗粒状软木
lien *m* 绳,缆,裹,链,网;撑杆,(斜)支柱,斜撑;结合;连接物,连接;束缚
　～ argileux　黏土杂质
　～ fonctionnel　成因联系
lier *v* 缚,系,束,接连,黏结,结合
lierne *f* 支撑,横撑,桁条
lieu *m* 处所,地方;位置,次序,场所,地点;情况,状况,理由,原因
　au ～ de　代替,取代;不……而……
　au ～ que　却,而
　avoir ～　发生,举行
　avoir ～ de　有理由,理应
　～ d'accident　事故地点,出事地点
　～ x d'aisances　厕所
　～ d'arrêt　停车场所,停车地点
　～ d'échantillonnage　取样点,取样地点
　～ d'emploi　使用地点
　～ d'emprunt　取土坑,借土坑,土料场
　～ x d'habitation　居民点,居民区,生活区
　～ d'origine　原产地
　～ d'un accident　事故现场
　～ dangereux　危险地点
　～ de chargement　装车地点,装货地点
　～ de décharge　弃土地点
　～ de déchargement　卸货地点,卸车地点
　～ de départ　出发地点
　～ x de dépôt　储存场,堆放地点
　～ de destination　目的地
　～ de distinction　被叫局;目的地点
　～ de la réforme d'un wagon　火车改装部位
　～ de livraison　交货地点,货物交付地点
　～ de mise en œuvre　施工地点
　～ de prélèvement　取样地点,采样地点
　～ de prise des échantillons　取样点
　～ de repos　休息区
　～ de résidence　住地,驻在地
　～ de stationnement　停车场
　～ de stockage　存放地点
　～ de travail　工作地点

　～ dépôt　储存场,堆放地点
　donner ～ à　招致,引起
　en dernier ～　最后
　en premier ～　第一,首先
　en temps et ～　在适合的时候和场合
　il y a ～ de　有必要,需要
　s'il y a ～　如有必要
　tenir ～ de　代替
lieue *f* 法国古里(约合4公里)
　～ marine　海里
　～ kilométrique　古公里(合4公里)
lieux *m. pl* 房屋,住宅,房产
　～ d'habitation　居民点,居民区,生活区
lièvrite *f* 黑柱石
lift *m* 电梯,升降机
ligature *f* 捆绑,绑扎,接合,连接,绑带,系索
　～ d'arrêt　止动系绳(法),死结
　～ de deux fils de ligne　连接线
　～ des barres　绑扎钢筋
　～ s pour armatures　绑钢筋用铁丝
　～ soudée　焊固的连接线
　～ torsadée　合股绳
ligaturer *v* 绑扎(钢筋),结扎
lignage *m* 行,行数
ligne *f* 线,线路,路线,管路,铁路线;行,系列,行业;界限,界线,导线;1/12英寸(长度单位,1 ligne = 0.7938mm)
　～ à basse tension　低压线
　～ à bon profil　平坦线路,平道
　～ à bon tracé　易行线
　～ à couper　切割面线
　～ à deux fils　双线线路
　～ à double fil　双线电路
　～ à double voie　复线,双线铁路
　～ à embrochage　连接线
　～ à faible trafic　低运量线路
　～ à fente　开槽线,开槽部分
　～ à forte trafic　运输繁忙线,大运量铁路
　～ à fortes pentes　陡坡线路
　～ à fortes rampes　陡坡线路
　～ à grandes vitesses　高速铁道
　～ à gros trafic　运输繁忙的铁路
　～ à haute tension　高压电气化线路,高压线
　～ à plomb　铅垂线,垂直线,准绳

~ à points 虚线,点线
~ à profil accidenté 断面起伏大的线路
~ à profil difficile 不平线路,难行道
~ à profil facile 易行断面
~ à profil sévère 难行断面
~ à quatre voies 四线区段,四线铁路
~ à relais 中继线路
~ à retard 延迟线
~ à retard à magnétostriction 磁致伸缩延迟线
~ à retard à mercure 水银延迟线
~ à retard à nickel 镍延迟线
~ à retard à quartz 石英延迟线
~ à retard acoustique 声延迟线
~ à retard de phase 相位滞后网络
~ à retard en forme de peigne 梳齿形延迟线,梳齿形慢波线
~ à retard en nickel magnétostrictif 镍线的磁致伸缩延迟线
~ à retard en solide 固体媒质慢波线,固体媒质延迟线
~ à retard étalon 标准延迟线
~ à retard fixe 固定延迟线,不可调延迟线
~ à retard magnétique 磁延迟线
~ à retard ultrasonore 超声波延迟线
~ à retard variable 可变延迟线
~ à retard variable par bonds 分级调节延迟线,分档调节延迟线
~ à suspension caténaire 链形悬挂,接触导线,链形悬挂
~ à suspension caténaire composée 复式链形悬挂接触导线,复式链形悬挂
~ à suspension caténaire double 双链形悬挂接触导线,双链形悬挂
~ à suspension caténaire double à deux fils de contact 双接触导线的单链形悬挂接触网
~ à suspension caténaire simple à deux fils de contact 单接触导线的单链形悬挂,单接触线的单链形悬挂接触网
~ à suspension longitudinale 架空导线
~ à traction électrique 电力牵引铁路,电气化铁路
~ à trafic intense 运输繁忙的铁路
~ à trait suspensif 虚线
~ à très haute tension 超高压电气化线路

~ à une terne 单回路(三相)
~ à voie double 复线
~ à voie unique 单行线,单线铁路,单线线路,单车道线
~ à vue 视线
~ aboutissante 终点线,尽头线
~ accordable 可调谐的线路
~ accordée 稳定线路,已调线路,调谐线路
~ aclinique 无倾斜线(地磁),(地)磁赤道(线),零磁偏线
~ active 扫描线,有效线路,作用线
~ adaptée 已匹配线路
~ adiabatique 绝热曲线
~ aérienne 干管,进气管(路);接触天线,高架铁路,架空线路,架空管路
~ aérienne à courant fort 架空动力线,架空输电线
~ aérienne de contact 架空接触网,接触天线,接触导线
~ aérienne de télécommunications 架空电信线路
~ aérienne sur poteau 架空明线,架空线路,电杆线路
~ aérodynamique 流线型线
~ affermée 租用线
~ affluente 支线,联络线,中继线
~ agonique 无偏(差)线,零磁偏线
~ anticlinale 背斜脊线,背斜轴线
~ appelante 呼叫线路
~ appelée 被叫线路
~ arase des terrassement 土方工程整平线
~ artificielle 仿真线,人工线路,仿真电路,模拟线(路)
~ ascendante 上升线
~ asymétrique à deux conducteurs 双线非对称电路
~ asymptotique 渐近线
~ asymptotique à deux conducteurs 非对称双线线路
~ asynchrone 异步线
~ attenante 毗邻铁路
~ au réseau 中继线(电话)
~ auxiliaire 辅助线路,临时线路
~ auxiliaire interurbaine 长途局到市内局的中

继线,中继电路,长途中继线
~ axiale 轴线,中心线,中线
~ bifilaire (téléphone) 双线线路(电话)
~ blindée 屏蔽线
~ bordure 侧带,导向带,路缘带
~ bouclée 回线,环形线
~ brisée 折线
~ brisée en zigzag Z形折线
~ BT 低压线
~ cardinale (褶皱)枢纽线
~ caténaire inclinée 斜链形悬挂,倾斜式接触网
~ caténaire polygonale 多边形接触网,之字形接触网,垂直式接触网
~ caténaire verticale 垂直式接触网
~ centrale 中心线,中线
~ centrale du croisement 辙叉中心线
~ circulaire 回线,环形线,环形线路
~ coaxiale 同轴线,共轴线
~ s comparées 比较线
~ complète 完整线路
~ concédée 租用线
~ continue 实线,连续线
~ conventionnelle d'excavation 开挖(合同)线
~ conventionnelle d'extrados 二次衬砌外边缘线
~ cotidale 等潮线,同潮线
~ courbe 弧线,曲线
~ creuse 管道
~ croisée 交叉线,交叉传输线
~ d'abonné 用户线路
~ d'accident 断裂线,断层线
~ d'action 作用线;施力线
~ d'action de la force 施力线
~ d'adaptation 匹配线
~ d'adresses 地址线,地址道
~ d'affaiblissement 衰减线
~ d'affaissement 下陷线,下沉线,沉降线
~ d'affleurement 露头线
~ d'alimentation 馈电线,供给(水、电、气、材料等的管)线,供电线路
~ d'analyse 分析线,扫描线,图像线,影响线
~ d'annotatrice 信号线路,记录线(电话)
~ d'apport 引线,支线
~ d'approche 桥头引线,桥头引道

~ d'appui 推力线
~ d'arbres 电轴,电联动,同速联动
~ d'arête 屋脊,分水岭线,屋脊线,山脊线;梗,T形梁;砖的侧面;停车线
~ d'arrêt pour laisser passer 停车让行线
~ d'arrivée 馈线,进线,引入线,终点线
~ d'aspersion 喷淋管路
~ d'autobus 公共汽车线路
~ d'eau 水线,流线,水高线,流水线,水位线,海岸线,吃水线,水管线路
~ d'écoulement 流线,崩落线,水流线(水文),流动线
~ d'effort tranchant 剪力图,剪力曲线
~ d'égal épaisseur 等厚线
~ d'égale activité volcanique 等火山活动线
~ d'égale amplitude 等断距线,等幅度线
~ d'égale déformation 等变形线
~ d'égale fluorescence 等发光线
~ d'égales cisaillements 等剪力线
~ d'égales contraintes 等应力线
~ d'égales contraintes principales 等主应力线
~ d'égales épaisseurs 等厚线
~ d'égout 污水管道
~ d'encorbellement de la poutre de rive 边梁翼缘线
~ d'énergie 电力线,能坡线,能量坡降线,总水头线
~ d'enregistrement 记录线
~ d'enregistrement d'appel 记录中继线(电话)
~ d'essai 试验线路,试运转线路
~ d'excavation 开挖线,开口线
~ d'excavation réelle 实际开挖线
~ d'excavation théorique 理论开挖线
~ d'horizon 地平线,水平线
~ d'image 扫描线
~ d'inclinaison 倾伏线,(岩层)倾斜线
~ d'influence 影响线
~ d'influence des moments 弯矩影响线,力矩影响线
~ d'influence des réactions aux appuis 支点反力影响线
~ d'instruction codée 编码线
~ d'interconnexion (réseaux de distribution) 导线连接线(供电网)

~ d'interdiction 禁止通行线
~ d'intérêt local 支线
~ d'intersection 交叉线,交切线
~ d'intersection des plans 平面交切线,平面相交线
~ d'observation 视准线,观测(剖面)线
~ d'ordres 记录线(长途电话)
~ d'ossature 骨架轴线,构架轴线
dans ses grandes ~ s 大致上,大体上
~ de balayage 扫描线,扫描行
~ de balisage 行车道标线
~ de base 底线,扫描行,基线,时基线,主导线路;计时基线
~ de basse tension 低压线
~ de berge 边坡线,路基坡脚边线
~ de bord 外线,边线
~ de bout 端线
~ de branchement 支路,支线,岔线
~ de branchement d'abonné 用户线(路)
~ de but 终点线
~ de câble 电缆线路
~ de ceinture 环形线
~ de changement de pente 坡度变化线
~ de charge 载重线,荷载线,负荷索,充压管路,能坡线,能量坡降线,总水头线
~ de charge réduite 减载线
~ de chauffeur électrique 电器取暖电路
~ de chenal 河槽轴线,航道边线
~ de chevauchement 逆掩断层线
~ de chutes 瀑布线(带)
~ de circulation 车道线;交通线
~ de collimation 视准线,准直线,准直轴
~ de communication 交通线
~ de communication électrique 电信线路
~ de comparaison 基准线,水准线
~ de consolidation 固结曲线
~ de consommateur 副馈电线,次馈电线
~ de contact 分界线;接触网,接触导线
~ de contact à suspension caténaire 链式接触网
~ de contact anormal 断裂线,断层线
~ de contact des doigts de bas 低接点线路
~ de contact double 双接点导线
~ de contact gaz-huile 油—气—水接触线(面)

~ de contact huile-eau 油水接触线(面)
~ de contact sans câble porteur 无承力索的导线
~ de contact simple 单接点导线
~ de contour 等高线,等值线,轮廓线,等效率线
~ de contournement 桥接导线,跨接导线,迂回线
~ de contraintes 应力线
~ de contraintes principales 主应力线
~ de contrôle 控制线
~ de contrôle acoustique 监听线
~ de contrôle d'incendie 火灾控制线
~ de cote 尺寸线
~ de côté 海岸线
~ de coupe 剖面线
~ de courant 载流线,(地下水)流线,河面最大流速线
~ de courant de véhicules 交通流线
~ de courant supérieure 渗流线
~ de courbure 弧线
~ de court-circuitée 短路线
~ de crête 脊线,峰线,顶线,山脊线,分水岭
~ de crue 洪水线
~ de cylindres 汽缸排
~ de danger (洪水水位的)临界线,危险线
~ de débit minimal (pompe) (水泵)最小流量管路
~ de décélération (céder le passage) 减速线
~ de décélération pour laisser passer 减速让行线
~ de déclinaison nulle 无偏角线
~ de délai 延迟线
~ de délimitation de voie 车道分界线
~ de démarcation 分界线
~ de démarcation réflectorisée (路面)反光车道线
~ de départ 经线,始点线,起跑线
~ de déplacement 位移线
~ de désir (交通规划)要求路线
~ de dimension 尺寸线
~ de direction 虚线,点线,走向线,方向线,褶皱轴
~ de direction du pli 褶皱主轴线

~ de directrice 走向线，褶皱轴
~ de dislocation 断层线，断错线
~ de distribution 分布线；配电线
~ de distribution d'eau 供水管线
~ de distribution de charge 荷载分布曲线
~ de district 地区交换线
~ de division 分车道线
~ de drainage 排水线路，排水管道，排水管线，（水系中的）主河道
~ de faille 断裂线，断层线
~ de faille dominante 主断层线
~ de faîte 峰线，顶线，褶皱，脊线，屋脊线，山脊线，分水岭，分水线
~ de fermeture 闭合线
~ de flexion 弯曲线
~ de flexion élastique 弹性挠度曲线，弯曲线
~ de flottaison 水位线，吃水线
~ de fluence 流线
~ de flux 通量线，（冰川的）流线
~ de fond 底线
~ de force 力线，动力线
~ de force électrique 电力线
~ de force magnétique 磁力线
~ de force tranchante 剪力图，剪力曲线
~ de fracture 破裂线，断裂线，断层线，裂纹线，深断裂带
~ de fuite 漏电线，爬电距离
~ de glissement 滑动线，错动线
~ de gravité 重力线；自流管道
~ de grosses sonneries 电铃信号线路
~ de guidage 标线，准线，控制线，检查线
~ de joint 连线，接合线
~ de jonction 连接线路，联络线路
~ de l'arrêt 停车线
~ de la charnière 铰链线，褶皱枢纽线，褶皱脊线
~ de la côté de dalle 桥面板边线
~ de la plus grande pente 最大坡度线路
~ de la traction maximale 最大拉力线
~ de liaison 连接线
~ de maçon 圬工线
~ de marche 基准线
~ de marquage 标记线；交通标线
~ de marquage de route 车道线

~ de mesure 测量线，测试线
~ de mire 瞄准线，经纬仪视线
~ de moindre pente 最小坡度线
~ de moindre résistance 最小阻力线
~ de moment de torsion 扭矩图，扭矩曲线
~ de moment fléchissant 弯曲力矩图，弯矩图
~ de montagne 山区铁路
~ de mouillage 锚链，锚索
~ de mouvement 运动线
~ de naissance 起拱线
~ de naissance (d'intrados ou d'extrados) （拱腹或拱背的）起拱线
~ de naissance de sommier 起拱线
~ de navigation 航运线，海运线
~ de neiges 雪线
~ de neiges climatiques 气候雪线，区域性雪线
~ de neiges éternelles 万年雪线
~ de neiges orographiques 山理雪线
~ de neiges persistantes 永久雪线
~ de neiges régionales 区域性雪线，气候雪线
~ de neiges temporaires （随季节变化）季节性雪线
~ de niveau 水准线，水平线，等高线，等值线，等效率线，轮廓线，水平线，水准路线，等位线（与流线正交的线）
~ de partage 分水线
~ de partage conséquente 顺向分水岭
~ de partage des eaux 分水岭，分水线，集水区，流域
~ de partage en zigzag 曲折分水岭，锯齿状分水线（岭）
~ de partage entre deux bassins hydrogéologiques 地下水分水线
~ de partage glaciaire 冰川分界线，冰流分界线
~ de partage migrante 迁移分水岭
~ de partage souterraine 地下分水界线
~ de partage subséquente 纵向分水岭，后成分水岭
~ de partage topographique 分水线
~ de peinture 水线标志
~ de pendage 斜向线，倾斜线
~ de pente 倾伏线，倾斜线，坡度线，坡道线路，下坡线路，（岩层）倾斜线
~ de pente hydraulique 水倾斜线，水坡度线

~ de percolation 渗流线,浸润线
~ de phase 相线
~ de pieux 桩线
~ de pli 走向线,褶皱线,褶皱轴
~ de plongement 倾伏线,(岩层)倾斜线
~ de plongement réel 真倾斜线
~ de plus grande pente 较大倾斜线
~ de pontage 迂回线,跨接导线,桥接导线
~ de position 停车位置线
~ de potentiel constant 等位线,等势线
~ de poussée 推力线
~ de pression 压力线
~ de pression constante 等压线,恒压线
~ de pression des terres 土压力线
~ de pression minima 最小压力线
~ de prise de courant 接触线,(电机车)接触线网
~ de prise de terre 接地线
~ de production 生产线,流水作业线
~ de profondeur 等深线
~ de projet 设计线
~ de prospection géophysique 物探测线
~ de raccordement 连接线,衔接线,联络线,用户线
~ de radars 雷达链
~ de radars de guet lointain 远程雷达链
~ de ramassage 支线
~ de rappel (投影时用)辅助线
~ de rattachement (局台间)固定接线
~ de recul 反冲线,滞后曲线
~ de référence 基线,参考线,基准线
~ de régression 回归线,退水线
~ de relais 中继线
~ de remplissage 注泥浆管
~ de repère 基准线
~ de résistance 抗力线
~ de retour de boue 返浆管
~ de rivage 岸线,滩线,滨线,岸边线,海岸线
~ de rive 河岸线
~ de rive de chaussée 车道边缘线
~ de rivets 铆钉列,铆钉准线
~ de rupture 虚线,断口线,破裂线,裂面线
~ de rupture(de faille) 断层线
de ~ s simples 粗略的

~ de saturation 润线,湿润线,浸润线,浸湿线,饱和线
~ de secours 告警线路(电话),备用线路
~ de section 剖面线,地区线路
~ de sécurité 安全线
~ de séparation 分界线,分割线,分车道线,帧扫描线
~ de séparation des eaux 分水线
~ de service 业务线路,通信线路,联络线(电话)
~ de signalisation 路标线
~ de sondage 测绳,测深线
~ de soudure 焊缝,焊接缝
~ de start 起点线
~ de stratification 分层线
~ de surface 地面线
~ de tectonique 构造线
~ de télécommunication 长途通信线路
~ de temps 时线,时间界限,等时线,(地震)时标
~ de thalweg 深泓线,河流谷底线,最深谷底线
~ de toiture (locomotives électriques) 车顶导线(电力机车)
~ de touche 边线
~ de transmission à fils parallèles 双路输电线
~ de transmission blindée 屏蔽传输线
~ de transmissions 传送线,输电线,输电(传输)线路
~ de transport 输电线,运输线
~ de transport de courant 馈电线路,输电线路
~ de travail 架空接触导线
~ de vallée 山谷线,河谷线
~ de visée 视线,照准线,瞄准线
~ de vision 视线
~ de zéro 零线,基准线,基准水平线,天线方向基准线
~ déclive 下坡线路,坡道线路
~ déposée 拆除的线路
~ des basses mers 低潮线
~ des centres (拱)中心线,(拱圈)中心轨迹线
~ des coordonnées 坐标线
~ des côtes 海岸线
~ des forces transversales 横力线,剪力线
~ des moments 力矩线,弯矩线

~ des niveaux piézométriques 水头线,压力水平线,水力比降,自由水面线,水力坡降线,测压管水位线
~ des pressions 压力线
~ des tunnels 多隧道的线路
~ désadaptée 失匹配线路
~ désaffectée 封闭的线路
~ détournée 迂回线,跨接导线
~ détournée H. T. (ligne de contact) 高压迂回供电线(接触导线)
~ directe 直通线,直通电路(电报),直达交换线路(电话)
~ directrice du pli 褶皱主轴线
~ discontinue 虚线;折线
~ disponible 空线,备用线
~ donnée à bail 出租线路
~ double 双线,双导线
~ double continue 连续双线
~ double continue et pointillée 连续线和虚线组成的双线
~ droite 直线
~ du bâtiment 房基线,房屋界限,建筑(红)线
~ du diagramme des efforts tranchants 剪力图,剪力线,剪力曲线
~ du liquidus 液相线
~ du relief 地形起伏线
~ du réseau radio 广播线
~ du rivage 岸线,滨线,岸边线
~ du spectre 谱线,光谱线
~ du stop 停车线
~ du talus d'excavation 开挖边坡线
~ du terrain 地面线
~ du terrain naturel 天然地面线
~ du trafic moyen 中等运量的线路,平均信息量线路
~ s élancées 流线型外形
~ élastique 弹性曲线
~ électrifiée 电气化线路,电气化铁路
~ électrique 电线
~ électrique à courant alternatif 交流(牵引)线
~ électrique à retard 电延迟线
~ électrique aérienne 架空电线
~ électrique souterraine 地下导线
en ~ 排成行,组合成行,排列的

en ~ droite 直线的
~ en câble 电缆线
~ en construction 施工线路
~ en déclivité 坡道线路,下坡线路
~ en exploitation 运营线路
~ en pointillés 点线,虚线
~ en poteaux 架空线路
~ en projet 设计线,拟建线
~ en ruban 带状线
~ en traits interrompus 虚线,点线,断续线
~ en traits pointillés 虚线
~ en zigzag Z形线,之字形线,锯齿形曲线
~ enveloppante de Mohr 莫尔包络线
~ équilibrée 平衡线路,对称线路,平衡传输线路
~ équipée en block système 设有闭塞系统的区段
~ équipotentielle 等势线,等位线
~ exploitée 营业线
~ exploitée en block manuel 按人工闭塞法行车的铁路区段
~ exploitée en traction électrique 电气化运营线路
~ exploitée par cantonnement 按闭塞法行车的铁路区段
~ facile 易行线
~ factice 幻象电路,模拟路线,仿真线路
~ fermée 闭合线
~ fermée au trafic 非营业线,停止营业的线路
~ fictive 仿真线路,人工线路
~ fléchie 变位曲线,挠度曲线
~ fréquentée 繁忙线路,列车密度大的线路
~ frontale du mur garde grève 桥台背墙前缘线
~ frontière 边线,边界线
~ géodésique 大地线,测地线,最短程线,大地测量线,(沿地球面的)最短线
~ géodésique 大地测量线
~ grande 干线
~ hélicoïdale 螺旋线
~ homoséiste 等震线
~ horizontale 水平线
~ HT 高压线
~ hydro-isobare 等水压线
~ idéale 愿望线,要求线,愿望线图,要求线图

~ imbibée 浸润线
~ importante 干线,重要线路
~ inférieure de la fouille 基坑开挖底边线
~ infranchissable 不能超越的线
~ ininterrompue 连续线,不间断线
~ interdigitale 匹配头之间的距离(行波管慢波系统)
~ interrompue 断续线,虚线
~ interurbaine 干线,长途线路,中继线(电话)
~ isoanomale 等异常线
~ isobare 等压线,等量异位素
~ isobathe 等(水)深线,等高程线
~ isochore 等容线,等体积线,等间距线,等层厚线
~ isocline 等倾线
~ isoclinique 等倾线,等磁倾线
~ isodynamique 等力线,等(磁)力线
~ isogéotherme 等地热线,等地温线
~ isogone 等偏线
~ isohyète 等雨量线,等降水量线
~ isohypse 等高线
~ isomagnétique 等(磁)力线
~ isopaque 等厚线
~ isopique 同相线
~ isoplèthe 等值线
~ isopluviale 等雨量线
~ isopotale 等渗透线
~ isoséismique 等震线
~ isoséiste 等地震线
~ isostatique 均衡线,等压线
~ isotherme 等温线,同温线
~ isotropique 空间对角线
~ latérale 侧线
~ libre 空线,闲线
~ limite 净空线,临界线
~ limite de glissement 滑坡周界
~ littorale 滨线,岸线,海岸线
~ longitudinale 纵向线
~ médiane 中线,中心线
~ médiane continue 连续中线
~ méridienne 经线,子午线
mettre en ~ de compte 考虑在内,估计在内
~ monophasée 单相线路
~ moyenne (轴)中心线

~ multifilaire 多线线路
~ munie de signaux lumineux 装有色灯信号机区段
~ navigable d'une rivière 内河航道
~ s neutres 中性线,中性面(直流电机,单向换向器电机的),水准线
~ s neutres d'une machine à collecteur à courant continu 直流电机的中性面
~ s neutres d'une machine à collecteur monophasé 单向换向器电机的中性面
~ s neutres d'une machine à collecteur polyphasé 多相换向器电机的中性面
~ non exploitée 停止营业的线路
~ normale 法线,垂直线,标准线
~ nulle 零线
~ oblique 斜线
~ omnibus 局部线路(电话),各站电话线,列车供电汇流排,列车供电母线
~ ouverte 开通线路
~ ouverte au trafic 营业线
~ P.T.T. en location 租用邮电线
~ s parallèles 平行线
~ partagée 共线电话线路
~ particulièrement chargée 异常繁忙线路
~ périodique 周期线
~ perpendiculaire 垂直线,铅垂线
~ phréatique 地下水位线,浸水水面线,潜水水位(线),(土坝内的)浸润线
~ piézométrique 压力线,水压面,(自由)水面线,测压管水位(头)线,水面(力)坡降线
~ pilote (commande automatique de la marche des trains) 钢轨传感导线(列车行车自动控制)
~ pleine 实线
~ pointillée 虚线,点线
~ pour inscrire les mesures 尺寸线
~ pour l'annonce des trains 列车到达或离去信号线
~ principale 干线,主线,正线,中继线(电话)
~ principale de distribution 主配电线
~ principale de puissance 电力干线
~ privée 专用线路,交换局间线路
~ pupinisée 负载线路,加感线路
~ rasée 地面线

~ régionale 地区电话网,长途电话线
~ régulière de navigation 水运定期营业线
~ régulière de services automobiles 公路定期营业线
~ résonnante 谐振线
~ rouge 道路红线
~ rurale 乡镇线路
~ sans brouillage 无干扰的通信线路
~ sans distorsion 无失真线路
~ secondaire 支线,次要线路
~ secondaire d'abonné 用户支线
~ semi-directe 半直通线路(电话);各大站间行车通信
~ séparative 分车道线
~ séparatrice 分车道线
~ serrage "制动"线
~ sinueuse 蜿蜒弯曲的线路
~ soudée 焊缝
~ sous crépi 暗线
~ sous tension 带电线路
~ souterraine 地下线路
~ spirale 螺旋线
~ stop 停止线,(汽车)停车线
~ structurale 构造线
~ suburbaine 市郊铁路线
~ sur traverses 横担架空
~ suturale,~ de suture 缝合线
~ tectonique 大地构造线,地质构造线
~ télégraphique 电报线
~ téléphonique 电话线
~ théorique de la côte de dalle 理论桥面板边缘线
~ tiretée 虚线,短划线,阴影线
~ torsadée 股线,螺旋线
~ transversale 渡线,结合线,局间中继线,交叉连接(线)
~ triphasée 三相线路
~ unidirectionnelle 单向电路,单向(通信)线
~ unifilaire 单线线路(电话或电报)
~ uniforme 均匀线路(特性均匀的传输线)
~ unique 单线,单线路,单一引入线,单一连接线
~ urbaine 市内线路(通信)
~ urbaine rapide 城市快速路线
~ utile 有效线,作用线,有效行(图像的)
~ verticale 垂直线,铅垂线
~ verticale de profil 侧垂线
~ virtuelle T. T. S. (télégraphie et téléphonie simultanées) 单工电路,接地幻通电路
~ visée 视线
~ visible 轮廓线,外形线
~ visuelle 视线,瞄准线
~ zéro 零线,零位线,中性线,起读线,时基线,基准水平线

ligne-bordure f 边线
ligner v 划线(用墨线),画格子
ligneux a 木质的,木质素的,褐煤的,木煤的
lignification f 木质化;褐煤化
ligniforme a 树枝状的
lignine f 木质,木素,木质素,木质纤维
lignite m 褐煤
~ bitumineux 沥青质褐煤
~ brillant 半沥青煤,亚沥青煤
~ gras 蜡煤;亚沥青煤
~ résineux 沥青质残植煤
~ terne 泥煤,泥炭
ligniteux a 褐煤的,褐煤质的
lignitifère a 褐煤化的,褐煤质的
ligno-cellulosique a 腐殖煤的
lignone f 木质,木素,木质素
ligotage m 紧缚,紧捆
ligroïne f 粗汽油,重汽油,挥发油,石油醚,里格罗因
ligurite f 绿桷石,桷石
lilalite f 锂云母
liliathite f 锂云母
lillhammérite f 镍黄铁矿
lillianite f 硫铋铅矿
lillite f 克铁蛇纹石(绿锥石)
limaïte f 锡锌尖晶石
liman m 河口湾,溺谷,泥湾(淤泥浅湾,淤泥河口湾),河口淤泥沉积
~ fluvial 河口溺谷湖
limbachite f 皂石(似蜡石)
limbe m 翼,边,缘,肢,侧,刻度盘,指针盘,分度盘,分度环
~ d'une glacier 冰川边缘
~ frontal 前肢,峰翼,前翼肢

limbilite[limbite] *f* 杂橄榄铁矿
limburgite *f* 玻基辉橄岩
limburgitique *a* 玻基辉橄岩的
lime *f* 锉刀,钢锉,钳工锉
　～ à aiguille　什锦锉
　～ à arrondir　圆弧锉,齿轮锉
　～ à bois　木锉
　～ à dégrossir　粗锉
　～ au paquet　粗锉
　～ bâtarde　粗锉,粗齿锉
　～ carrée　方锉
　～ demi-ronde　半圆锉
　～ douce　细纹锉
　～ en acier　钢锉
　～ finissant en pointe　尖锉
　～ grosse　粗锉
　～ plate　板锉,扁锉,平锉
　～ pointure　尖头锉
　～ pour scies　锯锉
　～ ronde　圆锉
　～ triangulaire　三角锉,三棱锉
limer *v* 锉
limerickite *f* 黑紫鲕陨石
limet *m* （煤）劈理,劈理面
　～ en direction　（煤）走向劈理
　～ en pendage　倾斜劈理
　～ parallèle à l'inclinaison　（垂直于主要劈理）次要劈理
　～ parallèle à la direction　（煤）主要劈理
limeur *m* 锉工
limeuse *f* 锉床
liminaire *m* 发光设备,照明设备；*a* 前陆的,发光体前陆山脉的
　～ antidéflagrant　防爆灯具
　～ étanche à l'immersion　防水灯具
limitatif, ive *a* 局限的,限定的
limitation *f* 限制,约束,限定,限度,限值
　～ calendrier　日程限制
　～ d'emploi　使用限制,使用范围
　～ de bande de fréquences　频带范围
　～ de charge　载荷限度,荷载限值
　～ de l'espace libre　界限
　～ de la circulation　交通限制
　～ de la concentration　浓度限制
　～ de la température　温度限制
　～ de régime　转速限制
　～ de temps　时限
　～ de vitesse　限速
　～ des accès　入口限制（高速干道）
　～ des flèches　挠度限制
　～ des impacts　影响程度
　～ des parasites　干扰限制
　～ du trafic　交通限制
　～ électronique de la durée de soudure　电子焊接时间控制器
　～ en vitesse　限制速度
limite *f* 限度,界线,极限,范围,边线；终点,末端；公差,极限值；限定,限制
　～ à potentiel fixé　（地下水）实测潜水界线,固定潜水界线
　～ s absolues (système des)　绝对极限系列
　～ admissible　容许限度
　～ apparente d'élasticité　屈服点,显似弹性极限
　～ autorisée　核定限额
　～ conventionnelle d'élasticité　规定屈服点,规定弹性极限,常规弹性极限
　～ conventionnelle de proportionnalité　屈服强度
　～ critique de rupture　强度极限,破坏极限,断裂极限,断裂强度,断裂强度极限
　～ d'écoulement　流动屈服值,液体（蠕变）极限
　～ d'absorption　吸收界限
　～ d'adhérence　黏着力限度,最大黏着力
　～ d'âge　年龄界限,年龄限制
　～ d'âge légal　法定年龄限制
　～ d'âge pour la retraite　退休年限
　～ d'alimentation　地下水补给界线
　～ d'allongement　延伸极限,伸长极限
　～ d'allongement élastique　弹性极限
　～ d'allongement unitaire　单位延伸极限
　～ d'Atterberg　塑性指数,阿太堡界限（土的界限含水量）
　～ s d'Atterberg　阿氏限度（即土的特性湿度指标）,塑性极限
　～ s d'automaticité　自动范围
　～ d'éblouissement (feux de signaux)　最大亮度（信号灯光）
　～ d'éboulement　崩落边界,陷落线

limite

- ~ d'échauffement 加温范围,加温极限
- ~ d'écoulement 流限,液性极限,蠕变极限;屈服极限,屈服点
- ~ d'écoulement à la compression 抗压屈服点
- ~ d'écoulement plastique 塑性流变极限
- ~ d'écoulement plastique par cisaillement 剪切塑性流变极限,剪切屈服极限
- ~ d'élasticité 弹(性极)限,弹性限度
- ~ d'élasticité proportionnelle 比例弹限
- ~ d'endurance 疲劳极限,持久强度极限
- ~ d'endurance de fatigue 疲劳持久限度
- ~ d'endurance déterminée sur barreau entaillé 凹口试杆疲劳极限
- ~ d'endurance déterminée sur barreau lisse 光面试杆疲劳极限
- ~ d'enneigement 雪线
- ~ d'enrichissement 可选极限;富集极限
- ~ d'équilibre 平衡极限
- ~ d'erreur 最大误差,误差范围(仪表),误差限度
- ~ d'étirage 弹性极限,拉伸极限,抗拉极限
- ~ d'excavation 开挖边界
- ~ d'excavation finale 最终开挖线
- ~ d'exploitabilité 开采极限(深度)
- ~ d'exploitabilité en carrière 露天开采极限,露天矿极限深度
- ~ d'exploitation 采区边界
- ~ d'explosion 爆炸范围
- ~ d'expropriation 征地界,用地界限,用地限界
- ~ d'extension 张力极限
- ~ s d'intégration 积分范围,积分上下限
- ~ d'oscillation 振荡极限,振动极限;摆动极限,波动极限
- ~ d'usure 磨耗限度,磨耗极限
- ~ de l'environnement 环境限制条件
- ~ de bruit physiologiquement admissible(insonorisation) 噪音限度(隔音)
- ~ de capacité 最大容积,最大容量
- ~ de charge 载荷极限
- ~ de charge d'un véhicule 车辆装载量极限,车辆最大装载量
- ~ de charge par essieu 轴载极限
- ~ de chargement 荷载限制,极限荷载
- ~ de compression 压缩极限
- ~ de concession 矿山租借地范围
- ~ s de confiance 可信度,置信界限(用于数理统计)
- ~ de consistance 稠度极限
- ~ de construction 建筑界限
- ~ de contraction 收缩极限(土壤)
- ~ de contrainte 极限应力
- ~ de déformation 变形极限
- ~ de détection 探测极限;最大灵敏度
- ~ de détérioration 磨损极限
- ~ de diffusion 扩散极限
- ~ de dilution 稀释限度
- ~ s de dimension 尺寸限度
- ~ de discernement 分辨力,鉴别力
- ~ de fatigue 疲劳极限
- ~ de fatigue déterminée sur barreau entaillé 凹口试杆疲劳极限
- ~ de fatigue déterminée sur barreau lisse 光面试杆疲劳极限
- ~ de fatigue sous corrosion 腐蚀疲劳极限
- ~ de flambement 纵向挠曲极限
- ~ de flexion 挠曲极限,弯曲强度极限
- ~ de fluage 屈服点,徐变极限,(金属、混凝土)蠕变极限
- ~ de fluidité 流动性限制
- ~ de fonction 函数极限
- ~ s de gare 车站管界
- ~ de glaciation 冰川作用范围
- ~ de gradation 颗粒级配范围,(粒径)级配范围
- ~ de granulation 晶界,晶粒界面
- ~ de l'emprise 采区边界,用地限界,用地范围,矿山用地边界
- ~ de l'environnement admissible 容许环境极限
- ~ de la contrainte de compression 压应力限制
- ~ de la fatigue 疲劳极限
- ~ de la formation 建造界线
- ~ de la marée 潮头,高潮极限
- ~ de la plus basse mer 低潮界线,小潮界线
- ~ de la plus haute mer 涨潮线
- ~ de la pollution écologique 生态污染极限
- ~ s de la zone critique 临界范围,临界极限
- ~ de la zone isolée 绝缘轨节,轨道绝缘区段范围

~ de liquidité(LL)　液性限度,流变极限,液(性极)限,(土的)液限
~ de longueur de pente　坡长限制
~ de manœuvre　停止调车标志,停止调车作业标
~ de marée　潮区界,潮汐界限
~ de mesure　量程
~ de pénétration　贯入限度,渗透极限,穿透极限
~ de plasticité(LP)　塑性限度,塑性限制,塑限含水量,(土的)塑限,塑性极限断裂[破坏]极限
~ de plasticité des roches　岩石塑性极限
~ de plasticité inférieure　(土壤含水量指标的)塑性下限
~ de plate-forme　路基范围
~ de poids　重量限度
~ de poids d'essieu　轴重限制
~ de précision　精确限度,精密界限,精度范围
~ de proportionnalité　比例极限
~ de propriété　特性限度,有限性能
~ de protection du signal avancé　预告标,信号防护标志
~ de refoulement　锻头变形极限
~ de remous　回水界限,回水极限
~ de résistance　强度极限
~ de résistance à la fatigue　疲劳极限
~ de retrait(L.R.)　收缩极限,缩性限制,(土壤)缩性界限
~ de retrait volumétrique　体积收缩极限
~ de rigidité　强度极限
~ de route　公路界
~ de rupture　破坏极限,断裂极限,断裂强度
~ de rupture au fluage　蠕变断裂强度
~ de rupture de roches　岩石强度极限,岩石破坏极限
~ de saturation　饱和极限
~ de sécurité　安全极限,安全范围,安全限度,极限安全应力
~ de solubilité　溶解极限
~ de solubilité à[dans] l'état solide　固溶度
~ de stabilité　稳定极限
~ de stabilité dynamique à flux constant d'un système de transmission　传输系统在恒定磁通下的动态稳定性极限
~ de stabilité dynamique naturelle d'un système de transmission　传输系统的自然动态稳定性极限
~ de stabilité naturelle d'un système de transmission　传输系统的自然稳定性极限
~ de succion　最大吸升高度
~ de suintement　蠕变极限
~ de température　温度范围,温度极限,温度上限,应用温度范围
~ s de températures d'opération　工作温度范围,运用温度范围
~ de temps　期限
~ de tolérance　公差,容许极限,容差限度,容许误差
~ de tolérance statistique　统计容许极限
~ de torsion　抗扭强度极限
~ de vibration　振动极限
~ de visibilité　可见度,能见度,能见极限,能见度范围
~ de vitesse　限速,极限速度
~ s de volume　体积限度
~ de zonation géotechnique　工程地质分区界线
~ des glaces　冰界,冰限,冰川范围,冰川界限
~ des neiges　雪线,雪限
~ des neiges éternelles　雪线,永久积雪界线
~ des neiges perpétuelles　雪线
~ des neiges persistantes　雪线,永久积雪界线
~ des possibilités de calcul　计算许可限度
~ discernement　分辨率,分辨能力
~ du bassin versant　流域边界
~ du champ　矿田范围
~ du névé　雪线,万年雪线
~ du noyau central　核心范围
~ du poids de véhicule　车重限制
~ du remous　回水界限,回水极限
~ du réseau　网电限界
~ du site　现场的边界
~ du suintement　蠕变极限,渗透极限
~ eau-huile, ~ eau-pétrole　油水界限,油水接触面
~ élastique　屈服点,弹性极限,弹性限度
~ élastique d'acier　钢筋的弹性极限强度
~ élastique d'armature précontrainte　预应力钢

筋的弹性极限强度
~ élastique supérieure 弹性上限
~ en amont 上滑面
~ en aval 下滑面
~ étanche 不透水界限
~ extrême 极限值
~ fixe 固定界限
~ gaz-eau 气水界面
~ gaz-huile 油气界面
~ inférieure 下限,下界
~ inférieure d'élasticité 弹性下限
~ liquide 液限,流限
~ lithologique 岩相分布界限
~ plastique 塑性极限
~ plastique du sol 土的塑性限度
~ proportionnelle 比例极限
~ raisonnable 合理限制
sans ~ 无限地,无界限的;无限制地
~ stratigraphique 地层界限
~ stratigraphique inférieure 底板,岩层下部界限
~ stratigraphique supérieure 顶板,岩层上部界限
~ supérieure 上限,上界
~ supérieure au dévers 超高上限
~ supérieure d'élasticité 弹性上限
~ supérieure d'étirement 上屈服点
~ supérieure de plasticité 塑性上限
~ supérieure du pergélisol 永冻层面层
~ supérieure et inférieure 上下限

limiter v 限制,限定;划定界线

limiteur m 限制物,限制器,控制器,止动器,限动器;止动销
~ à deux étages 双阶限制器
~ automatique 自动限制器
~ avec diodes 二极管限制器
~ d'amplitude 限幅器
~ d'effort 负荷限制器
~ d'ouverture des aubes directrices 导叶限位器
~ de bruits 杂音限制器
~ de charge 加荷限制器,荷载制止器,载荷限制器
~ de courant 限流器,电流限制器
~ de course 冲程限制装置,行程限制器,提升限制器;制动器,限制开关
~ de crête basse fréquence 低频峰值限制器,声频峰值限制器
~ de débit 流量限制器
~ de débit (courant électrique) 电流限制器
~ de durée 限时器(如信号)
~ de fin de course 冲程限制装置
~ de modulation 调制深度限幅器
~ de référence courant 电流基准限制器
~ de surcharge 过载保护装置,过负荷开关
~ de survitesse 超速限制器
~ de tension 限压器,电压限制器
~ de tension à gaz rare 稀薄气体压力限制器
~ de vitesse 限速器
~ du courant 电流限制器,节流器
~ du surtension 限压器
~ ouvert électrique 电气开度限制器

limitrophe a 毗邻的,接壤的,边界上的,边境的,交界的

limnétique a 淡水的,湖泊的,湖沼的,远海[沉积]的,远洋的,洋面的

limnigramme m 水位图,水位记录曲线,地下水水文曲线

limnigraphe m 自记水位计,液面记录器,液面记录仪
~ à bulles 气泡水位计
~ à flotteur 浮动水位记录仪,浮标水位计
~ différentiel 差动水位记录仪

limnimètre m 液面仪,液位指示器,水位指示器,水位标示仪,液体平面指示器
~ enregistreur 自动水位计,自记水位记录仪

limniphone f 遥测水位(指示)仪

limnique a 湖沼的,湖成的,淡水的,陆相的

limnite f 沼铁矿

limnocalcite f 淡水灰岩;土状石膏;灰泥(石灰和黏土的混合物)

limnoquarzite f 淡水石英岩

limon m 土壤,淤泥,黏土,粉沙,泥沙,肥土,沃土,矿泥,亚黏土,泥渣,泥浆;楼梯纵梁
~ à doublets 层状亚黏土
~ à panaché 杂色亚黏土
~ à tassement 湿陷性黄土
~ alluvial 冲积河泥,山谷淤泥,冲积亚黏土

~ argileux 泥质亚黏土,黏质粉土,亚黏土
~ argileux lourd 重亚黏土,重壤土
~ argilo-sableux 砂黏土质,亚黏土,砂质壤土
~ argilo-silteux 粉质黏壤土,粉质黏土垆姆
~ brun lessivé 褐色淋滤亚黏土
~ de débordement 淤泥,软泥
~ de marée 翻浪淤积物,潮浪淤泥
~ de ruissellement 冲击亚黏土
~ des plaines 覆土,浮土,黄土
~ des plateaux 黄土,风成黄土;黄土高原
~ des vallées 河谷亚黏土,谷地亚黏土
~ diluvial 洪积壤土
~ diluvien 黄色亚黏土
~ en béton armé 钢筋混凝土楼梯斜梁
~ en bois 木楼梯斜梁
~ extérieur 楼梯外侧纵梁
~ fin 细粉土,粉砂,壤土
~ gras 富含有机物质的软泥
~ graveleux 砂砾质亚黏土,含砾粉土
~ grossier 粗粒亚黏土
~ intérieur 楼梯内侧纵梁(靠墙的)
~ léger 轻壤土,粉壤土
~ lœssique 黄土,黄土状亚黏土
~ lœssoïde 似黄土质亚黏土
~ maigre 贫有机物的软泥
~ marneux 泥灰粉土,泥灰壤土
~ organique 有机质粉土
~ organique graveleux 含砾有机质粉土
~ organique sableux 含砂有机质粉土
~ pélagique 远海(沉积)软泥
~ peu plastique 低塑性粉土
~ recourbé 环形楼梯纵梁
~ rouge 红色亚黏土
~ rouge latéritique 红色红土质黏土
~ sableux 粉砂,亚砂土,砂质黏土,含砂粉土
~ silteux 粉壤土
~ subaérien 陆成亚黏土
~ subaquatique 水成亚黏土
~ traité à la chaux 石灰处治粉土
~ traité à la chaux-ciment 石灰水泥稳定粉土
~ traité au ciment 水泥处治粉土
~ très plastique 高塑性粉土
~ très plastique graveleuse 砾质高塑性粉土
limonage *m* 软泥沉积

limoneux, euse *a* 淤泥的,软泥的,壤质的,亚黏土(质)的
limonite *f* 褐铁矿
limonite-kappa *f* 磷褐铁矿
limoniteux[limonitique] *a* 褐铁矿的
limonitogélite[limonogélite] *f* 胶褐铁矿
limpide *a* 清澄的,清澈的,透明的
limpidité *f* 澄清,清澈,清晰,透明度,透明性,明晰度,清晰度
limure *f* 锉,锉平,锉屑,锯屑
limurite *f* 斧辉岩
lin *m* 亚麻,麻线,亚麻布,亚麻织品
~ fossile, ~ minéral 石麻,石棉
~ incombustible 石棉
~ vif 石棉,石绒
lincolnine[lincolnite] *f* 片沸石
lindackérite *f* 水砷氢铜石
lindésite *f* 透霓辉石
lindgrénite *f* 钼铜矿
lindinosite *f* 富钠闪花岗岩
lindoïte *f* 钠闪正长细晶岩
lindsayite *f* 水钙长石
lindströmite *f* 辉铋铜铅矿
linéaire *f* 线形;*a* 直线的,线的,线性的,线条的,线状的,一次的
linéal, e *a* 线的,直线的,直线性的,线状的
linéament *m* 线性体,线性构造,线性特征,(区域)构造线,(区域)断裂线;棋盘格式
linéarisation *f* 线性化
linéarité *f* 线性,直线性,直线度
~ d'analyse 扫描线性
linéation *f* 轮廓,划线,线性,线理,线状构造,区域构造线,定向排列
~ d'étirement 延伸线理,拉张线理
~ d'intersection 交错线理
~ de crénulation 皱纹线理
~ minérale 矿物线理
linéique *a* 线路的,直线性的,直线长度的;单位长度的
liner *m* 班机,运输机,大型客机,(定期)班轮,(直线加速器的)共振器
~ à réaction 喷气式运输机
lingot *m* 锭,钢锭,金属锭,铁锭,铸块,焊核
~ brut de fonderie 钢锭

~ carré 方钢锭
~ d'acier 钢锭
~ rond 圆钢锭
lingotage *m* 铸锭
lingotière *f* 铸锭模
linguet *m* 销，栓，键，止动销子
linnaeite［linnéite］ *f* 硫钴矿
linoléanique *a* 亚麻的
linoléum *m* 漆布，油地毡
linophyre *m* 线(状)斑岩
linophyrique *a* 线斑状的，线(状)斑岩的
linosaïte *f* 含霞碱玄岩
linosite *f* 富钛闪石，氧钛角闪石，高铁氧钛闪石
linotype *f* 排字机，整行铸排机，莱诺铸排机
lint *m* 棉花
linteau *m* 过梁，横梁(钢架)，门［窗］楣
~ de porte 门楣；门过梁
~ ammoniacale 氨水
lintonite *f* 杆沸石
lionite *f* 自然碲；钼钨铅矿
liottite *f* 利钙霞石
liparite *f* 萤石，萤石，流纹岩，铁滑石，硅孔雀石
liparitique *a* 流纹岩的，流纹质的
liparitodacite *f* 流纹英安岩
liparobsidienne *f* 流纹玻璃，玻璃流纹岩，流纹黑曜岩
liparoperlite *f* 流纹珍珠岩
liparophyre *m* 流纹斑岩
liparoponce *f* 流纹状浮岩(石英粗面浮岩)
liparorétinite *f* 流纹黑曜岩
lipscombite *f* 四方复铁天蓝石
liptobiolit(h)e *f* 残植煤，残植岩，残留生物岩
liquation *f* 熔析，液析，偏析，液化，熔融，分熔，熔离
liquéfacteur *m* 液化器
liquéfaction *f* 冲淡，稀释，液化(作用)，液态变化
~ de corps vitré 玻璃体液化
~ de l'air 空气液化
~ des gaz 气体液化
~ fractionnée 分馏凝结，分级液化
~ initiale 初始液化
~ temporaire 暂时液化
liquéfiable *a* 可液化的，易液化的，可成为液体的

liquéfier *v* 使液化，使成为液体
liqueur *f* 液体，溶液，溶体；酒精剂
~ alcaline 碱性溶液
~ ammoniacale 氨水
~ d'attaque 腐蚀性溶液
~ normale 标准溶液，规格溶液
~ résiduelle 残余岩浆；残余液体
liqueur-mère *f* 母液
liquidation *f* 清算，决算，清偿，清理，取消；破产
~ à fin de mois 月底结算
~ de l'entreprise 企业破产
~ de la compagnie 公司解散
~ de quinzaine 月中结算
~ mensuelle 逐月结算
liquide *m* 液体，流体，液态；*a* 液体的，流动性的，流体液体的
à ~ immobilisé 不溢出的，不溢流的
~ à acétifier 氧化剂
~ au repos 静态液体
~ caustique 苛性液体
~ combustible 液体燃料
~ compressible 可压缩液体
~ corrosif 腐蚀性液体
~ d'attaque, ~ corrosif 腐蚀性液体，侵蚀性液体
~ d'essai 试验用液体
~ d'imprégnation 浸渍液
~ d'injection (钻探)冲洗液
~ de colophane 松香水
~ de forage (钻探)冲洗液
~ de lavage 洗涤液
~ de refroidissement 冷却液
~ de travail 液压油
~ dense 重液
~ diélectrique 介质液
~ en surfusion 过熔液体
~ en suspension 悬浮液，(磁粉探伤的)乳浊液
~ en vrac 散装液体
~ frigorifique 冷却液
~ hydraulique 液压油
~ idéal 理想液体
~ incendiaire au napalm 燃烧液，凝固汽油，液态凝固汽油
~ incompressible 不可压缩液体

~ inflammable 可燃液体，易燃液体
~ inflammable et toxique 易燃和有毒液体
~ lourd 重液
~ magmatique 岩浆分熔液体
~ moteur 工作液体，(泵的)受压液体
~ non miscible 不可混合液体
~ non-gelé 防冻溶液
~ normal 规度溶液，当量溶液
~ parfait 完全液体，理想液体
~ péritectique 包晶液
~ pour amortisseurs 减振液，缓冲液
~ pour forage 钻探泥浆
~ propulseur 发动机燃料
~ pseudo-plastique 假塑性液体
~ réfrigérant 冷却液，冷却剂
~ refroidissement 冷却液，冷却剂
~ résiduaire 残液，废液
~ sous pression 液压油
~ spécial pour amortisseurs 减振液，缓冲液
~ surfondu 过冷液体，不凝结液
~ thixotrope 触变液体
~ visqueux 稠液，黏性液体
~ volatil 挥发性液体
~ vrai 真液体

liquider *v* 结算，清算
~ un compte 结清账目

liquidien, enne *a* 液体的，液性的

liquidité *f* 现金，流动性

liquidus *m* 液线，液相线

lire *v* 阅读，读出，读数

lirocone-malachite[**liroconite, liromalachite**] *f* 水砷铝铜矿(豆铜矿)

lise *f* 流沙，漂砾，含水松散岩石

liséré[**liseré**] *m* 壁；外边，边缘，边；条带，镶边
~ (blanc) (带色信号圆盘的)白边

lisette *f* 镘刀，砂刀；平锤

liseuse *f* 阅读灯

lisibilité *f* 易读性；易辨认性
~ des signaux 信号清晰度
~ en signalisation routière 道路信号标志的易读性

lisière *f* 边缘，边界；(脉壁)带；断层泥
~ cathodique 阴极边缘，阴极辉光界限
~ d'argile 脉壁黏土带

~ d'un filon 脉壁带

liskeardite *f* 砷铁铝石

lisoir *m* 转向架旁承，转向架摩擦块

lissage *m* (曲线)变平滑；研磨，磨光，抛光；修平
~ linéaire 线性平滑
~ par balai (混凝土路面)扫毛，扫面
~ par courroie 皮带磨光，皮带抛光

lisse *f* 桁条，加强肋；栏杆，扶手；*a* 光滑的，平滑的，光面的，抛光的
~ d'appui 扶手，栏杆
~ de la barrière 道口栏木
~ dormante (道口栏木上的)滑竿

lisser *v* 磨光，使平滑

lissette *f* 镘刀，砂刀，修平刀，平锤，压平器

lisseur *m* 熨斗，铁镘板
~ de béton 混凝土(路面)整平板

lisseuse *f* 镘板，抹平机，镘平机，粉光板，轧光机，压光机
~ mécanique 磨光机

lissoir *m* 镘刀；修平机；压平器，(沥青路面)熨平板

lissure *f* 压平，整平，修平

listage *m* 列表，做表，造册，编目录，编名单

liste *f* 表，单，名单，目录，表册，表格，清单，一览表
~ d'attente 候补名单
~ d'instructions 指令表
~ d'outillage 机具单，工具单
~ de base 基数表，根植表
~ de câbles 线路表
~ de colisage 装箱单
~ de contrôles 检验表，验收表，检查单，检查表格
~ de cosses 线夹表
~ de débranchement 调车作业通知单
~ de démolissage de constructions de déménagement 拆迁建筑物表
~ de démolissage de dispositifs de télécommunication et de tuyauteries 拆迁电讯线与管线设施表
~ de droites 直线曲线转角表
~ de plaques indicatrices 指示牌一览表
~ de progression de travail 工作进度表
~ de référence 参照表
~ de signaux de commande 控制信令一览表
~ des adresses 住址一览表

~ des comptes   科目清单
~ des entreprises consultées   投标企业览表,投标企业目录
~ des gares   站名表
~ des marchandises   货物名称表,货单
~ des matériaux de construction   建筑材料目录
~ des opérations   程序表
~ des opérations de fabrication et de contrôle   加工及监督程序表
~ des opérations de montage, d'installation et de contrôle   设备安装及检验程序表
~ des plans (dessins)   图纸目录
~ des prix   价格单,价目表
~ des produits   产品目录
~ des rivets   铆钉种类表
~ des symboles   符号表,图例
~ directe   先进先出表,上推表
~ inversée   后进后出表,下推表
~ questionnaire   调查单
~ séquentielle   时序表,顺序表
~ type   调查单

listeau *m*   镶边,边缘,板条
listel *m*   平板,板条,夹板,凸圆边
~ d'angle   凸缘饰
lister *v*   做表格,编目录,编名单,编成表格,编成目录
listévénitisation *f*   滑石菱镁片岩化
listing *m*   列表
~ de coordonnées tachéométriques   逐桩坐标表
~ de polygonales et repères de nivellement   导线点成果表
listrique *a*   铲状的,波纹状的,铲形的(指断层),凹形的(冲断面)
listvénite *f*   含铬云母;滑石菱镁片岩
listwénite *f*   杂白云石英;滑石菱镁片岩
lit *m*   床,床铺,河床,河槽;地层,层,矿层;矿脉,道床,矿床,底床,岩床,底边,底部,基层,基础;路基,垫层,底座,结合层,底层;倾向节理
~ à blocaux   粗砾地层;粗砾河床
~ à divagation interne   树枝状河床
~ à filtre   反滤层;沉沙池,滤水池
~ à fond mobile   动床,不稳定河床
~ à sec   旱谷,干河床
~ abandonné   古河床,旧河床

~ affouillable   被冲刷的河床
~ alternant   交错层,交替层
~ s alternés   交替地层
~ anastomosé   辫状河床,交织河床,网状河床
~ apparent   常水位河床,平水位河床
~ aquifère   含水层
~ argileux   黏土层,黏土路床
~ bactérien   生化滤层,生物滤池
~ biseauté   尖灭层,错失层
~ cannelé   沟状河床
~ d'aération immergée   曝气接触床
~ d'ardoise   石板底层
~ d'argile   黏土层;黏土地基
~ d'armature   钢筋层
~ d'arrêt   避险车道
~ d'assise   垫层
~ d'escaille   黏土层
~ d'huile   油层
~ d'oued   (北非地区季节河的)河床
~ d'un cour d'eau   河槽,河道
~ de ballast   道床,道砟床,道砟路基
~ de basses eaux   低水河槽,低水位河床
~ de béton   混凝土道床;混凝土基底
~ de boues fluidisées   悬浮污泥层
~ de cailloutis   石线(地质)
~ de carrière   岩层,石层,采石面,露天矿底部,采石场岩层
~ de clinker   熔渣床,滴滤床
~ de coffrage   模板底座
~ de contact   接触层,接触滤床,生化滤层
~ de couche   岩层底板,矿层底板
~ de coulée   浇铸砂床
~ de cours d'eau   河道
~ de crue   河漫滩;洪水河槽,河道泛滥区
~ de déjection   坡积,冲积锥,山麓堆积,冲积河床
~ de dessous   下伏层,下部岩层
~ de dessus   超覆层,上覆层,上部岩层
~ de fascinage   柴排层
~ de filon   矿脉下盘
~ de fleuve   河床
~ de fond   下伏层,下部岩层
~ de fondation   基床
~ de gîte   矿体下盘

~ de gravier 卵石道床；卵石河床，砾石河床
~ de hautes eaux 漫滩，洪水河床，漫滩河床，高水河槽
~ de houille 煤层
~ de la rivière 河床
~ de la route 路床，路基
~ de lave 熔岩层
~ de minerai 矿层
~ de mortier 灰浆层
~ de passage 过渡层
~ de pierraille 碎石道层，碎石河床
~ de pierre 夹石层
~ de pose en sable 砂垫层
~ de précipitation 沉淀层
~ de renforcement 加筋带
~ de renforcement armé 金属加筋带
~ de rivière 河床
~ de roche 基岩，岩床，岩层
~ de sable 砂床，砂（垫）层
~ de scories 熔渣垫层
~ de séchage 干燥床，干涸河床，排水河床
~ de séchage des boues 污泥干燥床
~ de terre 岩层；土层
~ de tourbe 泥炭层，泥煤层
~ de transition 过渡阶段河床
~ de vent 风向
~ des méandres 曲流地带
~ du canal 渠底；运河床
~ du courant 河床
~ du cours d'eau 河床
~ du fleuve 河床
~ du lac 湖底，湖床，湖泊底部
~ du toit 顶板岩层
~ encassé 陡河床
~ équivalent 同位层
~ filtrant 滤水层，过滤层；渗水河床
~ fixe 固定（河）床
~ fluidisé 悬浮固体微粒层
~ fluvial 河道，河床
~ géologique 地层，岩层，岩石层状
~ glaciaire, ~ de glacier 冰川底部，冰川（河）床
~ gréseux 砂质层
~ imperméable 不透水层

~ instable 移动河道，移动河床，不稳定河床
~ intercalé 夹层
~ intrusif 侵入岩层；（块状岩中）层状侵入体
~ isolant 绝缘垫，绝缘支座
~ lamellaire 层状矿脉，层面壳层
~ majeur 主河床，高（洪）水位河床，漫滩河床；河漫滩，河漫滩阶地；滩地，洪泛区，泛滥平原，洪水河床，河床满水
~ mélangé 拌和式河床
~ mince 薄层
~ minéralisé 矿化层；层状矿体
~ mineur 河底，河槽，主河槽，小河床，低水位河床
~ mineur à chenaux anastomosés, ~ mineur à chenaux divagants 辫状河床，交织河网
~ mobile 移动河床，脉动床层，移动河道，不稳定河床
~ mort 旧河床
~ oblique 斜层理
~ ordinaire 水道基床，正常水位河床
~ original 原河床
~ pavé 铺砌的河床
~ percolateur 滤层，滤池，渗滤池，渗透层
~ permanent 永久河床，稳定河床，常水位河床
~ plat 平坦河床，平整河床
~ pour la pose des tuyaux 垫床（铺设管道用），均匀垫层
~ précontraint 预（加）应力台座
~ principale 主河床
~ sec 干河床
~ sédimentaire 沉积岩层
~ stable 稳定河槽
~ stable de roche 稳定岩基
~ stérile 无矿层，夹石层，废石层
~ strié 沟状河床
~ sus-jacent 上覆层
~ tendre 软弱岩层

litage *m* 成层，分层；片理，层理；多层性；成层（作用）
~ graduel 粒级层（理）
~ grossier 粗粒层（理）
~ sédimentaire 沉积层理，沉积（物）层理

litchfieldite *f* 霞云钠长岩

lité, e *a* 成层的，层状的，分层的，带状的

liteau *m* 棱,边缘,夹板,平板,板条,木板条,挂瓦条

lithidionite *f* 硅碱铜矿

lithification *f* 岩化,矿化,石化(作用)

lithiolite *f* 锰磷锂矿

lithionglimmer *m* 锂云母

lithionite *f* 锂云母

lithiophilite *f* 磷锰锂矿

lithiophorite *f* 锂硬锰矿

lithiophosphate *m* 块磷锂矿

lithiophyllite *f* 磷锰锂矿

lithique 含锂的,锂的;石质的致密的(无颗粒)

lithite *f* 透锂长石

lithium-amphibole *f* 锂闪石,含锂闪石,斜锂闪石

lithium-muscovite *f* 锂白云母

lithium-natrolite *f* 锂钠沸石

lithium-spinelle *f* 锂尖晶石

lithium-tourmaline *f* 锂电气石

lithoclase *f* 裂缝,破裂面,岩石裂隙,岩石断口;破裂构造(断层,节理等)

lithoclastique *a* 岩石裂缝的,岩石碎屑的,岩屑(质)的

lithocolle *f* 高岭石

lithofaciès *m* 岩相

lithogène *a* 岩生的,成岩作用的,岩石成因学的

lithogenèse *f* 成岩作用,岩石成因,岩石成因论

lithogénétique *a* 岩生的,自岩生成的,岩石成因的

lithogéochimique *a* 岩石地球化学的

lithogéognosie *f* 岩石成因,岩石成因论,岩石发展学

lithographique *a* 石印的,石印石的(细密晶质结构)

lithoïde *a* 石质的,细密质的

lithoïdique *a* 石质的,细密晶质的

lithoidite *f* 隐晶流纹岩

lithologie *f* 岩性,岩石学,岩性学,岩相学

lithologique *a* 岩性的,岩性学的,岩石学的

lithomarge *f* 埃洛石,密高岭土

lithomorphique *a* 石状的

lithophage *a* 穿石的,岩石上穿穴的

lithophile *a* 亲岩的,亲石的

lithophyse *f* 石泡,岩泡,石核桃

lithophysique *a* 石泡的,岩泡的

lithosol *m* 石质土

lithosphère *f* 岩界,陆界,地壳,岩石圈,岩石圈,(地球的)岩石层

lithosphérique *a* 岩石圈的

lithostratigraphie *f* 岩相层序,岩石地层学,岩性地层(学)

lithostratigraphique *a* 岩石地层的,岩性地层的

lithostructural *a* 岩性—构造的

lithotope *m* 岩境,岩性地层单位,(沉积环境相同的)均质沉积

lithotype *m* 岩性型,煤岩类型,煤岩拼分,煤岩成份

lithoxyles *m. pl* 石化木,木蛋白石

lithoxylon *m* 石化木,木蛋白石

lithozone *f* 岩性带,岩性地层带

litige *m* 争端

litoïde *a* 石质的,细密晶质的

Li-tourmaline *f* 锂电气石

lit-par-lit *m* 层间贯入,贯入混合片麻岩

litre *m* 升(符号L,容积单位,1L = 1000cm^3)

lit-source *m* 矿源层

littérature *f* 文献,著作,文学

littoral *m* 海岸,滨海区,沿岸区,潮间区,潮滩区,沿海地区,海滨地带,沿岸地带

littoral, e *a* 海滨的,海岸的,滨海的,沿海的,沿岸的;潮间的,潮滩的

litzendraht *m* 多股绞线,编织线

livesite *f* 埃洛高岭石,无片高岭石

livingstonite *f* 硫锑汞矿

livrable *a* 可交付的

～ à domicile 送货上门,送货到户

～ en entrepôt 仓库交货

～ en gare 车站交货

livraison *f* 运到,送货,交付,供应,交货,交付,移交,发出,出厂

～ à domicile 送货到户

～ à l'usine 工厂交货

～ accélérée 加速交付,加速交货

～ anticipée 提前交货

～ de marchandises 交货,提货

～ de porte à porte 货物的接取送达,送货上门

～ du béton 混凝土交付

～ échelonnée 分批交货,分期交货

～ en gare 在站交付,在站交货

~ par erreur　交货错误,误交,交错
~ par exprès　快速交货
~ tardive　逾期交付(货物)

livre *f*　磅(英制古重量单位,合今500克)
~ s par pouce carré　磅/平方英寸
~ sterling　英镑(英国货币单位)

livre *m*　书,书籍,书本;簿,册,工作日志;账簿,登记簿
~ à souches　行车登记簿(登记有关安排进路及行车命令事项)
~ d'achat　购货登记簿
~ d'enregistrement　登记簿
~ de bord　随车记录簿
~ de caisse　现金簿
~ de caisse de la gare　车站现金收支簿
~ de camionnage　载货汽车运货登记簿
~ de cartes　地图册
~ de compte　账簿
~ de recette et de dépense　出纳账
~ de réclamations　赔偿要求登记簿
~ de référence　参考书,手册
~ de signaux　信号书
~ des arrivages　到达货物登记簿
~ des expéditions　发送货物登记簿
~ des inventaires　财产清册
~ des ports dus　到付运费货物登记簿
~ des ports payés　先付运费货物登记簿
~ des télégrammes d'annonces de trains　列车预报电报登记簿,电报登记簿
~ horaire　行车时刻表
~ journal　日记簿,流水账

livrer *v*　交付;献出
~ par camion　卡车运送

livret *m*　簿,册,工作日志;书,本,证,书籍,手册;技术说明书
~ à coupons　册页客票本
~ à coupons combinés　混合册页客票本
~ d'escorte　押运证
~ de bord　行车记录簿
~ de chemin de fer　行车时刻表,旅客列车时刻表
~ de composition　列车编组表
~ de déposant　存折(银行)
~ de la locomotive　机车日志
~ de marche　工作时刻表,路用时刻表
~ de marche des trains　列车运行日志
~ de transport　运输手册

livret-annexe *m*　书本式时刻表的附件表,行车时刻表,列车时刻表

livret-indicateur *m*　international(marchandises) 国际货物列车时刻表

lixiviation *f*　溶滤,浸出,淋洗,浸滤,淋滤,浸析作用;利蛇纹石

lixivier *v*　溶滤,浸滤,浸出,淋洗,淋溶

lixivium *m*　淋余土,浸滤液

lizardite *f*　利蛇纹石

Llandeilien *m*　兰代洛统(Q_{1-2},欧洲)

Llandovérien *m*　兰多维列统(S_1,欧洲)

Llanorie *f*　拉诺里(群);拉诺里古陆

Llanvirnien *m*　兰维尔阶(O_2,欧洲)

loader *n*　装载机,装卸机,运土机,搬运工人,装卸工人

loaïsite *f*　臭葱石,泡臭葱石

loam *m*　壤土,沃土,亚黏土,亚砂土

lobe *m*　叶,叶片,叶部,构造鳞片;舌状体,耳垂体
~ antisiphonal　对体管叶
~ auxiliaire　辅助叶(片)
~ basal　基部裂片
~ central　中部片,中央叶片
~ interne　内叶

loboïte *f*　符山石

local *m*　地方,场所,房间,位置,场所
~ d'essais　试验间
~ d'exploitation　运行间
~ de commande des vannes　闸门室,闸门井,阀室
~ de consigne　行李房
~ de garage　车库
~ de haute tension　高压变电所
~ de résidence　居民点
~ de sauvegarde　保安设备间
~ de sécurité　保安人员驻地(营房)
~ de service　办公室,值班室,服务室
~ de travail　工作间,工作地点
~ des batteries　蓄电池间
~ du calculateur　计算机房
~ électrique　电气设备间

~ électronique 电子设备间
~ habité 住舱
~ poussiéreux et humide 湿润多土的地方
~ T. S. F 无线电室
~ technique 维修间,设备室,技术室

local, e *a* 局部的,当地的,地方的,部分的,场所的

localisabilité *f* 局限性,可定位性,分布

localisable *a* 可确定位置的,可确定地点的

localisateur *m* 抑制剂,定位器,探测器,定位信标
~ de panne 故障位置测定器

localisation *f* 定位,定域,探测,就位,产出,分布,限定范围,探测故障;部位,位置,(产出)位置;局部限定,局部化,地方化,确定位置;(位置)测定
~ d'un dérangement 确定故障位置
~ de site 地理位置
~ des gisements 矿床位置;矿床定位,矿床产出
~ des ouvrages 构筑物位置的确定;桥涵定位
~ des véhicules (gestion centralisée du trafic marchandises) 确定车辆所在地(货物集中管理)
~ statique de défaut 缺陷的静电探测

localisé *a* 定位的,局部的,集中的

localiser *v* 定位,测定位置;使局部化;故障测定

localité *f* 地方,场所,局部
~ non desservie par une gare 没有车站服务的地方

localité *f* 地方,场所;局部

location *f* 租用,租赁,租借,租金;定座,定位
~ d'agrès 租用装车索具,租用装车设备
~ d'équipement 设备租金
~ de bâches 租用篷布,篷布租用费
~ de grue 作用起重机,起重机租金
~ de matériel 设备租赁费用
~ de test pénétrométrique standard (SPT) 标准贯入试验位置
~ de wagons 租用货车;货车租用费
~ des échantillons 土样位置
~ des échantillons intacts 原状土样位置
~ des échantillons remaniés 扰动土样位置
~ des essais de pénétration dynamique 动力触探试验位置
~ quotidienne 日租

loch *m* 速度仪,测程仪,速度计,计程仪,测速计
~ à touret 人工测速表
~ électrique 电动测程仪,电动测速表
~ hydraulique 液压测程仪,液压测速表

lockportite *f* 洛克波特陨铁

locomobile *f* 蒸汽自动车,移动式锅驼机,移动式内燃机;*a* 可移动的,移动的,流动性的

locomobilité *f* 可自行移动性

locomoteur, trice *a* 运动的,移动的,运转的;运输的

locomotif, ive *a* 移动的,运动的,运转的

locomotion *f* 移动,运动,运转,运输

locomotive *f* 机车,火车头,牵引机车
~ à adhérence 黏着力机车
~ à adhérence mixte 齿轮机车,混合黏着力机车
~ à adhérence totale 全黏着力机车
~ à air comprimé 风压机车,气压机车,压缩空气机车
~ à bogie 转向架式机车
~ à châssis rigide 刚性底架机车
~ à châssis unique 单底架机车
~ à chauffe au mazout 重油机车,燃重油式蒸汽机车
~ à conversion de courant 换流式电力机车;变流式电力机车
~ à convertisseur 变流机组式电力机车
~ à crémaillère 齿轨机车
~ à deux cylindres 双缸机车
~ à double source d'énergie 双动力源机车,双能源机车
~ à échappement libre 非冷凝式蒸汽机车,对大气排气式机车
~ à entraînement direct 直接传动机车
~ à essieux accouplés 连动轴机车
~ à essieux articulés 曲轴式机车
~ à essieux indépendants 自由轴机车
~ à groupe mono-continu 单向直流电力机车,整理机组式电力机车
~ à groupe tournant 旋转变流机组电力机车
~ à haute tension 高压力机车
~ à ignitrons 引燃管式电力机车
~ à marchandises 货运机车
~ à moteur 电动机式电力机车
~ à moteur à combustion interne 内燃机车
~ à moteurs asynchrones 异步牵引电动机式电

力机车
- ~ à moteurs directs 单向整流子式牵引电力机车
- ~ à moteurs monophasée à collecteur 单向整流子牵引电动机式电力机车
- ~ à quatre cylindres 四汽缸蒸汽机车
- ~ à redresseurs 整流器式电力机车
- ~ à simple expansion 单膨胀式蒸汽机车
- ~ à trois cylindres 三汽缸蒸汽机车
- ~ à turbine 涡轮机式机车
- ~ à turbine à gaz 燃气轮式机车
- ~ à turbine à gaz à transmission électrique 电传动燃气轮机车
- ~ à vapeur 蒸汽机车
- ~ à vapeur à plusieurs cylindres 多缸式蒸汽机车
- ~ à vapeur surchauffée 过热蒸汽机车
- ~ à voyageurs 客运机车
- ~ aérodynamique 流线型机车
- ~ articulée 关节式机车
- ~ atomique 原子动力机车
- ~ bicourant 双电流电力机车
- ~ bi-fréquence 双频率电力机车
- ~ compound 复胀蒸汽机车
- ~ d'usine 工厂用机车
- ~ de bosse 驼峰调车机车
- ~ de butte 调车机车
- ~ de débranchement 调车机车, 推送机车
- ~ de garage 调车机车
- ~ de grande vitesse 高速机车
- ~ de halage 站场用拖曳机车, 站场内的牵引机车
- ~ de ligne 干线机车
- ~ de manœuvre 调车机车
- ~ de manœuvre diesel-hydraulique de deux vitesses 双速度液力传动调车内燃机车
- ~ de mine 矿山机车
- ~ de pousse 推送补机, 推送补机
- ~ de refoulement 推送机车
- ~ de renfort 补机, 补助机车
- ~ de réserve 备用机车
- ~ de route 干线机车
- ~ de secours 救援机车
- ~ diesel à transmission hydraulique 液力传动内燃机车
- ~ diesel à transmission hydromécanique 液力机械传动内燃机车
- ~ diesel à transmission mécanique 机械传动内燃机车
- ~ diesel électrique 电传动内燃机车
- ~ double (triple, etc.) 双(三)联机车
- ~ électrique 电力(牵引)机车
- ~ électrique à accumulateurs 蓄电池电力机车
- ~ en adjonction 补机
- ~ froide 熄火机车
- ~ haut-le-pied 单机
- ~ industrielle 工矿企业用机车, 工程用机车
- ~ intermédiaire de renfort 挂在列车中部的补机
- ~ légère 轻便机车
- ~ lourde 重型机车
- ~ mixte 混合机车, 客货两用机车
- ~ mixte électrique et à moteur diesel 电力内燃两用机车
- ~ monophasée à freinage par récupération 单向再生制动电力机车
- ~ polycourant 多电流制电力机车
- ~ pour front de taille 采掘面机车
- ~ quadricourant 四电流制电力机车
- remiser une~ 机车入库
- ~ sans foyer 无火箱蓄气式蒸汽机车
- ~ titulaire 列车机车, 牵引机车
- ~ tous services 通用机车, 客货运调车等通用机车
- ~ tricourant 三电流制电力机车
- ~ turbo-diesel 涡轮内燃机车

locomotive-frein *f* 制动机车
locomotive-kilomètre *f* 机车公里
locotracteur *m* 轻型机车, 小型机车, 轻便牵引车
- ~ à accumulateurs 电瓶牵引车
- ~ à batterie 电瓶牵引车
- ~ à moteur diesel 柴油牵引车
- ~ à trolley 电力牵引车
- ~ électrique 电力牵引车
- ~ pour le service de la petite traction 小吨位机车

loctal *a* 锁式的(电子管座或管脚)
locution *f* 词组; 短语

lodochnikite *f* 钛钠矿
lodochnikovite *f* 铁镁铝钙石,斜绿镁铝石
lodranite *f* 橄榄古铜陨铁
lœhm *m* 壤土,垆姆,亚黏土
lœllingite *f* 斜方砷铁矿
lœss *m* 黄土,风成黄土;黄土高原
　～ après transport éolien　次生黄土
　～ argileux　黏质黄土
　～ avant transport éolien　原生黄土
　～ de Chinois　中国黄土;黄土高原
　～ marneux　泥灰质黄土
　～ primaire　原生黄土
　～ redéposé　再积黄土,次生黄土
　～ remanié　次生黄土,冲积黄土,再沉积黄土
　～ remoulé　重塑黄土
　～ secondaire　次生黄土,再生黄土
　～ silicatisé　硅化黄土
lœssification *f* 黄土化作用
lœssique[lœssoïde] *a* 黄土状的
lœulite *f* 易剥辉石
lœvigite *f* 明矾石
lœwigite *f* 明矾石
lof *m* 向风面,迎风面,迎风方向
log *m* 记录,岩芯记录;柱状图;钻井记录;剖面图,测井曲线图
　～ acoustique　声波测井(曲线)
　～ d'induction　感应测井曲线
　～ de fluorescence　荧光沥青分析
　～ de microrésistivité　微电阻率测井
　～ de radioactivité　放射性测井(曲线图)
　～ de résistance à la compression　记录抗剪强度
　～ de sondage　钻孔记录;钻孔柱状图;钻孔岩芯记录
　～ électrique　电测井(曲线),电测记录曲线
　～ gamma(-rayons)　伽马(射线)测井曲线
　～ gamma-gamma　伽马—伽马测井曲线
　～ géochimique　地球化学剖面
　～ géologique　地质柱状图
　～ lithologique　岩性测井记录
　～ neutron　中子伽马测井
　～ pétrographique　岩石柱状图
　～ sonique　声速测井,声波测井(曲线)
　～ stratigraphique type　典型地层剖面
loganite *f* 闪石形绿泥石

logeabilité *f* 容量,容积
logement *m* 座,槽,室,隔间,凹口,居住,住所,宿舍,住舱,分布,容器,布置
　～ d'arbre à came　凸轮轴油槽
　～ de deux pièces　两件一套的住房
　～ de douille　衬套座
　～ de guide de soupape　气阀导杆座
　～ de l'appui　支座
　～ de l'obturateur (boîte d'essieu)　轴箱防尘板座
　～ de la vanne　阀室
　～ de rivet　铆钉窝
　～ de service　职工宿舍,职工住宅
　～ des poutres　梁口
　～ du personnel　职工住宅
　～ s pour célibataires　单身宿舍
loger *v* 安置,容纳,装入
loggia *f* 凉廊;凹入建筑物的阳台
logging *m* 测井,记录
logiciel *m* 软件(计算机)
logis *m* 住宅,宿舍
logistique *f* 后勤;*a* 后勤的
　～ du chantier　驻地建设
lognormal *a* 对数正态的
lognormalité *f* 对数正态,对数正态分布
logomètre *m* 电流比率表;电流比测量计(测二种电量之商)
logomite *f* 硼铁矿
loi *f* 常规,定律,规律,规程[范],法规[令],法[定、守、规]则
　～ adiabatique　绝热定律
　～ approximative　概率法则
　～ budgétaire　预算法
　～ commutative　交换律,互换律;对易律
　～ constitutive　本构关系,本构定律
　～ contraintes-déformations　应力—应变定律
　～ cosinusoïdale　余弦定律
　～ d'Abrams　阿勃伦定律(关于混凝土强度与水灰比)
　～ d'absorption　吸收律
　～ d'action de masse　质量作用定律
　～ d'analogie　相似定律
　～ d'Einstein　爱因斯坦定律
　～ d'Engler　恩格勒法则

~ d'inertie 惯性定律,惰性律
~ de bâtiment 建筑法,建筑规范,房屋规范
~ de Biot et Savart 毕奥—萨伐尔定律
~ de Boussinesq 布辛尼斯克法则
~ de Boyle 玻依耳定律
~ de Bragg 布拉格定律
~ de Carlsbad 卡斯巴双晶律
~ de Cauchy 柯西定律,弹性相似定律供求规律
~ de charge 荷载规则
~ de Child-Langmuir 3/2 次方定律,蔡耳德—郎缪尔定律
~ de choc 冲击定律,碰撞定律
~ de compressibilité du gaz parfait 理想气体压缩定律
~ de conservation de l'énergie 能量守恒定律
~ de conservation de l'énergie mécanique 机械能守恒定律
~ de conservation de la masse 质量守恒定律
~ de conservation de la matière 物质不灭定律
~ de conservation de la quantité du mouvement 动量守恒定律
~ de conservation du mouvement 动量守恒定律
~ de continuité 连续性定律
~ de Coulomb 库仑定律
~ de Dalton 道尔顿定律
~ de Darcy 达西定律(用于水力学)
~ de Débris L 砂砾碎石法令(1893 年美国国会为防止水力采矿的砂砾碎石进入通航河道而指定的法令)
~ de déplacement 位移律,位移定律
~ de déplacement radioactif 放射性位移定律
~ de Descartes (地震)笛卡尔定律
~ de désintégration 放射性衰变定律
~ de diffusion 扩散律
~ de dilatation thermique des gaz 气体热膨胀定律
~ de distribution 分布律,分配律
~ de distribution d'erreur 误差分布律,误差分配定律
~ de force 力律
~ de Gauss 高斯定律
~ de Hazen 哈森定律(估算砂土渗透系数的)
~ de Hooke 虎克定律
~ de Joule 焦耳定律
~ de Kirchhoff 克希荷夫定律
~ de l'action de masse 质量作用定律
~ de l'équipartition 均匀分布定律
~ de l'érosion régressive 向源侵蚀(规)律,溯源侵蚀规律
~ de la jungle 丛林法则
~ de la nature 自然规律
~ de la sédimentation 沉积堆积规律
~ de la tension normale 垂直应力定律,正应力定律
~ de la valeur 价值规律
~ de Lambert 郎伯定律,平方律
~ de Langmuir 郎缪尔定律,3/2 次方定律
~ de Laplace 拉普拉斯定律
~ de Laplace-Gauss 拉普拉斯—高斯定律
~ de Lenz 楞次定律
~ de Maxwell 麦克斯威尔定律
~ de Mendel L 孟德尔定律
~ de modèle 模型律
~ de mouvement 动量定律
~ de Newton 牛顿定律
~ de Planck 普朗克定律,辐射定律
~ de Poisson 泊松(分布)定律(矿床分布)
~ de poussée rectangulaire 推理守恒定律
~ de probabilité 概率分布,概率论,公算律
~ de proportionnalité 比例定律
~ de rationalité 有理指数定律
~ de réciprocité 互反律,互惠法
~ de rédaction 编辑法规
~ de réflexion 反射定律
~ de réfraction 折射定律
~ de relativité 相对论
~ de Richardson-Dushmann 里查逊—杜希曼定律
~ de Schmidt 施密特定律(普查矿脉)
~ de similitude 相似定律,缩尺率,相似准则,相似标准
~ de similitude géométrique 几何相似定律
~ de stokes (颗粒沉淀的)斯托克斯定律
~ de superposition 叠覆律,(地层)层序律,叠加定律
~ de tolérance (环境因素或条件的)容(许极)限定律;公差定律
~ de transmission des efforts 应力的传布定律

~ de travail 劳动法
~ de valeur 价值规律
~ de variation 变化规律
~ de volume gazeux 气体体积定律
~ de Walther 瓦尔特（岩相）定律，岩相对比定律
~ de Wien 韦恩定律，维恩辐射定律，韦恩位移率
~ des contrats 契约法
~ des erreurs 误差律
~ des phases 相律
~ des proportions multiples 倍比定律
~ des volumes 等容积定律，林格伦定律
~ du déplacement de l'équilibre 平衡移动定律
~ du développement harmonieux et proportionné de l'économie nationale 国民经济有计划按比例发展的规律
~ du levier 杠杆定律
~ du marché 市场规律
~ du trapèze 梯形定律
~ économique 经济法则，经济规律
~ économique fondamentale 基本经济规律
~ expérimentale 实验定律
~ exponentielle 指数定律
~ FDS (de distribution des vitesses de Fermi-Dirac-Sommerfeld) 费德—苏速度分配定律
~ fiscale 税收法
~ fondamentale 基本定律
~ MB (de distribution des vitesses de Maxwell-Boltzmann) 麦克斯威尔—玻尔兹曼速度分配定律
~ périodique 周期律
~ relative aux relations de travail 劳动关系法
~ rhéologique 应力—应变定律
~ s de similitude 相似准则，相似定律
~ s de similitude hydraulique 水力相似定律
~ simplifiée 简化定律
~ s sur la circulation routière 公路交通规则
~ sur la protection de la nature 自然保护法
~ sur les mines 地下开采法，井下作业规程
~ sur les routes 道路法规
~ thermodynamique 热力学定律

loin *adv* 远，久
au ~ 在远处，远远

au plus ~ 在最远处
~ de 远离，远非，远不是……
de ~ 从远处，遥远地；从很久以来
de ~ en loin 相隔很远，相隔很久
lok-batanite *f* 洛克巴坦石
lokkaïte *f* 水碳钇石
löllingite *f* 斜方砷铁矿
~ cobaltifère 斜方钴砷铁矿
lombaardite *f* 纤帘石
lomonosovite *f* 磷硅钛钠石
lomonosovite-bêta *f* β磷硅钛钠石
lonchidite *f* 砷白铁矿
lône *m* 河岔，支流
long *m* 长度；距离；航程
~ bois 原木，干材
le ~ de 沿着
tout le ~ de 沿着，在整个……（时间）过程中
long, gue *a* 长的；长久的
longbanite *f* 硅锑锰矿
longer *v* 走向，延展，沿着……走
longeron *m* 纵梁，干骨，大[主]梁
~ assemblé 组合纵梁
~ au droit du rail 托轨梁
~ creux 箱形梁
~ de bogie 转向架侧梁
~ de section rectangulaire 箱式截面的纵向侧梁
~ de tablier 桥面纵梁
~ du trottoir 人行道纵梁
~ en barres 杆梁
~ en I 工字梁
~ en T T形梁
~ en tôle 钢板纵梁
~ en treillis 格沟梁
~ en U 槽形梁
~ principal 主梁，主架
longeron-boîte *m* 箱形梁
longeron-caisse *m* 箱形梁
longeronne *m* 梁，纵梁，假梁，加固桁梁
longeron-tube *m* 管式梁
longévité *f* 使用年限，寿命；耐久性
longimétrie *f* 测距法
longitude *f* 经度，经线，黄经；横距
~ astronomique 黄经，天文经度

~ céleste 黄经，天文经度
~ est 东经
~ géocentrique 地心经度
~ géodésique 大地经度
~ géographique 地理经度
~ géomagnétique 地磁经度
~ occidentale 西经
~ orientale 东经
~ ouest 西经

longitudinal, e *a* 纵的，纵向的，南北向的；经度的，经线的，轴向的

Longmyndien *m* 龙民德(统)（An,英国）

long-pan *m* （屋顶的）大斜面

longrain *m* 片理，（板岩）裂面，板岩的最大倾斜线

longrine *f* 纵梁，侧梁，大梁，地梁，基础梁，纵向轨枕
~ au toit 屋顶纵梁
~ de barrière coulée en place 现浇护栏座
~ de caisse 车体纵梁
~ de faîte 车顶脊梁；车顶纵梁，脊梁
~ de fonction 基础梁
~ de fondation 卧木，槛木，地槛
~ de grillage 排架座木
~ de rive de toiture de pavillon 车顶棚侧梁
~ intermédiaire 中间梁

longtemps *adv* 很久，长久地
avant ~ 不久以后
de ~ 很久，长久
depuis ~ 已经很久，早已

longuement *adv* 长时间地，长久地

longueur *f* 长，长度，距离，持续时间
à ~ de 在……整个时间内，整整
~ active 有效长度
~ apparente 视在长度
~ caractéristique 特征长度
~ chargée 加载长度
~ comprise entre le parement et la surface de rupture en stabilité globale 自由段长度
~ critique 临界长度
~ critique de pente maximale 最大坡度的临界长度
~ critique des rampes 坡道极限长度
~ d'absorption 吸收长度
~ d'adhérence 锚固长度，(履带、车轮等)地面接触长度
~ d'ancrage 锚固长度
~ d'arc 弧长
~ d'arrêt 制动距离
~ d'échelle 线性比例长度，标度长
~ d'entrée 进水口长度
~ d'insertion （主车道与匝道连接处的)插入长度(或叫斜带长度)
~ d'un train 列车长度
~ d'une courbe 曲线长度
~ d'une échelle 标度长，刻度间距
~ d'une graduation 标度长度
~ de balayage 扫描长度
~ de base 基线长度；(河道水流过程线图的)基距
~ de biseau 三角段长度
~ de bloc 块长度，信息段长度，字组长度
~ de calcul 计算长度
~ de cellule 网格尺寸
~ de changement 变速车道长度
~ de charge 承载长度
~ de chargement 货物长度，装载长度
~ de coupure 开断长度
~ de courbe 行程，冲程
~ de courbe verticale 竖曲线长度
~ de courbe verticale minimum 竖曲线最小长度
~ de déboîtement 转向长度，(车辆从高速道路驶入匝道时的)分向行驶长度
~ de développement 展长，展开长度
~ de division 分段长度
~ de durée de service 使用寿命，使用期限
~ de filetage 螺纹长度
~ de flambage 压曲长度；屈曲长度，挠曲长度
~ de foration 凿岩深度，钻进深度
~ de freinage 制动距离
~ de l'arc de raccordement 缓和曲线长度
~ de la fondation 基础长度
~ de la ligne exploitée 营业线路长度
~ de la poutre préfabriquée 预制梁长
~ de la retenue 水库长度
~ de la tangente 切线长度，直线长度
~ de la voie 线路长度

~ de la zone de renforcement de l'entrée 进口加强照明区长度

~ de la zone de renforcement de la sortie 出口加强照明区长度

~ de pente 坡长

~ de perçage 钻孔深度,钻探深度

~ de pont 桥梁长度

~ de porte-à-faux 悬臂长度

~ de quai 站台长度

~ de recouvrement （钢筋的）搭接长度

~ de recouvrement de la nappe 推覆体宽度；覆盖层长度

~ de recouvrement des barres 钢筋搭接长度

~ de référence 基准长度

~ de rupture 断裂长度

~ de scellement（dans le béton） 砌入长度

~ de superposition （管棚）重叠长度

~ de tangente 切线长

~ de tiges de forage 钻杆长度

~ de tourbe 曲线长

~ de transmission 传输长度

~ de travail 工作长度,有效长度

~ de tunnel 隧道长度

~ de voie 线路长度

~ de voies développées 线路展开长度

~ des éclisses 鱼尾板长度

~ développée 展长,展开长度

~ développée en crête 坝顶展开长度

~ d'exécution 工作长度

~ du bassin-versant 汇水区的长度

~ du contrefort 支墩长度

~ du cordon 焊缝长度

~ du front 回采工作面长度

~ du lit de renforcement 筋带长度

~ du parcours jusqu'à l'arrêt 制动距离

~ du remous 壅水长度,回水长度

~ du trajet maritime 航程长度

~ du trou 孔深,炮眼深

~ effective 有效长途

~ effective de colonne 有效柱长

en ~ 长度方向的,纵长的

~ en butée de ressorts 弹簧在工作状态下的长度

~ en crête 坝顶长度

~ en direction 走向长度

~ en place de ressort 弹簧在自由状态下的长度

~ entre attelages 车钩间长度

~ entre tampons 缓冲器间长度

~ équivalente 等效长度

~ exploitée 营业长度,通车里程,矿体可采长度

~ extérieure 全长,总长度

~ hors tampons 缓冲器间长度

~ hors-tout 全长,总长度

~ libre 换算长度,计算长度,这算长度

~ libre au flambage 纵向弯曲的自由长度

~ libre d'un ressort 弹簧自由状态长度

~ maximale de pente 最大坡长

~ maximum de freinage 最大制动距离

~ minimale de pente 最小坡长

~ minimum de courbe de raccordement 竖曲线最小长度,缓和曲线最小长度

~ moyenne de pente 平均坡长

~ nécessaire au dépassement 超车所需距离

~ nominale 公称长度,名义长度

~ prescrite 规定长度

~ réelle 有效[实际]长度

~ réglementaire 规定长度

~ soumise aux charges 载荷长度

~ sous tête 铆接厚度,（铆钉的）工作长度

~ théorique 理论长度

~ totale 全长,总长

~ totale de pont 桥梁全长

~ totale forée 总进尺,总凿岩长度

~ utile 有效长度

~ utile de la voie 线路有效长度

~ utile des voies d'arrivée et de départ 到发线有效长度

~ virtuelle 假定长度,换算长度

longue-vue *f* 望远镜

lonsdaléite *f* 六方金刚石（朗斯代尔矿）

loparite *f* 铈铌钙钛矿

lopézite *f* 铬钾矿

lophoïte *f* 蠕绿泥石

lopolit(h)e *f* 岩盆

Loppérien *m* 洛佩尔阶（K_1）

loquet *m* 爪,钩,小齿；锁链,卡锁,碰锁,弹簧锁,插销[栓]

~ de verrouillage 锁,闩锁

loqueteau *m* 插栓,窗栓；爪,钩

loran *m* 劳兰(远程测距仪)
lorandite *f* 红铊矿
loranskite *f* 钽锆钇矿钇钽矿
lorenzénite *f* 硅钠钛矿
lorettoïte *f* 黄氯铅矿
lorgnette *f* 双筒望远镜
lorry-échelle *m* 检查和修理接触导线的梯车
lors *adv* 当时,那时
～ de 当……时,在……时候,在……期间
～ depuis 从此,从那时候起
～ dès 从此,从那时起
dès ～ que 既然……就……
～ même que 即使;就是在……时
pour ～ 当时
～ que 当……时
lorsque *conj* 当……时
Los Angeles(LA) 洛杉矶石料磨耗强度试验
losange *m* 菱形,四边形,斜方形,菱形立体交叉,菱形断面,菱形孔型
～ compact 密集式菱形立体交叉
～ éclaté 扩展菱形立体交叉
～ étendu 展开式菱形立体交叉
～ flamand (砖的)弗兰曼程式砌台
～ giratoire 加环形道的菱形立体交叉
～ jaune 警告板(黄色带有黑白带的斜方板,夜间黄色灯光)
～ simple 简单菱形立体交叉
losangé, e *a* 菱形的
loséyite *f* 碳锌锰矿
losite *f* 硫碱钙霞石
lot *m* 一组,一套,一批,部分,车组
～ de ramassage 未编组的车组
～ de revêtement 路面发包部分
～ de travaux 工程发包部分
～ de zone 管内货物列车编组西安群
～ principal 主要车组,核心车组
～ routier 道路建筑发包部分
lotalite *f* 易剥辉石,钙铁辉石
Lotharingien *m* 洛林阶(J_1,欧洲)
lotir *v* 选编,分类,分等,挑选
lotissement *m* 编组,分类,分成段
～ de wagons 编组列车,直达列车编组,车辆编组
～ des travaux 工程分类

programme de ～ 列车编组计划
zone de ～ 编组站
lotrite *f* 绿纤石
louage *m* 出租,租借,租金
louche *f* 钻头,勺,扩孔锥,扩孔刀,长柄大汤勺
louchet *m* 长柄铁锹
louer *v* 租赁,承租
loueur *m* 出租人
loughlinite *f* 纤钠海泡石
loup *m* 工程缺陷
loupe *f* 透镜,放大镜;熟铁块;滑落体
～ binoculaire 双筒放大镜
～ de glissement 泥流盾,泥流隆起,熔岩钟,熔岩泡,坍方小丘,滑坡墩
～ de solifluxion 泥流盾,泥流隆起
～ électronique 电子放大镜,辐射电子显微镜
～ portative 放大镜
loupiote *f* 罐,瓶子,容器
lourd *a* 重的,重型的;不灵活的
～ engin 重型;机械
lourd *m* 重(颗)粒,重粒级
lourdeur *f* 重力,重量,笨重
louve *f* 吊索,吊钳;起重架
lovchorrite *f* 胶硅钛铈矿
lovénite *f* 钙钠锰锆石
lover *v* 缠,绕,卷
lovéringite *f* 钛铈钙矿
lovozérite *f* 基性异性石
lovtchorrite *f* 胶硅钛铈矿
löwigite *f* 明矾石
loxoclase *f* 钠正长石
loxodromie *f* 等角线,恒向线,等斜[航]线,等方位线
loxodromisme *m* 等角线,等方位线,等角航线
loyer *m* 租金,房租
loze *f* 石英云母片岩
lubeckite *f* 铜锰钴土
lublinite *f* 纤方解石
lubrifiant *m* 润滑油,润滑脂,润滑剂
～ antigel 防冻润滑剂
～ antirouille 防锈润滑剂
～ au graphie 石墨润滑剂
～ d'origine 原用油
～ solide 固体润滑材料,油脂

lubrificateur *m* 润滑器，加油器
 ～ centrifuge 离心润滑器
lubrification *f* 润滑，涂油；润滑作用
 ～ à circulation 循环润滑
 ～ à graisse 浓润滑油（软油、干油、黄油）
 ～ à graisse de haute pression 高压润滑
 ～ à mèche 油芯润滑
 ～ au graphite 石墨润滑
 ～ au suif 油脂润滑
 ～ automatique 自动润滑
 ～ centrale 总干润滑，集中润滑
 ～ centrifuge 离心润滑
 ～ continue 连续润滑
 ～ de film solide 固体薄膜润滑
 ～ forcée 强制润滑
 ～ par bague 油环润滑
 ～ par barbotage 飞溅润滑
 ～ par gouttes 滴润，滴入润滑，滴油润滑
 ～ par graisseur centrifuge 离心润滑
 ～ permanente à graisse 永久滴滑
 ～ sous pression 压力润滑
lubrifier *v* 润滑，使润滑
lubumbashite *f* 水钴矿
lucarne *f* 天窗，屋顶窗，老虎窗，信号表示灯罩
lucasite *f* 铬黑蛭石
lucéite *f* 细闪长岩（卢谢式陨石）
lucianite *f* 寓镁皂石（澎皂石）
lucide *a* 亮的，光明的
lucidité *f* 明朗，清晰度
lucinite[variscite] *f* 磷铝石
lucite *f* 有机玻璃
lucullan *m* **lucullite** *f* 碳大理石
Ludien[Ludes] *m* 路德阶（E_2，欧洲）
ludlamite *f* 板磷铁矿
ludlockite *f* 砷铁铅石
Ludlovien[Ludlow] *m* 卢德洛统（S_3，欧洲）
ludwigite *f* 硼镁铁矿
lueneburgite *f* 硼磷镁石
lueshite *f* 斜方钠铌矿
luethéite *f* 砷铝铜石
lueur *f* 发光，微光，闪光，反光
lugarite *f* 沸基辉闪斑岩
luhite *f* 蓝方黄长霞煌岩
luhullan *m* 沥青灰岩

luigite *f* 结灰石
luire *v* 照亮，发光，反射
luisant *m* 光泽；*a* 发光的（煤），照耀的，发照射的，有光泽的
luisard *m* 铁云母
lujaurite *f* 异霞正长岩
lujauritite *f* 长辉霞石岩，辉霞正长岩
lujavrite *f* 异霞正长岩
lujavritique *a* 异霞正长岩的
lujavritite *f* 长辉霞石岩，辉霞正长石
lumachelle *f* 贝壳大理岩，介壳灰岩；介壳层
 ～ bréchoïde 贝壳角砾岩
lumachellique *a* 贝壳大理岩的
lumen *m* 流明（符号 lm，光通量单位）
 ～ par mètre carré 流明/平方米，勒克司（照度单位）
lumen-heure *m* 流明小时
lumenmètre *m* 光通计，光度计，流明计
lumière *f* 光，光线，日光，阳光，灯，孔，口，照明，照明器具，缝隙；开口，出—进气孔（蒸汽锅炉的）；辉度（仪器的）；点火器
 ～ à grands flots 泛光灯
 à la ～ de 在……启示下，根据
 ～ ambiante 周围光线，外来光线
 ～ artificielle 人工光；人工照明
 ～ blanche 白光
 ～ code 防眩灯光
 ～ cohérente 相干光
 ～ complexe 复色光
 ～ d'admission 进气口
 ～ d'ambiance 周围光线，外来光
 ～ d'aspiration 吸气孔
 ～ d'échappement 排气口
 ～ de Drummond 石灰光，灰光灯
 ～ de passage 缝隙，空隙；透光，漏光
 ～ de référence 灯标，参考光，基准光
 ～ de tiroir 滑阀气口
 ～ diffuse 泛光，漫射光，扩散照明，散射光
 ～ directe 直射光，直接照明
 ～ directe de soleil 直射日光
 ～ diurne 目光，昼光；白昼照明
 ～ du jour 日光，白天光线
 ～ d'une pompe 水泵喷口
 ～ éblouissante 强光，眩目的光

~ elliptique 椭圆偏振光,椭圆极化光
~ froide 冷光
~ indirecte 反射光,反射照明
mettre en (pleine)~ 表明;揭示;阐明,指明
~ modulée 已调光,已调制光线
~ monochromatique 单色光
~ naturelle 自然光
~ noire 不可见光,"黑光"
~ ordinaire 自然光,普通光
~ panchromatique 全色光
~ parallèle 平行光
~ parasite 杂光,漫散光,散射光
~ phosphorescente 磷光
~ polarisée 偏振光,极化光
~ polarisée rectilignement 平面极化光,平面偏振光
~ réfléchie 反射光,反射照明;反射照日月
~ rouge 红光,红灯(信号灯)
~ semi-diffusée 半漫射光
~ signale 信号灯
~ simple 单色光
~ solaire directe 太阳直射
~ stop 制动信号灯,(汽车的)停车灯
~ tamisée 柔和光线,变弱的光线
~ transmise 透射光
~ transmise à l'aide d'un microscope optique 由光学显微镜传播的光
~ ultraviolette 紫外线照射,紫外线辐射,紫外(线)光
~ verte 绿光,绿灯(信号灯)

luminaire *m* 光源,发光体,荧光灯,灯具,(城市)照明,照明装置
 ~ à répartition non défilé 不受眩光限制的路灯
 ~ antidéflagrant 防爆灯具
 ~ anti-humidité et antipoussière 密封式防水防尘灯
 ~ asymétrique 非对称灯具
 ~ d'intertube 横通道照明灯具
 ~ défilé 限制眩光(的)路灯
 ~ extensif 广角灯具
 ~ intensif 狭角灯具
 ~ s niche sécurité 安全洞室照明灯
 ~ suspendu 吊灯具
 ~ symétrique 对称灯具

luminance *f* 发光率,发光度,亮[辉、光]度
~ d'un feu de signal 信号灯光亮度
~ de référence 设计亮度
~ en uniformité générale 总的均匀亮度
~ en uniformité longitudinale 纵向均匀亮度
~ moyenne 平均亮度

luminancemètre *m* 亮度计,亮度检测器,亮度测量机计

luminescence *f* 发光(性),发荧光
luminescent *a* 发光的,荧光的
lumineux, euse *a* 发光的,辉光的,明亮的
luminophore *m* 日光灯,荧光粉,发光物质
luminosité *f* 照明度,亮度
 ~ d'image 图像亮度
 ~ d'un feu de signal 信号灯光亮度
 ~ des signaux 信号亮度
 ~ du fond 背景亮度
 ~ intrinsèque 固有光度,本征亮度
 ~ rémanente 余辉

lundi *m* 星期一
lundyite *f* 红闪正斑岩
lunette *f* 望远镜,瞄准镜,光学瞄准具;泥质沙丘;小天窗;支架
 ~ à infrarouge 红外线探测器
 ~ s à souder 电焊眼镜
 ~ chercheuse 探像器,取景器,观景器
 ~ d'approche 望远镜
 ~ de pointage 光学瞄准器

lunette *f* 附环,圆环,眼镜,望远镜,(焊工)防护眼镜
 ~ à image droite 直角图像望远镜
 ~ de géomètre 测量望远镜

lunnite *f* 假孔雀石(斜磷铜矿)
lunule *f* 新月面,新月形斑,月牙形物;(滑动面上的)月牙痕,擦痕
 ~ de glissement 新月形滑动擦痕

luocalcite *f* 溶方解石
luochalybite *f* 溶菱铁矿
luodiallogite *f* 溶菱锰矿
luomagnésite *f* 溶菱镁矿
luotolite *f* 奥长石
lupalite *f* 霞长斑岩
lupikkite *f* 杂铜铁硫锌矿
lusakite *f* 钴十字石

luscadite *f* 橄榄碱辉岩
luscite *f* 中柱石,方柱石
luscladite *f* 橄榄霞斜岩
Lusitanien *m* 卢西塔尼亚阶(J_3,欧洲)
lusitanite *f* 斜磷锌矿;霓闪钠长正长岩
lussatine *f* 负绿方石英
lussatite *f* 方英玉髓;正绿方石英
lustrage *m* 光泽,磨光
lustré *a* 光滑的,光亮的,有光泽的
lustre *m* 釉;(矿物的)光泽[辉、亮、彩];分支灯架
lustrer *v* 擦光,擦亮
lustreuse *f* 抛光机,磨光机,上光机
lusungite *f* 水磷铁锶矿
lut *m* 涂油;密封,油灰,封泥,涂料,黏结剂;密封器;(密)封(胶)泥,封口胶
～ de vitrier 装玻璃用油灰
lutacé *a* 黏土质的
lutation *f* 涂料,涂封泥,涂封口胶
lutécite *f* 水玉髓
luter *v* 钎接;涂封料,抹涂料;用油灰填缝
Lutétien *m* 卢台特阶(E_2中部,欧洲)
lutite *f* 细屑岩,泥屑岩
lutte *f* 防止,对抗;摔跤,角力,斗争
～ contre le feu 防火
～ contre l'érosion 防止冲刷
～ contre l'évaporation 防止蒸发
～ contre l'orniérage 防止车辙
～ contre la corrosion 防腐蚀
～ contre la pollution 防止污染
～ contre la pollution de l'eau 防止水污染
～ contre le brouillage 抗干扰
～ contre le bruit 防止噪音
～ contre le dérapage 防滑
～ contre le feu 防火
～ contre le verglas 除冰
～ contre les accidents du trafic 防止交通事故
～ contre les crues 防洪,抗洪
lux *m* 勒(克司)(符号 lx,照度单位,米烛光)
luxmètre *m* 照[光]度计,光度表,勒克司计
luxomètre *m* 光度计,勒克司计
luxuliane *m* **luxul(l)ianite** *f* 电气花岗岩
luzencie *f* 云母镜铁矿
luzonite *f* 四方硫砷铜矿
lychnite *f* 透明大理岩,洁白大理岩
lydienne *f* 黑碧玉;碳质玉髓,燧石板岩,放射虫硅质岩,糙石板岩(试金石)
lydite *f* 试金石,燧石板岩
lyncurite *f* 变锆石
lyndochite *f* 钙钍黑稀金矿
lyonite *f* 钼钨铅矿(钨钼铅矿)
lyophile *a* 亲液的,亲液胶体的
lyophilisation *f* 冷冻干燥,冷冻升华
lysat *m* 溶解产物,溶成物
lyse *f* 分解,溶解
lysimètre *m* 侧筒,蒸渗计,液度计,(土壤)测渗仪,渗漏测定仪
～ à pesée 称重测渗仪
～ enregistreur 自记测渗仪,自记地中渗透仪;自记蒸散发仪
～ monolithe 坝段测渗计
lysocline *f* 溶解层,活跃面(碳酸岩溶解深度)
lysol *m* 来苏水;杂酚皂液
lythrode *m* 脂光石,霞石(白斑霞石)
lytomorphique *a* 热液溶解变形的

M

maakite *f* 冰盐
maar *m* 小火口，火山口湖，低平火口
Maastrichtien *m* 麦斯特里希特阶（K_2，欧洲）
macadam *m* 碎石，碎石路面，铺路用碎石，碎石路（面），马克当路（面），开级配碎石薄基层
~ à l'eau 水结碎石路
~ à base de bitume 沥青碎石路面，黑色碎石
~ à gravillon de fermeture 嵌缝碎石路
~ à gros grains 粗轧碎石
~ à l'eau 水结碎石，水结碎石路面
~ à la fourche 叉选碎石
~ à sable 填砂碎石路
~ à sec par vibration 干结碎石，干结碎石路
~ américain 水结碎石，水结碎石路面
~ asphaltique 地沥青碎石路面，地沥青碎石路
~ asphaltique par pénétration 地沥青灌碎石路（面），地沥青灌碎石
~ au bitume 沥青碎石路（面），沥青碎石
~ au bitume par pénétration 沥青贯入碎石，沥青浇灌碎石路面，贯入式沥青碎石路，黑色碎石
~ au ciment 水泥结碎石路（面），水泥结碎石
~ au goudron 柏油碎石路
~ au goudron par pénétration 煤沥青贯入碎石，煤沥青贯入碎石，柏油浇灌碎石路面
~ au mortier de ciment 夹层式水泥砂浆碎石路面，夹层式水泥结碎石路面
~ au procédé de percolation 干法贯入式碎石路面
~ bitumineux 沥青碎石路面，沥青碎石，沥青碎石路
~ bitumineux par pénétration 地沥青灌碎石路
~ calcaire 石灰石碎石
~ ciment 水泥碎石混合的路面
~ d'enrobés 拌制沥青碎石
~ de fondation 碎石基础，碎石基层
~ de goudron 煤沥青碎石，煤沥青碎石路
~ de mastic 砂胶碎石路面
~ en pénétration 贯入碎石
~ en semi-pénétration 半贯入式碎石路面
~ engazonné 碎石路上的草皮
~ enrobé 沥青表处式碎石路，黑色碎石，拌制沥青碎石
~ enrobé applicable à froid 冷铺沥青碎石
~ enrobé de goudron 煤沥青碎石，煤沥青碎石路，柏油碎石
~ hydrocarboné 沥青碎石，沥青碎石路面
~ lié à l'eau 承结碎石，水结碎石路
~ lié par le sol 泥结碎石路面，土结碎石路面
~ lié par le trafic 车结碎石路面，行车碾压碎石路
~ mélang à chaud 热拌沥青碎石
~ percolé par des enrobés 干法贯入式沥青碎石路面
~ pour les routes 筑路用碎石
~ préenrobé 预浇沥青碎石
~ pur 水结碎石，水结碎石路
~ routier 筑路用碎石
~ silicaté 硅化碎石路面
~ traité en pénétration 贯入式碎石路（常指沥青贯入式碎石路）
macadamisage *m* 铺设碎石路面
macadamisation *f* 碎石铺路法，铺筑碎石路面
macadamiser *v* 以碎石铺路
macallistérire *f* 三方水硼镁石
macconnellite[meconnellite] *f* 铜铬矿
macdonaldite *f* 莫水硅钙钡石
macédonite *f* 铅钛矿，云橄粗面岩
macéline *f* 含铁褐锰矿
macération *f* 浸渍，浸解，浸软，离析，浸泡，离解，浸渍作用
macfallite *f* 钙锰帘石
macfarlanite *f* 杂银镍铅锌矿
macgovernite *f* 粒砷硅锰矿
machatschkite *f* 九水砷钙石
mâchefer *m* 熔渣，火山（岩）渣，矿渣
~ de chaudières 炉渣，灰渣
~ de haut-fourneau 高炉熔渣

machinal, e *a* 机械的, 机械式的

machine *f* 机器, 机械, 机车, 装置, 机构, 设备, 发动机; 计算机

~ à abattre les arbres 伐木机械
~ à abouter les tuyaux 接管机
~ à absorption 吸收式机器
~ à accumulation pour le soudage 储能式焊接机
~ à adhérence totale 全黏着机车
~ à affûter 磨床, 刀具磨床, 砂轮机
~ à affûter les couteaux d'établi 台式砂轮机, 台式刃磨机
~ à affûter les couteaux par terre 落地砂轮机
~ à affûter les couteaux verticale et électrique 立式电动砂轮机, 立式电动刃磨床
~ à aflûter les limes 锉刀刃磨床
~ à affûter par électrolyse 电解磨床, 电解刃磨机
~ à agglomérés 制块机
~ à agglomérés en béton 混凝土制块机
~ à aiguiser （台式）砂轮机, 刃磨机
~ à air comprimé 鼓风机, 压缩机, 蒸汽机, 空气压缩机
~ à aléser 镗床, 钻探机, 钻眼机, 钻孔机
~ à aléser les boîtes à l'huile 轴箱镗床
~ à aléser les lignes d'arbre 主传动轴镗床
~ à aplanir 刨床
~ à appointer à froid les tubes 磨管机
~ à armer les câbles 电缆包甲机
~ à arracher les pieux 拔桩机
~ à assembler 舌槽接合机, 装配机
~ à attaque ponctuelle 冲击式挖掘机
~ à balancier 平衡［均衡］机
~ à balayer les rues （城市）道路吸尘机
~ à ballaster 铺渣机
~ à bâtiments 房屋建筑机械
~ à battre 打谷机, 脱粒机
~ à battre les pieux 打桩机
~ à bétonner 混凝土铺堤机, 混凝土铺路机, 混凝土铺筑机
~ à bobiner 绕线机
~ à bogie 转向架式机车
~ à bois 木材加工机床
~ à border les tôles 钢板折边机
~ à bourrer 捣固机
~ à bouveter 起槽机, 企口机, （企口板）刨边机
~ à brocher 拉床
~ à broyer 破碎机, 碎矿机, 碎石机, 磨碎机
~ à calcul 计算机
~ à calfater 填缝机, 填隙机
~ à calibrer 塞规自定尺寸磨床
~ à canneler 刻槽［拉槽］机, 花键铣床
~ à carcasse lisse 光面机壳式电机
~ à carcasse ventilée 风冷机壳式电机
~ à cartes perforées 穿孔卡片打孔机
~ à carton 纸板机
~ à cartouche 条包机
~ à centrer 定心机床, 对中机床, 打中孔机
~ à centrifuger les tuyaux en béton 混凝土管离心旋制机
~ à chaînes 制链机, 链条装置
~ à chambre chaude 热室压铸机
~ à chambre chaude à piston 活塞式热室压铸机
~ à chambre froide 冷室压铸机
~ à chanfreiner 倒棱机, 倒角机
~ à charger 装载机, 装料机
~ à charger en vrac 散装货物堆装机
~ à charger et décharger 装卸机
~ à charger roulante pour essais de fatigue 滚动负载疲劳试验机
~ à châssis rigide 刚构机车
~ à châssis unique 整体结构机车
~ à chauffe au mazout 重油机车, 燃重油式蒸汽机车
~ à chemiser les câbles 电缆包皮机
~ à choc 冲击试验机
~ à cintrage des tubes 弯管机
~ à cintrer 弯曲机
~ à cintrer à trois rouleaux 三辊弯板机
~ à cintrer la tôle 弯板机
~ à cintrer les bandages 轮箍弯曲机
~ à cintrer les barres de fer à béton 钢筋弯曲机
~ à cintrer les profilés 型材弯曲机
~ à cintrer les tôles 弯板机, 卷板机
~ à cintrer les tubes 弯管机
~ à cisailler 修剪机, 修边机, 切管机, 剪切机,

剪床
~ à cisailler à guillotine　龙门剪床，侧刀式剪床
~ à cisailler à levier　手动杠杆式剪切机
~ à coffrages glissants　滑模式（混凝土）摊铺机，滑动模扳机，滑模机
~ à coffrages glissants équipée d'aiguilles vibrantes　带振动针的滑模式（混凝土）摊铺机
~ à colonne d'eau　水泵，唧筒
~ à combustion interne　内燃机
~ à commande numérique　数控机床
~ à compression　压缩机，空气压缩机
~ à compression interne　内燃机
~ à concasser　破碎机
~ à copier　复印机
~ à couder　弯曲机，折弯机
~ à couler　浇注机，铸锭机，铸造机
~ à couler la fonte　铸模机，生铁浇铸机
~ à couler les bétons　混凝土摊铺机，混凝土浇注机
~ à couler les saumons　铸锭机
~ à couler sous pression　压铸机
~ à couper　切割机
~ à couper les broussailles　荆棘割除机
~ à couper les joints　（混凝土路面）切缝机
~ à creuser les fossés　清沟机
~ à courtier　弯曲机
~ à crépir　抹灰（泥）机
~ à creuser　掘进机
~ à creuser les fossés　挖沟机
~ à creuser les rainures　开槽机
~ à creuser les tranchées　挖沟机
~ à cribler　筛分机
~ à cribler le ballast　筛渣机，清筛机
~ à culotter　压盖机，封顶机
~ à curer les fossés　清沟机
~ à damer　打夯机，夯实机
~ à débiter　下料机，采石机，石块切割机，木材开料机
~ à débiter les gros blocs de pierre　块石切割机，锯石机，采石机
~ à déblayer　场地清除机，（场地）清理机
~ à décanter　淘洗机，滗析机
~ à découper　切割机
~ à découper les joints de revêtement en béton 混凝土路面切缝机
~ à défoncer　穿孔机，扩孔机
~ à dégaucher　木工刨床
~ à démouler　脱模机
~ à dénuder　剥皮机，剥电缆包皮机
~ à dérouler le papier　铺纸机
~ à dessabler　清砂机
~ à dessiner　制图机，绘图机，制图仪
~ à détarder　除垢机
~ à double effet　复动机，双功能机
~ à double enveloppe　双层机壳式电机
~ à double réglage　双调机
~ à draguer　吸泥机，挖泥机，疏浚机
~ à dresser　矫直机，整直机
~ à dresser à la meule　磨床，平面磨床
~ à dresser la tôle　钢板矫平机，平板机
~ à dresser les barres　棒材矫直机
~ à dresser les fils　线材矫直机
~ à ébarber　切边机，整形机
~ à échappement libre　非冷凝式蒸汽机
~ à écoulement continu　恒定燃烧燃气涡轮
~ à écrire　打字机
~ à élinde　吸泥管式吸扬挖泥机
~ à emballer　打包机，包装机
~ à émeuler　抛光机
~ à émousser les écrous　螺帽削角机
~ à empaqueter　包装机，打包机
~ à enduire　抹灰机，粉刷机
~ à enrouler　缠丝机
~ à enrouler le fil électrique　（电缆）绕线车
~ à ensacher　装袋机
~ à enterrer　埋管机
~ à épandre à chaud automotrice　自动式热料洒布机，（沥青）热喷洒车
~ à éprouvette　试样试验机
~ à épurer le ballast　筛渣机，道砟清筛机
~ à équilibrer　平衡机
~ à équilibrer les rotors　转子平衡机
~ à essai d'endurance　疲劳试验机
~ à essai d'étançons de mines　矿支架试验机
~ à essai de ductilité　延度仪，延性试验机
~ à essai de fatigue　疲劳试验机
~ à essai de flexion　抗弯试验机
~ à essai universel　万能试验机

~ à essayer　试验机
~ à essayer les ressorts　弹簧试验机
~ à essayer les tuyaux　试管机
~ à estamper　冲压[压印]机,模锻机
~ à étirer　延伸机,拉丝机,拔丝机
~ à excitation interne　自励磁电机
~ à excitation séparée　他激电机
~ à fabriquer des noyaux de moulage　泥芯制造机,制型芯
~ à fabriquer les bordures　制路缘石机
~ à façonner le bois　木工机械,木材加工机床
~ à façonner la lisière　护道成形机,修边机
~ à façonner le bois　木工机械
~ à faire les trous　打孔机
~ à fatigue aux efforts alternés　交变（变向）负载疲劳试验机
~ à fatigue aux efforts répétés　脉动负载疲劳试验机
~ à fendre　圆盘剪
~ à fermer les sacs　封包机
~ à fileter　螺纹切削机,螺丝车床,攻丝车床
~ à fileter les tuyaux　管螺纹攻丝机床
~ à fileter les vis　螺丝车床,攻丝车床
~ à forer　钻孔机,钻探机械
~ à forger　锤锻机
~ à fraiser　铣床
~ à fraiser genre raboteuse　刨床式铣床
~ à fraiser les engrenages　齿轮铣床
~ à fraiser les rainures　键槽铣床
~ à fraiser les vis　螺纹铣床
~ à fraiser longitudinale　龙门铣床
~ à froid à absorption　吸收式冷冻机
~ à grand rendement　高效率机器
~ à granuler　成粒机,颗粒机
~ à graver par pantographe　仿型雕刻机
~ à grignoter　切片机
~ à guniter　喷浆机
~ à haute fréquence　高频发电机
~ à haute pression　高压蒸汽机
~ à influence　静电机,静电感应起电机
~ à installer des armatures en treillis　钢筋网铺设机
~ à jet de sable　喷砂机
~ à laminer　压延机,滚轧机

~ à laver　洗涤机,冲洗机,清洗机,洗衣机
~ à laver et à trier le gravier　砾石冲洗分选机
~ à marchandises　货运机车
~ à marquer　划线机
~ à mesurer　计量机械,衡器
~ à mesurer des coordonnées　坐标测量机
~ à mesurer électrodynamique　电动测力计
~ à meule d'émeri　金刚砂磨床
~ à meule électrique　电动砂轮机
~ à meuler　砂轮机,磨床
~ à meuler à socle　落地式砂轮机
~ à meuler électrique　电动磨床,电动砂轮机
~ à meuler et à polir　研磨抛光机
~ à meuler les cylindres　轧辊磨床,汽缸研磨机
~ à meuler les pièces rondes　圆柱形零件磨床
~ à mortaiser　插床,凿榫机,凿槽机,立式刨床
~ à mortaiser les engrenages　插齿机
~ à moulage centrifuge　离心造型机
~ à mouler　造型机,制型机,成型机,制模机
~ à mouler à serrage par secousses　振动式造型机
~ à mouler avec démoulage par rotation　转台式造型机
~ à mouler avec plateau-peigne　漏模板式造型机
~ à mouler les noyaux　制泥芯机,芯型机
~ à mouler par pression　压力造型机
~ à multiples-usages pour construction　多用途建筑机械
~ à nervures ventilées　翅面通风式电机
~ à niveler　整平机
~ à noyaux　造芯机
~ à palette　平地机
~ à percer　钻孔机,钻床
~ à percer d'établi　台钻
~ à percer des trous oblongs　长圆形孔钻孔机
~ à percer pour chaudières　锅炉钻孔机
~ à percer radiale　悬臂钻床,摇臂钻床
~ à percer universelle　万能钻床
~ à perforer　钻探机,钻孔机,凿岩机,卡片穿孔机
~ à piloter　打桩机
~ à planer les roues　车轮矫平机
~ à planer les tôles　平板机

~ à plate 平地机
~ à plâtrer électrique 电动抹灰机
~ à plier 卷边机,弯边机,弯板机
~ à poinçonner 冲床,轧票机,打孔机
~ à pointer 镗床,坐标镗床
~ à polir 抛光机
~ à polir à l'émeri 金刚砂抛光机
~ à poncer 抛光机
~ à poser les tubes 铺管机
~ à poser les voies 铺轨机
~ à polir 抛光机
~ à poussée spécifique élevée 单位推力大的发动机
~ à poutre vibrante 混凝土压实修整机
~ à profiler 加工成形机床
~ à programme 程控机床,程序控制机床,程序控制装置
~ à puiser l'eau 抽水机
~ à raboter 刨床
~ à raboter les engrenages 齿轮刨床,刨齿机
~ à raboter les rails 刨轨机
~ à radiateurs ventilés 通风散热器式电机,风冷散热器式电机
~ à rainer 插床
~ à rainurer 开槽机
~ à rainurer les chaussées 路面刻槽机
~ à rebrûler les queusots 制造电子管密封玻璃管的机械
~ à rectifier 磨床,磨孔机,桁磨机
~ à rectifier à meule à 90° 平面磨床
~ à rectifier à table cylindrique 柱面磨床
~ à rectifier cylindrique 外圆磨床
~ à rectifier extérieurement 外圆磨床
~ à rectifier les arbres à cames 凸轮轴磨床
~ à rectifier les engrenages 齿轮磨床
~ à rectifier les filetages 螺纹磨床
~ à rectifier les surfaces planes 平面磨床
~ à rectifier les vilebrequins 曲轴磨床
~ à rectifier sans centre 无心磨床
~ à rectifier universelle 万能磨床
~ à redresseurs 整流器式机车
~ à réfrigérant 液冷式机车
~ à refroidissement naturel (transformateur) 自然冷却式电机(变压器)

~ à refroidissement séparé 他冷式电机
~ à régler le sol 筑路机,平土机,整道机,平地机
~ à remblayer 堆积机,充填机,堆垛机
~ à remuer 搅拌机,搅拌装置
~ à repasser 熨烫机,烙铁
~ à reproduire 仿形机床
~ à résoudre des équations linéaires 线性联立方程解答计算机
~ à résoudre les équations différentielles 微分方程解答计算机
~ à retournement 翻版造型机,翻转机
~ à revêtir 衬砌机
~ à riper les voies 移道机,拨道机
~ à river 铆钉机
~ à riveter 铆钉机
~ à roder 研磨机
~ à roue 轮式挖沟机
~ à roue à chevron 人字形齿轮刨床
~ à sabler 铺砂机,撒砂机
~ à saboter les traverses 枕木开槽器
~ à sceller les queusots 焊封密封玻璃管机
~ à scier 锯床
~ à scier à lame sans fin 条锯机,带锯床
~ à scier à ruban 锯轨机
~ à scier alternative 弓锯床,往复锯机
~ à scier circulaire 圆锯床,圆锯
~ à secousses 振实造型机
~ à sécurité interne 内防护式电机
~ à signaux 信息处理机
~ à simple réglage 单调机
~ à soc 犁式挖沟机
~ à sonder 测探机,触探机,焊接机,电焊机
~ à souder à la molette 滚焊机
~ à souder en bout 对接焊机
~ à souder par points 点焊机
~ à souder par points multiples 多点式点焊机
~ à souder par points triphasée de très grande puissance 大功率三相点焊机
~ à souder par recouvrement 搭接焊机
~ à souder rotative 旋转式焊接机
~ à source d'air comprimé 气动传动装置,起动伺服机,风动机械
~ à tailler 切削机

~ à tailler les arbres cannelés 花键铣床
~ à tailler les engrenages 齿轮加工机床,滚齿机
~ à tailler les engrenages coniques 伞齿轮刨齿机
~ à tailler les engrenages coniques droits 直锥齿轮刨齿机
~ à tailler les engrenages par fraise-mère 滚齿机
~ à tailler les rainures 开槽机
~ à tamiser 筛分机
~ à tamiser et à filtrer 筛滤机
~ à tamiser par vibration 振动筛分机
~ à tarauder 攻丝机
~ à tenons et mortaises 舌槽机
~ à tirefonner 螺旋道钉紧固机,道钉机
~ à tirer 牵引机
~ à tirer les plans à calquer 图纸复制机,复印机
~ à toupiller 木工铣床
~ à tourillonner 曲轴颈机床
~ à traction 拉力试验机
~ à traduire 翻译机
~ à traiter l'information 数据处理机
~ à trancher 切割机
~ à transmission 传动机械
~ à travailler 机床
~ à travailler la tôle 钢板加工机床
~ à travailler le bois 木工机械
~ à tronçonner 切断机
~ à tuiles 制瓦机
~ à tunnels 盾构掘进,隧道挖掘机
~ à tuyaux centrifugée 离心制管机
~ à un étage 单级机
~ à vapeur 蒸汽机
~ à vapeur à double détente 复胀蒸汽机车
~ à vapeur d'épuisement 蒸汽泵
~ à vapeur de levage 蒸汽起重机
~ à vide 抽气机
~ à voyageurs 客运机车
~ abritée-grillagée 防滴式电机
~ acyclique 单极电机
~ agricole 农业机械,农用机械
~ alternative à scier 往复式锯床

~ analogique 模拟机,模拟设备
~ antidéflagrante 防爆式电机,防爆装置
~ aspirante 吸尘机,吸气机,吸气泵
~ asservie 伺服(助力,加力)机构
~ asynchrone 感应电机,异步电机
~ autoexcitatrice 自励电机
~ automatique 自动机床
~ automatique à circuler 自动捆扎机
~ automatique à peindre 自动油漆机
~ automatique à soudure autogène 自动气焊机
~ automatique d'oxycoupage 自动气割机
~ automatique de tuiles en béton 自动制混凝土瓦机
~ automatisée 自动化机床,自动化机械
~ automotrice 自动运输工具
~ autorefroidie 自冷式电机
~ auxiliaire 辅助机构,辅助电机
~ avec tender séparé 与煤水车分开的蒸汽机车
~ bipolaire 双极电机
~ centrifuge 离心机
~ chargeuse à godet tournant 回转斗式装载机
~ chargeuse mobile à chaîne de godets 自行式多斗装载机
~ chasse-neige 除雪机
~ combinée 联合工作机,康拜因
~ commandée de l'extérieur 远控机床,远距离控制式机器,远距操作机械
~ compensatrice 直流复激电机,平衡机
~ complète 整机
~ composée 复杂机械,组合机械
~ comptable 计数器计账机
~ continue à riper les voies 连续式移道机,连续式拨道机
~ coupant oxyacétylénique semi-automatique 半自动氧炔切割机
~ d'abattage 回采机,采掘机械
~ d'addition 加法机
~ d'alimentation 供给[馈送]机,送[进]料机
~ d'appel 电铃,摇铃机
~ d'entraînement 传动装置[机构]
~ d'épuisement 抽水机械,水泵
~ d'essai 试验机
~ d'essai au choc 冲击试验机
~ d'essai d'amortisseurs 减振器试验台

~ d'essai d'endurance 耐久性试验机
~ d'essai d'usure 磨耗试验机
~ d'essai de compression 压缩试验机
~ d'essai de dureté Brinell 布氏硬度试验机
~ d'essai de dureté Rockwell 洛氏硬度（试验）机
~ d'essai de flexion 抗弯试验机
~ d'essai de flexion traction （混凝土）弯拉试验机
~ d'essai de fluage 蠕变试验机，徐变试验机
~ d'essai de fluage dynamique 动态蠕变试验机，动态徐变试验机
~ d'essai de percement 击穿试验装置
~ d'essai de perméabilité 渗透性试验仪，渗透仪
~ d'essai de pression 压力试验机
~ d'essai de résistance à la compression 耐压试验机，抗压强度试验机
~ d'essai de torsion 扭力试验机
~ d'essai de traction 拉力试验机
~ d'essai des câbles 钢丝绳试验机，钢丝索试验机
~ d'essai des matériaux 材料试验机
~ d'essai des matériaux de construction 建筑材料[工程材料]试验机
~ d'essai dynamique 动力试验机
~ d'essai pour matériaux organiques 有机材料试验机
~ d'essai pour matières plastiques 塑性材料试验机，塑料试验机
~ d'essai sans destruction 无破损试验机，非破坏试验机
~ d'essai statique 静力试验机
~ d'essai universelle 万能试验机
~ d'excavation 挖土机，挖掘机
~ d'excavation sur chenilles 履带式挖土机，履带式挖掘机
~ d'exhaure 抽水机，排水设备
~ d'expérimentation 试验机械，实验机
~ d'extraction 抽提机，拔桩机，采掘机，卷扬机，提升机，绞车，采掘机械
~ d'extraction à tambour 转筒式卷扬机
~ d'extraction à vapeur 蒸汽卷扬机
~ d'extraction électrique 电动卷扬机
~ d'extraction jumelle 双筒卷扬机
~ d'injection 灌浆机
~ d'injection du béton 混凝土喷灌机，混凝土喷射机
~ d'oxycoupage 氧气切割机
~ d'usinage pour électroérosion 电腐蚀加工机床
~ de bétonnage à coffrages glissants 带滑动模板的混凝土摊铺机，滑模式混凝土摊铺机
~ de broyage 搅拌机
~ de broyage à remplissage continu 连续加料式搅拌机
~ de broyage à remplissages isolés 间歇加料式搅拌机
~ de broyage à tambour rotatif 转筒式搅拌机，转角式搅拌机
~ de broyage avec récipient fixe et agitateur （容器）固定式搅拌机
~ de broyage pour béton 混凝土搅拌机
~ de broyage pour mortier 砂浆搅拌机
~ de butte 调车机车
~ de carrière 采石机
~ de chantiers 施工机械
~ de chargement 装料机
~ de chargement à barillet 旋转式装料机
~ de cloutage （沥青路面的石屑）嵌压机械
~ de cokeries 炼焦厂设备
~ de compactage 压实机械
~ de compression 抗压强度试验机
~ de concassage 碎石机，破碎机
~ de concassage-broyage 破碎—研磨机械
~ de construction 施工机械
~ de coupe oxygène 氧气切割机
~ de creusement 掘进机
~ de creusement de galeries 履带式转刀隧道掘进机，坑道掘进机
~ de creusement de tunnel 隧道掘进机
~ de déneigement 除雪机
~ de déroulement 放线机，放轴机
~ de dragage 挖泥机
~ de dureté brinell 布氏硬度（试验）机
~ de dynamoteur 电动发电机，启动电动机
~ de fatigue à charge roulante 滚动试验台
~ de forage, ~ à forer 钻机，钻探机械，钻探

装置
~ de gare 调车机车
~ de grande vitesse 高速机车，高转速电动机
~ de l'attache 捆扎机
~ de laboratoires 实验室用仪器设备，试验机械
~ de levage pour la construction 施工起重机械
~ de manœuvre 调车机车
~ de marquage 划线机
~ de menuiserie 木工机械
~ de nivellement 平地机，平路机
~ de parachèvement 修整机，整面机
~ de pousse 后部补机，补机
~ de précision pour mesure de capacité 精密电容测量仪
~ de préparation des agrégats 生产集料机械，集料加工机械
~ de préparation des matériaux 材料加工机械
~ de production de vent 鼓风机
~ de projection humide 湿喷机
~ de queue 后部补机
~ de rayon X X光机
~ de reliure 装订机
~ de renfort 补机
~ de répartition du béton 混凝土分布机，混凝土摊铺机
~ de répartition du béton à lame de va-et-vient 横向往复刮刀式混凝土摊铺机
~ de réserve 备用机车
~ de ripage des voies 移道机，拨道机
~ de route 筑路机械
~ de scellement 封口[封条、封焊]机
~ de secours 备用机器，救援机车
~ de service 修井机
~ de signalisation sur la chaussée 划标线机
~ de soudage 焊接机
~ de soudage électrique 电焊机
~ de tensionnement des goujons 松螺栓机
~ de terrassement 土方机械
~ de tirant d'eau avec papier 纸板排水机
~ de train 列车机车，本务机车
~ de traitement de l'information 数据处理机
~ de transport 运输机械
~ de travail 加工机械，机床
~ de vérification coordonnée 坐标式检查机

~ Deval 狄法尔式磨耗试验机，双筒磨耗试验机
~ dilacératrice 粉碎机，轧石机
~ discontinue à riper les voies 间歇式移道机，间歇式拨道机
~ duplex à souder par points 双面点焊机
~ dynamique à résonance 共振动力（疲劳）试验机
~ dynamo-électrique 电动发电机，测功机，电磁铁电机
~ électrique 电机，电动机
~ électrique à calfater 电动填隙机
~ électrique tournante 旋转式电机
~ électromagnétique 电磁机，电动发电机
~ électromécanique jour l'expertise des essieux 几点式车轴试验机
~ électrostatique 静电发生器
~ électrostatique à influence 静电感应起电机
~ élévatoire 卷扬机，提升机
~ en dérivation 并激电机
~ en véhicule 附挂机车（附挂在主机车上不起动力作用的机车）
~ enfourneuse à coke 炼焦炉装料机
~ enrouleuse 卷线机，卷扬机
~ étanche 密封式电机
~ étanche à l'immersion 潜水式电机
~ étanche aux gaz ou vapeurs 防煤气式或防蒸汽式电机
~ étanche aux vapeurs 防蒸汽电机
~ évacuatrice 除雪机
~ évacuatrice de la neige 除雪机
~ excitatrice 激磁机
~ excitatrice des oscillations 振荡器
~ excitée en série 串激电机
~ fermée 封闭式电动机
~ finisseuse 抹面机，磨光机，修整机，整型机，终饰机
~ finisseuse vibrante 自动表面振动修整机
~ foreuse 钻孔机，钻机，凿岩机
~ frigorifique 致冷机，冷冻机，制冷系统
~ frigorifique à absorption discontinue 间歇吸收式制冷机
~ frigorifique à aire 空气制冷机
~ frigorifique à compression 压缩式冷冻机

~ frigorifique à éjection de vapeur　整齐喷射式制冷机

~ froide　无火机车，无动力机车

~ grillagée-protégée　网罩防护式电机

~ haut-le-pied　单机，(未连挂的机车)

~ hermétique　封闭式电机，密封式电机

~ horizontale à raboter　卧式刨床

~ horizontale à rectifier les surfaces planes　卧式平面磨床，液压平面磨床

~ hydraulique　水压机，液压机床，液压传动机构

~ hydraulique à courber　液压弯曲机

~ hydraulique à perforer par percussion　液压冲孔机，水力冲孔机

~ hydraulique à scier les métaux à scie circulaire　液压圆锯床

~ hydraulique réversible　可逆式水力机械

~ idéale　理想发电机

~ jour le moulage à tige de soulèvement　顶杆造型机

~ lectrice　读数器

~ Los Angeles　洛杉矶(石料)磨耗试验机

~ magnétoélectrique　永磁电动机

~ mélangeuse　拌和机，搅拌机

~ mélangeuse à béton　混凝土拌和机

~ menée　附挂机车(不起动力作用)

~ monoétage　单极叶轮机

~ monophasée　单相电动机

~ motrice　发动机，原动机，传动机，动力机械

~ multipolaire　多级电机

~ non réglable　非调机

~ outil　机床，工具机，工作母机

~ outils et matériaux de la construction routière　筑路机械，工具及材料

~ ouverte　开启式电机

~ par points à électrodes horizontales　水平电极点焊机

~ par points à électrodes verticales　垂直电极点焊机

~ perceuse　钻床

~ pilonneuse　打夯机，砸道机

~ pilote　向导机车，引导机车，试制的样机

~ pneumatique　空气泵，抽气机，风动机械

~ pneumatique à river　风动铆机

~ polyphasée　多相电机

~ pour l'épandage à froid　冷(乳化沥青)喷洒机

~ pour l'épandage avec compresseur à main　手动压缩式(沥青)喷洒机

~ pour l'exploitation du gravier　砾石加工机

~ pour l'exploitation du sable　砂料加工机

~ pour agglomérés　制块机(混凝土)，制煤砖机

~ pour agglomérés en béton　混凝土块制造机械

~ pour augmenter la rugosité des pavages　(混凝土路面)凿毛机

~ pour battage au câble　钢绳冲击式钻机

~ pour démontage et montage des pneux　轮胎拆装机

~ pour élargir les routes　道路加宽机

~ pour essai à chocs répétés　冲击疲劳试验机

~ pour essai de glissance　光滑度测试机，滑溜试验机

~ pour essai de pliage　曲折试验机

~ pour essais à chocs répétés　冲击疲劳试验机

~ pour essais de rugosité　粗糙度试验机

~ pour l'épandage avec compresseur à main　手动空气压缩器洒布机

~ pour l'exploitation du gravier　砾石加工机

~ pour l'exploitation du sable　砂子加工机

~ pour la construction　工程机械

~ pour la coupe des métaux　金属切削机床

~ pour la fabrication des tuyaux en béton　制混凝土管机

~ pour la fragmentation mécanique　破碎机械，机械破碎机

~ pour la préparation de chiffons　碎布机

~ pour la reprise au tas　堆料机

~ pour le moulage　造型机

~ pour le moulage à tige de démoulage　顶杆造型机

~ pour mesurer le coefficient de température de capacité　电容温度系数测量仪

~ pour neige dure　压实雪清除机

~ pour préparation des matériaux　材料加工机械

~ pour revêtements des talus (ou berges)　坡面铺砌机

~ pour revêtir les galeries　隧道衬砌机

~ pour sablage　铺砂机，喷砂机

~ pour sol stabilisé 稳定土壤机械
~ pour travaux routiers 筑路机械
~ pour ventiler 换气机
~ principale 主发动机，主机
~ protégée 带保护的机床（防止异物进入）
~ protégée contre les jets d'eau 防水式电机
~ protégée contre les poussières 防尘式电机
~ protégée contre les projections 防溅式电机
~ prototype 样机
~ pulvérisateur pour la peinture 喷漆机
~ régalo-finisseuse 摊铺整修机
~ réglable 可调机
~ remorquée 回送机车
~ répandeuse régaleuse （混凝土）分布机，摊铺机
~ répandeuse régaleuse à bac 斗式分布机，斗式摊铺机
~ réversible 可逆电机，可逆机车（不许掉头）
~ routière 筑路机械
~ routière pour routes en sol stabilisé 稳定土路用筑路机械，土路修路机
~ routière pour routes en béton 混凝土道路施工机械，混凝土筑路机械
~ semi-automatique 半自动机床
~ semi-automatique à affûter les fraises-mères 半自动滚刀磨床
~ semi-protégée 半防护式电机
~ séries 串激电机
~ soufflante 鼓风机
~ soufflante au gaz 燃气鼓风机
~ soufflante centrifuge 离心式鼓风机，涡轮鼓风机
~ submersible 潜水式电机
~ synchrone 同步电机
~ thermique 热力发动机
~ thermodynamique 热力发动机，热力机
~ titulaire 专用机车
~ tournante 电动机
~ traceuse 划线机
~ travaillant par enlèvement de métal 金属切削机床
~ ultramoderne 最新型机床
~ unipolaire 单极电动机
~ universelle à rectifier les filets 万能螺纹磨床
~ universelle d'essais 万能(材料)试验机
~ ventilée en circuit fermé 闭路通风式电机
~ ventilée en circuit ouvert 开路通风式电机
~ vibrante 振动机
~ vibrante pour béton 混凝土震实机，混凝土振动机
~ vibratoire 振动机
~ vibratoire pour blocs de ciment 混凝土块振动制造机
~ vibratoire pour tuyaux en béton 振动式混凝土管制造机
~ vibreuse-finisseuse 振动式整修机

machine-outil f 机床，机具，工具机，工作母机，工作田机
~ à commande numérique (M.O.C.N.) 数控机床
~ à usages multiples 多功能机床，加工中心

machiner v 加工，配备机件，装备几件

machinerie f 机构，机器，机械设备，机器制造，机械（制造业），主机室（机器房，机械装置）
~ administrative 行政机构
~ auxiliaire 辅助机械
~ d'entretien 养路机械
~ d'excavation 开挖机械
~ de construction 施工机械
~ de précision 精密机械，精密铸件
~ de propulsion 推进机械
~ de transport 运输机械
~ électrique 电动机械设备
~ hydraulique 水力机械
~ sur chenille 履带式机械

machinisation f 机械化

machinisme m 技艺，工艺，机械化，工艺学，机械组合

machiniste m 机械师，机(械)工(人)，司机

machmètre m 马赫数指示器

mâchoire f （碎石机）颚板，夹子，河港口，爪具，颊板，钳口，闸瓦，端子，颚骨，下颌，颌骨，夹持器，拔钉机，接线柱，插头套管，夹紧装置
à ~ 夹住的，钳紧的
~ à tendre 拔丝钳
~ d'attelage 钩爪
~ d'étau 虎钳口
~s de cintrage 压弯机夹钳

~ de concassage 碎石机颚板
~ de frein 闸瓦,制动蹄
~ de pilage 压弯机夹钳,折弯机夹钳
~ de suspension 捞管器,套管防坠装置
~ fixe 固定颚板
~ mobile 活动颚板,活动颊板,虎钳活动钳口
ouverture des ~ s (frein) 闸瓦间隙
~ striée 格网夹板

macigno *m* 复理石相,灰屑岩
mackayite *f* 水碲铁矿
mackelveyite *f* 碳钇钡石
mackensite *f* 针铁绿泥石
mackinawite *f* 四方硫铁矿
mackinstryite *f* 马硫铜银矿
mackintoshite[thorogummite] *f* 羟钍石
mackite *f* 碳酸芒硝
maclage *m* 双晶化,双晶作用,搅匀玻璃溶液(在坩埚中)
maclé *a* 双晶(形)的
macle *f* 双晶,具双晶晶体,短空晶石,挛晶作用
~ acline 阿克林双晶
~ complexe 聚片双晶,复双晶
~ de Baveno 巴温诺双晶,斜坡面双晶
~ de Brésil 巴西双晶
~ de Carlsbad 卡斯巴双晶
~ de déformation mécanique 机械变形双晶
~ de Four-la-Brouque 福拉布鲁克双晶
~ de l'albite 钠长石双晶
~ de la croisette 十字双晶
~ de la péricline, ~ périclinique 肖钠长石双晶
~ de Manebach 曼尼巴双晶,底面双晶
~ en chevron 人字形双晶
~ en crête de coq 鸡冠双晶
~ en croix 十字双晶
~ en dents de scie 锯齿双晶
~ en étoile à six branches 六角星形双晶
~ en fer de lance 燕尾双晶
~ en genou 膝曲双晶
~ en papillon 蝶形双晶
~ en X X形交叉双晶
~ mécanique 机械双晶(滑移双晶)
~ monosynthétique 普通双晶
~ multiple 聚片双晶
~ par accolement 接触双晶
~ par entrecroisement 插生双晶
~ par interpénétration 穿插双晶,贯穿双晶
~ par juxtaposition 并列双晶
~ par pénétration 穿插双晶
~ polysynthétique 聚片双晶
~ queue d'hirondelle 燕尾双晶
~ simple 普通双晶
~ tordue 扭曲双晶
~ triple 三连晶

macler *v* 成双晶,双晶化
maclifère *a* 含空晶石的
maçon *m* 坏工,泥瓦工,砖石匠,砌石工,砖瓦工,泥水工
maconite *f* 黑蛭石
maçonnage *m* 砌,砌砖,泥水工,砌砖石,泥瓦工程
maçonne-ben-dieu *m* 钙质凝辉岩
maçonner *v* 砌,坏工砌造
maçonnerie *f* 坏工,砌体,砌筑,铺砌,砌筑体,砖坏工,石坏工,砖石建筑,泥水工程,砖石工程
~ à joints réglés 成层砌石坏工,清水砖墙
~ à joints secs 干砌石护坡
~ à sec 干砌坏工
~ appareillée 成层石坏工
~ armée à éléments coffrants 钢筋空心砖灌浆坏工
~ au mortier 浆砌坏工
~ au-dessus du niveau de terrain 地上坏工
~ avec mortier 灌浆坏工,浆砌体,浆砌坏工
~ bâtarde 混杂坏工
~ brute 野面坏工,粗石坏工,毛石坏工
~ brute de moellons 毛石坏工,乱石坏工
~ creuse 空心砌体
~ cyclopéenne 浆砌大块石,大块石砌体,蛮石坏工,蛮石砌体
~ d'exécution récente 新筑坏工,未硬化的砌体
~ de béton 混凝土坏工
~ de blocailles 乱石坏工,毛石坏工
~ de brique 砖工,砌砖,砖砌坏工,砌砖工程,砖砌烤工
~ de brique armée 钢筋砖砌体,加筋砖砌坏工
~ de clinker 熔渣块坏工
~ de fondation 基础坏工,坏工基础
~ de moellons 粗石坏工,粗凿石砌体,毛方石

砌体,片石混凝土
~ de moellons bruts   毛石圬工,乱石圬工,乱石砌体
~ de moellons en assises   分层毛石砌体,成层片石圬工,成层毛石圬工
~ de moellons en toile d'araignée   蛛网形缝毛石圬工
~ de moellons hourdés   浆砌毛石圬工
~ de moellons non hourdés   干砌毛石圬工
~ de moellons piqués   凿面块石场工
~ de moellons smillés   锤琢石圬工
~ de mur   筑墙圬工,砌墙(工程)
~ de mur creux   虚圬墙,空心墙
~ de pierres naturelles   天然石砌圬工
~ de pierres polygonales   多角石砌圬工
~ de pierres sèches   干砌毛石圬工
~ de remplissage   填碎砖,填片石,墙心砖,粗石填料,填砌圬工
~ de revêtement   路面圬工,路面砌体
~ de scène   舞台机械
~ de solide   实体圬工
~ de terre cuite   砖圬工
~ de tuiles   铺瓦圬工
~ de tunnel   隧洞衬砌
~ de voûte   砌拱圬工
~ des pierres naturelles   天然石头砌圬工
~ en aile   石砌翼墙,石砌八字墙
~ en brique   砖砌体
~ en couche   成层圬工,层砌圬工
~ en couche limousinage   (石料)层砌,成层砌石
~ en épi   不分层圬工
~ en moellons   粗石圬工,粗砌凿石体,毛方石砌体
~ en moellons piqués   凿面块,石圬工,干砌毛石圬工
~ en opus incertum   毛石圬工,乱石圬工
~ en pierre marneuse   硬石圬工
~ en pierres   石砌体,砌石圬工(工程),石圬工
~ en pierres artificielles   人造石圬工
~ en pierres d'appareil   块石圬工
~ en pierres de carrière   毛石圬工
~ en pierres de parement   石面圬工
~ en pierres de taille   琢石圬工,凿石圬工,凿石砌体,锤琢石烤工,条石砌体
~ en pierres naturelles   天然石砌污工
~ en pierres sèches   干砌石圬工
~ hourdée   浆砌片石,乱石填砌
~ hygroscopique   吸湿圬工
~ intérieure   填充墙心,沉箱填心,填碎砖
~ jointoyée   勾缝圬工,嵌灰圬工
~ massive   实心砌体,实体圬工
~ ordinaire   毛石圬工,普通圬工,一般砌体
~ pleine   实体圬工
~ porteuse   承重圬工
~ sèche   干砌圬工
~ smillée   琢石圬工
~ trapézoïdale   多角石圬工,梯形石圬工

macquartite f 铬硅铜铅石
macquérie f 南北向充填裂隙
macro-   (前缀)宏,大,大的,大量的,粗视的
macroanalyse f 常量分析,宏观分析,低倍分析
macroclastique a 粗碎屑状的
macrocorrosion f 强腐蚀性,宏观腐蚀,大量腐蚀,大腐蚀性,大侵蚀性
macrocristal m 粗晶,宏晶,大晶体,大粒晶
macrocristallin m 粗晶质;a 粗晶质的,显晶质的,宏晶的
macrodétritique a 粗碎屑的
macrodôme m (晶体)长轴坡面,斜方轴面、双面
macroélément m 大量元素,宏量元素
macrofaciès m 大岩相,相域
macrofaune f 普适动物群,大型动物群
macrofissure f 大裂隙,粗裂纹,粗裂缝,目见裂纹,宏观裂纹
macroflore f 普适植物群,大型植物群
macrofracture f 大断裂
macrogaufré a 粗皱纹(结构)的
macrogélifraction f 冰冻强风化(作用)
macrogranulaire a 粗粒的,粗晶的
macrographie f 肉眼图,宏观,宏观图,低倍照片,肉眼检查,宏观检查法,宏观组织照片,宏观摄影术
macrogrenu a 粗粒的,粗晶的
macrolépidolite f 大锂云母
macrolithologique a 宏观岩性学的,宏观岩性特征的
macromérite f 粗晶质岩,粗粒花岗岩

macroméritique *a* 粗晶粒状的,粗粒花岗状
macroperméabilité *f* 显透水性
macroperméable *a* 显透水性的
macrophenocristal *m* 大斑晶
macrophotographie *f* 原形照相,放大照相术,宏观摄影(相片)
macropinacoïde *f* 长轴面
macropore *m* 大孔(土壤),大孔隙
macroporeux, euse *a* 大孔的,大孔隙的
macroporosité *f* 大孔隙性,宏观空隙,大孔隙(度),大孔隙率,大孔性
macroporphyrique *a* 宏斑状的,粗斑状的
macroprisme *m* 长轴柱
macropyramide *f* 长轴锥
macrorelief *m* 大地形,宏观地形
macrorugosité *f* 粗糙度大,粗的粗糙度
macros(é)isme *m* 强震
macros(é)ismotogie *f* 宏观地震学
macroscopie *f* 宏观,宏观检查,低倍放大,肉眼检查
macroscopique *a* 宏观的,巨型的,目见的,肉眼可见的,低倍放大的
macroséismes *m.pl* 强震,宏震
macrospathique *a* 大型亮晶(灰岩)的
macrostructure *f* 目见组织,宏观组织,低倍组织,宏观结构,大型构造,宏观构造,粗显构造
macrotectonique *f* 大构造学,火地构造学,大型构造
macro-unité *f* 大单元
macrovariolite *f* 粗球粒玄武岩
madéfaction *f* 浸湿,湿润,冲淡
madéfier *v* 弄湿,沾湿,使潮湿
madeiratopas *m* 褐红紫晶,棕红包黄玉
madéirite *m* 钛辉苦橄斑岩,马德拉岩
madisonite *f* 炉渣石
madocite *f* 麦硫锑铅矿
madré, e *a* 有纹理的,有斑点的
madréporite *f* 粉红色灰岩,(棘皮动物)筛板
madrier *m* 梁,厚(木)板,板材,主纵梁,厚板材
～ de pont 桥面板
～ du tablier 桥面板
～ en bois 厚木板
～ vertical 立柱,主柱
madupite *f* 透辉金云斑岩

maénaïte *f* 富钙淡歪细晶岩
maërl *m* 粉砂,(布列塔尼)海边灰藻碎屑堆积物,藻砾
Maëstrichtien *m* 麦斯特里希特阶(K_2,欧洲)
mafique *a* 镁铁质的
mafite *f* 镁铁矿物,镁铁岩类,暗色造岩矿物
mafitite *f* 玻辉岩
mafraïte *f* 钠闪辉长岩,马夫拉岩
mafurite *f* 马浮岩,橄辉钾霞岩
magadiite *f* 麦羟硅钠石
magalèse *f* 含锌铁矿石
magallanite *f* 沥青砾石
maganthophyllite *f* 镁直闪石
magasin *m* 商店,杂志,仓库,库房,暗盒,储油层,储藏室,存储装置,材料库,软片轴,软片盘(胶卷),货栈,百货商店,路签存放器
～ à six cartouches 存放6根路签的存放器
～ à ciment 水泥仓库
～ central d'automobiles 中心汽车停车场,中心汽车库
～ d'alimentation 送料箱
～ d'alimentation en cartes 送卡片箱
～ d'informatique 数据存储器
～ d'outillage 工具库
～ de pièces de rechange 备件库,备品库
～ des pièces de rechange 备品库
～ général 总仓库,总材料库
～ récepteur 收卡片箱
magasinage *m* 存库,存仓,仓租,存库期间,存仓期间,存库保管费
～ prolongé 长期存仓,长期保存
magasinier *m* (仓库用)储存机,堆垛机,材料库管理员,仓库保管员
magaugite *f* 镁辉石,钙斜顽火辉石
magbasite *f* 硅镁钡石
maghagendorfite *f* 磷镁锰钠石
maghémite *f* 磁赤铁矿
magistrale *f* 干管,干线,干渠,总管,主要道路
magma *m* 岩浆,稠液
～ acide 酸性岩浆
～ alcalin 碱性岩浆
～ basaltique 玄武岩浆
～ binaire 二元岩浆
～ éruptif 喷发岩浆

~ fondamental 母岩浆
~ fondu 熔浆
~ générateur 母岩浆
~ granitique 花岗岩浆
~ liquide 岩浆熔融体
~ original 原生岩浆，母岩浆
~ palingénétique 新生岩浆，再生岩浆
~ parent, ~ paternel 母岩浆
~ primaire 原生岩浆，母岩浆
~ profond 深层岩浆
~ résiduel 残余岩浆
~ secondaire 次生岩浆
magmabasalte *m* 岩浆玄武岩
magmatique *a* 岩浆的，稠液的
~ précoce 早期岩浆的
~ tardif 晚期岩浆的
magmatisme *m* 岩浆作用，岩浆活动
~ orogénique 造山期岩浆活动
~ synorogénique 同造山期岩浆活动
~ syntectonique 同构造期岩浆活动
magmatiste *m* 岩浆论者
magmatite *m* 岩浆岩
magmatogène *a* 岩浆成因的
magmatologie *f* 岩浆学
magmosphère *f* 岩浆圈
magnafaciès *m. pl* 大(岩)相，主相，同性相
magnaflux *m* 磁通量，磁粉探伤，磁粉探伤法，磁粉检验法
magnalite *f* 皂石，蒙脱土，绿玄武土
magnalium *m* 铝镁合金
magnalumoxide *f* 黑尖晶石
magnéferrite *f* 镁铁矿(镁铁尖晶石)
magnélithe *f* 槽化石
magnésianite *f* 菱镁矿
magnésides *m. pl* 含镁矿物
magnésie *f* 镁氧，煅镁，镁砂，菱苦土，菱镁矿
~ boratée 方硼石
~ carbonatée 菱镁岩，菱镁矿
~ hydratée 羟镁石，水镁石
~ nitratée 镁硝石
~ phosphatée 磷镁石
magnésine *f* 羟镁石，水镁石
magnésinitre *f* 镁硝石
magnésio-alumino-katophorite *f* 镁铝红闪石

magnésio-anthophyllite *f* 镁直闪石
magnésio-arfvedsonite *f* 镁亚铁钠闪石
magnésio-astrophyllite *f* 镁星叶石
magnésio-autunite *f* 镁铀云母
magnésioaxinite *f* 镁斧石
magnésio-blythite *f* 镁锰榴石
magnésio-calcite *f* 白云石
magnésiocarpholite *f* 纤镁柱石
magnésiocatophorite *f* 镁红钠闪石，镁红闪石
magnésiochromite *f* 镁铬铁矿，镁铬矿
magnésioclinoholmquistite *f* 斜镁锂闪石
magnésiocronstedtite *f* 镁弹性绿泥石
magnésiocummingtonite *f* 镁闪石
magnésiodolomite *f* 镁白云石，白云石
magnésioferrite *f* 镁铁矿(镁铁尖晶石)
magnésiogédrite *f* 镁铝直闪石
magnésiohastingsite *f* 镁绿钙闪石
magnésiolaumontite *f* 镁浊沸石
magnésioludwigite *f* 硼镁铁矿
magnésiomagnétite *f* 镁磁铁矿
magnésio-orthite *f* 镁褐帘石
magnésioriebeckite *f* 镁钠闪石
magnésioscheelite *f* 镁白钨矿
magnésiosussexite *f* 锰硼镁石(镁硼锰石)
magnésiotaramite *f* 镁绿闪石
magnésiowustite *f* 镁方铁矿(铁方镁石)
magnésite *f* 菱镁矿，菱镁土，镁砂，菱苦土，海泡石
~ schistoïde 菱镁矿
magnésitite *f* 菱镁岩
magnésitspath *m* 菱镁矿
magnésium-chlorophœnicite *f* 砷锰镁石
magnétimètre *m* 磁力仪
magnétique *a* 磁的，磁性的，磁铁的，磁化的
non~ 非磁性的，不导磁的
magnétique *f* 磁法勘探
magnétisable *a* 磁化的，可磁化的
magnétisant *a* 磁化的，起磁的
magnétisation *f* 磁化(作用)，充磁，起磁，激励
~ inverse 逆向磁化，逆转磁化
~ permanente 永久磁化
~ rémanente 剩余磁化
~ thermorémanente 热剩磁，温差顽磁性
~ uniforme 均匀磁化

magnétisme *m* 磁学,磁性,磁力,吸引力
　~ géologique　地磁(学)
　~ historique　古地磁
　~ induit　感应磁性,感生磁
　~ latent　潜在磁性
　~ nucléaire　核磁,核磁学
　~ permanant　永久磁性
　~ rémanent　残磁,剩余磁性
　~ résiduel　剩磁
　~ temporaire　暂时磁性
　~ terrestre　地磁,地磁学
magnétite *f* 磁铁矿,磁铁石
　~ mêlée de hornblende　闪磁铁矿
　~ titanifère　含钛磁铁矿
　~ vanadifère　含钒磁铁矿
magnétitite *f* 磁铁岩
magnéto *f* 磁电机,电动机,永磁发电机,磁石发电机
　~ à neuf lames　9条磁石的手摇发电机
　~ d'allumage　引燃磁石发电机
　~ d'appel　呼唤磁电机,摇铃机
magnétocalorique *a* 磁热的,磁致热的
magnétodynamique *a* 磁动的
magnéto-électrique *a* 磁电的
magnétogramme *m* 磁力图,磁强记录图,地磁记录图,地磁自记图
magnétographe *m* 磁场记录仪,磁强自记仪,地磁记录仪,地磁强度记录仪,磁针自计器
magnéto-hydrodynamique *f* 电磁流体力学,电磁流体动力的
magnéto-ilménite *f* 磁钛铁矿
magnétomètre *m* 磁秤,磁力仪,磁强计,地磁仪,磁力计,磁场强度测定仪
　~ à double résonance　双共振磁力仪
　~ à entrefer　饱和铁芯式磁强计
　~ à faisceau électronique　电子射束磁强计
　~ à fil de quartz　石英悬丝磁力仪
　~ à induction　感应式磁力仪
　~ à jet de mercure　水银喷口磁强计,汞枪磁强计
　~ à noyau saturable　饱和式磁强计
　~ à noyau saturé　饱和磁力仪
　~ à résistance　电阻式磁强计
　~ à résonance magnétique nucléaire　核磁共振磁力仪
　~ à vapeur de césium　铯蒸汽磁力仪
　~ à variation d'impédance　变阻抗式磁强计
　~ aéroporté　航空磁力仪,机载磁力仪
　~ astatique　无定向磁力仪
　~ bifilaire　双丝磁力仪
　~ de compensation　补偿式磁力仪
　~ de pompage optique　光泵磁力仪
　~ équilibré　平衡磁强表
　~ horizontal　水平磁力仪
　~ marin　海洋磁力仪
　~ mobile　移动式磁力仪
　~ superconducteur　超导磁力仪
　~ tracté　拖曳磁力仪
　~ universel　万能磁力仪
　~ Varian　瓦里安磁力仪
　~ vertical　垂直磁力仪,立式磁力仪
magnétométrie *f* 测磁学,磁力测量,磁力测定,测磁强术,地磁测量学
　~ aérienne(aéroportée)　航空磁测
　~ au sol　地面磁测
magnétométrique *a* 磁力测量的
magnétomoteur *m* 永磁电动机
magnéton *m* 磁子(磁矩原子单位)
　~ nucléaire　核磁子
magnéto-optique *a* 磁光学的
magnétopause *f* 磁歇,磁暂停,磁休止,磁力探伤,磁粉探伤,磁性层顶
magnétoplumbite *f* 磁铁铅矿
magnétopyrite *f* 磁黄铁矿
magnétorésistance *f* 磁致电阻
magnétoscope *m* 验磁器
magnétoscopie *f* 磁力探伤(检验)
magnétosphère *f* 磁层,磁圈,磁性层
magnétostatique *f* 静磁学;*a* 静磁的
magnétostibiane *f* 磁辉锑矿
magnétostratigraphie *f* 磁性地层学
magnétostrictif *a* 磁致伸缩的
magnétostriction *f* 磁感应,磁致伸缩(现象),磁感应强度
magnétotaconite *f* 磁铁燧岩
magnétotellurique *a* 大地电磁的,磁大地电流的
magnétron *m* 磁控管
　~ à anode à segments multiples　多瓣阳极磁

控管
～ à anode fendue 双瓣阳极磁控管
～ à cavités 多腔磁控管,空腔磁控管
～ à cavités shuntées 耦腔式磁控管,均压环式磁控管
magnification *f* 放大,放大率
～ angulaire 角放大率
～ dynamique 动力放大
magnifier *v* 放大,扩大
magnifique *a* 出色的,卓越的,辉煌的
magnioborite *f* 遂安石
magniophilite *f* 磷铁锰矿
magniotriplite *f* 氟磷铁镁矿
magnitude *f* 量(度、值),大小,尺寸,量级,宽窄,(数)量,(数)值,地震等级,(地)震级,等级,重要,重大
～ d'un séisme 震级
～ de Richter 里氏震级
～ de séisme 地震震级(地震波能量的度量),震级
～ du volcanisme 火山作用量级
～ locale 地方地震震级,区域地震震级
magnocalcite *f* 杂白云方解石
magnochalcanthite *f* 镁胆矾
magnochromite *f* 镁铬矿,镁铬尖晶石
magnodravite *f* 镁钙镁电气石
magnoferrite *f* 镁铁矿,镁铁尖晶石
magnoferrocalcite *f* 杂铁白云方解石
magnoferrogahnite *f* 镁铁锌尖晶石
magnofranklinite *f* 镁锌铁尖晶石
magnojacobsite *f* 镁锰铁尖晶石
Magnoliacées *f. pl* 木兰科植物
magnolite *f* 碲泵石
magnophorite *f* 含钛钾钠透闪石
magnophyrique *a* 粗斑状的
magnussonite *f* 氯砷锰石
mahadévite *f* 金云白云母
mai *m* 五月
maigre *m* 薄层煤;*a* 贫的,瘦的,贫瘠的,微薄的,贫乏的
maigres *m. pl* (河流的)浅水处,浅滩,平水位季节
mail *m* 林荫路
maillage *m* 筛析,风巷,风道,测网,栅极网孔,铆接形式,格形结构,框架结构
～ de calcul 计算网络
maillat *m* 厚层菱铁矿
maillé *a* 网格状的,网状的,有交叉线的
maille *f* 网,目,筛孔,格,网孔,网格,晶格,网眼,网络
～ carrée 方格勘探网,方形筛孔
～ cubique 立方晶格,等轴晶格,立体网络
～ d'échantillonnage 取样网格
～ d'écran 屏栅
～ d'un tamis 筛眼
～ de criblage 筛子的孔径
～ de forage 钻孔分布网
～ de prospection 勘探网
～ de réglage 调整筛孔
～ de réseau 网格
～ de tamis 筛孔
～ des voies de fer 铁路网
～ droite 矩形网眼,矩形网格
～ du réseau 格间距,网眼
～ du tamis 筛孔
～ en long 长方形筛孔
～ en losange 菱形网眼,菱形筛格
～ fine 细格筛,细网格
～ géographique 经纬网,地理坐标网
～ grosse 粗格筛,粗网格
～ hexagonale 六角形勘探网
～ métallique 钢丝网,金属筛网
～ plane 平面网络
～ rectangulaire 矩形网眼,矩形网格
～ régulière 规则取样网
maillechort *m* 锌白铜,德国银,铜镍合金,铜镍锌合金,阿根坦锌白铜
maillet *m* 木槌
～ de calfat 填隙木槌
maillon *m* 环,链环,钩环,环节,锁扣,金属干扰片
～ d'articulation 铰接环
～ d'émerillon 钢丝索钩环
～ de chaîne 链环
main *f* 手,爪,把手,支架,挂钩,吊架,垫板
à ～ droite 右侧
à ～ gauche 左侧
à la ～ 用手,在手中,手工的,手制的

~ coulante 手柄,把手,(楼梯)扶手,栏杆
~ d'arrêt 门把手,扣钩
~ -d'œuvre locale 当地劳动力
~ d'œuvres 人工
de ~ en ~ 传递,传
~ de bois 木槌(敲打线圈绝缘纸用)
~ de choc 缓冲垫板
de longue ~ 长期地,长久地
de première ~ 第一手的,直接的,不经转手的
~ de ressort 弹簧托架
de seconde ~ 第二手的,间接的,经人转手的
en ~ 在手中,在使用中
~ s courantes pour atteleurs 车钩提杆

main-d'œuvre *f* 人力,人工(费),普工,力工,劳动力,劳动者
~ féminine 女工,女劳动力
~ non qualifiée 非熟练劳动力
~ non spécialisée 粗工,新工人,非熟练工人
~ qualifiée 熟练劳动力,熟练普工
~ spécialisée 熟练劳动力,专业工人

mainlevée *f* 撤销,解除,启封

main-serrage *m* 拧紧装置

maintenabilité *f* 可维护性,可维修性
~ logicielle 软件可维护性

maintenage *m* 工作面,台阶式开采面,梯段工作面

maintenance *f* 养护,维修,保压,维护,保养
~ de digue 堤防维修
~ de rivière 河道维护
~ en routine 常规维修,维修养护,经常性维护
~ hivernale 冬季养护
~ ordinaire 日常维修,正常维修
~ préventive 预防性维修,保养

maintenant *adv* 现在,目前

maintenir *v* 维护,保持,维持,养护,坚持,支持,拿着,抓住
~ en bon état de marche 保持良好的运行状态
~ en condition 处于良好状态
~ humide 保持潮湿状
~ la circulation 管理交通
~ la pression 保压
~ le bruit de traction 控制牵引噪音
~ le passage du trafic 保证车辆通行
~ ouverte une route 野外道路养护
~ un tarif en vigueur 保持运价继续有效

maintien *m* 维修,维护,保管,保持,保养,养路,养护
~ de la circulation 交通管理
~ de la hauteur 保持高度
~ des profondeurs d'une rivière par le jeu du jusant et du flot 通过潮汐作用保持河道深度
~ en condition 保持良好状态
~ par tout temps 晴雨养护
~ sous pression 保压

mais *conj* 但是,然而
non seulement... ~ aussi 不仅……,而且……
non seulement... ~ en outre 不仅……,而且……
non seulement ... ~ encore 不仅……,而且……
non seulement... ~ même 不仅……,而且……

maison *f* 家,房屋,住家,商店,商行,(机关、团体、公司)单位,住宅,公司
~ à mur avec vide d'air 空斗墙式房屋
~ à murs portants 承重墙式房屋
~ à ossature métallique 钢骨架式房屋
~ basse 平房
~ d'appartement 公寓
~ d'équipe 道班房,养路工区房屋,养路工队房屋
~ d'expédition 发送机构,发货处
~ de garde 道口看守房,道口看守工值班室,巡守工值班室
~ de garde-barrière 道口看守房
~ de repos 休养所
~ de transport 运输公司,运输企业
~ dos à dos 背靠背房屋
~ en éléments préfabriqués 预制构件房屋
~ faite de boue et de gravats 简陋房屋
~ isolée 独立式房屋
~ mère 总部,总店,总公司
~ pour célibataires 单身宿舍
~ préconditionnée 标准装配式房屋
~ préfabriquée 预制房屋,装配式房屋
~ privée 私人住宅
~ sans étage 平房

maisonnette *f* 板道房,小屋
~ de source 检查井室

maison-tour *f* 高楼,塔楼

mait *m* 向斜褶曲,向斜褶皱

maitlandite *f* 羟钍石

maître *m* 主人,老板,技师,技工,工长,师傅,能手,导师,所有人,指挥者,负责人

~ charpentier 木工师傅,木工技师

~ d'œuvre 工长,设计者,技术顾问,主承包单位,项目负责人,甲方负责人,监理工程师,施工与合同管理工程师

~ d'ouvrage 物主,用户,顾客,业主,甲方,发起人,建设单位

~ d'ouvrage délégué 业主代表

~ de forge 锻工工长

~ de l'œuvre 业主,施工负责人

~ de l'ouvrage 结构物所有者,建筑物所有者,工程负责人

~ de recherches 研究员

~ de tirage 主任调车员

être ~ de 掌握,控制,运用自如,驾轻就熟

~ fondeur 铸工工长,高炉工长

~ mécanicien 轮机长

~ technicien 技师

maître-esclave *m* 主从式

maître-filon *m* 主要岩脉,主要矿脉

maître-oscillateur *m* 主控振荡器

maître-ouvrier *m* 工长,领工员

maître-radio *m* 无线电员,无线电报务员

maître-sondeur *m* 钻机机长

maîtresse *a* 主要的,重要的

~ muraille 主墙

~ poutre 主梁

~ voie de formation 主要编组线

maîtresse-tige *f* 冲击钻杆,钻孔防偏用重钻杆(装在岩芯筒上),钻孔口

maîtrise *f* 控制,控制,统治,自制力,硕士学位

~ d'œuvre 业主主管部门,主管人

~ de chantier 工地管理,施工监督

~ de l'alluvionnement dans les retenues 水库泥沙控制

~ de la fissuration 开裂控制

~ de la gestion 管理能力

~ de la rivière 河流整治

~ des crues 洪水控制,防洪

~ des venues d'eau 渗流水排泄措施

maîtriser *v* 支配,控制,掌握

~ la technique 精通技术

majakite *f* 砷镍钯矿

majeur,e *a* 较大的,较多的,重要的,重点的,主要的

majoration *f* 加价,增加(工资),提高,涨价,高估

~ arbitraire des prix 抬高物价

~ d'épaisseur 厚度增加

~ de prix 涨价,提高价格

~ de salaire 增加工资

~ de taxe de transport 增加运费

~ des contraintes 应力增加

~ des tarifs 提高运价

~ des tarifs marchandises 提高货物运价

~ du poids 增加重量

~ dynamique 动力增加

~ pour risques 安全津贴

majorer *v* 高估,涨价

majorité *f* 多数,过半数

majorite *f* 镁铁榴石

makatite *f* 马水硅钠石

makensénite *f* 针铁绿泥石

makinénite *f* 三方硒镍矿

makinthosite *f* 羟钍石(钍脂铅铀矿)

makite *f* 无水碱芒硝

mal *m* 损害,损失,缺点,故障,疾病;*adv* 坏,不好,恶劣地,不适宜地

~ adapté 不适应的,不匹配的,失配的

~ calibré 不良级配的

~ de l'air comprimé 沉箱病

~ gradué 不良级配的

pas ~ 不错,不坏,相当,很多,不少

~ trié 不良级配的

Malacénique *m* 马拉谢尼组(N_2—Q 间的过渡岩层)

malachitagate *f* 绿碧玉

malachite *f* 孔雀石

~ de plomb 铅孔雀石

~ fibreuse 纤维孔雀石

malacolite *f* 白透辉石,透辉石

malacon *m* 水锆石

maladie *f* 病,疾病,变质,弊病

~ contagieuse 传染病

~ d'entreposage 储藏变质

~ d'origine hydrique 水传染疾病

~ professionnelle 职业病
malaisé, e *a* 不容易的，困难的
malanite *f* 马兰矿
malaxage *m* 搅拌，拌和，混合
　~ à chaud 热拌
　~ à sec 干拌
　~ d'essai 试拌
　~ discontinu 间歇搅拌
　~ du béton 混凝土搅拌
　~ du béton pendant le transport 混凝土在运送途中搅拌
　~ en centrale 厂拌，集中拌和，集中拌制，集中搅拌
　~ en centrale mobile 移动式中心拌和
　~ en marche 移动式拌和
　~ en place 工地拌和，路拌
　~ in situ 就地拌和
malaxation *f* 搅拌，拌和
malaxer *v* 搅拌，拌和，混合
malaxeur *m* 揉混机，拌和机，搅拌机，混合器，混合机
　~ à aillettes 叶片式搅拌机
　~ à arbres multiples 多轴拌和机
　~ à asphalte 沥青混合料搅拌机
　~ à auge basculante 倾槽式拌和机
　~ à axe horizontal 水平轴式搅拌机
　~ à béton 混凝土搅拌机
　~ à béton discontinu 间歇式混凝土搅拌机
　~ à boue éjecteur 泥浆搅拌漏斗
　~ à chute libre 重力式搅拌机
　~ à contre-courant 逆流式搅拌机
　~ à coulis 拌浆机，浆液搅拌机
　~ à cuve 搅拌机
　~ à débit continu 连续式搅拌机
　~ à débit discontinu 间歇式搅拌机
　~ à deux bras 双臂式搅拌机
　~ à deux tambours 双筒搅拌机
　~ à haute turbulence 高速拌和机
　~ à mélange forcé 强制式搅拌机
　~ à mortier 灰浆搅拌机
　~ à pales vibrantes 转叶式搅拌机
　~ à paletter 桨叶式搅拌机
　~ à pulvérisation 粉碎拌和机，松土拌和机
　~ à un bras 单臂式搅拌机
　~ à un seul tambour 单筒搅拌机
　~ à asphalte coulé 流体沥青混合料拌和机
　~ avec agitateur vertical 搅拌机（有卧式筒的叶片搅拌机）
　~ continu 连续式搅拌机
　~ d'argile 黏土拌和器，搅泥机
　~ de béton 混凝土搅拌机
　~ de coulis （水泥）稀浆搅拌机
　~ discontinu 间歇式搅拌机
　~ forcé 快速搅拌机
　~ monté sur camion 汽车式拌和机，汽车式搅拌机
　~ par gâchées 分批拌和机，间歇式拌和机
　~ pour asphalte coulé 流体沥青混合料搅拌机
　~ pour le sol 土壤拌和机
　~ routant 轮式搅拌机
　~ sur roues 轮式搅拌机
　~ travail-plant 移动式搅拌设备，移动式拌和机
malaxeur-doseur *m* 分批搅拌机
malaxeur-enrobeur *m* 拌和机
　~ continu 连续式拌和机
　~ discontinu 间歇式拌和机
malaxeur-pulvérisateur *m* 松土拌和机
malaxeuse *f* 搅拌机，拌和机
　~ à cuve 搅拌机
　~ continue 连续式搅拌机
malayaïte *f* 马来亚石
malchite *f* 微晶闪长岩
malcommode *a* 不方便的，不适用的
malcristallisé *a* 劣晶的，劣晶质的
maldonite *f* 黑铋金矿
malentendu *m* 误会，误解
malfaçon *f* 缺陷，毛病，次品
malgachitique *a* 花岗辉长岩相的
malgré *prép* 不管，不顾，虽然，尽管
malière *f* （巴柔统中的）灰岩
malignite *f* 暗霞正长岩
malinowskite *f* 铅黝铜矿
malis *m* 亏空，亏损
　~ sur emballage 包装费用
malladrite *f* 氟硅钠石
malléabilité *f* 展性，韧性，展延性，可锻性，柔韧性
　~ de la glace 冰的流动性

malléable *f* 韧性铸铁,可锻铸铁,马铁; *a* 展延性的,韧性的,可锻的,可展的

malléer *v* 锻造,展延,压延

mallet *m* 木槌

mallette *f* 仪表小箱,小手提箱
~ pour contrôle 检测仪表箱
~ de service 便携式电视修理工具箱(包括一个测试图案发生器及一个信号示踪器等)

mallette-radio *f* 便携式无线电接收机

malm *m* 泥灰岩,钙质砂土,含白垩黏土,玛姆统(J_3,欧洲)

malplaquet *m* 粉红色大理岩

malpropre *a* 不清洁的,不干净的

malpropreté *f* 不清洁,不干净

malsain *a* 粉尘的,对身体有害的

malterie *f* 发酵厂

maltesite *f* 空晶石,十字石

malthacite *f* 水铝英石(漂布土)

malthe *m* 软沥青,沥青柏油胶

malthènes *m. pl* 软沥青质

mamanite *f* 杂卤石

mameliforme *a* 乳房状的,乳突状的

mamelle *f* 冰锥

mamelon *m* 座,圆丘,接头,凸起,衬套,轴颈,小丘,小圆锥形火山,乳房状火山,钟状火山
~ d'emboîtement 套管接头
~ de raccordement 钻杆接头

mamelonné, e *a* 丘陵起伏的,多丘陵的,乳头状的(矿物)

mamilaire *a* 丘陵状的,乳头状的

mammatus *m* 乳房状云,悬球状云

manaccanite *f* 钛铁矿

manandonite *f* 锂硼绿泥石

manasséite *f* 水碳铝镁石

manche *f* 管,筒,柄,杆,软管,轴(管)套,套筒,管道,通路,套管,摇把,风向标,操纵杆,进气口,进气道
~ à air 空气软管
~ à air froid 冷空气软管
~ à eau 输水软管,水带
~ à incendie 消防水龙带,救火水龙带
~ de remplissage 充气套筒

manchette *f* 胀圈,垫圈,套管,胀圈,联轴器
~ d'étanchéité 封缝材料,(混凝土路面用的)橡皮制空心接缝板
~ de pénétration 穿墙套管
~ de pompe 泵胀圈,泵密封圈
~ réfractaire 耐火胀圈

manchon *m* 套管[筒],衬套,轴套,接管,接箍,钎尾,轴领,插座,短管,联结套,管接头,连接管,联轴器
~ à coquilles de la tige de traction 拉杆螺旋套管
~ à dents 齿形离合联轴器
~ à trois voies 三通管,T形管接头
~ à vis 接合螺套,松紧螺套,螺纹管箍(套管)
~ coulissant 滑动套管
~ d'accouplement 管节,联轴器,离合器,连接器,连接器套管,连接器套筒
~ d'accouplement de tige creuse 空心导管接头
~ d'entraînement 传动轴套
~ d'entrée 引入套管
~ d'étain 锡套管
~ d'extrémité 电缆终端接头
~ de boîte de renvoi 复原装置套管
~ de câble 电缆套,电缆套管
~ de collecteur 换向器套管
~ de couplage 连接管接头
~ de distribution 配线接头箱(电缆)
~ de fermeture pour câbles 电缆连接导管
~ de fonte 铸铁套管,铸铁接头
~ de foret 钻头套管
~ de givre (电缆等的)表面结霜[冰]
~ de raccord 连接套筒
~ de raccordement 联轴器,套管接头,连接套管
~ de raccordement à serrage 螺丝连接套管
~ de raccordement à soudure 焊接接头
~ de réduction 变径管套,大小头管套
~ de serrage 松紧螺丝扣套,螺丝头,紧固轴套
~ de tête de câble 电缆头套管
~ de tubage 管套
~ de tuyau 承口,套口
~ en deux parties 钻杆接头
~ en fonte pour conduite d'eau 水管铸铁套管
~ fileté 螺纹套筒
~ isolant 绝缘套筒
~ métallique fileté 金属螺纹套筒

~ pour branchement 分叉接头，T形套管
~ réduit 缩小套节，异径管接头
~ refroidi 冷却外套，水冷罩
~ taraudé 螺纹套筒
~ tendeur 松紧螺丝扣

manchonnage *m* 套管式连接，用联轴器连接

mandant *m* 授权人，委托人

mandarinoïte *f* 水硒铁石

mandat *m* 委托，委任，汇票，委托书，授权书，付款通知
~ de virement 转账通知
~ télégraphique 电汇

mandataire *m* 代理，委托书，受委托人，受委任人，被授权人

mandat-carte *m* 汇票

mandatement *m* 发出付款通知，签发付款通知，支付通知

mandelato *m* 白斑红大理岩

mandelstein *m* 杏仁状玄武岩，杏仁状火山岩

mandelstone *f* 杏仁状熔岩

mandrin *m* 夹，轴，夹头，卡盘，卡箍，主轴，骨架，冲子，心轴（棒），芯子，销子，构[框]架，穿孔器，圆凿，轧头
~ à galets 扩管器
~ de bobinage 绕线骨架
~ de cintrage 弯板心轴，弓形心轴
~ de forme 成形卡盘
~ de serrage à aimant 磁性卡盘
~ de tour 车床卡盘
~ guide 导向卡盘
~ hydraulique 液压卡盘
~ relève-tubes 套管打捞器

mandrinage *m* 穿孔，扩孔，夹紧，穿管

mandriner *v* 穿孔，扩孔，扩管

mandrin-furet-calibré *m* 穿管器

mandschurite *f* 玻霞碧玄岩

Mandubien *m* 曼杜布阶（J_2，欧洲）

manège *m* 绞车，绞盘，技巧，煤层走向
~ d'extraction 绞盘
~ de fatigue des chaussées 路面疲劳试验环道装置（包括试槽和旋转臂等机构）

maneton *m* 曲柄，轴颈，枢轴，曲柄销，连杆轴颈，端轴颈
~ de manivelle 曲拐销，曲柄销

manette *f* 臂，柄，把柄，旋钮，摇臂，握柄，手柄，把手，小飞轮，操纵杆
~ à plots 闭止把握柄开关
~ à ressort 弹性闭止把，弹簧键手柄
~ d'actionnement 起动杆
~ d'admission d'air （汽车的）吸气阀杆
~ d'inversion de sens de marche de traction ou de freinage rhéostatique 牵引或电阻制动反向手柄
~ de changement de marche 换向手柄
~ de commande 驾驶杆，操纵杆
~ de présentation d'urgence 紧急停车按钮
~ de régime 风门控制，节流控制，扼流控制
~ de sécurité 安全手柄
~ du levier 握柄的闭止把

manganactinolite *f* 锰阳起石
manganagraphite *f* 含锰石墨
manganalluaudite *f* 磷钠锰石
manganalmandine *f* 锰铁铝榴石
manganamphibole *f* 蔷薇辉石
manganandalousite *f* 锰红柱石
manganankérite *f* 锰铁白云石
manganapatite *f* 锰磷灰石
manganaxinite *f* 锰斧石
manganbabingtonite *f* 硅锰灰石
manganbelyankinite *f* 铌钛锰石
manganberzéliite *f* 锰黄砷榴石
manganblende *f* 硫锰矿，辉锰矿
manganbrucite *f* 锰羟镁石（锰水镁石）
manganchrysotile *f* 锰纤蛇纹石
mangancordiérite *f* 锰堇青石
mangancrocidolite *f* 锰铁钠闪石，锰青石棉
mangandiaspore *m* 锰硬羟铝石，锰羟铝石锰水铝石
mangandisthène *f* 砷硅铝锰石
mangandolomite *f* 锰白云石，钙菱锰矿
manganépidote *f* 锰绿帘石，红帘石
manganèse *m* 锰，锰矿
~ argentin 银灰色锰矿石
~ barytique hydraté 钡硬锰矿
~ brun écumeux 锰土，土状硬锰矿
~ carbonaté 菱锰矿
~ des marais 沼泽锰土
~ des verriers 软锰矿

～ gris 软锰矿
～ hyperoxyde 软锰矿
～ noir feuilleté 钙质锰土
～ oxydé argentin 钙硬锰矿
～ oxydé barytique 钡硬锰矿
～ oxydé brun massif 褐锰矿
～ oxydé hydraté 黑锰矿
～ oxydé métalloïde 水锰矿
～ oxydé noir brunâtre 黑锰矿
～ oxydé terreux 软锰矿
～ phosphaté,～ferrifère 磷铁锰矿
～ rose,～rouge,～ silicaté 蔷薇辉石
～ sulfuré 硫锰矿
～ terreux 锰土
manganèse-anorthite *f* 锰钙长石
manganèse-autunite *f* 锰铀云母
manganèse-cordiérite *f* 锰堇青石
manganèse-dioxide-bêta *m* β恩苏塔矿,软锰矿
manganèse-dioxide-gamma *m* γ恩苏塔矿
manganèse-fayalite *f* 锰铁橄榄石
manganèse-gralmandite *f* 锰钙铁铝榴石
manganèse-hœrnésite *f* 砷镁锰石
manganèse-muscovite *f* 锰白云母
manganèse-shadlunite *f* 硫铜锰矿
manganèse-sicklérite *f* 磷锂锰矿(锰磷锂矿)
manganèse-zoïsite *f* 锰黝帘石
manganésite *f* 锰矿岩
manganfayalite *f* 锰铁橄榄石
manganhumite *f* 硅锰石
manganidocrase *f* 锰符山石
manganite *f* 水锰矿
manganjustite *f* 锰黄长石
mangankébélite *f* 杂铁锰橄榄石
mangankoninckite *f* 锰针磷铁矿
manganludwigite *f* 硼镁锰矿
manganmagnétite *f* 锰磁铁矿
manganmonticellite *f* 钙锰橄榄石
mangannetpounite *f* 锰柱星叶石
manganoanthophyllite *f* 锰直闪石
manganobrucite *f* 锰羟镁石
manganocalcite *f* 钙菱锰矿
manganochromite *f* 锰铬铁矿
manganocolumbite *f* 铌锰矿
manganoferrite *f* 黑锰铁矿,锰铁尖晶石

manganogel *m* 锰胶
manganojacobsite *f* 锰铁锰尖晶石(锰黑镁铁锰矿)
manganolimonite *f* 杂锰褐铁矿
manganolite *f* 蔷薇辉石,锰矿岩
manganomélane *m* 锰土,硬锰矿
manganomossite *f* 锰铌铁矿,蜕晶铌铁矿
manganonatrolite *f* 锰钠沸石
manganoniobite *f* 铌锰矿
manganopale *f* 锰蛋白石
manganopectolite *f* 锰针钠钙石
manganophyllite *f* 锰黑云母
manganosidérite *f* 锰菱铁矿
manganosite *f* 方锰矿
manganostibi(i)te *f* 锑砷锰矿
manganostilpnomélane *m* 锰黑硬绿泥石
manganostrengite *f* 锰红磷铁矿
manganotantalite *f* 钽锰矿
manganoxyapatite *f* 锰氧磷灰石,锰磷灰石
manganphlogopite *f* 锰金云母
manganpyrite *f* 锰黄铁矿
mangansalite *f* 锰次透辉石
mangansicklérite *f* 锰磷锂矿
manganspath *m* 菱锰矿
mangantrémolite *f* 锰透闪石,含锰透闪石
manganuralite *f* 锰纤闪石
manganvoltaïte *f* 锰绿钾铁矾
manganwollastonite *f* 锰硅灰石
mangérite *f* 纹长二长岩
mangrolle *f* 红树丛林
mangrove *f* 红树林
mangualdite *f* 锰磷灰石,锰氧磷灰石
maniabilimètre *m* 和易性计
maniabilité *f* 灵敏性,工作度,机动性,易操纵性,易操作性,和易性(混凝土),使用方便,可加工性,可操纵性
～ d'un béton de ciment 水泥混凝土的和易性
～ de l'enrobé 沥青混合料的和易性
～ des bétons hydrauliques 水稳性混凝土的工作度,水稳性混凝土的和易性
～ des grave-ciment 水泥砂砾料的和易性
～ du béton 混凝土工作度,混凝土和易性
～ optimum (混凝土)最佳工作度
maniable *a* 易操纵的,可控制的,使用方便的,机

动灵活的,使用顺手的,便于操纵的
maniement *m* 应用,操纵,管理,维护,管理
manier *v* 使用,操纵,控制,管理,触摸,加工,造型
manière *f* 方式,方法,式样,状态
　à la ~ de　如同……,仿照……,按照……
　d'une ~　以……方式,以……状态
　de ~ à　为了,以便,以使,以致
　de ~ que　以使,使得,以致,为了
　~ de précontrainte par tension après bétonnage　(预应力)混凝土的后张法
　~ de traiter　处理方式
manifestation *f* 现象,矿苗,矿化显示,产状,表示,表明,表现,表现形式
　~ du terrain　地层产状
　~ filonienne　脉状矿苗
manifeste *m* 仓单,声明,船货清单,载货清单;*a* 显著的,明显的
manifester *v* 表示,显示
manille *f* 钩环,链环,系环,白麻绳
　~ de tendeur　链钩连接套环
manipulateur *m* 键,电键,操作员,操纵器,控制器,操纵手柄,主控制器,司机控制器
　~ à distance　远距电键,远距控制手柄
　~ à grande vitesse　快键
　~ auxiliaire　辅助手柄,辅助操纵盘
　~ d'affichage　指令手柄
　~ d'émission　发报电键
　~ duplex　双工手柄,双向手柄
　~ semi-automatique　半自动发报键
manipulation *f* 操纵,操作,键控,发报,处理,控制
　~ à distance　遥控,远距离控制
　~ au point nodal　节点键控
　~ d'entretien　养路工作,养护工作,维修工作
　~ dans la haute fréquence　高频键控
　~ dans la haute tension　高压键控
　~ dans la plaque　板极键控
　~ dans le primaire d'alimentation　主键控制
　~ dans le retour commun　中间抽头键控
　~ des appareils　操纵器械
　~ des données　数据处理,整理资料
　~ manuelle　手操纵
　~ mécanique　机械操作
　~ par décalage de fréquence　移频键控
　~ par déplacement de fréquence　移频键控
　~ par relais　继电键控
　~ par tout ou rien　幅度键控,振幅键控,启一闭键控,开关键控
　~ par variation de fréquence　变频键控
　~ par variation de polarisation　变极键控
manipuler *v* 使用,操作,操纵,控制,键控,发动
manivelle *f* 曲柄,曲拐,曲轴,手把,旋钮,摇把,传动臂,操纵盘
　~ à contrepoids　平衡曲拐
　~ à excentrique　偏心曲拐
　~ d'accouplement　连接曲柄
　~ d'inducteur de la magnéto　手摇发电机手柄
　~ de démarrage　起动手柄
　~ de frein à main à vis　螺杆手制动机曲柄
　~ de frein de vis　制动螺杆手柄
　~ de lancement　起动手柄
　~ de manœuvre de signal　信号手柄
　~ de mise en marche　起动手柄
　~ de transmission　传动曲柄
　~ du cadran de manœuvre　调车手柄
　~ du disque　信号圆盘手柄
　~ du signal　信号手柄
　~ du tendeur d'attelage　链钩螺杆,链钩手柄
　~ extérieure　外曲拐
　~ intérieure　内曲柄,内曲拐
　~ motrice　主曲拐
　~ principale　主曲拐
manjak *m* 纯沥青,优质沥青
manjakite *f* 黑云紫苏岩
manjiroïte *f* 锰钠矿
manocontact *m* 压力触头
manodétendeur *m* 减压阀,减压活门,压力调节器
　~ central　中央减压阀
　~ de poste　站式减压阀,直联式压力调节器
manœuvrabilité *f* 机动性,可操纵性,机动灵活性
manœuvrable *a* 操纵的,机动的
manœuvre *f* 普工,杂工,控制,操纵,操作,运转,行程,调车,调车作业,运用,驾驶,指挥,工作,运行,开采,手段
　~ (homme)　普通工,非技术工人,非熟练工人
　~ (véhicules)　调车(车辆)
　~ à bras　手控,人工控制,手推调车

manœuvrer

~ à coups de tampon　溜放调车
~ à distance　远程控制,遥控
~ à distance des passages à niveau　平交道口遥控作业,遥控平交道口
~ à main　手动操作,手推调车
~ à pied d'œuvre　就地操纵
~ anticipée　提前扳动
~ au lancer　溜放调车
~ au madrier　杆式调车,旁推式调车
~ brutale　猛甩猛挂调车
~ d'aiguille à la manivelle　用手摇把转换电动转辙机位置
~ d'ouverture　信号置于进行位置
~ de dépassement　(车辆)超高控制
~ de pompe　水泵操作
~ de redressement　握柄扳回原位
~ de triage　调车作业,编组调车作业,终点站调车
~ de vigilance　注意操作,小心调车
~ des appareils　操纵,控制
~ des signaux　扳动信号,给信号
~ du bouton poussoir　按下按钮
~ du levier　扳动握柄
~ du verrou　扳动闩锁
~ s en dehors des signaux de gare　站外调车,车站信号机外调车
~ fractionnée　使部分进路握柄恢复定位
~ frauduleuse　暗箱操作
~ indépendante　独立手工操作,单独作业
~ intempestive　在不适当的时候扳动(信号机等),在不适当的时候调车
~ s interdites　禁止调车
~ inverse　倒操作,反操纵,反演算
~ limitée　信号显示,指挥机车向前调车但调车行程不长
~ nucléaire　核动力调车作业
~ par accompagnement　由机车牵引或推送的调车
~ par gravité　驼峰调车作业
~ par refoulement　推送调车
~ sans limitée　信号显示,指挥机车向前调车,直到待挂车辆前停车
~ sur place　就地操作
~ s télécommandées　遥控作业,遥控调车

~ terminal　列车到达最后编组站上的调车作业,终点站调车

manœuvrer *v*　调车,操作,操纵,控制,指挥,驾驶
~ la pompe　用手驱动泵
~ le signal　扳动信号机,给信号
~ (des véhicules)　调车(车辆)

manographe *m*　自记压力表,流(体)压(力)记录器

manoir *m*　城(堡)

manomètre *m*　压力计,气压表,压力表,风压表,流体压力计,流体压力表
~ à air　空气压力计
~ à air comprimé　压力计,压缩空气压力计
~ à colonne liquide　液柱压力计
~ à décharge lumineuse　气体放电压力机,辉光放电压力计
~ à eau　水压表
~ à fil chaud　热线式记录仪,热线式压计
~ à huile　油压表
~ à ionisation　电离压力计
~ à mercure　水银柱式压力计,水银气压计
~ à pression d'huile　油压表
~ à tube de liquide　液柱压力计
~ à tubes multiples　多管式测压计
~ à vide　真空压力计
~ absolu　(流体的)绝对压力计
~ ammoniac　氨压力计
~ barométrique　压力表,气压计
~ d'aspiration　吸入压力表,低压压力表
~ d'huile avant filtre　油过滤前用的滑油压力计
~ de bourdon　波顿氏气压计(驼峰缓行器上用),金属薄膜式压力表
~ de carburant　嫩油压力计
~ de citerne　液槽压力计
~ de compression　压缩式压力计
~ de conduite du frein　总风缸管压力表
~ de conduite générale　主风管(即列车管)气压表
~ de conduite principale et du réservoir égalisateur　主风管和均衡风缸气压表
~ de contact　接触式压力计
~ de contrôle　检查用压力表,校验压力表
~ de déformation　变形压力计

~ de dépression 测量降压压力表
~ de Penning 本宁氏高真空表
~ de pression 压力计
~ de pression d'huile 油压表
~ de refoulement 排出压力表
~ de résistance 阻力压力计
~ de surpression 单式压力计
~ de travail 工业用压力计
~ de vapeur 气压表
~ de vibration 振动式压力计
~ de vide 真空压力表,压力真空计
~ des cylindres de frein bogie 1 et bogie 2 第一和第二转向架制动风缸气压表
~ différentiel 差动压力表,差示压力计(流体的)
~ différentiel à haute pression 高压差压机
~ double 复式压力计
~ duplex 复式压力计
~ dynamique 动力压力计
~ électronique à ionisation 电子游离压力计
~ en U U形压力计
~ enregistreur 压力记录仪,记录式压力计,自记压力计
~ mécanique 机械压力计
~ membraneux 薄膜式压力计
~ piézoélectrique 压电式压力计
~ piézométrique 微压表,压力计,压强表
~ pour pneus 汽车轮胎压力计
~ statique 弹簧压力计
~ technique 静力压力计
~ thermoélectrique 增压压力表
manométrie f （流体)压力测定
manométrique a 测压的,压力计的,(流体)压力测定的,压力计量的
manométrographe m 自记压力表
manostat m 稳压器,恒压器,压力开关,压力调节器,压力调整器
~ à ouverture maximum de pression 最大压力调节器
~ à ouverture minimum de pression 最小压力调节器
~ d'autorisation de lancement 控制起动的压力开关
~ de freinage d'urgence 紧急制动风压开关,紧急制动压力开关
~ de prégraissage 预润滑油用恒定器
~ régulateur 调压器
~ régulateur de pression 调压器
manquant m 缺少,不足
~ en poids 重量不足
manqué a 有缺陷的,不成功的
~ de couches 岩层缺失
manque m 不足,过失,空白,缺乏,缺少,缺失,缺点,缺额,短缺
~ d'adhérence au sol 地面的附着力不足
~ d'eau 水量不足,缺水
~ d'étanchéité 渗漏,渗透,透水性,密封性差
~ de chemins 无路,变通闭塞
~ de couches 岩层缺失
~ de courant 无电,电流不足
~ de pénétration 漏焊,虚焊,未焊透
~ de poids 重量不足
~ de pression 失压
~ de puissance (diesel) 功率不足(柴油机)
~ de résistance 强度不足
~ de tension 失压[电],失功率
~ de tension réseau 失去外电源
par ~ de 由于没有,由于缺乏……
manquer v 缺少,缺乏,失败,错过,迟到
~ de 缺乏……,不足……
~ une correspondance 错过换乘(机会),失去联络
sans ~ 务必,一定
Manresien m 曼雷兹阶(E_2,上部)
mansarde f 屋顶室,屋顶窗,孟沙式屋顶阁楼
mansfeldite f 砷铝石(曼斯菲尔德石)
mansjoïte f 氟透辉石
manteau m 地幔,盖层,大衣,外壳,壳体,护套,风化层,表层,覆盖层,基础环,遮蔽物,覆盖物,遮盖物
~ autochtone 原地岩
~ d'arlequin (矿物)粗糙面
~ d'éboulis 岩屑覆盖层
~ de cendre 火山灰覆盖层
~ de débris 风化层,覆盖层,浮土
~ de glace 冰盖层
~ de lave 熔岩覆盖层
~ de roche 岩石表层,表皮层

~ de sol 土的表层,表皮土
~ détritique 山坡风化物,风化层
~ du cylindre 汽缸外套
~ morainique 冰碛覆盖层
~ neigeux，~ nival 雪盖,积雪
~ sédimentaire 沉积覆盖层
~ silicate 岩石圈
~ superficiel de débris 浮土,表土,风化层,表岩屑
~ tubulaire 管套

manto *m* 席状矿床,平卧矿床,平卧层控矿床,平伏层状矿床

manuel *m* 手册,指南,教程,教材,课本,概要,纲要,说明书
~ d'emploi 使用手册,操作说明书
~ de conception des chaussées 路面设计手册
~ de maintien 维修手册
~ de projet 工程手册
~ de sécurité 安全手册
~ des mesures hydrauliques 水工测量册
~ du laboratoire routier 道路实验室指南
~ du soudage 焊接手册
~ explicatif 说明书

manuel, elle *a* 手的,人工的,手控的,手工的,体力的,手制的

manufacturable *a* 可制造的

manufacture *f* 制作,制造,制品,产品,生产,手工厂,制造业,制造厂,手工工场,手工制造

manufacturer *v* 制造,制作,加工

manufacturier *m* 厂商,制造者,生产者,工厂主,制造厂
~ de produits de béton 混凝土制品生产者

manuscrit *m* 手稿,原稿,手写本,手抄本

manutention *f* 装卸,搬运,管理,调度,处理,仓库,运输,调度室,后勤机构
~ à air comprimé 用压缩空气输送,用压缩空气吹送,压缩空气运输
~ automatique 自动装卸
~ cloche-base en position horizontale 在水平位置起吊圆底座圈
~ continue 连续搬运,流水搬运作业
~ continue pour produits en vrac 散装材料连续装运
~ des marchandises 货物装卸作业
~ des matériaux 材料运送,材料调度
~ en entrepôt 仓库搬运作业
~ et pose de tubes 运输和安装管子
~ mécanique 机械化装卸作业
~ par la gare 由车站办理货物装卸作业
~ par le public 由发货人、收货人自行装卸
~ pneumatique 用压缩空气输送,用压缩空气吹送

manutentionner *v* 装卸,管理,调度,处理,加工,操纵,使用,搬运

maquette *f* 模型,原型,设计,模式,样品,样机,样件,立体模型
~ architecturale 建筑模型
~ bilinéaire 双线性模型
~ centrifuge 离心模型
~ constitutive 本构模型,本构模式
~ d'essais 样件,试件,样机
~ de décision 决策模型
~ de Green-Ampt （研究入渗的）格林—安普特模型
~ de Hele-Shaw 希立—肖模型,狭缝黏性液模型
~ de marée 潮汐模型
~ de paramètre 参数模型,参数模式
~ de pilote 示向模型
~ de qualité d'eau 水质模型
~ de rivière 河流模型
~ dynamique 动态模型
~ élastique non linéaire 非线性弹性模型
~ en bois 木模
~ entière 整体模型
~ grandeur 模拟模型,模拟原型
~ hydrologique 水文模型
~ idéale 理想模型
~ locale 局部模型
~ mathématique 数学模型
~ mécanique 力学模型
~ numérique 数值模型,数值模式
~ optimale 优化模型
~ orographique 地形模式,地形模型
~ orohydrographique 高山水文地理模型
~ physique 实物模型
~ réduite 缩小尺寸的模型,缩尺模型
~ réduite hydrotechnique 水工缩尺模型

~ rhéologique 流变波形
~ rigide 刚性模型,定床模型
~ séismique 地震模型
~ statistique 统计模型
~ structurale 结构模型
~ symbolique 符号模型

maquillage *m* 涂改,改装

maquis *m* 丛林,常绿高灌木丛林

marais *m* 沼泽,湿地,泥沼泽,泥泞地,泥沼地,沼泽地区
~ bas 低洼地,低位泥炭沼泽,低地沼泽
~ calcaire 石灰质沼泽地
~ d'eau douce 淡水沼泽,泥炭沼
~ doux 淡水沼,泥炭沼
~ drainé 干沼
~ émergé 高沼泽
~ eutrophe 富养分沼泽,低地沼
~ haut 泥炭沼,泥炭层,高地沼泽,高位沼泽,上游沼泽
~ noir 黑色沼泽,泥炭沼泽
~ tourbeux 泥炭沼泽
~ tourbeux à roseaux 芦苇泥灰沼泽,芦苇泥炭沼泽
~ tourbeux de plaine 平原泥炭沼泽
~ tremblant 震沼
~ troué (加拿大冰水形成的)坑穴潮沼

maranite *f* 空晶石

marbre *m* 平板,底板,大理石,大理岩,校正平台,检验平台,大理石雕刻(艺术)品
~ à dresser 校正平台,调直平台
~ à poigné 手把式平板(检测工具)
~ ajusté 校验平板,校正平台
~ artificiel 人造大理石
~ bitumineux 沥青灰岩
~ blanc 白大理石
~ brèche, ~ bréchique, ~ bréchoïde 角砾状大理岩
~ brocart 角砾状大理岩
~ cameloté 粗粒大理岩
~ campan 坎潘大理岩
~ chiqueté 似花岗岩状大理岩
~ composé 杂色大理石
~ conchoïdal 贝壳状大理岩
~ coquillier 贝壳大理岩
~ de carrare 卡拉拉大理石
~ de comparateur 比较器面板
~ de forme 成型板
~ de Casellina 细粒石膏,彩色石膏
~ dolomitique 白云大理石
~ du boulonnais 臭灰岩,沥青灰岩
~ flammé 火焰状大理岩
~ griotte 结核状大理岩
~ jeté 斑状大理石,斑状大理岩
~ lumachelle 贝壳大理岩
~ moucheté 斑点状大理岩
~ noir 黑方解石,黑大理岩(沥青灰岩)
~ onyx 条纹状大理岩,石化大理岩,缟状大理石
~ pouf 脆性大理岩
~ rayé 条纹状大理岩
~ serpentin 蛇纹大理岩
~ statuaire 雕[塑]像大理石
~ uni 单色大理岩
~ veiné 脉纹大理岩,有纹理的火理石,脉状大理石
~ veiné vert antique 古绿石大理岩

marbré, e *a* 大理岩状的,斑花状的,表面有大理石花纹的

marbreisation *f* 大理岩化

marbrière *f* 大理石采石场,大理石

marbrure *f* 大理石花纹,仿大理石

marburgite *f* 钙十字沸石

marcas(s)ite *f* 白铁矿

marchand *m* 商人,买主
~ de matériaux de construction 建筑材料商
~ de vins 酒商

marchandage *m* 转包工

marchandise *f* 商品,货物
~ s à transborder 换装货物
~ abandonnée 无法交付的货物
~ adressée à domicile 运送上门的货物
~ au-dessus de gabarit 超限界货物
~ conditionnée 包装货物
~ congelée 冷藏货物,冷冻货物
~ consommée 消费商品
~ s d'encombrement 大体积货物
~ s d'entrepôt 仓储商品
~ d'occasion 旧货
~ dangereuse 危险品

~s de bonne vente 畅销货
~s de contrebande 走私货，违禁品
~ de groupage 合装货物，转运的零担货物
~ de la première catégorie 第一类货物
~s de toute nature 多品种货物，各种货物
~ de transbordement 换装货物，捣装货物
~ de transit 中转货物，过境货物
~ de valeur 贵重品
~ défectueuse 次品，废品
~ dénommée dans les tarifs 列入运价表的货物
~ disponible 现货
~ diverse 杂货
~s du régime accéléré 快运货物
~ emballée 包装货物
~s en entrepôt 保税商品
~s en franchise 免税进口商品
~ en grande vitesse 快运货物
~ en masse 大宗货物
~ en morceaux 块运货物
~ en petite vitesse 慢运货物
~s en retour 退货
~s en rupture de stock 脱销商品，缺货商品
~ en service 路用品，路用货物，办公用品
~ en souffrance 无法交付货物
~ en stock 存货
~ en vrac 对装货物，散装货物
~ encombrante 宽大货物，大件货物，笨重买物
~s exemptes de droits 免税货物
~s exonérées 免税商品
~ explosive 爆炸品
~ exportée 出口货物
~ fragile 易碎货物
~ gazeuse 气体货物
~ haut de gamme 高档商品
~ industrielle 工业品
~ inflammable 易燃货物，易燃品
~ légère 轻质货物
~ liquide 液体货物
~ locale 管内货物
~ lourde et en comburante 笨重货物
~ mouillée 受潮货物
~ nauséabonde 有臭味的货物
~ non conditionnée 无包装货物
~ non emballée 无包装货物，散装货物

~ nue 未装桶货物（指油类），无包装的货物
~s ordinaires 普通货物
~ par paquets 成件货物
~ périssable 易腐货物
~ pondéreuse 散粒货物，散装货物，堆装货物
~ pulvérulente 粉状货物
~s réunies 堆装货物
~ similaire 同类货物
~ soumise à des tarifs différents 按不同运价计费的货物
~s sous douane 保税商品
~ sujette à la concurrence 有竞争性的货物
~ transportée 运输商品
~s vendues en détaxe à l'exportation 出口退税商品
~ volumineuse 体大货物，体积大货物

marché *f* 踏步，梯级，行程，行走；*m* 市场，商场，交易，合作，合同，买卖合同，商业中心
~ à bénéfice fixe 固定收益合同，固定利润合同
~ à forfait 承包合同，总价合同，总包干合同，（金额）一次总付合同
~ à forfait absolu 总包合同，包干合同，包工契约
~ à marge fixe 固定价合同，固定标价合同
~ à prix unitaire 单价制合同
~ acheteur 买方市场
~ boursier 股市
~ clé en main 整套承包合同，交钥匙工程合同
~ commun 共同市场
~ commun européen 欧洲共同市场
~ d'application 应用合同
~ d'entretien （道路）养护合同
~ d'escalier 海成阶地
~ d'études 设计合同
~ de consultation d'ingénierie 工程咨询合同
~ de gré à gré 协商合同，议标合同，经双方同意的合同
~ de l'argent 金融市场
~ de la matière première 原料市场
~ de savoir-faire 技术诀窍合同，专门技术合同
~ de technologie 技术市场
~ de titres 证券市场
~ de travaux 工程合同，劳工契约
~ demandeur 买方市场

~ des capitaux 主要市场,资本市场
~ des changes 外汇市场
~ des devises 外汇市场
~ des frets 运费市场
~ des transports 运送契约
~ en dépenses contrôlées 成本加酬金合同
~ en granito 水磨石踏步
~ en marbre 大理石踏步
~ forfaitaire 总价包干式合同,承包合同
~ intérieur 国内市场
~ international 国际市场
~ local 当地市场
~ mondial 世界市场
~ monétaire 金融市场
~ national 本国市场
~ officiel 官方市场
~ offreur 卖方市场
~ ouvert 公开市场
~ palière 楼梯终步(最后一踏步)
~ passé par l'appel d'offres 招标合同
~ préfabriquée 预制踏步
~ primaire 初级市场,一级市场
~ public de fournitures 政府采购
~ self-service 自选市场
~ sur appel d'offres 投标承包
~ sur bordereau de prix 标单价合同,固定单价合同
~ vendeur 卖方市场,对卖方有利的市场

marche *f* 行程,进程,运动,运转,操作,前进,运行,走行,过程,梯级,阶地,脚蹬,平台,(楼梯)踏步,竞走,列车运行线
~ à blanc 无载运转,无载运行
~ à charge partielle 部分负荷运行
~ à contre-voie 单向运行线上的逆向运行
~ à droite 右侧行驶,右侧通行,右侧运行
~ à gauche 左侧行驶,左侧通行,左侧运行
~ à limite de puissance de la chaudière 用锅炉最大功率运行
~ à pleine charge 满负荷运行
~ à régulateur fermé 闭气运行,惰力运行
~ à vide 空转,空行程,空载运行,无载运转,无效运转
~ à vitesse constante 恒速行驶
~ à vue 瞭望运行,小心行车

~ arrière 后退,倒转,回程,逆行
~ au timbre 按锅炉额定压力运行,以锅炉最大功率运行
~ au virage 转弯行驶,弯道行驶
~ avant 正向运行,前进,向前行驶
bonne ~ 运行状态良好
~ conforme à l'horaire 按时运行,正点运行
~ continue entre feux "绿波"行驶(绿色行号灯联动控制,使车一到道口,即现绿灯,以便车队连续无阻通过各道口)
~ correspondante 衔接的运行线
~ d'accès 楼梯起步(第一踏步)
~ d'approche (停车前)减速行驶
~ d'escalier 海成阶地
~ d'essai 试运转,试验规范,试验步骤
~ d'un train conforme à l'horaire 列车正点运行
~ de courant 电路图,电流流动
~ de rupture de la vitesse 梯级(消能减速结构),梯级跌水
~ des calculs 计算过程,计算程序
~ des rails 钢轨爬行,线路爬行
~ des signaux 信号传输
~ des trains conforme aux signaux 列车按信号运行
~ des travaux 工程进展
~ du glacier 冰川运动
~ en arrière 退行,倒行,回程
~ en avant 正向运行,前进
~ en charge 载荷运行,重车运行
~ en convoi 车辆列队行驶状况
~ en descente 下坡道行车
~ en double traction 双机牵引运行
en état de ~ 可运行的,整备好的
~ en granito 水磨石踏步
~ en ligne droite 直线行驶
~ en machine isolée 单机运行
~ en marbre 大理石踏步
en ordre de ~ 准备运行
~ en parallèle 平行作业,并联运行,并联运转
~ en pente 坡道运行
~ en pousse 补机推送,推送运行
~ en puissance 带功率运行
~ en refoulement 倒行,退行,逆行

~ en régime de humide　用饱和蒸汽运转
~ en régime de surchauffe　用过热蒸汽运转
~ en réversible　可逆运行
~ en sens inverse　退行,逆行,回程
~ en unités multiples　多机重联运行
~ en ville　在城市中行驶
~ s facultatives　备用进路,备用列车运行线,临时列车运行线
~ haut-le-pied　单机运行,单机走行
~ indéterminée　临时定点列车运行
~ industrielle　商业运行,投产
~ instable　不平稳运行
~ lente　慢行,缓行
~ libre　空闲运行线
~ normale　正常运转,正常运行
~ ouvrière　工作冲程,工作进度,活塞的膨胀冲程
~ palière　楼梯终步(最后一踏步)
~ s parallèles　平行运行图,平行运行线
~ préfabriquée　预制踏步
~ préindustrielle　投产试运转
~ s rapides　高速运转,快速运行
~ régulière (véhicules)　平稳运行(车辆)
~ semi-industrielle　保证期运行,半商业运行
~ spéciale　专车运行,专运
~ stable (ou régulière)(véhicules)　运行平稳,运行正常(车辆)
~ synchrone　同步运转
~ vers l'avant　向前行驶

marche-arrêt *m*　启动—停止装备
marché-gare *m*　车站商场
marchepied *m*　脚蹬,踏板,阶台,梯子,绳梯,软梯,跳板,脚踏板,脚手板
~ continu　连续走板,沿车踏板
~ pour accès à locomotive　蹬车踏板

marcher *v*　走,步行,行驶,运转,取得进展,顺利进行
marches-types *f. pl*　标准运转,型式运转
marchite *f*　顽火透辉岩
marcylite *f*　不纯氯铜矿,杂铜蓝黑铜矿
mardi *m*　星期二
mare *f*　水塘,泥塘,水坑,水潭,池沼,水洼
marécage *m*　沼泽,沼地,湿地,泥塘
~ fluvial　河边沼泽,滨河泥塘,河漫滩沼泽
~ maritime　滨海沼泽,潮汐沼泽

marécageux, euse *a*　沼泽的,泥泞的,多泽沼的
marécanite *f*　球状珍珠岩
marrée *f*　潮,海潮,潮汐
~ annuelle　年周潮
~ astronomique　天文潮汐,特大潮汐
~ basse　退潮,低潮
~ bâtarde　小潮,最低潮
~ d'ouragan　飓风潮
~ de flot　满朝,高潮
~ de rivière　河流潮汐
~ dérivée　潮流
~ des solstices　冬至潮,夏至潮,二至潮
~ descendante　落潮,退潮
~ équatoriale　赤道潮汐
~ inverse　逆潮,倒潮
~ montante　涨潮,升潮
~ ordinaire　正常潮
~ rouge　赤潮
~ semi-diurne　半日周潮(每昼夜高低潮各两次)
~ solaire　日潮,太阳潮

marégramme *m*　潮汐图,潮汐曲线
marégraphe *m*　测潮仪,潮位计
~ automatique　自记潮位计

marégraphique *a*　海平面的,海水水位的(观测)
maréite *f*　海潮沉积
marékanite *f*　球状珍珠岩
maremme *f*　沿岸低沼泽区
mareugite *f*　闪辉蓝方斜霞岩,蓝方辉长岩
margarite *f*　珍珠云母,串珠雏晶(串连集球雏晶)
margarodite *f*　细鳞白云母
margarosanite *f*　针硅钙铅石
marge *f*　界限,空地,利润(余)额,间隔,余量,边界,边缘(带),安全系数,保证金,(有)余力,余裕,富余量,储备量
~ active　主动边缘,活动边缘
~ brute　毛利润幅度
~ continentale　大陆边缘
~ d'erreur　误差量,误差限
~ d'exploitabilité　可采边界
~ de bruit　噪音容限
~ de cadrage　图像调节误差,成帧调节误差
~ de calage　正时调节范围
~ de commutation　(逆变器的)储备角

~ de puissance　备用功率,储备功率
~ de réaction　反应边
~ de recul　（建筑）收进线
~ de sécurité　安全限度,安全裕度(系数)
~ de stabilité　稳定储备量,稳定系数,稳定余量,安全系数,稳定裕度
~ de sûreté　安全裕度(系数)
~ de temps　预留时间,备用时间(给列车预留的额外时间以备晚点时恢复正常点所用)
~ du chemin　路边
en ~ de　在……之外,脱离
~ en espèces　现金保证金
~ latérale　侧向余宽
~ noire　黑色信号电平
~ passive　被动边缘,稳定边缘
~ supplémentaire　追加保证金

margelle　*f*　井口石栏
marginal, e　*a*　边缘的,界限的,冰缘的,陆缘的,沿岸的,界限外的,栏外的
marginalisme　*m*　(organisation) 边际效用价值说(编制)
marialite　*f*　钠柱石
maricite　*f*　磷铁钠矿
marienbergite　*f*　钠沸响岩
marière　*f*　骨磷块岩
marie-salope　*f*　泥驳,蒸汽挖泥机
marignacite　*f*　铈烧绿石
marin　*m*　隧洞弃土,隧洞废渣
marin, e　*a*　海上的,航海的,海洋的,海成的,海相的
marinage　*m*　挖泥,挖土,(隧洞开挖中的)出渣,清除废土(渣)
marine　*f*　海,海水,海岸
Marinésien[Marines]　*m*　马里奈斯阶(巴尔顿阶)(E_2,欧洲)
marionite　*f*　水锌矿,羟碳锌矿
marionnette　*f*　滑车
marioupolite　*f*　淡霞钠长岩
mariposite　*f*　铬硅云母,铬多硅白云母
maritime　*a*　海的,沿海的,海岸的
mark　*m*　马克(德国货币单位)
marketing　*m*　销售学
markfieldite　*f*　斜长花斑岩
markka　*m*　马克(芬兰货币单位)

marle　*f*　硬白垩,泥灰岩
marlette　*f*　上盘,泥质白垩
marlite　*f*　硬泥灰岩
marmairolite　*f*　针闪石,含锰钠透闪石,含锰镁钠钙闪石
marmanit　*f*　粉状硝酸炸药
marmatite　*f*　铁闪锌矿
marmite　*f*　锅,壶,罐,铁桶,釜,坩埚,瓯穴,锅穴
~ d'érosion　瓯穴,侵蚀盆地
~ dans un lit rocheux　岩层瓯穴
~ de géant　大锅穴,大瓯穴,大坩埚
~ des géants　海蚀坑洞
~ glaciaire　冰川锅穴
~ sous-glaciaire　冰穴
~ torrentielle　涡穴

marmoline[marmolite]　*f*　白叶蛇纹石
marmoréen　*a*　似大理岩的,大理岩状的
marmoriforme　*a*　似大理岩的,大理岩状的
marmorisation　*f*　大理岩化
marmorisé　*a*　大理岩化的,大理岩的
marmoriser　*v*　使大理岩化
marnage　*m*　潮差,范围,幅度,涨潮,水位升降,水位波动,施加泥灰石,加泥灰石,使成泥灰土
~ de marées　潮幅,潮差,潮高,潮汐幅度

marne　*f*　泥灰岩,泥灰石,钙质黏土,灰泥(沙子和熟石灰的混合料)
~ à blocaux　漂积黏土,冰碛土,粗砾泥
~ à foulon　黏土质泥灰岩
~ à gypse　石膏质灰泥土
~ alluviale　漂积黏土
~ argileuse　黏土质泥灰岩,泥灰岩
~ bigarrée　杂色泥灰岩
~ bitumineuse　沥青质泥灰岩
~ calcaire　钙质灰泥
~ cendrée　火山灰泥灰岩
~ coquillière　介壳泥灰岩
~ crayeuse　白垩质灰泥土
~ de marais　沼泽泥灰土
~ dolomitique　白云泥灰岩
~ durcie　泥质灰岩
~ efflorescente　风化泥灰岩
~ en géodes　土状泥灰岩
~ glaiseuse　壤土质灰泥
~ gonflante　膨胀泥灰岩,(钻探的)易塌的泥

灰岩
~ grasse 黏土质泥灰岩
~ gréseuse 砂质泥灰岩
~ gypseuse 石膏质泥灰土
~ indurée 硬泥灰岩
~ irisée 虹霓色泥灰岩
~ lacustre 泥灰土,沼灰土,湖成泥灰岩
~ limoneuse 淤泥质泥灰岩,壤土质灰泥
~ magnésienne 石膏质泥灰岩,镁质泥灰岩
~ marine 海成泥灰岩,海成灰泥
~ sableuse 砂质灰泥
~ schisteuse 泥灰板岩,泥灰质页岩
~ supragypseuse 石膏层上泥灰岩(巴黎盆地晚渐新世的泥灰岩)
~ verte 绿色泥灰岩(巴黎盆地中渐新世的泥灰岩)

marneux, euse *a* 泥灰质的,泥灰石的
marnière *f* 泥灰岩采石场,泥石灰矿(场)
marno-arénacé *a* 砂泥灰质的
marno-calcaire *m* 泥灰质灰岩
marno-dolomitique *a* 白云—泥灰质的
marnolithe *f* 致密泥灰岩
marokite *f* 黑钙锰矿
marosite *f* 云辉等色岩
marquage *m* 标志,记号,标记,作标志,刻上记号,做记号,路面划线,道路标线

~ blanc 白色标线
~ de béton 混凝土强度等级
~ de brique 砖标号
~ de flèches 箭头标志
~ de garage 停车位标线
~ de la chaussée 道路标志,路面标志,路面划线标志
~ de mortier 砂浆强度等级
~ de référence 参考标记,基准标记
~ de temps 时标
~ de traversée pour piétons 人行横道线
~ de zèbre 斑马线
~ des lignes de signalisation 路面标线,道路行号标志
~ des routes 路标
~ des voitures 客车标志,在客车上做标志
~ du bord 路边标线
~ enduit à chaud 热涂标线
~ enduit à froid 冷涂标线
~ enregistré 注册商标
~ horizontal 水平标记
~ jaune 黄色标线
~ latéral 路边划线,路边标线
~ préfabriqué 预置标线
~ réfléchissant 反光标志
~ rouge 红色标线
~ sur le sol 交通线标志
~ vertical 垂直路标

marque *f* 痕,斑点,记号,标记,标号,特征,标识,标志,商标,符号,标签,牌子

~ d'arrêt 小停车点
~ d'automobile 汽车牌号,汽车型号,汽车的厂标(厂牌)
~ d'eau 测潮杆,水位标
~ d'étalonnage 校正记号,刻度标记
~ d'expédition 发货标记
~ d'identification 识别标志,识别符号,鉴定记号
~ d'un île directionnel 方向岛标线
~ d'usinage 加工标记
~ de balancement 平衡标记
~ de bande 带标
~ de battage 安装标记
~ de béton 混凝土强度等级
~ de bitume 沥青标记
~ de bord 路边标线
~ de bordure 路边标号
~ de brique 砖标号
~ de choc 冲击痕
~ de ciment 水泥牌号,水泥强度等级
~ de contrôle 控制标记,监测标记
~ de courant 流纹,流痕
~ de crue 洪水标记,洪水痕迹
~ de déplacement 吃水标线
~ de direction 行车方向标志
~ de distance 距离标记
~ de fabrication 生产厂标记
~ de fin de bobine 线圈尾部标记,卷尾标记
~ de gérance 车辆上的配属段标记
~ de gérance d'une voiture 客车配属段标记
~ s de jour 导航昼标
~ de la chaussée 路面标线,行车道标线

~ de la dernière révision (fourgons) 行李车最后一次修理时间的标记
~ de la position d'utilisation 使用位置标记（仪表）
~ de marée 潮标，潮痕
~ de mortier 砂浆强度等级
~ de niveau 标高，水标尺，水准点，基准点，水位标志，水位标高
~ de percussion 冲击痕
~ de propriété 所有主记号，所有者标记
~ de qualité 质量标号
~ de réception 验收钢印
~ de reconnaissance 界石，（境）界标
~ de référence 控制点，参考标点，基准标志，参看符号，参照符号，基准标记，参考标记，假定水平基点
~ de retour de vague 回流波痕
~ de synchronisation 同步标记
~ de terre 岸标
~ de vague 波痕
~ de vague déferlante 冲痕
~ des colis 包裹标记
~ des voitures 客车标记
~ des wagons 货车标记
~ distinctive 记号，标记
~ du béton de ciment 水泥混凝土强度等级
~ du moteur 发动机牌号
~ glaciaire 冰川擦痕
~ paysagère （地）界桩，（地）界标
~ routière 交通标志，路面划线，道路标线
~ sur la chaussée 路面标线，行车道标线
~ sur le sol 标高，地面标高

marquer *v* 表明，指示，表示，记数，指定，描图，做记号，作标记，打上印记
~ l'arrêt 规定停车点
~ un colis 标记货件，在包裹上做标记

marqueterie de failles 断层带，断层网

marqueur *m* 标志，标记，划笔，指示剂，指示器，打印器，划线器，划线工，标图员，指示矿物，定额记录员，（工作）时间记录员
~ azimutal 标识器
~ d'étalonnage 准标记，量程标记（雷达）
~ fin de liste 表结束标记，目录结束标记
~ horizon 标准层，指示层
~ initial de dépôt 原生沉积标志

marquise *f* 棚，雨棚，挑棚，雨罩，风雨棚，遮阳板
~ de gare 站风雨棚
~ de quai 头（站台）风雨棚，站台风雨棚
~ individuelle de trottoir 客站台风雨棚

marquisette *f* 黄铁矿
marrite *f* 硫砷银铅矿
marron *m* 矿巢；*a* 栗色的，褐色的
mars *m* 三月
marscoïte *f* 花岗辉长混染岩，马斯科岩
Marshall(essai) 马歇尔稳定度试验（测定沥青混凝土强度用）
marshite *f* 碘铜矿
marsjatskite *f* 锰海绿石
marsturite *f* 硅锰钠钙石
marteau *m* 锤，门环，锤子，锻锤，铁锤，凿岩机
~ à air comprimé 空气锤，风动锤
~ à bascule 杠杆锤
~ à béton 混凝土捣碎机
~ à boucharder 凿石锤，鳞齿锤，修整锤
~ à buriner 气錾，风铲，錾平锤
~ à chaussée （撞击式）掘路机，落锤
~ à crêper 剁斧（剁墙面用），琢面锤
~ à dégrossir 凿石锤
~ à deux mains 大锤
~ à devant 锻工大锤
~ à dresser 矫正锤，击平锤
~ à ébarber 錾，去毛边用锤
~ à écraser 捣碎锤
~ à façonner la tôle 平锤
~ à ferrer 小锤，钉锤
~ à friction 摩擦锤
~ à granuler 碎石锤
~ à gravité 重力锤
~ à injection d'eau （水）冲洗式风钻，湿式凿岩机
~ à levier 杠杆锤，杵锤
~ à main 手锤，榔头
~ à mater 堵缝锤
~ à moteur 机动凿岩机
~ à palplanches 钢板桩打桩机
~ à panne 平锤
~ à parer 扁锤，齿凿
~ à piquer 尖头锤

~ à planer 击平锤
~ à pointe 尖头锤
~ à poussoir pneumatique 气腿式凿岩机，风动支架凿岩机
~ à ressort 弹簧锤
~ à river 铆钉枪，铆钉锤
~ à river pneumatique 气动铆钉枪，气动铆钉锤
~ à tranche 剖石锤
~ à vapeur 汽锤
~ automatique de battage 自动蒸汽打桩机
~ bêche 风铲
~ brise-béton 混凝土破碎气锤，混凝土捣碎机
~ brise-béton pour les travaux durs 重型混凝土捣碎机
~ brise-béton pour les travaux légers 轻型混凝土捣碎机
~ brise-béton pour les travaux moyens 中型混凝土捣碎机
~ burineur 气錾，风铲，錾平锤
~ d'exploitation 风镐
~ de battage 打桩锤，打桩机
~ de battage à vapeur à action double 双动式蒸汽打桩机，双动式蒸汽打桩锤
~ de battage à vapeur à action simple 单动式蒸汽打桩机
~ de battage à vapeur à simple effet 单动式蒸汽打桩锤
~ de battage diesel 柴油打桩锤，柴油打桩机
~ de calfat 填隙锤
~ de carrière 采石锤
~ de couvreur 瓦工锤
~ de déroctage 錾子（石土）
~ de forgeron 锻工锤
~ de frappeur 锤工锤，大锤
~ de géologue 地质锤
~ de maçon 圬工锤
~ de maréchal-ferrant 挂掌铁工锤
~ de mine 地质锤，风镐
~ de paveur 铺路锤，路用锤
~ de prospecteur 地质锤
~ de scheidage 碎矿铁锤
~ de Schmidt 混凝土回弹仪，施密特（混凝土强度）试验锤

~ de soudeur 焊工锤
~ de tailleur de pierres 琢石锤
~ dériveur 铲除铆钉锤
~ dérocheur 岩石破碎机，碎石锤
~ du couvreur 瓦工锤
~ du soudeur 焊工锤
~ fendu 拔钉锤，鱼尾锤
~ frontal 落锤
~ guidé 落锤
~ hydraulique 水力锤，水压锤，液压锤
~ lattoir 木工锤
~ mécanique 机动锤，动力锤
~ minier 风镐，机镐
~ perforateur 手钻，锤钻，钻岩机，凿岩机，凿石机，岩石钻机，冲击钻机
~ perforateur à air comprimé 风钻，风动凿岩机，空压凿岩机
~ perforateur à moteur 机动凿岩机
~ perforateur électrique 电动凿岩机
~ perforateur pneumatique 风动凿岩机
~ perforateur pneumatique à main 手持式风动凿岩机
~ perforateur pneumatique lourd （支柱式）重型风动凿岩机
~ piqueur 风镐，机镐，十字镐，鹤嘴锤，鹤嘴锄，手风钻
~ piqueur aux pieds 气腿式风钻
~ plat 扁锤
~ pneumatique 风锤，空气锤，凿岩机，风动凿岩机
~ pneumatique de démolition 风动路面破碎机
~ pneumatique riveur 气铆钉枪
~ riveur 铆钉枪，铆钉锤
~ trépideur 气压打桩锤，振动打桩锤
~ vibrant 振动锤
~ vibratoire 振动锤
marteau-battant *m* 落锤
marteau-batteur *m* 桩锤，打夯机
~ de palplanches 板桩打桩机
marteau-bêche *m* 平锹，风铲，手锹
~ pneumatique 风动铲
marteau-pie *m* 风镐，机镐
marteau-pilon *m* 捣锤，落锤，锻锤，机动锻锤
~ à vapeur 蒸汽捣锤，蒸汽锤

marteau-piqueur *m* 风镐
marteau-riveur *m* 铆钉枪
martelage *m* 打铁,锻造,锤打,锤锻
～ des roues carrées sur les rails 擦伤的车轮敲击钢轨
martèlement *m* 锻打,锤打
marteler *v* 锤打,锻造
～ à froid 冷锻
martelet *m* 小锤
～ de maçon 圬工小锤
marteleur *m* 锤工,锻工
marteleuse *f* 锤细机,拉丝机,型铁锤细机
marteline *f* 尖锤,切口,制动棒,浅刻痕
martellerie *f* 锻工场,锻造车间
martensite *f* 马氏体,马丁体,马丁散铁
marthosite *f* 硒铜铀矿
martial *a* 含铁的,铁质的
martinet *m* 杵锤,动力锤
～ à ressort 弹簧锤
martinite *f* 板磷钙石,碳白磷钙石,响白碧玄岩
martite *f* 假象赤铁矿
martitiser *v* 假象赤铁矿化
martourite *f* 辉铁锑矿
marundite *f* 珠云刚玉岩
masanite *f* 马山岩
masanophyre *f* 马山斑岩
masapilite *f* 黑砷铁矿
masicotite *f* 铅黄
maskélynite *f* 熔料长石,熔长玻璃,冲击玻璃,马斯克林石
maslovite *f* 等轴铋碲铂矿
masonite *f* 硬绿泥石
masquage *m* 遮蔽,遮拦,掩蔽,伪装,屏蔽
masque *m* 罩,面罩,伪装,屏蔽,面具,障板,掩蔽,护面,面板,口罩,假面具,防毒面具,(焊工)防护面罩,遮掩信号灯光用的遮蔽
～ à main 手持面罩
～ à oxygène 氧气面罩
～ amont 上游护面
～ amont souple 上游防水薄膜,上游止水墙
～ anti-arc 电焊面罩
～ anti-gaz 防毒面具
～ antipoussière 防尘板
～ central en béton 中央混凝土隔水墙,混凝土心墙
～ contre les poussières 防尘面罩,防尘面具
～ d'argile 黏土封层
～ d'étanchéité 防渗斜墙,防渗护面
～ de programme 程序屏蔽
～ de protection 保护面罩,防护面罩
～ de saisie 模板,模子,模壳,仿形,造型
～ de soudure 焊接防护面罩
～ déflecteur 挑流板
～ drainant 排水闸
～ en argile 黏土封层
～ en béton 混凝土护面
～ en béton armé 钢筋混凝土护面,钢筋混凝土斜墙
～ en béton bitumineux 沥青混凝土护面,沥青混凝土斜墙
～ étanche 防渗斜墙,防渗护面
～ Levy 赖维式护面
～ métallique 钢制斜壁,钢制斜墙
～ poids drainant 排水重力罩面
～ respiratoire 呼吸器,氧气呼吸器
～ serre-tête de soudeur 头戴式焊工面罩
masqué,e *a* 隐蔽的
masquer *v* 遮蔽,遮拦,掩蔽,伪装,屏蔽
massafuerite *f* 多橄玄武岩
massage *m* 揉搓
～ du sol par les pneus 轮胎对土壤的揉搓作用
masse *f* 团,堆,块,人群,大量,质量,物质,容积,容量,大地,接地,地块,中性点,大多数
～ à mettre en œuvre 施工质量
～ à sec 净重,自重,干重
～ à vide 空重
～ active 有效质量
～ additionnelle 添加质量,附加质量
～ apparente 表现质量,视在质量,外表质量
～ atome,～ atomique 原子量
～ au remplissage 填塞物
～ au repos 静止质量
～ bogie avec moteurs de traction 转向架总成重量
～ caisse équipée 车体整备重量
～ caisse nue 车体钢结构重量
～ charriée 逆掩断块,上冲断块
～ constante 不变质量,恒定量

masse

~ continentale 大陆块体
~ couchée 平卧岩体
~ critique 临界质量(体积), 极限质量
~ d'ancrage 锚固块
~ d'inertie 惯性质量, 惯量
~ d'informations 数据库(数据处理)
~ d'un appareil 电器或仪器的主要部分
~ de correction 平衡重
~ de déblaiement 挖方
~ de fluide 流体质量
~ de glissement 滑体
~ de la chaussée 路体, 路堤
~ de maçonnerie 圬工体
~ de montagne 山体
~ de remplissage du manchon 管接头填料, 管接头填塞物
~ de remplissage pour joints 接缝填料
~ de sable 砂堆
~ de scellement 封缝混合物, 封缝料
~ de sol 土方
~ de terre 土体, 土方
~ des roches friables 易碎岩体
~ droite 岩株, 岩瘤
~ du liant 结合料, 黏结料
~ du moteur nu et sec 整备前柴油机重量
~ du profit 利润总额
~ efficace 有效质量
~ élastique 弹性量
en ~ 一起, 全体, 大量地, 大批地, 全部地
~ en ordre de marche 整备完了的机车, 待发机车
~ excentrée 失去平衡重块
~ filtrante (过)滤(介)质
~ fixe 静量
~ fondue 熔浆, 岩浆
~ glissante 塌滑体, 滑坡
~ gravitationnelle 引力质量, 重量
~ hydrodynamique 水动力质量
~ inerte 惯量
~ inertielle 惯性质量
~ initiale 初始质量
~ intrusive 侵入体
~ isolante 绝缘体
~ linéique 线密度
~ matérielle 物质质量
~ mécanique 机壳; 接地点, 接地设备
~ monétaire (M2) 广义货币, 货币总量
~ montagneuse 山岳岩体, 山体
~ nominale 标称质量
~ non suspendue 簧下质量
~ nulle (de) 零质量的
~ par essieu 轴重
~ pleine d'eau 充满水时的质量, 淹没重量
~ plutonique 深成岩体
~ portée par l'essieu avant 前轴载重
~ pour macadam 碎石质量
~ propre 静质量
~ puissancique 重推比, 发动机的比重
~ réduite 换算质量, 折合质量
~ relative 相对质量
~ relativiste 相对论质量
~ rocheuse 岩体, 岩堆
~ semi-infinie 半无限体
~ semi-infinie sans cohésion 无黏结性的松散粒状物质
~ solide 实体
~ solifluée 泥流
~ spécifique 密度, 比重, 质量密度
~ stationnaire 固定质量, 均衡质量
~ sûre 临界安全质量
~ suspendue 簧上质量
~ tombante 落锤
~ totale sans approvisionnement 整备前总重
~ volumique 密度, 容重
~ volumique (en particules solides) 土粒容重, 土粒单位重量, 土粒密度
~ volumique absolue 绝对密度
~ volumique apparente 表面密度, 堆集密度, 表观容重, 松容重, 单位容积重量
~ volumique d'un sol 土壤容重(密度)
~ volumique d'un sol déjaugé 浮容重
~ volumique d'un sol sec 干重(密度)
~ volumique de l'eau 水的密度
~ volumique des grains 视比重, 表观比重, 颗粒密度或比重
~ volumique des particules solides 颗粒密度(比重)
~ volumique du sol déjaugé 浮密度

~ volumique du sol saturé 饱和土密度,饱和容重(密度)
~ volumique du sol sec 干土的密度(一般表示土的体积密度,湿密度)
~ volumique réelle de fin 矿粉的表观密度
~ volumique réelle de granulat 砂和砾的表观密度
~ volumique sèche 干密度,干容重
~ volumique sèche en fond de couche 底层的干燥密度

masseau *m* 半制品,坯料,钢坯
masser *v* 聚集,堆积,集中,密集,堆集
masset *m* 大锤
masse-tige *f* 冲击式钻杆
massette *f* 大锤,十字镐,琢石锤
massicot *m* **massicotite** *f* 铅黄(氧化铅)
massif *m* 山,山丘,整体,地块,块体,大块,实体,树丛,花坛,岩体,土块,块状体,岩石块
~ abyssal 大洋隆起
~ affaissé 地堑,槽形断层,沉陷地块
~ alluvionnaire 冲积土体
~ amont (recharge amont) 上游楔形体,上游坝壳
~ ancien 古老地块,古陆
~ arasé 侵蚀准平原
~ armé 加筋(土)体
~ armé semi-infini 半无限加筋土体
~ autochtone 原地岩体
~ aval (recharge aval) 下游楔形体,下游坝壳
~ central (法国)中央地块,中央高地
~ charrié 逆掩岩体,外来体
~ concordant 岩盖
~ continental 陆块
~ cristallin 结晶地块
~ d'ancrage 锚墩,镇墩,止推座,锚定桩
~ d'épanchement 溢出岩体
~ d'injection 贯入岩体
~ d'intrusion 侵入岩体,岩株
~ de béton 混凝土块
~ de butée 锚墩,镇墩,止推座
~ de fleurs 花坛
~ de fondation 底座,基座,基础,基础体,基础块体
~ de glace brisée 破冰体
~ de montagne 群山,山体
~ de roche 岩石块,石台座
~ de sable fin 细砂路堤
~ de terre 土堆
~ diapir 底辟,盐丘
~ du barrage 坝体
~ du butée 锚固桩,镇墩
~ effondré 地堑,塌陷断块,槽型断层
~ en coupole 岩钟,钟状岩体
~ en dôme 岩穹
~ en élastoplasticité 弹塑性体
~ en terre armée 加筋土体
~ exotique 外来岩块
~ faillé 断块
~ filtrant 滤水层,滤水体,砂滤层
~ filtrant de gravier 砾石过滤层
~ granitique 花岗岩体,花岗岩高地
~ homogène 均质体
~ homogène de rigidité 刚均质性体
~ homogène semi-infini 半无限均质体
~ infini 无限体
~ lenticulaire 岩盆,岩盖
~ non exploité 矿柱,支柱
~ penché 悬崖
~ plutonique 侵入体
~ résistant de barrage 受力坝体
~ rocheux 岩石,岩体
~ sable-graveleux 砾砂构成的块体,砂砾块体
~ satellite 星岩体,外围岩体,外围地块,卫星地块
~ semi-infini 半无限体
~ soulevé 上升地块,上升断块
~ sous-marin 海底断块
~ surélevé 地垒,隆起地块
~ tabulaire 台地
~ uniforme 均质体
~ unique 单一质体

massif, ive *a* 厚的,沉重的,大量的,实体的,实心的,笨重的,体积的,块状的,大块的
massique *a* 单位质量的
massite *f* 透辉石
mastic *m* 泥子,砂胶,树脂,油灰,乳胶,填料,胶泥,乳香,胶结剂,胶合剂,密封胶
~ à l'huile 油灰,树脂泥

~ à la résine 树脂胶泥
~ à reboucher 填料
~ à verre 嵌玻璃窗油灰,玻璃泥子
~ anti-acide 抗酸胶合剂,树脂胶
~ antiseptique 防腐胶黏剂,防腐沥青混合物
~ asphaltique 沥青胶脂,地沥青膏,沥青砂胶,沥青胶黏剂
~ bitumineux 沥青砂胶
~ bitumineux naturel 天然岩沥青砂胶
~ calcaire 石灰油灰
~ d'asphalte 沥青砂胶,沥青胶合剂,沥青胶黏剂
~ d'étanchéité 密封胶,密封剂
~ d'obturation 填缝油灰,塞缝油灰
~ de caoutchouc 橡胶油灰
~ de chaux 石灰石胶合铺料,石灰油灰
~ de ciment 水泥砂胶
~ de colle 胶质油灰
~ de fond 打底油灰
~ de glycérine 甘油油灰
~ de guttapercha 马来树胶泥
~ de remplissage 封缝剂,封缝混合物
~ de résine 树脂胶泥
~ de scellement 封缝剂,封缝混合物
~ de vitrier 嵌玻璃窗油灰
~ mou 封缝砂胶,封缝胶泥
~ pour carrosserie 车身用泥子,车身油灰
~ pour tuyaux 管接头胶泥
~ résineux 树脂胶

masticage *m* 填充,堵塞,抹油灰,刮泥子,嵌油灰
mastiquer *v* 嵌油灰,抹油灰,刮泥子
~ les joints 油灰嵌缝
masutomilite *f* 锰锂云母
masuyite *f* 橙红铀矿
mat *a* 暗色的,晦暗的,无光泽的,毛糙面的,不透明的,不松弛的
mât *m* 柱,桩,支柱,井架,(桅,支)杆,立柱(门架标志)
~ à signaux 信号杆
~ arrière 后桅
~ d'antenne 天线杆,天线塔
~ d'éclairage 灯柱,路灯柱
~ de base 基柱
~ de beaupré 龙门桅

~ de bois 木杆,木柱
~ de charge 起重吊杆,安装立柱,承重立柱,起重机起重臂,动臂起重机,桅杆式起重机
~ de coulage du béton 混凝土浇灌杆,桅杆式混凝土灌注设备
~ de distribution de béton 混凝土浇灌架[塔]
~ de forage 钻杆,钻架
~ de forage repliable 折叠式轻便井架
~ s de grue ciseaux V形吊杆
~ de guidage 操纵杆,导向柱
~ de levage 起重扒杆
~ de ligne 架空线电杆
~ de misaine 前桅,前柱
~ de montage 吊装扒杆,吊装立柱
~ de repérage 标杆,标记柱
~ de signal (sémaphore) 信号机柱,臂板信号机柱
~ de signalisation (三角点的)标杆,信号柱
~ de tête 顶杆,顶柱
~ du derrick 起重机塔,起重扒杆,起重机臂,起重机桅杆
~ en bois 木杆,木柱
~ en fer cornier 化梁铁塔(角钢拼成的)铁柱,构件铁柱
~ en fer creux 空心铁柱
~ en treillis 花架铁塔,格形杆
~ haubané 拉线杆,支撑电线的桥塔,用撑杆加固的支柱
~ latéral 侧支柱
~ non haubané 自立式立柱
~ portable 钻探用轻便井架
~ porteur 承重铁塔
~ sémaphorique à console 悬臂式信号托架
~ sémaphorique bas 矮信号机
~ télescopique 伸缩柱,拉杆天线,可伸缩套管天线杆,能伸缩的天线杆
~ tripode 三脚桅杆
~ tube 管柱,管状天线杆,管状杆
~ tubulaire 管柱

matage *m* 锻扁,锤薄,堵缝,填隙,填缝
matelas *m* 垫,层,坐垫,褥垫,衬垫,缓冲,减振器,缓冲垫
~ à ressors 弹簧垫,弹簧褥
~ antivibratile 防振垫层

~ asphaltique 地沥青毡
~ d'air 气垫
~ d'air isolant 绝缘气垫,隔离气层
~ d'assainissement (voie) 砂垫层(线路),砂垫床(线路)
~ d'eau amortisseur 减振水垫
~ d'étanchéité 密封垫
~ de calorifugeage 隔热套,绝热垫
~ de fascines 柴排席
~ de sable 砂垫层
~ de stériles 岩石底层
~ filtrant 过滤片,过滤衬,过滤层

matelassage *m* 垫层,减振
mater *v* 锤击,铆击,复制,使表面粗糙
~ les extrémités des tubes 锤击管端
matérialisation *f* 实现,体现,物质化,具体化
~ d'un axe de chemin de fer par des piquets 铁路定线
~ de polygonales sur terrain 布桩
~ par des piquets d'un axe routier 标定道路中心线

matérialiser *v* 体现,实现,落实
matérialité *f* 物质性
matériau *m* 材料(复数为 matériaux),物料,物质,物资,资料,要素
~ x à assèchement rapide 快干材料
~ à écoulement libre 流动性材料,液状材料,松散材料
~ à extraire 挖掘的材料
~ à granulométrie discontinue 间断级配材料
~ à granulométrie fermée 密级配材料
~ x à paver 铺路材料,铺面材料,路用材料
~ x abrasifs 研磨材料
~ acoustique isolant 隔声材料,隔音材料
~ actif 活性材料
~ x alluvionnaires 冲积材料
~ x améliorés 改善材料
~ anisotrope 各向异性材料
~ antiacide 耐酸材料
~ approvisionné 储备材料
~ x argileux 黏土材料
~ x artificiels 人工材料
~ x asphaltiques 地沥青材料
~ au compactage 压实材料

~ bitumineux 沥青材料
~ bon marché 廉价材料
~ broyé 机碎碎石
~ x bruts 毛料,原材料
~ cailloteux 碎石材料,多石子材料
~ x calcaires 石灰质材料,钙质材料,含钙材料
~ calibré 级配材料,筛选材料
~ x cémenteux 胶结材料,黏结材料
~ céramique pour la construction 陶瓷建筑材料
~ x céramiques 陶瓷材料,陶瓷原料
~ charrié 河流挟带材料,冲积物,漂移物,河床冲击物质
~ x classés 级配材料
~ cohérent (avec cohésion) 黏性材料,黏结性材料
~ x collants 黏性材料
~ x colluviaux 崩积层,塌积层,崩积物质
~ x composés 混合材料
~ x composites 合成材料,混合材料,复合材料
~ x compressibles 压缩性材料
~ concassé 碎石,碎石料,破碎料,轧碎材料
~ concassé de bonne granulométrie 良好级配的轧碎材料
~ x constitutifs 结构材料
~ x crayeux 白垩材料
~ criblé 过筛材料
~ critique 欠缺材料,紧俏材料,应急物资
~ x crus 未加工材料,原材料
~ x cryoturbés 融滑物质
~ d'agrégation 骨料,黏结料,泥土材料,砂质材料
~ x d'altération 风化物质
~ d'apport 附加材料,添加材料,供给材料,供应材料
~ x d'empierrement 铺路石料
~ d'emprunt 借土土方,取用土料
~ d'épandage 撒布材料
~ x d'étanchement 填缝材料,嵌缝材料
~ d'excavation 借土土方
~ x d'excellentes caractéristiques 良好特性的材料,优质材料
~ d'imperméabilisation 防水材料
~ d'injection 喷料,薄浆混合料

~ d'isolation acoustique 隔音材料
~ x d'isolation phonique 隔音材料
~ d'isolation thermique 隔热材料
~ d'obturation de joints 填缝材料
~ d'utilisation courante 常用材料，一般使用材料
~ x de ballast 道砟，道床材料
~ x de bâtiments 建筑材料
~ x de calfatage 填隙料
~ de calfeutrement 嵌缝材料，填缝料
~ de calfeutrement à base de bitume 沥青填缝料
~ de calorifuge 保温材料，绝热材料
~ de carrière 采石场石料
~ x de colmatage 填塞材料
~ x de construction 建筑材料，工程材料，建筑石料
~ x de couche de base 基层材料
~ de couverture 覆盖料，铺压料，盖面材料
~ x de déblai 挖方材料
~ de découverte 清基材料
~ de démolition 破坏材料
~ x de drainage 排水材料
~ de fond 底漆，打底料，河床材料，河床物质，基础材料
~ de fouille 挖方材料
~ x de garnissage 衬垫材料，填充材料
~ x de génie civil 土木工程材料
~ x de granularité continue 连续级配材料
~ x de la chaussée 路面材料
~ x de la chimie organique 有机材料
~ x de maçonnerie 圬工材料
~ de manutention 加工材料，处理材料
~ x de marquage horizontal 水平信号材料
~ x de matelassage 垫层材料
~ de moraine 碛物，堆石
~ de moulage 造型材料
~ x de pente 山坡岩屑，坡积碎石，坡积物
~ x de plus faible plasticité 塑性比较小的材料，低塑性材料
~ x de protection 防护工程材料
~ de qualité 优质材料
~ de qualité inférieure 次等材料
~ de rebut 弃土，弃料

~ de réfractaire 耐火材料
~ de remblai 填方材料，堆筑材料，填筑材料，路堤材料，坝体土石料
~ x de remblaiement 回填材料
~ x de remblayage 充填物
~ de remblayage hydraulique 水力冲填材料
~ de remplissage 填料，填充材料
~ de renforcement （路面）加固材料，补强材料
~ de répandage 摊铺材料
~ de réparation 修补材料
~ de revêtement 路面材料，铺面材料，衬砌材料
~ de rivière 圆粒料
~ x de scellement 密封材料
~ x de signalisation verticale 竖直信号材料
~ de sol 土壤物质
~ x de sous-couche 底层材料
~ de soutien 填料
~ de structure 结构材料
~ de surface 表面材料
~ x de terrassement 土方工程材料
~ x de terre armée 加筋土材料
~ de terril 废石料
~ x de toiture 屋面材料
~ x de viabilité 修筑道路材料
~ x de voie 线路材料
~ x déplacés 松动材料，松散材料
~ x des éléments fins 细粒材料
~ x détritiques 碎屑，碎屑物质，自然分化岩屑
~ difficile à mettre en œuvre 施工困难的材料
~ x disponibles 可使用材料
~ x dragués 挖出材料，挖泥机捞出物
~ drainant 排水材料
~ x drainants de drain 盲沟透水材料
~ x du remblai d'approche 相邻填料
~ ductile 延性材料
~ x écaillés 鳞片状材料
~ en cordon 路面纵向堆料
~ en excès 多余材料，剩余材料，过量材料
~ en stock 储存材料
~ en suspension 悬移质泥沙，悬浮物质
~ en tas 成堆的材料
~ en vrac 松散材料
~ enrobé 沥青混合料

~ x enrobés à chaud　热沥青混合料
~ x enrobés avec du goudron　煤沥青碎石
~ x entraînés　被搬运物质
~ équivalent　相等材料,等值材料,相似材料
~ excavé　挖方,开挖料,挖方材料
~ excavé excédentaire　弃方,弃土,废方,废石料
~ exploitable　可开采的材料,使用材料
~ extrait　提取材料
~ x ferromagnétiques　铁磁材料
~ filtrant　滤材,滤料,反滤层,反滤料,过滤料,剩余材料,过滤材料
~ x fins　细屑,石屑,碎屑
~ x floconneux　絮状材料
~ x fluviatiles　河流沉积物
~ x fluvio-glaciaires　冰水沉积物
~ x fossilisés　化石化材料
~ x fragiles　易碎材料
~ friable　脆性材料
~ x frittés　粉末烧结材料
~ x frottants　摩擦材料
~ x gélifs　冻结材料
~ x glaciaires　冰川沉积物
~ x gonflants　膨胀性材料
~ x gorgés d'eau　吸水材料
~ gradué　级配材料
~ x granulaires　粒状材料,颗粒材料
~ x granulés　粒状材料,颗粒材料
~ granuleux　粒料,粒状材料
~ granulométrique　级配材料
~ graveleux　砂砾材料
~ grenu　粒状材料,粒料
~ grossier　粗料
~ x hétérogènes　非均质材料
~ homogène pulvérulent　粉土状均质材料
~ x homogènes　均匀材料
~ x hydrauliques　水硬性材料
~ x hydrocarbonés　沥青材料
~ hydrofuge　防水剂,防水材料,混凝土防水性混合物
~ x hydrologiques　水文资料
~ x hydrophiles　亲水材料
~ x hydrophobes　憎水材料,疏水材料
~ ignifuge　防火材料,耐火材料
~ x imperméables　不透水材料

~ x imputrescibles　防腐材料
~ inflammable　易燃材料
~ insensible au gel　对冰冻不敏感的材料,不易冷冻的材料
~ insonore　隔音材料
~ x inutilisables　废料,无用料
~ isolant　绝缘材料
~ isotrope　均质材料,各向同性材料
~ isotrope élastique　弹性各向同性材料
~ latéritisé　红土材料
~ x liants　黏结材料,胶结材料
~ x locaux　当地材料,地方材料
~ lœssique　黄土材料
~ x magnétiques doux　软磁性材料
~ x marins　海上材料
~ x mélangés à sec　干拌材料
~ x mélangés sur place　就地拌和的材料
~ x meubles　疏松材料,松散材料
~ mis en œuvre　施工用材料
~ x morainiques　冰碛物
~ naturel　天然材料
~ x naturellement inoxydables　天然不氧化材料
~ x naturels non traités　未处治的天然材料
~ x nobles　优质材料
~ non bitumineux pour revêtements routiers　非沥青路面材料
~ x non cohérents　无黏性材料
~ x non gélifs　抗冻材料,不冻结材料
~ non tissé　合成材料
~ x non traditionnels　非常规材料
~ x non-cohérents　无黏性材料
~ x non-tissés　非编织品材料
~ x organiques　有机材料
~ x orthodoxes　惯用材料,习惯用料
~ partiellement concassé　部分轧碎材料
~ x perméables　透水材料
~ x peu courants　不常用材料
~ pierreux　石料
~ plastique　塑料,塑胶材料,塑性材料
~ poreux　有孔隙的材料
~ pour filtration　反滤料
~ pour joint　连接用材料
~ x pour la conche de surface　面层材料
~ pour la construction de remblai　路堤建筑

材料
~ x pour les ponts 桥梁材料,建桥用材料
~ x pour maçonneries 圬工材料
~ pour rapiécer 衬强材料
~ pour toits 屋面材料
~ x pouzzolaniques 火山灰材料,波特兰材料
~ principal 主要材料
~ x pulvérulents 粒状材料,松散材料,粉状材料
~ purement frottant 纯摩擦材料
~ réfléchissant （路面）反光材料
~ réfractaire 耐火材料
~ x réfractaires et isolants 耐火绝缘材料
~ résiduel 剩余物,残余矿物
~ résistant aux gel 抗冻材料
~ résistant aux intempéries 抗风化材料
~ x résistants à haute température 耐高温材料
~ roulé 圆粒料,天然圆石
~ x routiers 筑路材料,路用料
~ x sables 砂质材料
~ x salins 含盐分材料
~ sans cohésion 松散材料,无黏性材料,非黏性材料
~ x sédimentaires 沉积物,碎屑物质
~ semi-concassé 半轧碎材料
~ x semi-perméables 半透水材料
~ solide 河流悬移物质,冲积砂土,固体材料
~ x sous-jacent 下层材料
~ x spécifiques 特种材料
~ stable 稳定材料
~ x stériles 废石,夹石,劣质材料
~ x stockables 储存材料
~ x stratifiés 层状材料
~ x sur place 就地材料,当地材料
~ x synthétiques 合成材料
~ x techniques 工程材料
~ x tendres 软质材料,疏松材料
~ x textiles 织品材料,编织材料
~ x thermoplastiques 热塑性材料
~ tissé 编织材料,编织纤维
~ trait au liant hydraulique 水硬性结合料稳定材料
~ traité 处治材料
~ x traités au bitume 沥青处治材料
~ transparent 透明材料

~ très fin 矿质填料,填缝料
~ tricoté 编织型材料
~ trié 过筛材料
~ x usagés 使用过的材料,旧材料
~ utilisé 使用材料
~ x valables 有效材料
~ x vieux 旧材料,使用过的材料
~ x viscoélastiques 黏弹性材料
~ vitreux 玻璃质材料

matériel *m* 器材,器械,材料,物质,设备,装备,实物,装置,设置,车辆,工具
~ à grand rendement 高效率（量测）仪器
~ à marchandises 货车,货物运输工具
~ agricole 农业机械
~ antiverglas 除冰设备
~ automobile de manutention 自动输送设备
~ automoteur (éléments automoteurs) 动车（电力或内燃）
~ auxiliaire pour chantiers de construction 施工辅助设备
~ broyé 机碎碎石
~ contre l'incendie 防火设备,消防设备
~ d'air comprimé 风动机械
~ d'armement de la voie 线路上部建筑材料
~ d'auscultation 量测设备,量测仪器,检查仪器
~ d'échantillonnage 取样设备
~ d'enrobage 沥青拌和设备
~ d'enrobage à chaud 热拌设备,热拌沥青混合料设备
~ d'enrobage à froid 冷拌设备,冷拌沥青混合料设备
~ d'entretien des routes 道路养护设备
~ d'épandage 洒布设备,喷洒设备,喷布设备
~ d'épandage de goudron 喷洒柏油设备,煤沥青喷洒设备
~ d'essai 试验设备
~ d'étaiement 支撑设备
~ d'étanchéité 密封装置
~ d'exécution 施工机械
~ d'exécution des routes en béton 混凝土路面施工设备
~ d'hygiène publique 公共卫生设备
~ d'injection 灌浆设备
~ d'investigation du réseau 道路网调查仪器

~ d'occasion　旧设备,二手设备
~ de balayage　道路清扫设备
~ de banlieue　市郊用客车
~ de battage　打桩设备,打桩机
~ de bétonnage　混凝土浇注设备,混凝土摊铺机,灌注混凝土设备
~ de broyage　研磨设备
~ de bureau　办公设备
~ de calcul　计算机
~ de canalisation　管线器材,管道设备,电线路器材
~ de chantier　建筑设备,施工设备,施工机械和设备
~ de charge　装载设备
~ de chargement　装车设备,装载设备
~ de classement des matériaux　选分设备,筛分设备
~ de compactage　压实设备,压实机械,碾压机械,夯实机械
~ de compactage par vibration　振动夯实设备,振动压实设备
~ de concassage　破碎设备,轧石设备,碎石机械,轧碎设备,碎石设备
~ de construction　建筑设备,施工设备
~ de construction des routes en liants hydrocarbonés　沥青路面铺筑设备
~ de construction normalisé　标准建筑器材
~ de contrôle　检查设备,控制设备,检查仪器
~ de creusement　开挖设备,开挖工具
~ de criblage　筛分设备
~ de curage d'égouts　污垢清理设备
~ de démontage　拆卸设备
~ de déneigement　除雪设备
~ de dessiccation　干燥设备
~ de diagraphe　绘图设备
~ de dosage　配料设备,比量投料设备,分批投配设备
~ de dragage　挖泥设备
~ de fonçage　下沉设备
~ de fonderie　翻砂设备
~ de forage　钻机,钻探器材,钻探设备,凿岩设备
~ de forage électromagnétique　电磁钻孔机,电磁钻探机

~ de forage pour prospection et recherche d'eau　水源勘探设备,水源钻探设备
~ de goudronnage　浇煤沥青设备,煤沥青浇洒机,浇柏油设备
~ de gravillonnage　铺石屑设备,石屑撒布机
~ de la voie　线路器材
~ de lavage　清洗设备
~ de levage　起重设备,起重器材,起吊设备
~ de levage pour le bâtiment　建筑用起重设备
~ de location　租赁机械,租赁设备
~ de malaxage　搅拌设备,拌和设备,拌和机械
~ de manutention　装卸设备,搬运设备
~ de manutention continue　连续输送设备,连续装卸设备
~ de manutention par câbles　缆索输送设备
~ de manutention pneumatique　风动输送设备
~ de manutention pour chantiers de construction　建筑工地材料装卸设备
~ de mélange　拌和设备
~ de mines　矿山设备,采矿设备
~ de mise en œuvre　施工设备
~ de mise en œuvre des chaussées en béton　建筑混凝土道路的机械设备
~ de montage　安装设备
~ de montage et démontage　拆装机具
~ de perforation (en souterrain)　（隧洞）掘进装置
~ de pesage　称量设备,称重设备,衡器
~ de préfabrication　（混凝土）预制成品设备,预制成品装备
~ de première réalisation　首先生产的设备
~ de protection des chantiers　工地防护设备
~ de rebut　废料
~ de rechange　备用零件,备品,配件
~ de référence　参考材料,参考资料
~ de remplacement　备品,备件,配件,备用零件,代用品
~ de répandage　洒布设备,喷洒设备,摊铺机械,喷布设备,喷洒设备
~ de réparation　修理设备
~ de reportage　传动装置
~ de reprise　转载设备
~ de réserve　备用车辆
~ de sécurité　安全器材

~ de sidérurgie 钢铁冶炼设备
~ de soudage 焊接设备,电焊设备,电焊机
~ de terrassement 土方机械设备,土方工程机械
~ de transmission de données 数据传输设备
~ de transport 运输工具,运输车辆,机车车辆,运输装置,运输设备
~ de transport en vrac 散装材料运送设备
~ de travaux de béton 混凝土施工装备,混凝土施工设备
~ de travaux publics 土木工程设备,公共工程设备,公共工程机械
~ de vibration pour agglomérés en béton 混凝土预制块振动设备
~ électrique 电工器材,电气设备
~ électromécanique 机电器材
~ électronique 电子材料,电子器材,电子设备
~ électrotechnique 电工器材
~ et outillage de chantier 工地设备,施工设备
~ et traction (service) 机务处
~ excavateur 挖掘机,挖土机
~ excavé 开挖设备,挖土机
~ fixe 固定设备
~ frigorifique 制冷设备,冷冻设备
~ générateur 发电机
~ granulaire 颗粒材料
~ graphique interactif 干扰图解仪
gros 大型设备,主要设备
~ important pour la sûreté 对安全起重要作用的设备
~ inerte 惰性物质
~ isolant 绝缘材料
~ lourd 重型设备
~ mobile de transport combiné rail-route 铁路—公路联合运输用的车辆
~ moteur 牵引动力设备,机车
~ neuf 新设备
~ non-consolidé 松散材料
~ périphérique 外围设备,外设
~ pour battage de pieux 打桩设备
~ pour ciment en vrac 散装水泥输送设备,散装水泥运送设备
~ pour fondations 基础施工设备,基础施工机械
~ pour fonderie 翻砂设备
~ pour injection de ciment 水泥喷射设备
~ pour l'entretien de la route 道路养护机械,养路机具
~ pour l'entretien des voies 线路维修设备,养路机械
~ pour la construction et l'entretien des routes 道路施工养护机械
~ pour la fabrication d'éléments en béton 混凝土成品制造设备,混凝土件制造设备
~ pour la fabrication de la chaux 烧制石灰设备
~ pour la fabrication des briques 制砖设备
~ pour la fabrication des tuiles 制瓦设备
~ pour la fabrication des tuyaux en ciment 水泥管制造设备
~ pour la fabrication du béton 混凝土制造设备
~ pour la fabrication du ciment 制造水泥设备
~ pour la manutention levage 起重设备
~ pour la mise en forme du béton 混凝土灌注成型设备
~ pour la préparation des bétons 混凝土制造设备
~ pour le béton 混凝土设备,混凝土机械
~ pour lignes télégraphiques et téléphoniques 电报电话线路器材
~ pour travaux en tunnels 隧道施工设备
~ radar 雷达设备
~ ralentisseur 缓行器
~ réfractaire 耐火材料
~ remorqué 客货车辆
~ réutilisable 可回收的材料,还可利用的材料
~ roulant 车辆,机车车辆,转向架车辆,移动式设备
~ roulant à marchandises 货车
~ routier 筑路机械,筑路机具
~ sanitaire 卫生器材[设备]
~ sur chenilles 履带式车辆,有轨车辆
~ sur pneus 脚轮车辆
~ technique 技术装备,技术设备
~ télécommandé 遥控设备,遥控设施
~ vibrant 振动设备,振动器
~ vibrant pour béton 混凝土振捣设备,混凝土振动设备

~ vide　空车
~ voyageurs　客车
matériel, elle *a*　物的，物质的，具体的
Materin *m*　马特林岩系（N_2 早期）
matière *f*　物质，材料，原料，内容，理由
　　~ à extraire　待运材料
　　~ à jointoyer　填缝料，嵌缝料
　　~ à sécher　干燥材料
　　~ à souder　焊料，焊剂
　　~ à transporter　运输材料，待运材料
　　~ abrasive　研磨材料，研磨剂
　　~ absorbante　吸收材料，吸音材料
　　~ acoustique　吸声[隔声]材料，消音材料，声学材料，音响材料
　　~ activante　激活剂，激活物质，放射性物质
　　~ active　放射物质，活性物质，激活物质
　　~ agglutinante　黏合材料，黏合剂
　　~ agressive　侵蚀性物质
　　~ antiacide　耐酸材料
　　~ anticollante　放黏结材料
　　~ antidérapante　防滑材料
　　~ antifriction　抗磨材料
　　~ antiseptique　防腐剂
　　~ appauvrie　贫化材料
　　~ argileuse　泥质物质
　　~ artificielle　塑料
　　~ asphaltique　地沥青材料，沥青材料
　　~ bitumineuse　沥青材料
　　~ brute　原料，生料
　　~ calorifuge　热绝缘，隔热材料，绝热材料
　　~ caustique　腐蚀物质，腐蚀剂
　　~ céramique　陶瓷材料
　　~ collante　黏性物质
　　~ colloïdale　胶质，胶体
　　~ colorante　染料，颜料，着色剂
　　~ combustible　可燃物，燃料
　　~ contaminante　污染物质
　　~ crue　生料（制造水泥的）
　　~ d'agrégation　结合料，黏结料，水结碎石结合料
　　~ d'emballage　包装材料
　　~ d'épandage　摊铺材料
　　~ d'œuvre　工程[建筑]材料
　　~ dangereuse　危险品
　　~ de ballastage　道床材料，道砟
　　~ de charge　填充物
　　~ de composant　组件
　　~ de départ　原材料
　　~ de logement　房屋（建筑）材料，住房建筑材料
　　~ de mousse　多孔材料，海绵塑料
　　~ de remplacement　代用材料，代用品
　　~ de remplissage　填充材料
　　~ de revêtement　路面材料，涂料
　　~ de scellement（des joints）　封缝材料，填缝材料
　　~s de silicate inertes　惰性硅酸盐材料
　　~ de sous-sol　路基土，地基土
　　~ de substitution　代用品，代用材料
　　~ décantable　可沉淀物质
　　~ défoncée　翻松材料
　　~ désagrégée　剥蚀的材料
　　~s dissoutes　溶解物（水质分析）
　　~ élastique　弹性材料
　　~ élastique parfaite　良好弹性材料，优质弹性材料，完全弹性材料
　　~ employée　使用材料
en ~　关于，在……方面
en ~ de　关于，论到，在……上
　　~ en alliage de magnésium spécial　特种镁合金材料
　　~ en suspension　悬浮物，悬浮质
　　~ enrichie　浓缩材料
　　~ épurative　净化剂
　　~s et fournitures　材料和供应
　　~s et fournitures consommées　消费的材料和供应品
　　~ et outillage　材料和工具
　　~ explosive　炸药，爆炸材料
　　~ fibreuse　纤维性材料
　　~ filtrante　过滤材料，渗滤材料
　　~ flottante　漂浮物，漂流物质
　　~ fragile　脆性材料
　　~ humique　腐殖物（质），腐殖质材料
　　~ imperméable　防水材料
　　~ incombustible　不燃品，不燃体
　　~ inerte　惰性材料，惰性物质
　　~ infecte　腐烂物品，腐臭物品
　　~ inflammable　易燃品，可燃物

~ inodore 无气味物质,无臭无味品
~ inoxydable 不锈材料
~ isolante 绝缘物质,绝缘材料
~ liante 黏结剂,黏结料,结合料,胶结料,胶黏剂
~ lubrifiante 润滑材料,润滑剂
~ minérale 矿物质,矿物材料,无机物
~ moulée 铸件,铸料
~ nocive 有害物质
~ non dangereuse 非危险品
~ oléagineuse 油料,含油物质
~ organique 有机物(水分析),有机材料
~ plastique 塑性材料,塑料,塑胶材料
~ plastique d'isolation 绝缘塑料,绝缘塑胶材料
~ plastique mousse 泡沫塑料
~ plastique thermodurcissable 热固塑料
~ polluante 污染物质,污染材料
~ poreuse 多孔材料
~ pouzzolanique 火山灰材料,波特兰材料
~ première 原料,生料,原材料
~ pulvérulente 粉末物质,粉末材料
~ réfléchissante 反射物质,反射材料
~ réfractaire 耐火材料
~ remplissante 填充料
~ s retenues par tamisage 筛选材料
~ saponifiable 可皂化物质
~ sèche 干燥物质(水分分析)
~ s sédimentables 沉淀性物质,沉淀材料
~ solide 固体物质,固体材料
~ sujette à l'inflammation spontanée 自燃品,自燃货物
~ suspendue 悬游物,悬浮质,悬浮固体
~ synthétique 合成材料
~ synthétique thermoplastique 热塑塑料
~ synthétique type bakélite 热固塑料
~ thermodurcissable 热固性物质,热固性材料
~ thermoplastique 热固性物质
~ tinctoriale 颜料,染料
~ toxique 有害物质,有毒物质
~ usante 磨耗材料
~ végétale 植物质
~ s vénéneuses 有毒物质
~ volatile 挥发物,挥发品,挥发性物质

matildite *f* 硫铋银矿
matité *f* 灰暗,沉浊,钝度
matlockite *f* 氟氯铅矿
matoir *m* 填隙凿,热铆锤,敛缝工具,轧压工具
matraïte *f* 三方闪锌矿
matras *m* 瓶,烧瓶,曲颈瓶,长颈烧瓶
~ d'extraction 提取瓶,萃取瓶,浸提瓶
matriçage *m* 模锻,模压
matrice *f* 矩阵,铸型,模型,锻模,母岩,基岩,模子(冲床),基质,填质,脉石,容器,真值表
~ argileuse 泥质胶结物
~ argilo-sableuse 砂质黏土基岩
~ d'élasticité 弹性矩阵
~ d'impédance 阻抗矩阵
~ d'outil 刀具身,刀具架
~ d'une roche 基质,胶结物
~ de contrainte 应力矩阵
~ de déformation 形变矩阵
~ de masse 质量矩阵
~ de OD OD 矩阵
~ rocheuse 基岩,母岩
matricite *f* 水镁钙橄榄石
matricule *m* 登记号码,登记番号;*f* 登记,登记名册
mattagamite *f* 斜方碲钴矿
mattajone *f* 蓝灰色泥灰岩
matte *f* 粗炼金属
~ de plomb 铅块
~ de sable 砂垫层,排水砂层,(养护混凝土用)砂层
matulaïte *f* 磷铝钙石
maturation *f* 成熟,使成熟(指经过养护使混凝土硬化),煤化作用,成熟过程,老化,溶化(胶片),(混凝土等的)养护
~ du béton 混凝成熟
mâture *f* 支柱构件,撑杆构件
maturité *f* (地形,河流)成熟度,壮年期
~ avancée 晚成年期
~ commençante 早成年期
~ du gelief 地形壮年期
~ karstique 岩溶壮年期
~ précoce 早成年期
~ tardive 晚成年期
~ topographique 地形壮年期

mauchérite *f* 砷镍矿
Maudunien *m* 莫登阶(E_2 早期)
maufite *f* 镍束纹石
mauléonite *f* 淡斜绿泥石
maulite *f* 拉长石
mauritzite *f* 蓝黑镁铝石,高铁蒙脱石
mauvais, e *a* 坏的,不好的,恶劣的,不便的,不良的,困难的
~ couche 劣岩层
~ drainage 排水不良
~ fil 假纹路
~ fossile 不完整的化石
~ passage 坏路
~ qualité 劣质
~ rouleur 难行车
~ s terres 劣地
~ terrain 软弱地基
mauzeliite *f* 铅锑钙石,锑钙石
mavinite *f* 铁硬绿泥石(硬脆云母)
mavudzite *f* 铀钛磁铁矿,变铀钛铁矿,铈铀钛铁矿
mawsonite *f* 硫锡铁铜矿
maxi de la jauge 标尺最高位置,标尺最大值
maximal, e *a* 极大的,最大的
maximisation *f* 最高度,极限化,最大化,最大量化,最大限度
~ des bandes vertes 绿灯延长时间极限,绿灯延长时间最大值
~ du débit des lignes 使线路通过能力大道最高限度
maximum *m* 最大(额、量、值、数、限度),最多,极大值;*a* 最大的
~ absolu 绝对极大(值),绝对最高(值)
~ annuel 年最大(值),年极大(值)
au ~ 最大限度地,最高,至多
~ barométrique 气压最高值
~ critique d'affaissement 最大下沉临界值
~ d'inclinaison admissible 最大容许坡度
~ de compacité 压实密度最大值
~ de confort 最大舒适性
~ de contraintes 应力最大值,应力峰值
~ de perception 最高征收额
~ de précision 最大精度,最高精度
~ de sécurité 最大安全性

~ de vraisemblance 近真极大
~ global 全局最大(值),全球最大(值)
~ journalier 日最大量,日最大(值)
~ local 局部最大(值)
~ moyen 平均最大(值)
maxite *f* 羟碳铅矾
mayaïte *f* 钠透硬玉
maybéryite *f* 富硫石油
mayenite *f* 钙铝石
mazapilite *f* 斜砷铁矿(菱砷铁矿)
mazout *m* 燃料油,柴油,黑[重]油
mazzite *f* 针沸石
mbobomkulite *f* 硫硝镍铝石
mboziite *f* 含钾绿闪石
mcallistérite *f* 三方水硼镁石
mcconnellite *f* 铜铬矿(三方铜铬矿)
mcgillite *f* 热臭石—12R
mcgovernite *f* 粒砷硅锰矿红砷硅锰矿
mckelveyite *f* 碳钇钡石
mckinstryite *f* 马硫铜银矿(麦金斯特里矿)
méal *m* 岩粉
méandre *m* 河曲,曲流,蛇曲,(河道的)变曲,蜿蜒,(河道的)迂回,曲折,蜿蜒河
~ abandonné 废弃河曲,牛轭湖
~ abandonné alluvial 冲积(弯)曲(河)流
~ antécédent 先成河曲
~ anticlinal 背斜河曲
~ composé 复合曲流
~ de vallée 谷曲流
~ délaissé 废弃河曲,牛轭湖
~ divagant 迂回河曲
~ encaissé 嵌入曲流,深切曲流
~ épigénique 后成河曲
~ hérité, ~ imprimé 遗留曲流
~ libre 自由曲流
~ recoupé 牛轭湖,弓形湖,切割曲流
~ sculpté 深切曲流
méandriforme *a* 河曲状
méandrique *a* 河曲的,曲流的
méat *m* 通道
mécanicien *m* 技工,技师,机械师,机械员,机械工,机车司机
~ atelier 钳工(车间)
~ d'usine 工厂机械师

mécanique

~ de grue　吊车司机,起重机司机
~ de sol　土力学工程师
~ graisseur　加油器,加油者,涂油器

mécanique *f* 力学,机械,机械学,机理; *a* 机械的,机械学的

~ à conditions limites　传统力学
~ analytique　解析力学
~ appliquée　应用力学
~ dans les mines　矿山机械学
~ de corps solide　固体力学
~ de la chaussée　路面力学
~ de la rupture　断裂力学,破坏力学
~ de newton　牛顿力学
~ des fluides　流体力学
~ des gaz　气体力学
~ des rivières　河川力学
~ des roches　岩石力学,岩体力学
~ des solides　固体力学
~ des sols　土壤力学,土力学
~ des sols gelés　冻土力学
~ des terrains　土力学,土壤力学,岩土力学
~ du sol　土力学,土壤力学
~ fluide　流体力学
~ générale　普通力学
~ graphique　图解力学
~ industrielle　工程力学,应用力学
~ newtonienne　牛顿力学
~ non linéaire　非线性力学
~ ondulatoire　波动力学
~ pure　理论力学,纯力学
~ rationnelle　理性力学
~ statistique　统计力学
~ structurale　结构力学
~ technique　工程力学
~ théorique　理论力学,理论机械学
~ théorique des sols　理论土力学
~ thermique　热力学

mécanisation *f* 机械化

~ de l'entretien　维修作业机械化,机械化维修
~ des manutentions　装卸机械化,搬运机械化
~ maximum　高度机械化
~ totale　全盘机械化

mécanisme *m* 机械,机构,装置,机理,机构学,机制,传动机构,作用原理,机械装置

~ à manivelle　曲柄连杆系,曲柄机构,曲柄连杆装置,曲柄装置
~ au foyer　震源的机理
~ compteur　计数器,计量器,测量器,计算器,计算机
~ d'accouplement　联结装置
~ d'alerte　预警机制
~ d'alignement　校准器,调整器
~ d'alimentation en cartes　卡片馈送机,卡片输送机
~ d'amorçage　起动装置
~ d'entraînement　传动机构
~ d'entraînement de papier　纸带驱动机构
~ d'éruption　喷发机理
~ d'inversion de marche　回动装置,反向装置
~ d'un appareil de contrôle　检测机械
~ d'un appareil de mesure　测量机械
~ de block　闭塞机
~ de chargement　加荷机制,加荷机理,加荷机件
~ de commande　制动器,促动器,操纵机械,操作机构,驱动机构
~ de commande du pantographe　集电弓操纵机构
~ de compensation　补偿机制
~ de déclenchement　起动机构,发射机构
~ de déclenchement rapide　快速起动机构
~ de direction　转向机构,换向器
~ de dragage　(河道用)挖泥机械,疏浚机械
~ de fissuration　裂纹机理
~ de frappe　冲击机械
~ de freinage　制动装置
~ de halage　绞车(调车用),车辆牵引装置(铁路)
~ de la concurrence　竞争机制
~ de la mise en précontrainte　预施应力装置
~ de levage　起重机械,升降装置
~ de manœuvre　驱动机构,传动机构
~ de mouvement　操作装置,行动装置,行驶装置,行走装置
~ de projection　喷浆机
~ de réglage　调节机构,齿轮箱
~ de relevage　提升机构,升降装置
~ de renversement　回动装置,反向装置

~ de renversement de marche 逆转机构
~ de rotation 回转机构，转动装置
~ de rupture 断裂机理，破坏机理
~ de rupture de déplacements autour de tunnel 隧道周围变形破坏机理
~ de surveillance 监察机制
~ de synchronisation automatique 自动同步机构
~ de translation 移动装置，移动机构
~ de transmission 传动装置
~ démultiplicateur 减速机构，减速齿轮
~ frappeur 冲击机械
~ moteur 动力装置
~ réducteur 变速箱，减速器
~ vibrant 振动机械

mèche *f* 芯，锥，引线，火绳，钻头，芯子，心轴，导火线
~ à béton 混凝土钻
~ à bois 木钻
~ à forer 钻头，螺旋钻杆
~ à sûreté 安全导火线
~ à torse de foreuse 锥柄麻花钻
~ avee poche 小型钻头，小钻
~ avec sac 小型钻头，小钻
~ circulaire 圆盘切纸刀（打印机的）
~ creuse à forer 空心钻头
~ cuiller 勺形钻头
~ d'allumage 导火线
~ de centrage 组合式中心钻
~ de détonateur 雷管导火线
~ de détonnant 引爆线，导火线
~ de graissage 润滑油芯
~ de mineur 导火线
~ de sûreté 安全引线
~ de tarière 钻头，麻花钻，螺旋钻杆，螺旋钻头
~ détonante 引爆线，爆炸导火线
~ en spirale 螺旋钻，麻花钻
~ fusante 导火线
~ lente 慢引爆线
~ pour explosif 导爆线
~ pour vilebrequin 手摇钻钻头
~ torse 钻头，螺旋钻，麻花钻，木螺钻

mécompte *m* 误算，失算，计算错误
méconite *f* 中粒灰岩
méconnaissable *a* 辨认不出的，不可辨认的，难于认出的，难以辨认的
médamaïte *f* 目玉石（水铝石）
médecine *f* 药，医学，医业，医术，药剂
media *m* （有广泛影响的）宣传工具，大众传播媒介（指广播、电视、报刊等）
médial, e *a* 中间的
médian, e *a* 中间的，正中的，中央的
médiane *f* 中值，中线，中点，正中，中线，中数，中位数，中央分隔带
~ granulométrique 中值粒径，平均粒径
médiatrice *f* 中垂线，垂直中分线，垂直平分线
médiocre *a* 中等的，一般的，不足的，低调的，普通的，正常的，有节制的，不太好的
médiocrité *f* 中等，平庸
méditerranéen *m* 地中海沉积（N_1、N_2 和 Qp 一部分）；*a* 地中海的
médium *m* 介质，方法，装置，手段，工具，媒体，媒介（物），媒[工]质，中间物
~ acide 酸性介质
~ colloidal 胶态介质
~ continu 连续介质
~ de chaleur 加热介质
~ de cimentage 黏结介质
~ de dispersion 悬浮介质，分散介质
~ de filtre 反滤料，过滤料，过滤介质
~ de fluide 流体介质
~ dense 稠介质
~ élastique 弹性媒质，弹性介质
~ granulaire 颗粒介质
~ hétérogène 非均质介质，非均一介质
~ hydraulique 液压介质
~ magnétique 磁性介质
~ perméable 渗水介质
~ réfrigérant 冷却介质，冷却剂
~ transparent 透明介质
~ viscoélastique 黏弹性介质
médium-curing *m* 中凝液体（地）沥青材料
Medjanien *m* 梅德让阶（N，阿尔及利亚）
medjidite *f* 钒钙硫酸盐
medmontite *f* 铜蒙脱石，铜皂石
meerschaluminite *f* 埃洛石
meerschaum *m* 海泡石
méfait *m* 损害，危害，损失

méga-alumineux *a* 含大量铝质的
mégabar *m* 兆巴（1兆巴＝10^6巴）
mégabasite *f* 锰钨矿，钨锰矿
mégabromite *f* 氟溴银矿
mégacycle *m* 兆周
～ par seconde 兆赫（兹）
mégadiaclase *f* 大裂纹，大裂隙
méga-électron-volt *m* 兆电子伏（特）
mégahertz *m* 兆周，兆赫（兹）(10^6 Hz)
mégaion *m* 大离子
mégajoule *m* 兆焦耳(10^6 J)
mégalophitique *a* 巨晶辉绿状的
mégalophyrique *a* 大斑晶的
mégamicrocline *f* 巨晶微斜长石
méganticlinal *m* 大背斜
méganticlinorium *m* 大复背斜
mégaphénocristal *m* 大斑晶
mégaphone *m* 扩音器，喇叭筒
mégaporphyrique *a* 大斑状的，巨斑状的，粗斑状的
mégarde *f* 不注意
mégascope *m* 大屏幕显示器
mégaséisme *m* 大震，强震，大地震
mégasphère *f* 显球体
mégasphérique *a* 显球形的
mégasynclinal *m* 大向斜
mégasynclinorium *m* 大复向斜
mégatectonique *f* 大构造，巨型构造，宏观构造
mégatherme *f* 高湿高温植物，高温植物
mégavarve *f* 粗纹泥
mégavolt *m* 兆伏（特）(10^6 V)
mégavoltampère *m* 兆伏（特）安（培）(10^6 VA)
mégawatt *m* 兆瓦（特）(10^6 W)
mégohm *m* 兆欧（姆）(10^6 Ω)
mégohmmètre *m* 高阻计，兆欧表，兆欧姆计
～ pour mesure de la résistance 测高阻计
meilleur *a* 较好的，更好的
～ résultat 最优结果，最佳结果
méionite *f* 钙柱石
meixnerite *f* 羟镁铝石（无碳水滑石）
méizoséismique *a* 强震的，最强震的
méjuger *v* 低估，贬低
～ de 低估
mélabasalte *m* 暗色玄武岩

mélaconise[mélaconite] *f* 黑铜矿
mélagabbro *m* 暗色辉长岩
mélanasphalte *m* 黑沥青
mélanchyme *f* 复腐殖体
mélanchyme *m* 暗树脂，硅化树脂
mélanellite *f* 腐殖体醇溶渣
mélange *m* 混合，拌和，弄乱，混杂，混频，混合物，混合料，混合气，拌和物，混杂岩，混杂堆积物
～ s à base d'élastomère peu chargé 含少量添加物的弹性体混料
～ à chantier 在工地拌和，现场拌和
～ à chaud 热拌，热混合料
～ à froid 冷混合料，冷拌
～ à granulométrie discontinue 断级配混合料
～ à la lame 用（平地机）刀片拌和
～ à la pelle 人工拌和，手拌
～ à machine 机拌，机械拌和
～ à main 人工拌和，手拌
～ à sec 干拌
～ à type ouvert 开式级配混合料
～ additif des couleurs 加色混合料，颜色添加剂
～ air-carburant 燃料空气混合气，可燃混合气
～ air-combustible 可燃混合气
～ antigel 防冻剂，防冻液
～ âpre 干硬性混合料
～ aqueux 湿混，泥浆
～ aqueux liant-filler 沥青混合料
～ artificiel bitume-agrégat 路用沥青碎石混合料
～ asphaltique 沥青混合料
～ bitume-agrégat 沥青集料混合料
～ bitumineux 沥青混合料
～ boueux 泥浆
～ caoutchouc-bitume 掺橡胶地沥青
～ caoutchouc-bitume agrégat 掺橡胶沥青集料混合料
～ centralisé 集中拌和
～ combustible 混合燃料
～ combustible-air 可燃混合气
～ compact 密实混合料
～ compact de terre et de gravier 土和砾石的密实混合料
～ cru （制造水泥用的）生料
～ d'eau et vapeur 汽水混合物

~ d'essai 试拌,试用混合料
~ d'images 图像混杂
~ de béton 混凝土拌和,混凝土混合料,混凝土混合物,混泥土拌和料
~ de bitume routier 路用沥青混合料
~ de charbon 混合煤
~ de chaux et argile 石灰黏土混合料
~ de coulis 薄浆混合料
~ de gaz 混合气体
~ de granulation 混合集料
~ de matériaux 拌和料,混合材料,材料拌和
~ de scorie 矿渣混合料,炉渣混合料
~ de type nougat 粗粒式混合料
~ des grains 粒料混合
~ des graves naturels 天然砂砾混合料
~ détonant 混合炸药,爆燃混合物
~ deux temps 二阶段混合,二级混合,两次拌和
~ dosé 定量,拌和,盘拌,控制拌和
~ du sol 集料土
~ dur 干硬性混合料
~ eau-ciment 水泥浆
~ effectué en centrale 厂拌,集中拌和,中心拌和
~ effectué en place 就地拌和
~ élastomère bitume 合成橡胶沥青混合料
en ~ avec 与……混合
~ en centrale 厂拌,集中拌和
~ en fin 细料混合,细粒混合料
~ en route 在运输过程中拌和(混凝土),路途中拌和
~ enrobé du goudron 煤沥青混合料
~ eutectique 低熔合金,低共熔混合物,共晶混合物
~ exécuté à chaud 热铺(沥青)混合料
~ explosif 混合炸药,爆炸混合物
~ fermé 密级配混合物
~ fin 细粒混合料
~ frigorifique 冷冻剂
~ gazeux 气体混合物
~ goudron-bitume 煤沥青—石油沥青混合物
~ gros 粗粒混合料
~ hétérogène 多种物质混合料
~ homogène 均匀混合,均匀拌和
~ homogénéisé 均匀拌和物
~ hydrocarboné 沥青混合料
~ hydrocarboné à l'émulsion 渗乳液的沥青混合料
~ hydrocarboné durable 耐用的沥青混合料
~ hydrocarboné stable 稳定性沥青混合料
~ intermittent 间歇拌和
~ intime 均匀拌和
~ liquide 薄浆混合料,液体混合料
~ mécanique 机械拌和,机械拌和料
~ métal-céramique 金属陶瓷合金
~ minéral 矿料拌和,矿料混合料
~ mis en œuvre à froid 冷铺(沥青)混合料
~ ophiolitique 蛇绿混杂岩
~ par gravité 重力拌和
~ pauvre 贫拌和料,贫油混合气
~ plastique 塑性混合料
~ pour joints 按缝填料
~ préalable 预先拌和,预拌
~ préparé à froid 冷备混合料,预拌冷混合料
~ réactionnel 反力拌和,反转拌和
~ réfrigérant 冷冻混合剂,冻结混合物
~ riche 富油混合气,富灰混合料,富拌和料
~ routier 路用混合料
~ sable-bitume 砂—沥青混合料,砂质沥青混合料
~ sable-gravier 砂砾混合物
~ sec 干拌和物,干硬性拌和物,干混合料
~ semi-gravier 中粒式混合料
~ sol-chaux 石灰稳定土混合料
~ sol-ciment 土—水泥混合料
~ sol-eau 泥浆
~ sol-goudron 土—煤沥青混合料
~ spécifié 规定混合,规定拌和
~ sur chantier 现场拌和,工地拌和
~ sur place 就地拌和,现场拌和,在工地拌和
~ tonnant 混合炸药

mélangé *a* 混合的,拌和的
~ à la machine 机械拌和的
~ à sec 干拌的

mélangeage *m* 配料

mélangeoir *m* 混合器,搅拌机,拌和器

mélanger *v* 混合,搅拌,拌和

mélange-témoin *m* 附加胶料

mélangeur *m* 拌和机,搅拌机,混合器,光束组合器,混(变)频器

~ à ailettes 叶片式拌和机,叶片式搅拌机,桨叶式搅拌机,桨叶式拌和机
~ à ailettes avec deux axes 双轴叶式拌和机
~ à air comprimé 风动搅拌机
~ à axe horizontal 横轴式拌和机
~ à axe incliné 斜轴拌和机
~ à axe vertical 立轴拌和机
~ à béton 混凝土搅拌机
~ à boues 泥浆搅拌机,拌浆机
~ à boues pour sondeuses 碾泥机,黏土拌和器
~ à chute libre 混凝土拌和机
~ à circulation forcée 强制循环拌和机
~ à contre-courant 逆流式拌和机
~ à deux tambours 双筒式拌和机
~ à grande capacité 大容量拌和机,大容量搅拌机
~ à haute vitesse 高速拌和机
~ à impact 冲击式拌和机
~ à jet de vapeur 蒸汽喷射式混合器
~ à meules 磨盘式混合器
~ à mortier 砂浆拌和机
~ à palettes 桨叶式拌和机
~ à palettes sur deux arbres 双轴式桨叶拌和机
~ à sec 干拌和机
~ à tambour 鼓筒式拌和机
~ à tambour horizontal 卧筒式拌和机
~ à tambour incliné 斜筒式拌和机
~ à tambour rotatif 转筒式拌和机
~ à un seul tambour 单筒式拌和机
~ à vis 螺旋式混合器
~ à vis fin 螺杆式拌和机
~ à vis sans fin 螺杆式拌和机
~ basculant 倾卸式搅拌机
~ central 中心拌和机,固定(混凝土)拌和机
~ conique 圆锥形拌和器,锥形拌和机
~ continu 连续式(混凝土)拌和机
~ cubique 带立方体滚筒的混凝土搅拌机
~ de béton 混凝土搅拌机
~ de béton à cuve ouverte 开锅式混凝土拌和机
~ de béton avec axe vertical 立轴式混凝土搅拌机
~ de béton avec tambour incliné 斜轴式混凝土拌和机
~ de chaux 石灰拌和机
~ de ciment 水泥拌和机
~ de coulis 灰浆拌和机
~ de fréquence 混频器
~ de l'usine 厂用拌和机
~ de laboratoire 试验室拌和机,试验室拌和器
~ de mortier 砂浆拌和机
~ de stabilisation 土壤稳定拌和机,稳定土拌和机
~ discontinu 间歇式拌和机
~ doseur 分批搅拌机,拌和机
~ électrique 电动拌和机
~ forcé (压力)强制拌和机
~ intermittent 间歇式拌和机
~ mobile 移动式拌和机
~ monté sur camion 汽车式拌和机,拌和车
~ oscillatoire 摇摆式拌和机
~ par gravitation 重力式拌和机
~ portable 轻便拌和机
~ pour produits noirs 地沥青混凝土拌和器,沥青混凝土拌和机
~ remorqué 拖斗式拌和机
~ tandem 联列拌和机,复式拌和机

mélangeur-agitateur *m* 搅拌机
~ à un bras 单轴式拌和机

mélangeur-doseur *m* 分批拌和机

mélangeur-malaxeur *m* 搅拌机
~ à asphalte 沥青搅拌机
~ à béton 混凝土搅拌机

mélangeuse *f* 搅拌机,混合器,拌和机
mélanglance *f* 脆银矿,硫锑银矿
mélanite *f* 黑榴石(钛钙铁榴石)
mélanocérite *f* 黑稀土矿
mélanochalcite *f* 杂黑铜孔雀石
mélanochroïte *f* 红铬铅矿
mélanocrate *f* 暗色岩;*a* 暗色的
mélanoïdine *f* 褐色胶体物质
mélanoleptite *f* 暗色白粒岩
mélanolite *f* 铁叶绿泥石
mélanophlogite *f* 黑方石英
mélanorite *f* 暗色苏长岩
mélanosidérite *f* 杂黑硅褐铁矿
mélanostibiane[**mélanostibite**] *f* 黑锑锰矿
mélanotékite *f* 硅铅铁矿

mélanothallite *f* 黑氯铜矿
mélanovanadite *f* 黑钒钙矿
mélaphyre *m* 暗玢岩,碱性玄武岩,蚀变杏仁状玄武岩
　～ alcalin 碱性玄武岩
　～ amygdalaire 杏仁玄武岩,杏仁安山岩
mélasilexite *f* 暗色英石岩
mélatonalite *f* 暗色英闪岩
mêler *v* 混合,搅拌,掺和
melfite *f* 蓝方斑岩
melilitholite *f* 纯黄长岩
melilitite *f* 黄长岩
mélinophane *f* 蜜黄长石
mélinose *f* 钼铅矿
méliphanite *f* 蜜黄长石
mélite *f* 水硅铝铁土
melkovite *f* 磷钼钙铁矿
mellahite *f* 杂海盐
melnikovite *f* 硫复铁矿,胶黄铁矿
melnikovitolite *f* 硫复铁矿岩,胶黄铁矿岩
mélochite *f* 紫碧玉
mélonite *f* 碲镍矿
melonjosephite *f* 磷铁钙石
mélopsite *f* 杂水蛇纹石
melos *m* 频率电测深法
meltéigite *f* 暗霓霞岩
membrane *f* 膜,隔板,斜墙,膜片(状物),薄[隔]膜,止水墙,薄片层
　～ amont d'étanchéité 上游防水隔膜,上游防水隔墙,上游防水薄膜
　～ antiévaporante 混凝土养护薄膜,防止水蒸发的薄膜
　～ bitumineuse 沥青防水膜
　～ conique 锥形膜片,锥形模板
　～ de conservation （混凝土）养护薄膜
　～ de pompe 泵的膜片
　～ de protection 保护薄膜
　～ de protection superficielle 混凝土养护薄膜
　～ en caoutchouc 橡皮膜
　～ en équilibre 平衡模板
　～ étanche 防水板
　～ explosive 爆炸隔膜
　～ humide 湿膜,水膜
　～ interne d'étanchéité (centrale) 心墙
　～ non-tissée 非编织品薄膜
　～ plastique 塑料薄膜
　～ préfabriquée 预制磨耗黏层
　～ protectrice 混凝土养护薄膜
　～ semi-perméable 半透膜
　～ synthétique 化纤滤水布
membraneux, euse *a* 薄膜的,膜的
membre *m* 项,元,端,肢,臂,段,构建,杆件,构件,分层,元件,会员,成员,社员,组成部分
　～ d'une délégation 代表团团员
　～ de béton 混凝土杆件
　～ diagonal 斜杠
　～ du béton 混凝土杆件
　～ du conseil d'administration 董事会成员
　～ en compression 压杆,承压构件,受压杆件
　～ flexible 柔性构件
　～ longitudinal 纵向杆件
　premier ～ 左端,左边(方程式)
　second ～ 右端,右边(方程式)
　～ sous tension 受拉杆件
　～ structural 结构杆件
　～ vertical 竖向杆件
membro *m* 硬灰岩
membrure *f* 四肢,方材,框架,弦(杆),桁架弦杆,结构元件,(梁的)翼缘,船体全部肋骨
　～ à âme double 双腹板弦杆
　～ chargée 荷载弦杆
　～ comprimée 承压缘,受压弦杆,受压翼缘
　～ d'une poutre 梁的翼缘
　～ de suspension 吊杆
　～ de tension 受拉杆件,受拉构件
　～ du pont 桥梁弦杆
　～ inférieure 下弦杆,下翼缘,下翼弦
　～ longitudinale 纵梁,大梁,纵向受力元件
　～ parabolique 抛物线形弦杆
　～ sans charge 无荷载弦杆
　～ secondaire 次要弦杆,次要杆件,副杆件
　～ supérieure 上弦(杆),上翼缘
　～ supérieure à âme simple 单腹板上弦杆
　～ tendue 受拉弦杆,受拉翼缘
　～ travaillant à la compression 受压弦杆
même *a* 同样的,同等的
　à ～ 直接
　à ～ de 能够

de ~ 同样地,照样

de ~ que 如同,亦然

quand ~ 还是,仍然,然而

tout de ~ 还是,仍然,然而

mémoire *f* 记性,记忆力,存储,报告书,(学术)报告,论文,研究报告;记录,账单;*m. pl* 回忆录,(学术)纪要,论文集,科学论文报告

~ de travaux 工程费用报告书

~ en défense 辩护报告,辩护文书

~ s techniques 技术备忘录,技术陈述报告

mémorandum *m* 备忘录,记事本,非正式的商业文件,(已达成但尚未拟就或签字的)协议记录意向书

mémorial *m* 流水账,简易日记账

mémorisation *f* (traitement de l'information)存储(数据处理)

menac *m* 榍石

ménaccan *m* 钛铁矿

ménaccanite *m* 钛铁矿,钛铁砂

ménachanite *f* 钛铁矿

ménaconite *f* 钛磁铁矿

ménager *n* 财产管理人

~ de projet 项目经理

ménaïte *f* 歪长正长细晶岩

ménandonite *f* 硼硅铝锂石

mendeléeffite *f* 钙铌钛铀矿

mendeléyevite *f* 钙铌钛铀矿

Mendin *m* 曼丹阶(J_1下部)

mendipite *f* 白氯铅矿

Mendolin *m* 曼多林阶(T_2)

meneau *m* 窗棂,中立梃,窗棂构造,栅状构造

ménéghinite *f* 斜方辉锑铅矿

mener *v* 引导,率领,领导,驾驶,运转,运送,导往,通向,处理,对待

Ménévien *m* 梅内夫阶($\in_2$,欧洲)

mengite *f* 铌铁矿,独居石

menhir *m* 石柱

ménilite *f* 肝蛋白石,硅乳石

ménisque *m* 弯月形,新月形,弯液面,半月板,凹凸透镜

ménite *f* 门诺陨石

menotte *f* 环,钩,吊环

~ de ressort 弹簧吊环

mensuel, elle *a* 每月的

mensurabilité *f* 可量性,可测性

mensurable *a* 可量的,可测量的

mensuration *f* 测量,盈度,求积,测绘,调查,测定,量度

mensurer *v* 测定,测量

mention *f* 记载,注明,按语,名称(标牌上的)

~ d'affranchissement 预付费用办法的注明,免除征税的注明

~ de la lettre de voiture 货物运单上得记载事项

~ s portées sur la lettre de voiture 运单记载事项

mentionner *v* 记载,记录,提到,读到

mentonnet *m* 轮缘

menu, e *a* 小的,零星的,零碎的

menuiserie *f* 门窗,细木活,细木工,细木工作,精细作业,细木制造,木工工程,木工装修,细木工厂,细木工制品

~ en bâtiments 建筑木工工程,房建细木活

~ métallique 金属门窗,钢门窗

~ mobile 活动室内装修(如门窗等)

menuisier *m* 细木工,小五金工,美术工艺工

menus *m. pl* (charbon) 碎煤

Méotien *m* 迈欧特阶(N_2,欧洲)

méotique *a* 迈欧特期的

méphitique *a* 有毒的,恶臭的(气体),有臭气的

méplat *m* 斜面,斜坡,斜度,扁平物,扁钢坯,扁平坯,过渡平面

méplat, e *a* 扁平的,扁的

mer *f* 海,海洋,海潮,大量

~ fermée 内海

~ libre 外海,公海

~ littorale 陆缘海,滨海区,沿海

~ moyenne 平均海平面

~ ouverte 外海,公海

~ pleine 外海

~ territoriale 领海

Mercalli *m* 麦加利(地震烈度)

mercaticien *m* 营销专家

mercatique *f* 营销学

merchandising *m* 交易,贸易,做买卖

mercredi *m* 星期三

mercure *m* 汞,水银,自然泵

mérenskyite *f* 碲钯矿

méridional, e *a* 南方的,南面的,经向的,南方的,向南的,偏南的

mérière *f* 坑道壁

Mérignacien *m* 梅里纳克阶(E_3)

mérinskyite *f* 碲钯矿

mérion *m* 围堤

mérismite *f* 斑杂混合岩,穿插混合岩

mérite *m* 才能,价值,优点,功劳,功绩,功勋

mériter *v* 应得,值得,要求,需要

merl *m* 灰藻碎屑堆积物,藻砾

merlinoïte *f* 麦钾沸石

merlon *m* 挡墙,围堤,埂道,围埂,土堆,核心土,隔音土丘

    ~ à risbermes 护道围堤

    ~ de terre 土围堤

    ~ rocheux 基岩突出,基岩束狭

    ~ s paysagers 天然的地面隆起,天然的埂道(地形)

    ~ vertical 立式围堤

mérocristallin *a* 半晶质的,部分晶质的

méroèdre *f* 缺面象

mérokarst *m* 半发育岩溶,不完全岩溶,半喀斯特

méroxène *f* 黑云母,铁黑云母

merrihueite *f* 陨铁大隅石

merrillite *f* 白磷钙矿

mertieite *f* 砷锑钯矿

merumite *f* 水绿铬矿

merwinite *f* 默硅镁钙石(牟文橄榄石)

merzlota *f* 冻土,永冻土层

mésa *f* 方山,桌地,平顶山,桌子山

mésabite *f* 赭针铁矿

mésestimer *v* 轻视,低估

meseta *m* 小方山,小桌地,小高原

mésitine[**mésitite**] *f* 铁菱镁矿

mesminite *f* 麦斯明陨石

mésoalumineux *a* 中(等含量)铝质的

mésoandésite *f* 中安山岩

mésobasalte *m* 中玄武岩

mésoclimat *m* 中(尺度)气候,局地气候,中型气候

mésocrate *f* 中色岩; *a* 中色的

Mésocretacé *m* 中白垩统

mésocristallin *a* 中等结晶的,中晶质的,半晶质的

mésodacite *f* 中英安岩

mésodiaclase *f* 中等裂隙

mésodialyte *f* 中性石,异性石

mésodolérite *f* 中粒玄岩

méso-enstatite *f* 顽火斜顽辉石

mésofaciès *m* (矿物)介晶相,(构造)中相

mésogène *a* 中深成矿的,中深成岩的,中期生成的

mésogénétique *a* 中期生成的,中深成的

mésogéosynclinal *m* 中间地槽,陆间地槽

mésoglœa *f* 中胶层

mésogneiss *m* 中带片麻岩

mésohalin *a* 中盐度的

mésojurassique *a* 中侏罗世的

mésokératophyre *m* 中角斑岩

mésoline *f* 插晶菱沸石

mésoliparite *f* 中流纹岩

mésolite *f* 中沸石

mésolithine[**mésolitine**] *f* 杆沸石

mésométamorphisme *m* 中等变质作用,中深变质作用

mésomicrocline *f* 中微斜长石

mésomorphique *a* 介晶的

mésonorme *f* 中(变质)带标准矿物

Mésonummulitique *m* 中货币虫岩系(E_2)

mésopause *f* 中间屋顶,中圈顶

mésopores *m. pl* 中孔隙,中型孔隙,(苔藓虫)间隙孔

mésorelief *m* 中起伏,中间地形,过渡地形

mésosilexite *f* 中英石岩

mésosodique *a* 中等钠质的

mésosphère *f* 中圈,下地幔,散逸层,中间层,(大气)中间层

mésostase *f* 最后充填物,晶间物质,(岩浆岩)基质

mésostasis *m* 充填基,最后充填物

mésothermal *a* 中温的,中深热液的,中温热液的,中温生物的

mésotrophe *a* 中营养的,营养适中的

mésotrophique *a* 中间营养的

mésotype *m* 中型,钠沸石,中沸石

Mésozoïque *m* 中生代(界)

mésozoïque *a* 中生代的,中生界的

mésozonal *a* 中带的

mésozone *f* 信息,情报,消息,电报,通知,任务,使命,祝词,中带,中深(变质)带
　　~ à adresses multiples　多地址信息(信息送至多处的)
　　~ administratif　管理信息
　　~ d'avertissement météorologique　天气预报
　　~ d'avis　公告,通报,通知书
　　~ de contrôle　控制信号,控制消息
　　~ de service　服务报文,公务电报
　　écrire un message en ~　发邮件
　　~ en clair　书信电报
mesquitélite *f* 密蒙脱石
message *m* 信件,预报,报告,通知
　　~ continu　连续信息
　　~ d'anomalie　错误信息
　　~ d'avertissement météorologique　天气预报
　　~ d'effacement　清除信息
　　~ de composition　列车编组通报
　　~ de prévisions météorologiques　气象观测报告
　　~ discontinu　不连续信息,断续信息
　　~ discret　不连续信息,离散信息
　　~ emplacement des wagons (gestion centralisée du trafic marchandises)　车辆位置通报,车辆地点通报(货运集中管理)
　　~ lumineux　光通信
　　~ météorologique　天气预报
messagerie *f* 输送,运输,快运,托运物品,包裹运送业务
messélite *f* 水磷铁钙石
messingite *f* 绿铜锌矿,碳铜锌矿
Messinien[Messine] *m* 墨西拿阶(N_1末期,欧洲)
mestigmérite *f* 角闪辉霞岩
mesurable *a* 可以测量的
mesurage *m* 测量,测定,计量,测量法,测定法
　　~ au compas　罗盘仪测量
　　~ de magnétisme terrestre　地磁测量
　　~ des débits　流量测定
　　~ magnétique　磁场图测绘,磁法勘探
　　~ précis　精密测量法
　　~ terrestre　地面测量
mesuré *a* 测量的,测定的
mesure *f* 测量(方法),测绘(方法),测定,度量,尺寸,尺度,程度,范围,方法,措施,量测,量度,计量,观测,标准,规模,比例尺,测量成果,测量结果
　　à ~　逐渐地
　　à ~ de　按照,随着……
　　à ~ que　不断,逐渐,随着……,按……
　　~ à câble　缆测
　　~ à distance　远距离量测,遥测
　　~ à haute précision par rayons en retour　反射线高精密测量
　　à la ~ de　适合于,与……相称
　　~ à prendre　采取措施
　　~ à radioélectriques　无线电测量
　　~ à retrait　收缩公差
　　~ à ruban en acier　钢卷尺测量
　　~ à vue　目测
　　~ acoustique　音响测量
　　~ administrative　行政措施
　　~ aérienne　航测,空中摄影测量
　　~ analogique　模拟变量,模拟量测量
　　~ angulaire　测角,角度测量
　　~ s antisismiques　抗震措施
　　au fur et à ~　逐渐地
　　~ au juge　目测
　　~ au son　音响测定
　　~ automatique　自动测定,自动量测
　　~ barométrique　气压计测量
　　~ brute　实测,粗测
　　~ calorimétrique　热量测定(法)
　　~ coercitive　强制措施
　　~ colorimétrique　比色测定(法)
　　~ comparative　比较测量,比较测定
　　~ continue　连续测量
　　~ cubique　(木材的)立方量度
　　~ d'affaissement au cône d'Abrams　圆锥法量测(混凝土)坍落度
　　~ d'allongement　伸长测量
　　~ d'altitude　测高,高程量测
　　~ d'enfoncement　下沉测量,沉降测量
　　~ d'étalonnage　校准测量
　　~ d'intensité　强度测量
　　~ d'intensité de champ　磁场强度测量
　　~ d'opportunité　(木材)表面积计量
　　~ d'ouverture de fissures　差动量测
　　~ d'ouverture de joints　权宜措施,适时处理

~ d'une distance au pas　步测
~ d'urgence　应急措施，严厉的措施，苛刻的措施
dans la ~ de　在……范围内
dans la ~ où　在……的范围内
~ de base　基线测量
~ de bateau　船测
~ de biréfringence　双折射测量
~ de capacité　容量测量，电容测量
~ de coïncidence　符合测量
~ de comparaison　参考尺寸
~ de contraction　收缩测量
~ de contrainte géologique　地应力测试
~ de contraintes dans le sol　土壤应力的测定
~ de contraintes totales dans les sols　土壤总应力的测定
~ de contrôle　检验测量
~ de déflection　弯沉量测
~ de déflexion　弯沉测定
~ de déformation　形变测量，变形测量
~ de densité　密度测量，密度量测，密度测定
~ de densité en place　就地密度测量
~ de déplacement　位移测量
~ de détails　细部测量，精测
~ de distance　测距，距离测量，远距离测量
~ de distance directe　直接距离测定，直接测距
~ de distance indirecte　间接距离测定，间接测距
~ de fluage　蠕变测量，流变测量
~ s de fruite（percolation）　入渗量测
~ de glissance　滑溜测定
~ de grande sensibilité　高灵敏度测定
~ de haute précision　高精密测量，高精度测量
~ de hauteurs　高程测量
~ de l'adhérence　黏着力量测
~ de l'affaissement（au cône）　（混凝土）坍落度测量
~ de l'épaisseur　厚度测定
~ de l'humidité　湿度测量
~ de l'isolement　绝缘测量
~ de la base　基线测定，基线测量
~ de la déflection par poutre de Benkelman　贝克曼梁测定（路面）弯沉
~ de la densité des revêtements routiers à l'aide des rayons gamma　用伽马射线量测路面密实度
~ de la dureté　测定硬度
~ de la flèche　弯曲测定
~ de la fréquence de vibration de fils tendus　拉张线振动频率的测量
~ de la portance　承载能力测定
~ de la pression interstitielle　间隙压力测定
~ de la succion　吸入量测
~ de la température　温度测量
~ de la teneur en eau　含水量测量，含水量测定
~ de la vitesse du son　声速测定（法）
~ de longueur　长度测量
~ s de lutte contre les crues　防洪措施
~ de nivellement　水准测量，水平测量
~ de perturbation résiduelle　剩余干扰测量
~ de planche　板尺，平板测量
~ de précaution　预防措施，防范措施
~ de précision　精密量测，精确度
~ de pression due à la dilatation　膨胀压力测定
~ s de protection　防护措施
~ de protection acoustique　噪声防护措施
~ de protection contre la neige　防雪措施
~ de quantité　计量，量方
~ de régularité de la chaussée　路面均一性测定，路面平整度测量
~ de résistance à la fatigue　疲劳强度测量
~ de rivière　河道观测，河流观测
~ de rugosité　（路面）粗糙度测定
~ de sécurité　安全措施，变形量测
~ de superficie　面积测量，面积测量器，安全措施
~ de tassement　沉降测量，沉陷测量，下沉测量
~ de tassement du soutènement　支护的沉降测量
~ de tassements en surface　地表沉降的测量
~ de vibrations　振动测量，振动测定，振动量测
~ de vitesse　速度量测
~ de volume　容积测量，溶剂测量
~ des altitudes　高度测量，测高
~ des angles　测角，角度测量
~ des angles de flexion　挠曲计
~ des bruits　噪音测量
~ des contraintes　应力测定

~ des courants 电流测量
~ des débits 流量测量,流量测定
~ des déformations 应力和压力量测
~ des déplacements 测流,流量测定,水流测定
~ des hauteurs 高度测量
~ des intervalles du temps 时间间隔测量
~ des poussières 灰尘的测定
~ des surcontraintes 超应力测定
~ des surfaces spécifiques 比面量测,表面系数量测
~ des travaux 位移测定
~ des vides 孔隙测定
~ différentielle 工程措施
~ directe 直接测量
~ drastique 裂缝开度量测
~ du coefficient d'aplatissement des granulats 粒料扁平系数测定
~ du confort acoustique 噪音测量
~ du gonflement 膨胀测量
~ du module 模量测定
~ du module d'élasticité en profondeur dans les rochers 岩石深处弹性系数的测定
~ du pH pH 裂缝开度量测
~ du poids spécifique 比重试验,比重测定
~ du rayon de courbure 曲率半径测量
~ du rayon de courbure des déflexions sur chaussées 路面弯沉曲率半径测量
~ électrique 电法测量
~ électrométrique 电法测量
~ électronique 电子仪器量测
~ en laboratoire 实验室量测
~ en pont 桥梁测量,桥路测量
~ étalon 标准规,标准量度
~ géodésique 大地测量
~ géoélectrique 地电测量
~ géophysique 地球物理测量
~ graphique 图解量测,图解法
~ gravimétrique 重力测量
~ grossière 粗测
~ hydrographique 水文测验,水道测量
~ in situ 野外量测,就地量测,工地量测
~ indirecte 间接测量
~ initiale 初始量测
~ linéaire 长度(测量),长度单位,线度量

~ magnétométrique 磁法测量
~ neutronique 核测量
~ non destructive 非破损测定,无破坏测量
~ optique des distances 光学距离测量,光学测距
outre ~ 过分,过度
~ par bouclage 环路测量法
~ par brouette 以手车计量
~ par flotteur 浮标测流
~ par poids 以重量计量
~ par répétition 复测法
~ par substitution 置换法测量
~ pendulaire 振摆测量,摆测
~ photométrique 光度测定
~ préventive 预防措施
~ réductrice environnementale 环境恢复措施
~ s réductrices et compensatoires 补偿措施
~ sans contact 不接触测量
~ s sismiques 地震观测
~ spectrophotométrique 分光光度计测定,用分光光度计测量
~ structurale 结构措施,工程措施
~ sur cliché unique 单张相片测量
~ sur l'image 摄影测量
~ sur place 野外测定,就地测量,工地测定,现场测量
~ systématique 系统测量,系统测定
~ s tarifaires 运价方针,运价措施
~ tensométrique 应变测量
~ terrestre 地面测量
~ théorique sur deux dents 测量齿间距离
~ topographique 地形测量
~ trigonométrique 三角测量
~ trigonométrique des hauteurs 三角法高程测量,三角测高法
~ ultrasonique 超声波探测
~ volumétrique 体积量测法,容积测量法
mesure-étalon *f* 标准规,标准量度
mesurer *v* 测量,测定,量测,酌量,衡量,估量,(根据……)决定
mesurette *f* 测定仪器,定量标准,标准规
mesureur *m* 测量仪器[仪表],计量仪[器],测[计]量员
~ d'air 测气计,气体计

~ d'épaisseur　厚度计,测厚规,测厚计
~ d'intensité de champ　场强计
~ d'ondes stationnaires　驻波比测量器,驻波测量仪
~ de bruit　噪音仪
~ de carte　量图仪,计图器
~ de champ　磁场强度测试仪
~ de couple　力矩表,扭矩测量器
~ de débit　流量计
~ de décoloration　褪色表
~ de distance　测距计
~ de pression　压力汁,气压计
~ de relais　继电器测试仪
~ de temps　计时器
~ de vibration　测振计
~ de vide　真空计
~ radio de distance　无线电测距仪

méta-allanite　*f*　准褐帘石
méta-aluminite　*f*　变矾石
méta-alunogène　*m*　变毛矾石
méta-andésite　*f*　变安山岩
méta-autunite　*f*　变钙铀云母
métabasalte　*m*　变玄武岩
métabasaluminite　*f*　准基矾石
métabasite　*f*　变质基性岩
métabayleyite　*f*　无水菱镁铀矿
métabentonite　*f*　变斑脱岩(变膨土岩),变蒙脱石
métabiotite　*f*　片石英
métablaste　*m*　均匀变晶
métablastèse　*f*　均匀变晶(作用)
métablastique　*a*　均匀变晶的、后变晶的
métabolite　*f*　八面体铁陨石,蚀变粗玻岩
métaboracite　*f*　方硼石
métaborite　*f*　偏硼石
métabrucite　*f*　水镁形方镁石
métabrushite　*f*　透钙磷石
métacalciouranoïte[**métacaltsuranoïte**]　*f*　变钙铀矿
métacentre　*m*　(浮体的)定倾中心,稳定中心
métachabazite　*f*　变菱沸石
métachalcolite　*f*　变铜铀云母
métachalcophyllite　*f*　变云母铜矿
métachamoisite[**métachamosite**]　*f*　变鲕绿泥石
métachlorite　*f*　硬铁绿泥石,鲕绿泥石

métaclase　*m*　劈理,次生劈理岩
métacolloïde　*m*　偏胶体,变胶体,结晶胶体
métacristal　*m*　次生晶,变晶,变斑晶
métacristobalite　*f*　高温方石英,β方石英
métadacite　*f*　变英安岩
métadelrioïte　*f*　变水钒锶钙石
métadesmine　*f*　变辉沸石
métadiabase　*f*　变辉绿岩
métadiorite　*f*　变闪长岩
métadyne　*f*　微场扩流发电机(供调整电压或变压使用的一种直流电机)
métafluidal　*a*　准流状,动力流动的
métaflysch　*m*　变复理石
métagabbro　*m*　变辉长岩
métagenèse　*f*　世代交替,深变作用,沉积变质作用
métagneiss　*m*　准片麻岩,变片麻岩
méta-haiweeite　*f*　变水硅钙铀矿
métahalloysite　*f*　变埃洛石
métaheinrichite　*f*　变钡砷铀云母
métahewettite　*f*　变针钒钙石
métahohmannite　*f*　变褐铁矾
métahydroboracite　*f*　变水方硼石
métajarlite　*f*　氟铝钠锶石,锶冰晶石
métakahlérite　*f*　变铁砷铀云母
métakirchheimérite　*f*　变钴砷铀云母
métal　*m*　金属,合金,金属制品
~ à calfater　填隙金属
~ à travailler　母材,基料,基底金属,主要金属
~ additif　填充金属,熔焊金属
~ alcalino-terreux　碱土金属
~ amagnétique　非磁性金属
~ anti-arc　灭弧金属
~ antifriction　减摩金属,抗摩金属
~ au bain　钢水,铁水,熔融金属
~ bas　贱金属,普通金属
~ blanc　低熔轴承合金,巴氏合金,白合金
~ cassant　脆性合金,脆性金属
~ céramique　金属陶瓷
~ coulé　铸造金属
~ d'apport　焊条,堆焊金属,焊接金属,填充金属
~ de base　母体金属,基底金属(合金中主要金属成分),(矿石的)主要金属,基(焊)料,碱金属

~ de la soudure　焊缝金属
~ de liaison　连接金属，黏结金属
~ de terre rare　稀土金属
~ déployé　网形铁，延性金属，多孔金属，膨胀的金属
~ déposé　焊缝金属，熔焊金属，堆焊金属，填充金属
~ des terres rares　稀土金属
~ dur　硬金属，硬质合金
~ électrolytique　电解金属
~ en feuille　金属箔片
~ en poudre　金属粉末
~ en suspension　金属雾
~ en tissu　钢丝网
~ ferreux　铁金属，黑色金属
~ ferreux en milieu aqueux　含水铁
~ ferrugineux　黑色金属
~ fritté　烧结金属
~ fusible d'un coupe-circuit　熔断丝用易熔合金
~ laminé　压延金属，轧制金属
~ liquide　熔融金属，液体金属
~ magnétique　磁性金属
~ natif　自然金属
~ noble　贵金属
~ non ferreux　有色金属，非铁金属
~ nu　天然金属，裸露金属
~ pour coussinets　轴承金属
~ pour essais　试验用金属
~ précieux　贵(重)金属
~ principal　母体金属
~ pur　纯金属，净金属
~ rapporté　焊缝金属，熔敷金属
~ rare　稀有金属
~ résiduel　废钢，废铁
~ soudé　焊接金属
~ spécial de frottement　特种耐磨金属
~ support　母材，基料，基底金属，母体金属，主要金属
~ vierge　纯金属，自然金属
~ vil　普通金属
métaleucite　f　白榴石
métalimnion　m　斜温层，温跃层，变温层
~ multiple　复斜温层

métallescence　f　金属光泽
métallifère　a　含金属的，含矿的
métallin　a　带金属光泽的
métallique　a　金属的
métallisation　f　矿化，矿体，敷金属，金属化，成矿作用，金属成矿，喷镀金属，精炼金属
~ tubulaire　矿筒
métallisé　a　矿化的，金属矿化的，呈金属光泽的(经敷金属处理后)
métalliser　v　敷金，镀金，使具金属光泽
métallogène　a　金属成矿的
métallogenèse　f　(金属)成矿作用
métallogénie　f　矿床成因学，矿床成因论，金属成矿论，成矿规律，成矿作用
~ endogène　内生成矿作用
~ endosphérique　内圈成矿作用，内圈成矿规律
~ exogène　外生成矿作用
~ exosphérique　外圈成矿作用，外圈成矿规律
~ régionale　区域成矿规律
~ transformiste　以变成论为基础的成矿规律研究
métallogénique　a　成矿的
métallogéniste　m　成矿规律研究学者
métallographie　f　金相学
métallographique　a　金相学的
métalloïde　m　类金属，准金属
métallométrie　f　金属量测学
métallométrique　a　金属量测量的
métalloscope　m　金相显微镜
métallosphère　f　金属矿圈
métallotecte　m　成矿构造，控矿因素，成矿控制
~ lithologique　岩性控矿因素
~ structural　构造控矿因素
métallurgie　f　冶金，冶炼，冶金学，冶金业
~ des poudres　粉末冶金学
~ du réacteur　反应堆材料冶金学
~ physique　物理冶金学
métallurgique　a　冶金的，冶金学的
métalodévite　f　变锌砷铀云母
métaloparite　f　准钬铌钙钛矿
métalumineux　a　偏铝质的，准铝质的
métamarbre　m　似大理岩(变质碳酸盐岩)
métaméláphyre　m　变暗玢岩
métamérie　f　位变异构性，位变异构(现象)，分节

现象

métamérisation *f* 位变异构（现象），分节现象

métamésolite *f* 变中沸石

métamicte *a* 蜕晶质的，变生的，变生非晶质的，混胶状

métamictisation *f* 蜕晶化

métamontmorillonite *f* 脱水蒙脱石

métamorphides *m. pl* 变质褶皱带

métamorphique *a* 变质的，变形的

métamorphisé *a* （受）变质的

métamorphiser *v* 使变质

métamorphisme *m* 变态，变质，变质作用
~ additif 加物变质
~ allochimique 异化学变质
~ apomagmatique 外岩浆变质
~ avec apport 加物变质
~ cata, ~ catogène 碎裂变质，浅层变质
~ caustique 烧结变质，烘烤变质，苛性变质，腐蚀变质
~ cinétique 动力变质
~ constructif 接力变质
~ d'impact 冲击变质
~ d'injection 贯入变质
~ de choc 冲击变质
~ de contact 接触变质（作用）
~ de degré ultra 超变质
~ de dislocation 断错变质
~ de pression 加压（压力）变质
~ de profondeur 深部变质
~ de rupture 压碎变质
~ destructif 破坏变质
~ du rocher 岩石变质
~ dynamique 动力变质
~ dynamo-thermique 动热变质
~ endomorphe 内变质，内变质作用，内（接触）变质
~ éruptif 喷发接触变质
~ exomorphe 外变质，外变质作用，外[接触]变质
~ général 区域变质
~ géothermique 地热变质
~ hétérotype 异型变质
~ homotype 同型变质
~ hydrothermal 热液变质
~ hydrothermique 热液变质
~ isochimique 等化学变质
~ isograde 等变度变质
~ isophase 等相变质
~ local 局部变质
~ mécanique 动力变质
~ multiple 多次变质
~ normal 区域变质
~ organique 有机变质作用
~ périphérique 边缘变质，周边变质
~ polyphasé 多期变质
~ prograde, ~ progressif 前进变质，进化变质，渐进变质
~ régional 区域变质作用
~ régressif, ~ rétrograde 退化变质，退向变质
~ sélectif 选择变质
~ sous pression 压力变质
~ statique 静力变质
~ superficiel 表层变质，浅部变质
~ tectonique 构造变质
~ thermal, ~ thermique 热变质
~ thermodynamique 热动力变质
~ ultra 超变质

métamorphite *f* 变质岩

métamorphogénique *a* 变质成因的

métamorphosable *a* 可变形的，可变态的

métamorphose *f* 变态，变形，变质，转化，转变
~ de rivière 河流变态（河流的河型转变）

métamorphoser *v* 使变形，使变态，改变
se ~ en 变化成……

métamurmatite *f* 变水硅钛钠石

métanatrolite *f* 无水钠沸石，钠沸石

métanhydrite *f* 准硬石膏

métanocérine *f* 变针六方石

métanovacékite *f* 变镁砷铀云母

métaparisite *f* 氟碳钙铈矿，变氟碳钙铈矿

métapelite *f* 变泥质岩

métaperowskite *f* 钙钛矿

métaphyllite *f* 变千枚岩

métapôle *m* 等角点

métaporphyre *m* 变斑岩

métapyrigène *a* 火成变质的

métaquartzite *m* 变石英岩

métarhyolite *f* 准流纹岩，变流纹岩

métarmose *f* 晚期成岩(作用)
métarossite *f* 变水钒钙石
méta-saléeite *f* 变镁磷铀云母
métaschiste *f* 变质片岩
métaschodérite *f* 变水磷钒铝石
metaschœpite *f* 变柱铀矿
métasédiment *m* 变质沉积物，变质沉积岩
métasimpsonite *f* 细晶石(钽烧绿石)
métasomatique *a* 交代的
métasomatisme *m* 交代作用，交代变质
métasomatite *f* 交代岩
métasome *m* 代替矿物，交代矿物，(混成岩的新形成部分)新成体
métasphère *f* 偏圆，间圆，亚球体，压球面，介球体，介球面
métasphérolitique *a* 变球粒的
métastabilité *f* 亚稳定性，准稳定性
métastable *a* 准稳定的，准稳态的，亚稳定的，介稳定的
métastase *f* (地壳)侧向均衡调整，水平均衡调整
métastatique *a* 变形的，转移性的，新陈代谢的
métastibine[**métastibnite**] *f* 胶辉锑矿
métastrangite *f* 变红磷铁矿，针红磷铁矿
métastructure *f* 变成构造，变质构造
métatalc *m* 原顽火辉石
métatecte *f* 变熔体，变质熔体
métatectique *a* 变熔的，变成的
métatexie *f* 分异深熔作用，带状混合作用，选择重熔作用，分异深熔岩，选择重熔混合岩，低级深熔岩
métathénardite *f* 六方无水芒硝
métathomsonite *f* 变杆沸石(纤沸石)
metatorbernite *f* 变铜铀云母
métatyuyamunite *f* 变钒钙铀矿
méta-uranite *f* 变云母铀矿类
méta-uranocircite *f* 变钡铀云母
méta-uranospinite *f* 变钙砷铀云母
métavandendriesschéite *f* 变橙黄铀矿
métavanuralite *f* 变钒铝铀矿
métavariscite *f* 斜磷铝石
métavauxite *f* 变蓝磷铝铁矿
métavivianite *f* 三斜蓝铁矿
métavolcanite *f* 变质火山岩
métaxite *f* 硬纤蛇纹石，纤蛇纹石石棉，云母砂岩

métazellérite *f* 变碳钙铀矿
métazeunérite *f* 变铜砷铀云母
météo *f* (météorologie 的缩写)气象学，气象局，气象台
météogramme *m* 气象图表，气象记录曲线，气象自动记录(图)
météorine *f* 镍纹石
météorique *a* 大气的，流星的，陨石的
météorisation *f* 风化作用
météorogramme *m* 气象记录图，气象记录曲线
météorographe *m* 气象计
météorologie (météo) *f* 气象，气象学
　~ aéronautique　航空气象学
　~ routière　道路气象学
méthacrylate *m* 丙烯酸酯
　~ d'isobutyle　异丁烯酸异丁酯(加强混凝土用的)
méthane *m* 沼气，甲烷，天然气
méthode *f* 方法，办法，次序，条理，方式，顺序，秩序，体系，作用方式
　~ à chaleur spécifique　比热法
　~ à cœur blanc　白心可锻铸铁制造法
　~ à deux équilibrages　比色法
　~ à employer　使用的方法
　~ à film de savon　皂膜探漏法
　~ à galerie de base　下导坑法，下导坑开挖法(即奥地利法)
　~ à galerie de faîte　上导坑法，上导坑开挖法(即比利时法)
　~ à haute densité électrique　高密度电法
　~ à l'argon　氩法
　~ à la réaction hyperstatique　超静定作用法
　~ à ondes stationnaires　驻波法
　~ à pression　压力法
　~ à sec　干砂拌和法
　~ absolue de mesure　计量的绝对方法
　~ acoustique　声学法，声波法，音响试验法
　~ active　(施工前融化或挖去基础冻层的)主动施工法，激活法，素质教育法
　~ actuelle　现行方法
　~ aéromagnétique　航空磁法
　~ allemande　德国式隧道开挖法，双下导坑法，双下导洞法
　~ aluminothermique　铝热焊法

~ amont de construction 自上而下施工法
~ analogue électrique 电模拟法
~ analogue thermique 热模拟法
~ analytique 解析方法,分析方法
~ analytique de la convergence-confinement 收敛—封闭分析方法
~ anglaise de boisage 英国式隧道支撑法
~ approchée 近似法
~ approximative 近似法
~ au bleu de méthylène 亚甲蓝法
~ au carbone 14 碳14法
~ au xénon 氙法年龄测定
~ autrichienne 奥地利法,下导坑开挖发
~ autrichienne de boisage 奥地利式隧道支撑法
~ autrichienne de creusement de tunnel 奥地利式隧道掘进法,下导洞开挖法
~ aval de construction 自下而上施工法
~ basée sur l'énergie de déformation 能量法,应变能量法
~ belge 比利时法,上导坑开挖法
~ belge de boisage 比利时式隧道支撑法
~ bille et anneau (测定沥青软化点的)球环法
~ C.B.R. 加州设计法,CBR法(美国设计柔性路面厚度的一种方法)
~ cellulaire 隔离法,分析法
~ centrifuge 离心法(测湿的)
~ classique 古典方法(柔性路面设计的一种方法),老式方法,经典法
~ colorimétrique 比色测定法
~ comparative 比较方法
~ conductimétrique (测空气污染度的)电导率测定法
~ contrôle 控制法,检查法
~ conventionnelle 惯用方法
~ courante de laboratoire 实验室一般方法
~ cross 洛斯法(设计连续梁的一种方法)
~ cyclique 循环法,轮换法
~ cylindrique 圆筒法,圆柱法
~ d'absorption 表面吸附法
~ d'absorption totale 全吸收法
~ d'accès 存取法
~ d'accès avec file d'attente 排队存取法
~ d'accès de base 基本存取法
~ d'accès séquentiel de base 基本顺序存取法

~ d'adoucissement thermal d'eau 加热软水法
~ d'aération 充气法,掺气法
~ d'affinage 精炼法
~ d'analyse 分析法,解析法
~ d'analyse par lueur de cathode 阴极电晕分析法
~ d'analyse par sédimentation 沉降分析法
~ d'approche 逐次逼近法
~ d'approximation 近似法
~ d'approximations successives 逐步渐进法,逐次逼近法
~ d'asphalte institut 地沥青协会法(柔性路面设计的一种方法)
~ d'auscultation 检查方法,检验方法
~ d'autocontrôle 自动控制法
~ d'avancement 掘进法
~ d'avancement successif 顶推法,顶进法
~ d'échantillonnage 取样法
~ d'échantillonnage des agrégats 集料取样法
~ d'échantillonnage intégral 整体取样法
~ d'écho 回声探测法
~ d'échos ultrasonores 超声探测法
~ d'électromagnétique instantanée 瞬变电磁法
~ d'élément fini 有限元法,有限单元法
~ d'élimination 消去法
~ d'élimination de gausse 高斯消去法
~ d'élimination indirecte 间接消去法
~ d'énergie 能量法
~ d'enregistrement 分类记录方法,归档方法
~ d'enrobage in situ 就地拌和法
~ d'équilibre 平衡法
~ d'essai 试验法
~ d'essai à corrosion 腐蚀试验法
~ d'essai de sol 土工试验法
~ d'essai non destructif 非破损试验法,无破坏试验法
~ d'évaluation des réserves 储量计算方法
~ d'examen photographique par réflexion 反射,光弹法
~ d'excavation à ciel ouvert 明挖法,露天开挖法
~ d'excavation en gradin 台阶式掘进法,台阶式挖掘法
~ d'exécution d'un souterrain à l'aide d'une

galerie （隧道施工的）导洞施工法
~ d'exécution par coffrage mobile 悬臂施工法
~ d'exécution travée par travée 逐跨施工法
~ d'exploitation 勘探法，开采法，运营方法，经营方法
~ d'extraction 抽提法，开采方法
~ d'extraction centrifuge （沥青抽提试验的）离心萃取法，离心提取法
~ d'extraction soxhlet 索氏（抽提沥青试验）法
~ d'ICOS ICOS工法（意大利ICOS公司开发的一种地下连续墙施工方法）
~ d'images 映像法，镜像法
~ d'immersion 油浸法
~ d'impact 冲击法
~ d'imperméabilisation membraneuse 薄膜防水法
~ d'imprégnation 浸制法，注入法
~ d'index-surface （径流预报的）指标—面积法
~ d'infiltration 浸润法
~ d'injection 喷射法，贯注法，注入法
~ d'injection d'eau 射水沉桩法
~ d'inondation 淹灌法，漫灌法
~ d'intégration 积分法
~ d'interpolation 内插法，插值法，插入法
~ d'intersection 交切法，交汇法，交会法
~ d'inversion 逆点法，倒镜法
~ d'inversion de raies spectrales 光谱线反演法
~ d'investigation des sols 土质调查法，土壤研究方法
~ d'Ivanov 伊万诺夫方法（前苏联柔性路面厚度设计的一种方法）
~ d'ondes à réflexion 反射波法
~ d'ondes surface 瑞雷面波法
~ d'opposition 牵引电机反馈实验法，反接法，反消法
~ d'optimisation 最优化方法，最佳方法
~ d'orientation 定向（位）法
~ de balancement des moments 力矩分配法，弯矩分配法
~ de battage de pieux à jet d'eau 冲水打桩法，射水桩法
~ de Bishop Bishop法
~ de Bishop simplifiée 简化Bishop法
~ de Blaney-Criddle （计算需水量的）布兰尼—柯莱德法
~ de Boussinesq 布辛尼斯克方法（路面设计方法的一种）
~ de Burmister 波密斯特方法（柔性路面设计方法的一种）
~ de calcul 计算法，分析法
~ de calcul de l'équivalent de sable 含砂当量实验法
~ de calcul des chaussées souples 柔性路面计算方法
~ de Calgon 卡尔冈法（增加钻井供水量的方法）
~ de caractérisques 特征值法，特征线法，特性线法
~ de carottage 钻探取样法，采取岩芯法
~ de cercle de frottement 摩擦圆法
~ de cercles de rupture 破坏圆弧法
~ de chantier 施工方法
~ de chargement 加负荷方法，装载方法，加载方法，装藏方法
~ de Charpy 恰贝实验法，冲击试验法
~ de cheminement 掘进方法
~ de cisaillement direct 直接剪力法
~ de classement 分类法
~ de colonne analogue 柱比法
~ de coloration 染色法，着色法
~ de compactage fort 强夯法
~ de comparaison 比较方法，比较法
~ de compensation 平衡法，补偿法
~ de complément 补充方法
~ de composite 叠加法，混成法，叠合法
~ de conception 设计方法
~ de condensation 凝聚法
~ de congélation 冻结法
~ de congélation Dehottay 德式冻结法
~ de connexion rigide 刚接板梁法
~ de construction 施工方法
~ de construction à ciel ouvert et remblaiement 明挖回填法
~ de construction à l'aide du transport par chaland 浮运架桥法
~ de construction sans échafaudage 无支架施工法
~ de construction souterraine 地下施工法，暗

挖法

~ de contact 接触法（污水处理）

~ de continuation en arc 连拱作用

~ de contrecourant 逆流法（混凝土拌和）

~ de contrôle 检验法,控制法,管理法

~ de contrôle de compactage 压实度控制法

~ de contrôle non destructif 非破坏性检验法,无破坏检验法

~ de coordonnée 坐标法

~ de correction successive 逐次校正法

~ de corrélation （水文预报的）相关法

~ de coulage par encorbellement 悬臂浇筑法

~ de coupe rapide 高速切削法

~ de couverture （地震）多次叠加法

~ de Crémona 克雷默那法（即图解节点法求桁架应力）

~ de cristal tournant 旋转晶体法

~ de Cross 克洛斯法（设计连续梁等的一种方法）,弯矩分配法

~ de Culmann 古尔门法（即用图解截面法求桁架应力）

~ de Culmann pour déterminer la pression du sable 古氏砂压力图解法

~ de cunette 导坑挖掘法,导坑掘进法

~ de damage fort 强夯法

~ de datation absolue 绝对年龄测定法

~ de décalage d'axe 轴线位移法

~ de décharge 卸荷方法

~ de déflection 变位法,位移法

~ de densité 密度法

~ de déplacement 位移法

~ de déplacement de joint 节点位移法

~ de dérivation constante 恒偏量法

~ de détermination 测定方法,测定法

~ de déviation 偏转法,位移法,偏差法,差离法

~ de diagraphie 测井方法

~ de différence 差分法

~ de différence finie 有限差分法

~ de diffusion 扩散法

~ de dimensionnement 尺寸测定法,尺寸设计

~ de dimensionnement de chaussées 路面厚度计算方法,路面结构设计方法

~ de dimensionnement de chaussées souples 柔性路面结构设计方法

~ de dimensions 因次理论法,量纲法

~ de distance inverse 距离反比法

~ de distribution 分配法

~ de distribution des moments 弯矩分配法

~ de dosage pondérable 重量分析

~ de dosage volumétrique 容量分析

~ de facteur ciment sable 灰砂比法

~ de facteur de ciment 水泥系数法

~ de fausse position 假想状态法

~ de Fellenius 瑞典条分法

~ de Fibonacci 黄金分割法,斐波那契法

~ de flottage 浮运法

~ de fluage 徐变法,流变法

~ de fonçage de puits 沉井法

~ de fonçage des pieux par jet d'eau 射水沉桩法

~ de fonte rapide 快速溶化法

~ de forage 钻孔法,钻探法

~ de forage avec boue 泥浆护壁钻孔法

~ de forage dirigé 定向钻探方法

~ de forage par battage 冲击钻探方法

~ de forage par percussion 冲击钻探方法

~ de forage par rotation 回转钻探方法

~ de fouille 外围开槽挖基法

~ de freinage à roue bloquée （副量路面滑溜的）锁止轮制动法

~ de Galerkin 加韵尔坎法（路面厚度设计方法的一种）

~ de Gauss-Seidel 高斯—塞迭尔（迭代）法

~ de géothermie 地热法

~ de grand reconnaissance 踏勘性普查方法

~ de Guyon-Massonnet G-M法

~ de Jensen-Haise （计算需水量的）詹森—海斯法

~ de Jeuffroy-Bacheler 热弗鲁瓦巴舍莱方法（法国柔性路面厚度设计的一种方法）

~ de joint 节点法

~ de jointure à charnier 铰接板梁法

~ de Jones 琼斯方法（英国的一种柔性路面厚度设计法）

~ de kérosène 石油法（测土的密度）

~ de l'équilibre limite 极限平衡方法

~ de l'analyse rapide 快速分析法

~ de l'analyse vectorielle 矢量分析法

méthode

- ~ de l'aspect visuel 目测法,目视法
- ~ de l'énergie 能量法
- ~ de l'équilibre local 局部平衡法
- ~ de l'excavation et remplacement （软土基的）挖填换土法
- ~ s de l'exécution 施工方法
- ~ de l'île artificielle 人工筑岛法,沉箱法
- ~ de l'indice de groupe 分组指数法
- ~ de l'interview du conducteur du véhicule 车辆计数的路边观察法
- ~ de la bétonnière mobile （混凝土路面的）拌和摊铺机械施工法
- ~ de la bouche 环路实验法（确定接地或电缆内部短路故障）
- ~ de la consolidation dynamique 动力固结法
- ~ de la double intégration 二重积分法（计算梁的垂度）,双重积分法
- ~ de la granulométrie 级配办法（粒度）,粒度测定法
- ~ de la ligne élastique 弹性线形（分析）法
- ~ de la projection stéréographique 立体投影法
- ~ de la spirale logarithmique 螺旋对数法
- ~ de laboratoire 实验室方法
- ~ de lavage par contre-courant 回流冲洗法
- ~ de lecture graphique 符号读出法,标志读出法
- ~ de lévigation 分部沉降法
- ~ de liaisons surabondantes 过剩连接法
- ~ de ligne longue 长线法（预应力混凝土施工方法）
- ~ de logarithme du temps 时间对数拟合法
- ~ de macadam-mortier 水泥结碎石路面施工法
- ~ de marche-type 以试运转规定列车运转时分的方法
- ~ de Maxwell-Mohr 麦克斯韦尔—摩尔法
- ~ de mélange 拌和法
- ~ de mesure 测定法
- ~ de mesure (de la densité sèche) au carottier 取样（干密度）测定法,量测法,测定法
- ~ de mesure absolue 绝对测量法
- ~ de mesure directe du rendement 效率直接测量法
- ~ de mesure indirecte du rendement 效率间接测量法
- ~ de mesure par décharge d'un condensateur 电容器减少电荷法（测绝缘电阻用）
- ~ de mesure par résonance 谐振测定法
- ~ de mise en œuvre 施工方法
- ~ de modelage 模型法
- ~ de modélisation par bloc 块体模型方法
- ~ de moment 力矩法
- ~ de moment d'inertie 惯性力矩法
- ~ de montage par encorbellement 悬臂拼装法
- ~ de Monte-Carlo 蒙特—卡罗法,统计试验法
- ~ de mortier liquide 灌薄浆法
- ~ de moyenne 平均法
- ~ de moyenne pondérable 加权平均法
- ~ de Nascimento 纳西蒙托法（多层路面结构的一种解法）
- ~ de neutralisation 中和法
- ~ de pénétration 贯入法,灌浆法
- ~ de pénétration directe 直接贯入法
- ~ de pénétration inverse 反贯入法
- ~ de Penman （计算耗水量的）彭曼法
- ~ de percussion hydraulique 水力冲击法
- ~ de perforation de gros trous 大直径钻孔法
- ~ de perforation rapide 高速钻孔法
- ~ de point 节点法
- ~ de point fixe 定点法
- ~ de point neutre 中和点法
- ~ de polarisation induite 激发极化法
- ~ de polarisation spontanée 自发极化法
- ~ de polygone （求面平均雨深的）多边形法
- ~ de pont pour mesures électriques 测电桥接法
- ~ de post contrainte 后张法
- ~ de post-tension 后张法
- ~ de poudre 粉末法
- ~ de poussage 顶推（施工）法
- ~ de précharge 顶压法
- ~ de pré-compactage 预压法
- ~ de précontrainte 预施应力法,先张法
- ~ de précontrainte avec fils préalablement tendus （预应力）先张法
- ~ de prélèvement 取样法
- ~ de preparkt 顶压骨料法,压浆法
- ~ de pré-tension 先张法
- ~ de prévision 预测方法
- ~ de probabilité 概率法

~ de Proctor （土的）葡式压实法
~ de progression 隧道掘进法
~ de projection 投影法，射影法
~ de proportion 混凝土体积比配合法
~ de prospection 勘测方法
~ de prospection à la sondeuse à main 浅钻勘探方法
~ de prospection électrique 电法勘探
~ de prospection géochimique 地球化学勘探法
~ de prospection géophysique 地球物理勘探法
~ de prospection microbiologique 微生物勘探法
~ de prospection séismique 地震勘探法
~ de prospection séismique par réflexion 地震波反射法
~ de prospection séismique par réfraction 地震波折射法
~ de rabattement de nappe aquifère 井点法
~ de racine du temps 时间方根计算法（求固结系数用）
~ de radioactivité 放射性勘探法
~ de ralentissement 惰定法，自动制动法，减速法
~ de rationalisation 推理法，合理化法
~ de recherche de l'optimum 最优研究法
~ de reconnaissance 勘察方法
~ de récupération secondaire 二次回采法
~ de récupération thermique 热力采油法
~ de réduction à zéro 平衡法，零值电流法，零点法
~ de réfrigération 冷却法
~ de refroidissement 冷却法
~ de réglage 调节法
~ de relaxation 卸载法，解除法，松弛法，迭弛法
~ de relaxation de force 力迭弛渐进法
~ de remorquage 牵引法，纵向拖拉架桥法
~ de remplacement 置换法，（地基处理的）换土法
~ de remplacement de sable 砂充法，代砂法（试验土基方法）
~ de remplissage hydraulique 水力充填法
~ de renforcement 加固方法，补强方法
~ de répartition des moments 弯矩分配法
~ de répétition 复测法

~ de représentation graphique 图示法
~ de sablage 铺砂测定法
~ de sections 断面法
~ de séismicité 地震（探测）法
~ de séparation 分离法
~ de séparation hydrographe 水文过程线分割法
~ de signal indépendant 单独信号方式
~ de silicification 硅化法，土壤加强法
~ de Soletanche 胀圈套管灌浆法，袖阀套灌浆法（法国 Soletanche 公司开发的一种砂砾石层灌浆方法）
~ de sondage à impulsions 脉冲测深法
~ de sondage profond 地震测深法
~ de sondages électriques 电测深法
~ de sonde à tarière 旋转式钻孔，锥钻孔灌注（混凝土）桩施工法
~ de soudage thermique 热焊接方法
~ de stadia 视距法
~ de Steele 斯特尔法（设计柔性路面厚度的一种方法）
~ de substitution 置换法，取代法，代入法
~ de superposition 叠合法，叠置法，叠加法
~ de surface （测流的）水面法
~ de surfaces de glissement （边坡土体稳定分析的）条分法
~ de taches 点滴法
~ de temps-surface 时间—面积法，流时—面积法
~ de tension antérieure 先张法
~ de tension postérieure 后张法
~ de thermos 蓄热法，暖瓶法（冬季施工）
~ de touches 点滴法
~ de traitement 处理方法
~ de tranchée （路面工程的）槽式断面法，开槽施工法
~ de tranches 条分法（土坡稳定性计算）
~ de travail à la chaîne 流水作业法
~ de triage digital 数字分类法，基数分类法
~ de triangulation 三角测量法
~ de trois points 三点法，平板仪测量法
~ de tube immergé 沉管法（水底隧道的一种施工方法）
~ de vibration 振动法

~ de visualisation 目测法
~ de Warbit 一种粗细集料紧密结合的双层式沥青混合料路面施工法
~ de Westergaard 威士特卡德方法（路面设计方法的一种）
~ de zéro 零点法，平衡法，零测法，指零法
~ déductive 演绎法
~ dérivée de l'essai A.A.S.H.O. 美国各州公路工作者协会试验方法（多指柔性路面和水泥混凝土路面设计方法）
~ des accroissements 增量法
~ des accroissements finis 有限增量法
~ des ajustements （拱坝应力分析的）试载法
~ des angles de déviation 偏角法
~ des approches （逐次）逼近法，求近法，近似法
~ des approximations successives 渐近法，逐次逼近法
~ des arcs-consoles 拱—悬臂法
~ des bandes finies 有限条带法
~ des bassins d'infiltration 淤灌法
~ des charges d'essai 加载试验法
~ des charges fictives 虚载法（计算梁的垂度）
~ des coefficients indéterminés 未定系数法
~ des contraintes initiales 初（始）应力法
~ des coupures 切除法，切割法
~ des déformations angulaires 位移法，变位法
~ des directions （测角的）方向法
~ des éléments finis 有限（单）元法
~ des indices de groupe 分组指数法（柔性路面设计方法的一种）
~ des limites 极限法
~ des moments 力矩法
~ des nœuds （桁架应力计算的）节点法
~ des pertes séparées 损失汇总法
~ des perturbations 扰动法
~ des poudres magnétiques 磁粉探伤法
~ des profils de résistivité 电阻率剖面法
~ des profils parallèles 平行剖面法
~ des puits filtrants 井点法（降低地下水位的一种方法）
~ des quatre points 四点法
~ des résidus 消减法，扣除法
~ des rotations 角变位移法
~ des surfaces de glissement 滑动面法（土坡稳定验算用）
~ des tâtonnements 试探法
~ des trainées 电测剖面法
~ des tranches 条分法（土坡稳定验算用）
~ des tranches (stabilité des talus) （边坡土体稳定分析的）条分法
~ des trois ampèremètres 三安培计法
~ des trois voltmètres 三电压表法，三伏特计法
~ des trois wattmètres 三瓦特表法，三电流表法
~ des tronçons 截面法
~ des variations de pentes 角变位移法，斜率变易法
~ destructive 破坏法，破损法
~ dite du《Q/S》 Q/S 方法（控制土壤压实度的一种方法）
~ directe 直接法，正解法
~ du ballon 薄膜比重计测定法
~ du bétonnage 混凝土灌注（施工）法
~ du C.E.B.T.P. （法国）房屋和公共工程研究中心法（柔性路面厚度设计的一种方法）
~ du caisson ouvert 开口沉箱法，沉井施工法
~ du cercle 圆（弧）法
~ du cercle de frottement 摩擦圆法
~ du chemin critique 关键路线法，统筹方法
~ du chevauchement （推土机）开槽推土法
~ du choix meilleur 优选法
~ du coin de coulomb 楔形滑体法，库仑法（挡土墙土压力计算）
~ du densimètre 比重计法
~ du densitomètre à membrane 薄膜比重计测定法
~ du facteur de portance 承载因子法
~ du facteur de portance de Peltier 佩尔蒂埃承载指数法（设计路面厚度的一种方法）
~ du liséré de Becke 贝克线法
~ du marteau 锤击法（混凝土强度试验用）
~ du modèle 模拟法，模型法
~ du noyau 环挖法
~ du pendule 摆式测定法（测量路面滑溜用）
~ du point à temps （路面）补坑法
~ du prisme d'éboulement 楔形滑体法（挡土墙土压力计算用）
~ du Road Research Laboratory 道路研究实验

室法(英国设计柔性路面厚度的一种方法)
~ du road-mix 用(平地机)刀片拌和法
~ du sable 砂标定法
~ du simplex (traitement de l'information) 单纯形法(数据处理)
~ du stabilomètre 稳定计测算法
~ du stabilomètre de Hveem 维姆稳定仪法(一种柔性路面厚度设计方法)
~ du Trial Load (拱坝应力分析的)试载法
~ du zonage 在车辆少时才用的定期、定地区运送零担货物的方法,零担货物日历装车法
~ dynamique 动力法
~ Dywidag 迪维达克施工法(一种用滚轧螺纹螺帽锚粗钢筋后张顶应力的方法),迪维达克(后张预应力悬臂)架桥法
~ élastique 弹性设计法按
~ élastique de calcul 按容许应力计算的方法(按弹性模量比计算)
~ électrique 电(探)法
~ électrique à résistivité 电阻探测法,电阻勘探法
~ électrique par courant alternatif 交流电法
~ électrodynamique 电动力学法
~ électromagnétique 电磁法
~ électrométrique 电测法
~ électrostatique 静电法
~ empirique 经验法
~ en grille 网格法
~ en suspension (测流的)悬吊法
~ en travers 横向分层开采法
~ existante 现行方法
~ expérimentale 试验方法
~ forfaitaire 用换算坡计算列车运转时分的方法
~ formation simultanée 解体与编组同步的调车法,同时编解调车法
~ générale 普通方法,一般方法
~ géochronologique 地质年代法
~ géologique 地质方法
~ géométrique 几何法
~ globale 总和法
~ granulométrique 粒度分析
~ graphique 图解法,图示法,图表法
~ graphique absolue 绝对图解法
~ graphique pour déterminer la pression du sable 确定砂压力的图解
~ gravimétrique 重力法,重力勘探法,重力探矿法,化学重量分析法,重量法(加气混凝土配料法的一种),称重法,重差测定法,重量分析法
~ gravitationnelle 重力法
~ gravitationnelle d'examen du sous-sol (地下层勘探)重力法
~ hétérostatique 异位差连接法
~ hiérarchique 分段法,分级法
~ hiérarchique de projet 层次设计法
~ hodographique 速端图法
~ holoséismique 全息地震法
~ homostatique 同位差连接法
~ Hoyer 何氏法(一种测定细钢丝顶应力混凝土强度的方法)
~ Hubbard-Field 哈费氏试验法(一种测定沥青混凝土强度的方法)
~ humide 混凝土湿砂养护法,湿拌和法,水力冲方,水力填方
~ humide capillaire 毛细湿润法
~ hydrométéorologique 水文气象法
~ hydrométrique 液体比重计法
~ hydrostatique 流体静力学法
~ hydrothermale de cure 湿热养护法
~ hypsométrique (地图的)分层设色法
~ immergée (水底)沉埋隧道施工法
~ indirecte 间接法
~ inductive 感应法(检查电缆接地故障),归纳法
~ infinitésimale 无穷小法;微元法
~ input 脉冲法
~ isoclinale 等倾线法(定流线的图解法)
~ isohyète 等雨量线法(求流域平均雨深)
~ itérative 累接法,迭代法
~ Jeuffroy-Bachelej 日佛罗—巴什雷法(法国设计柔性路面厚度的一种方法)
~ K/Ar 钾氩法
~ limite 极限法
~ magnétique 磁法
~ magnétique d'examen du sous-sol 地层磁探法
~ Mallinson 马氏溶剂分析法

~ manuelle 人工方法,手工方法
~ masse-spectrométrique 质谱法
~ mathématique 数学方法,数学法
~ mécanique 机械法
~ micrographique 显微组织鉴定法
~ microscopique 显微(照相)法,显微绘图法,极小法,显微镜法
~ microséismique 微地震法
~ mix in place 就地拌和法,路拌法
~ moderne 现代方法,现代化方法
~ morphoscopique 肉眼鉴定法
~ néphélométrique 浊度测定法
~ normalisée 标准方法
~ nouvelle 新方法
~ numérique 数值(计算)法,数字法
~ officielle 正式方法
~ orthodoxe 传统方法
~ par agitation 动法
~ par analogie 比拟法,模拟法
~ par analogie électrique 电模拟法
~ par collage 胶结方法
~ par contact 接触法
~ par détermination des pertes globales 总损耗确定法
~ par dilution 稀释法
~ par élimination 消去法,消元法
~ par énergie de déformation 应变能法(计算超静定结构用)
~ par expansion de gaz 气体膨胀法(测土壤孔隙率用)
~ par explosion 地震勘探法
~ par fusion 熔解法,熔合法
~ par fusion de la glace 熔冰(量热)法
~ par galerie d'assise (隧道施工的)底导坑法,底设导洞法,底层导坑法
~ par injection de mercure 注射水银法(测土壤孔隙率用)
~ par inversion 逆点法,反演法
~ par itération 反复法,重复法
~ par les isotopes originals 原始同位素法
~ par pénétration 焊接法(接触焊时)
~ par répétition de mesure des angles 角度反复量测法
~ par résonance 谐振法

~ parallèle 平行法,并行法
~ passive 被动施工法,消极施工法(施工前保留地基内动层的)
~ pétrochimique 岩石化学法
~ photo-élastique 光测弹性法
~ photoélectrique 光电法
~ physico-chimique 物理化学方法
~ physique 物理方法
~ picnométrique 比重测定法
~ plant-mix 厂拌法
~ point par point 逐点法(测 b. h. 曲线),逐点测定法,逐点计算法,逐次近似法
~ polarographique 极谱法
~ polygonale (测量的)导线法
~ préconisée 推荐方法,建议方法
~ préventive des pannes 故障预防法
~ probabiliste de projet 概率设计法
~ probabiliste hybride 综合概率法
~ progressive 逐点计算法
~ proposée 推荐的方法
~ proposée pour la prévision des pressions interstitielles 间隙压力预测法
~ provisoire 暂时(采用的)方法,临时方法
~ pseudo-dynamique 拟动力法
~ pseudo-statique 拟静力法
~ Purcell 珀塞尔孔隙度测定法
~ purement empirique 纯经验法
~ qualitative 定性方法
~ quantitative 定量方法
~ radiale 射线法
~ radio cristallographique 射线结晶分析法
~ radioactive 放射性测量法
~ radiométrique 放射性测量法
~ rapide 快速方法,快速法
~ rationnelle 合理方法
~ régénératrice 复眼法(液化),再生法
~ représentative d'échantillonnage 代表性抽样法
~ Ritter 李德法,截面法
~ Ritz 里兹法,用最小能量计算结构的方法
~ Rockwell 洛克威尔法,硬度测定法
~ sèche 机械填土,机械筑堤,干法
~ séismique 地震探测法
~ semi-empirique 半经验法

~ SETRA-LCPC　公路和高速公路，技术设计院——道桥中心研究所的方法（法国柔性路面设计的一种方法）
~ Shell　壳牌公司法（柔性路面设计的一种方法）
~ Shell de dimensionnement　壳牌石油公司路面霉度设计法，壳牌路面设计法
~ Shell de dimensionnement des chaussées souples　壳牌柔性路面厚度设计法
~ Shore　肖氏（回填硬度）测定法
~ simplifiée　简化方法
~ sismique　地震勘探法
~ sismique de prospection　地震勘探法
~ sismique de réfraction　地震折射法，地震勘探
~ sonique　音响法（混凝土强度和机械故障等试验用）
~ spectrochimique　光谱化学测定法
~ spectroscopique　分光法，光谱分析法，频谱分析法，能谱分析法
~ stadia　视距法
~ statistique　统计法
~ statistique en géologie　地质统计学法
~ statistique en physique　物理统计法
~ stroboscopique　闪光观测法，频闪观测法，闪光测频法
~ suédoise　（土体稳定分析的）瑞典（滑弧）法，（土坡稳定性计算）条分法
~ suédoise de perforation　瑞典钻孔法
~ symbolique　符号法
~ symétrique　对称法
~ synthétique　综合法，合成法
~ synthétique d'aérophoto　航测综合法
~ tellurique　大地电流法
~ théorique　理论方法
~ thermoluminescence　热发光法
~ thermostatée　蓄热法
~ topogéologique　拓扑地质学法
~ topographique des alignements　直线（测量）法
~ traditionnelle　传统方法，常用方法，常规方法
~ traditionnelle des levés　传统测量法
~ travail plant　移动式设备拌制（混凝土）法
~ triaxiale　三轴法，三坐标法
~ Uirbio　计算列车运行时分的图解法
~ ultrasonique　超声波法
~ s unifiées de réception　统一验收方法
~ universelle d'aérophoto　航测全能法
~ utilisée　使用的方法
~ vectorielle　矢量法
~ Vickers　韦氏硬度测定法
~ visuelle　（土壤分类的）目视法
~ visuelle d'estimation　目测法
~ volumétrique　容量法，体积法，体积比配料法

méthodique *a* 有秩序的，有系统的，有方法的，有规律的，有条理的，按顺序做成的，方法上的

méthodologie *f* 方法，方法论，方法学，研究法
~ de sondage　钻进方法
~ et plan de travail　工作方法及计划

métier *m* 手艺，职业，行业，技巧
~ de construction　建筑业

métrage *m* 量方，计量（以米为单位的），测量，量测

métré *m* 度量，测量，计量，工程测量，工程数量单
~ de travaux　工程测量，工程数量单
~ et décompte des travaux　合同的检查与支付

mètre *m* 米（符号 m，长度单位），计，表，仪，公尺，量规，米尺
~ à piston rotatif　转动活塞表
~ à retrait　放缩尺
~ à ruban　卷尺
~ à retrait　放缩尺
~ ampère　米安（培）
~ articulé en bois (d'un mètre en huit pliages)　（八折一米的）木折尺
~ carré　平方米（符号 m^2）
~ courant　延米，直线米
~ cube　立方米（符号 m^3）
~ d'acier en ruban　钢卷尺
~ de l'écoulement　流速仪
~ droit　直尺
~ en ruban　卷尺
~ en ruban à rouleau　尺，皮尺
~ enregistreur　自记仪表
~ linéaire　延（长）米
~ pliant　折尺
~ roulant　卷尺，皮尺
~ roulé en acier　钢卷尺

mètre-kilogramme *m* 公斤·米
métrer *v* 以米为单位测量
métreur *m* 计量员，土地测量员，工程量统计员
métrique *f* 量度，度规，度量标准；*a* 公制的，米制的，量度的，测量的，度量的，度规的
　　système ~ 米制
　　tonne ~ 公吨，千公斤
métrix *m* 检查用具，检查标尺
métro-garage *m* 地下车库，地下停车场
métrologie *f* 计量制，计量学，度量衡学，度量衡制
métrophotographie *f* 单一照相测量，测量摄影学
métropole *f* 首府，首都，大都市，大城市
métropolitain *m* 地下铁道
metteur *m* 操作者
　　~ en ondes 波道坐标仪
mettre *v* 放，摆，搁，安装，安设，设置，放置，从事，进行，使用，花费，加入，插入，开始，使变成，使处于……状态
　　~ à disposition 交付使用
　　~ à l'alignement 定线
　　~ à l'entreprise 招标
　　~ à l'épreuve 进行试验
　　~ à la cote 校正，调准
　　~ à la longueur 使成规定长度
　　~ à la masse 安框架，接地
　　~ à la retraite (ou à la pension) 使退休
　　~ à la terre 接地
　　~ à plat 平放
　　~ à profit 利用
　　~ à sec 干装
　　~ au jour 整理清楚，公开，发表
　　~ au point 研制，制造，调节，校准，调准，建立，创立，解释，调焦距，制造成功，使之妥善，置于良好的工作状态，消除故障，消除错误
　　~ au quai 停靠站台
　　~ au ralenti 减缓，减速，延迟，停滞
　　~ au rancart 废弃，放置
　　~ des fonds 投资
　　~ des rails et des traverses en voie 线路铺轨
　　~ du profil 成型，恢复断面
　　~ en accord avec 使……一致
　　~ en action 起动，运转，开车，发生作用
　　~ en application 履行，执行
　　~ en câble 安放电缆
　　~ en chantier 施工，制造，生产
　　~ en charge 加荷，施荷，承重
　　~ en circuit 使接通电路
　　~ en communication avec 使……连接
　　~ en contact avec 使……接触，连接
　　~ en cordon 纵向堆料
　　~ en dépôt 弃方，弃土，堆积，堆置，放置，储藏，保管，进仓，库存
　　~ en dépôt en piles 堆存
　　~ en dépôt en tas 堆存
　　~ en dérivation 并联，分路
　　~ en état 准备好
　　~ en évidence 明确指出，证明
　　~ en exploitation 投入营运，开业
　　~ en feu (locomotive) 升火(机车)
　　~ en forme 成形，以……形状，以……形式
　　~ en jeu 使用，采用，开动，使起作用
　　~ en liaison 建立通信，建立联系
　　~ en lumière 指出，发现
　　~ en marche 起动，开动，运转，工作
　　~ en marche supplémentaire 加挂
　　~ en mémoire 存储
　　~ en mouvement 起动，开动，起步
　　~ en œuvre 起动，开动，开工，施工，放置，浇注，灌注，铺撒(路面材料)，浇灌(混凝土)，浇注混凝土
　　~ en ordre de marche 使运转，(工作)正常
　　~ en paiement 支付
　　~ en parallèle 使平行
　　~ en phase 使同步，定相
　　~ en pièces 拆卸，分解
　　~ en piles 堆放
　　~ en place 就位，安装，装卸，装入，砌入
　　~ en place des batardeaux 安装叠梁
　　~ en place des forcements 加挂车辆，增挂补机
　　~ en place les charges explosives 装填炸药
　　~ en place par flottaison 浮运就位
　　~ en position 放置，定位
　　~ en précontrainte 预加应力，预施应力
　　~ en présence 采用，将……放在一起
　　~ en relation avec 使……发生关系
　　~ en réserve 作为备用，保存，做储备金
　　~ en route 开动，启动
　　~ en sac 装袋

~ en service　投入使用,开始服务
~ en service industriel（centrale）　投入工业运行（电站）
~ en service la route　道路通车,道路开放交通
~ en stock　储藏,储存
~ en talus　使成边坡,作坡面
~ en tas　堆放
~ en tension　张拉（预应力钢筋混凝土）
~ en vigueur　实行,生效,实施,使用
~ en vitesse　加速,加快
~ fin à　制止,结束
~ hors circuit　断路,断开电路,从电路中断开
~ hors de service　停止使用,停止服务
~ hors fonctionnement　使停止工作
~ hors gel　抗冻,抗寒
~ hors tension　断开
~ la date　填写日期
~ la locomotive sous pression　使机车上汽
~ la main sur　控制
~ le contact　接通,连接
~ le moteur sur ralenti　柴油机减速
~ le signal à l'arrêt　显示停车信号,把信号放在停止位
~ le signal à voie libre　显示通过信号
se ~　开始,从事,进行
se ~ à　开始（做某事）
~ sous carter　放入箱中
~ sous écran　屏蔽,隔离,防波
~ sous plombs　加铅封,施封
~ sous pression　加压,施压
~ sous tension（la caténaire）　使带电,使通电（接触网）
~ sur pied　建立
~ sur stop　使停止
~ sur vérins　用千斤顶顶起,起重
~ sur zéro　对准零位,置零
~ une vitesse en prise　从一种速度变为另一种速度,变速

meuble　*m*　柜；*a*　松散的,疏松的,易碎的,未胶结的,可移的,松软的（指土壤）
~ de commande　控制台,控制装置,联锁机（包括小握柄,继电器联锁）

Meudonon　*m*　默多农沉积（层）（巴黎盆地）

meulage　*m*　磨碎,研碎,磨光,磨削,研磨,磨片

~ de précision　细磨,精磨
~ en arrosant　湿磨
~ sec　干磨

meulé　*a*　磨削的,研压的

meule　*f*　砂轮,磨石,砂轮机,磨轮
~ à aiguiser　磨石,磨刀石,砂轮
~ à broyer　轮辗机
~ à dégrossir　粗磨砂轮
~ à émeri　砂轮
~ abrasive　砂轮
~ annulaire　平砂轮
~ d'émeri　金刚砂砂轮
~ demi-douce　中软砂轮
~ demi-dure　中硬砂轮
~ douce　软砂轮
~ dure　硬砂轮
~ en carborundum　碳化硅砂轮,金刚砂砂轮
~ en corindon　刚玉砂轮
~ en grès　磨石,砂轮,砂岩磨石
~ fine　细砂轮,细磨石
~ lapidaire　宝石磨轮
~ plate　平砂轮
~ pour finition de béton　混凝土表面磨光机
~ profile　成形砂轮,异型砂轮

meuler　*v*　磨削,研磨,磨光
~ pour dégager les trous　扩大孔眼

meuleur　*m*　磨工

meuleuse　*f*　磨床,磨光机,研磨机,砂轮机,工具磨床
~ portative　手动研磨机
~ pour affûter les fleurets　磨钻机,磨钎机
~ verticale　立式砂轮机

meulière　*f*　石坑,磨石,采石场,硅化灰岩,作磨石的粗砂岩,磨石采石场

meuliérisation　*f*　磨石化（作用）

meyerhofférite　*f*　三斜硼钙石

meyersite　*f*　斜磷铝石

meymacite　*f*　水氧钨矿

meyméchite　*f*　玻质纯橄岩,麦美奇岩

mézière　*f*　坑道壁,巷道壁

Mg-ferrite　*f*　镁磁铁矿

Mg-illite-hydromica　*m*　镁伊利水云母

mho　*m*　姆欧（电导单位）

mi-　（前缀）半,中

miagite *f* 球状辉长岩,球状闪长岩
mianthite *f* (深熔岩中的)暗色包体
miargyrite *f* 辉锑银矿
miarole[**miarolite**] *f* 晶洞花岗岩
miarolitique *a* 晶洞状的
miascite *f* 白云石,云霞正长岩,杂菱锶方解石
mica *m* 云母,帆云母,云母片
　～ argenté 白云母
　～ blanc 白云母
　～ brut 天然云母
　～ cassant 脆云母
　～ claire 天窗云母
　～ clivable 易劈云母
　～ de fer 铁云母
　～ de lithium 锂云母
　～ en feuilles 云母片
　～ ferromagnésien 镁铁质云母,黑云母
　～ foliacé 叶片状云母
　～ fragile 脆云母
　～ industriel 工业云母
　～ lépidolite，～lithinifère 锂云母
　～ noir 黑云母
　～ potassique 白云母,钾云母
　～ pour fenêtres à tabatière 天窗云母
　～ schiste 云母片岩
micacé, e *a* 含云母的,云母状的,云母化的,云母质的
micacisation *f* 云母化
micacite *f* 云母片岩
micadiorite *f* 云母闪长岩
micalcite *f* 云母结晶片岩,云母石灰岩
micalite *f* 贫英云片岩
micanite *f* 人造云母,云母板,绝缘石
micaphyllite *f* 红柱石
micaphyre *m* 云母斑岩
micapsammite *m* 云母砂岩
micaschiste *m* 云母片岩
　～ à deux micas 二云母片岩
　～ franc 白云母片岩
　～ gneissique 片麻云母片岩
micaschisteux *a* 云母片岩的
micaslate *f* 云母板岩
micaultlite *f* 铝金红石,蚀金红石
micellaire *a* 胶束的

micelle *f* 微团,微胞,胶质,胶束[囊],胶(质)粒(子),胶态分子团,胶态离子,胶体微粒
　～ d'argile 黏土胶态分子团
michaelsanite *f* 复硅锆铍矿,杂硼铁稀土矿,铈硅铍钇矿
miche *f* 云母结核
michel-lévyte *f* 重晶石
michenérite *f* 等轴铋碲钯矿
mi-conducteur *m* 半导体
mi-côte (à) 在半山腰
micrinite *f* 微粒体,碎片体,不透明基质
micrite *f* 微晶,泥晶,混染岩,混成岩,微晶灰岩,泥晶灰岩
micritique *a* 微晶的,泥晶的
micritisation *f* 微晶化,泥晶化
micro- (前缀)微,百万分之一,微量的
Micro Deval en présence d'eau (MDE) 小型狄法尔加水磨耗试验
microagrégat *m* 微集合体,微团聚体
microallotriomorphe-grenu *a* 微他形晶粒的
micro-amiante *m* 石棉粉
　～ en caoutchouc 中压橡胶石棉板
microampère *m* 微安(培)(10^{-6} A)
microampèremètre *m* 微安表,微安计
　～ thermique 热微安计
microanalyse *f* 微量分析
　～ à sonde électronique 电子探针微量分析仪
microanalyseur *m* 显微分析仪
　～ à sonde électronique 电子探针微量分析仪
　～ ionique 离子探针
microaphanite *f* 显微隐晶岩
micro-autoradiographe *m* 显微放射自显影仪
microbalance *f* 微量天平,测微天平
microbar *m* 微巴(μb,压强单位,$1\mu b = 0.1$ Pa)
microbarographe *m* 微气压计,自记微气压计
microbérondrite *f* 微辉闪霞斜岩
micro-béton *m* 细级配混凝土,砂质混凝土
　～ asphaltique 细级配沥青混凝土
　～ bitumineux 砂质地沥青混凝土,地沥青砂
　～ hydrocarboné 细级配沥青混凝土
micro-bétonnière *f* 小型混凝土拌和机
microbouton-poussoir *m* 微型按钮
microbrèche *f* 细角砾岩
microbréchique *a* 细角砾状的,细角砾[结构]的

microbromite *f* 氯溴银矿
microcalorimètre *m* 微量量热器，微热量热器
microclastique *a* 细屑的，微碎屑的
microcline *f* 微斜长石
　～ perthitique　微斜纹长石
　～ rubidifère　天河石
　～ sodique　钠微斜长石
microclineperthite *f* 微斜纹长石
microclinisation *f* 微斜长石化
microclinite *f* 微斜长石岩
microconducteur *m* thermo-électrique　微型热点偶丝（测温度用）
microconglomérat *m* 微砾岩，细砾岩
microcrique *f* 微观裂纹
microdécrochement *m* 微平移断层
microdéformation *f* 微应变
microdensitomètre *m* 微型浓度计，微型密度计，微量浓度计，微量密度计，测微光度计，显微光密度计
microdésintégration *f* 破碎，研磨
microdétritique *a* 微细屑的
microdiaclase *f* 微裂隙
microdiorite *f* 微闪长岩
microdoléritique *a* 微粒玄（结构）的
microdosage *m* 微量测定
microdureté *f* 显微硬度，微量硬度
microduromètre *m* 显微硬度计
microérosion *f* 微侵蚀，微剥蚀
microessexite *f* 微碱性辉长岩，微厄塞岩
microeutaxitique *a* 微条纹斑杂状
microfaciès *m* 显微岩相，微相
microfaille *f* 微断层
microfarad *m* 微法（电容量单位）
microfelsite *f* 微霏细岩
microfente *f* 微裂隙，细裂缝
microfiche *f* 微型卡片，缩微照片，缩微胶片
microfilandreux *a* 微木纹（结构）的，微扁平状（结构）
microfiltration *f* 微孔过滤
microfissuration *f* 微裂隙（化），出现细裂纹
microfissure *f* 微裂，细裂纹，细裂缝，微裂缝，微裂隙，显微裂纹
microfracturation *f* 微断裂，显微破裂作用
microfracture *f* 微裂隙，微观破裂

microgabbro *m* 微辉长岩
microgalvanomètre *m* 微安电流计
microgélifluxion *f* 微泥流（作用），微冻解泥流（作用）
microgélifraction *f* 微冻裂作用
microglissement *m* 微滑
microgramme *m* 微克（10^{-6}g）
microgranite *f* 微花岗岩
microgranitique *a* 微花岗状的
microgranitoïde *m* 微花岗岩类；*a* 微花岗状的
microgranoblastique *a* 微花岗变晶的
microgranodiorite *f* 微花岗闪长岩
microgranulaire *a* 微晶粒状的
microgranulé *a* 微粒状的
microgranulite *f* 微麻粒岩，花岗斑石
microgranulitique *a* 微粒状的
micrographie *f* 显微图，微写器，显微照片，显微检查，显微镜检，显微测绘，显微照相，显微传真电报，显微放大器，显微照相术
　～ électronique　电子显微图，电子显微照片
micrographique *a* 微花斑状的，微文象的
microgravimétrie *f* 微重力测量，微量分析，微重力勘察法
microgrenu *a* 微粒状的
microgrès *m* 细粒砂岩，粉砂岩
microgréseux *a* 粉砂状的
microhenry *m* 微亨（利）（10^{-6}h）
microhm *m* 微欧（姆）（$10^{-6}\Omega$）
microhypidiomorphe-grenu *a* 半自形微粒（结构）
microinverse *f* 微梯度曲线，微梯度（电极系测井）
microlenticulaire *a* 微透镜状的
microlépidoblastique *a* 微鳞片变晶的
microlépidolite *f* 微锂云母
microlitage *m* 显微层理
microlite *f* 细晶石
microlithe *m* 细晶石
microlithite *f* 微晶玢岩
microlithologie *f* 显微岩性学
microlithologique *a* 显微岩性学的
microlithon *m* 微劈石，岩片
microlitique *a* 微晶状，毛毯状
microlitite *f* 微晶玢岩
microlitre *m* 微升

micromagnétomètre　m　微型磁力仪
micromanipulateur　m　精密控制器
micromanomètre　m　微气压计, 微压力计, 微压力表, 精测流体压力计
micromeltéigite　f　微暗霓霞岩
micromérite　f　微晶粒状岩
microméthode　f　微量法, 微量测定法
micromètre　m　测微计, 千分尺, 千分卡, 微米 (10^{-6} m) 百分表, 外径千分尺
　～ à filet　螺纹千分尺
　～ à vis　螺旋测微计, 螺纹千分尺
　～ bifilaire　复丝千分尺, 双丝测微计
　～ coulissant　滑动测微计
　～ d'alésage　内径千分尺, 内部测微计
　～ d'intérieur　内径测微计卡钳, 内径千分尺卡钳, 内径千分卡
　～ de profondeur　深度测微计, 测深仪
　～ extérieur　外径千分尺
　～ filaire　游丝测微计
　～ glissant　滑动测微计
　～ intérieur　内径千分尺
　～ oculaire　目镜测微计, 目镜千分尺, 测微目镜, 接目测微器
　～ vernier　游标千分尺, 游标测微器, 化微千分尺, 游标测微计
micrométrie　f　测微, 测微法
micrométrique　a　测微的
micromicrofarad　m　微微法拉 (10^{-12} F)
micromicron　m　微微米 (10^{-12} m)
micromillimètre　m　纳米 (10^{-9} m)
microminette　f　脉状云母正长岩
microminiaturisation　f　微型化, 超小型化
micromodule　m　微型组件, 超小型器件
micromonzonite　f　微二长岩
micromorphite　f　球锥晶体
micromortier　m　细砂浆, 细灰浆, 细胶泥
micromoteur　m　微电机
micron　m　微子, 微米 (10^{-6} m), 百万分之一
micronique　a　微观的, 显微的
micronisation　f　微粒化
micronorite　f　微苏长岩
micronormale　f　微电法, 微电位曲线, 微电位电极系测井
micro-onde　f　微波

micro-ophitique　a　显微含长的(结构), 显微辉绿的(结构)
micropelle　f　小型挖土机, 小型挖掘机
micropénétromètre　m　微型针入度仪, 微型贯入度仪
microperthite　f　微纹长石
microphanérocristallin　a　微显晶质的
microphénocristal　m　微斑晶
microphirique　a　微斑状的
microphitique　a　微含长的(结构), 微辉绿的(结构)
microphone　m　话筒, 微音器, 麦克风, 传声器, 送话器(电话), 扩音器
microphonicité　f　颤噪效应, 颤噪声
　～ des lampes　电子管的颤噪效应
microphonie　f　颤噪声, 话筒效应, 影像抖动, 微弱的声音, 微音器效应
microphonique　a　传声器的, 话筒的
microphotogramme　m　显微照片, 显微传真电报
microphotographie　f　显微照相, 缩微照相, 缩微照片, 显微照相术
microphotomètre　m　显微光度计, 测微光度计
　～ photoélectrique　光电微光度计
microphyrique　a　微斑状的
microphysique　f　微观物理学
micropieu　m　微型桩
microplakite[microplacite]　f　微叶体(拉长石中包裹体)
microplancton　m　微体浮游生物
microplaque　f　小板块
micropli　m　微褶曲, 微褶皱
microplissement　m　微褶皱, 微褶皱作用
micropoecilitique　a　微嵌晶状的
micropolarimètre　m　测微偏振计
micropolluant, e　a　微污染的
micropollution　f　微污染
micropompe　f　小型泵
micropore　m　微孔隙
microporeux　a　有微孔的
microporosité　f　微孔隙性, 微孔隙度
microporphyre　m　微斑岩
microporphyrique　a　微斑状的
microporphyroblastique　a　微斑变晶的
micropoudingue　m　微砾岩

microprismatique(grenu) *a* 微粒柱状
micropseudophérolitique *a* 微假球粒(结构)
micropycnomètre *m* 微比重瓶,微比重管
micropyroméride *m* 微球粒石英霏细岩
micropyromètre *m* 微温计,精测高温计,显微微温计
microquartzite *m* 微石英岩
microrelief *m* 小地形,微地形,微地形起伏,小区地形
microrshonkinite *f* 微等色岩
microrugosité *f* 粗糙度小,微观粗糙,微粗糙度
microsanidinite *f* 微透长岩
microschörlite *f* 微黑晶
microscope *m* 显微镜
　～ à contraste de phase 相差显微镜
　～ à haute température 高温显微镜度
　～ à immersion 油浸显微镜
　～ à lumière 光学显微镜
　～ à micromètre 测微显微镜
　～ à oculaire micrométrique 测微镜
　～ à pouvoir séparateur élevé 高分辨力显微镜
　～ à rayons ultra-violets 紫外显微镜
　～ à rayons X X光显微镜
　～ à ultraviolets 紫外显微镜
　～ à vernier 游标显微镜
　～ binoculaire 双目显微镜,双筒显微镜
　～ binoculaire stéréoscopique 双筒立体显微镜
　～ coordonné 坐标显微镜
　～ de lecture 示读显微镜
　～ de mesure 量测显微镜,测量显微镜
　～ de réflexion 反射显微镜,矿相显微镜
　～ de transparence 透射显微镜,岩相显微镜
　～ électronique 电子显微镜
　～ électronique à balayage 扫描电子显微镜,电子扫描显微镜
　～ électrostatique 静电式电子显微镜
　～ fluorescent 荧光显微镜
　～ infrarouge 红外线显微镜
　～ magnétique 磁式电子显微镜
　～ métallique 金属显微镜
　～ métallographique 金相显微镜
　～ métallurgique 冶金显微镜,金相显微镜
　～ micrométrique 测微显微镜
　～ optique 光学显微镜
　～ pétrographique 偏光显微镜
　～ photoélectrique 光电显微镜
　～ polarisant 偏光显微镜,极化显微镜
microscopie *f* 显微术,显微学,显微技术,显微镜检查
microscopique *a* 微观的,显微的,高倍放大的
microseconde *f* 微秒(10^{-6}s)
microséisme *m* 微震
microséismographe *m* 微震仪
microséparateur *m* 微分离机
microsismique *a* 微震的
microsismogramme *m* 微震波图
microsismologie *f* 微地震学
microsize *f* 微小尺寸
microsommite *f* 微碱钙霞石
microsonde *f* 显微探针,微量探针,微型探头
　～ électronique 显微电子探针
microsonique *a* 微地震测井的
microsoudure *f* 微焊
microspectrométrie *f* 显微测光谱术
microspectrophotomètre *m* 显微摄谱仪
microsphère *m* 微球粒
　～ de verre 玻璃透镜,玻璃珠
microsphérique *a* 微球形的,微球状的
microsphérolite *m* 微球粒
microsphérolithique *a* 微球形的,微球状的
microstratification *f* 微层理,微分层现象
microstructure *f* 微型结构,显微构造,显微结构,(金属)微观结构
　～ à revêtement 外层组构
　～ hybride 混合微型结构
　～ polyédrique 多面体组构
microsyénite *f* 微正长岩
microtamis *m* 微孔滤网,微量滤器
microtapure *f* 细微裂纹,微观裂纹
microtaxitique *a* 微斑杂状的
microtectonique *f* 微构造,微观构造学,构造岩石学;*a* 微构造的,微观构造的
microtéléphone *m* 小型话筒
　～ combiné 小型话筒,送受话器
microteneur *f* 微含量
microteschenite *f* 微沸绿岩
microtexture *f* 显微结构,微细结构,微观组织
microthéralite *f* 微霞斜岩

microthermie *f* 卡(热量单位)
microtine[**microtinite**] *f* 透斜长石,淡粒二长岩
microtome *m* 切薄机,切片机
microvénitique *a* 显微脉混合岩的
microvermiculite *f* 微蛭石
microvesiculaire *a* 微多孔状(结构)
microviscosimètre *m* 测微黏度仪
microvolt *m* 微伏
microvoltmètre *m* 微伏表
microwatt *m* 微瓦(特)(10^{-6}W)
microzonalité *f* 微域,微区
mictosites *f. pl* 混合岩类
midalkalite *f* 霞石正长岩
midi *m* 中午,南,朝南
mi-dur, e *a* 半硬的,中硬的,中等硬度的
miedziankite *f* 锌黝铜矿,锌砷黝铜矿
mielleux *a* 蜜色的(指光泽)
miénite *f* 白云石,富玻流纹岩,纤维状白云岩
miersite *f* 黄碘银矿
miésite *f* 钙磷氯铅矿
miette de sol 土粒
mieux *adv* 更好地,更加
 au ~ 最好,尽可能好,充其量
 au ~ de 以最适合……的方式,以最有利于……的方式,在……最好的情况
 de ~ en mieux 越来越好
 des ~ 非常好地,极好地
 le ~ du monde 极好地,非常好地
 le ~ est de 最好是
mi-fixe *a* 半固定的,半永久的
migma *m* 混合岩浆,混浆
migmatique *a* 混合岩的
migmatisation *f* 混合作用,混合岩化
migmatite *f* 混合岩
 ~ amphibolique 角闪岩相混合岩
 ~ embréchite 残层混合岩
 ~ endogène 内生混合岩
 ~ exogène 外生混合岩
 ~ hétérogène 非均匀混合岩
 ~ métablastique 均匀变晶混合岩
 ~ métasomatique 交代混合岩
 ~ métatectique 变熔混合岩
 ~ mimétique 拟混合岩
 ~ nébulitique 云染混合岩
 ~ œillée 眼球状混合岩
 ~ plissotée 揉皱混合岩
 ~ sensu stricto 狭义混合岩,非均匀混合岩
migmatitique *a* 混合岩的
migmatoblastes *m. pl* 混合岩化变晶
mignumite *f* 磁铁矿
migration *f* 移居,迁移,移动,徙动,运移,重组合
 ~ alternante 往复式移动,往复式交通
 ~ capillaire 毛管水移动,毛管水扩散,毛细移动
 ~ d'eau dans les sols 土壤中水移动
 ~ de gaz 气体移动
 ~ de l'humidité 湿度移动
 ~ de la ligne de partage 分水界线的迁移
 ~ de la vapeur 蒸汽传递
 ~ de marée 潮汐推移
 ~ de méandre 曲流迁移
 ~ des débris du rivage 河流碎屑物质的迁移
 ~ latérale 水平运移,侧向运移
 ~ par ascendance ascendante 上升运移
 ~ par descendance 下降运移
 ~ primaire 初次运移
 ~ secondaire 二次运移
 ~ sismique 地震迁移
 ~ superficielle 表面徙动
 ~ verticale 垂直运移,纵向运移
miharaïte *f* 硫铋铅铁铜矿,英苏玄武岩
mi-hauteur *f* 半高
mijakite *f* 锰辉玄武岩(三宅岩)
mikénite *f* 橄白玄武岩(斜长白榴岩)
mil *m* 密耳(金属线直径单位,1mil = 2.54×10^{-7}m),千分之一磅(英美制质量单位,1mil = 4.54×10^{-4}kg)
milarite *f* 铍钙大隅石(整柱石)
Milazzien[**Milazzo**] *m* 米拉佐阶(Q)
milieu *m* 中,中间,中心,中央,中部,介质,媒质,媒介物,环境,外界
 ~ absorbant 吸收介质
 ~ acide 酸性介质
 ~ actif 工作介质
 ~ alcalin 碱性介质
 ~ ambiant 周围媒质,包围物,外围,环境
 ~ anisotrope 各向异性媒质
 ~ anisotropique 各向异性介质
 ~ aquifère 蓄水层

au ~ de 在……中间,在……之中
au beau ~ 在正中间,在正中央
au beau ~ de 在……正中间,在……的正中央
~ au repos 不动介质
~ corrosif 腐蚀性介质
~ d'absorption 吸收介质
~ d'appui 支承中心
~ de conservation （混凝土)养护环境
~ de dispersion 分散介质
~ de la course 行程中点
~ de la route 公路中央,公路中间
~ de localité 地区中部
~ de propagation 传播介质
~ désertique 荒漠环境
~ diffusant 散射介质,扩散介质
~ dispersif 弥散媒质,弥散介质
~ élastique 弹性介质
~ élasto-plastique 弹塑性介质
en plein ~ de 在……的正中间,在……的正中央
~ environnant 环境,包围物,周围介质
~ hétérogène 不均匀介质,不均匀媒质
~ homogène 均匀介质
~ hydrique 水环境
~ intermédiaire 中间介质
~ isotrope 各向同性介质
~ neutre 中性介质
~ non pesant 无重媒质
~ poreux 多孔介质
~ pulvérulent 粉土
~ résistant 抵抗介质
~ transmissif 传输介质
~ traversé 道路所经环境
~ urbain 市中区,市中心,城市中心
~ viscoélastique 黏弹性介质
miliolite *f* 风成细粒灰岩
militer *v* 支持,支援,证实,战斗
~ contre 对……不利
~ en faveur de 对……有利
~ pour 对……有利
mille *m* 千,英里
~ anglais 英里(英美制长度单位,1mille=1.609km)
~ marin 海里(符号 n mille,长度单位,英制 1n mille=1.852km)
~ nautique 海里(英 1853.4m,美 1853.25m)
~ nautique international 国际海里(符号 n mille,长度单位,1 n mille=1.852km)
millefeuille *f* 千叶蓍
millénaire *a* 千年的
millérite *f* 针镍矿
milli- （前缀)毫,千分之一
milliammètre *m* 毫安表
milliampère *m* 毫安(培)(10^{-3}A)
milliampèremètre *m* 毫安表,毫安计
milliard *m* 十亿,巨大数目
millibar *m* 毫巴(气压单位,1millibar=100Pa)
millicurie *m* 毫居里
millidarcy *m* 毫达西(渗透单位)
milliéquivalent *m* 毫克当量
milligauss *m* 毫高斯
milligramme *m* 毫克(符号 mg)
millihenry *m* 毫亨
millijour *m* 毫日
millilitre *m* 毫升(符号 mL),立方厘米(10^{-6}m^3)
millimètre *m* 毫米(符号 mm)
~ carré 平方毫米
~ cube 立方毫米
millimicron *m* 纳米,毫微米(10^{-9}m)
million *m* 兆,百万(10^6),巨大数目
milliseconde *f* 毫秒(10^{-3}s)
millisite *f* 水磷铝碱石
millithermie *m* 大[千]卡
millivolt *m* 毫伏
~ par mètre 每米毫伏数
millivoltmètre *m* 毫伏表
~ à large bande 宽带毫伏表(可测音频,超音频及机械振动)
milliwatt *m* 毫瓦(特)(10^{-3}W)
milloschine[milloschite] *f* 铬水铝英石
millosévichite *f* 紫铁铝矾
mi-lourd *m* 中等重量(汽车的重量级)
miltonite *f* 烧石膏
mimesite *f* 粒玄岩
mimetène[mimetèse] *m* 氯砷铅矿
mimétique *a* 似晶的,拟态的,拟生的,拟组构的,拟构造岩的
mimétisme *m* 拟态

mimétite *f* 砷铅石

mimophyre *f* 似斑岩

mimosite *f* 钛铁粒玄岩

mimotalcite *f* 角砾状含炭片岩

min（minimum） 最小限度，最小值，极小值

min（minute） 分，分钟

minage *m* 爆破作业，布雷

mince *a* 薄的，瘦长的，细的，不重要的，微不足道的

minceur *f* 薄，薄质，细，细长

Mindel[Mindélien] *m* 民德冰期

mindigite *f* 羟钴矿（水钴矿）

mine *f* 矿，矿井，矿山，开采，采矿，炮眼，炸药，坑道，矿藏，地雷，钻孔，钻眼
- ~ à ciel ouvert 露天矿藏
- ~ basse （橄榄岩中）钴矿
- ~ d'alluvion 冲积矿床，砂矿
- ~ d'amadou 红锑矿
- ~ de cuivre vitreuse rouge 赤铜矿
- ~ de diamants 金刚石矿
- ~ de laiton 绿铜锌矿
- ~ de lignite 褐煤矿
- ~ de recherche, ~ de reconnaissance 勘探井
- ~ de sel 盐矿
- ~ de sel gemme 盐矿
- ~ en activité 生产矿（井）
- ~ épuisée 已枯竭矿山，采完的矿山
- ~ grasse 富矿脉
- ~ grisouteuse 瓦斯矿
- ~ métallique 金属矿山
- ~ pochée 葫芦炮
- ~ profonde 深孔炮
- ~ sous-marine 海底开采的矿山，深水水雷
- ~ verticale 竖向炮，立式炮

miner *v* 开矿，埋爆炸物，掘地道

minerai *m* 矿物，矿石
- ~ à bas titre, ~ à basse teneur 贫矿，低品位矿石
- ~ à bocarder 需选的矿石
- ~ à faible teneur 低品位矿石
- ~ à gangue fusible 自熔性矿石
- ~ à haut titre, ~ à haute teneur 高品位矿石，富矿石
- ~ à la vue 已探明矿石
- ~ abattu 采下的矿石
- ~ altéré 风化矿石
- ~ alvéolaire 蜂窝状矿石
- ~ an morceaux 块状矿石
- ~ au jour 地表露头矿石
- ~ blendeux 闪锌矿石
- ~ bleu 蓝铜矿
- ~ boueux 矿泥
- ~ bréchoïde 角砾矿石
- ~ broyé 破碎的矿石
- ~ brut 原矿石
- ~ calciné 焙烧的矿石
- ~ chaud 黏土矿石，松软矿石
- ~ classé 分级矿石
- ~ combustible 可燃性矿石
- ~ complexe 复合矿石
- ~ concassé 捣碎的矿石
- ~ concentré 精矿，精选矿石
- ~ cru 原矿，未选矿石
- ~ d'alluvium 砂矿，冲积矿
- ~ d'amadou 红锑矿石
- ~ d'élite 最富的矿石
- ~ d'en bas 下盘的矿石
- ~ d'imprégnation 浸染矿石
- ~ d'uranium 铀矿石
- ~ de cuivre 铜矿
- ~ de cuivre bigarré 含铜砂岩
- ~ de cuivre porphyrique 斑岩铜矿
- ~ de fer 铁矿石，铁矿
- ~ de fer argileux 泥铁矿
- ~ de fer blanc, ~ de fer carbonaté 菱铁矿石
- ~ de fer d'alluvion 沼铁矿
- ~ de fer de gazon 沼铁矿
- ~ de fer de montagne 脉状铁矿石
- ~ de fer des marais 沼铁矿
- ~ de fer en couche 层状铁矿石
- ~ de fer en grain 豆状铁矿石
- ~ de fer jaspé 碧玉铁矿石
- ~ de fer limoneux 沼铁矿，褐铁矿石
- ~ de fer lorrain 洛林式铁矿石
- ~ de fer magnétique 磁铁矿石
- ~ de fer oolitique 鲕状铁矿石
- ~ de fer pisiforme, ~ de fer pisolitique 豆状铁矿石

~ de fer sulfuré 黄铁矿石
~ de fer titanifère 钛铁矿
~ de halde，~sur la halde 废矿堆中采出的矿石
~ de lavage 砂矿
~ de manganèse 锰矿
~ de marais 沼铁矿
~ de nickel 镍矿
~ de scheidage 选过的矿石，手选矿石
~ de valeur 富矿
~ des lacs 沼铁矿，褐铁矿
~ des prairies 沼铁矿
~ désagrégé 风化矿石
~ dispersé 分散状矿石
~ disséminé 浸染状矿石
~ docile 软矿石
~ du ciel 地表露头矿石
~ écrasé 糜棱化矿石
~ effleuri 风化矿石
~ en cocarde 鸡冠矿（白铁矿）
~ en couches 层状矿石
~ en marrons 肾状矿石
~ en masse，~massif 块状矿石
~ en morceaux 大块矿石
~ en nids 巢状矿石
~ en rognons 肾状矿石，肾状赤铁矿
~ enrichi 精矿石，富选矿石
~ exploitable 可采矿石
~ ferreux 铁矿石
~ filonien，~en filon 脉状矿石
~ fin 细粒矿石，粉矿
~ gespilitique 含铁石英岩
~ grillé 焙烧矿石
~ gros 块矿，大块矿石
~ grossier 粗粒矿石
~ ignoble 贫矿石
~ kuroko 黑矿
~ lavé 水选矿石
~ léopard 豆状铬矿石
~ limoneux 褐铁矿
~ maigre 贫矿石
~ marchand 商品矿石，高品位矿石，工业品位矿石
~ mélangé 混合矿石
~ monominéral 单矿物矿石

~ noble 富矿石
~ non ferreux 有色金属矿石
~ non métallique 非金属矿
~ oxydé 氧化矿
~ pauvre 贫矿，贫矿石
~ payant 可采矿石，工业矿石
~ piqué 浸染状矿石
~ porphyrique 斑岩（铜、钼等）矿石
~ possible 可能的矿石储量
~ poussiéreux 粉状矿石
~ primaire，~primitif 原生矿石
~ profond 深部矿石
~ propre 纯矿石，未贫化的矿石
~ rebelle 难选矿石
~ réfractaire 难熔矿石
~ rubané 条带状矿石
~ sale 贫化的矿石
~ secondaire 次生矿石
~ sédimentaire 沉积矿石
~ simple 单矿物矿石
~ stérile 废石，脉石
~ sulfuré 硫化物矿石
~ supergène 表生矿石
~ tendre 松软矿石
~ terreux 土状矿
~ tout-venant 原矿，未分级矿石
~ traité 已加工矿石
~ trié 拣选矿石，筛选矿石
~ utile （有用）矿产
~ vendable 商品矿石，工业矿石
~ vierge 原生矿石
minéral *m* 矿物，无机物
~ accessoire 次要矿物，副矿物
~ accidental 外源矿物
~ accompagnateur 伴生矿物
~ argileux 黏土矿物
~ associé 副矿物，伴生矿物
~ blanc 硅铝质矿物
~ caractéristique 标型矿物，主导矿
~ coloré 有色（暗色）矿物
~ courant 普通矿物
~ d'altération 蚀变矿物
~ d'oxydation 氧化带矿物
~ de cuivre 铜矿石

~ de faciès typomorphe　相的标型矿物
~ de fer　铁矿石
~ de gangue　脉石矿物
~ de néoformation, ~ néoformé　新生成矿物
~ de remplacement　交代矿物
~ de filon　脉石矿物
~ des roches　造岩矿物
~ des sables　冲积矿物
~ détritique　碎屑矿物
~ en alluvion　冲积矿物
~ en éluvion　残积矿物
~ en place　原地矿物
~ essentiel　主要矿物
~ filonien　脉石矿物
~ foncé　有色（暗色）矿物
~ gonflant (argiles, anhydrites)　膨胀性矿物（黏土岩，石膏岩）
~ guide　标型矿物，指示矿物，主导矿物
~ hôte　主矿物（包裹其他矿物的矿物），原生矿物（矿脉中）
~ interstratifié　间层矿物
~ introduit, ~ invité　外来矿物
~ jaune　氧化带矿物
~ majeur　主要矿物
~ métallogène　造矿物
~ migrateur　易迁移的矿物
~ négatif　负矿物，负光性矿物
~ noir　暗色矿物
~ normatif　标准矿物，计算矿物
~ occulte　隐蔽矿物，潜在矿物
~ optiquement biaxe　二光轴矿物
~ optiquement uniaxe　单光轴矿物
~ originel　原生矿物
~ paragénétique　共生矿物
~ pneumatolytique　气化矿物
~ positif　正光性矿物
~ primaire, ~ primitif　原生矿物
~ réfringent　高折光率矿物
~ repère　指示矿物
~ résiduel　残留矿物
~ résistant　稳定矿物
~ salique　硅铝质矿物
~ satellite　伴生矿物
~ secondaire　次生矿物

~ silicotel　早结异质矿物
~ sous-saturé en SiO_2　二氧化硅非饱和矿物
~ stress　应力矿物
~ symptomatique　特征矿物，标志矿物
~ synantétique　界生矿物
~ syngénétique　同生矿物
~ synthétique　人工合成矿物
~ téléchimique　早结非硅质矿物
~ thermophile　喜温矿物
~ traceur　指示矿物，示踪矿物
~ typomorphe, ~ typomorphique　标型矿物
~ ubiquiste　普存矿物，遍在矿物
~ utile　有用矿物
~ vecteur　指示矿物，伴生矿物
~ virtuel　标准矿物

minéral, e *a*　矿物的，无机的，含矿物质的
minéral-adipocire *m*　伟晶蜡石
minéralisable *a*　可矿化的
minéralisateur *m*　矿化剂; *a*　含矿的
minéralisation *f*　矿化，成矿，矿体，矿化带，矿化作用
~ ascendante　上升矿化
~ camouflée　隐蔽矿化
~ de cristallisation précoce　（岩浆）分结矿化
~ de l'eau　水的矿化，水矿化度
~ descendante　下降矿化
~ disséminée　浸染，浸染矿化
~ élevée　高矿化度
~ en amas　块状矿化，垛状矿化
~ en mouches　浸染状矿化
~ en place　原地矿化
~ épigénétique　后生矿化
~ hydatogène　水成矿化
~ hydrothermale　热液矿化
~ hypogène　深成矿化
~ hypothermale　高温矿化
~ liquide-magmatique　分熔矿化，熔离矿化
~ mésothermale　中温矿化
~ orthomagmatique　正岩浆矿化
~ polymétamorphique　多相变质矿化
~ primaire　原生矿化
~ pyrométasomatique　高温交代矿化
~ rubanée　带状矿化
~ secondaire　次生矿化

~ sédimentaire　沉积成矿
~ stratiforme　层状矿化
~ s sulfurées polymétalliques　多金属硫化物矿化
~ supergène　浅成矿化
~ syngénétique　同生矿化
~ volcano-sédimentaire　火山沉积型矿化

minéralisé　*a*　矿化的，含矿的
minéralité　*f*　含矿性，矿化程度
minéralogénie　*f*　成矿学
minérie　*f*　盐场
minérogène　*a*　矿生的，矿成的
minervite　*f*　磷钾铝石
minette　*f*　云煌岩，云煌石，鲕状褐铁矿石
~ hématitique　贫赤铁矿
~ limonitique　贫褐铁矿
~ oolithique　鲕状铁矿石
~ type lorraine　洛林型铁矿，贫褐铁矿

minettefels　*m. pl*　隐云煌岩
mineur　*a*　较小的，较少的，采矿的，挖掘的，未成年的
mineur　*m*　矿工，爆破手，爆破工，矿山工作者
minguétite　*f*　黑硬绿泥石
minguzzite　*f*　草酸铁钾石
miniature　*f*　缩图，缩影，微型，缩形，缩像；*a*　小型的，小规模的
miniaturisation　*f*　缩微，小型化，微型化，尺寸缩减
miniaturisé　*a*　微型化的，小型化的
miniaturiser　*v*　微型化，小型化
minibus　*m*　微型面包车，微型客车，小型公共汽车
minier, ère　*a*　矿的，矿山的，矿业的
minière　*f*　矿，矿石，浅矿，矿山，露天矿场，露天作业场
minigéosynclinal　*m*　微地槽
minimal, e　*a*　最小的，最低的
minimant　*a*　处于最低点的，最小的
minime　*a*　微小的，短小的
minimer　*v*　减到最少，缩小到最低限度
minimètre　*m*　内径测微计，指针测微计
minimisation　*f*　缩小，降低，化小，最少化，压缩到最低限度
~ du coût d'un projet　设计费用最少
~ de vibration　减小振动

minimite　*f*　共结花岗岩
minimum　*m*　最小，最小值，最低额，极小值，最低值，最低点，最小限度，最低限度；*a*　最小的
~ absolu　绝对极小(值)，绝对最低(值)，绝对最小值
~ annuel　年最小(值)，年最低(值)
au ~　至最低程度，到最低限度，最少，至少
~ de parcours　最短分区，最短里程
~ de perception　最低收费额，最低运费
~ de poids　最少重量，起码重量
~ de poids à taxer　最少计费重量
~ de poids par expédition　批货的最少总量，最低计费重量，每批货物托运的最起码重量
~ de recettes à garantir　保证最低收入
~ de tonnage　最少货物吨数(按整车运送的)
~ de tonnage exigé pour la constitution d'un wagon complet de détail　组成整零车的最少货物吨数
~ de vides　孔隙最小值
~ de vitesse　最小速度
~ flou　轻度模糊
~ global　全球最小值，全局最小值
~ local　局部最小值
~ moyen　平均最小值
~ normal　一般最小值

mini-pressiomètre　*m*　小型压力计
minirupteur　*m*　小型开关，微动开关
~ inverseur　微动转换开关
miniscope　*m*　精密压力计
ministère　*m*　部，内阁
~ de l'Environnement et du Cadre de Vie　环境生活部
~ de l'équipement (Ponts et Chaussées)　(道桥)设备部
~ de l'équipement et du Logement (M.E.L.)　设备住宅部
~ des Communications　交通部
~ des Transports　运输部
~ des Transports et du Tourisme　运输旅游部
~ des Travaux Publics　公共工程部
~ des Travaux Publics, Transports et Tourisme (M.T.P.T.T.)　公共工程、运输和旅游部
~ Fédéral des Transports　联邦运输部

ministre *m* 公使,部长
　～ des affaires étrangères　外交部长,外务大臣,外务相
　～ fédéral des transports　联邦运输部长

minitectonique *m* 小构造

minium *m* (天然)铅丹,红丹,樟丹,红铅粉,朱丹
　～ de plomb　铅丹,樟丹,四氧化三铅,红铅粉

minnésotaïte *f* 铁滑石

minophyrique *a* 细斑状

minuit *m* 半夜,子夜,午夜 12 时
　～ local　地区午夜 12 时

minus *m* 减号,负号
　un ～ de 2 points par mois sera attribué aux soumissionnaires proposant des délais supérieurs à 40 mois　建议工期超过 40 个月的投标人每月减罚 2 分

minuscule *a* 极小的,细小的
　～ pile　微型电池

minutage *m* 测时间,定时标

minute *f* 分(钟)(符号 min),片刻,原稿,原本
　～ d'angle　分(角的度量单位,1/60 度)
　～ de la carte géologique　地质草图

minuter *v* 计划,打算,草拟,拟稿,起草

minuterie *f* 定时装置,计时器,时间调节器
　～ d'un compteur　计时器,电表中的计数器

minuteur *m* 定时器,时间继电器

minutie *f* 细节,精密,细心

minvérite *f* 钠长角闪辉绿岩

minyulite *f* 水磷铝钾石

miogéoanticlinal *m* 冒地背斜

miogéosynclinal *m* 冒地槽

mioliminaire *a* 冒(地槽)前陆的

mionite *f* 钙柱石

Mio-pliocène *m* 中、上新世,中、上新统

mi-parti,e *a* 一半的

mi-pente *f* 半山腰

mipolam *m* 米波拉(隔音用硬质泡沫塑料块)

mirabilite *f* 芒硝

mire *f* 标杆,标度,瞄准,测杆,标尺,测尺,水准尺,目标,对象,试验卡,水准标尺,试验图形,电视图像测试图,试验图表
　～ d'arpentage　测杆
　～ de barres　条状测试图形
　～ de définition　清晰度测试图
　～ de gris　灰色标度
　～ de linéarité　线示图,列线图
　～ de nivellement　水准尺,水准标杆,水平尺
　～ de réglage　电视测试图
　～ de télévision　电视测试图
　～ en forme d'échiquier　棋盘型电视测试图
　～ géométrique　几何畸变试验卡
　～ graduée　水准尺,水准标杆(尺)
　～ horizontale　水平标尺
　～ mobile　塔尺,可移动的标尺
　～ parlante　读数水准尺
　～ quadrillée　方格测试图
　～ tachéométrique　视距尺

mirer *v* 瞄准

mirette *f* 圬工嵌填工具,刮刀(模型工),直角千分尺(铺路工)

miriquidite *f* 磷砷铅铅铁矾

mirliton *m* (avertisseur optique) 警告标

miroir *m* 镜,面,反射,反映,镜面,反射镜,磨光面,反光镜
　～ à facettes　多面镜
　～ analyseur　分析反射镜
　～ asphérique　非球面镜
　～ cannelé　带沟槽滑动面
　～ concave　凹面镜
　～ convexe　凸面镜
　～ cylindrique　柱面镜
　～ d'âne　硒化物,透石膏
　～ d'observation　观测镜
　～ de faille　断面擦痕,断层面
　～ de friction,～ de frottement　摩擦面,滑动面
　～ de glissement　滑动面,断层面,断层擦痕,断裂磨光面
　～ de surface　滑面,断面擦痕
　～ des lanças　火山玻璃,黑曜石
　～ électronique　电子镜,电子反射镜
　～ hyperbolique　双曲面镜
　～ oscillant　振荡镜
　～ parabolique　抛物面镜
　～ perforé　孔镜,窥视镜
　～ plan　平面镜
　～ principal　主镜
　～ réflecteur　反射镜
　～ rétroviseur　后视镜

~ sans parallaxe 无视差镜（电气仪表）
~ semi-transparent 半透镜
~ sismique 地震反射面
~ sphérique 球面镜
~ strié 带沟槽滑动面

miroitant, e *a* 光滑的,如镜面的,闪光的
miroitement *m* 闪光,闪烁
mirsaanite *f* 密弹沥青
mis au carré 成方形的,成四方形的
mis au cube 成立方体的
mis sous écran 屏蔽的
mis au point 调整的,安装的,制订的
miscibilité *f* 溶混性,混合性,互溶性,可混合性,可混溶性
miscible *a* 可溶混的,可混合的
~ à l'eau 溶于水的
mise *f* 安放,列入,登记,制作,加工,安装,装置,放置,安置,穿着
~ à découvert 发现
~ à disposition 交付,有效性,交付使用,提供使用
~ à disposition d'un wagon 配送车辆,车辆交付使用
~ à disposition des wagons chargés 配送重车
~ à exécution 执行
~ à feu 点火,发火,放炮,发爆剂
~ à feu combinée 复合爆炸法
~ à jour 变更,修改,增补,现实化
~ à l'arrêt 停运
~ à l'échelle 按比例减少,缩小
~ à l'épreuve 试验,检验
~ à l'épreuve d'un véhicule 车辆实验
~ à l'exécution 执行,实行
~ à la masse 接地,充电（法）
~ à la retraite anticipée 使提前退休
~ à la retraite d'office 退休
~ à la terre accidentelle 放在高低不平的地面上
~ à la terre de protection 保护地线,保安接地
~ à neutre 中和,校零,零平衡,连接中点线,多重保安接地
~ à niveau 整平,校平,修平,调整,升级,水准测量
~ à nu 暴露,露头

~ à profit 利用,使用,运用
~ à sec 使干燥,使干涸,排水
~ à terre par surface 表面接地
~ à vif des joints 清理灰缝,清缝
~ à voie unique 改为单线行车
~ au gabarit de l'électrification d'un tunnel 电气化时隧道限界的修整,使隧道适应电气化限界
~ au neutre 中和,平衡,连接中点线
~ au passage 置于通过位置
~ au point 解释,阐明,修订,制订,调整,定位,校准,对光,确定,维修,调试,调校,整治,使清晰
~ au point des injecteurs 喷油器的维修
~ au rebut 报废
~ au repos 断开,断路,停止,继电器复位
~ au stock 储存,库存,堆积,充作储备
~ au travail 开动,起动,开始工作
~ au zéro 对准零位,置零
~ de feu 点火,爆破,雷管
~ de feu électrique 电气点火法
~ du profil 成形,恢复断面
~ du signal à l'arrêt 信号置于停车位
~ du signal à voie libre 信号置于开通位置
~ en action 起动,开动
~ en adjudication 招标
~ en application d'un tarif 实行运价表
~ en balles 打包,捆包
~ en blocs de béton 混凝土块铺砌工程,混凝土块铺面工程
~ en câble 布置电缆,布线
~ en chantier 开工,施工
~ en charge 装载,加载,起动,加负载
~ en circulation 开放交通
~ en compte 结算,清算
~ en congé de disponibilité (d'un agent) 辞退（人员）
~ en contact 接触,连接
~ en cordon 纵向堆料
~ en courant-circuit 短路
~ en cours 通用,流通
~ en demeure 催告,责令
~ en dépôt 弃方,弃土,存放,入库
~ en dépôt en piles 堆存

~ en dépôt en tas 堆放
~ en eau 注水,充水,灌水
~ en eau d'une retenue 水库蓄水
~ en eau du barrage 水坝蓄水
~ en équation 列方程式
~ en état 整治,准备(表面),恢复,维护,检修
~ en évidence 查明,证明,查清,证实
~ en exploitation 投入运营,开始营业,交付使用
~ en fin 终止
~ en fonction 起动,起作用,投入运行
~ en fonctionnement 开动,开车,起动
~ en forme 成型加工,定型,页面设置
~ en forme à chaud 热模压,热顶锻,热镦
~ en forme à froid 冷模压,冷顶锻,冷镦
~ en forme du fond de fouille 基坑底整形
~ en galbe 画出轮廓,成形,成型
~ en huile 涂油,润滑
~ en marche 开动,开车,起动,启动,投入,投入运行
~ en marche des trains 开行列车,铺划列车运行线(图)
~ en marche moteur chaud 热机起动(柴油机)
~ en marche moteur froid 冷机起动(柴油机)
~ en mouvement 开动
~ en œuvre 起动,开动,着手,开工,运用,采用,使用,动工,加工整理
~ en œuvre à chaud 热铺(沥青),热施工
~ en œuvre à froid 冷铺(沥青),冷施工
~ en œuvre à la machine 机器操作,机械施工,机械铺设
~ en œuvre à la main 手工操作
~ en œuvre d'un projet 项目实施,项目执行,工程计划实施
~ en œuvre d'une étape 项目阶段性实施
~ en œuvre du béton 灌注混凝土,混凝土浇注
~ en œuvre du béton par pompage 用混凝土泵灌注混凝土
~ en œuvre manuelle 手工操作
~ en opération 运作
~ en ordre 整理,调整,排序
~ en ordre de marche (d'un engin de traction) 运行整备(牵引动车的),准备启动
~ en orientation 定向排列

~ en parallèle (de deux machines synchrones) 并列(同步电动机的),并联
~ en peinture 涂漆
~ en pied 建立
~ en place 安放,安装,建立,侵位,(油、气)聚集,装配,就位,放置,铺砌
~ en place de câbles 电缆敷设
~ en place de dalles 桥面铺装
~ en place de plaques de gazon 铺草皮,植草皮
~ en place définitive des repères topographiques d'implantation 确定最终桩位
~ en place des cachetages 梁端封锚
~ en place des poutres par manutention avec câble 缆索吊装施工法
~ en place du béton 灌注混凝土,浇注混凝土
~ en place du revêtement (混凝土的)面板浇筑,(土石方的)面板填筑
~ en place facile 简易安装,简单装配
~ en place sur le lit de pose 安装在管床上
~ en position 定位,就位
~ en position radiale 径向定位
~ en précontrainte 预施应力
~ en production 投产
~ en propreté 清理
~ en rebut 报废
~ en route 开动,起动
~ en route du moteur 起动发动机
~ en sac 袋装
~ en selle 掌握,精通
~ en sens unique 单向通行,单向交通
~ en service 起动,开动,启动,投入使用,投入运行
~ en service de la route 道路通车,道路开放交通
~ en silo 储存,装入储仓
~ en solution 使溶解
~ en station 设站
~ en stock 储存,储备,库存,堆积,储藏,储存
~ en suif 涂油
~ en tas 堆积,堆放
~ en tension 张拉(预应力钢筋),(机械的)加应力
~ en tête (attelage de la locomotive) 机车挂于车列之前头

~ en train 开工,着手进行,开车,开动
~ en valeur les ressources hydrauliques par paliers (étape) 阶梯开发水力资源
~ en vigueur 实行,生效
~ en vitesse 加速,加快
~ hors circuit 断开电路,断路
~ hors d'action 关闭,断开,切断,停车
~ hors de fonction 不使用,不运转
~ hors gel 抗冻,耐寒
~ hors service 断开,停止,报废,不使用,停止使用
~ hors service prolongé 长期停用,长期封存
~ sous écran 屏蔽
~ sous pression 加压
~ sous séquestre 暂时查封,封存
~ sous tension de la caténaire 接触网通电
~ sur pied 成立,建立
~ sur vérin 用千斤顶顶起

misérite *f* 硅铈钙钾石
miskeyite *f* 蜡绿泥石,蛇绿泥石,叶绿泥石
mispickel *m* 毒砂(砷黄铁矿)
mission *f* 队,委托,派遣,任务,使命,代表团,工作团,考察团,外交使团
~ d'étude 考察团
~ de fonctionnaires 考察团
~ de prospection sismique 地震勘测队
~ immédiate 紧急任务
~ médicale 医疗队
~ météorologique 气象观察任务
~ s (de l'ingénieur conseil) （咨询工程师的)项目说明书

Mississipien *m* 密西西比纪,密西西比系(C_1,北美)
Missourien *m* 密苏里统(C_3)
missourite *f* 白榴橄辉岩
mitant *m* 岩石夹层
mitchellite *f* 镁铬铁矿,镁铬尖晶石
mitoyen, enne *a* 中间的,分界的
mitraille *f* 金属碎屑
mitre *f* 套装物(帽、盖、罩等),喷嘴
mitridatite *f* 斜磷钙铁矿
mitscherlichite *f* 氯钾铜矿
mixage *m* 搅拌,混合,转录音,同时录音,电影配音

mixite *f* 砷铋铜石
mixte *m* 中间产品；*a* 混杂的,混合的,掺和的
mixtion *f* 混合,混合物
mixture *f* 混合物,拌和物,混合料
~ antigelée 防冻剂,防冻掺合料
~ asphaltique 沥青拌和物
~ d'air-eau 气水混合物
~ détonnante 爆炸混合物
~ du sol et de l'eau 泥浆
~ frigorifique 冷冻机
~ mécanique 机拌混合料

miyakite *f* 三宅岩(锰辉玄武岩)
mizzonite *f* 中柱石
mmbar *m* 千分之一个大气压,毫巴
mnémonique *f* 寄存,记忆术,助记术,记忆存储器,助记符号
mnémotechnique *a* 便于记忆的,有助于记忆的
moyen ~ 有助记忆的方法
mobile *m* 汽车,动体,动力,运动系统,运动物体；*a* 活动的,流动的,运动的,变动的,能动的,自动的,机动的,变化的,多变的
mobilgrue *f* 移动式吊车,移动式起重机,汽车式起重机
mobilisât *m* 流动体,活动体
mobilisation *f* 动员,调动,筹措,开发,活化,活动性
~ de fonds 资金筹措
~ des ressources en eaux superficielles 地表水资源开发
~ du potentiel de l'entreprise 调动企业潜力
~ en exploitant les ressources hydrauliques 滚动开发水力资源
mobilité *f* 机动性,运动性,迁移率,流动性,活动性,移动性,可动性
~ automotrice 汽车移动性
~ chimique 化学活动性
~ de béton 混凝土流动性
~ de dérive 漂移率,漂移迁移率
~ de dune de sable 沙丘流动性
~ des fractures 断裂活动性
~ moyenne 漂移性,漂移率
~ sur route 道路的运输能力,道路的(车辆)通过能力
mobilophone *m* 便携式无线电话机

moctezumite *f* 碲铅铀矿
modal *a* 实际矿物成分的，模式的，模型的
modalité *f* 形态，样式，模态，方式，状态，情况
~ d'amortissement （设备）折旧方式
~ d'application 实施方式
~ s d'application de normes 技术规程
~ d'injection 注浆方式
~ de contrôle des changes 外汇管制方式
~ de financement 融资方式
~ de la consultation 咨询程序，(合同)发包方式
~ de paiement 支付方式，付款方式
~ de règlement 结算方式
~ s de remise et de livraison 承运和交付办法
~ de répartition des profits 利润分配方式
moddérite *f* 砷钴矿(莫德矿)
mode *m* 作风，想法，时尚，时髦；形状，状态，形态，方法，方式，模式，种类，型别，实际矿物成分，矿物百分含量，众值，出现频率最大值
~ autonome 脱机方式，自主方式
~ cercle-point 圆点式，圆点存储方式
~ continu 持续式
~ d'évaluation des travaux 工程估算方式
~ d'absorption 合并方式
~ d'accès 存取方式，取数方式
~ d'achat 收购方式
~ d'acheminement 运送方式
~ d'acquisition 兼并方式
~ d'action 动作特性，工作方式，操作方法，作用机理
~ d'alimentation en énergie électrique 供电方式
~ d'amorçage d'un thyristor 可控硅的触发方式
~ d'analyse 分析方式
~ d'annonce de l'arrivée des trains 列车到达通知方式
~ d'appel des usagers 用户拨号方式
~ d'emballage 包装方式，包装种类
~ d'emploi 使用方法，使用手册，使用说明书
~ d'enregistrement 登记方法，托运方式，记录方式
~ d'entraînement 驾驶方法，传统方式
~ d'évaluation 估算方法
~ d'évaluation des travaux 工程估算方式
~ d'expédition 发送方式，运送方式
~ d'exploitation 运营方式，经营方式
~ d'intégration 一体化方式
~ d'opération 工作状态，运行方式，工况
~ d'oscillations 振荡方式
~ de calcul 计算方法
~ de calcul sans coefficient d'équivalence 无等效系数的计算方法
~ de cantonnement 闭塞制
~ de captage et d'adduction de l'eau 取引水方式
~ de captation 接电方式
~ de chargement 装车方法
~ de commande 操纵方法
~ de communication 通信方式
~ de compactage 压实方法
~ de conduite 操纵方法，驾驶方法
~ de construction 建筑方式，结构种类
~ de construction mixte acier-béton 钢—钢筋混凝土混合建筑方式
~ de construction mixte acier-béton armé 钢—钢筋混凝土混合建筑方式
~ de contrôle 监控方式
~ de creusement 开挖方式
~ de décompte 结算方式
~ de dédouanement 办理海关手续方式
~ de désintégration 衰变方式，分解方法
~ de développement durable 可持续发展方式
~ de fabrication 制作方法
~ de fonctionnement 操作方式，运转方式，运行方式
~ de fondation 基础类型
~ de formation 生成机制
~ de freinage 制动方式
~ de freinage d'un wagon 车辆制动方式
~ de fusion 兼并方式
~ de gestion 管理方式
~ de l'utilisation 使用方法
~ de la jonction 接口方式
~ de liaison 联系方式，通信方式，连接方法
~ de livraison 交货方式
~ de maintenance 维修模式
~ de paiement 付款方式，支付方式

~ de production 生产方式
~ de propagation 传播方式
~ de refroidissement 冷却方法,冷却方式
~ de réglage 操纵方式,控制作用,调节方法
~ de remboursement 偿还方式
~ de remise 移交方式
~ de signal 信号方式
~ de supervision 管态
~ de taxation 计费方法
~ de traçage 描线方法
~ de traction 牵引方式
~ de transport 运输方式
~ de travail 工作方法,操作方法
~ de travaux d'entretien 保养方式,保养方法
~ de vibrations 波形,振动,振荡型,振动方式
~ discontinu 断续式
~ distant automatique 远程自动模式
~ distant manuel 人工远程模式,远距离手动控制模式
~ distant scénario 程序控制模式
~ dominant 主模,波基型,基本形式,振荡主模
~ fondamental 波基型,基本形式,振荡主模,基本振型
~ hybride 混合形式,混合模式
~ local 本地控制模式
~ naturel de vibration 固有振型
~ normal de vibration 固有振型
~ opératoire 操作方式,操作规程,施工方式
~ opératoire d'essai 试验方法
~ opératoire sur le chantier 工地操作法
~ simple 单工方式

modelage *m* 模型制造,模板制作,翻砂术
~ du relief terrestre 地形形成

modelé *m* 地表起伏,地表形态,(地)表面起伏,凸起
~ côtier 海岸剥蚀地形
~ d'abrasion 海蚀地形
~ d'entaille 侵蚀地形
~ d'érosion 侵蚀地形
~ de déflation 吹蚀地形
~ de glissement 滑坡地形
~ désertique 沙漠地形
~ du relief 地形
~ en relief 地形
~ éolien 风成地形
~ glaciaire 冰川地形
~ glyptogénétique 剥蚀地形
~ karstique 岩溶地形
~ littoral 海岸剥蚀地形
~ périglaciaire 冰缘地形

modèle *m* 模,模型,模式,样板,样本,样件,样式,样机,样品,型号,模板,形式
~ à ciel ouvert 露天模型
~ à fond fixe (固)定(河)床模型
~ à l'échelle 比例模型
~ altimétrique numérique(digital élévation model,DEM) 数字高程模型
~ analogique 相似模型,模拟模型,比拟模型
~ analogique électrique 电模拟模型
~ analogue de simulation 相似模拟模型
~ architecturale 建筑模型
~ autorégressive 自回归模型
~ centrifuge 离心模型
~ classique 一般模型,普通模型
~ collectif 综合模型
~ constitutif 本构模型,本构模式
~ d'adresse 地址图
~ d'évaluation quantitative du risque (EQR) 危险程度评估模型
~ d'essai 试验样件,试验样机,试件
~ d'estuaire 河口模型
~ d'exposition 展出样品,陈列样品
~ d'ordinateur 计算机模型
~ de cahier des prescriptions spéciales 特殊规范手册样本
~ de chapeau (土的)帽子模型,帽子模式
~ de coût 费用模型
~ de décision 决策模型
~ de Fele-Shaw 希立—肖模型
~ de GreenAmpt (研究入渗的)格林—安普特模型
~ de lettre de voiture 货物运单样式
~ de matériel 实体模型
~ de Maxwell 麦克斯威尔模型
~ de paramètre 参数模型
~ de pont 桥梁模型
~ de pont en béton précontraint 预应力混凝土桥模型

~ de qualité d'air　大气质量模式
~ de qualité d'eau　水质模型
~ de rivière　河流模型
~ de soumission　投标书样式
~ de structure　结构建模
~ décapotable　敞篷式（汽车）
dégager le ~　脱模
~ déterminant　确定性模型
~ distordu　变态模型
~ dynamique　动力模型，动态模型
~ élastique à haut ordre　高阶弹性模型
~ élastique non linéaire　非线性弹性模型
~ élastoplastique　弹塑性模型
~ en caoutchouc　橡胶模型
~ en grandeur naturelle　足尺模型
~ en gravité　重力分布法（估计交通量的一种方法）
~ en plâtre　石膏模型
~ en relief　地形模型，立体模型
~ en sable　砂模型，砂模
~ en vraie grandeur　足尺模型
~ entier　整体模型
~ expérimental　实验模型
~ exponentiel　指数模型
~ idéal　理想模型
~ linéaire　线性模型
~ linéaire général　广义的线性模型
~ local　局部模型
~ mathématique　数学模型
~ mécanique　力学模型
~ numérique　数值模型，数值模式
~ numérique du terrain　数字地形模型
~ numérique géologique　数字地质模型
~ opérationnel　作业形式，操作方式
~ orographique　地形模型，地形模式
~ s partiels　节段模型
~ physique　物理模型
~ plastique　塑性模型
~ plein　实心模
~ pluie-débit　雨量—流量模型
~ pour l'enseignement　教学模型
~ réduit　小模型，缩小的模型，缩化模型，缩比模型，缩尺模型，小尺寸模型
~ réduit bidimensionnel　二维缩小模型
~ réduit physique　实物模型
retirer le ~　起模，拔模
~ rhéologique　流变模型
~ rigide　刚性模型，定床模型
~ rigide-plastique　钢塑性模型
~ séismique　地震模型
~ semi-rigide　半定床模型，局部定床模型
~ sphérique　球形模型
~ statistique　统计模型
~ structural　结构模型
sur le ~ de　模仿，以……为典范
~ symbolique　符号模型
~ théorique　理论模型
~ tridimensionnel　三维模型

modeler　*v*　制作模型，使与……相一致
modeleur　*n*　模型工，木模工
modélisation　*f*　制模，模型化，模式化
MODEM　*m*　调制调解器，调制反调制装置
~ adaptif　自动数据补偿调制解调器
moder　*m*　分解物质，酸性腐泥
modérabilité　*f*　au desserrage　分级缓解，阶段缓解
modérateur　*m*　消音[减声]器，节流阀，减速器，阻尼器，缓冲器，调节器，缓凝剂，减速剂，缓和剂
~ à boules　离心式调节器
~ à eau lourde　重水减速剂
modération　*f*　减速，慢化，缓和，节制，延时作用
modéré, e　*a*　中等的，适度的，缓和的，适中的，不过度的
modérer　*v*　节制，减少，降低，使缓和
moderne　*a*　现代的，新式的，摩登的，时兴的，近代的，现代化的
modernisation　*f*　改进，改装，更新，现代化，近代化
modifiable　*a*　可改变的，可修改的，可更改的
modificateur　*m*　改进装置，改良剂，调节剂
modification　*f*　改进，变更，修改，修正，改正，调整，改建，变态，更改，变化，改型，变体，变型，饰形，变形
~ au contrat de transport　修改运输合同
~ d'architecture des grains　颗粒结构变化
~ d'un contrat　修改合同
~ d'un projet　设计变更，修改设计
~ dans la composition d'un train　更改列车编组

~ de chargement 改变装载办法
~ de courant 河流改道
~ de l'affranchissement 变更免税办法
~ de la destination 变更到站
~ des travaux 工程变更
~ du lit 河道变迁,河床变形
~ du profil d'une ligne 线路改坡,修改线路纵断面
~ du projet 改线,改变设计,变更方案,设计变更
~ du tracé de route 路线改线
~ du trafic 交通量变化
~ géométrique 修改几何特性
~ importante 重要变化
~ itinéraire 变更经路,变更进路
~ s majeures 重大变更,大量改动
~ s majeures standards 标准大量改动
~ structurale 结构修改
~ sur site 在工地的修改
~ technique 技术修改,设计修改,技术更新,工艺更改,工程改动
~ topographique 地形改变

modifier v 改变,变形,改型,修改,变址
~ l'adresse 变更地址
~ l'horaire d'un train 列车改点,变更列车时刻

modillon m 托饰
modique a 不大的,不重要的
modlibovite f 云橄黄煌岩
modulaire a 模块的,积木的
modularité f 模块化,积木化,模数化,积木性,模件性,模块性
modulateur m 调幅器,调制器,调节器
modulation f 调制,调节,调整,变换,缓和,增减,调谐
~ d'amplitude 振幅调制,调幅
~ de fréquence 调频,频率调制,移相调频
~ de phase 相位调制
~ des primes selon les clients 根据投保人的情况增减保险费
~ des tarifs 调整税率

modulé a 调制好了的,已调制的
module m 模,率,比,因素,组件,尺度,模数,模块,模量,系数,模件,系数率,流量单位(100L/s),多年平均流量,微型组件,计量单位
~ à la plaque 板变形模量
~ complexe 复合模量
~ convertisseur 转换系数,转换单位
~ d'ajustage 调整模数
~ d'allongement 线膨胀系数,伸长模量
~ d'écoulement 流量模数
~ d'élasticité 弹性模数[模量],纵向杨氏模量,杨氏模量
~ d'élasticité apparente 表观弹性模量
~ d'élasticité cubique 体积弹性模量
~ d'élasticité d'acier 钢筋的弹性模量
~ d'élasticité de cisaillement transversal 横向剪切弹性模量
~ d'élasticité de l'armature précontrainte 预应力钢筋的弹性模量
~ d'élasticité de volume 体积弹性模量
~ d'élasticité des cristaux 晶体弹性模量
~ d'élasticité dynamique 动力弹性模量,动态弹性模量
~ d'élasticité effective 有效弹性模量
~ d'élasticité en cisaillement 受剪弹性模数
~ d'élasticité en flexion 弯曲弹性模数
~ d'élasticité en torsion 扭转弹性模数
~ d'élasticité en traction 扭转弹性模数,受拉弹性模数
~ d'élasticité instantanée 瞬时弹性模量
~ d'élasticité longitudinale 纵向弹性模数
~ d'élasticité relaxée 松弛弹性模数
~ d'élasticité tangentielle 切线弹性模量
~ d'élasticité transversale 横向弹性模数,抗剪模数[模量],刚性模量
~ d'élasticité variable 可变弹性模量
~ d'élasticité volumétrique 体积弹性模量
~ d'élasticité volumique 体积弹性模量
~ d'érosion 侵蚀模数
~ d'inertie 惯性模数[模量]
~ d'inertie polaire 扭转模数
~ d'irrigation 单位面积灌溉水量,灌水定额
~ d'un tamis 方孔筛的模数
~ d'une passoire 圆孔筛的模数
~ d'uniformité 均质模数
~ d'Young 杨氏模量,弹性模数,弹性模量
~ d'Young longitudinal 弹性模量,纵向杨氏

模量
~ de cisaillement 抗剪模数,切变模量,剪切模量
~ de cisaillement défini en élasticité 抗剪弹性模量
~ de cisaillement dynamique 动态剪切模量,动力剪切模量
~ de cisaillement équivalent 等效剪切模量
~ de commutation 开关模块,转换模块
~ de compressibilité 压缩模量,梯级弹性压缩模量
~ de compressibilité volumique 体积压缩模量
~ de compression 压缩模量,抗压模数,压缩模数
~ de compression élastique 弹性压缩模量
~ de compression volumétrique 体积弹性压缩模量
~ de contrainte-déformation 应力应变模量
~ de contrôle 控制模块
~ de coulomb 刚性模量,刚度系数
~ d'élasticité longitudinale de béton 混凝土的纵向弹性模量
~ de débit 流量模数
~ de décompression 卸荷模量
~ de déformation 变形模量,变形模数,形变模量,形变模数
~ de déformation à long terme 长期变形弹性模量
~ de déformation à court terme 短期变形弹性模量
~ de déformation du béton à long terme 混凝土长期变形模量
~ de déformation instantanée de béton après n jours 混凝土n天瞬间变形模量
~ de déformation pour le calcul de béton 混凝土的计算弹性变形模量
~ de déformation volumique 体积(变形)模量
~ de dent 齿距
~ de dilatation 膨胀模量,剪胀模量,扩容模量
~ de drainage 排水模量,日径流深,排水模数,单位时间内地下水下降值,排水平均流量
~ de fer (水泥的)铁指数,铝铁指数
~ de finesse 粒度模量,细度模数,细度模量
~ de finesse d'abrams 阿氏细度模数
~ de fluage 徐变模量,蠕变模量
~ de flux 径流模数
~ de fonctionnement 工作模数
~ de fondation 基础模量,地基模量
~ de glissement 滑动模数
~ de périodicité 周期模
~ de plasticité 塑性模量,塑性模数
~ de poisson 泊松比
~ de raideur (vertical) 地基反力系数
~ de réaction 地基反应系数,地基反应(或反力)模量
~ de réaction de la fondation 反应模量,地基系数,土基系数
~ de réaction du sol 地基系数,机床系数,地基反应模数,地基反应模量,土反力系数
~ de recharge 再加荷模量
~ de réfraction 折射系数
~ de répulsion (桩的)回弹系数,回弹模量,弹力恢复系数
~ de résilience 回能模量,弹模能量,回弹模量,回弹系数
~ de résistance 抗力模量
~ de résonance 共振模量
~ de restriction 约束模量
~ de retrait 收缩模量,收缩模数
~ de richesse 富有模量,富度模量,结合料裹覆粒料的厚度表观值,丰度系数(沥青膜裹覆值)
~ de richesse en liant 结合料含量系数
~ de rigidité 刚度系数,刚性模量,刚度模量
~ de rupture 破裂模最,断裂模量,断裂系数,断裂模数,弯折摸数,弹性抗弯极限强度
~ de section 断面模量,截面模数,截面模量
~ de section à la torsion 抗扭截面模数
~ de stabilité 稳定模数
~ de surface 表面模量,表面系数
~ de taillage 切割模数
~ de torsion 扭转模数,抗扭模数,扭曲模量
~ des matériaux 材料模量
~ du sol 土壤模量
~ du tamis 筛号
~ dynamique 动力模量
~ dynamique d'élasticité 动弹性模量
~ élastique 弹性模量,弹性系数
~ équivalent 等值模量

~ latéral de réaction du sol　（桩的）侧向土基反力系数
~ non-relâché　非松弛模数
~ normal　法向模量
~ œnométrique　固结系数,固结模量
~ photoélastique　光弹性模量
~ plastique　塑性模量
~ pressiométrique　压力模量,压缩模量,旁压模量
~ réduit d'élasticité　等价弹性系数
~ spécifique　（单位）径流模数
~ statique　静力模量
~ tangent　切线系数
~ tangent de compressibilité　压缩系数
~ Young　杨氏模数,弹性模数

moduler　*v*　控制,调制,转变,变换
modulomètre　*m*　调制测量仪,调制计
modumite　*f*　方钴矿,钠铁矾,碱辉斜长岩
moelleux　*a*　柔软的,柔软而富有弹性的
moellon　*m*　中砾,粗石,毛石,琢石,方石,砾石,片石,碎石,乱石圬工
~ brut　毛石,碎石,片石
~ concassé　小碎石
~ d'appareil　琢石,凿石,切石
~ d'assise　毛石砌体,大面片石
~ de roche　构造角砾
~ de taille　凿石,方石
~ gisant　平面毛石
~ smillé　粗凿石

mœllonage　*m*　砾石工程
moere　*m*　积水低地,水沼地
mofette　*f*　碳酸喷气孔
moffrasite　*f*　水锑铅矿
mogensenite　*f*　莫更生矿（含钛尖晶石磁铁矿）
Moghrabide　*f*　莫格拉比褶皱带（摩洛哥）
mohavite　*f*　八面硼砂
mohawkite　*f*　杂镍砷铜矿
moho[mohorovicic]　*m*　莫霍面,莫霍不连续面
mohsite　*f*　含铅锶铁钛矿
moignon　*m*　梁,柱,树桩
moindre　*a*　更小的,较小的,较少的
~ carré　最小方块

moine　*m*　残山,土柱,峻岩,陡坎
moins　*adv*　较小,更少；*prép*　减去；差,缺；负法
(ne...)pas ~ que　和……一样,并不比……少
~ ...moins　越不……越不,越少……越少
~ ...plus...　越不……越
à ~ de　低于,少于,除非
à ~ que　除非……
à tout le ~　至少,无论如何
au ~　至少,无论如何,最低限度
d'autant ~ que　越是……,越不……
dans ~ de　在……之内,不超过
de ~　缺少,差
de ~ en moins　越来越少,越来越不
du ~　至少,无论如何
en ~　缺少,差
en ~ de　不到……时间,少于……时间,在……之内,不超过
ne... pas ~　仍然是,还是同样地
ni plus ni ~　不多不少,正是,就是,正如,就如
non ~ que　与……同样地
pour le ~　至少,无论如何
~ que　比……少,不如
rien ~ que　一点不,完全不
tout au ~　至少,无论如何

moins-disant　*m*　最低标；最低标投标者
moins-perçu　*m*　少收款项,少领款项
moins-value　*f*　减值,贬值,减价,降价,差额,价值降低
moirage　*m*　波纹,波纹型,图像失真,波纹效应,波纹干扰,波纹型图像失真
moiré,e　*a*　波纹形的,起皱纹的
moirure　*f*　波纹效应（电视失真图像）
mois　*m*　月,月份,月薪
~ comptable　会计月度
~ courant　本月
~ de décompte　结算月

moise　*f*　横臂,横柱,横梁,斜杆,斜撑,斜支撑杆
moiser　*v*　用横梁或斜杆固定
moisissure　*f*　发霉,霉
~ de roche　石棉
moissanite　*f*　碳硅石（碳化硅）
moissite　*f*　铁铌矿
moite　*a*　湿的,潮湿的,微湿的
moiteur　*f*　湿度,潮湿,含水量
~ mobile　游离水分
moitié　*f*　半,一半,一大半

à ~　一半,部分地
　　de ~　一半
moitir　*v*　使微湿,使潮湿
molard　*m*　坡积层,冲积锥
molarité　*f*　容摩,容模浓度,体积克分子浓度,磨石粗砂岩,细砂质磨石
molasse　*f*　磨拉石,磨砾层,石灰质轻砂岩,麻拉斯层系,石灰质膏砂岩
molassique　*m*　磨拉石沉积；*a*　磨拉石的
moldavite　*f*　黑地蜡,莫尔道玻陨石,莫尔道熔融石
mole　*f*　克分子,摩尔数,克分子数
môle　*m*　码头,地垒,刚性区,上升地块
　　~ de la duane　海关码头
molengraaffite　*f*　闪叶石
molesquine　*f*　单面仿皮漆布
moletage　*m*　滚花,压花,滚螺纹
moleté　*a*　滚花的,压花的,带螺纹的
molette　*f*　轮,滚轮,键盘,滚盘,牙轮钻,滚花轮,侧面带齿的圆盘钢锯
molettes　*f.pl*　碾子锥头,滚子旋锥
mollasse　*f*　磨拉石,磨砾层；*a*　软的,柔的
mollesse　*f*　软性,柔软性
mollification　*f*　软化
mollifier　*v*　变软,软化
mollisol　*m*　冻融层（每年冻结和融化的土层）,软土,活动层,流动土层
mollite　*f*　天蓝石
molluskite　*f*　软体动物碳化石
molochite　*f*　孔雀石
moluranite　*f*　多水钼铀矿
molybdate　*m*　钼酸盐
　　~ de plomb　钼铅矿
molybdénite　*f*　辉钼矿
molybdoménite　*f*　白硒铅石
molybdophyllite　*f*　硅镁铅矿
molybdoscheelite　*f*　钼白钨矿
moment　*m*　矩,力矩,弯矩,动量,瞬时,时刻,瞬间,时间,时机,因素
　　à aucun ~　任何时候,时时刻刻
　　à ce ~　在这个时候,这时
　　~ à l'extrémité de barre　端力矩
　　à tout ~　随时,时刻,不断地,任何时候
　　à un ~ donné　在某一既定时间,在某一给定时间
　　à un ~ précis　在某一准确时间内
　　à un certain ~　在一定的时候
　　~ absolu maximum　绝对最大力矩
　　~ additionnel　附加力矩
　　~ admissible　容许弯矩,容许力矩
　　~ angulaire　动量矩,角动量
　　~ angulaire intrinsèque　本征角动量
　　au ~ de　正当……的时候,当时
　　au ~ où　在……时,当……时
　　~ au bord　末端弯矩,边缘弯矩
　　~ au-dessous des appuis　支点弯矩
　　~ centré　中心矩
　　~ centrifuge　离心力矩
　　~ cinétique　动量矩,角动量,动力力矩
　　~ critique　临界力矩,决定性时刻
　　~ d'accélération　加速力矩
　　~ d'allumage　引燃时刻,引燃点（依然管）,触发时刻（可控硅）
　　~ d'amortissement　减振力矩,阻尼力矩
　　~ d'appui　支点力矩,支撑力矩
　　~ d'arrivée　到达时间
　　~ d'encastrement　固定力矩,嵌固力矩,约束弯矩,固定端力矩
　　~ d'encastrement parfait　固定端弯矩
　　~ d'excentricité d'une roue　车轮偏心力矩
　　~ d'inertie　惯矩,惯性矩,转动惯量,惯性动量,惯性力矩
　　~ d'inertie centrifuge　离心惯矩
　　~ d'inertie de l'anti-flexion　抗弯惯矩
　　~ d'inertie de profil　截面惯性矩
　　~ d'inertie du rotor du compresseur　压缩机转子转动惯量
　　~ d'inertie polaire　惯性极矩,极惯性力矩,极转动惯量
　　~ d'inertie pondéré　惯性矩
　　~ d'inertie principal　惯性主矩,主惯性矩
　　~ d'inertie variable　惯性变化力矩
　　d'un ~ à l'autre　随时
　　~ d'un couple　力偶矩
　　~ d'un doublet　偶极矩
　　~ d'une force　力矩
　　~ d'une force par rapport à un axe　转动力矩
　　dans le ~ où　当……时候,在……之际

dans un ~ 过一会儿，马上
de ~ en moment 不时地
~ de basculement 倾覆力矩
~ de calcul pour l'état limite de service 使用极限状态下计算力矩
~ de calcul pour l'état limite ultime 极限状态下计算力矩
~ de charge 载荷力矩
~ de charnière 铰接力矩
~ de chavirement 倾力矩，颠覆力
~ de cisaillement 剪力矩
~ de cohésion 黏聚力矩
~ de console 悬臂力矩
~ de continuité 中间支座上连续性弯矩
~ de couple 力偶矩
~ de démarrage 起动力矩
~ de fissuration 开裂弯矩，形成裂缝弯矩
~ de flexion 弯矩，挠矩，弯曲力矩
~ de flexion au milieu 中心弯矩
~ de flexion maximum absolu 绝对最大弯曲力矩
~ de force 力矩
~ de force de rétablissement 恢复力矩
~ de freinage 制动力矩
~ de friction 摩擦力矩
~ de frottement 摩擦力矩
~ de giration 回转力矩
~ de la centrifuge 离心力矩
~ de la charge 荷载力矩
~ de la force centrifuge 离心力矩
~ de la poussée du vent 风压弯矩
~ de lacet 偏转力矩，转弯力矩
~ de noyau 核点力矩，中心力矩
~ de poutre 梁的力矩
~ de précontrainte 预应力力矩
~ de quantité de mouvement 动量矩，转矩
~ de rappel 恢复力矩，复原力矩
~ de redressement 复原力矩
~ de renversement 倾斜力矩，颠覆力矩，逆转力矩
~ de résistance 抵抗力矩，阻力矩
~ de résonance 共振力矩
~ de rotation 转动力矩，旋转力矩
~ de roulis 滚动力矩
~ de rupture 破坏力矩，极限力矩，破坏弯矩，弯折力矩，断裂力矩
~ de spin 自转矩，自旋矩
~ de stabilité 平衡力矩，安定力矩，稳定力矩
~ de support 支承力矩
~ de surface 面积矩
~ de tangage 俯仰力矩
~ de torsion 扭矩，转矩，旋转力矩，扭转力矩
~ de vent 风力矩
~ de zéro 零矩
~ dipolaire 力偶矩
~ distribué 分配力矩
du ~ où 自从，从……时候
~ dû à la pression de vent 风力弯矩
~ du tourbillon 涡流强度
~ électrique 电矩
en ce ~ 此刻，现在
~ en travée 中跨弯矩
en un ~ 顷刻间，片刻，很快
~ excentrique du vibrateur 振动器偏心力矩
~ fléchissant 弯矩，挠矩，弯曲力矩，挠曲力矩
~ fléchissant équivalent 等效弯曲力矩
~ fléchissant idéal 换算弯曲力矩
~ fléchissant négatif 负弯矩，反向弯矩
~ fléchissant positif 正弯矩，正向弯矩
~ fléchissant sur l'appui 支点弯矩，支点弯曲力矩，支撑点弯矩
~ général 一般弯矩
~ gyroscopique 回转力矩
~ instantané 瞬时扭矩（力矩）
~ interne 内弯矩，内力矩
~ longitudinal 纵向力矩
~ magnétique 磁矩
~ maximum 最大力矩
~ maximum absolu 绝对最大力矩
~ minimum 最小力矩
~ moteur 动力矩
~ négatif 负弯矩
~ nucléaire 核矩
~ par longueur unitaire de dalle 钢筋混凝土板单位长度力矩
~ parasitaire 次弯矩，附加弯矩
~ permanent 永久弯矩
~ perturbateur 干扰力矩

~ plastique   塑性力矩
~ positif   正力矩
pour le ~   目前，暂时
~ principal   主力矩
~ principal d'inertie   惯性主矩
~ redresseur   恢复力矩
~ renversant   倾覆力矩，颠覆力矩
~ réparti   分布力矩
~ résistant   阻力矩，抵抗力矩
~ résultant   合力矩
~ second   二次矩
~ second de surface   二次矩，面积管距
~ secondaire   次弯矩
~ séismique   地震矩
~ sollicitant   作用力矩，附加力矩
~ spécifique   比（动量）矩
~ stabilisateur   安定力矩，稳定力矩，恢复力矩
~ statique   静力矩
sur le ~   当场，当时
~ transmis   传递力矩
~ virtuel   虚力矩
momentané, e   a   暂时的
moment-vecteur   m   力矩矢量，自由矢量
monagone   m   九边形
monalbite   f   蒙钠长石，单斜钠长石
monazité   a   独居石的
monazite   f   独居石（磷铈镧矿）
monazite-la   f   镧独居石
monceau   m   堆，乱堆，碎石堆，小山丘
monchéite   f   碲铂矿
monchikite[monchiquite]   f   沸煌岩，蒙启克岩
monde   m   界，宇宙，天体，世界，人，人们，社会
mondhaldéite   f   闪辉二长煌斑岩
mondial, e   a   世界的
monel   m   蒙乃尔合金（镍铜锰铁合金）
monétite   f   三斜磷钙石
monheimite   f   铁菱锌矿
monimolite   f   丝锑铅矿
monite   f   黄胶磷矿
moniteur   m   监督，监视，监视器，监控器，监听器，控制器，控制开关，监督程序，校准用仪表，监视（监控）系统
~ atmosphérique   大气污染监测器
~ automatique   自动监测器，自动监测仪

~ continu   连续监测记录仪
~ d'exploitation   操作监督程序
~ d'image   图像监视器
~ de contamination   污染监测器
~ de radioactivité   放射性监测仪
~ de sortie   输出控制器
~ hydraulique   水枪
~ temps réel   实时监督程序
monitorage   m   监测，监控
~ d'air   大气监测
~ de performance   性能监察
~ de qualité d'eau   水质监测
~ de surface   表面监测
~ de talus   边坡监测
~ séismique   地震监测
monmouthite   f   闪霞岩
monnaie   f   钱币，货币，硬币，财产，铸币
mono-   （前级）单，一
monoaxial, e   a   单轴的
monobloc   m   整块，单体，壳体，单块; a   单块的，整块的
monobouton   m   单按钮的，单键
monocâble   m   单芯电缆，单索架空索道
monoclinal   m   单斜，背斜，向斜，单斜层，单斜结构
monoclinal, e   a   单斜的
monoconducteur   m   单导体，单塞绳
monocouche   f   单层，单层衬砌，一层的路面处治
~ équivalente   等效单层
monocyclique   a   单旋回的
monocylindre   m   单缸，单缸发动机
monocylindrique   a   单缸的
monodromie   f   单值（性）
monodynamique   a   单动力的，单动态的
monoénergétique   a   单能的
monoétage   a   单级的
monoflèche   f   单臂，直把臂
monogène[monogénique]   a   单成因的，单成分的，单矿的
monogéosynclinal   m   单地槽，单旋回地槽
monogramme   m   拼合文字（几个字头的字母合并）
monogranulaire   a   均粒的
monohydrallite   f   铝土矿，铝红土
monohydrocalcite   f   单水碳钙石

monojambe *f* 单支柱
monolithe *m* 整体,整体块,单岩,磐石,单成岩,单岩山,整体样,原状土样,原状石样,整段土壤剖面；*a* 整体的,单块的,一致的,独块巨石的
　～ de sol 土壤整段标本,大型土壤试块
　～ en béton 混凝土大块体
monolithique *a* 整体的
monomât *m* 撑杆
monométallique *a* 单金属的
monomial, e *a* 单项的
monominéral *a* 单矿物的
monomoteur *m* 单发动机
monophane *f* 柱沸石
monophasé *a* 单相电流的
monophasé-continu *m* 单相—直流
monophasé-triphasé *m* 单—三相
monophyllétique *a* 单系列的,单源的
monoplace *a* 单座的
monopole *m* 独占,垄断,专利,专卖
monotonie *f* 单调,缺乏变化
　～ des débits 流量图,水文图
monotrope *a* 单变性,单变现象
monotype *m* 单型,单一标准型
monotypique *a* 单型的
monoxyde *m* 一氧化碳
mont *m* 山,山峰；*m. pl* 山脉
　～ chauve 秃山
　～ dérivé 背斜蚀余山
　～ disjonctif 断层山,块状山
　～ isolé 孤山,孤丘
montage *m* 装,框,架,安装,装配,布线,电路,组装,线路,架设,固定,接线图,安装图,布线图,固定件,线路布置,上山坑道
　～ des coffres sous caisse 车体下各种箱子的安装
　～ des conduits de ventilation MT (moteur de traction) 牵引电动机通风管组装
　～ des organes de protection 保护装置组装
　～ des persiennes devant bloc radiateurs 散热器前百叶窗组装
　～ des persiennes sur face latérale 侧墙百叶窗组装
　～ des radiateurs 散热器组装,散热器组织
　～ des sablières AR (arrière) 后撒砂器组装
　～ des signaux sur potence 在托架上安装信号
　～ des soufflets de ventilation MT (moteur de traction) 牵引电动机通风折叠管组装
　～ des supports antilacets 防摆动支座组装
　～ des travées 跨构的架设,钢梁的拼装
　～ des vidanges (écoulement bac d'huile) 安装排油装置(邮箱管道)
　～ différentiel 差动电路,微分电路,差动装置
　～ doubleur de tension 倍压电路,倍压器
　～ du bloc d'appareils sur socle 把电器柜装在底座上
　～ du groupe de lancement 起动机组组装
　～ du groupe de prégraissage 预润滑装置组装
　～ du pivot sur caisse 车体中心支撑组装
　～ du tablier 桥梁上部结构的拼装,桥面系的安全,桥面系的安装
　～ émetteur à la masse 发射极接地电路,共发射极电路
　～ en arrière 后面装配
　～ en avant 前面装配
　～ en câble 悬索吊装法,悬索架设桥梁法
　～ en cascade 串极连接
　～ en cascade des moteurs d'aiguilles 电动转辙机电机逐级驱动电路
　～ en encorbellement (桥梁)伸臂拼装法
　～ en opposition 反接,插接,双工连接
　～ en parallèle 并联连接,并联电路,并联安装
　～ en pont 桥接电路,电桥示意图
　～ en porte à faux 悬臂拼装法
　～ en porte-à-faux 悬臂拼装法
　～ en push-pull 中抽式线路,推挽电路
　～ en quantité 并接电路
　～ en sandwich 夹层结构,重叠布置
　～ en zigzag 曲折连接
　～ équilibré 推挽电路,对称电路
　～ et câblage hors bloc 柜外布线
　～ expérimental 实验装置
　～ financier 融资组合,筹集资金
　～ général des auxiliaires côté bloc électrique 电器柜侧辅助机组总组装
　～ général blocs 各机件柜的总组装
　～ hétérostatique 异位差连接法
　～ hétérostatique dissymétrique (de Kélvin) (开耳芬的)不对称异位差连接法

~ hétérostatique symétrique（de Mascart） （马斯卡特的）对称异位差连接法
~ homostatique（de Joubert） （朱波特的）同为差连接法
~ mécanique 装配，安装
~ mixte 复接，复联，混合布置，混联电路
~ modulaire 积木系统
~ monostable 单稳电路
~ neutrodyne 中和电路，平查电路
~ par encorbellement 悬臂拼装法
~ par flottage 浮运架设法（桥梁）
~ par groupes 分组组装
~ rigide 刚性组装，刚性连接
~ sans échafaudage （桥梁）无脚手架安装
~ Scott 斯科特接线法（把三相电变为二相电）
~ sous tension 带电安装
~ sur échafaudage flottant 浮运架桥法
~ sur place 现场安装
~ sur site 现场安装
~ sur table 实验电路板，实验模型
~ suspendu 悬索吊装法，悬索架设桥梁法
~ tête-bêche 首尾连接，首尾对接
~ transitron 负互道管电路，负互道管振荡器电路
~ usine 工厂安装
~ ventilateur MT（moteur de traction）côté radiateurs 散热器侧牵引电动机通风机组装
~ ventilateur MT côté bloc électrique 电器柜侧牵引电动机通风机组装
~ vertical 直立安装
~ vertical（à） 支座式结构的

montagnard n 山区居民
montagnard, e a 山区的
montagne f 山峰，高山，山状物；一大堆；f. pl 山，山脉
montagnette f 小山
montagneux, euse a 山地的，多山的
montanite f 碲铋华
montant m 总额，金额，款项，立柱，矿柱，涨潮，斜柱，床身，机座，支撑杆，装配支柱，模板支撑
~ à déplacement 活动支柱
~ à l'impériale 中梁，中柱，桁架中柱
~ à percevoir 应收金额，应收款项
~ amortisseur 减振支柱，缓冲支柱
~ assuré 保费，投保金额
~ avant 前立柱
~ brut 总金额，毛金额
~ central 中心立柱
~ compensatoire 补偿金额
~ creux de fonte 中空铸铁机架
~ cumulé 累计金额
~ d'angle 角柱
~ d'assurance 保险金额
~ d'entrée 门柱
~ d'escalier 楼梯立柱
~ de baie 窗柱
~ de bout 端柱
~ de cadre 框架立柱
~ de cage 机架，牌坊
~ de chèque 支票金额
~ de derrick 钻塔支柱
~ de glace 窗框梁柱
~ de la caisse 车体立柱
~ de la facture 账单总额，发票金额
~ de porte 门柱
~ déclaré 申报金额
~ des charges 应支金额
~ des dépenses 支出金额
~ des frais de transport 运费总额
~ des investissements 投资费，资本值，基本建设费用
~ des produits 应收金额
~ des travaux 工程总费用，工程总造价，工程总额
~ déversé 斜支柱，固定支柱
~ du budget 预算总额
~ du cadre de la vanne 闸门支承端柱，闸门边支承柱
~ du capital social 注册资本金
~ du détail estimatif du marché 包价，发包价格
~ du marché 合同（总）额
~ duo 二辊式机架
~ dû 欠款金额，未付款项
~ évidé 空心桥墩
~ facturé 发票金额
~ fermé 闭口式机架
~ global 总价，总额，总数
~ intermédiaire 中间柱

~ irrécouvrable　无法收回的款额,呆账
montant, e　*a*　上升的,增加的
montant-porteur　*m*　支柱
montdorite　*f*　芒云母
monté　*a*　安装的,装配的,已安装好的,已组装的
　~ à l'arrière　后面安装
　~ à l'avant　前面安装
　~ sur bandage en caoutchouc　橡胶轮胎安装
　~ sur camion　汽车上安装
　~ sur chenilles　履带上安装
　~ sur skid　滑行器上安装
　~ sur tracteur　拖拉机上安装
monte-bagage　*m*　行李提升机,行李升降机
monte-benne　*m*　自卸车箱的举升机构
montébrasite　*f*　羟磷锂铝石
monte-charge　*m*　货梯,千斤顶,起重机,提升机,起重电梯,货物升降机,货物提升机
　~ à air comprimé　气动升降机(提升货物用)
　~ à béton　混凝土提升设备,混凝土提升机
　~ à bras　手摇起重设备
　~ à câble　钢丝绳升降机,钢索提升机
　~ à cage　升降机
　~ à chantier　建筑用起重机,工地升降机
　~ à la main　手摇起重机,手摇升降机
　~ à plateforme　平台式升降机
　~ de construction　施工升降机,建筑升降机
　~ de mortier d'enduit　灰泥提升机,灰浆提升机
　~ démonte guide　装卸管套
　~ hydraulique　液力升降机,液力提升机
　~ incliné　斜行升降机,斜面提升机,阶梯式输送机
　~ incliné de construction　斜行施工升降机,斜面施工升降机
　~ oblique　倾斜升降机,斜面提升机
　~ pneumatique　风动升降机,气动提升机
　~ pour matériaux　材料提升机,材料起重机
　~ rapide de construction　高速施工升降机,快速施工起重机
montée　*f*　上升,隆起,筑高,升高,高涨,上坡,爬高,活塞上行冲程
　~ d'une voûte　拱高,拱矢
　~ de l'arc　(拱)矢高
　~ de l'eau　涨水,水上升
　~ des eaux　闯坡,用冲力爬坡,水位上升

~ diapirique　底辟上升
~ franchissable par élan　涨水,抽水
monte-fûts　*m*　圆筒提升机
monte-grume　*m*　圆木提升设备
monte-matériaux　*m*　材料升降机
monte-personnes　*m*　载人升降机
monte-plats　*m*　平台式升降机
montéponite　*f*　方镉矿
monte-porteur　*m*　支柱,支架
monter　*v*　上升,爬高,升起,增加,增长,装配,安装,放置,连接
　~ à rivets　铆接安装
　~ en (ou descendre de) voiture à contre-voie　由背站台的车门上下车
　~ en direct　直接连接,一次连接
　~ en encorbellement　悬臂拼装
　~ en option　随意安装
　~ en voiture　上车(旅客)
　~ fou　安装错误(指位置)
　~ la montre　上弦(表类)
　~ les pneus　安装汽车轮胎
　~ un train de roues　安装轮对组
montérégianite　*f*　硅碱钇石
montésite　*f*　含铅硫锡矿
monteur　*m*　电工,装配工,接线工,组装工,安装工,架设工,修理工
　~ électricien　电工,通信工,电气安装工
　~ épisseur　电缆焊接工
monte-wagon　*m*　车辆吊车,车辆吊机
montgoméryite　*f*　磷铝镁钙石
monticellite　*f*　钙镁橄榄石
monticule　*f*　小山,小丘,小火山,小土丘,小山岗
　~ de terre　土岗,土丘
　~ polygonale　多边形土丘
Montien　*m*　蒙丁阶(E_1,欧洲)
montien　*a*　蒙丁期的
montille　*f*　小山,小丘,小火山
montinsule　*f*　残山,山前孤山
montjoie　*f*　石堆
Montmartien　*m*　蒙马特尔阶(E_3 早期)
montmartite　*f*　石膏
montmorillonite　*f*　蒙脱土,蒙脱石,高岭石
　~ ferrifère　鲕绿泥石
montmorillonoïde　*m*　蒙脱石类

montréalite *f* 橄闪辉石岩
montre-comparateur *f* 千分表
montrejite *f* 蒙特尔式陨石
montrer *v* 表明,表示,证明,指示,出示,给看,显示
montreulite *f* 富橄碱性辉长岩
montroséite *f* 黑钒矿
montroydite *f* 橙汞矿
montueux, euse *a* 丘陵的,似块状的,含土块的,丘陵起伏的,高低不平的
monture *f* 插座,机架,支架,装配,安装,悬挂,吊挂
　～ de sélecteurs　选别器座,开关座
　～ pour lampes　灯座
monument *m* 标石,界碑,(测量的)石桩,混凝土桩,大建筑物,纪念碑,纪念性建筑物,宏伟的建筑物
　～ d'observation　观测标志,测站标石
monzonite *f* 二长岩
monzosyénite *f* 二长正长岩
mooihoekite *f* 褐硫铁铜矿
moonstone *f* 月长石,冰长石
mooraboolite *f* 钠沸石
mor *m* 酸性有机物,粗腐殖质
moraesite *f* 水磷铍石
moraillon *m* 搭扣,锁环
　～ à crochet　钩锁
moraine *f* 碛,冰碛,冰碛物,漂积土,冰碛土,冰碛层,冰碛石
　～ active　移动冰碛
　～ altérée　风化冰碛
　～ bordière　边碛
　～ cirque　冰斗冰碛
　～ d'ablation　消融冰碛
　～ d'avalanche　雪崩冰碛
　～ de blocs　块冰碛
　～ de dépôt sur place　堆碛
　～ de fond　底碛
　～ de fond consolidée　底碛岩
　～ de lave　熔岩碛,假碛
　～ de poussée　推碛
　～ de progression　远移冰碛,前进冰碛
　～ de retrait　后退冰碛
　～ de poussée　推碛
　～ frontale　前碛
　～ glaciaire　冰碛物
　～ inférieure　底碛
　～ interlobaire　中(分)碛,冰舌间碛
　～ interne　内碛
　～ latérale　侧碛,侧斜冰碛层
　～ longitudinale　纵碛
　～ marginale　边碛,终碛
　～ médiale　中碛
　～ mobile　活动碛,移动碛
　～ mouvante　移动碛,运动冰碛
　～ périphérique　周碛,围碛
　～ rempart　长冰碛堤,长冰碛丘
　～ riveraine　旁碛,侧碛
　～ superficielle　表碛
　～ terminale　终碛,尾碛
　～ transportée　移动碛
　～ transversale　横碛
morainique *a* 冰碛的
moravite *f* 铁鳞绿泥石
morbihanite *f* 矽线浸渗混合岩
morceau *m* 一块,一段,碎片
　～ de roche　岩石碎片
morcelée *f* 分割,细分
morceler *v* 分割,细分
morcellement *m* 分割,细分,绘图,制图,分成块
mordache *f* 虎钳,手钳,夹子,板牙,钳口垫片
　～ à coin　楔形夹
mordacité *f* 腐蚀性
mordant *m* 媒染剂,酸洗剂,腐蚀剂
mordénite *f* 丝光沸石
mordoré *a* 金褐色的
mordre *v* 咬,抓住,卡住,侵蚀,磨损
morélandite *f* 钡砷磷灰石
morencite *f* 绿脱石
morganite *f* 铯绿柱石
morinite *f* 水氟磷铝钙石
morion *m* 黑晶,烟晶
morne *m* 小山,小丘
　～ tropical　孤山,岛状山
mornite *f* 拉长石
morocochite *f* 针铅铋银矿,硫铅铋银矿
moroxite *f* 磷灰石
morphogène *a* 地貌成因的,地貌发生的,形态成

因的

morphogenèse *f* 地貌成因,地貌发生,地形成因,形态成因

morphogénétique[morphogénique] *a* 地貌成因的,地貌发生的,形态成因的

morphographie *f* 描述地貌学,描述地形学,地区地形学

morpholite *f* 菱铁矿

morphologie *f* 外形,形态,地貌,形态学,地貌学,表面形态
　～ de gisement　矿床形态(学)
　～ des pores　孔隙分布状态
　～ du sol　土壤形态学
　～ dynamique　动力地貌(学)
　～ glaciaire　冰川地貌(学)
　～ karstique　岩溶形态(学)
　～ sous-marine　海底地貌(学)
　～ structurale　构造地貌(学)

morphologique *a* 地貌(学)的,形态(学)的

morphométrie *f* 形态测量,地貌测量
　～ de réseau　河网地貌测量

morphoscopie *f* 形态显微研究

morphoscopique *a* 形态显微测量的

morphosculpture *f* 刻蚀地貌,雕塑地貌,小型构造地貌

morphotectonique *f* 地貌构造学

morphotype *m* 形态类型

mors *m* 卡抓,接触片,定位片,虎钳钳口,卡盘爪,压紧片

morsure *f* 咬,咬伤,腐蚀

mort d'accident 汽车事故死亡者

mort terrain 覆盖层,地表沉积

mortaisage *m* 车槽,插槽,插削加工

mortaise *f* 槽,沟,切口,缺口,榫槽,榫眼,凹处,榫孔,键槽,插孔
　～ et tenon　槽合榫,公母

mortaiseuse *f* 凿槽机,插床
　～ à chaîne　链式开槽机
　～ à mèche　镗孔开槽机
　～ verticale　插床

mort-bras *m* 古河,旧河床

mort-charbon *m* 风化煤

morte-eau *f* 小潮,小潮时期

mortel *a* 致死的,致命的

morte-saison *f* 淡季,农闲季节,清闲季节

mortier *m* 研钵,泥灰,灰浆,胶泥,溶液,石灰砂浆,建筑砂浆
　～ à carbonate de chaux　石灰砂浆
　～ à faible humidification　湿度小的砂浆
　～ à l'air　普通石灰砂浆
　～ à liant hydrocarboné　沥青结合料砂浆
　～ à sable fin　细砂砂浆
　～ activé　活性砂浆
　～ aéré　普通石灰砂浆
　～ armé de fibre　钢纤维灰浆
　～ asphaltique　地沥青灰浆,沥青砂浆
　～ aux poils　麻刀灰泥
　～ bâtard　混合砂浆,水泥石灰砂浆
　～ bituminé　沥青砂浆
　～ bitumineux　沥青砂浆
　～ bitumineux cylindré　碾压式沥青,沥青混凝土
　～ colloïdal　胶体砂浆
　～ composé　混合砂浆
　～ d'agate　玛瑙研钵
　～ d'argile　黏土泥浆,泥浆
　～ d'asbeste　石棉灰浆,石棉砂浆
　～ d'enduit　抹灰用砂浆,抹灰砂浆
　～ d'injection　(水泥)薄浆,灰浆,薄胶泥,压力灌溉
　～ d'un sol　泥灰浆
　～ de bâtiment　建筑灰浆,建筑砂浆
　～ de calage　垫底灰浆
　～ de centrale　预拌砂浆
　～ de chaux　石灰砂浆,灰砂浆
　～ de chaux aérien　普通石灰砂浆
　～ de chaux ordinaire　普通石灰砂浆
　～ de ciment　水泥砂浆,水泥灰装
　～ de ciment à prise lente　慢凝水泥砂浆
　～ de ciment net　净水泥砂浆
　～ de ciment pur　纯水泥砂浆
　～ de ciment-chaux　水泥石灰砂浆
　～ de construction　建筑砂浆
　～ de fermeture　封层砂浆,封缝砂浆,填缝砂浆
　～ de fins éléments　泥灰浆
　～ de forme　面层砂浆
　～ de gypse　石膏灰浆
　～ de plâtre　石膏砂浆,石膏灰浆
　～ de plâtre pour enduits et revêtement　抹面及

涂层用石膏砂浆
～ de pose　铺砖砂浆,面层砂浆,垫底灰浆
～ de protection　砂浆保护层
～ de résine　树脂砂浆,树脂灰浆
～ de résines synthétiques　合成树脂砂浆
～ de scellement　固结砂浆
～ de sciures de bois　锯末水泥灰浆
～ de sol　泥灰浆
～ de terre　黏土砂浆,泥浆
～ des graves　砂砾灰浆
～ des reprises　砂浆垫层
～ dur　干硬砂浆
～ époxy　环氧砂浆
～ expansif　膨胀砂浆
～ fillerisé adhésif　掺填料的黏结灰浆
～ goudronneux　煤沥青砂浆,柏油砂浆
～ gras　富砂浆
～ hydraulique　水凝砂浆,水硬胶泥,水硬性砂浆
～ hydrocarboné　有机黏结料砂浆
～ hydrofuge　防水砂浆
～ liquide　薄浆,灰浆,水泥浆
～ maigre　贫灰浆
～ maté　胶体灰浆
～ mélangé de filasse (de chanvre)　麻刀灰泥
～ moyen　中砂浆
～ normal　规度溶液,标准溶液
～ ordinaire　普通灰浆
～ plastique　塑性灰浆
～ pneumatique　气压喷浆
～ pour la maçonnerie　圬工用砂浆
～ préfabriqué en centrale　预拌砂浆
～ pré-mélangé　预拌砂浆
～ préparé　预拌砂浆
～ prêt à l'emploi　预拌砂浆
～ projeté　喷射的灰浆
～ réfractaire　耐火砂浆
～ riche　富灰砂浆
～ sec　干硬性砂浆
～ thermique　保温砂浆

Mortolin　*m*　莫尔托林阶

mort-terrains　*m.pl*　表土,脉石,矸石,覆盖层,覆盖土,地表沉积,无矿岩层
～ de recouvrement　覆盖层,表土

morvénite　*f*　交沸石

mosaïque　*a*　镶嵌的
～ écailleux　鳞片镶嵌的
～ grenu　粒状镶嵌的

mosaïque　*f*　镶嵌,拼图,锦砖,龟裂(路面),镶嵌图,镶嵌照片,马赛克(镶拼用材料),预制水磨石小块拼砌地面或墙面,照片平面图,马赛克拼装块料
～ céramique　陶瓷马赛克,陶瓷地砖
～ de faille　断层区
～ de photo aérienne　航摄相片拼图,航摄相片镶嵌图
～ de photographies aériennes　航空相片镶嵌图

mosandrite　*f*　层硅铈钛矿

moschellandsbergite　*f*　银汞矿(莫契兰斯伯矿)

moscovite　*f*　云母

mosénite　*f*　文石,霰石

mosésite　*f*　黄氮汞矿(黄铵汞矿)

mossite　*f*　重铌铁矿

mossotite　*f*　锶霰石

mostic　*m*　油灰,泥子

mot　*m*　字,话,言词,短信,信息单词
au bas ～　至少,起码
～ de passe　通行字,口令
en peu de ～s　简而言之
en un ～　总之,一句话,简言之

motel　*m*　(设在公路旁的)汽车旅客旅馆,公路旅店,公路旅馆

moteur　*m*　引擎,马达,传动,驱动,发动机,电动机,推进器,推动力,发电机,原动机,动力机,动力装置,信号驱动电机；*a*　原动的,主动的,动力的,驱动的,传动的,发动机的
～ à air chaud　热风机
～ à air comprimé　压缩空气发动机
～ à air comprimé à commande électrique　电控空压机
～ à allumage automatique　自燃式发动机
～ à allumage commandé　压燃式发动机
～ à arbre creux　空心轴发动机
～ à auto-excitation　自励电动机
～ à bagues　滑环式电动机
～ à balayage en boucle　回流扫气发动机,回流式换气发动机
～ à capacité　电容电动机
～ à caractéristique compound　复励特性电动机

~ à caractéristique série 串励特性电动机
~ à caractéristique shunt 并励特性电动机
~ à carburateur 汽化器式发动机
~ à carburation interne 内燃机
~ à champ tournant 旋转场电动机
~ à collecteur 整流子式电动机,换向器电动机
~ à collecteur monophasé à excitation interne 自励单向整流子电动机
~ à collecteur monophasé compensé en série 串接补偿单向整流子式电动机
~ à collecteur monophasé série compensé en court-circuit 短路补偿的单相串励整流子电动机
~ à combustibles multiples 多种燃料发动机
~ à combustion externe (machine à vapeur) 外燃机(蒸汽机)
~ à combustion interne 内燃机
~ à commande directe 直接作用式发动机
~ à compresseur centrifuge 带离心压气机的发动机
~ à condensateur 电容电动机,电容起动电动机
~ à connexions résistantes 电枢接带电阻的电动机
~ à couple constant 恒力矩电动机
~ à courant alternatif 交流电动机
~ à courant alternatif à collecteur 交流整流子电动机
~ à cylindres contre-rotatifs 双向转缸式发动机
~ à cylindres convergents V V形发动机
~ à cylindres inversés 倒缸式发动机
~ à cylindres opposés 对缸式发动机
~ à démarrage par résistance 电阻起动电动机
~ à démarrage par self 电抗起动电动机
~ à demi-(tiers)tension 半(或三分之一)电压电动机(两个串联的或三个串联的电动机组成的一部分)
~ à démultiplicateur 带减速器发动机
~ à désengagement 带有信号选别器的信号驱动装置
~ à deux temps 二冲程发动机,二冲程内燃机
~ à deux temps à pistons libres 二冲程自由活塞式发动机
~ à dévirage 电流中断时由于臂板重量恢复停车位置的信号驱动装置

~ à double alimentation 双供电动机
~ à double cage d'écureuil 双鼠笼式电动机
~ à double collecteur 双整流子式电动机
~ à double effet 双动发动机
~ à double étoile 双排星形发动机
~ à énergie nucléaire 核能发动机
~ à enroulement en court-circuit 屏蔽磁极电动机
~ à enroulement série 串激发动机
~ à entraînement direct 直接传动式电动机
~ à entraînement par bielle 连杆传动式发动机
~ à essence 汽油发动机,汽油机
~ à excitation composée 复激电动机
~ à excitation en dérivation 并激电动机
~ à excitation indépendante 他激电动机
~ à excitation mixte 复励电动机
~ à excitation par aimant permanent 永磁电动机
~ à excitation séparée 他激电动机
~ à excitation série 串励电动机,串激电动机
~ à excitation shunt 并励电动机,并激电动机
~ à excitations inverses 他激差绕直流电动机(每段旋转方向相反)
~ à explosion 内燃机
~ à explosion à deux temps 二冲程发动机
~ à fluide 液力传动机
~ à gaz 煤气发动机,燃气发动机,煤气电动机
~ à gaz carbonique comprimé 碳酸气驱动装置
~ à haute température 高温发动机
~ à haute vitesse 高速电动机
~ à hautes performances 高性能发动机
~ à huile lourde 重油发动机
~ à image-série 他激脉动电动机
~ à induction 感应电动机
~ à induction à courant alternatif monophasé 单相交流感应电动机
~ à induction à courant alternatif polyphasé 多相交流感应电动机
~ à induction compensée 补偿感应电动机
~ à mouvement alternatif 往复运动发动机,活塞式发动机
~ à petite vitesse 低速电动机
~ à piston rotatif 旋转活塞式电动机
~ à pistons 活塞式电动机

~ à pistons opposés 对置活塞式发动机
~ à pleine tension 满电压电动机
~ à quatre temps 四冲程发动机
~ à radiales (de collecteur) ventilées 径流通风整流子式电动机
~ à réaction 反应电动机，喷气发动机
~ à réaction d'induit 电枢反馈发动机
~ à refroidissement par air 空冷式电动机
~ à refroidissement par eau 水冷式电动机
~ à régime lent 低速发动机
~ à régime rapide 高速发动机
~ à répulsion 推拆电动机
~ à répulsion à condensateur 电容推拆电动机，电容分相电动机
~ à répulsion à double jeu de balais 两组电刷式推拆电动机
~ à répulsion à enroulement auxiliaire 辅助绕组推拆电动机，分相电动机
~ à ressort 弹簧驱动装置
~ à simple effet 单动发动机
~ à suspension dans le bogie 悬挂在专项架构架中的电动机
~ à suspension dans le châssis 悬挂在车体构架中的电动机
~ à suspension par le nez (ou à l'essieu) 悬鼻式电动机，半悬吊式电动机
~ à turbine 燃气轮机
~ à vent 风轮机，风车
~ à ventilation forcée 强迫通风式电动机
~ à ventilation mixte 混合通风式电动机
~ à vitesse constante 等速电动机
~ à vitesse modérée 中速电动机
~ à vitesse multiple 多速电动机
~ à vitesse réglable 可调(或可变)速电动机
~ à vitesse variable 变速电动机，调速电动机，变速发动机
~ à vitesses multiples 多速电动机
~ accessible 具有良好可达性的发动机(便于维修和检查)
~ alimenté en courant redressé 脉动电机，由整流器供电的电机
~ alternatif 往复式发动机
~ anticompound 差复励电动机，差复激电动机
~ antidéflagrant 防爆电动机

~ anti-shunt 差并励电动机，差并激电动机
~ arrière 后部发动机
~ asservi 伺服电动机
~ asynchrone 异步电动机，感应电动机
~ asynchrone à rotor bobiné 滑环式异步电机
~ asynchrone compensé 补偿异步电动机
~ asynchrone synchronisé 同步感应电动机
~ autocompensé (à alimentation rotorique) 自补偿电动机(转子有一次绕组的)
~ autoventilé 自通风式电动机
~ auxiliaire 辅助电动机
~ auxiliaire de démarrage 起动机，辅助起动电机
~ avec engrenages de démultiplication 带减速齿轮装置的发动机
~ avec hélice en prise directe 直接传动式螺旋桨发动机
~ avec pôles de compensation 有补偿极的电动机
~ avec rotor en court-circuit 鼠笼式感应电动机，短接转子电动机
~ blindé 封闭式电动机
~ chimique 化学燃料发动机
~ classique dans la caisse (autorails) 动车组车体内发动机
~ classique sur le bogie (autorails) 动车组转向架上发动机
~ compensé 补偿式电动机
~ compound 复励电动机，复激电动机
~ compound différentiel 差复励电动机
~ couple 伺服电机，伺服马达
~ cuirassé 封闭式电动机
~ d'aiguille à manivelle 曲柄式转辙机
~ d'asservissement 随动系统伺服电动机
~ d'attaque 传动电机
~ d'entretien économique 维修费用低廉的发动机
~ de barrière 平交道口栏木电动机
~ de chemin de fer 牵引电动机
~ de commande 传动马达
~ de démarrage 启动电动机
~ de démonstration 直观教学用发动机
~ de faible puissance (小于1马力的)小功率电动机

~ de forage 钻孔机
~ de grande puissance 大功率发动机
~ de grande vitesse 高速发动机
~ de haut rendement 高效率发动机
~ de lancement 起动电动机
~ de levage 起重电动机
~ de manœuvre 驱动电机
~ de mise en marche 起动电机,起动机
~ de poursuite 随动电动机
~ de série 系列发动机
~ de signal 信号驱动电动机
~ de signal à désengageur 带有信号选别器的电动臂板
~ de traction 牵引电动机,牵引动力机
~ de traction à courant ondulé 脉动电流牵引电动机
~ de véhicule automobile 汽车发动机
~ de ventilateur de rhéostat 变阻器通风机电机
~ demi-suralimenté 带低增压器的发动机
~ deux temps 二冲程发动机
~ diesel 柴油机
~ diesel à chambre de précombustion 预燃室式内燃机
~ diesel à chambre de turbulence 旋涡室内内燃机
~ diesel à haut régime 高速柴油机
~ diesel à injection directe 直射式内燃机,直射式柴油机
~ diesel à injection mécanique 机械喷油式内燃机
~ diesel à injection pneumatique 气喷油式内燃机
~ diesel à quatre temps 四冲程柴油机
~ diesel à réservoir d'air 储风缸式内燃机
~ diesel à suralimentation par turbosoufflante 涡轮增压式内燃机
~ diesel deux temps 二冲程柴油机
~ diesel en ligne 立式柴油机
~ diesel et accessoires 柴油机及其附件
~ diesel pour véhicules 汽车柴油机
~ diesel refroidi par air 空气冷却柴油机
~ diesel sans compression 无增压喷射柴油发动机
~ diesel stationnaire horizontal 固定卧式柴油机
~ diphasé à phase de commande 二相异步电动机
~ direct 直接式电动机,单相交流整流子式电动机
~ disposé retourné 被翻转的柴油机,被翻转的电机
~ double (deux induits) 双电枢式电动机
~ du disque 圆盘信号电动机
~ électrique 电动机
~ électrique annulaire 空心转子电动机
~ électrique de répulsion linéaire 线性推斥式电动机
~ électrique entièrement fermé 全密封式电动机
~ en croix 汽缸十字形排列的发动机
~ en dérivation 并激电动机
~ en étoile à double rangée de cylindres 双排汽缸星形发动机
~ en étoile à plusieurs rangées de cylindres 多排汽缸星形发动机
~ en étoiles successives 多排汽缸星形发动机
~ en éventail 扇形发动机
~ en V V型发动机,V型柴油机
engin ~ 动力车,汽车
~ entièrement suspendu 全悬挂电动机,底架悬挂电动机
~ éolien 风力发动机
~ équilibré 平衡式发动机
~ équivalent 等小功率电动机
~ excité en dérivation 并激电动机
~ excité en série 串激电动机
~ fermé 封闭式电动机
~ fractionnaire 步进电动机
~ générateur 电动发电机,电动发电机
~ horizontal 平放式发动机,卧式发动机
~ hydraulique 液力发动机,水力发动机
~ incorporé 整体电机
~ inversible 可逆电动机
~ jumelé 双电枢式发动机
~ lent 慢速发动机
~ linéaire 线性电机
~ linéaire à induction 感应式直线电动机
~ linéaire synchrone 线性同步电动机

~ longitudinal 纵向电动机(与轴点线路平行)
~ maniable 加速性能好的发动机
~ monobloc 整体发动机,单汽缸排发动机
~ monocylindrique 单缸发动机
~ monophasé 单相发动机
~ monophasé à collecteur 单向整流子电动机
~ monophasé en série à collecteur 单相串励整流子电动机
~ monosoupape 单活门发动机
~ non ventilé 全封闭式电动机
~ nucléaire 核能发动机
~ pas à pas 步进电动机,步进马达
~ plat sous caisse 车体下的平扁式发动机
~ pneumatique 气动机
~ polyphasé 多相电动机
~ polyphasé à collecteur à caractéristique shunt à double jeu de balais 有两组电刷的并激特性多相整流子式电动机
~ polyphasé compound à collecteur 多相复激整流子式电动机,多相复励换向电动机
~ polyphasé série à collecteur 多相串励整流子式电动机,多相串激换向电动机,多相并激换向电动机
~ polyphasé série à collecteur avec transformateur de rotor 带转子变压器的多相串激整流子式电动机
~ polyphasé shunt à collecteur à double alimentation 双馈多相并励整流子式电动机
~ primaire 原动机
~ rapide 快速电动机,高转速发动机
~ refroidi par air 空气冷却发动机
~ refroidi par eau 水冷式发动机
~ réversible 可逆电动机,换向电动机
~ rotatif (turbine à gaz) 旋转式发动机(燃气轮机)
~ sans balais 无刷电机
~ sans clapets 无活门发动机
~ sans collecteur 无整流子电动机
~ sans compresseur 无压气机发动机
~ sans suralimentation 非增压式发动机
~ Schrage 希拉基电动机
~ série 串励电动机,串激电动机
~ shunt 分激发动机,并绕发动机,并激电动机,并励电动机

~ six cylindres étoile 六缸星形发动机
~ sous plancher 车底板下的发动机
~ suralimenté 增压式发动机
~ suspendu 全悬式电动机
~ suspendu par le nez 悬鼻式电动机,半悬吊式发动机
~ synchrone 同步电动机
~ synchrone à fer tournant 反应式同步电动机
~ tandem 纵联双电枢电动机
~ thermique 热力电动机
~ tournant à gauche 左转发动机
~ tournant par à-coups 间歇式运转发动机
~ tractif 牵引电动机
~ traction suspendu par le nez pour une boîte-canon et une bielle élastique 鼻挂抱轴式悬挂牵引电动机
~ triphasé 三相电动机
~ triple 横联三电枢电动机
~ tropical 热带气候条件下使用的电动机
~ universel (交直流两用的)通用电动机
~ ventilé 通风式电动机,风冷式发动机
~ ventilé totalement clos 全闭式风冷电动机,外层冷却的电动机
~ vertical 立式发动机,垂直汽缸发动机

moteur-générateur *m* 电动发电机(组)
moteur-scraper *m* 刮土机
mothe *m* 锌褐铁矿
motif *m* 动机,理由,原因
motion *f* 动议,提议,提案
motionnel *a* 运动的,动态的
motobasculeur *m* 倾斜机
moto-brouette *f* 机动小车
motocar *m* 微型小客车,微型汽车
motochariot *m* 卸货车,自动倾卸车
moto-compresseur *m* 电动压缩机组
~ de lancement 起动压缩机组
~ hermétique 密闭式电动压缩机组
~ type ouvert 敞开式电动压缩机组
motocycle *m* 机动自行车
moto-niveleuse *f* 平地机
motopaver *m* (沥青混合料)自动摊铺机
motopompe *f* 电动泵,机动泵,动力泵,摩托泵
~ alimentaire de secours 电动辅助给水泵
~ électrique 电动泵

~ incendie 消防泵
motoracteur *m* （手扶）动力刮土机
motorgrader *m* 自动平地机
motorisation *f* 机械化,摩托化
motorisé, e *a* 机械化的
motorscraper *m* （手扶）动力刮土机,自行式铲运机
moto-tirefonneuse *f* 电动起道钉机
mototracteur *m* 小型拖拉机
mototreuil *m* 机动绞盘
   ~ électrique 电动绞盘
moto-ventilateur *m* 动力通风机
motoventilation *f* 动力通风
motrice *f* 动力车辆
   ~ sans cabine de conduite 无司机室动车
mottage *m* （水泥的）易结块性
motte *f* 块,泥块,高岗,小丘,土块,矿团,岩块,块状物
   ~ de gazon 草皮块,草皮
   ~ de lave 熔岩渣块,熔岩渣堆
   ~ de limon 淤泥块
   ~ de terre 泥块,土块
   ~ de terre formée 成形土块
mottramite *f* 羟钒铜铅石
motukoreaïte *f* 硫碳铝镁石
motyl *m* 抗爆剂（以碳基铁为主要成分）
mou *m* 松软,松弛,柔软
   ~ d'un câble 钢索吹度,电缆吊索,松弛度
mou, molle *a* 柔软的,松弛的,潮湿的,松软的,可延伸的
mouce *f* 泥,泥渣,淀渣,残渣,岩粉
mouceux *a* 粉末状的
mouchard *m* 勘探仪器,测量仪器
mouche *f* 渡轮,矿染,浸染体,内河小客轮
moucheté, e *a* 有斑点的,斑点状的
mouchetis *m* 水泥拉毛墙面
moudre *v* 研磨,磨碎,研成粉末,磨成粉末的
moufle *f* 滑轮,滑车,葫芦,滑轮组,无指手套,复式滑轮
   ~ à chaînes 手动葫芦,倒链滑轮,链滑车,神仙葫芦(俗称)
   ~ de protection de soudeur 焊工手套
   ~ différentielle 差动滑轮组
   ~ électrique 电动葫芦

~ fixe 固定滑轮组
mouillabilité *f* 可湿性,湿润性,润湿度,耐湿性
mouillable *a* 可湿的,耐湿的
mouillage *m* 系泊,锚泊地,系船设施,航道深度；润湿,掺水,浸湿
mouillance *f* 润湿性
mouillant *m* 湿润剂,润湿剂
mouillant, e *a* 润湿性的,润湿剂的
mouillé, e *a* 浸润的,浸湿的
mouillement *m* 浸湿,润湿,加水
mouiller *v* 弄湿,浸湿
   se ~ 浸水,淬水
mouillure *f* 浸湿,润湿,潮湿,水迹
moulage *m* 痕,浇铸,铸造,铸件,铸模,制模,压模,印模,造型,成型,磨粉
   ~ à chaud 热模铸造
   ~ à froid 冷模铸造
   ~ à la cire perdue 失蜡造型,失蜡浇铸,熔模铸造
   ~ à la machine 机械造型,机器造型
   ~ à la machine avec démontage 脱箱机器造型,可拆砂箱机器造型
   ~ à la presse 压铸,加压铸造
   ~ à la trousse 刮板造型
   ~ à noyaux 泥心铸造,脱箱造型
   ~ à parois épaisses 厚壁铸件
   ~ à parois minces 薄壁铸件
   ~ à trois châssis 三箱造型
   ~ à vert 湿砂造型
   ~ au calibre 样板铸造,样板造型
   ~ au ciment 水泥造型
   ~ au contact 接触成型,手糊造型
   ~ avec bloc démontable 活块造型
   ~ avec modèle démontable 分模造型
   ~ avec modèles 模型造型
   ~ centrifuge 离心浇铸
   ~ creux 空心铸件
   ~ d'acier 铸钢,钢铸件
   ~ d'acier fin 优质钢铸件
   ~ d'affouillement 冲刷痕
   ~ d'impact 撞击痕,冲击痕
   ~ d'interfaces 界面痕迹
   ~ d'outil 刻痕
   ~ de boue 泥模

moulé

~ de cannelure 沟痕
~ de choc 冲击痕
~ de fonte 生铁铸造,生铁铸件
~ de précision 精铸,精密铸造
~ de rebond 弹跳痕
~ de sable 砂造型
~ de traînage 拖痕
~ en acier allié 合金钢铸件
~ en acier dur 硬钢铸件
~ en aluminium 铝铸件
~ en coque 壳型铸造,金属型铸造
~ en coquille 硬模铸造,金属型铸造
~ en coquille sous pression 硬模压力铸造,金属型压力铸造
~ en flûte 凹槽底迹
~ en fonte blanche 白口铁铸件
~ en fonte trempée 冷硬铸造,冷硬铸件
~ en fosse 地坑造型
~ en grappe 多箱造型,重叠式造型
~ en masques 壳型铸造,硬壳型铸造
~ en pâte 泥浆铸造
~ en plâtre 石膏铸造
~ en sable au silicate de soude 水玻璃(硬化)砂造型
~ en sable étuvé 干砂型铸造,干砂造型
~ en sable sec 干砂造型
~ en sable vert 湿砂造型
~ en terre 地面造型
~ matricé 模铸,模压铸造
~ mécanique 机器造型
~ par aspiration 吸力铸造,真空铸造
~ par boudinage 压挤成型
~ par compression 压模,压力成型
~ par injection 压铸,加压铸造,喷涂成型
~ par terre 地面造型
~ sous pression 压铸,加压铸造
~ sur plaque 模板造型

moulé *a* 铸成模的
~ au sable 砂型铸造的
~ en coquille 压模铸造的
~ en place 就地灌注的(指混凝土)

moule *m* 型,模,模型,模板,铸模,铸型,(混凝土试件的)模子
~ à couler 铸型
~ à tuyaux 混凝土管模板,水泥管模(型板)
~ C. B. R. C. B. R.模型
~ cylindrique 筒形模,圆柱体模型
~ d'essai 试验模型
~ de blocs en béton 混凝土预制块模型板
~ de vulgarisation 硫化模
~ de vulgarisation à plusieurs empreintes 多模腔硫化模
~ des agglomérés en béton 混凝土预制块模型板
~ des coffrages métalliques 钢模台车
~ en plâtre 石膏型
~ en sable 砂型
~ étuvé 干模,干砂型
~ externe 外模
~ femelle 凹模
~ interne 内模
~ métallique 金属铸型
~ monté 组合模板
~ perdu 一次铸型
~ permanent 永久型
~ pour coulage par injection 压铸模(压力铸造用的模型)
~ pour éprouvette de cubique 立方体试件模型
~ pour tuyaux de béton 混凝土管模型板,水泥管模型板

mouler *v* 铸,灌注,制模,造型,浇注,翻砂铸造
~ en relief 铸出凸字

moulerie *f* 铸造车间

mouleur *m* 翻砂工人,铸造工人; *a* 铸造的,翻砂的

mouleuse *f* 造型机
~ à aggloméré (en béton) 混凝土块成型机
~ pour agglomérés 混凝土制块机

moulin *m* 磨,磨子,磨坊,风车,碾磨机,磨碎机,碎石机,面粉厂,冰川锅穴,冰川竖坑,风力发动机
~ à bocards 碎矿机
~ à boulets 球磨机
~ à ciment 水泥研磨机
~ à crue 生料磨机
~ à cylindres 碾碎机
~ à jet 喷气式磨机
~ à sable 碎砂机
~ à vibration 振动式磨机
~ broyeur à marteaux 锤式粉碎机,锤式研磨

机,锤式碎石机
　　~ broyeur à marteaux articulés　冲击式磨碎机,冲击式碎石机,冲击式粉碎机
moulinet　*m*　风车,流速仪,风速计,旋转栅门,车站检票口的转门
　　~ de loch　测程仪转轮
　　~ hydrométrique　水流速仪
　　~ hydrométrique à hélice　螺旋流速仪
　　~ régulateur　鼓风叶板
mounanaïte　*f*　羟钒铁铅石
mountainite　*f*　水针硅钙石
mourite　*f*　紫钼铀矿
mournite　*f*　拉长石
mourolite　*f*　碳草酸钙石
mourreux　*a*　粉末状的
moussage　*m*　起泡沫
moussant　*m*　泡沫剂
mousse　*f*　泡沫,气泡;*m. pl*　泡沫塑料
　　~ s acétates de cellulose cellulaire　泡沫塑料
　　~ artificielle　人造泡沫
　　~ d'époxyde　环氧树脂泡沫塑料
　　~ s de caoutchouc　多孔醋酸纤维素泡沫塑料
　　~ de caoutchouc microporeuse　微孔橡胶
　　~ s de formol polyvinylique　聚乙烯醇缩甲醛泡沫塑料,橡胶泡沫塑料
　　~ s de polystyrène　聚乙烯醇缩甲醛泡沫塑料,聚苯乙烯泡沫塑料
　　~ de polyuréthanne　聚氨酯泡沫塑料
　　~ s de silicone résistant à la chaleur　耐热硅酮泡沫塑料
　　~ plastique　微孔橡胶,泡沫塑料
mousseux, euse　*a*　起泡沫的,冒泡的
mousson　*f*　季风,季节风
moustique　*m*　手动式管井提水工具
mouton　*m*　夯,锤体,落锤,撞槌,夯具,打桩机,打桩锤,打夯机
　　~ à battage　打桩锤
　　~ à chute libre　自由落锤
　　~ à courroie　吊锤
　　~ à déclic　落锤,撞锤
　　~ à vapeur　蒸汽锤
　　~ à vapeur à action directe　直接作用蒸汽打桩锤
　　~ automoteur à vapeur　直接作用蒸汽打桩锤
　　~ de battage　打桩锤
　　~ de battage diesel　柴油打桩锤
　　~ de Lacour　拉氏蒸汽打桩机
　　~ de Menche et Hambrock　一种蒸汽打桩机
　　~ de sondage　冲击式钻杆,取样器,取样管
　　~ de sonnette　落锤,碎铁锤,打桩机
　　~ de sonnette automatique　自动打桩锤,自动打桩机
　　~ de tampon graisseur　油丝卷垫
　　~ en chute libre　自由落锤
　　~ guidé　落锤
　　~ pendule　冲击式试验机
　　~ pneumatique　空气锤,风动锤
　　~ sec　重力锤,动力打桩锤,气动打桩锤
moutonnage　*m*　打桩
moutonnée　*a*　羊的
　　roche ~　羊背石
mouton-pendule　*m*　摆式打桩机,摆式冲击试验机
　　~ de Leroux　莱鲁摆锤(摩擦阻力测量仪)
moutons　*m. pl*　羊背石
mouture　*f*　粉煤,研磨,碾碎,粉末矿
mouvant　*a*　移动的,动荡的,不定的,运动的
mouvement　*m*　运动,运转,运行,运程,转动,移动,调动,周转,行程,行车,动作,开动,动程,机构
　　~ à trois dimensions　三维运动
　　~ absolu　绝对运动
　　~ accéléré　加速运动
　　~ actuel　现代构造运动
　　~ alpin　阿尔卑斯运动
　　~ alternatif　往复运动,交替运动
　　~ angulaire　角动,角转运动
　　~ angulaire harmonique　角谐运动
　　~ apériodique　非周期性运动
　　~ apparent　表观运动,视在运动
　　~ ascensionnel　上升运动
　　~ atmosphérique　大气环流
　　~ axial　轴向运动
　　~ bradyséismique　缓震运动,缓慢升降运动
　　~ brownien　布朗运动(微粒悬浮在流体介质中的运动)
　　~ brusque de terrain　岩层的猛烈错位
　　~ capillaire　毛细移动
　　~ circulaire　圆周运动
　　~ cisaillant　剪切运动

mouvement

~ composé 复合运动
~ continu 连续运动
~ contrarié 有阻力运动
~ convectif 对流运动
~ convergent （车辆）汇集
~ curviligne 曲线运动
~ d'abaissement 下沉运动,沉降运动
~ d'ajustement isostatique 均衡调整运动,均夷运动
~ d'avance 前进
~ d'eau radial divergent 水分散径向流动
~ d'écartement 差异运动
~ d'enfoncement 沉陷运动
~ d'exhaussement 隆起运动
~ d'ouverture 张开动作
~ d'un appareil de mesure (ou de contrôle) 测量（或检验）仪表作用原理
~ dans le champ libre 自由场运动
~ dans le champ proche 近场地震运动
~ de bascule 摆动,摇动,振动,振荡运动
~ de blocs 块体移动（滑坡）,断块运动,地块运动
~ de chute libre 自由落体运动
~ de cisaillement 剪切运动,切变运动
~ de convection 对流
~ de croûte 地壳运动
~ de descente 下降运动
~ de dislocation 断错运动
~ de dune 沙丘运动
~ de faille 断层错动,断层作用
~ de flottement 波动,振动,扰动
~ de garage (de gare) 车站停放车辆的调车作业
~ de glace 融冰流,冰的运动,冰川运动
~ de glissement 滑动
~ de l'eau souterraine 地下水运动
~ de l'écorce 地壳运动
~ de l'énergie 能量运动
~ de la terre 地壳运动
~ de lacet 摇头运动,蛇行运动
~ de levage 提升运动,上升运动
~ de manœuvre 调车作业
~ de marées 潮汐运动,潮水冲动
~ de masse 块体运动,大块土体运动
~ de masses de terre 土方移动,土方滑动
~ de monte à descente 自上而下运动,下坠运动
~ de montée 隆起运动
~ de personnel 职工调动
~ de piston 活塞运动
~ de pointe (maximale) du sol 最大地震动
~ de ralentissement 慢行,减速运动
~ de rappel 复原运动,回动
~ de réaction isostatique 均衡调整运动
~ de recul 后退,后行
~ de refoulement 倒退运行,推送调车
~ de retour 逆转,逆动
~ de rotation 旋转运动
~ de roulis 侧滚运动,横向摆动
~ de sable 沙的移动
~ de soulèvement 上升运动,隆起运动
~ de subsidence 下沉运动,沉降运动
~ de surrection 隆起运动
~ de tamis d'un véhicule 车辆的振动
~ de tangage 俯仰运动,点头运动
~ de terrains 土壤运动,岩面运动
~ de terres 地层移动,土方调配
~ de trafic 交通现象,交通行驶
~ de translation 平移运动
~ de triage 调车作业
~ de va-et-vient 往复运动
~ de va-et-vient pour le triage 往返调车作业
~ de verrou 锁闭运动,锁闭动程
~ de verrouillage par ressort 弹性锁闭行程
~ de vortex 涡流运动
~ de wagons vides 空车运行
~ des blocs 块体移动（滑坡）
~ des colis 包裹运输
~ des marchandises 货物运输,货运量
~ des marées 潮水冲动
~s des masselottes 平衡运动
~ des terres 运土,运土计划,土方调动,地层移动,土体移动,土位位移
~ des voyageurs 旅客运输,客运量,客流量
~ diastrophique 地壳运动,造山运动,造山作用
~ différentiel 差异运动
~ divergent （车辆）分散
~ du pôle 地极运动

~ du sol 地壳运动,地震动
en ~ 运动状态
~ en masse （岩石）重力运动,整体运动,共同运动
~ giratoire 旋转运动,回转运动,涡流运动
~ global 全球运动
~ gyroscopique 回转运动
~ harmonique 谐和运动
~ hélicoïdal 螺旋运动
~ s hérités 继承运动
~ hydrocratique 水动型海面升降运动
~ intermittent 间歇运动
~ irrationnel 无旋运动,无涡运动
~ irrégulier 不规则运动,混乱运动
~ irrotationnel 非旋转运动
~ isostatique 均衡运动
~ laminaire 层流,片流,层流运动
~ latéral 侧向运动,侧向位移,沿层横向错动
~ local 局部运动
~ longitudinal 纵向运动,拉伸运动
~ montant et descendant 上下运动
~ négatif 负向运动
~ non stationnaire 不稳定运动
~ ondulatoire 波动,波浪运动,波状构造运动
~ opposé 反向运行
~ orogénique 造山运动
~ oscillant 振动
~ oscillatoire 振动,摆动
~ ouvrier 工作行程,工作冲程
~ par charriage 逆掩运动
~ par suspension 悬移运动
~ parabolique 抛物线运动
~ s parasites(roulement des véhicules) （车辆运行中的）不规则运动
~ particulier 特种运动
~ pendulaire 摆动
~ pendulaire de la voiture 客车运转时的侧摆运动
~ périodique 周期运动,规律运动,周期性运动
~ permanent 定常运动,持续运动,稳定流
~ perpendiculaire à l'axe de la voie 垂直于线路中心线的侧摆运动,侧滚运动
~ perpétuel 永恒运动
~ s perturbateurs (roulements des véhicules) （车辆运动中的）不规则运动
~ perturbé 扰动
~ plan 平面运动
~ plate-forme 土基移动
~ pointage 行车检查
~ positif 正相运动
~ postglaciaire 冰期后运动
~ posthume 复活运动
~ progressif 前进运动,平移
~ propre 固有运动,自然运动
~ radial 径向运动
~ rationnel 旋转运动
~ rectiligne 直线运动
~ rectiligne uniforme 匀速直线运动
~ rectiligne uniformément varié 匀变速直线运动
~ régularisé 规则运动,合成运动
~ relatif 相对运动
~ renversé （握柄）扳动动程
~ résultant 合成运动
~ retardé 延时作用,减速运动
~ rotatif 旋转运动,转动
~ rotationnel 旋转运动,转动
~ sécant 横越调车,横越运转
~ sismique 地震,地动
~ sismique autogène 自然地震
~ stationnaire 稳定流,稳定运动,定态运动
~ tangentiel 切向运动
~ tectonique 构造运动
~ thalassocratique 造海运动,海洋扩展运动
~ thermal 热力运动
~ tourbillonnaire 湍流,涡流,涡动,紊流运动
~ tournant 转弯行驶,转弯运行
~ transversal 横向运动,横向偏移
~ troublé 扰动
~ turbulent 湍动,紊动,紊流
~ uniforme 等速运动,匀速运动,均速运动
~ varié 变速运动,非匀速运动
~ vertical 垂直运动,沉浮运动
~ vibratoire 振动
~ vorticillaire 涡流运动,漩涡运动

mouvementé, e *a* 活跃的,崎岖的
mouvoir *v* 移动,开动
moya *f* 泥熔岩

moyen *m* 方法,手段,设备,工具,资料,办法,材料
~ à briser 焊剂
~ à souder 焊剂
~ antirouille 防锈剂
au ~ de 以,用,通过,使用,依靠,借助于
~ s audiovisuels 视听设备
~ chimique de lutte 化学检测剂
~ d'assemblage 黏合剂,黏结剂
~ d'auscultation à haute cadence 高速诊断法
~ d'éclairage 照明工具,照明方法
~ d'introduction d'air 通气设备,(混凝土)加气剂
~ de calcul 计算方法
~ de chargement 装料设备
~ de charges vibrantes 振动荷载法
~ de circulation 流通手段
~ s de communication 通信[交通]工具,通信设备
~ de communication 通信设备
~ s de contrôle automatique 自动控制设备
~ de démarrage automatique 自动启动装置
~ de détection électromagnétique 雷达设备
~ de fixation 固定办法,加固办法
~ de fixation métallique 金属紧固零件
~ de levage 起吊装置
~ s de liaison 通信设备
~ s de liaison radio 无线电通信设备
~ de manutention 搬运方法,管理方法,装卸工具
~ de mesure 量具,测量仪表,测量工具
~ de mise en œuvre 施工方法
~ de paiement 支付手段,支付手段
~ de production 生产资料
~ de protection anticorrosion 防腐蚀剂
~ de radar 雷达站,雷达设备
~ de repérage 定位仪
~ de transmission 传送方法,无线电通信设备
~ de transport 运输工具
~ de transportation 运输工具
~ de trempe 硬化剂,淬火剂
~ efficace 有效方法
~ s en humains et matériels 人力和设备配置
~ s en matériels 设备手段,物力配置

~ s en personnel 人力配置
~ fixateur de colorants 染料固定剂
~ fluxant 掺加剂
~ manipulatif 手工器具,手工工具
~ nécessaire 必要手段
par le ~ de 借助于……,在……的帮助下
~ s pour s'opposer au retrait 防止收缩措施
~ soluble 溶剂

moyen, enne *a* 中等的,中部的,中央的,平均的,普通的,中间的,一般的

moyennage *m* 中和

moyennant *prép* 借助于,凭借,通过,由于
~ que 如果,只要,在……条件下

moyenne *f* 中数,中项,平均,平均值,平均数
~ annuelle de la circulation journalière 日交通量的年平均数
~ des précipitation 降雨量平均值,降水量平均值
~ s eaux 平均水位
en ~ 平均
~ fréquence 中频
~ journalière 每日平均值
~ journalière annuelle 年平均日交通量
~ mensuelle 月份平均值,月平均值

moyeu *m* 套筒,衬套,轴套,轮毂,心盘,轮心
~ d'hélice 推进器毂,螺旋桨毂
~ de pignon 齿轮心盘
~ de roue 轮毂
~ de roue arrière 后轮毂
~ denté du pignon étage 塔齿轮的小齿轮
~ et arbre du rotor alternateur 转子轮辐及轴
~ frein 带制动器的套筒
~ tambour 和制动鼓制成一体的轮毂

moyite *f* 钾长花岗岩
mozambikite *f* 羟方钍石
mpororoïte *f* 水钨铁铝矿
mroséite *f* 碳碲钙石
muabilité *f* 易变,不定
muable *a* 易变的,不定的
muchinite *f* 钒帘石
mucilage *m* 胶质,黏质,胶水
mucilagineux, euse *a* 黏液的,分泌黏液的
mucosité *f* 浆,黏液,黏质物
mudstone *f* 泥岩,泥状灰岩,泥屑灰岩

muellerite　*f*　磷铵镁石,软绿脱石
mugearite　*f*　橄榄粗安岩
muirite　*f*　羟硅钡石
mukhinite　*f*　钒帘石
mulatto　*m*　海绿细砂岩
mulattophyre　*f*　英斑黑玢岩
muldane　*f*　木尔达正长石
mull　*m*　森林腐殖土,腐熟腐殖质
mullanite　*f*　块硫锑铅矿,硫锑铅矿
mulle　*f*　钙质碎石
mullérite　*f*　软绿脱石,磷铵镁石,针碲金矿
mullicite　*f*　蓝铁矿
mullite　*f*　莫来石,多铝红柱石
multi-　（前缀）多,众多的
multibenne　*f*　多斗式自卸车
multibroche　*a*　多轴的
multicolore　*a*　多色的
multiconducteur　*m*　多头导线
multicouche　*m*　多层,多层体系；*a*　多层的
multicyclique　*a*　多旋回的,多循环的,多周期的
multicylindrique　*a*　多缸的
multidisque　*a*　多片的
multiforme　*a*　各式的,多样的,具有各种形的
multigamme　*f*　多项,多种系列,多种规格
multimédia　*m*　多媒体
multimédiatique　*a*　多媒体的
multimesureur　*m*　万能测试仪,万用表
multimètre　*m*　万用表,万能测试仪,多功能计量仪
　～ numérique　数字万用表
　～ numérique/digital　万用数字式电表
multinappe　*a*　多层的
multiplace　*a*　多座位的
multiple　*m*　倍数,电话复式交换台；*a*　复杂的,多重的,复合的,成倍数的,多次的,复式的
multiplet　*m*　多元组,多重线,多重态,相重项
multiplex　*m*　多路,多重通道,多路系统,多路传输
　～ à division de fréquences　频率分隔多路传输
　～ à impulsions　多路脉冲系统
　～ analogue　模拟多路电话
　～ fréquences différentes　频率分配多路传输
　～ numérique　数字多路电话,数字多路电报
multiplexage　*m*　倍增,多路性,多路调剂,多路传输,多路转换
　～ dans le temps　按时间复用
　～ des informations numériques　数字信息多路传输
　～ par division des espaces　频率分割多路传输
　～ par division des fréquences　按频率复用,按频率划分多路传输
　～ par répartition dans le temps　空间划分多路传输
multiplexeur　*m*　倍增器,多路调制器,多路编排器,多路转换器,多路扫描系统,多路调节器,多路扫描器
multiplicateur　*m*　乘数,乘式,倍数,系数,因数,因子,倍增器,放大器,倍加器,乘法装置
multiplication　*f*　乘法,增加,扩大,倍率,相乘,倍增,放大,传动比,传动系数
　～ de l'appareil de manœuvre　联锁机传动放大比例
　～ du levier　杠杆传动比,杠杆装置
　～ par chaîne　链式传动
　～ par engrenage　齿轮比
multiplicité　*f*　繁多,重复,多样,多样性,重复数,相重性,多重性,重复次数,叠加总次数
multiplier　*v*　乘,增加,加倍,倍增,增多,增殖,繁殖,使相乘
multipoint　*m*　多点
multipolaire　*a*　多极的
multipôle　*m*　多极,多端网络
　～ non-linéaire　非线性多端网络
multiprocessing　*m*　多种电传处理
multiroue　*f*　多轮汽车；*a*　多轮的
multitâche　*f*　多重任务
multitesteur　*m*　万能试验器
multitube　*a*　多筒的,多管的
multitubulaire　*a*　多管道组的
multitude　*f*　大量,大批,众多
multivalve　*a*　多瓣的
multivariable　*a*　多变量的,多元的
multivibrateur　*m*　多谐振荡器
　～ astable　不稳态多谐振荡器
　～ bistable　双稳(态)多谐振荡器
　～ monostable　单稳态多谐振荡器
Munderon　*m*　门德龙岩系
mundick　*m*　黄铁矿,磁性硫化铁

muniongite *f* 多霞霓岩
munir *v* 供应,配备,装备,具有,拥有
～ de signaux 配备信号机
munkforssite *f* 含锰磷灰石
munkrudite *f* 蓝晶石
muqueux, euse *a* 含黏液的,分泌黏液的
mur *m* 墙,障,壁,墙壁,地面,围栅,隔栏,壁垒,下盘,底板,阻挡层,下伏地层
～ à ailes （桥台）翼墙,（桥台）侧墙
～ à arc 拱形墙
～ à cantilever 悬臂式墙
～ à contreforts 扶壁式挡土墙,扶垛墙
～ à double paroi 空心墙
～ à jambage 扶承墙
～ à jour 花墙,空格墙
～ à ossature 框架墙
～ à patin 有底脚板的墙
～ à pilastres 扶撑墙,挡墙
～ à redans 阶梯形墙
～ à retrait 渐缩墙
～ à vide d'air 空心墙
～ ancré 固定墙,锚固式挡土墙
～ angulaire de soutènement 角形挡土墙,挡土角墙
～ antibruit 隔音墙,防噪音墙
～ armé 加筋墙
～ arqué 拱形墙
～ au mortier 浆砌砖墙
～ bajoyer 导流墙,导水墙,导墙（地下连续墙施工）
～ bêche de soutènement 悬臂墙
～ brique 砖墙
～ brique et demi 一砖半墙
～ cellulaire 格间式挡土墙,格形挡土墙
～ chargé 承重墙
～ cloué 土钉墙
～ combiné 组合墙
～ contre l'incendie 防火墙,隔火墙
～ coupe-feu 防火墙,隔火墙
～ crénelé 有雉堞的墙
～ creux 空心墙,虚坑墙,空斗墙
～ culée 桥台墙
～ d'appui 支承墙,挡土[御土]墙,地龙墙
～ d'action d'écran 幕墙,帷幕墙,防渗墙,阻水墙,隔水墙,截水墙,地下连续墙
～ d'action de rideau 帷幕墙,防渗墙,阻水墙,隔水墙,截水墙,地下连续墙
～ d'aggloméré 混凝土砌块墙
～ d'aile 翼墙
～ d'ancrage 锚碇墙,锚杆墙
～ d'échiffre 楼梯下的墙
～ d'enceinte 围墙
～ d'épaulement 护墙
～ d'une nappe souterraine 截地下水层墙,不透水层
～ de batardeau 围堰墙
～ de briques 砖墙
～ de buttée 挡土墙
～ de caniveau 地沟墙
～ de chaleur 热障
～ de ciment 混凝土墙
～ de clôture 围墙,界墙
～ de défense 防火墙
～ de façade 立面墙,外墙
～ de fond 地壁,基墙
～ de fondation 基础堵
～ de fondation bétonné en tranchée 隔墙
～ de front 面墙,前墙
～ de garde 胸墙,挡墙,护墙,女儿墙
～ de garde en béton 混凝土护墙,混凝土挡墙
～ de guidage 导流墙,导水墙
～ de guidage en béton 混凝土导流墙,混凝土导水墙
～ de jambette 门窗侧墙
～ de jardin 围墙
～ de l'air 音障,挡风墙
～ de l'épaisseur d'une brique 一砖墙
～ de l'épaisseur d'une demi-brique 半砖墙
～ de la couche 岩层底板
～ de la faille 断层下盘
～ de parapet 护墙,胸墙,压檐墙,女儿墙,防浪墙
～ de parpaings 砌块或琢石（与墙同样厚）筑成的墙
～ de pied 栏墙,隔墙,齿墙,墙基,截水墙,坝趾齿墙,坡脚（挡土）墙
～ de pignon 端墙,山墙,人字墙
～ de portance 承重墙

~ de porteur 承重墙
~ de potentiel 位壁,位垒
~ de protection 防护墙
~ de refend 隔壁,内墙,隔墙
~ de remblai 路堤墙,回填墙
~ de remplissage 填充墙
~ de retour 后墙,侧墙(桥台)
~ de revêtement 镶面,砌面,砌面墙,防护墙
~ de rideau 板桩墙
~ de séparation 隔墙,隔板
~ de soubassement 窗下墙
~ de soutènement 拥壁,挡土墙,御土墙,支承墙
~ de soutènement à claire-voie en béton préfabriqué 预制混凝土垛式挡土墙
~ de soutènement à contreforts 扶垛式挡土墙
~ de soutènement à jambages 扶垛挡土墙
~ de soutènement à redans 阶梯式挡土墙
~ de soutènement Atalus Atalus 预制块挡土墙
~ de soutènement cantilever 悬臂式挡土墙
~ de soutènement cellulaire 格间式挡土墙
~ de soutènement cloué 土钉墙
~ de soutènement contre les chutes de pierres 落石防止拥壁
~ de soutènement d'un remblai 填方挡土墙,路堤挡土墙
~ de soutènement de poids 重力式挡土墙
~ de soutènement en aile (桥台两侧的)翼墙
~ de soutènement en béton armé 钢筋混凝土挡土墙
~ de soutènement en béton armé en pieux 桩基钢筋混凝土挡墙
~ de soutènement en blocks de béton 混凝土块挡土墙
~ de soutènement en gabions 石笼挡土墙
~ de soutènement en pieux 桩基挡墙
~ de soutènement en terre armée 加筋土挡土墙
~ de soutènement en type L L 形挡土墙,L 形拥壁
~ de soutènement libre 容许少量位移的挡土墙,不承重挡土墙,允许少量移动的挡土墙
~ de soutènement plein 重力式挡土墙
~ de soutènement rigide 刚性挡土墙
~ de talus 堆石护岸,斜面墙
~ de terrasse 挡土墙

~ de terre 土墙
~ de tête 端墙,边墙,翼墙
~ de verre 玻璃砖墙
~ droit 一字墙
~ du bâtiment 建筑物墙
~ du son 音障,隔音墙
~ du type gravité 重力式墙
~ en aile 八字墙,翼墙,边墙,U 形桥台,侧墙(桥台)
~ en Atalus 预制块挡墙
~ en béton à gradins 阶梯混凝土墙
~ en béton armé 钢筋混凝土挡土墙,夯实混凝土挡土墙
~ en brique apparente 清水墙
~ en brique et demie 一砖半墙
~ en briques apparentes 清水墙
~ en élévation 正面墙
~ en gabions 石笼挡墙
~ en galets 卵石(砌)墙
~ en latte 板条墙,板壁
~ en maçonnerie 砖[石]墙,污水墙,圬工墙,用灰浆砌的墙
~ en maçonnerie sèche 干砌墙
~ en pan de bois 木框架填充墙
~ en pierre de taille 琢石墙
~ en pierres sèches 干砌石墙
~ en pisé 土墙
~ en retour 翼墙,侧墙(桥台),连续迂回墙,一字墙
~ en retour d'équerre 翼墙,桥台前直角侧墙
~ en retour et mur de garde grève 耳背墙
~ en talus 斜面墙
~ en terre armée 加筋土墙,加筋土挡土墙
~ encastré 嵌固式挡土墙
~ évidé 空斗墙
~ extérieur 外墙
~ fixé 刚性墙
~ flexible 柔性墙,悬臂挡墙
~ frontal 面墙,前墙,胸墙
~ guideau 导流墙,导水墙,导墙(地下连续墙施工)
~ imperméable 截水墙,不透水墙
~ imperméable d'un aquifère 含水层下的不透水层

~ indépendant　自承墙
~ insonorisé　隔音墙
~ intérieur　内墙
~ isolé　自承墙,独立墙
~ latéral　侧墙
~ massif　重力式挡土墙
~ mitoyen　通墙,共同墙,界墙
~ non-porteur　非承重墙
~ orbre　无门窗的墙
~ ossaturé　骨架墙
~ parafouille　隔墙,齿墙,齿槽,截水墙,截水槽,板装排,板桩墙,板桩围堰,防止冲刷的围堰,防止冲刷的围堰
~ parafouille en béton　混凝土截水墙,混凝土齿墙
~ pare-avalanches　坍方防御墙,防坍方墙
~ pare-feu　风火墙,防火墙
~ plein　实心墙,无窗墙
~ plein en bois　圆木砌墙
~ poids　重力式挡土墙
~ poids massif　重力式挡土墙
~ poids monolithique　整体重力式挡土墙
~ portant　承重墙
~ porteur　承重墙
~ rampant　倾斜墙,护坡墙
~ retenu par des tirants　拉杆挡土墙
~ rideau　板桩墙,板桩壁
~ rigide　刚性墙
~ sans jours　光面墙,无门窗墙
~ sonique　音障
~ taluté　斜面墙
~ thermique　热障
~ voûté　拱形墙

murage　*m*　修建围墙,筑围墙
muraille　*f*　壁,墙,高墙,围墙,城墙,堤墙
muraillement　*m*　挡墙,砌筑砖墙
mural, e　*a*　墙的,壁的
murambite　*f*　暗白榴碧玄岩
murasakite　*f*　红帘石英片岩
murataïte　*f*　钛锌钠矿
murchisonite　*f*　红纹长石
murdochite　*f*　黑铅铜矿
mur-écran　*m*　幕墙
murer　*v*　用墙围绕

murette　*f*　小（挡）墙,矮墙,石柱,帽石,挡土墙
~ garde-ballast　挡渣墙
muriacite　*f*　硬石膏
murite　*f*　暗霞响岩
murmanite　*f*　水硅钛钠石
murmure　*f*　震颤,杂音
muromontite　*f*　铍钇褐帘石
mur-rideau　*m*　幕墙
Muschelkalk　*m*　壳灰岩阶(T_2)
muschketowite　*f*　穆磁铁矿（六方磁铁矿）,变磁铁矿
muscoïde　*m*　磷氯铅矿
muscovadite　*f*　堇云苏长岩
muscovite　*f*　白云母
muscovitisation　*f*　白云母化
musée　*m*　博物馆,博物院
~ géologique　地质博物馆
musénite　*f*　硫镍钴矿,硫钴矿
musite　*f*　氟碳钙铈矿
muskey　*m*　厚苔沼,水藓沼泽
muskoxite　*f*　水铁镁石
musoir　*m*　锲形端,（高速道路与匝道相交处的）夹角端头
~ de convergence　（车流的）汇合端头,合流端头
~ de divergence　（车流的）分流端头
mussite　*f*　氟碳钙铈矿,透辉石
mussolinite　*f*　滑石
Mussonien　*m*　米松阶(J)
mutabilité　*f*　可变性,不稳定性
mutable　*a*　易变的,可变的,不稳定的
mutateur　*m*　变频器
~ de fréquence　变频器
mutation　*f*　变异,变化,变更,转变,更换,调任,变种,突变
~ d'office(ou déplacement) d'un argent　人员调任,人员调职
~ d'un agent　人员变动,人事变动
~ du niveau d'eau　水位突变
muthmannite　*f*　板碲金银矿
mutilation　*f*　失真,损毁
~ des paroles　传输中语言失真
~ des signaux　信号的失真,信号畸变
mutualité　*f*　相互关系

mutuel, elle *a* 相互的，交互的，彼此的
mutuelle *f* 互助金
myelin *m* 黑色高岭石，珍珠石
mylar *m* 聚酯薄膜（绝缘材料）
mylonite *f* 糜棱岩
　～ laminée 纹层糜棱岩，片层糜棱岩

mylonitique *a* 糜棱状的
mylonitisation *f* 糜棱岩化
myrmékite *f* 蠕虫石，蠕状石，蠕英石
myrmekitique *a* 蠕虫状（结构）的
mysorine *f* 不纯孔雀石

N

nacaphite *f* 氟磷钙钠石
nacelle *f* 勺(称量用),摇枕,座舱,小室
　～ de visite d'un pont　桥梁检修车
　～ en verre pour pesées　玻璃称勺
　～ normale　一般吊龙
nacré *a* 珍珠状(光泽),珍珠质
nacre *f* 珍珠层,珍珠质
　～ de perle　珍珠层
nacrite *f* 珍珠陶土
nadelstein *m* 金红石
nadir *m* 天底点,最低点,最低温度
nadorite *f* 氯氧锑铅矿
naëgite *f* 苗木石(稀土铌铀锆石)
næsumite *f* 含水硅铝钙矿物
nafalapatite *f* 钠铝磷灰石
nafalwhitlockite *f* 钠铝氟白磷钙石
nagashimalite *f* 硼硅钒钡石
nagatélite *f* 磷褐帘石(长手石)
nagelfluh *m* 钉头砾岩,泥砾岩
nagelschmidtite *f* 叠磷硅钙石
nagolnite *f* 铝端绿泥石
naguère *adv* 不久以前,最近
nagyagite *f* 叶碲金矿
nahcolite *f* 苏打石
Na-hétérosite *f* 钠磷铁锰矿
nain *a* 矮小的,矮生的
naira *m* 奈拉(尼日利亚货币单位)
naissance *f* 诞生,出生,开始,开端,起点,来源,起源,产生;发源地,发源;起拱点,起拱线,拱脚,拱基,拱座
　～ d'extrados　拱背起拱线;拱背起拱点
　～ d'intrados　拱腹起拱线;拱腹起拱点
　～ d'un arc　起拱点
　～ d'une colonne　柱基(座)
　～ d'une voûte　拱脚,起拱线
　～ de l'arc　起拱点,拱脚
　～ de l'extrados　拱外弧起拱线;拱外弧起拱点,拱圈外弧起拱线
　～ de l'intrados　拱圈内弧起拱线
　～ de voûte　拱脚,起拱线,起拱点
　～ des bruits　产生敲击声,产生噪音
　donner ～ à　产生
　prendre ～　开始出现;发源
naître *v* 出生,诞生;开始出现,发源于,产生于
nakalifite *f* 氟钙钠钇石
nakaséite *f* 辉锑铜银铅矿(中濑矿)
nakhlite *f* 辉橄无球粒陨石
Na-komarovite *f* 硅铌钠石
nakrite *f* 珍珠石(珍珠陶土)
namaqualite *f* 绒铜矿,绒铜矾
nambulite *f* 硅锰钠锂石
Na-montmorillonite *f* 钠基膨润土
Namurien *m* 纳缪尔阶(C_1,欧洲)
nanlingite *f* 南岭石
nanofarad *m* 毫微法(10^{-9}法)
nanohenry *m* 毫微亨(10^{-9}亨)
nanomètre(nm) *m* 毫微米,纳米(10^{-9}m 或 $10^{-3}\mu$m)
nanorelief *m* 微地形,微起伏
nanoseconde *f* 毫微秒(10^{-9}s)
nanostructure *f* 纳米结构
nanotechnologie *f* 纳米技术
nant *m* savage 泥流
nantissement *m* 抵押品,抵押契约,附属担保品
napalm *m* 凝固汽油,凝固油剂
naphta *m* 石脑油,粗汽油,溶剂油
　～ de schistes　页岩油
naphtabitume *m* 石油沥青
　～ de construction　建筑石油沥青
　～ routier　道路石油沥青
naphtaline[**naphtalène**] *f* 萘
naphtalite *f* 硝(酸)铵炸药
naphte *m* 石脑油,粗汽油,溶剂油,石油精,挥发油
　～ blanc　无色石脑油
　～ brut　粗汽油,原石脑油
　～ de pétrole　石脑油
　～ de schiste　页岩石脑油,页岩粗汽油

~ minéral, ~ natif 石油
naphtéine *f* 伟晶蜡石
naphtholithe *f* 沥青页岩
naphtifère *a* 含环烷的
naphtoschiste *m* 沥青页岩,油页岩
napoléonite *f* 正长石;闪石;球状辉长岩,球状闪长岩
napolite *f* 蓝方石
nappe *f* 卡,幕,台布,水舌,层,层位,表面,水位,外层,水平面,含水层,覆盖布,覆盖层,熔岩流,溢流水舌,轮胎帘布
~ à filets convergents 流线收敛型的含水层
~ à filets divergents 流线分散型的含水层
~ alluviale 冲积层,冲积盖层
~ aquifère （地下）含水层,地下水,潜水,蓄水层
~ aquifère inclinée 倾斜地下水层
~ aquifère primitive 早期地下水位
~ aquifère rabattue 降低的地下水位
~ aquifère relevée 升高的地下水位
~ aquifère souterraine 地下水水层
~ artésienne 自流含水层,承压含水层,自流蓄水层
~ basaltique 玄武岩被
~ bathydrique 饱和带
~ captive 层间水,承压水,承压潜水层,承压含水层,受压蓄水层
~ captive hypopiézométrique 高水头承压含水层
~ captive mézopiézométrique 中等水头承压含水层
~ chauffante 加热层
~ complète 完整水舌
~ convergente （流线）会聚含水层
~ cylindrique 柱状含水体
~ d'eau 水位,水层,水平面,地下水,大片积水,潜水面
~ d'eau karstique 喀斯特水层
~ d'eau libre 地下水水位,潜水水位
~ d'eau souterraine 地下水位,潜水层,潜水面,含水层
~ d'eau suspendue 静止地下水位,上层滞水位,上层潜水位
~ d'eau vadeuse 潜水层

~ d'eaux profondes 深层水
~ d'infiltration 渗透水层,含水层
~ d'interstice 间隙水层,孔隙水层,填隙水层
~ d'intrusion, ~ intrusive 侵入岩床,侵入岩席
~ de blocs 冰碛覆盖层
~ de boue 泥质覆盖层
~ de corde amortisseuse （外胎）缓冲层
~ de couverture 覆盖层
~ de déversement 溢流水层,排水水层
~ de fissures 裂隙含水层
~ de gaz 空气层,烟气团,储气层
~ de glissement 滑动面
~ de graviers 台地砾石层,高原砾石,砾石层
~ de lave 熔岩床,熔岩被
~ de pêne 钥匙孔上盖板
~ de recouvrement 地下水位,潜水位
~ de tourbillons 涡紊流层
~ déprimée 掺气不足水舌
~ déversante 溢出水流,溢流水舌
~ déversante en chute libre 自由下泄溢流水舌
~ emprisonnée 承压含水层
~ en surcharge 过饱和水层
~ éruptive 熔岩壳;熔岩席,熔岩流
~ glaciaire 冰盖
~ hydrostatique 承压含水层
~ inclinée 倾斜水舌
~ infiltration 渗透水层
~ interfluviale 河间含水层
~ jaillissante 自喷含水层,自流层
~ karstique 岩溶水层
~ libre 潜水层,自由射流,自由水舌,自由水平面
~ perchée 滞水层,静止地下水层,栖留潜水层,上层滞水层,静止地下水位
~ pétrolifère 含油层
~ phréatique 潜水面,潜水层,含水层,潜水位,浅层地下水,地下水层,（钻）井水面,地下水静止水位,地面下第一层地下水
~ phréatique rabattue 降低的地下水位
~ plate 平行流含水层
~ protectrice （外胎）保护层
~ régulièrement inclinée 单斜含水层
~ sous-écoulement 河床下含水层
~ sous-fluviale 河床下含水层

～ souterraine 地下水，壤中水，浅水位，土壤层下水
～ souterraine rabattue 降低地下水
～ stable 稳定水舌
～ superficielle 浅水位，低水位
～ superposée 上覆岩层；上叠含水层
～ suspendue 上层滞水
～ tectonique 构造盖层
～ thermale 热水层
～ tourbillonnaire 涡紊流层

narcrine[nacrite] *f* 珍珠石（珍珠陶土）
narrer *v* 叙述，讲述，阐述
narsarsukite *f* 短柱石
nasinite *f* 奈硼钠石
naslédovite *f* 硫碳铅锰铝石（碳锰铅矾）
nasonite *f* 氯硅钙铅矿
nasturane *m* 沥青铀
natif, ive *a* 本地的，天然的，自然的
national, e *a* 国家的，国有的，国立的，全国性的
nationalisation *f* 国有化，收归国有
natisite *f* 氧硅钛钠石
natochikite *f* 钠妥黏土
natramblygonite *f* 钠磷铝锂石
natrium-hydroxyde *m* 苛性钠
natro-alunite *f* 钠明矾石，水钠铝矾
natro-amblygonite *f* 钠磷铝锂石
natro-autunite *f* 钠铀云母
natrobiotite *f* 钠黑云母
natroborocalcite *f* 三斜钙钠硼石（硼钠钙石），钠硼解石
natrobromite *f* 溴钠石
natrocalcite *f* 硅硼钙石；斜钠钙石
natrocatapléite *f* 多钠锆石
natrodavyne *f* 钠钙霞石
natrodine *f* 碘钠石
natrofairchildite *f* 奈碳钠钙石
natroferrophlogopite *f* 钠铁金云母
natrohitchcockite *f* 钠磷铝矿
natrolite *f* 钠沸石
natromicrocline *f* 歪长石
natromontébrasite *f* 羟磷铝钠石
natronamblygonite *f* 钠磷铝锂石
natron-anorthite *f* 三斜霞石
natronberzéliite *f* 钠黄砷榴石，钠镁黄砷榴石
natronbiotite *f* 钠黑云母
natroncancrinite *f* 钠钙霞石
natronchabasite *f* 钠菱沸石
natroné *a* 碱性的
natronfeldspath *m* 钠长石
natronglauconite *f* 钠海绿石
natroniobite *f* 钠铌矿
natronite *f* 泡碱，碱；钠沸石，钠硝石（智利硝石）
natronleucite *f* 无水方沸石
natronmélilite *f* 钠黄长石
natronmésomicrocline *f* 富钠正长石，歪长石
natronorthoclase *f* 歪长石（富钠正长石）
natronphlogopite *f* 钠金云母
natronrichtérite *f* 含锰镁钠钙闪石
natronsalpêtre *m* 钠硝石（智利硝石）
natronsanidine *f* 钠透长石
natronthomsonite *f* 钠杆沸石
natrontrémolite *f* 钠透闪石，镁钠钙闪石
natronwollastonite *f* 针钠钙石
natropale *f* 钠蛋白石
natrophilite *f* 磷钠锰矿
natrophite *f* 奈磷钠石
natrophosphate *f* 水磷钠石
natrosidérite *f* 霓石，锥辉石
natrosilite *f* 硅钠石
natrospodumène *m* 奥长石
natrotrémolite *f* 钠透闪石，镁钠钙闪石
natroxonotlite *f* 钠硬硅钙石
natte *f* 席，席状物，草垫，编织物
～ d'auto 汽车垫
～ en caoutchouc 橡胶垫，橡胶地毯
～ en lacis de fils de fer 钢丝网垫
nature *f* 类，型，种类，本质，属性；自然，自然界，性质，本性，特性，特点，特征
～ à une rapidité de putréfaction 极易腐烂性
～ automatique 自动，自动性；自动装置
～ chimique 化学性质，化学特性
～ d'un train 列车种类
～ de granulats 粒料特性
～ de l'accident 事故类别，事故性质
～ de l'eau 水质
～ de l'écoulement d'eau 水流特性
～ de l'énergie appliquée 施加力的特性
～ de l'ouvrage 结构物特性

~ de la chaussée 路面特性
~ de la circulation 行车特性
~ de la marchandise 货物种类
~ de la roche 岩石性质
~ de la route 道路特性
~ de la surface à traiter 处治表面特性
~ de mortier 砂浆种类
~ de savon 皂性
~ des constituants 结构组成特性
~ des constituants de tremoe 淬火组成特性
~ des fonds 底质
~ des fossés （道路）边沟类型，排水沟类型
~ des grains 颗粒性质，粒径
~ des industries 工业性质
~ des interactions 相互作用的性质
~ des pièces de rechange 备用零件种类，配件种类
~ des travaux 工程性质
~ du matériau à extraire 开挖材料的特性
~ du métal 金属性质，金属特性
~ du sol 土质，土壤特性
~ du sol à compacter 压实土壤的特性
~ du sol de fondation 基础土质
~ du support 承载体特性
~ du terrain 土壤性质，土壤种类，土质
~ du trafic 运输种类；交通特性
~ hydrogéologique 水文地质特性
~ minéralogique 矿物特性
~ minéralogique du granulat 粒料的矿物性质
~ plastique 塑性，塑性特性

naturel, elle *a* 自然的,天然的,固有的,天赋的
nauckite *f* 罗马树脂
naujaite *f* 方钠霞石正长岩
naujakasite *f* 硅铝铁钠石（瑙云母）
naumannite *f* 硒银矿
naurite *f* 细晶磷灰石,胶磷矿
naurodite *f* 似蓝闪石,碱性闪石
nauruite *f* 细晶磷灰石,胶磷矿
navaculite *f* 硅质页岩
navajoïte *f* 三水钒矿
navazite *f* 磷酸钙石
navette *f* 循环列车,穿梭行动,短程往返的车辆
~ d'étale de courant 滞水航行,平潮航行,静水航行

~ de plaisance 旅游航行,船游
~ fluviale 内河航行,内河航运
~ hauturière 远航
~ hydrographique 水道[河海、水文]测量航行
~ intérieure 内河航运
~ lège 轻载航行
~ maritime 航海
~ par estime 推算航行法
~ par inertie 惯性导航,使用电罗经航行
~ sans visibilité 盲目航行,仪表导航
~ spatiale 宇宙航行,星际航行

navigraphe *m* 领航表,领航图
naviguer *v* 航行,操纵,驾驶,航海,航空
naville *f* 灌溉渠
naviplane *m* 气垫船
navire *m* 船舶,海轮,舰,舰艇
~ à cargaison 货轮
~ à cargaisons sèches 干货轮
~ à citernes 油船
~ à containers 集装箱船
~ à fond fin 尖底船
~ à fond plat 平底船
~ à hélice 螺旋推进器船
~ à hélices jumelles 双推进器船
~ à marchandises diverses 普通货船,杂货船
~ à moteur à combustion interne 内燃机船
~ à moteur électrique 电动船
~ à passagers et à marchandises 客货混合轮
~ à passagers faisant des voyages internationaux courts 短途国际旅游船（法国船级社定为第二级客船）
~ à passagers faisant des voyages internationaux longs 长途国际旅游船（法国船级社定为第一级客船）
~ à turbines à gaz 燃气轮机船
~ autodéchargeur 自动卸货船
~ bien taillé 具有良好船型的船
~ bulk-carrier 运散装货物的船
~ câblier 敷设电缆船
~ charbonnier 煤船
~ chargé 已装货的船
~ composite 混合材料结构船
~ cuirassé 装甲船
~ de charge 货船,货轮

~ de faible échantillon 轻型结构船
~ de mer 海轮
~ de rivière 内河船
~ de surface 水面船舶
~ de voitures 汽车轮渡,车辆轮渡
~ en béton armé 钢筋混凝土船
~ en chargement 待装船,装货船
~ en déchargement 卸货船
~ en lest 压舱船
~ expresse 快速海伦
~ frigorifique 冷藏货船
~ gros porteur 运送散装货物的大型货轮
~ hydrographe 水道测量船
~ lent 低速船,慢航船
~ lourd 回转性能不良的船
~ mixte 客货混合轮
~ porte-automobiles 运载汽车船
~ porte-avions 航空母舰
~ pose-câbles 敷设电缆船
~ radioguidé 遥控船,无人驾驶船,无线导航船
~ ras 低弦船
~ régulier 定期轮船,班轮

navite f 伊丁粒玄玢岩
naye f 煤层顶部[层];板岩采场的废石层
nayite f 针硫铋钢铅矿
ne adv 不,无
~ …en rien 丝毫也不
~ …guère 不大,不多,不很
~ …guère que 差不多只……,几乎只……
~ …jamais 永不,从不
~ …ni 既不……也不
~ …pas 不,没有
~ …pas que 不仅,不止
~ …plus 不再
~ …plus que 只,仅仅;除了……不再……
~ …plus rien 丝毫也不
~ …point 一点都不,一点也不
~ …que 只……,仅
~ …rien 没有什么……,什么也没
~ …rien que 什么也不……只是,什么也没……只是

néalite f 氯砷铁铅石
néanmoins adv 然而,可是
néant m 无,空虚

néapite f 霞磷[灰]岩
nebka f 沙丘,小沙丘(沙漠中植物丛周围的)
nébuleuse f 星云
nébulite f 云雾岩,云染岩;星云球雏晶
nébulitique a 云染状的,星云状的(结构)
nécessaire m 必需品;a 必需的,必要的
~ de maintenance 需要维护,需有包装
~ de basalte 柱状玄武岩
il est ~ de 有必要……,必须是……
il est ~ que 有必要……,必须是……
nécessité f 必要(性),需要;必然(性)
~ de la circulation 交通需求
nécessiter v 迫使,必须,必然引起,势必导致,使成为必要
neck m 颈,岩颈,矿筒,火山颈;地峡
~ de lave 熔岩颈
~ de basalte 柱状玄武岩
nécromite[**nécronite**] f (蓝色珍珠状)正长石
nectilite f 浮石
nef f 跨度,跨径,间距,桥跨;(梁的)悬臂
néfaste a 有害的
nefedyévite f 蒙脱石
neftgile f 地蜡,石蜡脂
négatif m 负片,阴片,底片,负像,阴像;负数,负值;f 否定,否认,否决,拒绝,否定词
négatif, ive a 负的,负数的,负向的;否定的;阴极的,消极的,阴性的;负光性的,反面的,阴的
négation f 否定,打消
négative f 否定
négligeable a 可以忽略的,微不足道的,无关重要的
négligence f 疏忽,忽略,失误,过失,玩忽职守
~ en service 失职,工作上的失误
négliger v 忽视,忽略
négociabilité f 流通性,流通能力,可转让性,可谈判性,可协商性
négociant m 批发商,从事大宗买卖的商人
~ en matériaux de construction 建筑材料商人
négociateur m 谈判人
négociation f 协商,谈判;让购
négocier v 进行谈判,进行协商;商谈,商订
négrillos m 硫化矿脉
négritos m 黝铜矿
néguentropie f 负平均信息量

neige *f* 雪;雪白
- ~ accumulée 积堆雪,堆雪,雪堆
- ~ artificielle 人造雪
- ~ carbonique 干冰,固体二氧化碳
- ~ collante 密实的雪
- ~ compacte 密实的雪
- ~ comprimée 压实的雪
- ~ dérapante 压实的雪
- ~ dure 密实的雪
- ~ glacée 压实的雪
- ~ glissante 压实的雪
- ~(s) perpétuelles 常年积雪
- ~ persistante 永久积雪

neigé, e *a* 被雪覆盖的,积雪的
neigeotter *v* 下小雪,飘雪花
neiger *v* 下雪
neigeux, euse *a* 多雪的;积雪的
neighborite *f* 氟镁钠石
nekoïte *f* 涅水硅钙石
nelsonite *f* 钛铁磷灰岩,纳尔逊岩
némalite *f* 含铁水镁石
némaphyllite *f* 绿叶蛇纹石
nématique *a* 有流状晶的
nématoblastique *a* 纤状变晶的,柱状变晶的
nématogranoblastique *a* 纤状花岗变晶的
nématomorphique *a* 纤状变晶的,柱状变晶的
némecite *f* 硅铁石
némite *f* 暗白榴岩
nénadkévitchite *f* 硅钛铌钠矿
nénadkévite *f* 铀石
néo- (前缀)新;新的
néoadamellite *f* 新石英二长岩
néoandésite *f* 新安山岩
néo-autochtone *m* 新原地岩体,新推覆基底
néo-calédonien *a* 新加里东运动的
néocathaysien *a* 新华夏式的
néochrysolite *f* 含锰铁橄榄石,铁橄榄石
Néocimmérienne *f* 新基梅里构造期
néocolémanite *f* 硬硼钙石
Néocomien *a* 纽康姆阶;纽康姆阶的(K_1)
Néocrétacé *m* 晚白垩世,新白垩世
néoctèse *f* 臭葱石
néocyanite *f* 碱硅铜矿
neodigénite *f* 蓝辉铜矿

néoformation *f* 新建造;新生作用,新(矿物)生成作用
néoformé *a* 新生成的
Néogäikum *m* 新地造山期,新地造山阶段,新地旋回
néogastunite *f* 板菱铀矿
néogène *a* 新形成的,新生的
Néogène (N) *m* 晚第三纪,新第三纪;上第三系
néogenèse *f* 新(矿物)生成作用,新生作用
néogénique *a* 新生的,新生成的
néoglauconite *f* 新海绿石(海绿石的变种)
néointrusion *f* 新侵入;新侵入岩
néolite *f* 不纯蛇纹石(新石)
néologisme *m* 新词语,新词的创造,新词的使用
néomagma *m* 新生岩浆
néomessélite *f* 水磷铁钙石
néominéralisation *f* 新成矿作用,新矿化作用
néomorphique *a* 新生变形的,新变成的,再生成形的
néomorphisme *m* 新生变形(作用),新变成作用,再生成形(作用)
Néonummulitique *m* 渐新世,渐新统
néopechblende *f* 铀石
néopermutite *f* 新人造沸石(海绿石)
néopètre *m* 燧石
neopétrole *m* 新油,近代生成的石油
néoprène *m* 氯丁橡胶,氯丁二烯橡胶
néo-Protérozoïque 晚元古代(界)
neopurpurite *f* 异磷铁锰矿
néosome *m* 新成体,新生体
néostatotype *m* 新层型
néotantalite *f* 黄钽铁矿,蜕晶细晶石,钽烧绿石
néotectonique *f* 新构造运动;新构造学
néoténie *f* 幼虫期性成熟;幼态持续
néotésite *f* 红锰橄榄石;砷硫铜铁矿
néotocite *f* 水锰辉石
néotype *m* 新型,新模,新模标本;重解石,钡方解石
néovolcanique *a* 新火山的
néovolcanisme *m* 新火山活动
néovolcanite *f* 新火山岩
néozoïque *m* 新生代;新生界;*a* 新生代的,新生界的
néozome *m* 新生体,新成体

népaulite *f* 黝铜矿
népermètre *m* 奈贝计,分贝计
néphélémétrie *f* 浊度测定法
néphéline *f* 霞石
　～ automorphe　自形霞石
　～ hydratée　含水霞石
néphélinifère *a* 含霞石的
néphélinique *a* 霞石的
néphélinite *f* 霞石岩
néphélinitique *a* 霞石岩的
néphélinitoïde *a* 霞石基质的,霞石岩玻基的
néphélinoïde *a* 似霞石的,霞石类的
néphélite *f* 霞石
néphélomètre *m* 浑浊度表,能见度测定器,浊度测定计
néphélométrie *f* 浊度测定法,比浊法,混度测定法
nepholite *f* 锥冰晶石
néphrite *f* 软玉,软透闪石,鲍文玉（叶蛇纹石）,皂石
néphritique *a* 软玉的,软玉状的
néphritoïde *f* 温蛇纹石,纤蛇纹石;鲍文玉（叶蛇纹石）
népouite *f* 镍利蛇纹石（镍绿泥石）
neptunite *f* 柱星叶石
nerchinskite *f* 准埃洛石
nerf *m* 纤维;夹层,夹石,煤矸石,神经,拱的肋
néritique *a* 浅海的,近岸的,浅海沉积
nervurage *m* 拱的肋,肋状排列,肋条结构,加肋条,加加强筋,散热片
　～ du piston　活塞加强肋
nervuration *f* 加强筋,加肋
nervure *f* 肋,肋条,筋条,筋骨,筋板,肋材,拱肋,拱棱,加劲杆,加劲条,加强肋;脉,神经,叶脉,翅脉;路签上的套环
　～ d'appui　梁端垂直加强肋
　～ d'arc　拱肋
　～ d'encastrement　根部肋,插入肋
　～ de cintre　拱肋
　～ de compression　受压肋,抗压肋
　～ de consolidation　加劲杆,加劲条,加劲肋
　～ de formeret　斜肋
　～ de guidage　导筋,导肋
　～ de l'arc　拱肋
　～ de raidissage de tôles de caisses (wagons)　货车车体板加劲条
　～ de raidissement　加劲杆,加劲条,加劲肋
　～ de renforcement　刚性肋,加强肋
　～ de renfort　加劲肋,加强肋
　～ de rigidité　加强肋
　～ de support du guide　导套支撑肋
　～ de voûte　拱肋,拱圈
　～ en béton armé préfabriqué　预制混凝土小梁
　～ forte　加强肋
　～ guide　导筋,导肋
　～ longitudinale　纵肋
　～ maîtresse　主肋
　～ principale　主肋
　～ rabotée　磨光止水凸肋
　～ radiale　径向肋
　～ raidisseuse　加劲杆,加劲肋,加劲条
　～ ramifiée　分布肋,支肋
　～ renforcée　加强肋
　～ transversale　横肋
　～ verticale　垂直肋
nervuré, e *a* 肋形的,带肋的
nesquehonite *f* 碳氢镁石
nestantalite *f* 黄钽铁矿
net *m* 净煤层
net, ette *a* 干净的,清洁的,纯粹的,清朗的,明白的,清楚的,确定的,明确的,净的,平滑的（断口）
　～ d'impôt　免税
　～ de tout droit　免除一切税捐
nettement *adv* 清楚地,清晰地,明显地
netteté *f* 清洁,明白,锐度（光）,清晰度,确实
　～ de l'image　图像清晰度,扫描清晰度,航摄照片清晰度
　～ de la parole　声音清晰度
　～ de résonance　共振清晰度
nettoiement *m* 打扫,清除,清理,清洁,清洗
nettoyage *m* 清洗,清洁,清扫,清理,冲洗,打扫,冲刷,净化
　～ à la flamme　火焰清除法,火焰清洁,火焰除垢
　～ à sec　干洗,真空清洗
　～ à vapeur　蒸汽清洗法
　～ au jet d'eau　射水冲洗
　～ au jet de sable　喷砂清理,砂洗,砂吹

~ au jet de vapeur   蒸汽喷洗
~ au pistolet   喷洗
~ aux ultra-sons   超声波清理
~ de fossée   清沟
~ de la chaussée   路面清扫
~ de la glace   刷洗玻璃
~ de la signalisation verticale   垂直路标的清洗
~ du terrain   清除场地
~ mécanique   机械清理
~ par sablage   喷砂清洗
~ par sablage brush-off   喷砂擦洗
~ par soufflage d'air sec   用干燥空气吹扫
nettoyer *v*   洗刷,扫除,打扫,清洗
~ le chantier   清扫工地
nettoyeur, euse *n*   清扫工,清洁器,吸尘器
~ de joint   清缝机
neufro *m*   粗面岩,淡白响岩
neukirkite *f*   杂锰矿
neuquénite *f*   地沥青
neurolite *f*   纤叶蜡石,纤冻石
neutralisant *m*   中和剂
neutralisation *f*   抵消,平衡,中立,抑制,封锁,中和(作用),中和反应
neutraliser *v*   使中和,使无毒,使无害,使中立
neutralité *f*   中和,中性,中立
~ de l'eau   中性水,水的酸碱度中和
neutre *n*   中性点,中性线(三相线);*a*   中性的,中和的,中立的,无电的
~ à haute voltage   高压中性点
~ à la terre   中性点接地
~ isolé   中性点不接地
~ sorti   中性点引出线
neutrode *f*   中和电路
neutrodynage *m*   中和
neutrodynation *f*   中和,平衡
neutrodyne *m*   中和式高频调谐放大器,中和接收法
névadite *f*   斑瓷岩
névé *m*   冰原,粒雪,陈雪,万年雪,永久冰雪
nevyanskite *f*   铱锇矿
newbéryite *f*   水磷镁石
newboldite *f*   铁闪锌矿
newjanskite *f*   铱锇矿
newkirkite *f*   羟锰矿,杂锰矿,水锰矿

newlandite *f*   顽火榴辉岩
newportite *f*   粒硬绿泥石,镁硬绿泥石
newton(N) *m*   牛顿(力的单位)
newtonite *f*   明矾石(钾明矾石),块矾石
neyite *f*   针硫铋铜铅矿
nez *m*   鼻子,前部,端部,鼻端,凸起,前缘,构造鼻,鼻状构造,突出部分;墩端
~ d'amorçage   偏心向棱,辅助吸水侧嘴
~ de chute   安全托板
~ de marche   (楼梯)踏步突边,梯级突缘
~ de pile   闸墩尖端,桥墩尖端
~ de voie d'accélération   加速车道鼻端
~ de voie de décélération   减速车道鼻端
~ structural   构造鼻
niccochromite *f*   镍铬铁矿
niccolite *f*   红砷镍矿
niche *f*   洞室,避人洞,避车洞,洞龛,壁龛,壁橱,凹口,凹座,内槽,隧道避洞;适当的位置;雪凹,凹地,(墙壁、房间的)凹进处
à ~ courte   短鼻式
~ creusée par les vagues   海蚀凹地
~ d'arrachement   山崩崖穴,陡崖上冲蚀的岩洞
~ d'éclairage   照明洞室
~ d'érosion   侵蚀凹地
~ d'incendie   消防洞室
~ d'injecteur   喷嘴
~ de corrosion   溶蚀凹地
~ de décollement   滑脱凹地
~ de déflation   风蚀凹地
~ de dénudation   剥蚀凹地
~ de départ   山崩崖穴
~ de la fenêtre   窗框凹槽
~ de nivation   雪蚀凹地,雪坑,雪蚀冰斗
~ de refuge   隧道避人洞
~ de sécurité   安全洞室
~ de tunnel   隧道避人洞,避车洞
~ du moteur   电动机起吊环
~ éolienne   风蚀凹地
nicholsonite *f*   锌霰石
nichrome *m*   镍铬合金,镍烙铁合金
nichromite *f*   镍铬铁矿
nick *m*   刻痕,切口
nickel *m*   镍(Ni),自然镍

~ allié au cuivre 镍铜合金
nickelage *m* 镀镍
nickel-antigorite *m* 镍叶蛇纹石
nickel-asbolane *m* 镍锰钴土
nickel-autunite *m* 镍铀云母
nickelbischoffite *f* 水氯镍石
nickelblende *f* 针镍矿
nickel-bournonite *m* 锑硫镍矿
nickel-cabrérite *m* 镁镍华（镁水砷镍矿，镁砷镍华）
nickel-chlorite *m* 镍绿泥石
nickel-chrysotile *m* 镍纤蛇纹石（温石棉）
nickel-cobaltomélane *m* 杂镍钴锰土
nickel-deweylite *m* 镍水蛇纹石
nickelé *a* 镀镍的
nickeler *v* 镀镍
nickelglanz *m* 辉砷镍矿
nickelgymnite *f* 镍叶蛇纹石，镍水蛇纹石，（水硅镁镍矿）
nickéline *f* 红砷镍矿
nickélite *f* 红砷镍矿，砷镍矿
nickel-jefferisite *f* 镍水蛭石
nickel-linnaeite *m* 镍硫钴矿（辉镍矿）
nickel-magnétite *m* 镍磁铁矿
nickel-montmorillonite *m* 镍蒙脱石
nickelocre *m* 镍华，砷镍华，水砷镍矿
nickel-olivine *m* 镍橄榄石
nickeloxyde *m* 四氧三镍矿；绿镍矿
nickel-phlogopite *m* 镍金云母
nickel-platine *m* 镍铂矿
nickelpyrite *f* 硫铁镍矿，镍黄铁矿
nickel-saponite *f* 镍皂石
nickel-skutterudite *f* 方镍矿
nickel-stibine *f* 锑硫镍矿
nickel-vermiculite *f* 镍水蛭石
nicolayite *f* 钍脂铅铀矿，羟钍石
nicomélane *f* 黑镍矿
nicopyrite *f* 镍黄铁矿
Nicral *m* 尼克瑞尔，镍合金
nid *m* 巢，窝，蜂窝，矿巢
~ d'abeilles 滤光板（色灯信号灯筐前的多孔蜂巢式滤光板）；蜂窝结构，蜂房状物，蜂窝型填料，散热器蜂窝管
~ de cailloux 卵石穴坑，蜂窝状，混凝土蜂窝
~ de gravier 砾石穴坑；蜂窝状
~ de minerai 矿巢，矿囊
~ s de mortier 砂浆蜂窝
~ de poule 涡穴，坑洞，地窝，壶穴，水穴
Nienstedtien *m* 尼恩斯泰特阶
niève *f* pénitente 雪柱（冰柱），雪塔（冰塔）
nifé *m* 镍铁地核，镍铁带（地球内部）
nifésite *f* 杂镍硫黄铁矿
nifontovite *f* 尼硼钙石
nigérite *f* 尼日利亚石
niggliite *f* 六方锡铂矿（尼格里矿），碲铂矿
nigrescite *f* 曝黑石，绿黑蛇纹石
nigrica *m* 黑色泥岩
nigrine *f* 铁金红石
nigrite *f* 氮沥青
niklésite *f* 三辉岩，透顽剥辉岩
niligongite *f* 白榴霓霞岩
nimésite *f* 镍铝蛇纹石
nimite *f* 镍绿泥石
ningyoïte *f* 水磷铀矿（人形石）
niningerite *f* 硫镁矿（尼宁格矿）
niobite *f* 铌铁矿（钶铁矿）
niobium-tapiolite *m* 方铌钽矿，重铌铁矿
nioboæschynite *f* 铌易解石
niobobelyankinite *f* 羟钛铌矿
nioboloparite *f* 铌铈铌钙钛矿
niobophyllite *f* 铌星叶石
niobopyrochlore *m* 烧绿石
niobotantalate *m* 铌钽铁矿
niobotantalite *f* 铌钽铁矿
niobotantalotitanite *f* 铌钽钛矿
niobotantalpyrochlore *m* 铌钽烧绿石，细晶石
niobotitanate *m* 铌钛矿
niobozirconolite *f* 钍锆贝塔石（钍锆钛烧绿石），铌钙钛锆石
niocalite *f* 黄硅铌钙石
Ni-palygorskite *f* 镍叶蛇纹石
nipholite *f* 锥冰晶石，不纯锥冰晶石
nipple *m* 喷嘴，气门嘴，接管头，连接管，内接头，螺纹接套
~ de réduction 变径接套
nisbite *f* 斜方锑镍矿
nissonite *f* 水磷镁铜矿
nitramine *f* 硝胺

nitrammite *f* 铵硝石
nitrate *m* 硝酸盐[脂、根],硝化,硝石
　　~ de Chili　智利硝石
　　~ de potasse, ~ de potassium　硝石
　　~ de soude　钠硝石,智利硝石
　　~ du Chili　智利硝石
　　~ pulvérulent　粉状硝酸炸药
nitrate-hydrotalcite *f* 硝酸水滑石
nitratine *f* 钠硝石(智利硝石)
nitratite *f* 钠硝石
nitre *m* 硝石,钾硝石
nitrite *f* 泡碱,硝石,钾硝石,亚硝酸盐,亚硝酸根
　　~ de sodium　亚硝酸钠
nitrobarite *f* 钡硝石
nitrocalcite *f* 水钙硝石
nitrocellulose *f* 硝化纤维,硝化赛璐,棉花火药,硝酸纤维
nitrogélatine *f* 硝化明胶炸药
nitroglaubérite *f* 杂钠矾硝石
nitroglycérine *f* 硝化甘油,甘油三硝酸酯
nitrokalite *f* 硝石,钾硝石
nitrolaque *f* 硝基漆,硝化纤维漆
nitromagnésite *f* 水镁硝石
nitronatrite *f* 钠硝石(智利硝石)
nitrure *m* 渗氮
nival *a* 雪的,冰雪的
nivation *f* 雪蚀(作用),霜蚀(作用)
niveau *m* 水平,水位,水准仪,水平仪,水平面;级,程度,水准,标高,等级,层;采矿中段
　　~ à bulle　气泡水准仪,气泡水平仪,水准仪
　　~ à bulle d'air　气泡水准仪,气泡水平尺,气泡水平仪
　　~ à bulle d'air en bois　水平尺,水准仪
　　~ à cadre　方框水平仪
　　~ à flotteur　浮标水位计,浮游水位计
　　~ à lunette　水准仪,带观察镜水准仪
　　~ à lunette avec cercle horizontal　带水平刻度盘的水准仪
　　~ à lunette fixe　固定视镜水准仪,定镜水准仪
　　~ à lunette indépendante　Y形水准仪
　　~ à lunette pendante　悬式水准仪
　　~ à lunette réversible　Y形水准仪,回转水准仪,活镜水准仪
　　~ à main　手持水准仪
　　~ à main binoculaire　手持双目水准仪
　　~ à mi-marée　半潮位
　　~ à pente　测斜仪,偏差仪,测斜器,测坡仪
　　~ à perpendicule　测锤,铅垂线
　　~ à plomb　水平仪,(有铅垂线的)水准仪
　　~ à pression　压力水准仪
　　~ à surface　水平度盘水准器
　　~ à tube　水准管,管状水准器
　　~ à visualisation directe　直接读数的水准仪
　　~ absolu　绝对级,绝对水平,绝对标高,绝对电平,绝对高程
　　~ acceptable de qualité　质量合格标准,容许品质等级
　　~ accepteur　受主能级
　　~ acoustique　声响度,响度级
　　~ admissible de bruit　容许噪声级
　　~ amont　上游水位壅高水位
　　~ anormal d'eau　非常水位
　　~ aquifère　含水层,蓄水层,地下水位
au ~ de　在……面上,在……水平面(这个词用途很活,在技术文献中,有时相当于 pour ce qui est de),与这个词相对应的是 au droit de
　　~ automatique　视距水准仪,自动化水准仪
　　~ aval　下游水位,尾水位
　　~ aval de deuxième phase　二期尾水位
　　~ aval de première phase　一期尾水位
　　~ aval de projet　设计尾水位
　　~ bas　低水位,枯水位,低潮位,低电平
　　~ basique d'isolement　基本绝缘级
　　~ critique　洪峰,洪水位
　　~ critique de crue　洪峰
　　~ d'Abney　爱尼式测斜仪
　　~ d'abrasion　海蚀基面,浪蚀高度
　　~ d'amont　上游水位
　　~ d'amorçage　(虹吸管的)启动水位
　　~ d'artillerie　测角器,测斜仪
　　~ d'aspiration　吸水位,吸水平面
　　~ d'aval　下游水位
　　~ d'eau　水位,水位线,水准仪,水平面,水准器,水位指示计
　　~ d'eau aval　下游水位
　　~ d'eau constant　常水位
　　~ d'eau d'amont　上游水位
　　~ d'eau d'aval　下游水位

~ d'eau de contrôle 检验水准仪
~ d'eau de précision 精密水准仪
~ d'eau de référence 设计水位
~ d'eau du canal 水渠水位,运河水位
~ d'eau en tube flexible 软管水准仪
~ d'eau initial 初见水位
~ d'eau libre 潜水水位
~ d'eau maximum(max) 最高水位;最高潮位
~ d'eau min 最低水位
~ d'eau moyen 平均水位
~ d'eau ordinaire 普通水准仪
~ d'eau permanent 稳定水位,永久水位
~ d'eau rabattu (抽水)降深水位
~ d'eau souterraine 地下水位
~ d'eaux croisés 交叉水位
~ d'emmagasinement 储水层
~ d'empreinte magnétique 磁传导级
~ d'énergie 能量等级
~ d'énergie d'excitation 激发能级
~ d'énergie de résonance 共振能级
~ d'érosion 侵蚀面,侵蚀基准面
~ d'étiage 枯水期水位
~ d'excavation 开挖工程
~ d'excavation esplanade 场地开挖面
~ d'exploitation 开采层,开采中段
~ d'huile 油位
~ d'ingénieur 工程水准仪
~ d'intensité acoustique 声强级,音强的
~ d'intrusion 层状侵入体,层状贯入体
~ d'irrigation 灌溉水位
~ d'isolation assigné 绝缘等级
~ d'isolement 绝缘水平,绝缘等级
~ de base 基准面,底面,侵蚀基准面
~ de base d'érosion 最低侵蚀面,侵蚀基准面
~ de base de rivière 河流最低侵蚀面,河流侵蚀基准面
~ de base des vagues 波底,浪峰基准面,浪蚀基准面
~ de base eaux 低水平面
~ de base général 最大(主)侵蚀基准面,海平面
~ de base karstique 岩溶(侵蚀)基准,喀斯特(侵蚀)基准,岩溶侵蚀基准面,喀斯特侵蚀基准面

~ de base locale 当地基准面,局部基准面,局部侵蚀基准面
~ de base régionale 区域侵蚀基准面
~ de bâtisseur 简易水准仪,建筑水准仪
~ de blanc 亮度级,白色电平(电视)
~ de blanc porteur 白色电平,图像最白部分(电视)
~ de bruit 噪音量,噪音级,干扰电平,音量
~ de cavitation 空化程度,空化级别,空化水平
~ de cémentation 腔结带
~ de charge 承压水面
~ de charpentier 木工水准器,木工水平尺
~ de compensation 补偿水准仪,自动调平水准仪
~ de compensation des carbonates 碳酸盐补偿深度
~ de confiance 置信水平,置信度,可信度
~ de congélation 封冻水位,冰冻线标高,封冻面
~ de contrainte 应力水平
~ de crue 洪水位
~ de crue catastrophique 非常洪水位
~ de crue maximum 最高洪水位
~ de crue minimum 最低洪水位
~ de dénudation 剥蚀面
~ de dépôt 胶结层,胶结带,沉积层
~ de drainage 地下排水道,排水平巷
~ de Fermi 费密能级
~ de fluide 液面
~ de fond 底层,底平面
~ de fondation 基础水平
~ de gel 封冻水位,冰冻线标高
~ de l'eau souterraine 地下水位线
~ de l'eau superficielle 地表水位及标高
~ de l'étiage 最低水位,枯水位
~ de la capacité professionnelle 业务水平
~ de la crue de projet 设计洪水位
~ de la crue de vérification 校核洪水位
~ de la glace 冰面
~ de la marée basse 低潮水位
~ de la mer 海平面
~ de la nappe d'eau karstique 岩溶水位,喀斯特水位
~ de la nappe phréatique 地下水面,潜水位,地

下水位
~ de la nappe souterrain　地下水水位,潜水水位
~ de la pointe du pieu　桩尖标高
~ de la retenue　正常水位,正常壅水位
~ de la retenue normale　正常高水位(发电),正常洪水位(防洪),最高利用水位(综合利用),正常蓄水位
~ de la rivière　河水位
~ de Landau　兰多水准仪
~ de lit　河床高程
~ de luminance　亮度标准
~ de luminance à l'entrée de tunnel　隧道入口的亮度标准
~ de luminance en section courante　中间(基本)段亮度标准
~ de luminance en sortie du tunnel　隧道出口的亮度标准
~ de maçon　测锤,铅锤,铅垂线,圬工水平尺
~ de mer　海平面
~ de minerai　含矿层,矿层
~ de nappe d'eau karstique　岩溶水位
~ de noir　黑色电平(电视)
~ de perturbation　干扰电平,噪音电平
~ de plancher　底板,底层,地板高程
~ de plein-bords　平岸水位
~ de poche　小型水准仪
~ de pollution　污染程度
~ de pompage　抽水高程
~ de pose　水准器,水平板
~ de poseur　圬工水准器
~ de précision　精密水准仪
~ de pression　压力等级
~ de pression acoustique　声压级,声压值
~ de prix　价格水平
~ de puissance　功率电平,功率级
~ de réception　(无线电机接收机的)响度
~ de référence　参照级,基准级,检验用水准仪,零电平,参考电平,基准面;标志层,参考水准面,海图基准面,参考水位
~ de référence pour l'énergie　计算能量级
~ de repère　标志层,基准面
~ de réservoir　水库水位
~ de résonance　共振级
~ de séisme　地震等级

~ de service　工作水位,服务水平
~ de signal　信号电平
~ de site　工地标高
~ de sol　地面标高,地平面,基极,基态
~ de sondage　孔口标高
~ de sortie　输出级
~ de sortie partiel　半选输出级
~ de synchronisation　同步信号电平
~ de terrasse　阶地标高,阶地面
~ de tête　上游水位
~ de théodolite　经纬水准仪
~ de transmission　传输电平
~ de vérification　校核水准
~ de vitesse acoustique　音速级,声速级
~ des eaux　地下水位
~ des eaux souterraines　地下水位
~ des hautes eaux　高水位
~ des plus hautes eaux (PHE)　最高水位,最高潮位
~ des plus hautes eaux pour la crue centennale (NPHE)　百年洪水最高水位
~ différentiel　差动级,差速级,差分级,1 与 0 输出比
~ du sol　地平面,地面标高,地表高度,地平高度
~ du système　系统水平
~ du terrain　基极,基态,地平面,地面高度,地面标高
~ du terrain naturel　地面线,天然地面标高,原地面标高,天然地平面
~ du tjäle　永久冻土层,永冻层
~ du vide　黑色信号电平
~ dur　硬岩层
~ dynamique　动水位(抽水时)
~ dynamique stabilisé　稳定动水位
~ eau-huile　油水界面
~ électronique　电子水准仪
~ en cas de crue　最高水位,最高潮位
~ équivalent d'eau　等值水位,最高潮位
~ exceptionnel　等值水位,相应水位,非常水位
~ fondamental　基准面,基极,最终静水位
~ gaz-huile　气—油界面
~ gelé en sol　冻层标高
~ géodésique　大地水准面,大地测量水准仪,大

地基准层
~ hydraulique 潜水位,潜水层
~ hydrostatique 静水位,静水平面
~ imperméable 不透水层
~ induré 硬地层
~ inférieur de l'eau 低水位
~ interfacial 分界面
~ intermédiaire 中间层位,分段水平,阶段巷道
~ laser 激光水准仪
~ limite 过载电平
~ limite moyen de qualité 平均抽检质量极限
~ magnétique 磁性浮子水准仪
~ marqueur 标准层,标志层
~ maximal 最高水位,最高潮位
~ maximal de crue 最高洪水位
~ maximum de retenue 最高蓄水位
~ maximum normal 正常高水位
mettre à ~, la mise à ~ （项目改造的）升级
~ minimal d'exploitation 水库最低运行水位,水库死水位
~ minimum 最低水位
~ minimum de retenue 最低蓄水位
~ mondial 国际水平
~ moyen 平均（海）平面
~ moyen annuel 年平均水位
~ moyen d'été 夏季平均水位
~ moyen d'hiver 冬季平均水位
~ moyen de bruit perçu dans les cabines à l'arrêt 停车时司机室的平均噪音量
~ moyen de bruit perçu dans les cabines en ligne 运行时在司机室内的平均噪音量
~ moyen de hautes eaux 涨潮平均水位,平均高潮面
~ moyen de la mer 平均海平面
~ moyen des basses eaux 退潮平均水位,平均低潮面
~ naturel 自然水位
~ normal 正常水位
~ normal de retenue 正常高水位,最高（蓄）水位,正常最高（蓄）水位,最高运行水位,正常水位
~ numérique 数字水准仪
~ nutritionnel 营养水平
~ permanent 稳定水位
~ pétrolifère 含油层[位]
~ phréatique 潜水位,潜水层,地下水位
~ piézométrique naturel 自然水压面
~ piézométrique 承压水面,水压面,测压管水面高度,承压水位,测压水面,测压管高程
~ potentiométrique 水压面,测压面
~ précis 精密水准仪
~ réel 实际等级,实际点评
~ réversible 活镜水准仪
~ saisi 进入级
~ sismique 地震等级
~ sonore 音量,噪声值,声权级,噪声级
~ sphérique 球面水准器
~ stabilisé 稳定水位
~ standard de la mer 标准海平面
~ statique 静水位,常驻水位
~ statique de la nappe 地下静水位
~ stratigraphique 地层层位
~ structural 构造层
~ structural inférieur 下(部)构造层
~ structural moyen 中部构造层
~ structural supérieur 上部构造层
~ supérieur 上游水位
~ supérieur du pergélisol 永久冻土面
~ supérieur du rail 轨面
~ tectonique 构造层位
~ topographique 地形基准面
~ transversal 横向水准器
~ très bas "低—低"水位,最低水位
~ très haut "高—高"水位,最高水位
~ trophique 营养水平,营养层次
~ universel 通用水准仪
~ visible 玻璃液面指示管,可见水位,可见水准仪
~ zéro 零标高,起点级,零电平,零级
niveau-repère *m* 标志层,基准面
niveau-tachéomètre *m* 视距仪,准距仪,视距经纬仪
nivéite *f* 叶绿矾
nivelage *m* 找平,测坡度,测水平,水平测量
~ du tablier 桥面水平测量
niveler *v* 测平,找平,使平坦,定坡度,水准测量
~ à palette 用平地机整平
nivelette *f* 水平仪,斜坡仪,测平仪

niveleur *m* 平土机，校平器，水准测试员，坑道测量，矿山测量员，水平测量员，水准测量员

niveleuse *f* 平地机，平土机
- ~ automotrice 电动平土机，自动平动机
- ~ combinée avec compacteur 平地压实机
- ~ combinée avec lame de bulldozer 推土平地机
- ~ combinée avec scarificateur 松土平地机
- ~ d'entretien 刀片式平地机，养路平路机
- ~ en lames multiples 多刀平地机
- ~ légère 轻型平地机
- ~ motorisée 自动平地机
- ~ remorquée 拖曳式平地机，拖拉式平地机
- ~ sur chenille 履带式平地机
- ~ sur pneu 轮胎式平地机
- ~ tractée 拖拉式平地机，牵引式平地机

niveleuse-bourreuse *f* 找平捣固机

nivellation *f* 陵削作用

nivelle *f* 气泡水平仪

nivellement *m* 找平，测平，整平，平整，均化，使平坦，平整度，水平校准，平整地面，水准测量，高程测量，用水平仪测量
- ~ au mortier 砂浆找平
- ~ barométrique 气压测高，测量气压，气压计高程测量，气压计水准测量
- ~ bilatéral 往返水平测量，双向水准测量
- ~ d'un profil 纵断面水平测量
- ~ de base 基准测量
- ~ de finissage 最后整平
- ~ de la terre 土地平整
- ~ de la voie 起道，垫道，线路抄平
- ~ de piquets 标桩测量
- ~ de précision 精密水准测量，精确水准测量
- ~ de retour 对向水准测量，双程水准测量，往返水准测量
- ~ de terrassement 土方整平
- ~ des repères 基准点测量
- ~ des sections transversales 横断面水平测量
- ~ différentiel 水准测量
- ~ direct 几何水准测量，大地水准测量，直接高程测量，直接水准测量
- ~ double 双转点水平测量
- ~ du premier ordre 一等水准测量
- ~ du quatrième ordre 四等水准测量
- ~ du second ordre 二等水准测量
- ~ du terrain 土地平整
- ~ du troisième ordre 三等水准测量
- ~ en zones 区域能级，区域测平
- ~ général du sol 土地平整，场地整平
- ~ géodésique 大地水准测量
- ~ géodésique des antenne (NGA) NGA高程系统
- ~ géométrique 几何水准测量
- ~ indirect 间接高程测量，间接水准测量
- ~ longitudinal 纵向水平测量
- ~ précis 精密水准测量
- ~ tachéométrique 视距测评，视距测高，视距水准测量
- ~ technique 工程水准测量
- ~ topographique 地形控制点水准测量
- ~ trigonométrique 三角高程测量，三角水准测量

nivénite *f* 铈钇铀矿

nivéo-éolien *a* 风雪的

nivéoglacial *a* 冰雪作用的

niviforme *a* 雪状的

nivite *f* 白土岩

nivofluvial *a* （河流的）雨雪水的

nivomètre *m* 量雪器，测雪器，雪量计，积雪采样器

nivométrique *a* 测雪的

nobilite *f* 针碲矿，叶碲矿

noble *a* 贵的（金属），纯的（矿物）稀有的（气体）

nobléite *f* 诺硼钙石（四水硼钙石）

nocérine [nocérite] *f* 氟硼镁石

nocif, ive *a* 有害的，有毒的，有危害的

nocivité *f* 害处，危害性

noctoviseur *m* 夜视器，红外夜视器，红外线摄像机，红外望远镜，（红外线）夜视仪

noctovision *f* 暗中视力，夜间可见度，红外线电视

nocturne *a* 夜间的

nocuité *f* 危害性，害处

nodal, e *a* 节点的，结点的，交点的，波节的

nodule *m* 节，瘤，球，小结，结核，矿瘤，团块
- ~ d'argile 黏土球，黏土团，黏土结核

nœud *m* 枢纽，枢纽站，结，扣，交点，接点；组件，钩子，限环，节点，结点，交结，木材的节
- ~ à soudure 管件连接处焊渣
- ~ articulé 铰接点

～ coulant 活动节,套索
～ coulissant 活(动)节
～ d'articulation 枢接节点,铰接节点
～ d'assemblage 连接接头,构件交点
～ d'échafaudage 脚手架绑结接头
～ d'intersection 外结点
～ d'oscillation 正常结点
～ d'ossature 构架节点,结构节点
～ d'un réseau 交切点,晶格结点;点阵结点
～ de changement de voie 岔心
～ de circulation 枢纽站
～ de communication 交通枢纽
～ de filet 网结
～ de jonction d'extrémité 端节点
～ de la charpente 桁架节点
～ de membrure 结构节点,构架节点
～ des arcs et des consoles (拱与悬臂梁)结点,节点
～ du réseau 分叉点,馈电点,枢纽站
～ du réseau cristallin 晶格结点
～ du treillis 桁架节点
～ extérieur 道路交叉点,公路枢纽
～ imparfait 准节点,不完全节点
～ rigide 刚性节点,刚性连接

nogizawalite *f* 杂磷硅稀土矿
nohlite *f* 腐铌钇矿(铌钇铀矿)
noireux *m* 碳质油页岩
noix *f* 棘轮,滑轮,螺母,半圆槽,半圆凹槽,蛋形绝缘子
～ de cardan 万向节十字头
～ de charbon 核桃煤
～ de joint 万向活接头

nolanite *f* 铁钒矿(诺兰矿)
nolascite *f* 砷方铅矿
nom *m* 名,名称,学名
～ d'une gare 站名
～ d'unité 部件名
～ de désignation 名称,品名
～ de la marchandise 货名,货物名称
～ de label 标号名
～ et adresse du destinataire 收货人姓名和地址
～ générique 署名,(种类的)名称
～ unifié de marchandises 货物统一品名表

nombre *m* 数,数目,数值,数量,数码,数字,号数,编号,标号码
～ Brinell 布氏硬度值
～ d'Arany 阿兰妮数(表示土料开始流动时的含水量)
～ d'essieux 轴数
～ d'essieux du train 列车轴数
～ d'essieux équivalents (NE) 等效(标准)轴载次数
～ d'étages 级数
～ de coups 标贯锤击数,动探击数
～ de coups de mouton 动探锤击数
～ de coups de SPT 标贯击数
～ de coups pour un enfoncement de 20cm 贯入20cm锤击数
～ de cycles 循环次数
～ de degrés de liberté 自由度
～ de dents de la roue conjuguée 辅助齿轮齿数
～ de dilatation 线膨胀系数
～ de dilatation en espace 体膨胀系数
～ de dureté 硬度数
～ de dureté Brinell 布氏硬度数
～ de dureté Rockwell 洛氏硬度数
～ de dureté Vichers 维氏硬度数
～ de passes (碾压的)遍数
～ de places assises 席座数
～ de poids lourds pendant la période (NPL) 设计年限内重载车数量
～ de Poisson 泊松比,横向变形系数
～ de Protodyakonov 普氏系数,岩石强度系数
～ de Reynolds 雷诺数
～ de tours 转数,匝数,圈数
～ de tours par minute 每分钟转数
～ de viscosité 黏度系数
～ de voitures du train 列车客车数
～ de voyageurs transportés 旅客运送人数,客运人数
～ des jours de pluie par an 年降雨日数
～ des machines en feu 有火机车数
～ des mailles 筛号,网号
～ des transbordements 换装次数
～ des voyageurs 旅客人数
～ des wagons chargés 装车数
～ des wagons déchargés 卸车数
～ moyen de chargements 平均装车次数

nombre-clé *m* （traitement de l'information）关键值（信息处理）
nombrer *v* 计数，计算
nombreux *a* 大批的，数量众多的
nomenclature *f* 科学、技术、艺术等专门词类系统和合理的分类法，目录，术语，词汇，命名法，品名表，明细表，统计表，命名原则，专用名词清单
　～ colis　包裹单
　～ d'aciers　（钢筋混凝土的）钢筋规范表
　～ de classification des marchandises　货物分类品名表
　～ de matériel　设备清单
　～ de pièces　零件名称表
　～ de wagonnage　零担货车到站及其所属地区查对表
　～ des dessins　图纸目录
　～ des fers　钢筋表
　～ des gares　站名表
　～ des marchandises　货物品名表
　～ des matériaux　材料目录，材料表
　～ des véhicules　车辆名称一览表
　～ générale　总目录，总品名表
　～ linnéenne　林耐氏命名原则（即二名法）
　～ routière　公路术语
　～ uniforme des marchandises　货物统一品名表
　～ wagons　货车名称一览表
nominal, e *a* 额定的，标称的，铭牌的，公称的，记名的，名义上的
nominale(calcul) *f* 标准值（设计值），名义尺寸
nominatif *a* 记名的
nomination *f* 任命，任命
nomogramme *m* 表格，图表，列线图，线解图，线示图，诺模图，图算法，列线图解，计算图表
　～ de correction　勘误图表
　～ de granulométrie　粒径级配图表
　～ pour le calcul　计算图表
nomographe *m* 列表图解，图算法
nomographie *f* 列线图解，图解法
non *m* 不，拒绝　*adv* 不，不是，没有，并不
　～ calibré　未分选的
　～ pesé　未称重量的
　～ transférable　不能转让的
　～ valable　失效的，不适用的
non-accomplissement *m* 不履行，未履行

non-accordé *a* 未协调的，未允诺的
non-allié *a* 非合金的
non-amovible *a* 不能移动的，不能移开的
non-chargé *a* 无载的，未充电的
non-coditionnel, elle *a* 无条件的
non-cohérent *a* 不黏的，无黏聚力的
non-conducteur *m* 非导体，绝缘体
　～ (trice)du courant électrique　非导电体的
non-conformité *f* 不整合，不遵照，不符合
non-connecté *a* 脱机的，脱线的，离线的，机外的，线外的
non-corrosif *a* 抗腐蚀的
non-déclaré *a* 未申报的
non-dérangé *a* 未扰动的
non-directionnel *a* 无方向的，非定向的
non-dirigé *a* 非定向的，无方向的
non-disloqué *a* 未断裂的，未脱开的
non-électrolyte *m* 非电解质
non-équilibré *a* 不平衡的
nonésite *f* 顽拉玄斑岩
non-étanchéité *f* 不密封，不密闭度
non-examiné *a* 未检查的，未实验的
non-exécutionn *f* 未执行，不执行
non-ferreux *a* 非铁金属的，有色金属的，非铁类的
non-fondu *a* 不熔融的
non-gélif *a* 抗冻的，耐冻的
non-hypergolique *a* 非自燃的
non-imputable *a* 免费的
non-isolé *a* 非绝缘的
nonius *m* 游标，游尺，对角线尺
non-linéaire *a* 非线性的，非直线的
non-linéarité *f* 非线性
　～ géométrique　几何非线性
non-livraison *f* 未交付，未交货
non-métal *m* 非金属，非金属矿产
non-miscible *a* 不混溶的
non-modulé *a* 未调制的
non-observation *f* 不遵守
　～ d'un contrat　不遵守合同
non-paiement *m* 未付款
non-perforé *a* 未穿孔的，无孔眼的（井壁管），空白的
non-perméable *a* 不透水的

non-planéité *f* 不在同一平面,非平面性
non-polarisé *a* 未极化的,非极化的
non-poreux *a* 无孔隙的
non-purifié *a* 不纯的,未净化的
non-réactif *a* 无电抗的,无反作用力的
non-réception *f* 不接受
non-reconnaissance *f* 不承认
non-récupérable *a* 不可回收的
non-remblayé *a* 未充填的
non-remise *f* 未交付
non-résident *a* 不在任所的,不在本地的,过度的,不稳定的
non-responsabilité *f* 没有责任
non-saturation *f* 不可逆性
non-saturé *f* 不饱和性;*a* 不饱和的
non-sélectif *a* 不锁紧,不制动,不作用,无选择性的
non-sinusoïdal *a* 非正弦的
non-solidifié *a* 未固结的
non-stable *a* 不稳定的,不安定的
non-stationnaire *a* 非固定的,过度的
non-stationnarité *f* 非平稳性
non-stratifié *a* 非成层的,非层状的,不成层的
non-traité *a* 未加工的,未处理的
non-trié *a* 未分类的,未分级的,未拣选的
nontronite *f* 绿脱石
non-uniforme *a* 不均匀的,不一致的
non-uniformité *f* 不均匀性
non-usage *m* 未用,不使用
non-usé *a* 未磨损的
non-valeur *f* 难收回的债务,无收益,无价值
non-vieillissant *a* 不老化的,抗老化的
non-volatil *a* 不挥发的
non-vue *f* 不可见度
noonkanbahite *f* 硅铌钡钛石,硅碱钡钛石
noralite *f* 钙铁闪石,亚铁角闪石,无镁棕闪石
norbergite *f* 块硅镁石
nord *m* 北(方、部、面),北风;*a* 北方的
　　~ géographique 地理北,真北
　　~ magnétique 磁北
nordenskioldine *f* 硼锡钙石
nordite *f* 硅钠锶镧石
nordmarkite *f* 锰十字石,英碱正长岩
nordsjoïte *f* 富霞正长岩
nordstrandite *f* 诺三水铝石
noricite *f* 绿闪石片岩
norilskite *f* 铂铁镍齐,杂铂矿
norite *f* 苏长岩
noritique *a* 苏长岩的
normal, e *a* 正常[规]的,标准的,常态的,当量(浓度)的,法向的,正交的;定额的,额定的,垂直的,法线的,中性的
normale *f* 标准,当量,正常,垂直,正交,正常值
　　~ extérieure 外部标准
　　~ intérieure 内部标准
normalisation *f* 标准化,规格化,正常化,正火(热处理),正规化
　　~ d'une soudure 焊点正火
　　~ du matériel 车辆规格标准化,设备规格标准化
normaliser *v* 使标准化,使规格化
　　~ la soudure par réchauffage 焊点正火
　　~ le joint par réchauffage 接点正火
normalité *f* 规度,正规性,正常性,正常状态,当量浓度
normannite *f* 不纯泡铋矿
normatif, ive *a* 正常的,标准的,规格的,定额的
norme *f* 规范,标准,定额,规程,条例,指标
　　~ américaine des dimensions de fils 美国标准线规
　　~ d'alimentation d'eau 供水定额
　　~ d'études 设计标准
　　~ de calcul 计算规范
　　~ de construction 结构标准
　　~ de déchargement 卸车定额
　　~ de l'UE 欧盟标准
　　~ de la consommation d'eau 用水定额
　　~ de la production 生产指标
　　~ de la production industrielle 工业生产指标
　　~ de poids de marchandises 货物起码计算重量
　　~ de prix de revient 成本定额
　　~ s de production 生产定额
　　~ de qualité de l'eau potable 引用水质标准
　　~ de rejet pour la qualité de l'eau 水排放质量标准
　　~ de rendement 产量定额,劳动定额
　　~ de travail 劳动定额
　　~ européenne 欧洲标准

~ française 法国标准
~ française XP A35-045 法国标准 XP A35-045
~ géologique 地质标准矿物分类
~ géométrique 设计标准
~ granulométrique 颗粒级配标准
~ minimisée 最低定额
~ ministérielle 部标
~ nationale 国标
~ s parasismiques 防震标准
~ recommandée 推荐标准,推荐定额

norséthite *f* 钡白云石
northfieldite *f* 云英花岗岩
northupite *f* 氯碳钠镁石
nose *f* 构造鼻,鼻状构造
noséane *f* 黝方石
noséanite *f* 黝方岩,黝方石
nosykombite *f* 霞闪二长岩
nota *m* 附注,注(解),辅助
notation *f* 标记,符号,记号,标志,评分,评级,轮廓,略图,标记法,记数法,标志法,表示法
  ~ chimique 化学符号
  ~ commerciale 商业资信评级
  ~ des couches (地质图上的)地层符号
  ~ des entreprises 企业资信评级
  ~ des faces cristallines 晶面符号,晶面标志法
  ~ du personnel 职工考核标注
  ~ du risque 风险评级
  ~ financière 金融资信评级

note *f* 笔记,记录,按语,注释[解],公函,记事,附注,便条,短文,照会;符号,标记,单,账单,通知,清单
  ~ assez bien 中(评语)
  ~ bien 良(评语)
  ~ chiffrée 分数
  ~ d'expédition 发运通知
  ~ d'information technique (参考性)技术说明书
  ~ de calcul 计算说明,设计说明
  ~ de chargement 装货通知
  ~ de couverture 保险证明书
  ~ de déchargement 卸货通知
  ~ de dépenses 支出清单
  ~ de fonctionnement 内部程序细目
  ~ de frais 费用清单
  ~ de fret 运费清单
  ~ de la rédaction 编者按
  ~ de poids 重量单,重量清单
  ~ de remise 托运单
  ~ de service 工作细则,业务须知,工作指示,工作纪要
  ~ déplorable 极劣的分数
  donner[infliger]une mauvaise ~ à qqn 给某人一个坏评语[坏分数]
  ~ du budget 预算说明书,预算清单
  ~ excellence (优)评语
  ~ explicative 说明书
  ~ mal 劣(评语)
  ~ manuscrite 手注
  ~ marginale 旁注,眉批
  ~ médiocre 勉强及格的分数
  ~ officielle 正式照会
  ~ passable 及格(评语),及格的分数
  ~ très bien 优(评语)
  ~ très mal 极劣(评语)
  ~ verbale 普通照会,口头通知

noter *v* 标出,记入,写下
notice *f* 通知,通告,通知书;笔记,规范,介绍,概述,简述,说明书,注意事项;出版说明
  ~ constructeur 制造厂商的说明书
  ~ d'emploi 使用须知
  ~ d'entretien 维护说明书
  ~ d'une carte géologique 地质图说明书
  ~ d'utilisation 操作说明;使用说明
  ~ de conduite(N.D.C.) 行车规范
  ~ de documentation 一览表
  ~ de fonctionnement 运行手册,操作规程
  ~ de grand entretien 大修规程
  ~ de la délivrance 到货通知书
  ~ descriptive 说明书
  ~ explicative (图幅)说明书
  ~ technique 技术说明书,技术手册
  ~ technique d'installation 安装技术说明
  ~ technologique 工艺说明书

notification *f* 通告,公告,告示,通知(书)
  ~ d'acceptation 中标通知书
  ~ de commencer les travaux 开工令
  ~ du marché 合同批准通知

notion *f* 概念,见解,意图

~ du temps 时间观念
~ générale 一般概念
~ s élémentaires 基本概念
~ s pour calculs 计算用语
~ qualificative （计算机）修饰语，修饰词；限定词
~ vague 笼统的概念

notoriété *f* 名望，知名度
  acte de ~ 证明（书）
  avoir de la ~ 有名望，出名
  ~ d'une société 公司知名度
  ~ de la marque 商标知名度
  il est de ~ publique que 众所周知

noue *f* 屋谷，屋面谷槽，斜沟，天沟

nouer *v* 打结，扎起

noueux, euse *a* 多结的，多节的

nouméite *f* 暗镍蛇纹石（硅镁镍矿）

nourrice *f* 缸，槽，箱体，邮箱，铁桶，分配箱，储存箱，给水箱，储水槽，备用油箱，给水容器
  ~ en charge 装有油的邮箱

nouveau *a* 新的，新奇的
  ~ tunnel 新建隧道

nouvelle *f* 消息，新闻，新事物；*a* 新的，新奇的
  ~ construction 新工程，新建筑
  ~ méthode Austrichienne (New Austran Tunneling Method, NATW) 新奥法

novacekite *f* 镁砷铀云母

novaculite *f* 均密石英岩

novakite *f* 砷铜银矿（诺瓦克矿）

novolaque *f* 酚醛清漆

nowackiite *f* 硫砷锌铜矿

noyage *m* 淹没，灌水，淹灌

noyau *m* 核，地核，核心，中心，心材，泥芯，型芯，铁芯，顶针，心轴，心墙，心板；岩芯，芯线
  ~ à enroulement de bande 磁带绕成的磁环
  ~ à nombre impair de protons et de neutrons 奇—奇核
  ~ à nombre impaire de protons et pair de neutrons 奇—偶核
  ~ à nombre pair de protons et de neutrons 偶—偶核
  ~ à nombre pair de protons et impair de neutrons 偶—奇核
  ~ aimanté 磁铁芯
  ~ anallobarique 增压中心，增压区
  ~ anticlinal 背斜核心
  ~ archéen 太古代地核
  ~ atomique 原子核
  ~ central 核心，泥芯，中心杆
  ~ croise 交叉芯子，十字形芯子
  ~ cuivre 铜芯；铜芯线
  ~ d'aimant de véhicule 机车感应器铁芯（自动停车装置）
  ~ d'aimant de voie 地面感应器铁芯（自动提车装置）
  ~ d'air 空心，气心
  ~ d'anticlinal 背斜中心，背斜核（部）
  ~ d'argile 黏土心墙
  ~ d'argile corroyé 夯实黏土心墙
  ~ d'électro-aimant 电磁铁芯
  ~ d'étanchéité 防渗心墙
  ~ d'induit 电枢铁芯
  ~ d'un cristal 晶核
  ~ d'un pli 褶皱核心
  ~ d'uranium 轴核
  ~ de barrage 水坝心墙
  ~ de bobine 线圈铁芯
  ~ de digue 堤坝心墙
  ~ de fer 铁芯
  ~ de fer divisé 分层铁芯
  ~ de fer doux 软铁芯
  ~ de fer fermé 闭口铁芯
  ~ de fer laminé 叠片铁芯
  ~ de fer pulvérulent 粉末贴心
  ~ de fonderie 泥芯
  ~ de forage 岩芯
  ~ de l'arc 焊弧柱
  ~ de la digue 坝心
  ~ de percement 挤入褶皱中心，穿刺褶皱中心
  ~ de relais 继电器铁芯
  ~ du remblai 路堤核心
  ~ du train 列车核心车组
  ~ en béton 混凝土心墙
  ~ en ferrite 铁素体铁芯
  ~ en ferrite fileté 螺纹磁芯，螺纹铁素体铁芯
  ~ en fil de fer 铁芯，线芯
  ~ en poudre de fer comprimé 粉铁芯
  ~ en sable sec 干泥芯

~ en sable vert　湿泥芯
~ en terre　地心,土质心墙
~ en terre damée　夯实土质心墙
~ étanche en terre　土防渗心墙
~ fermé　闭口芯子
~ ferroxcube　软粗钡铁氧体铁芯
~ feuilleté　叠片铁芯
~ imperméable　防渗心墙;防渗带
~ incliné　斜心墙
~ laminé　叠片铁芯
~ magnétique　磁铁芯,磁核
~ massif　整体铁芯
~ mobile　(铸件的)活动芯子,插棒铁芯
~ ouvert　开口铁芯
~ pulvérulent　粉末铁芯,粉末铁芯,粉末芯
sans ~　无芯的,无心的
~ synclinal　向斜核心
~ toroïdal　环形铁芯
~ vertical　立式心墙
~ x rocheux　基岩中心

noyauteur *m* 　造泥芯,装泥芯,打入核心
noyé 　泥芯工,型芯工
noyé, e *a* 　淹没的,水淹的,浸没的,埋入的,(常年)受洪水淹没的,浸在水中的,埋置在混凝土中的
noyer *v* 　淹没,浸没;浸湿;埋入
　~ dans la masse　埋入,埋置,嵌入
nsutite *f* 　六方锰矿(恩苏塔锰矿)
nu *m* 　裸线;*a* 裸露的,裸体的,无遮盖的
nuage *m* 　云,烟雾,阴影
　~ acoustique　声波反射云,回声测深时的隔音层
　~ artificiel　烟幕,烟云
　~ nocif　有害粉尘,有害烟雾
nuance *f* 　形式,种类,品种,品质,色调,色彩,类型,牌号,颜色深浅度,微小的差异
　~ de l'acier　钢的牌号;钢的品级
　~ frein-filet normal　标准螺纹防松剂
　~ S.N.C.F　法国国营铁路公司的规格
　~ soudée　焊接上的微小差异
nuancement *m* 　de la tarification marchandises 各种货物间的运价差别
nuevite [samarskite] *f* 　铌钇矿
nuffiedite *f* 　疏铋铜铅矿
nugget *m* 　(天然)块金,矿块
nuire *v* 　损害,妨害

nuisance *f* 　危害,障碍,公害,损失,逆效应,环境污染,有害影响
　~ acoustique　噪音危害
　~ par l'odeur　臭味危害
　~ par la fumée　烟危害
　~ par le bruit　噪声危害
nuisibilité *f* 　害处,危害性
nuisible *a* 　有害的,有妨害的
nuissierite *f* 　砷钙磷氯铅矿
nuitée *f* 　终夜,一夜的时间,夜工
nukundamite *f* 　诺硫铁铜矿
nul, le *a* 　空的,无效的,零数的,无价值的
nullité *f* 　零位,零度,无效,不存在,无用的东西
numéraire *m* 　硬币,现款
numéral *a* 　计数的,数字的
numérateur *m* 　计数器,计数管,示号机
numération *f* 　编号,读数,计算,记数法,计数制,读数法,计算法
numérique *a* 　数(字、值)的,数字的,用数字表示的
numéro *m* 　序数,号码,编号,号(数)
　~ d'enregistrement　托运号,登记号码
　~ d'expédition　发运号码,发送号,货物批号
　~ d'immatriculation　登记号码,注册号码
　~ d'ordre　编号,顺序号,序列号
　~ d'ordre de renversement des leviers　解锁握柄扳动顺序号码
　~ d'une voiture　客车号码
　~ de la voie　股道号码
　~ de nomenclature　目录序号
　~ de profil géotechnique　地质断面符号数
　~ de référence　索引号码
　~ de série　顺序号,编号
　~ de sortie　发行号,出厂号
　~ de téléphone　电话号码
　~ de toile　网号,筛号
　~ de train　列车车次
　~ de wagon　货车号码
　~ du changement de voie (d'aiguille)　道岔号码,道岔号数
　~ du fil　线材直径
　~ du trottoir　站台号码
　~ magasin　库存号
　~ matricule　序号
numérotage *m* 　计数,编号,标号,编号码

~ des cylindres 汽缸编号
~ des moteurs 发动机编号
~ des voies 股道编号,线路编号

numérotation *f* 编号,标号
~ de pénétration dynamique et sa profondeur 动力触探孔编号及深度
~ de pénétration dynamique et sa profondeur empruntées 利用动力触探孔编号及深度
~ de pénétration statique et sa profondeur 静力触探孔编号及深度
~ de pénétration statique et sa profondeur empruntées 利用静力触探孔编号及深度
~ de puits 利用挖探孔编号
~ de puits et sa profondeur 挖探孔编号及深度
~ de puits et son odographe 挖探孔编号及里程
~ de sondage de gîtes à matériaux et son odographe 取土场钻孔编号及里程
~ de sondage de pénétration dynamique et son odographe 动力触探孔编号及里程
~ de sondage de pénétration statique et son odographe 静力触探孔编号及里程
~ de sondage de tunnel et son odographe 隧道钻孔编号及里程
~ de sondage et sa profondeur 钻孔编号及深度
~ de sondage et sa profondeur empruntés 利用钻孔编号及深度
~ de sondage géophysique et sa profondeur 物探孔编号及深度
~ de sondage pressiométrique et sa profondeur 旁压孔编号及深度
~ de sondage pressiométrique et sa profondeur empruntés 利用旁压孔编号及深度
~ de sondage pressiométrique et son odographe 旁压试验孔编号及里程
~ des locomotives à vapeur 蒸汽机车的编号
~ des voitures 客车编号

numéroter *v* 编号
numerus clausus *m* 最高限制额,最大比例数
Numidien *m* 努米丁阶(E_2)
nummulitique *m* 老第三纪
nuolaïte *f* 杂铌钽钛矿
nussiérite *f* 砷钙磷氯铅矿
nutritif, ive *a* 营养的
nutrition *f* 营养物,养分,养料
~ de qualité 高质量养料,合格养料
~ de sol 土壤养分
~ des plantes 植物养分
~ minérale 矿物营养,无机营养
~ végétale 植物营养
nuttalite *f* 中柱石,钙柱石
nyeréreite *f* 尼碳钠钙石
nylon *m* 尼龙;锦纶
nymphéen *a* 淡水的,淡水生成的

O

oakermanite *f* 镁黄长石
oakite *f* 锂硬锰矿
obéissance *f* 机动性,灵活性,操纵性,轻便性,跟随性,可控制性
obélisque *m* 岩颈丘
objectif *m* 透镜,物镜,镜头,目标,指标,目的,对象,任务,使命,事物的,目的物
  ~ commun 共同目标
  ~ de production 生产指标
  ~ de profit 利润目标
  ~ des projets 设计目的
  ~ du plan 计划任务
  ~ s multiples 多目标,多项用途,综合利用
  ~ petit angulaire 窄角镜,窄角透镜
objectif, ive *a* 客观的,表面的
objection *f* 异议,反对,反对意见
  ~ sérieuse 严肃的反对意见
  ~ spécieuse 似是而非的反对意见
  ~ subtile 巧妙的反对意见
objectivité *f* 客观性,对象性,客观化
objet *m* 物,物体,对象,客体;目标,目的,任务,项目,科目,课程
  ~ admis au transport sous certaines conditions 按特定条件运送的货物
  ~ affecté à l'usage personnel du voyageur 旅客个人用品
  ~ contrôle à distance 遥控目标,遥控对象
  ~ creux 空心制品
  ~ d'assurance 保险标的
  ~ d'observation 观测目标
  ~ de consommation 消费品
  ~ de dimension 大件货,体大货物
  ~ de dimension exceptionnelle 体积特大货物,超限货物
  ~ de la réclamation 申请项目,要求项目
  ~ de longueur exceptionnelle 长达货物,超长货物
  ~ s de premières nécessités 生活必需品
  ~ de rechange 备(用部)件
  ~ éloigné 远距离目标
  ~ en fer 铁件
  être l' ~ de 受到
  faire l' ~ de 受到
  ~ interdit 违禁品
  ~ s jaillissants 飞溅物
  ~ manufacturé 制品,制成品
  ~ migrant 松动零件,活动部件
  ~ moulé 模制品,模塑物,压制品
  ~ réel 实物
  ~ soudé 焊接件,焊制品
  ~ technique 机械,机器
obligation *f* 债务,债券,义务,责任
  ~ civile 民事义务
  ~ contractuelle 合同义务,约定责任,契约义务
  ~ de déclaration 申报义务
  ~ de l'assureur 保险人责任
  ~ de l'indemnité 赔偿义务
  ~ de licence pour le transporteur routier 公路运输部门的有关义务
  ~ de soumission 投标保险金
  ~ s de transporter 运送义务
  ~ du transporteur 运送者的责任
  ~ facultative 非强制性义务
obligatoire *m* 责任,义务,债务;*a* 义务的,必须的,强迫的,有强制性的
  ~ d'indemnité 赔偿义务
  ~ hypothécaire 抵押债务
obligé *a* 必须的,应当的,被迫的
obliger *v* 强迫,迫使,强制
obliquangle *a* 斜角的
oblique *f* 斜线;*a* 斜的,歪的,倾斜的,斜交的,偏斜的,间接的
obliquer *v* 斜向行走
obliquité *f* 倾斜,斜度,斜率,倾斜角,渐变率
  ~ de l'aiguille 道岔斜度,转辙角
  ~ de la bielle 连杆倾角
  ~ de voie d'accélération 加速车道渐变率
  ~ de voie de décélération 减速车道渐变率

~ des faciès 岩相斜率,岩相斜交
~ des roues 车轮外倾
oblitération *f* 消失,擦去,磨灭,磨去
oblitérer *v* 磨去,磨掉;磨灭
~ un billet 注销客票
oblong *m* 长方形,阔椭圆形;*a* 长方形的,长圆形的
oborite *f* 鄂博矿
oboyérite *f* 水碲氢铅石
obruchévite *f* 钇烧绿石
obscur, e *a* 黑暗的,昏暗的
obscurcir *v* 遮光,变暗,发黑,使暗淡
obscurcissement *m* 光线暗淡
obscuricole *a* 喜暗的
obscurité *f* 阴影,黑暗,昏暗,阴暗,难懂,难理解
obséquent *a* 反向的,逆向的,倒置的
observable *a* 可测的,可观察的,应遵行的,可研究的
observateur *m* 监视,观察员,观测员,监视者
observation *f* 观察,观测,探测,观察,检查,意见,结果,执行,施行,注意,遵守,备注,注意事项
~ à distance 遥测
~ à l'œil 目测,目视观测
~ à l'œil nu 肉眼观测
~ à la vue 目测,目视观测
~ à long terme 长期观测
~ aérogéologique 航空地址观测
~ aérovisuelle 航空目测
~ au sol 地面观测
~ climatologique 气候观测
~ conditionnelle 工况观测,条件观测
~ de 30 ans 30年观察
~ de contrôle 控制观测
~ de double-théodolite 双经纬仪观测
~ de la signalisation arrièrée de trains (OSAT) 列车尾部信号监测,列车尾部信号观测
~ de marée 潮汐观测
~ de qualité d'eau 水质观测
~ de tassement 沉降观测,沉陷观测
~ des stipulations d'un contrat 遵守合同条款
~ directe 直观法
~ du niveau d'eau 水位观测
~ expérimentale 实验观察
~ empirique 经验观察
~ en surface 地面观测
~ et suggestion 项目建议
~ externe 外部观测
~ hydrologique 水文测验
~ in situ 现场观察
~ interne 内部观测
~ intermédiaire 中间观测
~ macroscopique 目测
~ microscopique 显微镜鉴定
~ microséismique 微震观测
~ périodique 定期观测
~ photographique 摄影侦查
~ pluviométrique 雨量观测
~ préliminaire 初步观察
~ pratique 实际观察
~ routière 道路观察
~ séismique 地震观测
~ standard 标准观测
~ suivie 跟踪探测
~ sur le terrain 野外观察,地形观测
~ synoptique 天气观测
~ systématique 系统观测
~ terrestre 地面观测,地面观察
~ visuelle 目测,目视,观测,直接观察
observatoire *m* 观测站,观察所,瞭望台
observer *v* 注视,观察,考察,遵守,维持,保存,保管
~ les consignes 遵守规章制度
~ les intervalles 保持距离
obsidiane *f* 黑曜岩,玻璃玉
obsidianite *f* 似曜岩,熔融岩
obsidienne *f* 黑曜岩
~ de Lipari 流纹黑曜岩
~ ponce 黑曜浮石
~ vacuolaire 黑曜浮石
obsolescence *f* 报废,陈旧,逐渐过时
~ artificielle 人为报废
obsolète *a* 过时的,报废的,不流行的,已废止的,不通用的
obstacle *m* 阻碍,妨碍,障碍,干扰,障碍物,反作用
~ à la circulation 交通堵塞
~ à la visibilité 妨碍视线,视线障碍
~ de la route 道路障碍
~ latéral 路测障碍物

~ submerge 水下障碍物
obstruction *f* 闭塞,堵塞,障碍,遮断,填充,阻塞,故障
~ des tuyaux 管道墙塞
~ fortuite de la voie 线路故障,线路障碍
obstruée（voies） 被堵塞的（线路）
obstruer *v* 充填,阻塞,闭塞,堵塞,障碍,中断
obtempérer *v* 服从,遵从
obtenir *v* 取得,获得,得到
~ la pulvérisation 使喷射,使喷雾,使雾化
obtention *f* 取得,获得,得到
~ de l'eau 取水
obturateur *m* 阀,活门,塞子,堵头,节流,柱塞,快门,节流阀,制止阀,断流器,闭塞器,活门堵头,灌浆塞,遮光器,密封件,封闭器,鱼鳞板,填充体
~ à rideau pour fondu 慢行换光闸,慢转换开关,电视图像渐现渐隐快门,图像淡入或淡出的光闸
~ antipoussière 防尘板,防尘堵
~ cylindrique 旋转阀
~ de boîte d'essieu 轴箱防尘板
~ de canal 水道阀门
~ de sûreté 安全阀
~ gonflable 充气垫,充气止浆塞
~ rotatif 旋塞,旋转阀
~ ultra-rapide 超速闭止器
obturation *f* 堵塞,闭塞,阻塞,封堵,充填,关闭,封闭,节流,中断,断开,浇灌
~ de fissure béante 裂缝堵塞
~ des conduits directeurs 管路关闭,堵塞管路
~ des fissures 封缝,填缝,堵缝
~ des fourreaux 套管的封堵
~ des joints 封缝,密接
~ du câble 充填电缆
~ hydraulique 液封,水封
obturer *v* 封闭,闭塞,堵塞,阻塞,填充,关闭,中断封闭
~ les cavités 填平空穴
obtus *a* 钝的
obus *m* 气门芯,弹形物
~ de valve 阀心
occasion *f* 场合,机会,时机,动机,缘由,情况
à l'~ 有机会的时候,遇有机会,得便,需要时
à l'~ de 在……时候,值此……之际,为了……

因……而,纪念……
en toute ~ 随时
occasionnel,elle *a* 偶然的,意外的
occasionner *v* 引起,惹起,使发生
occident *m* 西,西方
occidental,e *a* 西面的,西部的,西方的
occlus *a* 吸留的,吸收的
occlusif *a* 闭塞的,闭合的
occlusion *f* 阻塞,闭合,闭塞,堵塞,吸留,吸着,吸藏
~ de gaz 气体滞留（在孔隙中）
~ orographique 地形锢因
occultation *f* des lumières 遮光
occulte *a* 神秘的,隐蔽的,隐伏的,隐藏的,暗中的,隐秘的,看不见的
occulteur *m* 屏,幕,银幕,屏蔽,挡板,护板,挡光罩,遮光板,信号遮檐
~ de feu arrière 后灯光遮檐
occupant *m* 乘客,占用者
occupation *f* 占领,占据,居住,占用,职务,业务,工作,从事,居住
~ de la voie 股道占用
~ du terrain 占用土地
occupé *a* 被占用的,占线的
occuper *v* 占据,占用,占有,占领,居住,占时间,占空间
~ un sélecteur 占用预选机
occurrence *f* 发生,出现,存在,赋存,产出,产状,情况,（矿床等的）埋藏,产状环境
~ aléatoire 随机事件
~ des crues de projet 设计洪水出现率,设计洪水重现期
~ s de Poisson 地震发生的泊松分布
en l'~ 在这种情况下
océan *m* 洋,海洋,大洋,大海,广阔,无限,无边无际
océanie *f* 大洋洲
océanien,enne *a* 大洋洲的
océanique *a* 大洋的,海洋的
océanisation *f* 大洋化,海洋化,基性岩化
océanisé *a* 大洋化的,海洋化的
océanite *f* 富橄暗玄岩,苦橄玄武岩[大洋岩]
océanographe *m* 海洋学家
océanographie *f* 海洋学,海洋地理学

océanologie f 海洋学,海洋水文学,海洋地理学,海洋(开发)技术学
ocellaire a 眼斑状的,眼球状的
ochrane m 黄铝土
ochroïte f 铈硅石
ochrolite f 氯锑铅矿
ocre f 赭石,赭土,赭石色
　～ d'antimoine 黄锑矿
　～ brune 褐铁矿
　～ de chrome 铬华
　～ de fer 铁赭石
　～ jaune 黄色赭石
　～ de molybdène 钼华
　～ de nickel 镍华
　～ rouge 红色赭石,赭色赤铁矿
　～ d'uranium 铀华
　～ verte 绿赭石
ocreux, euse a 赭石的,赭土的,似赭石的,似赭土的,赭色的,含赭石的
octaèdre m 八棱体,八面体;a 八面体的
　～ pyramidé 三八面体
　～ quadratique 四方双锥
　～ rhombique 斜方双锥
octaédrique a 八面的
octaédrite f 八面石(锐钛矿),八面体式陨铁,奥克铁陨石类
octant m 45°弧,八分仪,圆周的八分之一
octet m 八隅体,八数群,八角体
octobolite f 辉石
octobre m 十月
octode f 八极管,六栅极管
octogonal a 八角的,八边形的
octogone m 八角形,八边形
octroi m 授予,给予,发放,发给
octuple a 八维的,八倍的
oculaire m 目镜,眼镜片;a 眼的,目击的,目镜的
odalite f 方钠石
odaniélite f 奥砷锌钠石
odegardite m 针柱闪长岩
odénite f 钛云母
odeur f 气味
　～ désagréable 难闻的气味
　～ fétide 臭气

　～ mauvaise 臭味
odinite f 钛云母,拉辉煌岩
odomètre m (车辆)里程表,测距计,路程计,固结仪,压缩计,速度表,计步器
odométrie f 测距法,测程法
odontolit(h)e f 齿胶瞬矿
odorant a 有香味的,有气味的
odoriférant a 有香味的,有气味的
œdelite f 葡萄石,钠沸石
œdomètre m 固结仪,渗压仪,压缩仪
　～ avec chocs 冲击固结仪
　～ cyclique 周期性固结仪
　～ dynamique 动力固结仪
　～ normal 标准固结仪
　～ triaxial 三轴固结仪
œhrnite f 水异剥石
œil m 孔,环,圈,眼,眼睛,目力,吊环,耳座,套管,焊片,检查孔
　～ à queue filetée 有眼螺栓
　～ cathodique 电子调谐指示器,电眼
　～ chatoyant 猫眼石
　～ de bœuf 拉长石
　～ de boue 缟玛瑙
　～ de câble 穿线环
　～ de chat 猫眼石
　～ de chat noble 金绿宝石
　～ de faucon 虎睛石
　～ de levage 吊环,吊耳
　～ de poisson 月长石,鱼眼石
　～ de référence colorimétrique 标准观察者
　～ de suspension 吊跟,吊耳,钩环
　～ de tendeur de câble 紧线螺套耳环,索眼
　～ de tendeur pour goupille 螺丝接头销孔
　～ de tigre 虎眼石
　～ double pour fil métallique 导线接头眼环
　～ du piston 活塞孔
　～ moyen 标准人眼,标准眼(光)
　～ nu 肉眼
œil-de-bœuf m 小圆窗
œillé a 眼斑的,眼球状的
œillet m 圈,环,耳,孔,小孔,小眼,针眼,耳环,焊片,套管,穿绳孔
　～ de câble 穿绳孔,钢索接头,钢筋起吊环
　～ de cordon 索眼

~ de raccord de câble 电缆连接套管
œilleton *m* 瞄准孔,标志灯,信号灯,标志灯光
~ de franchissement 色灯信号机上小白色标志灯光
œllachérite *f* 钡白云母
OEnien *m* 厄思阶(T_3)
OEningien *m* 厄宁格阶(N_2)
œrsted *m* 奥斯特(磁场强度单位)
œrstédite[**oerstedtite**] *f* 水变锆石
œsar *m* 蛇形丘
œtite *f* 鹰石,肾状褐铁矿
œuvre *f* 事业,工作,作品,著作,行动,建筑物
offertite *f* 铈铀钛磁铁矿
office *m* 所,局,署,职务,职责,本分,机关,办公室,事务所
~ Central des Transports Internationaux par Chemin de Fer 国际铁路联运中央事务局
~ d'expansion commercial 贸易发展局
~ de compensation 清算所
~ de placement 职业介绍所
~ de recherches et d'essais 研究试验所
~ des brevets 专利局
~ des changes 外汇管理局
~ du commerce extérieur 对外贸易局
~ National de l'Irrigation et du Drainage (ONID) (阿尔及利亚)国家灌排司
~ national des brevets 国家专利局
~ national des statistiques 国家统计局
~ National Météorologique 国家气象局
~ Nationale de Signalisation Maritime(ONSM) 海洋标志办公室
officiel,elle *a* 正式的,公认的,官方的
offrant *m* 发盘人,报价人
offre *f* 赠,送,标价,出价,供给,提供,投标,标件,递价,报价(单),呈现出
~ acceptable 可接受的报价
~ collective 集团投标,集团出价
~ compétitive 公开招标,竞争性报价
~ d'adjudication 招标
~ de lancement du produit 产品推广特别报价
~ de stationnement 停车实数(或需求量)
~ des prix 报价
~ effective 有效供给
~ élastique 弹性供给
~ et demande 供给与需求
~ excessive 过量供给
~ ferme 实出价,递确盘,固定报价
~ finale 最终报价,最终投标价
~ financière 财务标
~ globale du marché 市场总供给
~ identique 相同报价
~ la moins disante 最低报价
~ optimale 最佳报价
~ refusée 未接受的报价
~ sans condition 无条件的供给
~ spéciale 特别报价
~ susceptible d'être acceptée 可接受的报价
~ technique 技术标
~ terminale marchandise 送货上门,送货到户
~ verbale 口头报价
offrétite *f* 钾沸石
offrir *v* 赠,送,献,供给,提供,提出,呈现出
~ un meilleur confort aux voyageurs 给乘客提供最大方便条件
~ la meilleure sécurité de fonctionnement à qqn 提供最好的安全生产条件
offset *m* 偏移,补偿,抵消,(矿体)分支,分叉,水平断错,水平错距,(地震勘探)偏移距
oficilice *f* 硅质蛇纹大理岩
ofigranitone *f* 鳞蛇纹辉长岩
ogcoïte *f* 铁蠕绿泥石
ogdoèdre *m* 八分面体
ogdoédrie *f* 八分面像
ogival,e *a* 尖顶式的(指建筑)
ogive *f* 尖形拱肋,尖顶式建筑
ogivique *a* 尖顶式的
ohm *m* 欧姆(电阻单位)
~ acoustique 声欧姆(声阻单位)
ohmique *a* 欧姆的,电阻的
ohmmètre *m* 欧姆表,电阻表
oisanite *f* 斧石,锐钛矿,透绿帘石
okaïte *f* 蓝方黄长岩
okanoganite *f* 氟硼硅钇钠石
okawaïte *f* 霓辉松脂斑岩(大川岩)
okénite *f* 水硅钙石
okermanite *f* 镁黄长石
okonite *f* 水纤钙石
olafite *f* 钠长石

oldhamien *m*	奥尔德汉统($\in_1$)
oldhamite *f*	陨硫钙石
oléagineux *a*	含油的
oléate *m*	油酸盐，油酸酯
Olénékien *m*	奥列内克阶(T_1)
oléoduc *m*	输油管道
oléomètre *m*	油比重计
oléopneumatique *a*	油气的，空气滑油的
oléorésine *f*	含油树脂
olette *f*	落水洞
olgite *f*	磷钠锶石
oligiste *m*	赤铁矿
~ micacé	铁云母
oligobase *f*	奥长辉绿岩
oligocène *m*	渐新纪，渐新世(纪)
oligoclase *f*	奥长石(更长石)
oligoclasique *a*	奥长石的，奥长岩的
oligoclasite *f*	奥长岩，奥长石
oligomicte *f*	单成分岩，少矿碎屑岩
oligomictique *a*	单成分的，(湖泊)少循环的，(砾岩)单岩碎屑的
oligonite *f*	菱锰铁矿
oligophyre *m*	奥长斑岩
oligosidérite *f*	锰菱铁矿，含铁陨石
oligosite *f*	奥长岩
oligotrophe[**oligotrophique**] *a*	少营养的，寡养分的，低滋育的
olist(h)olit(h)e *f*	滑来岩块，滑塌岩块
olist(h)ostrome *m*	滑积层，滑来层，滑塌沉积，重滑动堆积，泥砾岩层
olive *f*	橄榄，喷嘴，吹嘴，内接头，螺丝接头
oliveiraïte *f*	水钛锆矿
olivénite *f*	橄榄铜矿
olivier *m*	橄榄树
olivine *f*	橄榄石
olivinisation *f*	橄榄石化
olivinite *f*	橄榄岩，辉闪苦橄岩
~ à magnétite	磁铁辉闪苦橄岩
olivinophyre *m*	橄榄斑岩
ollachérite *f*	钡白云母
ollaire *m*	块滑石，滑石片岩
ollénite *f*	绿帘金红角闪片岩
ollite *f*	滑石，块滑石，杂绿泥滑石
olmsteadite *f*	磷铌铁钾石
olsacherite *f*	硒铅矾
olshanskyite *f*	羟硼钙石
Olténien *m*	奥尔坦组(J_3)
olympite *f*	磷钠石
olyntholite *f*	钙铝榴石
ombilic *m*	脐，脐区，盆地，凹地，槽谷，冰川槽，冰川谷，中心点
~ de confluence	汇流盆地
~ glaciaire	冰川谷，冰川槽
~ sédimentaire	巨厚沉积层分布区
~ structural	槽盆，短轴向斜
ombragé *a*	背阴的，绿荫的
ombrage *m*	树荫，绿荫，阴影
ombre *f*	影，阴影，阴暗，遮蔽，富锰棕土
à l'~	在阴处
à l'~ de	在……近旁，在……掩蔽下，在……保护下
dans l'~	在阴处，在暗处
ombrée *f*	山阴，山背，后坡，背阳坡，北坡阴坡
ombrelle *f*	伞形体，伞膜
ombromètre *m*	雨量计，雨量表，雨量器
ombrométrie *f*	雨量测定(测量)法
omeiite *f*	峨眉矿
omission *f*	删除，省略，遗漏
~ d'encaissement	漏收款项
~ de sédimentation	沉积间断
omnibus *m* (train)	普通旅客列车，慢车，公共汽车
~ à grand rayon d'action	长途公共汽车
omnidirectionnel *a*	不定向的，无定向的
omniprésence *f*	普遍性
omnivore *a*	多种燃料的(发动机)
omphacite *f*	绿辉石
omphazite *f*	绿辉石
omphazitique *a*	绿辉石的
omphazitite *f*	绿辉岩
once *f*	英两，盎司
oncoïde *m*	似核形石
oncolite *m*	核形石(藻灰结核)
oncophyllite *f*	蚀长石白云母
oncosine *f*	钠云母，杂云英长石
onctueux *a*	油滑的，涂油的，油脂的，油性的，油质的
onctuosité *f*	油性，油脂性，含油性，润滑性，含

油率
~ d'un lubrifiant 润滑剂的含油率

onde f 波,浪,波浪,波动,周波,波纹,波形,电波,波状物

1/2 ~ 半波
- ~ à front raide 前沿陡峭波
- ~ à polarisation circulaire 圆偏振波
- ~ à polarisation elliptique 椭圆偏振波
- ~ à polarisation horizontale 水平偏振波
- ~ à polarisation plane 平面偏振波
- ~ à polarisation verticale 垂直偏振波
- ~ acoustique 声波
- ~ aérienne 气浪,空气波
- ~ amortie 阻尼波,减幅波,减幅振荡
- ~ anodique 阳极波
- ~ apériodique 非周期波
- ~ atmosphérique 大气波,下射波
- ~ calorifique 热波
- ~ capillaire 表面张力波,毛细管波
- ~ carrée 方波,矩形波,平顶波,矩形震荡曲线
- ~ centimétrique 厘米波,公分波
- ~ cinématique 运动波
- ~ clapoteuse 驻波
- ~ commune 共用频率,公用频率
- ~ complémentaire 余波,副波
- ~ conique 锥状波
- ~ cosmique 宇宙噪声,宇宙射电噪声,宇宙无线电波
- ~ cylindrique 柱面波
- ~ d'aller 入射波
- ~ d'amateur 业余波段
- ~ d'appel 呼叫波,振铃波
- ~ d'eau 水波
- ~ d'ébranlement 震波
- ~ d'espace 空间波
- ~ d'explosion,~ explosive 爆炸波
- ~ de Broglie 电子波,相位波,德布罗意波
- ~ de choc 激波,激浪,冲击波,地震波,激震波
- ~ de choc droite 直激波,正激波
- ~ de choc normale 正激波,垂直冲击波
- ~ de choc oblique 斜激波
- ~ de cisaillement 横波,S波,剪切波,切变波
- ~ de compression 纵向波,压缩波
- ~ de condensation 密波,纵向波,压缩波
- ~ de contrainte 应力波
- ~ de contre-manipulation 回波,反射波
- ~ de courant 电流波
- ~ de décharge 坍落波
- ~ de détonation 波,爆炸
- ~ de distorsion,~ distordue 畸变波
- ~ de gravité 重力波
- ~ de jour 日波
- ~ de Love 乐甫波
- ~ de manipulation 传号波,键控波
- ~ de marée 潮浪,潮汐波
- ~ de modulation 调制波,调制信号波
- ~ de nuit 夜波
- ~ de pression 压缩波,压力波
- ~ de radiodiffusion 无线电广播波
- ~ de Rayleigh 瑞利波(即R波)
- ~ de réponse 回答波,响应波,反应波
- ~ de repos 驻波
- ~ de rotation 旋转波
- ~ de rupture de barrage （洪水）大坝断裂波
- ~ de service 工作波
- ~ de sol 地波
- ~ de surface 地波,表面波
- ~ de surpression 过压波
- ~ de télévision 电视发送波
- ~ de trafic 信号波,工作波,无线电通讯波
- ~ de translation 移动波
- ~ de travail 工作波
- ~ de traversée 通过波
- ~ de vibration 震波
- ~ de volume 体波,地震波,冲击波,激震波
- ~ décamétrique 十米波
- ~ découpée 分米波(0.1m～1m)
- ~ détente 弹性波
- ~ détonante 爆炸波
- ~ directe 直达波,直射波
- ~ dirigée 定向发送波,波束透射
- ~ élastique 弹性波
- ~ électromagnétique 电磁波
- ~ électronique 电子波
- ~ entretenue 等幅波,连续波,持续波,非阻尼波
- ~ évanescente 退化波,变异波,损耗波
- ~ exclusive 专用波

~ extraordinaire 非常波，异常波
~ fondamentale 基波，主波，寻常波
~ s grandes 长波(1000m～2000m)
~ gravimétrique 重力波，引力波
~ guidée 定向波
~ harmonique 谐波
~ hectométrique 百米波
~ hertzienne 电磁波，赫兹波，无线电波
~ immobile 驻波
~ incidente 入射波，投射波
~ s intermédiaires 中短波(50m～200m)
~ ionosphérique 天波，电离层反射波
~ libre 自由波，自由前进波
~ locale 本机电路
~ longitudinale 纵波，纵向波，压缩波
~ s longues 长波(3000m 以上)
~ lumineuse 光波
~ magnétique transversale 横向磁波
~ manipulée 键控波，电报调制波
~ mécanique de haute fréquence 高频机械振动
~ métrique 米波
~ millimétrique 毫米波
~ mobile 行波
~ modulée 调制波，已调波
~ modulée à basse fréquence 声频调制波，低频调制波
~ modulée en fréquence 调频波
~ modulée en phase 调相波
~ modulée par impulsions 脉冲调制波
~ modulée par impulsions en amplitude 振幅脉冲调制波，脉幅检制启闭式键控电报，脉幅调制电话
~ modulée par impulsions en durée 宽脉冲调制波，脉宽调制电话，脉宽调制启闭式键控电报，
~ modulée par impulsions en largeur 宽脉冲调制波，脉冲调电话，脉宽调制启闭式键控电报
~ modulée par impulsions en phase 脉相调制电报，脉冲调相电话，相位脉冲调制波
~ modulée par impulsions en position 脉位调制电报，脉冲调相电话，定位脉冲调制波
~ monochromatique 单色波
~ s moyennes 中波(200m～3000m)
~ normale 垂直波
~ (s) orogéniques 造山运动

~ ordinaire 寻常波
~ P, ~ proxime P波，纵向地震波
~ parasite 寄生波，干扰波
~ perturbatrice 干扰波
petites ~ s 中波(200m～600m)
~ plane 平面波
~ porteuse 载波
~ porteuse d'image 影像载波
~ porteuse du son 声载波
~ porteuse intermédiaire 副载波
~ préliminaire 初至波
première ~ progressive réfléchie 第一次行波反射
~ primaire 初波，P波
~ principale 主波
~ progressive 行波
~ propre 天波，固有波
~ proximale 纵向地震波
~ quasi-stationnaire 准驻波，准定波
~ radioélectrique 无线电波
~ rectangulaire 矩形波
~ reçue 接收波
~ réfléchie, ~ de réflexion 反射波
~ réfractée, ~ de réfraction 折射波
~ régionale 区域通道，区域波道
~ rétrograde 回波，反向波
~ secondaire 次波，副波，S波，横向地震波
~ séismique 地震波
~ sinusoïdale 正弦波
~ sinusoïdale plane 平面正弦波
~ sismique 地震波，冲击波，激震波
~ solaire 太阳波
~ solitaire 单波，孤立波
~ sonore 声波
~ sphérique 球面波
~ stationnaire 定波，驻波
~ superficielle 面波，地波，表面波
~ supersonique 超声波
~ supersonique locale 局部超音速波
~ transformée 转换波
~ transmise 发射[发送]波
~ transmissible 传输波
~ transversale (de cisaillement) 横波，S波，剪切波，切变波

~ s très courtes 米波,超短波(1m～10m)
~ ultra-courte 超短波,超声波
~ verte 绿波(绿色信号灯联动控制,使车一到道口,即现绿灯,以便车队连续无阻通过各道口)
ondé,e *a* 波形的,波状的,波浪形的,波纹的
ondée *f* 阵雨,暴雨,骤雨
ondelette *f* 次波,小波,子波,小浪
onde-marée *f* 海浪,潮浪,潮汐波
ondemètre *m* 波长计[表],测波器
~ à absorption 吸收式波长计
~ à cavité résonnante 谐振腔波长计
~ à tube au néon 氖管波长计,霓虹灯波长计
~ coaxial 同轴波长计
~ hétérodyne 外差式波长计
onde-pilote *f* 领示波,电子波,相位波,德布罗意波
ondographe *m* (高频)示波器,(电容式)波形,零波器,电容式波形记录器,高频示波器
ondoiement *m* 波涛,波浪,波浪形
ondoscope *m* 示波器,检波器,辉光管振荡指示器
ondoyant,e *a* 波动的,波浪起伏的
ondoyer *v* 波动,波涛起伏,飘动
ondrejite *f* 杂碳钙菱镁矿
ondulateur *m* 换流器,振荡器,波纹收报机,直流变压器
ondulation *f* 波动,起伏,脉动,振荡,振动,搓板,成波纹状;*f. pl* 波纹,皱纹,(路面上)呈波纹状,(路面)的搓板现象
~ crête à crête 脉动峰值
~ de courant 电流脉动,电流连波
~ de la route 公路上的搓板,公路(路面)的波纹状
~ de la tension 电压脉动
~ du terrain 地面起伏
~ s de revêtement 路面上成波纹状(即搓板)
~ stationnaire 驻波动
ondulatoire *a* 波动的,脉动的,波状的
ondulé *a* 波纹的,波形的,折皱的,波状的,起伏的,波浪形的,脉动的,波动的,有槽的
onduler *v* 起伏,波动,使发皱,压印(凸花),压成波形
onduleur *m* 直流变交流换流器,换流器,逆变器
onduleux,euse *a* 起伏的,波浪形的
onégite *f* (石英中)针铁矿

onera *f* 全息摄影试验台
oneral *m* 铬钴基耐热合金
onéreux,euse *a* 费钱的,负担重的
onglet *m* 楔,沟,槽,凹口,缝扣,摺合,斜接,蹄形体,楔形体积,45°斜角缝
onguent *m* 软膏,油膏,润滑膏
onkilonite *f* 橄辉霞玄岩
onnérodite *f* 黑铀铌钇矿
onofrite *f* 硒汞矿,杂硒汞解石英
onoratoïte *f* 氯氧锑矿
ontariolite *f* 中柱石,针柱石,钙钠柱石
onychite *f* 雪花石膏,花纹石笋
onyx *m* 石华,缟玛瑙,缟状石灰华
oodite *m* 黄褐色云母
ooguanolite *f* 蛋粪石,铵钾矾
oolit(h)e *f* 鲕石,鲕粒,鱼卵石,鲕状岩
~ s cannabines 红棕色鲕石(法国,生物碎屑灰岩中的)
~ composée 豆石
~ grande 大鲕石
~ sidérolitique 铁质鲕石
~ siliceux 硅质鲕石
~ superficielle 鱼卵石芽,初生鱼卵石
oolit(h)ique *m* 鲕岩统(J_{2-3});*a* 鲕状的,鱼卵状的
oolite *f* 鲕状岩
oomicrite *f* 鲕粒微晶灰岩,鲕粒泥晶灰岩
oomicrudite *f* 鲕粒微晶砾屑灰岩
oosite *f* 杂堇青云母(褐块云母)
oosparite *f* 鲕粒亮晶灰岩
oosparrudite *f* 鲕粒亮晶砾屑灰岩
oosterboschite *f* 硒铜钯矿
oozuanolite *f* 蛋粪石
opacification *f* 暗化,不透明性,不透明度,使不透明
opacifié *a* 暗化的,不透明的
opacimètre *m* 浊度计,混浊度仪,火焰光度计,感光板试验器,不透明度测试计,能见度监测仪
opacimétrie *f* 浊度测定
opacité *f* 浊度,蔽光性,浑浊性,浑浊度,不透明性,不透明度;黑细粒,不透明物
opacitisation *f* 暗化作用
opale *f* 蛋白石,猫眼石,乳白,蛋白
~ à flammes 闪光蛋白石

~ cireuse 蜡蛋白石
~ commune 乳蛋白石
~ de bois 木蛋白石
~ de feu 火蛋白石
~ fiorite 硅华珍珠
~ flamboyante 火蛋白石
~ hyalite 玻璃蛋白石
~ incrustante 硅华
~ jaspeuse 蛋白碧玉(碧玉蛋白石)
~ laiteuse 乳蛋白石
~ mélinite 硅乳石
~ nectique 熔剂石英
~ noble 贵蛋白石
~ noire 黑蛋白石
~ œil de chat 猫眼石(猫睛石)
~ perlière 珍珠硅华
~ rose 蔷薇蛋白石
~ xyloïde 木蛋白石

opalescence *f* 蛋白光,乳光,乳色
opalescent,e *a* 乳白色的,乳光的
opalin,e *a* 蛋白石的,乳白色的,乳光的
opaline *f* 乳白玻璃,玻璃瓷,乳白玻璃制品;蛋白石,似蛋白石,蛇纹蛋白石
Opalinien *m* 奥巴林阶(J_1)
opalisé *a* 蛋白石化的
opalite *f* 不纯蛋白石
opaque *a* 暗,黑暗的,不透明的,不透光的,无光泽的
opdalite *f* 苏云英闪岩,苏云石英闪长岩
opérateur *m* 算子,算符,运算器,计算员,测量员,操作者,报务员,经纪人,执行机构,驾驶员话务员,运算装置经营者
~ de radio 无线电报务员,无线电话务员
~ de TSF 无线电报务员,无线电话务员
~ mathématique électronique 电子计算机
~ public 公共部门,国家单位
~ spécialiste 专业操作员
~ topographique 地形测量员

opération *f* 操作,动作,运算,计算,作业,工序,程序,运行,运转,过程,管理,实施,实验,测量,演算
~ à blocage 连锁运算,联锁操作
~ à cycles variables 可变周期操作,可变循环运转
~ à distance 遥控,远距离操纵
~ à durée définie 固定周期运算,固定周期操作
~ à temps réel 实时操作,实时运算
~ s accessoires 辅助操作,辅助运算
~ au sol 地面作业
~ bidirectionnelle 双向操作
~ s concurrentes 同时操作
~ continue 连续运行,连续操作
~ d'ébauche 粗加工工序
~ d'entrée-sortie 输入—输出操作
~ d'épandage 撒布工序
~ s d'exploitation 铁路运营管理
~ d'extraction 开挖工序
~ de bâchage 遮盖篷布
~ de block 办理闭塞
~ de bureau 内业
~ de caisse 现金出纳
~ de chargement 装车作业,货装作业
~ de classement 编组作业
~ de compactage 压实工序,碾压工序
~ de construction 施工程序
~ de contrôle 控制运算,控制操作
~ de déchargement 卸车作业,卸货作业
~ de dessertes des embranchements particuliers 专用线运输
~ de dragage 挖泥工作,疏浚作业
~ de drainage 排水工
~ de fermeture 合龙作业,截流作业
~ de finition 最后加工工序
~ de forage 钻井操作,钻井作业,钻探作业
~ de freinage 制动过程
~ de graissage à effectuer 加油作业
~ de mélange 拌和工作,混合操作
~ de mise à quai 进站作业
~ de niveleuse 平地机操作
~ de nivellement 整平工序,土工整平
~ de remblayage 填土工作,填充工作
~ de répandage 摊铺工序
~ de terrassement 土方工程工序,土方工程作业
~ de trafic 运输业务
~ de transfert 转移操作
~ de transformation 工艺过程,加工工序
~ de triage 调车作业

~ duale 双工况运行
~ élémentaire 基本运算,基本操作,计算机运算,计算机操作
~ en fonction de temps 时间周期性操作,时间周期性运算
~ en temps réel 实时操作,实时运算
~ en vol 空中作业
~ fondamentale 基本运算
~ géodésique 大地测量
~ indirecte 间接操作,脱机运算,脱机操作
~ initiale 初始运行,初始运转
~ instantanée 联机操作,联线操作
~ intégrée de données 合成数据处理
~ manuelle de stockage 手控存储
~ mécanique 机械操作
~ métallurgique 冶炼过程
~ off-line 脱机操作,脱线操作
~ on-line 联机操作,联线操作
~ parallèle 并联运转,并联操作,并行作业
~ périodique 定期运行,周期性运行
~ périodique d'entretien d'un véhicule 车辆定期维修作业
~ pneumatique 压力操作,风力操作
~ pneumo-hydraulique 风动—水力操作
~ préliminaire 试运行
~ préparatoire 准备工序
~ s réciproques (règlement des décomptes de chemins de fer) 铁路间的清算业务
~ technique 技术操作
~ s terminales 收尾工程,收尾工作,终点站作业
~ topographique 地形测量
~ vérifiée 已校验的运算

opérationnel, elle a 作业的,施工的,动作的,运算的,操作的,有效的,实用的,可利用的

opératrice f 电话员

opercule m 套,盖,罩,帽,顶
~ d'obturation 阀门,阀盘,堵盖,囊盖,孔盖

opérer v 施行,进行,实行,演算,操作,作业,生效,起作用
~ des manœuvres 调车,调车作业

ophicalce m **ophicalcite** f 蛇纹大理岩,蛇纹灰岩

ophimagnésite f 菱镁橄榄岩

ophiolit(h)e f 蛇绿岩
ophiolitique a 蛇绿岩的
ophite f 纤闪辉绿岩,粗玄岩,蛇纹岩,蛇纹石,蛇纹石类
ophiteux [ophitique] a 辉绿岩结构的
ophthalmite f 眼球混合岩
opinion f 意见,见解,评价
opportun, e a 适当的,适时的,及时的,恰当的,恰好的
opportunément adv 恰好,及时地
opportunité f 适时,及时,好机会
opposant a 反对的,对立的
opposé m 反对,对立,对立的,相反的,面对面的
à l'~ de 与……相反,与……矛盾
~ au sens normal 反时针方向旋转
opposer v 使对立,使面对面,对比,对照,使对照
~ à... 使对立,使对抗
opposite m 对立,对面,反面
opposition f 反对,阻止,反接,差接,对立,反作用,反相,180°相差,双工连接,对照,对抗,妨害,障碍
à l'~ 在对面,对立
en ~ 相反的,对抗的
par ~ 相反地,对比地,对照地
par ~ à 与……相反,与……对比,与……对照
~ sur vente 止付工资
opsimose m 块蔷薇辉石
opter v 抉择,选择,选定
optimal, e a 最佳的,最优的,最适宜的,最理想的,最令人满意的
optimisation f 适宜,适合,优选法,最优法,最佳性,最优化,使最适宜
~ de la liaison routière 道路连线最优化
~ des terrassements 土方最优化
~ du coût du mouvement des terres 土方运输费用最优化
~ du profil en long 纵断面最优化
~ du projet 方案最优化,设计最优化
~ du tracé 路线最优化
~ du tracé autoroutier 高速公路线形最优化
~ du tracé des routes 路线最优化,道路选线最优化
~ du tracé en plan 平面线形最优化
~ globale 整体最佳利益

optimiser

～ par ordinateur　用电子计算机进行最优化

optimiser *v*　使优化,使最佳化,使处于最佳状态

optimum *m*　最优,最适度,最适宜点,最适条件,最佳状态,优化程序,最适宜情况,最适宜状态;*a* 最优的,最佳的,最适宜的,最令人满意的,最理想的

～ climatique　气候最优期,气候适宜期

～ de compactage　最佳压实,最优压实

～ local　局部最优

～ Proctor Modifié(OPM)　修正葡氏最佳值

～ Proctor Normal(OPN)　标准葡氏最佳值

option *f*　选择,任意,任选件,任选项

optionnel, elle *a*　任意的,非强制的,可任意选择的

optique *f*　光学,视力,光信号,光学特性,光学系统,光学仪器;*a* 视觉的,光学的

optoélectronique *f*　光电子学,光电子学的

optomagnétique *a*　光磁的

optomagnétisme *m*　光磁

optomécanique *a*　光学机械的

or *m*　金(Au)

～ affiné　纯金,精炼金

～ bas　低纯金,成色低的金

～ battu　金箔

～ blanc　铂,白金

～ d'alluvion　砂金

～ de chats　猫金,金色云母

～ de coupelle　纯金

～ de filon,～ filonien　脉金,山金

～ de lavage　(淘出的)金砂

～ de montagne　脉金,山金

～ de placers　砂金

～ de rivière　河砂金

～ diffus,～ disséminé　分散状金,浸染状金

～ diffusé plaqué rhodium　镀姥合金

～ en feuilles　金箔

～ en paillettes　河砂金,鳞片金

～ en pépites　块金,天然金块

～ farineux　粉金,细粒金

～ faux(= faux l'or)　猫金,金色云母

～ fin　纯金

～ flottant　浮金

～ graphique　针碲金银矿

～ grossier　金粒,粗金粒

～ iridifère　铱金矿,铱金

～ libre　砂金,自然金

～ massif　金块,块金

～ natif　自然金

～ noir　黑色金子(石油)

～ primaire　原生金,初级金,原生金矿床

～ vierge　自然金

orage *m*　雷雨,扰动,骚动,暴风雨

orageux, euse *a*　暴风雨的,多雷雨的

orale *f*　口,口板,口方,口部

orangite *f*　橙黄石(变钍石)

Oranien *m*　奥兰阶(N_1,阿尔及利亚)

oranite *f*　钾钙纹长石,钾长钙长石

oravitzite *f*　含锌黏土,杂锌铝硅石

orbiculaire *a*　圆的,球状的,球状的

orbicule *m*　球体,球状体

orbiculite *f*　球状岩

orbital *a*　轨道的

orbite *f*　角闪玢岩

～ d'expansion(dilatée)　扩展轨道,膨胀轨道

～ fondamentale　基本轨道,主轨道

～ stationnaire　固定轨道

orcélite *f*　褐砷镍矿(六方砷镍矿)

ordanchite *f*　含橄蓝方碱玄岩

ordinaire *m*　习惯,常例,普通,平常;*a* 普通的,通常的,平常的,一般的

à l'～　照常,照例

d'～　通常,习惯地

ordinairement *adv*　平常,普通,一般

ordinal *a*　顺序的,依次的,序数的

ordinateur *m*　电脑,数字计算机,电子计算机,数字处理机

ordinatique *f*　计算(机)技术

ordinogramme *m*　(计算技术)程序方框图

ordonésite *f*　褐锑锌矿

ordonnance *f*　程序,次序,整理,命令,配置,排列,条例,法规,支付命令

ordonnancement *m*　指令,命令

～ d'un paiement　支付命令

ordonnancer *v*　调度,签发命令,编目录

～ le paiement d'une somme　通知支付某笔款项,汇寄一笔款项

ordonnateur *m*　时序排列器,调度程序

ordonner *v*　整理,命令

ordosite *f* 鄂尔多斯岩, 暗霞正长岩
Ordovicien *m* 奥陶纪; 奥陶系
　~ inférieur　早奥陶世(统)
　~ moyen　中奥陶世(统)
　~ supérieur　晚奥陶世(统)
ordre *m* 次序, 序列, 顺序, 程序, 指令, 命令, 计算机指令, 级, 等级, 种类, 票据, 单据, 组织, 秩序, 队形, 编队, 阶, 位, 级, 次, 数量级, 柱式, 柱形, 订单, 订货, 订货单
　~ administratif　行政命令
　~ amère　严格命令
　~ ascendant　递增顺序
　~ composite　混合式柱型
　~ conditionnel　条件指令
　~ d'accélération　加速施工指令
　~ d'achat　购货单, 订货单
　~ d'allumage　点火次序, 燃烧顺序(柴油机汽缸), 燃烧室起动程序
　~ d'assemblage　汇编顺序
　~ d'exécution　开工令, 开工通知书
　~ d'un système polyphasé symétrique　多相对称系统的程序
　~ de change　变更命令, 变更指令
　~ de classement　排列顺序
　~ multiprocesseur　多处理计算机
　~ de colonne　柱型
　~ de croisement　列车交会命令, 交会调令
　~ de départ　发车命令
　~ de déposition　层序, 沉积顺序, 叠加顺序
　~ de feux　(信号周期中)色灯显示顺序
　~ de grosseur　粒级
　de l'~ de　在……数量级, 约计
　~ de la disposition　处分命令
　~ de marche　发车命令
　~ de marche prudente　减速运行命令, 注意行车的命令, 慢行通知单, 减速运行通知单(给司机)
　~ de montage　装配程序
　~ de numérotation des conducteurs　电缆中导线编号
　~ de paiement　支付命令
　~ de priorité des trains　列车优先开行命令
　~ de réexpédition　货物重新发送通知, 货物转运通知
　~ de répartition　配车命令
　~ de service　工作规程, 工作指示, 开工令
　~ de service de commencer (démarrer) des travaux　开工通知单, 开工令
　~ de soudage　焊接次序
　~ de stratification　沉积顺序, 层序, 叠加顺序
　~ de succession des trains　列车续行调令
　~ de superposition　层序, 叠加顺序, 沉积顺序
　~ de travail　工作指令
　~ décroissement　递降顺序
　~ des travaux　工程次序, 工程顺序
　~ des véhicules　车辆编挂顺序
　~ du jour　议事日程
　~ écrit　书面命令
　en ~ de marche　处于运行状态
　~ général　一般规则
　~ géographique des gares　站顺, 车站地理顺序
　~ s initiaux　起始命令
　~ prescrivant le commencement de travaux　开工令
　~ technique　技术说明, 技术指令
　~ ultérieur　补充命令
ordure *f* 污物, 垃圾, 排泄物; *f. pl* 杂质, 粪便
　~ du minerai　矿石中杂质
orégonite *f* 砷铁镍矿
oreille *f* 耳, 环, 耳柄, 吊环, 爪, 小钩, 把手, 杆, 支架, 夹子, 吊环耳状物, 固定耳环
　~ à souder　焊接头
　~ de crampage　挂耳, 挂环
　~ de fixation　固定环, 固定耳
　~ de jonction　接线端子, 接线夹, 接线柱
　~ de levage　起重吊环
　~ de montage　安装耳, 安装环
　~ de serrage　紧线钩
　~ de suspension　吊耳, 钩环, 吊环
oreillon *m* 小环, 吊环
orendite *f* 金云白榴斑岩
organe *m* 机械, 机构, 装置, 机件, 部件, 零件, 元件, 机关, 工具, 手段
　~ administratif　行政机关
　~ auxiliaire　附属机构
　~ central de gestion du trafic marchandise　货运集中管理中心
　~ commandé　执行机构

organeau

- ~ compétent 主管机构
- ~ complet （机件）总成
- ~ d'amarrage 锚定装置
- ~ d'ancrage 锚具,锚固装置
- ~ d'attaque 执行机构
- ~ d'attelage 连接装置,挂接装置,车钩
- ~ d'entraînement 传动机构,传动部件
- ~ d'entrée 输入器,输入装置
- ~ d'excavation 挖掘操作机构,挖掘控制机构
- ~ d'intercirculation 客车间通过台
- ~ de choc 缓冲器,缓冲装置
- ~ de commande 操作握柄,执行机构,控制机构,控制装置
- ~ de commande manuelle 手控制机构
- ~ de concassage 碎石机械,碎石装置
- ~ de conduite 司机室设备,驾驶设备
- ~ de connexion 连接装置,中继设备
- ~ de contrôle 控制机构,监控机构
- ~ de décision 决策机构
- ~ de déplacement 移动机构
- ~ de freinage 制动装置
- ~ de la conduite 驾驶机构
- ~ de logique 逻辑部件
- ~ de machine 机件
- ~ de manœuvre 操作部件,驱动机构
- ~ de manœuvre double 双重控制机构
- ~ de mesure 测量仪,测量元件
- ~ de réglage 调节机构,控制元件
- ~ de roulement 走行装置,走行部分,滚动机构
- ~ de sécurité 安全装置,安全设备,安全机构,保险装置
- ~ de signalisation 信号装置
- ~ de suspension 弹簧悬挂装置
- ~ de tamponnement 缓冲装置
- ~ de traction 牵引装置,车钩及缓冲装置
- ~ de travail 操作部件,工作部件
- ~ de voie 列车控制系统中线路设备
- ~ directeur (gestion centralisée du trafic marchandises) 运营领导部门（货运集中管理）
- ~ enregistreur 记录装置
- ~ le plus délicat 最易磨损部件
- ~ s législatifs 立法机构
- ~ mesureur et enregistreur 测量记录装置
- ~ moteur 驱动部件,主动构件
- ~ permanent 常设机构
- ~ pour les chenilles 履带控制机构
- ~ récepteur 从动部件
- ~ s de liaison 连接构件
- ~ subordonné 附属机关
- ~ subsidiaire 附属机构
- ~ sujet à détérioration 磨损部件

organeau *m* 锚定环,锚环

organigramme *m* 布置图,流线图,工序框图,组织流程图,操纵系统图,程序方框图,组织机构系统表

- ~ fonctionnel （按分工编制的）施工管理人员方块图

organique *a* 有机的,组织的,建制的

organisateur *m* 组织者,安排者,创办者

organisation *f* 组织,构造,机构,单位,装置,设备,体制,编制,组织机构

- ~ administrative 行政组织
- ~ d'acheminement 运输组织,运送组织
- ~ de coopération et développement économique (OCDE) 经济合作开发组织
- ~ de fichier 文件结构,文件组织
- ~ de l'exploitation 行车组织,运营组织
- ~ de la circulation 行车组织
- ~ de la qualité 质量计划
- ~ de projet 工程组织机构,项目管理组织
- ~ de voyage 旅行组织
- ~ des Nations Unies pour l'éducation, la Science et la Culture (UNESCO) 联合国教科文组织
- ~ des programmes 程序结构
- ~ des secours 救护组织
- ~ du chantier 施工组织,施工场地总体布置,施工平面图
- ~ du contrôle 监理机构
- ~ du transport 运输组织,运送组织
- ~ du travail 工作组织
- ~ fonctionnelle 施工场地总体布置
- ~ s de liaison 连接构件
- ~ Mondiale du Commerce (OMC) 世界贸易组织
- ~ pour la collaboration des chemins de fer 铁路合作组织
- ~ récepteur 从动部件

organiser *v* 组织,构成,编成,安排,筹备
organisme *m* 当局,官方,生物,机关,组织,构造,组成,机构,有机体,管理机构
　～ certificateur　认证机构
　～ compétent　主管机构,主管当局
　～ du commerce extérieur　对外贸易机构
　～ National de Contrôle Technique Des Travaux Publics　公路质量管理局
　～ national de sécurité routière(ONSER)　全国道路安全组织
　～ officielle　官方组织,官方机构
　～ projeteur　设计单位,设计机构
　～ social　社会机构
organogène[**organogénique**] *a* 有机生成的,有机成因的
organolite *f* 生物岩,有机岩
organométallique *a* 有机金属的
organorécifal *a* 生物礁的
organosol *m* 有机溶胶
orgue *m* 泄水管,排水涵管,柱形玄武岩;*m. pl* 玄武岩柱群
　～ basaltique　玄武岩柱状节理,玄武岩柱状体
　～ s de basalte　玄武岩岩柱群
　～ de lave　熔岩岩柱群内,熔岩流
　～ géologique　砂管,砾管,溶洞,砂柱,外生岩脉,沉积脉
orguillite *f* 炭质陨石
orichalcite *f* 碳铜锌矿(绿铜锌矿)
orient *m* 东,东方,珍珠光泽,优质珍珠
orientable *a* 可定向的,可定位的,可转向的可变向的
oriental,**e** *m* 东方宝石;*a* 东面的,东部的,东方的
orientation *f* 定向,定位,方向,走向,瞄准,对准,测向,地标,方向性,倾向性,定向标,定位标,定向排列,定方位法,排列方向,校正方向
　～ absolue　绝对定向
　～ de marché　市场趋势
　～ des couches　岩层走向
　～ des fissures　裂缝方向
　～ des grains　颗粒的定向排列
　～ du wagon au départ　发送车辆的编挂去向
orienté *a* 定向的,取向的
orientement *m* 定向,定位,测向,方向,方位,定位标,定方位法
　～ relatif　相互标定
orienter *v* 定方向,定方位
orienteur *m* 分配器(信息),定向标,方位标,定向盘
orientite *f* 锰柱石
orifice *m* 孔,口,穴,隙,管孔,管口,裂口,进口,入口,光圈,喷嘴,通风孔,排气孔,喷气口,喷发口
　～ à angles vifs　锐缘孔口
　～ calibré　量孔,校准孔,限流孔,定径孔
　～ d'adduction　入口,进口,进水孔
　～ d'aérage　通风孔,通风口
　～ d'arrivée　进料孔,进气孔,进油孔
　～ d'aspersion de forme conique convergente　圆锥形收敛式喷口
　～ d'aspersion de forme conique divergente　圆锥形发散式喷口
　～ d'aspiration　进气孔,动压孔(气压传感器的),吸入孔,静压孔
　～ d'automaticité　自动作用孔
　～ d'échappement　排气口,排放孔
　～ d'écoulement　排出孔
　～ d'entrée d'air　进气孔,进气口
　～ d'étranglement　节流孔
　～ d'évacuation　排出孔
　～ d'injection　喷嘴,供油孔,量(油,水等的)孔,灌浆孔
　～ de chargement　装料孔
　～ de décharge　卸料口,溢流孔
　～ de dégazage　排气孔
　～ de drainage　排水孔
　～ de forme cylindrique rentrante　圆筒形凹入式喷口
　～ de forme cylindrique saillante　圆筒形外露式喷口
　～ de graissage　润滑孔,注油孔
　～ de jaugeage　校准孔,定径孔,限流孔
　～ de la tuyère　(转炉的)风口
　～ de la valve　活门孔
　～ de mesure　测量孔
　～ de nettoyage(matériel roulant)　清洗孔(机车车辆)
　～ de prise d'air　进气口
　～ de puits　井口

~ de refoulement 排出口
~ de remplissage 注入口，装料口，加油孔
~ de remplissage d'huile 加油孔，注油孔
~ de remplissage du radiateur 散热器加水口
~ de retour 回流孔
~ de retour d'huile 回油口
~ de sortie 出口
~ de vanne 阀门
~ de vidange 排泄孔，排水口，放空孔，泄水孔，放水口
~ de visite 检查孔
~ découlement 排出孔
~ étranglé 收缩孔，节流孔
~ évasé 钟形孔口，喇叭孔口
~ noyé 潜流孔口
~ partiellement noyé 半潜流孔口
~ polygonal 多角形孔口

originaire *a* 原始的，原来的，原生的，原成的，先天的，来源于，生于当地的

original *m* 正本，原文[件、稿、图]；*a* 最初的，原来的，原始的，原本的，正本的，原文的，独创的，创新的
~ d'un contrat 合同正本，合同原文

originalité *f* 特征，独特，独创，新颖

origine *f* 起源，发源，起点，原点，原因，起因，成因，出身，血统，产地，出发点
à l'~ 最初，起初，开始，原来
à l'~ de 在……开始时，在……初起时，根源
~ d'une courbe 曲线起点
~ de circulation 交通起点
~ de compression 压缩起点
~ de contrôle 控制网原点
~ de détente 膨胀开始，膨胀起点
~ de force 力原点
~ de l'eau polluée 水污染源
~ de l'eau potable 饮用水源地
~ de l'alimentation d'eau 供水水源
~ de la clothoïde 回旋曲线起点
~ de la voie 路线起点
~ de source 水源地
~ de trafic 交通量来源
~ des coordonnées 坐标原点
~ des forces 力的作用点
dès l'~ 最初，一开始

~ des moments 力矩原点
~ des véhicules 车辆的起点
~s différentes 来源不同的
~ géologique 地质起源，地质成因
~ sédimentaire 沉积起源
~ séismique 震源
~ tectonique du séisme 地震的构造成因

originel, elle *a* 最初的，原来的，原始的
oriléyite *f* 不纯砷铜矿（砷铜锆矿）
orillon *m* 耳形物
Oriskanien *m* 奥里斯坎尼（阶）（D_1，美国）
orizite *f* 柱沸石（钙片沸石）
orlandinite *f* 块辉锑铅矿
orlite *f* 水硅铅铀矿
ormagate *f* 红玉髓
orme *m* 榆树，榆木
~ champêtre 普通榆，小叶榆
ornansite *f* 奥尔南斯陨石
orné, e *m* 装饰的，修整的
ornement *m* 装饰，装潢，装饰物
~ architectural 建筑装饰
ornemental, e *a* 装饰的
ornementation *f* 壳饰，装饰，装潢，修整，雕纹，装饰品
ornementer *v* 装饰，点缀
orniérage *m* 跟踪，车辙形成，踏成道路
~ des chaussées 路面车辙
ornière *f* 车辙，轨辙，深迹，凹槽，轮缘槽
~ de passage des boudins 轮缘通过槽
~ de rouleau 压路机轮道，碾压痕迹
~ des boudins 轮辙仪
~ pour le boudin des roues 轮缘槽
orniéromètre *m* 车辙仪
ornithite *f* 鸟氨酸
ornoïte *f* 奥闪闪长岩
orocratique *a* 地壳运动期的
orogène *m* 造山带；*a* 造山运动的
orogénèse *f* 地壳运动，造山运动，造山作用
~ alpine 高山造山运动
orogénie *f* 造山运动
orogénique *a* 造山运动的
orogéosynclinal *m* 造山地槽，山岳地槽，造山带地槽
orognosie *f* 地壳运动，造山运动，造山作用

orographie *f* 山态学,山文学,山志学,山理学,山岳形态学,地势表现法

orographique *a* 地形的,山势的,山地的,山形的,地壳运动的

orohydrographie *f* 地形水文学,山地水文学,高山水文地理学

orohydrographique *a* 高山水文地理学的

orologie *f* 山理学,山岳成因学,山地形成学

orologique *a* 山理学的,山岳成因学的

oromètre *m* 山岳气压计,气压测高计

orométrie *f* 山岳测量,山地测量术,大地高度测量

oropion *m* 山脂土

oroséite *f* 杂铁硅矿物(伊丁石)

orothotropique *a* 正交各向异性的

orotvite *f* 云闪霞斜岩,云闪碱性正长岩

orpgraphie *f* 山岳形态学,山志学

orphéite *f* 硫磷铅铝矿

orthaugite *f* 斜方辉石类,正辉石类

orthicon *m* 正析摄像管,低速电子束摄像管
~ à image 正析摄像管,移像正析摄像管

orthiconoscope *m* 正析摄像管
~ à image 正析摄像管
~ à image électronique 电子正析摄像管

orthite *f* 褐帘石

orthoalaskite *f* 正白岗岩

orthoalbitophyre *f* 正钠长斑岩

orthoalkaligneiss *m* 碱性正片麻岩

orthoamphibole *f* 直闪石类,斜方闪石类,正闪石类

orthoamphibolite *f* 正角闪岩

orthoandésite *f* 方辉安山岩

orthobrannérite *f* 斜方钛铀矿

orthobromite *f* 氯溴银矿

orthocentre *m* 垂心

orthochamosite *f* 正鲕绿泥石(斜方鲕绿泥石)

orthochème *m* 正化颗粒,正化组分

orthochevkinite *f* 正硅钛铈矿

orthochimique *a* 正化学的

orthochlorite *f* 正绿泥石

orthochromatique *m* 正色片,正片乳剂膜; *a* 正色的

orthochrysotile *f* 正纤蛇纹石

orthoclase *f* 正长石

~ porphyrique 正长斑岩
~ de soude 钠正长石

orthoclasite *f* 正长石岩,细粒正长岩

orthoclastique *a* 正解理的

orthoclinal *a* 直倾的(与倾向垂直的)

orthodérive *m* 正转生岩

orthodiadochite *f* 磷铁华,磷铁矾,磷硫铁矿

orthodoxe *a* 正统的,传统的

orthodromie *f* 大圆弧,大圆圈线

ortho-éluvion *f* **ortho-éluvium** *m* 正残积层,典型淋溶层

orthoéricssonite *f* 斜方钡锰闪叶石

orthofelsite *f* 正长霏细岩

orthoferrosilite *f* 斜方铁辉石

orthoflysch *m* 正复理石

orthogéosynclinal *m* 正地槽

orthogneiss *m* 正片麻岩,火成片麻岩

orthogonal, e *a* 正交的,垂直的,直交的,互成直角的,相互垂直的

orthogonalisation *f* 正交化

orthogonalité *f* 正交,直交,正交性,相互垂直性

orthogone *f* 长方形,矩形

orthogranite *m* 正花岗岩

orthographie *f* 正视图,正交投影法,正射(投影)法,正交摄影,剖图正投影图

orthographique *a* 正视的,正交的,直角的,正射的,正投影的

orthoguarinite *f* 正片楣石

orthohélium *m* 正氦

orthohydrogène *m* 正氢

orthoïde *f* 褐帘石

orthokalsilite *f* 正钾霞石,斜方钾霞石

ortholeptynite *f* 正长英麻粒岩

ortholomonosovite *f* 正磷硅钛钠石

orthomagmatique *a* 正岩浆的

orthomagmatite *f* 正岩浆岩

orthométamorphique *a* 正变质的

orthométamorphisme *m* 火成变质作用,正变质作用

orthomigmatite *f* 正混合岩,火成混合岩

orthonormal, e *a* 正规化的,标准化的,正交归一的

orthophone *m* 声波定位器

orthophoto *f* 正射相片,正射投影象片

~ numérique (digital orthophoto map, DOM) 数字正射影像图
orthophotographie f 正射投影法
orthophotoplan m 正射影像图，航测照片经判读器处理而获得的照片资料
orthophyre m 正常斑岩，无英斑岩
orthophyrique a 正斑状的(结构)
orthopinacoïde m 正轴轴面
orthopinakiolite f 斜方硼镁锰矿
orthoprisme m 正轴柱
orthopyroxène m 斜方辉石类
orthoquartzite m 沉积石英岩，正石英岩
orthoradioscopie f 正 X 射线检查法，正 X 射线透视法
orthorhombique a 斜方(晶)的，正交的，菱方的
orthoroche f 正变质岩，火成变质岩
orthoscopie f 正位，无畸变
orthose f 正长石，钾长石类
orthose-adulaire m 冰长石
orthosilicate f 正硅酸盐
orthosique a 正长石的
orthosite f 粗粒正长岩，纯正长石岩
orthosyénite f 钾质正长岩
orthotænite f 镍纹石
orthotarantulite f 正长英石岩
orthotectique a 正岩浆的，正结的，正熔的
orthotectite f 正结岩，正分异岩，正熔岩
orthotectonique a 正大地构造的，阿尔卑斯式构造的，高山型构造的
orthotorbernite f 正铜铀云母，铜铀云母
orthotourmalinite f 正电气石岩
orthotrope a 正交各向异性的
orthotropie f 正交各向异性
ortite f 褐帘石
ortlérite f 云辉闪长玢岩
ortstein m 硬磐，灰质壳，褐铁矿
oruétite f 硫碲铋矿
orviétite f 响白碱玄岩
orvillite f 水锆石
oryctognosie f 矿物学
oryctographie f 矿物学
oryzite f 针状片沸石
ôs m 蛇丘，蛇形丘
osannite f 钠闪石，铁钠闪石，高铁钠闪石

osar (ôs 的复数) m. pl 蛇丘，蛇形丘
osarsite f 硫砷锇矿
osbornite f 陨氮钛矿(奥斯朋矿)
oscillant, e a 振荡的，振动的，摆动的
oscillateur m 振子，振动，振荡[振动、摆动、加速、发生、继续]器，振荡管，发生器，发电机
oscillation f 振荡，起伏，变动，摇摆，摆动，振动，颤动，波动
~ (s) à relaxation 张弛振荡，横向振荡
~ accrochée 自激振动
~ amortie 阻尼振荡，减幅振荡
~ (s) amortie(s) 衰减振荡，阻尼振荡
~ apériodique 非周期性的振动
~ automatique 自激振动
~ complète 全振荡
~ continue 连续振荡
~ (s) contrainte(s) 强迫振荡，被迫振荡
~ d'inertie 惯性振动
~ de lacet 侧向等幅振荡，蛇行摆动，左右摆动
~ de relaxation 张弛振荡
~ de tangage 前后摆动
~ de torsion 扭转振荡
~ décroissante 振幅振荡，衰减振荡
~ double 复振荡
~ du niveau d'eau 水位变动，水位涨落
~ du pont 桥梁振动
~ électrique 电振荡，电波
~ entretenue 等幅振荡，连续振荡
~ fondamentale 基波，主振
~ forcée 强迫振荡
~ harmonique 谐和振荡
~ initiale 开始振荡，原始振荡
~ irrégulière 不规则振荡，不规则振动
~ latérale 横向摆动
~ libre 自由振动，自由振荡
~ longitudinale 纵向振动
~ mécanique 机械振动
~ modulée 已调振荡
~ naturelle 自然振荡，固有振荡
~ non linéaire 非线性振荡
~ pendulaire 摆动，机械振动，相等摆动
~ périodique 周期振动
~ principale 主振荡
~ propre 固有振荡，自然振荡

~ pulsatoire 脉冲振荡
~ s quasi-stationnaires 假稳定振荡，似稳振荡
~ sinusoïdale 正弦振动
~ supérieure 谐波振荡

oscillatoire *a* 振荡的，振动的，摆动的
osciller *v* 摆动，振动，振荡，波动
oscillogramme *m* 示波图，波形图
oscillographe *m* 示波器，示波仪，录波器，摆动计，波形图，示波图
oscillographique *a* 示波的
oscilloscope *m* 示波器，录波器
osculation *f* 密切，相切，河流侧向袭夺
oserskite *f* 柱状霞石，柱状文石
osloporphyre *m* 奥斯陆斑岩
osmélite *f* 针钠钙石
osmiridium *m* 锇铱矿
osmite *f* 自然锇，铱锇矿
osmium-iridium *m* 锇铱矿，铱锇矿
osmomètre *m* 渗压计，渗透压力计
osmométrie *f* 渗压测定法
osmose *f* 渗透，渗析，渗透性，渗透作用
~ électrique 电渗
~ inverse 反渗，逆渗
osmotique *a* 渗透的，渗透作用的
ossature *f* 框，架，骨骼，骨架，车架，底架，构架，船构架，受力构件组
~ de béton armé 钢筋混凝土构架
~ de caisse 车体骨架
~ de face latérale 侧墙骨架
~ de pierres 矿料骨架
~ de siège (voitures) （客车的）座椅骨架
~ des radiateurs 散热器构架
~ du tablier 桥面结构
~ du treuil 绞车架
~ du trottoir （桥的）人行道构架
~ en acier 钢骨架
~ en béton armé 钢筋混凝土骨架
~ en béton préfabriqué 预制混凝土骨架
~ en bois 木构架，木龙骨
~ générale 基本构架，总体构架，骨架
~ légère 轻构架，轻骨架
~ métallique 钢骨架，金属结构
~ pierreuse 矿料骨架
~ portante 承重骨架，承重结构
~ portante en fers profilés (voitures) （客车的）承载式型钢骨架
~ préfabriquée 预制构架

osséine *f* 骨胶，生胶
osseux, euse *a* 骨的，骨质的，多骨的
ossification *f* 骨化，骨质化
ossipyte *f* 粗橄长岩
ostéide *f* 钙质凝灰岩
ostéolite *f* 磷钙土，粪化石，土磷灰石
ostéotrope *m* X射线探伤
osterboschite *f* 硒铜钯矿
ostracodite *f* 介形虫灰岩
ostraconite *f* 放射虫泥灰岩
ostraïte *f* 磁铁尖晶辉岩
ostranite *f* 锆石
Ostréen *m* 奥斯特雷统（J_2）
ostwaldite *f* 氯银矿，角银矿
osumilite *f* 大隅石
osumilite-(Mg) *f* 镁大隅石
otavite *f* 菱镉矿
ôté *prép* 除……外
ôter *v* 除掉，取下，拆去，摘下，拿走，带走，去除，减去
ottajanite *f* 淡白碱玄岩
ottemannite *f* 斜方硫锡矿
ottrélite *f* 锰硬绿泥石
otwayite *f* 羟碳镍石
ou *conj* 即，或，或者，就是
~ bien 或者
~ ...ou 或者……或者
ouachitite *f* 黑云沸煌岩
ouadi *m. pl* 干谷，旱谷，（干旱地区）季节性河流
ouate *f* 丝棉，棉絮，玻璃棉，各种纤维棉，锰土
~ de verre 玻璃棉
oubil *m* de blocage 忘记办理闭塞
oublier *v* 忘记，忘却，疏忽
ouche *f* 平底谷
oued (nord Afrique) *m* 河，河流，干谷，旱谷，干溪，（干旱地区、北非地区的）季节性河流
~ (rivière) saisonnier 季节河
ouenite *f* 细苏橄辉长岩
ouest *m* 西（方、部、面），西风
ougiya *n* 乌吉亚（毛里塔尼亚货币单位）
ougrandite *f* 钙榴石

oulopholite *f* 石膏花，叶片石膏
Ouralien *m* 乌拉尔阶(C_3)
ouralite *f* 纤闪石，次闪石
ouralitisation *f* 纤闪石化，次闪石化
ouralorthite *f* 巨晶褐帘石，褐帘石
ourayite *f* 硫铋铅银矿
ousbeckite *f* 水钒铜矿
outil *m* 工具，用具，刀具，车刀，钻头，钻具，设备，辅助程序
~ à air comprimé   气动工具，风动工具
~ à chambrer   扩孔镗刀，扩孔刀
~ à charioter   外圆车刀
~ à couronne de diamant   金刚石钻头
~ à dégrossir   粗车刀
~ à diamant   金刚石钻头
~ à façonner   样板刀，成形切刀
~ à fileter   螺纹切削工具，螺纹车刀
~ à fileter extérieurement   外螺纹车刀
~ à fileter intérieurement   内螺纹车刀
~ à lames   翼状刮刀钻头
~ à main   手工工具
~ à moleter   压花滚轮，滚花刀具
~ à molettes   牙轮钻头
~ à mortaiser   插刀
~ à pastille de carbure   碳化刀头工具
~ à percussion   冲击工具，冲击钻头，工具钻孔锤
~ à profiler   样板刀，成形铣刀
~ à raboter   刨刀
~ à saigner   平面开槽刀，开槽道具
~ à section en croix   十字钻头
~ à tarauder   内螺纹车刀
~ à tronçonner   切断工具，分段刀具
~ au carbure   硬质合金刀具
~ au diamant   金刚石车刀
~ coudé à droite   右弯头刀
~ couteau à droite   右偏刀，右切刀
~ d'abrasion   研磨工具
~ d'alésage   镗刀
~ d'ébarbage   切边工具，切边模，修边工具
~ d'élagage   （树枝）修剪工具
~ d'emboutissage   冲压工具
~ d'entretien   维修工具
~ d'évasement de tube   扩管工具
~ de calfatage   填隙工具
~ de cavage   挖掘工具
~ de chantier   施工工具
~ de charpentier   木工工具
~ de construction   施工工具
~ de coupe   切削刀具，刀具
~ de curage   疏浚工具，疏通工具
~ de découpage   截刀
~ de drainage   排水工具
~ de finissage   精整工具，精修工具
~ de forage   钻头，钻探工具
~ de machines   机床，工具机
~ de maintien de la tringlerie d'injection   喷油拉杆定位器
~ de mesure   量具，量规
~ de mine   采矿工具
~ de montage   装配用工具，组装用工具
~ de paveur   铺路工具，筑路工具
~ de percussion   冲击工具，冲击钻头，钻孔锤
~ de précision   精密工具，精加工刀具
~ de prélèvement   取样工具
~ de repêchage   打捞工具
~ de sauvetage   打捞工具
~ de tour   车刀
~ de tunnelier   掘进机的刀盘
~ dégrossisseur   粗车刀，荒车刀
~ du maçon   圬工工具
~ du tracé   制图工具，划线工具
~ en croissant   半圆车刀，圆切削刃车刀
~ en cuvette   杯形车刀，圆根车刀
~ en queue de poisson   鱼尾钻头
~ finisseur   精切刀，光切刀
~ finisseur formant ressort   弹簧精车刀
~ finisseur plat   宽头精车刀
~ isolant   绝缘工具，隔离工具
~ mécanicien   钳工工具
~ mécanique   重型机床，电动工具
~ particulier   专用工具
~ perforateur   钻孔工具，钻探工具
~ pneumatique   气动工具，风动工具
~ pneumatique à percussion   多功能工具，风动冲击工具
~ pneumatique rotatif   转动式风动工具
~ polyvalent   多功能工具

~ portable　手提式工具，轻便工具
~ pour laminer les filets de vis　滚丝模，螺纹板牙
~ s spéciaux　专用工具
~ tranchant　刀具，削边刀
~ ultra-sonique　超声波机床
~ universel　多功能工具，万能工具

outillage *m*　设备，工具，仪器，工装，装备，工具夹，成套工具，成套设备，工艺装备
~ à air comprimé　气动工具
~ à utiliser　加工工具
~ d'entretien　维修工具，养护工具
~ d'entretien de moteur de traction　牵引电动机维修工具
~ d'étalonnage　校准工具，检验工具
~ d'une usine　工厂设备，工厂装备
~ de bord　随车工具
~ de bord pour moteur diesel　柴油机随车工具
~ de contrôle　检验工具，监测工具
~ de démontage et de remontage d'alternateur　装拆交流发电机用工具
~ de démontage et de remontage de moteur de traction　装拆牵引电动机用工具
~ de dépôt et d'entretien　段修和维修机具
~ de fixation　夹具
~ de fonderie　铸造车间设备
~ de forge　成套锻工工具
~ de laboratoire　试验室装备
~ de lutte contre l'incendie　防火器材，防火工具
~ de mouleur　成套造型工具，成套翻砂工具
~ de pompe à injection　喷射泵用工具
~ de précision　精密机床，精密装备，精密工具
~ de sondage　钻探机具；钻机
~ électrique de moteur bord　随车电工用具
~ s et accessoires de transport　运输工具和附件
~ s et rechanges de bord　随车成套工具和备件
~ pneumatique rotatif　转动式风动工具
~ polyvalent　多功能工具
~ portable　手提式工具，轻便工具
~ étalon　标准工艺装备
~ géotechnique　地质工具
~ mécanique　机械设备
~ national　国家设施（在法国指公路、铁路、水道、港口等）
~ pneumatique　气动工具
~ portuaire flottant　港区浮动工具，港区工作船
~ pour compresseur　压缩机用工具
~ pour embrayage　离合器用工具
~ pour l'entretien de la voie　养路工具
~ pour travaux routiers　道路工程用设备
~ pour turbocompresseur　涡轮增压器用工具，涡轮压缩机组用工具
~ rotatif　回转钻探设备
~ spécial　专用工具
~ spécial pour moteur diesel　柴油机专用工具
~ téléphonique　电话设备

outillé *a*　装备好的，备有全套工具的
outiller *v*　装备，装置，配备，安排，配备工具
outilleur *m*　调整工，工具钳工，多能技工
outputmètre *m*　输出测量表
outré *a*　过分的
outre *prép*　在……之外，除……之外，此外，加之
~ que　除……之外，不仅……
en ~　而且，还，此外，并且
outremer *m*　青金石，佛青
outrer *v*　使荷载过重，过负荷
outunite *f*　钙铀云母
ouvala *m*　灰岩盆，岩溶洼地，溶蚀洼地
ouvarovite *f*　钙铬榴石
ouvert, e *a*　开的，张开的，断路的
ouverture *f*　孔，开口，喷口，缝隙，厚度，张裂，口径，孔径，窥视，孔口，跨度，开度，间隙，开放，开始，电流断开，信号在进行位置
~ à l'exploitation　开办运营业务
~ à la circulation　开放交通
~ aérale　通风口
~ au trafic　开放交通
~ d'aération　通风口
~ d'aspiration　吸入口
~ d'un arc　拱跨
~ d'un arc non circulaire　包角
~ d'un compte　开立户头
~ d'un filon　脉厚
~ d'une ligne　线路通车，线路开通
~ d'une voûte　拱的跨度
~ de communication　交通开放

~ de fenêtre　窗口
~ de fichier　文件打开
~ de fissure　裂隙张裂性
~ de foyer　炉口，炉门口
~ de fractures　张断裂，张口断裂
~ de joint　接缝张开度，缝口，缝隙，节理裂开
~ de l'arc　拱跨，拱圈中心角
~ de la maille　筛目，筛号，网眼
~ de la route　公路通车公路开放交通
~ de la taille　(工作面)开采厚度
~ de la touche　岩(矿)层厚度
~ de maille　筛眼，筛孔，网孔
~ de passage　电缆管道的管口
~ de plafond　天花板出风口
~ de pont　桥跨跨度
~ de prise　进水口孔
~ de regard　观察孔，检查孔
~ de remplissage　补给孔
~ de trop-plein　溢水口
~ de vanne　闸门孔，闸孔开度，导叶开度
~ de veine　脉厚，脉宽
~ de ventilation　通风孔，通风口
~ de visite　观察孔，检查孔
~ des carrières　采石场的开采
~ des contacts　接点断开
~ des fissures　裂缝宽度
~ des fouilles　开槽
~ des mâchoires (frein)　闸瓦间隙
~ des offres　开标
~ des plis　开标
~ des plis en séance publique　公开开标
~ des soumissions　开标
~ du cornet　(喇叭的)张开角
~ du joint　轨缝，缝隙，缝口，裂隙
~ du signal　信号在开放位置(或显示容许信号)
~ économique　经济跨度
~ latérale　侧孔，边孔，侧口
~ latérale à vanne　带闸侧孔，闸门式侧孔
~ libre　净宽
~ médiane　中跨，中间跨
~ nette　净跨，净空
~ pour descendre　孔，进入，检修孔
~ rectangulaire　矩形孔口
~ vers l'extérieur　门朝向外开

ouvrabilité *f*　和易度，工作度(混凝土)，可加工性，易加工性，易切削性
　~ du béton　混凝土和易度
ouvrable *a*　工作的，可以加工的
ouvragé *a*　经过加工的
ouvrage *m*　操作，运算，工作，工事，工程，建筑，建筑物，结构，构造，构筑(物)，安装，安置，制定，研究
~ à ciel ouvert　露天开采，明挖
~ à clin　搭接，搭接结构
~ à contre-fiches en bois　木构架，木桁架
~ à double contrefiche　双桁架
~ à double usage　合用构造物，两用构造物
~ à fins multiples　枢纽工程，多种用途建筑物，综合用途建筑物
~ à irrigation　灌溉工程
~ à la chaux　石灰刷白
~ à multiples contrefiches　复式桁架
~ accessoire　附属结构物
~ annexe　附属建筑物，附属结构物，附属工程，辅助工程
~ annexe de la route　道路附属结构物
~ s associés　相连工程，联合工程(桥梁，道路等)
~ avoisinant　相邻结构
~ collé　胶合木结构，胶结幕结构
~ combiné avec contrefiches et poinçons　混合构架
~ composite acier et béton　钢和混凝土的复合结构
~ cyclopéen　蛮石圬工，蛮石墙
~ d'alimentation　供水工程
~ d'amenée d'eau　取水结构
~ d'art　桥隧构造物，桥涵，大型建筑物，人工构造物，制作模型，主体工程，工程结构物(指公路、铁路、桥隧、房建等有形工程)
~ d'art à travées continues　连续梁结构
~ d'art métallique soudé　焊接金属的人工结构物
~ d'entonnement　引水结构物，储水设备，蓄水工程
~ d'étanchéité　止水工程，填缝工程
~ d'évacuation　泄水道

~ d'évacuation de crues 溢洪道,溢洪工程
~ d'excavation 挖掘工程,开挖工程
~ d'extrémité 进出水口构造物,端墙
~ d'infrastructure 基础设施工程
~ d'intersection à deux niveaux différents 双层立体交叉结构物
~ d'intersection à niveaux différents 立体交叉工程,立交桥
~ d'intersection à niveaux différents sans rampes 无匝道立交桥,无坡道的立体交叉结构物
~ d'intersection à trois niveaux différents 三层式立体交叉结构物
~ de campagne 外业,野外工程
~ de captage 集水工程
~ de chute 发电设施,发电设备
~ de clôture 截留工程,合龙工程
~ de croisement (道路)交叉结构物
~ de crue 防洪工程,防洪建筑物
~ de défense 防护工程
~ de défense de la côte 护岸工程
~ de drainage 排水结构物
~ de franchissement 桥梁工程,跨越式结构物,桥梁结构物
~ de gabion de section circulaire 铺设石笼工程
~ de génie civil 土建工程
~ de palplanches 板桩围堰工程
~ de pont 桥梁工程
~ de prise 进水建筑物
~ de prise d'eau 取水结构
~ de protection 防护工程,防护建筑物,防水建筑物
~ de protection contre la neige 防雪结构物
~ de protection contre les avalanches 塌方防护工程
~ de protection contre les crues 防洪工程,防洪建筑物
~ de protection des voies 线路防护建筑物
~ de reconnaissance 勘探工作,勘探坑道
~ de référence 参考书
~ de régulation 控制工作
~ de rejet d'eau 排水结构
~ de retombée 拱脚,起拱点,拱底石,拱脚石
~ de soutènement 支撑结构物,挡土结构物
~ de superstructure 上部结构物
~ de terre 土工构造物
~ de voûte 砌拱圬工
~ définitif 永久性结构物,永久性工程
~ déshuileur 油水分离装置
~ électrique 电气工程
~ en béton 混凝土工程
~ en béton armé 钢筋混凝土工程,钢筋混凝土结构物
~ en béton massif 实体混凝土建筑物,实体混凝土工程
~ en béton précontraint 预应力混凝土结构(物)
~ en bois 木结构
~ en bois et enrochement 木笼填石工程
~ en cadre 框架结构
~ en charpente métallique 钢结构
~ en fonte 铸铁结构物
~ en gabions 石笼防护工程,石笼挡墙
~ en maçonnerie 圬工构造物
~ en palplanches 板桩围堰工程,板桩围堰
~ en pierres colossales sèches 蛮石圬工
~ en pierres de carrière 毛砌体,粗石圬工,毛石砌体
~ en pierres de taille 琢石圬工
~ en surface 表面结构,路面结构
~ en terre 土方工程,土工构造物,土工结构物
~ en terre armée 加筋土结构物
~ en vraie grandeur 足尺结构物
~ exceptionnel 特殊[特大]工程
~ existant 现有工程
~ hydraulique 水工建筑,水利工程,水工建筑(物),水工结构物
~ hyperstatique 超静定结构物
~ (s) imprévus 非预见性工程
~ isostatique 静定结构物
~ littoral 海岸工程
~ métallique 钢结构物
~ mixte acier et béton 钢和混凝土的复合结构
~ noir et blanc 木石结构(木构架中填石及泥灰)
~ s ou travaux supplémentaires 追加工程
~ permanent 永久性工程
~ perméable 透水工程

~ plan 平面结构物
~ polygonal 乱石圬工,毛石圬工
~ porteur 承重结构,承重结构物
~ pour le passage des poissons 过鱼设施,鱼道
~ provisoire 临时工程
~ réalisé en déblai 土工构造物
~ régulateur 整治工程
~ routier 道路工程,道路构造物
~ souterrain 地下工程,地下结构物
~ statiquement déterminé 静定结构物
~ suspendu continu 连续悬挂结构系
~ temporaire 临时工程
~ traditionnel 传统结构物,一般结构物
~ transversal 横向结构物
~ voûté 拱形建筑物,拱结构物

ouvrage-type m 标准构造物,典型构造物
ouvreau m 通风洞
ouvre-porte m 开门装置
~ photoélectrique 光电自动开门机
ouvrer v 加工,制造
ouvrier m 工人,劳动者,工作者
~ à l'avancement 掘进工
~ à l'extraction 绞车工
~ carrier 采石工
~ d'armature métallique 钢筋工
~ d'avaleresse 导洞工,开挖工,掘进工
~ d'usine 工厂工人,产业工人
~ de fabrique 工厂工人
~ de fond 井下工人
~ de taille 砍伐者
~ de triage 调车员
~ de voie 养路工
~ des plateformes 二层钻台工
~ des télécommunications 通信工人
~ du bâtiment 浇铸工,铸锭工,建筑工人
~ du jour 井上工人
~ du service des manœuvres 调车员
~ en apprentissage 徒工
~ engagé par contrat 合同工
~ migrant 流动工人,民工
~ modeleur 模型工
~ mouleur 造型工,铸工
~ non qualifié 非熟练工人
~ noyauteur 泥芯工

~ professionnel 熟练工人
~ qualifié 熟练工人,技术工人
~ routier 筑路工人
~ soudeur 焊接工
~ sous-contrat 合同工
~ souterrain 地下作业工人,隧道工
~ spécialisé 技工,熟练工人,专业工人,技术工人
~ spécialiste pour produits bitumineux 沥青工
~ spécifié 不熟练工人
~ temporaire 临时工

ouvrir v 开,打开,开放,张开,开辟,开始,打穿,冲孔,断开,断路
~ à l'exploitation 开始营业,开始运营
~ à la circulation 开放交通
~ au trafic 开放交通
~ des relais 继电器跳开
~ le chantier 开工
~ le régulateur 打开调节器
~ le signal 开放信号
~ un circuit 断开电路
~ un compte 开户头
~ une enquête 开始调查

ouwarovite f 钙铬榴石
ovale m 卵形,椭圆体,椭圆形; a 卵形的,椭圆形的
ovalisation f 椭圆化,变椭圆,椭圆度,成椭圆形,变卵形,偏心率,偏心度,偏心距
~ du profil 扁圆截面
~ d'un bandage de roue 轮箍椭圆度
ovalisé a 椭圆形的
ovaliser v 使成椭圆形
ovardite f 绿泥钠长绿片岩
ovaroïte f 流安凝灰岩
ovérite f 水磷铝钙镁石
overlap m 重叠,叠加
ovoïdal, e a 卵形的
ovoïde a 卵状,卵形的,圆形的
ovulite f 鲕石,鱼卵石,鲕状岩
owénite f 鳞绿泥石
owharoïte f 扁豆状流纹岩
owyheeïte f 脆硫锑银铅矿(毛银矿)
oxacalcite f 草酸钙石
oxalite f 硅硼钙石

oxammite *f*	草酸铵石
Oxfordien *m*	牛津阶(J_3，欧洲)
oxhavérite *f*	鱼眼石
oxidateur *m*	氧化剂
oxoferrite *f*	含亚铁自然铁
oxyapatite *f*	氧磷灰石
oxybitume *m*	氧化沥青
oxychildrénite *f*	氧磷铝锰铁石
oxycoupage *m*	气割，氧气切割
～ sous l'eau	水下气割
～ à la poudre de fer	铁粉气割
oxydabilité *f*	可氧化性，氧化程度
oxydable *a*	可氧化的
oxydant *m*	氧化剂
oxydateur *m*	氧化剂
oxydation *f*	氧化，氧化作用
oxydé *a*	(被)氧化的
oxyde *m*	氧化物
oxyder *v*	氧化，酸化
oxydimétrie *f*	氧化测定法
oxydométrie *f*	氧化滴定法，氧化测定法
oxydoréductimétrie *f*	氧化还原法
oxydo-réduction *f*	氧化还原作用
oxygénabilité *f*	氧化度，可氧化性
oxygénation *f*	氧化，充氧，氧合作用
oxygène *m*	氧(O)，溶解氧
oxygone *a*	(结晶)锐角的，锐角状的
oxyhornblende *f*	氧角闪石，玄武角闪石
oxykærsutite *f*	氧钛角闪石
oxykertschénite *f*	氧纤磷铁矿
oxylignites *m.pl*	液氧炸药
oxymagnite[oxymagnétite] *f*	磁赤铁矿
oxymimétite *f*	氧砷铅矿
oxyphyre *m*	酸性斑岩
oxypyromorphite *f*	氧磷氯铅矿
oxysanite *f*	锐钛矿
oxyvanadinite *f*	氧钒铅矿
oyamalite *f*	大山石(稀土锆石)
ozalide *m*	蓝图，设计图纸
ozarkite *f*	杆沸石
ozocérite[ozokérite] *f*	地蜡
ozonation *f*	臭氧化(作用)
ozone *m*	臭氧
ozoneur *m*	臭氧发生器
ozonisation *f*	臭氧化(作用)，臭氧处理，臭氧消毒
ozoniser *v*	臭氧处理，臭氧化
ozoniseur *m*	臭氧发生器
ozonolyse *f*	臭氧分解
ozonomètre *m*	臭氧计
ozonométrie *f*	臭氧测定(法)
ozonoscope *m*	臭氧测量器
ozonosphère *m*,*f*	(大气)臭氧层，臭氧圈

P

pabstite *f* 硅锡钡石
pachée *f* 纯绿宝石
pachnolite *f* 霜晶石
pacifique *m* 太平洋
pacite *f* 斜方硫砷铁矿
pack *m* 浮冰,漂冰,块冰
package *m* 组装,包装,外壳,组件
padding *m* 衬垫,填料,填塞,大石块,填塞物,微调电容,垫整电容器
paddock *m* 方探井,井口临时堆场
pædéros *m* 蛋白石
pagodite *f* 冻石,滑石,寿山石
pahage *m* (坑道内)储水坑,排水平巷
paicherou *m* 矿井水泵水仓
paie *f* 工资,薪金,付款
paiement *m* 支付,付款,清偿,报偿,所付款项
  ~ à compte 部分付款,分期付款
  ~ à échéance 到期付款
  ~ à l'arrivée des documents 单到付款
  ~ à la commande 订货付款
  ~ à la livraison 交货付款
  ~ à posteriori 后付
  ~ à tempérament 分期付款
  ~ à terme 定期付款
  ~ à vue 见票付款
  ~ annuel 年补偿,年支付
  ~ anticipé 预付,提前付款
  ~ après coup 后付,逾期付款
  ~ arriéré 拖欠付款
  ~ au comptant 付现,用现金支付
  ~ comptant pour matériel à emporter 取货付款
  ~ d'avance 提前付款,预先付款
  ~ de droit 上税
  ~ de l'indemnité 支付赔款,津贴
  ~ des frais de transport 支付运费
  ~ des travaux 工程进度款
  ~ différé 延期付款
  ~ s échelonnés 分期付款
  ~ en acompte 暂付,垫付,部分付款,分期付款
  ~ en nature 支付实物
  ~ final 最终付款
  ~ initial 最初付款
  ~ intégral 全付
  ~ négocié 议付
  ~ par acomptes 分期付款
  ~ par anticipation 提前付款
  ~ par chèque 用支票付款
  ~ par compte-courant 由往来账户付款,通过结算账户支付
  ~ par lettre de crédit 信用证付款
  ~ par versements échelonnés 分期付款
  ~ par virement 用转账方式付款
  ~ progressif 按(工程)进展付款
  ~ suspendu 暂停付款,中止付款
paigéite *f* 黑硼锡铁矿
paillage *m* 用草覆盖
paillasse *f* 草垫,(实验室的)瓷砖实验台
paillasson *m* 柴排,席排,草垫子
paillé *a* 鳞片状的,多孔的;多裂痕的
paille *f* 缺陷,瑕疵,铸件裂痕
  ~ de bois 木丝,刨花
  ~ de fer 铁鳞片,铁氧化皮
  ~ dans le métal 金属裂纹
  ~ hachée (植物)化石残片
pailler *v* 用麦秆或稻草遮盖、包扎、填塞
paillet *m* 草席
  ~ lardé 防磨席,油毡
pailleté *a* 落片状的,(成)鳞片状的
paillette *f* 鳞片,薄片
  ~ de mica 云母碎片
  ~ d'or 片状金,金箔
paillis *m* 覆盖料,腐殖土,护根
pailloie[**pailloire**, **paillole**] *f* 砂金
paillon *m* 薄片,箔,金属片,锡焊片,稻草席
pain *m* 块,钢块,砌块,块料,金属块,块状物,火药柱,金属铸块,塑性黏土,固体燃料
  ~ de carbeau 云母块

~ de mastic 砂胶块
~ de mastic d'asphalte 砂,胶块
~ de nœuds 页岩结核,黏土结核
~ de terre 土块,黏土块
~ tubulaire 管状火药柱

painite *f* 铝硼锆钙石

paintérite *f* 绿蛭石

pair *m* 同等的人,同等的物;*a* 同等的
de ~ 平等地,与……并列

paire *f* 一双,一对,偶
~ de droites 双直线
~ de plans 双平面
~ de points 双点
~ de roues 轮对

paisbergite *f* 蔷薇辉石

paix *f* étale 无风,无浪,无风区

pal *m* 尖端,木桩

palagonite *f* 橙玄玻璃,玄武玻璃

palagonitique *a* 橙玄玻璃质的,玄武玻璃质的

palaïte[**hureaulite**] *f* 红磷锰矿

palan *m* 卷场机,滑轮组,复滑车,起重滑车
~ à bras 手动起重滑车
~ à chaîne 链式滑车,链式起重机
~ à engrenage 齿轮式滑车组
~ à levier 手拉葫芦
~ à main 手动起重滑车
~ à vis sans fin 蜗杆链滑车,差动链式滑车
~ de levage 起重滑车
~ différentiel 差动链式滑车,蜗杆链滑车
~ électrique 电葫芦,电动吊车,电动滑车
~ mobile 滑动车组
~ pneumatique 气动葫芦,气动滑车
~ sur monorail 单轨吊车

palanche *f* 扁担

palançon *m* 板条,灰板条

palanquée *f* (滑车)吊货重,滑车负荷量

palanquer *v* 用滑车起吊

palasome *m* 主矿,主岩,基体,原生体,被交代矿物

palatinite *f* 方辉玄质岩

palâtre *m* 锁板,锁盒

pale *f* (螺旋桨的)叶片,轮叶,闸板,闸门,护板,板桩
~ d'agitation 搅拌叶轮
~ d'hélice 螺旋叶片(水轮机)

~ de la roue motrice 工作轮轮叶(水力发电)
~ de roue 转轮叶片
~ de ventilateur 鼓风机叶片
~ échancrée 凹性叶片,弧形叶片
~ orientable 可变向的叶片

palée *f* 打桩,板桩,弯曲,支架,台架,排架桩,板桩墙,桥的构架
~ d'appui 排架,排架桩
~ d'un pont 桥梁排架桩
~ s jumelées 双排架
~ médiane 中心排架

paléopètre[**palæopètre**] *m* 角岩,潜晶霏细岩

paléophyrite *f* 古闪辉玢岩

paléosol *m* 残遗土

palettage *m* 叶片装置

palette *f* 板,板状物,小铲,棘爪,托灰板,砖笼;刮刀,刀片,舌簧片,桨状物,托盘,底托
~ à ailes 右边托盘
~ à entrées multiples 多向进叉托盘
~ à fûts en tôle emboutie 装载桶状货物的冲压钢板托盘
~ à montants 立柱式托盘
~ à plancher débordant 有边托盘
~ amortissante 阻尼翼盘,阻尼叶片,消震叶轮
~ d'échange européenne 欧洲标准托盘
~ d'un distributeur 进料器叶片
~ d'un relais 继电器衔铁,选择机衔铁
~ de chargement 装货底托,装车托盘
~ de déclenchement 自动关闭传感装置
~ de déclenchement (pour vanne à fermeture automatique) (自闭阀的)放松杆,松脱铰式钩,脱扣桨片,自动关闭传感装置
~ de malaxeur 搅拌机叶片
~ de manœuvre 调车臂板信号,引导信号臂板
~ de marchepied 脚蹬板,踏板
~ de relais 继电器衔铁
~ de ventilateur 鼓风机叶片,风扇叶片
~ du sémaphore 信号臂板,臂板信号机臂板
~ en bois 木托盘,木刮刀
~ en bois à quatre entrées 木制四向叉平托盘
~ métallique 金属托盘
~ métallique pour stockage de fûts 放桶状货物的金属托盘
~ non réversible 不回送底托,不回送托盘

~ plastique en polyéthylène 聚乙烯塑料托盘
~ plate 平托盘,普通托盘
~ réversible 多次使用的托盘
~ roulante 带滑轮的托盘
~ simple 普通托盘,平托盘
~ type perdu 易耗托盘,一次性托盘

palette-caisse *f* 箱式托盘
~ à deux entrées 两向进叉箱式托盘
~ à deux prises 两向进叉箱式托盘
~ à double plancher 双层箱式托盘
~ avec couvercle 封闭式箱式托盘,有盖式托盘
~ fermée 有盖箱式托盘
~ ouverte 无盖箱式托盘
~ sans couvercle 开口式箱式托盘,无盖箱式托盘

palettisable *a* 适合用托盘运送的
palettisation *f* 托盘化,货板化,底托运输
palettiser *v* 托板化
palettiseur *m* 装托盘机,堆垛机
~ automatique 自动装托盘机

palier *m* 级,层,支座,插座,底座,平台,架板,支撑,支点,轴承,平道,平坡;楼梯平台,休息平台,水平区段
~ à aiguilles 滚针轴承
~ à anneau graisseur 油环式滑动轴承
~ à auto-alignement 自位轴承
~ à bague de graissage 油环式轴承
~ à billes 球轴承
~ à cannelure 环形推力轴承
~ à collets 环轴承,环状止推轴承
~ à frottement 摩擦轴承
~ à glissement 滑动轴承
~ à monture élastique 弹性固定轴承
~ à réglage automatique 自动调节轴承,自动对位轴承
~ à rondelles de butée 止推轴承
~ à rotule 球形支承面轴承
~ à rouleaux 滚柱轴承,滚柱支承
~ à roulement 滚动轴承
~ à serrage 制动台,摩擦式轴承
~ à tourillon sphérique 球窝轴承
~ annulaire 环形轴承
~ arrière 后轴承
~ arrière du signal de synchronisation de ligne 行消隐后肩
~ autograisseur 含油轴承,自润滑轴承
~ avant du signe de synchronisation de ligne 行消隐前肩
~ basculant 转动支座
~ basculant à pivot 轴承式支座
~ central d'arbre à cames 凸轮轴中央轴承
~ d'alignement 定位轴承
~ d'appui 支承轴承,推力径向轴承
~ d'arbre à cames 凸轮轴轴承
~ d'arbre à manivelle 曲轴轴承
~ d'arrivée 人员休息平台
~ d'axe 轴承
~ d'entraînement d'auxiliaire mécanique 辅助机械传动轴承
~ d'escalier 楼梯中间平台
~ d'essieu (pour moteur suspendu par le nez) 轴承(悬鼻式电动机)
~ de dilatation (ponts) 桥梁活动支座,桥梁伸缩支座
~ s de distance 里程表
~ de freinage 制动台
~ de guidage 导向轴承
~ de guidage inférieur 下导轴承
~ de guidage supérieur 上导轴承
~ de Kingsbury 金斯伯里式推力轴承,支柱式推力轴承
~ de la voie 路基
~ de ligne d'arbre 主轴承
~ de manivelle 曲柄轴承
~ de pied 立式推力轴承,阶式止推轴承
~ de pivot 枢轴承
~ de pont en arc 拱桥支座
~ de poussée 止推轴承,推力轴承
~ de roulement 滚动轴承
~ de roulement à billes 滚珠轴承
~ de saturation 饱和电平
~ de signal 信号电平,规定信号值
~ de station 站场,站坪
~ de suspension 悬吊轴承
~ de tête de bielle 连杆曲柄轴承
~ de vilebrequin 曲轴轴承
~ différential 差动轴承
~ du pont 桥梁支座

~ élastique　弹性支承,弹性轴承
en ~　在平道上
~ expansible　伸缩支座,膨胀轴承
~ extérieur　外轴承
~ extrême　端轴承
~ fixe　固定支座
~ frontal　端轴承,端承
~ graisseur à bague　油环式滑动轴承
~ guide　导(向)轴承
~ hydrodynamique　液体动力轴承
~ intérieur　内轴承
~ intermédiaire　中间轴承
~ lisse　滑动轴承
~ lisse cylindrique　套筒轴承
~ mobile　活动支座
~ ouvert　对开轴承
~ plat　平板支座
~ porteur　支撑轴承
~ prélubrifié　含油轴承,自润滑轴承
~ principal　主轴承
~ radial　径向轴承,导轴承
~ rigide　直线坐标轴承
~ sphérique　球面轴承
~ sphérique de Kingsbury　金斯伯里式球面推力轴承,球面支柱式推力轴承
~ support　轴承座
~ suspendu　吊轴承,悬挂式轴承
palification *f*　打桩
palifier *v*　打桩加固
paligorskite *f*　坡缕石
palin *m*　滑动组
palinspastique *a*　复原的
palis *m*　栅栏,围栏,桩柱,打入土中的木桩
palissade *f*　栅栏
~ de planches　木板栅栏
palladoarsenide *m*　斜砷钯矿
palladobismutharsenide *m*　铋砷钯矿
palladsite *f*　硒钯矿
pallasite *f*　橄榄陨铁,富铁橄榄岩
palléal *a*　套膜的
palliatif *m*　减轻剂,减尘剂,防腐剂
palliation *f*　暂时松弛,暂时缓和
pallier *v*　使暂时松弛,使暂时缓和
pallite *f*　铁水磷铝碱石

palmer *m*　千分尺,微规,测微计
~ à plateaux　带盘千分尺
~ à touche ronde　圆键式测微尺(测厚度)
palmérite *f*　磷钾铝石
palombino *m*　乳白色灰岩
palonnier *m*　脚蹬,踏板,平衡杆,摇臂杆,起重梁
~ de commande　控制摇臂
palpable *a*　明显的,分明的,可触知的,摸得出的
palpeur *m*　塞尺,测厚仪,探测器,量隙规
~ de tension (traction électrique)　电压测试仪表,电压测试装置(电力牵引)
~ droit　直接反射测量探头
~ oblique　角反射声束探头
palpitant *a*　抖动的,跳动的
palplanche *f*　板桩,木桩,钢板桩
~ à rainure et languette　企口板桩
~ ancrée　锚固板桩
~ caisson　箱式板桩
~ en acier　钢板桩
~ en béton　混凝土板桩
~ en bois　木板桩
~ métallique　铜板桩,金属板桩
~ plate　平板桩
~ tubulaire en acier　钢管板桩
paly gorskite *f*　坡缕石
pan *m*　面,界,边,角,墙面,骨架,墙的构架
~ coupé　切边,倒角,棱面,斜面
~ d'argile　黏盘,黏土硬层
~ de charpente　结构骨架
~ de fer　钢骨架
~ de mur　墙面,面(多面体的)
panabase *f*　黝铜矿
panachage *m*　混合,杂质,混合物,混合铺划
panache *m*　顶,尖,外焰(焊接),彩斑,彩色条纹
panaché, e *a*　杂质的
pancartage *m*　设置分路标志
~ des voitures　客车去向牌
pancarte *f*　牌,标,路标
~ d'avertissement　预告标,司机鸣笛预告标
~ de limitation de vitesse　限速牌,减速地段标
~ lumineuse　(道路用)灯光标志
~ mobile　移动式速度信号牌
panchromatique *a*　全色的
pandaïte *f*　钡烧绿石

pandermite *f* 白硼钙石，硬硼钙石
panethite *f* 磷镁钠石
panier *m* 篮，篓，筐，斗，桶，外套，外壳
　～ de protection　保护网，防尘网
panne *f* 檩，纵梁；故障，事故，崩溃，停止（车）；毁损；锤头；檩条，桁条
　～ à treillis　格构桁条
　～ articulée　铰接桁条
　～ continue　连续檩条
　～ d'alimentation　供电故障，电源故障，动力故障
　～ d'électricité　电气故障
　～ d'équipement　设备故障，设备失效
　～ de cantilever　悬臂檩
　～ de courant　电流中断，停电，断电
　～ de lanterneau　天窗檩条
　～ de marteau　锤头
　～ de moteur　发动机故障
　～ de réception　无线电接收中断
　en ～　发生故障的，事故的
　～ en béton　混凝土檩条
　～ métallique　钢檩子，钢桁条
　～ momentanée　瞬时故障，瞬时损坏
panneau *m* 台，盘，屏，板，板条，壁板，面板，护板；路标，路牌，方牌，仪表板，配电板，护墙板，镶嵌板，工作台；桥梁节间
　～ à cinq plis　五合板
　～ à deux supports　双柱式标志
　～ à fiches　插销板
　～ à haut mât　高杆标志
　～ à indication variable　可变式道路情报牌，可变指示牌
　～ à message variable（PMV）　可变信息标志（路标的一种）
　～ à trois plis　三合板
　～ à un support　单柱式标志
　～ absorbant　吸音板
　～ acoustique　吸音板
　～ acoustique isolant　隔音板
　～ amovible　活动壁板
　～ auxiliaire　辅助标志
　～ avant　面板
　～ carré　正方形标牌
　～ circulaire　圆形标志牌
　～ compartimenté　双工位交换台
　～ complémentaire　附加标志
　～ composite　装配壁板
　～ contre éblouissement　遮光板
　～ d'affichage　通知板
　～ d'âme　腹板
　～ d'arrêt　临时停车标志
　～ d'arrêt interdit　禁止停车标志
　～ d'assemblage　安装极，接线板
　～ d'attention　注意标志
　～ d'avertissement　（危险）警告标志（牌）
　～ d'avis　指路标志，预告标志
　～ d'électron　电子情报板
　～ d'entrée　进站信号机
　～ d'essai　试验台
　～ d'identification de véhicule　车辆标记壁板，车辆自动识别壁板
　～ d'interdiction　禁止驶入标志
　～ d'interdiction de dépassement　禁止超车标志
　～ d'interdiction de faire demi-tour　禁止掉头标志
　～ d'ornement　装饰镶板
　～ de balisage　标志牌
　～ de béton　混凝土板材
　～ de bout　（桥梁）端跨，梁端节间
　～ de câblage　接线板，布线板
　～ de caisse de wagon　车体壁板
　～ de chantier　施工标志
　～ de circulation　交通标志
　～ de circulation avec matériau réflecteur　反光标志，反射标志
　～ de coffrage　模板
　～ de coffrage en acier　钢模板
　～ de commande　操纵台，控制台，控制面板
　～ de commande électrique　电操纵台，电控板
　～ de commutation　转换台，开关板
　～ de confirmation　前置交通标志，预告标志
　～ de contrôle　控制台，测试台
　～ de contrôle（circuits électriques）　（电路）控制盘
　～ de défense de doubler　禁止超车标志牌
　～ de démarcation de virage　弯道
　～ de direction　方向标志，指路牌
　～ de distance　距离标志，里程标志

~ de distribution　配电板,配电盘
~ de façade　镶面板,面板
~ de fibres　纤维板
~ de fibres de bois　木丝板,木纤维板
~ de fusibles　保险丝板,保险丝盘
~ de granit　花岗石板
~ de lancement　启动操纵台(司机室内)
~ de localisation　地名牌
~ de matière fibreuse　纤维板
~ de mixage vidéo　图像混合控制台
~ de montage　板式构架
~ de mur　(预制)墙板
~ de mur en préfabrication　预制墙板
~ de numéro de route　路线标志
~ de parc de stationnement　车辆停放标志
~ de plâtre　石膏板;石膏壁板
~ de pleine voie　三灯式色灯信号机
~ de porte amovible (pour le transport des marchandises en vrac)　车门挡板(运送堆装货物时用的)
~ de préavis　预告标志
~ de présélection　前置指路标志,方向预告标志
~ de présignalisation　预告信号标志
~ de relais　继电器板
~ de séparation　间壁,隔板
~ de signalisation　交通标志,道路标志
~ de signalisation variable　可变式(或活动)指示标志
~ de sortie　出口标志
~ de soutènement　挡土板
~ de supersignalisation　大型指路标志
~ de tôle　钢板
~ de type rétro-éclairé　反光型标牌
~ décoratif　装饰镶板
~ directionnel　方向标志
~ du pont　桥面板
~ du type sandwich　夹心板,夹层壁板
~ dur　硬板
~ éclairé　发光标志
~ éclairé par l'extérieur　外来(光源)照明标志
~ éclairé par l'intérieur　内部(光源)照明标志
~ électrique　配电板
~ en acier　钢板
~ en béton pour façade　混凝土镶面板

~ en béton préfabriqué　预制混凝土隔音板
~ en charge　充电盘
~ en nid d'abeille　蜂窝结构壁板
~ en rebombée　托板
~ en tôle emboutie　压弯钢板,O形板,凹形板
~ gamme grande　大型标牌
~ gamme normale　普通型标牌
~ gamme très grande　特大型标牌
~ grillagé de porte　栅栏门
~ grillagé de radiateur　散热器栅板
~ indicateur　(交通)指示标志
~ indicateur avancé　前进指示标志
~ indicateur des voies　股道布置图,用光表示的线路图,线路表示牌
~ isolant　绝缘[隔热、隔音]板
~ isolant sandwich　夹心隔热板,夹层隔音板
~ léger　轻质板
~ lumineux　电光标志
~ mural　护墙板
~ non-lumineux　不发光标志
~ octogonaux　八边形标牌
~ police à double face　双面警示牌
~ police à simple face　单面警示牌
~ pour indications additionnelles　附加指示标志
~ pour inscriptions　公告牌,布告牌
~ pour relais Mors　衔铁继电用板
~ préfabriqué　预制墙板,预制隔音板
~ principal　主要标志
~ prudence　警告标志
~ publicitaire　公告牌
~ réfléchissant　反光标志,轮廓(反射)标志,回声板,反射板(声音)
~ réflecteur　反射板
~ refroidissant　平板冷却器
~ résistant au feu　防火板
~ routier　道路标志
~ routier de localisation　地名牌
~ sandwich　多层板,叠合板
~ sous tension　配电盘,通电板
~ STOP　临时停车标志
~ stratifié　叠层板,胶合板
~ supplémentaire　补充标志
~ sur potence　悬臂式标志,伸出式标志

~ triangulaire 三角形标牌
~ x antibruits 减噪层
~ x chauffants 暖气板
~ x lumineux 照明盘,调车进路号码灯光表示牌

panneau-mur *m* 预制墙板
panneautage *m* 镶板,嵌板
 ~ de la caisse 车体镶钢板
 ~ intérieur d'une voiture 客车内镶板
panneresse *f* 顺砖,条砖,顺边砖,顺砌砖,露侧砖
panoplie *f* 试验台,防护设施
panorama *m* 全景,概况,全景图,写景图,频谱扫描指示
panoramique *m* 随动摄影(法、术)
 ~ rapide 全景的,环视的,快速拍摄全景
panoramiquer *v* 拍摄全景,使相机上下左右移动
panse *f* 花瓶、器皿等的圆凸部
 ~ de vache 橡皮现象(碾压含水量高的细粒黏土或淤泥时出现的现象),鼓包
pansu, e *a* 鼓起的
pantellariser *v* 炸毁
pantellarite *f* 歪长石
pantellérite *f* 碱流岩
pantographe *m* 受电弓,集电弓,受电器,缩放仪,电杆架,比例绘图仪,比例画图器,(电车顶上的)导电弓
pantographie *f* 缩放图法
pantoire *f* 短吊索
pantomètre *m* 经纬测角仪,万能测角仪
paolovite *f* 斜方锡钯矿
papagoïte *f* 硅铝铜钙石
papier *m* 纸,文件,票据,证件
 ~ à calquer 描图纸
 ~ à copier 复写纸
 ~ à dessin 绘图纸
 ~ à dessiner 绘图纸,制图纸
 ~ à diagrammes 图表用纸
 ~ à échelle fonctionnelle (统计计算用)概率图表纸
 ~ à filtrer 滤纸
 ~ à sable 砂纸
 ~ abrasif 砂纸,砂布
 ~ absorbant 吸水纸
 ~ adhésif 粘贴用纸,胶纸
 ~ antirouille 防锈纸
 ~ au cyano-fer 晒图纸,蓝图纸
 ~ au ferroprussiate 晒图纸,蓝图纸
 ~ bitume 焦油毡,沥青油毡
 ~ brillant 道林纸,有光纸
 ~ buvard 吸墨纸,过滤纸
 ~ calque 透明描图纸
 ~ carbone 复写纸,炭纸
 ~ carbonique 复写纸
 ~ chromatique 着色纸
 ~ ciré 蜡纸,描图纸
 ~ commercial 商业票据
 ~ d'aluminium 铝箔
 ~ d'amiante 石棉纸,石棉片,石棉板
 ~ d'asphalte 柏油纸,沥青纸
 ~ d'emballage 包装纸
 ~ d'émeri (金刚)砂纸,砂布
 ~ d'épreuve 试验纸,试纸
 ~ d'étain 锡纸
 ~ d'isolation 绝缘纸
 ~ de banque 银行票据
 ~ de curcuma 碱性试纸
 ~ de douane 海关证件
 ~ de pH pH试纸,通用试纸
 ~ de verre 玻璃砂纸
 ~ émerisé 砂纸
 ~ enregistreur (仪器上的)记录纸
 ~ entoilé 绘图布,描图布
 ~ filtre 滤纸,过滤纸
 ~ filtre rond 圆形过滤纸
 ~ filtre sans cendre 无灰滤纸
 ~ fort 厚纸,高强度纸
 ~ fossile 坡缕石
 ~ glacé 釉纸
 ~ gommé 橡胶纸
 ~ goudronné 焦油纸毡,沥青纸毡
 ~ graphique 图解纸,图表用纸
 ~ huilé 油纸
 ~ indicateur 试纸
 ~ indicateur universel pH pH试纸
 ~ industriel 晒图纸
 ~ isolant 绝缘纸
 ~ jaspé 大理石花纹纸
 ~ kraft 牛皮纸,不透水纸

~ marbré 大理石花纹纸
~ millimétré 方格绘图纸,厘米纸
~ millimétrique 毫米纸
~ moiré 皱纹纸
~ ozalied 晒图纸
~ pour tracé du profit 纵断面图用纸
~ quadrillé 方格纸,图解纸
~ s d'accompagnement 附件,添附文件
~ sablé 砂纸
~ satiné 釉光纸,缎光纸
~ sensible 感光纸
~ sous-dalle 绝缘纸
~ végétal 描图纸,透明纸
papier-cache *m* collant 胶纸带
papier-calque *m* 描图纸
papier-carton *m* 纸板
papier-cuir *m* 皮纸
papier-diagramme *m* 图标用纸,自动记录用图纸
papier-émeri *m* 砂纸
papier-filtre *m* 滤纸
papier-goudron *m* 沥青纸
papier-toile *m* 描图布
papillon *m* 蝴蝶,蝶阀,蝶形螺帽
~ de commande 控制阀,节气门
papillotement *m* 闪光,闪光度,影响亮度变化
~ chromatique 色彩闪烁,色彩烁变
papilloter *v* 闪烁,闪光
papyracé *a* 箔片状的
paquet *m* 块,团,束,捆,岩群
~ s de couches 块状岩层
paquetage *m* 束,捆,邮包,包装,整顿,堆存
~ de lames 弹簧片组
~ s de couches 块状岩层,层系
paqueter *v* 包,捆,束,包装
par *prép* 被,用,以,由于,因为,经过,通过,在……时候,按照
~ ailleurs 而且,此外
~ analogie 类似地,相似地
~ ce que 基于……,由于……,按照……
~ conséquence 因此
de ~ 根据,以……的名义
~ exception 例外
~ exemple 例如
~ hasard 偶然地

~ l'intermédiaire de 通过,借助于
~ la suite 以后
~ la voie 通过什么方法(或途径)
~ le moyen de 借助于
~ rapport à 与……相比,对于,较之
~ suite de 由于
para-alumohydrocalcite *f* 副水碳铝钙石
parabasalte *m* 普通玄武岩
parabole *f* 抛物线
parabolique *a* 抛物线的
paraboloïde *m* 抛物线体,抛物面
paracancrinite *f* 无钙钙霞石
paracelsian *m* 副钡长石
parachèvement *m* 最后加工,精加工
parachever *v* 全部完成,全部成功
parachlorite *f* 副绿泥石类
parachrysotile *f* 副纤蛇纹石
paracite *f* 方硼石
paraclase *f* 断层
paracolombite *f* 钛铁矿
paraconformité *f* 似整合,准整合
paracostibite *f* 副硫锑钴矿
paradamite *f* 副羟砷锌石
paradeweylite *f* 假想硅镁石
paradiorite *f* 变闪长岩
paradocrasite *f* 副砷锑矿
paraédrite *f* 金红石
paraffine *f* 石蜡
paraffiné,e *a* 涂石蜡的
paraffinique *a* 石蜡的
parafoudre *m* 避雷器,避雷针
~ à bobine de self-induction 自感线圈避雷器
~ à cornes 角式避雷器
~ à couteau 闸刀式避雷器
~ à disque 盘式避雷器
~ à expulsion 管型避雷器,冲出式放电器
~ à expulsion à soufflage magnétique 磁吹管式避雷器
~ à gaz 气体放电器
~ à peigne 火花隙避雷器
~ à pointes 尖端放电器
~ à résistance variable 可变电阻避雷器
~ à vide 真空避雷器
~ autovalve 阀式避雷器

~ de section 线路避雷器
~ déchargeur 放电器
~ plaque 避雷板

parafouille *f* 隔墙,齿墙,围堰,板桩墙,截水墙,坑壁支撑
~ d'étanchéité 截水墙
~ en contact avec la zone imperméable 完全截水墙
~ en gabion 石笼截水墙
~ en palplanches 板桩截水墙
~ en palplanches en acier 钢板桩截水墙
~ en pieux sécants 相交桩截水墙
~ étanche 截水墙
~ étanche en palplanches 板桩围堰
~ injectée 浆砌截水墙
~ négative 突出地面的截水墙
~ par tranchée remplie d'argile 黏土回填截水墙
~ positive 正面截水墙,在地下面下的截水墙
profondeur du ~ 截水墙深度
tranchée du ~ 截水沟

parage *m* 沿海海域,海域
paragearksutite *f* 副钙铝氟石
parages *m. pl* 海域,沿岸海域,附近地
paragite *f* 铁磷灰石,肝辰砂
paragoïte *f* 硅铝铜钙矿
paragon *m* 黑色大理石
paragonite *f* 钠云母
paragraphe *m* 段,节,条款
paraguanajuatite *f* 副硒铋矿
parahalloysite *f* 贝得石
parahilgardite *f* 副氯羟硼钙石
parahopéite *f* 副磷锌矿
para-ilménite *f* 钛铁矿
paraison *m* 杂石,不含矿的岩石
paraître *v* 显露,出场,露面,显得,似乎
parajamesonite *f* 副脆硫锑铅矿
parakaolinite *f* 副高岭石
parakhinite *f* 副碲铅铜石
paraklase[paraclase] *f* 断层
parakobellite *f* (不纯)方铅矿
parakutnahorite *f* 钙菱锰矿
paralagune *f* 边缘潟湖
paralaurionite *f* 副羟氯铅矿

paraliagéosynclinal *m* 海滨地槽,陆缘地槽
paralique *a* 滨海的,近海的,海陆交互的
parallaxe *f* 视差,倾斜线
~ absolue 绝对视差
~ horizontale 水平视差,左右视差
~ moyenne 平均视差
~ totale 总视差
~ verticale 上下视差

parallèle *m* 平行,比较,对照;*a* 平行的,类似的
~ à 与……平行,同时
~ à fibre 顺纹的
~ d'altitude 等高线
~ de latitude 平行线
~ pipède 平行六面体
en ~ 平行的

parallélépipède *m* 平行六面体
~ rectangulaire 长方体,直角平行六面体
parallélépipédique *a* 平行六面体的
parallélisation *f* 比较,对比,使平行
~ des couches 岩层对比
parallélisme *m* 类似,比较,平行度,二重性;平行,平行性,相似性,相关关系,对比性
parallélogramme *m* 平行四边形
~ des forces 力平行四边形
~ des moments 力矩平行四边形
~ des vitesses 速度平行四边形
parallélomètre *m* 平行仪
paralléloscope *m* 平行镜
paralogite *f* 钠钙柱石,针柱石
paralstonite *f* 三方钡解石
paralume *m* (隧道的)遮阳栅,百叶窗,烟窗;(汽车的)放热孔,放气孔
paraluminite *f* 丝铝矾
paramélaconite *f* 副黑铜矿
paramétamorphique *a* 沉积变质的,副变质的
paramétamorphisme *m* 沉积变质作用,副变质作用
paramétrage *m* 参数选择
~ système DAI 事故自动检测参数设置
~ système RAU 紧急呼叫系统调试
paramètre *m* 参数[量、项],变数,规格,数据,系数,特性,参变数,补助
~ admissible 容许参数,导纳参数

~ caractéristique 特征参数
~ cinématique 运动参数
~ d'affichage 指示参数
~ s de base du sol 土的基本指标
~ de calcul 计算参数
~ s de comportement mécanique 机械参数
~ de clothoïde 回旋曲线参数
~ de cokéfaction 结焦性指标
~ de condition 工况参数
~ de fonctionnement 工作参数
~ de fréquence 频率参数
~ de l'expérimentation 实验参数
~ de matériaux 材料参数
~ de pollution 污染参数,污染指标
~ de puits 测井参数
~ de qualité d'eau 水质参数
~ de réglage 调节参数,控制参数
~ de résistance 强度参数
~ de similitude 相似参数
~ de sol 土性参数
~ de terrain 地层参数
~ des courbes 曲线参数
~ des projets 设计参数
~ du projet 设计参数
~ dynamique 动力参数
~ dynamique sismique 地震动参数
~ économique 经济参数
~ électrique 电参数
~ fondamental 基本参数
~ formel 形式参数
~ géométrique 几何参数
~ géotechnique 土工参数,地质参数
~ indépendant 独立参数
~ mixte 拌和参数
~ optimal 最优参数
~ physique 物理参数
~ préfixé 预定参数
~ principale 主要参数
~ s mécaniques du sol 土的力学性质指标
~ s physiques du sol 土的物理性质指标
~ s physiques et mécaniques de roche 岩石的物理力学性质指标
~ s thermodynamiques 热力参数
~ statistique 统计参数

~ structural 结构参数
paramétrique *a* 参数的
paramétron *m* 参变管,变参数元件
paranatrolite *f* 副钠沸石,钠沸石
paraneige *m* 防雪设备
paranite *f* 蓝水晶
parankérite *f* 镁铁白云石
paranthine *f* 中柱石,钠钙柱石,针柱石
para-oranite *f* 副钾钙纹长石,钾长钙长石
para-orthose *f* 歪长石
parapechblende *f* 准沥青铀矿
paraperthite *f* 副条纹长石
parapet *m* 栏杆,护墙,女儿墙
~ à claire-voie 格栅栏杆
~ de pont 桥栏杆
paraphores *m.pl* 捩断层
parapierrotite *f* 斜硫锑铊矿
parapluie *m* 盖,帽,防雨罩
~ en micropieux(voûte parapluie) 管棚
~ en tubes en acier 管棚钢管
pararammelsbergite *f* 副斜方砷镍矿
paraschachnérite *f* 斜方汞银矿
paraschœpite *f* 副柱铀矿
parasépiolite *f* 海泡石
parasismique *a* 抗震的,防震的
parasite *m* 干扰,噪扰,杂波,寄生振荡,寄生干扰,天线反射器;*a* 寄生的,多余的
~ s artificiels 人为无线电干扰
~ s atmosphériques 天电干扰,大气干扰,静电干扰
~ s d'impulsions 脉冲干扰
~ s d'origine locale 地方性干扰
~ s industriels 工业生产的噪扰
~ s radiophoniques 无线电话通信干扰
~ s statiques 天电干扰
parasoleil *m* 遮光罩
paraspurrite *m* 副灰硅钙石
parastilbite *f* 红辉沸石,柱沸石
parasurtension *f* 过压防护器
parasymplésite *f* 副砷铁石
paratacamite *f* 三方氯铜矿
paratellurite *f* 副黄碲矿
paraténorite *f* 副黑铜矿
parathénardite *f* 六方无水芒硝

parathorite *f* 副钍石,斜方钍石
parathuringite *f* 副鳞绿泥石
paratonnerre *m* 避雷器,避雷针
　～ à gaz raréfié　稀有气体避雷器,高空飞行用放电器
　～ à plaques　板式避雷器
　～ à pointes　尖端放电避雷器
paratooïte *f* 杂水磷铝铁矿
para-uranite *f* 副云母铀矿,无水钾磷砷酸盐
paraurichalcite *f* 水锌矿,碳锌矿,羟碳铜锌矿
paraurichalcite-I *f* 羟碳铜锌矿
paraurichalcite-II *f* 锌孔雀石
paravalanche *m* 雪崩防护设施
paravauxite *f* 副蓝磷铝铁矿
paraveatchite *f* 副水硼锶石
paravent *m* 屏风
paravivianite *f* 次蓝铁矿,镁锰钙蓝铁矿
parawollastonite *f* 副硅灰石
parawyartite *f* 副碳钙铀矿
parbig(h)ite *f* 次磷钙铁矿,磷酸盐类矿物
parc *m* 场,库,总数,公园,场地,存放场,停车场[库],现有量,车辆总数,材料厂,材料堆放场
　～ à armature　钢筋存放场
　～ à autos　汽车停车场
　～ à déchets　废料存放场
　～ à ferraillage　钢筋存放场
　～ à ferrailles　废料场
　～ à fuel　燃油存放场
　～ à scories　炉渣场
　～ à voitures　停车场
　～ automobile　汽车保有量,汽车停车场
　～ commercial (wagons)　营业用货车现有数
　～ d'autobus　公共汽车停车场
　～ de camions　载重汽车停车场
　～ de locomotives　机车保有量
　～ de matériel　材料库,材料场
　～ de matériel routier　筑路机械停车场
　～ de réparation　修理基地,修理厂,修理车间
　～ de service　现有货车使用数
　～ de stationnement　汽车停车场
　～ de stationnement à l'extérieur de route　路外存车场,路外停车场
　～ de stationnement à l'extérieur de rue　街道外停车场,路外停车场
　～ de stationnement au bord de route　路边停车场,路侧停车场
　～ de stationnement public　公共停车场
　～ de stationnement souterrain　地下停车场
　～ de stockage　存料场
　～ de stockage à ciel ouvert　露天存料场
　～ de véhicule　车辆停放场,车库
　～ de voitures　停车场,小汽车停车场,客车保有量
　～ de wagons　现有货车数
　～ gratuit　免费停车场
　～ industriel　工业园区
　～ moteur　机车车辆数,机车车辆总数
　～ naturel　自然保护区
　～ routier département (P. R. D.)　省属道路材料厂
　～ souterrain　地下停车场
parcage *m* 停放,停车,停车处
　～ au niveau du sol　地面停车
　～ de nuit　夜间停车
　～ en épi　斜列停车,斜向停车
　～ longitudinal　纵向停车
　～ oblique　斜列停车,斜向停车
　～ prolongé　纵向停车
　～ souterrain　地下停车
　～ transversal　横向停车
parc-auto *m* 停车场,汽车停车地点
parce que 因为,由于
parcelle *f* 土地整治小区,地块
　～ de terrain　地块
　～ riveraine　河[湖、海]边的地块
parcelle *f* 小块,小片,地区[段],一小部分,零星碎块
　～ de terrain　地质勘探工作区
parcellement *m* 分割部分
parchemin *m* 垫用的沥青纸毡
parchettite *f* 多白榴碱玄岩
parclose *f* 软座位底架
parcomètre *m* 汽车停放计时器
parcourir *v* 行驶,运行,经过,跑遍,走遍
　～ de bout en bout　直达运行
　～ une distance　运行一段距离
parcours *m* 通行,通过,经过,行程,路程,运程,里程

~ à charge　重车里程,重车走行
~ à vent　风道,引风道
~ à vide　车辆空载行驶里程
~ aller　单程
~ aller et retour　往返行程
~ annuel　年度行驶里程
~ au sol　土路
~ au-delà　运送契约以外的运程
~ circulaire　环形里程
~ d'entrée　进站距离,回库运行,返程
~ d'entretien (voie)　线路养护区段
~ d'essai　试运转,在线路上试运转
~ d'interpénétration　机车跨段[局]运行,跨段[局]走行公里
~ d'un wagon　车辆运行,车辆行程,车辆里程
~ d'une équipe de conduite　乘务组行程
~ d'une voiture　客车走行公里
~ de courant　电流通路,电路
~ de diffusion　扩散距离
~ de drainage　排水径路
~ de freinage　制动距离
~ de garantie　试车,测试运行,试运转
~ de l'air　空气流动
~ de lignes de forces　电力路线
~ de marchandises　货物运程
~ de migration　运移长度,迁移距离
~ de rodage (wagons à boîtes neuves)　磨合运行(新换轴箱的货车)
~ de temps minimum　最短时程
~ de train　列车行程,列车运行,列车历程
~ de transport　运程,运输距离
~ de voyageurs　旅客运输距离,旅客运程
~ des véhicules　车辆行程,车辆行驶
~ des wagons chargés　重车走行公里,重车里程
~ direct　直达里程
~ du piston　活塞冲程
~ du terrain　路线测量
~ en descente　下坡道行车,下坡行程,下坡里程
~ en kilomètre　按公里计算的行驶里程
~ en montagne　上坡道行车
~ en montée　上坡道行车,上坡行程
~ en pente　下坡里程,下坡行车
~ étranger　国外运程
~ journalier　日车公里
~ journalier d'un wagon　货车日车公里,车辆每日走行公里
~ journalier des locomotives　机车日车公里
~ minimum　最短运程
~ moyen　平均运程
~ moyen d'une tonne　每吨平均运程
~ moyen de transport　平均运输距离,平均运程
~ moyen journalier des locomotives　机车平均日车公里
~ moyen par voyageur　旅客平均运输距离,旅客平均运程
~ partiel　部分运程,部分行程
~ simple　单程
~ terminaux　出站距离,出库运行,出站运行,出国运行
~ total　总走行公里,全程
~ utile　有效里程
parcours-énergie *m*　冲力行程,动量行程
par-dessous　在下面
par-dessus　在上面
par-devant　在前面,当着……的面
pare-autochtone *m*　准原地岩体
pare-autunite *f*　无水钙铀云母(副钙铀云母)
pare-avalanche *m*　防雪崩
pare-boue *m*　挡泥板
pare-brise *m*　风挡,挡风板,(汽车的)风窗玻璃
pare-bruit *m*　消音器
pare-chocs *m*　缓冲器,减振器,防冲器
paredrite *f*　金红石
pare-feu *m*　防火壁,消火栓,挡火板,防火设备
pare-fumée *m*　排烟器
paregel *m*　混凝土抗冻剂
pareil, le *a*　相似的,类似的,同样的
pareillement *adv*　并行地,相同地,相等地
parement *m*　面,边,表面,镶面,砌面,复面,墙面,坡面,侧墙,斜坡,工作面,覆盖面
~ amont　上游坡面,上游面,迎水面
~ amont incliné　上游坡面,倾斜上游面
~ aval　下游坡面,下游面,背水面
~ d'ouvrage　结构物砌面
~ de béton　混凝土饰面
~ de grès　砂岩饰面,砂岩砌面
~ de la bordure　路边砌面

~ des talus 边坡砌面
~ du mur 墙面
~ du mur en brique 砖墙饰面
~ du pavé 路边石,路缘石,道牙
~ en béton lavé 洗干净的混凝土表面
~ en béton projeté 喷射混凝土面层
~ en pierre de taille 琢石砌面
~ en pierres 石砌面
~ en similipierre 人造石墙面
~ mignonnette lavée 水刷石墙面
~ profile （坝的）溢流面
~ vertical 垂直砌面
~ vertical à simple courbure 平曲线的垂直面

parementage *m* 饰面,墙面,衬砌,护板,涂层,车体外皮

pare-neige *m* 防雪栅栏,雪栅,挡雪墙

parenthèse *f* 括号,圆括号,插入语
  entre ~ s 加括号,题外的话,附带说明

pare-pierres *m* 防护网,进气口防尘网

parer *v* 躲闪,防御

pare-ringard *m* 炉门护板,炉门护圈

pare-soleil *m* （物镜）遮光罩,隔光板,挡光板

parfaire *v* 完成,补足
  ~ la différence 取消差别,全面完成

parfait *m* 完美,完善；*a* 完美的,完善的,完全的,理想的,十全十美的

parfois *adv* 有时

pargasite *f* 韭闪石

pariante *f* 特立尼达沥青

parisite *f* 氟碳钙铈矿,氟菱钙铈矿

parité *f* 均等,同类,等值,同位,同格,完全相等,对等性
  ~ de prix 等价
  ~ de taxe 同等运费

parkérisation *f* 磷酸盐防锈处理,表面氧化处理

parkérite *f* 硫铋镍矿（派克矿）

parking *m* 停车场,停机场
  ~ d'autos 汽车停车场

parking-consigne *m* 车站停车场

parkway *m* 公园大道,（大部或局部限制进出口的）风景区干道（以小客车交通为主）

parler *v* 说,讲,谈话,表达
  ~ à 对……谈话
  ~ sur 谈到……
  à proprement ~ 实在说,确切地说
  sans ~ de 不用说……

parleur *m* 通话筒,送话器,传声器

parmi *prép* 在……之间,在……中间

paroi *f* 墙,盘,壁,侧,外壳,挡板,岩壁,壁板,腹板
  à double ~ 双层隔板的,双侧板的
~ à pic 崖壁
~ absorbante 吸收壁
~ affaissée 断层下盘
~ au coulis 灌浆防渗墙,灌浆阻水墙,灌浆隔水墙,灌浆截水墙,灌浆地下连续墙,灌浆帷幕墙
~ avant du piston 活塞顶
~ cryogénique 低温墙,低温隔板
~ d'about 端板,端墙
~ d'âme 腹板
~ d'ancrage 锚固墙壁
~ d'attaque 工作面
~ d'auge 槽谷壁
~ d'eau 水面
~ d'extrémité d'un wagon 货车端板
~ d'un puits 井壁,孔壁
~ d'une galerie 巷道壁
~ de bout 端板,端墙
~ de cylindre 汽缸壁
~ de falaise 山岩崖壁
~ de forage, ~ de trou 钻孔[井]壁
~ de l'âme 肋腋板
~ de la faille 断层翼
~ de la vallée 谷坡
~ de protection 防护壁
~ de séparation 隔板,隔壁,防火隔板
~ de tuyau 管壁
~ des trottoirs 人行道板
~ diélectrique 介质隔板
~ du conduit du distributeur 分配管表面
~ du joint 接缝面
~ du tunnel 隧洞洞壁
~ en béton armé 钢筋混凝土墙壁
~ en micropieux 管桩墙
~ en treillis 格形墙壁
~ escarpée （谷地）陡坡
~ étanche 防渗墙,阻水墙,隔水墙,截水墙,帷幕墙,地下连续墙

~ incombustible　耐火隔墙
~ inférieure　下盘，底帮
~ latérale　侧墙，边墙
~ latérale du couloir　过道边墙
~ latérale non démontable（wagon）　固定边板（货车）
~ moulée　防渗墙，阻水墙，隔水墙，截水墙，地下连续墙，帷幕墙
~ nervure　肋形面，肋形壁
~ poreuse　多孔壁
~ postérieure　后墙
~ réfléchissante　回音侧板，回音壁
~ rocheuse　石墙，岩壁
~ semi-permeable　半透膜
~ soulevée　上盘
~ supérieure　上盘，顶帮
~ transparente　（观察燃烧情况的燃烧室）透明壁
~ transversale　横隔板
~ verticale　垂直墙面

parophite　*f*　不纯白云母（斑块云母）
parorthoclase　*f*　歪长石
paroxysmal　*a*　爆发性的
parpaing　*m*　砌块（与墙壁同厚的），穿墙石，混凝土砖
　~ à une main　小型砌块（一手能提的）
　~ creux　空心混凝土砖
　~ plein　实心混凝土砖
parquage　*m*　停车场，库存，堆积
parquer　*v*　停放（车辆），储存，堆积
parquetage　*m*　桥面铺装，铺地面，铺地板
parqueter　*v*　铺镶木板
parsemé　*a*　分散的
parsettensite　*f*　红硅锰矿
parsonsite　*f*　三斜磷铅铀矿
part　*f*　部分，份额，参加，地方
　à ~　特别地，另外，除去
　d'autre ~　另一方面，此外，另外
　d'une ~ ..., d'autre ~ ...　一方面……，另一方面……
　de ~ en part　从一边到一边，从这边到那边，穿过，贯穿
　de ~ et d'autre　在两边，彼此
　de la ~ de　从……方面，以……名义，代表……，来自……

　~ de marché　市场份额
　~ de taxe（voyageurs, marchandises, frais accessoires）　收费比例（客运、货运、杂项）
　de toute ~　从各方面，从四面八方，到处
　~ de trafic　运输比例
　~ transférable　转汇部分
partage　*m*　分，分配，分割，划分，分担，共享，分享
　~ d'air　风量分配
　~ de temps　分时
　~ de trafic　运量分配，运量分担
　~ des données　数据共享
　~ des responsabilités　责任的划分
　~ des taxes　运费分配，运费分担
partager　*v*　划分，分割，分配，分担，参与
partant　*conj*　从而，因而，所以，因此
parterre　*m*　花坛，花圃，地面，地板
　~ fleuri　花坛
　~ gazonné　草坪
parthéite　*f*　帕水硅铝钙石
parti　*m*　（单栋建筑物或单片工程的）具体设计方案
participation　*f*　参加，分担，参与，分享
　~ à un trafic　参加运输
participer　*v*　参加，参与，分担
　~ à　参加
　~ de　分有，兼有，共有
particulariser　*v*　使特殊化
particularité　*f*　特长，特点，特殊性
particule　*f*　微粒，颗粒，小部分，金属碎屑
　~ s abrasives　磨粒
　~ s en suspension　悬浮颗粒
　~ argileuse　黏土颗粒
　~ colloïdale　胶体粒子
　~ cylindrique　（圆柱形）颗粒
　~ de colloïde　胶粒，胶体微粒
　~ de désintégration　蜕变粒子
　~ de métal sphérique　球形金属粉粒
　~ de sol　土粒，土壤颗粒
　~ en suspension　悬浮微粒
　~ enrobée　涂层颗粒，复合颗粒
　~ fine　细颗粒
　~ individuelle　单个颗粒，单体颗粒
　~ solide　固体颗粒

particulier, ère *a* 特别的,特定的,特有的,个别的,局部的,分开的,单独的

particulièrement *adv* 尤其是,特别是

partie *f* 组,批,段;部分,方面,部门,单个;专业,职业,工种;零件,部件,配件;区域,局部,当事人,参与者,细目,有关方面,记账格式
~ A 甲方
~ active 作用区,工作部分,活性部分
~ adresse 地址部分
~ amont du fleuve 河流上游地段
~ antérieure 前部
~ apicale (岩体)顶部
~ architecturale 建筑部分
~ au traité 缔约一方
~ aval du fleuve 河流下游地段
~ aval du radier 建筑部分,下游防冲铺砌
~ B 乙方
~ basale 底部
~ concave (du profil en long) (纵断面的)凹进部分
~ construction 结构部分
~ convexe (du profil en long) (纵断面的)凸起部分
~ d'installation électrique 电气设备部分
~ de dessous 底部
~ de dessus 下部
~ de prise 入口,进口,进水口,取水口
~ des bénéfices dues au personnel 应支付人员的利润部分
~ double 复式簿记
en ~ 局部地,不全地,非整体地
~ en cause (水、气体流入沟、管的)入口,进风巷道
en majeure ~ 重要部分,大部分
~ en poids 重量部分
~ en porte-à-faux 悬臂部分
faire ~ de 属于……的部分,作为……的组成部分
~ fixe 固定部分
~ folle 夹层,废石层
~ inférieure 下部
~ lésée 受害者
~ mobile 活动部分
~ non suspendue 非悬吊部分
~ par million (p.p.m.) 百万分之一
~ peu dense 疏松部分(缺陷)
~ plastique 塑性部分
~ plomberie-sanitaire 卫生(管道)设备部分
~ pneumatique 风动部分
~ postérieure 后部
~ rapportée 插入物,衬垫,填料
~ réelle de la constante de transfer 不变衰减(电路)
~ retouchée 补坑
~ riche 富矿地段
~ rugueuse 凹凸不平之处
~ s contractantes 缔约的各方,缔约双方
~ s par million 百万分之几
~ saillante 突出部分
~ saine 合格部分
~ simple 单式簿记
~ sommitale 顶部
~ sous tension 带电部分
~ stérile 无矿地段
~ supérieure 上部
~ supérieure des terrassements (PST) 高填方,路床,土方上部
~ suspendue 悬吊部分
~ travaillante 工作部分

partiel, elle *a* 部分的,局部的,不完全的

partiellement *adv* 部分地,局部地

partir *v* 离开,开动,开始,出自……
~ à l'heure 正点出发,正点发车
~ de 由……而来,以……为基础,出发点
~ en dérive (wagon) 脱钩(车辆),车辆溜逸
~ en retard 晚点发车
~ pour un lieu 去某地
à ~ de 从……开始,从……着手

partiteur *m* 分水装置,支渠
~ de tension 分压器

partition *f* 分配,区分,划分,分割

partout *adv* 到处,处处

partridgéite[bixbyite] *f* 方铁锰矿(帕特里奇矿)

partschine *f* 锰铝榴石

partschite *f* 陨磷铁镍石

partzite *f* 水锑铜矿

parvenir *v* 到达,寄到,终于达到
~ à 达到,来到,终于……,能够

parvonite *f* 块硫铋银矿
parwelite *f* 硅砷锑锰矿
pas *m* 步,级,间距,节距,通道,阶梯;铆距,长度;螺距,螺纹
- ~ à engrenage 齿节,齿距
- ~ à gauche 左旋螺纹
- ~ à pas 逐步地,稳步地,一步一步地
- ~ au collecteur 整流子节距
- ~ axial 轴向节距
- ~ circulaire 齿距,齿节,周节,周围齿节,周围间距
- ~ d'ascension 垂直步
- ~ d'échantillonnage 取样间距
- ~ d'engrenage 齿节
- ~ d'enroulement 绕距,线圈节距
- ~ d'entraînement 导孔间距,传动步距
- ~ d'une bobine 线圈节距,绕距
- ~ de câblage 缆索节距
- ~ de chaîne 链条节距
- ~ de dent 齿距,齿节
- ~ de l'aubage 叶片间距
- ~ de la vis 螺纹距
- ~ de pupinisation 加感线圈间距
- ~ de rivetage 铆距
- ~ de rivets 铆钉间距
- ~ de rotation 旋转步
- ~ de sillonnage 槽纹间距
- ~ de soudure ici 此处不用焊接
- ~ de temps 时间间隔
- ~ de vibration 振幅
- ~ de vis 螺纹距,螺距
- ~ dentaire 齿距
- ~ des ailettes 片距
- ~ des dents 齿距,圆周齿节
- ~ des lames 片距
- ~ des rivets 铆钉间距
- ~ des spires 线匝节距,绕组节距
- ~ du trou taraudé 螺纹孔节距
- ~ effectif 有效间距
- ~ élevé 加大间距,加大螺距
- ~ fin 细牙螺纹
- ~ fixe 定距
- ~ géométrique 几何螺距
- ~ partiel d'un enroulement en tambour 绕组的前节距和后节距,绕组前后节距
- ~ relatif 相对间距
- ~ résultant d'un enroulement en tambour 绕组节距

pascal(Pa) *m* 帕(斯卡)(国际压力单位,等于1牛顿/平方米)
pascoïte *f* 橙钒钙石
passage *m* 过筛,过渡,通行,通过,横穿,道口,交叉,行程,越过,经过,管路,人行横道,走廊,转移,流出,通路,通道,甬道,(渠道、道路、电线的)地址,工程地址
- à ~ direct 直通的,直达的
- ~ à bestiaux (公路下面的)畜力车道
- ~ à cabrouets 搬运行李小车通道
- ~ à hauteur limitée 限制高度的通道
- ~ à niveau(P.N.) 平面交叉,平交道口,(平交)道口,铁路与公路平交道口
- ~ à niveau à régime de barrières normalement fermées 栏木常闭平交道
- ~ à niveau avec barrières 有隔栏的平面交叉
- ~ à niveau avec barrières manœuvrées à distance 装有遥控栏木的平交道
- ~ à niveau équipé de signaux lumineux automatiques 就地操作栏木的平交道
- ~ à niveau gardé 有人看守的平面交叉,有交通指挥的十字路口
- ~ à niveau muni de barrières 有人看守的(平交)道口
- ~ à niveau non gardé 无人看守的平面交叉,无交通指挥的十字路口
- ~ à niveau sans barrières 无隔栏的平面交叉
- ~ à vitesse normale 不限速运行,不限速通过,按正常速度运行(或通过)
- ~ aérien 天桥
- ~ aérien pour piétons 行人空中过道
- ~ au crible 筛选,筛分,筛选
- ~ au gabarit 通过限界,机车车辆限界
- ~ au tamis 过筛,筛分,筛选
- ~ automatique sur des accumulateurs 蓄电池自动开关
- autoriser le ~ 允许通行
- ~ calibre 校准孔,限流孔,定量孔,定径孔
- ~ clouté 斑马线,过路人行道
- ~ d'air 风道,通气道

~ d'eau 排水涵渠
~ d'eau à trois tuyaux 三管式涵洞
~ d'eau avec dalles 板式涵洞
~ s d'essieux de référence 标准车轴数
~ de buse avec dalles 板式排水涵
~ de chaleur 传热
~ de chemin 平交道
~ de circulation 人行道
~ de courant 电流通道
~ de fil 线材通道
~ de hauteur limitée 限制高度的通道
~ de l'eau 水路,水道
~ de la charge 荷载通过
~ de la frontière 边境通道
~ de secours 应急通道
~ de service 服务性通道,临时性通道
~ dénivelé 立体交叉,道路立体枢纽
~ des quais (souterrain) 站台间的平交道
~ des quais à niveau 站台间地道,人行地道
~ des véhicules 车辆通行
~ des véhicules lourds 重车通行
~ du trafic 开放交通
~ en dessous (route sous voie ferrée) 铁路跨线桥,公路在铁路下层的立体交叉
~ en douane 海关检查,通过海关
~ en machine 机器运行
~ étroit 狭窄通道
~ inférieur (P.I.) 下穿交叉(道),地道,地下过道,下穿线,地槽,高架桥下通道
~ par la voie déviée 进侧线(减速)通过
~ par la voie non déviée 进直线(不减速)通过
~ par-dessous 下穿式立体交叉
~ par-dessus 上跨式立体交叉
~ pavé 铺砌的道口
~ permanent 永久性道路
~ pour canalisation 水道桥跨,水道桥跨度,水道桥跨径
~ pour piétons 人行横道,人行过街
~ pour piétons à niveau séparé 立体式横跨(车道)设施
~ pour piétons délimité par lignes blanches 用白线限定的人行横道
~ principal 主要通道
~ prioritaire 优先通行

~ provisoire 临时过河桥
~ public 公共通道,公用通道
~ resserré 狭窄通道
~ réversible 可逆通过,双向通过
~ sans arrêt 不停车通过
~ sans limitation de vitesse 不减速通过
~ souterrain 地下通道
~ souterrain pour piétons 行人地道,行人地下过道
~ souterrain pour voitures 地下车辆通道
~ supérieur (PS) 立体交叉,上跨式立体交叉,上跨式分离立交,上跨路,跨线路,(跨越公路、铁路等的桥梁或其他通道),跨线桥

passager m 旅客,乘客
passager, ère a 经过的,暂时的,瞬间的
passager-kilomètre m 旅客公里,人公里
passant m 行人,路人,过筛,过筛材料,过筛粒料,通过率;a 行人过往频繁的,通频的
passation f 签订,签署,成交,订立
~ d'un acte 签订一项契约
~ de la commande 签订合同
~ de service 交班
~ du marché 签订合同,接受合同,接受契约
passauite f 中柱石,钙钠柱高岭石
passavant m 货物免税通行证,海关许航证
passe f 遍,趟,通道,通行,间隔,间距,山口,闸门孔,合格,(采矿)进尺,钻程,(地貌)山道
~ à billes 放木道,筏道
~ à bois flottants 放木斜道,筏道,滑木道
~ à gravier 铺砾石小路,砾石排水孔,砾石排放道
~ d'évacuation des corps flottants 漂浮物排污道
~ d'un rouleau 压路机通过
~ de compactage 压实遍数
~ de flottage 筏道,放木道
~ de soudure 焊道,焊层
~ étroite 窄焊道,直线焊道
~ fluviale 内河航道
~ marinière 海上航道
~ navigable 航道
passé m 过去,往昔,既往,往事,经历
~ géologique 地质经历
passe-câble m 电缆孔

passe-debout *m* 过境许可证,货物免税通行证
passe-fils *m* 导线绝缘管,套线管,轴套
passeport *m* 船舶航行许可证,护照,出口许可
～ de service 公务护照
～ ordinaire 普通护照
passer *v* 过,变,给,筛,通过,经过,消失,成为,传递,转入,过滤,超过
～ à 投到,传到
～ à crible 过筛
～ à tamis 过筛
～ à travers 越过
～ des commandes 订货
～ en compte 入账
～ en revue 检查,检阅
～ par 穿过,通过
～ par dessus 跨过
～ pour 被认为,被当作
～ un contrat 订立合同
～ une commande à 给一个指令
～ une vitesse 改变速度,换挡
passerelle *f* 引桥,天[人行]桥,栈桥,便桥,通过台踏板,行人桥渡板
～ à conduite 管桥
～ à dalle de béton léger 轻质混凝土板人行桥
～ à signaux 信号跨线桥
～ d'embarquement 轮渡站桥
～ de chargement 装车跳板
～ de chargement rabattable 折叠式装车跳板
～ de chargement relevable 提升式装车斜坡跳板
～ de derrick 钻架工作平台
～ de la gare 车站天桥
～ de manœuvre 行人桥
～ de manœuvre des vannes 工作桥,闸门操作便桥
～ de service 工作桥,工作便桥[走道]
～ de signalisation 信号跨线桥
～ de travail 工作平台
～ en bois 木栈桥
～ mobile 活动便桥
～ pour piétons 人行桥
～ sur toiture 车顶走道
passeur *m* 渡船船员
passif, ive *a* 被动的,无源的,消极的,钝态的

passivant *a* 钝态的
passivation *f* 钝化
passivé *a* 钝化了的,稳定的,固定的
passiver *v* 使钝化
～ le métal 使金属钝化
passivité *f* 钝性,被动性,不活动性
～ du métal nu 赤金属钝态
passoire *f* 漏勺,筛子,粗筛,圆孔筛,粗滤器
～ de chaux 混凝土浆
～ de ciment 石灰浆
～ pure 净水泥浆,纯水泥浆
passyite *f* 不纯石英
pastiche *a* 增加的,添加的,叠置的,假的,假冒的
pastille *f* 小片,叶片,圆盘,小圆片,片状物,圆颗粒,片状物,冲压碎料
pâte *f* 浆,糊,膏,(火成岩的)基质,糊状物,间隙物质,充填基
～ à joint 密封剂,封口膏
～ à roder 抛光膏,研磨膏
～ à souder 焊药,焊锡膏,钎剂
～ céramique 陶瓷材料
～ de bois 木浆
～ de chaux 石灰浆
～ de ciment 水泥浆,水泥净浆
～ de ciment durci 已硬化的水泥浆,水泥石
～ de ciment net 纯水泥浆
～ décapante 焊剂,钎剂
～ isolante 绝缘膏
～ pure 纯水泥浆,净水泥浆,水泥净浆,纯灰浆
～ pure de ciment 纯水泥浆
～ s crues de cimenterie 水泥浆
patenôtre *f* 多斗式提升机
patentement *m* 钢丝韧化处理
patenter *v* 取得专利,准许专利
patéraïte *f* 黑钼钴矿
paternoïte *f* 水硼镁石,硼钾镁石
pâteux, euse *a* 黏的,胶质的,浓厚的,糊状的
patin *m* 底,垫块,垫板;滑轨,滑块;基底,底座,十字头,集流板,制动铁鞋
～ s d'appui 支撑垫块
～ de chalut 桁网架
～ de crosse 十字头滑履
～ de déraillement 脱轨器
～ de frein 闸屐(电磁制动)

~ de glissement（bogie） 转向架旁承
~ de jalon 尺垫
~ de traverse 导块

patinage *m* （des roues motrices） 打滑,空转（动轮）

patiner *v* 滑动,空转

patinoïte *f* 黄方石

pâton *m* de pédale 踏板面

patrimoine *m* 财富,遗产,文物,文化遗产
~ archéologique 文物古迹

patrinite *f* 针硫铋铅矿,硫铜铅铋矿

patron *m* 模型,样模

patronite *f* 绿硫钒矿

patronné *a* 有保证的,被保证的,得到支持的

patte *f* 爪,足,掌,钩,抓手,挂钩,支脚,支架,吊架
~ à scellement 地脚
~ à souder 连接板,焊片
~ d'éléphant 扩大拱脚
~ d'araignée 润滑油路,润滑槽
~ d'attache 联接板,固定爪,耳座,耳环
~ d'éjection 推杆,顶杆,脱模杆
~ d'isolateur 绝缘垫板,鱼尾结合板
~ de fixation 固定爪,定位板
~ de remorque 拖索

patte-d'oie *f* 十字路口,交叉路,指状绳索接头

pattersonite *f* 钾黑蛭石,蠕绿泥石

patte-support *f* 托架,支架

paucilithionite *f* 钾锂云母

paulite *f* 紫苏辉石,砷铝铀云母

paulmooréite *f* 保砷铅石

paulownia *m* 泡桐

paumelle *f* 可拆铰链,套芯活页,护掌

pause *f* 暂停,间断,间歇,停息,休止
~ de midi 午休

pauser *v* 停息,暂停,休止

pauvre *a* 贫瘠的,贫乏的,简陋的

pavage *m* 铺面,铺路,铺砌,路面,石块铺砌,石块铺面,铺砌路面,铺砌边坡,建筑材料
~ （en pavés）de basalte 玄武石块路面
~ （en）mosaïque 嵌花式（铺砌）路面,马赛克铺面
~ à bain de mortier 砂浆胶砌的（块料）路面,砂浆砌面
~ à gros pavés 大石块铺砌路面
~ à petits pavés 小石铺砌路面
~ à sec 干砌铺面
~ bétonné 铺筑混凝土路面,混凝土路面
~ caoutchouc 橡皮块路面
~ d'asphalte 沥青路面,沥青铺砌块
~ d'échantillon 大块石铺砌,大块石路面
~ de basalte 玄武岩铺路石块
~ de blocage 乱石铺砌
~ de blocs en pierres 小方石铺砌,石块铺砌
~ de bordure 路缘石,缘石
~ de carreaux de marbre 大理石板铺面
~ de fonte 熔渣路面
~ de fossé 边沟铺砌
~ de granite 花岗岩铺砌小方石块
~ de laitier 铺砌用矿渣砖,矿渣砖铺砌
~ de laitier de haut-fourneau 高炉渣路面
~ de marbre 大理石铺面,大理石地面
~ de pierre 石块路面,石块铺砌层
~ de talus 坡面铺砌
~ désertique 荒漠覆盖面
~ diagonal 对角铺砌,十字交叉铺砌
~ du talus 坡面铺砌
~ en arc de cercle 拱形石块铺砌,地形石块路面
~ en arête de poisson 人字铺砌
~ en asphalte 地沥青铺路,地沥青路面
~ en béton 混凝土路面
~ en blocage 圆石铺砌
~ en blocs de béton 混凝土板铺砌
~ en bois 木块铺面,木块路面
~ en briques 砖砌路面
~ en briques à plat 平铺砖
~ en briques de champ 立铺砖
~ en briques de scorie 熔渣砖路面
~ en briques du fond de caniveau 砖砌沟底
~ en briques dures 缸砖路面
~ en briques recuites 缸砖路面
~ en carreaux d'asphalte 沥青块铺砌
~ en dalle 石板路面
~ en fer 铸铁块（铺砌）路面
~ en galets 砾石路面
~ en grès 砂岩块石路面
~ en gros pavés 大石块铺砌

~ en madriers （铺）木板路面
~ en mortier asphaltique 片地沥青路面
~ en mosaïque 拼花铺砌,马赛克铺砌
~ en pavés mosaïques 拼花铺砌,马赛克铺砌
~ en petit pavé 嵌花式小方石（铺砌）路面
~ en pierre 石料（铺砌）路面,石块（铺砌）路面,砌石,块石铺砌
~ en pierres alignées 成层（铺装）路面,成行石块铺砌
~ en pierres artificielles 人造石块铺面
~ en pierres brutes 天然石铺路,天然石路面
~ en pierres de taille 石板铺砌,用石板铺路,石板路面
~ en pierres par rangées 成层铺装路面
~ en pierres tout venant 圆石（铺砌）路面,大卵石路面
~ glissant 滑溜路面
~ gratté 刮平路面
~ irrégulier 卵石路面
~ mosaïque 马赛克路面
~ mosaïque de basalte 玄武岩铺砌块
~ naturel 天然铺砌块
~ par rangées 方石块（铺砌）路面
~ posé en arc 拱形石块铺砌

pavé *m* 街,马路,路面,铺路的石块,铺路材料
~ à sec 干砌铺面
~ d'asphalte 沥青路面,沥青铺砌块
~ de bordure 路缘[边]石,道牙
~ de laitier 铺砌用矿渣砖
~ de marbre 大理石铺石材料;大理石铺面
~ en béton 混凝土铺砌
~ en bois 木块铺面,木块路面
~ en briques 砖路面
~ en briques dures 缸砖路面
~ en briques recuites 缸砖路面,陶砖地面
~ en granit 花岗石铺砌块
~ mosaïque 马赛克砌块
~ naturel 天然铺砌[路]石;天然石块路[铺、地]面

pavement *m* 路面,铺面,石坪,平滑岩面,铺砌工程
~ bitumineux 沥青路面,沥青面层
~ coloré 有色路面,彩色路面
~ d'asphalte 地沥青路面
~ de la tête de dalot 洞口铺砌

~ de mastic 沥青砂胶路面
~ du lit de rivière 河床铺砌
~ en aggloméré de béton 预制混凝土板路面
~ en appareil de panneresses 顺砖铺砌
~ en béton 混凝土路面,混凝土铺面
~ en béton armé 钢筋混凝土路面
~ en béton asphaltique 沥青混凝土路面
~ en béton précontraint 预应力混凝土路面
~ en bloc 块体路面,块状路面
~ en briques 砖砌路面
~ en dalle de ciment 水泥板铺面,水泥板路面
~ en pierre 石块铺面,石块路面,铺石路面
~ flexible 柔性铺面,柔性层面
~ mosaïque 马赛克[拼花、锦砖]铺[地]面
~ rigide 刚性铺面,刚性路面

paver *m* （水泥或沥青混凝土等路面）摊铺机,铺路机,铺料机,铺砌工; *v* 铺路,铺砌地面,用石块铺砌
~ de grès 砂岩铺路石

paveur *m* 铺路工,铺砌工,铺路机

pavillon *m* 顶篷,旗帜,展厅,送话器喇叭筒,亭子,车身顶棚
~ chargement dangereux 危险货物旗
~ du code 国际信号简语信号旗
~ conique 锥形喇叭口,锥形喇叭筒
~ à lanterneau 塔形屋顶,开窗车顶
~ multicellulaire 网格式喇叭,蜂房式喇叭,扁形喇叭,分裂式发射器
~ national 国旗
~ de quarantaine 检疫旗

pavimenteux, euse *a* 铺路用的,铺砌用的

paxite *f* 斜方砷铜矿

payable *a* 有经济价值的,可采的
~ à la livraison 交货付款

payant, e *a* 易加工的,可行的,有利的,合算的

paye *f* 支付,报酬,工资

payer *v* 支付,缴纳
~ par anticipation 预先付款
~ une dette 还债

payeur *m* 付款人

pays *m* 地方,地区,产地,国家,故乡
~ à fiscalité faible 低税国家
~ à fiscalité lourde 重税国家
~ accidenté 山区,高地,山地,高原,山岳地,丘

陵区，丘陵地带，起伏不平的地区
~ agricole 农业国
~ aréique 干旱区
~ aride 不毛之地
~ bas 低地，洼地，盆地
~ bénéficiaire 受惠国，受援国
~ bénéficiaire d'assistance 受援国
~ boisé 林区
~ calcaire 喀斯特地区，岩溶发育区
~ côtiers 沿海国家，沿海地区
~ coupé 切割区
~ créancier 债权国
~ créditeur 债权国
~ cristallin 结晶岩发育区
~ d'économie libre 经济自由国家
~ d'en-bas 低地，洼地，盆地，低平原区
~ d'en-haut 高地区
~ d'origine 原产国，原产地
~ de l'intérieur des côtes 内陆国家
~ de provenance (des produits) （产品）来源国，来源地
~ de tectonique de couverture 地台型构造区
~ découvert 剥离区，发现区，开旷地区
~ désertique 荒漠
~ destinataire 到达国
~ développés 发达国家
~ du siège 总公司所在国
~ en développement 发展中国家
~ en voie d'émergence 新兴国家
~ en voie de développement 发展中国家
~ expéditeur 发货国
~ exportateur 出口国，输出国
~ fournisseur 供应国
~ haut 高原，台地，海台，高地
~ humide 潮湿区
~ importateur 进口国，输入国
~ industrialisé 工业化国家
~ karstique 岩溶发育区，喀斯特发育区
~ les moins avancés 最不发达国家
~ mamelonné 山区，山岳地，高地，起伏不平地区
~ marécageux 沼泽地
~ méditerranéen 地中海气候区
~ montagneux 山地，山区

~ normal 平坦地区，微起伏地区
~ ondulé 丘陵区，地形起伏地区
~ ouvert 开阔地带
~ peu développé 不发达国家
~ plat 平原，低地，平坦地区
~ plat entaillé 切割平原
~ plat raviné 河谷切割平原
~ protégé 保护区
~ riverain 沿河地区
~ sédimentaire 沉积岩发育区
~ sous développés 不发达国家
~ tabulaire 台地地区
~ tempéré 气候温和地区
~ tiers 第三国
~ transit 过境国
~ transitaire 过境国，商品转口国
~ vallonné 丘陵起伏区，丘陵地形
paysage m 景观，景色，地形，地貌，地表
~ de bassins fermés 低洼盆地地形
~ de collines 丘陵地形
~ de côtes 单面山地形，山区地形
~ de moraines de fond 底碛地形
~ de moraines terminales 终碛地形
~ environnant 周围环境
~ étagé 阶梯地形
~ géographique 地理景观
~ géologique 地质景观
~ géomorphologique 地貌景观
~ karstique 岩溶地形，喀斯特地形
~ morainique 冰碛地形
~ volcanique 火山地形
paysagisme m 环境美化，绿化
pazite f 硫砷铁矿
péage m 运费，车费，通行税，过桥税，过路税；过桥税或通行税征收处
~ autoroutier 高速公路通行税
autoroute à ~ 需缴通行税的高速公路，过桥税或通行税征收处
péager, ère n 过桥税或通行税征收员
péagiste n 过桥税，通行税
peau f 皮，壳，膜，外皮
~ d'attaque 氧化皮，氧化膜
~ d'éléphant 收缩节理
~ de crocodile 路面网裂，路面龟裂

~ de fonderie 铸件表皮
~ de laminage 波形表面，波形屋面板，滚轧表层
~ du métal 金属表皮
pechblende *f* 胶铀矿，沥青铀矿
péchite *f* 胶硅锰铁矿
pechkohle *f* 烟煤，沥青煤
pechstein *m* 松脂岩
péchurane *f* 沥青铀矿，脂铅铀矿
peckhamite *f* 杂顽辉橄榄石，顽火辉石
pécoraïte *f* 镍纤蛇纹石
pectiné *a* 梳状的，栉状的，锯齿状的
pectine *f* 果胶
pectique *a* 果胶的，含果胶的
pectisation *f* 胶凝作用
pectolite *f* 针钠钙石
pédalage *m* 共振记录
pédale *f* 踏板，脚蹬（板），接触器，脚踏开关，接通按钮（电话），轨道接触器，轨道占用侦查杆
~ d'accélération 加速器踏板
~ d'embrayage 离合器踏板
~ de commande de débrayage 离合器踏板
~ de commande de frein 制动踏板
~ de commande des avertisseurs de route de conducteur 司机线路警告器控制踏板
~ de commande des avertisseurs de route de l'aide conducteur 副司机线路警告器控制踏板
~ de débrayage 离合器踏板
~ de décélération 减速器踏板
~ de décharge (frein) 缓解踏板（制动机）
~ de frein 制动踏板，刹车踏板
~ de lancement 启动踏板
~ de remise automatique à l'arrêt 使信号自动回复定位踏板
~ de sablage 撒砂踏板
~ de sécurité 安全踏板
~ détectrice de véhicule 车辆检数器踏板（自动管制交通用）
~ électromécanique 电气机械踏板
~ électromécanique à levier 杠杆式机电踏板
~ électromécanique à retardement 机电式延时踏板
pédaler *v* 骑自行车

pédaleur *m* 骑自行车者
pédalfer *m* 铁铝土，淋余土
pedestal-rock 蘑菇石，石柱
pédestre *a* 徒步的，步行的
pédiment *m* 山墙，人字墙，麓原，山麓缓斜平原，山前侵蚀平原
~ coalescent 接合麓原
~ emboîté 插入麓原
pédimentation *f* 山麓夷平作用，宽（河）谷形成（过程）
pédiplaination *f* 山麓夷平作用，山麓侵蚀平原
pédiplaine *f* 联合山麓侵蚀面，山麓侵蚀面平原
pédocal *m* 钙质土，钙层土
pédochimie *f* 土壤化学
pédochronologie *f* 土壤年代学
pédoclimat *m* 土壤气候
pédoclimax *m* 土壤发育的最后阶段
pédogenèse *f* 土壤发生，壤化作用
pédogénétique *a* 成土的，成壤的
pédogéographie *f* 土壤地理学
pédologie *f* 土壤学
pédologue *m* 土壤学家
pédomètre *m* 步程计，计步器，计程器
pédomorphe *a* 土壤状的
pédophysique *f* 土壤物理学
pédosphère *f* 土界，土壤圈
pédrosite *f* 奥闪石岩
péganite *f* 磷铝石
pegmatique *a* 伟晶的，伟晶岩的
pégmatisation *f* 伟晶岩化
pegmatite *f* 伟晶岩，文象花岗石
~ complexe 复伟晶岩
~ granitique 花岗伟晶岩
~ graphique 文象伟晶岩
~ simple 单位晶岩
pegmatitique *a* 伟晶状的，文象的（结构）
pegmatitoïde *m* 似伟晶岩
pegmatoïde *m* 伟晶岩相；*a* 似伟晶岩的
pegmatoïdique *a* 似伟晶的（结构）
pegmatolite *f* 正长石
pegmatophyre *m* 花斑岩，文象斑岩
pegnitogène *a* 溶液沉积的，化学沉积的
~ roulant 钉齿刮板，钉刮样板
peindre *v* 涂油漆

~ au pistolet 喷漆

peine *f* 惩罚,辛苦,疲劳,困难,穷困
à ~ 刚刚,勉勉强强,几乎不
sans ~ 不费事,轻而易举,很容易

peintre *m* 油漆工

peinturage *m* 涂漆,上油漆

peinture *f* 油漆,涂料,颜料,涂漆,上漆,着色,涂层
~ à base de bitume 沥青涂料
~ à base de chlore-caoutchouc 氯化橡胶涂料,涂氯化橡胶
~ à l'eau 水溶性涂料,水漆
~ à l'essence 油漆,油溶性涂料
~ à la brosse 刷漆
~ à la céruse 白铅漆
~ à la chaux 刷白灰水,涂白
~ à la détrempe 胶漆,加胶粉粉刷,水溶性涂料
~ à la partie inférieure de glissière 护栏底部喷漆
~ à la poudre d'aluminium 铝粉漆,刷银粉
~ à séchage rapide 快干油漆
~ à solvant 溶剂型涂料
~ anti oxyde 防锈漆,抗氧化涂料
~ antiacide 耐酸漆,耐酸涂料
~ anticorrosion 防腐漆,耐酸涂料
~ anticorrosive 防蚀漆
~ antigivre 防冻漆
~ antirouille 防锈漆,除锈漆
~ antisalissure 防腐油漆
~ antiseptique 防腐涂料,防腐漆
~ argentée 银粉涂料
~ asphaltique 沥青涂料,沥青漆
~ au blanc de plomb 白铅漆
~ au blanc de zinc 白锌漆
~ au chantier 工地油漆
~ au ciment 水泥涂料
~ au four 烘漆
~ au goudron 柏油涂料,柏油漆,焦油沥青漆
~ au latex 乳胶涂料
~ au pistolet 喷漆,用喷枪上漆[上色、粉刷]
~ au silicate 硅酸盐涂料
~ au vernis 釉器,亮漆
~ bitumineuse 沥青涂料,沥青漆
~ cellulosique 纤维素涂料
~ conductrice 导电漆
~ craquelée 皱纹漆
~ d'aluminium 喷铝,铝染,铝漆,铝涂料,银灰漆
~ d'apprêt 底漆,底涂层,上底漆[色]
~ d'entretien 养护油漆,保护性涂料
~ de balisage 道路(交通)标志油漆,公路路标油漆
~ de base 打底油漆,打底涂料
~ de finition 罩面漆
~ de fond 底涂,底漆
~ de lignes de circulation 交通标志用漆,变通划线用漆
~ de parement 上层涂漆,涂最后一层油漆
~ de protection 防护油漆,防护涂层
~ de signalisation 道路标志涂漆
~ des bétons 混凝土着色
~ des ouvrages d'art 人工结构物着色
~ émail 瓷[釉]漆
~ émaillée 釉漆,釉质涂层
~ en atelier 出厂前涂漆
~ en détrempe 胶漆
~ s extérieures 外部涂漆工作
~ externe 外部涂漆
~ fongicide 含杀菌剂油漆
~ fusible à chaud 热熔型涂料
~ givrée 皱纹漆
~ hydrofuge 防水涂料[漆]
~ ignifuge 防火漆
~ s intérieures 内部涂漆工作
~ interne 内部涂漆
~ isolante 绝缘漆
~ luminescente 发光漆
~ mate 无光漆
~ métallique 金属涂料
~ mixte 调[混]和漆
~ par arrosage 喷漆
~ par pulvérisation pneumatique 风动喷漆
~ plastique 塑料漆
~ plastique à chaud 热塑涂料
~ pneumatique 喷漆
~ pour l'usage extérieur 外部涂料,外表涂料
~ pour lignes de circulation 道路标线涂漆
~ pour marquage des routes 交通标志用漆,交

通划线用漆
~ première main 底[头道]漆
~ projetée au vaporisateur （汽雾）喷漆
~ protectrice 防护漆
~ réfléchissante 反射涂料
~ réflectorisée 反光涂料
~ résistant à la chaleur 抗热油漆
~ routière 路面划线油漆，道路标线涂漆
~ secondaire 二次涂漆，再涂油漆
~ sur atelier 工厂油漆，厂漆
~ sur chantier 工地油漆
~ synthétique 合成涂料
~ vermiculée 皱纹漆
~ vernissée 釉漆
peinture-ciment f 水泥粉末
peinture-émail f 瓷漆
peinturer v 涂抹，涂漆
pekoïte f 皮硫铋铜铅矿
pelade f 粗琢(石)工作，(表面处治等的)局部起层，剥落，石片
pélagosite f 不纯方解石，不纯霞石
peléeite f 苏拉英安岩
peler v 剥，剥皮，脱皮，脱落
pelhamine f 水纤蛇纹石
pelhamite f 水蛭石
péligotite f 铀铜矾
pélikanite f 水磨石
pélinite f 胶泥
péliom m 堇青石
pélionite f 烛沥青煤
pélite f 泥质岩，铝质沉积岩，铝质沉积变质岩
pélitegneiss m 泥片麻岩
pélitique a 泥质的
pélitisation f 泥化
pélitomorphe a 泥状的
pelle f 铲，锹，戽斗，抓土机，挖土机，装载机
~ à air 风铲，风锹
~ à benne à demi-coquilles 蛤斗挖土机，蚌壳式挖土机
~ à benne preneuse 抓斗式挖掘机，抓斗式挖泥机
~ à chenille 履带式挖土机，履带式装载铲
~ à cheval 马拉刮土机
~ à commande hydraulique 液压挖土机，液压装载铲
~ à godet 单斗挖土机
~ à godet sur chenilles 履带式单斗挖土机
~ à grappin 抓斗式挖掘机，抓斗式挖泥机
~ à long manche 斗式装载机
~ à main 手铲
~ à neige 除雪铲
~ à souffler 捣固器
~ à trois essieux sur pneumatiques 三轴卡车式挖土机
~ à vapeur 蒸汽挖掘机
~ arrière 后置装载机（装在平地机后部）
~ automatique 挖掘机，挖土机，电铲
~ automotrice 自动挖土机，自动装载铲
~ automotrice hydraulique 液力自动挖土机，液力自动装载铲
~ chargeuse 装载机，装车铲
~ chargeuse de galerie 坑道装载机，坑道挖掘机
~ chargeuse électrique 电力装载铲
~ chargeuse hydraulique sur pneus 轮胎式液压装载机
~ chargeuse orientable 定向装车铲
~ chargeuse pour souterrains 隧道装载机，隧道挖掘机
~ chargeuse sur chenilles 履带式装载机
~ chargeuse sur pneu 轮胎式装载机
~ chargeuse sur roues 轮式装载机
~ chargeuse sur tracteur 拖拉式装载机
~ de chargement 装车铲
~ de découverte 表层开挖机
~ de galerie 隧道装载机，隧道挖掘
~ de tranchées 挖沟机
~ doseuse (soufflage mesuré) 配料铲，计量铲（铲量法）
~ dragline 导索挖掘机，索铲挖掘机，捞土机
~ dragline montée sur camion 汽车式索铲挖土机
~ dragueuse 单斗挖泥机
~ électrique 电力装载铲，电铲
~ électrique à trois moteurs 三马达电动挖掘机
~ électrique tournante 旋转式电铲
~ en chenille 履带式挖土机
~ en pneu 轮胎式挖土机

pelle-chargeuse

- ~ équipée en butte 正铲挖土机，正向机械铲
- ~ équipée en dragline 索斗挖掘机，拉铲挖土机，索式挖土机
- ~ équipée en fouille 反向铲挖土机
- ~ équipée en fouilleuse 反铲挖土机，反向机械铲
- ~ équipée en fourche 叉形斗式机械铲
- ~ équipée en rétro 反铲挖土机，反向机械铲
- ~ excavatrice 机力铲，单斗挖掘机
- ~ excavatrice à godet 单斗挖掘机
- ~ excavatrice à godet sur chenilles 履带式单斗挖土机
- ~ excavatrice à godet sur pneus 轮胎式单斗挖土机
- ~ fouilleuse 挖土铲，反铲挖掘机
- ~ frontale à déchargement arrière 后卸装载机（装载斗越过车顶）
- ~ giratoire 全转式挖掘机
- ~ hydraulique 液压装载机，液压挖土机，水力挖掘机
- ~ hydraulique à pneus 轮胎式液压装载机，轮胎式液压挖土机
- ~ hydraulique automotrice 液压自动装载铲，液压自动挖土机
- ~ hydraulique sur camion 卡车式液压装载机，卡车式液压挖土机
- ~ hydraulique sur chenilles 履带式液压装载机，履带式液压挖土机
- ~ hydraulique sur pneus 轮胎式液压装载机，轮胎式液压挖土机
- ~ inversée 反铲
- ~ inversée rétro-tranchée 反向挖沟铲
- ~ inversée terrassement 反向挖土铲
- ~ mécanique 单斗挖掘机，机力铲，机械铲，挖土机
- ~ mécanique automotrice 自动挖土机，自动装载铲
- ~ mécanique sur châssis 轮胎式机械铲斗（车）
- ~ mobile 自行式挖土机
- ~ niveleuse 刮土机，平土机，平路机，刨土机，筑路机
- ~ oléomécanique 液压装载机，液压挖土机
- ~ oscillante 振动铲
- ~ pour carrières 挖石机
- ~ pour souterrains 隧道挖掘机，隧道装载机
- ~ preneuse 抓铲（挖土机的）
- ~ racleuse 铲运机，刮土机，电耙
- ~ rétro 反向挖土机，反向铲
- ~ rétrocaveuse 反向铲，反铲挖土机
- ~ tournante (ou giratoire) 旋转式铲
- ~ tractée 手扶刮土机
- ~ tranchante 挖泥机戽斗
- ~ treuil scraperette 手扶拖铲
- ~ universelle 多功能挖掘机，正反铲挖土机

pelle-chargeuse f 装车铲
pelle-excavatrice f 挖掘机
pelle-grue f 单斗挖掘机
- ~ bicâble 双缆索单斗挖掘机
- ~ sur chenilles 履带式单斗挖掘机
- ~ sur pneus 轮胎式单斗挖掘机

pelle-pioche f 鹤嘴镐
pelletage m 铲土，铲料，铲装
- ~ à la main 手工铲土，手工铲料

pelleter v 铁锹搅拌，铲
pelleteur m 铲工，装载机，推土装载机，回转式挖土机，斗式提升运土机
- ~ électrique 电铲
- ~ mécanique 机械铲
- ~ sur chenilles 履带式装载机
- ~ sur pneus 轮式装载机

pelleteuse f 装卸机
- ~ à godets automotrices 自动多斗装载机
- ~ à godets et courroie transporteuse 附有输送带的多斗装载机
- ~ à godets multiples 多斗装载机
- ~ à godets pivotante 翻斗卸料的多斗装载机
- ~ à godets portée sur camion 汽车式多斗装载机
- ~ à godets racleurs 多斗铲装机
- ~ à godets sur chenilles 履带式多斗装载机
- ~ à godets sur pivotants 翻斗卸料的多斗装载机
- ~ à godets sur pneumatiques 轮胎式多斗装载机
- ~ à godets tractée 牵引式多斗装载机
- ~ à neige 除雪机
- ~ chargeuse continue 多斗装载机
- ~ chargeuse tractée 牵引式多斗装载机
- ~ excavatrice 挖土机

~ godets sur pneumatiques　轮胎式多斗装载机
~ hélicoïdale　螺旋式装卸机
pelleteuse-chargeuse　*f*　装载机
~ continue　连续装载机
pelliculaire　*a*　薄膜的
pellicule　*f*　薄片，薄膜，涂层，漆膜，镀层
~ alluviale　冲积物薄层
~ d'eau　水薄膜
~ d'huile　油膜
~ d'oxyde　氧化膜，氧化层
~ de ciment　水泥薄膜，水泥浆膜
~ de liant hydrocarboné　沥青结合料涂层
~ de peinture　漆膜
~ de polyéthylène　聚乙烯薄膜
~ de rouille　锈膜
~ isolante　绝缘层
~ lubrifiante　润滑膜
~ protectrice　保护膜
pellouxite　*f*　生石灰
pellyite　*f*　硅铁钙钡石
pelmicrite　*f*　球粒微晶灰岩
pélokonite　*f*　铜锰土
pélomorphisme　*m*　（高温下）岩石可塑性作用
pélosidérite　*f*　泥菱铁矿
pelote　*f*　线团，线球，球形物，团状物
~ basque　回力球
peloter　*v*　缠，绕，卷
pelsparite　*f*　球粒亮晶灰岩
pelure　*f*　去皮，剥皮，鳞剥，脱皮，成片剥落
pénalité　*f*　罚金，处罚，罚款，惩罚
~ de retard　延期罚款
pencatite　*f*　水镁大理岩
penchant　*m*　斜坡，倾斜度
penchement　*m*　倾斜
pencher　*v*　弯曲，倾斜，低垂
~ pour　偏向
~ à　倾向于……
~ vers　趋向于
pencilstone　*f*　叶蜡石，石笔石（块滑石）
pendage　*m*　倾斜，倾向，倾角，倾斜地层
~ anormal　反常倾斜
~ apparent　视倾斜，外观倾斜，外观倾角
~ centripète　向心倾斜
~ de la faille　断层余角，伸角，偏垂角，伸向

~ des couches　岩层倾斜
~ dominant　主要倾斜
~ élevé　高倾斜
~ faible　缓倾斜
~ faux　假倾斜
~ général　总倾斜
~ inverse　倒倾角，反向倾斜
~ oblique　大角度倾斜
~ original　原始倾斜
~ pente　顺向倾斜
~ périclinal　向心倾斜
~ principal　主要倾斜
~ réel　真倾斜，全倾斜
~ subhorizontal　近水平倾斜
~ vertical　垂直倾向
pendagemètre　*m*　测斜仪，地层倾斜仪
pendagemétrie　*f*　倾角测量，钻孔定向，倾角仪测量，（地层）倾斜度测定法
pendage-pente　*m*　顺向倾斜
pendant　*prép*　下垂的，悬挂的，在……时候，在……期间
~ que　当……的时候，……而……，既然
pendentif　*m*　岩坠
pendeur　*m*　短索
pendletonite　*f*　黄地蜡
pendre　*v*　悬，挂，吊，垂，下垂
pendu　*a*　悬挂的，吊着的
pendulaire　*a*　摆锤的，摆的
pendule　*m*　摇杆，摆锤，铅锤，测锤，摆动杆
~ apériodique　非周期摆
~ astatique　助动振摆
~ centrifuge　离心摆
~ compensateur　补偿振摆
~ compound　复摆
~ de gravité　重力摆
~ de ligne caténaire　架空接触网的吊弦
~ de torsion　扭摆
~ direct　正锤，正摆
~ gyroscopique　回转摆
~ horizontal　水平振摆
~ hydrométrique　流速摆（测量河道流速的一种装置）
~ physique　物理摆，复摆
~ renversé　可倒摆

~ simple 单摆
~ vertical 垂直振摆
pendule-gravimètre *m* 摆锤重力仪
pénéconcordant *a* 准整合的，近整合的，大致相合的，整合贯入的
pénéséismique *a* 几震的
pénétrabilité *f* 渗透性，穿透性，针入度
~ des bitumes 沥青针入度
~ restante après durcissement 在老化之后的残留针入度
pénétrable *a* 可渗透的，可穿透的
pénétrant *a* 浸透的，深入的
pénétrante *f* （通往市中心的）交通干线
pénétrateur *m* 喷嘴，焊嘴，触头
pénétration *f* 穿透，渗透，浸透，浸润，焊透，进入，深入，贯入度，穿透度，（沥青）针入度，灌浆法，灌沥青，灌水泥浆
~ d'eau 渗水深度
~ d'instrumentation 仪表穿墙装置
~ d'un bitume 沥青针入度
~ d'un pieu 沉桩
~ de l'humidité 透湿深度，贯入深度
~ de la fusion 焊透深度
~ de la gelée 冻结深度
~ de la soudure 焊透深度
~ de mastic bitumineux (dans des enrochements) （堆石）沥青灌浆
~ de pieu 桩的贯入度
~ de trempe 淬硬深度
~ des eaux pluviales 雨水渗透
~ des électrons 电子穿透
~ des ondes 波透入深度，波渗透
~ des orbites électriques 电子轨道穿透
~ du flot 洪水浸入
~ du froid 冷贯入
~ du gel 冻结深度，冰冻深度
~ du macadam 贯入碎石
~ du sol par l'humidité 土壤潮湿深度
~ dynamique 动载传入深度
~ efficace 有效贯入
~ électrique 电气设备穿墙装置
~ finale （桩的）最终贯入度，终击贯入度
~ inverse 反贯入路面修筑法（先浇沥青，后压入砂、石）

~ sous pression 压力灌注，压注
~ spécifiée 规定贯入度
~ standard 标准贯入度
~ statique 静力贯入，静态贯入
~ sur macadam 碎石路灌入法
~ travaillée 浸透性
pénétrer *v* 透过，钻入，深入，渗透，浸透
pénétromètre *m* 穿透计，透度计，触探仪，贯入器，针入度计，针穿硬度计，射线透度计
~ à battage 锤击贯入器，冲击式触探仪
~ à cône 圆锥贯入度仪
~ à cône de choc 冲击圆锥贯入度仪
~ à cône de type hollandais 荷兰式圆锥贯入试验仪
~ à injection pour sondage 冲洗式圆锥贯入（试验）器
~ à main 手动贯入度仪
~ à tête de mesure électronique 带电子测试头的穿透计
~ asphaltique 沥青针入度试验仪
~ automatique 自动贯入度仪
~ conique 圆锥贯入度仪
~ conique manuel 手动圆锥贯入度仪
~ de poche 便携式贯入度仪，手提式贯入度仪
~ dynamique 动力触探，动态贯入仪
~ dynamique enregistreur 记录式动态贯入度仪
~ dynamique transportable 轻便式动态贯入度仪
~ standard 标准贯入度仪
~ statique 静态贯入度仪
penfieldite *f* 六方氯铅矿
pénibilité *f* 艰难程度，繁重性，艰苦性
pénible *a* 困难的，沉重的，繁重的
péniche *f* 驳船，舢板，小艇
~ automotrice 机动小船
~ avalante 下行驳船
~ remontante 上行驳船
~ remorquée 拖船
penikisite *f* 磷铝镁钡石
pénitent *m* 侵蚀岩柱，土柱
penkvilksite *f* 水短柱石
pennaïte *f* 氯硅钛钠石
pennantite *f* 锰绿泥石
penninite *f* 叶绿泥石

penroséite *f* 硒铜镍矿

pentaclasite *f* 辉石

pentaèdre *m* 五面体；*a* 五面体的

pentagonal *a* 五角形的，五边形的

pentagone *m* 五边形，五角形

pentagonite *f* 五角石

pentagrille *f* 七极管，五栅管

pentahydroborite *f* 彭水硼钙石（五水硼钙石）

pentahydrocalcite *f* 五水碳钙石

pentatron *m* 具有一个公共阴极和两组电极的电子管（双三极管、双五极管、阴极射线管等）

pente *f* 坡，斜坡，倾斜，坡度，倾角，坡降，比降，斜面，边坡，下坡道
~ à côté du vent 向风坡
~ à pic 急倾斜
~ abordable 可达高度
~ abrupte 陡坡
~ aisée 慢坡
~ alluviale 冲击坡
~ artésienne 承压含水层比降
~ ascendante 上坡
~ combinée 合成坡度，组合坡度
~ composée 复式边坡
~ conique 锥坡
~ s consécutives 连续坡道
~ continentale 大陆坡，大陆斜坡
~ continue 连续坡
~ s contraires 反向坡度
~ convenable 适合坡度
~ côtière 大陆坡
~ courante 纵坡度，纵坡
~ critique 临界坡度
~ critique normale 正常临界比降
~ d'accès 引道坡度
~ d'accumulation 堆积坡
~ d'approche 桥头引线坡度，桥头引道坡度
~ d'éboulis 岩堆坡
~ d'éboulis pierreux 岩屑堆
~ d'écoulement 矿块自溜坡度
~ d'écoulement des eaux 流水坡度，泛水坡
~ d'écoulement des eaux de surface 地面泛水波
~ d'énergie 能量比降，能坡
~ d'équilibre 平衡比降，平衡坡度
~ d'érosion （河岸等）冲刷坡度
~ d'inertie 惰性坡度
~ d'injection 灌浆比降，灌浆梯度
~ d'un cours d'eau 河流坡度
~ de barrage 坝坡
~ de base 基本坡度
~ de comble 屋顶坡度
~ de concave 凹坡
~ de conversion 变频互导
~ de conversion d'un changeur de fréquence 变频跨导
~ de convexe 凸坡
~ de courbe 曲线斜率
~ de déblai 挖方坡率，路堑边坡
~ de friction 摩擦坡角
~ de glissement 滑面
~ de guidage 导向坡度
~ de la banquette 护道坡度
~ de la ligne 路线坡度
~ de la ligne d'eau 水面坡度
~ de la route 公路坡度
~ de relèvement du fil de contact 接触导线的梯度，接触导线斜面
~ de remblai 填方坡率
~ de talus 边坡坡度，边坡
~ de talus de déblai 路堑边坡
~ de talus de remblai 路堤边坡
~ de talus en déblai 挖土边坡，路堑边坡
~ de talus en remblai 填土边坡，路堤边坡
~ des accotements 路肩坡度
~ des canalisations 管道坡度
~ des versants des fossés 边沟斜坡
~ des voies 轨道坡度
~ des voies de gares 站线坡度
~ descendante 下坡，顺坡
~ détritique 碎石堆积坡
~ difficile 陡坡
~ discontinue 不连续坡
~ douce 缓坡
~ du cours d'eau 河流坡度
~ du fond 河床比降，河床坡度
~ du fossé 沟底坡度
~ du lit 河床坡度
~ du profil en long 纵断面坡度

~ du remblai 路堤坡度
~ du talus 边坡
~ du talus d'éboulement 自然倾斜角,休止角,安息角
~ du toit 屋面坡度,屋面斜坡
~ économique 经济坡度
~ effective 有效坡度
en ~ 倾斜的,坡道的
~ escarpée 陡坡
~ et direction d'écoulement 水流坡度与方向
~ exceptionnelle maximale 绝对最大坡度
~ excessive 过大坡度
~ extérieure 外坡度
~ faible 平缓坡
~ fictive 假定坡度
~ fondamentale 基本坡度,限制坡度
~ forte 陡坡
~ franchissable 能(使车辆)通过的坡度
~ frontale 外坡,前坡
~ générale de bassin 流域总坡降,流域总坡度
~ gravimétrique 重力梯度
~ horizontale 平坡
~ hydraulique 水力坡度,水力比降
~ intérieure 内坡度
~ inverse 逆倾斜,反坡度
~ la plus favorable 最佳坡度
~ limite 极限角,边坡极限角,极限坡度,极限入射角
~ longitudinale 纵坡
~ longitudinale (de chemin de fer, routes) (铁路、公路)纵向坡度
~ longitudinale de tablier 桥面纵坡
~ longitudinale limitante 限制坡度
~ longitudinale maximale exceptionnelle 绝对最大纵坡
~ longitudinale maximale normale 一般最大纵坡
~ longitudinale maximum 最大纵坡
~ longitudinale minimale 最小纵坡
~ longitudinale moyenne 平均纵坡
~ maxima 最大坡度
~ maxima admissible 容许最大坡度
~ maximale et minimale 极限坡度
~ maximale longitudinale 最大纵坡

~ maximum économique 最大经济坡度
~ minimale longitudinale 最小纵坡
~ minimum 最小坡度
~ modérée 平缓边坡,缓坡
~ montante 上坡
~ moyenne 平均坡度,平均坡降,平均比降
~ moyenne de bassin 流域平均坡降,流域平均坡度
~ moyenne longitudinale 平均纵坡
~ naturelle 天然坡度
~ négative 负互导,负跨导
~ non nuisible 无害坡度
~ normale 正常坡度
~ normale minimale 一般最小坡度
~ s opposées 反向坡度
~ optimale du talus 最佳边坡坡度
~ perdue 损失坡度
~ piézométrique 水压坡度,自由水面坡度
~ positive 正互导,正跨导,正斜率
~ potentielle 位能坡度
~ prononcée 陡坡
~ raide 陡坡
~ rapide 陡坡道,陡坡度
~ régulière 均匀坡度
~ rocheuse 山坡,岩坡
~ sous le vent 背风坡
~ superficielle 地表坡度
~ transversale 横坡,横坡度,横向坡度,横斜度,路拱高度
~ transversale de tablier 桥面横坡
~ transversale optimale 最佳横向坡度
~ transversale uniforme 均匀横向坡度
~ transversale vers l'intérieur 内倾横坡
~ uniforme 均匀坡度
~ unilatérale 单侧坡度
~ unique 单坡
~ virtuelle 虚坡

penture *f* 枢,支枢,枢轴,转轴,枢纽
pénurie *f* 不足,缺乏,缺点,缺陷,匮乏
~ d'eau 缺水
~ de matériel roulant 机车车辆不足
~ de wagon 货车不足
penwithite *f* 胶硅锰矿(风化蔷薇辉石)
péperin *m* 碎晶凝灰岩

pépérino *m* 白榴凝灰岩, 碎晶凝灰岩
pépérite *f* 白榴凝灰岩, 碎晶凝灰岩
pépinière *f* 苗, 苗圃, 树苗
pépite *f* 块（特指天然贵金属块）, 天然金块, 小而有价值的东西
peplolite *f* 堇青块云母, 块堇云母
péponite *f* 透闪石
peptisation *f* 分散, 分散作用, 胶溶作用
péracidite *f* 过酸性岩
perçage *m* 钻[冲]孔, 穿孔, 打眼, 掘进, 钻穿
　～ à la flamme　喷焰钻孔
　～s complémentaires　补充钻孔
　～ des rails　钢轨钻孔
　～ des traverses　枕木钻孔
perçage-alésage *m* 扩孔
perçant *a* 可钻透的, 可穿透的, 穿透的
perce *f* 钻子, 钻机, 螺丝钻头, 钻孔器
percée *f* 孔, 口, 开口, 开槽, 断裂, 破裂, 出料口
　～ de capture　断裂谷, 断层谷
percement *m* 钻, 开凿, 打眼, 钻孔, 击穿, 掘进, 钻进
　～ à demi-section　上部半断面开挖
　～ à galerie de ciel　顶部导坑开挖
　～ à galerie de fond　底部导坑开挖
　～ à pleine section　全断面开挖
　～ au bouclier　盾构式开挖法
　～ d'un tunnel　隧道掘进
　～ d'un tunnel par bouclier　用盾构法开挖隧道
　～ d'une galerie　坑道开挖, 坑道掘进
　～ de rail　钢轨钻孔
　～ du tunnel　开挖隧道, 隧洞掘进, 隧洞工程
　～ en travers-banc　掘进石门, 开凿横巷
　～ par section entière　全断面掘进
percepteur *m* 税收员
perception *f* 征收, 收税, 捐[赋]税; 税务局, 收费; 感觉, 识别
　～ artificielle　人工识别
　～ complémentaire　征收附加费, 征收附加税
　～ des droits de douane　征收关税
　～ des impôts　征税
　～ des péages　税收
　～ supplémentaire　补收费用
percer *v* 钻孔, 凿孔, 穿孔, 冲孔, 打通, 浸透, 突破

percerette *f* 钻头, 木工钻
perceur, euse *a* 钻孔的
perceuse *f* 钻床, 钻头, 钻机, 钻孔机, 手办钻, 凿岩机
　～ à air comprimé　风钻
　～ à colonne　立式钻床
　～ à diamant　金刚石钻机
　～ à établi　台式钻床
　～ à fraise conique　锥口钻, 埋头钻
　～ à main　手摇钻, 手钻
　～ à montant　立式钻床
　～ d'établi　台(式)钻(床)
　～ d'établi à main　手摇台钻
　～ de rails　钢轨钻孔机
　～ de traverses　枕木钻孔机
　～ électrique　电站
　～ menobroche　单轴钻床
　～ multiple　多轴钻床
　～ pour bois　木工钻床
　～ radiale　旋臂钻床, 旋臂钻孔机, 摇臂钻床
　～ sensitive　高速钻床
　～ transportable　（隧道掘进用）凿岩机车, 钻车
　～ verticale　立式钻床
perche *f* 杆, 柱, 棒, 连杆, 测杆, 标杆, 桩柱, 拉杆, 齿杆
　～ à décrocher　提钩杆, 摘钩杆
　～ à néon　高压试电笔
　～ améno-métrique　皮托管静压头
　～ d'aviron　桨杆
　～ d'échafaudage　脚手架立杆
　～ d'essai d'isolement　绝缘测试棒
　～ de contact　受电杆, 杆形受电器, 杆形集电器
　～ de dételage　提钩杆, 摘钩杆
　～ de guidage　导杆
　～ de mise à la terre　接地棒
　～ de sauvetage　绝缘拉杆
　～ de sondage　测深锤, 探井测深杆
　～ de trolley　受电杆
　～ isolante　绝缘操作棒
　rattrapeur de ～　自动降杆器
　repos de ～　杆钩
percivalite *f* 绿硬玉, 钠铝辉石, 绿钠辉石
perçoir *m* 钻, 钻头, 冲子, 锥子, 钻孔器, 螺旋钻, 凿空盘

percolateur *m* 渗滤器
percolation *f* 渗滤,渗透,渗漏,穿流,渗出(量),地下水流
　　~ d'eau　渗水
　　~ descendante　渗漏,渗流
　　~ permanente　稳定渗流
　　~ profonde　深层渗漏
percussion *f* 冲击,突击,撞击,打击,碰撞,振动
percuter *v* 打击,冲击,渗滤,穿流
percuteur *m* 冲击,撞击,撞针,击针,引信,冲击器
percylite *f* 氯铜铅矿
perdant *m* 水位下降
perditance *f* 泄露,漏电,绝缘电导
perdre *v* 失去,失败,损失,丢掉
　　~ de vue　看不见
　　~ la portance　失去承载能力
perdu *a* 失去的,损失的,失落的,失败的,偏颇的,不可回收的
pérégrin,e *a* 漂移的
pérégrination *f* 漂移
pérélite *f* 玛瑙
péremption *f* 时限,硫化时间
pérennant,e *a* 常年的,多年生的
pérenne *a* 长久的,常年的,常流的,持久的,多年生的
pérennité *f* 永恒,持久力,连续性
péréquation *f* 均衡,平衡,均等分
　　~ des tarifs　运价划一,统一运价
perfectibilité *f* 完善性,可改进性
perfectible *a* 可改进的,可精益求精的
perfectionnement *m* 改良,改善,改进,完善,完美
perfectionner *v* 改善,改进,使完美,使完善
perforage *m* 钻孔,穿孔,打眼
perforant,e *a* 钻孔的,穿孔的,打眼的
perforateur,trice *n* 钻机,风钻,钻孔器,钻岩机,凿岩机,冲击钻头；*a* 钻穿的,钻孔的
　　~ à air comprimé　风钻,风镐,压缩空气凿岩机
　　~ à balles　凿孔机,穿孔器,打洞机
　　~ à circulation réversible　反循环钻孔机
　　~ à colonne　柱式凿岩机,支架式凿岩机
　　~ à diamant　金刚石钻机
　　~ à fond de trous　潜孔钻
　　~ à injection d'eau　高压注水式钻机,高压注水式凿岩机
　　~ à percussion　冲击式钻机,冲击式凿岩机,回转式凿岩机
　　~ à pointe de diamant　金刚石钻机
　　~ à roches　凿岩机,钻石机
　　~ à sec　干式凿岩机
　　~ automatique　自动凿孔机,自动穿孔机
　　~ creux　空心钻,取芯钻,岩芯钻机
　　~ creux à double paroi　双管式取芯钻
　　~ creux pour découpage de carottes en béton　混凝土取芯钻
　　~ de rocher　凿岩机,钻石机
　　~ électrohydraulique　电动液压凿岩机
　　~ humide　湿式凿岩机
　　~ manuel　手持式凿岩机,手持式风钻
　　~ percutante　冲击式凿岩机
　　~ pneumatique　风钻,气压凿岩机,风动凿岩机
　　~ pneumatique à main　手持风动凿岩机,手持式风钻
　　~ pneumatique sur montage　带支腿的风动凿岩机
　　~ robotisée　自动钻岩机(钻臂台车)
　　~ rotative　旋转式凿岩机,旋转式钻机
　　~ roto-percutante　旋转冲击式凿岩机
　　~ sous l'eau　水下凿岩机
　　~ sur wagonnette　钻孔台车
　　~ vibrorotative　旋转振动式凿岩机
perforation *f* 孔,击穿,凿岩,打孔,钻孔,凿孔,打眼,钻进
　　~ à la grenaille　钢珠钻探法
　　~ de collage manuelle　人工钻孔
　　~ de collage mécanisée　机械钻孔
　　~ des roches　凿岩,钻石
　　~ du cylindre　汽缸上的孔
　　~ du terrain encaissant　围岩钻孔
　　~ électrique　电击穿
　　~ en souterrain　隧洞工程,隧道掘进
perforé *a* 钻孔的,凿孔的,已打眼的
perforer *v* 钻孔,凿孔,打眼,钻洞
　　~ une galerie　开挖隧洞
perforeuse *f* de cartes　打眼机,凿岩机
performance *f* (运行)特性,性能,功能,操作,工况,履行,成绩,效果,表现,业绩,资料,工作形状,运行性状；*f.pl* 性能,性能曲线,工作特性,工作

特性曲线，试验结果
~ s annoncées 预定特性
~ s calculées 计算特性，计算性能
~ d'un moteur 电动机性能
~ s d'une locomotive 机车性能
~ s de base 基本性能，基本（原始）参数
~ de management 经营业绩
~ de projet 项目业绩，项目执行情况
~ de soudure 焊接性能
~ des enrobés 沥青混合料性能
~ mécanique 力学性能，机械性能
~ mécanique du sol 土壤力学性能
~ optimale 最佳性能
~ physique 物理性能
~ s routières 行驶数据，道路试验结果
~ séismique 抗震性能
~ s spécifiques 相对特性，单位特性
~ technique 技术性能
~ thermique 热力性能

pergélisol *m* 多年冻土，永久冻土，永冻层
~ actuel 现代永冻土
~ pérenne 永冻土层
~ résiduel 残余永冻层
~ sec 无水永冻土

perhamite *f* 磷硅铝钙石
perhyalin *a* 过玻璃质的
péri- （前缀）围
périalpin *a* 环阿尔卑斯的，阿尔卑斯周围的
péri-atlantique *a* 环大西洋的
périclase *f* 方镁石
péricline *m* 肖钠长石；围斜陶造（穹隆或盆地）
péricorallien *a* 环礁的
péridésertique *a* 荒漠边缘的
péridostéatite *f* 橄榄蛇纹岩
péridot *m* 橄榄石，黄电气石
~ cristallisé 贵橄榄石
~ du Brésil 电气石
~ ferrifère 铁橄榄石

péridotite *f* 橄榄岩
périgée *m* 近地点
périgranitique *a* 花岗岩周围的，环花岗岩的
péril *m* 危险，灾害，损失
périlleux, euse *a* 危险的，冒险的
périmagmatique *a* 岩浆缘的

périmarin *a* 海边的
périmé, e *a* 过期的，无效的
périmètre *m* 周围，周长，周边，范围，区域，圆周线，视野计，周边地区
~ d'alimentation 进水区域，补给范围
~ d'alimentation effective 有效补给范围
~ d'appel 影响周边，地下分水线
~ d'armature 钢筋周长
~ d'influence 影响范围
~ d'irrigation 灌溉区域
~ de bassin 流域周长
~ de protection 水井保护范围
~ de protection contre la pollution de source 防止水源污染区
~ de section 截面周长
~ de servitude （土地）使用权范围
~ mouillé 润周，湿润周界
~ nominal d'armature 钢筋公称周长

périmétrique *a* 周围的，四周的
période *f* 纪，时期，周期，阶段，期间，循环，时间，间隔
~ active 活动期
~ active séismique 地震活跃期
~ agréée 商定期限
~ courte 短时期
~ creuse 淡季，运输清淡时期
~ critique 临界周期，决定性时刻
~ d'abondance 湿季，丰水期，高潮期，洪水期
~ d'activité 活化期
~ d'aération 曝气时间，曝气周期
~ d'affluence 高峰时间
~ d'alimentation 供水期
~ d'amortissement 折旧期，摊付期
~ d'arrêt 停机时间，停歇时间，工作失误时间
~ d'émersion 上升期，出露期
~ d'entretien 养护周期
~ d'essais 试验阶段
~ d'état 地槽期
~ d'été 夏季
~ d'étiage 枯水期，常水位期，平水位期
~ d'expérimentation 试验阶段
~ d'exploration 勘察阶段，勘探阶段，扫描周期
~ d'extinction 衰减时间，阻尼时间，蜕变周期
~ d'hiver 冬季

~ d'horaire　列车时刻表实行时期
~ d'impulsion　脉冲周期，脉冲重复周期
~ d'inaction　钝化周期，无作用时期
~ d'installation　安装周期，安装阶段
~ d'offre　报价有效期
~ d'opération　运行期
~ d'ouverture à la circulation　开放交通时间
~ de base　基本周期
~ de basses eaux　低水位时期
~ de carence　缺水期，干旱期
~ de concentration　集流期，汇流期，集流时间，汇流时间
~ de conservation du béton　混凝土养护周期
~ de construction　施工工期，施工期间，施工阶段
~ de contact　合同期限，接触时间
~ de crue　汛期，洪汛期，(混凝土的)养护期
~ de décélération　减速时间，负加速度时间
~ de décharge　排放时期
~ de déformation　变形阶段
~ de fondre des neiges　雪融化期
~ de fonte　融化期
~ de franchise　宽限期
~ de franchise de remboursement　宽限期(贷款仅还利息，不还本金的期限)，免税期
~ de garantie　保证期，保险期
~ de gel　霜期，冰冻期，冰冻季节
~ de gel-dégel　冻融时期
~ de grâce　宽限期
~ de la maturation　(混凝土)成熟期
~ de maintenance　维修期，维护期
~ de pluie　雨季，雨期，湿期
~ de pointe　最繁忙时期，运输高峰时期
~ de pointe de trafic　运输最旺季节，交通量高峰时期
~ de prise　硬化期，(混凝土)凝固期
~ de récurrence　循环时期，重现周期
~ de récurrence d'intensité　烈度重现周期
~ de récurrence séismique　地震重现期
~ de régénération　再生周期
~ de relaxation　张弛时间
~ de repos　静止期，静置期，间歇期
~ de rétablissement　恢复时期，重建时间
~ de retard　滞后时间，延误时间
~ de retour　重现期，重复间隔，重现周期，降雨周期

~ de révision　修理间隔时间
~ de roulis　横摇周期
~ de sécheresse (courte)　干期，(短的)旱期
~ de service　使用期，运转期，操作周期
~ de tangage　纵摇周期
~ de travail　工作周期，工作循环
~ de végétation　生长期，生长季节
~ de vie　寿命，耐久性，长久性，工作时限
~ des comptages　交通量计数时间
~ des horaires d'été　夏季时刻表时期
~ déséquilibre　不稳定工作期间
~ effective　有效周期
~ élastique　弹性变形阶段
~ fondamentale　基本周期
~ géologique　地质时代
~ la plus sèche　最干旱期，最枯水期
~ maximale de maintien　最长保持时间
~ naturelle　固有周期，自然周期
~ par seconde　周/秒，赫兹，每秒周期数
~ pluvieuse　雨季，洪积纪，(多)雨期，洪积时期
~ séismique　地震(重复)周期
~ synoptique naturelle　自然天气周期
~ transitoire　过渡时间
périodemètre m　周期计
périodicité f　周期，频率，周期性
~ des essais　试验周期
~ des précipitations　降水周期性
~ saisonnière　季节周期性
~ séismique　地震周期性
périodique a　定期的，周期性的
péripacifique a　环太平洋的
péripédiment m　山麓侵蚀面外缘
périphérie f　圆周，周围，周边，外围，周缘，市郊
périphérique m　辅助设备；a　周围的，边缘的，周边的，外部的，市郊的
périr v　毁灭，沉没，灭亡
périrécifal a　礁缘的
périssable a　易坏的，易消灭的，不易保存的
péristérite f　晕长石，鸽彩石，蓝彩钠长石
périsynclinal m　洼地，向斜盆地
périte f　氯氧铋铅矿
péri-urbain,e a　城市中周围的
perkérite f　硫镍矿
perknite f　辉闪岩类

perlé *a* 珍珠状的
perle *f* 珠,珠状物,金属小球
　~ céramique　陶瓷珠
　~ de caverne　洞穴珍珠石
　~ de soudage　焊珠
　~ de verre　玻璃珠
　~ isolante　绝缘珠
　~ oblongue　椭圆形珠,鱼脊状绝缘体
perlimonite *f* 褐铁矿
perlite *f* 珍珠岩,珠光体,铁碳合金
perlitique *a* 珍珠状的,珠光体的
perloffite *f* 磷铁锰钡石
perlspath *m* 霞石,白云石,铁白云石
permafique *a* 过镁铁质的
permafrost *m* 永冻层,永冻土,永冻地区
permagel *m* 永冻层,永久冻土
permanence *f* 永久性,不变性,持久性,连续性,稳定性,平衡状态;值班室,值班制度,常设调度室
　en ~　永久地,不变地,持续不停地
　~ exploitation　行车调度,行车值班调度
　~ exploitation d'un poste de commandement　调度所的行车调度台
　~ traction　机车调度,机务值班制度
　~ traction d'un poste de commandement　调度所的行车调度台
permanent, e *a* 永久的,持久的,经常的,常设的,常任的
perméabilité *f* 渗透,渗透性,透水性,渗透度,透射率,贯穿率,穿透性
　~ à l'air　透气性
　~ à l'eau　透水性
　~ à la chaleur　透热性
　~ à la lumière　透光性
　~ à la vapeur　蒸汽渗透性
　~ absolue　绝对渗透性,绝对透气性
　~ d'interstices　间隙渗透性
　~ d'un barrage　坝的渗水性
　~ de barrage　水坝渗透率
　~ de surface　表面渗透率,表面透水性
　~ des formations　地层渗透性
　~ des sols fins　细粒土的渗透性
　~ des terrains　地层渗透性,土壤渗透性
　~ directionnelle　定向渗透率,方向渗透系数
　~ du ballast　道砟的透水性
　~ du revêtement de la chaussée　路面透水性
　~ du sol　土壤透水性,土的透水性
　~ effective　有效渗透率
　~ équivalente　当量渗透性,等效渗透性
　~ hydraulique　水力渗透性
　~ intrinsèque　绝对渗透率,原生渗透率,内在渗透性
　~ latérale　横向渗透率,水平方向渗透率
　~ par joints et fissures　次生渗透率
　~ par porosité　原生渗透性
　~ primaire　原始渗透性,初始渗透率
　~ secondaire　次生渗透性,次生渗透率
　~ transversale　横向透水性,水平透水性
perméable *a* 透水的,可渗透的,可穿透的,易受影响的
　~ à l'eau　渗水
perméamètre *m* 渗透仪,渗透性试验仪
　~ à charge constante　常水头渗透仪
　~ à charge variable　降水头渗透仪
　~ à niveau variable　降水头渗透仪
permettre *v* 许可,允许,同意,使可能
　~ le confort aux voyageurs　使旅客感到舒适
　~ un déplacement axial et radial d'environ 25°　允许约 ±25° 纵横摆动
　~ sa pleine expansion à...　使其有充分发展余地
permingeatite *f* 硒锑铜矿
permis *m* 执照,同意,许可,许可证
　~ d'embarquement　装货单
　~ d'exploration　勘探许可证
　~ d'exportation　出口许可证
　~ de chargement　装货许可证
　~ de circulation　行车许可证
　~ de circulation international　国际免费乘车证
　~ de conduire　驾驶证,驾驶执照
　~ de construction　同意施工
　~ de construire　营业执照,建筑许可证
　~ de déchargement　卸货许可证
　~ de forage　钻探许可证
　~ de marche　列车运行许可证,列车占用区间的许可证
　~ de recherche géologique　地质勘探许可证
　~ de travail　劳动许可证
　~ de voyager sur la machine　机车添乘许可证

permissif, ive *a* 容许的,许可的
permission *f* 允许,准许,许可
permixtion *f* 完全混合,超混合
permobile *m* 全面活动,普遍活动,全球活动
permutable *a* 可调动的,可替换的
permutateur *m* 开关,选择机,转换开关,转换[选择]器
permutation *f* 转换,转移,迁移,调换,调动,排列,取代,重新布置
　～ alternée　交错排列
　～ avec répétition　重复排列
　～ circulaire　循环排列,循环位移
　～ cycloïdale　循环排列
　～ identique　恒等排列
　～ impaire　奇排列
　～ paire　偶排列
　～ simple　单纯排列
permutatrice *f* 旋转式变流器
permuter *v* 迁移,调换,调动,重新布置
permutite *f* 滤砂,软水砂,人造沸石
pernicieux, euse *a* 有害的,危险的,恶性的
pérovskite *f* 钙钛矿
perpendiculaire *f* 正交,垂线,垂直线;*a* 垂直的,正交的,与……成直角的
　～ à fibre　逆纹的
　～ au milieu　中垂线
perpendicularité *f* 直交,正交,垂直,垂直度
perpendicule *m* 铅锤,测锤
perpétuel, elle *a* 连续的,永久的,经常的
perpétuité *f* 连续性,永久性
perplexite *f* 块沸石
perquisition *f* 搜索,探索,研究
perré *m* 铺石,铺面,石砌护坡,干砌护坡
　～ à pierre sèche　干砌护坡
　～ de protection　砌石护面
　～ en béton　混凝土路面,混凝土铺面
　～ en maçonnerie appareillée (avec joints remplis)　(满缝的)方格式砌石护坡
　～ en pierres　干砌石,砌石护坡
　～ en pierres sèches　干砌护坡,干砌垞工,干砌块石护坡
　～ maçonné　埋藏式砌石护坡,埋藏(的)石护坡
　～ maçonné au mortier　浆砌铺石(工程)
　～ sec　干砌护坡
　～ sur talus en maçonnerie de moellons　片石垞工护坡
perreyer *v* 砌石护坡
perrier *m* 采石工人
perrière *f* 采石处,采石场
perriérite *f* 珀硅钛铈铁矿
perron *m* 石阶,台阶,站台,月台,(大建筑物门前)露天梯级
persévérer *v* 坚持,继续,延续
　～ à　坚持做……,继续做……
　～ dans　坚持
persiennage *m* 制成百叶形
persienne *f* 百叶窗,通风窗,鱼鳞板,整流栅
　～ à lames de fer　铁百叶窗
　～ à lames de verre　玻璃片百叶窗
　～ ajustable　可调活动百叶窗
　～ automatique　自动鱼鳞板
　～ du radiateur　散热器片
　～ en tôle galvanisée　镀锌钢板百叶窗
　～ fixe　固定百叶窗
　～ mobile métallique　活动金属百叶窗
　～ sur face latérale　侧墙百叶窗
persistance *f* 保留,坚持,惯性,常数,继续,延长,持久性,持续性,稳定性,时间常数,(银光屏上余晖的)保留时间
　～ d'écran　余晖
　～ d'énergie　能量守恒
　～ d'impression rétinienne　视觉暂留,视觉残留
persistant, e *a* 持久的,持续的,稳定的
persister *v* 坚持,持续
　～ à　坚持做……
　～ dans　坚持……
personnalité *m* 资格,专人
　～ juridique　法人资格
personne *f* 人,本身,个人
　～ compétente　负责人,主管人
　～ concernée　当事人
　～ qualifiée responsable　专业负责人
personne-kilomètre 人公里
personnel *m* 人员,职工,员工,全体人员,工作人员
　～ à poste fixe　正式职工
　～ à temps complet　全天工作人员
　～ à temps partiel　非全天工作人员

~ administratif 行政管理人员
~ auxiliaire 临时职工
~ commissionné 正式职员
~ contractuel 合同工,合同职工
~ d'encadrement 干部,在册人员,领导人员,（工程）管理人员,编制内人员
~ d'exploitation 管理人员,运行人员
~ d'exploitation sur place 现场运营人员
~ d'intervention（entretien） 维修人员
~ de bureau 办公室工作人员
~ de chantier 工地（现场）工作人员
~ de contrepartie 对应人员
~ de contrôle 检查人员,（工程）监理[督]人员
~ de maintenance 维修人员
~ de manipulation 操作人员
~ de quart 轮班人员
~ de recherches 科学研究人员
~ de réserve 备用人员
~ de supervision 管理人员
~ de surveillance 管理人员,监理人员
~ de surveillance de la voie 养路工,养路人员
~ de triage 调车人员
~ dirigeant 领导人员,领导干部
~ du service de manœuvre 调车员,调车作业人员
~ du service des manœuvres（du triage） 调车人员
~ du surveillance 监理人员
~ en activité de service 在职人员
~ entraîné 经训练的技术专门人员
~ expérimenté 有经验的人
~ intérimaire 临时职工,临时雇佣的工作人员
~ local 当地员工
~ logé 供宿职工
~ nécessaire 必要人员
~ non spécialisé 非专员人员
~ permanent 固定职工,编制内职工
~ qualifié 技术熟练人员
~ sédentaire 常驻人员,车站工作人员,驻站工作人员
~ subalterne 低级别职工
~ technique 技术人员
~ technique hautement qualifié 高级技术人员
~ temporaire 临时人员,临时职工

~ train 列车乘务组,列车乘务人员
perspectif, ive *a* 透视的,透视法的
perspective *f* 透视,配景,远景,建筑透视图
~ à vol d'oiseau 鸟瞰图
~ aérienne 空中透视,立体透视
~ cavalière 透视图,俯视图,等角投影,等距射影
~ centrale 中心投影
~ conique normale 锥形投影
~ de développement 发展远景
en ~ 在未来,远远地,从前景看
~ isométrique 三向图,正形投影,等角透视
~ parallèle 平行透视
~ successive （道路）连续线形透视图
~ vue d'oiseau 鸟瞰图
perspex *m* 有机玻璃,不碎透明塑料
perspiration *f* 渗出,出汗
persuader *v* 说服,使信服
perte *f* 丢失,丧失,损失,消失,塌陷,下沉,漏泄,衰减,（水量,水头,能量,电量等的）损耗
~ (s) à la terre 地漏,接地损失
~ (s) à vide 无载损失,空载损失,空转损失
~ (s) constantes（d'une machine ou d'un appareil） 恒定损失（电机或电器的）
~ (s) d'insertion 介入耗损,插入损失
~ (s) dans le cuivre 铜损耗
~ (s) dans le fer 铁损耗
~ (s) dans le noyau 铁芯损耗
~ (s) de conversion d'un changeur de fréquence à cristal 变频晶体管的变频损失
~ (s) en charge 压力损失,负荷损失,功率损失
~ (s) en ligne 动力损失,功率损失（电能输送途中）
~ (s) en watts 有功损耗
~ (s) et profits 盈亏,损益,辐射热损失
~ (s) mécaniques 机械损失
~ (s) par courants parasites 涡流损失
~ (s) par échauffement 热损耗
~ (s) par effet Joule 电阻损耗,有功损耗,焦耳损耗,热损耗
~ (s) par évaporation 蒸发损失
~ (s) par frottement 摩擦损耗
~ (s) par transfert 传递损耗
~ (s) supplémentaires 额外损失,附加损失

perte

- ~ (s) totales 总损失,总损耗
- ~ (s) variables (d'une machine ou d'un appareil) 可变损失(电机或电器的)
- à ~ de vue 看不到边,一望无际
- à faibles ~ s 小量损耗的
- ~ à frottement interne 内摩擦损失
- ~ à l'entrée 进口损失
- ~ à la chaleur 热损失,(沥青材料的)蒸发量
- ~ à la courroie 皮带损失
- ~ admissible du sol 允许土壤流失量
- ~ apparente 视损失,表观损失
- ~ au change 汇兑损失
- ~ au commettage 因扭绞引起的弹性损失
- ~ au feu (ciment) 灼失量,热损耗,热损失,(水泥)烧失量
- ~ au rouge (土的)烧失量,灼烧损失量
- ~ d'absorption 吸收损失
- ~ d'alimentation du réseau 电网输入端解联
- ~ d'alimentation électrique 失电
- ~ d'alimentation générale (complète) 电源中断,总电源消失
- ~ d'analyse 空间扫描中的损耗(接收机灵敏度的降低)
- ~ d'ancrage 锚固损失
- ~ d'eau 漏水,水量损耗,水的损失
- ~ d'eau par filtration 渗流损失
- ~ d'énergie 功率损失,能量损耗
- ~ d'entrefer 缝隙损失,间隙损失
- ~ d'exploitation 使用损失
- ~ d'une marchandise 货物丢失
- ~ de bassin 流域损失
- ~ de capacité 电容损耗,容量损失
- ~ de chaleur 热损失
- ~ de charge 压力损失,载荷减小,载荷损失,电荷损失,充电损失
- ~ de charge statique 静压损失
- ~ de circuit 电路损失
- ~ de circulation (钻孔)循环损失
- ~ de comptage 漏记数,计算损失
- ~ de contrainte 应力损失
- ~ de contrainte due au recul du cône d'ancrage 锚具内缩应力损失系数
- ~ de contraste 对比度降低,对比率损耗
- ~ de courant 电流损失,电流损耗
- ~ de course de compression 压缩行程损失
- ~ de course de détente 膨胀行程损失
- ~ de force 功率损失
- ~ de forme 形式损失
- ~ de laitance du béton 混凝土漏浆
- ~ de liant 结合料损失
- ~ de matériaux 材料损失
- ~ de pierre 石料损耗
- ~ de poids 失重
- ~ de portance 承载能力减弱
- ~ de potentiel 电压损失
- ~ de précontrainte 预应力损失,预应力损耗
- ~ de pression 压差,压力降,压力损失
- ~ de pression dynamique 动压损失
- ~ de pression totale 总压力损失
- ~ de puissance 功率损失
- ~ de réseau 电网断电损失
- ~ de résistance 强度损失,阻力[抗]损失
- ~ de revenue et de bénéfices 收益损失
- ~ s des charges 费用损失
- ~ de sol et d'eaux 水土流失
- ~ de sortie 出口损失
- ~ de tension 电压损失
- ~ de tension due à la déformation instantanée du béton 混凝土弹性压缩引起的损失
- ~ de tension due à la relaxation de câble 钢绞线松弛引起的损失
- ~ de tension due au recul de la tête d'ancrage 锚端回缩引起的损失
- ~ de tension due au retrait et au fluage du béton 混凝土收缩徐变引起的损失
- ~ de tension par frottement 摩擦应力损失
- ~ de tension totale 预应力损失总应力
- ~ de tracé 线路损坏
- ~ de transition 转换损耗,渡越损耗,转变损失,过渡段损失
- ~ de transmission 输电损失,传递损失
- ~ de véhicules 车辆灭失
- ~ de vitesse 速度降低,失速
- ~ due au frottement 摩擦损失
- ~ élastique 弹性损失
- ~ électrique 电损耗
- ~ excessive 过大损失
- ~ externe 外损失

- ~ hydraulique　水力损失
- ~ interne　内损失
- ~ par compression　压缩损失,压缩损耗
- ~ par contraction　收缩损失
- ~ par contraste　收缩损失量
- ~ par freinte de route　货物途中减量
- ~ par friction　摩擦损失
- ~ par friction d'air　空气摩擦损失
- ~ par fruite　渗漏损失,漏水损失,漏气损失,漏电损失
- ~ par infiltration　渗入量,渗滤损失
- ~ par l'abrasion　磨耗量,磨耗损失
- ~ par les gaz d'échappement(engins moteurs)　（机车）废气热损耗
- ~ par refroidissement (engins moteurs)　（机车）冷却损失
- ~ par transmission　传输损耗
- ~ partielle　部分灭失,部分损失
- sans ~　无耗损,无衰减,无减少,无漏泄
- ~ sèche　全部损失
- ~ thermique　热耗

perthite *f*　条纹长石
perthitophyre *m*　纹长斑岩
perthosite *f*　淡纹长岩,纯纹长岩
pertinax *m*　胶纸板,纸质绝缘胶木,焙结纳克斯胶（以纸为基础的层压塑料）
pertuis *m*　溢流口,泄水道,闸门孔
- ~ à glace　泄冰槽
- ~ à siphon　虹吸式泄水闸
- ~ à tambour　鼓形泄水闸
- ~ avec vanne　底部泄水道,下泄式水闸
- ~ d'entonnement　喇叭口
- ~ d'entrée　入口,渠首闸,进水口,进口水闸
- ~ de chasse　冲沙孔,冲沙道,冲沙闸
- ~ de fond　泄水底孔,底部泄水闸,放水管
- ~ de prise　取水（闸）口
- ~ de secours　安全洞,安全溢流口
- ~ de sortie　防水闸
- ~ pour la vanne d'un barrage mobile　闸门孔
- ~ provisoire　临时开孔

perturbation *f*　波动,扰动,摄动,干扰,混乱,紊乱,故障,运转不正常
- ~ de gravité　重力异常
- ~ de la circulation　行车故障
- ~ de paysage　景观干扰
- ~ de service　行车故障,工作[运行]故障,打乱运输秩序
- ~ des courants telluriques　地电干扰
- ~ radioélectrique　无线电干扰
- ~ s radiophoniques　无线干扰,无线电声干扰
- ~ téléphonique　电话干扰
- ~ s radioélectriques engendrées par les convertisseurs statiques à haute tension　静止式高压整流器所产生的无线电干扰

perturber *v*　扰乱,干扰,破坏,故障,使紊乱
- ~ la liaison　破坏通信,通信中断,联系中断

perturbographe *m*　故障记录仪
perturbomètre *m*　干扰电压测试仪,干扰电压测量仪
peruranate *m*　氧化铀矿
péruvite *f*　硫银铋矿
pervéance *f*　电子管导电系数,空间电荷常数
- ~ d'un tube polyode　多极管的导流系数

pervibrateur *m*　振动器,振动棒,振捣器,插入式振捣器
pervibration *f*　内部振捣,（混凝土）插入式振捣
pervibrer *v*　内部振捣
pervibreur *m*　（混凝土）振捣器
pesage *m*　称重,称量
- ~ à vide　空车过磅
- ~ continu　连续称量
- ~ d'essieu　车轴称量
- ~ discontinu　间断称量
- ~ en charge　重车过磅
- ~ en marche des véhicules　车辆动态称重

pesant *m*　重量；*a*　重的,沉的,沉重的,笨重的,受重力作用的
pesanteur *f*　重力,引力,地心引力,万有引力
- ~ spécifique　比重
- ~ universelle　万有引力

pèse-acide *m*　酸比重计,液体比重计
pesée *f*　称重,衡量,测定
- ~ des réactions d'appui　（桥梁）支座反力测定

pèse-gouttes *m*　滴管
pèse-liqueur *m*　浮秤,液化比重计
peser *v*　重,过秤,称量,过磅
- ~ à x grammes près　某物质量误差不得大于 x 克

pèse-sel m 盐液密度计
peseur m 司磅员
pésillite f 褐锰矿
peson m 弹簧秤,简易秤
　～ à contrepoids 提秤
　～ à hélice 弹簧秤
　～ à ressort 弹簧秤
pétale m 瓣(方向图的),方向图波瓣
　～ principal 主波瓣
　～ secondaire 旁瓣
pétalite f 透锂长石
pétarade f 噼啪声,连续爆发声,爆音(发动机的)
pétarader v 爆裂,发出爆裂声
pétarasite f 氯硅锆钠石
pétardage m 爆裂,碎裂,爆炸,爆破,二次破碎
　～ de très gros blocs 把炸下的大石块再次炸成小块
pétardé a 爆裂的
pétardement m secondaire 二次爆破
pétarder v 爆破,发爆音,发出爆裂声
pétillement m 火花,闪光,喷镀,爆裂,跳火花,发火花
petit, e a 小的,低微的,零碎的,小规模的,微不足道的
　～ (-e) vitesse (PV) 低速,慢运货物
　～ (-es) réparations 小修
　～ à petit 渐渐地,慢慢地
　～ baie 小湾,小海湾
　～ bout 小端,尖端
　～ bulldozer 小型推土机
　～ châssis roulant 辘轴车,小机车,独轮台车
　～ s enrochements 小块石,小蛮石
　～ entretien 小型养护
　～ étuve 绞笼
　～ faille 小断层
　～ granite 粗晶粒海百合灰岩
　～ lit 间层,夹层
　～ massif 岩株,小岩体
　～ matériel de voie 联结零件
　～ noisette 核桃煤
　～ pavé 铺路小块,小方石铺砌,小方石路面
　～ pont 小桥
　～ rail 轻轨
　～ réparation 小修
　～ versant 陡坎
petitesse f 矮小,微小
pétoscope m 运动指示器
pétré a 石质的,岩石的
pétrifiant a 石化的,固化的
pétrification f 石化物,化石,石化(作用)
　～ des sols meubles 土壤稳定法,土壤固结法
pétrifié a 石化的
pétrifier v 石化,硬化,使石化
pétrilite f 正长石
pétrin m 钵,锅,盆
　～ à asphalte 沥青熔锅
　～ à asphalte coulé 地沥青砂胶加热锅
　～ malaxeur 捏拌机
pétrir v 揉,搓,塑造,使成形,揉合泥土
pétrissage m 揉,搓,揉合,搓揉,交通(对路面)的揉搓作用
pétrofabrique f 岩组学,构造岩石学
pétrofaciès m 岩相
pétrogène f 岩石成因; a 造岩的
pétrogenèse f 岩石成因论
pétrogénéticien m 岩石成因学家
pétrogénétique a 岩石成因的,成岩作用的
pétrogénie m 岩石发生学
pétrographe m 岩石学家
pétrographie f 岩类学,岩相学,岩志学,(描述)岩石学
pétrographique a 岩石的,岩性的,岩石学的
pétrolage m des cylindres 用汽油(煤油)洗涤汽缸
pétrolatum m 凡士林,沥青脂,石油烯
pétrole m 油,石油,煤油
　～ asphaltique 沥青基石油
　～ brut asphaltique 沥青基原油
　～ brut de nature asphaltique 沥青质石油
　～ brut de nature semi-asphaltique 半沥青质石油
pétrolène m 地沥青,软沥青质(沥青组分,溶于轻汽油部分)
pétrolette f 小汽车,轻型摩托车
pétrologie f 岩石学,岩理学,岩相学
pétrologique a 岩石学的
pétrologue m 岩石学家
pétromictique a 杂岩屑的,亚稳岩屑的

pétrophysique *f* 岩石物性,岩石物理学
pétrosilex *m* 燧石,火成岩,纳长英板岩,潜晶霏细岩
pétrosiliceux *a* 隐晶的,霏细状的
pétrotectonique *f* 岩石构造学,构造岩石学
petrovicite *f* 硒铋铅汞铜矿
petscheckite *f* 铌铁铀矿
petterdite *f* 砷铅矿,氯砷铅矿
peu *adv* 少,不多,不太,不久
  ~ à peu   逐渐地,渐渐地,慢慢地
  ~ après   不久以后
  à ~ près   几乎,大致,差不多
  aussi ~   同样地少
  depuis ~   不久以前
  pour ~ que   只要稍微……
  si ~   如此地少
  si ~ que   尽管……很少
  trop ~   过分地少
  un ~   少许,稍稍
peuplement *m* 栽树,植林
peuplier *m* 杨树,栽树,植林,白杨木
  ~ argenté   白杨
  ~ blanc   白杨
peut-être *adv* 也许,或许,可能
  ~ que   也许,可能
pfaffite *f* 羽毛矿,水锑铅矿
pH   酸碱度,pH 值,氢离子浓度负对数值
phäactinite *f* 褐绿石,铁叶绿泥石
phacéllite *f* 钾霞石,亚稳钾霞石
phacoïde *a* 扁豆状的,透镜状的
phacolite *f* 岩脊,岩鞍,变菱沸石
phæactinite *f* 褐绿石,铁叶绿泥石
phæstine *f* 古铜滑石
phanérite *f* 显晶岩
phanéromère *f* 显粒岩
phare *m* 信标,标灯,灯塔,(汽车等的)前照灯,探照灯
  ~ à acétylène   (车辆的)乙炔头灯
  ~ à longue distance   前照灯
  ~ antibrouillard   汽车防雾前灯
  ~ d'automobile   汽车前灯,汽车投射灯
  ~ de danger   障碍灯,危险信号灯
  ~ de recul   倒车灯
  ~ hertzien   无线电指向台,无线电信标
  ~ perce-brouillard   雾灯
phare-code *m* 闪光信号灯
phare-fanal *m* 强光前灯
  ~ droit   右侧强光前灯
  ~ gauche   左侧强光前灯
phare-route *m* 大灯
pharillon *f* 小灯塔
pharmacochalcite *f* 橄榄铜矿
pharmacopyrite *f* 斜方砷铁矿
phase *f* 阶段,程度,局面,阶段,时期,(地震)震相,(岩石)相,(地层)期,事物连续的变化
  ~ d'accélération   加速阶段
  ~ d'étude   研究阶段
  ~ d'excavation   开挖步骤
  ~ d'exécution   执行阶段,施工阶段
  ~ d'exploitation   运营阶段
  ~ de compactage   碾压阶,压实阶段
  ~ de conception   规划阶段,方案设计阶段
  ~ de consolidation   固结阶段,加固步骤
  ~ de construction   施工分期,施工阶段
  ~ de courant   流动状态
  ~ de la construction   施工阶段
  ~ de pilonnage   夯实阶段
  ~ de plissement   褶皱期
  ~ de prospection   勘探阶段
  ~ de repos   构造稳定期
  ~ des études   设计阶段
  ~ des recherches   调查阶段
  ~ du projet d'exécution   施工设计阶段
  ~ élastique   弹性阶段,弹性时期
  ~ expérimentale   实验阶段,试验阶段
  ~ majeure de plissement   主要褶皱期
  ~ plastique   塑性阶段,塑性时期
  ~ pour piéton   行人信号相位(分配给行人交通的信号相位)
  ~ préliminaire   初步阶段
  ~ rouge   (变通信号的)红色相
  ~ verte   (交通信号的)绿色相
  ~ verte progressive   "绿波"(绿色信号灯联动控制,使车一到道口,即出现绿灯,以便车队连续无阻通过各道口)
phase-liant *f* 黏合剂,结合剂
phasemètre *m* 相位计,相位表,功率因数表
  ~ gradué   分度相位计

~ numérique   数字相位计
phästine   *f*   古铜滑石
phénacite[phénakite]   *f*   硅铍石
phengite   *f*   多硅白云母
phenicochroïte   *f*   红铬铅矿
phénoménal, e   *a*   现象的,能感觉到的
phénomène   *m*   现象,奇观,怪事,作用,过程
~ aérodynamique   气流现象
~ apériodique   非周期现象
~ capillaire   毛细现象
~ complexe   复杂现象
~ d'accumulation   碎屑堆积现象
~ d'aéroélasticité   空气弹性现象
~ d'affouillement   冲刷现象
~ d'attrition   磨耗现象
~ d'érosion   冲刷现象,侵蚀现象
~ d'instabilité   不稳定现象
~ s d'oscillation du pont   桥的振动
~ de désagrégation   风化现象,剥蚀现象
~ de diffusion   扩散现象
~ de fatigue   疲劳现象
~ de fatigue des sols   土质疲劳现象
~ de fluage   蠕变现象,塑流现象
~ de fragilité   脆性现象
~ de gel-dégel   冻融现象
~ de la capillarité   毛细作用现象
~ de marée   潮汐现象
~ de piézo-électrique   压电现象
~ de prise   固结现象
~ de récursion   复现现象
~ de résonance   共振现象
~ de retrait   收缩现象
~ de stabilisation   稳定现象
~ déterministe   确定现象
~ dynamique   动力现象
~ électrocinétique   电动现象
~ électrothermique   电热现象
~ s explosifs   爆裂现象
~ géologique   地壳运动,地质现象,地质作用
~ karstique   喀斯特现象
~ périodique   周期现象,周期过程
~ physico-chimique   物理化学现象
~ physico-géologique   物理地质现象
~ physique   物理现象
~ réel   实际现象
~ tectonique   构造现象,构造作用
~ transitoire   瞬变过程,瞬变现象
~ vibratoire   振动现象
phénoplaste   *f*   酚醛塑料
phénorésine   *f*   酚醛树脂
phermitospinelle   *f*   熔剂尖晶石
philadelphite   *f*   曲黑蛭石
philippinite   *f*   菲律宾熔融石
phillipsite   *f*   钙十字沸石
phlébite   *f*   脉成岩类
phlébite   *f*   脉状片麻岩
phlogopite   *f*   金云母
pH-mètre   *m*   pH 计,酸度计,酸碱计
phœnicite   *f*   红铬铅矿
phœnicochroïte   *f*   红铬铅矿
pholérite   *f*   地开石,鳞高岭石
pholidoïdes   *m. pl*   铝海绿石类
pholidolite   *f*   硬金云母,绿硬云母
phonautographe   *m*   声波记振仪
phone   *m*   哼声,交流声,响度单位,电话机,送受话器
phonie   *f*   电话,无线电话,无线电话学
phonique   *a*   声音的,音响的
phonite   *f*   霞石,脂光石
phono-   音,声的,(前缀)声
phonocapteur   *m*   拾音器,拾波器
phonolite   *f*   响岩
~ à leucite   白榴响岩
~ trachytoïde   似粗面质响岩
phonolitique   *a*   响岩质的
phonolitoïde   *a*   似响岩质的
phonomètre   *m*   测声计,测音计,噪音计,声强计,通话计数器
phonométrie   *f*   声强测量,声音测量法
phosgénite   *f*   角铅矿
phosinaïte   *f*   磷硅铈钠石
phosphammite   *f*   磷二铵石
phosphate   *m*   磷酸盐,碳酸盐,碳酸酯,涂磷的,磷酸酯法
~ calcaire, ~ de calcium   磷灰石
~ de chaux   岩溶形成的磷块岩
~ détritique   碎屑磷块岩
~ en ciment   磷质胶结物,磷酸盐胶结物

~ en couche 层状磷块岩
~ en grains 粒状磷块岩
~ en nodules 结核状磷块岩
~ sédimentaire 沉积磷块岩
phosphate-belovite *f* 锶铈磷灰石
phosphate-zéolite *f* 含磷沸石
phosphatisation *f* 磷化,磷酸岩化
phosphochalcite *f* 假孔雀石
phosphochromite *f* 磷铬铜铁矿,磷铜铬铅矿
phosphoferrite *f* 水磷铁石
phosphogenèse *f* 成磷作用
phosphogypse *m* 碱石膏,磷石膏,碱酸石膏
phosphophyllite *f* 磷叶石
phosphorescence *f* 荧光,磷光(现象)
~ rémanente 余晖
phosphorescent *a* 磷光的,发磷光的,磷光性的
phosphorite *f* 磷块岩,磷灰岩,磷钙土
phosphormimétésite *f* 磷砷铅矿
phosphoroscope *m* 磷光镜
phosphorösslérite[**phosphorrœsslérite**] *f* 磷氢镁石
phosphorspath *m* 片状磷灰石
phosphosidérite *f* 斜红磷铁矿
photicite *f* 不纯蔷薇辉石
photique *a* 透光的
photo- (前缀)光,照相,感光(的)
photo *f* 照相,拍照,照片,相片
~ aérienne 航测照片,航摄照片
photocarte *f* 航测图,航空摄影测量地图
photocartographe *m* 摄影测图仪
photocartographie *f* 摄影制图,影像地图制图学
photocathode *f* 光电阴极
photocellule *f* 光电管,光学池,光电元件
photoclinomètre *m* 摄影测斜仪
photoclinométrie *f* 照相测斜术
photocolorimètre *m* 光比色计
photoconducteur *m* 光电导体
photoconductibilité *f* 光电导性
~ spectrale 分谱光电导
photoconduction *f* 光电导效应,光电导
photocorrosion *f* 光刻(技术),光蚀刻
photocourant *m* 光电流
photodétection *f* 光检测,光电探测
photodiode *f* 光电二极管

~ à jonction 半导体面接触型光电二极管
photo-effet *m* 光电效应
photoélastique *a* 光(弹)性的
photo-électricité *f* 光电,光电学
photoélectrique *f* 光电;*a* 光电的
photoélectron *m* 光电子
photo-élément *m* 光电管,光电元件
photoémission *f* 光电发射
photofabrication *f* 光刻法,照相化学腐蚀制造法
photogéologie *f* 摄影地质学
photogramme *m* 传真电报
photogrammétrie *f* 摄影测量(学),摄影测量术
~ à courte distance 近景摄影测量
~ à planchette 平板摄影测量
~ aérienne 航空摄影测量(学)
~ stéréoscopique terrestre 地面立体摄影测量
~ terrestre 地面摄影测量,地形摄影测量
photographe *m* 摄影师
photographie *f* 摄影,照相,相片,摄影术,照相术
~ à infrarouge 红外摄影,红外相片
~ aérienne 航摄照片,航摄相片,航空摄影
~ aérienne normale 常规航空摄影,标准航空摄影
~ aérienne oblique 倾斜航摄照片,倾斜空中摄影
~ aérienne panoramique 全景航空摄影,全景航空照片
~ aérienne verticale 垂直航摄照片,垂直空中摄影
~ aux rayons infrarouges 红外摄影
~ d'un dessin 图纸摄影,图纸照片
~ de référence 参照相片
~ de représentations radar 雷达图像照片(雷达荧光屏的照片)
~ électrostatique 静电摄影,静电照片
~ en couleurs 彩色摄影,彩色相片
~ noir et blanc 黑白相片
~ oblique 倾斜摄影
~ stéréoscopique 立体摄影
~ technique 工艺摄影,技术摄影
~ terrestre 路摄相片,地面相片(指摄影经纬仪拍的照片),地面摄影相片
~ verticale 竖直摄影
photographique *a* 摄影的,照相的

photointerprétateur *m* 照片解译员

photo-interprétation *f* 照片解译,相片判读

photo-ionisation *f* 光电离

photolithe *f* 硅灰石,针钠钙石

photolyse *f* 光解,光分解,光(分)解作用
~ atmosphérique 大气光解(作用)

photométrique *a* 光度的,测光的,计光的,光读学的

photomicrographe *m* 显微照相,显微照片,微缩照片

photomicrographie *f* 显微照相术,显微摄影术

photomicroscope *m* 照相显微镜,显微照相机

photomontage *m* 合成摄影

photomosaïque *f* 照片镶嵌图

photon *m* 光子

photopile *f* 光电池,光电管

photopique *a* 适光的

photoplan *m* 航空摄影平面图

photorésistance *f* 光导层,光敏电阻

photorésistant *a* 负趋光性的

photorestituteur *m* 摄影绘图仪,航摄照片判读器

photorestitution *f* 航摄照片判读

photo-satellite *f* 卫星照片

photoschéma *m* 照相略图

photoscope *m* 透视镜荧光屏

photoséismographe *m* 光记录地震仪

photosensibilisation *f* 光敏化,光敏作用
~ chronique 色光敏化

photosensibilité *f* 光敏性

photosensible *a* 光敏的,感光的

photostyle *m* 光笔,光写入头,光敏元件

photosynthèse *f* 光合作用,光能合成

phototélégramme *m* 传真电报

phototélégraphie *f* 传真电报学,传真电报

phototéléphonie *f* 传真电话

photothéodolite *m* 摄影经纬仪

photothèque *f* 照片库,照片档案室
~ ferroviaire 铁路照片保管处

phototopographie *f* 摄影地形测量(学),航测作业
~ aérienne 航空摄影地形测量
~ terrestre 地面摄影地形测量

phototransistor *m* 光敏电阻

phototriangulation *f* 相片三角测量,空中三角测量

photovaristor *m* 光敏变阻器

photovoltage *m* 光电压

photovoltaïque *a* 光电的

phréatique *f* 潜水层;*a* 井的,潜水的,含水的,地下水的

phréatophyte *f* 喜水植物,深根植物,湿生植物,地下水湿生植物

phtanite *m* 燧石,砺砥,粉砂岩,泥砂岩,黑燧石,致密硅页岩

phyllade *m* 千枚岩,硬绿泥石
~ calcifère, ~ calcique 钙质千枚岩,灰质千枚岩
~ épimétamorphique 高温变质千枚岩
~ noduleux 斑点状千枚岩

phylladifère *a* 千枚状的

phyllipsite *f* 钙十字沸石

phyllite *f* 千枚岩,层状矿物,粒硬绿泥石,鳞片状矿物,镁硬绿泥石

phylliteux *a* 千枚状的,鳞片状的,叶片状的

phyllitique *a* 千枚状的

phyllochlorite *f* 叶蠕绿泥石

phyllonite *f* 地形,地势

phyllorétine *f* 松香脂

phyllovitrite *f* 结构镜煤,结构镜质体,叶状镜质体

physionomie *f* 面貌,形状
~ générale 一般特征

physique *f* 物理,物理学;*a* 自然的,身体的,体力的,物理的,物质的,物理学的,自然科学的
~ appliquée 应用物理学
~ du sol 土壤物理学
~ générale 普通物理学
~ industrielle 工业物理学

phytocide *m* 除莠剂

pianlinite *f* 偏岭石

pic *m* 山顶,山峰,峰值,最大值,最高值;风镐,十字镐,探测锤,丁字镐,十字镐,鹤嘴锄
~ à air 风镐
~ d'absorption 吸收峰
~ pneumatique 风镐
~ sauvage 尖峰,峰顶

pices *m* 镐,十字镐

picite *f* 土磷铁矿

pick-up *m* 拾取,拾音,拾波,拾音器,拾波器,皮

卡车,传感器,轻型卡车,电视摄像管
~ à cristal　晶体拾音器,压电拾音器
~ acoustique　音箱
~ de température　测温传感器
~ dynamique　动力传感器
~ électrodynamique　电动传感器
picnomètre　*m*　比重计,比重管,比重瓶
~ à air　空气比重计
~ à vide　真空比重计
picnotrope　*m*　不纯蛇纹石
picot　*m*　基桩,插销,琢石锤,管柱桩,尖头锤
picotage　*m*　(隧道)矢板
picotpaulite　*f*　辉铁铊矿
picraluminite　*f*　镁矾石
picranalcime　*f*　镁方沸石
picrite　*f*　苦橄岩,白云石
picritique　*a*　苦橄的,富橄榄石的
picroamésite　*f*　镁绿泥石
picrochromite　*f*　镁铬铁矿
picrocollite　*f*　水硅镁石
picrocrichtonite　*f*　镁钛铁矿
picroépidote　*f*　镁绿帘石
picrofluite　*f*　杂氟硅镁钙石
picroknébélite　*f*　镁锰橄榄石,镁铁锰橄榄石
picrolite　*f*　硬叶蛇纹石
picrophengite　*f*　镁硅白云母
picrotéphroïte　*f*　镁锰橄榄石
picrotitanite　*f*　镁钛铁矿
pictite　*f*　楣石
pictogramme　*m*　图案,信号灯
~ de défaut　故障信号灯
piddingtonite　*f*　杂阴紫苏辉石
pièce　*f*　段,片,块,室,一件,一块,制件,配件,零件,部件,机件,元件,房间,文件,证据,单据
~ à pièce　一个一个
~ à usiner　加工件
~ s accessoires　配件,机械附件
~ authentique de rechange　原配件
~ brute　毛坯
~ caoutchouc de chloroprene　氯丁橡胶条
~ chargée en bout　杆,支柱
~ s communes à deux bogies　两台转向架的共用零件
~ s complémentaires de petit entretien　日常维修配件
~ comprimée　受压杆件
~ comptable　会计文件,会计单据,会计凭证,清算单证
~ consommable　易耗件,易损件
~ s constructives　组件,构成元件
~ continue précontrainte　连续预应力杆件
~ s contractuelles　合同文件
~ coulée　铸件
~ creuse préfabriquée pour plafond　预制空心顶板
~ cubique　立方形颗粒(三个方向长度大致相同方形颗粒)
~ d'ajustage　接头,管接头,配件(管子的)
~ d'appui　支撑,支柱,支架
~ d'appui en fonte　铸铁门槛
~ d'arrêt　制动器
~ s d'attache　扣件,连接件
~ d'attache　连接件
~ d'écartement　隔套,隔板,隔环,间隔物
~ d'entretoisement　横向联杆,横向连接件
~ d'épaisseur　垫片,衬片
~ d'essai　试件,模型,样机,样件
~ s d'expédition　货运单据
~ d'extrémité　电缆线端夹,缆索端夹头
~ d'origine　元件,原装零件,原始凭证
~ d'usure　磨耗件,易损件
~ de béton précontrainte　预应力混凝土构件
~ de bois　木料,木块
~ de charpente　结构杆件
~ de construction　构件
~ de détail　零件
~ s de douane　海关文件
~ de fixation　固定件
~ de fonderie　铸件
~ de forge　锻件
~ s de garnissage　衬件,填料
~ de jonction　连接件
~ de liaisonnement　夹板,连接件
~ de longueur　长木料
~ de machine　机器部件,机器零件
~ s de marché　合同文件
~ de passage　管件,试件
~ de pont　桥枕

~ de raccordement 连接块,连接件,导管接头
~ de rechange 备件,配件,互换件,替换零件
~ de rechange à bord de locomotive 随车零备件
~ de renfort 加劲杆
~ de réserve 备件
de toutes ~ s 全部地
~ de traversée 管件
~ décorative (voitures) 客车内装饰品
~ délicate 精细零件
~ détachée 部件,构件,零件,元件,散件,分立元件
~ s détachées 零件
~ s du marché 合同文件
~ embétonnée （混凝土）预埋件
~ en acier moulé 铸钢件
~ en béton précontraint 预应力混凝土杆件
~ en fonte 铸件
~ estampée 冲压件,锻压件
~ façonnée 成形件,模制件
~ fixe 固定件
~ fléchie 弯曲杆件
~ fondue 铸件
~ forgée 锻件
~ fragile 易损件
~ incorporée 预埋件
~ inférieure des pieux joints 下桩,(接桩中的)下面桩
~ intercalaire 衬垫,承接件
~ interchangeable 互换件,通用件
~ s interchangeables 可互换件
~ intermédiaire 中间件,耦合件
~ intermédiaire de joint 钢轨绝缘隔层
~ justificative 证据[件]
~ laminée 轧件
~ matricée 模锻件
~ métallique 金属杆件
~ moulée 铸件
~ s non contractuelles 非契约性文件
~ noyée 预埋件
~ polaire 极靴,极掌,极端,极片
~ polaire d'élément 电池电极
~ portante 支座,支撑部分,受力部分
~ précontrainte 预应力杆件

~ préfabriquée 预制件
~ préfabriquée en béton 预制混凝土杆件
~ principale 主要构件
~ profilée 型件,型材
~ rapportée 补片,搭件
~ réparable 互换件
sans ~ d'adaptation 无适用零件
~ standard 标准件
~ supérieure des pieux joints 上桩,(接桩中的)上面桩
~ tendue 拉杆,受拉杆件
~ travaillant à la torsion 受扭构件
~ usage 易损件
~ s vitales 主要零件

pied m 脚,腿,足部,支座,底座,支撑物,基础,支柱,英尺(等于0.3048米),法尺(法国古长度单位,等于325毫米)
à ~ d'œuvre 就地,在现场
~ à branches coulissantes 滑动三脚架
~ à coulisse (jauge externe) 卡尺,游标规,游标卡尺(外卡),滑动卡尺
~ à coulisse pour la détermination de la forme des grains 测定粒料形状的卡尺
~ à pied 一步一步地
~ à traverses coulissantes 滑动三脚架
~ appui contre route 墙趾
au petit ~ 小型的,缩小了的
~ cube par seconde 立方英尺每秒（流量）
~ d'œuvre (à) (sur le site) 现场,在工地上
~ d'un tronc d'arbre 树干粗端
~ d'une colonne 柱(底)脚,柱基础
~ de biche 弯脚式拔出器
~ de bielle 副连杆小端
~ de centrage 定位桩,中心轴头,定缝销钉
~ de chèvre 撬棍
~ de glace 冰盘,冰壁,冰棚,冰栅,冰层垫,厚冰层底座
~ de la colonne 柱脚,柱基
~ de mur 墙底
~ de pente 边坡脚
~ de pieu 桩脚,桩尖
~ de remblai 路堤底脚
~ de talus (remblai) 坡脚（填方）
~ de talus frottant 摩擦边坡坡脚

~ de voûte　拱脚,拱座
~ du ballast　道床坡脚
~ du pieu　桩脚,桩尖
~ du poteau　柱脚
~ du talus　坡底,边坡坡脚
~ du tuyau　管基
mettre sur ~　创办,建立,创建,设置
sur le ~　按尺度
~ télescopique　拉伸支架,套筒式支架
pied-droit　*m*　墩,支柱,边墙
~ de culée　岸墩,墩式桥台
piédestal　*m*　基础,柱座,柱脚,底座,垫座,支座,台座,电子管脚
~ continu　连续基脚
piedmont　*m*　山麓,山前地带
~ alluvial　山前冲积平原
piedmontite[**piémontite**]　*f*　红帘石
piédomètre　*m*　计步表,步测仪
pied-planche　*m*　板尺
piédroit　*m*　墩,支柱,侧墙,边墙,拱墙墩,拱脚柱,拱脚柱石,门窗侧柱
~ courbé　曲墙
~ d'un pont　桥台,墩,桥柱
~ de culée　岸墩,靠岸桥墩,桥台边墙
~ de porte　门柱
~ vertical　直墙
pieds-de-vaches　*m.pl*　牛蹄状山坡
piège　*m*　陷阱,汇集器,收集器
~ à air liquide　液态空气收集器
~ à cailloux　碎石坑
~ à eau　水闸
~ à sable　砂挡,砂槽,聚砂器
~ à sédiments　沉积物收集器
~ anticlinal　背斜圈闭
~ d'échos　功率均衡器,回波抑制设备
piégeage　*m*　捕集,捕捉,收集,回收
~ karstique　岩溶陷阱
piéger　*v*　安装,装设
piémont　*m*　山麓,山前地带
~ alluvial　冲积山麓平原
piémontais　*a*　山前的,山麓的
piémontite　*f*　红帘石
pier　*m*　墩,桥墩,支柱
~ sur pieux　桩墩,桩式桥墩
~ sur piles-colonnes　柱承桥墩
pierrage　*m*　石磨法,用磨石研磨
~ à la main　用磨石手工研磨
pierraille　*f*　碎石,岩屑,小卵石,小圆石,碎石堆,碎石子
~ ballast　碎石道砟
~ pour route　铺路碎石
~ tamisée　筛选过的碎石
pierre　*f*　石,石块,岩石,石料,轧碎材料(颗粒直径大于20毫米或25毫米)
~ à bâtir　建筑石料
~ à briquet　打火石
~ à briquette　燧石
~ à chaperon　墙帽
~ à chaux　石灰石
~ à chaux dure　硬石灰石
~ à cloche　响岩
~ à détacher　漂白土
~ à facettes　风磨石,多棱石,磨面砾石
~ à feu　燧石,火石
~ à foulon　漂白土,蒙脱石
~ à fusil　火石,燧石
~ à grains x　用x号磨石
~ à hérisson　基层大石块
~ s à macadam　碎石
~ à moellon　毛石
~ à mouches　斜方砷钴矿
~ à paver　铺路石料
~ à plâtre　石膏
~ à rasoir　磨石
~ à repasser　磨石
~ à savon　滑石,皂石,石碱石
~ abrasive　磨石
~ anguleuse　有棱角的石子
~ argileuse　黏土岩
~ artificielle　人造石,混凝土块
~ avec élément liants　浆砌毛石
~ blanche　珊瑚灰岩
~ Bologne　重晶石
~ broyée　碎石
~ brute　粗石料
~ burinée　琢石
~ calcaire　石灰石,石灰岩
~ carrée　方石

~ composées 堆石,填石
~ concassée 碎石,破碎的石头
~ concassée dure 硬质碎石
~ concassée pour béton 混凝土用碎石
~ concassée pour stabilisation mécanique 机械稳定用碎石
~ concassée routière 路用碎石
~ concassée tout-venant 统货碎石,未筛(分)碎石
~ cornée 角岩,角质
~ cunéiforme 楔形石块
~ cyclopéenne 大块石
~ d'alun 明矾石
~ d'Amazones 天河石
~ d'angle 隅石,墙角石
~ d'appareil 料石
~ d'argile 泥板岩,厚层泥岩
~ d'asphalte 沥青块,沥青砖
~ d'embase 基石
~ d'iri 乳白石英
~ d'Italie 黄铁碳质页岩
~ d'once 琥珀
~ de 60 à 70 grains 60~70 粒度的砂轮
~ de bordure 路缘石
~ de bornage 界石
~ de carrière 毛石,片石,粗石
~ de Ceylan 电气石
~ de Chypre 石棉
~ de cinnamone 铁钙铝榴石
~ de clé 拱顶石,拱冠石
~ de colmatage 填石,填塞石
~ de construction 建筑石材
~ de construction modulée 料石,规格石料
~ de corne 角岩,角石
~ de couronnement 帽石,盖顶石
~ de couronnement de l'aile 侧面盖顶石
~ de couverture 盖石
~ de croix 十字石
~ de culée 桥台石
~ de dallage 铺路用的石板
~ de décoration 装饰石材
~ de fondation 基石
~ de garde 斜柱
~ de grès 砂石

~ de Jésus 石膏
~ de liais 滤石
~ de Lydie 试金石
~ de meule 磨石
~ de miel 蜜蜡石
~ de mine 矿石
~ de parapet 拦墙石
~ de parement 琢石,方石,砌面石,护面石,饰面石,细方石
~ de pavage 铺路石块
~ de plinthe 底石
~ de pore 沥青灰岩
~ de rebord 窗台石
~ de remplissage 填充石料
~ de revêtement 砌面石
~ de sable 砂岩
~ de sang 鸡血石,红斑石髓
~ de soleil 日长石,太阳石
~ de sommet 顶石
~ de soude 钠沸石
~ de taille 粗石,方石,毛石,凿石,琢石,磨制的石器
~ de taille brute 粗琢石
~ de taille pour sommiers 拱脚石,起拱石,支承垫石
~ de tuf 石灰质混凝岩
~ de verre 玻璃砖
~ de voûte 拱石
~ de vulpino 硬石膏
~ dimensionnée 料石,规格石料
~ doublante 冰洲石
~ dure 坚石
~ électrique 电气石
~ en béton 混凝土块
~ en boutisse 丁石
~ esmillée 琢石
~ extraite en dimensions requises 料石,规格石料
~ façonnée par le vent 风棱石,风磨石
~ factice 人造石
~ félisse 绿岩
~ filtrante,~ à filtrer 滤石
~ fine 半宝石
~ flottante 漂石

~ fondamentale 基石
~ gélisse 绿岩
~ granitique 花岗岩
~ grasse 霞石,脂光石
~ hémisphérique 半球形磨头
~ indicatrice de courbe 曲线标石
~ jadaïque, ~ de jade 硬玉
~ levée 立石
~ lunaire, ~ de lune 月长石
~ lydienne 燧石板岩
~ maçonnée 浆砌块石
~ meulière 磨石
~ milliaire 英里程石
~ naturelle 天然石
~ numéroté 标号界石
~ ollaire 滑石,绿泥石片岩
~ s perdues 抛石
~ plate 片石,片状颗粒（集料中的）
~ polie 打磨石,琢光石片,新石器石片
~ ponce 浮石,轻石,泡沫岩
~ ponce artificielle 泡沫矿渣,水淬矿渣
~ poreuse 透水石,多孔石
~ pulvérisée 石粉,石屑
~ reconstituée 人造石
~ réfractaire 耐火石
~ s roulées 乱石,巨砾
~ sanguine 赤铁矿
~ sans éléments liants 干砌毛石
~ saponaire 皂石
~ stérile 废石
~ s stratifiées 成层岩
~ taillée 细琢石
~ tendre 软石
~ verte cornée 闪绿岩
~ vive 光秃石
~ volante 滚石
~ s volcaniques 火山岩石

pierré *m* 干砌石排水[气]管,(掺入灰泥的)石块层

pierrée *f* 石渠,干砌石排水[气]管,(掺入灰泥的)石块层
　　~ souterraine 填石排水

pierre-parpaing *f* 束石,结合石
pierre-perdue *f* 抛石,水中抛石

pierre-ponce *f* 浮石,轻石,浮岩,泡沫岩
pierrepontite *f* 黑电气石,富铁电气石
pierrette *f* 小石子
pierreux, euse *a* 多石的,石状的
pierrier *m* 崩积物,坡积物
pierrotite *f* 硫锑铊矿
piétage *m* 桩,打底
piéton *m* 行人,步行者
pieu *m* 桩,柱,木桩,趾桩,护底桩,扩底桩
　　~ à amarrer 锚定桩,系缆桩
　　~ à base 打底桩
　　~ à battre 打入的桩
　　~ à bulbe 钻孔桩,填柱桩,灌注桩,球基桩,圆趾桩
　　~ à bulle 打入桩,灌注球,基桩,钻孔灌注,圆趾桩
　　~ à chemise récupérée 收回套管的混凝土就地灌注桩
　　~ à colonne 柱桩,端承柱
　　~ à disque 盘脚桩,盘底桩,盘头桩
　　~ à fourreau récupéré 收回套管的混凝土就地灌注桩
　　~ à frottement 摩擦[浮、悬浮]桩
　　~ à pointe 肩头桩
　　~ à pointe portante 端承柱
　　~ à serrer 加实桩,加密桩
　　~ à tête d'oignon 圆趾桩,球基桩
　　~ à vis 螺旋桩
　　~ aiguille 尖桩
　　~ anti-glissement 抗滑桩
　　~ armé 钢筋桩
　　~ assemblé 组合桩
　　~ ballasté 碎石桩
　　~ battu 打入桩
　　~ battu en quinconce 错列[位]打桩
　　~ battu ouvert 开口式打入桩
　　~ biais 斜桩
　　~ carbonisé 焦头桩
　　~ chargé en pointe 端承桩
　　~ chargé latéralement 侧承桩,侧向受荷桩
　　~ colonne ballasté 道砟管柱桩
　　~ composé 混合桩,混成桩
　　~ compound 混合桩
　　~ comprimé 受压桩

~ conique 锥形桩
~ consolidé 强化桩
~ coulé en place 钻孔填筑桩,就地灌注桩,钻孔灌注混凝土桩
~ créosoté 油浸桩
~ creux 空心桩,管桩
~ creux en acier 钢管桩,空心钢桩
~ cylindrique 圆筒桩,圆柱桩
~ d'accostage 护桩,防御桩,锚定桩,泊岸护桩
~ d'amarrage 带缆桩,系缆桩
~ d'ancrage 锚固桩,锚(定)桩
~ d'angle à rainures 嵌接桩,企口结合角柱
~ d'appui 支撑[端承]桩
~ d'avancement 移动桩
~ d'échafaudage 脚手架桩
~ d'épreuve 试桩,试验桩
~ d'essai 试桩,试验桩
~ de compactage 夯实桩
~ de consolidation 加实桩,加固桩
~ de défense 护桩,防护桩
~ de déplacement 位移桩,压力加实桩
~ de direction 导桩,定向桩
~ de fondation 基础桩
~ de garde 防护桩
~ de grillage de fondation 格排基础桩
~ de guidage 导桩,(沉箱)定位桩
~ de piédestal 扩脚桩,支座桩
~ de pilotis 护墩桩,系船柱
~ de sable 砂桩,填筑砂桩
~ de soutènement 支撑桩
~ de traction 拉桩,受拉桩
~ définitive 定型桩
~ déplacement en sable 砂子加实桩(用于软土基加固)
~ diminuant vers le sabot 圆锥桩
~ directionnel 导桩,导向柱
~ en acier 钢桩
~ en acier en H H形钢柱
~ en béton 混凝土桩
~ en béton armé 钢筋混凝土柱
~ en béton armé préfabriqué 预制钢筋混凝土桩
~ en béton centrifugé 离心式混凝土柱
~ en béton moulé 混凝土灌注桩

~ en béton moulé dans le sol 混凝土灌注桩,混凝土就地灌注桩
~ en béton précontraint 预应力混凝土柱
~ en béton préfabriqué 预制混凝土柱
~ en bois 木桩
~ en essai 试桩
~ en groupe 群桩
~ en H 工字钢桩
~ en portique 门架桩
~ en quinconce 梅花桩
~ en rondins de bois 圆木桩
~ en sable 砂桩
~ en vraie grandeur 实体桩,足尺桩
~ encastré (pieu fonctionnant en pointe) 嵌岩桩
~ explosé 爆炸桩
~ fabriqué sur place 现场打混凝土桩
~ fermé à sa base 下部闭口式打入桩
~ flottant 浮桩,悬桩,摩擦桩
~ forcé à la tarière 钻孔桩
~ foré 螺旋桩,钻孔灌注桩
~ foré et moulé dans le sol 就地浇捣的(混凝土)桩,钻孔灌注的混凝土桩
~ foré-tubé 钻孔管柱,螺旋管桩
~ hélicoïdal 螺旋桩
~ incliné 斜桩
~ isolé 单桩
~ s joints 接桩
~ métallique 钢桩
~ mobile 移动桩
~ modèle 试桩
~ moulé 灌注桩
~ moulé d'avance 预制混凝土桩
~ moulé dans le sol 钻孔灌注柱
~ moulé sur place 就地灌注桩
~ non supporté 独立式桩
~ numéroté 标号桩
~ passif 被动桩
~ piédestal 打底桩
~ pneumatique 气压桩
~ porteur 承载桩,承重桩,支承桩
~ préfabriqué en béton 预制混凝土桩
~ racine 基桩,根桩
~ s rassemblés 集桩,群桩

~ résistant 护桩,支撑桩,防冲桩
~ résistant à la pointe 端承桩
~ se diminuant vers le sabot 锥形基础桩
~ s sécants 相交桩
~ sollicité horizontalement 水平应力桩
~ standard （一种支承板桩的)标准桩
~ tendu 浮桩,应力桩
~ tube 管桩
~ tube ouvert 敞口管桩
~ tubulaire 管桩
~ tubulaire en acier 钢管桩
~ vertical 垂直桩

pieu-colonne *m* 柱桩
pieu-piédestal *m* 扩底桩
piézoclases *f. pl* 压裂隙
piézogabbro *m* 深压辉长岩
piézogranite *m* 深压花岗岩
piézoisobathe *f* 压力等深线
piézomètre *m* 测压管,测压井,测压孔,测压计,压力计,(流体)压强计,水压计,流压计,旁压仪
~ à pierre poreuse 多孔探头式测压管
~ à tube poreux 多孔管测压计,透水管测压计
~ hydraulique 液压测压计,液压压力计
~ liquide 液体测压计
~ pneumatique 气压式孔隙压力计

piézométrie *f* 加压法,压力法,液压学,高压测量,(流体)压力测量(法)
piézométrique *a* 承压的,测压的,水压的
piézo-transmissivité *f* 压力导水系数(导水系数/储水量)
pige *f* 量杆,厚薄规,基准尺寸
~ d'écartement 间距卡木
~ micrométrique 千分尺,测微计

pigeon *m* 熟石灰桩,生石灰中的石块
pigeonite *f* 易变辉石
pigmolite *f* 拳状岩体
pignon *m* 山墙,齿轮,山[人字]墙,小齿轮,三角顶
~ à chevrons 人字齿轮
~ à denture hélicoïdale 螺旋齿轮
~ arrière 后山墙
~ avant 前山墙
~ baladeur 滑动齿轮,变速小齿轮
~ central 太阳轮,恒星齿轮,中心齿轮
~ conique 伞齿轮
~ d'angle 伞齿轮,小斜齿轮
~ d'angle du différentiel 差速器小齿轮
~ d'attaque 主动齿轮
~ d'entraînement 主动齿轮
~ de commande 主动齿轮
~ de limite 边山墙
~ de prise de mouvement 传动齿轮
~ différentiel 差速器小齿轮
~ droit 正齿轮
~ du centre 恒心齿轮,中心齿轮
~ en forme d'escalier 阶式齿轮
~ entraîneur 主动齿轮
~ étagé 塔形齿轮
~ intermédiaire 中间齿轮
~ intermédiaire étagé 中间塔形齿轮
~ mené 从动齿轮
~ mitoyen 中间山墙
~ planétaire 行星齿轮,游星齿轮
~ satellite 行星齿轮

pigotite *f* 腐殖铝石,有机铝石
pihlite *f* 杂云长石
pikéite *f* 辉云橄榄岩
pikromérite *f* 软钾镁矾
pilage *m* 研磨
pilandite *f* 歪长斑岩
pilarite *f* 杂铝硅孔雀石
pilastre *m* 壁[半露]柱,墙垛
~ en briques 砖门柱,半露砖柱

pilbarite *f* 杂钍硅铀铅矿
pile *f* 桩,堆,墩,束,桩柱,支柱,堆积,桥墩,电池,电池组,电流源,光电元件
~ à cadre 刚构桥墩
~ à précontrainte excentrée 偏心预应力桥墩
~ à redans 台阶式桥墩
~ à simple poussée 单向推力墩
~ auxiliaire 辅助墩
~ carbone 炭堆
~ carrée 方形桥墩
~ centrale 中间桥墩
~ creuse 中空桥墩
~ cylindrique 圆柱墩
~ cylindrique à redans 柱式桥墩
~ d'ancrage 锚墩
~ d'échafaudage 脚手架支柱

~ d'extrémité 桥台,近岸桥墩
~ de bascule 开启桥墩,平衡桥墩
~ de briques 砖垛
~ de chevalet （离架桥的）钢桁架式桥墩
~ de défense 护墩
~ de fondation 基础墩
~ de guide 导桩
~ de mur 墙墩,壁式桥墩
~ de pont 桥墩
~ de rive 岸墩,桥台
~ de séparation 隔墩,分水墩
~ de terre 土柱
~ de tour 塔式桥墩
~ du milieu 中墩
~ en acier 钢支柱,钢桥墩
~ en briques 砖墩
~ en caisson 沉箱墩
~ en forme de tour 塔式桥墩
~ en pilotis 桩承墩,桩式墩
~ en rivière 河中桥墩
~ encombrée 制动墩
~ enterrée 埋入式桥墩
~ fixe 永久式支撑
~ intermédiaire 中间桥墩
~ marteau 锤式桥墩
~ massive 实心桥墩
~ médiane 中墩
~ métallique 钢桥墩,钢支柱
~ métallique en treillis 格构钢桥墩
~ mobile 临时支撑
~ octogonale 八角桥墩
~ pendulaire 铰接支柱
~ perdue 永久性支撑
~ profilée 流线型桥墩
~ rassemblée 拼合桥墩
~ reposant sur la terre 岸墩,桥台
~ solide 实心桥墩
~ souple 柔性墩
~ stoppée 截断桩
~ submergée 暗桩

pile-musoir *f* 圆头桥墩
piler *v* 捣碎
pilette *f* 杵,捣锤
~ à air comprimé 压缩空气捣锤
~ pneumatique 风动捣锤

pilier *m* 墩,座,管柱,（支）柱,（地下开挖）岩柱
~ circulaire 圆形桥墩
~ composé de pont 组合式桥墩
~ d'ancrage 锚墩
~ d'arc-boutant 扶垛,扶柱,支墩
~ d'érosion 侵蚀柱
~ d'observation de base 测站
~ de base 参考点,依据点,控制点,水准点
~ de concrétion 石柱
~ de fondation 基础墩,基础柱
~ de freinage 消力竖墩,棋布式消力墩
~ de pont 桥墩
~ de référence 参考点,依据点,控制点,水准点
~ de terre 土柱
~ de triangulation 三角点标石
~ du pont 桥墩
~ en béton 混凝土支柱,混凝土墩石
~ en groupe 群柱,集柱
~ en pierres 石柱
~ en roche 岩柱
~ en topographie 方位标,测量标石
~ fretté 环筋混凝土柱
~ s jumeaux 双柱,并置柱
~ tubulaire 管柱

pilinite *f* 硬羟钙镀石
pilissage *m* （隧道）矢板,搭接插板挡土法
piliste *m* 充电工
pilite *f* 羽毛矿,脆硫锑铜矿,橄榄阳起石
pilolite *f* 镁石棉,镁坡缕石,铁镁坡缕石
pilon *m* 夯,夯具,木夯,捣锤,手锤,锻锤,支架,支柱,捣物器
~ à air comprimé 风动夯,风动打夯机
~ à béton 混凝土夯
~ à moteur électrique 电动夯
~ au gabarit 路拱样板夯,夯实路拱板
~ autonome 机动夯,动力夯
~ de compression 柱塞
~ de damage 夯,夯具
~ de remblai 填土夯具
~ électrique 电动夯
~ en bois 木夯,木夯具
~ pneumatique 风动夯
~ portatif 动力夯,轻便打夯机

~ pour béton　混凝土夯

~ pour remblai　回填夯,复土夯

~ pour tranchées　路槽夯,沟槽夯

~ vibrant　振动夯

pilonnage *m*　振捣,夯实,打夯,捣塞,填塞,填塞物,填塞料,打桩(工程)

~ à la main　人工振捣[夯实]

~ de remblais　夯实路堤,夯实填土

~ hypercompactage　超压实夯实

~ intensif　强夯(法),强力夯实(法)

~ par vibration　振动打夯,振动捣固

~ préliminaire　初始夯实

pilonner *v*　捣固,夯实,打夯,捣碎

~ de l'argile　捣碎黏土,捣固黏土

~ la terre　夯土,筑平土地

pilonneur *m*　打夯机,捣实机

pilonneuse *f*　夯,捣棒,打夯机,捣实机

~ à moteur　动力打夯机,快速冲击打夯机

pilot *m*　桩,木桩

~ de garde　路边线轮廓标

pilotage *m*　驾驶,打桩,操纵,控制,驾驶术,打桩工程

pilotaxitique *a*　交织(结构)的

piloté *a*　被控制的,被驱动的,被操纵的,被引导的

pilote *m*　向导,引导员,领路人,导向装置；*a*　试点的,中间试验的

~ automatique　自动驾驶仪,自动操舵器

~ d'auto　汽车驾驶员

piloter *v*　打桩,引导,行车,驾驶,操纵

pilotis *m*　桩排,基桩承台,(水下或陆地群桩基础)基桩,中型柱(使建筑物在地面上架空),高楼架空底层用柱子

~ de béton　混凝土桩

~ de béton armé　钢筋混凝土桩

~ de bois　木桩

~ élevé　高桩

~ enfoncé　沉入桩

~ sans enveloppe　无套管混凝土桩

pilsénite *f*　叶碲铋矿

pimélite *f*　脂镍蛇纹石

pin *m*　松,松树,红松,马尾松

~ à pignon　金松

~ à résine　脂松

~ américain　脂松,美枞

~ blanc　白松

~ cembro　石松

~ cimbre　瑞士松

~ commun　白松,普通松木

~ d'alpes　阿尔卑斯松

~ d'Orégon　美国(俄勒冈)松

~ de Bordeaux　海松

~ de mature　红松

~ de montagne　山松

~ de poix　脂松

~ de Russie　白松,俄国松,普通松

~ des landes　海松

~ jaune　黄松

~ maritime　海松,南欧海岸松

~ noir　黑松

~ parasol　金松

~ pignon　意大利五针松

~ pinier　石松

~ rouge　红松

~ sauvage　白松,野生松,普通松

~ sylvestre　白松,挪威松,欧洲赤松

pinaciolite *f*　硼镁锰矿

pinacle *m*　屋顶,尖顶,尖峰,高峰,尖柱,石柱,石塔,小尖塔,信号柱帽

pinacoïde *m*　轴面,平行双面；*a*　轴面的

pinakiolite *f*　硼镁锰矿

pincé *a*　夹紧的,夹住的

pince *f*　钳,夹紧,夹子,钳子,夹钳,虎钳,卡规,卡板,撬棍,镊子,手虎钳

~ à bec coudé　歪嘴钳

~ à bec de canard　鸭嘴钳,扁嘴钳

~ à braser　焊钳

~ à brique　砖夹

~ à cavaliers　紧线钳,紧线夹

~ à connexions　接线钳

~ à couder　扳子(弯钢筋的)

~ à crampons　起道钉的撬棍

~ à creuset　坩埚钳

~ à dénuder　剥线钳,去皮钳

~ à électrode de soudage　焊钳

~ à fusible　熔线管钳,熔丝更换器

~ à levier　撬棍

~ à longs becs　长嘴钳,尖嘴钳

~ à parpaings 砖夹钳，石块夹钳
~ à pieds de biche 爪式撬棍，起道钉的撬棍
~ à ressort 弹簧夹
~ à segment 焊钳，活塞环钳
~ à sertir 卷边钳，嵌线钳
~ à souder 焊钳
~ à tôles 装卸钢板等用的夹钳
~ à traction 耐张线夹
~ à tubes 管钳
~ à tuyaux à chaîne 链条管钳
~ à vitrier 夹玻璃钳
~ anglaise 管钳
~ automatique 自动夹钳
~ brucelles 捏钳，镊子
~ combinée réglable 鲤鱼钳
~ coupante 剪丝钳，剪线钳，平头剪
~ coupante de côté 偏口钳
~ coupante de diagonale 斜嘴钳
~ coupante droite 核桃钳
~ coupante oblique 斜剪钳
~ d'ancrage 锚固夹
~ d'extrémité 终端端子，输出端子
~ de câble 电缆夹
~ de contrôle des titres de parcours 检查钳
~ de fil 线夹
~ de foret 钻孔头
~ de sûreté 保险丝端子，熔断丝端子
~ du sectionneur 隔离开关的接线夹子
~ en crocodile 鳄鱼夹
~ monseigneur 撬棍，拔钉钳
~ plate 平口钳，扁嘴钳子
~ pour tubes 管钳
~ ronde 圆嘴钳
~ rotative 旋转夹钳
~ s à parpaings 砖夹，石块夹钳
~ s de ferraillage 钢筋夹钳
~ universelle 克丝钳，多用钳，万用钳
~ universelle avec mâchoire coupante de côté 花腮钳

pinceau m 束，刷子，电刷，光束，线束，射束，波束
~ à blanchir les murs 灰刷，刷墙用刷子
~ à mouiller 湿润刷子
~ à noir de fumée 涂炭黑用的刷子
~ en forme de rouleau 滚刷

pince-cisaille f 剥线钳
pincée f 压缩断块
pincement m 夹紧，钳住，夹子，夹断效应
pincer v 捏，夹，钳子，压紧，挤压，紧闭
pincette f 夹钳，小钳子
pinchite f 氯氧汞矿
pinguite f 脂绿脱石
pinite f 块云母
pinitoïde m 假象块云母
pinnoïte f 柱硼镁石
pinnule f 觇标
pinolite f 松球菱镁片岩
pinte f 品脱（体积单位，干量：英制 1 pinte = 0.568L，美制 1 pinte = 0.55L；液量：英制 1 pinte = 0.568L，美制 1 pinte = 0.473L；1 pinte = 1/8gal)
piochage m 掘，挖，挖掘，翻土，松土，（用鹤嘴镐）挖
pioche f 鹤嘴锄，钉子斧，十字镐，十字锹
~ à boucher 捣固镐
~ à essarter 挖根镐
~ à glaise 平锹，土铲
~ à terre 挖土镐
~ mécanique 机械镐，凿碎机
~ piémontaise 平头镐
~ plate 扁头镐，平头镐

piochement m 掘，挖
piocher v 挖，掘，破坏，拆散
piocheur m 挖土工，土方工，松土机
piocheuse f 松土机，挖土机，蒸汽挖掘机
~ scarificatrice 松土机
~ scarificatrice de route remorquée 拖式道路松土机
~ tractée 牵引式松土机

piocheuse-défonceuse f 松土机
piocheuse-scarper f 松土机，靶土铲运机
pion m 销钉
piotine f 脂皂石
pip m 脉冲，标记，记号
~ d'étalonnage 校准脉冲
pipe f 管，导管，短管，套管，管道，岩管，岩筒
~ alliée d'aluminium 铝合金管
~ d'antenne 天线引入线
~ d'entrée de câble 电缆引入管
~ de brèche 角砾岩筒

~ diamantifère 含金刚石岩筒
~ en terre 瓦管,陶管
~ rack 钻杆排放装置
~ thermoplastique 热塑性管道

pipeline[pipe-line] *f* 管道,管线
~ de drainage 排水管道

piperno *m* 火焰斑杂凝灰岩

pipette *f* 小管,吸管,移液管,吸量管,取样试管

piquage *m* 点蚀,麻点,气孔,砂眼,锈斑,刺孔,轧孔,凿孔

piquant,e *m* 木刺;*a* 有刺的,刺激的

pique *f* 尖峰

piquer *v* 戳,刺,蚀,扎穿

piquet *m* 小柱,短桩,杆,棒,标柱,标桩,百尺标,百尺标,标准点,导线支轮,导管支轮,抢险值班调度
~ additionnel 加桩
~ d'alignement 线路桩,中线桩
~ d'axe 线路中线桩
~ de berme 护道边桩
~ de construction 施工标桩
~ de jalonnement 标杆
~ de ligne centrale 中线桩橛
~ de mire 花杆,标杆
~ de prise de terre 接地棒
~ de protection 保护桩
~ de réglage (de talus) 坡桩,边桩
~ de talus 边桩,边坡桩
~ de terre 地线柱,接地杆,接地极,地线标注
~ nivelé 水平桩
~ pour chaîne d'arpenteur 测杆

piquetage *m* 放样,定线,立桩,锚定,打桩,桩号,测量,放灰线,立标桩,用桩标出路线(公路)
~ complémentaire 补测,补充标桩
~ d'un axe routier 道路中线标桩,道路中线桩
~ de la ligne 线路标桩
~ de la plateforme (avant le renouvellement d ballast) 用木桩标出路基位置(道砟翻新以前)
~ de la voie 线路标桩
~ de ligne centrale 设置中线桩橛
~ général 普通标桩
~ spécial 特殊标桩

piqueter *v* 放样,打桩,测定路线,划线(木工在木料上),立桩标出测定线路

piqueur *m* 风镐,机镐,采石工,汽锤工
~ de travaux publics 公共工程用风镐,一般建筑工程用风镐

piqûre *f* 坑,击穿,打穿,穿孔,小孔,料坑,取土坑,铸件上的斑点
~ de corrosion 腐蚀锈斑
~ ponctuelle 点状腐蚀

piriforme *a* 梨形的

pirolyse *f* 热介作用,高温分解

pisé *m* 胶土,捣密黏土,打结炉衬,耐火黏土内衬

pisékite *f* 钛钽铌铀矿

piser *v* 捣实,夯实

pisiforme *a* 豆状的,豌豆状的

pisolite *f* 豆石,豆粒,豆状岩

pisolithique *a* 豆石状的

pissasphalte *m* 软沥青,天然沥青

pissette *f* 洗瓶

pissite *f* 普通蛋白石

pistankite *f* 杂硫铋银铅矿

pistazite *f* (黄)绿帘石

piste *f* (voie) 小道[路],土路,护道,轨迹,足迹,线索,踪迹,痕迹,便道(沿线的)
~ 《tôle ondulée》 "搓板"路
~ améliorée 改善小道
~ caravanière 大篷车道
~ cavalière 大车道
~ circulaire 环道,环行道
~ cyclable 自行车道
~ cyclable à double sens de circulation 双向行驶的自行车道
~ cyclable à sens unique 单向行驶的自行车道
~ cyclable à simple sens de circulation 单向行驶的自行车道
~ cyclable à une voie 单车道自行车道
~ cyclable isolée 单一自行车道
~ cyclable unilatérale 单侧自行车道
~ d'accélération 加速车道
~ d'accès 入口车道
~ d'arrêt 停车道
~ d'essai 试验道路
~ de chantier 工地道路,现场道路,施工便道,施工车辆用路
~ de circulation 行车道,行车便道

~ de décélération 减速车道
~ de desserte d'un chantier 工地便道
~ de glissance 滑溜(试验)道路
~ de parcage 停车带
~ de position 定位槽,中导孔
~ de service 施工便桥
~ de stationnement 停车带,停车线
~ de vitesse 高速道路
~ double 双轨,双道
~ en béton de ciment 水泥混凝土路
~ en terre 土路
~ équestre 大车道
~ existante 原有道路
~ meurtrière 危险道路
~ nouvelle 新(修建的)道路
~ pilote 导轨
~ pour bicyclettes et vélomoteurs 自行车和小型摩托车走行线
~ pour cavaliers 大车道
~ pour cyclistes et piétons 人行道
~ pour piétons 人行道
~ provisoire 便道,临时道路
~ rudimentaire 初级路,低级路
~ saisonnière 季节性道路
~ simple 单轨,单道
~ spéciale 专用道路

pister v 追踪

pistolet m 喷枪,手枪,焊枪,铆枪,喷雾枪,喷射器,喷涂[漆]枪,绕接焊枪,喷砂[清理]枪
~ à air chaud 热风枪,热风烘干器
~ à air comprimé 喷枪
~ à basse pression 低压喷枪
~ à peinture 喷漆枪,喷浆器
~ à souder 焊枪
~ de dessinateur 曲线板
~ de gonflage 轮胎充气枪
~ de peinture 喷漆枪
~ de soudure autogène 汽焊枪
~ pneumatique 喷枪
~ pulvérisateur pour la peinture 喷漆枪

pistoletage m 用喷枪喷射

pistomesite f 亚铁菱镁矿

piston m 活塞,柱塞,活门,活塞杆,闭塞机上的按扣

~ à air 压气活塞
~ à clapets 阀门活塞
~ à coupelle 带皮碗活塞
~ à disque 盘形活塞
~ à double effet 双动活塞
~ à lames de contact 触片式活塞
~ à simple effet 单动活塞
~ à vapeur 蒸汽活塞,汽缸活塞
axe de ~ 活销塞
~ cintré 旋转活塞
~ conique 锥形活塞
~ creux 空心活塞
cuir embouti du ~ 活塞皮碗
~ d'équilibrage 假活塞,平衡活塞
~ de basse pression 低压活塞
~ de bloquage 制动夯具,锁闭活塞
~ de cylindre à air 制动缸活塞
~ de cylindre de frein 制动缸活塞
~ de distribution 配气活塞
~ de frein 制动活塞
~ de haute pression 高压活塞
~ de pompe 泵活塞,泵柱塞
~ de rappel 反向活塞,回动活塞
~ différentiel 差动活塞
~ distributeur 配气活塞
~ équilibreur 平衡活塞
~ étagé 多级活塞
~ libre 自由行程活塞
~ moteur 操作活塞
~ ouvert 开式活塞
~ tubulaire 管形活塞,空心活塞

pistonnage m 黏着,黏住,附着,黏附,夯实,抽吸

pistonphone m 活塞测声器

pistons-glissiers m. pl 活塞阀

piston-valve m 滑阀,活塞式配气阀

pitchblende f (块状)沥青铀矿

pitchpin m 脂松,北美油松

pitchstone f 松脂岩

piton m 山顶,尖山峰,环首螺钉,吊环螺钉,羊眼螺钉

pitotmètre m 毕托管,流速计,毕氏压差计

pittinite f 不纯脂铅铀矿

pivot m 杆,轴,枢,销,支承,轴颈,支点,支枢,枢轴,中枢,枢纽,中心点,转轮锥,旋转轴,全轴套

销轴
~ à ressort pour va-et-vient 地龙（弹簧）
~ à rotule 球枢轴
~ central 主销，中心立轴
~ cylindrique 圆柱销
~ d'entraînement 驱动销，带动销
~ de bogie 转向架中心销
~ de bogie à béquille 旁承式转向架心盘
~ de guidage 导向枢轴
~ de trolley 集电器杆支枢
~ de vanne 闸门枢轴
~ sphérique 球面枢轴
~ sur caisse 车体上的支承

pivotant, e *a* 旋转的
pivoter *v* 绕轴旋转
placage *m* 包层，电镀，喷镀，镀层，镶木，涂层，嵌木，贴面，地表沉积，镶嵌面板，胶合板胶合
~ alluvial 冲积盖层
~ de terre végétale 腐殖土铺面
~ en brique 砖砌镶面
~ sableux 砂质盖层

placard *m* 壁橱，壁柜
placé *a* 置于
place *f* 座位，地方，地点，位置，场所，广场，区域，地带，停车场
à la ~ de 代替……，处于……的位置
~ assise 座位
~ d'arrêt 停车处，停车场
~ d'emprunt (de matériaux) 借土区域，取土坑位置
~ d'évitement 让车处，让车道（便于会车，超车用的道路加快部分）
~ d'extraction (de matériaux) （材料）采挖地区
~ de change 外汇市场
~ de déchargement 卸荷位置
~ de garage （道路）港湾式停车站
~ de (la) gare 站前广场
~ de l'implantation 种植地带
~ de parc 停车场
~ de parquement 停车处，停车场
~ de prélèvement 取样地区
~ de rebroussement 回车坪，车辆转向道
~ de repos 备用车道，(干路)路侧停车处，超车

或避车车道
~ de stationnement 停车场
en ~ 原地，就地，现场，在原位
mise en ~ 安排，位置
~ occupée 已占用的位置，已有人的座位
~ offerte 提供的座席
~ pour taxis 出租汽车停车场
sur ~ 当场，就地，现场

place-kilomètre *f* 座席公里
~ offerte (pKO) 公里座席数，有效座席公里
placement *m* 安排，布置，投资，销售，安置，介绍职业，安排工作
placer *v* 安放，安置，安排，分配，铺撒（路面材料），浇灌（混凝土），投放（资金）
placitre *m* 大片的荒地
placodine *f* 砷镍矿
placo-plâtre *m* 灰泥板，灰胶纸板
pladopite *f* 闪云花岗岩
pladorite *f* 角闪花岗岩，镁云母花岗岩
plafféiite *f* 化石树脂
plafond *m* 顶棚，顶板，极限，天花板，吊平顶，最高限度
~ à éléments creux 空心楼板
~ acoustique 隔音天花板，消音天花板
~ cambré 弓形顶棚
~ cloisonné 百叶天花板
~ construit en dur 浇筑楼板
~ cylindrique 圆筒形顶棚
~ de la vallée 谷底
~ de roue 转轮上冠，叶轮上冠
~ de vallée 谷底
~ des indemnités 赔偿范围
~ en béton armé 钢筋混凝土楼板
~ en voûte 拱形洞顶
~ global 总体上线
~ sans nervure 无梁平顶
~ suspendu 吊平顶，悬式天花板
~ transparent 透光顶棚
plafonnage *m* 装顶棚，粉刷天花板
plafonner *v* 装顶棚，粉刷天花板
plafonnier *m* 顶[吊]灯，车顶灯，顶棚插座，天花板上的灯
~ appliqué 吸顶灯
~ de cabine 司机室天花板灯

~ de couloir et compartiment 过道和室内天花板灯

~ d'éclairage cabine 司机室照明顶灯

plage *f* 沙滩,海滩,湖滩;海滨,湖滨;范围,区域,波段

arrière ~ 后滨,后甲板

avant ~ 前滨(拍岸浪带),前甲板

basse ~ 前滨,低滩,浅水带

~ concave 凹状海滩

~ continue 连续波段

~ d'accord électronique 电子调谐范围

~ de coulissement 滑动距离

~ de fréquence 频率范围

~ de gris 无彩色,消色差颜色

~ de pleine échelle 满量程

~ de réglage 调整[控制]范围

~ de régulation 调节范围

~ de sable 沙滩海岸,沙质海滩

~ de sensibilité 灵敏度范围

~ de synchronisation 同步范围

~ de valeur de débit 流量值范围

~ en terrasse 台阶滩地

~ fluviatile 河滩

~ graduée 刻度,标尺,刻度尺

~ horaire (graphique de marche) 时间间隔(列车运行图)

~ lumineuse 最亮点,闪亮点(图像)

~ naturelle 天然海滩,天然湖滩

~ océanique 海滩

~ progradée 海滨平原

~ soulevée 上升海滩(河口处),河堤

~ stable 稳定海滩

~ variante de paramètres 参数范围

plagiaplite *m* 斜长细晶岩

plagibasalte *m* 斜长玄武岩

plagièdre *a* 斜面的

plagifoyaitarkite *f* 斜辉白榴岩

plagiobasalte *m* 斜长玄武岩

plagiocitrite *f* 斜橙黄石

plagioclase *m* 斜长石

plagioclasegneiss *m* 斜长片麻岩

plagioclasite *f* 斜长岩

plagioclasolite *f* 斜长岩类

plagiogneiss *m* 斜长片麻岩

plagiogranite *f* 斜长花岗岩

plagioliparite *f* 斜长流纹岩

plagionite *f* 斜硫锑铅矿

plagiopegmatite *f* 斜长伟晶岩

plagiophyre *m* 斜长斑岩

plagioporphyre *m* 斜长斑岩

plagiotrachyte *m* 斜长粗面岩

plain-pied *a* 水准面的

plain, e *a* 平坦的,平滑的

plaine *f* 平原,平地

~ alluviale 河成平原,冲积平原

~ alluviale d'(une) vallée 河漫滩,河谷阶地,河谷平原,河漫阶地

~ alluviale de piémont 山麓冲积平原

~ alluviale proglaciaire 冰碛平原

~ basse 低平原,低地

~ continentale 大陆平原

~ côtière 海岸平原,沿岸平原

~ d'abrasion 浪蚀平原

~ d'abrasion marine 海蚀平原

~ d'accumulation 堆积平原

~ d'alluvion 泛滥平原,涝原

~ d'alluvionnement 冲积平原

~ d'eau 水面

~ d'érosion 侵蚀平原

~ d'inondation 泛滥平原,洪泛平原,洪积平原

~ d'inondation d'une rivière 河流泛滥平原

~ de boue 沼泽

~ de crues 洪泛平原,洪泛区,泛滥平原,滩地

~ de débordement 河漫滩,河漫阶地,河谷阶地,河谷平原

~ de dénudation 剥蚀平原

~ de dépôts glaciaires 冰水冲积平原

~ de dune 沙丘平原

~ de lavage 冰水冲积平原

~ de laves 熔岩高原

~ de piémont 山麓(冲积)平原

~ de rivière 河成平原

~ de sable 砂原

~ de sable glaciaire 冰川砂原

~ deltaïque 三角洲平原

~ en cuvette 盆状平原

~ entaillée 切割平原

~ fluviale 河成平原

~ fluvio-glaciaire 冰水沉积平原
~ fluviomarine 滨海三角洲平原
~ glaciaire 冰成平原
~ glaciée 冰蚀平原
haute ~ 高原,高地
~ inclinée 倾斜平原
~ inondable 洪水泛滥平原
~ intérieure 内陆平原
~ karstique 喀斯特平原
~ lacustre 湖成平原
~ littorale 沿岸平原,海滩平原,滨海平原
~ maritime côtière 海成平原
~ onduleuse 波状平原
~ périglaciaire 冰缘平原
~ proglaciaire 冰前平原
~ ravinée 切割平原,沟蚀平原

plakite *f* 云母片岩

plan *m* 图,平面,方案,草案,计划,规划,图样,平面图,设计图案
~ à couper 切割面
~ à vol d'oiseau 鸟瞰图
~ aérophotogrammétrique 航空摄影平面图
~ annuel 年度计划
~ approuvé 规定计划
~ au niveau 水平面,基准水平面
~ avec courbes de niveau 等高线图
~ avec lignes de niveau 等高线图
~ axial 轴面
~ cadastral 地籍图
~ charge 荷载平面
~ complexe 综合计划,复数平面
~ compréhensif 综合发展计划
~ comptable 核算计划,计算表
~ conducteur 司机室平面图,导电面
~ s conformes à l'exécution 记录图纸,竣工图
~ constructeur 建筑图
~ courant 现行计划
~ d'absorption 吸收面
~ d'acheminement 空车运送及分布计划(货运集中管理)
~ d'achèvement de travaux 竣工图
~ d'acquisition des terrains 征用土地平面图
~ d'agencement général 总布置图
~ d'alerte 紧急应变计划,应急计划,临时计划,警报(系统)设计
~ d'alignement 路线图
~ d'aménagement 平面布置图,规划图
~ d'aménagement des autoroutes 高速公路布置计划
~ d'aménagement des constructions 施工路线图
~ d'aménagement rural (PAR) 农村(道路)布置计划
~ d'aménagement urbain 城市整治图
~ d'architecture 结构图
~ d'armature 钢筋布置图
~ d'arpentage 丈量土地平面图
~ d'arrimage 卸货配置图
~ d'assemblage 装配图,组装图
~ d'Assurance de la Qualité (PAQ) 质量保证计划
~ d'atelier 车间计划
~ d'automatisme 自动化方案
~ d'avant-projet 初步方案,初步设计
~ d'eau 水面,水位,水平面,水利规划,给水规划,水平图
~ d'eau accumulé 壅水水平面
~ d'eau amont 上游水平面
~ d'eau aval 下游水平面
~ d'eau de fleuve 江河水面
~ d'eau de la retenue 水位,水库水面
~ d'eau de loisirs (用于休闲、旅游的)游乐湖,疗养湖
~ d'eau non surélevé 天然水位
~ d'eau primitif 旧水位线,原来水位线
~ d'eau rebattu par pompage 抽水下降水位
~ d'échantillon en plein 足尺图,大样图
~ d'éclairage 照明图
~ d'effort principal 主应力面
~ d'élévation 立视图,正视[面]图
~ d'emménagement 总配置图,总布置图
~ d'emplacement 位置图
~ d'encombrement 外形图
~ d'ensemble 总图,总体规划,总平面布[配]置图
~ d'entretien 养护计划
~ d'équipe 班计划
~ d'état actuel 现状图

~ d'étude 设计图,工程图,研究计划
~ d'évacuation des eaux 排水面
~ d'exécution 施工图,构造图,加工图,施工样图,施工计划,加工方案
~ d'exploitation 运营计划,营业计划
~ d'image 图像平面
~ d'implantation 定位图
~ d'implantation de barrière 护栏平面布置图
~ d'implantation de l'ouvrage 构筑物定位图,桥位图
~ d'injection 灌浆图
~ d'installation du chantier 工地设备安装图
~ d'installation électrique 电气安装图
~ d'installation générale 总平面图
~ d'interface 接口图
~ d'investissement de capitaux 投资计划,基建投资计划
~ d'occupation des sols(POS) 用地计划
~ d'occupation des voies 线路占用顺序表,车站技术作业表
~ d'ouvrage achevé 竣工图
~ d'urbanisation 城市规划图
~ d'urbanisme 城市规划(图)
~ d'urgence 紧急计划
~ d'utilisation de terrain 土地利用计划,土地使用计划
~ de base 总图,基面
~ de battage 打桩图,桩位布置图,桩位设计图
~ de câblage 安装图,布线图,接线图,电路图
~ de caisse 现金收支计划
~ de charge 电荷分布面,负荷面,工作计划,工作量表
~ de chargement 装车计划
~ de charriage 逆掩断面,冲断面
~ de chevauchement 冲断面,断层面
~ de circulation 交通规划,交通规划图
~ de cisaillement 剪切面,断层面
~ de coffrage 模板图
~ de coffrage de culée 桥台一般构造图
~ de coffrage de pile 桥墩一般构造图
~ de commandes 订货计划
~ de communications 交通图,交通规划
~ de compactage 压实计划,碾压计划
~ de comparaison 基面,基准面

~ de connexion 接线图
~ de construction 施工图,建筑图,施工计划
~ de contact 接触面
~ de contact des tampons 缓冲器接触面
~ de contact radio 无线电通信图
~ de contour 等高线平面图,地形图,(地貌模型的)等高层
~ de coordonnées 坐标平面
~ de correspondance(triage) 车辆交接计划(调车)
~ de couche 层面
~ de coupe 剖面图,断面图
~ de crédit 贷款计划,信贷计划
~ de crête d'un pli 褶皱脊面
~ de dallage 地面分格图
~ de débranchement 调车单
~ de décrochement 位移面
~ de dénivellation 高差图,纵断面图
~ de déplacement 位移图
~ de détail 细部详图,零件图,大样图
~ de détail à grande échelle 大比例大样图
~ de développement 发展计划,发展规划
~ de développement routier 道路发展计划
~ de discontinuité 不连续面,不整合面
~ de disposition du poste de transformation 变电站布置图
~ de disposition générale 总平面布置图
~ de distribution des câbles 电缆配置图
~ de drainage 排水计划
~ de fabrication 制造图,工厂图
~ de faille 断层面
~ de ferraillage 钢筋布置图
~ de ferraillage de butée(plot) parasismique de culée 桥台挡块钢筋构造图
~ de ferraillage de butée(plot) parasismique de pile 桥墩挡块钢筋构造图
~ de ferraillage de la semelle de pile 桥墩承台钢筋构造图
~ de ferraillage de la voile de culée 桥台台身钢筋构造
~ de ferraillage des pieux de la pile 桥墩桩基钢筋构造图
~ de feuille 断层面
~ de finition 竣工图

~ de flexion 挠曲面
~ de flottaison 浮面
~ de fondation 基础面,基础平面图
~ de forage 钻孔布置图,炮眼布置图
~ de forme 轮廓图,外形图
~ de fouille 基坑图
~ de fracture 断裂面
~ de frappe 振动台
~ de front 前面,正面
~ de garnissage 装配图
~ de glissement 滑动面,滑移面
~ de grands travaux 基本建设计划
~ de joint 接缝面,搭接面,接触面,节理平面
~ de jonction 接合面
~ de l'acier No.11 11号钢筋展布图
~ de l'aménagement des barres d'interférence 钢筋干扰处理图
~ de la disposition des constructions 工程分布图
~ de la faille 断层面
~ de la gare 车站平面图,站场平面图
~ de la ligne 线路图
~ de la végétation 植物生长分布图
~ de lit 岩层面,垫层面
~ de lotissement 分区图
~ de marche 工作程序图表
~ de masse 总图,总平面图,基础位置图,总体规划图,总体计划
~ de masse de l'électrification 电路总布置图
~ de masse détaillé 总布置图
~ de montage 架设图,安装图,装配图
~ de moutonnage 打桩图,桩位布置图
~ de mouvement de terre 土方调配图
~ de niveau 基准水平面
~ de nivellement 水平测量图,等高线图
~ de pilotage 打桩图
~ de piquetage 打桩图
~ de plantation 绿化图
~ de pose 安装平面图
~ de pose du câble 电缆布置图
~ de position 位置图
~ de poutraison 梁的结构布置(平面)图
~ de précontrainte （预应力钢筋混凝土的）预应力(筋)图

~ de prix de revient 成本计划
~ de production 生产计划
~ de production saisonnière 季度生产计划
~ de profil de coque 纵剖面图
~ de projection 投影图,投影面
~ de raccordement 接线图
~ de récolement 竣工图
~ de référence 基准面,参照面,标志面
~ de réflexion 反射面
~ de respect de l'environnement 环境保护计划
~ de roulement de la voie 行车路面
~ de rupture 断裂面
~ de saturation 饱和面
~ de sécant 割线面,正割面,横切面
~ de seconde œuvre 竣工图
~ de sectionnement 分隔面,截面图
~ de séparation 分界面
~ de signalisation 信号标志图
~ de signalisation de direction 方向标志图,指向标志图
~ de site 工地布置图
~ de site de pont 桥址平面图
~ de situation 位置图,总平面图,平面布置图,工地布置图
~ de situation des appareils d'auscultation 监测点定位图,监测设备位置图
~ de sondages 探钻图,探钻计划
~ de stratification 地层面,层理面
~ de symétrie 对称面
~ de terrassement 土方作业计划
~ de terrassement optimal 最优土方调配计划
~ de tête 首号图,引图,图纸目录,图纸索引
~ de tir （施工放炮)爆炸图,爆破计划
~ de tracé 路线方案图
~ de transport 运输计划
~ de transport des manœuvres 运输计划,装车计划(货运集中管理)
~ de travail 工作规划,工作计划
~ de travail des manœuvres 调车作业计划
~ de ville 城市图,都市图
~ de vingt-quatre heures 日计划
~ de visée 视准图
~ de voie 股道配置图,线路配置图

~ de vol 梯级规划
~ décadaire 旬计划
~ définitif 竣工图
~ des autoroutes 高速公路计划，高速公路规划
~ des barres 杆件面，构件面
~ des canalisations 管线图，管道平面布置图
~ des coffrages 模板图
~ des égouts 污水管道系统布置，下水道系统布置
~ des forces 受力面
~ des lignes d'eau 水线曲线图
~ des lignes d'eau d'un bord 半宽图
~ des lignes d'écoulement 流线图
~ des routes 道路计划，道路规划，公路计划，公路规划
~ des sections longitudinales 侧面图
~ des sondages 钻探图，钻探计划
~ des travaux effectivement exécutés 竣工图
~ développé 展开图
~ diagonal 对角面
~ diagramme 方块图
~ diamétral 径面
~ directeur 总图，准平面，指导图，总计划，作战地图
~ du ferraillage de mur en retour et mur de garde grève 桥台耳背墙钢筋构造图
~ du mouvement des terres 土方调配计划
~ du projet 设计图
~ du rez-de-chaussée 底层平面图
~ du sous-sol 地下室平面图
~ du système principal de B.T. 低压一次系统图
~ du terrain 地形图
~ économique 经济计划
~ elliptique 椭圆平面
~ en bloc 区划图，分区图，分区规划，略图
~ en relief 模型图
~ factoriel 因子设计
~ ferraillage de corps de pile 桥墩墩身钢筋构造图
~ ferraillage de la dalle de transition 搭板钢筋构造图
~ ferraillage de la semelle de culée 桥台承台钢筋构造图
~ ferraillage des pieux de la culée 桥台桩基钢筋构造图
~ ferraillage du chevêtre de culée 桥台盖梁钢筋构造图
~ ferraillage du chevêtre de pile 桥墩盖梁钢筋构造图
~ focal 焦点平面
~ général 总图，规划，总布置图
~ général de tracé 路线总体图
~ général des niveaux définitifs 带有最终标高的总图
~ s généraux 略图，素图，填充图
~ géologique 地质图，地质工作计划
~ guide de génie civil (fourni par le constructeur) （由施工方提供的）土建设计指引图
~ hodographe 速度图
~ horizontal 水平面，地平面
~ hypsométrique de la couche 岩层等高线图
~ ichnographique 平面图
~ incliné 倾斜面，坡道，斜坡，斜面
~ incliné de chargement 装车斜坡
~ logique 逻辑插件板
~ mécanique 力学图
~ mensuel 月计划
~ navatte （施工）日进度图
~ normal 法面，法线图
~ nucléal 核面
~ opérationnel 运行计划，特种行动措施
~ optimum de développement 最优开发计划
~ original 原图
~ s parallèles 平面图
~ parcellaire 部分计划，分部计划
~ partiel 局部平面图
~ perspectif 透视平面，远景规划
~ photogrammétrique （航测）修正照片图
~ photographique 摄影面
~ planimétrique 平面地图
~ préétabli 预定计划
~ préliminaire 初步计划，初步方案
~ principal 主平面，主面，基本计划
~ quinquennal 五年计划
~ quinquennal d'investissement routier 道路投资五年计划
~ régional 区域图，区域规划

~ régional d'aménagement 区域布置图
~ réticulaire （土壤）网状裂面,龟裂面
~ schématique 简图,略图
~ schématique d'alimentation 供电（水、气）系统示意图
~ schématique de la répartition des charges 荷载分部简图
~ schématique des fermes 屋架简图
~ schématisé 简图,略图
~ stratégique 战略部署
~ strié 擦痕面
sur le ~ qualitatif 从质量上
sur le ~ quantitatif 从数量上
~ synoptique 地理位置图
~ synoptique des profils en long et en travers 平纵面缩图
~ tangent 切线面,切面
~ topographique 地形图,地形测量计划,地形测量图
~ trimestriel 季度计划
~ type de buses-arches 拱涵标准设计图
~ type de dalots en béton armé 混凝土箱涵标准设计图
~ type des buses et dalots 涵洞标准设计图
~ unitaire 单位平面
~ vertical 垂直面
~ vertical principal 主平面
plan, e *a* 平铺的,平面的,平坦的,平整的
planage *m* 整平,校平,调整
planation *f* 扁化,夷平,均夷
~ cryergique 冰冻夷平
~ latérale 侧向侵蚀
plan-cadre *m* 标准计划
planche *f* 板,牌,木(薄)板,跳板,铭牌,板材,壁板
~ à bornes 端子板,接线板
~ à dessin 制图板,绘图板
~ à dessiner 绘图板
~ à éléments en béton armé précontraint 预应力钢筋混凝土楼板
~ à rainure 企口板
~ agglomérée en fibre et en ciment 万利板
~ brute 毛板
~ d'appui 支承板,窗台板

~ d'arc 拱板
~ d'asbeste 石棉板
~ d'échafaudage 脚手架板
~ d'essais 试验板
~ de base 踢脚板
~ de blindage 撑板,护板
~ de boisage 撑板,插板
~ de bord 仪表板,仪表盘
~ de coffrage 模板,撑板
~ de débarquement 跳板,入口铺板
~ de filtre 滤板
~ de fond 底板
~ de garde 护板,挡板
~ de garnissage 镶面板
~ de joint 接缝嵌板
~ de plancher 地板
~ de protection 护板
~ de réglage 调整板
~ de revêtement 镶板,嵌板
~ de structure 结构图
~ de structure classée 分类结构图
~ de tête 顶板,端板
~ en liège 软木板
~ épaissie 厚木板
~ expérimentale 试验板
~ mince 薄板
~ rabotée 刨光板
~ sciée 锯材
~ vibrante 振动梁,振捣梁
planchéiage *m* 贴面板,护面板,铺设地板
planchéier *v* 铺地板,贴面板
planchéite *f* 纤硅铜矿
plancher *m* 地板,地面,底板,楼面,楼层,楼板,桥面,天花板,底(面),脚手架,底价,最低额
~ à dalle nervurée 肋构楼面
~ à éléments en béton armé précontraint 预应力钢筋混凝土楼板
~ à hourdis en terre cuite 空心陶土砖肋构楼板
~ à nervures 肋构楼板,肋构楼面
~ à nervures rapprochées 密肋楼盖,肋构楼面
~ à poutrage en gril 格构式楼板
~ de charpente 构架式面板
~ de protection 护面板
~ de service 操作层

~ des prix　最低价
~ en arc　拱形底板,拱形楼板
~ en béton　混凝土楼板
~ en béton armé　钢筋混凝土楼板
~ en béton précontraint　预应力混凝土楼板
~ en bois de sapin　松木地板
~ en carreaux　方砖地面
~ en carrelage　花砖地面
~ en dalle　无梁楼板
~ en dalle pleine　实心楼板
~ en dalle simple　普通[无梁]楼板
~ en granito　水磨石地面
~ en hourdis creux　底(部透)空楼板,凹背楼板
~ en poutres　有梁楼板
~ flottant　浮筏基础板,浮吊基础板
~ imperméable　不透水层
~ insonorisé　消音地板
~ isolant　保温[绝缘]地板
~ nervuré　肋构楼板
~ préfabriqué　预制楼板
~ préfabriqué en béton armé　预制钢筋混凝土楼板

plancher-dalle *m*　无梁楼板
~ en béton précontraint　预应力混凝土无梁楼板
~ sans champignons　不带菌状柱头的无梁楼板

plancher-terrasse *m*　平屋顶
planchette *f*　小板,板片,平板仪,绘图板
~ à bornes　端子板,接线板
~ d'arpentage　平板仪
~ d'espacement　嵌缝板条
~ de liège　软木板
~ de raccordement　接线板,端子板
~ d'entrée de poste　线路引入板
~ du topographe　地形测量用平板

planchette-coffrage *f*　嵌缝板条
plancheur *m*　刨工,磨工,平整机,板材平整工
plane *f*　刨,双柄刮刀
planéité *f*　平整,平整度,平面度,水平度
~ du revêtement　路面平整度
~ radiale　径向水平度

planer *v*　校平,整平,磨平,校直
planérite *f*　土绿磷铝石(钙绿松石)
planeuse *f*　矫直机,木工刨床

planifiable *a*　可规划的,可计划的
planification *f*　规划,计划
~ complète　全面规划
~ d'un réseau routier　道路网规划
~ de développement　发展规划
~ des équipements publics　公共设施计划
~ des transports　运输规划
~ économique　经济计划
~ routière　道路计划,道路规划

planifier *v*　计划,拟订计划
planigraphe *m*　层析 X 射线照相法
planimétrage *m*　测面法,平面测量
planimètre *m*　侧面仪
planimétrie *f*　测量平面学,平面测量法,平面几何学,地形平面投影法
~ du terrain　地形平面测量法

planimétrique *a*　测面的,平面测量的
planisphère *m*　平面球形图
~ terrestre　地球平面图

plan-itinéraire *m*　路线图
planning *m*　规划,计划,进度表,进度计划
~ à barres　施工进度横道图
~ à court terme　近期规划,短期规划
~ à long terme　远景规划,长期规划
~ actualisé　经调整后的施工进度表[图]
~ d'avancement　进度规划
~ d'ordonnancement des travaux　工程拨款计划
~ de bassin　流域规划
~ de chantier　施工进度计划
~ de coffrages　模板布置
~ de conception　规划设计,意向性规划
~ de coordination　协调规划
~ de fabrication　制造进度
~ de la production　生产规划,生产计划
~ de ménagement　管理计划
~ de projet　项目计划编制,工程规划,项目规划
~ de site　现场总平面设计
~ de trafic　交通规划
~ des études　设计进度
~ des travaux　工程计划,施工计划
~ détaillé　细部规划,具体规划
~ général de parc de voitures à voyageurs　现有客车调度牌

~ PERT　关键线路进度表
~ physique　具体规划
~ régional　区域规划,地区规划
~ urbain　城市规划,城镇规划

planoir *m*　平凿
planophyre *f*　层斑岩
planosol *m*　黏盘土
plantage *m*　栽,植
plantation *f*　栽植,种植,绿化,栽种,种树,配置,种植场,植树造林
~ à bords de route　路旁植树
~ à flanc de coteau　山坡绿化
~ s d'alignement　公路行道树
~ d'arbres　植树,栽树
~ de guidage visuel　视线引导植树
~ de terre-plein central　中央分隔带植树,中央带行道树
~ des pieux　打桩
~ des routes　公路绿化
~ en butte　垄作,墩植
~ en lignes　行道栽植,行植,条植
~ en mottes　带土栽植
~ en rangées　条植
~ en tranchées　沟植
~ par touffes　点播,穴播
~ pour harmonisation avec le paysage　景观植树
~ pour l'aménagement paysager　道路景观栽植
~ pour l'ombre　阴凉植树
~ pour la protection contre l'éblouissement　防眩栽植
~ pour la protection contre l'incendie　防火栽植
~ pour la protection contre la neige　防雪植树
~ pour la protection contre la poussière　防尘植树
~ pour la protection contre le bruit　隔音植树
~ pour la protection contre le désastre　防灾植树(指防风、防崩坍等)
~ pour la protection contre le neige　防雪林
~ pour la protection contre le sable　防沙林
~ pour la protection contre le vent　防风植树,植防风林
~ protectrice de la plateforme de la voie　线路路基的保护性植被
~ routière　公路绿化
~ sur la voie　行道树,街道树

plante *f*　植物
~ à feuilles　观叶植物
~ à feuilles persistantes　常绿植物
~ à racines profondes　深根植物
~ à utiliser comme engrais vert　绿肥作物
~ adventice　外来植物,引进植物,不定株
~ aquatique　水生植物
~ cultivée　有用植物
~ d'ornement　观叶植物
~ de couverture　覆盖植物,地被植物

planter *v*　栽,植,插上,竖立
~ une pointe　插标桩

plantes *f. pl*　植物
~ à feuilles caduques　落叶植物
~ indicatrices　指示植物

plantogène *a*　浮游生成的
planure *f*　小片,木片,木屑,刨花,刨屑,碎片,石屑,小石片
plaquage *m*　镀,包覆(金属),饰面,镶木,外饰
~ des voitures　客车去向牌

plaqué *a*　包覆金属的,有金属涂层的
plaque *f*　板,片,盘,牌,牌照,垫片,垫板,肋板,薄板,板层,板极,旋转(圆)牌
~ à armature croisée　双向板
~ à bornes　端子板,接线板
~ à caissons　板桩,沉箱板
~ à chute libre　夯板
~ à dresser　校准板,划线台,验平板
~ à fibres　纤维板,木丝板
~ à fusible　熔线底盘,保险丝底盘
~ à griffe de levier　杠杆沟板,握柄锁簧
~ à masse　底板,基础板
~ à tracer　标志牌,铭牌,路标
~ acoustique　隔[吸]声板
~ acoustique en fibre　纤维隔音板
~ africaine　非洲板块
~ agglomérée en copeaux de bois　刨花板
~ aimantée　磁力起重机
~ amovible pour le numéro de la voiture　可移动的客车编号牌
~ anisotrope　各向异性板

plaque

- ~ antisismique 防震板
- ~ architecturale 建筑镶板
- ~ arrière de foyer 火箱后板
- ~ au plâtre 石膏板
- ~ au plâtre d'ossature en fer léger 轻钢龙骨石膏板
- ~ Australie 澳大利亚板块
- ~ avant de foyer 火箱前板
- ~ barre-huile 油栅板
- ~ bombée 弓形板
- ~ cannelée 条纹板,皱纹板
- ~ chargée 荷载板,加载板
- ~ chevauchante 仰冲板块
- ~ circulaire 圆板
- ~ collectrice 集流板集电屏
- ~ composite 组合板,合成板
- ~ cornière 角板
- ~ courbe 曲线板
- ~ d'about 端板,底板
- ~ d'acier 钢板
- ~ d'acier en tête du dé 垫石顶面钢板
- ~ d'acier inférieure d'appui 支座下钢板
- ~ d'acier mise en attente sous la poutre 梁底预埋钢板
- ~ d'acier supérieure d'appui 支座上钢板
- ~ d'ancrage 锚定板,锚定支承板,锚定承重板,基础板
- ~ d'appui 垫[座、靠、支承]板,垫板(锚杆)
- ~ d'appui double 双重垫板
- ~ d'appui du ressort de traction 牵引弹簧支撑板
- ~ d'arrêt 挡板,止板,插板,闸板
- ~ d'assise 底板,座板,垫板,支承板
- ~ d'attache 连接钢板
- ~ d'attaque 土工板,作业板
- ~ d'avertissement 警告牌
- ~ d'écartement 间隔板,定位板
- ~ d'éclissage 结点接板,鱼尾板
- ~ d'embrayage 离合器接触板
- ~ d'encoignure 角板
- ~ d'enregistrement 汽车牌照
- ~ d'équipotentialité 等电位板
- ~ d'essai 测试板
- ~ d'étanchéité 密封垫片,气密垫片,截水板
- ~ d'identification 表示牌
- ~ d'identification et synoptique du projet 项目标志牌
- ~ d'immatriculation 汽车号牌
- ~ d'obturation 封板,堵头
- ~ d'origine 品名牌,厂名牌
- ~ d'usure 抗磨板,磨耗板,补偿磨损的垫板
- ~ de barrage 闸板,闸门板
- ~ de base 座板,底板,基板
- ~ de base de palier de butée 止推轴承基板
- ~ de béton 混凝土板
- ~ de béton préfabriqué 预制混凝土板
- ~ de blindage 装甲板,铁板,防护板
- ~ de bois 木板
- ~ de bouleau 桦木板
- ~ de charge 荷载板
- ~ de chargement 荷载板,承载板
- ~ de cisaillement 剪切板
- ~ de coffrage 模板
- ~ de compactage 压实板
- ~ de compression (ponts) 承压板
- ~ de condensateur 电容器极板
- ~ de consolidation 加固用的连接板,加固板
- ~ de contact 接触板,接触片
- ~ de contrevent 挡风板
- ~ de couverture 盖板
- ~ de dérivation 配电板,配电盘
- ~ de déviation 折流板,偏转板
- ~ de déviation horizontale 水平折流板
- ~ de déviation verticale 垂直折流板
- ~ de direction 路标,方向指示牌
- ~ de distribution 分配板,配电板
- ~ de fer 铁板
- ~ de fermeture 盖板
- ~ de finissage 磨盘
- ~ de firme 厂名牌
- ~ de fixation 固定板,夹板,夹盘
- ~ de fond 底板
- ~ de fondation 座板,基础板,机器底板
- ~ de friction 摩擦板,摩擦圆盘
- ~ de garde 护板,挡板
- ~ de gazon 草皮
- ~ de gouttes 滴水板
- ~ de guidage 导板

~ de jonction　接合板,连接钢板
~ de jonction extérieure　外接合板
~ de la mâchoire　颚板
~ de liaison　连接板
~ de licence　汽车号牌
~ de liège　软木板(保温材料)
~ de manœuvre　转盘
~ de marbre　大理石板
~ de mise à la terre　接地板
~ de montage　(路灯的)标准装置
~ de mur　承梁板,墙板
~ de nationalité　汽车国别牌
~ de numérotage　号码牌
~ de parement　饰面板
~ de plâtre　石膏板
~ de plâtre cellulaire　多孔石膏板
~ de plomb　铅板
~ de police　汽车号牌
~ de polystyrène　聚苯乙烯板
~ de polystyrène expansé　膨胀聚苯乙烯板
~ de protection　绝缘隔板,护板
~ de raccordement　连接板
~ de raidissement　加强板
~ de recommandation　警示牌,危险标志牌
~ de recouvrement　盖板,接板
~ de renforcement　加强板
~ de renfort　加筋[强]板
~ de revêtement　镶面板
~ de rue　衬板,垫板,街道(铺面)板
~ de rue en caoutchouc　橡胶垫,橡胶垫板
~ de rue métallique　金属垫片,金属垫板
~ de serrage　夹板,压板,锁板,钢轨扣板,止动板
~ de signal　信号板
~ de signalisation routière　公路告示牌
~ de sortie　引出板
~ de support　支撑板
~ de sûreté pour appareil de calage à crochets　钩锁上的护板
~ de tampon　缓冲板
~ de terre　接地板
~ de toiture　屋面板
~ de toiture en béton　混凝土屋面板
~ de visite　检查孔盖板

~ de voûte　拱板
~ décorative　装饰板
~ déflectrice　致偏板,偏转板
~ drainante　排水板
~ du pont　桥面钢板,桥面用钢板,桥面板
~ dynamométrique　动力板
~ élastique　弹性垫片
~ emboutie　模压板
~ empâtée　胶合板,涂胶极板
~ en acier d'arête de taille　(沉箱)刃脚铁件,刃脚铁靴
~ en alliages d'aluminium　铝合金板
~ en caoutchouc　硬橡皮轨节绝缘夹层,橡胶板
~ en céramique　陶瓷圆盘,瓷板
~ en cuir　皮制轨绝缘夹层
~ en matières stratifiées　纤维板,木丝板
~ en mica　云母片
~ en poix-résine　树脂板材
~ en PVC (polyvinyle chroride) rigide　硬聚氯乙烯板
~ en tôle　金属面板
~ entretoise　间隔板,定位板
~ indicatrice　指示牌,指路牌
~ indicatrice de parcours　进路指示器,经路标示牌
~ indiquant la puissance　功率标示牌
~ intercalée　夹层板
~ isolante　绝缘板,隔热板
~ isolante d'éclisses　鱼尾板绝缘垫片
~ isotrope　各向同性板
~ laminée　辊轧钢板
~ lattée de foyer　火箱侧板
~ lithosphérique　岩石圈板块
~ luminescente　反光镜
~ métallique　金属板,铁板
~ métallique de liaisonnement　金属连接板
~ mince　薄板
~ mobile　移动板
~ modèle　模板
~ moulée　模压板,层压板
~ ondulée　瓦楞[瓦垅、波纹、皱纹]板,(路面上的)搓板
~ ondulée amiante-ciment　石棉水泥瓦楞板
~ ondulée asphaltée　地沥青瓦垅板

~ ondulée en matière plastique 塑料瓦楞板，塑料波瓦
~ ondulée translucide 透明瓦楞板，透明波瓦
~ orthotrope 正交各向异性板
~ perforée 多孔(吸声)板；穿孔带[卡]
~ persienne absorbante en tôle peinte 彩钢百叶窗吸声板
~ pétard 响炮板
~ pivotante 铰链装合板
~ plane 平板
~ pleine antibruit en polycarbonate 阳光实心隔声板
~ portant le numéro 号码牌
~ portante 支撑板，承重板
~ porte-objet 玻璃载片
~ pour cloisons 隔墙板
~ pour l'indication de la classe de voiture 客车等级牌
~ pour parement 镶面板
~ poussoir 推土机刀片
~ raccord 接线盘，连接板
~ racleuse 刮土机刮板
~ rectangulaire 矩形板，长方形板
~ repère 标志牌
~ repérée de tassement 沉降观测板
~ rigide 刚性板
~ rouge 红色(标志牌)，停车(标志)牌
~ sandwich 夹层板，多层板
~ sandwich absorbante en tôle peinte 彩钢夹心隔声板
~ schéma 电路牌
~ semelle 垫板，底板
~ signalétique 厂名牌，功率表，信号牌
~ stratifiée 叠层板，夹板，胶合板
~ support 支撑板
~ tectonique 构造板块
~ témoin 样板，模板
~ terminale 集线板，端子板，接线盘
~ terne 镀铅锡合金的钢板
~ tournante 转车盘，转车台，交通枢纽，十字路口
~ tournante à voies radiales 辐射式转车盘
~ tournante équilibrée 均衡式转盘(三支点式)
~ tournante pour automobiles 行车道上的转盘
~ transparente en polycarbonate 聚碳酸酯透明板
~ tubulaire 管板
~ tubulaire de boîte fumée 烟箱管板
~ tubulaire de foyer 火箱管板
~ Tudor 蓄电池图式极板
~ vibrante 振动板夯，振动片，振动板，(切缝机的)振动切入板
~ visite de chaudière 锅炉检查孔盖板

plaquer *v* 涂，包镀，罩上，镶贴，紧贴
plaques *f. pl* 板，片
~ de déviation 致偏板
~ lamellaires 齿片
~ latérales 侧板，侧片

plaquette *f* 牌子，小板，薄片，薄层，垫片，小册子，小薄板，(无线电)安装板
~ adaptation 无线电转接管座
~ d'alarme 危险标志牌
~ d'articulation 活节板
~ d'instructions 指令板
~ d'intervention 换位板(天线)
~ de connexion 端子板，接线板，连接板，连接板条
~ de fermeture 小盖板
~ indicatrice 标签，名牌，厂名牌，指示牌

plastage *m* 塑料盖面，塑料罩面
plasticimètre *m* 塑性计
plasticité *f* 塑性，可塑性，可塑度，延展性
~ de mise en œuvre 混凝土和易性
~ de soudure 焊缝受范性
~ du sol 塑性土力学，土的塑性
~ dure 硬塑
~ en traction 拉伸塑性
~ molle 软塑

plastifiant *m* 增塑剂，塑化剂
~ à entraînement d'air 加气增塑剂
~ chimique 化学增塑剂
~ du béton 混凝土增塑剂
~ émulsif 乳化增塑剂
~ entraîneur d'air 加气增塑剂

plastificateur *m* 增塑剂，塑化剂
plastification *f* 塑料化，塑料涂层
plastifier *v* 增塑，塑化
plastimètre *m* 塑性仪

plastique *f* 造型,形体
plastique *m* 塑料,塑胶; *a* 可塑的,塑性的
　～ à la construction　工程塑料
　～ armé　增强塑料,玻璃钢
　～ armé à la fibre de verre　玻璃丝塑料
　～ bitumineux　沥青塑料
　～ expansé　泡沫塑料
　～ flexible　弹性塑料
　～ hydrofuge　憎水性塑料
　～ laminaire　层压塑料,塑料贴面板
　～ mousseux　泡沫塑料
　～ photoélastique　光弹(性)塑料
　～ renforcé　加强塑料,玻璃钢
　～ renforcé de fibres de verre　玻璃钢,玻纤增强塑料
　～ rigide　硬塑料
　～ thermodurcissable　热固性塑料
　～ thermoplastique　热塑性塑料
plastisation *f* 塑化
plastomère *m* 塑料,塑性体
plastosol *m* 红土,胶块土,红玄武土
plastotype *m* 塑型,复制型,塑模标本,模铸标本
plastron *m* 腹板,腹甲
plat *m* 扁材,扁钢,平面,平台,平板,刹车块,扁平部分,平坦部分; *a* 平的,平坦的
　～ de recette　验收台,验收场地
　～ en caoutchouc　橡胶片
　～ raboté　钢条止水,磨光止水钢条
platane *m* 法国梧桐树
platarsite *f* 硫砷铂矿
plate *f* de fondation　基础板
plateau *m* 坪,盘,台,高原,高地,台地,沙丘,托盘,底托,台架
　～ de chargement　装载板,承载板,荷载板
　～ de cylindre　汽缸盖
　～ de forage　钻台
　～ de lœss　黄土高原
　～ de serrage　固定板,紧固板
　～ de serrage à aimant　磁性卡盘
　～ haut　大高原
　～ support de frein　制动支撑板
plate-forme *f* 台,土基,地基,平台,承托,路基,站台,平车,台架,工作台,路基顶宽用地
　～ (sur un échafaudage, pieux ou pilotis)　脚手架,台架
　～ à quatre vérins synchronisés　带四根同步支柱的液力升降平台
　～ à monter ou à démonter les roues　车轮装卸台
　～ à porte à faux　悬臂平台,挑台
　～ ajustable pour chargement　供装卸用可调高节度或角度的平台
　～ cantilever　悬臂平台,挑台
　～ d'accès　通过台,工作平台
　～ d'antivibration　隔振台,防振台
　～ d'essai　试验台
　～ d'opération　操作平台
　～ de chargement　(车辆)装卸站台,上下客站台
　～ de conduite　操作平台
　～ de culbutage　翻车台
　～ de déchargement automatique　自卸汽车
　～ de forage　钻探平台
　～ de frein　制动台
　～ de grue　起重机平台
　～ de la chaussée　公路路基
　～ de la voie　路基,路基面,道床
　～ de levage　升降平台,起重平台
　～ de mélange　搅拌台
　～ de rotation　转动平台
　～ de transbordement　移车台,换装台,捣装站台
　～ de travail　工作平台,操作平台
　～ des transformateurs　变压器组合
　～ drainée　排水路基
　～ élévatrice　举升平台,升降平台
　～ en béton　混凝土板
　～ en béton à nervures　混凝土肋板
　～ en béton armé　钢筋混凝土板,钢筋混凝土底基
　～ en demi-tranchée　台口式路基
　～ étanche　水密平台
　～ fermée de voiture　客车闭式通过台
haute ～　高站台
　～ hydraulique verticale　液力垂直升降平台
　～ mobile　活动平台
　～ pour l'épreuve de locomotive　机车试验台
　～ remblayée　人造路基,人造地基
　～ roulante　货车移车台

~ roulante pour wagon　货车移车台
~ sableuse　砂路基
~ tournante　转盘,旋转工作台

platelage *m*　桥面,铺面,地板,桥面板,铺桥面,铺设桥面板,模板平台
~ de chasse-bœuf　排障器挡板
~ de pont　桥面板
~ de roulement　桥面板,车行道板
~ en bois　木质面板
~ métallique　金属桥面板,钢桥面板

platine *f*　侧板,仪表板,钥匙孔盖,(显微镜)载物台

platine *m*　板材,钢板,安装板;铂(Pt),白金,自然铂
~ en acier en attente　支座预埋钢板

platine *f*　侧板,仪表板,钥匙孔盖
~ imprimée　印刷电路板
~ de relais téléphonique　装有电话继电器的面板
~ de retenue　接地板

platiniridium *m*　铂铱矿
platinosmiridium *m*　铂锇铱矿
plâtrage *m*　抹石膏,抹灰工作,石膏细工,用石灰粉饰
plâtras *m*　石灰屑,从墙上掉下的灰泥
plâtre *m*　(生)石膏,熟石膏,烧石膏,石膏模型,石膏涂层
~ à bâtir　建筑用的石膏灰泥
~ s acoustiques　吸音灰膏
~ à enduits　粉刷用石膏,涂层石膏
~ à modeler　模型石膏
~ anhydre　无水石膏,硬石膏
~ brûlé　过烧石灰
~ cru　未烧石膏,生石膏
~ cuit　烧石膏,熟石膏
~ cuit en poutre　熟石膏粉
~ cuit pour le bâtiment　建筑用石膏
~ de construction　建筑用石膏
~ de moulage　造型石膏,抹灰石膏,建筑石膏
~ de parement　粉面石膏
~ de Paris　熟石膏,灰泥
~ éventé　风化石膏
~ gâché　石膏泥
~ gros　大块石膏

~ hydraulique　水凝石膏
~ mort　熟石膏
~ pur　熟石膏,烧石膏

plâtré, e *a*　粉刷过的,涂石膏的
plâtre-ciment *m*　泥质灰岩,泥质石灰石
plâtrer *v*　粉刷,粉饰,墁灰,涂灰泥,抹石膏
plâtrier *m*　粉刷工
plâtrière *f*　石膏窑,石膏厂
plâtroir *m*　镘子,刮墙刀
plâttnérite *f*　块黑铅矿
platynite *f*　硫硒铋铅矿
platyophthalmite *f*　辉锑矿
plauénite *f*　钾质富斜正长岩
plausible *a*　可以接受的,好像真实的
playa *f*　干盐湖,干荒盆地,河口砂地
playfairite *f*　普硫锑铅矿
plazolite *f*　水钙铝榴石
plein, e *a*　满的,完整的,全部的,充满的,完全的,实体的,实心的,密级配的
à ~ e charge　满负载的,满负荷的
~ cintre　半圆拱
~ de　充满
de ~ pied　水平的
~ e charge　满负荷,满负载
~ e injection　满载喷射,充分喷射
~ e voie　车站交通线
en ~　满满地,完全地,在……中间,正好在……时候,正值……
~ tarif　全价

plein-cintre *m*　半圆拱
pleinement *adv*　完全地,充分地
pléistoséiste *a*　强震的
pléistoséistes *m. pl*　强震带
plénier, ère *a*　十分的,完全的,全体的,全部的
plénitude *f*　十足,全部
pléochroïque *a*　多色的
pléochroïsme *m*　多色性,复色现象
pléonaste *f*　亚铁尖晶石
plésiophyrique *a*　多斑晶的(结构)
plessite *f*　合纹石,杂锥纹镍纹石
pléthorite *f*　角闪花岗岩
pleur *m*　露,浆液
pleurage *m*　变音,频率颤动,变声(录音时因速度变化所引起),声音失真

pleural *a* 侧的,肋的
pleuroclase *f* 氟磷镁石
pleuvoir *v* 下雨
plexiglas *m* 有机玻璃,聚异丁烯酸树脂
plexis *m* 有机玻璃
pleysteinite *f* 氟铝石,十字山石
pli *m* 褶皱,折叠,合拢,折痕
　～ d'accompagnement 附加文件,附件
pliable *a* 可折叠的,易折叠的,折叠式的
pliage *m* 折叠,曲折,弯曲,褶皱
　～ à bloc 整体弯曲,整块弯曲
　～ à froid 冷弯
pliant *m* 折椅,折尺,客车上可折叠的座椅; *a* 可折叠(的),折叠式(的)
　～ en bois à quatre branches 四折木尺
　～ en bois à six branches 六折木尺
plication *f* 壳褶,皱纹,细褶皱
plicatulation *f* 小褶皱
plié *a* 揉皱的,褶皱的
pliée *f* 褶皱
pliement *m* 折叠,曲折,弯曲
Pliensbachien *m* 普林斯巴阶(J_1,欧洲)
plier *v* 折叠,使弯曲
　～ en deux 对折
　～ vers le bas 向下弯曲
plieuse *f* 折弯机,卷板机,钢筋折弯机
pli-faille *f* 褶曲断层
plinthe *f* 测石,柱基,底座,柱础,柱石,墙[踢]脚板,突出墙脚
　～ de ciment 水泥踢脚(板)
plinthite *f* 杂赤铁土
plissage *m* 打褶,褶纹
plissé *m* 褶纹; *a* 褶皱的
plissement *m* 褶皱,褶曲,褶皱作用
plisser *v* 使形成褶皱
plissoté *a* 皱纹状的
plissotement *m* 扭曲,扭弯,扭歪,小褶皱,揉皱作用,盘回皱纹
ploiement *m* 弯曲,弯起
plomb *m* 铅(Pb),铅材,铅弹,垂球,测锤,铅锤,垂直,铅直
　à ～ 垂直地
　～ argentifère 银铅矿
　～ corné 角铅矿

　～ de bâtiment 建筑用铅
　～ de niveau 水准仪,水平仪
　～ de sceller 铅封
　～ de sécurité 屏蔽铅块
　～ de sondage 测深锤
　～ de sonde 测深锤
　～ fusible 保险丝,熔丝,可熔保险丝
　～ optique 光测垂线,光测垂球,垂直仪,竖准器
　～ phosphaté 磷氯铅矿
　～ plomb-poisson 鱼尾状探测器
　～ pour wagons 货车铅封
　～ sulfuré 方铅矿
　～ sulfuré antimonifère 脆硫锑铅矿
　～ vert 磷氯铅矿
　～ vitreux 硫酸铅矿
plombage *m* 铅封,打铅印
　～ des wagons 铅封货车
plombagine *f* 石墨
plomballophane *m* 铅水铝英胶
plombé *a* 镀铅的,包铅的,铅封的
plomber *v* 包铅,灌铅,垂直度,用铅锤测,用压路机压土
plomberie *f* 铅制品,铅锤测量,铅管工程,铅管装设,铅管制造,铅制品工业
plombgomme *f* 羟磷铝铅矿
plombides *m. pl* 铅矿石,铅矿物
plombier, ère *a* 铅的,似铅的
plombière *f* 铅块
plombocalcite *f* 铅方解石
plombo-palladinite *f* 铅钯矿
plomb-sulfure *m* antimonifère 车轮矿;硫锑铅矿
ploméе *f* 石面开槽
plongé *a* 沉入的,陷入的,插入的,潜水的
plongeant *a* 倾伏的,倾没的
plongée *f* 下沉,侵入,鸟瞰图
plongement *m* 倾角,下沉,陷落,侵入,潜入,倾伏,倾没,沉陷,岩层倾斜,岩层倾角
　～ apparent 视倾角,外观倾角
　～ axial d'un pli, ～ de l'axe d'un pli 褶皱轴倾状
　～ d'une couche 岩层倾向
　～ de l'axe du pli 褶皱倾向
　～ divergent 离心外倾,穹状倾斜

plonger

~ réel　真倾斜,真倾角

plonger *v*　浸入,伸入,投入,潜入,使陷入,沉水中,向下倾斜

plongeur *m*　柱塞,活塞,插入杆,浸入杆,调谐棒[波导],线圈可动铁芯

　~ à vis　螺旋柱塞

　~ de block　闩锁杆

　~ de tampon　缓冲杆

plot *m*　锯材,成材,(混凝土浇筑)块,插孔,接触片,接点,接线柱,浇筑块,旁承,支点

　~ caoutchouc　橡皮旁承

　~ central　中央接点,中央触点

　~ de contact　接点

　~ de raccordement　接头,接线端子,接线柱

　~ de rétroréflèchissement　突起路标[反光道钉]

　~ de suspension　弹性悬挂接点,弹簧旁承

　~ du béton　混凝土浇筑块

　~ mort　开关接点

　~ parasismique　防震块

　~ réfléchissant　反光路钮

ployé *a*　弯折的

ployer *v*　弯曲,使弯曲,使屈服

pluie *f*　雨,雨水,降雨

　~ abondante　大雨

　~ acide　酸雨

　~ annuelle　年降雨量

　~ annuelle moyenne　平均年降雨量

　~ artificielle　人造雨,人工降雨

　~ battante　倾盆大雨

　~ brute　总雨量,纯雨量

　~ continue　持续降雨,久雨

　~ d'imbibition　浸润雨量

　~ d'orage　暴雨

　~ de pierre　岩崩

　~ de sable　沙暴

　~ douce　微雨,毛毛雨

　~ effective　有效雨量

　~ efficace　有效降雨量

　~ excédentaire　过剩雨量

　~ fossile　雨痕

　~ générale　普通降雨量

　~ horaire　小时雨量

　~ importante　大雨

　~ journalière　日雨量

　~ locale　局部雨

　~ modérée　中雨

　~ nette　纯雨量

　~ orageuse　暴雨

　~ orographique　地形性降雨

　~ ponctuelle　点雨量

　~ radioactive　放射性雨

　~ reçue par une aire　面积雨量

　~ régionale　区域性雨

　~ ruisselée　降雨过程

　~ torrentielle　倾盆大雨

　~ utile　有用雨量

plumage *m*　跑料,(外力作用下路面处治层的)石屑分离

plumalsite *f*　硅铝铅石

plumasite *f*　刚玉奥长岩

plumbago *m*　笔铅,石墨,不纯石墨,辉钼矿,方铅矿

plumbéine *f*　磷氯铅形方铅矿

plumboallophane *f*　铅水铝美胶

plumboaragonite *f*　铅霰石

plumbobétafite *f*　铅贝塔石

plumbobinnite *f*　硫砷铅矿,单斜硫砷铅矿

plumbocalcite *f*　铅方解石

plumbocolumbite *f*　铅铌铁矿

plumbocuprite *f*　杂辉铜方铅矿

plumbodolomite *f*　铅白云石

plumboferrite *f*　铅铁矿

plumbogummite *f*　水磷铝铅矿

plumbo-iodite *f*　氯碘铅矿

plumbolimonite *f*　铅褐铁矿

plumbomalachite *f*　铅孔雀石

plumbomanganite *f*　杂矿锰铅矿

plumbométrie *f*　铅量测量

plumbomicrolite *f*　铅细晶石

plumbonacrite *f*　羟碳铅矿

plumboniobite *f*　铅铌铁矿

plumbopalladinite *f*　铅钯矿

plumbopyrochlore *f*　铅烧绿石

plumbostannite *f*　杂方铅黝锡矿

plumbostibnite *f*　纤硫锑铅矿

plumbosynadelphite *f*　铅羟砷锰矿

plumbozincocuprovanadate *m*　铜锌钒铅矿

plume *f*　笔,钢笔尖

~ à dessiner 绘图笔尖
~ à dessiner pour lignes épaisses 绘图粗线笔尖
~ à pointiller 绘图点线笔尖
~ d'enregistreur 记录笔
~ traçante （记录仪的）记录笔

plumeux a 羽毛状
plumosite f 羽毛矿，硫锑铅矿
plupart f 大部分，大多数，过半数
　la ~ du temps 通常，往往，在大部分时间里
　pour la ~ 大半，大部分，大多数
pluralité f 众多，多元，多数，复数性，大多数，多样性
pluridécamétrique a 数十米的
pluridisciplinaire a 多学科的
plurihectométrique a 数百米的
plurimétrique a 数米的
pluristratifié a 多层的
plus m 最大，最多；adv 更，更加，更多，至多，最，加，外加
　~ ... moins... 越（是）……越不
　~ ... plus... 越……越……
　~ de 多于……，不止……，以上，不再是，不再有
　~ ou moins 大致，左右，或多或少，多多少少
　~ que 比……更，不仅是，超过
　bien ~ 此外，又，更有甚者，再者，而且
　d'autant ~ 一样，更
　de ~ 此外，又，加之，再者
　de ~ en plus 越来越，日益
　en ~ 此外，加之，再者，而且，并且
　en ~ de 除……外还
　il y a ~ 更有甚者，再者，而且
　ne ... ~ 不再
　ni ~ ni moins 不多不少，正是，就是，正如，就如
　non ~ que 不比……更，和……一样
　pas ~ que 不比……更，和……一样
　sans ~ 不再增加
　tout au ~ 至多，最多，充其量
plusieurs a 几个，好几个
　~ couches d'armatures précontraintes 多层预应力钢筋
　~ voies 多车道
plus-value f 增资，增值，加价，追加额，额外加价，超预算部分
　~ foncière （公共设施事业费的）受益者担负

~ de cession a réinvestir 重新投资的转让资产增值
pluton m 深成岩体，火成侵入体
plutonien[**plutonique**] a 深成的，深成岩的
plutonisme m 深成作用
　~ acide 酸性深成作用
　~ granitique 花岗深成作用
　~ minéralisateur 深成成矿作用
plutonite f 深成岩
plutôt adv 宁愿，宁可，更确切地说
plutovulcanite f 深成火山岩
pluviaire m 湿雨期，洪积时期；a 雨水的，多雨的
pluvial, e a 多雨的，雨成的，洪水的，多雨的
pluvieux, euse a 多雨的，带来雨水的
pluviogramme m （自记）雨量记录曲线
pluviographe m 自记雨量计
pluviomètre m 雨量计［器、表］
　~ enregistreur 自记雨量计，自记雨量器
　~ totalisateur 储瓶式雨量计
pluviométrie f 降水，雨量，测雨学，雨量测定（法）
pluviométrique a 雨量测定（法）的
pluviophone f 遥测雨量计
pluvioscope m 雨量计
pluviosité f 雨量，降雨量，雨量系数
　~ annuelle moyenne 年平均降雨量
　~ maximale journalière 最大日降雨量
　~ moyenne 平均降雨量
plynthite f 杂赤铁土
pneu m 轮胎，外胎
　~ à bande de roulement plate 平台面轮胎
　~ à basse pression 低压轮胎
　~ à carcasse radiale 子午线轮胎
　~ à carcasse textile 帘子布轮胎
　~ à clous 带钉轮胎，带钉车胎
　~ à corde 绳织轮胎，帘子结构轮胎
　~ à crampons 带钉轮胎，带钉车胎
　~ à forte sculpture 大花纹轮胎
　~ à grande dimension 宽底（面）轮胎，大尺寸轮胎
　~ à haute pression 高压轮胎
　~ à rivets d'acier 带钢钉的轮胎
　~ à talon 紧嵌式轮胎
　~ à tringles 直边轮胎
　~ antidérapant 防滑轮胎

~ antiroches 块状花纹轮胎
~ arrière 后轮胎
~ avant 前轮胎
~ ballon 低压轮胎
~ classique 普通轮胎
~ clouté 带钉轮胎,带钉车胎
~ cordé antidérapant 深花纹轮胎,防滑轮胎
~ d'automobile 汽车轮胎
~ de camion 工地重汽车轮胎
~ de chantiers 工地汽车轮胎
~ de poids lourd 重型载重汽车轮胎
~ de secours 备胎
~ demi-pression 低压轮胎
~ doublé 双轮胎
~ en caoutchouc 橡胶轮胎
~ géant 大型轮胎
~ increvable 自封式轮胎,防爆轮胎
~ jumelé 双轮胎
~ lisse 光胎面轮胎
~ neuf 新轮胎
~ plein 实心轮胎
~ pour engins de terrassement 筑路机械轮胎,土方机械轮胎
~ pour routes et travaux de carrières 料坑和路用轮胎
~ routier 公路用轮胎
~ sans chambre 无内胎轮胎
~ sans chambre à air 无内胎轮胎
~ sculpté 花纹轮胎
~ semi-ballon 半软式轮胎
~ spécial 专用轮胎,特种轮胎
~ standard 标准轮胎
~ tout caoutchouc 实心轮胎
~ tout-terrain 越野轮胎

pneu-citerne *m* 油罐车,加油车
pneumatique *f* （仪器）气压式,气体力学,气动力学; *m* 充气轮胎,气胎; *a* 风动的,气动的,气压的,压缩空气的,气体力学的
~ à basse pression 低压轮胎
~ antidérapant 防滑轮胎
pneumatogène *a* 气成的
pneumatolitique *a* 气成的,气化的
pneumatolyse *f* 气化,气成（作用）
pneumatolytique *a* 气成的,气化的

poche *f* 袋,囊,池,箱,室,凹槽,溶洞,溶蚀坑
~ à boues 收泥器,泥箱
~ accélératrice (frein) （制动机的）加速箱
~ d'air 气囊,空气隙,管道中的气泡,气[砂]眼
~ d'eau 水囊,沉淀池,沉砂池
~ de coulée 浇桶,铸铁桶,浇铸钢水包
~ de décalcification 溶蚀坑
~ de dissolution 溶蚀坑
~ de fond d'un puits 井底坑
~ de gaz 气囊,气包
~ de grisou 沼气包,爆炸气体包
~ de laitier 渣桶
~ de résine 树脂包,树脂淤积
~ de sable 砂囊,砂包
~ de solifluxion 融冻窝穴
~ de tourbe 泥炭袋
~ de vidange 排泄漏斗（排水或油的）
~ en textile 编织品袋
pochette *f* 囊,袋,槽,坑
pöchite[pœchite] *f* 胶硅铁锰矿
podolite *f* 碳磷灰石
podomètre *m* 测步仪,计步器,里程表,徒步计程表
podsolite *f* 镁钾埃洛石
podzol *m* 灰土,灰化土
~ à gley 潜育灰化土
~ ferrugineux 铁质灰土
~ ferrugineux hydromorphe 水成铁质灰土
~ humo-ferrugineux 腐殖铁质灰土
~ sableux 砂质灰土
podzolique *a* 灰壤的,灰化的
podzolisation *f* 灰化,灰壤化
podzolisé *a* 灰化的
poêle *m* 火炉,母岩,底土,盆状物,硬土层
poids *m* 砝码,重量,重力,荷载
~ à l'entrée 原始重量
~ à sec 净重,干重,干密度
~ à taxer 计费重量
~ à vide 皮重,车辆自重,空重,净重
~ à vide de construction 结构自重
~ absolu 绝对重量
~ additionnel 附加重量
~ adhérent 黏着重量
~ adhérent de locomotive 机车黏着重量

~ admissible du train 列车容许重量
~ apparent 表观重量,视重量
~ au cheval 重量马力比,比重,每马力重量
~ autorisé 容许重量
~ avec lest 满载重量
~ brut 总重
~ brut de véhicule 车辆总重量
~ brut réel 实际重量
~ calculé 计算重量,计费重量
~ complet 总量
~ complet d'un train 列车总重
~ concentré maximum par mètre 最大延米重量
~ constant 恒重
~ d'acier par mètre carré 每平方米的钢筋重量
~ d'eau（béton） （混凝土拌和物）湿度,含水量,含水率
~ d'équilibrage 平衡重,配重,平衡块,均匀重,平衡锤
~ d'essieu 轴重
~ d'expédition 装运重量
~ d'un cisaillement（intensité de circulation） 正线交叉进路上的运输负荷（运输密度）
~ d'un croisement routier 公路交叉处的运输密度
~ d'une tranche 条块的重力
~ d'une voiture 车辆重量
~ de calcul 计算重量,设计重量
~ de charge 满载重量,荷载重量
~ de chargement 荷重
~ de construction 结构重量
~ de l'eau lourde 泥浆重量
~ de l'échantillon sec 干试件重量
~ de l'éprouvette 试件重量
~ de l'unité de volume 单位体积重量
~ de la boue de forage 泥浆重量
~ de la dalle 板体重量
~ de locomotive 机车重量
~ de manutention 吊装重量
~ de matériau 材料重量
~ de poutre par mètre linéaire 每延米梁重
~ de produit déshydratant pour une charge 每一包装的干燥剂的重量
~ de réglage 调整的重量
~ de stockage 封存重量

~ de structure 结构重量
~ de tare 皮重,自重
~ de terre 土压力,覆土荷载
~ de volume 容重,单位体积重量,体积密度,容积比重
~ des essieux 轴重
~ du chargement 装载重量,荷载重量
~ du mouton 桩锤重
~ du rail 轨重
~ du sol sec 干土重
~ élastique 弹性荷重
~ en charge 荷载重量,加荷重量
~ en excède 超过的重量,超重
~ en excédent 超过的重量,超重
~ en ordre de marche（d'un véhicule moteur） （动车的）整备重量
~ en sus 超出重量
~ en vrac 堆积密度,堆装重量,散装重量
~ équivalent 等效重量
~ et mesures 度量衡
~ étalon 标准砝码,标准重量
~ fictif 换算重量,假定重量
~ fixe 固定重量
~ forfaitaire 计费重量
~ freiné 制动重量,闸瓦压力
~ global 总重,全重
~ humide 湿重
~ lourd（PL） 载重车,载重汽车,重型汽车
~ majoré 增加的重量
~ manquant 减少的重量
~ marqué 砝码
~ maximal de l'essieu 最大轴重
~ maximum 最大重量
~ maximum de calcul 最大计算重量
~ minimum 最小重量
~ mobile 活载,动荷载
~ mort 自重,皮重,净重,静重[载],恒[底]载,静荷载
~ mort de wagon 货车自重,货车皮重
~ mort du pont 桥梁自重
~ mort réel 实际自重
~ moyen 平均重量
~ moyen de l'essieu chargé des voitures 车辆平均轴重

~ net 净重
~ net effectif 实际净重
~ non suspendu 簧下重量
~ non taxé 不计费重量
~ normal 标称重量，正常重量
~ normal de chargement 载重量，载重力
~ nu 净重，自重
~ par colis 每件包裹重量
~ par essieu 轴重
~ par essieux double 双轴荷载
~ par mètre 单位长度重量，每米重量
~ par mètre courant 延米重量，每米重量
~ par mètre courant entre essieux extrêmes 车辆外侧的车轴间的每米重量
~ par mètre courant entre tampons 缓冲器间每米重量
~ par mètre courant hors tampons 缓冲器外侧间全长每米重量
~ par mètre courant hors tout 缓冲器间的延米重量
~ par unité de longueur 单位长度重量
~ par unité de puissance 单位功率重量
~ propre 净重，自重，结构恒载
~ propre des fondations 基础自重
~ propre du mur 墙体自重
~ réel 实际重量
~ relatif 相对重量
~ rempli 毛重
~ roulant 活负载，滚重，载重
~ sans lest 皮重，车辆自重，空重，净重
~ saturé 饱和土重量，饱和重量
~ sec 干重，净重
~ séparés 个别重量
~ soumis à taxation 应计费重量
~ spécifique 比重，单位体积重量，容重
~ spécifique à sec 干比重
~ spécifique absolu 绝对比重
~ spécifique apparent 视比重，表观比重
~ spécifique apparent en vrac 堆表观比重，散装表观比重
~ spécifique apparent humide 湿表观比重，湿密度
~ spécifique apparent sec 干表观比重，干密度，干容重

~ spécifique dans la condition de saturation avec surface sèche 饱和面干状态比重
~ spécifique de l'eau 水的容重
~ spécifique des agrégats 集料比重
~ spécifique des constituants du sol 土颗粒比重
~ spécifique du sol immergé 湿土比重
~ standard 标准砝码
~ statique 静载
~ statistique (d'un état macroscopique) 统计重量(宏观态的)
~ sur essieu avant 前轴荷载
~ sur essieu simple 单轴荷载
~ sur l'essieu 轴荷载
~ sur l'essieu arrière 后轴荷载
~ suspendu 悬重
~ tendeur （信号）重锤，平衡重锤，张紧重锤
~ tenseur 拉力，张力
~ théorique 计算重量，理论重量
~ tombant 落锤
~ tombant en chute libre 自由落体重
~ total 总重
~ total autorisé en charge 荷载容许总重
~ total de véhicule 车辆总重量
~ total en charge (PTC) 荷载总重
~ un 自重，净重
~ unitaire 容重，单位体积重量，单位重量
~ unitaire à solide 固体单位重量
~ unitaire sous l'eau 单位潜容量(土的)，水下容量
~ utile (PU) 有效重量，有效荷载
~ variable 可变负载，暂时负载
~ volumétrique 容[视比]重
~ volumétrique sec 干容重
~ volumétrique sec maximum 最大干密度
~ volumique 重度，比重，容量，松密度，天然容重，重量密度，毛体积密度
~ volumique de matériaux 材料容重
~ volumique du sol 土的容重[单位重量]
~ volumique du sol déjaugé 浮土容重
~ volumique du sol saturé 饱和土容重，饱和土单位重，饱和土密度
~ volumique du sol sec 干土密度

poids-frein *m* 制动重量，均衡重量
poids-lourd *m* 重车，载重汽车

poignée *f* 手柄,手把,拉环,拉手
　～ à boule　球形把手
　～ à ressort　弹性手柄
　～ d'accrochage　连接器手柄
　～ de frein　制动机手柄
　～ de la bêche　锹把
　～ de levier　握柄手把
　～ de maintien　把手
　～ de manivelle　曲柄手把
　～ de manœuvre　操作手柄
　～ de manutention　搬运手柄
　～ de robinet de frein　制动阀把手
　～ du signal d'alarme　警报信号握柄
　～ montoire　上车扶手,门把
　～ pivot　转动把手
poïkilite *f* 斑铜矿
poïkilopyrite *f* 斑铜矿
poinçon *m* 锥子,冲头,冲床,阳模,印记,钢印,检印器,打孔器,桁架中柱,桁架支柱
　～ à main　手动冲孔器
　～ creux　空心冲头
poinçonnage *m* 冲孔,穿孔,冲压,捣固
　～ imbriqué　下料,冲孔
poinçonnement *m* 冲孔,穿孔,贯入,压入,路面下陷
poinçonner *v* 冲孔,钻孔,穿孔,压印,冲压
　～ à chaud　热冲标记
　～ à froid　冷冲标记
poinçonneuse *f* 冲床
poinçonneuse-cisaille *f* 联合冲剪机
　～ à triple　三用冲剪机
point *m* 点,圆点,部位,部分,情况,站,所,台,地点,位置,尖端,方位,末尾,指向,瞬间,时刻,要点
　à ce ～ de vue　根据这一观点
　～ à temps　路面补坑,路面修补,路面局部修补
　～ accessible　能达点
　～ analysé　扫描点
　～ arbitraire　任意点
　～ arrondi　圆点(电报信号中的)
　au ～ de　到……程度,以至于……
　au ～ de vue de　在……观点上,从……观点看
　au ～ de vue pratique　从实用的观点
　au ～ de vue théorique　从理论的观点
　au ～ que　到……程度,以致……

　～ auxiliaire　辅助点
　～ bas　凹陷,低点,垂度,挠度,下垂
　～ bas de la voie　轨道低洼处
　～ bon (voie)　定线点
　～ brillant　(地震)亮点(地震找油、气藏的一种技术)
　～ calculé　算定位置,计算位置
　～ caractéristique　特性点,特征点
　～ cardinal　基点,方位基点,坐标点
　～ central　中心,辐射中心点
　～ chargé　荷载点
　～ chaud　(板块构造)热点
　～ cherché　未知点,所求点
　～ circulaire　圆点
　～ clair　闪点
　～ clair d'image　图像光点
　～ commun　共同点
　～ conique　锥顶点
　～ contact　接触点
　～ convergence　(车辆)汇流点
　～ coté　注有标高的点,标高点
　～ critique　临界点,驻点
　～ critique de résistance　强度临界点,应力临界点
　～ culminant　顶点
　～ d'absorption　吸收点
　～ d'accès　进口点,入口点
　～ d'accident　事故地点
　～ d'accouplement　连接点
　～ d'accumulation　沉积点,堆积点,聚点
　～ d'allumage　燃点,启动点
　～ d'altitude　水准点
　～ d'amarrage　固定点,锚定点
　～ d'amorçage　自振点,振鸣点
　～ d'ancrage　锚定点
　～ d'angle　角顶
　～ d'anticheminement (caténaire)　定位点(接触网)
　～ d'application　作用[施力]点,操作点
　～ d'application d'une force　力的作用点,施力点
　～ d'application de la force　着力点,力作用点
　～ d'approche　接近点
　～ d'appui　控制点,基点,支点,旋转中心点
　～ d'appui d'un levier　支点,支轴
　～ d'appui renforcement (PAR)　加固支承点

point 1166

~ d'arrêt　止点,滞点,静点,制动点,临界点,停车站,无管理人员的停车站,(干路)路侧停车地点,超车或避车道,备用车道
~ d'arrêt de contrôle　检验断点(停止计算以便检查程序)
~ d'arrêt facultatif　随意停车点,临时停车点
~ d'arrivée　到达点,到达站
~ d'articulation　铰接点,铰链,铰
~ d'assemblage　连接点
~ d'attache　联结点
~ d'attaque de la force　力作用点,着力点
~ d'auscultation　监测点
~ d'ébullition　沸点
~ d'échange　交接所,交换台
~ d'écoulement　流点,倾点
~ d'embarquement　装货地点
~ d'embranchement　分支点
~ d'encastrement　固定点,嵌固点
~ d'entrée　(车辆从匝道)驶入(高速公路的)点
~ d'entrée au plus tard　较迟驶入点(车辆从匝道最迟驶入高速道路的一点),最迟进入点
~ d'épinglage　结合焊点,位置焊点
~ d'équilibre　平衡点
~ d'essai　试验点
~ d'étranglement　狭窄地点
~ d'évacuation des eaux　泄水位置
~ d'explorateur　扫描点
~ d'exploration　扫描点
~ d'explosion　爆炸点,爆发点
~ d'hygroscopicité　(土壤)吸水度,吸湿性
~ d'identification　识别点,检查点
~ d'ignition　燃点,着火点
~ d'image　图像光点
~ d'impact　撞击点,冲击点
~ d'inflammation　燃点,引火点,闪点
~ d'inflexion　拐点,转折点,反曲点
~ d'interception　截断点
~ d'intersection　交点,交叉点
~ d'intersection des tangentes　切线交点
~ d'intersection virtuel　虚交点
~ d'observation　观测点,观测站
~ d'occultation　隐蔽点
~ d'origine　出发点,起点,原点
d'un certain ~ de vue　从某一观点来看

~ dangereux　危险点
~ de bascule　电路稳定状态转变点,转向点
~ de base　参考点,基准点,依据点,控制点,水准点,固定控制点
~ de bifurcation　分歧点,分叉点
~ de bulle　(气体)饱和压力泡点,始沸点
~ de calage　调整点,校准点
~ de calcul　计算点
~ de canevas　标定点,标准点
~ de canevas altimétrique　标高标定点
~ de changement de pente　变坡点
~ de charge　负载峰值
~ de choc　冲击点
~ de clothoïde à courbe　缓圆点
~ de clothoïde à rectiligne　缓直点
~ de coagulation　凝固点
~ de combustion　燃烧点(温度),引火点,闪点
~ de commande　控制点,水准基点
~ de compression　受压点
~ de comptage　记数站
~ de condensation　凝结点,凝点
~ de conflit　车流交汇点
~ de congélation　冰点,冻结点,凝固点,凝点
~ de congélation de l'eau　水冻结点,水凝固点
~ de contact　接点,切点,接触点
~ de contrôle　控制点,检查点,标定点
~ de coupure　截止点,断开点
~ de courant　电流峰值
~ de courbe à clothoïde　圆缓点
~ de courbe médiane　曲中点
~ de courbure inférieure　特性曲线下弯曲点
~ de courbure supérieure　特性曲线上弯曲点
~ de court-circuitage　短路点
~ de croisement　交叉点,交会地点
~ de Curie　居里点(温度)
~ de danger　危险点
~ de déflexion　偏斜点
~ de dégel　融点
~ de départ　出发地点,起点,始点
~ de départ d'une fissure　裂缝起点,裂纹始点
~ de dépassement　越行点,越行站
~ de dérive　分支点,旁路点
~ de destination　终点
~ de déviation　偏转点

~ de direction 方向点
~ de divergence （车辆）分流点
~ de faille 断层节点,断层交点
~ de feu 着火点,燃点,引火点
~ de fixation 固定点
~ de flamme 引火点,闪点
~ de flexion 屈服点,挠曲点
~ de floculation 絮凝点,凝聚点
~ de fluage 流线,屈服点,软化点
~ de fluidité 流限,流化点
~ de fonctionnement 工作点
~ de Fraas 弗拉斯脆点,弗拉斯断裂点
~ de fragilité （沥青等的）断裂点,脆点
~ de fragilité d'après Fraas （沥青材料）弗拉斯脆点
~ de fusion 熔点,熔解点
~ de fusion de la glace 冰的熔点
~ de garage 越行点,避让点
~ de givre 霜点
~ de goutte （沥青等的）滴点
~ de graissage 润滑点
~ de jonction 交叉点,节点,连接点
~ de jonction articulé 铰接节点
~ de jonction d'extrémité 端节点
~ de jonction de fils 连线点,电缆连线点,接线地点
~ de l'application de la charge 荷载作用点
~ de l'arc 弧端
~ de la circonférence 圆点
~ de la prise de force 施力点
~ de levage 千斤顶顶端,起重机顶部
~ de liaison 连接点
~ de liaison à sorties variables 输出变数连接点
~ de liquéfaction 液化点,液化温度
~ de liquidation 液化点
~ de mesurage 测量点
~ de mesure 试验点,测试点,测量点,量度点
~ de mise à terre 接地点,地面点
~ de moment nul 零力矩点
~ de naissance 起拱点,起始点
~ de nivellement 水准点
~ de passage 变坡点
~ de passage d'une déclivité à une autre 变坡点
~ de passage de pentes et rampes 变坡点,纵断面变坡点
~ de prélèvement 取样点
~ de pression constante 恒压点
~ de prise 分接点,凝固点
~ de raccordement 连接点
~ de ramification 分歧点,分支点
~ de ramification d'un filon 脉分叉处
~ de ramollissement《bille et anneau》 环球法软化点,软化点,液化点,软化温度
~ de ramollissement après durcissement 在老化之后的软化点
~ de rattachement 连测点,控制点
~ de rebroussement 尖点,回复点
~ de réception 接收台
~ de rectiligne à clothoïde 直缓点
~ de référence 基准[参考、水准]点,支点,依据点,控制点,固定控制点,（彩色三角形的）无色点
~ de réglage 调节点,控制点
~ de rejet 出水点,出水口,出口
~ de rejet d'un égout 污水管出口,下水道出口
~ de rencontre 交点
~ de repère 控制点,水准点,基准点,方位标,测量点,观察点
~ de repère topographique 大地测最基准点,水准基点
~ de repos 静点
~ de réunion 汇合点
~ de rosée 露点（温度）
~ de rotation du gabarit 建筑限界旋转点
~ de rupture 击穿点,断点,断裂点,击穿点
~ de saturation 饱和点,饱和百分率
~ de saturation des fibres （木材）纤维饱和点
~ de sectionnement 截断点,断电点
~ de séparation 分离点
~ de solidification 凝固点,固化点
~ de sondage 探测点,钻探点
~ de sortie 出境站,出口站
~ de sortie au plus tôt 较早驶出点（车辆从高速道路最早驶入匝道的点）
~ de soudure 焊点
~ de stagnation 临界点,滞点
~ de station （测量）三角点,测点,测站
~ de support 支点

~ de suspension 悬挂点
~ de symétrie 对称中心
~ de tangence 起弯点
~ de tangente 切点
~ de test 测试点
~ de tir 爆破点
~ de toit 变坡点
de tout ~ 从各方面
~ de transit 交接站
~ de transition 过渡点,交配点
~ de travail 工作点
~ de triangulation 三角网测点
~ de vaporisation 汽化点
~ de vente 出售点
~ de vue 观点,视点,看法
~ de zéro 零点,坐标起始点,原点
~ découlement 流点,倾点
~ des données 数据点
~ diagonal 对角点
~ discontinu 间断点
~ du canevas 地面控制点,水准基点
~ du maillage 网格点
~ du réseau 地形控制点
~ dur 硬点
~ dur de la voie 线路难行点
~ éclair 引火点,闪点
en tout ~ 完全地,在每一点上,在各方面
~ équivalence 当量点
~ eutectique 最低共熔点
~ extrême d'arrêt 防护点(方牌上标字),防护标
~ final 终点
~ fixe 水准基点,固定点
~ fondamental 基点,基本点
~ frontière 国境站
~ géodésique 大地测量点
~ géographique 地形测绘点
~ géologique 地质点
~ géométrique 几何点
~ haut 高点,顶点,极点,凸处
~ haut de la voie 线路高点
~ hyperbolique 双曲点
~ imaginaire 虚点
~ important de calcul 计算要点
~ inflexion 拐点,回折点,反曲点

~ initial 原点,起点,始点
~ intermédiaire 中间点
~ isolé 孤点,孤立点
~ kilométrique(PK) 里程标,公里桩
~ le plus bas de la fondation 基础最低点
~ limite 极限点
~ lumineux 光点
~ matérialisé 固定基准点
~ médian de courbe 曲线中点
~ milieu 中心点,等距点
~ mort 死点,止点,滞点,临界点
~ mort bas(pMB) 下静点,下死点
~ mort haut(pMH) 上静点,上止点,上死点
~ moyen de groupe 点群平均点
~ nadiral 垂直点
~ neutre 中性点,中和点,拗折点,褶曲点,零电压点
~ neutre des moments 力矩中心,矩心
~ nodal 节点,结点
~ noir(accidents) 事故多的地点,污点
~ nul 零点
~ orthogonal 正交点
~ par point 一点一点地
~ particulier 特殊点
~ perdu (水准测量)转点
~ pour la mesure de convergence 收敛量测点
~ principal 主点
~ s colinéaires 共线点
~ s concycliques 共圆点
~ s confondus 双迭点,重合点
~ s conjugués 共轭点
~ s d'onde superficielle et sa numérotation 面波勘探点及编号
~ s de coupure des câbles 电缆隔离点
~ s de courbe 曲线要素点
~ s de passage obligé du tracé 路线必须通过点
~ s de prospection sismique et sa numérotation 地震勘探点及编号
~ s de suspension à niveau différent 不同高度的悬挂点
~ s des coïncidences 重合点,迭合点
~ s équipotentiels 等势点,等电位点
~ s géodésiques 大地测量点
~ s obligés 强制点

~ saillant　突出点,角点
~ sensible　(晶体检波器的)灵敏点
~ s signalés　注意事项,要点
~ singulier de la voie　线路特定点,线路不良点,线路重要点
~ sombre　暗点,黑点
~ stationnaire　静止点,不动点,定点,驻点
~ tangentiel　切点
~ terminal　终点
~ terminus　终点
~ trigonométrique(PT)　三角测点,三角点
~ vertical　垂直点
~ zéro　零点

pointage m　瞄准,引导,跟踪,定向,记数

pointe f　钉,针,尖头,尖刀,杆,尖端,高峰,前缘,头部,顶点,峰值,最大值,最高值,密封尖头,刀具切削刃
~ à bifonction　双桥探头
~ à bois　木钉
~ à centrer　定中心销,对中点
~ à double tête　双头钉
~ à monofonction　单桥探头
~ à pointe (pp)　谷峰值,波峰,波峰—谷底值
~ à tête bombée　圆头钉
~ à tête conique　锥头钉
~ à tête plate　扁头钉
~ à tête plate fraisée　埋头带槽钉
~ à tête très large　宽头钉
~ à tracer　划线工具,划线器
~ absolue　(交通)绝对峰值
~ bombée large　大圆头钉
de ~　峰值的,最大值的,最高值的
~ de charge　最高负载,最大装载量
~ de circulation　高峰(时间)交通,高峰交通量
~ de consommation de courant　耗电最高值
~ de contact　探棒,探针
~ de débit　最大流量
~ de fission　裂变峰值
~ de l'îlot　交通岛的顶部
~ de Paris　销钉,圆铁钉,平头钉
~ de pieu　桩尖[靴]
~ de roue　叶轮锥
~ de tension　电压峰值
~ de trafic　运输最忙季节,运输高峰

~ du pieu　桩尖,桩靴
~ filtrante　井点(降低地下水位的)
~ hebdomadaire　一周的高峰时刻
~ horaire (maximum)　小时峰值
~ horaire absolue de l'année　(交通量)年绝对小时峰值
~ horaire d'un jour déterminé　测定一天的小时峰值
~ journalière (maximum)　(交通量的)日峰值
~ métallique　金属针尖,针尖
~ sans tête　无头钉
~ thermique　最大峰值,温度峰值

pointeau m　冲子,浮针,针阀,喷针,销子,划线器,冲孔器,冲心錾
~ à marquer　标记冲子,划线冲子
~ à tracer　划线冲子
~ de centre　冲心錾,中心冲头
~ de décompresseur　缓解针阀,缓解销,减压阀
~ fixe　固定针形阀舌
~ plongeur　针形阀舌

point-éclair m　闪点,引火点
pointement m　露头,做标号
pointer v　戳,刺,瞄准,引导,做记号,用记号标出
pointerolle f　尖头工具,尖状刀具
pointeur m　车员号,检验[标记]员,划线工,瞄准手,引导员,瞄准器,定额员,定额计算员
pointillé m　虚[点]线
pointiller v　画虚线
pointu, e a　尖锐的,尖的,尖头的,尖端的
pointure f　钩孔,针孔
poise m　砝码,平衡; f　泊(黏度单位)
poison m　毒物,毒害
~ radioactif　放射性毒物
~ violent　剧毒物

poissement m　涂树脂,涂沥青
poisser v　黏手,涂沥青,涂树脂
poisseux, euse a　黏的,有黏性的
poisson f　鱼,鱼尾板,接合板,悬鱼饰
poitrail m　过梁,大木
poivrière f　大路,角塔
poix f　沥青,松香,树脂,煤焦油沥青
~ d'asphalte　沥青
~ de Judée　地沥青
~ liquide　液态沥青,液态树脂

polaire

~ minérale 沥青
~ navale 普通柏油脂
~ noire 黑焦油,普通沥青
~ résine 树脂
~ solide 沥青石,沥青岩
~ terrestre 地沥青

polaire *a* 极的,极性的,极化的
polaribilité *f* 极化性,极化率
polarimètre *m* 偏振计,极化计,旋光计
polarisabilité *f* 极化能力,极化性,极化率
polarisable *a* 可极化的,能偏振的
polarisant *a* 极化的,偏振的
polarisateur *m* 偏光镜,极化镜
polarisation *f* 偏光,极化(作用),偏振(作用),偏压,偏置,定位(印刷电路板的),极化强度

~ chromatique 色偏振
~ circulaire 圆偏振
~ d'un relais 继电器的极化作用
~ de cathode 阴极偏压
~ de coupure 截止偏压
~ de grille 栅偏压
~ diélectrique 介质极化
~ du milieu 媒质极化
~ électrique 电极化
~ électrolytique 电解极化
~ élevée 高偏压,高极化
~ horizontale 水平极化
~ induite 激发极化
~ magnétique 磁极化
~ provoquée 激发极化
~ spontannée 自然极化

polariscope *m* 偏(振)光镜,极化光镜,起偏振镜,旋光计,光弹性仪

~ automatique 自动偏振光镜,自动光弹性仪

polarisé *a* 极化的,偏振的,偏压的
polariseur *m* 极化镜,起偏振镜,起偏光镜
polarite *f* 斜方铋铅钯矿
polarité *f* 极性,偏光性,二级性

~ alternative 交变极性
~ de modulation 调制极性
~ directe 正极性
~ inverse 反极性
~ moins 负极(性)
~ normale 正常极性,标准极性

~ plus 正极(性)
~ stratigraphique 地层极性

polarogramme *m* 极谱
polarographe *m* 极谱,极谱仪,旋光计
polarographie *f* 极谱学,极谱分析法
polaroïde *f* 偏振片,偏光玻璃
polder *m* 圩田,围垦地,堤内泽地,围海(湖)造田
pôle *m* 极,极点,顶点,电极,磁极,地极

~ auxiliaire 间极,次极,换向极,附加极,补极,辅助整流极
~ électrique 电极
~ s électriques d'une machine 电机的电线端
~ négatif 负极,阴极
~ négatif d'une machine à courant continu 直流电机的负线端
~ positif 正极,阳极
~ positif d'une machine à courant continu 直流电机的正线端
~ principal 主极
~ principal d'un moteur 电动机主极

polhemusite *f* 硫汞锌矿
poli *m* 光滑,光泽,光彩,抛光,磨光,磨光面; *a* 磨光的,平滑的,光滑的

~ du miroir 滑动面

police *f* 单,保单,单据,治安,保安,警察,警察局,保险单

~ à temps 定期保单
~ d'assurance 保险单
~ de chargement 提单
~ de la circulation 交通警察
~ de la route 路警,交通警
~ routière 道路警察,路警
~ tous risques 全险保单

poliopyrite *f* 白铁矿
polir *v* 研磨,磨平,擦亮,抛光,磨光

~ à la ponce 用浮石磨光

polisidère *m* 富铁陨石
polissable *a* 磨平的,磨光的
polissage *m* 磨片,研磨,磨光,磨平,擦亮,抛光,粒料磨耗

~ des granulats 骨料磨平
~ éolien 风磨
~ par le vent 风刮平
~ rapide 快速磨光

polisseur, euse *n* 抛光机,研磨机,磨光机,抛光工人
~ à pierre conique 圆锥磨头
polissoir *m* 熨板,镘刀,砂刀,压平器,抛光机[器],磨光机
politique *f* 政策,方针,策略
~ autoroutière 高速公路政策
~ autoroutière régionale 地区高速公路政策
~ budgétaire 预算政策
~ commercial 贸易政策
~ d'entretien 养护政策
~ d'investissement 投资政策
~ de l'environnement （道路)环境政策
~ de modernisation 现代化政策
~ des prix 价格政策
~ des transports 运输政策
~ économique 经济政策
~ fiscale 税收政策
~ monétaire 货币政策,金融政策
~ routière 道路政策,公路政策
~ routière nationale 国道政策
~ routière régionale 地区公路政策
~ technique 技术政策
poljé *m* 坡立谷,灰岩盆地,灰岩盆地(喀斯特地区的),岩溶地区大洼地,漏斗状渗水井,漏斗状石灰,大型封闭岩溶洼地
polkovicite *f* 硫锗铁矿
pollénite *f* 碱玄质响岩,方钠霞玄岩
polluant *m* 污染物(质);*a* 污染的,污染环境的
~ organique 有机污染物
~ secondaire 二级污染物,再生污染物
~ toxique 有毒污染物
pollué, e *a* 染的,沾污的,污染的
polluer *v* 污染,弄脏,沾污
pollueur, euse *a* 环境污染的
pollution *f* 污染,沾污,杂质,污垢
~ acide 酸污染
~ acoustique 噪声污染
~ aquatique 水质污染,水生污染
~ atmosphérique 大气污染,空气污染
~ blanche 白色污染
~ d'environnement 环境污染
~ de bruit 噪声污染
~ de circulation 交通公害,交通污染
~ de l'air 大气污染,空气污染
~ de l'eau 水的污染
~ de l'eau primaire 一回路水的污染
~ de l'environnement 环境污染
~ de rivière 河流污染
~ de sol 土壤污染
~ des cours d'eau 河流污染
~ des eaux souterraines 地下水污染
~ des sources d'eau 水源污染
~ domestique 生活污染
~ du plan d'eau 水面污染
~ industrielle 工业污染
~ naturelle 天然污染
~ organique 有机物污染
~ par le mercure 汞污染
~ par les égouts 污水污染
~ par les hydrocarbures 碳氢化合物污染
~ radioactive 放射性污染
~ sonore 噪音污染
~ thermique 热污染
pollux[pollucite] *m* 铯沸石
polonnage *m* 夯实,捣固,打桩(工程)
poly- （前缀)多,聚
polyacétal *m* 聚甲醛树脂
polyadelphite *f* 粒榴石,钙铁榴石,铝钙铁榴石
polyargirite *f* 杂方辉锑银矿
polyargite *f* 钙长块云母
polyarsénite *f* 红砷锰矿
polybasite *f* 硫锑铜银矿
polybennes *f. pl* 多斗式
polybrookite *f* 铌铁矿,钽铁矿
polycentrique *a* 多中心的
polychlorure *m* 聚氯
~ de vinyle（PVC) 聚氯乙烯
~ de vinyle rigide 硬聚氯乙烯
polychroïque *a* 多色性的
polychroïsme *m* 多色性
polychromate *f* 多色性物体
polychromatique *a* 多色的
polychrome *a* 多色的
polycycle *m* 多旋回
polycyclique *a* 多轮的,多环的,多旋回的,多循环的,多周期的
polydeformé *a* 多次变形的

polydispersé *a* 多分散的
polydymite *f* 硫镍矿
polyèdre *m* 聚酯,多面体;*a* 多面体的
polyédrique *a* 多面体的
polyépoxyde *m* 环氧树脂
polyétre *m* 多面体;*a* 多面的,多面体的
polyfurqué *a* 裂开的,多次分叉的
polygène *a* 多源的,多次的,多成因的,多时代的
polygénique *a* 复成(多源)的
polygéosynclinal *m* 复地槽
polygonal, e *a* 多角的,多边的,多角形的,多边形的
polygonale *f* 桩,导线,测线
～ de base 基桩,基本导线
～ de levé (antenne) 次级控制桩
～ nivelée 水准导线
～ principale 首级控制桩
～ rattachée au système de coordonnées du réseau national 用国家坐标系统联测控制桩
～ secondaire 中级控制桩
polygonation *f* 多边闭合导线测量(法、图)
polygone *m* 导线,多边形,多角形
～ boueux 多边形土,泥龟裂地面
～ boueux de dessiccation 泥裂多边形土
～ circonscrit 外切多边形
～ concave 凹多边形
～ d'équilibre 平衡多边形
～ d'essai 试验场
～ de fentes de gel 冰楔龟裂纹,冻原龟裂纹
～ de fissuration par le gel 冻裂多边形土
～ de forces 力多边形
～ de forces fermés 闭合力多边形
～ de théodolite 经纬仪导线
～ de vitesse 速度多边形
～ des forces 力多边形
～ fermé 闭合导线
～ fixe 固定多边形
～ funiculaire 索多边形,索线多边形
～ inscrit 内接多边形
～ s isopérimétriques 等周多边形
～ libre 自然多边形
～ ouvert 开式多边形
～ régulier 正多边形
～ régulier à n côtées 正 n 边形
～ s équivalents 等积多边形
～ s semblables 相似多边形
～ s similaires 相似多边形
～ simple 简单多边形
～ sphérique 球面多边形
polyhalite *f* 杂卤石
polyhydrite *f* 复水石,硅铝铁锰石
polyirvingite *f* 复钠锂云母
polylite *f* 黑色辉石,杂铁橄榄石
polylithionite *f* 多硅锂云母
polymère *m* 聚合物,聚合体;*a* 复矿质的,多矿物的
～ brut 未加工的聚合物
～ d'addition 加聚物
～ élastothermoplastique 弹热塑性聚合物
～ luminescent 发光聚合物
polymérie *f* 聚合(现象)
polymérisat *m* 聚合物
polymérisation *f* 聚合(作用)
polymérisé *a* 聚合的
polymétallique *a* 多金属的
polymétamorphique *a* 多相变质的,复变质的
polymétamorphisme *m* 复变质,多次变质(作用)
polyméthacrylate *m* 聚甲基丙烯酸酯
～ de méthyle 有机玻璃,聚甲基丙烯酸甲酯
polymètre *m* 万能测试仪,万用电表,多用仪表,多能气象仪(能测温度、湿度、露点等)
polymictique *a* 复矿的,多源的,复碎屑的,复成分的
polymictite *f* 复矿碎屑岩
polymigmatite *m* 多相混合岩
polyminéral *a* 复矿的,多矿物的
polymorphe *a* 多形的,同质多相的
polymorphisme *m* 同质多形(现象)
polynite *f* 蒙脱土
polyode *f* 多极管
polyplatine *m* 铂
polyradiamètre *m* 多探头辐射测定仪
polysphærite [polysphérite] *f* 钙磷氯铅矿
polystructuré *a* 复构造的,多幕构造的,多期构造的
polysulfure *m* 多硫化合物
polysyntétique *a* 聚片的
polytechnique *a* 理工科的,综合科技的,多种科

技的

polytechnisation *f* 综合科技，多种工艺

polytélite *f* 银黝铜矿，硫锑铅银铁矿

polyuréthane *m* 聚氨酯(类)，聚氨基甲酸酯

polyuréthanne *m* 聚氨酯，聚氨基甲酸酯

polyvalence *f* 多价，多用途

polyvalent, e *a* 多价，多用途的

polzénite *f* 黄玄岩

pomme *f* （木头、金属等制成的）球饰

pommette *f* 节，门拗，捏手，圆丘，小丘，旋扭，雕球饰，圆形把手

pompage *m* 泵吸，泵送，抽水，吸出，汲出，脉动，抽吸，电子管由于阴极氧化层消蚀而失去的放射电子能力
~ d'essai 抽水试验
~ de béton 混凝土泵送
~ de l'eau 抽水
~ du mortier 泵送砂浆，抽吸砂浆
~ excessif 过量抽水
~ optique 光抽吸，光抽出，光泵输送

pompe *f* 泵，水泵，抽水机，泵送，扬水
~ à action directe 直接联动泵
~ à ailettes 叶轮泵
~ à air 空气[风]泵，抽气机
~ à air à huile 滑油空气泵
~ à air à main 手动气泵
~ à air à piston 活塞式空气泵
~ à air à robinets 旋塞式空气泵
~ à air à soupape 活门式空气泵
~ à air clapets 活门式空气泵
~ à air comprimé 压气泵，空气升液泵
~ à air double 复式风泵
~ à air rotative 旋塞式空气泵
~ à arbre vertical 立式水泵
~ à aspiration double 双吸泵
~ à aubes 叶轮泵
~ à auto-amorçage 自吸水泵
~ à basse pression 低压泵
~ à béton 混凝土输送泵，混凝土泵
~ à béton de ciment 水泥混凝土泵
~ à bitume 沥青泵
~ à boue 泥浆泵（钻探），排泥泵，吸泥泵，抽泥筒
~ à boues pour sondeuse 抽泥泵，污水泵
~ à bras 手压泵，手动抽水机
~ à carburant 燃料泵，燃油泵
~ à carburant à turbine 涡轮燃油泵
~ à chaîne 链泵
~ à chaleur 气泵，热泵
~ à chapelet 链泵，链斗式提水器
~ à chaux 灰浆泵
~ à ciment 水泥泵
~ à combustible 液体燃料泵，燃油泵
~ à combustible attelée 附属燃油泵
~ à compression 增压泵，压缩机[泵]
~ à course variable 可变输油量泵
~ à débit constant 定流量泵
~ à déblais 吸泥泵，挖泥泵
~ à deux corps 双缸泵
~ à deux étages 双级泵
~ à diaphragme 薄膜式泵，隔膜式泵，膜片泵
~ à diffusion 扩散抽气机，扩散泵，蒸汽喷射泵
~ à diode 二极管泵
~ à double action 双动泵，双作用泵
~ à double effet 双作用泵，双动泵
~ à dragueur 吸泥机
~ à eau 抽水机，水泵
~ à eau d'égout 污水泵
~ à eau d'injection 喷水泵
~ à eau de réchauffage 预热水泵
~ à eau de refroidissement 冷却水泵
~ à eau limpide 清水泵
~ à écume 泥浆泵，污水泵
~ à engrenages 齿轮泵
~ à excentrique 偏心轮泵
~ à feu 消防水泵，灭火泵
~ à gaz 气泵
~ à graisse pneumatique 气动润滑油泵
~ à grande profondeur 深井泵
~ à grande vitesse 高速泵
~ à gravier 砾石泵
~ à haute pression 高压泵
~ à haute vitesse 高速泵
~ à huile 滑油泵
~ à incendie 灭火泵，消防水泵
~ à injection 灌浆泵，喷射泵
~ à injection d'eau boueuse 灌泥浆泵
~ à injection de ciment 灌水泥浆泵

~ à jet 喷射泵
~ à jet d'eau 喷射泵,射流泵
~ à jet de vapeur 蒸汽喷射泵
~ à liant 结合料泵
~ à main 手动泵,手压泵
~ à membrane 薄膜泵,隔膜泵
~ à mortier 砂浆泵
~ à palette 活翼泵,叶轮泵
~ à pâte 泥浆泵
~ à piston 活塞泵
~ à piston plongeur 柱塞泵
~ à plongeur 柱塞式泵,潜水泵
~ à sable 抽砂泵,扬砂泵
~ à saumure 盐水泵
~ à simple effet 单动泵
~ à siphon 虹吸水泵
~ à trois pistons 三冲程水泵
~ à trou de forage 钻孔泵
~ à turbine 涡轮泵
~ à turbine immergée 深井涡轮泵
~ à un étage 单级泵
~ à vapeur 蒸汽泵
~ à vapeur d'huile 油流蒸汽泵
~ à vapeur jumelle 双杠蒸汽泵
~ à vibration 振动泵
~ à vide 真空泵
~ à vide centrifuge 离心式真空泵
~ à vide élevé 高真空泵
~ à vide préliminaire 初真空泵
~ à vis Archimède 阿基米德螺旋泵,螺旋抽水机,螺旋泵
~ à vis sans fin 涡轮泵
~ alimentaire 供给泵,输油[水]泵
~ alternative 活塞泵,往复泵
~ antigel 防冻泵
~ aspirante 吸入泵,抽气泵,吸油泵
~ aspirante et foulante 吸压泵,往复泵
~ aspirante et refoulante 吸压泵,抽气压力泵
~ automatique 自动泵
~ automobile 消防车,自动泵,水泵车
~ auxiliaire 辅助泵
~ axiale 轴流泵
~ balayage 扫气泵,清除泵
~ bicompound 双复式泵

~ centrifuge 离心泵
~ centrifuge à épuisement en répétitions 多级离心排水泵
~ centrifuge à haute pression 高压离心泵
~ centrifuge à plusieurs effets 多级离心泵
~ centrifuge à vide 离心式真空泵
~ centrifuge de condensateur 离心冷凝泵
~ centrifuge de dragage 离心吸泥机
~ centrifuge fermée 封闭式离心泵
~ centrifuge multicellulaire 多级离心泵
~ centrifuge pour puits profonds 离心式深井泵
~ centrifuge verticale 立式离心泵
~ combinée 复式水泵
~ d'accélération 加速泵
~ d'accumulation 蓄能泵
~ d'alimentation 给水泵,给油泵
~ d'alimentation à système de chauffage 采暖系统进水泵
~ d'alimentation en gas-oil 柴油泵
~ d'amorçage 启动泵
~ d'arrosage 喷水装置,洒水器,洒水车
~ d'arrosoir 喷水头
~ d'assèchement 排水泵
~ d'épreuve 试压泵
~ d'épreuve des injecteurs (moteur diesel) 喷嘴试验泵(柴油机的)
~ d'épuisement 排水泵,抽吸泵
~ d'essai hydraulique 液力试验泵
~ d'essence 汽油泵
~ d'extinction des incendies 消防泵
~ d'incendie 灭火泵,消防水泵
~ d'incendie de secours 备用消防泵
~ d'incendie principale 主消防泵
~ d'injection 注浆泵,喷射泵,灌浆泵
~ d'injection combustible 燃油喷射泵
~ d'injection de carburant 燃油喷射泵
~ de basse pression 低压泵
~ de boosting 增压泵
~ de cale 喷射器
~ de chaîne 链斗式提水器,链泵
~ de circulation 循环泵,环流泵
~ de circulation d'huile 油循环泵
~ de compression 增压泵,压缩机,压气泵
~ de condensation 冷凝水泵

~ de coulis 灌浆泵,泥浆泵
~ de décharge 排水泵
~ de dégivrage 防霜泵
~ de dosage 量油泵
~ de douche 淋浴喷头
~ de dragage 泥浆泵,吸泥机
~ de drague 抽泥机,吸泥机
~ de drainage 排水[泄]泵
~ de fond 潜水泵
~ de forage 钻井用泵
~ de gonflage 打气泵
~ de graissage 滑油泵,润油泵
~ de graissage avec décharge de sécurité 带安全阀的润滑油泵
~ de grande profondeur 深井泵
~ de lubrification 滑油泵
~ de mine 矿井水泵
~ de plongée 潜水泵
~ de prégraissage 预润滑泵
~ de pression 压力泵
~ de puisard 排水泵
~ de recirculation 再循环泵
~ de récupération 回收泵,回油泵
~ de refoulement 增压泵
~ de secours 应急[备用]泵
~ de sondage 钻探用水泵
~ de surface 浅水泵
~ de transfert 传送泵,输送泵
~ de vidange 抽吸泵,排空泵
~ diagonale 斜流式蓄能泵
~ diesel 柴油泵
~ différentielle 差动泵
~ doseuse 定量泵,计量泵,限量泵,按比例配合泵
~ doseuse de liant 结合料限量泵
~ double 双缸泵
~ double d'épuisement et d'alimentation 增压抽排两用泵
~ double de vidange 双缸排水泵
~ dragueuse 吸泥机
~ du retour 回水泵
~ du retour d'eau 回水泵
~ duplex 双缸泵,双筒泵
~ électrique 电动泵
~ électrique submersible 电动潜水泵,潜水电泵
~ élévatoire 增压泵,提升泵
~ en réserve 备用泵
~ essence 汽油泵
~ express 高速泵
~ foulante 增压泵,压力泵
~ hélicocentrifuge 半轴流式蓄能泵
~ hélicoïdale 螺旋泵
~ horizontale 卧式(水)泵
~ hydraulique 液压泵
~ immergée 潜水泵
~ individuelle 单泵,独立泵
~ ionique 离子泵
~ s jumelées 复式泵,双缸泵
~ mammouth 空气升液泵,巨型泵
~ mobile 轻便水泵
~ moléculaire 分子高真空泵
~ multicellulaire 多级泵
~ multiétagée 多级泵
~ nourricière 低水头(进水)泵
~ noyée 潜水泵
~ plongée 潜水泵
~ pneumatique 空气泵,压气泵,风动泵
~ pneumatique automatique 自动空气泵
~ pompe-injecteur 油泵—喷油器
~ pompe-turbine 涡轮泵
~ portable à ciment 移动式水泥泵
~ positive 压送泵
~ pour graissage à haute pression 高压润油泵
~ pour huile de graissage 润滑油泵
~ pour matières épaisses 吸泥泵,泥浆泵,固体物料抽吸泵
~ pour pneu 轮胎打气泵
~ pour puits profonds 深水泵,深井泵
~ préliminaire 预抽真空泵,初抽气泵
~ primaire 预抽真空泵,前置真空泵
~ primaire d'entretien 保持预真空泵
~ radiale 混流式蓄能泵
~ réciproque 往复式泵
~ refoulante 压力泵,扬水泵
~ refoulante moléculaire 分子泵
~ rotative 旋转泵
~ rotative à enceinte étanche 密封离心泵,密封旋转泵

pomper

~ submersible 潜水泵
~ suceuse 空吸泵,油气泵,吸入泵
~ supplémentaire 增压泵,辅助泵,附加泵
~ triplex 三汽缸式泵,三缸泵
~ verticale 立式泵
~ volumétrique 体积泵

pomper v 泵送,抽吸,抽出,汲出,排出,打气,注油,吸入,用泵抽,撒砂于路面(路面汽油)
~ l'eau 上水,抽水,汲水
~ le liant 铺撒结合料

pompe-turbine f 水泵水轮机,可逆式水轮机
pomping m 抽吸作用
ponçage m 磨[抛]光,打光,磨[抛]泵
poncé a 磨[打、抛]光的
ponce f 浮岩,浮石,轻石,泡沫石,泡沫岩
~ basaltique 网状火山渣
~ de laitier 泡沫矿渣,水淬矿渣
~ s pulvérisées 浮石粉

ponceau m 涵洞,拱涵,箱涵,小桥,单跨桥,拱形暗沟
~ à buse 圆形涵洞
~ à l'entrée insubmersible 无压力式涵洞
~ à l'entrée submersible 半压力式涵洞
~ à la sortie submersible 压力式涵洞
~ à trois tuyaux 三管涵洞
~ arqué 弧形涵洞
~ avec dalles 箱涵盖,板涵洞,箱形涵洞
~ dallé 盖板涵
~ en béton 混凝土涵洞
~ en briques 砖砌涵洞,砖石涵洞
~ en maçonnerie 圬工涵洞
~ en plein cintre 半圆拱涵洞
~ flexible 柔性涵洞
~ rigide 刚性涵洞
~ sans remblai 明涵
~ sans submergé 无压力式涵洞
~ semi submergé 半压力式涵洞
~ tôle d'acier ondulée 波纹铁涵管
~ tout submergé 压力式涵洞
~ tubulaire 管涵,涵管
~ tubulaire préfabriqué 预制涵管
~ voûté 拱涵

poncer v 用浮石磨光
ponceuse f 磨光机,磨滑机

~ à disque 圆盘磨光机
~ à mur 墙面磨光机
~ à parquet 地板磨光机

ponceuse-plisseuse f 磨光机
ponceux, euse a 浮岩的,浮石的,浮石质的,轻石质的,泡沫状的
poncif m 模,模板,样模,冲模,压模,锻模
ponctiforme a 点状的
ponctualité f 准确,守时
ponctuation f 点状包体
ponctuel a 点的,虚点的,守时的,准时的,点状的
pondérabilité f 可衡量性,可称量性
pondéral, e a 有重量的,可衡量的
pondérateur m 配重,平衡重
pondération f 平衡,均衡,均势,加权
~ des distances (tarifs) 运价平衡计算办法

pondéré a 平衡的,均势的
pondérer v 使均衡,使平衡,使成均势
pondéreuse f 松散材科,散装材料
pondéreux m.pl 堆装货物,笨重货物
ponite f 铁菱锰矿
ponor m 落水洞,洼地岩溶井
pont m 盘,台,桥,吊车,甲板,台架,横杆,起重机,测量电桥
~ à âmes pleines 板梁桥,实腹板梁桥
~ à arc cantilever 悬臂拱桥
~ à arc en bois 木拱桥
~ à arc et à articulations 铰拱桥
~ à arches 拱桥
~ à armature 桁架轿
~ à balance 平衡活动桥,衡重式仰开桥
~ à balancier 升降桥,杠杆式活动桥
~ à bascule 秤桥,地磅,地秤,竖旋桥
~ à bascule à arc de roulement 滚轮式开启桥,滚动式竖旋桥
~ à bascule double 双翼竖旋桥
~ à bascule pour véhicules 汽车地磅
~ à benne automatique 自动抓斗桥式起重机
~ à béquilles 撑架式桥
~ à béton armé 钢筋混凝土桥
~ à béton armé précontraint 预应力钢筋混凝土桥
~ à béton en tube 钢管混凝土桥
~ à biais 斜交桥

~ à bidôme 双曲拱桥
~ à bi-fonction 公铁两用桥
~ à câbles 索桥,悬索桥
~ à cadre 框架桥
~ à caissons 箱梁桥
~ à charpente 构架桥
~ à charpente portable 轻便构架桥,装配式构架桥
~ à charpente rigide 刚性构架桥
~ à charpente rigide en T T形刚构拆,T形刚梁桥
~ à consoles 悬臂桥
~ à contre-fiche 桁架桥
~ à courbure 弯桥
~ à dalle 板桥
~ à dalle orthotrope 正交异性板桥
~ à dalle pleine 板桥
~ à deux étages 双层桥,公路铁路两用桥
~ à deux moitiés basculantes 双开竖旋桥
~ à deux poutres 双梁桥
~ à deux travées 双孔桥,双跨桥
~ à double hauban 双面索斜拉桥
~ à double voie 复线桥,双线桥,双车道桥
~ à double voûte 双曲拱桥
~ à éléments interchangeables 构件组合桥
~ à faible portée 短跨桥
~ à flanc de colline 悬桥,吊桥,悬索桥
~ à fléau 杠杆式活动桥
~ à flèche 悬臂桥,伸臂桥
~ à grappin 抓斗吊桥
~ à haubans 斜拉桥,斜缆桥,斜张桥,斜索桥,拉索桥,缆索桥
~ à hausse 升降桥,直升式开合桥
~ à longerons 梁(式)桥,简支桥
~ à mouvement 轻便桥
~ à multiétages 多层桥
~ à péage 收税桥
~ à pente 坡桥
~ à peser les wagons 轨道衡
~ à plusieurs ouvertures 多跨桥
~ à plusieurs travées 多跨桥
~ à poutre à treillis 格构桁架桥
~ à poutre composée 联合梁桥
~ à poutre en cadres 框架结构梁桥

~ à poutre en treillis 格构桁架桥
~ à poutre mixte 组合桥梁
~ à poutre mixte précontrainte 预应力组合钢筋混凝土组合梁桥
~ à poutres multiples 多梁桥
~ à poutre(s) 梁(式)桥,(板)梁桥
~ à poutre-caisson avec dalle en acier 钢桥面板式箱形梁桥
~ à poutrelles enrobées 外包混凝土的钢梁桥
~ à poutrelles métalliques enrobées 切焊蜂窝状截面钢梁桥
~ à poutres consoles 梁桥,桁梁桥
~ à poutres continues 连续梁桥,连续桁架桥
~ à poutres en bois 木梁(式)桥
~ à poutres en fonte 铸铁梁桥
~ à poutres en tôles 板梁桥
~ à poutres et à dalles 组合板梁桥
~ à poutres multiples 多梁桥
~ à poutres pleines 板梁桥
~ à poutres préfabriquées 预制梁桥
~ à poutres simples 简支梁桥
~ à poutres tubulaires 管梁桥
~ à section triangulaire 三角孔桁梁桥
~ à structure combinée 组合结构桥
~ à suspente 吊桥
~ à tablier abaissé 下承桥
~ à tablier comportant des âmes multiples 多腹板桥
~ à tablier dalle 板桥
~ à tablier inférieur 下承桥
~ à tablier intermédiaire 中承桥
~ à tablier rotatif 旋转桥
~ à tablier supérieur 上承(式)桥
~ à tablier double 双层桥,公路铁路两用桥
~ à tabliers rotatifs 旋转桥
~ à travée basculante 竖旋桥
~ à travées multiples 多跨桥
~ à treillis 桁架桥,格构桥,格构桁架桥
~ à treillis en acier 钢桁架桥
~ à trois membrures 三弦桥,三角孔桁架桥
~ à un seul hauban 单面索斜拉桥
~ à une seule ouverture 单跨桥
~ à une travée 单跨桥
~ à une voie 单线桥

pont

~ à voie inférieure   下承桥
~ à voie intermédiaire   半下承桥,半穿式桥,中承(式)桥
~ à voie supérieure   上承桥
~ à voie unique   单车道桥
~ à voies superposées   双层桥,公路铁路两用桥
~ à voussoirs préfabriqués   预制楔体桥
~ à voûte   拱桥
~ à voûte attachée   系杆拱桥
~ à voûte avec trois charnières   三铰拱桥
~ à voûte avec une seule charnière   单铰拱桥
~ à voûte de l'âme évidée   空腹拱桥
~ à voûte de l'âme pleine   实腹拱桥
~ à voûte en pierre   石拱桥
~ à voûte mince   薄壳拱桥
~ à voûte nervurée   肋拱桥
~ à voûte sans charnière   无铰拱桥
~ amovible   轻便桥
~ arqué   拱桥
~ arrière (véhicule automobile)   后桥(汽车)
~ au-dessus d'un ruisseau   跨溪桥,小河桥
~ au-dessus d'une rivière   跨河桥
~ au-dessus des terrains d'inondation   洪水桥
~ autoroutier   高速公路桥
~ auxiliaire   便桥,辅助桥
~ avec couche de pierraille   土桥
~ avec platelage   板桥
~ avec poutres en arc   拱形梁桥
~ basculant   竖旋桥,开合活动桥,竖旋活动桥,摆臂活动桥
~ basculant à arc de roulement   滚转吊桥
~ basculant à un seul battant   单臂竖旋桥
~ bascule routier   汽车地磅
~ biais   斜桥
~ bowstring   弓弦式桥
~ cadre   刚架桥
~ canal   渠道桥,运河桥
~ cantilever   悬臂桥,伸臂桥
~ chargeur   桥式装斜机
~ combiné   组合结构桥,铁路公路两用桥
~ combiné rail-route   铁路—公路两用桥
~ commandé   控桥
~ complet   全控桥
~ continu   连续梁桥,连续甲板

~ coupé   局部甲板,平台式甲板
~ courbe   弯桥,曲线桥
~ d'accès   便桥,交通桥
~ d'accommodation   专用桥梁,特设桥梁
~ d'assaut   轻便桥
~ d'évacuation des déblais et de remblaiement   挖填土用起重机
~ d'infrastructure fixe   固定式下部结构桥梁
~ de bateaux   舟桥,浮桥
~ de bateaux tournants   浮旋桥,开合浮桥
~ de chargement   装车跳板,装车货场
~ de chemin de fer   铁路桥
~ de chevalets   栈桥,高架桥
~ de dalle   板桥
~ de dalle creuse   中空板桥
~ de dalle évidée   中空板桥
~ de dalles à voûte   板拱桥
~ de descente   后沿
~ de faille   断层节
~ de fer-chemin   铁路桥
~ de fortune   便桥
~ de grue   龙门吊,起重机桥架
~ de la classe première   一等桥
~ de la classe secondaire   二等桥
~ de liaison hydraulique   液压搭板
~ de maçonnerie   圬工桥
~ de manœuvre   专用桥
~ de passage   通过台踏板
~ de petite portée   小跨径桥
~ de pierre   石拱
~ de pilotis   桩式桥
~ de poutre en T   T形梁桥
~ de poutres   梁式桥
~ de poutres à voûte   桁架拱桥
~ de poutres combinées   组合梁桥
~ de poutres en encorbellement   悬臂梁桥
~ de poutres en T métalliques   T形钢构桥
~ de radeaux   筏桥
~ de rive   跨河桥
~ de route   公路桥
~ de serrage   压紧横杆
~ de service   工作桥,环形吊,工作便桥,工作走道
~ de structure rigide   刚架桥
~ de structure rigide à piles obliques   斜腿刚构桥

~ de suspension 吊桥,悬索桥
~ de tête 桥塔,桥头堡
~ de transbordeur 装车跳板
~ de type particulier 异型桥梁
~ de voûte 拱式桥
~ de voûte à la charge inférieure 下承式桥
~ de voûte à la charge intermédiaire 中承式桥
~ de voûte à la charge supérieure 上承式桥
~ décomposable 轻便活动桥
~ démontable 轻便桥,可拆装桥
~ dormant 涵洞,沟渠上的小桥
~ double 双臂式开合桥
~ droit 直桥,直线桥
~ élancé 流线型桥
~ élévateur 吊桥,升降桥
~ en acier 钢桥
~ en arc 拱桥
~ en arc à anneaux 肋拱桥
~ en arc à caisson 箱形拱桥
~ en arc à chaînette 悬链线拱桥
~ en arc à charnière 有铰拱桥
~ en arc à dalle 板拱桥
~ en arc à double articulation 双铰拱桥
~ en arc à paroi pleine 实腹拱桥
~ en arc à tirant 系杆式拱桥,拉杆式拱桥
~ en arc à treillis 桁架拱桥
~ en arc à triple articulation 三铰拱桥
~ en arc avec appuis fixes 固定拱桥
~ en arc avec porte-à-faux 悬臂式拱桥
~ en arc avec tablier supérieur 桁架拱桥,腹部支撑拱桥
~ en arc cantilever 拱式悬臂桥
~ en arc circulaire 圆弧拱桥
~ en arc en acier 钢拱桥
~ en arc en béton armé 钢筋混凝土拱桥
~ en arc en bois 木拱桥
~ en arc évidé 空腹拱桥
~ en arc sans articulation 无铰拱桥
~ en arc voûté en deux sens 双曲拱桥
~ en arches multiples 连拱桥
~ en arcs métalliques 钢拱桥
~ en béton 混凝土桥
~ en béton armé 钢筋混凝土桥
~ en béton constitué d'éléments préfabriqués 混凝土预制构件桥
~ en béton d'agrégats légers 轻粒料混凝土桥
~ en béton léger 轻质混凝土桥
~ en béton précontraint 预应力混凝土桥
~ en bois 木桥
~ en bois pour piétons 行人木桥
~ en caisson 箱形梁桥
~ en caisson à voûte 箱形拱桥
~ en chaînes 吊桥,铁链桥,铁索桥,链式悬桥
~ en courbe 弯桥
~ en dalle 板桥
~ en dalle de béton 混凝土板桥
~ en danger 危桥
~ en encorbellement 伸臂桥,悬臂桥
~ en fer 铁桥
~ en maçonnerie 石桥,圬工桥
~ en pierre 石桥
~ en porte-à-faux 悬臂梁桥
~ en poutres précontraintes préfabriquées à fils adhérents 预制钢筋预应力梁桥
~ en rivière 洪水桥
~ en roche 岩桥,坚固基础的桥
~ en treillis 格构桥,桁梁桥
~ en treillis avec membre supérieure parabolique 弓弦式桥
~ en treillis continu 连续桁架桥
~ en treillis simple 简单桁架桥
~ en tube 圆管桥,管桁架桥,圆管桁架桥
~ ferroviaire 铁路桥
~ fixe 固定桥
~ flottant 浮桥
~ franchissant la rivière 跨河桥
~ glissant 滑动桥
~ grand 大桥
~ haubané 斜拉桥
~ haubané en béton 混凝土斜拉桥
~ haubané métallique 钢斜拉桥
~ hyperstatique en béton précontraint 超静定预应力混凝土桥
~ immobile 固定桥
~ incliné 坡桥,有纵坡的桥
~ international 国际桥梁,国际大桥
~ lancé au-dessus de terrains d'inondation 洪水桥

~ levant 升降活动桥,开合活动桥,竖旋活动桥
~ métallique 钢桥
~ métallique à voûte 刚架拱桥
~ métallique soudé 焊接钢桥
~ mixte acier-béton 钢—混凝土混合桥
~ mixte rail-route 铁路公路两用桥
~ mobile 活动桥,开启桥
~ moderne 现代化桥梁
~ monolithique 整体式桥
~ moteur 天车,自行式桥式吊车
~ moyen 中桥
~ naturel 天生桥,岩溶桥
~ oblique 斜桥
~ orthogonal 正交桥
~ ouvert 敞式桥,空式桥
~ ouvrant 开启桥,活动桥
~ par chevalet 栈桥,排架桥
~ permanent 永久式桥
~ pipe-ligne 管道桥
~ pipe-line 管道桥
~ pivotant （平）旋桥,平转桥
~ pliant 开合桥
~ polaire 环形吊
~ portable 轻便桥
~ portique 龙门吊
~ pour canalisation 管线桥,管道桥
~ pour piétons 人行桥
~ poussé 顶推桥
~ précontraint 预应力桥
~ préfabriqué 装配式桥,预制构件桥
~ préfabriqué d'acier 装配式钢桥
~ principal 主桥
~ provisoire 便桥,临用桥
~ renforcé 加劲桥
~ riveté 铆接桥
~ roulant 天(行)车,龙门吊车,桥式吊车,桥式起重机,高架起重机,移动式起重机
~ roulant à commande électrique 电动桥式起重机
~ roulant de montage 门式拼装吊机
~ roulant du batardeau 检修闸门的高架移动式启闭机
~ roulant électrique 电动天车,电动桥式起重机

~ roulant monopoutre 梁式吊机,单梁桥式起重机
~ roulant pour wagons 移车台
~ routier 公路桥,高架公路
~ semi-commandé asymétrique 非对称半控桥
~ semi-commandé symétrique 对称半控桥
~ semi-permanent 半永久性桥梁
~ semi-suspendu 支承梁桥
~ simple 简单桥,简易桥,简支梁桥
~ soudé 焊接桥
~ soudé complètement 全焊接桥
~ sous rails 铁路桥
~ submersible 漫水桥
~ sur chevalets 栈桥,排架桥
~ sur contrefiches 桁架桥
~ sur déversoir 溢洪道桥
~ sur les berges inondables 洪水桥
~ sur pilotis 桩式桥,排架桥
~ sur plaques 板桥
~ suspendu 悬桥,吊桥,吊车,悬索桥
~ suspendu à câbles 悬索桥,缆索吊桥
~ suspendu à câbles avec poutres de renforcement 加劲悬索桥
~ suspendu à chaînes 链索桥
~ suspendu à chaînes avec poutre de renforcement 加劲链索桥,加劲悬索桥
~ suspendu à cordages 悬索桥,缆式悬桥
~ suspendu à filins d'acier 悬索桥,缆式悬桥,钢索吊桥
~ suspendu à haubans 斜拉桥,斜缆桥,斜张桥,斜索桥,拉索桥
~ suspendu ancré 锚定式悬桥
~ suspendu avec des chaînes droites 直链吊桥,直链悬索桥
~ suspendu avec poutres de raidissement 加劲悬桥
~ suspendu avec poutres en ventre de poisson 鱼腹式大梁吊桥
~ suspendu avec tension horizontale annulée 自锚定悬桥
~ suspendu en treillis 格构式吊桥,格构式悬索桥
~ suspendu non renforcé 无加劲式吊桥
~ suspendu non rigide 未加劲悬索桥

~ suspendu renforcé 加劲式吊桥，加劲链索桥
~ temporaire 便桥，临时桥
~ tournant 转盘，旋桥，平旋桥，旋开桥，环形吊，桥梁标志牌（距桥前1800m～2000m，夜间内部灯光照明）
~ tournant à bras égaux 对称双臂平旋桥
~ tournant à bras inégaux 不对称单臂平旋桥
~ tournant à pivot hydraulique 水力传动的平旋桥
~ tournant à trois points d'appui 三支点式转车盘
~ tournant à un bras 单臂平旋桥
~ tournant à volées inégales 不对称平旋桥，不对称平转桥
~ tournant double 双翼平旋桥
~ viaduc 高架桥
~ volant 便桥
~ voûté 拱桥
pontage m 架桥，桥接，跨接，搭接，架临时桥梁
pont-aqueduc m 渡槽，高架水槽
pont-bascule m 轨道衡，车辆计重器
pont-biais m 斜桥
pont-cadre m 框架桥，刚架桥
pont-canal m 运河桥
~ au-dessus d'une rivière 运河桥
pont-console m 悬臂拱桥
pont-dalle m 板桥
~ biais 斜桥
~ en béton armé 钢筋混凝土板桥
~ en béton précontraint 预应力混凝土板桥
pont-flottant m 浮桥
pont-grue m 桥式起重机，龙门式起重机
pontier-grutier m 起重机工人，吊车司机
pont-levis m 吊桥，升开桥，升降桥
~ à balancier 杠杆式活动桥
~ double 双翼开合桥
~ fléau 杠杆式活动桥
pont-moteur m 桥式电机
ponton m 浮箱，浮桥，沉箱，起重机船
~ d'accostage 浮码头，（上下渡船的）浮桥
pontonage m 渡税，过桥税
ponton-bigue m 起重船
ponton-grue m 浮吊，起重船，水上起重机
pontonnier m 桥梁工，桥梁看守工

pont-portique m 门架吊机，龙门吊车，高架起重机
pont-poutres m 梁式桥
pont-rail m 铁路桥
~ soudé 焊接铁路桥
pont-roulant m 桥式吊车，高架超重机
pont-route m 公路桥
~ à simple voie de roulement 单车道公路桥
~ à tablier monolithique 整体式梁公路桥
~ soudé 焊接式公路桥
pont-ruban m 条板桥
~ précontraint 预应力条板桥
ponzaïte [ponzite] f 霓辉粗面岩
poonahlite f 中沸岩
populeux, euse a 人口稠密的
populus-alba 垂柳树
porcelaine f 瓷，瓷器
porche m 门[走、游]廊，门口
porder m 围堤泽地
pore m 孔，孔隙，毛孔，细孔，气孔，管孔，孔隙率，砂眼（铸件）
~ aréolaire 网隙
~ buccal 口孔，颊孔
~ de la roche 岩石孔隙
~ fin 小孔隙
~ gros 大孔隙
~ grossier 大孔隙
~ microlitique 微晶孔隙
~ peu développé 孔隙不发育
poreux, euse a 多孔的，有孔的，多隙的，海绵状的
porion m 监工，工头，检查员，检验员，监工员
porodine f 胶状岩，非晶质岩
porodite f 辉绿凝灰岩，变质火山碎屑岩类
porogène m 膨胀剂，泡沫剂
porométrie f 气孔测定法
porophore m 发泡剂
porosimètre m 孔率计，孔隙计，孔度计，测孔隙计，孔隙率仪
porosimétrie f 孔率测定法，孔性测定法
porosité f 疏松，多孔性，孔隙性，孔隙度，气孔率，孔隙率，疏松度
~ absolue 绝对孔隙率
~ active 有效孔隙度，有效孔隙率
~ aérée （土壤的）通气孔隙度

~ apparente 视孔隙率,表观孔隙率
~ capillaire 毛管孔隙度
~ caverneuse 洞穴状孔隙
~ cellulaire 蜂窝状孔隙
~ close 隐孔隙率,内部孔隙率,闭型孔隙率
~ critique 临界孔隙率
~ d'air 空气孔隙率,空气孔隙度
~ d'interstice primaire 原生孔隙
~ de drainage 给水度,排水孔隙率
~ de gaz 气孔率
~ des grains 颗粒孔隙
~ du béton 混凝土孔隙度
~ du sol 土壤孔隙率
~ dynamique 动态孔隙率,有效孔隙率
~ effective 有效孔隙率
~ fermée 封闭孔隙,隐孔隙率
~ fine 微孔隙度
~ fissurée,~ de fracture 裂隙孔隙度
~ intergranulaire d'interstices 粒间孔隙度
~ libre 实用孔隙,有效孔隙,开放孔隙度
~ matricielle 粒间孔隙度
~ non capillaire 非毛细孔隙度
~ numéro x x号孔隙率
~ originelle 原始孔隙度,原生孔隙度
~ ouverte 表现孔隙率,开型孔隙率
~ relative 相对孔隙率,表现孔隙率
~ résiduelle 闭型孔隙率
~ secondaire 次生孔隙
~ superficielle effective 有效表面孔隙率
~ totale 总孔隙率
~ ultrafine 超微孔隙度
~ utile 有效孔隙率
~ visuelle 目视孔隙度

porphyre *m* 斑岩
~ aphanitique 隐晶斑岩
~ bleu de l'Estérel (= esterellite) 英闪玢岩,英微闪长岩
~ cératophyrique 角斑岩
~ corné 角闪斑岩
~ feldspathique 长石斑岩,无英斑岩
~ granitique 花岗斑岩
~ pétrosileux 霏细斑岩
~ quartzeux 石英斑岩
~ quartzifère 石英斑岩
~ rhombique 菱长斑岩

porphyre-hornblende *m* 角闪斑岩
porphyre-mica *m* 云母斑岩
porphyrique *a* 斑岩的,斑岩状的
porphyrite *f* 玢岩
~ andésitique 安山玢岩
~ diabasique 辉绿玢岩

porphyritoïdes *m.pl* 玢岩类
porphyroïde *a* 似斑岩的,斑岩状的,残斑状的
porphyroïdes *m.pl* 残斑岩,斑状变质岩
port *m* 港,港口,码头,口岸,运费,邮资,邮费
~ antérieur 预付运费
~ au-delà 额外运输里程的费用
~ au-delà payé au départ 货物发送时交付运送契约以外区段的运费
~ d'amarrage 泊位,(停放)车辆的车位
~ dû 运费到付,运费未付,邮资未付
en ~ dû 运费到付
~ payé 运费已付,邮资已付

portabilité *f* 轻便性,可移植性,可携带性,可引用性(水的)
portable *a* 手提(式)的,移动(式)的,轻便(型)的,可携带[搬运、移动]的;*m* 手机
GPS ~ 手持GPS

portage *m* 驮,搬运,运输,背负,水陆联运
portail *m* (大建筑物的)大[正]门,入口,洞口,桥门,拱洞,隧道门
~ à mur de soutènement 墙式门
~ du tunnel 隧洞入口,隧道洞门
~ en biseau 竹削式门
~ en mur 端墙式门

portance *f* 升力,浮力,承压,承(载)量,承重能力,承载能力
~ admissible 容许承载力
~ axiale 轴心受拉
~ d'un sol 土壤承载能力
~ de la chaussée 路面承载能力
~ de la forme 路基承载能力
~ de la plate-forme 土基承载能力,路基承载能力
~ de la route 公路承载能力
~ de référence 设计承载力
~ des couches de chaussées 路面层的承载能力
~ des textiles 编织品的承载能力
~ du pieu 桩的承载能力

~ du support de chaussée 路面承载能力
~ dynamique 动升力,上升动力
~ en état limite ultime 承载力极限状态
~ initiale 初始承载能力
~ insuffisante 不足承载能力,承载能力不够
~ limite 极限承载力

portant *m* 支柱,支杆,把手；*a* 承重的,受力的
~ d'aimant 磁石的衔铁
~ mobile 活动支座,活动手把

portatif, ive *a* 轻便的,手提式的,便于携带的

porte *f* 门,口,孔,峡谷,入口,闸门,峡路,隧道,进料口,门电路,选通脉冲,闸门脉冲
~ à deux vantaux en acier inox 不锈钢双开门
~ à claire-voie 栅门,板条门
~ à grille articulée 卷帘栅门
~ à jalousie 软百叶[卷帘]门
~ à lattes 板条门
~ à persienne 百叶门
~ à porte 接取送达业务,由户到户运送
~ amont 进水闸门,渠首闸门
~ arquée 拱门
~ arrière 后门
~ articulée (voitures) 客车关节式门,客车折叠式门
~ avant 前门
~ avec rail 有轨道的门
~ bâtarde 侧门
~ battante 弹簧绞门,向内外均能打开的门,自动锁闭式双重门(隔音用)
~ bipolaire 双极门
~ blindée 保险[装甲]门
~ bloquante 封闭脉冲,截止脉冲
~ busquée 人字式闸门
~ calorifugée 保温门
~ coïncidence 重合脉冲
~ coulissante fermant par encastrement 自锁式滑门
~ coulissante 滑动门
~ coupe-feu 防火门
~ coupe-feu à l'intertube pour piétons 人行通道防火门
~ coupe-feu à l'intertube pour véhicules 车行通道防火门
~ culbutante (回)转门

~ d'accès 便门
~ d'accès de voitures 客车车门
~ d'aérage 通气门,通风口
~ d'air 通气门
~ d'anti-explosion 防爆门
~ d'entrée 大门,进口,入口
~ de boîte à fumée 烟箱门
~ de bout 端门
~ de clôture 大院门,围墙大门
~ de coïncidence 重合脉冲
~ de communication 出入口
~ de flot 外闸门,涨潮闸门
~ de garage 车库门
~ de péage (收费道路通行费)收款处
~ de triage à fonctionnement automatique 自动化编组门
~ de visite 观察口,检查口,窥视孔
~ de visite au défilé (wagon) 货车检查口(运行中查货的)
~ de visite de bloc radiateur 散热器检查孔
~ démontable 可拆卸的门
~ double 双重门
~ en acier inox pour niche de sécurité 不锈钢安全洞室门
~ en bout de wagon 货车端门
~ en planches 板门
~ en voies 板条门
~ en voliges 板条门
~ encastrée 嵌式门
~ étanche 密闭门,防水门
~ extérieure 外屋门,房屋大门
~ extérieure latérale à vitre fixe 带固定玻璃窗向外开的侧门
~ fenêtre 落地窗
~ glissante 拉门,滑动门
~ grillagée 铁丝网门
~ intérieure insonorisée 内部隔音门
~ latérale 侧门
~ levante 栏木,提升式闸门
~ matelassée 镶皮隔音门,覆有软垫的门
~ métallique 金属[铁]门
~ métallique coulissante 推动[滑动]铁门
~ montée en soufflet 折叠式门
~ palière 电梯门,开向平台的门

~ plane　平门
~ pliante　折叠(车)门
~ pneumatique　气动门
~ principale　大门
~ repliable　折叠门
~ réservée à la montée des voyageurs　旅客上车车门
~ réservée à la descente des voyageurs　旅客下车车门
~ résistante au feu　防火门
~ retombante　活板门,通气门
~ tournante　转门
~ unipolaire　单极门
~ va-et-vient　弹簧[自关]门
~ verrouillable　联锁门
~ vitrée　玻璃门

porte-à-faux m　悬臂,悬伸,悬臂梁,突伸,悬伸[突出]物,悬臂头,悬臂突出部分

porte-bande m　走带机构

porte-câble m　缆索夹

porte-carte(s) m　图板,图夹,证件套,绘图板

porte-cavité f　空腹谐振器座

porte-char m　半挂,平板拖车,运输施工机械的大型拖车

porte-contre-bouterolle m　铆顶棍

porte-disque m　图盘托架

porte-douille m　衬套架

portée f　跨度,跨幅,距离,范围,承座,轴颈,荷载,意义,影响,滑距,变程,保护区,支承面,接触面,传输距离,作用距离,作用范围

　à courte ~　近程,短跨(度),短距离
　à la ~ de　在……所能达到的距离内,在……力所能及的范围内
　à longue ~　远程,长跨(度),长距离
~ auxiliaire (ligne de contact)　辅助承力锁(接触导线)
~ d'ancrage　锚跨
~ d'appareil　仪器作用距离
~ d'arc　拱跨
~ d'éclissage　鱼尾板面
~ d'émission　发射距离
~ d'injection　喷射距离
~ d'un cours d'eau　河流流量,河流流水距离
~ d'une balance　平衡跨
~ d'une poutre　梁跨
~ de calage　轮座
~ de détection　探测距离
~ de joint　支承面
~ de l'obturateur　防尘板座(车轴)
~ de la main　人工操纵可达范围,人工操纵传输范围
~ de la poutre　梁跨
~ de la voûte　拱跨
~ de palier　轴承座,轴承支承面
~ de pont　桥跨
~ de poutre　梁跨
~ de roulement　滚珠轴承座
~ de voûte　拱跨,支墩净间距
~ de vue　能见度,能见距离
~ diurne　昼间作用距离
~ double　双跨
~ du palier guide　导轴承支撑面
~ économique　经济跨度
~ efficace　有效作用距离
~ en norme　标准跨径
~ femelle　凹面
hors de ~　在作用距离以外
~ libre　净[自由]跨度
~ libre entre appuis　有效跨度,计算跨径
~ limite　限制跨度
~ multiple　多跨
~ nette　净跨
~ nocturne　夜间作用范围
~ oblique　倾斜距离
~ optique　视程,直视距离,视线距离
~ principale　主跨
~ principale (ligne de contact)　主要承力索(接触导线)
~ théorique　理论跨度,计算跨度
~ transversale　横向承重索
~ utile　有效跨度

porte-échantillon m　样品托
porte-électrode m　电焊钳
porte-étiquettes m　标签架
porte-filières m　板牙架,螺丝板
porte-film m　底片匣,软片匣
porte-foret m　钻,钻头卡,钻杆卡头
~ à main　手摇钻

porte-fraise *m* 铣刀杆
porte-fusible *m* 熔断丝插座，保险丝盒
porte-galet *m* 滚轮套座
porte-glissière *m* 滑门滑轨托架
porte-injecteur *m* 喷油器
porte-isolateur *m* 绝缘子插钉，绝缘子托架
porte-mire *m* 标尺员，司尺员，立尺员，标杆员
porte-monture *m* 插座
porte-objectif *m* 物镜框，镜头框
porte-objet *m* 载玻片
porte-outil *m* 夹具，刀具架，工具架
porter *v* 承担，负担，承受，手持，支撑，支持，带有，具有，运送，运输，运载，携带，给予，带来，产生，穿带，保持
~ sur 压在，落在，建立在……上，关于
porte-roue *m* 备胎架，轮架
porte-sabot *m* 闸瓦托
porte-scie *m* 锯架
~ à découper 钢丝锯架
porte-semelle *m* 闸瓦托
~ de sabot de frein 闸瓦托
porte-signal *m* 信号托架
porte-taillant *m* 刀夹，刀杆
porte-tas *m* 铆顶棍
porteur *m* 载体，承载体，运输机，装载机，装卸工
porteur-monorail *m* 单轨，单轨起重机
porteuse *f* 载频，载波，载体
~ son 音频载波
~ vidéo 图像载波，视频载波，图像信号载波
porte-valet *m* 钻杆，钻管
porte-véhicule *m* 车辆运载图
porte-vent *m* 风管，鼓风管
portillon *m* 小门，侧门，检票口栅门
~ de passage à niveau 平交道口栅门
portion *f* 段，部分，定量，限量
~ utile de ligne 有效线段
portique *m* 框架，高架，龙门，横梁，回廊，柱廊，龙门吊，龙门架，桥门架，门式框架结构，桥式起重机，龙门起重机，高架起重机，横担（电杆上的），（移动）桥式（龙门、高架）吊［起重］机
~ à benne 吊斗起重机
~ à benne preneuse 抓斗式起重机
~ à cantilever 悬臂式起重机
~ à crochet 吊钩起重机
~ à deux articulations 双铰构架
~ à étage 多层构［框］架
~ à signaux 信号桥
~ à travées multiples 多跨构架
~ à trois articulations 三铰钢架
~ continu 排架，多跨连续框架
~ d'entrée 桥门架
~ dans le bâtiment 房屋构架，建筑框架
~ de chargement de navires 桥式吊装机
~ de fer profilé 硬横跨
~ de manœuvre (à treuil mobile) 门式起重机
~ de manutention 装卸桥，龙门起重机
~ de protection 限界门架
~ de signalisation 架空式交通标志，高架交通标志
~ de stockage 装卸桥，龙门起重机
~ en béton précontraint 预应力混凝土框架
~ étagé 吊塔，多层构架，多层框架
~ extérieur 龙门起重机
~ hyperstatique 超静定构架
~ mobile 移动门式起重机
~ multiple 多跨框架
~ rectangulaire 矩形框架
~ roulant 龙门起重机，移动式起重机
~ sans étagé 单层构架，单层框架
~ se déchargement de navires 卸船机，桥式装卸机
~ souple 弹性软横跨，软性构架
~ terminal du pont 桥门架
portite *f* 假晶石
portland *m* 波特兰水泥，普通水泥，硅酸盐水泥
portlandite *f* 羟钙石
port-lanterne *m* 灯插，灯座
~ de queue 尾灯架，尾灯托
portor *m* 黑金大理石
posage *m* 装置，装备，铺设
posé *a* 安置的，稳重的，不颤动的
~ sur appuis simples 简支的
pose *f* 安放，砌筑，铺设，装置，装备，安设，衬垫
~ à chaud 热铺（沥青混合料等）
~ à froid 冷铺
~ à main 人工铺砌
~ de câble 敷设电缆
~ de canalisation 铺设管道

~ de la première pierre 铺设基石
~ de la superstructure 铺设线路上部建筑
~ de la voie 铺轨
~ de points de repère 点(路面)标
~ de revêtement 路面铺装
~ de tuyaux 铺设管路
~ de voie 铺轨
~ des aciers 铺设钢筋
~ des briques 砌砖
~ des enduits 粉刷，抹灰工作
~ des fers 铺放(混凝土)钢筋
~ des fourreaux 套管安装
~ des mottes de gazon 铺草皮
~ des pavés 铺路，路面铺砌
~ des signaux 信号装置
~ des traverses 铺设轨枕
~ des tuyaux 管路铺设
~ du béton 浇注混凝土
~ du liant 结合料铺撒
~ en diagonale 斜铺(法)
~ en plan rectangulaire 平铺法
~ mécanique 机械铺设
~ sur pilotis 架空

posemètre *m* 曝光表，曝光计，照射量计

posepnyite *f* 高氧树脂

poser *v* 放，置，摆，安放，敷设，安置，架设，装置，安装，建立，确立，假设，提出
~ un câble 敷设电缆
~ le transmissions 放线
~ sur pilotis 架空

pose-tubes *m* 敷管机，管道敷设机

poseur, euse *n* 安装者，铺设工，摊铺机，铺筑工人，架设工人，装置工人，铺设装置；*a* 铺设的，架设的，装置的
~ d'enduits préformés 预制表面处治层摊铺机
~ de canalisations 管道安装工
~ de conduites 管道工
~ de la voie 铺轨工，线路工
~ de rail 线路工
~ de tuyaux 管道安装工

positif, ive *a* 真的，正的，阳的，确实的，实验的，肯定的，积极的

position *f* 地点，位置，方位，地位，处境，状况，配置，分布，状态，层位

~ 《A》à clefs 电键发送"甲座位席"(电话)
~ à coup de remplissage 一次缓解充气位
~ basse 低位
~ commande en secours 救援操纵位
~ critique 临界状态，临界位置
~ d'à coup 一次缓解位
~ d'arrêt (signal) 停车显示(信号)
~ d'attente 等待位，备用位
~ d'avertissement (signal) 注意显示(信号)
~ d'échappement 排泄位，排气位
~ d'équilibre 平衡位置，平衡状态
~ d'équilibre stable 稳定平衡位置
~ d'isolement (frein) 空位，隔离位置(制动机)
~ d'un signal 信号形状，信号显示，信号位置
~ de déchargement 卸货地点
~ de départ 原始位
~ de fermeture 停车位置
~ de fonctionnement 工作状态
~ de forage 钻孔位置
~ de frein rapide 快速制动位置
~ de freinage 缓行器制动位置
~ de la soudure 焊接位置
~ de la voie 轨道位置
~ de marche (robinet du mécanicien) 运行位(司机阀)
~ de mise en circuit 接通位
~ de mise hors-circuit 断开位
~ de montage 安装位置，装配位置
~ de réception 接受位，接受座席(电话)
~ de remplissage (frein) 充气状态(制动机)
~ de repos 定位，断电状态，静止位置，未扳动位置
~ de serrage d'urgence (robinet du mécanicien) 紧急制动位(司机阀)
~ de serrage gradué (robinet du mécanicien) 阶段制动位(司机)
~ de serrage rapide 紧急制动位
~ de soudage 焊接位置
~ de trafic 通话座席(电话)
~ de transition 过渡位
~ de travail 工作位置，接通位置
~ de vitesse nulle 零速位置
~ de voie libre 前进显示，前进位置，路线开通位置

~ de zéro 零位
~ déplacement 运送地点
~ des ouvrages d'art 人工结构物的位置
~ des sondes 钻探位置
~ des tubes sur diesel 柴油机上各管道位置
~ desserrage gradué 阶段缓解位
~ du point mort 死点位置
~ du robinet du mécanicien 司机阀位置
en ~ normale de service 在正常工作位置
être en ~ de 能够
~ fausse 不平衡状态
~ fonctionnement du dispositif de sécurité 安全装置的作用位,安全装置的制动位
~ géodésique 经纬度,大地位置
~ géographique 地理位置
~ géologique 地质位置,地层层位
~ géotectonique 大地构造位置
~ horizontale 水平位置
~ inverse des couches 岩层倒置层位
~ isolement-changement de cabine 切断位—变换操纵行车的司机室
~ limite 极限位置
~ N(normale) 定位,标准位置,正常位置,工作状态
~ neutre des aiguilles 保压位,中立位,中间位置(司机阀)
~ normale des couches 岩层正常层位
~ normale des signaux 信号机正常位置
~ optimale 最佳位置
~ originale 原始位置
~ passage du signaux 信号在进行位置
~ pour charger la conduite 全缓解位置,总风管充气位置
~ pour serrage du frein 制动位
~ pour serrage ordinaire du frein 常用制动位
~ R(renversée) 反位,反向位,转换位
~ ralentissement 慢行位置
~ relative 相对位置
~ relevée à 45° 信号臂板在45°位置
~ serrage en neutre 制动机的中立位置
~ stabilisation d'après serrage ou des serrages 制动或缓解后的保压位
~ stabilisation de serrage en neutre 在中立状态下的制动保压位

~ stop 停止位
~ surcharge 过充位
~ verticale 垂直位置
positionnement *m* 定位,装定,找平,校直,布置,安置,位置控制,确定位置
~ automatique 自动定位
~ dynamique 动力定位
positionner *v* 定位,安置,安顿,安排,找平,校直,布置
~ longitudinalement 纵向定位
positionneur *m* 定位器,定位仪,位置调整器
posséder *v* 具有,备有,占有,支配,附着
possession *f* 拥有,具有,占有;财产,领地,占有物,所有物;支配,控制
~ du sol 土地保有,拥有土地,占有土地
possibilité *f* 可能,机会,能力,机会,可能性
~ d'affouillement 冲刷可能性,冲毁可能性
~ d'arrêt 停车可能性
~ de drainage 排水可能性
~ de malaxage 拌和可能性
~ de stationnement 停车可能性
~ de surcharge(électricité) 超载的可能性(电)
possible *a* 可能的,可允许的
le plus ~ 尽可能……地
post- (前缀)后,继,次
postcombustion *f* 燃尽,完全燃尽,加力燃烧,加力燃烧室
post-compactage *m* 后压实
postcontraint,e *a* 后加应力的
postcontrainte *f* 后加应力(预应力混凝土),后张法,后加拉力
postdépositionnel *a* 沉积期后的,沉积作用后的
poste *m* 所,站,台,局,室,装置,岗位,位置,设备,职位,轮换,换班,工作班,接收机,发射机,信号楼,线路所,遥控楼,广播电台;*f* 邮政,邮车,邮局,邮政部门
~ à air libre 室外变电站,露天变电站
~ à alimentation 供电站
~ à batterie locale 磁石式电话机,局部供电式电话交换所
~ à manœuvre dynamique 电力站,供电站
~ à mi-temps 半天工作
~ à plein temps 全天工作
~ abaisseur 降压变电站

poste

~ amovible 可移动的变电站
~ automatique de contrôle de vitesse 速度自动控制室
~ central 中心控制,控制室,中心站,调度所,信号楼,总站
~ central d'enregistrement 中央记录站,测量值记录中心
~ central de commande (énergie électrique) 主控制器,(电力的)中央配电站
~ central de commandement 总调度所
~ central de contrôle （无线电收发信号的）中心监视台,中央监视台
~ central de triage 调车场中央信号楼
~ central radio 无线电主台,无线电中心台
~ central répartiteur 负荷调度台
~ CERT 变电站,开关室
~ chef （无线电通信网）总局,总站,总台
~ commandé 分所,被控站,执行台,分信号楼,被控制点
~ continu 连续(沥青拌和)设备
~ d'abonné 用户电话机
~ d'accostage 停泊处,(干路)路侧停车处
~ d'affichage 显示台[装置]
~ d'aiguille 调度楼,信号楼,扳道房
~ d'alarme manuel avec indicateur 带警示器的手动报警站
~ d'appel d'urgence(P. A. U.) 紧急电话亭,紧急呼叫点
~ d'appel de secours 呼救站
~ d'appel téléphonique(public) 公用电话室
~ d'approvisionnement (en combustible liquide) 供应站(液体燃料)
~ d'assistance sanitaire 医疗站
~ d'attente 停泊处
~ d'aval 前方信号楼
~ d'eau 给水站,给水处,给水所
~ d'eau alimentaire 给水站,给水设备
~ d'écoute 监听台
~ d'émission 电台,发射台
~ d'enquêtes （交通量）调查站
~ d'enrobage 沥青混合料拌和厂
~ d'enrobage à chaud 热沥青混合料拌和站
~ d'entrée （收税道路）入口处
~ d'entretien (matériel remorqué) 车辆维修点
~ d'espacement 线路所,两站间的分界点
~ d'essence 加油站
~ d'évacuation d'énergie 配电站,变电所
~ d'exploitation 运营所,行车调度所
~ d'incendie 消火栓
~ d'incendie extérieur 室外消火栓
~ d'injection 喷射装置
~ d'interconnexion 连接站,配电站,变电所
~ d'opérateur 电话员的送受话机
~ d'opératrice (téléphonie) 电话接线员的送受话机
~ de bétonnage 浇灌混凝土设备
~ de cantonnement 分界点
~ de carburant 加油站
~ de centralisation d'appel d'urgence 紧急呼叫中心(操作)台
~ de chargement 装料站
~ de chargement souterrain 地下装料站
~ de commande 调度所,配电室,控制室,信号楼,操纵台,总信号楼,乘务派班室
~ de commande centralisée 集中控制点,集中信号楼
~ de commande des freins de voie 减速器控制楼,减速器信号楼
~ de commande régional 地区调度所
~ de compression (triage) 压缩机房(调车用)
~ de comptage （车辆）计数站
~ de comptage du trafic 统计运量室
~ de conduite 司机室,司机台,操纵台
~ de contrôle （车辆计数）控制室,值班室
~ de contrôle et de commande 调度室,行车指挥办公室
~ de contrôle-commande (PCC) 监控站,控制站(中心)
~ de dépannage 排除故障站
~ de détente 减压站
~ de distancement 线路所,两站间的分界点
~ de distribution haute tension 高压配电站
~ de fabrication d'émulsion 乳液生产站
~ de garde 门警,看守房,警卫室,闸门控制室
~ de gardiennage 警卫室
~ de gestion de tunnel 隧道管理站
~ de guet 观察点

~ de huit heures　八小时工作制
~ de jour　白天工作制
~ de lavage　冲洗设备
~ de livraison à HT　高压配电装置
~ de malaxage　拌和站
~ de malaxage en marche　移动式拌和站
~ de manœuvre　控制站,控制台,控制点,信号楼,操作台
~ de nuit　夜班,晚上工作制
~ de péage　收税站
~ de pesage　过秤站,过磅站
~ de premiers secours　急救站,救护站
~ de raccordement CERT　变电站,开关室
~ de radio　无线电收音机
~ de radio pour automobiles　汽车无线电设备
~ de ravitaillement (en essence)　加油站
~ de recensement　车辆计数站
~ de réchauffage　加热站
~ de réglage　操纵台
~ de régulation　行调室,行车调度室
~ de remplissage　加油站
~ de réseau　变电站,配电站
~ de secours　急救(报警)站,救护站,装有电报机的信号楼
~ de secours routier(PSR)　公路急救站
~ de service　操纵台
~ de sortie　(收税道路)出口
~ de soudage　焊机,焊接机,焊接站,焊接装置,焊接设备
~ de soudure　电焊机,焊接机(组)
~ de transformation　变电站,变电所,变压室
~ de travail　工作站
~ directeur　调度所,控制台
~ discontinu　分批拌和设备
~ distributeur de benzine　加油站
~ du machiniste　机车驾驶室,机车司机室
~ électrique extérieur　露天开关站
~ émetteur　发射台,发送器,发射机
~ s et télécommunications　邮电通信
~ fixe　固定设备
~ fixe d'enrobage　固定式沥青拌和设备
~ mobile d'enrobage　沥青混合料移动式拌和站
~ mobile de malaxage　移动式拌和站
~ opérateur　控制

~ opérateur DAI　事故自动检测操作台
~ pluviométrique　雨量站,雨量计
~ pour béton bitumineux　沥青混凝土拌和站
~ principal d'abonné　总机(电话),总站,主站
~ récepteur　接收机,电话耳机,无线电接收机
~ réglant la succession(des trains)　线路所(列车)
~ relais　中继站[台]
~ sans fumée　无尘沥青混合料拌和厂
~ sans poussière　无尘沥青混合料拌和厂
~ semi-fixe　半固定式拌和厂
~ supplémentaire d'abonné　分机(电话),分站
~ télégraphique　电报所
~ téléphonique　电话机,电话局,电话所
~ téléphonique de table　自动电话机,自动式话机
~ téléphonique manuel　手摇式电话机
~ téléphonique mural　墙式电话机
~ téléphonique portatif　轻便式电话机,携带式电话机
~ téléphonique public　公用电话站,公用电话隔音间
~ télex　电传机
~ terrestre　地面站(如雷达站)
~ toutes-ondes　全波段接收机
~ transmetteur　发射台,发报机
travail à deux ou trois ~　两班或三班工作制
~ urbain　城市变电站
~ vacant　空位,空穴,空格点
poster　*m* 招贴画,广告画;*v* 布置,设置,付邮
postérieur, e　*a* 以后的,其次的,后面的,后部的
posteriori(à)　*adv* 归纳地,经验地,由果溯因地
postériorité　*f* 后,在后(时间或位置)
postgéosynclinal　*a* 地槽期后的
postglaciaire　*m* 冰后期;*a* 冰期后的
posthume　*a* 后继的,继发的,复活的(褶皱)
post-sédimentaire　*a* 沉积期后的
post-tectonique　*a* 构造期后的
post-tension　*f* (预应力混凝土)后加应力,后张法,后张法预应力
post-traitement　*m* 后处理
postulat　*m* 公设,公理,假设
pot　*m* 壶,坛,瓶,罐,臼,容器,量杯,坩埚,油缸,壶穴,灰岩洞,直立穴
~ de condensation　冷凝[凝水]器

~ d'échappement　消音器，排出管
~ d'injection　喷射室，摄入室
~ de fusion　坩埚

potabilité *f*　（水的）可饮用性
potable *a*　可饮用的
potarite *f*　汞钯矿
potasse *f*　钾碱，草碱，碳酸钾，苛性钾
~ nitratée　钾硝石
potassium-autunite *f*　钾钙铀云母
potassium-chabazite *f*　钾菱沸石
potassium-cryolithe *f*　钾冰晶石
potassium-faujasite *f*　方氟硅钾石
potassium-heulandite *f*　钾片沸石
potassium-mélilite *f*　钾黄长石
poteau *m*　桩，柱，杆，立柱，标杆，路标，电线杆，信号牌，线路标
~ 《S》　司机鸣笛预告标
~ à âme évidée　空腹[镂空]柱
~ à contre-fiches　带斜撑的电报杆
~ à queue d'aronde　燕尾立柱
~ à treillis　缀条[花架]柱
~ accolé　壁柱
~ x accouplés　复合电杆
~ ajouré　镂空[花格]柱
~ avertisseur (de signal)　注意标志，警告标(信号)
~ balise　标杆
~ composé　组合柱
~ composite　混合柱
~ cornier　角柱
~ couplé　双柱，带支撑的电杆
~ court　短柱
~ creux　铁管柱，空心柱，空心杆
~ cylindrique　圆柱
~ d'amarrage　锚杆，锚定柱
~ d'ancrage　锚杆(带有拉线或支柱的电线杆)，固定支柱
~ d'arrêt　止动杆，固定支柱
~ d'éclairage　灯柱，路灯柱
~ d'éclairage public　路灯柱
~ d'écran　声屏障构造柱
~ d'élévation　高程标
~ d'extrémité　端头立柱
~ d'huisserie　门柱
~ d'incendie　消防柱
~ d'indication　（道）路标
~ de balisage　标杆
~ de bornage　界桩，界石
~ de courbe　曲线标
~ de décharge　斜撑，斜支柱
~ de distance　里程碑，里程桩，警冲标
~ de fer　铁杆
~ de kilométrage　里程碑，公里桩
~ de lampe　灯柱
~ de ligne aérienne　架空导线支柱
~ de ligne électrique　电线杆
~ de pente　坡度标
~ de pentes et rampes　坡度标
~ de porte　门柱
~ de protection　警冲标
~ de ralentissement　慢行牌，减速地段标
~ de sémaphore　信号机柱，臂板信号机柱
~ de signalisation　指示柱，信号柱
~ de sonnerie　电铃柱
~ de soutien　支柱，副柱，辅柱，道口栏木支柱
~ double　双柱电杆
~ double de ligne　复式线杆，A 形电杆
~ élancé　长柱
~ en béton　混凝土桩
~ en béton armé　钢筋混凝土立柱
~ en bois　木杆，木头电线杆
~ en briques　砖柱
~ en treillis　格构杆
~ encastré aux bouts　定端柱
~ évidé　空心柱
~ incliné　斜柱，斜杆
~ indicateur　标杆，指路标
~ indicateur de section　线路标，行政区分界标
~ indicateur de vitesse　速度标牌
~ intermédiaire　中间支柱
~ jumelé　双杆，双柱电杆，双杆式电杆
~ kilométrique　公里标，里程标
~ limite　保护限界标（置于红色圆盘后方表示保护范围的起点）
~ limite de manœuvre　调车限界标
~ médian　中间柱
~ métallique　金属杆
~ métallique enrobé　钢与混凝土组合柱
~ moisé　A 形杆

~ montant （桁架的）竖杆
~ portant 支承柱
~ porteur 支柱,电缆柱,支撑矿柱
~ principal d'une barrière 平交道口支柱
~ x supports 架空接触导线支柱
~ télégraphique 电报杆
~ téléphonique 电话线杆
~ tubulaire 管柱
poteau-support *m* 电杆,支架,支柱
poteau-tourillon *m* 绞车,卷扬机
potéclinomètre *m* 连续测斜仪
potée *f* 座,垫(柱子的),造型黏土,翻砂黏土
~ d'émeri 金刚砂粉
potelet *m* 标桩,支柱
~ à réflecteur 反光标柱
~ de balisage 标桩
~ de transmission 导轮支柱
~ réfléchissant 反光标志
~ support de galet 小滑车支柱,导线导轮支柱
potelet-support *m* 支柱
potence *f* 支架,托架,悬架,悬臂吊车,悬臂起重机,悬臂式标志
~ à deux panneaux 双悬臂式标牌
~ à double bras 双臂起重机
~ à fixation mural, rotation sur 180° 固定于墙上可旋转180°的轻便吊车
~ à un panneau 单悬臂式标志
~ d'atelier à rotation sur 360° 车间用旋转式轻便吊车
~ de hissage 轻便起重机
~ hydraulique 液压吊杆
~ orientable 旋转式悬臂起重机
~ pour signalisation 信号标志支架
~ télescopique à commande hydraulique 液力可伸缩吊杆
potentialité *f* 潜力,可能,(含矿)远景,可能性,潜在力
~ technico-économique 技术经济潜力
~ productive 生产潜力
potentiel *m* 势,位,位能,势能,电势[位、压],电位,潜力[能],潜势,蕴藏量,潜流量,潜在产量,潜在储量,潜在可能性
~ adiabatique 绝热势能
~ capillaire 毛管势,(土壤水)基质势,毛细管力,毛管水位能
~ critique 临界电位
~ d'accélération 加速位势
~ d'électrode 电极电势
~ d'équilibre 等位,平衡电势,均衡电位
~ d'oxydo-réduction 氧化还原电势
~ d'utilisation 使用期限,使用寿命
~ de pesanteur 引力势,引力位,重力势
~ de contact 接触电位,接点电位,接触电势
~ de décharge 放电电势,放电电位
~ de gravité 重力势
~ de la gravité 重力势
~ de la pesanteur 动位,引力势,引力位,重力势
~ de la terre 地电位,地点势
~ de Lorentz 滞后位势
~ de marché 市场潜力,潜在市场
~ de pas 梯级势能
~ de pollution 潜在污染
~ de production 生产潜力
~ de sécurité 保险期限,安全寿命,使用寿命
~ de vitesse 速度势,速度位
~ des forces 力势
~ des rails 轨间电位
~ du blocage 截止电位
~ économique 经济潜力
~ efficace 有效位能
~ électrique 电势,电位
~ électrocinétique 电动电位,流动电位
~ électrostatique 静电位
~ explosif 爆炸位能
~ générateur 发电机电势
~ gravitationnel （土壤水）重力势
~ hydraulique 水头,水力位能,水力势能
~ scalaire 标位,标量位势
~ spontané 自然电位
~ structural 结构潜(在能)力
~ vecteur 矢(量)势,矢(量)位,向量能,向量位
~ zéro 零电位,零电势
potentiel, elle *a* 势的,位的,潜在的,可能的,蕴藏的,电势的,电位的
~ à compensation 补偿电位计
~ à déviation 偏转式电位计
~ à lecture directe 直读式电位计
~ de distance 距离分压器

poterie

~ de sinus 正弦电位器
~ électronique d'enregistrement 电子记录电位计
~ non-linéaire 非线性电位计
~ sinus-cosinus 正弦余弦电位计

poterie *f* 陶器,陶管,陶器厂,陶瓷器
~ de terre 陶器,瓦器

poterne *f* 坑道,暗道,排水渠

potin *m* 各种合金,铝锡锑合金

potstone *f* 块滑石(不纯皂石)

poubaïte *f* 硒碲铋铅矿

pouce *m* 寸,英寸(254毫米),法寸(法国古长度单位)
~ carré 方寸,平方英寸
~ cube 立方英寸

poudingiforme *a* 砾岩状的

poudingue *m* 砾岩,圆砾岩
~ bréchiforme 角砾岩
~ de base 基砾岩,底砾岩
~ de piedmont 山前砾岩
~ monogène, ~ monogénique, ~ oligomictique 单成砾岩,单成分砾岩
~ polygène, ~ polygénique, ~ polymictique 复成砾岩,多成分砾岩,复矿砾岩

poudrage *m* électrostatique 静电喷涂法

poudre *f* 粉,粉末,炸药,火药,灰尘,粉状物
~ à blanchir 漂白粉
~ à canon 火药
~ à combustion lente 缓燃火药
~ à combustion rapide 速燃火药
~ à polir 抛光粉
~ à souder 焊粉,焊接溶剂
~ abrasive 研磨粉
~ agglomérée 压缩火药,模压火药
~ antigrippante 润滑粉
~ asphaltique 沥青粉
~ crue 生水泥,水泥生料
~ d'aluminium 铝粉
~ d'ardoise 板岩粉
~ d'argile 黏土粉
~ d'asphalte 沥青粉
~ d'asphalte tout venant 原地沥青粉
~ de brique 砖粉
~ de charbon 炭粉
~ de chaux 石灰粉
~ de friction 岩粉
~ de métal dur 硬金属粉
~ de mine 火药
~ de mine en grains 粒状黑色火药
~ de pierre 石粉
~ de quartz 石英粉
~ de roches asphaltiques 沥青石粉,地沥青岩石
~ de silice 硅粉(一种高活性混凝土混合材料)
~ de talc 滑石粉
~ dégressive 减燃性火药
~ fulminante 炸药,起爆药
~ impalpable 石粉
~ lente 缓燃火药
~ métallique 金属粉
~ microsize 粉末
~ minérale 矿粉
~ multitubulaire 多管状火药
~ noire 黑色火药,有烟火药
~ noire comprimée 丸状黑色火药
~ noire en grains 粒状黑色火药
~ plastique 塑性火药
~ progressive 增燃性火药
~ propulsive 火药
~ sans fumée 无烟火药
~ sans lueurs 无焰炸药
~ talcique 滑石粉
~ tubulaire 管状火药
~ ultrafine 特细粉末(颗粒直径小于10微米)
~ vive 速燃火药

poudre-coton *f* 火棉,硝化纤维

poudreuse *f* 喷粉机

poudreux, euse *a* 有灰尘的,粉状的

poudrière *f* 火药库,火药箱

pouf *m* d'air 吹气,喷气

poulain *m* 垫板(把木桶滚上滚下用)

poulie *f* 滑车,滑轮[车],皮[引]带轮,绞索轮,导线导轮
~ à câble 索轮,电缆绞索轮
~ à chaîne 链滑车
~ à corde 槽轮,绞索滑轮
~ à gorge 滑车
~ à rainure 槽轮,带槽滑机,信号机主轮
~ antifrictionnelle 减摩滑车
~ avec chape articulée 回转式导轮(导线弯道

上用)
~ combinée 复滑车,组合滑车
~ coulissante 机床尾座
~ d'entraînement 传动轮,主动皮带轮
~ d'essieu 轴皮带轮
~ d'excentrique 偏心滑轮
~ de calion 起重滑车
~ de commande à goujons 回转式导轮
~ de commande du signal 信号机主轮
~ de déviation 转向轮
~ de direction 导轮,导线平轮
~ de dynamo 发电机皮带轮
~ de frein 闸轮,制动轮,制动皮带轮
~ de guidage 导向滑车
~ de levage 起重滑车
~ de pression 压轮
~ de renvoi 导向滑轮
~ de retour 导向滑轮
~ de signal 信号驱动盘
~ de tension 张力轮,紧带滑车,紧线导轮
~ de transmission funiculaire 导线导轮,索链传动滑车
~ différentielle 差动滑轮
~ double 双轮滑车
~ fixe 固定平轮,固定滑车
~ folle 游轮,惰轮,空转轮
~ guide (pour courbes) 导向滑轮(弯道上)
~ mobile 起吊滑车,移动式滑车
~ motrice 动轮,主动轮
~ moulée 滑轮组
poulie-tendeur *m* 绳索滑车,松紧滑轮,紧线滑轮
poulie-volant *f* 飞轮,惯性轮
pound *m* 磅(英制重量单位,1磅=453.6克)
poupée *f* 卷筒,(机)床头,滑轮,绞缆筒,主轴座
~ de cabestan 绞盘头
~ de renvoi 绳索滑轮
~ de tour 车床头
~ motrice 机床床头
pour *prép* 为了,(去)往,(去)向,代替,当作,作为,至于,对于,由于,对……而言,当……时候,在……情况下
~ autant 尽管如此
~ autant que 就……而言,就……而论
avoir ~ but 旨在,目的在于

~ cause de 由于,因为
~ piétons 人行横道
~ que 为了,以便,因而
si...que 尽管如此……
pour-cent *m* 百分率,百分比,百分数
pourcentage *m* 成分,含量,利率,百分比[率、数],含量成分
~ d'acier 配筋率,钢筋百分率
~ d'allongement 伸长百分率
~ d'argile 黏土成分
~ d'armatures 配筋率,钢筋百分率,钢筋百分比
~ d'eau 含水百分比
~ d'erreur 误差百分率(仪表)
~ d'humidité 湿度,含水率
~ d'immobilisation du parc moteur 动车检修率
~ d'inclinaison 倾斜百分数
~ d'usure 磨耗百分比,磨耗百分率
~ d'utilisation 利用率,运转因数,输出因数,利用百分率
~ de carottage 毛采芯率,岩芯采取率
~ de cendres 灰分百分率
~ de déclivité 坡度值,坡度千分比
~ de distorsion 畸变比,失真度
~ de freinage 制动百分率
~ de modulation 调制百分数
~ de pente 坡度
~ de perte 损失百分率
~ de prélèvement 岩芯采取率
~ de retour 复归比,复位率
~ de sable 砂百分比
~ de suspension 悬浮率
~ de tamisats 过筛(材料)百分比
~ de vides 空隙率
~ des grains 颗粒百分比
~ des vides entre grains d'agrégats 骨料孔隙百分比,集料孔隙百分比
~ en éléments fins 细粒百分率
~ en poids 重量百分比
~ en volume 体[容]积百分比
~ minimal d'armatures 最小配筋率,经济配筋率
~ pondéral 重量百分率
~ volumétrique de corps solides 绝对体积比
pourparlers *m.pl* 通话,会谈,谈判

pourri *m* 腐烂,腐朽,腐蚀,风化,腐朽
pourri, e *a* 腐烂的,腐朽的,分解的,风化的
pourrissage *m* 陈化,腐化
pourrissement *m* 腐烂
pourriture *f* 腐烂,腐化,腐朽,腐蚀,溃烂
poursuite *f* 跟踪,追踪,继续进行
　～ angulaire　角跟踪,角坐标跟踪
　～ automatique　自动跟踪,自动追踪
　～ sur but futur　前置点瞄准,前置点导引
　～ continue　角跟踪,连续跟踪
pourtant *adv* 然而,可是
pourtour *m* 周围,四周,环行,外廓
　～ de voiture　汽车外形,汽车轮廓
pourvoir *v* 准备,预备,整理,供应,供给,储存
pourvu que 只要,只需
poussage *m* （隧道）矢板,掘进
poussard *m* 支柱,斜撑
poussarder *v* 装置,支承,装设支柱,用支柱固定,用撑杆固定
pousse *f* 推送机车,后部补机,推送补机
　～ de queue　推送补机,补机
　～ de renfort en queue　补机,推送补机
poussé, e *a* 提高的,加强的,深入的,精工细作的
poussée *f* 推,浮力,推［牵引、升、静压］力,压力,伸出,牵引力,冲断层,侧向压力,逆冲断层
　～ à l'éjection　喷气推力,反作用推力
　～ active des terres　土推力
　～ ascensionnelle　浮力
　～ axiale　轴向推力
　～ bilatérale　双面推动
　～ calculée　计算推力
　～ d'Archimède　浮力
　～ d'eau　水压力
　～ de gaz　气驱
　～ de glissement　滑坡推力
　～ de l'arc　拱推力
　～ de l'eau　水压力
　～ de la glace　冰压力,冰载荷
　～ de réaction　反推力,反冲力
　～ de roche meuble　松石荷载
　～ de sol　土压力
　～ de terrain　地层压力,岩层压力
　～ de terre　土壤压力
　～ de terre active　主动土压力
　～ de terre passive　被动土压力
　～ de terres au repos　静土压力
　～ des terres　地压,岩石压力
　～ du sol　土压力
　～ du terrain　土荷载,隧道土压
　～ du toit　顶板压力,顶板下沉
　～ du vent　风力,风压
　～ en arc　拱推力
　～ enveloppée　围岩压力
　～ équivalente　当量推力
　～ horizontale　横压力,水平推力,侧向推力
　～ hydrodynamique　动水压力,流体动压力,水动力压力
　～ hydrostatique　浮力,水静压力,流体静压力
　～ inclinée　偏压
　～ inversée　反推力
　～ latérale　侧压,侧向推力,侧向压力
　～ latérale des terres　侧向土压力
　～ maximum　最大推力
　～ passive de terre　被动土压力
　～ radiale　径向推力
　～ renversée　反推力
　～ sismique　地震力
　～ statique　静推力
　～ tangentielle　切面压力
　～ tectonique　构造应力
　～ totale　总推力
　～ verticale　升力,支承力,垂直推力
pousser *v* 推,推动,推进,促进,延伸,生长,进行
poussette *f* 手推小车
pousse-tube *m* 顶管机,管道推进器
pousseur *m* 推杆,推进器,后推机,推东西的人,顶推式铲运机
　～ à chenilles　后推机,拖拉机推车
　～ de scraper　铲运机推车,推式刮土机
　～ pneumatique　气动推进装置
pousseuse *f* 补机,推杆,推板,推进机,顶推器,后推机车
pousse-wagon *m* 推车撬棍
poussier *m* 煤粉,炭粉,灰尘,细屑,煤炭屑
　～ de carrière　采石场细屑
　～ de charbon　炭粉,煤粉
　～ de coke　焦炭粉
　～ de pierres　石粉

~ granuleux 粒状细屑
poussiérage *m* 表面起粉末（由于磨损等），撒粉末
poussière *f* 灰，尘，尘埃，粉末，粉尘，土尘，灰尘
~ aérienne 大气尘土，大气灰尘
~ argileuse 粉状黏土
~ atmosphérique 尘土，灰尘，大气尘埃
~ s conductrices 导电杂质
~ d'eau 喷雾
~ de bois 木屑
~ de brique(s) 砖粉，砖屑
~ de concasseur 石粉，轧石残渣
~ de fer 铁屑
~ de forage 岩粉
~ de fumée 烟灰
~ de minerai 矿粉，矿尘
~ de pierre 石粉，石屑
~ de tourbe 泥炭粉末
~ diamantine 金刚砂
~ éolienne 风尘，风沙
~ incombustible 不可燃矿尘
~ industrielle 工业尘埃
~ légère 少尘（能见度不小于2km）
~ liquide 水花，水雾
~ modérée 中等灰尘（能见度为1km～2km）
~ pierreuse 石粉
~ radioactive 放射性尘埃
~ sèche 干尘
~ volante 飞尘
poussiéreux, euse *a* 粉末状，灰尘的，多尘的
poussoir *m* 推杆，顶杆，按钮，（凿岩机的）推进机
~ à tête champignon 伞形推杆
~ à vis 螺塞
~ de sélection 选择按钮
~ de soupape 阀杆，阀柱
~ enfoncé 压下的按钮
~ pneumatique 起重顶杆
pouteur *m* 窒息性气体
poutrage *m* 梁的结构布置，梁网，梁图
poutraison *f* 小梁，梁网，梁的结构布置
~ du tablier 横肋梁，辅肋横梁，桥面梁的结构布置
poutre *f* 梁，大梁，桁架，主梁，横梁，承重梁
~ 《en ventre de poisson》"鱼腹"梁
~ à ailes larges 宽翼（工字）梁，宽缘梁

~ à âme évidée 空腹梁，空腹网
~ à âme pleine 板梁，实腹梁，实心梁，实体腹板梁
~ à âme pleine en bois 木板梁
~ à appui libre 简支梁
~ à arcades 连拱梁
~ à caisson 箱梁，箱形梁，槽形梁
~ à console 悬臂梁，伸臂梁，伸臂桁架
~ à croisillons 桁梁，花梁，格子梁，格形梁，空腹梁，格构桁架
~ à demi-bois 砖木混合梁
~ à dents 错口式组合梁
~ à deux appuis 单跨梁
~ à dos d'âne 驼峰式桁架
~ à double T 工字梁，H形梁
~ à encastrement élastique 弹性固端梁，部分固端梁
~ à encorbellement 挑梁，跳出墙面梁
~ à fils parallèles 钢丝束预应力混凝土梁
~ à goussets 悬臂梁
~ à jour 空腹梁，花格梁
~ à l'âme de couteau 薄腹梁
~ à larges ailes 宽翼缘梁，上宽翼梁
~ à larges semelles 下宽翼梁
~ à membrure supérieure en forme d'arc 弓形梁
~ à membrures parallèles 平行桁架
~ à nervure 加劲梁
~ à paroi(s) pleine(s) 板梁，实腹梁
~ à plusieurs travées 多跨梁
~ à rails 轨托梁
~ à section constante 等截面梁
~ à section en L L形截面梁
~ à section en T T形截面梁
~ à section entière 整材木梁
~ à section rectangulaire 矩形截面梁
~ à section variable 变截面梁
~ à simple bouts supportables 简支梁
~ à système Langer 朗格尔梁，刚性梁柔拱
~ à table de compression 丁字梁，T形梁
~ à talon 翼缘下宽梁
~ à travées égales 等跨梁
~ à travées solidaires 连续梁
~ à treillis 桁梁，花梁，格子梁，格构大梁，花格大梁，梁式桁架，格构桁架
~ à treillis croisé 十字交叉桁架

~ à type ouvert 开式桁架
~ à une travée 一跨梁,单跨梁
~ à ventre de poisson 鱼腹式(组合)梁
~ à voie inférieure 下承梁,下承桁梁
~ à voie supérieure 上承梁,上承桁梁
~ à voussoirs 组合梁(混凝土块并连而成)
~ à voûte 拱形梁
~ anglaise 英式桁架,三角桁架
~ annulaire 系梁,圆梁
~ appuyée aux extrémités 简支梁
~ arc-boutée 斜撑梁,撑架梁
~ armée 配筋梁,加强梁
~ articulée 铰梁,铰接梁
~ assemblée 组合梁
~ au vent 防风梁,抗风联系,抗风连杆
~ avec demi-précontrainte 部分预应力梁
~ avec deux membrures droites 梯形桁梁
~ Bailey 贝雷桁梁
~ Benkelman 贝克曼梁,路面弯沉仪
~ Benkelman automatique 自动路面弯沉仪
~ béquille 支架[撑]梁,斜撑梁
~ bowstring 鱼腹梁,弓形梁,弓弦式桁梁
~ caisson 箱形梁,箱形截面梁
~ caissonnée 箱梁,箱形梁
~ cambrée 上拱梁,弓背梁,反绕梁
~ cantilever 伸臂梁,悬臂梁
~ cantilever en arc 拱形悬臂桁架
~ cassée 不连续梁
~ cellulaire 格形梁,空腹梁,空心梁
~ circulaire 圆梁
~ circulaire courbe 圆形曲梁
~ cloison 深梁,壁梁
~ cloisonnée 空腹梁,格子梁
~ combinée 组合梁
~ complexe 再分式桁架
~ composée (混凝土钢结合的)结合梁,组合梁,叠合梁
~ composée bois et métal 混合板梁(木梁以薄钢板加强)
~ composée en treillis 格构梁
~ composée par soudage 焊接梁
~ composée pour charge mobile 活荷载组合梁(桥),活荷载结合梁(桥)
~ composée pour charge mobile et charge morte 静活荷载组合梁(桥),静活荷载结合梁(桥)
~ compound 组合梁
~ compound à bois et béton 木混凝土组合梁
~ conjuguée 共轭梁
~ console 伸臂梁,伸臂桁架
~ continue 连续梁,连续桁架
~ continue à deux travées 双跨连续梁
~ continue à plusieurs appuis 连续梁
~ continue à portées égales 等跨连续梁
~ continue à portées inégales 不等跨连续梁
~ continue à trois travées 三跨连续梁
~ continue pleine métallique 连续钢板梁
~ courbe 曲梁,拱形梁,拱形桁架
~ courbée 曲梁
~ creuse 空心梁
~ croisée 横梁
~ d'ancrage 锚定梁
~ d'appui 托梁,端梁,支承梁
~ d'égale résistance 等强度梁
~ d'entraînement (桥的)座梁,肋梁,悬臂梁
~ d'entretoise 支梁
~ d'entretoisement 联系梁
~ d'essai 试验梁
~ d'essai de chargement (土壤试验用的)装载架,承重试验梁
~ d'extrémité 端梁
~ dameuse (混凝土)夯板
~ dameuse à bras 手动混凝土夯板
~ dameuse à main 手夯,人工夯,手动混凝土夯板
~ dameuse-vibrante électrique (混凝土)电力振动夯板
~ de balance 天平梁,平衡梁
~ de Baltimore 平弦再分桁架
~ de bas 地基梁
~ de bordure 边梁,(墙上的)承板梁
~ de cadre 框架梁
~ de chaînage 圈梁
~ de compression 受压梁
~ de contreventement à treillis 格构桁架,腹杆桁架
~ de côté du vent 向风梁
~ de couronnement 压顶圈梁
~ de couverture 顶板梁,屋顶梁
~ de curseur 滑动梁

~ de damage （混凝土）夯板,捣棒,夯实器具
~ de finition 精加工梁,最后加工梁
~ de fondation 基础梁,地基梁
~ de frein 制动梁
~ de freinage 制动梁
~ de freinage du frein de voie 车辆减速器的制动梁
~ de grande hauteur 深梁,厚梁
~ de grande portée 大跨度梁
~ de grillage 格排梁
~ de hauteur constante 平行梁,等高梁
~ de la grue 起重机吊臂,起重机行车大梁
~ de liaison 连接梁,连接梁[构架]
~ de maçonnerie 圬工梁
~ de mur 墙式梁,深梁
~ de palier 平台梁
~ de pignon 顶梁,山墙梁
~ de plancher 地板梁,楼板梁,楼面横梁
~ de pont 桥梁,板梁,桥梁桁架
~ de pont conjuguée 共轭桥梁
~ de pont-roulant 天车梁,行式起重机梁
~ de raidissage 加劲梁
~ de raidissement 加劲梁,加强梁
~ de renforcement 加劲梁
~ de résistance constante 等强度梁
~ de rigidité 加劲梁,加强梁
~ de rive 边梁,过梁,横梁,（桥两侧的）纵梁
~ de rive en corniche 檐板
~ de roulement 吊车梁
~ de section constante 等截面梁
~ de section non-uniforme 变截面梁,非等截面梁
~ de section variable 变截面梁
~ de serrage du béton 混凝土夯实板,混凝土夯捣板
~ de seuil 槛梁
~ de suspension 挂梁
~ de tablier 横梁,横肋梁
~ de toiture 屋面梁
~ de Town 汤氏桁架,方格桁架
~ doublement armée 双筋梁,复筋梁
~ droite 矩形梁
~ droite élastique 弹性垂直梁
~ du tablier 横（肋）梁,桥面系梁
~ du tablier inférieur 下承梁

~ élastique 弹性梁
~ élasto-plastique 弹塑性梁
~ en A A形桁架
~ en acier 钢梁
~ en acier du tablier inférieur 下承钢梁
~ en acier soudée 焊接钢架梁
~ en air 充气梁
~ en alliage léger 轻合金钢梁
~ en arc 拱形梁,拱形桁架,拱形（大）梁
~ en arc avec porte à faux 悬臂式拱形梁
~ en arc avec tirant 弦系拱
~ en arc continu 连续拱形梁
~ en arc de forme non circulaire 弧形梁,非环形拱梁
~ en arc en forme de croissant 月牙形拱梁
~ en arc renforcée 加劲拱形梁
~ en arc système Melan 米兰拱,钢骨混凝土拱
~ en béton 混凝土梁
~ en béton armé 钢筋混凝土梁
~ en béton armé ordinaire 一般钢筋混凝土梁
~ en béton armé précontraint 预应力钢筋混凝土梁
~ en béton léger 轻质混凝土梁
~ en béton précontraint 预应力混凝土梁
~ en béton préfabriqué 预制混凝土架
~ en blocs 空心混凝土块合成梁
~ en bois 木梁
~ en bois de brin 整材木梁
~ en cadre à section triangulaire 三角桁梁,三角孔桁架
~ en caisson 箱形梁
~ en caisson raidie 加劲箱梁
~ en double T 工字梁,H形梁
~ en double T rectiligne 无翼缘工字梁
~ en échelle 框架梁,连框桁架
~ en encorbellement 伸臂梁
~ en fer 钢梁
~ en fer laminé 轧制钢梁
~ en feston 连续悬梁,月牙形花边梁
~ en forme d'auge 槽形梁
~ en forme de guirlande 连续悬梁
~ en forme triangulaire 三角桁架
~ en H H形梁
~ en hourdis 钢筋混凝土肋板

poutre

- ~ en I 工字梁，I形梁
- ~ en K K形桁架
- ~ en lamelles collées 胶合板层梁
- ~ en lattis 格构桁架
- ~ en ligne brisée 折线梁
- ~ en maçonnerie 圬工梁
- ~ en N N形桁架
- ~ en plaques multiples 叠板梁
- ~ en porte-à-faux 悬臂梁，伸臂梁，一端固定梁
- ~ en segment 弓形梁
- ~ en T T形梁
- ~ en T préfabriquée 预制T形梁
- ~ en T renversé 倒丁字梁
- ~ en tôles 板梁
- ~ en travers 横梁，渡梁，架接梁
- ~ en treillis 桁梁，花[格子]梁，梁式桁架，格构桁架
- ~ en treillis articulé 铰接桁架
- ~ en treillis avec membrure courbe 折弦桁架
- ~ en treillis de raidissement 加劲桁架
- ~ en treillis en forme d'auge 半穿式桁架，下承矮桁架
- ~ en treillis en grille 格构桁架
- ~ en treillis parabolique 弓弦桁架
- ~ en treillis riveté 铆接桁架，铆合桁架
- ~ en U 槽钢梁
- ~ en V V形梁
- ~ en Z Z形桁架
- ~ encaissée 箱形梁
- ~ encastrée 固端梁，嵌固梁
- ~ encastrée à une extrémité 伸臂梁，悬臂梁
- ~ encastrée à une extrémité et sur appui simple à l'autre 一端固定一端简支的梁
- ~ encastrée aux deux extrémités 两端固定梁
- ~ enrobée (de) béton 外包混凝土梁
- ~ entrecroisée en béton 混凝土框架
- ~ entrecroisée en béton en carré 方形混凝土框架
- ~ entrecroisée en béton en losange 菱形混凝土框架
- ~ s entrecroisées clouées 锚杆框架
- ~ et chaînage 梁与圈梁
- ~ évidée 空腹梁
- ~ extérieure 边梁，耳梁，最外侧纵梁
- ~ faitière 脊梁，栋梁
- ~ Fink 芬克式桁架
- ~ fléchie 下垂梁
- ~ Gerber 端铰梁(梁的两端铰接在两个悬臂梁上)
- ~ horizontale 横梁
- ~ horizontale de contreventement 水平抗风支撑
- ~ Howe 郝氏桁架
- ~ hyperstatique 不静定梁，超静定梁
- ~ inclinée 斜梁
- ~ inférieure 内梁，托梁，搁栅
- ~ intermédiaire 中梁
- ~ isostatique 静定梁
- ~ jumelée 成对梁，并置梁
- ~ laminée 叠层梁，轧制梁，辊轧钢梁
- ~ latérale triangulée 三角边梁
- ~ lenticulaire 鱼腹式桁架，鱼腹形组合梁，扁豆式组合梁
- ~ lenticulaire à treillis 鱼腹式桁架，鱼腹形组合梁，反置式拱形梁
- ~ libre 简支梁
- ~ lisseuse 精加工梁
- ~ longitudinale 纵梁，纵向大梁
- ~ longitudinale secondaire 辅助纵梁
- ~ maîtresse 主梁
- ~ marginale 边梁
- ~ médiane 中间梁
- ~ métallique 钢梁，钢箱梁
- ~ métallique enrobée 混合梁，混成梁，外包混凝土钢梁
- ~ mixte 结合梁，混合梁，混成梁
- ~ mixte en acier-béton 钢筋混凝土组合梁，钢—混凝土混合式箱梁
- ~ monolithique 整体梁
- ~ multiple 复式桁架
- ~ noyée dans le béton 外包混凝土梁，混凝土组合梁，混合梁，型钢混凝土梁，混凝土里覆钢梁
- ~ oscillante 车辆减速器活动梁
- ~ palière 平台梁
- ~ parabolique 抛物线曲弦桁架
- ~ parallèle 平行梁，等高梁
- ~ plateforme T形梁
- ~ pleine 板梁，实腹梁
- ~ polygonale 折弦桁架
- ~ porteuse 大梁，承重梁，支顶架
- ~ posée 简(支)梁

~ posée sur deux appuis intermédiaires 双悬臂梁
~ poutre-caisson 箱形梁
~ précontrainte 预应力梁
~ préfabriquée 预制梁,装配式梁
~ préfabriquée en béton précontraint 预制预应力混凝土梁
~ préflex 预弯梁
~ principale 主梁
~ principale en treillis 主桁架
~ principale jumelée 双主梁,成对主梁
~ prismatique 等截面梁
~ prismatique sur deux appui extrêmes 简支等截面梁
~ raidisseuse 加劲(大)梁
~ rampante 斜梁,楼梯斜梁
~ rapportée (混凝土与钢结合的)结合梁
~ rectangulaire 矩形梁
~ renforcée 加劲梁
~ renforcée avec articulation 铰接加劲梁
~ réticulée 格构梁,花格梁,网格梁
~ rhomboïdale 平行四边形梁
~ rigide 刚性梁
~ rivée 铆合梁,铆合桁架
~ sablière 承梁板
~ secondaire 次[小]梁,托梁
~ semi-encastrée 半固定式梁
~ simple 简单三角形桁架,(如 V 形,N 形,华伦式等),单梁,简支梁
~ simplement appuyée 简支梁
~ simplement posée 简支梁桥
~ soudée 焊接梁,焊接桁架
~ soudée à âme pleine 焊接板梁,辅助杆梁,再分桁架,下撑式吊车梁
~ sous-bandée 下撑梁,辅助杆梁,再分桁梁
~ sous-tendue 桁构梁
~ statiquement déterminée 静定梁
~ support 托梁,端梁,支架梁
~ sur appuis élastiques 弹性支承梁
~ sur appuis simples 简支梁
~ sur deux appuis 单跨梁,双支点梁
~ sur plusieurs appuis 连续梁
~ sur soubassement élastique continu 弹性支承梁
~ suspendue 悬(吊大)梁,悬臂梁,悬式桁梁,(两端)悬式桁架

~ suspendue avec chaîne double 双链悬梁
~ symétrique 翼缘对称梁
~ tirant 系杆,承拉梁
~ transversale 横梁,顶梁
~ transversale en fer et en bois 夹合梁,叠合梁
~ trapézoïdale 梯形桁架
~ traverse 横梁
~ triangulaire 三角横梁,三角桁架
~ tubulaire 管梁,管状梁
~ verticale de contreventement 防风柱
~ vibrante (混凝土摊铺机的)振动梁
~ Vierendeel 框架梁,空腹梁
~ Warren 华伦式桁架(V 形)
~ Whipple 惠伯桁架
~ Wichart 菱铰桁架

poutre-caisson *f* 箱形梁
poutre-dalles *f* 板梁
poutre-échelle *f* 框架梁
poutre-frein *f* 制动梁
poutre-grillage *f* 格梁
poutrellage *m* 小梁,梁架,工字钢,工字梁
poutrelle *f* 梁,横梁,小[次]梁,工字钢,工字小梁
~ à larges ailes 宽缘工字钢,宽翼缘工字梁
~ d'arrêt 锁定梁
~ d'épreuve 试验梁
~ de camasite 锥纹石,梁状铁
~ de plancher 搁栅
~ en acier 钢小梁
~ en I 工字梁
~ équarrie 成材,锯成木材
~ extérieure 外侧梁
~ Grey 宽翼缘工字梁
~ métallique 钢梁

pouvoir *m* 力,能,授权,功率,效率,能量,能力,本领,性能; *v* 但愿,希望,生产率,授权书;能够,可以
~ à 供给,满足……,为……做准备
~ absorbant 吸收能力(系数)
~ actif 有功功率
~ actif de générateur 发电机有效功率,发电机有功功率
~ actuel 实际功率,有效功率
~ adhérent 黏着(能)力
~ adhésif 黏附力,黏着力

~ agglomérant 团聚能力,附聚能力
~ agglutinant 黏纳力,凝聚力,烧结能力
~ analyseur 分析能力
~ antidétonant 抗爆能力,抗爆性能
~ apparent 视在功率
~ calorifique 热能,热值,发热量,热效率
~ collant 胶结能力
~ compensateur de l'appareil tendeur 导线温度调节器调节能力
~ conducteur de la chaleur 传热性,传热率,传热能力
~ continu 持续功率
~ coupe-feu 耐火等级
~ couvrant （油漆）覆盖能力
~ couvrant d'une peinture 涂料覆盖性能
~ d'absorption 吸收能力
~ d'achat 购买力
~ d'arrêt 迟滞力,制动效率
~ d'efficacité 有效能力
~ d'élévation 起重量,提升能力
~ d'imbibition 湿容量,水容度
~ de cémentation 黏结能力
~ de charge 负荷能力
~ de cohésion 黏着能力
~ de cohésivité 黏着能力
~ de coupure 断开容量,断开能力,开断功率,断流能力
~ de coupure d'un interrupteur 开关开断功率
~ de gravité 重力
~ de magnification 放大功能
~ de pénétration 渗透能力,穿透能力,贯入能力
~ de percolation 渗流量
~ de résolution 鉴别率,分辨率,分辨能力
~ de rétention 阻滞能力
~ de rétention d'eau 保水能力,持水能力
~ de séparation 分辨率,分离能力,分辨能力
~ de sustentation 浮力,载运力
~ diffusif 扩散能力
~ discriminateur 鉴别率,分辨能力
~ dissolvant 溶解力,溶解能力
~ éclairant 光强度,照明强度
~ économique 经济实力
~ effectif 有效功率
~ électrique 电力,电功率

~ émulsifiant 乳化能力
~ émulsionnant 乳化能力
~ érosif 侵蚀能力
~ évaporant 蒸发度,气化度
~ filtrant 渗透力
~ gazeux 含气率,瓦斯含量
~ gonflant 膨胀性
~ grisouteux 矿井瓦斯量
~ habilitant le signataire de la soumission 投标书签字人的授权
~ hydraulique 水力,水能,水稳性性能,水硬性性能
~ hygrométrique 吸湿能力
~ hygrométrique 30 fois de son poids eau 吸湿能力为其在水中重量的30倍
~ hygroscopique 吸湿度,吸湿能力
~ inhibiteur 阻化能力
~ isolant 绝缘性质,缘绝能力[性质]
~ limite 极限功率
~ lubrifiant 润滑性能,润滑能力
~ mécanique 机械功率
~ mouillant 湿润能力
~ nominal 额定功率
~ pénétrant 渗透能力,渗透特性
~ portant 升力,承重力,承载能力
~ porteur 承重力,承载能力
~ potentiel 动力蕴藏量
~ pouzzolanique 火山灰性能
~ protecteur d'une peinture 涂料防护性能
~ réel 有效功率
~ réfléchissant 反光能力,反射能力
~ réflecteur 反光能力,反射能力
~ réflecteur d'une peinture 涂料反射性能
~ réfracteur 折射能力
~ rotatoire 旋光率,旋光本领,旋光能力
~ séparateur 分辨率,分辨能力（指光学仪器）,分离能力,分离效率
~ solvant 溶解能力
~ spécifique 单位能量
~ tampon 缓冲容量,缓冲能力
pouzacite *f* 淡斜绿泥石（叶绿泥石）
pouzzolane *f* 火山灰
~ en pierre 火山凝灰岩
~ volcanique 火山灰

pouzzolite *f* 白榴凝灰岩
powellite *f* 钼钙矿
pramnion *m* 黑碧玉
prase *m* 葱绿玉髓
praséolite *f* 绿堇青石
prase-opale *f* 绿蛋白石
prasilite *f* 韭绿泥石
prasine *f* 假孔雀石(斜磷铜矿)
prasochrome *m* 绿铬石(蚀变铬铁铲)
prasoïde *f* 贵橄榄石
praticabilité *f* 可实行的,可实现的,可通行的
praticable *a* 实际的,实用的,可实行的,可实现的,可通行的,有实践经验的,切实可行的
pratique *f* 方法,实施,实践,实习,习惯,实践经验,实验操作,实际操纵,实际应用; *a* 实际的,熟练的,实用的,实际的,实践的,使用方便的,注重实际的
 ~ de construction 施工实践,施工措施,建筑技术,建筑经验
 ~ de perforation 钻探技术
 en ~ 实际上,在实行中,实施过程中
  mettre en ~ 实施,实行
 ~ recommandée 建议措施
 ~ sur ligne 在线路上实习,在线路上应用
pratiquement *adv* 实际地,实在地,实际上,实用上
pratiquer *v* 执行,实践,实施,实现,实行,应用,从事,开凿
pravdite *f* 铝铈[硅]磷灰石
pré- (前缀)前,先,预,预先
préaccentuation *f* 预校正,预失真,频率预矫,相位预矫,预加重(指调频机)
préachat *m* 预购,预先付款
préadaptation *f* 预先适应
préaération *f* 预曝气
préalable *m* 初勘,初步调查; *a* 预先的,先决的,先行的,事先的,预决的
 au ~ 事前,预先
préambule *m* 开端,前提,准备工作
préampli *a* 前置放大的
préamplificateur *m* 前置放大器,预放大器
préamplification *f* 前置放大
préanalyse *f* 预分析
préassemblage *m* 预装配,预安装

préassembler *v* 预装配
préavertissement *m* 预告信号
préavis *m* 预报,预告,预警
préaviser *v* 预先通知,事先通知
précaire *a* 不定的,无常的,靠不住的,不持久的,不稳定的
pré-cambrure *f* 预拱度
précarité *f* 脆弱性,不稳定性
précaution *f* 提[预]防,预防(安全),注意,警惕,警戒,预防措施
précédemment *adv* 先前,前面
précédent *m* 先例,前例
 sans ~ 无前例的,空前的
précédent,e *a* 过去的,以前的,以上的,上述的,优先的,在前的,前一个的,上一个的
précéder *v* 在先,在前,走在……的前面,在……之前
préchambre *f* 预燃室,预热室
précharge *f* 预加荷载
précharger *v* 预加载
préchauffage *m* 预热
préchauffer *v* 预热
préchauffeur *m* 预热器,加热器
 ~ à base de l'huile 燃油预热器
 ~ d'air 空气预热器
 ~ d'air circulant 循环空气预热器
précieux *a* 珍贵的,贵重的
précipice *m* 悬崖,峭壁,深渊,断崖,危机
précipitabilité *f* 沉淀度,沉淀性,临界沉淀点
précipitable *a* 可沉淀的
précipitant *m* 沉淀剂,沉淀物
précipitateur *m* 沉淀器,沉淀剂,电滤器,聚尘器
 ~ électrostatique 电气除尘器,静电式除尘器
précipitation *f* 降水[雨](量),下雨,落下,脱落(作用),脱溶作用,沉淀[降],沉淀(作用),沉淀物,降雨强度
 ~ abondance 过量降水
 ~ acide 酸雨,酸性沉降物
 ~ annuelle 年降雨量
 ~ annuelle moyenne 年平均降雨量,多年平均降雨量
 ~ antérieure 先降雨的,前期降雨
 ~ artificielle 人工降雨
 ~ atmosphérique 降雨量,大气降水量

~ chimique 化学沉淀(作用)
~ de projet 设计雨量
~ des poussières 集尘,捕尘,降尘量
~ initiale 初期降水
~ journalière 日降水量
~ locale 局部降水,地方性降水
~ maximale journalière de fréquence donnée 已知频率最大日降水量(降雨量)
~ maximale journalière moyenne 年最大平均日降水量
~ maximale journalière moyenne de l'année 年最大平均日降雨量
~ s maximum 最大降雨量
~ moyenne 平均雨量
~ neigeuse 降雪量
~ nette 净降雨量,有效雨量
~ nivale 降雪,降雪量
~ non frontale 非封面降水
~ normale 正常降雨量
~ pluviale 降雨量
~ possible 可能降水量
~ provoquée 人工降雨
~ torrentielle 暴雨

précipité *m* 沉淀,沉淀物
~ amorphe 无定形沉淀
~ caillebotté 凝乳,凝乳状沉淀
~ rouge 辰砂

précipiter *v* 沉淀,扔下,抛下,推入,加速,使急速

précipiteur *m* 沉淀器
~ de poussière 集尘器,吸尘器
~ électrostatique 静电沉淀器,静电聚灰器

précipitomètre *m* 沉淀计

précis,e *a* 精确的,精密的,准确的,正确的,明确的,确切的

précisément *adv* 明确地,确切地

préciser *v* 明确表示,明确指出

précision *f* 精密,精度,准确,明确,确切,精密度,准确度
~ absolue 绝对精度
~ altimétrique 高程精度
avec ~ 准确地,明确地
~ d'accord 调谐锐度,调谐准确度
~ d'étalonnage 校准精度
~ de forme 形状精度

~ de la carte 地图准确度
~ de mesure 测量精度,计量精度
~ de mesure angulaire 方位准确度
~ de réglage 调整精度,控制精度
~ des calculs 计算精确性
~ des indications 表示精度
~ des lectures 读数精度,读数准确度
~ des mesures 测试精度
~ double 双倍精度
~ en distance 测距精度
~ planimétrique 水平精度
~ relative 相对准确度

précité,e *a* 上述的,前述的

préclassement *m* 预分级,预分选,粗选

précoce *a* 早熟的,早生的

pré-compactage *m* 预碾压,预压实

précompacter *v* 预压实,预夯实,预碾压

précompaction *f* 预压实,预夯实,预碾压

pré-compresseur *m* 预压缩机

précompression *f* 预压,预压缩,预应力,预加压力,预加应力
~ élastique 弹性预压缩

précomprimer *v* 预压缩

précompte *m* 预计应扣款项

préconcassage *m* 初碎,初轧,初步轧碎(碎石)

préconcasser *v* 初碎,初轧,初步轧率

préconcentration *f* 粗选,预选,前期富集(作用)

préconception *f* 预想,预设计

préconditionnement *m* 前提,预处理,先决条件,预先安排好,预先准备好

préconnaissance *f* 预知,预见

préconsolidation *f* 预先固结

précontraindre *v* 预施应力

précontraint,e *a* 有加预应力的,加有预应力的

précontrainte *f* 预应力,预加应力,预加应力法,先张预应力
~ axiale 轴向预应力
~ chimique 化学预应力(法)
~ circonférentielle 环向预应力
~ concentrée 集中预应力
~ effective 有效预应力
~ externe 体外预应力,外加预应力,表面预应力
~ finale 有效预应力
~ fractionnée 分级预应力

~ initiale 初施预应力
~ interne 内预应力,体内预应力
~ limitée 极限预应力
~ longitudinale 纵向预应力
~ par chauffage électrique 电热张拉钢筋
~ par enroulement 缠绕法预加应力
~ par prétension 先张法
~ par tension avant bétonnage 灌注混凝土前张拉预应力
~ par voie électrique 电动法预施应力
~ partielle 部分预应力
~ provisoire 临时预加应力
~ sans câbles 无应力钢筋的预加应力
~ transversale 横向预应力
~ triaxiale 三向预应力
~ verticale 竖向预应力,垂直预应力
précontrôle *m* 预控制,预检监视器,摄像系统监视器
précorrection *f* 预校正,预加重(调频机)
précriblage *m* 初次筛分
précribleur *m* 初筛机
précurseur *m* 预兆,前兆,预报器
~ sismique 地震前兆
prédazzite *f* 水镁结晶灰岩
prédécoupage *m* 预切割,预裂(爆破)法
prédéformation *f* (为了减轻焊接变形的)预加反向变形
prédéformer *v* 预畸变,预失真
pré-démarrage *m* 预启动
prédétermination *f* 预定,预算,初步计算
prédéterminer *v* 预定,事先决定
prédicteur *m* 预报员,预报者,预测器,推算机,预测因子,预报因子
prédictibilité *f* 可预报性,可预测性
prédiction *f* 预测,预报,预告,前置量,提前量
~ de charge 负荷预测
~ du temps 天气预报
~ immédiate 临震预报
~ numérique 数值预报
~ sismique 地震预报
~ statistique 统计预测
prédire *v* 预言,预告
prédisposer *v* 使预先倾向于
prédisposition *f* 因素,倾向,素质

prédominance *f* 优势,偏倚
prédominant *a* 卓越的,主要的,支配的
prédominer *v* 占优势,占主导地位,占统治地位
prédosage *m* 预配料
prédoseur *m* 预配料器,集料进料器,机械给料机
~ pondéral 重量式预配料器,称重预配料器,称重预配料装置
préenregistrer *v* 预存储,预记录
préenrobage *m* 预涂层,预裹覆,(用沥青)预浇面层
préenrober *v* (用沥青)预涂,预浇
pré-étude *f* 预先设计,初步设计
préexistant,e *a* 先存在
~ à 先于……而存在
préexister *v* 先存在,先于……而存在
~ à 先于……而存在
pré-exploration *f* 初勘,初探,初测
préfabrication *f* 预制
préfabriqué *m* 预制件
~ lourd 重型预制构件
~ des poutres en T 预制T形梁
préfabriqué,e *a* 预制的
préfabriquer *v* 预制,预浇注
préfecture *f* (法国的)省,省会,省城,省政府
préférable *a* 更好的,更可取的
~ à 更好,比……更可取
préférer *v* 宁愿,更喜爱,比较喜欢
préfiltre *m* 粗滤器,预滤波器
~ à gas-oil 柴油预滤器
préfix,e *a* 预定的
préfixer *v* 预定期限
préformage *m* 预成型,初步加工
préforme *f* 雏形,粗加工成品
préformer *v* 预塑,预制,预成形
préfractionnement *m* 初步分馏
prégraissage *m* 预润滑
prégranitique *a* 花岗岩(形成)前的
prégrattite *f* 钠云母,珍珠云母
prehnite *f* 葡萄石
prehnitisation *f* 葡萄石化
préhumidification *f* 预湿,预先湿润
preiswerkite *f* 铝钠云母
préjudice *m* 损害,损失
au ~ de 有损于……

préjuger

　　sans ~ de　不妨害，不影响

préjuger　*v*　预断，预测

prélart　*m*　帆布，防雨布

prélèvement　*m*　取［采］样，抽取，抽样，提款，预先扣除

　　~ aléatoire　随机取样
　　~ d'échantillon du sol　取土样
　　~ d'échantillons　抽样，抽取，取样，采样，取土
　　~ d'enrobés　沥青混合料取样
　　~ de poussière　尘埃取样
　　~ des échantillons　取样，采样
　　~ des prises d'essai　取样
　　~ des sols　取样
　　~ du revêtement　路面取样
　　~ intact　未扰动取样
　　~ non remanié　未扰动取样
　　~ par carottages　钻芯取样
　　~ périodique　示范取样，典型取样
　　~ représentatif　代表性［样品］取样
　　~ sélectif thermique　温差分层取水
　　~ sur chantier　土地取样

prélever　*v*　取出，引出，排除，撤退，撤回，推出，取样，采样，预取，预先扣除
　　~ à la pipette　用吸管抽取

préliminaire　*a*　开端的，初步的，假定的，预备的，事先的

préliminaires　*m. pl*　准备，开端，准备程序，预备条件

prélude　*m*　前兆，开端，序幕，先兆阶段

prémélange　*m*　预混合，预先拌和
　　~ des agrégats et du ciment　水泥与集料干拌

premier　*a*　早期的

premier, ère　*a*　第一的，最先的，头等的，初次的，初期的，开端的，最优的，首位的，初步的，基础的
　　~ approximation　初步估计
　　~ arrivée d'une onde　初至波
　　~ bande verte　初期绿灯时间
　　~ couche　第一层，（沥青）黏层，黏结层
　　~ détecteur　第一检波器
　　~ étage　第一层
　　~ étalonnage　第一次校验，工厂校验
　　~ étape d'aménagement　布置的第一阶段
　　~ étude　第一研究，首次研究
　　~ phase　第一阶段
　　~ pierre　基石
　　~ plan　前景，最先，初步计划，初期计划
　　~ s secours　急救
　　~ stade d'aménagement　布置的第一阶段
　　~ voie　第一车道（路面行车道），右车道

première　*n*　首映，（汽车）头挡，低挡，头等舱，一等舱，头等车

premièrement　*adv*　第一，首先

pré-modification　*f*　预修改，预修正

prémouture　*f*　预先磨碎，预先磨细

prémunir　*v*　使预防，使注意，使戒备

prendre　拿，取，携带，接受，抓取，应用，使用，汇合，行走，研究，当作，着火，凝结，生根，成功，理解，体会，朝（指方向）
　　~ à bail　租用
　　~ acte　查照，备案
　　~ attachement　登记，记录，附件
　　~ charge　装货，负担
　　~ cours à partir de　从……时开始
　　~ des renseignements　调查
　　~ des voyageurs　载客
　　~ effet　生效
　　~ en compte de　考虑……
　　~ en considération　考虑到
　　~ en ligne de compte　考虑
　　~ la gauche　左侧行车
　　~ la relève　换班
　　~ le nom　取名，命名
　　~ livraison　提取，提货
　　~ livraison des marchandises　提取货物
　　~ naissance　出现，诞生
　　~ note　记下，备案
　　~ possession de terrain　征用土地
　　~ pour　看作，当作
　　~ sa retraite　退休
　　~ un essor　取得进展，发展
　　~ une acuité particulière　特别关心

preneur　*m*　承租者，受益者

préobrajenskite [préobrazhenskite]　*f*　斜方水硼镁石

préoccuper　*v*　使担心，使忧虑，使操心
　　se ~ de　关心，关怀

prépakt　*m*　预灌混凝土，预填法混凝土

préparatif　*m*　准备，调制，准备工作，整备作业
　　~ d'exécution　施工准备

préparation *f* 准备,预备,整理,调制,配合,制造,预加工,初加工,标本切片
~ à la prise de service (locomotive) 运行整备(机车)
~ d'échantillons 试样制备
~ d'une locomotive 机车整备
~ de construction 施工准备
~ de l'argile 黏土配合
~ de la surface de reprise de bétonnage 混凝土浇筑缝表面预清理
~ de soumission 投标准备
~ des agrégats et du béton 骨料和混凝土的制备
~ des armatures 钢筋预加工(截断与挠曲)
~ des liants 结合料准备
~ des matériaux 材料制备,材料配制,材料加工
~ des minerais 选矿
~ des offres 编标
~ des sols 清整场地
~ des travaux 施工准备,施工前期工作
~ du béton 混凝土制造整备
~ du ciment de laitier par voie humide 湿法预制矿渣水泥
~ du combustible 燃料整备
~ du projet 方案准备,准备方案
~ du transport 运送准备

préparatoire *f* 初勘,初步调查; *a* 预备的,准备的

préparer *v* 预备,准备,调制,配合,制备,制造
~ les éprouvettes 准备试件

prépayer *v* 预付

prépeinture *f* 预涂料,预着色,预涂油漆

prépitamier *a* 无降水的

prépondérance *f* 优量,优势,决定性

prépondérant *a* 占优势的

préposé *m* 职员,某项工作的责任干部
~ à la circulation des trains 运转室主任,车站行车安全监察
~ au tir 爆破人员

préqualification *f* 资格预审,预具资格

préreconnaissance *f* 初探,初测,初勘

préréfrigération *f* 预冷,预冷却

prérefroidisseur *m* 预冷器

préréglé *a* 预调节的,预调整的

prérogative *f* 特质,特性,特长

près *adv* 附近
~ de 靠近,接近,即将,将近,差不多,大约
à beaucoup ~ 差得多,远不如
à peu ~ 差不多,几乎,大致
de ~ 靠近地,仔细地,密切地
tout ~ de 离……很近,紧靠

présager *v* 预兆,预示,预感

prescription *f* 规划,规定,细则,实效,设计要求,条例命令
~ s administratives 行政命令
~ s communes d'exécution pour le transport des voyageurs et des bagages en trafic international 国际旅客和行李运送统一规则
~ s comptables 会计条例
~ s d'acheminement 运送条例,运送规则,行车条例
~ s d'affranchissement 预付费用的规定
~ s d'exécution 实施细则,施工规定,办事细则
~ s d'expédition 货物运送规则
~ s d'exploitation 运营规则,运营规划,营业条例
~ s d'itinéraire 办理进路规则
~ s d'utilisation 操作手册,使用手册,使用说明书
~ s de chargement 装车规划
~ de l'action née du contrat de transport 由运送契约所规定的行为的时效
~ de la consigne 工作守则
~ s de police 公安条例
~ de service 工作条例,服务条例
~ de sûreté 安全规定,安全要求
~ s douanières 海关条例
~ s du code de la route 交通规则
~ s fiscales 税务条例
~ générale concernant la circulation des trains 行车通令
~ s générales de chargement 装车通则
~ s intérieures 内部规则
~ s internationales colis express 国际货物运送规则
~ s internationales marchandises 国际包裹运送规则
~ s légales 国家法规,正式规程,正式条例
~ logique 逻辑设计
~ particulière 特殊规定,特殊要求
~ pour la construction des chaussées souples 柔

性路面施工规范
~ pour la mise en œuvre des travaux 施工说明，特殊要求
~ pour le service 服务条例，办事细则
~ pour le trafic 运输规则
~ pour les matériaux employés 用料规定，用料质量要求
~ pour trafic 客货运规则，运输规则
~ qualitative 质量规定
~s réglementaires 办事细则，规则，规定
~ relative à la circulation 交通规则
~ relative à la construction 建筑规则
~s relatives aux matières et transports exclus du transport ou admis au transport sous certaines conditions 特定条件货物运送规则
~s spéciales 特殊条例
~s tarifaires 运价条例，运价细则
~ technique 技术条件，技术规定，技术要求，技术说明

prescrire *v* 规定，命令，指示
~ un tarif 规定运价

préséance *f* 优先权

préséchage *m* 预先干燥

présélecteur *m* 预选器，自动变速装置
~ électrique 自动变速装置，电动齿轮换接器
~ rotatif 旋转式预选器

présélectif, ive *a* 预选的

présélection *f* 预选，事前选择，资格预审
~ des vitesses 速度预选
~ de candidature 投标人资格预审

présence *f* 存在，在场，到场，出席
en ~ de 当……面，……在场，面对着

présent *m* 当前，现在
à ~ 现在，现时，目前
à ~ que 既然
d'~ à ~ 现在的，现时的，目前的

présent, e *a* 在场的，目前的，现在的，存在的，出现的

présentation *f* 介绍，呈递，报送，显示，提出，推荐，展示，表示，出示，陈列，外貌，图像
~ de la société 公司简介
~ du projet 提出设计方案
~ du signal 信号显示
~ financière 财务状况披露
~ graphique des résultats 成果图示
~ succincte 简介

présentement *adv* 现在，目前

présenter *v* 递交，介绍，取出，提出，交出，供给，供应，表现，表示，说明，阐明，显示
~ brusquement le carré 信号突然显示停车
~ de point dur 出现阻滞现象
~ les avantages 显示其优越性
~ les comptes pour approbation 报销，报账
un planning de type réseau PERT, avec une représentation sur diagramme à barres format GANT, devra être présenté 应该提交一份关键节点网络式进度表，并以分栏横道图格式表示
~ une demande d'indemnité 提出赔偿要求
~ une marchandise à la douane 将货物提交海关检查
se ~ 出现
se ~ à 出现在……

présérie *f* 试制产品（正式投产前）

préservatif *m* 防腐剂，保护料，预防药

préservatif, ive *a* 预防的，防止的

préservation *f* 防止，预防，维持，保存，防腐作用
~ chimique des bois 木材化学防腐
~ de l'environnement 环境保护
~ des bois 木材防腐

préserver *v* 保护，保全

président *m* 主席，会长，总裁，总统，董事长，委员长
~ directeur général (PDG) 总裁，总经理
~ du conseil d'administration 理事会，董事长，董事局主席
~ intérimaire 代主席，代总统
~ provisoire 临时主席或总统

présider *v* 主持，主管

présignalisation *f* 预告信号，前置交通信号
~ des véhicules immobilisées 停车预示信号

preslite *f* 磷铅铜矾

présol *m* 幼年土壤

présomptif, ive *a* 臆测的，假定的，预先指定的

présomption *f* 假设，假定，推测，预想

présonique *a* 亚音速的

pré-soutènement *m* 预加固

presqu'atoll *m* 小型环礁

presque *adv* 几乎,差不多
presqu'île *f* 半岛
　～ artificielle　人工半岛
pressage *m* 压缩,压制,模压,压模
pressé *a* 挤压的,迫切的,急迫的
presse *f* 挤压,紧张,繁忙,压床,冲床,虎钳,夹钳,压力(试验)机
　～ à agglomérés　混凝土块压制机
　～ à bande　带式压滤机(污泥脱水用的)
　～ à béton　混凝土压力机
　～ à bielle　曲轴压力机
　～ à blocs en béton　混凝土砌块压制机
　～ à briques　压砖机,制砖机
　～ à briqueter　压砖机
　～ à caler les bandages　轮箍压装机
　～ à caler les roues　压轮机
　～ à cames　凸轮式压力机
　～ à cintrer　弯曲机
　～ à cintrer les tubes　弯管机
　～ à cisaillement giratoire (PCG)　旋转剪切压力机
　～ à couder　压弯机
　～ à décaler les bandages　轮箍压出机
　～ à découper　冲床
　～ à dresser　矫直机
　～ à dresser des cornières　角钢矫直机
　～ à eau　水压机
　～ à ébaucher　剪切机
　～ à emboutir　冲床
　～ à estamper　冲床,板材冲压机,金属压印机
　～ à étirer　拉丝机,拉床
　～ à excentrique　偏心压力机
　～ à filer　挤压机
　～ à forger　锻压机
　～ à forger à vapeur　蒸汽锻压机
　～ à friction　摩擦压力机
　～ à huile　油压机
　～ à main　手压机,螺旋夹钳,手摇印刷机
　～ à manivelle　曲轴压力机
　～ à matricer　模压机,冲压机
　～ à mottes de tourbe　泥炭压力机
　～ à moulage hydraulique　液压传动造型机
　～ à mouler　压型机
　～ à paqueter　包装压床,包装机
　～ à percussion　冲压机,模锻压力机
　～ à perforer　冲孔机,穿孔机,冲孔器
　～ à plier　压弯机,压边机
　～ à ployer　压弯机
　～ à poinçonner　打印机,冲孔机,冲压机
　～ à rectifier　压直机,矫形机
　～ à refouler　镦锻机,顶锻压力机
　～ à riveter　铆钉机,压铆机
　～ à souder　压焊机
　～ à tréfiler　拉伸压力机,拉丝机,拉拔机
　～ à vapeur　蒸汽压力计
　～ à vis　螺旋压力机,螺旋压床
　～ automatique　自动压力机
　～ Brindille　布氏硬度试验机
　～ d'ébavurage　切边机
　～ d'essai　压力试验机,压缩试验机
　～ d'essai des blocs de béton　混凝土块试验机
　～ de Bramah　勃兰姆水压机
　～ de compression du béton　混凝土压力机
　～ de consolidation　固结压缩机
　～ garniture　填料盒
　～ hydraulique　液压机,水压机
　～ hydrostatique　水压机
　～ manuelle　手压机
　～ Marshall　马歇尔压力机
　～ mécanique　机械压力机
　～ pneumatique　气动压力计
　～ pour tuyaux en béton　混凝土管压力机
presse-bouton *f* 按钮
presse-cintreuse *f* 压弯机,弯曲机
presse-étoupe *m* 油封,油环,填料盒,密封盒,阻油圈,密封套,密封环
　～ autoserreur　自紧密封圈,自动压紧填料盒
　～ de pompe à eau　水泵水封
　～ de roulement　轴承油封
　～ du cylindre　圆柱体填料盒
　～ multiple　复式填料箱
　～ pour gaine　外罩用密封箱
presse-garniture *m* 填料盒
presse-plieuse *f* 压弯机,弯曲机
presser *v* 压,挤,挤压,冲压,加速,促进
　～ à chaud　热压
　～ à froid　冷压
presse-ressort *m* 压装弹簧装置

présserrage *m* 预先紧固,预先压紧
presseur *m* 压床,压紧件,压力机工人
pressiomètre *m* 压力表[计],旁压仪,压强测定仪
　～ à mercure　水银压力计
　～ différentiel　差压计
pressiométrique *a* 压力的,压缩的
pression *f* 压力[强、缩、迫、挤、制]
　～ à l'admission　进气压力
　～ à l'aspiration　吸入压力,进口压力
　～ à l'évaporateur　蒸发器压力
　～ abaissée　压力下降
　～ absolue　绝对压力
　～ acoustique　声压
　～ active　主动压力
　～ active de sol　主动土压力
　～ active poussée　主动土压力
　～ additionnelle　附加压力
　～ admissible　容许压力
　～ admissible des massifs de terre　容许地基承载力,容许地基压力
　～ admissible sur le sol　土壤容许压力
　～ annulaire　环隙压力
　～ anormale　异常压力
　～ antagoniste　抗压力,反压力
　～ arrière　回压,反压力
　～ artésienne　自流压力,承压水压力,自流井水头
　～ atmosphérique　大气压力
　～ au contact　接触压力,表面压力
　～ au sol　土压力,接触压力
　～ aux appuis　支承力,支承压力
　～ aux sabots　闸瓦压力
　～ axiale　轴端推力,轴向压力
　～ barométrique　气压,大气压力,气压表压力
basse ～　低压
　～ capillaire　毛细压力,毛细管压力,毛细水压力
　～ clé fluide　流体压力
　～ condensation　冷凝压力
　～ constante　恒压,定压
　～ correspondante　比压
　～ critique　临界压力
　～ d'adsorption　吸附压力
　～ d'air　空气压力
　～ d'air de suralimentation　增压空气压力
　～ d'amorçage　起爆力,触发压力,点火压力

　～ d'application (pantographe)　接触压力(受电弓)
　～ d'appui　承压力,支承压力
　～ d'arrêt　速度头,冲击压力,碰撞压力,滞点压力
　～ d'eau　水压,水头,水位差
　～ d'échappement　排气压力
　～ d'éclatement　爆炸压力,破坏压强
　～ d'écoulement　流压,流动压力
　～ d'éjection　喷射压力
　～ d'épreuve　试验压力
　～ d'équilibre　均布压力,平衡压力
　～ d'essai　试验压力
　～ d'évaporation　蒸发压力
　～ d'explosion　爆炸压力
　～ d'huile　油压,滑油压力
　～ d'impact　冲击压力
　～ d'injection　喷射压力,灌浆压力
　～ d'injection de coulis　灌浆压力
　～ d'utilisation　使用压力
　～ dangereuse　危险压力
　～ dans la chaudière　锅炉压力
　～ de base　基底压力,基层反力
　～ de boue　泥浆压力
　～ de butée　土抗力,被动土压力
　～ de butée des terres　土壤抵抗力
　～ de calage　压装压力
　～ de charge　荷载压力
　～ de choc　冲击压力
　～ de chute　水头,扬程,水位差
　～ de cisaillement　剪切压力
　～ de compactage équivalente　等值压力
　～ de compression　压缩压力
　～ de confinement　侧压,围压,封闭压力
　～ de consolidation　固结压力,固结应力
　～ de contact　接触压力
　～ de contact superficiel　表面接触压力
　～ de corroyage　挤压力,压延力
　～ de couches　地层压力,矿层压力
　～ de culée　附加压力,桥台压力
　～ de débit　动水压(力),流量压力,水流压力
　～ de détente　膨胀压力
　～ de détonation　爆炸压力
　～ de dilatation　膨胀压力
　～ de dissolution　溶解压力

~ de douelle　支承应力
~ de filtration　渗滤压力
~ de flambage　纵向弯曲压力
~ de fluage　蠕变压力
~ de fluide　液压,流体压力
~ de fonctionnement　工作压力
~ de fond de sondage　探井井底压力
~ de formation　岩压,地层压力
~ de frein　制动压力
~ de gaz　气体压力
~ de gisement　地层压力,油层压力,矿层压力
~ de glace　冰压力
~ de gonflage　轮胎压力,充气压力,气胀压力
~ de gonflage des pneumatiques　轮胎充气压力
~ de gonflage des pneus　轮胎充气压力
~ de gonflement　膨胀压力
~ de l'air　空气压力
~ de l'air interstitiel d'un sol partiellement saturé　非饱和土孔隙气压力
~ de l'eau　水压
~ de l'eau interne　内水压力
~ de l'eau interstitielle　孔隙水压力
~ de l'eau interstitielle d'un sol partiellement saturé　非饱和土孔隙水压力
~ de l'eau lourde　泥浆压力（钻探）
~ de l'eau nécessaire pour la lutte contre l'incendie　灭火水压力,消防水压力
~ de la boue de forage　钻探泥浆压力
~ de la colonne lithologique　地压,岩压,矿山压力
~ de la neige　雪压力
~ de la percolation　渗流压力
~ de la roue　车轮压力
~ de liquéfaction　液化压力
~ de nature tectonique　地动力压力
~ de percolation　渗水压力,渗透水压力
~ de point　峰值压力
~ de polymérisation　聚合压力
~ de pompage　压出压力
~ de pore　孔隙压力
~ de portance　承压,承重压力
~ de préconsolidation　预固结压力
~ de pulvérisation　雾化压力
~ de radiation　径向压力

~ de refoulement　压出压力,出口压力,排水压力,输送压力
~ de refoulement du compresseur　压气机出口压力
~ de refus　极限压力,回抗压力
~ de régime　工作压力
~ de régime d'un frein continu à air comprimé　直通空气制动机的工作压力
~ de repos　静压力
~ de réservoir　油储压力
~ de retrait　收缩压力
~ de retrait effective　有效收缩压力
~ de roche　岩石压力
~ de rosée　冷凝临界压力
~ de saturation　饱和压力
~ de sédiment　粉土压力
~ de service　工作压力,使用压力
~ de service maximale　设计压力,最大工作压力
~ de silo　储仓压力
~ de soufflerie　风压
~ de stagnation　滞点压力
~ de support　支承压力
~ de surcharge　积土压力,超荷压力
~ de surface　表面压力
~ de tarage　喷油压力,喷射压力
~ de terrain　地压,岩层压力,矿山压力
~ de travail　比压,工作压力
~ de vapeur　蒸汽压力
~ de vapeur saturée　饱和蒸汽压力
~ de vitesse　速头,速度压力
~ de voûte　拱压力
~ de l'air interstitial　孔隙气压力
~ des couches　地层压力,矿层压力
~ des eaux souterraines　地下水压力
~ des sabots de frein　闸瓦压力
~ des terres　土压力
~ des vagues　波浪压力
~ descendante　降压
~ différentielle　压差,差动压力,不均匀压力
~ disjonctive　膨胀压力
~ du béton sur les coffrages　模板承受混凝土压力
~ du liquide　液体压力

pression

~ du ressort 弹簧压力
~ du sol 土压力
~ du sol au repos 土壤的静压力
~ du sol lors de tremblement de terre 地震时土压力
~ du timbre 额定压力,锅炉最大容许压力
~ du vent 风压力
~ du vent d'une paroi indépendante 独立墙风压
~ due au poids des terres 积土压力
~ dynamique 动(水)压力,动压强
~ effective 有效压力,工作压力
~ efficace de surcharge 有效超载压力
~ électrolytique 电解压力
~ électrostatique 静电压力
~ en colonne d'eau 水柱压力
~ en repos 静压力
~ en tête de puits 井口压力
~ équivalente 等量压力
~ excédentaire 超重压力,剩余压力
~ explosive 爆炸压力
~ extérieure 外压力
~ externe 外部压力
~ finale 最终压力
~ finale de compression 最大压缩力
~ finale de détente 最终膨胀压力
~ fossile 埋藏压力
~ gazeuse 气体压力
~ géodynamique 地动压力
~ géostatique 积土压力
haute ~ 高压
~ horizontale 水平压力
~ horizontale de sol 水平土压力
~ hydraulique 液压,水压力,液压力
~ hydrodynamique 动水压力,渗流压力,流体动压力
~ hydrodynamique lors de tremblement de terre 地震时动水压力
~ hydrostatique 静水压力,各向等压力,流体静压力,流体静压强
~ hydrostatique interne 孔隙水压力
~ imposée 施加压力
~ indiquée 指示压力
~ initiale 初压,初始压力
~ intérieure 内压力

~ intermédiaire 中间压力
~ interne 内压力,孔隙压力
~ interstitielle 内压力,孔隙压力,间隙压力
~ interstitielle d'un sol saturé 饱和土间隙压力
~ interstitielle dans les corps argileux saturés isotropes 在等向性饱和黄土体中的间隙压力
~ isotrope 各向同压
~ latérale 侧压力,侧向压力
~ latérale résiduelle 残余侧压力
~ limite(PL) 极限压力
~ limite pressiométrique 极限压
~ limite pressiométrique nette 净极限压力
~ limitée 限压
~ locale 局部压力
~ longitudinale 纵向压力
~ manométrique 表压,气表压力,表示压力(大气压与绝对压力之差)
~ maxima 最大压力
~ maxima d'utilisation 最大使用压力
~ maximum 最大压力
~ maximum admissible 最大容许压力
~ minimale 最小压力
~ motrice 推动压力,工作压力
~ moyenne 平均压力
~ moyenne efficace 平均有效压力
~ moyenne indiquée 平均指示压力
~ naturelle 自然压力
~ négative 负压力
~ neutre 中和压力,土壤空隙内静水压力
~ nominale 标定压力,标称压力,标准压力
~ normale 垂直压力,正常压力
~ officielle 规定压力
~ ordinaire 常压
~ orogénique 地动力压力,造山作用压力
~ osmotique 渗压,渗透压力
~ par essieu 轴压力
~ par unité de surface 压强,单位压力
~ partielle 分压,分压力
~ passagère de l'eau interstitielle 瞬时孔隙水压力
~ passive 土抗力,被动土压力
~ passive de sol 被动土压力
~ passive des terrains 被动土压力
~ perpendiculaire 垂直压力

~ pilote　输出压力
~ positive　正压,正压力
~ primaire　初压力
~ primitive　初始压力
~ produite par un choc　冲击压力
~ pseudo-critique　假临界压力
~ pure　纯压力,直接压力
~ radiale　径向压力
~ régnant dans le roc　山岩压力,岩石压力
~ relative　相对压力
~ résiduelle　负表压(实际压力低于大气压的数值),剩余压力
~ résiduelle dans l'eau interstitielle　剩余孔隙水压力
~ résultante　总压力
~ seule　纯压力,直接压力
~ sonore　声压
~ sonore efficace　有效声压
~ sonore instantanée　瞬时声压
~ spécifique　比压,单位压力
~ standard　标准压力
~ standard du vent　标准风压
~ statique　静压力
~ statique au repos　静土压力
~ statique de sol　静止土压力
~ statique et dynamique　全压
~ statique horizontale　水平静压力
~ statique verticale　垂直静压力
~ superficielle　表面压力
~ sur l'arête　边缘压力
~ sur le filtre　过滤水头
~ sur le piston　活塞压力
~ sur le sol　土壤承受的压力
~ sur le support　支承压力
~ tangentielle　切线压力
~ terminale　终点压力,末端压力
~ totale　全压,总压力
~ totale passive des terres　总被动土压力
~ transversale　横向压力
~ uniforme　均布压力
~ uniformément répartie　均布压力
~ unitaire　压强,单位压力
~ utile　工作压力,使用压力
~ variable　变动压力,可变压力

~ vers le bas　向下压力
~ vers le haut　向上压力
~ verticale　垂直压力,竖直压应力
~ voisine　邻近压力
~ voisine de　接近于……的压力

pressoir *m*　压(力)机,压榨机
pressolution *f*　压溶
pressostat *m*　调压器,压力控制器
　　~ de basse pression　低压控制器
　　~ combiné haute pression basse pression　高低压控制器
　　~ de haute pression　高压控制器
　　~ de sécurité basse pression　低压安全阀,低压安全开关
　　~ de sécurité haute pression　高压安全阀,高压安全开关
　　~ de sécurité d'huile　油压安全阀,油压开关
presspahn *m*　纸板,压制纸,绝缘用合成纤维板
pressuriser *v*　气密,密封,增压
prestation *f*　供给,贷出,工作,货款,成效,提供,津贴,提供资金,补贴[补助]费,施工服务(简称工务,是指承包人按照合同必须完成的各项工程)(prestation 译成"服务"时和 service 有区别。简单地说,前者服务要用到工具,后者不用工具,如:一个人摔倒,帮忙扶起用 service,一个人掉进井里,要用绳索救人,用 prestation)
　　~ à bas intérêt　低息贷款
　　~ à crédit　信用贷款
　　~ à faible taux d'intérêt　软贷款,低息贷款,优惠贷款
　　~ à la construction　建设贷款
　　~ à long terme　长期贷款
　　~ bancaire　银行放款
　　~ commerciale　商业贷款
　　~ d'exploitation　运营效果,运营实绩
　　~ d'installation　(提供)安装服务
　　~ de capitaux　提供资金
　　~ s de mise en œuvre des matériaux　使用材料的服务
　　~ de trafic　运输量,运输能力
　　~ de transport　运输实绩
　　~ s familiales　家庭补贴
　　~ fournie　提供的服务
　　~ gouvernementale　政府贷款

~ gratuite 无息贷款
~ sur gages 抵押贷款
préstocker *v* 预储存,预存放,预入库
présumable *a* 可想象的,可推测的
présumé *a* 推测的
présumer *v* 推想,推测
présupposer *v* 预计,推测,设想,假定
présupposition *f* 假定,设想,推测,先决条件
présure *f* 凝乳素
présynchronisation *f* 预同步
prêt *m* 贷款,出借
~ à court terme 短期贷款
~ à crédit 信贷,信用贷款
~ à découvert 透支
~ à intérêt 有息贷款
~ à long terme 长期贷款
~ à terme 定期贷款
~ à vil intérêt 低利贷款
~ bancaire 银行贷款
~ gagé 抵押贷款
~ garanti 担保贷款
~ gratuit 无息贷款
~ onéreux 有息贷款
~ routier 道路贷款
~ sans intérêt 无息贷款
prêt, e *a* 准备好的,已准备好的
prétendre *v* 要求,认为,断定
prêter *v* 展开,摊开,伸开,伸长,供给,提供,归于,出借,贷放
~ à 引起
se ~ à 适应,适合于
prêteur *m* 贷款人,放款人
pretium doloris *m* 赔偿金,慰藉金(给予肉体上或精神上的受害者),损害赔偿
prétraitement *m* 预选,预处理
preuve *f* 证明[据],检验,试样,试验,验算法
~ par neuf 九验法
~ par sept 七验法
~ prévaloir 占优势
faire ~ (de) 表现出,显出
faire la ~ de 证明
prévaloir *v* 占优势
prévenir *v* 预告,预防,抢先
préventif, ive *a* 预防的,预先准备的

prévention *f* 预防,防止[护],预防措施,阻止
~ s contre la pollution des environnements 环境污染防治
~ convergence et retrait du revêtement 二次衬砌收敛估计变形
~ de glace 防冰
~ de sable 防沙
~ de séismique 地震预防
~ de trafic 交通量预测
~ des accidents 安全技术,防止事故,事故预防
~ des avaries (trafic marchandises) 预防货物损坏(货运)
~ routière 交通事故预防措施(机构)
~ routière internationale (PRI) 国际交通事故预防机构
prévibrer *v* 预振动,预振荡
prévidage *m* 预倒空,预排空
prévis *m* 预报,预告,预警,货物列车预报
~ aux gares destinataires (gestion centralisée du trafic marchandises) 给到站的预报(货物集中管理)
~ d'expédition 发送预报,发送货物预报
~ de composition et d'utilisation des trains (gestion centralisée du trafic marchandises) 列车编组和用途预报(货物集中管理)
sans ~ 无预告,无预报
prévisibilité *f* 可预见性
prévisible *a* 可预见的
prévision *f* 预测,预计,预报
~ à courte échéance 短期天气预报
~ budgétaire 概算
~ d'accroissement de la circulation 交通量增长预测
~ s de commande des trains 需用临开列车数的预测
~ s de consommation 消耗品的预测
~ de la circulation 交通量预测,预测交通量
~ s de renouvellement 更新备品的预测
~ de secousses imminentes 临震预报
~ de tassement des ouvrages 结构物沉降预测
~ de trafic 交通预测,预测交通量
~ de trafic future 交通量预测,预测交通量
~ du temps 天气预报
~ du temps à longue échéance 远期天气预报,

天气形势预报
~ économique　经济预测
en ~ de　预防,预先准备,预见,预料到
~ hydrologique　水文预报
~ météorologique　气象预报
prévisionnel, elle　*a*　预先的,预测的
prévoir　*v*　预见,预料,预备,准备,预测,预感
~ en outre　另外规定
~ des révisions générales　决定大修期限
prévu au tarif　运价规程中规定的
prévoyance　*f*　预见,预料,预见能力,
priazovite　*f*　蜕晶烧绿石
pricéite　*f*　白硼钙石
pridérite　*f*　柱红石
prier　*v*　捣碎
primaire　*m*　底漆,原绕组,初轧机,初级线圈,初轧碎石机; *a*　开始的,开端的,初步的,初级的,初等的
prime　*f*　奖金,津贴,补偿金,保险费,晶体卵石,宝石状卵石; *a*　第一的,首先的,最初的
~ à terme　定期保险费
~ annuelle　年保险费
~ bipolaire　两孔插销
~ d'assurance　保险费,保险补偿金
~ d'économie　节约奖
~ d'exportation　出口补贴
~ d'incendie　消火栓,消防龙头
~ de courant à fiches　电线插头[座]
~ de courant antidéflagrant　防爆插座
~ de fin d'année　年终奖
~ de fusion　合并津贴
~ de gestion　管理奖
~ de mission　出差补贴
~ de panier　误餐补助
~ de parcours　里程奖
~ de régularité　正点行车奖金
~ de rendement　效率奖
~ de transport　交通费
~ du béton　混凝土的凝固
~ femelle　插座[孔]
~ fixe　(水或电的)固定价
~ initiale　(混凝土的)初凝
~ lente　(混凝土的)慢[缓]凝
~ liée aux fonds sociaux　与公司资金有关的津贴
~ mâle　插[接]头
~ multiple　复试[多路]插座
~ pour avance　提前完工奖
~ pour heures supplémentaires　加班奖金
~ rapide　(混凝土的)速凝
~ tripolaire　三孔插座
primitif, ive　*a*　原始的,早期的,首先的,第一的
primordial, e　*a*　最初的,最古的,原始的,最重要的
principal　*m*　主要,要点
principal, e　*a*　主要的,首要的,基本的
principe　*m*　原理,原则,法则,规则,定律,规律,方针,要素,起源
~ s architecturaux　建筑原理
~ d'action　作用原理
~ d'Archimède　阿基米德原理
~ d'assainissement du tablier　桥面排水系统
~ d'équivalence　等效原理,当量原理
~ d'exploitation　开采方法
~ d'incertitude　测不准原理,不定原理
~ d'isostasie　地震均衡原理
~ de base　基本原则
~ de calcul acoustique　声学计算原理
~ de Castigliano　最小变形原理,最小能量原理
~ de combinaison　并合原理
~ de compensation isiostatique　均衡补偿假说
~ de conception　设计原则,构思原则
~ de conservation de l'électricité　电(荷)守恒定律
~ de correspondance　对应原理
~ de Daint Venant　等力载原理
~ de fonctionnement　动作原理,工作原理,作用原理
~ de l'analyse économique　经济分析原则
~ de la conservation de l'énergie　能量守恒定律
~ de la conservation du moment　动量守恒定律
~ de la proportionnalité　比例定律
~ de la stratigraphie　地层原理
~ de la superposition　叠加原理
~ de levier　杠杆原理法
~ de moindre action　等效原理
~ de Muller-Breslau　变位线原理
~ de probabilité　概率原理
~ de réciprocité　互易原理,互换原理

~ de relativité 相对性原理
~ de réversibilité 倒逆原理
~ de Saint Venant 等力载原理
~ de superposition 叠加原理
~ de superposition des effets 叠加原理
~ de tracé 定线原则
~ de travail virtuel 虚动原理
~ des déplacements virtuels 虚位移原理
~ des travaux virtuels 虚功原理
~ directeur 指导原则
~ du rendement commercial 经济核算制
~ du système tarifaire 运价制度原则
~ du travail minimum 最小功原理
en ~ 原则上,理论上,一般
~ s fondamentaux 基本原理,基本原则
~ général 普通原理,一般原理
~ s généraux 总则
par ~ 原则上,按照原则
~ relativiste 相对原理

priori(à) *adv* 演绎地,由因知果地,推理不充分地,缺乏充分事实根据地

prioritaire *a* 优先的,有先行权的,享有优先权的

priorité *f* 先,前,首先,提前,优先,优先权,先行权,通行权
　　~ à droite 右转弯优先
　　~ de passage 通行的优先权,优先通行

pris, e *a* 凝结的,结冰的,被占用的,受支配的

prisamtique *a* 柱状的,棱柱的

prise *f* 取,采样,连接,接通,吸入,进口(气、水),管嘴,插销,插头,插座,凝固,录音,摄影,发现,引出,抽头,混凝土的凝固
　　à ~ s 抽头的,分接的,带分接头的
　　~ à basse pression 低压进水口
　　~ à domicile 上门取货
　　~ à l'air 在空气中凝固
　　~ à niveaux multiples 多层进水口,分层取水口
　　~ accélérée 急凝(混凝土),瞬时凝结
　　~ antenne 天线插孔,天线引入线,天线插座
　　~ au hasard 抽查
　　~ basse 深式进水口
　　~ bipolaire 两孔插销
　　~ chimique 化学凝固
　　~ coaxiale 同轴电缆连接器
　　~ d'air 进气口,空气入口
　　~ d'eau 上水,水栓,水鹤,取水,引水,进水口,集水池,供水站,取水管,取水装置,消防龙头
　　~ d'eau contre l'incendie 消防栓,消防龙头
　　~ d'eau en dessous 底部取水口
　　~ d'eau en rivière 河流取水口
　　~ d'échantillon par air comprimé 压气式取样
　　~ d'échantillons 取样;抽取
　　~ d'espèces 提取现款
　　~ d'essai 取样
　　~ d'essai prélevée au hasard 随机取样
　　~ d'incendie 消火栓,消防龙头
　　~ d'un cliché aérien 航空摄像
　　~ dans l'eau 水中硬结
　　~ de bobine 线圈抽头,线圈引线
　　~ de ciment 水泥凝固
　　~ de cliché 摄影(测量)
　　~ de compte-tours 转数表传感器
　　~ de contact 插孔,插座
　　~ de courant 插座[孔、头、塞],接线柱,集电器,整流器,换向器,转换装置,连接插头,接线端子
　　~ de courant à fiches 电线插头[座],插头,插塞开关盒
　　~ de courant antidéflagrant 防爆插座
　　~ de courant encastrée 插销,圆柱形插头
　　~ de courant femelle 塞孔盘,塞孔板,套管式插座
　　~ de courant murale 墙插座,墙插孔
　　~ de courant pour signalisation 信号用电插销
　　~ de dérivation 导流进水口
　　~ de force 功率选择
　　~ de l'image 航空摄影测量
　　~ de livraison 提货
　　~ de parc 外部电源插座
　　~ de photographies 摄影
　　~ de pick-up 拾音器插头
　　~ de position inductive 感应传感器
　　~ de pression (地下水)出水点,(测压管的)取压点
　　~ de réglage 分接头,抽头点
　　~ de réseau 馈线插座,电源插座,功率输出线
　　~ de scie 锯夹
　　~ de surface 水面取水口
　　~ de télévision 电视摄像管

~ de terre 接地,地线,接地装置
~ de terre d'abonné 用户地线
~ de terre multiple 地线束,地线簇
~ s de terre multiple 接地网
~ de tranchée 管沟接地端子
~ de ventilation 通风道,通气道
~ de vue 摄影,航空摄影测量,照片
~ de vue à distance 远摄,远射
~ de vue aérienne 航空摄影测量
~ de vue aérocartographique 航空摄影测绘,航空摄影地形测量
~ de vue décadrée 错格拍摄
~ de vue en bascule 倾斜拍摄,偏角拍摄
~ de vue en biais 倾斜航空摄影测量
~ de vue en directe 直接录像
~ de vue image par image 逐张拍摄
~ de vue oblique 倾斜航空摄影测量
~ de vue photographique 摄影测量
~ de vue verticale 垂直航空摄影测量
~ de vues à la verticale 垂直摄影
~ de vues sur le terrain 地上摄影测量
~ des ciments 水泥凝结
~ différentielle 差动式进水口
~ du béton 混凝土凝固,混凝土凝结
~ du mélange 补焊,混合物的凝结
~ du service 接班
~ du transformateur 变压器抽头
en ~ directe 直接连接,直接传动
~ en charge 接收,承运,记入借方,清算,淹没式进水口
~ en charge forfaitaire des dépenses 经费包干
~ en compte du gel 考虑冰冻
~ en compte du trafic 考虑交通量
~ en considération 考虑
~ en écharpe 侧边冲突
~ en main （电站)验收
~ en masse 凝固
~ en rivière 河道取水口
~ extérieure 外部电源
~ femelle 插座[孔]
~ finale （混凝土）终凝
~ haute 浅(孔)式进水口,高孔进水口
~ hydraulique 水下凝固
~ initiale （混凝土）初凝

~ initiale du béton 混凝土初凝
~ instantanée 急凝,瞬时凝结(混凝土)
~ intermédiaire 分接点
la ~ et la remise à domicile 接取送达
~ latérale 旁侧进水口
~ lente （混凝土的)慢[缓]凝
~ lente de ciment 水泥慢凝
~ lumière 光孔,取光孔,出光口
~ mâle 插[接]头
~ médiane 中心抽头,中心引线
~ moyenne 中凝(混凝土)
~ multiple 并联插座,复式[多路]插座
~ nadirale 垂直航空摄影测量
~ par la glace 封冻
~ physique 物理凝固
~ pour les fusibles 保险丝座
~ primitive 初凝
~ rapide （混凝土)速凝
~ réseau 网络接口插板
~ s de courant 供电插座
~ téléphonique de coque 电话插座
~ thermique 热固性
~ tripolaire 三孔插座
prisée *f* 评价,估价,造价,单价
~ de gisement 矿床评价
prismatine *f* 柱晶石
prismation *f* 柱状节理,柱状构造
prismatique *a* 棱形的,棱柱形的,角柱形的
prismatisation *f* 柱状节理化
~ basaltique 玄武岩柱状节理化
prismatite *f* 柱晶石
prismé *a* 柱状的
prisme *m* 柱,棱柱,棱镜,楔体,角柱体
~ à réflexion totale 全反射棱镜
~ aciculaire 针柱
~ basculant 倾斜三棱镜,摆动三棱镜
~ court 短柱
~ s croisés 交叉三棱镜
~ d'Abbé 阿贝棱镜
~ d'éboulement （土压力的)滑动楔体
~ de déviation 偏向棱镜
~ de drainage 排水棱体
~ de glissement 滑动楔体(土压力的)
~ dodécagone 复六方柱

~ en béton 混凝土棱体
~ en V V形块
~ hexagonal 六方柱
~ octagonal 复四方柱
~ orthorhombique 斜方柱
~ pentagonal 五角棱镜
~ polygonal 五角棱镜,多角棱柱体
~ rectangulaire 矩形棱镜,矩形棱柱体
~ redresseur 正像棱镜
~ régulier 正棱柱(体)
~ triangulaire 三棱镜,三角棱镜

prismoïde a 平截棱锥体
prisomètre m 三棱镜测定器,凝固测定器
prisonnier m 双头螺栓,柱头螺丝
privation f 丧失,缺乏
~ de jouissance 剥夺使用权,剥夺收益权
privé a 私人的,私有的,缺乏的
privilège m 优越性,优点,特权
prix m 价格,费用,成本,奖金,价钱,物价,价值,代[造]价
~ (au) comptant 现款[现付]价格
~ (de) FOB(sur bateau port de départ) 离岸价格
~ (de)CIF (rendu port d'arrivée) 到岸价格
~ à la consommation 消费价格
~ à la production 生产价格
~ acceptable 可接受的价格
~ affiché 标价
au ~ de 付出……,以……为代价
~ choc 惊人低价
~ commerciaux 商品价格
~ compétitif 竞争价格
~ constant 不变价格
~ contractuel 合同价格
~ convenable 合理价格,公道价格
~ convenu 议价,议定价格
~ courant 市价,时价
~ coûtant 原[买]价,成本,生产费用
~ d'achat 购价
~ d'acquisition des terrains 征地价格
~ d'application 施工价
~ d'approvisionnement 供货价
~ d'écoulement 销售价
~ d'établissement 基建投资
~ d'offre 投标价格
~ d'ordre 粗略价格
~ d'unité 单价
~ de barème 运价率表
~ de base 基价
~ de base de la soumission 标底
~ de bout en bout 直通运价,全程票价
~ de concurrence 低价,竞争价格
~ de construction 造价,工程[建筑]费,工程费用
~ de construction par mètre carré 每平方米造价
~ de déclenchement 启动价格
~ de détail 零售价
~ de dumping 倾销价格
~ de fabrique 出厂价格
~ de gros 批发价格
~ de la chaussée 路面价格
~ de la construction par mètre carré 平方米造价
~ de la marchandise 货价
~ de la pièce 单价
~ de la voiture 运费
~ de marché 合同价格,市场价格
~ de premier établissement 基建费,创建费
~ de production 生产价格
~ de référence 参考价格
~ de régie 工资率,计月工资
~ de revient 成本价格,生产成本
~ de revient absolu 绝对成本
~ de revient brut 毛成本
~ de revient complet 总成本,全部成本
~ de revient concret 实际成本
~ de revient de fabrication 生产成本
~ de revient de la main d'œuvre 人工成本
~ de revient de la production 生产成本
~ de revient des transports 运输成本
~ de revient élémentaire 单项成本
~ de revient final 最终成本,最后成本
~ de revient kilométrique 每公里成本
~ de revient marginal 边际成本
~ de revient moyen de terrassement 土方平均成本
~ de revient moyen général 总平均成本
~ de revient particulier 单项成本
~ de revient réel 实际成本
~ de revient standard 标准成本

~ de revient total 成本总额
~ de revient unitaire 单项成本
~ de série 单价,单位造价
~ de seuil 起步价
~ de tarif 运价
~ de terrain 土地价格,地价
~ de transport 运费(货运),乘车费(客运)
~ de transport de bout en bout 全程运价
~ de transport par voie aérienne 空运运价
~ de transport par voie de mer 海运运费
~ de transport par voie fermée 铁路运费
~ de vente 售价
~ départ usine 工厂交货价格
~ des intrans 进料价
~ des mains d'œuvre 劳务价格
~ des matériaux 材料费
~ des remblais 路堤造价
~ différentiel d'électricité 分时电价
~ du courant 市价,时价
~ du marché 市场价格,市价
~ élevé 高价
~ en revient kilométrique 每公里成本
~ et délais 价格和供货期
~ favorable 优惠价格
~ ferme 确定价格
~ fixe 定价
~ forfaitaire 包干价,全包价格
~ global 总价
~ le moins disant 最低价
~ le plus réduit 最低价格
~ local 当地价格,国内价格
~ marginal 边际费用,边际成本
~ maximum 最高价格
~ minimum 最低价格
~ moyen 平均价格
~ net 净[实]价
~ normal 正常价格
~ par kilomètre 每公里运价
~ par unité 单价
~ plafond 最高价格
~ plancher 低价,最低价
~ planifié 计划价格
~ réel 实际价格
~ régional 地区价格

~ saisonnier 季节价格
~ stable 稳定价格
~ sur l'entretien de la route 公路养护费用
~ total 总价,总造价
~ uniforme 统一价格
~ unitaire(PU) 单价,单位造价,单项造价
~ unitaire de terrassements 土方单位价格,土方单价

probabilité *f* 概率,可能性,或然率
~ à posteriori 后验概率
~ à priori 先验概率
~ compound 合成概率,组合概率
~ conditionnelle 条件概率
~ d'absorption 吸收概率
~ d'erreur 误差概率
~ d'ionisation 电离概率
~ d'occurrence 事件概率
~ de choc (d'une molécule ou d'un atome par un électron) 碰撞概率(一个分子或原子与一个电子的)
~ de l'action de précontrainte 预应力作用力的概率值
~ élémentaire 单元概率
~ empirique 经验概率

probable *a* 大概的,或然的,可能的
probablement *adv* 大概,多半,想必
probant,e *a* 确凿的,有根据的,有说服力的
probertite *f* 斜硼钠钙石
problématique *m* 提问法;*a* 臆测的,可疑的
~ de la gestion 管理臆测
problème *m* 问题,课题,题目,难题,算题,疑题
~ clé 关键问题
~ dans le plan 平面问题
~ de Burmister 波密斯特公式(柔性路面设计用)
~ de confort 舒适性问题
~ de drainage 排水问题
~ de référence 基准问题
~ des forces élastiques 弹力问题
~ des tensions 应力问题
~ routier 道路问题
~ spécifique 特殊问题
~ typique 典型问题
procédé *m* 工艺,手段,方法,方式,处理,过程,进

程，工序，操作法
~ à chaud 热处理，热加工
~ à froid 冷拌法，冷拌（沥青）混合料
~ à la chaux et au carbonate de soude 石灰软化法
~ à la thermite 发热剂法，铝热法
~ à pénétration complète 全贯入法
~ à percer un tunnel 隧道挖掘法
~ accéléré 加速法
~ adiabatique 绝热过程
~ antigel 防止（道路的）冻胀法
~ autogène 气焊
~ d'affinage 精炼法
~ d'approximations successives 逐次渐近法
~ d'atomisation 雾化法
~ d'auscultation 听音探伤作业，听音探伤方法
~ d'entretien 养护方法，养护程序
~ d'exécution 施工法
~ d'extraction 提取法，萃取法，抽出法
~ de chauffage indirect 间接加热法
~ de compactage 压实方法
~ de congélation 冻结法
~ de conservation de béton 混凝土养护程序
~ de construction 施工方法，施工程序
~ de construction à chaud 热铺法
~ de construction à froid 冷铺法
~ de couches épaisses （全厚沥青路面等的）厚层施工法
~ de couplage 耦合方法
~ de craquage 热裂法，裂化法
~ de cure （混凝土）养护法
~ de désulfuration 脱硫法
~ de détonation chronométrique 定时爆破法
~ de dimensionnement （路面）厚度设计方法
~ de fabrication 制造方法，生产过程
~ de fermentation 发酵法
~ de jalonnement 线路标桩方法，线路插标法
~ de l'équilibrage des moments 力矩分配法，力矩平衡法
~ de l'équilibre 力矩分配法，力矩平衡法
~ de la stabilisation mécanique 机械稳定法
~ de macadam enrobé 沥青碎石分别拌和依次摊铺法，拌和式沥青碎石路面施工法
~ de malaxage en centrale （混凝土等的）集中拌和法，厂拌法
~ de mélange 拌和法
~ de mélange à froid 冷拌法
~ de mélange en place 就地拌和法
~ de mise en œuvre 施工法
~ de mise en œuvre à froid 冷铺法，冷拌（沥青）混合料法
~ de modulation 调制方法
~ de piquetage 打桩法，实地定线法
~ de précontrainte 预加应力法，预施应力法
~ de prélèvement d'échantillons 抽样法
~ de production 生产过程
~ de prospection 勘探法
~ de protection contre l'érosion 防冲刷保护法
~ de pulvérisation du liant à haute pression 结合料高压喷射法
~ de rapiècement 修补法
~ de reconnaissance 探测法
~ de récupération 回收法
~ de remblaiement hydraulique 水力填土法，水力冲填法
~ de remise en état 修理方法，检修方法
~ de replacement par sable 砂充法，代砂法（测定密实度时用）
~ de semi-pénétration 半贯入法
~ de Shaw 肖氏（精密铸造）法
~ de sondage sismique 地震预测法
~ de sortie 输出程序
~ de soudage 焊接工序
~ de vibroflottation （地基）振浮压实法
~ des fils à plomb 铅垂法，垂球法
~ du pilonnage intensif 强力夯实法，强夯法
~ du sable mouillé 湿砂法（混凝土养护用）
~ du transport 运输方法
~ empirique 经验法
~ éolien 风化作用
~ Freyssinet 弗来西奈式法（预应力混凝土）
~ géophysique 地球物理勘探法
~ graphique 图解法
~ habituel 常用方法，习用方法
~ hydraulique de soulèvement 液动举升法
~ impact 冲击法
~ isothermique 等温法
~ macadam 碎石路面施工法

~ mécanique （沥青）机械乳化（作用）
~ mud-jack 压浆钻孔（法），压浆（填充混凝土路面下空隙）
~ oxyacétylénique 氧—乙炔焊接法
~ par déplacement 置换法
~ par enrobage à froid 冷拌法
~ par étincelage 闪光焊接程序
~ par flottage 浮选法
~ par percussion 冲击钻进法
~ par réseaux 网格法
~ par rotation 回转钻进法
~ par voie humide 湿法选矿
~ par voie sèche 干法选矿
~ photogrammétrique 摄影测量法
~ réversible 可逆反应，可逆过程
~ sandwich 夹层式铺筑法
~ technologique 工艺过程
~ terrestre de levés 测量地形法

procéder v 动作，从事，出自，出于，来自，起源于
~ à 进行……，从事……
~ à la vérification des colis 检查包裹
~ à la verification des taxes 核算运费
~ au pesage 过磅，过秤
~ de 起源，出于……

procédure f 程序，步骤，手续，方法，措施，生产过程
~ d'autorisation （电站）审批程序，批准程序
~ d'essai 试验记录
~ de l'arrêt d'un plan 平面停放车辆的次序
~ de l'ouverture des soumissions 开标程序
~ de livraison 交付手续
~ de passation des marchés 合同签订程序
~ de payement 付款手续
~ de résolution des conflits 解决纠纷的程序
~ de secours 应急程序，备用程序
~ de sondage 钻探过程
~ douanière 海关手续
~ normale 标准程序，正常程序

procès m 过程，步骤
~ de l'ouverture des soumissions 开标程序

process m 处理，进程

processeur m 处理器，处理程序，信息处理机
~ mémoire 存储处理机
~ périphérique 外围处理机
~ pipe-line 流水线处理机
~ universel 通用处理机

processus m 方法，步骤，过程，进程，工序，程序，操作，工艺流程
~ adiabatique 绝热过程
~ avec le débit d'air 回流过程，风流循环方式
~ catalytique 催化过程
~ chimique 化学方法
~ d'allumage 点火程序，点火过程
~ d'approbation 审批过程
~ d'essais 试验过程
~ d'étude 研究过程，调查过程
~ de circulation des marchandises 商品流通过程
~ de construction routière 道路修建过程
~ de décision 决策过程
~ de diffusion 扩散法，扩散过程
~ de durcissement 硬化过程
~ de gel 冻结过程
~ de l'accident 事故过程
~ de la combustion 燃烧过程
~ de malaxage 搅拌过程
~ de malaxage à chaud 热拌过程
~ de mélange 拌和过程
~ de moindre carré 最小二乘法
~ de moyennes 求平均值，取平均值，平均值的确定
~ de préparation 准备过程
~ de production 生产过程
~ de production interrompu 间断性生产过程
~ de ralentissement 慢化过程，减速过程
~ de réception 验收过程
~ de réduction 还原过程
~ de régénération 再生方法，再生过程
~ de réglage 调整过程，控制过程，控制方法
~ de reproduction 再生产过程
~ de synthèse 合成过程
~ de transport 运输过程
~ de travail 劳动过程，作业过程
~ de virage à gauche 左转弯程序
~ en chaîne 连锁反应
~ endogène 内成过程
~ exogène 外成过程
~ externe 外成过程
~ géotechnique 岩土工程处理方法

~ hydrologique 水文过程
~ hydrophysique 水文物理过程
~ indivisible 不可分的过程，统一过程
~ irréversible 不可逆过程
~ isotherme 等温过程
~ itératif 迭代过程
~ mécanique 力学过程
~ naturel 自然形成过程
~ non adiabatique 非绝热过程
~ normal 标准程序
~ opératoire 操作过程
~ périodique 周期过程，循环过程，反复过程
~ récurrent 循环过程
~ récursif 递归过程
~ répétitif 重复过程，重复方法
~ réversible 可逆过程
~ technologique 工艺过程，技术作业过程
~ technologique unifié 统一技术作业过程

procès-verbal *m* 报告，记录，纪要，会议记录
~ d'avaries 损坏记录，事故记录
~ d'essai 试验记录，试验报告
~ d'expertise 鉴定书
~ d'une réunion 会议记录
~ de constatation 商务记录，确认记录
~ de contravention 违章记录，违约记录
~ de destruction 毁损记录
~ de fin de montagne 安装鉴定书
~ de la réception qualitative 质量检收记录
~ de livraison et acception 交接纪要
~ de régularisation 整理记录，改正记录
~ de vente 售货凭证，营业执照
~ de vérification 检查记录，检验报告
~ des modifications admises 修改协定书，商定的修改记录

prochain, e *a* 邻近的，临近的，迫近的，下次的
prochainement *adv* 下次，临近地，迫近地
proche *a* 邻近的，附近的，迫近的，接近的
~ de 邻近，毗邻
de ~ en proche 渐渐地，逐步地
proclamer *v* 说明，声明，宣布，宣告，宣读，揭示
~ l'état de siège 宣布戒严
Proctor *m* 葡式试验，击实试验
procuration *f* 委托，委托书
procurer *v* 提供，招致，带来，为……谋得，设法获得

producteur *m* 发生器，制气炉，生产者，煤气发生炉
producteur, trice *a* 生产的，出产的，产生的，引起的，创造的
productibilité *f* 产量，产出率，矿石出率，可生产性
~ annuelle 年发电量
productible *a* 能生产的，可生产的
productif, ive *a* 生产的，多产的，有生产效能的
production *f* 产量，生产，制造，产额，生产率，产品，输出量，输出功率，开采量生产能力
~ à la chaîne 流水作业，流水线生产
~ à la commande 按订单生产
~ actuelle d'une pompe 泵的实际出水量
~ annuelle 年产量，年出力
~ brute (GWh) 毛出力
~ continue 连续生产，流水作业
~ cumulée (GWh) 累计出力，累计产量
~ d'états 生产进度一览表
~ de l'entreprise pour elle même 企业自留产品
~ de masse 成批生产
~ de pompage 抽水量
~ de série 批量生产，成批生产
~ de vapeur 产生蒸汽
~ effective 有效出力
~ en grande quantité 大量生产
~ en grande série 大批量生产
~ en masse 大量生产，成批生产
~ en petite série 小批量生产
~ en quantités larges 大量生产
~ en série 批量生产，系列生产
~ ferme 固定出力，可靠出力，保证出力
~ frigorifique volumétrique 单位容积产冷量
~ globale 总产量
~ horaire 小时产量，小时出力
~ initiale 初期产量，最初产量
~ intérieure brute (PIB) 国内生产总值
~ intérieure nette (PIN) 国内生产净值
~ journalière 日产量，日出力
~ marchande 商品生产
~ maximum 最大出力，最大输出
~ mécanisée 机械化生产
~ mensuelle 月产量

~ minérale 矿石开采量,矿物开采
~ minière 采矿工业产量
~ nationale brute (PNB) 国民生产总值
~ nationale nette (PNN) 国民生产净值
~ nette (GWh) 净产量,净出力,净出水量
~ nominale 额定出力,额定产量
~ normalisée 标准化生产
~ optimale 最优输出
~ primaire 主要出力,初期出力
~ quotidienne 日产量
~ réelle 实际成产量
~ semi-mécanisée 半机械化生产
~ spécifique 单位出力,输出率
~ stable 稳定产量
~ stockée 库存产品
~ télécommandée 遥控生产,自动化生产
~ unitaire 单位出力,单位产量
~ vendue 卖出的产品

productivité *f* 出产率,生产(能)力,生产量
~ aquifère 含水层产水能力,含水层富水性
~ d'une couche aquifère 含水层出水量
~ de la mine 矿山生产率
~ du sol 土壤生产力
~ du travail 劳动生产率
~ financière 财务收益
~ secondaire 次级生产力

produire *v* 制造,生产,产生,引起

produit *m* 产品,产物,制品,收入[益],生成物
~ à base de chaux 石灰生成物,石灰制品
~ à béton 混凝土制品
~ à recevoir 应收款
~ abatteur de poussière 防尘剂
~ abrasif 研磨料,腐蚀剂
~ accessoire 副产品
~ adhésif 黏着剂,黏着料
~ améliorant les résistances du béton 混凝土增强剂
~ antiacide 耐酸制品
~ anticorrosion 防腐剂
~ antidétonnant 防爆剂
~ antigel 防冻剂
~ antipoussière 防尘剂
~ argileux 黏土材料
~ s artisanaux 手工艺品

~ asphaltique plastique 塑性沥青材料
~ bitumineux 沥青制品,沥青材料
~ brut 毛利,总收益
~ céramique 陶瓷制品
~ s comptabilisé d'avance 财务预收款
~ concassé cubique 立方颗粒材料
~ concentré 浓缩料
~ consommable 消耗品
~ s corrosifs 腐蚀剂
~ cru 原材料
~ d'acier 钢材
~ d'addition 添加剂,附加剂,掺合料,催化剂,副产品,附加产品
~ d'addition du béton 混凝土添加剂,混凝土掺合料
~ d'admission 混合料,掺合料,附加剂
~ d'apprêt 底漆涂料
~ d'enduit d'apprêt 铺结合层用料
~ d'étanchéité 堵塞料,堵缝料,防水剂
~ s d'exportation 出口产品
~ s d'extraction 精华,浸提物,萃取物
~ d'imperméabilisation 不透水材料
~ s d'importation 进口货,进口商品
~ d'obturation 封缝料,填缝料,嵌缝料
~ d'occlusion d'air 加气剂,吸气剂
~ s de boulonnerie 螺栓与螺母
~ s de carrière 采石场材料
~ s de cession d'investissement 投资转让收入
~ s de cession des autres éléments d'actifs 其他资产项目转让收入
~ s de cessions de valeurs mobilières cédés 转让的有价证券收入
~ de concassage 未筛的碎石,轧碎材料
~ de conservation 防腐剂,保护料
~ s de consommation 消费品
~ de construction 建筑材料
~ de corrosion 腐蚀剂
~ de coupage 轻制沥青
~ de cure (混凝土)养护剂,混凝土养生混合物,改善混凝土硬化的外加剂
~ de déchet 废品,废物
~ de décoffrage (混凝土)脱模件
~ de dégrillage 筛渣,筛余物
~ de démoulage (混凝土)脱模构件

- ~ de désintégration 蜕变产物
- ~ de forage 钻孔石屑
- ~ de garnissage 封缝混合料
- ~ de garnissage des joints 接缝填塞材料
- ~ de goudron 煤沥青产品,煤沥青材料
- ~ de graissage 润滑油
- ~ de l'attaque 腐蚀性制品
- ~ de la distillation 蒸馏产物
- ~ de marinage 隧洞弃土,隧洞废渣
- ~ de préservation 防腐剂
- ~ de préservation des bois 木材防腐剂
- ~ de qualité 优质产品,高质量产品
- ~ de qualité inférieure 次品
- ~ de remplacement 代用品,代用物
- ~ de scellement 封缝材料
- ~ de sondage 钻探石屑料
- ~ de terre cuite 黏土制品
- ~ de traitement 处治材料
- ~ de viscosité élevée 高黏结性材料
- ~ dégraissant 去油剂
- ~ s demi-fabriqués 半成品
- ~ s demi-finis 半成品
- ~ s des exercices antérieurs 前个会计年度收入
- ~ désémulsionnant 反乳化剂
- ~ s divers 其他收入
- ~ s du fil machine 线材制品
- ~ s du trafic 运输收入
- ~ élastique 弹性材料
- ~ en amiante-ciment 石棉水泥制品
- ~ en béton 混凝土制品
- ~ en béton manufacturé 混凝土制品
- ~ s en béton moulé d'avance 混凝土预制品
- ~ en béton traité à l'autoclave 蒸压混凝土制品
- ~ en vrac 松散材料,散装材料
- ~ enrobé 沥青混合料
- ~ entraineur d'air 混凝土加气剂
- ~ et rebut 成品与废品
- ~ s et travaux en cours 产品和在建工程
- ~ exceptionnel 特殊收入
- ~ s exportés 出口商品
- ~ extincteur halogéné 卤化灭火液
- ~ filtré 滤液,过滤液
- ~ fin 细料
- ~ s financiers 财政收入
- ~ s finis 成品,产品
- ~ s hors exploitation 营业外收入
- ~ s hors trafic 非运输收入
- ~ hydrocarboné 沥青材料,碳氢化合物材料
- ~ s hydrocarbonés bruts 天然碳氢化合物
- ~ s hydrocarbonés raffinés 精制碳氢化合物
- ~ hydrofuge 防水材料
- ~ hydrophobant 疏水剂,防水剂,憎水剂
- ~ hydrophobe 疏水剂,防水剂
- ~ imperméabilisant 混凝土薄膜养护剂,抗水剂
- ~ s industriels 工业产品
- ~ inflammable 易燃品
- ~ insoluble 不溶材料
- ~ insonorisant 隔音材料
- ~ intermédiaire 半成品
- ~ s manufacturés 制成品
- ~ manufacturier 工业品
- ~ s métallurgiques 冶金工业产品
- ~ mi-fini 毛坯,半制品,半成品
- ~ s minéraux 矿产品
- ~ moyen d'une tonne kilométrique 吨公里平均收入
- ~ national brut(PNB) 国民总产值,国民生产总值
- ~ net 净利,净收入,纯收益
- ~ net de l'exploitation 运营纯收益,营业净利
- ~ non élaboré 未加工材料,原料
- ~ non-tissé 非编织品
- ~ oxydant 氧化剂
- ~ passivant 钝性材料
- ~ pâteux pour joint 封缝混合料
- ~ plastique d'obturation 封缝料,填缝料,防水剂
- ~ s pour chemins de fer 铁路器材
- ~ pour dallage du sol 铺地材料
- ~ pour la protection des matériaux 建筑材料防腐剂
- ~ pour le meulage 研磨材料
- ~ pour travaux d'étanchéité 防水工程材料
- ~ s prohibés 违禁品
- ~ pulvérulent 粉状材料
- ~ pur 纯物质
- ~ s pyroclastiques 火成碎屑岩
- ~ s radioactifs 放射性物品
- ~ réfractaire 耐火材料

~ secondaire 副产品
~ s semi-fabriqués 半成品
~ semi-fini 半成品
~ s semi-ouvrés 半成品
~ sidérurgique 黑色冶金产品
~ silico-calcaire 硅酸钙产品
~ sous-tamis 筛余物
~ stabilisateur 缓冲剂,稳定剂
~ synthétique 合成产品
~ tensio-actif 表面活性物质
~ thermoplastique 热塑材料
~ volatil 挥发性物质

prooéminence *f* 丘陵,突出,高起地,突出物,突出部分

prooéminent, e *a* 凸起的,突出的

profession *f* 职业,声明,职业,同行
 de ~ 习惯的,习以为常的,专职的,职业的
 faire ~ de 以……为业,习于,惯于

professionnel, elle *a* 职业的,专业的

profil *m* 剖面,(纵)断面,轮廓,外形,侧面,型材,限界,剖面图,纵断面图,纵剖面图
 ~ à plein cintre 单心圆
 ~ accidenté 高低不平的断面,坡度不同的断面
 ~ anticipé 预期纵断面
 ~ asymétrique 不对称断面
 ~ bombé 路拱断面
 ~ bombé à l'arc de cercle 路拱,(路面的)弧形拱度
 ~ cintré à trois centres 三心圆
 ~ circulaire 路拱,路面的弧形拱度
 ~ concordant 吻合断面(预应力混凝土的)
 ~ d'acier 钢材剖面,预应力钢筋弧线
 ~ d'altération 风化剖面
 ~ d'arc 拱截面
 ~ d'avant-projet 初步设计纵断面
 ~ d'écoulement 水流(纵剖面)曲线
 ~ d'encombrement 装载限界
 ~ d'équilibre 平衡截面,平衡剖面
 ~ d'espace libre 建筑接近限界
 ~ d'un sol 土壤剖面
 ~ d'un sondage 钻孔柱状图
 ~ de ballast 道床断面
 ~ de bruit 噪音形态,噪声系数
 ~ de conductivité 导电剖面
 ~ de construction des véhicules 车辆限界
 ~ de crête 洪峰纵剖面,堰顶剖面,峰顶纵剖面
 ~ de crue 洪水水位剖面图
 ~ de déblai à toute la section 全挖断面
 ~ de dépression 下降剖面,下降断面
 ~ de l'onde 波形断面
 ~ de la ligne 路线纵断面
 ~ de la route 道路断面
 ~ de la surface de l'eau 水面线
 ~ de laminage 辊轧断面
 ~ de libre passage 建筑接近限界,自由通过限界
 ~ de masse spécifique 岩石密度变化曲线
 ~ de paiement 支付方法
 ~ de perméabilité 渗透性变化曲线
 ~ de pneu 轮胎花纹
 ~ de pneus antidérapants 轮胎防滑花纹
 ~ de remblai à toute la section 全填方断面
 ~ de route 公路断面
 ~ de semi-déblai et semi-remblai 半填半挖断面
 ~ de talus 边坡截面
 ~ de température 温度廓线,温度剖面分布
 ~ de tunnel 隧道几何断面
 ~ de vitesse 流速剖面,速度分布
 ~ de voie 线路断面,轨道断面
 ~ denté 齿形,齿廓,锯齿形断面
 ~ des couches du sol 土层断面
 ~ des strates 地层断面,地质剖面
 ~ des terrassements 土方断面
 ~ dissymétrique 非对称断面
 ~ du bandage 轮胎断面
 ~ du canal 运河截面,运河断面
 ~ du rail 钢轨断面
 ~ du sol 土壤剖面,土层断面
 ~ du terrain naturel 天然地形断面
 ~ du vent 风速廓线
 ~ du versant 山坡剖面
 ~ en clé (barrage-voûte) (拱坝)拱顶截面
 ~ en colonne 柱状图,矩形图
 ~ en gradins 阶梯状剖面
 ~ en long 纵断面,纵剖面,纵断面图,纵剖面图,走向断面
 ~ en long (autoroute) 高速公路纵断面图
 ~ en long (rampe) 匝道纵断面图
 ~ en long de départ 初始纵断面

profilage

~ en long définitif 定形纵断面
~ en long du terrain naturel 天然地面纵断面
~ en long géotechnique 工程地质纵剖面图
~ en long initial 初始纵断面
~ en toit 双向横坡断面,拱形断面
~ en travers 剖面,横剖面,横断面(图),(横)截面
~ en travers à pente unique 单一坡道横断面
~ en travers de la vallée 山谷横断面图,河谷横断面
~ en travers du remblai 路堤横断面
~ en travers géotechnique 工程地质横剖面图
~ en travers mixte 混合横断面
~ en travers normal 标准横断面
~ en travers type 标准横断面
~ en travers type de la superstructure 上部构造典型横断面
~ équivalent 等效断面
~ expérimental 实验断面
~ fermé 闭口型材
~ fictif zéro 零点断面
~ filé à la presse 挤压金属丝断面
~ fuselé 流线型
~ géologique 地质剖面图
~ géotechnique 地质剖面图
~ horizontal 水平剖面
~ hydraulique (地下水)水力断面,水面纵剖面图
~ hydrique d'un sol 土壤湿度曲线
~ initial 初始断面
~ initial d'avant-projet 初步设计的初始断面
~ irrégulier 不规则纵断面
~ s légers 小型钢,轻型钢
~ limite 限制断面,限界断面
~ limite de chargement 装载限界
~ longitudinal 纵剖面(图),纵截面,走向断面
~ meilleur 较优断面
~ mesuré 实测断面
~ mixte (包括挖方和填方的)混合断面
~ naturel 天然剖面
~ non optimisé 非最优化断面
~ normal du bandage 轮箍标准断面
~ s normaux 标准型钢
~ optimal 最优断面,最优化断面
~ optimisé 最优断面
~ optimum 最优断面

~ piézométrique 压力剖面
~ pour construction de wagons 制造货车用型钢
~ projeté 投影剖面
~ réduit 缩小断面,减小断面
~ routier 道路断面
~ séisme 地震震测,地震剖面图
~ sismique 地震剖面,地震断面图
~ spécial 特殊断面
~ stratigraphique 地层剖面,柱状剖面,地层柱状图,地层纵断面图
~ su sol 土壤剖面
~ tectonique 构造剖面
~ topographique 地形剖面,地形纵断面
~ tout terrain 轮胎越野花纹
~ transversal 横剖面,横断面
~ tronqué 土壤剥蚀剖面
~ type de soutènement 支护典型断面
~ vertical 垂直剖面
~ voulu 理想断面,最优断面

profilage *m* 压型,修整,型材,剖面,型钢,型铁,剖面法,剖面测量,剖面勘探,绘剖面图,画出轮廓,路基平整
~ carré 方钢,方材
~ cornière 角钢,角材
~ d'acier 型钢
~ des joints soudés 焊缝成型
~ en angle 角钢
~ en double T 工字钢
~ en L 角材,L形型材
~ en T T型钢
~ en U 槽材,槽钢,U形型材
~ en Z Z型钢
~ fermé 空心型钢,空心型材
~ filé 挤压型材
~ laminé 轧制型材
~ pour traverse (véhicules) 车辆横梁用型钢
~ préliminaire 初步成型

profilé *m* 型材[条、钢],型面,剖面,剖面图
~ carré 方钢,方材
~ cornière 角钢,角型材
~ d'acier 型钢
~ en acier 型钢
~ en angle 角钢
~ en double T 工字型材,工字钢

~ en L　角材，L形型材
~ en T　T型钢，工字钢
~ en U　槽材，槽钢，U形型材
~ en Z　Z型钢
~ fermé　空心型钢，空心型材
~ filé　挤压型材
~ H　H型钢
~ léger　轻型材
~ plein　实型钢，实型材
~ s cornières　角钢
~ spécial　特种型材

profiler *v*　描侧面图，仿形印刷，铣出轮廓，靠模加工，绘纵断面图，轧制成型材

profileuse *f*　平地机
~ de soubassement　平地机，路基平整机

profilographe *m*　轮廓曲线仪，表面光度计，纵断面测绘仪（测平整度用）
~ électronique　表面光洁度电子测定器
~ en long　长型纵断面线路测绘仪

profilomètre *m*　验平仪，轮廓测定器

profilotassomètre *m*　断面沉降测定仪

profil-réflexion *m*　地震反射波剖面

profil-réfraction *m*　地震折射波剖面

profit *m*　赢利，收益，利润，效用，效果
~ après impôt　税后利润
au ~ de　为……利益，为……，有利于……
~ avant impôt　税前利润
~ brut　毛利
~ espéré　预期收益
~ estimé　估计利润
~ exceptionnel　超额利润
~ excessif　超额利润
~ maximum　最高利阔
~ moyen　平均利润
~ net　纯利，净利
~ planifié　计划利润
~ pur　纯利，净利
~ s et pertes　损益
~ supplémentaire　附加利润

profitable *a*　有利的，合算的，有益的，有好处的

profiter *v*　有益，有利，利用，进步
~ à　对……有用
~ de　利用……

profond *m*　深奥，深刻

profond, e *a*　深的，深奥的，深厚的
profondément *adv*　深深地，深入地，极度地
profondeur *f*　深度，高[厚]度，水深
~ antigel　防冻深度
~ atteinte par le gel　冻结深度
~ caractéristique　特征水深
~ constructive　建造水深
~ contrôlée　控制深度，极限深度
~ critique　临界深度，临界水深
~ critique de fondation　地基临界深度
~ d'action　作用深度
~ d'action du gel　冻结作用深度
~ d'affouillement　冲刷深度
~ d'attaque　工作深度，加工深度，冲击深度
~ d'attaque du feu　燃烧深度
~ d'eau　水深
~ d'enfoncement　埋入深度，埋置深度
~ d'envahie　侵入深度
~ d'équilibre　平衡深度
~ d'évaporation　蒸发深度，蒸发量
~ d'excavation　挖掘深度
~ d'impression　印痕深度（布氏硬度试验的）
~ d'investigation　探测深度
~ d'ornière　车辙深度
~ de battage　夯实深度
~ de compactage　压实深度
~ de compensation　碳酸盐补偿深度
~ de congélation　冰冻深度
~ de consolidation　固结深度
~ de couche　层厚，地层厚度
~ de creusement　挖掘深度
~ de criblage (ballast)　已筛道砟的厚度
~ de détection　探测深度
~ de fiche　贯入深度，贯彻深度，穿透深度
~ de fonçage　下沉深度，沉降厚度
~ de fondation　基础埋入深度
~ de forage　钻孔深度
~ de foyer　源的深度，震源深度，震中深度
~ de gel　冷冻深度，冰冻厚度
~ de la couche cémentée　碳化层厚度
~ de la fondation　垫坑深度
~ de la fondation au-dessous du niveau du terrain　基础埋深
~ de la fouille　基坑深度

~ de la nappe phréatique 地下水深度
~ de la neige 雪深
~ de la pénétration du gel 冻结深度
~ de la zone gelée 冻结深度
~ de modulation 调制深度
~ de neige 雪深,雪厚
~ de pénétration 插入深度,穿透深度,渗透深度
~ de pénétration du gel 冰冻深度
~ de perçage 钻孔深度
~ de pieu 基础埋置深度
~ de puits 井深
~ de service 作业深度
~ de sondage, ~ de sonde, ~ du trou 钻孔深度,钻探深度
~ de strate 地层厚度
~ de trempe 淬透深度
~ des fouilles 开挖深度,基坑深度
~ du champ 矿床深度
~ du fossé 边沟深度
~ du foyer 震源深度
~ du gel 冻结深度
~ du parafouille 截水墙深度
~ économique 经济深度,经济高度
~ effective 有效深度,(梁的)有效高度
~ enterrée 埋置深度
~ enterrée de fondation 基础埋置深度
~ équivalente 等效深度
~ géothermique 低温深度
~ hypocentrale 震源深度
~ initiale 初始水深
~ limite 限制水深
~ maxima de la pénétration du gel dans le sol 冰冻线
~ maximale 最大深度
~ maximale des déblais 路堑最大深度,挖方最大深度
~ maximum théorétique d'action du gel 理论最大冻结深度
~ moyenne 平均深度
~ moyenne hydraulique 水力半径,平均水深
~ normale 正常水深
~ record 记录深度,记录高度
~ relative d'eau 相对水深,水深波长比
~ standard (水文测验的)标准水深
~ structurale 结构高度

profusion *f* 大量,过量
à ~ 大量地,丰富地

programmable *a* 可编程序的

programmation *f* 规划,程序设计[编制],计划的制订,编制程序

programme *m* 计划,纲要,规划,方案,大纲,程序,设计要求,(业主对设计单位提出的)设计任务书
~ à barres 工程进度横道图
~ abrégé 简章,简则
~ administratif 受理程序
~ analyseur 分析程序
~ autoroutier 高速公路方案,高速公路计划
~ budgétaire 预算计划
~ chemin de fer (qui met en évidence l'avancement des tâches linéaires avec leurs cadences) 列车运行计划
~ coopératif régional 地区合作计划
~ d'action prioritaire(PAP) 优先施工计划
~ d'action prioritaire régional(PAPIR) 地区优先施工计划
~ d'aide gratuite 无偿援助计划
~ d'aménagement 发展计划,布置计划
~ d'aménagement du réseau routier 道路网布置计划
~ d'aménagement routier 道路布置方案
~ d'amortissement 折旧计划,清偿计划
~ d'avancement des travaux 工程进度表
~ d'enclenchement 保护程序,闭锁程序
~ d'entrée 输入程序
~ d'entretien 养护计划,养护方案
~ d'essai 试验程序,校验程序
~ d'évacuation (gestion centralisée du trafic marchandises) 发送计划(货物集中管理)
~ d'instructions initiales 输入程序,起始指令程序
~ d'investissement 投资计划
~ d'optimisation 最优化程序
~ d'optimisation sur le profil en long d'un tronçon 路段纵断面的最优化程序
~ de changement des feux 交通信号灯变化程序
~ de commande 控制程序
~ de construction 工程计划,工程进度图表

~ de contrôle 控制程序
~ de débranchement 调车计划
~ de déneigement 除雪计划
~ de dépouillement 处理程序
~ de détection 跟踪程序,校验程序
~ de détection en correction des fautes 检测校正误差程序
~ de dialogue avec l'opérateur 与操作者对话程序
~ de gestion 控制程序,管理程序
~ de lotissement 列车编组计划
~ de manœuvre 调车作业计划
~ de modernisation 现代化计划
~ de priorité 优先程序
~ de production 生产计划
~ de recherches 研究计划
~ de service 服务程序,辅助程序
~ de sortie 输出程序
~ de télévision 电视传输,电视发送
~ de test 测试程序,检验程序,试验程序
~ de transport 运输计划
~ de travaux 工程计划,施工程序,施工计划
~ de visites 检查纲要,检查程序
~ diagnostique 诊断程序,检测误差程序
~ directeur 指导程序,执行程序,控制程序
~ du bétonnage 混凝土浇注进度计划,混凝土浇注程序
~ exécutif 执行程序
~ fixe 固定程序
~ fréquent 常用程序
~ général d'exécution des travaux 工程(施工)总体进度计划
~ géotechnique détaillé 工程地质详细方案
~ linéaire 线性程序,线性规划
~ linéaire appliqué 使用线性规划
~ manuel 人工程序,手编程序
~ moniteur 监控程序,管理程序
~ optimisant le tracé en plan 平面线性的最佳程序
~ précis de travail de chaque machine 每台机车的具体作业计划
~ soumis à l'essai 试验程序
~ soumis à la comparaison 比较程序
~ spécifique 专用程序

~ technique 技术要求
~ technique général 一般技术要求
~ technique particulier 特殊技术要求
~ testé 试验程序
~ travail 作业程序
~ trimestriel 工程季度计划
programmer v 程序设计,编制程序
programmerie f 软件
progrès m 前进,进步,进展,进度
~ économique 经济发展
~ technologique 工艺过程,工艺发展,技术发展
progresser v 前进,进展,进步,发展,向前推进
progressibilité f 可进展性
progressif, ive a 进步的,渐进的,累进的,递增的,逐渐发展的
progression f 进展,前进,发展,运动,连续,连续变形,累计变形
~ de l'équipement 前进
~ des exportations 出口增长
progressivité f 进展性,发展性,累进性
prohibitif, ive a 禁止的,限制的
prohibition f 禁止,禁令
proïdonite f 氟硅石
projecteur m 喷浆机,探照灯,投影机,发射器
~ à main 手提灯
~ anti-brouillard 防雾剂
~ arrière d'auto 汽车尾灯
~ convergent 聚光灯
~ d'appoint 辅助灯
~ d'atterrissage 着陆场照明灯,降落照明灯
~ d'automobile 汽车前灯
~ d'enduit 抹灰机,喷浆机,喷灰机
~ de béton 混凝土喷枪机
~ de fond 底灯,背景灯
~ de mortier 砂浆喷枪
~ des bétons 混凝土喷枪
~ dispersif 停车坪泛光灯,泛光灯
~ électrique 机车头灯
~ lumineux 探照灯
~ orientable 聚光灯
~ ponctuel 点光灯
~ pour illumination 探照灯
projectif, ive a 抛射的,投影的,凸出的,摄影的
projectile m 投射物,发射物,抛射物

projection *f* 投掷，喷射，投射，抛射，投影，规划，设计
- ~ au canon à béton 喷射法浇注混凝土，混凝土喷射枪灌注
- ~ azimutale 方位投影
- ~ azimutale équiangle 等角方位投影
- ~ azimutale équidistante 等距离方位投影
- ~ azimutale équivalente 等积方位投影
- ~ centrale 中心投影
- ~ conique 圆锥投影
- ~ conique conforme 正形圆锥投影
- ~ conique équiangle 等角圆锥投影
- ~ conique équidistante 等距离圆锥投影
- ~ conique équivalente 等面积圆锥投影
- ~ conique modifiée 修正圆锥投影
- ~ conique ordinaire 单圆锥投影
- ~ conventionnelle 惯用投影
- ~ cylindrique 圆柱投影
- ~ cylindrique équiangle 等角圆柱投影
- ~ cylindrique équidistante 等距离圆柱投影
- ~ cylindrique équivalente 等面积圆柱投影
- ~ cylindrique ordinaire 单圆柱投影
- ~ d'eau 飞溅水
- ~ de carte 地图投影
- ~ de flammèches 火星喷射
- ~ de Gauss 高斯投影
- ~ de Mercator 等面积投影
- ~ de sable 喷砂
- ~ de surface égale 等面积投影
- ~ double 双重投影
- ~ élliptique 椭球投影
- ~ en plate carrée 正方形投影
- ~ équidistante 等距离投影
- ~ étoilée 星形投影
- ~ externe 外部投影
- ~ frontale 直接投影，正面投影
- ~ Gauss 高斯投影
- ~ géométrique 几何投影
- ~ gnomonique 球心投影，极平投影
- ~ homolographique 等（面）积投影
- ~ horizontale 平面图，平面投影，水平投影
- ~ hyperbolique 双曲投影
- ~ interne 内部投影
- ~ isométrique 等角投影，等距离投影
- ~ Lambert 兰勃特投影
- ~ mécanique 机械投影
- ~ Mercator 墨卡托投影
- ~ naturelle 多面投影
- ~ normale 法向投影，正轴投影
- ~ oblique 斜角投影
- ~ optique 光学投影法
- ~ orthogonale 正交投影，垂直投影
- ~ orthographique 正射投影，正交投影
- ~ par transparence 背景投影，背面投影
- ~ parallèle 平行投影
- ~ perspective 立体投影，透视投影
- ~ plate parallélogrammatique 长方形投影
- ~ polyconique 多圆锥投影
- ~ polyédrique 多面投影
- ~ rectangulaire 正交投影
- ~ spontanée 自发喷射
- ~ stéréographique 球面投影，立体投影
- ~ transverse 横轴投影
- ~ verticale 垂直投影
- ~ zénithale 天顶投影，方位投影
- ~ volcanique 火山喷出物

projet *m* 方案，草案，工程，项目，（方案）设计，规划，计划，设计图
- ~ approuvé 已批的项目
- ~ architectural 建筑设计
- ~ artificiel de recharge 人工补给工程，（地下水的）人工回灌工程
- ~ au stade de l'avant-projet 在规划（设计）阶段，在初步设计阶段
- ~ au trafic réel 实际交通方案
- ~ autoroutier 高速道路方案
- ~ avancé 早期方案
- ~ capital 基本建设项目，资本投资项目
- ~ clé en main 交钥匙工程（项目），整套项目
- ~ conçu pour une réalisation par étapes 分级开发的项目，分期开发的项目
- ~ coopération 合作项目
- ~ d'amélioration 改善方案
- ~ d'amélioration urbaine 城市改建计划，城市发展规划
- ~ d'aménagement 整治规划，建设项目
- ~ d'aménagement hydroélectrique 水电建设项目
- ~ d'aménagement routier 道路布置方案

~ d'avenir　远景规划
~ d'ensemble　总体设计,组合设计
~ d'établissement　制订方案
~ d'État　国家项目
~ d'exécution　施工设计,正式设计
~ d'extension　发展规划
~ d'urbanisation　城市规划方案
~ de budget　预算草案
~ de cadre　框架方案
~ de chaussée　路面设计
~ de chaussée rigide　刚性路面设计
~ de construction　建筑项目,工程设计
~ de construction domiciliaire　住宅建设项目
~ de construction en vue de l'exécution　施工设计
~ de contrat　合同草案,草签合同
~ de coopération　合作项目
~ de création　新建项目,新项目工程
~ de delta　三角洲整治计划
~ de développement　开发计划,开发工程,开发项目,改良土地计划
~ de drainage　排水计划,排水工程
~ de mur de soutènement　挡土墙设计
~ de paysage routier　公路景观设计
~ de plantation　绿化方案
~ de pont　桥梁设计
~ de résistance des matériaux　材料强度计算
~ de revêtement　护坡设计
~ de rivière　报告草案,非正式报告
~ de structure　结构设计
~ de tarif　运价方案,运价草案
~ de terrassement　土方计划
~ de tracé　路线方案,路线设计
~ de travaux　工程设计
~ de tunnel　隧道设计
~ définitif　施工图,正式设计
~ des installations de gares　车站设备计划
~ des transports　运输计划,运输方案
~ des travaux publics　公共工程设计
~ détaillé　设计,详细设计
~ du budget　预算草案
~ du paysage routier　公路景观设计
~ du tunnel　隧道设计
en ~　在规划(设计)阶段,在初步设计阶段
~ en altitude　空间设计

~ en plan　平面设计
~ financier　财务计划
~ formant la base de l'appel d'offres　招标设计
~ général　初步设计,一般设计
~ géométrique　(公路)几何设计,线形设计
~ implanté　制订方案,定线方案
~ initial　初步方案,初始方案,初始设计
~ non implanté　未定线方案
~ pilote　试点项目
~ s d'urbanisme　城市规划
~ standard de ponts　桥梁标准设计
~ technique　技术设计
~ type　标准设计,定型设计
projet-concours *m*　设计竞赛
projeter *v*　投,掷,喷射,投影,计划,设计
　~ de　打算
projeteur *m*　喷枪,喷射器,结构师,设计师,设计者,计划者
　~ de béton　混凝土喷枪
　~ de mortier　砂浆喷射器
prokaolin *m*　合成高岭石
prolongation *f*　扩展,拉长,延期,展期,拓展,延长(部分)
　~ de validité　延长有效期限
　~ de visa　签证延期
　~ des délais　工期延期
prolongé *a*　延长的
prolonge *f*　伸长,延长,绳索
prolongement *m*　延长,伸长,伸展,开拓,延长部分,延长路段
　~ d'une voie ferrée　铁路线路延长
　~ de l'autoroute　高速公路的延伸,高速公路的延长线
　~ de la ligne　延长线路
　~ de parcours　延长运程,延长乘车行程
prolonger *v*　延长
proluvial, e *a*　洪积的
proluvium *m*　洪积物
promenade *f*　宽廊,步行道,林荫道,散步道路,(防波堤上的)堤顶大路,散布广场
promettre *v*　允许,保证,预示
prominence *f*　丘陵,突出,高起地,突出物,突出部分
promontmorillonite *f*　(合成)非晶质蒙脱石

promorphisme *m* 脱玻作用
promoteur *m* 浮选剂,促进剂,助催化剂,激发器,发起人,创办人,促进者
~ catalytique 催化促进剂
~ du projet 立项人,项目发起人
promotion *f* 上坡,晋升,提及,推销,促进,发展,宣传,提升
promouvoir *v* 促进,推动,实行
prompt, e *a* 快的,敏捷的,迅速的
promulgation *f* 公布,颁布
prôneuse *f* 抓取器
prononcer *v* 发表,宣告,宣布,宣读,说出,发表意见
pronostic *m* 预测,预报,预告,征兆
~ du temps 天气预报
~ du trafic 交通预测
~ météorologique 气象预报,天气预报
pronostiquer *v* 预报,预测
propagation *f* 传播,传导,扩展,蔓延,推广,普及,推进
~ d'erreur 误差传播
~ de fissures 裂缝扩展,裂纹发展,裂纹延伸
~ de flammes 火焰传播
~ de l'onde de freinage 制动波的传播,制动波的传播速度
~ de la chaleur 导热率,传热能力,传热性
~ de la fissure 裂缝扩散
~ de rayons 光的走向,光的传播
~ des criques 裂缝扩散
~ des ondes sismiques 地震波的传播
~ directe 直接传播
~ d'ondes de choc 冲击波传播
~ du freinage 制动波的传输
~ longitudinale 纵向传播
~ transversale 横向传播
propager *v* 传播,传导,扩展,蔓延
propane *m* 丙烷
~ liquide 液化丙烷
propanol *m* 丙醇
propanone *f* 丙酮
proparaclase *f* 水平错动,横断层
prophétiser *v* 预言,预测,预料
prophylactique *a* 预防的
propice *a* 有利的,顺利的

~ à 对……有利
proplissement *m* 前褶皱作用
proportion *f* 比,比例,比率,份额,配合,相称,部分,成分,尺寸,大小
~ arithmétique 算术比例
~ de contrainte d'écoulement pour résistance à la traction 屈服比
~ de courbe 曲线占有率
~ de dilatation 膨胀率
~ de fines 细屑含量,石屑含量
~ de malaxage 搅拌成分,搅拌组份
~ de mélange sur chantier 现场实际配合比
~ de vides 空隙比
~ des côtés d'une plaque 边长比
~ directe 正比例
~ du mélange 混合比例(例如混凝土中水泥与沙石比例),混合气成分
~ du ménage (混凝土的)混合比
~ effective 有效尺寸,有效比例
~ en poids 重量比例,按重量计的份数
~ en volume 体积比例,按体积计的份数
~ inverse 反比例
à ~ 成比例地,相应地
à ~ de 按照,依照,跟……成比例,相对于,与……相比,和……相适应
à ~ que 按同样比例,与……成比例,愈……愈……
en ~ 成比例地,相应地,相称地,按比例地
en ~ avec 按照,依照,跟……成比例,相对于,与……相比
en ~ de 按照,依照,跟……成比例,相对比,与……相比
hors de ~ 不成比例地,不相称地
proportionnalité *f* 匀称,相称,比例,比值
~ approximative 近似比例
proportionnel, elle *a* 匀称的,相称的,按比例的,成比例的,成正比的
~ à 相称,与……成比例
proportionnelle *f* 比例量,比例项
proportionnellement *adv* 相应地,成比例地
~ à 与……成比例
proportionner *v* 使相称,使匀称,使成比例
propos *m* 话,言论,决心
à ~ 及时地,恰当地,合时宜地

à ~ de 关于,对于,为了
à tout ~ 随时,经常,时时刻刻
proposer *v* 建议,提议,提出,推荐,想要,打算
proposition *f* 建议,提议,报价,命题,主题
~ d'avancement 提升建议
~ d'ordre pratique 具体建议
~ de loi 法案
~ de prix 报价
~ de rationalisation 合理化建议
~ de règlement d'un litige 解决争端的建议
propre *m* 特性,本质,本性; *a* 特有的,专有的,本身的,固有的,自己的,适合的,清洁的,干净的
~ à 特有的,适合……,为……所固有
~ assurance 自动保险
proprement *adv* 原来,本来,确切地,真实地,适合地
~ dit 仅指……而言,所谓,严格地说
propreté *f* 清洁,整洁,清洁度
~ des granulats 粒料清洁度,集料清洁度
~ des gravillons 石屑的清洁度
~ des sables 砂的清洁度
~ superficielle 表面洁净度
propriétaire *f* 物主,业主,所有者
~ de véhicule 汽车所有者
~ de véhicule à moteur 汽车业主,汽车所有者
~ des routes 道路所有者
~ foncier 地主,土地拥有者
~ riverain 路侧所有者
propriété *f* 性质,特性,性能,资产,财产,能力,属性,所有制; *f. pl* 所有不动产,房地产
~ adhésive 黏着性
~ antidérapante 抗滑性能,抗滑特性
~ caractéristique 特性性质
~ s chimiques 化学特性,化学性质
~ cohésive 黏聚性
~ colloïdale 胶黏性
~ constitutive 结构性质
~ de compression 压缩性
~ de construction 收缩性
~ de distribution des charges 荷载分布性能
~ de fatigue 疲劳性能
~ de fluage 流动性,徐变性,蠕变性
~ de fonderie 铸造性
~ de frottement 摩擦性能

~ de l'enrobé 沥青混合料性能,沥青混合料特性
~ de prendre la trempe 可淬性
~ de résistance à froid 耐冻性,抗冻性
~ de succion des sols 土壤吸湿性能
~ des matériaux 材料性能
~ des matériaux routiers 道路材料特性,路用材料特性
~ diélectrique 电介质特性
~ drainante 排水性能
~ du mélange 混合料特性,混合料性能
~ du sol 土壤性质
~ élastique 弹性性能
~ en maison 房产,房产所有权
~ essentielle 基本特性,主要特性
~ s extrinsèques 非本性特性,非固有特性
~ s fonctionnelles 使用性能,操作性能
~ géométrique 几何性质,几何特性
~ s géotechniques 土工力学性质
~ granulaire 颗粒特性,粒度特性
~ hydraulique 水硬性,水文特性,水文属性
~ immobilière 不动产,不动产所有权
~ industrielle 工业特性
~ intrinsèque 本征特性,内在特性,固有特性
~ mécanique 机械特性,力学特性,力学性能
~ s mécaniques du métal déposé 焊接金属机械性能
~ s mécaniques du sol 土壤的力学特性
~ mobilière 动产,动产所有权
~ physico-chimique 物理—化学特性,物理—化学性能
~ physico-mécanique 物理性质
~ physique 物理性能
~ plastique 塑性,可塑性
~ pouzzolanique 火山灰性质
~ réductrice 还原性,还原能力
~ riveraine 路侧使用权
~ thixotropique 触变性
propulseur *m* 推进器,发动机,动力装置
~ à réaction 喷气推进器
~ hydraulique 水力推进机,喷水推进机
~ hydrométrique 水文(测验)旋桨流速仪
propulsif *a* 推进的,有推进力的
propulsion *f* 推进(力),驱动(装置),传动装置
~ arrière 后推进(力)

~ diesel-électrique 柴油机发电驱动装置
~ par accumulateur 蓄电池发电驱动装置
~ turboélectrique 汽轮机发电驱动装置

prorata *m* 按比例分派的份额
prorogatif, ive *a* 延长的,延期的
prorogation *f* 延长,延期
~ du délai 期限延长
~ de validité 有效期的延长

proscription *f* 撤销,取消,废除,禁止
prosopite *f* 氟铝钙石
prospect *m* 勘探,矿点,勘探区,远景区
prospecter *v* 勘查,勘探,勘察,找矿
prospecteur *m* 钻机,勘察者,勘查者,勘探者
~ de terrain 野外勘探工作者
~ géologique 地质勘探工作者

prospectif, ive *a* 未来的,将来的,展望的
prospection *f* 勘探,勘查,勘测,测量
~ à larges mailles 小比例尺测量
~ aérienne 航空勘探
~ aéroportée 航测,航空勘探
~ aéroradiométrique 航空放射性测量
~ alluviale 砂矿勘探
~ de reconnaissance 普查,踏勘,初查
~ des placers à l'or 砂金勘探
~ des sols 土壤勘探
~ détaillée 详细勘探,详细普查
~ du gisement 矿床勘探
~ du trafic 运量调查
~ électrique 电探,电法勘探
~ électrique de surface 地面电测法地质勘探
~ électrique par traînées 电测剖面法勘探
~ électromagnétique 电磁法勘探
~ électromagnétique aéroportée 航空电磁法勘探
~ électromagnétique terrestre 地面电磁法勘探
~ géochimique des eaux 水文地球化学勘探
~ géochimique hydrologique 水文地球化学勘探
~ géochimique régionale 区域地球化学测量
~ géochimique stratégique 区域地球化学调查,战略性地球化学调查
~ géochimique tactique 详细地球化学调查,战术性地球化学调查
~ géologique 地质勘探
~ géominière 矿床普查和勘探
~ géophysique 物探,地球物理勘探

~ géophysique aéroportée 航空物探,航空地球物理勘探
~ géothermique 地热勘探
~ gravimétrique 重力勘探
~ gravitaire 重力勘探
~ hydrochimique 水文地球化学勘探
~ hydrologique 水文地质勘探
~ magnétique 磁法勘探
~ magnétométrique 磁法勘探
~ magnétotellurique 大地电磁勘探
~ métallométrique 金属量测量
~ minière 矿山勘探,开采勘探
~ par courants telluriques 地中电流法地质勘探
~ par les gaz 气量测量
~ par mesure de la résistivité du sol 土壤电阻勘测法
~ par photographies aériennes 航空摄影测量
~ par sismique-réfraction 地震波勘探
~ préliminaire 初步勘探
~ primaire 普查,初步勘探
~ radioactive 放射性测量
~ radioactive aéroportée 航空放射性测量
~ radiométrique gamma 伽马放射性测量
~ séismique 地震勘探,地震勘探法
~ séismique par réflexion 地震反射波勘探方法
~ séismique par réfraction 地震折射波勘探方法
~ sismique 地震法勘探
~ sismique à réfraction 地震反射
~ systématique 系统勘探,详细勘探
~ tactique 详细勘探,战术性勘探
~ thermique 地热勘探
~ verticale à résistivité 电探法
~ volante 航测,详细普查,初步勘探

prospective *f* 预测
prospectus *m* 单,表,简介,通告,说明书
prospérite *f* 羟砷钙锌石
prostyle *m* 柱廊,柱廊式建筑
protalisé *a* 耐涂高温漆的
protecteur *m* 保护器,防护装置,防护人员
~ contre la neige 防雪设施
~ de béton contre la dessication et la pluie 混凝土薄膜养护
~ de surtension 过电压防护器,冲击放电器
~ du béton contre la dessication et la pluie 混

凝土薄膜养护
~ superficiel du béton 混凝土薄膜养护, 混凝土表面防护装置

protecteur, trice *a* 保护的

protection *f* 保护, 防护, 预防, 防止, 保护装置, 保护措施
- ~ acoustique 噪音防护
- ~ anti-batillage 防冲浪保护
- ~ antibrouillage 抗干扰
- ~ anticorrosion 防锈, 防蚀, 防腐蚀保护
- ~ anticorrosive 防腐保护
- ~ antirouille 防锈(层), 防锈保护
- ~ antivolatile 防飞禽保护网
- ~ cathodique 阴极防腐(法), 阴极防蚀(法)
- ~ climatique 保温, 防寒
- ~ contre éboulements rocheux 防止落岩, 防止岩石塌方
- ~ contre érosion 侵蚀防护
- ~ contre l'affouillement 防冲刷措施
- ~ contre l'éblouissement 防眩(目)设施
- ~ contre l'écoulement des sables 防砂土流失
- ~ contre l'humidité 防润, 防湿, 防潮
- ~ contre l'humidité du sol 防潮, 防湿
- ~ contre l'incendie 消防, 防火措施, 防水(灾)措施
- ~ contre la corrosion 防锈蚀
- ~ contre la foudre 防雷, 避雷
- ~ contre la neige 防雪
- ~ contre la pollution 防污染
- ~ contre la pourriture 防腐蚀
- ~ contre la rouille 防锈蚀
- ~ contre le contact 接触防护
- ~ contre le feu 防火, 消防
- ~ contre le froid 防寒
- ~ contre le gel 防冻(措施)
- ~ contre les accidents du travail 劳动保护, 防止工伤事故的措施
- ~ contre les affouillements 防冲刷, 防淘刷(措施)
- ~ contre les avalanches 防雪崩设施
- ~ contre les crues 防洪, 防汛, 防洪工作
- ~ contre les crues au cours de la construction 施工期度汛
- ~ contre les inondations 防洪, 防水害, 防水毁
- ~ contre les mises à la terre accidentelles 接地保护
- ~ contre les radiations 防辐射
- ~ contre les surtensions 过电压保护装置, 过电压保护
- ~ d'une section de voie 线路区段防护措施
- ~ de chenal 水道保护
- ~ de l'environnement 环境保护
- ~ de l'excavation 开挖防护
- ~ de la gare 车站防护
- ~ de masse 构架漏电保护装置
- ~ de parois 泥浆护壁
- ~ de remblai 路堤保护, 护坡面
- ~ de réserve 后备保护装置
- ~ de secours 备用保护装置
- ~ de talus 护坡, 护岸
- ~ de talus par poutres en béton armé entrecroisées 骨架护坡
- ~ de voûte 护拱
- ~ des arêtes 边缘加固
- ~ des berges 护坡工程, 护岸工程
- ~ des constructions 保护建筑物
- ~ des données 数据保护
- ~ des eaux 水源保护
- ~ des enduits par peinture 油漆涂层保护
- ~ des environnements 环境保护
- ~ des fichiers 文件保护
- ~ des hommes au travail 对正在工作人员的防护, 施工安全措施
- ~ des passages à niveau 道口防护
- ~ des rivages 护岸工程
- ~ des rives 护岸工程
- ~ des surfaces (véhicules) 表面保护层(车辆)
- ~ des talus 护坡工程, 保护边坡
- ~ des trains 列车防护
- ~ des transmissions 传动保护, 传输防护
- ~ des voies 路线防护
- ~ du remblai 护坡面, 路基防护
- ~ incendie 消防, 防火装置
- ~ par béton projeté + épinglages(clou) 锚喷防护
- ~ par bouclier 盾构掩护
- ~ par buse étanche et déshydratée 密封防潮保护罩
- ~ par comparaison de phase 相位比较保护装置

protectonique

~ par courant porteur　高频保护装置,载波电流保护装置
~ par fils pilote　引示线保护,带辅助导线的纵联保护装置
~ par garniture métallique　金属渡边[包皮]保护
~ par métallisation　金属喷镀
~ par plantation d'arbuste　植灌木防护
~ par télérelais　远程保护,距离保护
~ parasismique　抗震设防
~ pare-pluie　防雨设施
~ principale　主保护装置
~ sélective　选择性保护装置
~ sismique　防震,抗震设防
~ superficielle　面层保护
~ tarifaire　关税保护

protectonique　*a*　原构造的
protéger　*v*　保护,防护
　　~ l'aiguille　道岔防护
　　~ par l'intervalle de temps　用时间间隔防护
　　~ en inverse　反向保护
protège-tympan　*m*　护耳,防震护耳
protéolite　*f*　英云红柱角岩
protérobase　*f*　角闪辉绿岩
Protérozoïque　*m*　元古代(界)(Pt)
protex　*m*　氯化橡胶
prothalle　*m*　原叶体
prothéite　*f*　钙铁辉石,深绿辉石
proto-　(前缀)初,亚,次,最初,原始,最低,最低价的
protobastite　*f*　顽火辉石,古铜辉石
protobitume　*m*　原沥青
protocalcite　*f*　纤方解石
protochlorites　*f. pl*　正绿泥石组
protoclase　*f*　原生劈理
protoclastique　*a*　原生碎屑状的,原生粒化的
protocole　*m*　协议,规程,规约,协定书
　　~ additionnel　附加议定书
　　~ commercial　贸易草书,贸易议定书
　　~ d'accord　协议书
　　~ d'accord de constitution du groupement　联合体协议
　　~ d'agréage　验收记录
　　~ d'essai　试验记录[报告]
　　~ de clôture　最后议定书
　　~ de communication　通信协议,通信规约
　　~ de dialogue　对话记录
　　~ de pénétration　贯入记录
　　~ de sondage　探钻记录
　　~ final　最后议定书

protocroûte　*f*　原始地壳
　　~ continentale　原始陆壳
protecteur　*m*　角规,量角器,分度器,分度规
protodolomite　*f*　原白云石
protodolorésite　*f*　原氧钒石,水复矾石
protoenstatite　*f*　原顽火辉石
protogène　*a*　原生的
protogine　*f*　绿泥花岗岩
protogneiss　*m*　原始片麻岩
protolithionite　*f*　黑鳞云母,钾铁云母
protomélane　*m*　硬锰矿
proton　*m*　质子,原型,原体,样机,典型
protonontronite　*f*　原绿脱石
protoocéan　*m*　原始海洋
protopegmatite　*f*　原始伟晶岩
protopétrole　*m*　初级石油,原始石油
protore　*m*　矿胎,胚胎矿,原生矿石
prototype　*m*　原型,模型,样机,试制品
　　~ d'essai　试验样机
　　~ d'essai d'un véhicule　试验车原型
　　~ définitif　定型样品(样机,样车)
protovermiculite　*f*　原蛭石
protowollastonite　*f*　单斜硅灰石
protracteur　*m*　分度规,量角器,分角器
protrusion　*f*　突出,隆起,冷侵入,固态侵入
protubérant, e　*a*　隆起的,凸起的
proudite　*f*　硒硫铋铅铜矿
prouvable　*a*　可证实的,可证明的
prouvé　*a*　探明的,证实的(储量)
prouver　*v*　证明,证实,表示,表明,表现
provenance　*f*　来源,出处,起运站,原产地
　　~ des matériaux　材料来源
　　~ d'une marchandise　货物起运站,货物原产地
　　en ~ de　来源于,出自
provenir　*v*　来自,起源于,来源于
　　~ de　来自,出自
province　*f*　省,区,地区
　　~ d'alimentation　补给区
　　~ botanique　植物区

~ distributive　分布区
~ géologique　地质省
~ s métalliques　金属省
~ métallogénique　成矿省
~ minérale　矿物省
~ pétrographique　岩区
~ pétrolifère　含油省

provision　*f*　预备,准备,储备,储藏,供给,补给,保证金,银行准备金
　~ budgétaire　预算拨款
　~ d'eau douce　淡水供给
　~ pour aléas　风险准备金
　~ pour amortissement　折旧费准备金
　~ pour charges à répartir sur plusieurs exercices　用于分摊到各财政年度的费用保证金
　~ pour dépréciation des comptes des clients　客户账目折损准备金
　~ pour dépréciation des créances　对债权的贬值的预测
　~ pour impôt　纳税准备金
　~ pour investissement　投资准备金
　~ pour pertes et charges　用于损失和支付有关费用的准备金
　~ pour pertes probables　用于可能遭受损失的保证金
　~ pour risques　风险准备金
　~ réglementée　法定保证金
　~ spéciale pour évaluation d'actif　资产评估专项准备金
　par ~　预先,假定性,临时,暂时

provisionnel, elle　*a*　预先的,临时的
provisionnellement　*adv*　暂行地
provisoire　*a*　暂时的,暂行的,临时的
　~ à titre　临时地,暂时地
provisoirement　*adv*　暂行地,临时地
provoquer　*v*　引起,挑起,激起
proximal　*a*　（沉积）近源的,邻近的,近端的
proximité　*f*　邻近,接近,相近
　à ~　很近,在附近
　à ~ de　在……附近,靠近,邻近
prudent, e　*a*　小心的,谨慎的
przhewalskite　*f*　铅铀云母
psammite　*m*　砂屑岩,砂质岩
psammitique　*a*　砂屑岩的

psammoaleuropélitique　*a*　粉砂泥质岩的
psammopélitique　*a*　砂屑泥质岩的
psathyrite　*f*　白针脂石（针脂石）
psephite　*f*　砾质岩,砾状岩
pséphitique　*a*　砾状的
psépholite　*f*　砂砾碎屑岩
pseudarmone　*m*　红锰榍石
pseudo-　(前缀)伪,假
pseudoadinole　*f*　假钠长英板岩
pseudoaléatoire　*a*　伪随机的
pseudoamygdalaire　*a*　假杏仁状（结构）
pseudo-andalusite　*f*　蓝晶石
pseudoanticlinal　*m*　假背斜
pseudo-apatélite　*f*　水羟铝铁矾
pseudo-apatite　*f*　假磷灰石
pseudo-autunite　*f*　假钙铀云母
pseudobasalte　*m*　假玄武岩
pseudobase　*m*　假碱
pseudoberzéliite　*f*　假黄砷榴石
pseudobeudantite　*f*　假菱铅铁矾
pseudobiotite　*f*　假黑云母,水黑云母
pseudobœhmite　*f*　假勃姆石
pseudoboléite　*f*　水氯铜铅矿
pseudobrèche　*f*　假角砾岩
pseudobrookite　*f*　假板钛矿
pseudocalcédoine　*f*　假玉髓
pseudocampylite　*f*　桶磷氯铅矿
pseudochlorite　*f*　假绿泥石,膨胀绿泥石
pseudo-clivage　*m*　假劈理；假解理
pseudo-code　*m*　伪码,假码
pseudo-concordance　*f*　假整合,伪整合
pseudoconcrétion　*f*　假结核
pseudoconglomérat　*f*　假砾岩,压碎砾岩
pseudoconglomératique[**pseudoconglomére**]　*a*　假砾岩状的
pseudocopiapite　*f*　假叶绿矾
pseudocotunnite　*f*　氯铅钾石
pseudocouche　*f*　似层状体
pseudodeweylite　*f*　假水蛇纹石
pseudodiabase　*f*　假辉绿岩
pseudodiorite　*f*　假闪长岩
pseudoéclogite　*f*　假榴辉岩
pseudo-edingtonite　*f*　假钡沸石
pseudo-élastique　*m*　假弹性体

pseudo-émeraude *m* 假祖母绿,假纯绿宝石
pseudo-encastrement *m* 假嵌固
pseudo-équilibre *m* 假平衡
pseudo-eucriptite *f* 假锂霞石
pseudo-module *m* 假模量
　～ d'élasticité　假弹性模量
pseudomoraine *f* 假冰碛
pseudo-orthoclase *f* 透长石,歪长石,正长石
pseudo-période *f* 假周期,伪周期
pseudopériodique *a* 伪周期的,假周期的
pseudoperthite *f* 假条纹长石
pseudophénocristal *m* 假斑晶,斑状变晶
pseudophillipsite *f* 假十字沸石
pseudoplasticité *f* 假塑性
pseudo-plastique *a* 伪塑性的
pseudo-quartzine *f* 假正玉髓
pseudosaphir *m* 堇青石
pseudo-scalaire *m* 假标量
pseudo-schistosité *f* 假片理
pseudosommite *f* 霞石
pseudosphérolite *f* 假球粒,双矿物球粒
pseudostéatite *f* 深绿埃洛石
pseudostratification *f* 假层理,席状构造
pseudosuccinite *f* 假琥珀,假钙铝榴石
pseudosyénite *f* 假正长岩
pseudosymétrie *f* 假对称
pseudosynclinal *m* 假向斜层
pseudotachylite *f* 假玄武玻璃
pseudo-tangente *f* 假切线
pseudotaxite *f* 假斑杂岩
pseudo-terrasse *f* 假阶地
pseudothuringite *f* 假鳞绿泥石
pseudotillite *f* 假冰碛岩
pseudo-topaze *f* 黄石英
pseudotridymite *f* 假鳞石英(鳞石英状石英)
pseudotriplite *f* 异磷铁锰矿
pseudovitrophyrique *f* 假玻基斑状的
pseudovolcanique *a* 假火山的,类火山现象的
pseudowavellite *f* 纤磷钙铝石(银星石)
pseudowollastonite *f* 假硅灰石
psilomélane *f* 硬锰矿
psychromètre *m* 干湿计,湿度计,干湿表,干湿球湿度计
　～ à fronde　摆动干湿计

　～ ventilé　通风干湿度计
psychrométrie *f* 湿度测定
ptygmatique *a* 肠状的
ptygmatite *f* 肠状岩
public, que *a* 公开的,公众的,公共的,公有的,公立的
publication *f* 发行,公告,分布,发表
　～ d'un tarif　运价表的公布
publicité *f* 广告,宣传,公开(性)
public-relations *f. pl* 公共关系
public-voyageurs *m. pl* 旅客大众
publier *v* 公布,发表,颁布
pucherite *f* 钒铋矿
puddlage *m* 精炼
puddler *v* 捣密,捣泥浆,捣成糊状
pudlage *m* 精炼,搅炼
pufahlite *f* 锌硫锡铅矿(硫锡铅矿)
puflérite *f* 钙辉沸石
puglianite *f* 白榴辉长岩
puis *adv* 接着,然后,其次,后来
　et ～　此外,再说
puisage *m* 汲水,汲取,汲出
puisard *m* 渗坑,污水井[坑],集水井[坑],跌水井,排污水渗井,水坑,集水池,水泵抽水坑,储油槽坑
　～ à boue　泥槽
　～ d'huile　储油槽
　～ de active　有效[有功]功率
　～ de boues　沉泥池
　～ de collection　集水坑
　～ de drainage　排水井,排水坑
puisatier *m* 穿孔机,钻井机,深眼钻机,油井钻机
puisement *m* 汲水,汲取,抽水
puiser *v* 汲水,抽水
puisque *conj* 既然,因为
puissance *f* 力,能力,效力,能量,动力,效能,强度,效率,生产率,厚度(指岩层)功率
　à grande ～　大功率的,高功率的
　～ à la commande　控制功率
　～ à la jante　轮周功率
　～ absorbée　吸收功率,输入功率,消耗功率
　～ absorbée maximale　最大需量,最高需量
　～ absorbée par une machine　电机的输入功率
　～ absorbée réduite induite　诱导吸收功率,诱导

阻力功率损失
~ acoustique 音量,响度,声功率
~ acoustique instantanée par unité d'aire 单位面积瞬时的声功率
~ active 有效[有用]功
~ ajustable 可调整功率
~ anodique 阳极电路功率,屏极功率
~ anodique d'entrée (d'une tube électronique) （电子管的）直流阳极输入功率
~ anodique dissipée 屏极耗散功率
~ apparente 视在功率,无功功率
~ apparente rayonnée (par une antenne) （在给定方向上天线的）有效辐射功率
~ appliquée 输入功率,可用功率
~ appliquée à l'anode 阳极输入功率,阳极供电功率
~ au crochet 吊钩功率,车钩功率,牵引钩功率
~ au frein 制动功率,制动能力
~ au primaire (transformateur) 原边功率（变压器）
~ au secondaire (transformateur) 次边功率（变压器）
~ aux arbres 输出功率
~ aux bornes (alternateur) （交流发电机）输出功率,电力输出量
~ aux bornes (moteur) （发电机）输入功率,电力输入量
~ calculée 计算功率,设计功率,计算容量
~ calorifique 热值,热功率,热容量,发热量
~ calorifique du combustible 燃料热值,燃料发热量
~ caractéristique 特征功率,功率特性值
~ cheval 马力
~ classée 额定功率
~ complexe 复数功率
~ consommée 消耗功率
~ consommée en watts 瓦特消耗
~ constante 恒定功率,持续功率
~ continue 连续功率,持久功率,持续功率
~ continue d'un moteur thermique 热力发动机的持续功率
~ consommée en watts 瓦特消耗
~ d'agrandissement 放大率
~ d'alimentation anodique 阳极供电功率

~ d'allumage 点火功率（在给定工作情况下,使气体放电管点火的射频功率）
~ d'analyse 分析能力
~ d'antenne 天线功率
~ d'appoint 备用电源
~ d'attaque 输入功率
~ d'attaque de grille 栅极电路激励功率,栅极电路输入功率
~ d'entrée 输入功率
~ d'équipement 设备效率
~ d'excitation de grille 栅极激励功率
~ d'harmonique 谐波功率
~ d'onde porteuse 载波功率
~ d'un filon 脉厚,脉宽
~ d'un moteur 发动机功率
~ d'un véhicule de traction thermoélectrique 热力发电机车的功率
~ d'un véhicule moteur 动车功率
~ d'utilisation 运行功率,利用功率
~ de brève durée 短时出力,短时额定出力
~ de choc 脉冲功率,冲击功率
~ de commande 输入功率,可控制功率,栅极激励功率
~ de consigne 额定功率
~ de crête 峰值功率,最大功率
~ de crête d'impulsions 脉冲峰值功率
~ de démarrage 启动功率
~ de démarrage d'un compteur 电度表的起动功率
~ de déshumidification 减湿能力
~ de dessiccation 干燥功率
~ de destruction 破坏力
~ de dimensionnement 公称输出功率
~ de fonctionnement 常用功能,运转功能,工作能力
~ de freinage 制动能力,制动功率
~ de gisement 矿体厚度
~ de gîte 矿体厚度
~ de l'arbre en chevaux 轴马力
~ de la centrale 发电站发电能力,发电站的容量
~ de la chaudière 锅炉功率
~ de la couche 岩层厚度
~ de la grue 起重力,起重量
~ de la parole 通话功率,语言功率
~ de lancement 启动功率

~ de levage 起重能力(起重机)

~ de levage (grue) (起重机)起重能力

~ de mise en marche 起动功率

~ de moteur 电机功率

~ de pointe (MW) 峰荷,尖峰负荷,最大功率,峰值功率

~ de pointe du réseau (MW) 系统尖峰负荷,电网尖峰负荷

~ de poussée 推力,切力,剪力

~ de précision 额定负载(以伏安表示)

~ de rayonnement 辐射功率

~ de régime 工作功率

~ de rupture 断流容量

~ de sortie 输出功率

~ de sortie de vidéo 视频发射机输出功率

~ de soulèvement 升力,起重力

~ de surcharge 过载能力

~ de surcharge d'un moteur thermique 热力发动机过载功率

~ de traction d'un moteur thermique 热力发动机的牵引功率

~ de traction d'un véhicule thermoélectrique 热电车辆的牵引功率

~ de vaporisation 蒸发容量

~ de vaporisation de la chaudière 锅炉蒸发容量

~ débitée 输出功率

~ destructive 破坏力

~ déwattée 无功功率

~ disponible 可用功率,可用能量

~ dissipée 耗散功率,损耗功率

~ dissipée par la plaque 屏极耗散功率

~ du foyer 焦度,倒焦距

~ du jet 喷射力,反冲力

~ du pulvérisation 雾化度,雾化率

~ du régime (moteur) 工作功率(电动机),工作容量

~ dynamique 动能

~ économique 经济实力

~ effective 实际功率,有效功率

~ effective corrigée 修正有效功率

~ effective corrigée d'un moteur thermique 热力发动机的修正有效功率

~ effective d'un moteur thermique 热力发动机的有效功率

~ effective de surcharge d'un moteur thermique 热力发动机有效超载功率

~ effective de traction 有效牵引力

~ effective moyenne 平均有效压力(声音),平均有效功率

~ électrique (电站)输出电功率,电力输出

~ électrique brute (电站)总输出电功率,总功率输出量

~ électrique nette (电站)净输出电功率

~ électromécanique 电马力,机电马力,机电功率

~ émise 辐射功率,发射功率

en ~ 潜在,可能,蕴藏

~ en chevaux 马力

~ en régime continu 持续功率

~ en régime quart-horaire 15分钟功率

~ en régime semi-horaire 30分钟功率

~ en régime uni-horaire 小时功率

~ équipée 装机容量

~ équivalente 当量功率

~ équivalente totale 总当量功率

~ érosive 侵蚀能力

~ estimée 估算功率

être en ~ de faire qqch 有能力干某事

~ exploitable 可采厚度

~ explosive 爆炸力,炸药威力

~ exprimée en chevaux 指示功率

~ extraite 所得功率

~ fictive 虚功率

~ fluctuante 波动功率

~ fluctuante d'un système polyphasé 多相系统的波动功率

~ focale 焦度,倒焦距

~ formidable 巨大的力量

~ fournie 供电功率,输出功率

~ fournie par la machine 电动机的输出功率

~ fournie réelle 实际输出功率,实际消耗功率

~ frigorifique (frigorique) 制冷率,产冷量,制冷能力

~ frigorifique nette 净产冷量

~ frigorifique nominale 标准产冷量(在标准条件下的产冷量)

~ frigorifique sensible 显热冷却效果

~ garantie 稳定功率,稳定水力,稳定电力

~ horaire 小时功率

~ humaine 人力
~ indiquée 指示功率
~ industrielle 工业实力
~ installée 设备能力,设备功率,设备容量
~ installée (d'une usine) (电站)装机容量
~ instantanée 瞬时功率
~ instantanée de la réaction 回馈瞬时功率
~ kilométrique 公里功率
~ lue 指示功率
~ massique 单位重量功率,比重功率
~ maximale 最大功率
~ maximale absorbée (MW) 最大输入功率
~ maximale possible (1 heure) (1 小时)最大出力,最大输出
~ maximale produite (MW) 最大生产量
~ maximum 最大功率
~ maximum instantanée 最大瞬时功率
~ mécanique 机械力量
~ mise en jeu 额定功率
~ modulée 调制功率
~ motrice 推动力,驱动力,驱动功率
~ moyenne 平均功率
~ moyenne dissipée 平均耗散功率
~ nécessaire 需用功率
~ nominale 额定功率,额定容量
~ nominale d'un véhicule thermoélectrique 热电车辆的额定功率
~ nominale internationale d'un moteur thermique 国际热力发动机额定功率
~ nulle 零功率
~ par mètre carré 每平方米功率,单位功率
~ par unité de surface 单位面积功率
~ perdue 损耗功率
~ portante 承重能力,承载能力,起重量
~ rayonnée 有效发射功率,辐射功率
~ réactive 无效功率,反作用功率,无功功率
~ reçue 接收功率
~ réduite 校正厚度
~ réelle 真厚度,有效功率
~ résiduelle 剩余功率
~ restituée 输出功率
~ spécifique 比动力,单位功率系数,内功率系数
~ standard 标准功率
~ supplémentaire 辅助功率

~ sur l'arbre 轴功率,轴马力
~ surfacique 表面负荷
~ théorique 理论功率
~ théorique prévue 规定的理论功率,设计功率
~ thermique 热值,热功率,热容量,发热量
~ totale installée 总装车功率
~ transmise 传输功率,发射功率
~ tyrannique 专制权,专横权
~ unihoraire 每小时功率
~ unitaire de rame 单列运量
~ utile 有效功率,可用功率
~ utile appliquée 可用功率
~ utile d'une machine 电机的输出功率
~ utile nécessaire 需用功率
~ utilisable 可用功率,有效功率
~ vectorielle 矢量功率
~ vive 动能,有效功率
~ volumique 功率密度
~ wattée 有功功率

puits *m* 井,坑,水坑,井道,水井,矿井,探井,钻井,钻孔,竖井,机坑,基坑,勘探井
~ (de visite) des câbles 缆索(检查)井
~ à câble 电缆竖井
~ à cages 升降罐笼井
~ à coulisse 沉井
~ à drains rayonnants 辐射状集水井
~ à massif filtrant 砾石滤水井
~ à pétrole 油井
~ à pompage mécanique 机井
~ à rayonnement 辐射井
~ à sable 砂井,排水砂桩
~ à tubage crépiné 滤水管水井
~ abandonné 废井
~ absorbant 吸[泻]水井,渗水井落,水洞,漏斗,扬水试验抽水井
~ abyssinien 带滤水底盘的水井,埃塞俄比亚式管井
~ alésé 扩孔井
~ artésien 自流[喷水]井
~ artésien intermittent 间歇自流井
~ auxilliaire 副井,检查井,辅助井
~ avec garniture en gravier 砾石(料)坑
~ avec mèche en carton 纸板排水
~ bas 浅井

~ bertical 竖井
~ captivé 取水井,开采的水井
~ central 主井
~ collecteur 集水井,辐射井
~ colmaté 淤塞井
~ complet 完整井
~ coulant naturellement 自流井,自喷井
~ creusé 挖土井
~ creusé à main 人工挖掘井
~ creusé par jets d'eau 射水挖掘的井
~ cuvelé 套管护壁的水井
~ d'absorption 吸水井,扬水试验的抽水井
~ d'accès 交通井,进入井,提升竖井,出入竖井
~ d'aérage 通风井
~ d'aération 风井,通风井
~ d'air entré 进气竖井,进风竖井
~ d'alimentation d'eau 供水井
~ d'appel 通风井筒
~ d'ascenseur 升降机井
~ d'aspiration 吸水井
~ d'eau 水井
~ d'éclairage （地下室窗前的）采光井
~ d'emprunt 取土坑,借土坑
~ d'entrée 进入井
~ d'entrée d'air 通气井
~ d'épuisement 抽水井,排水井
~ d'essai （抽水）试[验]井
~ d'excavation 开挖竖井
~ d'exhaure 排水井
~ d'exploitation 主井,开采井,出矿井
~ d'exploration 勘探井,探测井
~ d'explosion 药井(大爆破用的)
~ d'extraction 出渣竖井,提水井
~ d'huile 油井
~ d'infiltration 渗[透]水井
~ d'informatiom 基准井
~ d'injection 注水井
~ d'inspection 观测井,检查井,探井
~ d'observation 观测井
~ de captage 取水井,开采水井
~ de chaux 石灰桩
~ de clarification 净化井
~ de collecteur 蓄[集]水井
~ de collection 集水井

~ de commande des vannes 闸门井
~ de contrôle 探坑,探井,检查坑
~ de coulée 冷渣井
~ de coupure 电缆入孔
~ de décharge 减压井,排水井,消力井,渗水井
~ de développement 开发井,生产井
~ de direction 导井,初期井
~ de distribution 配水井
~ de drainage 排水井,减少井
~ de drainage pulsatif 间断排水井
~ de fondation 基坑,沉井基础
~ de forage 钻探井,钻井,掘井
~ de gaz 天然气井
~ de la cheminée d'équilibre 调压井
~ de la vanne 闸门井
~ de lumière solaire 采光井
~ de mine 矿井
~ de pétrole 油井
~ de pompage 抽水井,抽水试井,水泵集水井
~ de potentiel 势(位)能槽
~ de prise d'eau 进水井
~ de prospection 勘探井
~ de rabattement 渗水井,渗井
~ de recharge 吸水井,抽水试验井
~ de recherche 探井,勘探井
~ de reconnaissance 普查井,勘查井,探井
~ de référence 基准井,参数井
~ de refroidissement 冷却井
~ de retour d'air 回风井
~ de révision 检查井
~ de service 副井,辅助井
~ de sondage 钻探井,探坑,试坑,探井
~ de surveillance 检查[监察]井
~ de tour de prise d'eau 吸水塔基坑
~ de travail （隧道）施工导洞
~ de tunnel 隧道井
~ de ventilation 通风竖井
~ de visite 检查[观察]井
~ des eaux usées 废水井,污水井
~ dévié 偏斜钻孔
~ drainants 排水竖井,井排
~ du flotteur 浮子室
~ du robinet 闸阀井
~ élargi 扩孔井

~ émissif 落水洞
~ en batterie 井群系统
~ en béton 混凝土井
~ en charge 压力井道
~ enfoncé 沉井
~ éruptif 自喷井
~ expérimental 试井,试验井
~ faux 盲井
~ fermé 遮盖井
~ filtrant 渗[透]水井,渗滤坑,(砾石)过滤井
~ filtrant dans la nappe phréatique 冒泄井
~ filtrant horizontal 水平滤井
~ foncé 沉井
~ foncé en acier 钢沉井
~ foncé en béton armé 钢筋混凝土沉井
~ foncé en bois 木沉井
~ foncé en maçonnerie 砖砌沉井
~ foré 机井,钻井
~ horizontal （水）平井,坎儿井
~ imparfait 非完整井
~ incliné 斜井
~ incomplet 非完整井
~ jaillissant 泉水井,自喷井
~ karstique 岩溶井,天然井,喀斯特井
~ lapiés 岩溶井,喀斯特井
~ maçonné 砖(石)砌水井
~ naturel 深渊,砂管,无底深坑
~ non cuvelé 土井
~ non tubé 裸井
~ oblique 斜井
~ offshore 海洋钻井
~ ordinaire 土井,普通水井,地下水供水井
~ ouvert d'essai 探坑,样洞
~ parfait 完整井
~ perdu 枯井,聚水坑,集水坑,污水坑,污水泄水井
~ pétrolifère 油井
~ peu profond 浅井
~ pour les groupes 井式机组
~ producteur, ~ en production 生产井,出油井
~ profond 深井
~ salant 盐水井
~ sec 干井,枯井
~ soufflant 通气井,透气井

~ sous pression 压力井道
~ tari 枯井
~ tarissant 枯井
~ témoin 观察井
~ tubé 套管护壁井
~ tubé non crépiné 无滤水管的套管护壁水井
~ tubulaire 管井
~ unique 单井
~ vertical 竖井
~ virtuel 影射井
~ voisin de la surface 浅井

pulaskite *f* 斑霞正长岩
pulléite *f* 磷灰石
pulpe *f* 矿浆,泥浆,纸浆
pulsant *a* 脉动的
pulsateur *m* 脉动器,脉冲发码器;*a* 脉动的,振荡的
pulsatoire *a* 脉动的,搏动的
pulsé *m* 脉冲,脉动
pulser *v* 汲,舀,取出,掏出,脉动,输送
pulseur *m* 脉冲调制器,脉冲发送器
pulso-crible *m* 共振筛
pulso-machine *f* 脉动式发动机,周期循环机
pulsomètre *m* 脉冲机,气压扬水机,蒸汽吸水泵,蒸汽抽水机
pulsoscope *m* 脉冲显示器
pulszkyite *f* 铜镁矾
pulvérimètre *m* 灰尘密度测定仪
~ à laser 灰尘密度激光测定仪
pulvérin *m* 煤粉,粉状炸药,水雾
pulvérisateur *m* 喷嘴,捣碎器,喷射器,喷雾[雾化]器,粉碎[化]器
~ centrifuge 离心式喷雾器
pulvérisation *f* 雾化,喷雾,喷射,喷镀,粉化,磨碎,粉碎,粉末化
~ avec bombe aérosol 气喷雾
~ de saumure 盐水喷淋
~ du liant 结合料喷淋
~ par air comprimé 用压缩空气喷射
pulvériser *v* 喷射,消灭,粉碎,研成粉末
pulvériseur *m* 捣碎机,粉碎机
~ à disques 碎土机,松土机
pulvérite *f* 细粒沉积岩
pulvérulence *f* 粉末状

pulvérulent *m* 粉末状材料; *a* 易碎的,粉末状的(结构)

pulvérulite *f* 细尘岩,细粒沉积岩

pulvi-mixer *m* 松土拌和机

pumice *f* 浮石,浮岩

pumicite *f* 浮岩层,火山灰,浮岩沉积

pumite *f* 浮石,泡沫岩

pumpellyite *f* 绿纤石

pumpellyitisation *f* 绿纤石化

pumping *m* 抽吸,挤浆,唧泥(作用),(道路)混凝土板唧泥

punahlite *f* 中沸石

punctiforme *a* 点状的

puncture *f* 击穿,刺穿,穿透断裂

pungernite *f* 地蜡,富油母质的油页岩

pupinisation *f* 加感,加负荷

pupiteur *m* 控制台操作员

pupitre *m* 台,开关桌,工作台,斜面台
～ câblage 布线台
～ de commande 控制台,操纵台
～ de conduite 司机操纵台
～ distribution 配电盘,配电台
～ d'étalonnage 校验台

pur, e *a* 澄清的,纯粹的,纯洁的,无畸变的,无失真的(声音)

purement *adv* 正确地,单纯地,纯粹地

pureté *f* 澄清,纯粹,纯度,纯洁性,准确度,正确性,优质程度
～ d'excitation 色纯度

purge *f* 清洗,冲洗,排出,防水,扫除
～ automatique 自动排泄器,自动排出器
～ d'eau 排水
～ d'air 喷射,喷注

purger *v* 清理,清除,清洗,精炼,打毛刺,排出(水,油,气)
～ un talus 清理边坡

purgeur *m* 气阀,空气阀,滤水器,净化器,排水管,排泄阀门,清洗装置
～ automatique 自动排泄器
～ d'air 排空气装置
～ d'eau 抽水罐;排水器,排水阀
～ d'eau de condensation 凝结水防水器
～ d'huile 放油阀
robinet ～ d'air 放气阀,空气阀

purificateur *m* 净洁器,净化器
～ de l'eau 净水器
～ d'huile 油提纯器,油精炼器,油净化器

purification *f* 净化,提纯,精炼,精制
～ biochimique 生化净化
～ biologique 生物净化
～ d'air 空气净化
～ d'eau 水净化
～ de gaz 气体纯化
～ de l'eau 水净化
～ de rivière 河流净化
～ électrique 电除尘,电力净化
～ électrostatique 静电净化,静电除尘
～ naturelle 自然净化
～ préliminaire 初步净化
～ supplémentaire 进一步提纯

purifier *v* 纯化,纯净

purpurite *f* 磷锰石

puschkinite *f* 钠锂绿帘石

putréfaction *f* 朽,腐烂,衰退,衰变

putréfiable *a* 易腐烂的

putrescence *f* 腐烂,腐败

putrescibilité *f* 易腐烂性,易腐败性
～ d'une essence de bois 木材的易腐烂性

putride *a* 腐烂的

putridité *f* 腐烂状态,腐败性,腐烂性

puzzolane *f* 白榴火山灰

puzzolite *f* 白榴凝灰岩

P-veatchite *f* 副水硼锶石

pycnite *f* 圆柱黄晶

pycnochlorite *f* 密绿泥石

pycnomètre *m* 比重瓶,比重计

pycnométrie *f* 比重测定法

pylône *m* 桅,柱,杆,台,钢塔,支架,支柱,构架,塔桥(悬桥),电杆(架空线的),高压线铁塔
～ de ligne électrique 电线杆,电线塔架
～ démontable 可拆支架,组合支架
～ en treillis 格形铁塔,格形天线,构架式杆架
～ étayé 支撑塔,终端输电铁塔
～ fixe 前桅,前柱,固定支柱,固定桅杆(桅杆起重机的)
～ météorologique 气象塔
～ mobile 尾桅,移动桅杆
～ non haubané 不带张线的天线塔

～ rigide 刚性支柱
～ roulant 移动桅杆
pyrallolite *f* 辉石形滑石
pyralmandite *f* 镁铁榴石
pyralspite *f* 铝榴石
pyramidal, e *a* 锥的，锥状的，棱锥状的
pyramidé *a* 锥状的
pyramide *f* 锥，棱[角]锥(体)，棱锥状，角锥状，金字塔
　　～ aiguë 尖锥
　　～ coiffée 岩锥，残山
　　～ d'érosion 土柱，侵蚀岩柱
　　～ de béton 混凝土四面体
　　～ de terre 土方，土台，土墩，土柱，角锥形土堆
　　～ des fées 岩柱，土柱
　　～ droite 正棱锥体
　　～ fusible 测温锥
　　～ hexagonale 六方锥
　　～ oblique 斜棱锥体
　　～ polygonale 多角棱锥体
　　～ régulière 正椎体
　　～ tétragonale 四方锥
　　～ triangulaire 三角棱锥体
　　～ tronquée 斜截棱锥体
pyrandine *f* 镁铁榴石
pyrantimonite *f* 红锑矿(硫氧锑矿)
pyraphrolite *f* 杂蛋白长石
pyrargyrite *f* 浓红银矿(深红银矿)
pyrauxite *f* 叶蜡石
pyréliomètre *m* 日射计，太阳热量计，直接日射强度计
pyrénéite *f* 灰黑榴石，石墨钙铝榴石
pyrgom *m* 辉沸石，深绿辉石，丝光沸石
pyrhéliomètre *m* 直接日射强度表
pyrhite *f* 钛硅钠铌矿
pyriboles *f. pl* 辉闪石类
pyribolite *f* 斜长闪辉岩，角闪二辉麻粒岩
pyriclazite *f* 斜长辉石岩，斜长二辉麻粒岩
pyrite *f* 黄铁矿
　　～ ferreuse 黄铁矿
　　～ magnétique 磁黄铁矿
pyriteux *a* 含黄铁矿的
pyritifère *a* 含黄铁矿的
pyritique *a* 黄铁矿的

pyritisation *f* 黄铁矿化(作用)
pyritoèdre *m* 五角十二面体
pyritogélite *f* 胶黄铁矿，胶白铁矿，变形黄铁矿
pyritoïdes *f. pl* 黄铁矿类
pyroaurite *f* 菱水碳铁镁石
pyrobélonite *f* 钒锰铅矿
pyrobitume *m* 焦沥青
pyrobitumineux *a* 焦沥青的
pyrochimie *f* 高温化学
pyrochlore *m* 烧绿石
pyrochroïte *f* 羟锰矿
pyroconductibilité *f* 高温传导性
pyroconite *f* 霜晶石
pyrogénation *f* 火成作用
pyrogène *m* 膨胀剂，泡沫剂，发泡剂；*a* 火成的，干馏的
pyrogéné, e *a* 干馏的，热解的
pyrogenèse *f* 火成作用
pyrogénétique *a* 火成的
pyroguanite *f* 磷灰石
pyro-idésine *f* 镁水蛇纹石
pyrolise *f* 高热裂解，热解作用
pyrolite *f* 地幔岩
pyrolitique *a* 热解的
pyrolusite *f* 软锰矿
pyromagma *m* 高温岩浆，浅源岩浆，高热富气岩浆
pyrométallurgie *f* 火法冶金(学)
pyrométamorphisme *m* 高热变质
pyrométasomatique *a* 高温(热液)交代的
pyrométasomatisme *m* 高温(热液)交代，高温接触交代
pyromètre *m* 高温计
pyromorphite *f* 磷氯铅矿
pyron *m* 晶体检波器，黄铁矿检波器
pyroparaffine *f* 重质蜡，焦质蜡
pyrope *m* 镁铅榴石，红榴石
pyrophanite *f* 红钛锰矿
pyrophorique *a* 自燃的，引火的
pyrophosphorite *f* β磷钙矿(白磷钙矿)
pyropotentiomètre *m* 高温计用电位计
pyrorétine[pyrorétinite] *f* 焦脂石
pyrorthite *f* 碳褐帘石，腐褐帘石
pyroschiste *m* 含油页岩，焦性沥青页岩

pyrosmaragde *m* 磷绿萤石
pyrostat *m* 高温恒温器,高温自动调节器
pyrotechnite *f* 无水芒硝
pyroturbidite *f* 火成浊积岩
pyroxène *m* 辉石
～ clinorhombique 单斜辉石
pyroxénite *f* 辉石岩
pyroxénoïde *m* 辉石岩类

pyroxénolit(h)e *f* 辉石岩
pyroxferroïte *f* 三斜铁辉石
pyroxmangite *f* 三斜锰辉石
pyrrharsénite *f* 红砷榴石,锰黄砷榴石
pyrrhite *f* 烧绿石
pyrrholite *f* 钙长块云母
pyrrhosidérite *f* 纤铁矿,针铁矿
pyrrhotine[pyrrhotite] *f* 磁黄铁矿

Q

quader *m* 砂岩
quadrangle *m* 四角形，四边形
quadrangulaire *a* 四方形的，四边形的
quadrant *m* 1/4 圆周，四分仪，1/4 圆的扇形体
quadratique *a* 四面体的，正方形的
quadricône *m* 四牙轮钻头
quadricouche *m* 四层，四层体系
quadrilatéral, e *a* 四边的，四边形的
quadrilatère *m* 四边形，腹系，腹杆；*a* 四边的，四边形的
～ articulé 汽车转向机构
～ complet 完全四边形
～ d'armatures 钢筋网，钢丝网
～ des poutres 梁的腹系
～ trapeze 梯形
quadrillage *m* 方格，网格，腹系，腹杆，桥梁腹系，分成格子，按方格网，布置（钻孔）
～ de calcul 计算方格图
～ des poutres 梁的腹杆
～ en barres d'acier rond 纵横圆钢筋网格，钢筋网
～ losangique 菱形勘探网
～ de la carte 图网
quadrillé, e *a* 方格的
quadriller *v* 划方格，制成方格，分成格子
quadripartition *f* 四分位分法，四分取样法
quadruple *m* 四倍；*a* 四倍的，四重的，四路的，由四部分组成的
quadruplement *m* 增至四倍
～ des voies d'une ligne 铺设四线
quadrupler *v* 乘四，扩大四倍
quadruplication *f* 乘以四，增至四倍
quai *m* 码头，堤岸，岸壁，站台，月台
～ à charbon 煤码头
～ à combustible 装煤站台，运燃料码头
～ à houille 运煤码头
～ à marchandises 货物站台
～ à voyageurs 旅客站台
～ au niveau des rails 低站台

～ aux automobiles 汽车站台
～ bas 地站台
～ couvert 有棚子站台，带雨棚的站台
～ d'accostage 到站站台，停靠码头
～ d'amarrage 停靠[停泊]码头
～ d'arrivage 到达货物站台
～ d'arrivée 到达[接车]站台
～ d'embarquement 装船码头，装车站台，港口码头
～ d'entre-voie 岛形站台，线路中间站台
～ de chargement 装货码头
～ de chargement en dents de scie 锯齿形装车站台
～ de déchargement 卸货码头，卸车站台
～ de départ 发车站台，出发站台
～ de fortune 临时站台
～ de gare 车站站台
～ de la gare 车站站台
～ de rive 顺岸码头
～ de secours 备用站台，辅助站台
～ de tête 横站台
～ de transbordement 换装站台，捣装站台
～ découvert 露天站台，露天（货物）站台
～ denté 锯齿形站台
～ des arrivages 到达货物站台
～ des expéditions 发送货物站台
～ en alignement 排列式站台，纵列式货物站台
～ en béton 混凝土码头
～ en bois 木架码头
～ en coin 楔形站台
～ en cul-de-sac 终端站台，尽头式站台
～ en scie 锯齿形站台
～ en triangle 三角形站台，楔形站台
～ entre les voies 线路中间站台
～ extérieur 外站台
～ haut 高站台
～ intermédiaire 中间站台
～ latéral 侧边站台
～ longitudinal 纵站台

~ surélevé 高站台
~ transversal 横站台

quaker *m* 白云岩

qualifiable *a* 可形容的

qualification *f* 鉴定,评价,资格,名称,称号,技能,熟练程度,业务水平
~ des soudeurs 焊工合格证
~ d'ingénieur 工程师资格
~ professionnelle 技术工人专业资格

qualifié, e *a* 熟练的,有资格的,合格的,胜任的

qualifier *v* 确定,鉴定,评价,形容

qualitatif, ive *a* 定性的,定质的,质量的,优质的,品质的,关系质量的

qualité *f* 质,品质,质量,特性,等级,性能,才能,资格,精度,优质,高级,质量性质,精度等级
~ adhésive 黏结性能
~ aérodynamique 升阻比,空气动力性能,空气动力特性
~ analogue 模拟质量,类比量
~ antidérapante 抗滑性能
~ antidétonante 抗爆性,防震品级
assurance de la ~ 质量保证
~ commerciale 商品质量
~ constructive 结构质量
contrôle de la ~ 质量控制,质量检验
~ courante 标准质量
~ d'accélération 加速性
~ d'air 大气质量
~ d'allumage 着火性
~ d'essai 试验精度
~ d'exécution 施工质量,工艺要求
~ d'exécution des travaux 工程施工质量
~ d'image 图像质量,清晰度
~ d'imperméabilité 不透水性
~ d'un produit 产品质量
~ d'usinage 加工质量
~ s d'usure 磨耗量,耐磨性
~ de brûlage 燃烧质量
~ de conservation 保存性质
~ de fabrication 制造精度,加工质量
~ de filtration 过滤效率
~ de frottement 摩擦系数
~ de l'acier 钢号
~ de l'eau 水质
~ de l'eau des environs 环境水质,周围水质
~ de l'environnement 环境质量
~ de l'exécution 施工质量
~ de l'exploitation 经营质量,操作质量
~ de l'image 明晰度
~ de la vapeur 蒸汽质量
~ de lumière 光能
~ de neige 雪质,雪的蕴水量(以雪体积的百分数计)
~ de plasticité 可塑性
~ de radiation 辐射性质(根据其穿透能力而定的辐射近似特性术语)
~ de réalisation 施工质量,工程质量
~ de reproduction 复制质量,重现质量
~ de roulage 行车特性
~ de roulement 行车特性
~ de roulement d'un wagon 车辆运行性能,车辆走行的平稳性
~ de rusticité (零件表面质量)粗糙度,简单化,结构简单
~ de service voyageurs 客运服务质量
~ de surface 表面光洁度
~ de transmission 可听度,传输性质,传输品质,传输性能
~ de travail 工作质量,工艺技巧
~ s demandées au moteur 对发动机性能的要求
~ des freins à main 手制动机的性能
~ des freins pneumatiques 空气制动机性能
~ drainante 排水性能
~ du circuit 电路质量
~ du compactage 压实质量,碾压质量
~ du cordon de soudure 焊缝质量
~ du fini superficiel 表面光洁度的性能
~ du produit 产品质量
~ du sol 土质,土壤质量
en ~ de 以……资格,以……身份,作为……
~ en construction routière 道路施工质量
~ granulométrique 粒度质量
~ hydrofuge 抗水性能,防水性能
~ industrielle 工业级
~ lubrifiante 润滑性能
~ manœuvrière 操纵性,机动性
~ mécanique 力学性能,机械性能
~ moyenne après contrôle 检验的平均质量

~ ordinaire 正规级
organisation de la ~ 质保组织
~ roulante 行车性能
~ routière 道路质量
~ s routières d'un sol 土的道路工程特性
~ type 标准质量
qualiticien *m* 质量工程师
qualitromètre（X） *m* X 射线透度仪
quand *adv* 何时,当……时候,什么时候
~ même 仍然,还是,不管怎样
quant à 至于,关于,对于……来说
quanta *m . pl* 定量,份额
quantificateur *m* 量词,量化器,数量化级,数字转换器
quantifié *a* 用数量表示的
quantifier *v* 确定数量,用数量表示,表示分量
quantitatif, ive *a* 数量的,定量的
quantité *f* 量,数量,参数,大小,程度,尺寸,数值,数额
~ à charger 应装数量
~ annuelle de pluie 年降雨量
~ approximative 近似量
~ arbitraire 随意量
~ caractéristique 特性量
~ chargée 装载数量,已装数量
~ chargée en moins 少装数量
~ chargée en plus 多装数量
~ connue 已知量
~ d'eau de pluie 降雨量
~ d'eau flottante 波动水量
~ d'eau nécessaire 给水量,需水量
~ d'eau par heure de la distribution 每小时供水量
~ d'éclairement 照明量,照度值,曝光量
~ d'écoulement 流量
~ d'électricité 电量
~ d'exécution 施工质量,工艺要求
~ d'humidité 含水量
~ d'impulsion 冲量
~ d'infiltration 渗流量,渗入量
~ d'information 信息数量,信息容量
~ de chaleur 热量
~ de chaleur d'évaporation 蒸发热量,汽化热量
~ de chaleur de compression 压缩热量,压缩热值
~ de chaleur de fusion 融化热量,融化热值
~ de chaleur de liquéfaction 冷凝热量,液化热量
~ de chaleur de neutralisation 中和热量,中和热量
~ de chaleur dégagée 放热量,散热量
~ de fluide 液体量
~ de lumière 光量
~ de matériaux à mettre en œuvre 用料数量
~ de matières polluantes 污染物数量
~ de mouvement 动量
~ de pluie 降雨量
~ de pluie par jour 日降雨量
~ de précipitations 雨量
~ de produit transporté par pipeline （石油产品）管道输送量
~ de référence 参考量,基准量
~ de reflux 回流量
~ de terrassement 土方量
~ de trafic 交通量
~ de transport 运输量
~ définie 定量,有限量
~ déterminée 定额
~ digitale 数字值
en ~ 大量,许多
~ équivalente 当量,等量
~ exploitable 可开采量
~ exponentielle 指数量,指数值
~ fondamentale 基本量
~ importante 大量
~ inconnue 未知量
~ infiniment grande 无穷大量
~ infiniment petite 无穷小量
~ intensive 内含量,集中含量
~ intermédiaire 中间量,中间值
~ livrée 交付量
~ maximale de précipitations 最大降雨量
~ mise en œuvre 工作量
~ observée 观察量
~ passée 流量,物料通过量
~ périodique 周期量
~ physique 物理量
~ profitable 可开采量
~ s proportionnelles 比例数
~ relative 相对值

~ résultante 合成量
~ suffisante 足够数量，适量
~ totale 总数量
~ variable 变量

quantomètre *m* 剂量计，光量计，冲击电流计，光谱分析仪，辐射强度测量计

quantum *m* 定额

quarféloïde *f* 石英长石类

quartage *m* 四分法
~ d'un échantillon 四分法缩样

quartation *f* 四分法

quarte *f* 四芯线，四芯组，四芯电缆
~ à deux paires torsadées ensemble 双股四芯电缆
~ en aluminium 铝四芯组
~ en cuivre 铜四芯组
~ en étoile 四绞线，星形四芯线组
~ torsadée 四芯扭绞，简单星绞

quartelette *f* 小块石板，板岩片

quarter *v* 缩分成四份

quartet *m* 四重线

quartier *m* 块，片，社区，街区，营地，地段，区段，处所，(城市中的)行政区，居住区，四分之一部分
~ d'affaires 商业区
~ s d'après hauteur (城市规划中)限制建筑物高度地区
~ d'habitation 住宅区
~ de mine 矿山地段
~ de roche 岩石碎块
~ de ville 市区，市区居民
~ -dortoir 宿舍区
~ du commerce 商业区
~ général 总部
~ piétonnier 人行区
~ principal 中心区，主要商业区
~ résidentiel 住宅区

quartz *m* 石英
~ agate 玛瑙
~ améthyste 紫水晶
~ arénacé 石英砂(屑)
~ argentin 银白色石英
~ astérié 星彩石英
~ aurifère 含金石英
~ aventurine, ~ aventuriné 耀石英，星彩石英
~ bas, ~ de basse température 低温石英
~ bleu 蓝石英
~ brun 黑晶，烟晶
~ carié 海绵状石英，多孔石英
~ chatoyant 猫眼石(金绿宝石)
~ chloriteux 绿晶
~ compensateur 石英补色板
~ concrétionné 硅华
~ de haute température 高温石英
~ détritique 碎屑石英
~ dextrogyre, ~ droit 右旋石英
~ électrique 电气石英
~ en roche 石英岩
~ enfumé 烟晶，墨晶
~ ferrugineux 铁石英
~ fondu 熔融玻璃
~ fumé 烟晶
~ gauche 左旋石英
~ grenu 石英岩
~ haut 高温石英
~ hyalin 水晶
~ jaune 水晶，茶晶
~ laiteux 乳石英
~ lévogyre 左旋石英
~ lydien 黑碧玉，试金石
~ molaire 磨石
~ moulu 石英粉
~ naturel 天然石英，天然水晶
~ nectique 浮石英
~ piézo-électrique 压电石英
~ prase 绿玉髓
~ rose 蔷薇石英
~ sinistrogyre 左旋石英
~ taillé 压电石英片，石英晶体
~ vert 绿玉髓
~ violet 紫石英

quartz-alpha *m* α石英，低温石英

quartz-andésite *f* 石英安山岩

quartz-arénite *m* 石英砂屑岩

quartz-bêta *m* β石英，高温石英

quartz-brèche *m* 石英角砾岩

quartzeux, euse *a* 含石英的，石英质的

quartzifère *a* 含石英的，石英质的

quartziforme *a* 石英状的

quartzine *f* 正玉髓

quartzite *n* 石英岩,硅石,(ballast) 石英岩道砟
　～ à hématite rubané　带状铁质石英岩
　～ à magnétite　磁铁石英岩
quartzite-grès *m*　石英砂岩
quartziteux *a*　石英岩的
quartzitique *a*　石英岩质的,石英岩的
quartzitisation *f*　石英化
quartzitoïde *a*　石英岩状的
quartz-kératophyre *m*　石英角斑岩
quartzo-feldspathique *a*　长英质的
quartzolite *f*　硅英岩
quartzophyllade *m*　石英千枚岩
quartzpebbles *m.pl*　石英砾石,石英千枚岩
quartz-porphyre *m*　石英斑岩
quartz-propylite *m*　石英绿磐岩
quartz-saphir *m*　蓝石英
quasi *adv*　差不多,可以说,准
　～ artère principale　辅助干线道路
　～ réel,le　近似实际的,半实际的
　～ statique　似静态的,准静态的
　～ linéaire　准线性的,拟线性的
　～ saturé,e　准饱和的
　～ stationnaire　准静止的,似静止的
　～ synchrone　准同步的
quasi-contrat *m*　准契约
quasiment *adv*　几乎,差不多
quasi-totalité *f*　几乎全部
quatre quartiers　整砖
quatre-bras *m*　交叉路,四岔路口
queitite *f*　硫硅锌铅矿
quelconque *a*　任何一个,一般的,平常的
quelque *a*　某个,有些
　～ ...que　不论……,不管……,任何……
quelquefois *adv*　有时,偶尔
queluzite *f*　锰铝榴岩
quensélite *f*　羟锰铅矿
quercyite *f*　杂胶磷石
querelleux,euse *a*　砂质的,砂岩的
quernage *m*　劈开,掰开,裂开
question *f*　问题,事项,询问
　～ administrative　行政问题
　～ clef　关键问题
　en ～　提及的,成为问题的,有关的,在议论中
　il est ～ de　问题在于,事关

　mettre en ～　提交讨论,认为有问题,对……有怀疑
　～ préalable　先决问题
　～ -réponse　答疑
　～ subsidiaire　附带问题
quetzalcoatlite *f*　羟碲铜锌石
queue *f*　柄,把手,队列,尾部,尾矿,尾砂,(地震)终幕
　～ s arondes　燕尾榫
　～ cylindrique　圆柱柄
　～ carrée　方柄
　～ conique　锥柄
　～ d'hirondelle　燕尾式,燕尾
　～ d'impulsion　脉冲尾
　～ d'outil　工具柄
　～ de cheval　马尾形脉
　～ de cochon　抽头,引线
　～ de coulée　渣尾
　～ de distillation　尾馏
　～ s de flottation　浮选尾矿
　～ de sable　尾矿
　～ de soupape　阀杆,活门杆,阀尾
　～ du train　列车尾部,列车后部
queuée *f*　扇状向斜
queusot *m*　管套,管接头
　～ de pompage　抽气管,排气管,排水管
quillette *f*　柳树插条
quinaire *a*　五元的,五倍的,大四倍的
quinconce *m*　梅花形,五点形,交错排列,
　en ～　交错排列的,棋盘式排列的
quinconcé,e *a*　交错的,梅花形的
quinquennal,e *a*　五年的,为期五年,每隔五年的,五年一次的
quinquennat *m*　五年计划,五年计划期间
quintal *m*　公担(符号 q,质量单位,1q = 100kg),英担(符号 q,质量单位,1q = 50.8029kg,美制 1q = 45.3597kg)
　～ métrique　公担(100公斤)
quintuple *a*　五次的,五倍的,五个一套
quintupler *v*　增至五倍,乘以五
quinzite *f*　蔷薇蛋白石
quiroguite *f*　杂锑方铅矿
quis *m*　黄铜矿
quisquéite *f*　高硫钒沥青

quittance *f* 收据,收条,回执
　～ de douane　海关收据
　～ de droit　纳税收据
　～ de paiement　付款收据
　～ des frais de transport　运费收据
quitter *v* 离开,离去,放弃,脱离
quitus *m* 账目审查认可,交割清楚证明书
quoin *m* 楔子,角落,隅石块,楔形支持物
quoique *conj* 尽管,虽然
quota *m* 限额,定额,配额
　～ d'exportation　出口配额
　～ d'importation　进口限额
　～ de construction　施工定额
　～ de douane　海关配额,关税配额
　～ de travail　劳动定额
quote-part *f* 份额,分摊额
quotidien, enne *a* 每日的,日常的,每日一次的
quotidiennement *adv* 每日地,天天地
quotidienneté *f* 日常性,经常性
quotient *m* 系数,份额
　～ d'écoulement　径流系数
　～ nutritif　营养系数
quotité *f* 分配额,份额,定额

R

raabsite *f* 钠闪云煌岩
rabais *m* 降价,折减,减价,折扣,回扣
~ de quantité 数量折扣
rabaissement *m* 降低,下降,低估,减少
rabaisser *v* 降下,降低,低估
rabasner *v* 压凹,打出凹痕
rabattable *a* 可折叠的,可放下的
rabattage *m* 放下,降低,砍伐,后退式回采,倾斜分层充填回采
rabattement *m* 降低,下降,弯边,泄降,做凸缘,扳成反位,含量降低,地下水下降,水井抽水时的地下水面下降深度
~ de nappe (action) 地下水降低
~ de nappe (hauteur) 地下水水位下降,地下水水位降深
~ de nappe aquifère 降低地下水位
~ du niveau d'eau 水位降低
~ résiduel 残余降深
~ stabilisé 稳定降深
rabatteux *a* 不平的,粗糙的(断口)
rabattoir *m* 弯边机,弯边锤
rabattre *v* 下降,放下,下沉,弯曲,弄平,弯边,折缘,镶边,做凸缘
rabbittite *f* 水碳钙镁铀矿
rabdionite *f* 铜钴锰土
rabdophane *m* 磷稀土矿,磷钇镧矿
râblage *m* 搅拌,翻动,混合
~ manuel 人工搅拌,人工翻动
rabot *m* 刨子,刨刀,搅拌器,挖泥船,刨矿机
~ à boudin 凹刨
~ à canneler 凹槽刨
~ à corniche 槽口刨
~ à dégrossir 粗刨
~ à dents 齿刨,榫头刨
~ à écorner 粗刨
~ à feuilleret 企口刨
~ à languette et rainure 企口刨
~ à main 手工刨
~ à repasser 平刨,光面刨
~ automatique 机刨,自动刨
~ cintré 曲面刨
~ de diamant 玻璃刀,金刚尖
~ de finissage 细刨
~ de fond 曲槽刨
~ déneigeur 雪犁,雪犁机,扫雪机
~ électrique 电刨
~ plat 平刨,大刨
~ pour profils 型面刨
~ rond 曲面刨
~ tracté 路刮,刮路机
rabotage *m* 刨,刨平,夷平,削平,刮平,整平,加热铲平沥青路面
~ basal 推覆体底面,底部切削面
~ de chaussée 刨平路面,刮平路面
~ des abouts de rails 轨端刨平
~ des rails 刨钢轨
raboté *a* 刨光的,刨平的
raboter *v* 刨,削平,弄平,刨平,刮平
raboteur *m* 刨工
raboteuse *f* 刨床,刨光机,刮路机,龙门刨床,地面整平机
~ à chanfreiner les tôles 钢板刨边机
~ à cylindre 木工辊轴刨床
~ à deux montants 龙门刨床,双柱龙门刨床
~ à grande vitesse 高速刨床
~ à montant unique 单柱式刨床
~ à rails 刨轨机
~ à tête de taureau 牛头刨
~ chanfreineuse 刨边机
~ latérale 刨边机
~ longitudinale 龙门刨
raboteux, euse *a* 粗糙的,毛面的,不平的,不光滑的,高低不平的
rabouture *f* 刨花
rabouter *v* 对接,连接,缝合
raboutissage *m* 连接,接[缝]合
raccommodable *a* 可修理的,可修补的
raccommodage *m* 修理,修复,缝补

raccommoder v 修理,修补

raccord m 连接,衔接,接合,接缝,接套,联轴器,离合器,管子箍,连接线,连接点,管连接,导管接头

～ à brides lisses 对接,对头焊(波导管),外平无凸缘接头
～ à culotte Y 三通管,Y形支管
～ à écrou 螺旋[纹]接头
～ à gousset 节点板接合
～ à l'atelier 在工厂连接
～ à tuyère 喷管接头
～ à vis 螺旋接合,螺纹套管接头
～ articulé 铰接头
～ coudé estampé 压制弯头
～ coudé galvanisé de fonte malléable 镀锌可锻铸铁弯头
～ courbé 弯头,弯管接头
～ d'accouplement 插接接头
～ d'échappement 排水管,排气管
～ d'étanchéité 密封管接头
～ de boyau flexible 软管接头
～ de câble 缆索接头,钢索接头
～ de câble H.F. 高频电缆接头
～ de câbles 缆索接头,钢索接头
～ de canalisation 连接管路,管路接头
～ de carottier 岩芯管接头
～ de demi-accouplement de frein 制动软管接头
～ de drainage 排水管接头
～ de rails 钢轨连接,鱼尾板接合
～ de sortie à double départ 双出口接头
～ de tiges 钻杆接头
～ de tiges de sonde 钻杆接头
～ de tube 管节,管接头
～ de tuyau 短管,套管,连接管
～ de tuyauterie 管接头
～ de vidange 排水管接头
～ des fils d'un câble 电缆芯线连接
～ du tuyau en toile 帆布管接头
～ en arête 人字形接缝
～ en croix 十字接头
～ en peau de porc et tube métallique 软管连接,高压软管连接
～ en queue de poisson 人字形接缝
～ en sifflet 斜接缝

～ femelle 凹接头
～ fileté 螺口连接,螺纹接头,螺管接头,螺旋接合
～ flexible 柔性接头,扰性接头,挠性接合
～ par recouvrement 搭接
～ par soudure 焊接连接
～ pour manches 套筒接头
～ réducteur 变径管接头
～ souple 挠性连接
～ sur le lieu de montage 在现场连接

raccordement m 接入,连接,接头,活节,衔接,结合,联络线,连接线,联轴器,离合器,连接物,渐变段,过渡段

～ à courbure progressive 缓和曲线
～ à une seule voie 单线衔接
～ aux changements de déclivité 变坡缓和曲线
～ boulonné 螺栓接合
～ concave 凹形竖曲线
～ concave parabolique 抛物线凹形竖曲线
～ convexe 凸形竖曲线
～ court 突变段,突变过渡
～ cylindrique 圆柱形竖曲线
～ d'autoroute 高速公路连接线
～ d'entrée 进口渐变段
～ de bretelles 匝道连接
～ de câbles 缆索连接
～ de canal 渠道渐变段
～ de l'autoroute 高速公路连接线
～ de pente 缓和坡段
～ de siphon 虹吸管渐变段
～ des aiguilles 道岔连接
～ des déclivités 竖曲线,线路变坡点竖曲线
～ des dénivellations 竖曲线,线路变坡点竖曲线
～ des différences de niveau 竖曲线,线路变坡点竖曲线
～ des fourreaux 套管连接
～ s des rampes et pentes par courbes 竖曲线
～ des voies 线路连接
～ direct 直接连接
～ du tracé à courbure progressive 螺旋缓和曲线,回旋缓和曲线
～ du tuyau de descente 落水管接头
～ du tuyau en toile 帆布管接头
～ élargi 加宽缓和段
～ en amont 上接点

~ en aval 下接点
~ extérieur （立体交叉的）外接式匝道
~ long 渐变过渡段
~ parabolique 抛物线形竖曲线
~ particulier 专用线
~ privé 专用线,私营线路,私营支线
~ progressif 缓和曲线
~ progressif d'élargissement 加宽渐变段,(道路)加宽缓和段
~ progressif dévers 超高的渐变段
~ surhaussé 超高缓和段
raccorder v 连接,接合
~ à la masse 接地
raccords m.pl 管道附件
raccourci m 摘录,缩图,近路,缩短,截短
raccourci,e a 缩短的
raccourcir v 缩短,变短,镦粗,减少
raccourcissement m 缩短,收缩,变短,减缩,缩小,镦粗,缩短率,收缩量
~ du béton 混凝土收缩
racewinite f 铁贝得石
rachis m 中轴,分脊,主轴
racinal m 底梁,横木,卧木,枕木,基础梁
~ de palée 排架座木
~ du comble 栋梁,屋顶梁
racine f 根部,尾部,根基部,祖源,根源
rack m 架,框架,齿条
raclage m 剥,刮,擦,削
racle f 刮板,刮刀,削刀,铲子,电耙,灰岩参差面
racler v 刮,擦,削,铲
raclette f 刮刀,刮板,镘刀,砂刀,削刀,小锄,锉刀
~ en bois 木刮板
racleur m 铲土机,刮土机,推土机
~ à bras 手扶拖铲
~ de boues 刮泥器
~ rotatif 旋转式刮土机
~ sur chenilles 履带式刮土机
racleuse f 整平机,整平者,刮平工
~ à palettes 旋转式整平机
~ autopropulsée 自动刮土机
racloir m 刮刀,刮板,刮具,拖铲,刮削器,刮泥器,刮土机
~ à dragline 拖铲

~ en bois 木刮板
raclure f 刮下来的碎屑
raconter v 叙述,讲述
radar m 雷达,雷达站,无线电探测器,无线电定位器
~ à antennes latérales 侧视雷达
~ à deux faisceaux V 形波束雷达
~ à effet Doppler-Fizeau 多普勒—费佐效应雷达
~ à impulsions synchronisées 同步脉冲雷达,相干脉冲雷达,相关脉冲雷达
~ à longue portée 远程雷达
~ à modulation de fréquence 调频雷达
~ à modulation par impulsions 脉冲调制雷达
~ acoustique 声波定位器,声波测距器
~ aéroporté 机载雷达
~ automatique 搜索跟踪雷达
~ chercheur 搜索雷达,探测雷达
~ côtier 海防雷达,海岸雷达
~ d'approche 进场控制雷达,临场指挥雷达
~ d'atterrissage 着陆雷达
~ d'interception 截击雷达
~ de mesure 测速雷达
~ de position 测位雷达,仰角位置指示装置
~ de position pour avion 地面位置雷达,飞机用地面位置指示器
~ de queue 尾部警戒雷达
~ de veille 监视雷达,警戒雷达,分区位置指示器
~ de veille aéroporté 飞机用搜索雷达,机载对孔搜索雷达
~ de veille d'aéroport 机场监视雷达,无线电飞机瞄准器
~ directeur de tir 炮瞄雷达,射击指挥雷达
~ laser 激光雷达
~ latéral 侧视雷达
~ météo 气息雷达
~ portatif 轻便雷达,便携式雷达
~ ultrasonique 声呐
radarsonde f 探空仪,雷达探测器
radauïte f 拉长石
radeau m 筏,木筏,木排,(板块构造)陆筏,筏形基础
radiaire a 辐射状的,放射状的
radial a 径向的,辐射的,步带的,光线的,放射的,半径的

radiale *f* 径向,射线,辐板,步带板,放射式道路,换向器连接片

radian *m* 弧度(符号 rad,平面角度单位,1rad≈57°17′44.8″)

radiance *f* 发光度,光亮度,辐射强度,面辐射强度,天线发射电阻,天线有效辐射电阻

radiant, e *a* 辐射的

radiateur *m* 辐射器,散热器[装置],暖气片[装置]
- ~ à ailettes 叶片散热器
- ~ à alvéoles 蜂窝式散热器
- ~ à cellules 蜂窝式散热器
- ~ à convection 对流式散热器
- ~ à deux piles 双柱散热器,双柱暖气片
- ~ à l'huile 油散热器
- ~ à lamelles 片式散热器
- ~ à quatre colonnes 四柱暖气片
- ~ à serpentin 蛇形管散热器
- ~ à tubes 管式散热器
- ~ à tubes aplatis 扁管散热器,平管式散热器
- ~ acoustique 扬声器,声辐射器
- ~ d'air et d'huile 空气滑油散热器
- ~ d'eau 水循环散热器
- ~ de chauffage 加热器,散热器
- ~ de chauffage central 暖气设备的散热器
- ~ de climatisation 空气调节装置的散热器
- ~ de mural 墙式散热器
- ~ de vapeur 蒸汽散热器
- ~ en aluminium 铝散热器
- ~ en cuivre 铜散热器
- ~ en nid d'abeilles 蜂窝式散热器
- ~ mural 墙挂式散热器
- ~ pour refroidissement d'huile 油冷散热器
- ~ pour refroidissement par air 风冷散热器
- ~ soufflant 热风机
- ~ thermique 散热器
- ~ tubulaire 管状散热器

radiatif *a* 辐射的,放射的

radiation *f* 辐射,放射,射线,散热,注销,报废,辐射线,放射线,辐射能
- ~ d'un véhicule 车辆报废

radical, e *a* 根的,基的,根本的,主要的

radié *a* 放射状的

radier *m* 护坦,护桥,底板,护底,反拱,底盘,底板,基础,发散,发射,发出,传播,承台,防水层,整片基础
- ~ alluvial 冲积扇
- ~ contre-voûte 仰拱
- ~ d'écluse 闸门底盘
- ~ de fondation 基础板
- ~ de fondation rigide 刚性基础板
- ~ de la chambre 房间地基底板
- ~ de protection 护坦
- ~ de souterrain 隧洞底层,隧洞底板
- ~ en béton 混凝土护坦,混凝土基础(底板)
- ~ en bois 木护坦,木底板
- ~ en dalle champignon 扩底基础板
- ~ en gabion 石笼保护层,石笼过水路面
- ~ en terre armée 加筋土基础
- ~ en voûte 拱形基础
- ~ en voûte renversée 反拱基础,仰拱基础
- ~ fondé sur pieux 桩承基础板,柱承基础板
- ~ général 护坦,整片护底,整片基础板,满堂红筏形底板,整片护底基础板
- ~ incliné 斜护坦,斜坡式护坦
- ~ nervuré 肋构基础板
- ~ renforcé 加劲底板

radieux *a* 发光的,放光的

radio *f* 无线电,收音机,无线电报[话],无线电装置,无线电广播,无线电收音机
- ~ dans les triages 调车无线电话,调车无线通信
- ~ dépanneur 无线电故障探测仪
- ~ détecteur 雷达,无线电探测器
- ~ électricité 无线电技术
- ~ télécommande 无线电遥控

radioactivité *f* 放射性,放射学,放射现象,放射性辐射,放射性强度

radio-altimètre *m* à impulsions 脉冲式无线电测高计

radiobaryte *f* 放射重晶石

radiocalcite *f* 镭方解石

radiocommande *f* 无线控制

radiocommunication *f* 无线电通信

radioconduite *f* 无线电操纵,无线电控制

radiodétection *f* 无线电探测

radiodiagnostic *m* 放射诊断,X线诊断

radioélectricité *f* 无线电技术

radiofluorite *f* 镭萤石

radiogoniomètre *m* 无线电测向计；无线电定向器，无线电测角仪
　～ à antennes fixes　定向式天线测向仪
　～ à antennes séparées　分隔式天线测向仪
　～ à cadre compensé　补偿式环状天线测向仪
　～ à cadres croisés　正交线圈式测向仪
　～ à cadres séparés　分隔式环状天线测向仪
　～ à oscilloscope　阴极射线测向仪，带示波器的测向仪
　～ acoustique　声像无线电测向仪，声响无线电定向仪，声响无线电方位计
　～ Adcock à dipôles verticaux　H 形无线电测向仪，垂直偶极天线测向仪
　～ automatique　自动无线电测向仪
radiogoniométrie *f* 无线电测向术，无线电方位测定法
radiographie *f* X（射）线照相（术），γ 射线探伤（法）
　～ ultrason　超声波探伤
radioguidage *m* 无线电导航，无线电制导
radiolite *m* 放射钠沸石，放射针晶球粒
radiolitique *a* 放射扇状（结构）
radiolocalisation *f* 雷达定位，无线电定位
radiologie *f* 辐射学，放射学
radiomacrographie *f* X 射线宏观检查法
radiomètre *m* 辐射计，射线探测仪
radiométrie *f* 辐射度学，辐射测定（法），放射性测量，放射性测量学，放射性测量（法）
　～ au sol　地面放射性测量
radiométrique *a* 辐射度的，放射性测量的
radiomicromètre *m* 微辐射热计，显微辐射计，放射热力测微计
radiomodulateur *m* 无线电调制器
radionavigation *f* 无线电导航
radiophare *m* 雷达探照灯，无线电信标，无线电定位仪，无线电导航台
radiophyllite *f* 氟羟硅钙石（叶硅石，叶沸石）
radiophyre *m* 放射斑岩
radiophyrite *f* 放射玢岩
radioprospection *f* 辐射勘探，放射性勘探
radioscopie *f* 射线检查法，X 光检查法
radiosondage *m* 无线电定位，无线电探测，雷达探测
radiosonde *f* 气象气球，无线电测距器，无线电探空仪，无线电气象仪
radiotechnicien *m* 无线电工程师
radiotechnique *f* 无线电技术，无线电工程
radio-télécommande *f* 无线电遥控
radiotélémesure *f* 无线电遥测，无线电遥控
radiotélémètre *m* 无线电测距仪
radiotéléphone *m* 无线电话，无线电话（机）
radiothérapie *f* 放射疗法，X 射线疗法
　～ par contact　接触式 X 射线治疗法
　～ profonde　深部 X 射线放疗法
radiotine *f* 星蛇纹石
radio-train *m* 列车无线电通信
radiotransmission *f* 无线电传输，无线电发射
　～ d'images　图像传输，图像发射，传真电报
　～ des signaux　信号无线电传输
radioviseur *m* 电视（接收）机，光电继电器装置
radôme *m* 整流罩，雷达天线罩
radoucir *v* 使柔软
radoucissement *m* 柔软，变软，软化
rafaélite *f* 钒黑沥青，副羟氯铅矿，拉沸正长岩
rafale *f* 阵风，突风，疾风，风的冲击
　～ de trains　列车群，列车组
raffermir *v* 加强，使巩固
raffermissement *m* 巩固，强化
raffinage *m* 精炼，提纯，净化，炼制
raffiné *n* 精制沥青；*a* 精炼的，精制的，提纯的
raffinement *m* 精炼，提纯，精制
raffiner *v* 精炼，提纯，精制，净化
raffinerie *f* 提炼厂，精炼厂，炼制厂
　～ de pétrole　炼油厂，石油加工厂
rafisidérite *f* 针赤铁矿
rafle *f* 变薄，狭缩
rafraîchir le bandage　选轮箍
ragg *m* 山间小盆地
raglanite *f* 刚玉霞长岩
ragréage *m* （混凝土表面）修整，修复，研磨，抛光
ragréer *v* 研磨，抛光，修整，修复
　～ le profil des bandages　轮箍旋修
ragrément *m* （路面）补坑，修补，修理
raguinite *f* 硫铁铊矿
rahtite *f* 铜铁闪锌矿（铜闪绿矿）
rai *m* 谱线，光线，射线，轮辐条
　～ de lumière　光线
　～ sismique　地震波射线

raiche *f* 淡水灰岩
raide *f* 硬塑; *a* 硬的, 陡的, 陡峻的, 刚性的
raideur *f* 生硬, 强硬, 刚性, 硬度, 斜坡, 陡度, 陡峭
　～ à la flexion　抗弯刚度
　～ à la torsion　抗扭刚度
　～ d'un ressort　弹性刚度
　～ relative　相对刚度
raidir *v* 硬化, 强化, 加强
raidissage *m* 加劲杆, 加劲条
raidissement *m* 伸直, 硬化, 刚性, 加劲, 加固, 坡陡
　～ intégré　整体刚性结构
raidisseur *m* 硬化剂, 加劲肋, 加劲板, 加劲杆, 受力构件
　～ d'âme　加劲角钢, 梁腹加劲角铁
　～s de tôles de caisse (voitures et wagons)　车体板加强肋
　～ horizontal　水平加劲肋
　～ intermédiaire　中间加劲肋
　～ longitudinal　纵向加劲筋
　～ longitudinal de pavillon　车顶纵向加劲筋
　～ oblique　斜角加劲肋
　～ pour béton projeté　喷射混凝土用的硬化剂
　～ transversal　横向加劲肋
　～ vertical　竖直加劲肋
raie *f* 线, 锉痕, 条痕, 条纹, 射线, 光谱线
　～ de référence　基准线, 零位线, 参考线
　～ noire　黑色条痕
　～ rouge　红色条痕
　～ transversale blanche　信号臂板的横向白带
rail *m* 铁轨, 导轨, 轨道
　～ d'acier　钢轨
　～ de contact　接触轨
　～ de contact en caniveau　槽形接触轨
　～ de grande longueur　长钢轨
　～ de guidage　护轨, 导轨
　～ de porte　门轨, 滑门轨
　～ de raccord　连接轨
　～ de réaction　电枢导轨
　～ de rechange　备用钢轨
　～ de réemploie　再用钢轨, 再生钢轨
　～ de retours de courant　电流反馈导轨
　～ de rideau　窗帘轨(道)
　～ de roulement　走行轨, 滑行轨, 通行轨, 定轮轨道, 行走轨道, 支承钢轨, 常用的钢轨, 滚柱行走轨道
　～ des galets de porte　滑门导轨
　～ déviateur　脱轨器
　～ divergent　外轨
　～ échancré　有缺口的钢轨
　～s éclissés　已装鱼尾板的钢轨
　～ en acier　钢轨
　～ en dos d'âne　下滑道
　～ en patte de lièvre　翼轨
　～ faussé　弯曲钢轨
　～ intérieur　内轨
　～ intermédiaire　道岔连接轨
　～ isolé　绝缘钢轨
　～ isolé électriquement　绝缘轨
　～ jumelé　并头轨
　～ latéral de contact　第三轨, 集电轨, 旁置接触轨
　le ～ se déjette　钢轨弯曲, 钢轨变形
　～ léger　轻轨
　～ long　长轨
　～ plat　平头轨, 平头钢轨
　～ pour pont roulant　起重机轨
　～s soudés en barres longues　焊接长钢轨
　～ standard　标准轨
rail-frein *m* 车辆减速器, 车辆缓行器
raillage *m* 轨道体系
rail-route *m* 铁路公路联运
raineau *m* 楔, 支撑, 系杆, 销子
rainurage *m* 开槽, 切槽, 刻槽取样, 企口连接
　～ des chaussées en béton　混凝土路面划槽
rainure *f* 缝, 槽, 切槽, 凹槽, 闸门槽; (电动机的)齿槽; 凹线
　～ à poutrelles　叠梁闸门槽
　～ à té　T形槽, 三通槽
　～ annulaire　环槽
　～ d'aération　通气槽, 通风槽
　～ d'agrafage (roues)　扣环槽(车轮)
　～ d'injection　灌浆槽
　～ de buée　流水[水汽]槽
　～ de guidage　导槽
　～ de stator　定子槽
　～ de vanne　门槽, 闸门槽
　～ en forme de coin　楔形槽

~ et languette　企口
~ fermée　闭口槽
~ guide　导槽
~ pour agrafe de roues　车轮扣环槽
~ réservée en attente pour joints D160　D160 型伸缩缝预留槽
~ supérieure　（路面接缝处的）表面槽
~ translucide　轨道照明盘上的灯光轨道
rainuré *a*　已开槽的，带切槽的
rainurer *v*　开槽，切槽
rainureuse *f*　开槽机，开槽工具
rais *m*　辐，轮辐，射线，光线
raison *f*　比，比率，理由，根据，理智，原因，论证
à ~ de　按照，根据，鉴于，由于
~ d'engrenage　传动比
~ de force majeure　不可抗拒的原因
~ directe　正比，成正比
en ~ de　依照，由于，鉴于，根据，按照
~ inverse　反比，成反比
~ sociale　公司名称
~ technique　技术原因
raisonnable *a*　合理的
raïte *f*　水硅钠锰石
rajeuni *a*　再生的，变年轻的
rajeunir *m*　回春，更生，复苏，更新，还童
rajeunissement *m*　年轻，翻新，更新
~ du pont　桥梁翻新
rajouter *v*　再增添，重新补充
rajustement *m*　调整，调配，修理，校正，对准，校准，重新整理
~ des salaires　调整工资
rajuster *v*　调整，修理，校正，对准，重新整理，重新修理
ralenti *m*　降速，减速，慢车，减弱，减慢，低转速
allure de ~ d'un moteur　发动机减速
~ d'un moteur　发动机减速
~ extrême　蠕动，爬行
ralenti,e *a*　缓慢的
ralentir *v*　减速，减弱，迟延，慢行
~ le vieillissement de l'huile en service　延迟用油老化，延长用油寿命
ralentissement *m*　减速，慢行，缓慢，减慢，减少，减弱
~ à 30 kilomètres par heure　每小时 30 公里慢行，速度减至每小时 30 公里
~ de pleine voie　区间减速，区间慢行，干线高速运行时的减速
~ de wagons　货车减速
~ sans arrêt　不停车减速
ralentisseur *m*　减速器，减速计，延时器，慢化剂，缓和剂
~ de prise　慢凝剂
ralliement *m*　集合，集中，收集
rallier *v*　归附，重新集合
se ~ à　参加，赞同
rallonge *f*　伸出臂，延长轴，转接器，延长部分，加长部分
~ de siège　座椅腿靠
~ de tuyère　喷口，伸长管，延长管
~ du bout d'arbre　轴端延长套
rallongement *m*　加长，延长
rallonger *v*　加长，按长，变长，延长
ralstonite *f*　氟钠镁铝石
ramas *m*　堆积，堆积物，堆积体，杂物堆，植物遗体
ramassage *m*　集结，聚集，拾起
~ des lots　车组集结
ramasser *v*　堆集，搜集，堆积，拾起，收集，拾取，捡起
~ des colis　集结货物
ramasseur *m*　捕［收］集器；集电器，加劲肋［杆、板］，受力构件
rambarde *f*　栏杆，扶手，铁栏
rame *f*　浆，竿，杆，列车，车组，车列
~ à éléments multiples　多节动车组
~ à grand parcours　长途列车
~ articulée de banlieue　市郊关节车组
~ automotrice　电动车组，动力车组，内燃动车组
~ automotrice de grand parcours　长途动车组
~ automotrice électrique　电动车组
~ circulant en unités multiples　多节动车组
~ d'échange　互换的车列
~ de manœuvre　调车车组，调车的车列
~ de marinage　装泥列车
~ de wagons　车组，车列
~ s directes　直达车组
~ en dérive　溜逸的车组
~ indéformable　整体车列，不能摘开的车列

~ réversible 胶轮车车组
~ sur pneumatique 胶轮车车组
~ sur pneus 胶轮车车组
~ s tractées 车组, 车列
~ type 标准车组, 标准车列

rameauïte *f* 黄钾钙铀矿
ramenée *f* 收回, 回收
ramener *v* 带回, 引回, 使恢复, 再带来
~ à 引回, 引起, 归纳, 简化
~ à zéro 回零
se ~ à 归结为, 使化为, 简化成

rameux *a* 多叉的, 多分支的
ramification *f* 分叉, 支脉, 支流, （岩脉、岩层）分支, 分支机构
~ d'une faille 断层分枝

ramifié *a* 分叉的, 多分枝的, 树枝状的
ramifier *v* 分支, 分叉
ramilles *f. pl* 细枝, 细枝桠
ramirite *f* 铜锌钒铅矿, 锌钒铅矿
rammelsbergite *f* 斜方砷镍矿
ramoitissement *m* 潮湿
ramollir *v* 软化, 变软, 变软的, 柔软的
ramollissable *a* 可变软的, 能软化的
ramollissement *m* 软化, 松散, 软化作用
~ des matériaux 材料软化

rampage *m* 蠕行
rampant *m* 坡度, 倾斜, 烟道, 倾斜面, 倾斜度, 倾斜巷道
rampart *m* 城墙, 壁垒, 防御物
rampe *f* 滑道, 坡度, 栏杆, 扶梯, 斜坡, 岔道, 匝道, 引道, 斜坡道, 发射装置, （公路、铁路的）上坡道
~ à jets 喷射管
~ ajustable de chargement 装卸用可调搭板, 装卸用可调斜台
~ caractéristique 限制坡度, 最大坡度
~ compensée 折减坡度
~ s consécutives 连续上坡
~ d'accès 接坡, 进口坡, 入口匝道, 施工斜坡道, 入口岔道（道路交叉处的）, 入口坡道
~ d'accès du pont 引桥, 桥头引道
~ d'approche 引桥坡道, 引道斜坡段
~ d'arrosage 洒水管, 喷洒管
~ d'éclairage électrique 成排照明电灯

~ d'enraillement 复线器, 复轨器, 复线器（车辆脱轨后用）
~ d'épandage 喷射管
~ d'escalier 楼梯栏杆
~ d'essai 试验台架
~ d'injection 喷射管, 灌浆管系统
~ de chargement 装料台, 装料斜坡, 装载坡台
~ de chargement mobile 活动装车站台
~ de jets d'eau 洒水车的洒水管
~ de l'entrée 进口坡, 进入匝道
~ de la voie 上坡道, 线路坡度
~ de pulvérisation 喷射管, 喷洒管
~ de raccord de dénivellations 顺坡, 连接坡
~ de raccord de dévers 超高顺坡
~ de raccord de différences de niveau 顺坡, 连接坡
~ de raccordement 顺坡, 连接坡
~ de raccordement en entrée 驶入匝道, 驶进坡道
~ de raccordement en sortie 驶出匝道, 驶出坡道
~ de sortie 出口岔道, 出口匝道
~ de surélévation 超高顺坡, 衔接超高的坡度
~ de surhaussement 超高顺坡
~ directe 立体交叉直接连接匝道
~ douce 缓坡, 缓和坡度
~ en bois 木扶手, 楼梯木栏杆
~ en boucles 立体交叉区内的环形匝道
~ équivalente 换算坡度, 等效坡度
~ extérieure 立体交叉区外的匝道
~ fictive 虚坡度, 假想坡度
~ fonctionnant à basse pression 低压喷射管
~ fondamentale 最大坡度, 限制坡度, 限制坡度
~ forte 陡坡
~ limitée 限制坡度
~ maximum 最大坡度
~ mobile 活动斜坡站台
~ mobile pour chargement d'automobiles 装汽车的移动站台
~ moyenne 平均坡度
~ parallèle 平行连接匝道
~ pour répandage de bitume 沥青喷洒管
~ pour trafic à deux sens 双向匝道, 双向（行车）坡道
~ pour trafic à sens unique 单向匝道, 单向（行车）坡道

~ prononcée 陡坡,急坡
~ semi-directe 立体交叉右转连接匝道
~ tendue 长上坡道,陡走上坡道
~ très sévère 陡坡
rampement m 爬行
ramper v 爬行,爬坡
ramsayite[ramzaïte] f 硅钠钛矿
ramsdellite f 拉锰矿(拉姆斯德矿)
rancart m 废料,料头
rancher m 标柱,货车立柱,独木梯子
~ à fourche 叉形标柱(立柱)
~ articulé 活节立柱
~ extrême 端柱
~ latéral 侧柱
~ rabattable 活节立柱
ranciéite f 钙锰石
rand n 兰特(博茨瓦纳、莱索托、斯威士兰货币单位)
randanite f 硅藻土
randite f 黄菱铀矿,杂钙钒铀矿
randomite f 三羟铝石
rang m 排,列,行,系列,等级,序数
~ boutisse 丁砖层
~ de briques posées verticalement 竖立砌砖层
~ de colonnes 排柱
~ de perforation 钻孔排列
~ de rivets 铆钉排
~ des trous de forage 钻孔排
en ~ 横列式
en ~ de 排列成……
~ panneresse 顺砖层
par ~ de 按……排列
rangé, e a 排列的,整齐的
rangée f 行,线,列,排,系列,序数,级数,层(砌砖)
~ de dipôles 偶极天线阵,多阵子天线
~ de maisons 一排房子,房屋排列
~ de montage 组装线,生产线,装配线
~s de pavés en diagonale 铺路石块对角线排列
~s de pavés obliques par rapport à l'axe 铺路石块对轴线斜向排列
~s de pavés perpendiculaires à l'axe 铺路石块对轴线垂直排列
~ de pieux 桩排,排桩

~ du levier 握柄排
rangement m 排列,整理,布置
~ de voiture 车辆的布置
~ en mémoire 存储
~ rationnel 合理布置
ranger v 排列,整理,调整,布置
ranite f 纤沸石,杂钠沸水霞石
rankamaïte f 羟碱铌钽矿
ranker m 薄层土,植被土
rankinite f 硅钙石
ranquilite[haiweeite] f 多硅钙铀矿
ransâtite f 杂英辉锰榴石
ranunculite f 纤磷铝铀矿
rapakivique[rapakiwique] a 环斑状的,球斑状的
râpe f 锉刀,木锉,粗齿锉
~ à bois 粗木锉
rapetisser v 缩小,变小,缩短
raphilite f 透闪石,阳起石
raphisidérite f 针赤铁矿
raphite f 三斜钙钠硼石(硼钠钙石)
rapid-curing 快凝液体(地)沥青材料
rapide m 急流,湍流,包滩,旅客快车; a 快的,迅速的,陡峭的,湍急的
rapidité f 迅速,速度,速率
~ de mise en route (发动机的)启动速度
~ de modulation 调制速度
~ de prise 快速凝固
~ de réponse initiale d'une excitatrice 励磁机的最初电压反应
~ de réponse relative d'une excitatrice 励磁机在最初半秒钟的相对电压反应
~ de transmission 传输速度
~ du dépôt 沉淀速度,沉积速度
rapiéçage m 修补
rapiécement m 修补
rapiécer v 修补,补缀
rapillis m. pl 火山砾
raplot m 等点绘图法
rappel m 返回,回路,回程,呼唤,恢复,复原(弹性),软定位器,重复呼唤
~ de bogie (locomotives) 转向架调节力,机车转向架复原装置
~ de frein 制动机复原装置
~ de l'essieu convergent 自动调整轴回复至起

始位置
~ de pivot 支承复原装置
~ de ralentissement 限速信号,减速信号
~ par scintillement 闪光信号

rappeler *v* 使恢复,使回忆,使想起

rappliques *f. pl* de boîtes d'essieu 轴箱衬垫,轴箱易磨损件

rapport *m* 比,报告,汇报,比例,统计表
~ à 关于
~ agrégat-ciment 骨料水泥比,(混凝土配料)骨灰比
~ annuel 年度报告,年度报表
~ annuel d'activité 进度情况年度报告
avoir ~ à 与……有关
avoir ~ avec 与……有关
~ charge utile/tare 有效载重/自重
~ ciment sur eau(C/E) 水/水泥
~ ciment/sable 灰砂比
~ contractuel 合同关系,契约关系
~ coût 成本效益比
~ critique 临界比,临界系数
~ cyclique 周期比,信号间隔比
~ d'absorption d'eau 吸水率
~ d'accident 事故率,事故报告
~ d'accompagnement 车长报单,列车运行报单
~ d'accompagnement de chef de train 车长的运行报单
~ d'activité 进度报告
~ d'agrandissement 放大率
~ d'allongement 伸长比
~ d'amortissement 阻尼比,减振比,阻尼率,衰减比,阻尼系数,衰减系数
~ d'amplification de la timonerie de frein 制动机杠杆传动比
~ d'armature 钢筋比,配筋率,含筋率
~ d'atténuation 衰减率
~ d'élancement 倾斜比,细长比
~ d'engrenage 速比,齿轮比,传动比
~ d'enquête 调查报告
~ d'érosion 侵蚀比,侵蚀率
~ d'essai 试验报告
~ d'essai d'analyse granulométrique 颗粒分析试验报告
~ d'essai de cisaillement rectiligne 直接剪切试验报告
~ d'essai de gonflement à odomètre 膨胀力试验报告
~ d'essai de limite de liquide 液限试验报告
~ d'essayage 试验报告
~ d'évaluation de sûreté 安全评价报告
~ d'expansion 膨胀比
~ d'expertise 鉴定书,鉴定报告,鉴定证书
~ d'expropriation 征收报告
~ d'impact définitif de sûreté 正式安全分析报告
~ d'impulsions 脉冲比,脉冲系数
~ d'incident de route 行车途中事故报告
~ d'indice de plasticité (土的)黏稠度指数
~ de battage 打桩记录
~ de bus à camions 客车与货车比例
~ de commande 控制比,控制系数
~ de compression 压缩比[率]
~ de concassage(RC) 破碎比
~ de contraction 收缩比
~ de contraste des détails 细节对比度系数
~ de déclivité 坡度值,坡道千分比
~ de démultiplication 减速比,减速传动比
~ de densité 密度比
~ de denture 齿轮比,传动比
~ de détente 膨胀系数
~ de déviation 偏移率,偏移系数,分路系数
~ de finesse 细度比
~ de fissuration 裂缝率
~ de freinage 制动系数
~ de frottement 摩阻比
~ de frottement au pénétromètre 贯入摩阻比
~ de gonflement 膨胀率
~ de l'achèvement du projet 竣工报告,项目完成报告
~ de l'eau/ciment 水灰比
~ de la flèche à la portée 矢跨比,高跨比(梁的)
~ de la largeur à la hauteur (梁的)宽高比
~ de lobes 前后比,定向天线的方向性比
~ de mélange 混合比,拌和比
~ de module 模量比
~ de multiplication 速比,齿轮比,传动比
~ de PL 重车比例
~ de poids lourds à véhicules légères 大车与小车比例

~ de Poisson 泊松比
~ de pression 压力比
~ s de production 生产关系
~ de pulsation 脉动系数
~ de qualité/coût 质量价格比
~ de réception 验收报告
~ de recherche 研究报告
~ de reconnaissance 勘测报告,查勘报告
~ de réduction 减速比,缩小比例
~ de répandage 摊铺率
~ de résistance de frottement 摩阻比
~ de résistance-poids 强度重量比,阻力与重量之比
~ de route 车长报单,运行报单
~ de similitude 相似比
~ de sondage 钻探报告,钻探记录本
~ de surconsolidation 超固结比
~ de sûreté 安全报告
~ de surface 面积比,表面比
~ de synthèse 综合报告
~ de transformation 变比,变压比,变换比
~ de transformation d'un transformateur de tension 变压系数(比)
~ de transformation nominal 额定变换比例,额定变换系数
~ de transmission 速比,传输比,传动比
~ de vitesses 速度比
~ définitif 正式报告,最终[后]报告
~ définitif de sûreté 最终安全分析报告
~ des axes 轴比,轴向比
~ des chargements de vitesse 变速比
~ des contraintes 应力比
~ des déblais aux remblais 填挖比
~ des dimensions 尺寸比例
~ des études 勘察报告
~ des leviers 杠杆比
~ des luminances 亮度比
~ des modules 模量比
~ des nombres de spires 匝数比
~ des temps 占空系数
~ des tensions 电压比
~ des vides 孔[空]隙比
~ du coulis 浆液配比
~ du débit réel au débit maximum 实际流量与最大流量比
~ E/C 水灰比
~ eau-ciment 水灰比
~ écrit 书面汇报
en ~ avec 与……相适合
en ~ de 与……同样多
~ en douane 报关单
~ en poids 重量比
~ en volume 体[容]积比
~ entre la masse et le volume des constituants 土壤的单位体积质量组成
~ entre les charges utile et brute 总重与净重之比
~ financier 财务报告
~ général 一般报告
~ granulat/ciment 粒料/水泥
~ harmonique 调和比
~ initial des vides 初始孔隙比
~ inverse 反比
~ justificatif 证明报告
~ liant/filler 结合料与填料之比
~ mensuel 月报
~ nominal 标称比
~ optimum 最佳比
par ~ à 对于,较之,与……相比,就……而言
~ planche-sol 建筑容积比(指建筑物总面积和用地面积之比)
~ pondéral 重量比
~ poussée poids 推力重量比
~ préliminaire 初步报告
~ préliminaire de sûreté 初步安全分析报告
~ pression-vide 压力—孔隙比
~ provisoire 临时报告,阶段报告,中间报告
~ provisoire de sûreté 中间安全分析报告
~ qualité/prix 质量/价格
~ réducteur 减速比
~ signal à bruit 信噪比,信号噪声比
~ signal utile sur brouilleur 信号噪声比,信号干扰比
~ signal/image 镜像比,信号/图像
~ signal-parasites 信噪比,信号干扰比
~ signal-souffle 信噪比,信号噪声比,信号杂波比
sous le ~ de 在……方面,从……方面看
~ sur l'incident 事故报告

~ sur le résultat des sondages et des études géophysiques　地球物理勘测结果报告
~ sur les caractéristiques du projet　设计说明书
~ synthétique d'essais des sols　土工试验汇总报告
~ technique　技术报告,技术总结,技术统计报告
~ tension-déformation　应力—应变关系
~ utile de synchronisation　同步效率,同步利用率
~ verbal　口头汇报
~ volumétrique　容积比值
~ volumétrique des cylindres　汽缸容积比

rapporter v　取回,发送,增添,涉及,报告,通知,确定坐标
~ à　给……增添,把……归之于
se ~ à　与……有关

rapporteur m　角规,方位圈,测角仪,量角器,分度器

rapprochage m　修剪(绿篱)

rapproché, e a　近似的,大约的,靠近的

rapprochement m　接近,近似,对接,接头,比较,对照

rapprocher v　比较,使接近
se ~　接近
se ~ de　接近,靠近,与……近似

râpure f　刨花,锯末,锉屑

raquette f　尽头式大旅客站的球拍形进出站线路

rare a　稀少的,稀薄的,稀疏的

raréfaction f　稀薄,稀疏,冲淡,分散,稀薄度,真空度

raréfié a　稀释,稀薄的,冲淡的,使稀薄,被抽空的

rareté f　稀少,稀薄,稀有性

ras m　平滑物;a　刮平的,平坦的,平滑的
à ~ de　齐平,和……同一水平
au ~ de　齐平,和……同一水平

rasance f　平直度,平伸度

rasant a　削平的

rascle f　灰岩参差蚀面

rasement m　铲平,剃平,刮平

rashleighite f　铝铁绿松石(绿磷铁石)

rasoir m　électrique　电刮刀

rasorite f　斜方硼砂(三水硼砂)

raspite f　斜钨铅矿

rassemblement m　集结,集中

rassembler v　集结,收集,聚集,集中

rastolyte f　蛭石,水黑云母

rasvumite f　硫铁钾矿

raté m　故障,失灵,不良,瞎炮,不点火,(发动机等)不发火
~ d'allumage　弧误,失燃,不引火,不引燃,不触发,点火系统故障
~ d'amorçage　不触发,不引燃,不着火
~ de frein　制动机失灵
~ de freinage　制动失灵

râteau m　齿耙,平土耙
~ à blocs　抓斗,抓岩机
~ à main　(清理拦污栅的)手耙
~ à neige　除雪机
~ à pierres　碎石耙
~ à roche　耙岩机,清岩耙
~ de dégrillage　拦污栅清理耙,拦污栅清理机
~ dégrilleur　拦污栅清理耙,拦污栅清理机
~ mécanique　耙路机,(清理拦污栅的)机械耙

râteler v　(用耙子)耙,刮干净

râteleur m　刮平工,耙路平整工

râtelier m　架,台,钻杆架,工具架,试管架

rathite [rathite-alpha] f　拉硫砷铅矿

rathite-Ⅰ f　拉硫砷铅矿Ⅰ

rathite-Ⅱ [liveingite] f　拉硫砷铅矿Ⅱ

rathite-Ⅲ f　拉硫砷铅矿Ⅲ

ratholite f　针钠钙石

ratification f　批准

ratifier v　批准,认可

ratio m　比,比率
~ de compression　压缩比,压缩率
~ de concentration　浓度比
~ de hauteur-travée　高跨比
~ de largeur-travée　宽跨比
~ de lever-travée　矢跨比
~ de profondeur　深度比

ration f　定量,批量,分配额
~ nominale　额定批量,标准规格,标准定量

rationalisation f　合理化
~ de la gestion　合理化管理
~ de la production　生产合理化

rationalisé　有理化的

rationnel, elle a　理性的,推理的,合理的,有理的

rationnement m　定量分配,定量配给

ratissage m　耙平,刮净(表面)

ratisser *v* 耙平,刮净
ratissoire *f* 小铲
ratofkite *f* 萤石
rattachement *m* 连接,联系,固定
rattacher *v* 连接,使归并,使发生联系
　se ~ à　与……联系起来
rattrapage *m* 追尾,越行,追随,补偿,弥补,两列车同时接入同一股道,连续将车辆溜入同一股道
　~ automatique de la semelle　闸瓦间隙自动调整
　~ d'un train par un autre　列车越行
　~ de trains　列车冲突
rattraper *v* 追上,赶上,弥补,缩小
　~ la distance　消除间隙
rattrapeur *m* de perche　自动降杆器(受电弓)
raucher *v* 割开,劈开,凿开,割掉
raucheur *m* 耙路机,松土机,粗齿锯
rauchwacke *f* 糙面白云岩
rauenthalite *f* 茹水砷钙石
rauhaugite *f* 铁白云碳酸岩,粗粒白云碳酸岩
raumite *f* 堇青块云母
rauque *a* 刺耳的,粗糙的
rauvite *f* 红钒钙铀矿
raval *m* 井筒加深,井筒工作面
ravalement *m* 削平,磨刮(建筑物),石灰或水泥抹墙,抹平墙、柱的浅凹部分
ravaler *v* 削平,粗制,粗涂,磨刮(建筑物),以石灰或水泥抹墙
ravat *m* 泥质砂
ravaudage *m* 修补,粗活
ravauder *v* 修补
ravin *m* 沟壑,沟谷,峡谷,溪谷,山涧,细涧,冲沟,凹路,洼地;(暴雨形成的)激流,急流,细沟
　~ anaclinal　逆斜谷
　~ cataclinal　顺斜谷
　~ d'érosion　侵蚀谷
ravineau *m* 细涧,细谷
ravinée *f* (激流冲成的)沟
ravinement *m* 冲刷,冲沟侵蚀,沟状侵蚀
　~ de courant　水流冲刷
　~ du remblai　路堤的冲刷
　~ du talus　路堤的冲刷
raviner *v* 冲成水沟,急湍冲成沟
ravineux, euse *a* 多谷的,多沟壑的,被急流冲成沟的,有一道道沟壑的

ravitaillement *m* 供给,供养,供应,后勤供给
　~ en carburant　燃料供应
　~ en matériaux　材料供应
ravitailler *v* 供给,给养
ravitailleur *m* 供应车
　~ de liants　黏结剂供给车
rayable *a* 可刻划的
rayé *a* 带状的,划伤的,擦伤的,有刻痕的,有条纹的
rayer *v* 划线,划道,擦伤,勾销,划去,抹去,清除
　~ une indication　涂改一项指示,取消一项说明
rayon *m* 光,架,半径,(光、声)线,射线,范围,台架,轮辐,辐条
　~ alpha　α射线
　~ altimétrique　竖曲线半径
　~ altimétrique rentrant　凹形竖曲线半径
　~ altimétrique saillant　凸形竖曲线半径
　~ au point bas　凹形竖曲线半径
　~ au point haut　凸形竖曲线半径
　~ bêta　β射线
　~ concave　凹形竖曲线半径
　~ convexe　凸形竖曲线半径
　~ d'action　活动半径,作用半径,(水文)影响半径
　~ d'action constant　恒定影响半径
　~ d'action d'un véhicule moteur　动车交路,动车的活动半径
　~ d'action du poste　连锁范围,控制区域
　~ d'appel　井的渗水半径,抽排水影响半径,排水半径(抽水井)补给半径
　~ d'arrondissement　(交叉口)转角半径
　~ d'autonomie d'un véhicule moteur　动车的活动半径,动车的独立性能
　~ d'entrée　进口半径
　~ d'extrados　外拱圈半径,拱外弧半径,拱圈外半径,外圈半径(拱的)
　~ d'inertie　回转半径,惯性半径
　~ d'influence　影响半径
　~ d'influence constant　恒定影响半径
　~ d'intrados　内拱圈半径,拱腹线半径,拱内弧半径,(拱的)内圈半径
　~ d'investigation　调查范围,勘察范围
　~ de balayage　(挖泥机)清除范围
　~ de braquage　旋转半径,转弯半径
　~ de braquage minimum　(汽车)最小转弯半径

~ de charge 荷载半径
~ de cintrage 弯曲半径,挠曲半径,曲率半径
~ de congé 倒角半径
~ de coude d'équerre 弯管半径
~ de courbe 曲线半径
~ de courbe de gaine de câble 钢束管道弯曲半径
~ de courbe en plan 平曲线半径
~ de courbe plane 平曲线半径
~ de courbure 曲率,弯曲半径,曲率半径,曲线半径
~ de courbure au point bas 凹曲线半径
~ de courbure au point haut 凸曲线半径
~ de courbure concave 凹曲线半径
~ de courbure convexe 凸曲线半径
~ de courbure de la voie 轨道曲线半径
~ de courbure en plan 平曲线半径
~ de courbure faible 小曲线半径
~ de courbure minimum en bosse 凸形最小曲率半径
~ de courbure minimum en creux 凹形最小曲率半径
~ de courbure moyen 平均曲率半径
~ de cylindrage （压路机）碾压半径
~ de déversement 倾卸半径
~ de flexion 弯曲半径
~ de freinage 制动范围
~ de giration 惯性半径,旋转半径,转弯半径,回转半径
~ de giratoire 环形平交口半径
~ de grue 起重机半径
~ de l'aire de contact d'une roue 车轮接触面半径
~ de l'arrondi 曲率半径,圆角半径
~ de la courbe 曲线半径
~ de pliage 弯曲半径
~ de rigidité 刚比半径,相对刚度半径
~ de rotation 旋转半径,回转半径
~ de roue 轮辐
~ de rupture 破裂面半径
~ de sortie 出口半径
~ de torsion 扭转半径
~ de travail 工作范围
~ de virage 转弯半径
~ des cintres 拱架半径

~ du changement (de voie) 道岔曲线半径
~ du pore 孔径
~ effectif 有效半径
~ en angle rentrant 凹角时半径
~ en angle saillant 凸角时半径,凹角时半径
~ en plan 平面半径,平曲线半径
~ en plan au dévers minimal 最小超高时平面半径
~ en plan minimal absolu 绝对最小平面半径
~ en plan minimal normal 标准最小平面半径
~ en plan non déversé 无超高时平面半径
~ équivalent de l'aire chargée （轮胎）接触地面换算半径
~ gamma γ射线,伽马射线
~ horizontal 平曲线半径
~ hydraulique 水半径,水力半径,平均水深,流体截面半径
~ incident 入射线
~ infrarouge 红外线
~ intérieur 内半径
~ laser 激光,激光光束
~ lumineux 光线,光束,可见光线
~ marginal 边光,周边光线
~ maximum d'excavation 最大挖掘半径,最大开挖半径
~ maximum de déchargement 最大倾卸半径
~ minimal (Rm) 最小半径
~ minimal courant 一般最小半径
~ minimal d'inscription en courbe 曲线最小半径
~ minimal de la courbe verticale en concave (en angle saillant) 凸形竖曲线最小半径
~ minimal de la courbe verticale en convexe (en angle rentrant) 凹形竖曲线最小半径
~ minimal en angle saillant (rentrant) 凸（凹）曲线最小半径
~ minimum absolu 绝对最小半径
~ minimum admissible 最小容许半径
~ minimum de courbe 最小曲线半径
~ minimum de courbe plane 最小平曲线半径
~ minimum de la voie 线路最小半径,线路曲线最小半径
~ moyen 平均半径
~ moyen hydraulique 平均水力半径
~ non déversé (Rnd) 不设超高的半径
~ ou ligne de coffrage du revêtement 二次衬砌

模板半径或模板线
　　~ ou ligne de gabarit du revêtement　二次衬砌内轮廓半径或内轮廓线
　　~ planimétrique　平曲线半径
　　~ pour tourner　转弯半径,回转半径
　　~ principal de courbure　主曲率半径
　　~ recommandé　推荐半径
　　~ réfléchi　反射光,反射线
　　~ réfracté　折射光,折射线
　　~ séismique　地震波射线
　　~ séismique ultraviolet　地震波,地震范围,地震波射线
　　~ solaire　太阳光线
　　~ ultraviolet　紫外线照射
　　~ vecteur　辐,矢径,动径,向径,向量半径
　　~ vertical　垂直半径,竖曲线半径
　　~ visuel　视线
　　~ X　X射线,X光射线,伦琴射线
　　~ X dur　高透射力的X射线
　　~ X mou　低透射力的X射线
rayonnage *m*　货架,货物存放架
　　~ à palettes　存放托盘的货架
　　~ métallique　金属货架
rayonnant, e *a*　辐射的,轮辐状的
rayonne *f*　人造纤维,人造丝
　　~ d'acétate　醋酸酯纤维
rayonnement *m*　辐射,放射,射线,发射,光芒,辐射热,作用距离,可达范围
rayonner *v*　发射,辐射
rayon-vecteur *m*　矢径,动径,向径
rayure *f*　沟,槽,划痕,条痕,刮痕,磨痕,擦痕,条纹,线条
　　~ croisée　交叉条纹,交叉擦痕
raz *m*　海啸,(海峡中的)急流,急流经过处
　　~ de marée　海啸
re-　(前缀)再,重新,回,向后,相互(相反)
réabri *m*　锡铅铂钯矿
réabsorber *v*　复吸收
réactance *f*　电抗,阻抗,电抗器,反应性
　　~ asynchrone　异步电抗,异步阻抗
　　~ capacitive　容抗
　　~ cyclique(d'un enroulement polyphasé symétrique)　相序阻抗,循环电抗,相序电抗(多相对称绕组的)
　　~ d'écoulement　接地电抗
　　~ d'électrode　电极电抗
　　~ d'induction　感抗
　　~ de capacité　容抗
　　~ de champ homopolaire　零序磁场阻抗
　　~ de commutation　换向电抗
　　~ de fuites　漏抗
　　~ de Potier　保梯电抗
　　~ de répartition　分配电抗,分布电抗
　　~ de saturation　饱和电抗
　　~ effective　有效电抗
　　~ énergétique　动力电抗
　　~ inductive　感抗
　　~ monophasée　单相电抗
　　~ synchrone　同步电抗
réacteur *m*　电抗器;电抗器[线圈],喷气式发动机
réactif *m*　试剂,反馈,反作用,反应剂,化学试剂
　　~ analytique　分析试剂
　　~ chimique　化学试剂
　　~ d'attaque　侵蚀剂,腐蚀性溶液
　　~ de flottation　浮选剂
réaction *f*　反应,反馈,反响,反力,回授,反作用,反作用力
　　~ à l'état solide　固态反应
　　~ acide　酸性反应
　　~ acoustique　声反馈
　　~ active　活性反应
　　~ alcali-agrégat　碱—集料反应
　　~ alcaline　(混凝土骨料的)碱性反应
　　~ alcaline des agrégats　骨料碱性反应
　　~ basique　碱性反应
　　~ capacitive　电容反馈
　　~ chimique　化学反应
　　~ chimique de combustion　燃烧化学反应
　　~ complexe　复杂反应
　　~ d'appui　支承反力,支点反力,支座反力
　　~ d'hydrolyse　水解反应
　　~ d'induit　电枢反应
　　~ d'intensité　电流反馈
　　~ d'inversion　逆反应
　　~ d'oxydation　氧化反应
　　~ d'oxyde-réduction　氧化还原反应
　　~ s dans un train　列车各车辆间的反作用力,列车中车辆间的互相冲撞

~ de combinaison 化合反应
~ de combustion 燃烧反应
~ de décomposition 分解反应
~ de dislocation 错位反应
~ de dismutation 复分解反应
~ de glissement 滑移反力
~ de la fondation 地基反力
~ de prise 凝结反应
~ de réduction 还原反应
~ de stabilisation 稳定反应
~ de tension 电压反馈
~ dermique 电肤反应
~ discontinue 非连续反应
~ du sol de fondation 地基力,地基反力,路基反力,地基反应力
~ élastique 弹性反应
~ électrostatique 静电反馈
~ en chaîne 连锁反应,链式反应
~ en chaîne contrôlée 可控链锁反应
~ enchaînée 连锁反应
~ endothermique 吸热反应
~ équilibrée 桥式反馈,电桥反馈
~ exoénergétique 放能反应
~ exothermique 放热反应
~ horizontale 水平反力
~ hyperstatique 不静定反力
~ inductive 电感反馈,电感回授
~ induite 诱导反应
~ initiale 初期反应
~ inverse 逆反应
~ irréversible 不可逆反应
~ isostatique 静定反力
~ isothermique 等温反应
~ latérale 侧向反力
~ latérale des pieux 桩的侧向反力
~ limitée 有限反应,不完全反应
~ mesurée 测量回授(根据测出值决定回授量)
~ mutuelle 相互作用
~ neutre 中性反应
~ normale 垂直反力
~ nuisible 有害反应
~ résultante 反作用合力
~ réversible 可逆反应
~ secondaire 副反应,副作用

~ sinusoïdale 正弦反力
~ sur le support 支承反力,支点反力
~ s tactiles 触觉反应
~ tangentielle 切向反力
~ théorique 理论反论
~ topochimique 局部化学反应
~ transversale 横向反力
~ verticale 垂直反力
~ s visuelles 视觉反应

réactionnel, elle *a* 反应的,反作用的
réactivation *f* 反应,复活,反冲(作用),再活化(作用),重新激活
réactivé *a* 复活的,再活化的
réactivité *f* 活性,反应性,反应率,反应度,电抗性,活动性,弹性后效
　~ à froid 冷态反应性
　~ à l'alcali 碱活性,碱反应性
　~ alcaline 碱性反应
　~ chimique 化学反应
　~ physique 物理反应,物理反应性
　~ potentielle de l'agrégat 集料的潜伏[在]活性
réadaptation *f* 再适应,重新适应
réadapter *v* 重新采纳,重新采用
réaération *f* 重新充气,再掺气作用
réagencer *v* 重列,重安排,重布置
réagir *v* 反应,起反应,起作用,起反作用
　~ à 对……起反应,对……有反应
　~ avec 和某物起反应
　~ sur 起反应,起作用
réajustement *m* 调整,校准
réalésage *m* 再镗内经,重镗内经
réalgar *m* 雄黄,鸡冠石
réalignement *m* 再调直,再矫直,再排成行
réalimentation *f* 反馈,回灌,补给,再充风,重新供给
　~ artificielle 人工回灌,人工补给
　~ artificielle de nappe 人工回灌地下水
　~ du frein 制动机再充风
　~ induite 再补给,诱发回灌
réalisable *a* 可实现的,可实行的
réalisateur *m* 实现者,设计人员
réalisation *f* 实现,变行,完成,成就,成果,出售,获得
　~ d'un bénéfice 获得利润

~ d'un projet 完成计划,完成设计
~ de l'astaticité 无定向化,实现不定向,使成为无定向
~ s économiques 经济成就
réaliser v 实现,完成,实行,领会,明白
réalité f 现实,事实
en ~ 事实上,实际上
réallumage m 再点火,再启动
réaménagement m 调整,改革,改装,修复,改建,重新布置
réamorcer v 重新起动
réapparaître v 再现,重现,重新出现
réapprovisionnement m 补充库存,补充供应品
~ en sable 上砂
réarmement m 复位,恢复(仪器)
~ manuel 人工复位
réarmer v 复位,复原,恢复(仪器),重新装备
réarrangement m 调整,重排,重列,重新排列,重新布置,重新整理,重新编排,重新布局,重新配置
réaumurite f 杂钠硅灰石
rebâtir v 改建,重建
rebattage m (混凝土)加水改变稠度
reblocage m 再锁闭,再封锁,再紧固
rebobinage m 重绕,反绕带
rebobiner v 重绕
reboisement m 绿化,植树,造林,再造林,再植树,植树造林,绿化工程
reboiser v 再植树造林
rebond m 回跳,回弹,跳开,第二峰值
~ d'un pieu 桩的回跳
~ élastique 弹性回跳
rebondir v 回弹,回跳
rebondissement m 回弹,回跳
~ d'un ressort 弹簧回弹,弹簧效应
~ du pieu 桩的回跳
~ élastique 回弹,弹性回跳
rebondisser v 弹跳,回跳,弹回
rebord m 边缘,凸缘,轮缘
~ de terrasse 阶地,阶梯
~ de tube 管缘
~ guide du contre-rail 护轨的工作边
rebouchage m 回填,回注,堵塞
~ sous pression 加压回填
rebouchage m 填塞

reboucher v 再堵塞
~ un puits 封井,封孔
rebourrage m 填塞,填料
rebrancher v 重新连接
rebroussé a 倒转的
rebroussement m 折角,倒置,倒转,翻转,返回,转向,折返,折角车流,折角调车,三角道转头,三角道尽头线
rebut m 尾矿,弃料,废品,废料,报废,废石,退货,拒绝接受
~ de carrière (采石)场废料
rebuter v 报废,废除,拔掉,去掉
récapitulation f 纪[摘、概]要;概[总]论;汇总表,扼要复述
~ d'essais géophysique 土工试验汇总表
~ de valeurs de mécaniques 物理力学指标统计表
~ des arrivages 到达货物清单
~ des expéditions 发送货物清单
récapituler v 回顾,摘要重述,扼要说明
récarburation f 再渗碳,再碳化法
recarburer v 渗碳,掺碳,碳化
recarrage m 重新支护,更换支架
receler v 藏有,包含,具有,隐匿
récemment adv 最近,新近
recensement m 清点,清查,调查,调查登记,清查货物,清查统计
~ de la circulation 交通量调查
~ de matériel 车辆清查
~ de provenance et de destination du trafic 交通起讫点调查
~ des polygonales 清点桩数
récent,e a 最近的,最新的,近代的,现代的,近来的
récente f 现代,近代
recépage m 切头,锯断
recéper v 锯掉
récépissé m 收据,回执,回单,收条
~ à l'expéditeur 货物通知书,给发货人的收据
~ au destinataire 给收货人的收据
~ d'expédition 发货收据
~ de livraison 交货收据
~ warrant 栈单,仓库
réceptacle m 集中地,汇集地
récepteur m 捕集器,感受器,接收机[器],路签

récepteur-imprimeur

授受架，自动记录装置，无线电接收机，感应式列车自动控制的接收线圈，自动列车运行图记录器的书写笔

～ à alimentation par le secteur　供电网接收机
～ à amplification directe　直接放大接收机
～ à bande latérale unique　单边带接收机
～ à batterie unique　单电池组接收机
～ à champ tournant　旋转场接收机
～ à changement de fréquence　变频接收机，超外差接收机
～ à courbe linéaire de phase　相位线性曲线接收机
～ à deux circuits d'accord　双调谐电路接收机
～ à phase-lock　相位锁定接收机
～ à prépaiement　投币接收机（电视）
～ à réaction　自差接收机，再生接收机
～ à superréaction　超再生接收机
～ à vision directe　直视接收机
～ acoustique　听音器，音频振荡接收机
～ autodyne　自拍接收机，自差式接收机
～ changeur de fréquence　拍频接收机，变频接收机，超外差接收机
～ d'asservissement　重合接收机
～ d'hyperfréquences　超高频接收机
～ d'images　图像接收机
～ d'infrarouge　红外线接受器
～ de contrôle　控制机，控制器，监控接收机
～ de données　数据接收机
～ de radio　无线电接收机
～ de radiodiffusion　无线电广播接收机
～ de table　台式接收机
～ de télémanomètre d'huile　遥测油压计接收器
～ de téléthermomètre d'eau　遥测水温计接收器
～ de télévision　电视接收机
～ de trafic　通信接收机
～ directionnel　定向接收机
～ du spectromètre　光谱仪的记录装置
～ GPS　GPS接收机
～ hétérodyne　外差接收机
～ photo-électrique　光电接收器
～ photo-télégraphique　传真电报收报机
～ portatif　便携式接收机
～ radiophonique　广播接收机
～ secteur　干线接收机
～ tous-courants　通用接收机，交直流两用接收机
～ ultra-sélectif　高选性接收机，单信号接收机
～ vidéo à cristal　带晶体检波器的视频信号接收机

récepteur-imprimeur *m*　引字式接收机，打印机接收机

récepteur-moniteur *m*　核对收报机，监听接收机

récepteur-témoin *m* de caméra　预检监视器，摄像机监视器
～ final　输出监视器，终端监视器

réception *f*　验收，承认，领受，接车，收货，接收[纳]，服务台，接待处
～ d'un ouvrage　工程验收
～ de l'ouvrage　某项工程验收
～ de télévision　电视接收
～ définitive　正式验收，正式验收，最终验收
～ des fournitures　产品验收
～ des impulsions　脉冲接收
～ des marchandises　货物承运，接收货物
～ des matériaux　材料验收
～ des ouvrages dissimulés　隐蔽工程验收
～ des trains　接车
～ des travaux　工程验收，全部工程验收
～ directe　直接接收
～ en balle　球状接收，中继接收，球形天线接收
～ en direct　正式验收，正式验收
～ en usine　在工厂验收
～ partielle　部分验收
～ provisoire　临时验收
～ sans réserve　无保留验收
～ simultanée　同时接收
～ superhétérodyne　超外差接收，双检波验收
～ sur cadre　环状天线接收
～ synchrone　同步接收

réceptionnaire *m*　验收人，验收员，接收员，收货员

réceptionner *v*　收货，验[接]收

réceptionniste *n*　接待员

réceptrice *f*　进车道

récession *f*　后退，后撤，退离，经济衰退
～ de crues　洪退，洪水退落
～ économique　经济衰退

recette *f*　收入，进款，方法，收款处
～s accessoires　杂项收入
～s accidentelles　杂项收入，杂项进款
～ aux voyageurs　售票处

~ brute　总收入,毛收入
~ s budgétaires　预算收入
~ s d'exploitation　运营收入,营业进款
~ de péage　税收
~ s des billets　客票收入,客票进款
~ des finances　财政收入
~ du béton　混凝土配料单
~ s du trafic　运输收入
~ en attente d'imputation　待记入的收入款
~ et dépense　收支
~ s et dépenses de caisse　现金收支,现金收入
~ s hors trafic　运输外收入
~ nette　净收入

recettes-marchandises *f. pl*　货运收入
recettes-voyageurs *f. pl*　客运收入
recevable *a*　可接受的
receveur *m*　售票员
　~ aux billets　售票员
　~ aux voyageurs　售票员
recevoir *v*　接到,收到,接收,领取,接纳,吸收,验收,承受
　~ un signal　接收信号
rechange *m*　换新,接替,备用,备件,替换,替换品
rechapage *m*　翻胎,修补胎面
rechaper *v*　修补(汽车)轮胎,翻胎
recharge *f*　镀,涂,包,敷,回灌,壳体,补给,重装,过载,超载,再装料,再补给,再充电,再充填,再装填,堆集现象
　~ amont　上游填方,上游填土,上游筑堤
　~ amont(d'un barrage)　(土石坝的)上游坝壳
　~ artificielle　人工补给,人工回灌
　~ aval　下游填方,下游填土,下游筑堤
　~ aval(d'un barrage)　(土石坝的)下游坝壳
　~ d'accumulateurs　蓄电池再充电
　~ d'une nappe　含水层补给
　~ de talus　护坡,边坡抛填石
　~ naturelle　天然补给,天然充水,天然回补(地表水或雨水渗入含水层)
　~ pluriannuelle　多年补给
　~ saisonnière　季节性补给
rechargé *a*　再充电的,重新装载的,重新装备的,重新装配的
rechargement *m*　修补,镀面,装面,焊补,铺面,重装,堆焊,补焊,再装填,再充电,表面整修,重新装载,翻修路面,重铺路面,货车双重作业
　~ de bandages　轮箍焊补
　~ de rails　钢轨焊补
　~ de route　翻修路面,重铺路面
　~ dur　表面淬火,硬质表层
　~ par soudage　焊接修补法
　~ par soudure　焊上,熔接,堆焊
　~ périodique　定期重铺路面
recharger *v*　过载,超载,(用碎石)重铺路面,垫高路面
réchaud *m*　灶,炉子,火盆[锅],加热[温]器
réchauffage *m*　加热,预热,再加热
　~ des aiguilles　道岔加热,道岔加热器
réchauffe *f*　预热,加热,再加热
réchauffement *m*　(气候)回暖,变暖,预热,加热,重新加热
réchauffer *v*　预热,加热,再加热
　~ l'eau d'alimentation　给水预热,供水预热
　~ le joint après soudure　焊接后焊缝加热退火
réchauffeur *m*　加热器,加热炉
　~ d'air　空气预热器
　~ d'eau　水加热器
　~ de l'eau d'alimentation　给水预热器
　~ tubulaire　管式预热器
réchauffeur *m*　加热器,预热器
　~ d'air　热风机,空气加热器
réchauffeuse *f* de bitume à chaud　沥青加热器
réchauffeuse-goudronneuse *f*　煤沥青加热器
rechausser *v*　培土
rêche *a*　粗糙的
recherche *f*　勘测,调查,考察,勘察,探索,分析,搜索,检索,研究,勘探[查],科学研究
　à la ~ de　寻找,追求
　~ à larges mailles　稀疏网度调查
　~ aléatoire de l'optimum　最优随机研究
　~ appliquée　专题调查
　~ approfondie　深入研究,详细调查
　~ automatique　自动化研究
　~ d'accident　事故分析,事故调查
　~ d'algorithmes　算法研究
　~ d'opération　运筹学,运用研究,运筹研究,运行研究
　~ d'un site　工程地址调查
　~ dans le style d'architecture　建筑风格[样式]

研究
~ de blessure 探伤
~ de gîtes à matériaux 料场研究
~ de l'optimum 最优研究
~ de laboratoire 实验室研究,实验室内研究
~ de ligne 找直,对直
~ de minerais 矿藏勘查
~ de prospection 勘探工作
~ de sources （水、石油、矿藏）资源勘查
~ des causes de pannes 故障分析
~ des erreurs 误差检测
~ des fuites 检漏,渗漏探查,渗透探测
~ des pannes 寻找故障,故障调查
~ du fichier 查找文献
~ du marché 市场调查
~ du pétrole, ~ pétrolière, ~ pétrolifère 石油勘查
~ du sol 土质调查,土壤研究
~ du tracé 选线
~ en profondeur 深部勘探,深部研究
~ et comparaison des couloirs de tracé 路线走廊研究及分析
~ expérimentale 实验研究
~ fondamentale 基础研究
~ géologique 地质研究,地质调查,地质勘探,地质勘查
~ morphométrique 形态测量研究
~ opérationnelle 运筹学,运营研究
~ par forage 钻探、探测
~ par fouilles 井探
~ par sondages 钻孔勘探
~ par tranchées 槽探
précéder à des ~ s sur... 进行……方面的科研工作
~ préliminaire 初测,踏勘,初步调查,初步研究
~ régionale 区域性调查
~ relative au sous-sol 土质研究
~ s scientifiques 科学研究
~ séquentielle 顺序查找,顺序检索
~ sismographique 地震勘探
~ souterraine 土质勘查,土质调查,土质研究
~ stratégique 战略勘查,远景普查
~ sur le sol 土质调查,土壤研究
~ sur modèle 模型研究
~ sur place 现场调查,现场研究,野外调查
~ sur terrain 野外调查
~ tactique 详查,战术勘查
rechercher v 研究,探究,追求
rechercheur m 研究员,研究工作者
récidive f 复发,再发
récipient m 皿,槽,容器,储水槽,储存器,蓄水槽
~ d'échantillonnage 取样器
~ de mesure 量器
~ dessableur 清砂器
~ jauge 计量器
~ septique 污水池
réciprocité f 交互,互利[惠],可易性,可逆性,互反性,相关性,互易性,相互性[关系],交互作用
réciproque f 互反,互逆; a 彼此的,往复的,相互的
recirculation f 互逆,回流,再循环
~ d'air 空气再循环
~ de boue 泥浆循环
recirculer v 再循环
réclamant m 申请者,索赔人,请求人,提出要求者,赔偿要求者
réclamation f 索赔,赔偿,申请,投诉,申诉,要[请]求,抗[异]议,要求赔偿
~ contractuelle 合同规定的索赔
~ d'indemnité 赔款要求,赔偿要求
~ de pertes 要求赔偿损失
~ des tiers 第三方索赔
~ en dommages-intérêts 损害索赔
~ ex-contractuelle 非合同规定的索赔,超越合同规定的索赔
~ pour avarie 损坏赔偿要求
~ pour dommage 索赔损害赔偿费
~ pour frais supplémentaires 额外费用索赔
~ pour manquant 索赔货物丢失赔偿费,货物灭失的赔偿要求
réclame f 标志,信号,广告,广告牌
~ lumineuse 发光信号,发光标志
~ routière 道路标志
réclamer v 要求,请求
reclassement m 改编,重分类,重分等级,重新编组,重新分类
~ d'une rame 车列改编,车组改编
réclinaison f 倾斜,倾斜度
reclouer v 重新钉上

recoller *v* 吸住,粘住,粘补,再吸住,再粘住
récolte *f* 采集,搜集,收获,利益
　～ d'échantillons　采集样品
récolter *v* 收获
recombinaison *f* 复合,恢复,再结合,再化合
recombiner *v* 复合,恢复,再结合,再化合
recommandable *a* 有价值的,可推荐的
recommandation *f* 推荐,介绍,劝告,建议
recommander *v* 推荐,介绍,劝告
recommandeur *m* 推荐人,介绍人
recommencement *m* 重新开始
recommencer *v* 重新开始
　～ à　再开始,重新开始作
　～ de　再开始,重新开始作
recompactage *m* 再压实
　～ couche par couche　分层再压实
récompense *f* 奖赏,报酬,补偿
recomposer *v* 重新组成,重新组织
recomposition *f* 再压缩,再化合,再压制,重新组织,重新组成,压力再次增大,多种粒料混合料
recompter *v* 重新数,重新计算
reconcassage *m* 细轧,细碎,次碎
reconcasser *v* 细碎,次碎
reconcasseur *m* 细碎机,次碎机,次轧碎石机,二次轧碎石机
reconduction *f* 更新,展期,契约延长,契约展期,继续执行
　～ d'un accord　协定延长(到期顺延)
　～ d'un contrat　合同的默认延长有效期
　～ tacite　合同的默认延长有效期
reconnaissable *a* 可能知,可认识的
reconnaissance *f* 承认,认识,识别,认可,探测,检查,审查,勘测,勘探,踏勘,调查,选线,察看;借据
　～ à distance　遥感
　～ aérienne　航测,航空勘察,航空勘测
　～ après le tir　爆破效果察看
　～ au pénétromètre dynamique　动力贯入度仪测定
　～ cartographique　绘图踏勘
　～ contradictoire　双方会同检查
　～ d'un site　某一现场踏勘
　～ de faisabilité　可行性研究勘察
　～ de glissement　滑坡勘探
　～ de l'avant-projet détaillée　详细勘察
　～ de l'avant-projet sommaire　初步勘察
　～ de l'exécution　施工勘察
　～ de la chaussée　路面检查
　～ de la ligne de chemin de fer　铁路线路勘察
　～ de marchandises　货物检查,货物核对
　～ de route　公路工程勘察
　～ de sol　土壤勘察
　～ de structure　构造研究,构造填图
　～ de terrain　场地勘察,察看现场
　～ de tunnel　隧道勘测
　～ des fondations　地基勘探,地基勘察
　～ des indices　矿点勘查
　～ destructive　破损检测
　～ du chargement　装车检查
　～ du gisement　矿床勘探
　～ du sol　土壤勘察,土质调查,工程地质调查
　～ du sol de fondation　地基土壤调查,工程地质勘察
　～ du sous-sol　下层土勘探
　～ du terrain　初测,踏勘,土壤勘探,现场勘探,地形勘探
　～ du travail　工作检查
　～ géologique　地质勘探,地质调查,区域地质调查
　～ géologique et géotechnique　地质及地质工学勘察
　～ géophysique　物探,地球物理勘探
　～ géotechnique　工程地质勘测
　～ minière　矿产勘探
　～ non destructive　无破损检测
　～ par cheminement　踏勘
　～ pédestre　踏勘
　～ préliminaire　初步调查
　～ préparatoire　远景普查
　～ régional　区域调查
　～ s à l'avancement　超前勘探
　～ sismique　地震探查
　～ sommaire　初步调查
　～ spécifique　专业调查
　～ sur le site　现场勘探,现场调查,工程地址勘查
　～ sur terrain　现场勘察,野外踏勘
　～ topographique　地形勘测
　～ visuelle　肉眼踏勘
　～ visuelle du terrain　土壤肉眼勘察
reconnaître *v* 识别,勘察,探测,认出,承认
reconsolidation *f* 再压密,再压实

reconsolider *v* 再加固,再加强,重新固结
reconstituer *v* 重组,重建,重新构成
reconstitution *f* 再造,恢复,改建,重建,重设,重建物,重新制定
　～ de la voûte　拱的改建
　～ générale　大修,翻修
　～ totale　大修,翻修
reconstruction *f* 重建;重建物
reconstruire *v* 重[再、改]建,改造,改建,翻修,重组,复兴
reconversion *f* 复原;适应新情况
　～ d'une installation　设备的改造
recopier *v* 复制,复印,做副本
recordeur *m* 记录仪,记录器,自记仪器,记录装置
recorriger *v* 再改正,再校正
recoupe *f* des rails　钢轨交会,钢轨交叉
recoupement *m* 相交,交切,交会,割断,切断,搭叠,交会法,墙面后退
recourbé, e *a* 弯曲的,钩形的
recourber *v* 使弯成弧形
recourir *v* à 依靠,求助于
recours *m* 求助,依赖,手段,方法,请求救援
　avoir ～ à　求助于,借助于
recoutelage *m* 重叠,重复
recouvert *a* 包层的,包覆的,被遮满的,被重新覆盖的
recouvrance *f* 恢复,复原
recouvrant *a* 覆盖的
recouvrement *m* 回收,收回,复原,恢复,搭接,重叠,超覆,覆盖,覆层,盖板,涂层,征收,包层,补收运费
　～ au point nul　零交叉
　～ de neige　雪盖
　～ de tablier　桥面道路铺面
　～ de taxes　收税,收运费
　～ de tuyaux　管道保护保温层
　～ des armatures　混凝土保护层
　～ des barres　钢筋搭接
　～ des péages　征收通行税,征收道路通行费,征收码头使用费
　～ des talus par terre végétale　植被土填筑边坡
　～ des traces de roues avant et arrière　前后轮迹重叠
　～ des treillis　钢筋网搭接
　～ des vitesses　速度搭叠
　～ en dalles　石板屋面
　～ en tôle　盖板
　～ horizontal d'une faille　断层的水平断距
　～ latéral　横向重叠
　～ longitudinal　纵向重叠
　～ par remblai　填土加载
　～ sédimentaire　沉积盖层
　～ stratigraphique　地层超覆
　～ tectonique　推覆体
recouvrir *v* 盖上,铺上,蒙上,罩上,覆盖,新覆盖
　se ～ de　盖上,蒙上
recréer *v* 复制,重建,重新创造
recrutement *m* 招收[募、聘],招工,吸收(新成员)
　～ auditif　音量增益,响度增益
rectangle *m* 矩形,直角,长方形; *a* 矩形的,直角的
rectangulaire *a* 直角的,矩形的,长方形的
rectangularité *f* 直角法
rectificateur *m* 整流器,检波仪,纠正仪,精馏器,检波[整流]器
　～ à cristal　晶体整流器
　～ à diodes à cristal　晶体二极管整流器
　～ à germanium　锗整流器
　～ d'huile　油精馏器
　～ par contact　接触整流器
　～ polyphasé　多相整流器
rectificatif *m* 勘误表
rectification *f* 校[修、纠、改、更]正,订正,精修,整形,检波,提纯,磨平,研磨,调整[直]整流
　～ d'un chargement　装载修整
　～ d'un compte　改正账目
　～ de courbe　修正曲线,整修曲线,矫正曲线
　～ de l'enregistrement　注册更正
　～ de position　方位矫正
　～ des alignements　拨正,路线整修
　～ du tracé de la voie　拨道,矫正线路,改善线路
rectifier *v* 矫正,矫直,改正,校正,使直,修改,磨削,提纯,磨平,整流,检波
　～ la voie　拨道
　～ le profil en travers　修改横断面,横断面整形
　～ le tracé　路线拉直,路线取直
　～ un chargement　修装
　～ un taxe　修订运价

rectifieuse *f* 磨床,修整机
　～ à dresser　圆盘磨床
　～ d'accotements　路肩修整机,路肩整形机
　～ intérieure　内圆磨床
　～ plane　平面磨床
rectiligne *a* 直线的,笔直的
rectitude *f* 笔直,直度,直线性
recto *m* 正面
reçu *m* 收据
recueil *m* 采集,文集,选集,汇编,汇集
　～ des barèmes de prix　运价计算表汇编
　～ des données　数据采集
　～ des Modèle de Billets Internationaux　国际客票样本集
　～ des tarifs　运价汇编
recueillir *v* 采集,收集,汇集,集中
recuire *v* 退火,软炼
recuissage *m* 退火,软炼,加热缓冷
recuisson *m* 退火,软炼,加热缓冷
recuit *m* 退火,软炼,加热缓冷,低温退火
　～ pour l'élimination des tensions　消除应力退火
　～ d'homogénéisation　均匀回火处理
recul *m* 弹回,倒车,后退,回程,分离,回收
reculage *m* (掌子面)清理
reculant,e *a* 后退的
reculé,e *a* 遥远的,远隔的,偏僻的
reculée *f* 盲谷,闭端,独头巷道,陡峻盲谷,独头工作面
reculement *m* 退却,后移
reculer *v* 后退,推迟,延期,向外推移
récupérabilité *f* 回收能力
récupérable *a* 可回收的,可再生的
récupérateur *m* 恢复,换热器,散热器,再生装置,回收装置,利废装置
　～ à sable　回砂机,砂子回收装置
　～ de fines　石屑回收器,细料回收器,细粒再生装置
récupération *f* 反馈,再生,回收,回流,回热,复原,恢复,弥补,回流换热法,再生利废法
　～ d'énergie　能量再生,能量反馈,能量的回收
　～ de carottes　岩芯采取率,岩芯收获率
　～ de déformation　变形恢复
　～ de l'eau　水的回收
　～ des chaleurs perdues　余热回收
　～ des éléments fins　细粒再生
　～ du terrain　开垦,垦拓
récupéré,e *a* 回收的,再生的,恢复的
récupérer *v* 复原,回收,再生,恢复
récurage *m* 刷洗,擦亮
récurer *v* 刷洗,擦亮
récurrence *f* 重现,复现,再现,递归,递推,循环,回水期,再发生
recurrent *a* 重现的,循环的
recyclage *m* 循环,回注,进修,回收,再循环,重复利用,重复循回
recycler *v* 再循环
rédaction *f* 编写,编辑,编纂
　～ du dossier d'exécution　编写施工文件
redan *m* (地形)突起,凸部,隆起,键槽,山嘴,台阶形,梯级形,伸出部分
reddingite *f* 水磷锰石
reddition *f* 恢复
redécoller *v* 揭开,取下,分离
redent *m* 台阶形,梯级形
redéposer *v* 再沉积
redéposition *f* **redépôt** *m* 再沉积(作用)
redescendre *v* 再降,再落
redevance *f* 租金,享受特许权,专利权使用费,专利权的费用
　～ d'amodiation　租金
　～ d'usage　车辆使用费
　～ de journée-wagon　日车租用费
　～ de location　租用费
　～ de stationnement　停留费,车辆停留费
rediffuser *v* 转播,反向辐射
rédiger *v* 草拟,撰写,编写,拟定
　～ un contrat　草拟合同
　～ le procès-verbal　做记录
redingtonite *f* 铁铬矾
redissolution *f* 再溶解,重新溶解
redistribution *f* 重分配,再分配,重分布,重新分布
　～ de charge　荷载重分布
　～ des contraintes　应力重分布
redledgéite *f* 硅镁铬钛矿
redondance *f* 多余,剩余,重复,备用功能(冗余),过剩,超稳定,重复度,冗余度,多余度,剩余度,多余信息,超稳定结构

redondant, e *a* 冗余的, 多余的, 众多的, 超稳定的
redondite *f* 铁磷铝石
redoublé, e *a* 加倍的, 重复的, 加强的
redoublement *m* 加倍, 重复, 加强, 重叠
redoubler *v* 重复, 加重, 加强, 倍增, 重叠, 再加倍
~ de 加倍, 增加
redox *m* 氧化还原作用
redoxomorphique *a* 氧化还原状态的
redoxomorphisme *m* 氧化还原作用
redressage *m* 矫正[直], 整流, 检波
~ à froid 冷矫直, 冷法矫直
redressé, e *a* 矫直的, 直立的, 检波的, 陡立的, 校正的, (电)整流的
redressement *m* 校正, 矫直, 变直, 订正, 整流, 检波, 解调(无线电)
~ de taxe 运费订正
~ des courbes 曲线拨正, 曲线矫正
~ des joints bas 钢轨低接头的整修
~ du levier 握柄放回定位
redresser *v* 矫直, 矫正, 校正, 整流, 检波
~ une taxe 改订运费
redresseur *m* 整流器, 检波器, 矫正工, 校正仪, 矫直器[装置]
~ à cathode incandescente 热阴极整流器
~ à commande magnétique 磁控管整流器
~ à contact 接触整流器, 干片整流器
~ à contact par point 点接触整流器
~ à contact par point soudé 熔接整流器, 焊点接触整流器
~ à contact par surface 面接触整流器
~ à couche d'arrêt 阻挡层整流器, 锁闭层整流器
~ à couche de barrage 阻挡层整流器
~ à crête de tension inverse 高反电压整流器
~ à effluves 辉光放电整流器, 充气光电管整流器
~ à gaz 充气整流器
~ à lame vibrante 振动片整流器
~ à montage en pont 桥形整流器
~ à sec 干整流器, 半导体整流器
~ à semi-conducteurs 半导体整流器
~ à tubes à gaz 充气管整流器
~ à une alternance 半波整流器
~ biphasé 全波整流器(无线电)
~ biplaque 全波整流器, 双阳极整流器
~ contrôlé 受授整流器, 栅极控制整流器
~ d'arc 电弧整流器
~ de charge 充电整流器
~ de courant 整流器
~ de puissance 动力[功率]整流器
~ de rail 直轨器
~ électrochimique 电化整流器
~ en demi-onde 半波整流器
~ en pleine onde 全波整流器
~ en pont 桥式整流器
~ hexaphasé 六相整流器
~ idéal 理想整流器
~ mécanique 机械整流器
~ mécanique à vibreur 振动整流器
~ monoanodique 半波整流器, 单阳极整流器
~ monophasé 单相整流器
~ polyanodique 多阳极整流器
~ suivre-oxyde de cuivre 氧化铜整流器
~ thermoionique 热离子整流器
~ trembleur 振动子整流器
~ triphasé 三相整流器
redrouïte [**redruthite**] *f* 辉铜矿
réducteur *m* 缩放仪, 减速器, 减振器, 减压器, 减压阀, 变径管, 还原剂, 脱氧剂, 减速齿轮
~ à carter étanche 密封伞形齿轮变速箱
~ à engrenage 减速齿轮
~ à engrenage droits 正齿轮减速器
~ à vis sans fin 蜗轮减速器
~ chimique 还原剂
~ d'eau 减水剂(用于减少混凝土加水量的)
~ de potentiel à plots 分压器
~ de pression 减压器, 减压阀
~ de puissance 功率限制器
~ de tension 分压器
~ de tuyaux 变径管接头
~ de vapeur 蒸汽减压阀
~ de vitesse 减速器
~ décharge 放电开关
réducteur, trice *a* 缩短的, 减短的, 还原的
réductibilité *f* 缩减性, 还原性
réductible *a* 可缩小的, 可缩减的
~ à 可缩简, 可简化为……
~ en 可变为, 可化为……
réduction *f* 约, 缩小, 缩减, 降低, 化简, 简化, 归并, 减少, 收缩, 减速, 脱氧, 变速传动, 折算, 换算, 折合

校正, 蚀低(地面), 减缩量, 还原减速
- ~ à l'air libre 自由空气校正
- ~ concomitante 同时减少
- ~ d'information 数据简化
- ~ de Bouguer 布格校正
- ~ de bruit 噪音消减
- ~ de déflexion 弯沉减小
- ~ de dimensions 微型化, 小型化
- ~ de forgeage 锻造化
- ~ de gravité 重力校正
- ~ de la déclivité 降坡
- ~ de la température 降温
- ~ de la vibration 降低振动
- ~ de laminage 压延比
- ~ de pression 减压
- ~ de prix 减价, 运价降低, 价格降低
- ~ de surcharge 减少超载
- ~ de tarif 降低运价
- ~ des besoins en eau 用水量减少
- ~ des dépenses 节省开支, 缩减开支
- ~ des désastres 减灾
- ~ des données 资料折算, 数据化简
- ~ des impôts 减税
- ~ des pentes 坡度减小, 坡度折减
- ~ des pertes de temps résultant des escales 减少中间站停留时间
- ~ des salaires 减少工资
- ~ du délai 期限缩短
- ~ du personnel 裁员, 人员精简
- ~ du trafic 交通量减少, 交通置降低
- ~ en cendre 灰比
- ~ isostatique 均衡校正
- ~ prévue par le tarif 运价规程规定的减价
- ~ successive 逐步简化
- ~ tarifaire 降低运价
- ~ topographique 地形校正

réduction-oxydation *f* 氧化—还原(作用)
réductrice *f* 还原剂
réduire *v* 减少, 缩减, 减低, 还原, 简化, 脱氧
- ~ à 使简化为
- ~ en 使化为, 使折合成
- ~ en cendres 烧成灰, 锻成灰, 使成灰
- ~ l'amplitude dans un rapport 1/2 把幅值减至 1/2
- ~ l'effectif 人员精简
- ~ le paiement des indemnités 减少赔偿费
- ~ les prix de revient 降低成本
- ~ les temps d'attente 减少等候时间
- se ~ à 限于……, 归结为……, 简化为……
- se ~ en 变为, 化为
- ~ une taxe 降低运费

réduit, e *a* 缩小的, 减低的, 降低的, 减少的, 通分的
redwitzite *f* 蚀离岩
réédification *f* 再造, 改建, 重建
réédifier *v* 重建
reedmergnerite *f* 钠硼长石
réeffecture les opérations d'essayage 重复试验工序, 重新开始试验工序
réel, elle *a* 真正的, 确实的, 实际的, 真实的
réellement *adv* 确实地, 实际地, 真正地
réembieller *v* une locomotive 安装机车连杆
réembobinage *m* 重绕线圈
réémetteur *m* 转发器, 中继发射机, 转播发射机
réemploi *m* 再使用, 重复使用, 重新使用
- ~ accéléré 加速重复使用(客车车底)
- ~ des rames voyageurs 重复使用客车车底

réemployer *v* 再使用, 重新利用
réenclencher *v* le levier 重新锁闭握柄
réenraillement *m* 复轨
réenregistrement *m* 重新登记, 重新记录
rééquipement *m* 改装, 重新装备
rééquiper *v* 重新装备
réestimation *f* 重新评价
réétalonnage *m* 再标定, 再校准, 重新标定
réétalonner *v* 重新校准, 重新标定
réévaluation *f* 重新评价, 重新评定, 重新估价
reevesite *f* 水碳铁镍矿
réexaminer *v* 重新考虑, 重新检查, 重新审查
réexpédier *v* un envoi 转发货物, 变更货物到站
réexpédition *f* 转发, 转运, 转发送
- ~ sous régime de transit international 按国际过境货物规则转发送

réexploitation *f* 再开采, 二次开采
réexportation *f* 转口, 再出口, 再输出
refaçonner *v* 重制, 再加工
refaire *v* 再做, 重做
refdanskite *f* 雷镍叶蛇纹石(水硅镍矿)

refdinskite *f* 镍铁绿泥石
réfection *f* 翻修,翻新,重做,重建,返工,修理,改建
　～ d'un chargement　修整装车
　～ de route　道路修理
　～ de voie　整修线路,线路改建
　～ des écritures　填发新运输票据
　～ des fossés　整修边沟
refend *m* 隔墙,隔断
refendre *v* 锯开,再劈开,再裂开
refente *f* 分裂,劈裂,切割槽,切割小巷
référence *f* 基准,标准,参考,依据,引证,证明书,基准点,起始位置
　～ altimétrique　高程基准
　～s bancaires　银行资料
　～s de l'entreprise　企业的业绩资料
　～ normale　基准值
　～s professionnelles du soumissionnaire　投标者从业经验
référentiel *m* 参考系
　～ global　整体坐标
　～ local　当地坐标,局部坐标
référer *v* 参考,引证
　se ～ à　参考,涉及,有关,引证
refermer *v* le signal　信号重新恢复停车位置
reffusion *f* 重熔
reflâchage *m* （路面）补坑,修补,修理
réfléchi,e *a* 反射的,折回的
réfléchir *v* 反射,反照
réfléchissant,e *a* 反射的
réfléchissement *m* 反射,反射波
réflectance *f* 反射,反射率,反射系数,反射能力
réflecteur *m* 灯罩[帽],反射器,反射层,反射面,反射镜,反射物,反射体,反射罩,反光标志,探照式色灯信号
réflection *f* 反射
réflectivité *f* 反射性,反射率
réflectomètre *m* 反射计,反射仪
réflectoscope *m* 反射镜,超声波探伤仪,反射系数测量仪
reflet *m* 反射,反光,反映,光泽,反射光
refléter *v* 反映,反射,体现,显示
　～ sur　反射在,反映到
reflex *m* 反射,回响

réflexif *a* 反射的
réflexion *f* 反射,反映,回波,反响,反射波,反射光;思考
　à la ～　考虑之下
　～ sismique　地震反射,地震反射波勘探方法
　～ sismique continue　连续地震反射波（法）
refluement *m* 回流,逆流,倒流,倒灌
refluer *v* 逆流,回流,逆流
reflux *m* 倒流,回流,返流,逆流,变迁;*a* 耐火的,难熔的
　～ de niveau　水面下降
　～ du sol　地面下沉,地面沉降,地表凹陷
refonder *v* 再建立,重建基础
refondre *v* 重熔,重铸,再熔化,再溶解,重新融化,使再融化
refondu *a* 重溶的,再溶的,重铸的
refonte *f* 重溶,再溶,重铸
reforage *m* 扩孔,重新钻探
reformable *a* 可改良的
réforme *f* 改革,改造,停用,报废,重新组成
　～ de matériel roulant tarifaire　机车车辆报废,机车车辆停止使用
　～ tarifaire　运价改革,运价修订
réformé,e *a* 改进的,废弃的,报废的
réformer *v* un wagon　货车报废
refouiller *v* 重新挖掘
refoulage *m* 增压,加压输送
refoulement *m* 增压,压缩,推送,回流,挤入构造,加压输送,推送调车,盖层挤压构造
　～ à l'air comprimé　空气压缩,空气增压
　～ de la pompe　水泵排出量
　～ du trafic　交通拥挤,交通阻塞
　～ du train　列车退行,推送列车
　～ du train à la bosse de triage　把列车推向峰顶
　～ latéral　侧面挤压
refouler *v* 增压,加压,推送,压力送料
　～ une rame　推送车列
refouleur *m* 压水泵,水力疏浚机,水力冲泥机
　～ à déblais　水力疏浚机,水力冲泥机
réfractaire *m* 耐火材料;*a* 防火的,难熔的,耐火[高温]的
　～ acide　酸性耐火砖,高硅耐火砖
　～ basique　碱性耐火材料
　～ de corindon　刚玉耐火材料

～ de silice 硅砖
réfractaires *m. pl* 耐火砖,耐火材料,耐高温材料
réfractarité *f* 耐火性,耐热度
réfracté *a* 折射的
réfracter *v* 折射,使折射
réfracteur *m* 折射镜,反射镜,反射器,折射层,折射器,折射望远镜;*a* 折射的
réfractif *a* 折射的
réfraction *f* 折射,折光,屈光,拐弯,折光差,折光度,方向变化
réfractivité *f* 折射性,折射系数
réfractomètre *m* 折射计,折光仪,折射剂,折射仪,光率计,屈光度计
réfractométrie *f* 折射率测定术
réfrangibilité *f* 折射性
réfrangible *a* 可折射的
réfrigérant *m* 冷却剂,冷却[凝]器,冷冻剂,制冷剂,冷却装置
～ à air 空气冷却器
～ à arrosage 喷洒式冷却器,淋水式冷却器
～ à eau 水冷却器
～ à grille 隔栅式冷凝器
～ à ruissellement 喷淋式冷却器,水淋式冷却器
～ à surface 表面冷却器
～ à tour 冷却塔
～ d'air 空气冷却器
～ rotatif 旋转式冷却器
～ tubulaire 管状冷却器,管式冷却器
réfrigérant, e *a* 冷却的,冷冻的,冷藏的
réfrigérateur *m* 制冷机,冷气机,冷藏室,冷藏车
～ à absorption 吸收式冷冻机,吸收式制冷机
～ à compression 压缩式冷冻机,压缩式制冷机
～ à évaporation 汽化冷却器
～ à gaz 气体冷却器
～ tubulaire 管式冷却器
réfrigération *f* 制冷,冷却,冷冻
～ à chemise d'eau 水套冷却
～ à tirage forcé 强制通风冷却
～ adiabatique 绝热冷却
～ artificielle 人工冷却
～ de fréon 氟利昂冷却
～ de retour 二次冷却
～ directe 接触冷却

～ dynamique 动力冷却
～ forcée 强迫冷却
～ humide 湿冷却
～ initiale 初始冷却
～ interne 内冷,内部冷却
～ naturelle 自然冷却
～ par air 空气冷却
～ par aspersion 喷淋冷却
～ par circulation 水循环冷却
～ par compression 压缩冷却
～ par eau atomisée 喷雾冷却
～ par eau glacée 冷水冷却
～ par évaporation 蒸发冷却
～ par film d'eau 水膜冷却
～ rapide 速冻,快速冷却
～ temporaire 临时冷却
réfrigérer *v* 冷却,制冷
réfringence *f* 折光率,折射率,折射本领
～ élevée 高折射率
～ faible 低折射率
～ forte 强折射率
réfringent *a* 折射的
refroidir *v* 冷却,冷冻,速冻,使冷
refroidissant, e *a* 冷却的
refroidissement *m* 冷却,冷冻,降温,淬火
～ à air 空气冷却
～ à contre-courant 逆流冷却
～ à débit d'air inversé 逆流空气冷却
～ artificiel 人工冷却
～ dirigé 可控冷却
～ en circulation forcée 强制循环冷却
～ en circulation naturelle 自然循环冷却
～ forcé par air 强迫气冷,强迫空气冷却
～ forcé par eau 强迫水冷,强迫水冷却
～ forcé par huile 强迫油冷,强迫油冷却
～ naturel 自然冷却,空气冷却
～ par air 空气冷却
～ par aspersion 喷淋冷却
～ par chemise d'eau 水套冷却
～ par circulation d'air 空气循环冷却
～ par circulation d'air forcé 强制冷却,人工冷却,强制循环风冷
～ par circulation d'eau 水循环冷却,循环水冷却
～ par contact 接触冷却

~ par convection naturelle 自然对流冷却
~ par détente directe 直接膨胀制冷（蒸发器直接和被冷却的物体或空间相接触的一种制冷系统）
~ par eau 水冷却
~ par eau à circuit fermé 水循环冷却
~ par eau glacée 冰水冷却
~ par évaporation 蒸发冷却，汽化冷却
~ par évaporation d'eau 水蒸发冷却
~ par immersion 沉浸冷却
~ par le vide 真空冷却
~ par liquide 液体冷却
~ par rayonnement 辐射冷却
~ par thermosiphon 温差环流冷却
~ par tuyau noyé dans la masse 埋管冷却
~ par ventilation à grande vitesse 急吹风冷却（在强制循环的高速空气中冷却）
~ par ventilation forcée 强制通风冷却，机械通风冷却，人工通风冷却
~ par water-jacket 水套冷却
~ préalable 预冷却
~ préliminaire 预冷却
~ régénérateur 回热式冷却
~ thermoélectrique 热电制冷

refroidisseur *m* 冷却器，冷却剂，散热器，制冷剂，冷却装置，致冷装置
~ à plaques 平板液体冷却器
~ à ruissellement 喷淋式冷却器，表面液体冷却器（液体由于重力作用流过冷却表面而被冷却的一种冷却器）
~ d'air 冷风机，空气冷却器
~ d'air à chaleur sensible 热敏空气冷却器
~ d'air à convection forcée 强制对流空气冷却器，强制通风空气冷却器
~ d'air à convection naturelle 自然对流空气冷却器
~ d'air à groupe incorporé 空气冷却机组，独立冷风机组
~ d'air à surface froide 表面空气冷却器
~ d'air du type humide 湿式冷风机，湿式空气冷却器
~ d'air groupe incorporé 空气冷却机组
~ d'eau 水冷却器
~ de gaz 气体冷却器
~ de liquide 液体冷却器
~ de saumure 盐水冷却器
~ final 后冷却器，二次冷却器
~ intermédiaire 中间冷却器
~ soufflant 冷风机

refuge *m* 掩体，掩蔽部，（街上）安全岛，（隧道）避人洞
~ antiaérien 防空洞
~ central 中心岛，中央岛
~ d'attente 停车岛
~ d'embarquement 装卸岛，装车台，停车岛
~ de sécurité 安全庇护站
~ pour piétons （交叉口处）行人安全岛

refus *m* 尾渣，筛屑，废料，废渣，残渣，拒绝，拒收，（灌浆的）拒浆，残留物，筛余物
~ au battage 打桩阻力
~ au tamis, ~ de tamisage 筛屑，筛余物，筛余量
~ cumulé 总筛余物
~ d'un crible réalisé 筛上物
~ d'un pieu battu 打桩阻力
~ de fonderie 回炉铁，铸造废品
~ de la marchandise 拒绝收货
~ de la pile 打桩阻力
~ de paiement 拒绝付款
~ de pieu 桩止点
~ de prendre livraison 拒绝提货，拒绝受领
~ de prétraitement 预处理余渣
~ de tamisage 筛底料，筛余百分数
~ du crible 筛底料
~ du filtrage 滤渣
~ élastique 弹性回跳

refuser *v* 拒绝，不接受，不录取，不承认
~ un wagon 拒绝接收货车

refusion *f* 再熔，重熔，再熔化，再融化，再熔解

regâchage *m* 重拌（混凝土或砂浆）

regain *m* 木材截头，木料过长部分

régalage *m* （对路床或路面的）整形，整平土地

régalement *m* 平整土地，平摊税款

régaler *v* 整平，平整土地，整平路型，按比例分摊税款

régaleuse *f* à chaud 加热整平机

régalo-vibro-finisseuse *f* 振动式混凝土整面机，振动式混凝土整平机

regard *m* 孔，口，看，注视，检查孔，观察孔，检视孔，检查井

au ~ de 根据,从……方面来看
~ d'évacuation 排水孔
~ de collecteur 集水井
~ de compteur d'eau 水表井[洞]
~ de connexion des câbles 电缆井
~ de jonction 汇水井
~ de visite （进）入孔,检查孔,检查井,观察孔
en ~ 对照
en ~ de 和……比较
~ non préfabriqué 现浇检查井
~ par bouche d'incendie 消防水栓口
~ préfabriqué 预制检查井
~ s avaloirs et de visite 带网栅的检查井
~ siphoïde 虹吸井

regarder *v* 看,考虑,关心,看待,面向,注视
~ à 注意,考虑

regarnir *v* 重新供给,重新装备

regarnissage *m* 重新填充
~ de la voie 线路换道砟

regarnisseuse *f* 换道砟机

regazonnement *m* 重铺草皮

regazonner *v* 重铺草皮

regel *m* 再冻,再胶凝,再结冰

regelation *f* 再冻,重凝,复冰（现象）,再冻结

regeler *v* 再结冰,冰上结冰

régénérable *a* 可再生的,可更新的

régénérateur *m* 再生器,还原器,回热器,预热器

régénération *f* 再生,新生,回热,更新,回渗,反渗,恢复,还原,改造,修复
~ de puits 旧井更新
~ des boues 污泥再生
~ des chaussées en bétons bitumineux 沥青混凝土路面的再生（使用）
~ des enrobés 沥青混合料的再生（使用）
~ des liants hydrocarbonés 沥青结合料再生（使用）

régénéré,e *a* 再生的

régénérer *v* 再生,恢复

régénérescence *f* 再生,恢复,反馈

régie *f* 总控制室,中央控制室,财产管理
~ centrale 主控制台,中心控制台
~ finale 连续监视室
~ et accréditif 管理费及信用证费

régime *m* 比,率,动态,情况,状态,状况,工况,制度,规范,体系,方式,方法,转速,程序,领域,范围,额定值,工作状态
~ accéléré 快运货物,快运方式
~ accidentel 事故运行工况
~ aride 干燥区,干旱条件,干旱区
~ climatique 气候条件,气候状况,气候范围
~ continu 持续制,持续工作制,持续运行额定值
~ critique 临界状态
~ d'acheminement 运送方式
~ d'air 空气状况
~ d'échange du matériel roulant 机车车辆互换制
~ d'équilibre 平衡状态
~ d'érosion 侵蚀状况
~ d'essai 试验条件,检验状况
~ d'un parc abondant 使车站留有备份车辆的配车办法
~ d'un parc suffisant 使车站只留有够用车数的配车办法
~ d'utilisation 使用状态
~ de charge 充电比,充电率,荷载状态,充电状态
~ de circulation 交通规则
~ de courte durée 小时制,小时工作制
~ de douane 海关手续
~ de faveur 优惠方式
~ de fonctionnement 工况,工作状态,正常工作状态
~ de freinage 制动方式
~ de la double équipe 两班制
~ de la voie droite 右侧行驶制
~ de la voie gauche 左侧行驶制
~ de passage 过渡状态
~ de priorités 优先分配车辆制（把货运划分优先等级,再按等级分配给车辆）
~ de saturation 饱和状态
~ de transport 运送方式,运送办法
~ de transport à couvert 棚车运货办法
~ de transport à découvert 敞车运货办法
~ de travail 工作状态,工作制度,工作规范
~ de vents 风情,风况
~ de vitesse 速度范围,额定速度范围
~ de vitesse unique 单一速度的行车方式
~ dénoyé 排水状态,排水情况
~ des colis express 快运货物制,快运包裹运送规则
~ des eaux souterraines 地下水状态,地下水动

态,地下水分布,地下水情况
~ des pluies 雨情,降雨型,降雨情况
~ des précipitations 降水状况,降水情势
~ du moteur 发动机工况,发动机工作状态
~ du sol 土壤状况
~ du trafic 交通规则
~ dynamique 动态
~ en écailles 叠瓦状构造
~ établi 稳定状态
~ exceptionnel 特殊运行工况,异常操作条件
~ hydraulique 水源,水力动态,水力流态,水压状态,液压工作状态
~ hydrodynamique 水动力动态
~ hydrogéologique 水文地质动态
~ hydrostatique 降水压力动态
~ hypercritique 超临界状态
~ hypocritique 亚临界状态
~ instable 不稳定状态
~ intermédiaire 中间状态,过渡状态
~ intermittent 继续制,断续工作制,间歇工作状态,断续工作额定值
~ lent 慢速,低速
~ marchandises 货运业务
~ nival 冰雪状态
~ nivo-glaciaire 冰雪动态
~ nominal 定额,额定状态,额定运行工况,定态运行工况
~ non permanent 非稳定态
~ normal 正常状态,正常工况,额定运行工况
~ normal moteur 电动机额定转速
~ ordinaire 慢运货物,正常状态,满运货物规则
~ permanent 稳定,稳定态,稳定状态,持续工况,稳态运行工况,定态运行工况
~ plissé 褶皱,褶皱构造
~ pluvial 雨情
~ quasi équilibre 准平衡态
~ quasi permanent 准稳定态
~ quasi-stationnaire 准稳态,似稳态
~ souterrain 地下水动态
~ stable 稳定状态,平稳状态,安定状态
~ stationnaire 固定状态,稳定状态,固定工作制
~ statique 静态
~ tectonique 构造状态,构造体制
~ thermique 热动态,热状态,热流系统

~ transitoire 过渡态(非稳定态),瞬变流动,非恒定流,过渡工况,过渡状态,瞬态工况
~ unihoraire 小时制,小时工作制
~ variable 变化状态,非稳定状态
région f 区域,地带,地区,领域,范围,市郊,郊区
~ à population dense 人口稠密区
~ à prospecter 勘探区
~ à tremblements de terre 地震区
~ accidentée 山区,丘陵区,地形切割区,地形起伏区
~ actique (大陆架边缘)陆坡带,大地构造过渡带
~ active 活动[性]区
~ agricole 农业地区
~ alimentaire 补给区
~ aquifère 含水带
~ aride 干旱地区,干燥地区
~ aséismique 无地震区,地震罕有区
~ au relief accidenté 丘陵地带
~ bombée 拱形隆起区
~ commerciale 商业地区
~ côtière 沿海地带,沿岸地带
~ couverte 覆盖区
~ d'accumulation 沉积区
~ d'affaissement 沉陷区,下陷区,下沉区
~ d'alimentation 补给区
~ d'arrivée 沉积区
~ d'élevage 畜牧区
~ de calamité publique 低洼地
~ de collines 丘陵地区,丘陵地带
~ de forêts denses 密林区,丛林区
~ de plaine 平原区
~ de plis frontaux 前缘褶皱区
~ de ruissellement 沟壑地带
~ de savane 热带草原地区
~ de tectonique cassante 断裂构造区
~ de terrain accidenté 危险地区
~ de terrain ondulé 起伏不平地区
~ de tertre 微丘区
~ des marais 沼泽地带
~ des vents alizés 信风区
~ désertique 荒漠地区,沙漠地区
~ disloquée par des failles 断层区
~ enneigée 雪原,雪区,积雪地区,多雪地区
~ épicentrale 震中区,震中地区

~ explorée   探明地区
~ froide   寒冷地区
~ gérive   冰冻地区
~ habitée   居民区,居民地区
~ humide   湿润区
~ hydrologique   水文区域
~ karstique   岩溶区,喀斯特地区
~ littorale   滨海区,潮汐区,沿岸区
~ lœssique   黄土地区
~ macroséismique   强震区,强烈地震区
~ marécageuse   沼泽地带
~ métropolitaine   大城市区,大城市范围
~ microséismique   微震区,微震地区
~ minéralisée   矿化带,矿化区
~ minière   矿区,采矿区
~ montagneuse   山区,山岳地区
~ naturelle   自然区
~ pétrolifère   石油区
~ peu accidentée   地形弱切割地区
~ peu tectonisée   弱断裂带
~ plate   平原地区
~ plissée, ~ domaine plissé   褶皱区,褶皱地带
~ prouvée   探明区
~ raboteuse   沟壑地带
~ sans pluie   无雨区
~ séismique   地震区
~ semi-aride   半干旱区
~ semi-désertique   半荒漠区
~ sismique   地震区
~ s sous développées   发展中地区
~ subtropicale   亚热带,亚热带地区,副热带地区
~ suburbaine   郊区
~ tectonique active   构造活动区
~ tourbière   泥炭地区
~ tropicale   热带,热带地区
~ voisine   领域
~ s voisines   邻近区域
régional, e *a*   地区的,区域的,地方的,区域性的
régionalisation *f*   区划,分区性,区域化
~ naturelle   自然区划
~ séismique   地震区划
régionalisme *m*   区域划分
régionalité *f*   区域性
régir *v* les rapports de droits   确定权利上的相

互关系
régiscope *m*   高差记录仪
registre *m*   汇编,记载,记录,登记,闸门,登记簿,注册簿,记录簿,记录器,调节器,节流门,记忆装置,自动记录器,通风调节器
~ à air chaud   热风门
~ à persiennes   百叶式气闸
~ commercial   营业证,商业执照
~ d'aérage   通风孔,通风门
~ d'air   空气活门
~ d'annonce des trains   列车运行登记簿,列车电话电报登记簿
~ d'immatriculation   车辆登记簿
~ d'inventaire   财产清单
~ de cantonnement   列车运行登记簿,列车电话电报登记簿
~ de chantier   施工日志,工程记录簿
~ de circulation   行车日志
~ de circulation et état de retard   车站行车日志,车站行车及误点记录簿
~ de commerce   商业注册
~ de comptabilité   账簿
~ de comptage   计算器
~ de comptage d'essieux   计轴器
~ de la cheminée   烟道闸板
~ de livraison   交货登记簿
~ de tirage   烟道挡板,闸板
~ de ventilation   风量调节板
~ des arrivages   到达货物登记簿
~ des câbles   电缆记录
~ des dérangements   故障记录
~ des expéditions   发送货物登记簿
~ des feuilles de route des arrivages   到达货物运单登记簿
~ des réclamations   赔偿要求登记簿
~ des retards   晚点登记簿
~ des télégrammes d'annonces des trains   电话电报登记簿(车站),列车运行电报登记簿
~ des transports effectués en compte courant   运送费用及账单
~ du chantier   工地记录
registreur *m*   记录器,录音机,记录员
~ des impulsions   脉冲记录器
réglable *a*   可调节的,可调整的,可校准的

~ tectonique 构造控制

reglaçage *m* 再加冰

réglage *m* 整形,调节,调整,校正,划线,校准,对准,调谐
- ~ à distance 遥控,远程调节
- ~ à la main 手调,人工调节
- ~ à la niveleuse 找平,整平地面,平地机找[整]平(地面)
- ~ à relais 继电器调节
- ~ à ressort antagoniste 用拉伸弹簧调节(仪表)
- ~ à zéro 调零,调零装置
- ~ approximatif 粗调,近似平差
- ~ astatique 零点偏移
- ~ automatique 自动调整,自动调节
- ~ automatique antifading différé 迟延自动增益调整
- ~ automatique d'amplification 自动调幅,增益自动调整,增益自动控制,放大自动控制
- ~ automatique d'amplitude 自动调幅,振幅自动控制
- ~ automatique de chrominance 自动调色度,色品自动控制
- ~ automatique de fréquence 自动调频,频率自动控制
- ~ automatique de la tension du fil de contact 接触导线拉紧装置,接触导线张力自动调节
- ~ automatique de sélectivité 选择性自动控制
- ~ automatique de volume 自动调音量,自动响度控制
- ~ automatique fin 自动微调
- ~ central 中央调节,集中控制
- ~ continu 连续调整,连续控制
- ~ d'accord 调谐,微调
- ~ d'allumage 点火调整
- ~ d'amplification 增益调整,增益控制
- ~ d'amplitude de l'image 图像高度调整
- ~ d'amplitude de la ligne 图像宽度调整
- ~ d'un compteur 计数器的调定
- ~ de brillance 调辉,亮度调整
- ~ de cadre 帧频控制,帧扫描频率控制
- ~ de course 行程调整,行程调节
- ~ de finition 最后修整
- ~ de l'alimentation 电源调节,燃料供给调节
- ~ de l'allumage 点火定时
- ~ de l'écartement de la voie 调节轨距
- ~ de l'écartement des rails 调节轨距
- ~ de la circulation 交通量调整
- ~ de la distribution 配器的调整,分配阀的调整
- ~ de la linéarité de la trame 帧线性调整,垂直扫描速度均匀控制
- ~ de la luminosité 亮度调节
- ~ de la surface 表面修整
- ~ de la température 温度调节,温度控制
- ~ de linéarité 直线性调整
- ~ de précision 精调,精细调整
- ~ de sonalité 音色调整
- ~ de soupapes 阀的调整
- ~ de stabilité horizontale 行同步调整,水平稳定性控制
- ~ de stabilité verticale 高程控制
- ~ de talus 边坡修整
- ~ de tension 电压调整
- ~ de tension en charge 工作电压调节
- ~ de vitesse 调速,速度控制,速度调节
- ~ des joints (de rails) 钢轨接头的调整
- ~ direct 直接调节
- ~ du couplage à faible constante de temps 灵敏度—时间控制,短式自动减增益控制
- ~ du débit 流量调节,流量控制
- ~ du niveau 水位调节,高程调节
- ~ du niveau au mortier 砂浆找平
- ~ du niveau de bruit 噪声电平的调整(电视)
- ~ du niveau des dalles de chaussée en béton 混凝土地面板水平调整
- ~ du niveau du plan d'eau 水位调节
- ~ du sol 平土,地面整平,地面的整平
- ~ du trafic 交通量控制
- ~ en cascade simple 单级联控制
- ~ en série-parallèle 串并联控制
- ~ en série-parallèle à pont 串接—并接的桥式接线调整法
- ~ fin 细调,微调
- ~ flottant 浮动控制,无定向控制
- ~ flottant à plusieurs vitesses 多挡速浮动控制
- ~ flottant à vitesse constante 恒速浮动控制
- ~ indirect 间接调节
- ~ lumineux (交通)信号控制
- ~ manuel 手调节,人工调节

~ maximal en pression montante 调制升压的最大值
~ par changement du nombre de pôles 变级数调速（电动机）
~ par échelons multiples 多级控制［调整］
~ par rhéostat 变阻器调节（电动机）
~ précis 微调，精调
~ programmé 程序控制［调节］
~ proportionnel 按比例调节
~ silencieux 消声，静噪，噪声抑制
~ sur la basse tension 低电压调整
~ sur la haute tension 高电压调整
~ thermostatique 恒温调节［控制］
~ ultérieur de la précontrainte 后加预应力调节
~ unique 单钮控制
~ visuel 目视调准

règle f 尺，尺子，直尺，规尺，规定，规范，规则，准则，规程，标准，法则，样板，条例
~ à araser 刮板，样板，刮板尺
~ à calcul 计算尺
~ à calculer 计算尺
~ à charpentier 木工尺
~ à coulisse 计算尺
~ à dessiner 丁字尺，丁字形绘图尺
~ à échelle 比例尺
~ à l'éclimètre 平板仪，望远镜照准仪
~ à mesurer 量尺
~ à niveler 水平尺
~ à retrait 缩尺
~ articulée double 折尺
~ brisée 英制比例尺
~ circulaire 圆弧尺
~ courbe 曲线板
~ d'addition 求和定则，加法规则
~ d'art 实用标准，实际规范
~ d'écartement 轨距尺
~ d'écartement ajustable 能伸缩的轨距尺
~ d'écartement des traverses 测轨枕间距用尺
~ d'élection 选择定则
~ s d'emploi 使用规则
~ d'exécution 操作控制
~ s d'exécution 施工规则，操作规程
~ s d'exploitation 操作规程，运行规则
~ d'exploitation 运营规则，管理规则
~ d'utilisation 使用规则
dans les ~ s 按照规定
de ~ 惯常的，合乎惯例的
~ de trois mètres 三米直尺（测量平整度用）
~ s de caractère régional 区域性的规章
~ de charpentier 木工尺
~ de circulation 交通规则
~ s de circulation 行车规则
~ s de compactage 压实规则
~ de coulisse 计算尺
~ de courbes 曲线板
~ de Fleming 三指定则，佛莱铭定则
~ s de l'architecture 建筑规范［条例］
~ de l'art 技术规范，工艺规定，工艺规程
~ s de la circulation 交通规则
~ de la main droite 右手定则
~ de la main gauche 左手定则
~ s de lotissement 列车编组规则
~ de maçon 圬工尺
~ de nivellement 水准尺，水准标尺
~ de pose 轨距尺
~ de réduction 缩尺
~ s de sécurité 安全条例，安全规则
~ s de stationnement 停车规则
~ de surhaussement 超高规
~ des distances 视距计算尺
~ divisée 缩尺，比例尺，钢皮尺
~ droite 直尺，直线规
~ empirique 经验法则
en (bonne) ~ 合乎规则，合乎规定的，符合手续的
~ en acier 钢尺
~ en rouleau 卷尺
~ s en vigueur 现行规则
être en ~ 合乎情理的，合乎习俗的
~ fixe de trois mètres 三米直尺
~ générale 总则，一般规则
~ s générales de consultation 咨询总则，发包总则
~ graduée 刻度尺
~ graduée triangulaire 三棱尺
~ métrique 米尺
~ s normales de construction 建筑标准，建筑条例
~ pliante 折尺
~ porte-niveau 水平板，气泡水准尺
~ s pour la réception des travaux 工程验收规则

~ s pour le calcul des ouvrages soumis aux effets des séismes 建筑物抗震计算规范
~ s pour le calcul et l'exécution des construction en béton armé 钢筋混凝土结构设计与施工规范
~ s pour le calcul et l'exécution des constructions en bois 木结构设计与施工规范
~ s pour le calcul et l'exécution des constructions en maçonnerie 砖石结构设计与施工规范
~ s pour le calcul et l'exécution des constructions métalliques 钢结构设计与施工规范
~ prismatique 三棱尺
~ s techniques 技术条件［规范］
~ triangulaire 三棱尺
~ vibrante （混凝土摊铺机的）振动梁,振动样板

réglé, e *a* 有规则的,调整好的,调谐的,已校准波长的,已校准频率的（无线电）

règlement *m* 调整,规定,规范,规则,规章,规程,章程,条例,结算,清算,解决,评定,法则,法规,条令,规章制度
~ à terme 定期结算
~ additionnel 附加条例,附加规则,补充规定
~ administratif 行政条例,管理章程
~ au comptant 现金结算,支付现款
~ complémentaire 附则,补充规定
~ d'essai 试验条件,试验技术条件
~ d'études 设计规范
~ d'exploitation 使用规范,运营规则
~ d'installation 安装规程,布线规程
~ d'un compte 结账
~ de construction 建筑条例,建筑规程,施工规范,设计规范
~ s de douane 海关条例,海关规定
~ de la circulation 交通规则
~ de la consultation 投标规则
~ de prévoyance contre les accidents 防止事故规则
~ de sécurité 安全条例,安全规则,安全法规,安全规程
~ de service 服务条例,办事细则
~ de signalisation 信号显示规则
~ des litiges 争议协商解决
~ des signaux 信号规则
~ des travaux 工程守则
~ des wagons dévoyés 误送货车的处理规则
~ du trafic 运输规则,客货运规则
~ en espèces 现金结算
~ en nature 实物支付
~ financier 财务条例
~ général 规则,法规,总则
~ international concernant le transport des containers 国际集装箱运送规则
~ international concernant le transport des wagons de particuliers 国际私有车辆运送规则
~ mensuel 月支付,月结算
~ par compensation 冲账
~ parasismique 抗震设计标准
~ s périodiques 定期结算
~ pour l'emploi réciproque des voitures et des fourgons en trafic international 国际联运客车及行李车互用规则
~ pour l'emploi réciproque des wagons en trafic international 国际联运货车互用规则
~ relatif aux salaires 工资条例
~ s relatifs aux administrations techniques 技术管理规程
~ s relatifs aux opérations techniques 技术操作规程
~ sommaire 简章
~ sur la bâtisse 建筑规程,建筑法规［条例］
~ technique 技术规范,技术规程
~ s techniques 技术规程,技术条件
~ s technologiques 技术工艺规程

réglementaire *a* 规定的,合乎规定的
réglementairement *adv* 按规定
réglementation *f* 规定,规则,条例,管理,调节,校准,调整,规章制度,规章规定,制定规章
~ caduque 旧规章
~ de la circulation 交通规则,交通控制,交通管理
~ des accès （高速公路）出入口控制
~ des accès entière （高速公路）全部入口控制
~ des accès partielle （快速道路）部分入口控制
~ des hauteurs de construction 建筑高度规定
~ s intérieures 国内规章,内部规定
~ s internationales 国际（联运）规章,国际规定
~ pour la protection contre l'incendie 防火条例,防火规范
~ riveraine 沿路两侧土地管理

réglementer *f* 管理,规定
régler *v* 调节[整],控制,校准,调谐,规定,解决,结[清]算,安排,处理,轧平
　～ l'admission　调节进气
　～ l'allumage　调整点火时间
　～ la dépense　节约开支
　～ la pression de frein　调节制动压力
　～ par chèque　用支票结算
　se ～　得到解决,得到处理
　～ un compte　结账
　～ un litige　解决争端
　～ un talus　修坡
　～ une affaire　处理事务
réglet *m* 钢直尺,钢卷尺
　～ à courbe　半径样板
réglette *f* 连杆,小尺(用以测定角度),连接杆
　～ avec index　带刻度的小尺
　～ de montage　固定板条
　～ de raccordement　端子板,接线板
régleur *m* 调整器,调节器,调速器,调节工,校准器,精调装置,制冷剂计量装置
　～ à flotteur　浮球阀
　～ à flotteur basse pression　低压浮球阀
　～ à flotteur haute pression　高压浮球阀
　～ automatique de timonerie de frein　制动杠杆自动调整器
　～ de pression　调压阀
　～ de timonerie de frein　制动杠杆调整器
régleuse *f* 平路机,平土机,整平机,调整机,路基平整机
　～ de terrain　平路机,平土机,精密路基整平机
régner *v* 支配,流行,存在
　～ sur　支配,有影响
régolite *f* 土被,表土,浮土,分化层,表岩层
régolithe *f* 土被,浮土,表土,表岩屑,风化层
regonflage *m* 再膨胀,再充气
regonflement *m* 充注,装满,充气,再膨胀,水位升高,水位受阻升高
regonfler *v* 膨胀,水位升高(由于流水受阻)
regorgeant, e *a* 充满的,溢出的
regorger *v* 充满,充溢,大量拥有
　～ de　充满……
régosol *m* 粗骨土,岩成土(松散母质)
regoudronnage *m* 重浇煤沥青

régradation *f* 更新,复原,再均夷(作用)
regrattage *m* 刮洗,再刮,刮墙(粉刷前的准备工作)
regratter *v* 刮墙,刮洗,再刮
régressif *a* 退化的,后退的,海退的
régression *f* 退化,衰减,减少,降低,后退,反向运动
regrouper *v* 重新组合
régularisation *f* 调节,调整,校准,整治,控制,规则化,整匀化,规格化,使平整,使合法,使合乎规定
　～ annuelle　年调节,年储量,年蓄水量
　～ automatique　自动调节
　～ de courte période　短期储量
　～ de vitesse　调速,速度调整率
　～ des débits　流量调节
　～ des ressources　资源管制
　～ du débit　流量调节
　～ du débit solide　固体流量调节,泥沙挟带量调节
　～ du lit d'une rivière　河床整治
　～ du niveau　水位调节
　～ dynamique　动态调节
　～ économique　经济管制
　～ hebdomadaire　周调节
　～ journalière　日调节
　～ naturelle　天然调节
　～ partielle　局部调节,部分调节
　～ saisonnière　季调节
　～ totale　总调节,总储量,全面调节
régulariser *v* 校正,对准,校准,调节,调整,控制
　～ le chargement　调整装载
régularité *f* 正确性,规律性,均匀性,周期性
　～ dans la circulation des trains　列车正点运行
régulateur *m* 调节器[板],稳定器,调速器,调整器,控制器,调度员,蒸汽机车调节阀
　～ à action directe　直接调整器,直接调节器
　～ à action indirecte　间接调整器,间接调节器
　～ à bobine plongeante　动圈式调节器
　～ à distance　远距调节器
　～ à fer plongeant　动铁式调节器
　～ à induction　感应调压器,感应式调节器
　～ à multipostions　多位调节器
　～ à papillon　节流蝶阀
　～ à ressort　弹簧调速器
　～ automatique　自动调节器

régulateur, trice

- ~ automatique de compresseur 压缩机自动调整器
- ~ automatique de frein 制动机自动调整器
- ~ automatique de l'éclairage 照明自动调节器
- ~ automatique de niveau 电平自动调节器, 液面自动调节器, 液面高度自动调整器
- ~ automatique de température 恒温器, 温度自动调节器
- ~ automatique de tension 自动电压调节器
- ~ centrifuge 离心式调节器
- ~ d'intensité 限流器, 电流调节器
- ~ d'alimentation 燃料供应调节器
- ~ d'eau 控水器, 水量调节器
- ~ d'effort de freinage 制动力调整器
- ~ d'inertie 惯性调节器, 惯性调速器
- ~ d'intensité 限流器, 稳流器, 电流调整器, 电流调节器
- ~ de chauffage 调温器
- ~ de correspondance 对应调节器, 随动调节器
- ~ de courant 稳流器, 电流调节器
- ~ de débit 水流调节器
- ~ de débit de fluides 液体流量调节器
- ~ de dynamo 发电机调速箱
- ~ de fréquence 频率调节器
- ~ de niveau 水平[液面高度]调节器
- ~ de pression 压力调节器, 压力调整器, 减压安全阀
- ~ de pression de frein monté sur la boîte d'essieu 轴箱上的制动机压力调节器
- ~ de rapport 比例调节器
- ~ de sûreté 安全调节器
- ~ de tension 调压器, 电压调节器
- ~ de tension d'induction 感应式电压调节器
- ~ de tension transistorisé 晶体管式电压调节器
- ~ de tours 调速器
- ~ de vide 真空调节器
- ~ de vitesse 调速器
- ~ de vitesse de rotation (moteur) 发动机转速调节器
- ~ de vitesse diesel 柴油机速度调节器
- ~ de voltage 调压器
- ~ des trains 行车调度员
- ~ différentiel 差动式调节器
- ~ du nombre de tours 转数调节器
- ~ électronique 电子调节器
- ~ en dérivation 分流调节器
- ~ en série 串联调节器
- ~ hydraulique 水力调节器, 液压调节器
- ~ instable 不稳定调速器
- ~ manométrique de pression 压力调整器
- ~ pneumatique 风动调节器
- ~ pressostatique à déclic 速动阀, 双压力调节器
- ~ rapide 快速调压器
- ~ stable 稳定调速器
- ~ statique 静态调速器
- ~ thermostatique 恒温器, 温度调节器
- ~ thermostatique de pression d'évaporation 恒温调压阀, 蒸汽压力温度调节器
- ~ toutes vitesses 全速调节器

régulateur, trice *a* 调节的, 控制的

régulation *f* 规则, 条例, 调节, 校准, 调整, 控制, 调度, 调速装置

- ~ à courant constant 恒定电流调节
- ~ à deux barres 双汇流条调整
- ~ à quatre barres 四汇流条调整
- ~ à tension constante 恒定电压调节
- ~ à transformateur auxiliaire 用辅助变压器调整
- ~ à trois inductances 三线圈调整
- ~ à une inductance 单线圈调整
- ~ astatique 无静差调节
- ~ automatique 自动调节
- ~ automatique de l'éclairage 照明自动调节
- ~ automatique de la circulation des trains 行车自动控制, 行车调度自动化
- ~ automatique de puissance (thermique) 自动功率调整, 自动负载调节(热力机)
- ~ automatique du chauffage 取暖自动调节
- ~ centrale (du trafic) 调度集中(行车)
- ~ d'intensité 电流强度控制
- ~ de compas 消除罗经自差
- ~ de courant de charge 充电电流调节
- ~ de freinage 制动调节
- ~ de la circulation 交通管制, 交通控制, 交通管理
- ~ de niveau d'eau 水位调节
- ~ de puissance 功率调节
- ~ de tension 电压调节
- ~ de tension par réglage de phase 移相调压, 用调相法调节电压
- ~ de traction 牵引调节

~ de vitesse 调速
~ des feux tricolores 交通信号灯控制（三色灯）
~ des trains et des locomotives 无线列车调度，列车及机车调度
~ des trains par radio 无线列车调度，用无线电调度列车
~ directe 直接调节
~ du courant 电流调节
~ du débit 流量调节
~ du trafic 交通管理，交通控制
~ flottante 浮动调节
~ indirecte 间接调节
~ par changement du nombre de pôles 变极调速
~ par couplage des moteurs 串并联调速
~ par couplage en cascade 串极调速
~ par la fréquence 变频调速
~ par variation de tension 变压调速
~ rhéostatique 变阻调速
~ simplifiée 在未设调度机构的区段由车站人员用电话办理调度的方法

régulier, ère *a* 规则的,经常的,定期的,正规的,正常的,有规律的,有系统的,有规则的

régulièrement *adv* 匀称地,定期地,按时地,有规律地

regur *m* 黑棉土

réhabilitation *f* 修复,修理,改善,更新,整顿,改造,恢复地位,恢复权力,土地整治
~ de surface 地表恢复平整
~ séismique 震后修复,震后恢复

rehausse *f* 刀垫,预热器,延长部分
~ de soute de tender 煤水车煤槽护板

rehaussement *m* 加高,增高,抬高,提高

rehausser *v* 提高,抬高

rehaut *m* 仪表前盖

rehinement *m* de couche 岩层下陷

rehoppement *m* de couche 岩层隆起

reichite *f* 方解石

réimperméabilisation *f* 再做防水处理

réimperméabiliser *v* 再做防水处理

rein *m* 拱腰,拱腋,梁腋,拱的托臂
~ d'un arc 拱的托臂
~ d'une voûte 拱腰
~ de voûte （拱顶）圈石接缝

reinérite *f* 砷锌矿

reinite *f* 四方铁钨矿,白钨形铁钨矿

réinjecter *v* 再注入,再输入

réinjection *f* 回灌,回注,再注水

réinscrire *v* 再写入,再记录

réinsérer *v* 再插入,再嵌入

réinstallation *f* 重新安置,重新安装

réinstaller *v* 重新安装,重新安置

réinterprétation *f* 再解释,重新解释

reissacherite *f* 放射性锰土

reissite *f* 芒硝,柱沸石

reitéré *a* 重复的,复测的,反复迭代的

rejaillir *v* 喷出,溅出,涌出,跳回

rejaillissement *m* 喷出,跳回

rejet *m* 残渣,尾渣,报废,排污,错动,断层,退货,断距,抛回,否决,驳回,拒绝,舍弃,落差,筛余物,抛出物,喷发物,废弃物,断层落差,拒绝接受
~ apparent 视断距,实测断距,表观断距,表观落差
~ d'offre 投标拒绝
~ de faille 断距,断层落差
~ de faille fractionnée 分支落差
~ de la soumission 拒绝投标书
~ s délibérés 污水排放
~ des eaux usées 污水排放
~ direction 走向错动
~ en bas 正断层
~ en haut 逆断层
~ s fabrication 不合格产品
~ horizontal 断层平错,地层平错,水平断层,地层平错
~ horizontal apparent 视平错
~ incliné 倾斜落差,倾斜断距
~ incliné apparent 视滑距,视倾斜落差
~ industriel 工业废水排放
~ latéral 错动,平移
~ net 总断距,总落差
~ normal 正常断距,下落断层
~ parallèle 平行错动
~ parallèle aux couches 地层平错,地层落差
~ pente 斜断距
~ réel 真断距
~ stratigraphique 地层落差
~ vertical 直落差,竖向位移,垂直落差,垂直断距,断层落差

rejeté *a* 断错的,错动的
rejeter *v* 排出,析出,离析
　～ une réclamation　拒绝要求
rejets *m. pl* 火山角砾
rejeu *m* 复活,回放,重新活动,重新运动
　～ de faille　断层复活
　～ tectonique　构造复活
rejoindre *v* 赶上,再结合,再连接,使连接,追尾(后面的车辆赶上前行的车辆)
rejointoiement *m* 勾缝,再填缝,再填勾缝,重嵌灰缝
rejointoyage *m* 勾缝,嵌缝,重新嵌缝
rejointoyer *v* 再填缝,重嵌灰缝
rejouer *v* (断层)重新活动
réjuvenation *f* 回春,更生,复苏,更新,还童
relâche *m* 中止,间断,弛缓
relâchement *m* 松弛,放松,缓解,减轻,分离
　～ des contraintes　应力缓解
　～ différé (relais)　延迟释放(继电器)
　～ du fil　导线松弛
relâcher *v* 释放,放出,解除,放松,松开,松弛,缓解(制动),衔铁释放(继电器)
　～ la pression　减压
　～ le bouton　放松按钮,松开按钮
relaiement *m* 雁行状褶皱
relais *m* 淤塞,填积,转播,传爆管,配气阀,过渡带,护坡道,连接点,继电器,中继站,分配阀(风),中继传输,雁行排列,更换机车站,中间传爆药,河边冲积地,无线电中继站
　～ basculant　冲息多谐振荡器
　～ de coupure　断路开关
　～ de filons　雁行状矿脉
　～ des plis　雁行状褶皱
　～ détonant　中间传爆管
　～ émetteur　辅助发射机,转播发射机
　～ multiple　雁行状脉系
　～ sélecteur à quatre aiguilles　具有四个接触臂的预选机(电话)
relater *v* 叙述,详述
relatif, ive *a* 有关的,相关的,相当的,相对的,对照的,有关系的
　～ à　关于,和……有关的
relation *f* 比,关系,比率,联系,结合,比例,通信,运输,关系式
　～ à grand parcours　长途运输
　～ à grande distance　长途运输
　～ contrainte de déformation　变形应力关系
　～ d'équilibre　平衡方程
　～ d'équivalence　等价关系
　～ d'équivalence entre essieux différents　不同轴载当量关系
　～ d'orthogonalité　正交关系
　～ de Boltzmann　波尔兹曼方程式
　～ de cause à effet　因果关系
　～ de contraintes　应力释放,应力松弛
　～ de trafic　交通联系,运输联络
　～ directe　直接联系,直达运输
　～ empirique　经验关系
　～ entre âge et résistance　龄期—强度关系
　～ entre âge et résistance de béton　混凝土年龄与强度之间的关系
　～ entre densité et humidité　密度与湿度间的关系
　～ entre deux gares　两站间的联络
　～ ferroviaire　铁路联运
　～ s humaines　人际关系
　～ interindustrielle　厂间联系
　～ s internationales (horaires)　国与国间的时间衔接(时刻表)
　～ s interrégionales (horaires)　地区与地区间的时间衔接(时刻表)
　～ linéaire　线性关系
　～ masse-énergie　质量—能量关系
　～ mutuelle　相互关系
　～ s publiques　公共关系
　～ s rapides interurbaines　城市间的快速运输
　～ s régionales (horaires)　地区间的运输(时刻表)
relativement *adv* 相对地,比较地
　～ à　关于……
relativisation *f* 相对化
relativité *f* 相对性,相关性,比较性,相对论,相互依存
relaxation *f* 松弛,弛缓,张弛,削弱,减轻,缩短
　～ de contraintes　应力释放,应力松弛
　～ des tensions　应力松弛
relayage *m* 中继传输,继电保护
　～ des protections　继电保护
relevage *m* 收起,升起,提高,升高,抬起,复轨,举起

~ de la flèche 起重杆升降,起重臂升起,(起重机的)起重杆俯仰
~ de voie 起道
~ hydraulique 液压举升

relevé m 换班,交班,接班,接班人;测绘,清单,测量,读数,一览表,明细表,统计表,记录账单,记录(数据),地形测绘
~ à l'échelle 按比例绘出
~ au sol 地面测量
~ d'un compteur 计数器读数
~ de caisse 现金清单
~ de compte 账[结]单,结算单
~ de l'aspect superficiel 路面状态测量
~ de la carte géologique 地质测图,地质填图
~ de la dépense 支出清单
~ de sondage 钻孔记录,钻孔柱状图,钻孔岩芯记录
~ de température 温度记录
~ de train 车长日报表,列车编组顺序表
~ de transit 过境货物报单
~ des achats 购物清单
~ des arrivages 到达货物报单,到达货物清单
~ des compteurs 仪表读数
~ des distances de visibilité 视距测量
~ des expéditions 发货单
~ des manquants 缺件报单
~ des matériaux naturels pour la construction des routes 道路材料调查
~ des matériaux pour la construction des routes 筑路材料一览表
~ des tracés 路线测绘
~ détaillé 详细测量
~ des parcours en kilomètres-essieux effectués par les voitures et les fourgons 客车及行李车走行轴公里报单
~ du terrain 地面测绘,地形调查
~ du trafic 交通量测
~ en forage 井中测量
~ géologique 地质测量
~ géophysique 地球物理测量
~ s hydrologique 水文记录,水文实测资料
~ mensuel 月报表
~ photogrammétrique 摄影测量
~ photographique 照相测量,航空摄影测量
~ s pluviométriques 雨量统计表
~ rectificatif 订正单
~ topographique 地形测量,地形测绘

relevé, e a 提高的,加高的,尖锐的,上翻的

relèvement m 上升,升高,升起,提高,增高,定向,方位,复苏,重振,重建,修复,复兴,恢复,测定位置,测定方位
~ d'un dérangement 故障处理,排除故障
~ de dalles en béton 顶升混凝土板
~ de la nappe phréatique (action) 地下水回灌,地下水补给
~ de la nappe phréatique (hauteur) 提高地下水位
~ de la voie 起道
~ de salaire 增加工资
~ de taxe 提高货运运价
~ de virage 曲线超高
~ des tarifs 提高客货运运价
~ direct 直接方位
~ du fond 提高路床
~ du gisement 定向,定位
~ exact à 2% près 测量的精确度约为2%
~ géologique 地址勘查

relever v 测量,升高,提高,增高,抬起,重建,修复,测定,抄录,记下,竖起,替换,定向,测定位置
~ de 属于……
~ les dimensions 测量(长、宽、厚、高等)尺寸
~ une correspondance 保持联系,保持通信联络

relève-rail m 起道器

releveuse f 起道机,抬道机

releveuse-bourreuse f 起道—捣固机
~ automatique 自动起道—捣固机

relief m 地形,地势起伏,立体,(地面)凸起,凹凸不平,地势起伏
~ à gradins 阶状地形
~ accentué 丘状起伏地形
~ accusé 切割地形
~ aclinal 平坦地形,平原地形
~ adouci 平缓地形,平缓起伏地形
~ anguleux 山岳地形
~ calcaire 岩溶地形
~ colliné 丘陵地形
~ conforme 一致地形(地形与构造一致)
~ d'ablation 刻蚀地形

~ d'éboulement　山崩地形
~ de bad-lands　劣地，崎岖地
~ de faille　断层阶地
~ de pénéplaine　准平原地形
~ de plissement　褶皱地形
~ de savane　旱草原地形
~ dérivé　衍生地形
~ difficile　复杂地形
~ du lit　河床地形
~ émoussé　长丘地形，缓丘地形
en ~　凸起的，立体的
~ en bosses et creux　丘陵地形
~ enterré　潜丘，潜伏山脊，埋藏地形
~ éolien　风成地形
~ escarpé　陡峭地形，高山地形
~ faible　平缓起伏，平缓起伏地形
~ faille　断层地形
~ fort　高山地形，显著起伏，大起伏地形
~ glaciaire　冰川地形
~ inverse　倒转地形
~ jeune　幼年地形
~ jurassien　汝拉山式地形，侏罗山式地形
~ karstique　岩溶地形，喀斯特地形
mettre en ~　使突出
~ modéré　平缓地形，平缓起伏地形
~ montagneux　山岳地形
~ pénéplainé　准平原地形
~ périglaciaire　冰缘地形
~ plat-colline　平缓山地形
~ polycyclique　多旋回地形
~ préglaciaire　冰期前地形
~ primitif　原始地形
~ rajeuni　还童地形，再生地形
~ résiduel　残余地形，灰岩残丘地形
~ ruiniforme　岩砾状地形
~ sous-marin　海底地形
~ structural　构造地形
~ superficiel　地形，地表地形
~ tabulaire　平原地形，平台地形
~ tectonique　构造地形
~ vigoureux　高山地形
~ virtuel　有效起伏
~ volcanique　火山地形
relief-relique　*m*　残丘，风化残丘

relier　*v*　连接，耦合，接通，装订，把……联系起来
~ …à…　把……和……连接起来
se ~ à　和……结合，连接
reliquat　*m*　结欠，残渣，残留体，不足额，结欠尾数，残余结构
relique　*f*　残余，残存，残留，残留物，残余物
relogement　*m*　拆迁安置，移民安置，重新定居
réluctance　*f*　不愿，勉强，反抗，反对
rémanence　*f*　滞留
~ des coûts　成本滞后，原价滞后
rémanent　*a*　剩余的，滞后的
remaniable　*a*　可修改的，需要修改的
remanié　*a*　转生的，再成的，再沉积的
remaniement　*m*　搬运，再造，改造，扰动，扰乱，修订，修复，修改，修理，改组
~ d'un tarif　修订运价表
~ d'un train　列车改编
~ d'une chaussée　路面修补
~ d'une installation　改装设备
~ de l'argile　黏土的重塑性
~ de la prise d'échantillon　取样扰动
~ parcellaire　小块修复
remanier　*v*　修改，更改，修复，修理
remarquable　*a*　著名的，值得注意的
remarque　*f*　觉察，评论，按语，注释，意见，要点，附[评、批]注，说明事项，注意事项
remarquer　*v*　注意，留意，认出，重做标记，强调指出
rematriçage　*m*　des éclisses　鱼尾板修整加工
remballage　*m*　再包装，再打包
remblai　*m*　堤，路堤，填土[方]，土堤，回填，充填，筑堤，引道，填[塞]料，回填料，废石堆，废石场
~ à conduite　管子填土
~ à flanc de coteau　半路堑，半填半挖
~ à l'eau　水冲填土
~ à main　人工回填
~ à profil brisé　不规则断面回填土
~ à talus vertical　直坡路堤
~ armé　加筋路堤
~ artificiel（RA）　人工填土
~ avec banquette　设置护道的路堤
~ avec pente　回填成斜坡
~ complet　全部回填
~ courant　一般填方

~ cylindré 压实填土,碾实路堤
~ d'accès 桥头路堤,桥头引道
~ d'approche 引道填筑,引道路堤,桥头填方,引桥路堤,桥头路堤,桥头引道
~ d'équilibre 平衡方程
~ de comblement 回填,填土,回填料,回填路堤,峡谷填方,河谷填土
~ de contrepoids （路堤）反压护坡道
~ de faible hauteur 低填土,低路堤
~ de remplissage 回填,填充,回填土,回填料,回填路堤
~ de terre 填土,土堤,土路堤
~ de tranchée 沟渠回填,路堑填土
~ définitif 永久性路堤
~ déversé 堆填料,倾倒填土,堆填路堤
~ du canal 渠道路堤
~ élevé 高填土,高路堤
~ empilé 桩填方,堆积填土
~ en argile 黏土路堤
~ en béton 混凝土路堤,回填混凝土
~ en enrochement 堆石回填
~ en gravier 回填砾石,砾石路堤
~ en limon 回填淤泥,粉土路堤,砂土路堤
~ en matériaux sélectionnés 选料填方
~ en pierres 填石,石路堤,填石路堤
~ en pierres déposées 抛石路堤
~ en pierres sèches 干填石
~ en sable 砂堤,砂质路堤
~ en terre armée 加筋土路堤
~ en travers de vallée 横向峡谷填石
~ foisonné 松散路堤
~ homogène 均质路堤
~ hors nappe 不受地下水侵蚀的路堤
~ hydraulique 水力冲填
~ hydraulique en sable 水力填砂路堤
~ instable 不稳定路堤
~ noyé 浸水路堤
~ par chemin de fer 铁路路堤
~ par couches 分层填土,分层回填,分层填土路堤
~ perméable 透水路堤
~ pilonné 夯实路堤
~ pour chemin de fer 铁路路堤
~ pour route 路堤,公路路堤
~ rocheux 抛石,填石,石质路堤,石质堤坝

~ roulé 碾实填土,碾实路堤
~ routier 路堤
~ s 回填材料
~ sablonneux 砂堤,填砂,砂质路堤
~ sans cohésion 无黏性材料回填,无黏性材料的路堤
~ solide,~ stérile 废石充填
~ sur arête 尖脊填土
~ sur sol mou 软土路堤
~ technique 预制加筋土堤
~ tout-venant 杂填土,任意料填土

remblaiement *m* 回填,填土,筑堤,填筑,淤积,堆积,加积,填积,充填,填料
~ de fouille 填坑
~ de vallée 峡谷冲击物,谷底冲积物
~ derrière l'ouvrage 结构物后填土
~ en couches 分层填方
~ en couches minces 薄层填土
~ hydraulique 水力冲填,水力冲填土
~ mécanique 机械填土
~ pour la substitution de sol support 基底换填,换填垫层

remblayage *m* 填方,回填,充填,填土,填高,筑堤,覆土,装料
~ à air comprimé 压气夯实
~ de cendre 煤渣填土,煤渣填筑,煤渣回填
~ derrière culée 桥台后填土
~ en couches minces 薄层填土
~ hydraulique 水力冲填,水力填土
~ mécanique 机械填土
~ par arêtes de remblai 分条回填,局部填土
~ par foudroyage 崩落充填
~ par raclage 机械充填
~ pneumatique 气压夯实
~ stérile 废石充填

remblayer *v* 填土,回填,填平,填高
~ par couches successives 分层填筑

remblayeur *m* 填土机,覆土机,填土工人
remblayeuse *f* 充填机,回填机,堆积机,填土机
rembourrage *m* 填料,填塞,毛石垛,毛石充填
rembourroir *m* 搁棚,小梁
remboursement *m* 赔偿,偿还,代收货价
remède *m* 补救,挽救,纠正,补救措施,处理办法
remédiable *a* 可纠正的,可挽救的

remédier v 挽救，纠正
　～ immédiatement aux petits défauts　有小故障时立即处理

remélange m 重拌和，复拌

remêler v 重新混合，重新捏合，重新拌和

remembrement m 集中，归并
　～ des terres　土地还返

remerciement m 感谢，致谢

remercier v 感谢，致谢

remettre v 复原，交付，托付，延期，推迟，送交，放［送］回，再装上
　～ à zéro　清零，归零
　～ au transport　托运
　～ en état　恢复到正常状态
　～ en forme　再成形
　～ en service des blocks intermédiaires　线路所恢复使用
　～ le moteur　重新起动发动机
　～ sur zéro　调零
　～ un ordre　发出订单

rémingtonite f 钴华，砷钴石，钴染蛇纹石

remisage m 库存，入库

remise f 提交，移交，折扣，佣金，交付，复原，延期，传送，送到，机务段，机车库，手续费，回到起始位置
　～ à domicile　送货上门
　～ à jour　更新
　～ à l'arrêt du signal　信号恢复停车位置
　～ à machine　机车库
　～ à niveau de voie　起道
　～ à obtenir　获得的折扣
　～ à wagons　站修所，修车库，车辆段
　～ à zéro　回零，归零
　～ à zéro du numéro de cycles　循环技术器回零
　～ annulaire　扇形车库
　～ après déformation élastique　弹性恢复
　～ au destinataire　交付给收货人
　～ au profil　断面修复
　～ de 5% sur le montant global　按总金额打5%折扣
　～ de fonds　汇款
　～ de la marchandise au destinataire　货物交付给收货人
　～ de locomotive　机车库
　～ des machines électriques　电力机车车库
　～ des offres　投标
　～ des terres　土石方回填
　～ du train　列车移交
　～ en état　修理，检修，修复，恢复，复原
　～ en état des armatures　重新拉张钢筋
　～ en état des lieux　场地恢复
　～ en état du terrain　地面恢复原貌
　～ en forme　整形
　～ en service　交付使用
　～ rectangulaire　长方形车库
　～ sur rails　复轨
　～ sur rails en pleine voie　在区间复轨
　～ télégraphique　电汇

remiser v 把(车辆)放入车库，把……搁在一边
　～ une locomotive　机车入库

remmener v 带回，领回

remole f 涡流

remolinite f 氯铜矿

remontage m 重新装配，重新组装，重新安装

remontée f 回升，升高，回涨，提升，天井，盲井，暗井，斜巷，上山，再生高，重新上升
　～ des déblais　挖土回填
　～ du plan d'eau　水位回升，地下水位上升
　～ phréatique　地下水上升

remontement m 逆断层

remonte-pente m 箕斗，箕斗提升机

remonter v 回升，上溯，再上升，再装上，再搬上，卷簧(弹簧)，重新安装，重新上升

remontrer v 指出，重新出示

remorquage m 拖曳，牵引

remorque f 拖，牵引，拖车，挂车，拖曳，牵引索
　～ à deux essieux　双轴挂车
　～ à essieux multiples　多轴挂车
　～ à plateau basculant　倾卸挂车
　～ à plate-forme basculante　倾卸平板挂车
　～ à tracteur　拖拉机牵引车
　～ à un essieu　单轴挂车
　～ basculante　倾卸挂车
　～ basculante en arrière　后卸挂车
　～ benne　自卸挂车
　～ d'épandage　拖挂式洒布机，拖挂式喷洒器
　～ d'épandage de liants hydrocarbonés　拖挂式沥青洒布机

~ de glissance 滑溜挂车（量测纵向摩擦系数用）
~ déversant par le côté 侧卸挂车
~ déversant par le fond 底卸挂车
~ gravillonneuse mécanique 拖挂式石屑撒布机
~ plate-forme 平板拖车
~ porte-excavateur 装运挖土机的拖车
~ pour le transport du ciment en vrac 运输散装水泥的挂车
~ pour transport de bitume 运沥青的挂车
~ rail-route 铁路—公路两用拖车
~ semi-portée 半挂车，双轮挂车
~ surbaissée 落低平板挂车
~ tous usages 多用途挂车
~ universelle 多用途挂车

remorque-citerne *f* 油罐拖车
remorquer *v* 拖曳，牵引
remorqueur *m* 拖车，挂车，牵引机车；*a* 拖曳的，牵引的
remorqueur-pousseur *m* 顶推轮
remorqueuse *f* 补机
remoulage *m* 重塑，再造型，再磨碎，再磨细
remous *m* 回水，壅水，伴流，漩涡，涡流，逆流，急浪
~ d'air 空气涡流
~ d'exhaussement 壅水
~ d'exhaussement à l'approche du pont 桥前壅水

rempart *m* 壁，垣，墙，堤，砂砾垒，砂砾梁
~ arqué 弧形堤
~ de blocs 块熔岩脊，块熔岩堤
~ du glacier，~ morainique 冰砾壁，漂砾墙

rempiétement *m* 修复基础
rempiéter *v* 修复，修理
remplaçable *a* 可更换的，可置换的，可代替的
remplaçant *m* 代替人，接班人
remplacement *m* 更换，补充，代替，置换，交代
~ de sol 换土
~ isomorphique 类质同象替代，类质同质置换
~ sélectif 选择交代，分别交代

remplacer *v* 代替，取代，更换
~ les fusibles 更换熔断丝
~ ... par... 用……代替……

remplage *m* 充填土石等（空心墙内）
rempli, e *a* 装满的，充满……的
remplir *v* 充水，充气，填塞，充满，装满，盛满，填写，执行，完成
~ à contre-pression 反压填料
~ au béton de gravillon 砾石混凝土充填
~ au coulis de ciment 水泥浆灌填
~ avec un coulis 灌薄浆，涂薄胶泥
~ d'huile 加油
~ de faille（matériau） 断层泥，脉壁泥，填充物，充填料
~ des formulaires 填写表格
~ des joints 填缝
~ des joints au mortier 砂浆填缝
~ en béton 混凝土填充
~ en mortier de ciment 水泥砂浆填充
~ les conditions de réception 符合接收条件
se ~ de 充满，装满
~ un imprimé 填表
~ une fonction 担任职务

remplissage *m* 充填，装填，装满，填满，填塞，填写，充气，填料，充风（制动机）
~ au coulis de ciment 灌水泥浆充填
~ correct 适当增加（水、气、油）
~ d'un filon 矿脉充填
~ de baillement 开口断裂充填
~ de cheminée 火山通道充填
~ de ciment et fibres d'amiante 填石棉水泥，石棉水泥填料
~ de fente 裂隙充填
~ de fibres bituminées 沥青纤维填缝
~ de filon 岩脉充填料
~ de réservoir 充满蓄水池
~ des joints 填缝
~ en briques 填砖
~ en mortier de ciment 水泥浆填料
~ par déposition 淤塞
~ par gravité 重力灌注
~ sous pression 压力充填
~ sous vide en pluie 真空喷淋式灌注，真空喷淋式充填

remplissant *m* 盛满，装满
~ d'argile 以黏土、粗砂、砾石填充

remplisseur *m* 填料，注油口，填充器，填充物
~ de culots 装管帽机

remploi *m* 再使用
remployer *v* 再使用，重新利用

remporter *v* 运走,转还,获得,带回,带走,赢得
remuement *m* 动,移动,搬动,抖动,搅动
remuer *v* 动,摇动,移动,搬动,摆动
remueur *m* 混合器,搅拌器
rémunération *f* 工资,薪水,酬金,报酬,酬劳
　～ à l'heure 按时计酬
　～ à la journée 按日计酬
　～ à la semaine 按周计酬
　～ au mois 按月计酬
　～ s d'associés 合伙人报酬
　～ de tiers 第三方报酬
　～ des salaires 工资计酬
　～ du personnel 职工工资
　～ du travail 劳动报酬,劳动计酬
　～ en nature 实物计酬
　～ pour service 服务计酬
　～ selon le travail 按劳分配,按劳取酬
renaître *v* 再生,重新长出
renard *m* 管道,漏洞,裂隙;渗漏,管涌;铁盘,暗褐砂岩
　～ horizontal 水平管涌,水平管道
　～ vertical 垂直管涌,直立管道
rénardite *f* 黄磷铅铀矿
renchaîner *v* 重新拴住
rencloture *f* 圩田,堤围泽地
rencontre *f* 会合,相遇,相碰
　～ des galeries du tunnel 隧道贯通(对向施工隧道)
　～ des trains 列车冲突
renctoyeux *m* 取砂筒
rendage *m* 效率,能力,产量,收益,生产率
　～ adiabatique 绝热效率
　～ d'abattage 工作面工效
　～ d'échelle 规模效益
　～ d'exploitation 运营效率
　～ d'explosif 炸药单位崩出量
　～ d'explosion 爆破效率
　～ d'un placement 投资收益
　～ de chaleur 热效率
　～ de dimension 规模效益
　～ de la pompe 水泵效率
　～ de la voie 道路的车辆通过能力
　～ de travail 工作效率,劳动生产率
　～ du circuit 电路效率
　～ du personnel 人员劳动生产率

　～ du personnel et des installations 人员和设备的使用率
　～ du plan 完成计划率
　～ effectif 实际收益
　～ élevé 高效率
　～ énergétique 能量效率,能量输出
　～ faible 低效率
　～ horaire 小时产量
　～ marginal 边际效益
　～ par surface unitaire 单位面积产量
　～ prévu 计划效率,计划生产率
　～ thermique 热效率
　～ thermique de chaudière 锅炉热效率
　～ utile 有效利用功率
rendement *m* 能力,效率,收益,产量,收入,输出,收得率,生产率,回收率,有效系数,计算机操作时间比率
　～ à la jante 轮周效率
　～ absolu 绝对效率
　～ apparent 视在效率
　～ brut 总效率
　～ commercial 经济核算
　～ d'exploitation 运营效率
　～ d'explosion 爆炸效率
　～ d'un combustible 燃料效率
　～ d'un filtre 滤透率
　～ d'un investissement 投资收益
　～ d'une machine 机器效率
　～ de chaleur 热效率
　～ de combustion 燃烧效率
　～ de compression adiabatique 绝热压缩效率
　～ de comptage 计数效率
　～ de la timonerie 制动机杠杆系的效率
　～ de la transmission 传输效率,传动效率(轮周功率/牵引功率)
　～ de la transmission(d'un véhicule thermoélectrique) 传动比(热电车辆)
　～ de la voie 道路车辆的通过能力
　～ de machine 机器效率
　～ de surface de chauffe de la chaudière 锅炉加热面效率
　～ de surface de chauffe du foyer 火箱加热面效率
　～ de travail 工作效率,劳动生产率
　～ de voie 线路通过能力

~ des impôts 税收
~ des machines de manœuvres 调车机车运用效率
~ des triages 调车作业效率
~ directionnel 方向系数,定向效率
~ du compresseur 压缩机效率
~ du matériel 机辆使用率,机车、车辆运用效率
~ du personnel 人员作业效率,人员劳动生产率
~ du personnel et des installations 人员和设备的使用效率
~ du plan 计划产量,计划生产率,计划完成率
~ du travail 工作效率,劳动生产率
~ économique 经济效率
~ effectif 实际效率,有效效率
~ élevé 高效率
~ en absorption 吸声效率
~ en eau 出水量
~ en énergie 能量效率
~ en température 温度系数
~ énergétique 能量效率,能量输出
~ faible 低效率
~ global 总效率,总生产率,总生产效率
~ horaire 每小时效率,每小时输出率
~ marginal 边际收益
~ mécanique 机械效率
~ moyen croissant 增长的平均收益
~ net 净效率
~ pratique 实际效率
~ prévu 设计效率,计划效率,计划生产率
~ réel 有效效率,实际效率
~ relatif 相对效率
~ théorique 理论效率
~ thermique 热效率
~ total 总效率,综合效率
~ utile 有效功率,有效利用率
~ volumétrique 容积效率,容量效率,容量系数

rendre v 交还,交出,送到,转达,转让,归还,回复,表达,表现,恢复,偿还,使变为
~ compte 报告
~ la voie libre 开通线路
~ rugueux 凿毛,琢毛,使粗糙
~ un prêt 归还贷款

rendurcissement m 硬化,变硬
rendzine f 黑色石灰土,腐殖质石灰土
~ blanche 白色腐殖质石灰土
~ brune 褐色腐殖质石灰土
~ vraie 纯腐殖质石灰土

rendzinification f 腐殖质石灰土化
renfermé a 隐藏的,埋设的,内装的,固有的,内在的
renfermer v 关闭,围绕,包含,隐藏
~ des concrétions calcaires 含钙质结核
renflé a 凸起的,鼓起的
renflement m 膨胀,鼓起,隆起,充气,凸出,凸起
renfler v 鼓起,凸出,膨胀,使鼓起,使凸起
renflouement m 打捞,再浮起
renflouer v 使浮起,打捞
renfoncement m 凹处,凹陷,塌陷,凹入,陷入,隐蔽角落
~ de couche 岩层塌陷
renfoncer v 再插入,使更凹进
renforçage m 加强,增强,加固,强化,(岩层)变厚
~ d'une nappe (含水层)人工补给
renforçateur m 放大器,增强器,增强剂,增效剂,加厚液,扩大器
~ d'image 影像放大器
~ du vide 真空加强装置
renforcé,e a 加强的,加固的
renforcement m 加强,加固,加劲,强化,补充,补强,(岩层)变厚;增强
~ d'armature 加筋
~ d'un mur 墙墩,墙的加固
~ d'un train 列车加挂车辆,列车加挂补机
~ d'un wagon 货车加固
~ de barrage 坝的加固
~ de chaussée 路面补强
~ de l'âme 腹板加劲
~ de l'arc 拱加固
~ de la soudure 焊缝补强
~ de pont 桥梁加固
~ des bords (混凝土路面)边缘加厚
~ des digues 加强堤坝
~ des membrures 加劲弦杆
~ des traverses 轨枕加固
~ double 复筋,双重钢筋
~ du front de taille 加固掌子面
~ mince des chaussées 路面薄层加固
~ par des armatures (砌体内)配筋加固

renforcer

~ vertical 垂直支撑

renforcer *v* 支持,加强,加固

renforceur *m* des signaux 信号放大器

renfort *m* 加强,加固,增加,增援,支柱,补机,加强体,刚性件,加固件

 à grand ~ de 用大量的

 ~ d'âme 加劲肋,腹板加强件

 ~ d'ancre 锚床

 ~ d'angle 角柱,角加固

 ~ de longeron 纵梁加强板

 ~ en queue des trains 列车补机,推送补机

 ~ extrême 端部加固

reniérite *f* 硫锗铁铜矿

reniflard *m* 风管,通气管,通气道,通气孔,通风管,放泄活门,放泄活门,锅炉吸气阀

réniforme *a* 肾状的

renminbi[yuan] *m* 人民币(元)

renouvelable *a* 可更新的,可再生的

renouveler *v* 改变,更换,再生,改造[建、进、善],更[革、刷、翻]新,新开始,重新提出

 ~ des voies à avancement rapide 快速更新线路

 ~ l'eau 水处理,更新水

renouvellement *m* 更新,续订,延长,更换,重复,再生,增长,增大,增加

 ~ d'air 换气

 ~ d'un contrat 续签合同

 ~ de la voie 线路翻新

 ~ des équipements 设备更新

 ~ du ballast 道砟更新,道砟更换

 ~ du capital fixe 固定资本更新

 ~ du matériel roulant 机车车辆大修,机车车辆翻新

 ~ mécanisé de la voie 线路的机械化翻新

rénovateur *m* 革新者

rénovation *f* 革新,改进,更换,更新,修复,修理,整顿,土地整治

 ~ de l'eau 水质更新,水质改善

 ~ des chaussées 路面改建

 ~ des eaux usées 废水净化,废水再生,废水回用

 ~ du matériel roulant 机车车辆革新

 ~ du revêtement 路面翻修,路面更新

 ~ technique 技术革新

rénover *v* 更新,革新

renseignement *m* (参考)资料,材料,数据,情报,情况,调查

 ~ géologique 地质资料

 ~ s statistiques 统计资料

 ~ s techniques 技术情报

renseigner *v* 报导,通知,调查,介绍情况,提供资料

rensselaérite *f* 假晶滑石,辉石滑石

rentabilité *f* 效益,收益,赢利,利润率,盈利性,经济效果

 ~ court terme 短期效益

 ~ de l'entreprise 企业效益

 ~ écologique 生态效益

 ~ économique 经济效益

 ~ financière 财政收益

 ~ sociale 社会效益

rentable *a* 有收益的,有利的

rente-accident *f* 事故抚恤年金

renting *m* 租金

rentrant *m* 凹口,凹进部分

rentrant,e *a* 凹进的,重入的

rentrée *f* 重入,回入,收入,回收,征收,税收,再进入

 ~ d'air 空气反流,空气返回

 ~ sur créances annulées 废除债券进项款

rentrer *v* 返回,进入,恢复,重新开始,属于……范围

renverse *f* 反向,交替,推翻,推倒

renversé,e *a* 翻转的,逆转的,换向的,反向的,倒转的(褶皱)

renversement *m* 倾覆,倒转,翻转,逆转,换向,反向,翻倒,倒转层理

 ~ de contrainte 应力反向

 ~ de marche 反向运行

 ~ thermique 热交替

renverser *v* 翻倒,翻转,反向,推倒,打翻,使倒转,使颠倒

renvoi *m* 解雇,返回,传动,反射,杠杆,复原,回弹,回跳,传动机构

 ~ à engrenage 变速箱,齿轮传动

 ~ à friction 摩擦传动

 ~ d'angle 伞齿轮,斜面齿轮,转角传动(装置),锥形传动(装置),锥形齿轮传动,伞形齿轮传动

 ~ d'équerre 直角传动

 ~ des champs pour les rétablir en forêts 退耕还林

~ des roues 齿轮传动
renvoyer *v* 辞退,送还,退转,反射,折回
réorganisation *f* 改组,重新组织,重新组合
réorganiser *v* 重新组织,重新组合
réorientation *f* 重新方向,重新定位
réorienter *v* 重新定向,重新定位
réoutillage *m* 重新装备,改装
réouverture *f* 重新张开
répandage *m* 铺开,摊铺,撒布,喷洒
  ~ à chaux 热铺法
  ~ à froid 冷铺法
  ~ de la chaux 撒布石灰,铺石灰
  ~ du ballast 撒布石渣,铺石渣
  ~ du goudron 浇柏油
  ~ du gravillon 摊铺碎渣
  ~ du sable 撒砂,铺砂
  ~ en cordon 带状摊铺
  ~ par pompe 泵送撒布
  ~ sous pression d'air 压缩空气撒布
répandeur *m* 摊铺机,撒布机,石料摊铺机
  ~ à la main 手压洒布机
  ~ automoteur 自动石料撒布机
  ~ tracté 拖拉式石料撒布机
répandeur-finisseur *m* 沥青路面整面机,沥青路面终饰机
répandeuse *f* 撒布机,布料器,摊铺机,铺砌机,铺面机,铺路机,镶面机,斜坡铺砌机
  ~ à bras 手压洒布机
  ~ à jets 洒水车
  ~ à main 手压洒布机
  ~ à pompe 泵送洒布机
  ~ automotrice 自动摊铺机
  ~ d'émulsion （沥青）乳液洒布机
  ~ de béton 混凝土摊铺机
  ~ de bitume 沥青喷洒车,沥青摊铺机,沥青洒布机
  ~ de pierrailles 碎石撒布机
  ~ de sable 铺砂机,撒砂机
  ~ des (produits) abrasifs 铺砂机
  ~ des agrégats 骨料撒布机
  ~ destinée aux produits froids 冷乳液喷洒机
  ~ du béton bitumineux 沥青混合料摊铺机
  ~ du bitume 沥青洒布机
  ~ mixte pour chaussée en résidu 渣油路面联合铺路机
  ~ pour tous liants 沥青结合料压力喷洒车
  ~ remorque 挂车撒布机
  ~ semi-remorque 半拖式撒布机
  ~ sur camion 汽车撒布机
  ~ tractée tous liants 牵引式结合料洒布机
répandeuse-finisseuse *f* 铺料修整机,摊铺—整形机
répandre *v* 撒,散发,散布,倒出,流出
réparable *a* 可以修补的
reparaître *v* 重新出现
réparateur *m* 修理工
réparation *f* 修理,修补,修复,赔偿,检修,调整
  ~ à fond 大修
  ~ accidentelle 临时修理,紧急修理
  ~ capitale 大修
  ~ casuelle 临修
  ~ courante 小修,日常维修,经常性修整
  ~ d'entretien 维修
  ~ d'entretien courant 日常维修
  ~ d'urgence 抢修,快速维修
  ~ de chaussée 路面翻修
  ~ de fortune 临时修理
  ~ de pression au poteau incendie 消防栓压力分布
  ~ de trafic 交通分布
  ~ de travées 桥型布置
  ~ des flaches 坑穴修补
  ~ des forages 钻孔布置
  ~ des grains selon leurs dimensions 土壤颗粒组成描述
  ~ des joints du sol en ciment 水泥地分格
  ~ des moments 力矩分配
  ~ des nids de poule （路面）坑洞修补
  ~ des ouvrages d'art 人工构造物的修理
  ~ des revêtements 路面维修
  ~ du trafic de poids lourds par voie de circulation 道路重车分布
  ~ générale 大修,大修理
  grande ~ 大修
  grosses ~s 大修
  ~ improvisée 紧急修理,事故检修
  ~ intermédiaire 中修
  ~ légère 小修,小修理
  ~ localisée 局部修理

réparer

~ menue 零星修理
~ minime 维修,小修整,小修理
~ périodique 定期修,定期修理,定期维修
~ permanente 小修,日常维修,日常修理
petites ~ s 小修
~ préventive 定期检修,预防性修理
~ provisoire 临修,抢修,临时修整,临时修理
~ routière 道路维修
~ terminée 紧急修理
~ urgente 抢修,紧急修理

réparer v 修理,检修,维修,补偿,纠正
~ par brassage 焊修

réparti a 分布的,铺开的

répartir v 分配,分放,铺开
~ la charge 分配荷载,平衡荷载

répartiteur m 分流管,分流器,分配器,摊铺工,(碎石)撒布机,分配机构,天线分配器,配车调度员,沥青喷洒车,混凝土摊铺机
~ à caisson (水泥混凝土路面)箱式摊铺机
~ à macadam de grande capacité 大容量碎石摊铺机
~ à roue-pelle 刮板式(混凝土)摊铺机
~ à vis 螺旋式(粒料)撒布机,螺旋式(混凝土)摊铺机
~ d'entrée (général) 总分配器,主配线架,总分配机构
~ de béton 混凝土摊铺机
~ de charge 负载分配装置
~ de matériaux de répandage 摊铺材料分配器
~ de puissance 功率分配机构
~ de répéteur 重复布料器,重复给料机
~ du matériel 配车人员,配车调度员,车辆分配人员
~ intermédiaire 中间分配机构
~ mixte 混合布料器,组合给料机,组合配线架
~ principal 主分配机构
~ tracté 挂车式摊铺机

répartition f 分布,展布,分摊,分配,配给,铺开
~ (mensuelles, annuelle) des précipitations (逐月,年)降水量分配
~ (du trafic) dans le profil en travers 横断面交通分布
~ bathymétrique 深度变动范围
~ chronologique 地层剖面上的时代分布
~ d'air 风量分配
~ d'épandage 摊铺
~ dans le sens horizontal 面状分布,水平方向分布
~ de la charge 荷载分布
~ de la circulation 交通分配
~ des charges 荷载分布
~ des contraintes 应力分布
~ des efforts 荷载分布,应力分布
~ des espaces à l'intérieur de la caisse 车辆内部布局,车辆内部配置
~ des forages 钻孔布置
~ des frais de main-d'œuvre 工资分配
~ des investissements 投资分配
~ des joints du sol en ciment 水泥地方格,水泥地块缝的布置
~ des masses 土方分布,土方调配
~ des masses de terre 土方分布,土方调配
~ des pressions 压力分布
~ des températures 温度分布
~ des vides 空隙分布
~ des wagons 配车,货车分配
~ du débit 流量分布
~ du matériel 配车,车辆分配
~ du matériel à marchandises 配车,货车分配
~ du poids 重量分配
~ en profondeur 纵深分布
~ géographique 地理分布
~ granulométrique 粒度分布,颗粒组成,粒度组成,级配组成
~ journalière 每日配车
~ modale 定型的交通流分布
~ pondérale (粒级)重量组成
~ selon le travail 按劳分配
~ tridimensionnelle des contraintes 三轴应力分布,应力三维分布

repas m 餐

repassage m 烫平,再通过
~ à la meule 重磨,再研磨

repasser v 再来,磨快,磨尖,重新经过

repavage m 重新铺砌,重铺路面

repavement m 重新铺砌,重铺路面

repaver v 重铺路面,重新铺砌

repêchage m 打捞(钻贝)
~ des outils 打捞钻具

repeindre *v* 重新粉刷,重新油漆
repérable *a* 可定标记的,可定位的,可定向的
repérage *m* 定位,定向,测位,测定,定线,定点,取向,路标,(路面)标线,定位标记,做标记
　～ à la peinture de tranchée　管沟油漆标记
　～ au son　声波定位,声波定位器,声波测距法
　～ automatique　自动跟踪(雷达),自动打标记
　～ automatique à réglage supplémentaire　辅助跟踪,半自动跟踪
　～ d'élévation　立面标记
　～ de câble optique　光纤指示桩
　～ de conduite pétrolière　石油管道指示桩
　～ de divers étages　层位划分
　～ de la voie　插标定线,安装线路定位标
　～ de tranchée　管沟标记
　～ des divers étages　层位划分
　～ en hauteur　标出高度
　～ lithologique　岩性划分
　～ par le son　声波定位,声波测距,声波定位器
　～ provisoire　临时标记
　～ stratigraphique　地层划分
　～ topographique　地形测位,地形测定
　～ ultrasonore　超声波定位,超声波测距,超声波定位器
reperçage *m* des traverse　轨枕钻孔
répercussion *f* 回声,反应,影响,(光、声)反射,回波[光、声]
repère *m* 标记,标志,标线,标高,地标,海拔,高程,水准点,指示器,方位标,方向标,定向标,信号标志,追踪装置
　～ à ausculter　监测点,测量基准点
　～ altimétrique d'auscultation　水准监测点
　～ altimétrique fixe　(测量)标点
　～ au sol　地表
　～ chronologique　地层年代标志层
　～ constitué par un chevron noir sur fond blanc　白底上黑色箭头标志(慢速行驶标志后面的第一个道岔标志)
　～ d'altitude　标高点,水准基点,海拔基标,高度标记
　～ d'échelle　比例标记
　～ de crues　高水位线,洪水痕迹,洪水水位记录器
　～ de distance　里程标
　～ de grande crues　大洪水痕迹
　～ de hauteur　标高点
　～ de levé　测量标志
　～ de mesure　测标
　～ de niveau d'eau　水位标,水位标高
　～ de nivellement　水准标石,水准基点
　～ de nivellement(provisoire)　临时水准标点
　～ de nivellement de premier ordre　基准点
　～ de nivellement du réseau général　法定水准标点
　～ de référence　参考点,基准点,依据点,控制点,水准点,基准标记
　～ de relèvement　方位标
　～ de triangulation　三角点,三角网测站,三角测量标点
　～ final　第二基准点
　～ fixe　永久标志
　～ fossile　标准化石
　～ géodésique　大地测量点
　～ hydrologique　水文参证点,水文用水准点
　～ initial　初始标记,第一基准点
　～ lithologique　岩性标志
　～ NGF(Nivellement Général de la France)　法国法定水准标点
　～ s de navigation　导航标志
　～ stéréoscopique　浮标
　～ stratigraphique　地层标志层
　～ supplémentaire　辅助水准点
　～ topographique　测点,测站,水准基点
　～ visuel　投影点(透视图中的线条会聚点)
repérer *v* 定位,定向,标出,定点,定线,追踪,重复,重现,定标志,定标记
répértabilité *f* 重复性,反复性
répertoire *m* 表,目录,索引,清单,汇编,编目录,编索引
　～ des couches　层次
　～ des données　数据表
répertoire *m* 表,索引,目录,汇编
répéter *v* 重复,重现
répéteur *m* 中继器,复示器,分罗经,再生器,转发器,重发器,(电话)增音器,辅助指示器
　～ à quatre fils　四线增音器
　～ coaxial　同轴电缆中继器
　～ d'angle de barre　舵角指示器
　～ d'impulsions　脉冲再生器
　～ de block　闭塞复示器

répétition

~ de contrôle de feu 信号灯光复示器
~ de signal 信号复示器
~ de signal sémaphorique 臂板信号复示器
~ pour courant porteur 载波增音器
~ télégraphique automatique 自动电报转发器
~ téléphonique 电话增音机,电话增音器

répétition *f* 重现,重复,复示,复述
~ à courant induit 用感应电流复示(自动列车控制系统中)
~ de contrainte 应力反复
~ des charges 反复荷载,重复荷载
~ des signaux de voie sur la locomotive 车内信号(线路信号在机车上的复示)
~ des signaux 信号复示,信号再显示

repiquage *m* 打毛,拉毛,琢毛,再刺,打麻面,修补路面,修补石路
~ du moule de travers 轨枕槽的修理

replacement *m* 复位,移动,移位,放回原处,重新安置,断层移位

replacer *v* 移动,复位,移位,使复位,重新安置

replanir *v* 磨平,平整,抄平,刨光

replantage *m* 重新栽种,重新栽植

replanter *v* 再栽种,重新栽植

replat *m* 谷肩,山肩,梯级,阶地,台阶地,谷边平坦地
~ cyclique 旋回阶地
~ d'altiplanation 高山剥夷阶地,冰冻剥夷阶地
~ du versant 谷坡梯级
~ structural 构造阶地

replâtrage *m* 重新粉刷,表面粉刷,重新抹石膏

replâtrer *v* 粉饰,表面粉刷,重新粉刷,重新抹石膏

repli *m* 折痕,皱纹,蜿蜒,波动,迂回,褶皱,重褶褶皱
~ anticlinal 背斜褶皱
~ synclinal 向斜褶皱

repliable *a* 折叠的,叠成的,可折叠的,可合拢的

repliage *m* 折叠,弯曲,弯边,合拢

repliement *m* 清除,清理,离开,合拢,重新折叠
~ des installations 竣工时现场清理
~ d'image 叠影,重影,重叠幻象

replier *v* 曲,屈,挠,合拢,折叠

réplique *f* 余震,回答(信号),复制品
~ de séisme 余震

reploiement[**replissement**] *m* 合拢,叠加褶皱,重褶褶皱

repolissage *m* 再研磨,再精研,再抛光

repompage *m* 再泵,再抽水

répondeur *m* 应答器,回答器,回答机
~ d'identification (列车)识别应答器
~ téléphonique (装有录音的)自动传话电话机

répondre *v* 回答,应答,响应,反应,担保,满足
~ à 适合,响应,答复
~ à des besoins diversifiés 满足各种需要
~ de 对……负责
~ par 以……回答

réponse *f* 反应,反响,响应,回答,答复,答案,答疑书,特性曲线
~ automatique 自动响应
~ du freinage 制动反应
~ du site 场地反应
~ du sol 土壤反应
~ du temps 时间反应,时间特性
~ dynamique 动力反应,动态反应,动态响应
~ initiale 最初反应
~ libre 自由响应
~ naturelle 自然响应
~ non linéaire 非线性反应
~ par écrit 书面答复
~ séismique 地震反应
~ séismique non linéaire 非线性地震反应
~ structurale 结构反应
~ vague 不明确的答复

report *m* 结账,过账,转到,描图,绘图,复制,转移,标图,推迟
~ à nouveau 结转
~ d'un total à l'exercice suivant 将总金额转入下一年度
~ d'une opération à l'échéance suivante 将一笔交易转入下期交割
~ de crédit 结转拨款
~ des déficits 结转赤字

reporter *v* 过账,结转,取回,带回,转移,延期,推迟
~ un compte 过账

repos *m* 台,台架,静止,停止,停顿,支架,支撑,支点,支柱,支座
~ de perche 受电杆固定钩

en ～ 静止状态
repose *f* 重铺,重装,铺设
repose-pied *m* 脚踏板
reposer *v* 休息,澄清,沉淀,被放在,把……放在,复归原处;(地层,岩石等)产出
～ sur 建立在
reposoir *m* 沉淀池
repossite *f* 钙磷铁锰矿
repousser *v* 再推,推开,拒绝,否定,抵制
repoussoir *m* 拔钉钳,拔钉夹,长凿(石工的)
reprendre *v* 修补,再取,恢复,取回,收回,重新开始,重新起动
～ en sous-œuvre 托换基础,修建基础(从下面加固基础)
～ la réglage 重新调整
représentant *m* 代表,代理人,经纪人
～ en chef 全权代表
～ exclusif 独家代理
～ légal 法定代理人
～ plénipotentiaire 全权代表
représentatif, ive *a* 典型的,表现的,代表的,表示的,有代表性的
représentation *f* 表示,表现,代表,代理,指示,再现,显示,模型,模拟,陈列,表示法,表达式,代表团
～ à l'étranger 国外代办处
～ analogique 模拟表示法
～ d'une lettre de change 出示汇票
～ de relief 地形表示法
～ du personnel 职工表现
～ géométrique 图示,几何表示
～ graphique 图示,图示法
～ incrémentielle 增量表示法
～ numérique 数值表示
～ quantifiée 数量表示法
～ schématique 图示法
～ schématique des voies 轨道布置图,轨道图示法
～ symbolique 符号表示
～ visuelle 直观表示
représentativité *f* 代表性
représenter *v* 表示,表现,描绘,描述,代表
réprimer *v* 制止,约束
～ de irrégularités 消灭行车晚点,消除不正常运输秩序
repris dans une liste 列入表中

repris au tarif 列入运价规程中的
reprise *f* 复苏,复活,加速,复兴,振兴,恢复,重复,修补,更新,取回,回收,加强,加固,夹具,折价,拿[收]回,施工缝,焊缝加厚,(建筑物的)修理
～ à l'envers 封底焊,反面焊接
à plusieurs ～ s 多次
～ accidentelle de bétonnage 冷缝,混凝土(浇注)干缝
de ～ 重新开始的,反复进行的
～ de bande 变换车道施工(路面按车道建筑)
～ de bétonnage 混凝土接缝,混凝土施工缝,混凝土恢复施工
～ de coffrages 模板接缝
～ de coulée 施工缝
～ de l'érosion 侵蚀恢复
～ de la marchandise livrée 取回已交付货物
～ de vitesse 加速
～ des déblais 开挖料的再利用
～ des travaux 恢复工作
～ du réglage 重新调整
～ en sous-œuvre 托换基础
～ et mise en service terre végétale 植被土的恢复与使用
～ sur produits des exercices antérieurs 从前一个会计年度收入中再提取
～ tectonique 构造复活
repriser *v* 修补,织补
reproductibilité *f* 再现性,可复制性,工艺稳定性
reproductible *a* 可再生产的,可再繁殖的
reproduction *f* 重现,再现,复制,再生产
～ élargie 扩大再生产
～ simple 简单再生产
reproduire *v* 再现,复制,仿制,再生产
reprofilage *m* 修坡,改坡,重新整形,恢复路型,修整纵断面,改善线路坡度
～ des bandages 再旋轮箍
～ des rails 钢轨型面加工
～ sur chaussées déformées 变形路面整形
reprofiler *v* 断面修整,调整断面
reprofileur *m* tracté 小型挂车式沥青路面修整机
reprouver *v* 再证实,重新证明
reptation *f* 滑塌,蠕动,缓移,爬行,缓慢滑移
～ du sol 土壤滑移

répulsif *a* 排斥的

répulsion *f* 排斥,推斥,排斥力,推斥力

requis, e *a* 必要的,适合的,法定的

réquisition *f* 征用,要求,请求,申请
~s civiles 民事征用
~ de la force armée （地方因治安等）动用军队
~ des logements 征用住房
~ écrite 书面要求

resablage *m* 上砂,给砂箱上砂

resabotage *m* de traverses 重新砍削枕木

resanite *f* 水硅铜铁矿

rescellement *m* de joints 接缝的重封（即重新填缝）

réseau *m* 网,栅,格子,网络,管网,系统,线[管]路,网状物,电力网,道路网,电路网,天线阵,供电网,铁路网,曲线族,网络系统,网状电路,铁路公司,长途电话网,信息通信网
~ à courant continu 直流电网
~ à large bande 宽带网
~ à maille carrée 方格(勘探)网
~ à maille hexagonale 三角形(勘探)网
~ aérien 天线系统,架空线路网
~ aléatoire 随机网络
~ alternatif 交流电网
~ analogique 模拟网
~ anticapacitif 抗电容网络
~ anti-inductif 防感应网络
~ arborescent 树枝状河网
~ autoroutier 高速公路网
~ auxiliaire électrique 辅助供电系统
~ banalisé 共同网络
~ bouclé 闭路电力网
~s câblés 有线电视网
~ cartographique 制图网
~ commercial 商业网
~ commun 共用中继线(电话)
~ commuté 转换网络
~ compensateur 阻抗补偿电路
~ complexe 分集接收系统
~ conséquent 顺向水流网
~ correcteur 校正网络,补偿网络
~ correcteur de forme 信号成形电路,信号整形电路
~ d'abonné 电话用户网
~ d'air comprimé 供给压缩空气管路网
~ d'alimentation 馈电网,供电网,供水系统,给水管网,供应[供给、供料]系统
~ d'alimentation de bord 车辆配电系统,车辆配电线路
~ d'alimentation de chaleur 供热网[系统]
~ d'alimentation en eau 给[供]水系统
~ d'alimentation thermique 供热网
~ d'antenne à grande ouverture 垂射天线阵,多列同相天线系统
~ d'antennes 天线阵
~ d'antennes à rayonnement longitudinal 端射天线阵
~ d'appel d'urgence(RAU) 紧急呼叫网
~ d'armatures 钢筋网
~ d'assainissement 排污网,排水网,排水管网[系统]
~ d'auscultation 监测网
~ d'autoroute 高速公路网
~ d'eau 供水管线,给水管道网
~ d'éclairage 照明线路,照明电源,照明电路网[线路]
~ d'écoulement 流网,流态,水流网,径流网
~ d'égouts 下水管线,污水管网,排水系统,下水道管路网
~ d'énergie 电力网,动力网,动力系统
~ d'équilibrage 平衡网络
~ d'évacuation d'eau(des eaux) 排水管网,排水系统
~ d'immeuble 室内管道网,室内电网
~ d'incendie 消防电网
~ d'incendie principal 消防主干管
~ d'information par téléimprimeurs 采用电传打字电报机的信息网络
~ d'information 信息网
~ d'interconnexion 长途通话网络,长途电话线路,长途交换中继线(电话)
~ d'interphoie 对讲系统,内线电话系统
~ d'irrigation 灌溉网
~ d'observations 观测网
~ d'ordinateurs 计算机网络
~ de barbelés 带刺铁丝网
~ de base 基线网
~ de bas-voltage 弱电压系统

~ de bras 支流网,河汊网
~ de câbles 电缆网,电缆系统
~ de canalisations 管道网
~ de canaux 渠道网,渠道系统
~ de cavités 孔隙网
~ de chauffage 热力网,暖气管道
~ de chemin de fer 铁路网
~ de chenaux 运河网
~ de circulation 交通网
~ de collecte 汇水网
~ de communication 通信网,交通网,通信网络
~ de communication urbain 城市街道网
~ de contre-réaction 负反馈网络
~ de contrôle 控制网
~ de convoyeurs à courroie 皮带传送系统
~ de coordonnées 坐标网
~ de correspondance 通信网
~ de courant 电力网
~ de desserte locale 地区性联络道路网
~ de diaclases 节理系,节理分布,节理形式,构造裂隙系
~ de distribution 配电网,配水网,供电网,分配网[系统],配[供]电网,配电线路,配水管系统
~ de distribution de bord 车辆配电系统,车辆配电线路
~ de distribution de gaz 煤气管网
~ de distribution électrique à BT 低压配电网
~ de données 数据网络
~ de drainage 排泄网,水系网,排水网,排水系统
~ de drainage (zone marécageuse) (沼泽地区)土地排水网
~ de failles 断裂系,断层网
~ de feeder 馈电网
~ de fissure(s) 网裂,裂隙系
~ de fractures 节理网
~ de gestion 业务通话网络
~ de haute tension 高压电网
~ de la mise au neutre 接零系统
~ de la prise de terre 接地系统
~ de liaisons 通信网
~ de mise à la terre 接地网络
~ de nivellement 水准测量纲
~ de percolation 渗流形式
~ de pieux racines 基桩网

~ de points de repère 观测网
~ de polygones 多边形网,多边形网络
~ de poteaux 柱网
~ de poutres 梁格
~ de radiodiffusion 无线广播网
~ de rase campagne 野外公路网
~ de rivières 河网,河道网
~ de route principale 干道网
~ de route-express 快速公路网
~ de routes 公路网,道路网
~ de routes nationales 国道网
~ de routes provinciales (wilaya 北非) 省道网
~ de sauvegarde 应急电网
~ de sonorisation 扩音设施,广播系统
~ de surveillance télévisé 行车监督电视系统
~ de télécommunication 通信网,通信管线,远距离通信网
~ de téléphone automatique 自动电话系统,电话自动接线制
~ de terre 接地系统
~ de traction 运输网,牵引供电网
~ de tramway (有轨)电车道网
~ de transfert 输水网
~ de transmission de données 数据传输网
~ de transport d'énergie électrique 电力网,输电网,电力输送网
~ de transport de taille moyenne 中等运量线路
~ de transport dense 繁忙线路,行车密度大的线路
~ de transport public 公共交通网
~ de traversée du pont 过桥管线
~ de triangles 三角网
~ de triangulation 三角测量网
~ de tuyaux 管网
~ de tuyaux extérieurs 室外管网
~ de tuyaux souterrains 地下管网
~ de vidange 排放系统
~ de voies express 快速公路网
~ déficitaire 缺少车辆的(各)铁路
~ déformable 不稳定框架
~ dendritique de drainage 树枝状排水系统
~ dendritique drainage 树枝状排水系统
~ des canalisations d'alimentation et d'évacuation des eaux 上、下水管道系统

réseau

- ~ des canalisations extérieures 室外管道网
- ~ des conducteurs 导线网,导线电路
- ~ des conduites 管道网,管道系统
- ~ des courbes caractéristiques 特性曲线族
- ~ des lignes 线路网
- ~ des lignes de courant 电线网,水流网
- ~ des lignes maritimes 海运航道网
- ~ des pistes cyclables 自行车道网
- ~ des puits à mailles carrées 方格井网
- ~ des transports urbains 城市运输网,城市交通网
- ~ des voiries rurales 农村道路网
- ~ digité 指状河网
- ~ éclairage-force 照明牵引共同电路网
- ~ électrique 电路,输电网,电网,电力网
- ~ électrique extérieur 外部电网
- ~ électronique 电子电路,电子管电路
- ~ emprunté 经路,占用线路
- ~ en C C形网络
- ~ en échelle 梯形网络,链式电路
- ~ en espalier 方格河网
- ~ en étoile 星形网
- ~ en fil de fer 铁丝网
- ~ en grille 方格河网
- ~ en H H形网络
- ~ en L L形网络
- ~ en O O形网络,平衡式门形网络
- ~ en patte d'oie "鹅掌"形河网
- ~ en pont 桥接网络,桥式网络
- ~ en T T形电路,T形网络
- ~ en π π形网络
- ~ équivalent 等效电路,等效网络,双工平衡,等值线路(电报),等效电网络
- ~ étoilé 星形网络
- ~ Express Régional(R.E.R.) 地区快速道路网,地区快车铁路网
- ~ ferré 铁路网
- ~ filaire 有线通信网
- ~ fluvial 河系,水系,水运网,河运航道网
- ~ fondamental 基本网络
- ~ force 动力系统
- ~ général des canalisations 管道综合图,管道总网路
- ~ géodésique 大地测量网
- ~ géographique 地理网格

- ~ Gigabit Ethernet 以太网
- ~ gravimétrique 重力测量网
- ~ horizontal de contrôle 平面控制测量网
- ~ horloges électriques 电钟系统
- ~ hydraulique 水利系统
- ~ hydrographique 水系,河网,河系,水文网,水系类型,河网类型
- ~ hydrographique dendritique 树枝状水系
- ~ hydrologique 水系,水网,水文站网
- ~ indépendant 独立网络
- ~ interurbain 城市间[长途]电话网
- ~ itératif 迭代网络
- ~ local 局域网,室内电网,地区电网,市内电话网,地区电话网
- ~ maillé (électricité) 支线网,桥型网络,X形网络,对角连接电话
- ~ métallique 金属网
- ~ multiple 多端网络,复式网络,分流电路(电报)
- ~ multitubulaire 多管网
- ~ national 国道网,国有铁路
- ~ naturel de drainage 天然排水网
- ~ non maillé 树形网络
- ~ obséquent 逆向河网
- ~ passif 无源网络
- ~ penné 羽状水系
- ~ PERT 关键线路任务网络
- ~ piétonnier 人行道网
- ~ piézométrique 观测井网,测压井网
- ~ plan 面网
- ~ propriétaire 所属路(如车辆所属路)
- ~ public de distribution d'eau 市政供水网
- ~ public 市政配水网,市政配电网
- ~ quadrangulaire 四角网络,O形网络,平衡式门形网络
- ~ ramifié 枝状河网
- ~ rayonnant 放射状河网
- ~ rectangle 矩形面网
- ~ rectangulaire 直角水系,长方水系
- ~ récurrent 链形线路,链形电路,重复网络
- ~ régional 区域电力网,局间电话线路,局间中继线(电话)
- ~ routier 公路网,道路网
- ~ routier de rase campagne 乡村公路网,乡镇道路网

~ routier existant 路网现状
~ routier national 国道，国家公路网
~ rural 农村电话系统，农村电话中继线
~ secondaire 次要铁路
~ source 供电系统
~ souterrain 地下供电网，地下管道网（供应能源）
~ stéréoscopique 空间格网
~ télégraphique urbain 城市电话网，市区电话线路
~ téléphonique 电话网
~ téléphonique automatique 自动电话网络
~ téléphonique privé 家用电话系统，私人电话系统
~ téléphonique urbain 城市电话网，市区电话线路
~ transmetteur 传输电路，发送电路，发射系统
~ trigonométrique 三角网
~ unitaire d'assainissement 合流制排水系统
~ urbain 市区网，城市道路网
~ urbain de chemin de fer 市区铁路网
~ urbain de desserte 城市联络道路网

résection f 截断，切除

réservation f 保留，保留权，保留条件
~ de manutention 吊装孔
~ de terrains 留用土地
~ des droits 保留权利

réserve f 保护区，备用金，保留，仓库，准备，后备，储藏，储备，储藏室，储藏量，准备金，自然保护区
~ s à l'arrivée 到达货物的交付条件
~ s à l'expédition 货物发送条件
~ s à la livraison 到达货物的交付条件
à la ~ de 除去，除……之外
~ s au départ 发送条件，承运条件，货物发送条件
~ bancaire 银行准备金
~ consolidée 互助储备金
~ contractuelle 合同储备金
~ d'appareils 仪器库
~ d'eau 备用水源
~ d'eau souterraine 地下水储量，地下水储藏量
~ d'énergie électrique 备用电源
~ de forêt 禁伐林区，封山育林，森林资源
~ de puissance 备用功率，功率后备，功率储备，能源储备，能量储存
~ de puissance tournante （发电机组）空转容量备用

~ de résistance 结构强度储备，结构强度安全系数
~ des devises 外汇储备
~ disponible d'énergie 能源储备，能源保有量
~ du matériel 物资库
en ~ 留起，另放
~ en neige 融雪储量
~ estimée 估计储量
~ exploitable 可开采储量
~ facultative 自行决定的储备金
~ s générales 一般备用客车（节日或专车用的备用客车）
~ s générales de matériel 一般备用客车
~ légale 法定准备金
~ s locales 管内备用客车（在指定车站上应临时需要的备用客车）
~ naturelle 自然保护区，天然储藏量
~ occulte 河岸储量，堤岸储水，地下储量
~ positive （指地下水、矿藏等的）动储量，确实储量，可靠储量
~ probable 可能储量
~ règlementée 规定备用金
sans ~ 完全地，无保留地
sous ~ des frais 在付费的情况下，在增收费用的条件下
~ statutaire 按章设置的储备金
~ stratégique 战略储备
~ zoologique 动物保护区

réserver v 储存，保留，留存，储备，留作他用

réserves f. pl 储量，储备，储藏，储存，保留，备用，埋藏量
~ accessibles 开拓储量
~ assurées 证实储量
~ certaines 探明储量，可靠储量
~ commerciales 工业储量
~ développées 开发储量，开拓储量，可靠储量，探明可采储量
~ estimées 估计储量，推断储量
~ éventuelles 推定储量
~ exploitables 可采储量，工业储量
~ exploitables à ciel ouvert 露天可采储量
~ géologiques 地质储量
~ hypothétiques 假定储量，推测储量
~ in situ 地质储量
~ industrielles 工业储量

~ initiales 原始储量
~ marginales 边界储量
~ mesurées 可靠储量
~ mobilisables 可动用的储量
~ originelles 原始储量
~ permanentes （水的）静储量
~ possibles 可能储量，推定储量
~ préparées 预备储量，采准储量
~ présumées 预测储量
~ primaires 原始储量
~ probables 概略储量，推定储量
~ prospectées 勘探储量
~ prouvées 证实储量，探明储量
~ recouvrables 工业储量，可采储量
~ récupérables 可采储量，工业储量
~ régulatrices （水的）调节储量
~ secondaires 二次可采储量
~ sûres 查明储量
~ totales 总储量
~ ultimes 总储量，最终储量

réservoir m 槽，容器，水箱，水库，水柜，油箱，风缸，储集层，储油层，产油层，蓄水池，储液箱，储风筒，地热储层
~ à air comprimé 压缩空气瓶
~ à combustible 燃料槽，燃料箱
~ à eau 水箱
~ à fuel 燃料油箱
~ à joint d'eau 密封水箱
~ à l'huile 润滑油箱，润滑油槽
~ à membrane 薄膜密封箱
~ à résidus 废料箱，残料槽
~ à résines neuves 充填树脂水箱
~ à retour de saumure 盐水回流箱
~ à sous-sol 地下水库
~ à toit flottant 活动顶盖的油箱
~ aquifère 储水层，地下水库
~ aquifère captif 承压储水层
~ artificiel 人工水库
~ auxiliaire 副油箱，辅助风缸
~ auxiliaire du frein 制动机副风缸
~ chauffant à bitume 沥青加热器
~ collecteur 集水池
~ cylindre fictif 假想风缸，模拟风缸
~ d'expansion 膨胀箱

~ d'acide borique 硼酸均压箱
~ d'acide borique concentré 硼酸冲积箱
~ d'air 风包，储气罐
~ d'air auxiliaire 副风缸，主风缸，主储气筒
~ d'air comprimé 压缩空气瓶，压缩空气储气箱，压缩空气储气罐
~ d'air principal 总风缸，主风缸，主储气筒
~ d'alimentation 蓄水池，给水柜，供水水库
~ d'alimentation en eau 蓄水池，供水水库
~ d'aspiration 吸入槽
~ d'eau 水库，水槽，水箱，水柜，水池，储水槽
~ d'eau auxiliaire 副水柜，辅助水柜
~ d'eau concentré de haut niveau 集中高位水箱
~ d'eau de siphonage 虹吸水箱
~ d'eau douce 淡水池
~ d'eau élevé 水塔，高架水柜，高位水库
~ d'eau potable 饮用水池，饮用水箱
~ d'égalisation 均力筒，均衡风缸
~ d'entrée 进水槽
~ d'équilibre 均衡风缸
~ d'expansion 膨胀箱
~ d'huile 油箱，储油池，储油库，润滑油箱，润滑油槽
~ d'oxygène 氧气瓶
~ d'une automobile 汽车油箱
~ de boue 泥浆池泥浆槽，泥浆池
~ de chasse 水箱
~ de chasse bas 低位水箱
~ de chasse supérieur 高位水箱
~ de clarification 沉淀池，沉沙库
~ de combustible 燃油箱
~ de commande 控制筒，控制风缸
~ de commande de vitesse du moteur diesel 柴油机调速风缸
~ de conservation （混凝土）养护池
~ de décantation 澄清池，沉淀池
~ de détention 滞洪水库，拦洪水库
~ de dispositif de desserrage direct 直接缓解式风缸
~ de grand débit 高流量风缸
~ de pétrole, ~ pétrolier 油层，油罐，储油层
~ de retenue 蓄水池
~ de soude（EAS） 安全壳喷淋系统氢氧化钠罐
~ de stockage 蓄水库，储水柜，储存箱

~ de stockage d'eau d'appoint 补给水储存箱
~ de surcharge 过充风缸
~ de temporisation 延时风缸
~ décanteur 沉淀池,澄清池
~ des purges des générateurs de vapeur 蒸汽发生器排污箱
~ égalisateur 均衡风缸
~ en acier 钢制容器
~ en béton armé 钢筋混凝土水柜
~ en béton précontraint 预应力混凝土水柜
~ en cascade 梯级水库
~ en eaux souterraines 地下水库,地下水水库
~ en tête de vallée 峡谷型上水库
~ énergétique 发电水库
~ enterré 地下水柜
~ entièrement artificiel 纯人工水库
~ établi sur un plateau 高原水库
exploitation du ~ 水库的开放经营
faux ~ 假风缸
~ fictif 模拟风缸,假想风缸
~ mesureur 测箱
~ pour l'incendie 消防水池
~ principal du frein à vide 真空制动机总缸
résidence *f* 住宅,寓所,住所,驻地,居住区
~ de service 工作住所
résident *a* 滞留的,驻留的
résider *v* 居住,定居,常驻,在于……,存在于……
~ dans 在于……
résidu *m* 残渣,渣滓,余物,筛余,残数,残余,剩余,剥余物,残留物,残余数,沉淀物,不溶残渣;*a* 残余的,剩余的
~ a acier 钢渣
~ à haute activité 强放射性废料(残渣)
~ après le tamisage 筛余物
~ après tamisage 筛余物
~ asphaltique 沥青残渣
~ bitumineux 渣油
~ charbonneux 干炭渣
~ chimique 化学残渣
~ combustible 可燃残渣
~ court 脆残油,浓缩残油,真空塔蒸馏残渣
~ d'acide 残酸
~ d'altération 风化残余物

~ d'évaporation solide 蒸发残渣,固体蒸发残留物
~ d'exploitation minière 废石
~ de broyage 尾渣,尾矿
~ de carrière 碎石
~ de coke 焦炭渣
~ de déflation 残留卵石,风蚀残渣,沙漠卵石覆盖层
~ de désagrégation 风化残余物
~ de distillation 蒸馏残液,蒸馏残渣
~ de filtration 过滤残渣
~ de la combustion 燃烧残渣
~ de tamisage 筛屑,筛余物
~ élastique 弹性后效
~ industriel 工业废料,工业残渣,工业副产品
~ s industriels 工业废料
~ insoluble 不溶残渣
~ non dissous 不溶残渣
~ retenu 过筛残渣
~ sec 干残渣,干涸残余物
~ urbain 城市废渣,城市垃圾
résiduaire *a* 残余的,剩余的,残留的
résiduel,elle *a* 剩余的,残留的,残余的,残渣的
résiliation *f* 解除,撤销,取消
~ du contrat 撤销合同
~ du marché 解除合同
résilience *f* 回弹,弹性,弹力,回弹性,回弹储能,冲击韧性,弹性变形,抗冲击强度
~ à choc 冲击回弹性
~ aux chocs instantanés 突然冲击下的抗击韧性
~ aux chocs répétés 反复冲击的抗击韧性
~ de ballast 道床弹性
~ de voie 线路弹性
~ dynamique 动(力)回弹能
~ élastique 弹性回弹
résilier *v* 取消,解除
résiliomètre *m* 回弹仪
résinalite *f* 脂纤蛇纹石
résine *f* 树脂,松香,松脂,胶质,树胶,沥青
~ ablative 消融树脂
~ ABS 一丁二烯一苯乙烯树脂
~ acajou 树脂
~ acroléique 丙烯醛树脂
~ acrylique 聚丙烯脂,丙烯酸酯,丙烯酸类树脂

~ albertol 酚甲醛型树脂
~ aldéhydique 乙醛树脂，聚醛树脂
~ alkyde 树脂，醇酸树脂
~ amino 氨基树脂
~ aminoplaste 氨基树脂
~ artificielle 合成树脂
~ asphaltique 沥青树脂
~ blanche 白树脂
~ brute 原料树脂
~ cellulosique 纤维素树脂
~ ciment 树脂黏结料
~ commune 松香树脂
~ coumarique 香豆酮树脂
~ coumarone 香豆酮树脂
~ coumarone-indène 香豆酮—茚树脂
~ d'aniline 苯胺树脂
~ d'époxy 环氧树脂
~ Dammar 达马树脂
~ de bois de pin 松树树脂
~ de butoxy 丁氧树脂
~ de chlorure 氯乙烯树脂
~ de condensation 缩合树脂
~ de contact 触压固化树脂
~ de coumarone 煤膏硬脂，古马隆脂，氧茚树脂
~ de formage 成型用树脂
~ de furanne 呋喃树脂
~ de pétrole 石油焦油树脂
~ de phénol 酚树脂，苯酚树脂，酚醛树脂
~ de pin 松脂，松香
~ de polystyrène 聚苯乙烯树脂
~ de polystyrol 聚烯乙烯树脂
~ de silicone 硅化树脂，有机硅树脂
~ de térébenthine 松脂，松香，松节油
~ de Tyre 松脂
~ de Vinsol 松香皂树脂，文苏尔树脂
~ durcie 固化树脂
~ durcissable par chaleur 热固性树脂
~ élastique 弹性树脂
~ élémi 榄香树脂
~ époxy 环氧树脂
~ époxyde 环氧树脂
~ époxyde avec le bitume 沥青环氧树脂，掺沥青的环氧树脂
~ époxydique 环氧树脂

~ formaldéhyde 甲醛树脂
~ fossile 琥珀，化石树脂
~ furanique 呋喃树脂
~ glycérophtalique 丙苯树脂
~ gomme 树胶脂
~ jaune 黄树脂，普通树脂
~ liquide 妥尔油（亚硫酸盐纸浆制造过程中产生的一种树脂状可以皂化油状液体）
~ mélamine-formaldéhyde 三聚氰胺甲树脂，三聚氰胺甲醛树脂
~ minérale 矿物树脂，矿质树脂，天然树脂
~ naturelle 天然树胶，天然树脂，自然树脂
~ perchlorovinylique 过氯乙烯树脂
~ phénol-formaldéhyde 苯酣甲醛树脂，苯酚甲醛树脂
~ phénolique 酚油，酚树脂，酚醛树脂
~ photosensible 光敏树脂，感光性树脂
~ polyamide 聚酰胺树脂
~ polychlorovinylique 聚氯乙烯树脂
~ polyester 聚酯树脂
~ polyvinylique 聚乙烯树脂
~ pour enrobage 涂层用树脂
~ primaire 主树脂
~ soluble 可溶性树脂
~ soluble dans l'eau 水溶性树脂
~ souple 软质树脂
~ synthétique 合成树脂，人造树脂
~ synthétique thermodurcissable 热固性合成树脂
~ thermodurcissable 热固性树脂
~ thermoplastique 热塑性树脂
~ urée-formol 脲醛树脂，脲素—甲醛树脂，碌磄—甲醛树脂
~ végétale 天然树脂
~ vierge 粗松节油
~ vinylique 乙烯基树脂

résiner *v* 涂沥青，涂树脂
résineux, euse *a* 树脂的，含树脂的，树脂性的
résinification *f* 树脂化（作用），树脂生产，树脂沥青
résinique *a* 树脂性的
résinoïde *a* 树脂状的
résinyle *m* 树脂油
résistance *f* 阻力，抗力，强度，电阻，阻抗，反抗，抵抗，承载力

~ à l'attrition 抗磨损强度
~ à chaud 耐热性,耐热强度
~ à cisaillement 抗剪强度
~ à contact glissant 变阻器,滑动接点电阻
~ à couche 薄层电阻,薄膜电阻
~ à échouage de caisson 沉箱下沉阻力,沉箱下沉摩阻力
~ à fauchage 抗倾覆
~ à flexion 屈服强度
~ à frottement de limite 极限摩阻力
~ à hydrocarbure 抗烃腐蚀性
~ à l'abrasion 耐磨性,抗磨性,磨耗阻力,抗磨强度,耐磨强度
~ à l'action du feu 耐火性,耐火作用
~ à l'adhérence 黏着强度,握裹强度
~ à l'arrachage 锚固强度,握固力,握裹力
~ à l'arrachement 拔拉阻力,握固力,握裹力,抗裂强度
~ à l'attaque 耐蚀性,耐腐蚀能力
~ à l'avancement 迎面阻力,正面阻力,前进阻力,运行阻力
~ à l'avancement du train 列车运行阻力,列车迎面阻力
~ à l'avancement du véhicule 车辆行车阻力
~ à l'eau 耐水性,抗水往,憎水性,防水性能
~ à l'éclatement 爆破强度,脆裂强度
~ à l'écoulement 流动阻力,抗蠕变强度
~ à l'écoulement d'eau 水流阻力
~ à l'écrasement 抗碎强度,抗压强度
~ à l'écrasement de la brique 砖强度
~ à l'effort tranchant 抗剪强度
~ à l'effritement 岩石风化抗力
~ à l'endurance 疲劳强度
~ à l'érosion 抗冲刷性,抗冲性,抗侵蚀强度
~ à l'extension 抗拉强度
~ à l'humidité 耐湿性,防水性
~ à l'impact 冲击抗力,抗冲击强度
~ à l'incendie 防火
~ à l'indentation 切口硬度指数
~ à l'oxydation 抗氧化性
~ à l'usure 耐磨性,抗磨性,抗磨强度
~ à la bombe 抗爆炸力
~ à la cavitation 抗空蚀性
~ à la chaleur 耐热强度,耐热性

~ à la compression 抗压强度,压缩强度
~ à la compression d'un cube d'essai 混凝土试块抗压强度
~ à la compression dans le sens des fibres 顺木纹抗压强度
~ à la compression de cube 立方体试件的抗压强度
~ à la compression perpendiculairement aux fibres 横木纹抗压强度
~ à la compression sans étreinte latérale 无侧限抗压强度
~ à la compression simple 单纯抗压强度
~ à la congélation 抗冻性
~ à la corrosion 抗腐蚀性,耐腐蚀度
~ à la déformation 变形阻力,变形抗力,变形强度,抗变形强度
~ à la détonation (combustible) 燃料起爆阻力
~ à la fatigue 耐劳强度,抗疲劳性
~ à la fatigue à charge vibrante 振动荷载疲劳强度
~ à la fatigue aux essais alternatifs traction-compression 拉—压交变试验疲劳强度
~ à la fatigue par flexion 弯曲疲劳强度
~ à la fissuration 抗裂强度
~ à la flèche 抗扭刚度
~ à la flexion 抗弯强度,弯曲抗力,抗挠强度,弯曲强度
~ à la flexion longitudinale 纵向弯曲强度
~ à la formation d'ondulation （路面）抗起拱强度
~ à la fragmentation 抗压碎强度
~ à la fragmentation par choc 抗冲击击碎强度
~ à la gelée 耐霜性,抗冻性
~ à la paroi de forage 孔壁摩擦力
~ à la pénétration 贯入阻力,抗渗透性
~ à la perforation 击穿电阻,击穿阻力
~ à la pointe 尖端阻力
~ à la pression 抗压强度,抗压刚度
~ à la pression de contact 支承强度
~ à la pression sur le sol 地基承载力,土基承载力
~ à la propagation du déchirement 撕裂扩展强度
~ à la rotation 转动阻力
~ à la rouille 抗锈蚀性
~ à la rupture 断裂强度,破坏强度,抗裂强度,抗断强度

- ~ à la sortie de l'étuvage 出池强度
- ~ à la tension tangentielle 抗剪强度，剪切强度
- ~ à la torsion 抗扭强度，扭转阻力
- ~ à la traction 抗拉强度，拉力强度，拉伸强度
- ~ à la traction fléchie 抗弯拉强度
- ~ à la traction par fendage 劈裂抗拉强度
- ~ à la traction par flexion(RTF) 抗弯拉强度
- ~ à long terme 长期强度
- ~ à obscurcissement 暗电阻（光电管）
- ~ à pellicule métallique 金属膜电阻
- ~ à plots 接点式电阻
- ~ à pression uni axiale 岩石单轴抗压强度
- ~ à pulvérisation cathodique 金属膜电阻
- ~ à sec 干强度
- ~ à traction 抗拉强度
- ~ à variation linéaire 线性可变电阻
- ~ à variation logarithmique 对数可变电阻
- ~ acoustique 声阻
- ~ additionnelle 附加阻力，附加电阻
- ~ aérienne 空气阻力
- ~ agglomérée 实心电阻，体积电阻，烧结强度
- ~ antibuée 防水气热电阻丝，玻璃窗加热电阻丝
- ~ antibuse 防水气电阻丝装置（驾驶室窗玻璃用）
- ~ anti-parasite 寄生振荡抑制电阻
- ~ apparente 视在电阻，表观电阻
- ~ après réhumidification 再湿强度
- ~ au battage 打入阻力，打桩阻力，桩的抗沉
- ~ au bosselement localisé (tôles) 抗局部压屈强度
- ~ au charbon 炭质电阻
- ~ au choc 抗冲击强度
- ~ au choc sur barreau entaillé 凹口试杆抗冲击强度
- ~ au cisaillement 抗剪强度，剪切强度
- ~ au cisaillement à l'interface entre le sol et le mortier 砂浆与土体界面的抗剪强度
- ~ au cisaillement apparente 表观抗剪强度
- ~ au cisaillement dans le sens des fibres 顺木纹抗剪强度
- ~ au cisaillement du sol 土壤抗剪强度
- ~ au cisaillement perpendiculairement aux fibres 横木纹抗剪强度
- ~ au claquage 击穿强度，介质强度
- ~ au climat 耐候性
- ~ au clivage 劈裂强度
- ~ au cône 圆锥贯入阻力
- ~ au déboutonnage 抗拉裂强度
- ~ au déchirement 抗扯性，耐磨力
- ~ au démarrage 起动阻力，起动电阻
- ~ au démarrage de démarreur 起动机起动电阻
- ~ au dérapage 抗滑阻力
- ~ au désenrobage 位移阻力
- ~ au déversement 抗漫顶损坏能力
- ~ au durcissement RTFOT （旋转薄膜加热试验）RTFOT后的老化性能
- ~ au feu 耐火性，热稳定性，耐火强度
- ~ au flambage 压曲强度
- ~ au flambement 纵向弯曲强度
- ~ au fluage 抗爬行强度，抗蠕变强度
- ~ au forage 岩石可钻性
- ~ au froid 抗冻力，耐寒性
- ~ au frottement 摩擦抗力，摩阻力
- ~ au gauchissement 抗翘曲强度
- ~ au gel 抗冻能力
- ~ au gel du ciment 水泥抗冻强度
- ~ au glissement 抗滑力，滑动阻力，抗滑强度
- ~ au graphite 石墨电阻
- ~ au moment du décoffrage 拆模强度
- ~ au mouvement 运动阻力
- ~ au mouvement du train 列车运行阻力
- ~ au percement 耐击穿强度，击穿电阻
- ~ au pliage 抗弯强度
- ~ au poinçonnement 击穿能力，击穿电阻，抗冲压强度
- ~ au poinçonnement statique 静态抗冲压强度
- ~ au polissage 抗磨平强度
- ~ au polissage accéléré(RPA) 抗加速磨光值
- ~ au renversement 倾侧阻力
- ~ au retrait 拔出阻力，防缩能力
- ~ au rouillage 抗锈蚀性
- ~ au roulement 滚动阻力
- ~ au travail 耐用性
- ~ au vent 风阻力
- ~ au vieillissement 时效阻力，抗老化力
- ~ autorégulatrice 自动调节电阻
- ~ aux acides 耐酸性，耐酸强度
- ~ aux agents agressifs 耐侵蚀性
- ~ aux agents atmosphériques 抗风化强度

~ aux agents chimiques 抗化学作用,防化学物质的腐蚀,不受化学因素的影响
~ aux agents oxydants 耐氧化强度,抗氧化性
~ aux alcalis 耐碱性,抗碱性
~ aux chargements de longue durée 持续荷载强度
~ aux chocs 抗冲击力,冲击强度
~ aux chocs électriques 耐电击穿强度
~ aux chocs longitudinaux（matériel roulant） 抗纵向冲击强度（机车车辆）
~ aux conditions atmosphériques 抗老化性能,抗时效能力,时效阻力
~ aux court-circuits 短路电阻
~ aux craquelures 抗裂强度
~ aux eaux de mer 耐海水强度,耐海水腐蚀能力
~ aux effets dynamiques 抗动力强度
~ aux efforts alternés 交变荷载强度
~ aux efforts ondulés 同向循环应力强度
~ aux efforts pulsatoires 脉动应力强度,脉动循环极限
~ aux flexions alternées 交变弯曲强度
~ aux flexions ondulées 同向循环弯曲强度
~ aux flexions répétées 反复弯曲强度,脉动循环弯曲强度
~ aux fluides 流体阻力
~ aux intempéries 抗风化性,抗恶劣天气,抗风化能力
~ aux piqûres 耐点蚀性
~ aux séismes（des ouvrages） 工程抗震能力
~ aux solutions acides et alcalines 抗酸碱溶液的强度
~ aux solutions sulfatées 抗硫酸盐强度
~ aux tensions 抗拉强度
~ aux vibrations 抗振动强度
~ bobinée 线绕电阻
~ calculée 计算强度,计算阻力
~ capacitive 容抗
~ caractéristique 特性强度,特征强度
~ chimique 化学电阻
~ chutrice 镇流电阻,限流电阻,降压电阻
~ cohésive 抗黏力,黏聚阻力
~ compensatrice 补偿电阻
~ s composées 复合强度,复合阻力
~ continue à la flexion 持久抗弯强度
~ critique 临界电阻,临界强度

~ critique d'amorçage 临界起动电阻
~ d'adaptation freinage 制动调节电阻
~ d'adhésion 黏着阻力
~ d'amortissement 抗衰减性,抗减振性,阻尼阻力,阻尼电阻
~ d'ancrage 锚固强度
~ d'appui 支承强度,支点压力
~ d'aspiration 进气阻力
~ d'inertie 惯性阻力
~ d'interaction sol-renforcement 筋土摩擦力
~ d'isolement 绝缘电阻
~ d'un pieu à l'arrachement 拔桩阻力
~ d'un pieu à l'enfoncement 沉柱阻力
~ d'un pieu au barrage 打桩阻力
~ dans la conduite 导管阻力,管道阻力
~ dans les courbes 曲线阻力
~ de béton 混凝土强度
~ de chauffage 加热电阻丝
~ de corrosion 耐蚀性,耐腐蚀强度
~ de courbe 曲线阻力
~ de démarrage 启动阻力,启动电阻
~ de forme 形态阻力
~ de freinage 制动阻力,制动电阻
~ de friction 摩擦抗力,摩擦阻力
~ de frottement 摩擦阻力
~ de frottement latéral 侧壁摩阻力
~ de glissement 滑动阻力
~ de l'air 空气阻力
~ de l'eau 水阻力
~ de l'écoulement 流动阻力
~ de l'inclination 坡度阻力
~ de la peau 表皮强度
~ de la roche 岩石硬度
~ de la soudure 焊缝[焊接]强度
~ de la voie 线路的稳定性
~ de matériaux 材料强度
~ de moteur ventilateur de rhéostat de freinage 制动变阻器电动通风机电阻
~ de passage 过渡电阻
~ de pénétration à l'aiguille Proctor 葡氏针入度阻力
~ de pente 坡度摩阻,坡度阻力
~ de pointe 桩尖强度
~ de pointe（ou de cône） 锥尖阻力

~ de pointe (ou de cône) du piézocône 孔压锥尖阻力,孔压静力触探端阻力
~ de pression 抗压强度
~ de prise （混凝土）凝结强度
~ de profil 断面阻力,断面强度
~ de projet 设计强度
~ de référence à la pression de béton 混凝土抗压设计强度
~ de référence d'action 作用设计值
~ de référence des matériaux 材料强度设计值
~ de rotation 滚动阻力
~ de rupture 极限强度
~ de rupture à la traction 抗拉强度
~ de scellement 封锚强度
~ de soudure 焊接强度
~ de stabilisation 稳定电阻（用以均衡各分路间的负载）
~ de terre 接地电阻,土抗力
~ de train 列车阻力
~ de viscosité 黏滞阻力
~ des matériaux 材料强度,材料力学
~ des matériaux secs 干材料强度
~ des mortiers et bétons aux eaux de mer 砂浆及混凝土对海水的抗蚀强度
~ des pieux 桩群的抗力
~ des poutres aux charges dynamiques 梁的动荷载强度
~ des sols argileux 黏性土强度
~ des vagues 波阻
~ du béton 混凝土强度等级
~ du collage 黏着阻力
~ du cordon de soudure 焊缝强度
~ du mortier 砂浆强度
~ du pieu au battage 打桩阻力
~ du rivet 铆钉强度
~ du rivet travaillant au cisaillement 铆钉抗剪强度
~ du sol 土的抗力,土的阻力,接地电阻,大地电阻
~ du sol de fondation 地基强度,基础强度
~ du train 列车阻力
~ due à la pente de la voie 线路坡度阻力
~ due au frottement 摩擦阻力
~ due aux bagues 波浪阻力
~ due aux courbets 曲线阻力

~ due aux déclivités 上坡阻力
~ due aux remous 涡流阻力
~ due aux vagues 成波阻力,造波阻力,兴波阻力
~ dynamique 动载强度,动态强度,动阻力,动态电阻
~ dynamique au battage 打桩阻力
~ dynamique de pointe 动贯入阻力
~ effective 有效阻力,有效电阻
~ élastique 弹性阻力,弹性强度
~ en déformabilité 变形强度
~ en rampe 坡度阻力,匝道阻力,上坡逆阻力
~ finale 最终强度
~ fondamentale de cisaillement 基本抗剪力
~ fractionnée 分裂电阻,分辨电阻
~ frontale 正面阻力,迎面阻力
haute ~ 高电阻,高强度
~ hydraulique 流体阻力,液压阻力
~ hydrodynamique 水动阻力,流体动阻力
~ inductive 感抗,感应电阻
~ initiale 初始强度,起始强度
~ instantanée 瞬时强度
~ intérieure 内阻力,内电阻
~ inverse 反向电阻
~ latérale 侧向阻力
~ latérale asymptotique 渐近侧向阻力
~ limite 极限强度
~ limite à la rupture 断裂强度,破坏强度
~ limite de traction 极限抗拉强度
~ liquide 液体阻力,黏滞阻力,液体电阻
~ locale 局部阻力,局部电阻
~ magnétique 磁阻
~ magnétique de roche 岩石硬度,岩石机械强度
~ magnétique spécifique 磁阻率
~ mécanique 机械阻力,机械强度,力学强度
~ naturelle 固有强度
~ non drainée 不排水强度（土的）
~ normale 标准强度
~ normale à la pression après 28 jours 混凝土常规28天的抗压标准强度
~ normale à la pression de béton après j jours 第 j 天混凝土的抗压标准强度
~ normale des matériaux 材料强度标准值
~ par tonne du poids du train 列车每吨重量的阻力（公斤/吨）

~ passive des terres 被动土压力
~ permanente à la traction 永久抗拉强度
~ propre du véhicule 车辆自身阻力
~ référence 标定阻力, 整定阻力
~ relative 相对强度
~ résiduelle au cisaillement 残余抗剪强度
~ shunt d'un appareil de mesure 仪表分流器
~ sous effort continu 静力荷载强度, 持续荷载强度
~ sous pression apicale （管道）抗压毁强度
~ sous pression de l'eau 耐水压强度
~ spécifique 单位阻力, 单位强度, 比电阻, 电阻率, 电阻系数, 阻力系数, 列车单位阻力
~ spécifique au roulement 单位溜放阻力（千克/吨）, 单位走行阻力
~ spécifique de l'air 单位空气阻力
~ spécifique due à la rampe ou à la pente 上下坡道的单位阻力
~ spécifique due aux courbes (en courbes) 曲线附加的单位阻力（曲线单位阻力）
~ spécifique en palier et alignement (en palier) 平直道上的单位阻力（平直道单位阻力）
~ statique 静载强度, 静态强度
~ superficielle 表面阻力
~ sur cube d'essai 立方体强度, 立方体抗压强度
~ sur cubes 立方体强度
~ sur cylindre 圆柱体试件抗压强度, 圆柱体强度
~ sur descente 下坡阻力
~ totale à l'avancement du train 列车前进阻力
~ tractive 牵引阻力
~ transversale 横向阻力, 横向强度
~ uniforme 均匀阻力, 均匀阻抗
~ unitaire 单位强度
~ utile 有效阻力
~ vive 恢复力, 运动黏度

résistant, e *a* 稳定的, 坚实的, 坚固的, 坚强的, 抗阻的, 电阻的, 有抵抗力的, 耐久的, 刚性的, 不易磨损的
~ à l'abrasion 耐磨的
~ à l'attaque chimique 耐化学腐蚀性
~ à l'érosion 抗侵蚀的
~ à l'usure par frottement 抗摩擦磨耗的
~ à la corrosion 耐腐蚀的, 不锈的
~ à la rouille 防锈的
~ au feu 耐火的, 抗火的
~ au gel 抗冻的, 耐冻的
~ aux acides 耐酸的, 抗酸的
~ aux alcalis 耐碱的
~ aux intempéries 抗风化的, 不受气候影响的
~ aux séismes 抗震的
~ aux tremblements de terre 抗地震的

résister *v* 抗, 耐, 抵抗, 抵制, 经得起
~ à 抵抗, 承受住

résistibilité *f* 抗性, 比阻, 抵抗力, 电阻率, 阻力系数, 电阻系数

résistif *a* 有阻力的, 电阻的

résistivité *f* 抗力, 阻力, 比阻, 抵抗力[性], 电阻率[系数], 抵抗能力, 电阻系数, 阻力系数
~ inférieure 最小单位强度
~ séismique 抗震性

résistor *m* 电阻器[线圈]; 电热器

résite *f* 不溶酚醛树脂, 丙阶酚醛树脂

résitol *m* 半溶酚醛树脂, 乙阶酚醛树脂

résol *m* 可溶酚醛树脂, 甲阶酚醛树脂（电木）

résolidification *f* 再凝固, 二次凝固

résolu, e *a* 坚决的, 果断的, 解决的

résoluble *a* 可解决的, 可取消的, 可解除的

résolution *f* 决议, 决心, 溶解, 消除, 分解, 解答, 解决, 方案, 分辨度, 分辨率, 分辨能力, 解决方法
~ d'une équation 方程分解
~ de température 温度分辨率
~ des contraintes 应力分解
~ des déformations 应变分解
~ des forces 力的分解
~ des frais préliminaires 最初费用的消除
~ des fréquences 频率分辨能力
~ du radar 雷达分辨力
~ graphique 图解法
~ horizontale 行分辨力, 水平分辨能力
~ ultime 极限分析解
~ verticale 垂直分辨力, 析像能力

résolvante *f* 分辨能力

résolveur *m* 溶剂, 溶媒, 解算仪器, 坐标换算器, 分解器解析器

résonance *f* 共振, 共鸣, 谐振, 共振现象
~ aiguë 锐谐振
~ aplatie 钝谐振
~ d'amplitude 振幅谐振, 波幅共振

résonateur

～ de vitesse　速度谐振,速度共振
en ～　等频的,谐振的,有回声的
～ optique　光共振
～ parallèle　并联谐振,电流谐振
～ propre　固有谐振,自然谐振

résonateur *m*　共振器,谐振器,共鸣器
～ à cavité　空腔谐振器
～ acoustique　共鸣器
～ composé céramique métallique　金属陶瓷谐振器
～ d'entrée　输入谐振器,聚束谐振器
～ de sortie　输出谐振器
～ électrique　赫兹共振器
～ piézoélectrique　压电谐振器

résonnant *a*　共振的,共鸣的
résonnement *m*　共振,共鸣,回响
résonner *v*　共振,共鸣,反响
résorbé *a*　溶蚀的,消溶的,再吸收的
résorber *v*　吸收,使消失
résorption *f*　溶蚀,再吸收,吸回作用
résoudre *v*　溶解,分解,解决,解除,取消,决定,决断
　～ de　决定做……
　se ～ en　分解为……

respecter *v*　保持,遵守
　～ la distance　保持距离
respectif, ive *a*　各自的
respectivement *adv*　各自地,分别地
respirabilité *f*　可呼吸性(隧道内空气)
respirateur *m*　口罩,滤毒罐,(滤尘)呼吸器,防毒面罩
　～ à oxygène　氧气面罩
respiration *f*　呼吸作用,定量呼吸,限定呼吸
responsabilité *f*　责任,义务
　～ civile　民事责任
　～ civile causale　民事责任,刑事责任
　～ collective　集体责任
　～ légale　法定义务,法律责任
responsable *m*　负责人;*a* 负责的,有责任的
　～ de la mission　项目负责人
　～ de la qualité　质量负责人
　～ de la topographie　技术负责人
　～ des études　设计负责人
　～ des méthodes　方法负责人
　～ du laboratoire　试验负责人

ressac *m*　激浪,碎浪,裂流,拍案浪,三角浪,回卷流,离岸流
ressaut *m*　小崖,岩坎,凸出,凸出部分,水平断错,(水位)突然上升,地形突出部,钢轨接头不平部分
　～ aux joints de rails　钢轨接头高低不平
　～ de faille　断层崖,断崖,断层阶
　～ de pilier　扶柱,无帽壁柱
　～ hydraulique　水跃,驻波,定波
　～ structural　构造阶地
ressauter *v*　凸出,突起
ressayer *v*　重新试验,重新试用
ressemblance *f*　相似,类似,类推
ressemblant, e *a*　相似的
ressembler *v*　和……相像,和……相似
　～ à　与……相似,相像
resserré *a*　狭窄的,紧密的
resserre *f*　存放处,工具房,货房,储藏室
resserrement *m*　挤压,压制,紧缩,收紧,变狭,变薄,紧密(褶皱),压缩车辆间隔(自动化驼峰)
　～ d'image　使图像轮廓鲜明
　～ de crédit　信贷紧缩
　～ de l'écartement　缩小轨距
　～ de la voie　轨距缩小
　～ momentané des roulements des rames voyageurs　临时加快客车车底的周转
ressort *m*　弹力,弹性,弹簧,发条,弹簧装置
　～ à boudin　螺旋弹簧,盘簧
　～ à disques　盘形弹簧
　～ à feuilles　叠板弹簧,板簧
　～ à hélice conique　锥形弹簧
　～ à lame　叠片弹簧,叠板弹簧
　～ à lames superposées　叠板弹簧,扁弹簧
　～ à pincettes　双弓弹簧,椭圆形弹簧
　～ à volute　游丝,圆锥形盘簧,螺旋卷弹簧
　～ acier-caoutchouc　金属—橡胶弹簧
　～ affaissé　弹力衰退的弹簧
　～ amortisseur　缓冲弹簧
　～ antagoniste　拉伸弹簧,缓冲弹簧
　～ anti-vibrant　防振弹簧
　～ cassé　折断的弹簧
　～ compensateur　补偿弹簧
　～ conique　锥形盘簧,锥形卷弹簧
　～ cylindrique　柱形螺旋弹簧
　～ d'aiguille　针状弹簧

~ d'arrêt 止动弹簧
~ d'embrayage 离合器弹簧
~ d'équilibre 平衡弹簧
~ de choc 缓冲弹簧
~ de compression 抗压弹簧,压缩弹簧
~ de connexion 连接弹簧
~ de contact 接触弹簧,接点簧片
~ de contraction 压缩弹簧
~ de débrayage 分离弹簧
~ de rappel 复进簧,回动弹簧,复原弹簧
~ de rappel de la timonerie 制动机杠杆系回动弹簧
~ de réglage 调整弹簧
~ de renforcement 加强弹簧
~ de retenue 止动弹簧,复原弹簧
~ de sécurité 安全弹簧
~ de soupape 阀弹簧,气阀弹簧
~ de suspension 悬置弹簧
~ de suspension à lames 叠板悬簧
~ de tampon 缓冲弹簧
~ de tension 张力弹簧
~ de traction 牵引弹簧,拉力弹簧
~ de wagon 货车弹簧
~ du jack 插座弹簧,转换开关弹簧
~ elliptique 椭圆形钢板弹簧
~ en hélice 螺旋弹簧,筒形弹簧
~ feuilleté 片弹簧,板弹簧
~ hélicoïdal 螺旋弹簧,筒形卷簧,圆柱形螺旋弹簧
~ s hélicoïdaux concentriques 同心圆簧
~ moteur 发条,动力弹簧
~ non trempé 软弹簧
~ pneumatique 空气弹簧
~ progressif 分级弹簧
~ récupérateur 复进簧,回动弹簧
~ spiral 卷弹簧,盘簧,螺旋弹簧
~ tachimétrique 测速弹簧
~ transversal 横置弹簧
ressort-bague *m* 弹簧垫圈
ressortir *v* 重新出来,突出,得出结论
~ à 属……管辖,属……范围
~ de 从某事推出,得出
ressoudage *m* 补焊,再次焊接
ressoudé *a* 被焊接的

ressouder *v* 补焊,再次焊接
ressource *f* 对策,办法,手段,车辆来源(包括到站重车及各站送来的空车)
~ d'eau 水资源
~ d'eau en réserve 备用水源地
~ fraîche 新的车辆来源(指在最近 24 小时内到达的重车)
~ totale 车辆总来源(指所有在车站的车辆)
ressources *f. pl* 资源,矿藏,来源,财源,人力,物力
~ biologiques 生物资源
~ budgétaires 预算资金
~ d'eau 水资源
~ de mer 海洋资源
~ du sol 土地资源
~ du sous-sol 地下自然资源
~ économiques 经济资源
~ en eau 水源,水资源,水利资源
~ en eau de lac 湖泊水资源
~ en eau douce 浅水资源
~ en eau naturelle 自然水利资源,自然水资源
~ en eau souterraine 地下水资源
~ en eau superficielle 地表水资源
~ en matériel 物力(资源)
~ en personnel 人力资源
~ énergétiques 能源,资源
~ exhaustives (可)耗竭资源,有限资源
~ exploitables 可采资源
~ financières 资金,财政资源
~ fugitives 短效资源,一次性资源,不可更新资源,不可复用资源
~ hydrauliques 水利资源
~ hydroélectriques 水电资源
~ hypothétiques 假定资源
~ minérales 矿藏
~ monétaires 货币资金
~ nationales 国家资源
~ naturelles 自然资源
~ naturelles non réutilisables 不可更新的自然资源,不可再生的自然资源
~ naturelles réutilisables 可复用自然资源,可恢复自然资源,可再生自然资源
~ non réutilisables 不可更新资源,不可再生资源
~ nonbiologiques 非生物资源

~ physiques　物质资源，自然资源
~ potentielles en eau　水力资源蕴藏量
~ primaires　原始资源，原始储量
~ renouvelables　可再生资源，可调节资源
~ réutilisables　可复用资源，可恢复资源，可再生资源，可更新资源
~ sous-marines　海底资源
~ spécifiques en eau　单位河水水力资源，水力蕴藏率

ressuage *m*　脱水，泌水，渗出，热析，溶析，返潮，分离杂质，渗透探伤法，渗透检验法，(沥青路面)泛油，(混凝土表面)泌出水泥浮浆

restant *m*　剩余，余存，余额
~ de la marchandise　余货
~ d'une somme　余款

restant, e *a*　留下的，剩余的

restat *m*　残余体

restauration *f*　恢复，重修，修复，修理，整顿，恢复权利，土地整治

restauré, e　修复的

restaurer *v*　修复，恢复

restauroute *m*　公路饭店

reste *m*　剩余，残余
de ~　大量地，很多

rester *v*　停留，保留，保持，残留，剩下，留下来

restes *m. pl*　残余，剩余
~ d'animaux, ~ fossiles d'animaux　动物化石
~ organiques　生物化石
~ de plantes　植物化石
~ problématiques　可疑化石，有问题的化石
~ (de) végétaux　植物化石

restite *f*　暗残岩，暗残体，残留岩，混合岩惰性组分

restituable *a*　应归还的，可恢复原状的

restituer *v*　返回，恢复，复原，矫正，退还

restitution *f*　恢复，复原，退还，出口，建立，重建，测绘，制图，摄影测量绘制航测图
~ à l'exportation　出口退税
~ automatique　自动绘图
~ d'édifice　建筑物重建
~ des informations　信息复原
~ par les ateliers　送厂修复（车辆）
~ topographique　地形绘图，地形测图

restoroute *f*　公路饭店

restreindre *v*　限定，限制，缩减，缩小

restreint, e *a*　有限制的

restricteur *m*　限制器，节流阀

restrictif, ive *a*　限制的，约束的

restriction *f*　紧缩，限制，约束
~ s à la responsabilité　责任范围
~ d'emploi　使用限制
~ d'endossement　限制背书
~ de charge　荷载限制
~ de condition　条件约束
~ des devises　外汇限制
~ du parcage　停车（时间）限制
~ du trafic　交通限制
sans ~　无条件地，无保留地

restructuration *f*　调整，变革，整顿，修复，修理，土地整治，结构重组
~ de l'industrie　工业再造，工业革新，产业结构调整

résultant, e *a*　合成的，组合的，结果的，由……引起的

résultante *f*　合力，总和，结果，组合
~ des forces　力的合成，合力
~ horizontale　水平合力

résultat *m*　结果，成果，成效，后果，数据，结论，答案
~ s bruts de l'exercice　会计年度毛盈亏差额
~ s consolidés　长期公债盈亏差额
~ d'exploitation　营业年度财务结算
~ s d'exploitation　营业盈亏差额
~ d'investigation　调查结果
~ d'optimisation　最优化结果
~ de forage　钻探结果
~ de l'essai　试验结果
~ s de l'exercice　会计年度盈亏差额
~ de l'exercice　运营成绩，经营效果
~ de l'expérimentation　试验结果
~ s de liquidation　结算盈亏差额
~ de mesure　测量结果
~ de recherche　研究成果
~ de reconnaissance　探测结果，检查结果
~ définitif　最后结果，最后效果
~ des calculs　计算结果
~ et instance d'affectation　专项开支的结果
~ expérimental　实验结果

～s hors exploitation　营业外盈亏差额
～s hors groupe　集团或公司外盈亏差额
～ intermédiaire　中间成果
～ maximum　最大效果
～ minimum　最小效果
～ moyen　平均成绩
～ numérique　数据
～s numériques　数据
～ pratique　实际效果,实际结果
～s qualitatifs　定性结果,定性数据
～s quantitatifs　定量结果
～s reproductibles　可以再生的结果,可再引出的数据
～ statistique　统计结果
～ théorique　理论结果

résulter *v*　导致,引起
～ de　发生自,出于某事

résumé *m*　摘要,梗概,概要,简述
～ des expéditions　发送货物一览表
au ～　简言之,总之
en ～　简言之,总之,概括地说

résumer *v*　综上所述,简述,概括

resurchauffe *f*　中间过热

résurfaçage *m*　路面翻修,重做面层,重铺路面,路面平整度恢复

résurgence *f*　复流,再现,再生,复活

résurrection *f*　复苏,回生,复活
～ économique　经济复苏

rétablir *v*　恢复,重建,修复,重新安排
～ la pression de service　恢复工作压力
～ la quantité d'eau　补水
～ le courant　使再通电
～ les relations commerciales　恢复商务关系

rétablissement *m*　重建,修复,恢复
～ de l'élasticité　弹性恢复
～ de la charge　恢复荷载
～ de la circulation　交通恢复,恢复交通
～ de route　重建道路
～ des communications　曲折路,迂回路,道路改线,(公路或铁路)绕行道路
～ du niveau　水位恢复
～ du pont　修复桥梁

rétablisseur *m*　恢复装置,复原装置

retailler *v*　重新切削,重新修剪,凿槽,凿齿

retard *m*　迟到,延迟,逾期,滞后,慢化,列车晚点
～ à l'alimentation　补给延迟时间
～ à l'allumage　点火延迟,引燃延迟
～ à la livraison　交付逾期
～ automatique　自动延期
～ d'un train　列车晚点
～ dans l'exécution d'un contrat　执行合同延迟
～ dans l'expédition de marchandises　发货延期
～ dans les règlements　延迟结算
～ élastique　弹性后效
～ fixé　规定延迟(包括临时停车、信号等引起的交通延迟)
～ relatif　相对延迟
sans ～　随即,毫不拖延
～ total　全延迟

retardateur *m*　延迟,阻滞剂,阻化剂,减速剂,延时器,减速器,制动器,缓行器
～ de ciment　水泥缓凝剂
～ de flamme　阻燃剂
～ de prise　混凝土缓凝剂
～ de prise stabilisant de dispersion　(混凝土)阻凝剂

retardation *f*　推迟,阻滞,减速,缓凝,减速度

retardé *a*　延迟的,迟到的,缓动的

retardement *m*　迟缓,延迟,时滞

retarder *v*　推避,延迟,延缓

retardeur *m*　减速器,阻滞剂,缓凝剂
～ de béton　混凝土缓凝剂
～ de prise　缓凝剂

retasser *v*　铸件缩孔

retassure *f*　缩孔

reteindre *v*　重新粉刷,重新油漆

retendre *v*　再张拉,再拉紧

retenir *v*　阻止,挡住,扣留,扣除,重获
～ à la gare destinataire　在到站扣留,在到站保管

réténite *f*　松脂岩

rétention *f*　滞留,保留,扣留,保持,维持,抑制,阻挡,持水,保持力,(降雨)滞留量
～ capillaire　毛细持水量
～ d'eau　保水性,滞水性,持水性
～ de crues　拦洪,滞洪
～ de neige　雪的滞留,雪蕴水量,田间保雪(量)
～ de revêtement bitumineux　沥青涂层保持能力,(沥青路面)集料保持能力

~ de surface　地表积水,表面滞留,地面降水保持量
~ de surface provisoire　地表临时积水
~ initiale　初始持水量
~ spécifique d'eau　比持水率(土壤克服重力所保持的水量与土自重之比)

rétentissement *m*　回声,回响,反应,反响

retenu *m*　废料,废弃物;*a* 保留的,预定的
~ au tamis　筛余

retenue *f*　保持,维持,稳定,扣留,扣除,扣款,保留,阻止,阻挡,储存,水位,储水,蓄水,蓄水池,储水池
~ au tamis　筛余物,筛屑
~ de garantie　保证金,抵押金
~ de la garantie　保留金
~ par le frein　制动拖滞
~ sur salaire　工资扣款
~ sur solde　薪金扣款
~ sur traitement　薪金扣款

réticulation *f*　网状结构

réticule *m*　标线,十字线,分度线,交叉线,网状线
~ croisé　交叉网状组织
~ en croix　十字线

réticulé,e *a*　网状的,交织的,格子状的

reticulite *f*　网状火山渣

rétigène *m*　(陨石)沥青

rétinalite *f*　脂纤蛇纹石

rétinasphalte *m*　树脂沥青

rétinbaryte *f*　氟磷铁锰矿

rétinite *f*　黄脂石,树脂体,树脂沥青,树脂类,松脂岩,(泥炭中)琥珀

rétinosite *f*　藻烛煤

retirer *v*　抽出,拖出,拔出,取出,移开,推开,提取,撤走,吊销
~ une voiture　甩车,摘车
~ un wagon　摘车
~ les dossiers d'appel d'offres　购买标书

retombée *f*　下垂,下沉,降落,落下物,(背斜)褶皱翼
~ de la voûte　起拱线

retomber *v*　重新落下,重新回到
~ sur　落在

retordre *v*　再扭紧,再拧紧

retouche *f*　修整,小修,润色
~ de peinture　加色,修补漆层
~ manuelle　手工修整

retoucher *v*　修整,修饰
~ si nécessaire　必要时修理

retour *m*　返回,回路,回线,反馈,反射,弯曲,倒转,回转
~ à l'expéditeur　退回发货人
~ à la masse　接地
~ à la pression normale　恢复原有压力
~ à la terre　接地
~ à vide　回空,空转,无载运转
~ à vide en marche rapide　加速回空的运行
~ à zéro　归零
~ au carburateur　汽化器回火
~ au repos　复位,回位,退回原位,回到静止位置
~ auto-commandé　自动扫描的,自动回转的,自动返回的
~ automatique　自动回位,自动回转,自动回程
~ châssis vide　(牵引车放下挂车后)空气返回
~ d'à-coup　一次缓解回路
~ d'air　空气回流,回风巷道,通风巷道
~ d'air général　主回气流
~ d'eau　逆流,回流水
~ d'écoulement　反流,逆流
~ d'équerre　直角拐(导管)
~ d'huile　回油
~ d'information　信息反馈
~ de boue　污泥回流
~ de combustible　回油
~ de flamme　回火,逆复燃
~ de fluage　徐变复原
~ de serrage　制动回流线
~ du courant　电流回程,接地铜轴线,接地铜棒(电机组成部分,用于接地)
~ du piston　活塞回程,活塞后退行程
en ~　回送的(包装、集装箱等)
~ en position　返回原位
~ isolé (traction électrique)　绝缘回线(电力牵引)
~ par la masse　地回路,接地回线
~ par la terre　地回路,接地回线
~ par la voie (électrique)　轨道回线(电力牵引)
~ par les rails (électrique)　钢轨回线(电力牵引)
~ par terre　地回路,接地回线
~ rapide　快速回程

sans ~ 不复返地
~ vitesse 速度反馈
retourné *a* 倒转的,回转的
retournement *m* 倒转,翻转
　~ du moteur 柴油机翻转
　~ de rails 钢轨的翻转,钢轨掉头
retourner *v* 翻转,返回,退回,恢复,再做,倒转
　~ à 退回到,重归于
　~ à la gare expéditrice 返回发货站
retracer *v* 再画,再描,另画
rétractable *a* 可收缩的
rétracter *v* 收缩
rétractibilité *f* 干缩性
rétraction *f* 收缩
retrait *m* 缩小,退落,后退,撤退,脱离,撤回,萃取,提取,分离,收[回]缩,收缩率
　~ admissible 容许收缩量
　~ au séchage 干燥收缩率
　~ d'emploi 撤职
　~ d'un wagon 摘车
　~ dans la direction axiale 轴向收缩
　~ de dessication 干缩
　~ de glacière 冰川退缩
　~ de l'état liquide 液态收缩
　~ de l'état solide 固态收缩
　~ de la carte de circulation 收回免费乘车证
　~ de la carte de circulsion gratuite 收回免费乘车证
　~ de la lame 海浪退落
　~ de la lettre de voiture 收回货物运单
　~ de la marée 退潮
　~ de la poignée 取出手柄
　~ de prise 混凝土凝固收缩
　~ de solidification 凝固收缩率
　~ de surface 表面收缩
　~ de vitesse 降低速度
　~ du béton （混凝土）收缩
　~ du bois 木材收缩
　~ du permis 吊销许可证,吊销驾驶执照
　~ du volume 体积收缩
　en ~ 缩进,凹进,退缩
　~ initial 初缩,初始收缩
　~ linéaire 线性收缩
　~ non uniforme 不均匀收缩

　~ par dessication du béton 混凝土干缩
　~ plastique 塑性收缩
　~ résiduel 残存收缩
　~ secondaire 次收缩,次要收缩
　~ tangentiel 切向收缩
　~ thermique 热收缩,热皱缩
　~ transversal 横向收缩
retraite *f* 离开,放弃,后退,缩进,退休,退休金
　~ anticipée 提前退休
retraité *m* 退休人员
retraitement *m* 再加工,重新处理,路面重复处治
　~ de la chaussée 路面再处治
retranchement *m* 取消,删除,节减,缩短,废止
　~ des dépenses 节减开支
retrancher *v* 切断,缩短,减少,除掉,砍去,扣除
retransmetteur *m* 转播发射机,中继发射机
retransmettre *v* 中继,转播,转发,中继站发送
retransmission *f* 转播,中继,发送,转发
　~ radio 无线电传播
retread process （路面）复拌法
rétréci *a* 收缩的,狭缩的,缩小的,变狭的
rétrécir *v* 使收缩,使狭隘,缩小
rétrécissement *m* 变狭,狭缩,狭窄,收缩,缩小,变小,变细
　~ brusque 突然收缩
　~ de l'écartement 缩小轨距
　~ de la route 道路狭窄处
　~ de la voie 缩小轨距
rétreindre *v* 收缩,皱缩,紧缩,捶击
rétreint *m* 捶击成形物
retrempe *f* 二次淬火,二次硬化
rétribution *f* 报酬,工资
rétrocaveur *m* 反铲,反铲挖土机的铲斗
　~ terrassement 挖沟机的反铲
rétrocaveuse *f* 反铲挖土机,反铲挖沟机
rétrochargement *m* 铲斗从上面翻过装载机后装料
rétrochargeur *m* 翻斗式装载机(铲斗作业时越过装载机顶)
　~ chenillé 履带式装载机
　~ sur chenilles 履带斗式装载机
rétrochargeuse *f* 斗式装载机,反铲装载机
retrocharriage *m* 后冲断层,反逆冲断层,逆平推断层

retro-ébullition *f* 退化沸腾，反向沸腾
retro-écaillage *m* 后向叠瓦构造
rétrogradation *f* 后退，倒退，减退，退缩，倒转，向陆蚀退，反向运动
rétrograde *a* 后退的，倒退的，逆转的，逆行的，反向的
rétrohoue *f* 反铲
rétrométamorphisme *m* **rétromorphose** *f* 退化变质作用，退向变质作用
rétro-pelle *f* 反铲挖土机，反铲挖沟机
rétroprojecteur *m* 高架投影灯，高架探照灯
rétroschistosité *f* 后向层理
rétrotectonique *a* 构造复原的
retroussement *m* 卷起，翘起，扒开（岩层）变薄
retrousser *v* 卷起，翘起，扒开
　～ le ballast　扒渣，翻铺道床
retroussis *m* 翻边，翻口，翘起部分
retrouver *v* 找到，发现，恢复，重新找到，重新发现
rétroviseur *m* 后视镜
rétrovision *f* 后视野
　～ panoramique　全景后视野
retzbanyite *f* 块辉铋铅矿
retzian *m* **retzianite** *f* 羟砷钇锰矿
retzite *f* 浊沸石，不纯硅灰石
réunion *f* 联合，联结，会议，集合
　～ par soudure　焊接
réunir *v* 合并，连接，汇集，聚合，聚集，集中，站台
réussine *f* 芒硝
réussinite *f* 褐化石脂
réussir *v* 获得成功，获得成就，达到目的
réussite *f* 成功，完成
réutilisation *f* 再使用，重新使用
revanche *f* 干舷，超高，出水高，安全高度
　～ de canal　渠堤超高，渠岸余幅
　～ de protection　富余量
revdanskite[**revdinite, revdinskite**] *f* 雷镍叶蛇纹石（水硅镍矿）
revêche *a* 脆性的，粗糙的，不光滑的
révélateur *m* 显示，显露，显影液，显影剂，显示物
révéler *v* 显示出，泄露，暴露
revendication *f* 要求，请求，请愿，申请，追索，追欠款，要求恢复
　～ d'itinéraire　发货人要求货物通过某条经路
　～ de tarif　发货人要求某项运价
revendiquer *v* 要求，申请
revenir *v* 再来，回到，恢复，再生，回火，重新出现
　～ à zéro　回零
　～ en arrière　返回，转回
　～ sur　回到，再考虑，收回
revenu *m* 收入，收益，利润，回火
　～ à basse température　低温回火
　～ annuel　年收益
　～ brut　总收入
　～ casuel　灰色收入
　～ confortable　丰厚的收入
　～ de détente　消除应力回火
　～ des prêts　贷款收入
　～ des prêts intragroupes　集团或公司内部贷款收入
　～ durcissant　硬化回火
　～ élevé　高温回火
　～ financier　财政收入
　～ fixe　固定收入
　～ isotherme　等温回火
　～ national　国民收入
　～ net　纯收入
　～ sous contrainte　应力回火
　～ s sur bons et titres assimiles　息票证券收入
　～ sur comptes courants　活期账户收入
　～ sur dividendes　股息收入
réverbère *m* 路灯，交通灯，反射镜[灯、器]，反射镜
réverbérer *v* 反射，反光，反热
revers *m* 背面，反面，里面，折返，侧面，颠倒，反向，逆动，阴坡，后坡
　～ de contrainte　应力反向，反向应力
　～ de cuesta　后坡
　～ de montagnes　山的后坡
reversement *m* 逆转，反向，回复，结转，转账
　～ automatique　自动转向，自动反向
reverseur *m* 换[反]向器，回动[逆转]装置
réversibilité *f* 可逆性，可还原性
　～ de la pompe　泵的逆转性
　～ des retraites et des pensions　退休金和抚恤金的可转让性
　～ du mouvement　运动逆转性

réversible *a* 可逆的,反向的,可翻转的,可换向的
réversion *f* 返回,复原,回动装置
revêtement *m* 衬,衬砌,护岸,护坡,护底,饰面,护面,面板,路面,铺面,外壳,表皮,涂层,镀层,车臂板,护墙板,保护层,反光膜,覆盖面,铺砌层,(桥面)铺装,水泥面层
- ~ à base de bitume 沥青路面,地沥青路面
- ~ à base de bitume cylindré 碾压式沥青路面,碾压式地沥青路面
- ~ à base de produits noirs 沥青路面,黑色路面
- ~ à double couche 双层衬砌
- ~ à haute qualité 高级路面
- ~ à injection de ciment 水泥喷浆衬砌
- ~ à liant visco-élastique 黏弹性黏结料路面
- ~ à truelle 墁涂层
- ~ aéronautique 机场道面
- ~ aggloméré 厂拌混合料路面
- ~ aggloméré à l'eau 水结(碎石)路面
- ~ alluvial 冲积层,冲积盖层
- ~ antiabrasion 耐磨层
- ~ antiacide 防酸保护层
- ~ anticavitation 抗空蚀涂层
- ~ anticondensation 防凝内衬
- ~ anticorrosif 防腐蚀层
- ~ anticorrosion 防蚀面层
- ~ antidérapant 防滑护面
- ~ antikérosène 防油性路面
- ~ antipoussière 防尘路面
- ~ antivibratoire 防振保护层
- ~ armé 钢筋(混凝土)路面
- ~ asphaltique 地沥青路面
- ~ asphaltique en toute profondeur 全厚地沥青路面
- ~ au goudron 煤沥青路面
- ~ avec gabions et fascines 柴排石笼护坡(面)
- ~ avec mortier bitumineux incorporé par pénétration 贯入式沥青砂浆路面
- ~ bétonné 混凝土路面,混凝土衬砌
- ~ bétonné avec renforcement des bords 厚边混凝土路面
- ~ bitumineux 沥青涂层,沥青护面,沥青混凝土铺装
- ~ bitumineux fin 细粒式沥青混凝土路面
- ~ bitumineux imperméable 沥青防水层
- ~ bitumineux mince 薄沥青层路面
- ~ bitumineux rugueux 粗粒式沥青路面
- ~ bitumineux semi-fermé 半封闭式沥青路面
- ~ blanc 白色路面
- ~ calorifique 绝热层
- ~ calorifuge 保温层,隔热层
- ~ céramique 陶瓷层,陶瓷铺面
- ~ coloré 彩色路面,有色路面,着色路面
- ~ combiné 复合式铺砌
- ~ d'asphalte 地沥青路面
- ~ d'étanchéité 防水层,封闭层
- ~ d'usure 磨损的路面
- ~ de béton poreux 多孔混凝土路面
- ~ de béton projeté (隧道)喷射混凝土支护
- ~ de canal 渠道衬砌,运河衬砌
- ~ de canal asphaltique 沥青渠道衬砌
- ~ de canal en béton 混凝土渠道衬砌
- ~ de catégorie supérieure 高级路面
- ~ de chaussée 路面
- ~ de ciment 水泥涂层,水泥护面
- ~ de cure 养护薄膜
- ~ de dalle de pierre 石板路面
- ~ de galerie 隧洞衬
- ~ de grenailles enrobés 细石屑沥青混合料路面
- ~ de l'argile 黏土衬砌
- ~ de la maçonnerie de brique 砖砌面墙
- ~ de macadam 碎石路面
- ~ de maçonnerie 圬工护岸
- ~ de mosaïque 马赛克铺砌,嵌花式(铺砌)路面
- ~ de paroi (matériel roulant) 内部臂板被覆(机车车辆的)
- ~ de protection 保护涂层
- ~ de puits 井壁衬砌
- ~ de qualité inférieure 低级路面
- ~ de qualité moyenne 中级路面
- ~ de sol PVC 聚氯乙烯塑料地面
- ~ de surface 面层,表面涂层
- ~ de tunnel 隧洞衬砌
- ~ de tuyaux 管子衬砌
- ~ défectueux 有缺陷的路面
- ~ définitif 二次衬砌
- ~ dense 密级配路面
- ~ des rives 河岸护坡
- ~ des sables-laitiers 炉渣砂混合料路面

~ des talus 护坡
~ des talus en moellons 片石护坡
~ des talus en opus incertum 乱石护坡
~ deuxième 内衬砌，二次衬砌
~ du béton 混凝土衬砌，混凝土护岸
~ du chenal 河槽铺砌
~ du parement amont 上游防渗护面
~ du sol 铺地面
~ du souterrain 隧道衬砌
~ du tablier 桥面铺装
~ du tunnel 隧洞衬砌
~ du type souple 柔性路面
~ éclairci 淡色路面
~ économique 经济路面，简易式路面
~ électrolytique 电镀层
~ en asphalte 地沥青路面
~ en asphalte coulé 流体地沥青路面
~ en béton 混凝土面层，混凝土衬砌，混凝土路面
~ en béton armé continu 连续配筋的混凝土路面
~ en béton de liants hydrocarbonés 沥青混凝土路面
~ en béton en sacs 袋装混凝土护岸
~ en béton hydraulique 水硬性混凝路面
~ en béton monocouche 等厚式混凝土路面
~ en béton précontraint 预应力混凝土路面
~ en béton préfabriqué 预制混凝土路面
~ en béton projeté 喷浆混凝土衬砌
~ en bloc bitumineux 沥青块路面
~ en blocs de béton 混凝土块路面
~ en brique 砖衬砌，砖砌路面层
~ en contreplaqué 胶合板[层板]镶面
~ en couche mince 薄层路面
~ en empierrement 碎石路面
~ en enrobé mince 薄层沥青混合料路面
~ en enrobés fins 细粒料沥青混合料路面
~ en fascines 柴排护坡
~ en goudron 煤沥青路面
~ en granito 水磨石墙[盖]面
~ en gravier 砾石路面
~ en macadam-mortier 砂浆碎石路面
~ en maçonnerie 圬工衬砌
~ en madriers 木板铺面
~ en matelas de fascinage 柴褥护岸，柴排席护岸
~ en moellons 碎（砾）石路面

~ en mortier 砂浆涂层，砂浆面层
~ en pierre 石料护岸，石砌护面
~ en pierre sèche 干砌石护坡
~ en plaques de béton 混凝土板路面
~ en plâtre 石膏墁面层
~ en porcelaine 瓷砖铺[护]面
~ en produits hydrocarbonés 沥青路面
~ en salviacim 灌水泥浆开级配沥青混凝土路面施工法
~ en tapisable 薄层细粒表面处治路面
~ en tarmacadam d'enrobés 煤沥青碎石路面
~ en zinc 镀锌，锌衬
~ enrobé 沥青混合料路面
~ enrobé à liant hydrocarboné 沥青混合料路面
~ épais 厚层路面
~ épandu 干法贯入式路面
~ étanche 防水层，止水层，封闭层
~ extérieur 外涂层
~ fermé 封闭式路面
~ fissuré 开裂路面
~ flexible 柔性路面
~ foncé 深色路面
~ glissant 滑溜路面
~ graveleux 砂砾路面
~ hydrocarboné clouté 嵌压式沥青路面
~ insonore 隔音面层
~ intérieur 内衬砌，内壳板
~ intérieur de cabine 司机室内护墙板
~ isolant 绝缘涂层
~ lumineux 泛油路面
~ métallique 金属外套，金属保护层
~ mince 薄层路面
~ monocouche 单层路面
~ mouillé 潮湿路面
~ multicouche 多层路面
~ noir 沥青路面，沥青面层
~ non armé 无筋（混凝土）路面
~ ouvert 开级配路面
~ par mélange 沥青混合料路面
~ par pénétration 贯入式路面
~ par pénétration de gravillons enrobés 干法贯入式路面
~ par pénétration du goudron 灌煤沥青碎石路面
~ par semi-pénétration 半贯入式路面

~ permanent 永久性衬砌
~ perméable 过水路面,透水性路面
~ perré 石砌护坡
~ photoélastique 光弹性涂层
~ plastique 塑料贴面,塑料板被覆
~ plat 平坦护岸
~ plissé 不平整路面
~ polyester 聚酯涂层
~ primaire 底层衬砌,(起支护作用的)临时衬砌
~ primaire provisoire 初期衬砌,一次衬砌
~ protecteur 保护涂层
~ réflectif 反射层,反射涂料
~ réfractaire 耐火涂层
~ rigide 刚性路面,混凝土路面
~ routier 道路铺面层
~ Routoflex 掺和橡胶和共聚物的沥青混合料路面
~ rudimentaire 土路
~ scellé 封闭式路面
~ semi-fermé 半封闭式路面
~ semi-souple 半柔性路面
~ souple 柔性路面
~ stabilisé à l'émulsion 乳液稳定路面
~ stabilisé mécanique 机械稳定路面
~ superficiel 罩面层,(道路)表面处治层
~ superficiel bicouche 双层表处路面
~ superficiel de protection 表面保护层
~ superficiel plomb étain 铅锡保护层
~ uni 平整路面
~ verglacé 结冰路面
~ vertical 护墙,竖向护岸

revêtir v 涂,镀,敷,盖,蒙,铺路面,加保护层
revêtisseur m 衬砌机
revêtu, e a 铺盖的,涂敷的,铺有路面的
revibration f 重复振动
revient m 成本,财务成本
revirement m 转,转弯,回转
revirer v 转弯,转向,回转
réviser v 检修,翻修,订正,改正,重新审查
réviseur m 复核者,复校(员);审计员,查账员;译审
　~ adjoint 副译审
　~ des comptes 查账员
révision f 检查,检验,检修,修正,修改,校正,常

规维修,预防性维修,经常性维护
~ de la voie 线路养护,线路整修
~ de prix 价格调查
~ des contrats 修改合同
~ des marchés 修改合同
~ des prix 价格调整
~ des prix d'un marché 市价修订
~ du fond 实质审查,调整投资
~ en une seule fois 一次性检修
~ générale 大修,总检修,全面检查
~ importante 大修
~ intégrale de la voie 线路全面检修
~ intermédiaire (locomotives, voitures ou wagons) 中修(机车、客车、货车)
~ intermédiaire du frein 制动机的其中检查
~ limitée 局部检修
~ méthodique de la voie 线路系统检修
~ partielle 局部检修
~ périodique 定检,定期修理
~ selon état 视情检查,临时检查
~ totale 大修,总检修

revivre v 再生,重新产生,重新出现
révocation f 取消,解除,解任,开除
　~ d'un agent 人员解雇,辞退人员
révolution f 旋转,回转,转数,循环,周期,革新,变革,旋转运动
　~ admissible maximum 最大许可转数
　~ complète 旋转360°
　~ maximum 最大转数
　~ nominale 额定转数,正常转数
　~s par kilomètre 每公里转数
　~s par minute 转速,每分钟转数
revoredite f 硫砷铅石
revue f 审阅,检查
rewdinskite f 雷镍叶蛇纹石(水硅镍矿)
réyerite f 水硅钙钾石
rezbanyite f 块辉铋铅矿
rez-de-chaussée m 首层,(建筑物的)底层,房屋地面层,房屋最底层
rezhikite f 青蓝石棉,镁高铁钠闪石,镁亚铁钠闪石
rhabdionite f 铜钴锰土
rhabdite[schreibersite] f 陨磷铁矿
rhabdolithe f (颗石类)棒石,杆石

rhabdophane-(La)	f 水磷镧矿
rhabdopissite	f 余植煤,针脂煤
rhagite	f 砷酸铋矿
rhastolite	f 蛭石,水黑云母
rhegmagenèse	f 断裂(作用),区域断裂,区域性走向滑移
rhegmatique	a 断裂的
rhegmatisme	m 断裂(作用)
rhegme	m 断裂
rhénanite	f 磷钠钙石
rhénite	f 假孔雀石(斜磷铜矿)
rhéographe	m 流变记录器
rhéologie	f 流变学,河流学
rhéologique	a 流变的,液流的
rhéomètre	m 电流机,测电表,流变仪
rhéomorphisme	m 流化,塑流,深流,变新
rhéoscope	m 检流计,电流检验器
rhéosphère	f 软流圈,流变圈
rhéostat	m 变阻器,电阻箱,可变电阻
~ d'eau	水变阻器,水电阻器
~ d'excitation	磁场变阻器,励磁变阻器
~ de champ	磁场变阻器
~ de charge	负载变阻器
~ de commande de motoventilateur de chauffage de cabine	司机室取暖通风机控制变阻器
~ de compensateur	补偿变阻器
~ de démarrage	启动变阻器
~ de freinage	制动变阻器
~ de glissement	滑线变阻器
~ de mise en marche	启动变阻器
~ de puissance	功率变阻器
~ de réglage de vitesse	调速变阻器
~ de ventilateur de chauffage	取暖鼓风机变阻器
~ en pont	分压变阻器,电位计变阻器
~ en série	串联变阻器
~ rotorique	转子变阻器
~ transformateur	变阻器式变压器
rhéostriction	f 引缩效应,吸引效应
rhexistasie	f 平衡破坏,景况破坏,表土解移
rhodalite	f 蔷薇黏土
rhodésite	f 纤硅碱钙石(罗针沸石)
rhodite	f 铑金矿(铑金)
rhodizite	f 硼铍铝铯石
rhodochrosite	f 菱锰矿
rhodocrome	m 铬绿泥石,丰后石
rhodoïde	m 普列(有机)玻璃(聚异丁烯酸树脂)
rhodolite	f 铁镁铝榴石,红榴石,红藻石
rhodonite	f 蔷薇辉石
rhodophosphite	f 锰磷灰石
rhodophyllite	f 铬绿泥石,丰后石
rhodostannite	f 蔷薇黄锡矿
rhodotilite	f 红硅钙锰矿
rhodusite	f 镁钠闪石
rhœnite	f 钙铁非石,钛硅镁钙石
rhombarsénite	f 白砷石
rhombe	m 斜方形,菱形;a 菱形的,菱方的,斜方的,正交的
rhombiforme	a 菱形的,菱状的,菱方的
rhombique	a 菱形的,菱方的,斜方的
rhombobipyramidal	a 菱形双锥的
rhombochasme	m 菱形断陷,平行裂开谷
rhombododécaèdre	m 菱形十二面体
rhomboèdre	m 菱面体
~ direct	正菱面体
~ inverse	负菱面体
rhomboédrique	a 菱面体的,菱形的
rhomboïdal	a 偏[长]菱形的,长斜方形的,平行四边形的
rhombomagnojacobsite	f 斜方镁黑镁铁锰矿,斜镁锰尖晶石
rhomenporphyr	m 菱长斑岩
rhumb	m 方位角,象限角,罗盘方位,指南针的方位
rhyacolite	f 透长石
rhyncholit(h)e	m 喙部化石
rhyoalaskite	f 流纹白岗岩
rhyocristal	m 流纹斑晶,流线自形晶
rhyodacite	f 流纹英安岩
rhyolite	f 流纹岩
rhyolitique	a 流纹岩的
rhyolitoïde	m 全玻质流纹岩
ribeirite	f 含钇锆石,羟稀土锆石
riblage	m (砂轮的)整平
riblon	m 挖土,挖方,开挖,截断,穿过,剪截,插技,切削,刨磨
riblons	m.pl 废钢,废铁,可回炉的钢铁废料
~ d'acier	废钢
riche	a 肥沃的,丰富的,富裕的,多沥青的

~ de 富有……
~ en 富有……
~ en concrétion calcaire 钙质结核富集
richellite f 土氟磷铁矿
richesse f 资源,财产,财富,丰度,富余,富集度,余气系数,空气过量系数
~ du mélange 混合比,可燃混合气的富集度
~ du sous-sol 地下矿藏
~ en bitume de l'enrobé 混合料中沥青拌和浓度
~ en gaz 含气性,含瓦斯性
~ en huile 含油性
~ en minéral 富矿
~ en ressources naturelles 自然资源丰富
~ s minérales(minières) 矿产资源
~ naturelle 天然财富
richetite f 黑铅铀矿
richmondite f 四水磷铝石,杂铅铜铁矿
richtérite f 钠透闪石
rickardite f 碲铜矿
ricolettaïte f 正橄辉长岩
ricolite f 条纹古绿石,蛇纹石
ride f 脊,山脊,海岭,洋脊,冰脊,波峰,褶痕,沟槽,波纹,微波
rideau m 帘,帷,幕,隔墙,屏蔽[障],挡墙,陈列,掩护物,遮盖物,鱼鳞板
~ ancré 板桩
~ anti-renard 防管涌岸墙
~ aux pieux sécants 相交桩截水墙
~ berlinois butonné 打桩墙
~ coupe-feu 防火幕
~ d'air 气帘,空气幕
~ d'air chaud 热风帘
~ d'ancrage 锚墙
~ d'arbres 防风林
~ d'eau 水幕,水帘
~ d'étanchéité 防渗帷幕
~ d'étanchéité en palplanches 板桩截水墙
~ d'injection 灌浆帷幕,灌浆齿墙,灌浆截水墙
~ de batardeau 围堰挡水墙
~ de drainage 排水帷幕
~ de fer 铁幕
~ de fermeture 闸门,调节板
~ de flamme 火帘
~ de fumée 烟幕

~ x de palplanche 桩板式挡土墙
~ de palplanches 板桩帷幕,板桩截水墙
~ de palplanches en acier 钢板桩墙
~ de palplanches en béton 混凝土板桩墙
~ de palplanches en bois 木板桩墙
~ de palplanches en port-à-faux 悬臂板桩
~ de pieux jointifs 板桩排
~ de sécurité 安全屏障
~ de tubes 管排
~ directionnel 定向陈列,定向排列
~ du drainage 排水帷幕
~ étanche 挡水墙
ridelle f arrière de camion 卡车尾板
ridement m 褶皱,褶皱构造,褶皱作用
ridoir m à vis 紧线器,拉紧螺杆,松紧螺套
riébeckite f 钠闪石(高铁钠闪石,铁钠闪石)
riédénite f 黝云霓辉岩
riémannite f 水铝英石
riez m 瘠地,不毛之地
riflage m 凿沟,起槽,压波纹
riflard m 粗锉,刨子,泥刀,刮刀,凿子,圬工刮刀
rift m 裂口,裂痕,裂开,断陷谷,易破面,长峡谷
~ est-africain 东非裂谷
~ médio-océanique 洋中裂谷,大洋中央裂谷
~ océanique 大洋裂谷
~ valley 裂谷,断陷谷,地堑谷
rigide a 硬的,刚性的,坚硬的,不易弯曲的
rigidification f 凝固(作用),固体化,劲性,刚度
rigidimètre m 刚度计
rigidité f 刚度,刚性,劲性,劲度,硬度,强度
~ à la flexion 抗挠刚度,抗弯刚度
~ à la torsion 抗扭刚度
~ d'une plaque 板的劲度
~ de chaussée 路面劲度
~ de l'ensemble 结构刚度
~ de la construction 结构刚度
~ de la voie 线路刚度
~ de portée 支承刚度
~ des angles 角铁刚度
~ latérale 测向刚度
~ relative 刚度比,相对刚度
~ statique 静态刚度
~ transversale 横向强度

rigolage *m* 开沟,挖沟,水冲成沟
rigole *f* 沟,渠,毛渠,水沟,沟槽,细流,雨水沟,地上的流水,砌墙基础的地沟
　～ à ciel ouvert 排水暗沟
　～ d'évacuation dans la banquette 截流排水沟
　～ d'assèchement 排水沟
　～ d'écoulement 流水沟,水沟
　～ d'évacuation 排水沟
　～ d'irrigation 灌溉渠
　～ de coulée 流槽
　～ de distribution 配水槽
　～ de drainage 排水沟,排水渠
　～ de plage 波痕
　～ de prise d'eau 列车上的上水沟
　～ de ruissellement 雨水冲成的沟
　～ de talus 侧沟,边沟
　～ due à la pluie 雨水沟,雨水冲成的沟
　～ latérale 边沟
　～ sous-marine 海沟
　～ souterraine 排水暗沟
rigoureux, euse *a* 严格的,精确的,严寒的
rigueur *f* 严格,严密
　à la ～ 必要时,精确地,严格地
　de ～ 严格规定的
　～ en toute 十分准确地,极其严格地
rijkebœrite *f* 钡细晶石
rilandite *f* 水硅铬石
rill *m* 小溪,细谷,雨谷
rim *m* 边,缘,(冲击)坑唇,火口缘
rimpylite *f* 角闪石,富铁闪石
rinçage *m* 冲[刷、漂、清]洗,洗涤,搽洗
　～ chasse directe 水冲洗
　～ des sables 洗砂
　～ de surface de filtre 滤地表面冲洗
ringard *m* 拨火棒
ring-dyke *m* 环状岩墙
ringite *f* 长霓碳酸岩
ringuion *m* 尖灭,变薄
ringwoodite *f* 尖晶橄榄石
rinkite *f* 层硅铈钛矿
rinkolile *f* 层硅铈钛矿
rionite *f* 铋黝铜矿,铋砷黝铜矿
ripage *m* 移动,拨动
　～ de la voie 拨道,移动线路
　～ latéral 侧向移动
riper *v* 刮光,滑移,滑动
　～ la voie 拨道
ripeur *m* 刮土机,铲运机
ripeuse *f* des voies 拨道机
ripidolite *f* 铁斜绿泥石
riponite *f* 针柱石,钙钠柱石,钠钙柱石
rippable *a* 用松土器松土的
rippage *m* 用松土器松土
ripper *m* 松土机,除根器,耙路机,粗齿锯,平巷掘进机
rippeur *m* 松土机
ripple-mark *m* 拨痕
riprap *m* 防冲抛石,乱石护坡
　～ amont 上游面抛石
　～ aval 下游面抛石
　～ cyclopéen 大块抛石,大块抛石护坡
　～ de pierre 抛石,填石
　～ grand 护面,大块抛石护坡
risberme *f* 道,平台,边坡平台
　～ dans les talus de déblais 路堑边坡护道
rischorrite *f* 粗霞正长岩
risörite *f* 钛褐钇铌矿
risque *m* 危险,风险,冒险,危险率
　～ accepté 被接受的风险
　aux ～s et périls de l'expéditeur 一切损失和风险由发货人负责
　aux ～s et périls du destinataire 一切损失和风险由收货人负责
　～ d'accident 事故危险
　～s d'à-coup 冲击危险
　～ d'avalanche 雪崩危险
　～ d'explosion 爆炸险
　～ d'incendie 火灾险
　～ de change 汇兑风险,外汇风险
　～ de crédit 信用风险
　～ de marché 市场风险
　～ de transport 运输险
　～ des tiers 第三风险
　～ financier 金融风险
　～ géologique 地质灾害
　～ géotechnique 工程地质风险
　～ naturel 自然灾害
　～ propre 固有风险,内在风险

~ sismique 地震灾害,地震危险,地震风险
risquer *v* 有……危险,有……可能
risques *m. pl* 灾害,危险,冒险
~ géologiques 地质灾害
~ naturels 自然灾害
~ sémiques 地震灾害
rissénite *f* 绿铜锌矿,碳铜锌矿
ristschorrite *f* 粗霞正长岩
rittingérite *f* 黄银矿
rivadavite *f* 水硼钠镁石
rivage *m* 岸滨,河岸,湖边,边际,海岸,海滨
~ extérieur 外岸,凹岸
~ intérieur 内岸,凸岸
~ progressant vers le large 渐近海岸线
~ régularisé 均夷滨线,蚀积滨线,均衡海滨线
rivaïte *f* 杂玻璃硅灰石,硅灰石
rive *f* 缘,棱,刃,河岸,海岸,堤岸,轮缘
~ alluvionnée 冲击岸
~ basse 平岸,低岸
~ biaise 斜边,斜边沿
~ concave 凹岸
~ concave érodée 凹岸,挖蚀岸
~ convexe 凸岸
~ d'amont 右岸
~ d'aval 左岸
~ d'éboulis 砾石河滩
~ d'une rivière 河岸
~ de chaussée 路缘
~ de la chaussée 路面边缘
~ de pignon 侧边,山墙边沿
~ dépérissante 冲刷陡岸
~ droite 右岸
~ en forme de croissants 新月形岸
~ extérieure 外岸,外堤
~ gauche 左岸
~ haute 高岸,陡岸
~ inférieure 内岸,低边
~ latérale 侧边,侧边沿
~ opposée 对岸
~ raide 陡岸
~ sous le vent 背风岸
rivé, e *a* 铆台的,铆接的
river *v* 铆接,铆合,系牢,扣牢,连接
~ à chaud 热铆

~ à couvre-joint 夹板对头铆接
~ à froid 冷铆
~ à recouvrement 搭铆
riverain *m* 道路沿线的土地所有者
riverain, e *a* 沿岸的,岸边的,河边的,临水的,路侧的
riversidéite *f* 纤硅钙石
rivet *m* 铆钉
~ à bourrelet 带凸沿的铆钉
~ à cisaillement simple 单剪铆钉
~ à deux sections de cisaillement 双剪铆钉
~ à double cisaillement 双剪铆钉
~ à jaquette 带衬套的铆钉
~ à main 手铆铆钉
~ à placer au montage 安装铆钉
~ à simple section 单剪铆钉
~ à tête bombée 圆头铆钉
~ à tête chaudronnée 扁头铆钉
~ à tête cône tronquée 锥头铆钉
~ à tête conique 锥头铆钉
~ à tête cylindrique 圆头铆钉
~ à tête demi-ronde 半圆头铆钉
~ à tête demi-ronde aplatie 大平头铆钉
~ à tête fraisée 埋头铆钉
~ à tête fraisée bombée 半埋头铆钉,半沉头铆钉
~ à tête mi-fraisée 半埋头铆钉
~ à tête noyée 埋头铆钉
~ à tête perdue 埋头铆钉
~ à tête plate 平头铆钉
~ à tête plate noyée 平顶埋头铆钉
~ à tête ronde 圆头铆钉
~ à tête ronde noyée 圆顶埋头铆钉
~ à tête saillante 半埋头铆钉
~ à tête sphérique 球头铆钉
~ à tête tronconique 锥头铆钉
~ à tête unie 平头铆钉
~ aveugle 单面铆钉
~ borgne 埋头铆钉
~ bouterollé 半圆头铆钉
~ branlant 松动的铆钉
~ creux 空心铆钉
~ d'affaissement 沉头铆钉
~ d'assemblage 接合铆钉,组装铆钉
~ d'attente 临时铆钉

rivetage

~ de chantier 工地用铆钉
~ desserré 松动的铆钉
~ en fer 铁钉,铁铆钉
~ en tension 拉力铆钉
~ explosif 爆炸铆钉
~ fendu 开口铆钉
~ fraisé 埋头铆钉
~ noyé 沉头铆钉,埋头铆钉
~ posé à l'atelier 厂内预装铆钉
~ posé au chantier 现装铆钉
~ tubulaire 空心铆钉

rivetage *m* 铆,铆合,铆接,打铆钉
~ à air comprimé 气铆
~ à chaud 热铆
~ à froid 冷铆
~ à la machine 机铆
~ à la main 手铆
~ à la presse 压铆
~ apparent 凸头铆接
~ au cé 压铆
~ au marteau monofrappe 单击式铆接
~ au marteau pneumatique par contrecoup 气动铆枪反铆法
~ courant 双面铆,常规铆接
~ d'atelier 厂内铆接
~ de chantier 工地铆接
~ direct au marteau pneumatique 气动铆枪正铆接
~ embrevé 冲窝铆接
~ étanche 密封铆接
~ pneumatique 气铆

riveté,e *a* 铆的,铆接的
riveter *v* 铆,铆接,铆合
~ à chaud 热铆
~ à froid 冷铆
~ au monofrappe 单击铆接
~ au multifrappe 多击铆接
~ au pistolet 铆枪铆接

riveteur *m* 铆工,铆钉工人
riveteuse *f* 铆(钉)枪,铆(钉)机,压铆机
~ à air comprimé 蜂洞压铆机
~ à levier articulé 压铆机
~ à vapeur 蒸汽压铆机
~ électrique 电动压铆机
~ hydraulique 液压压铆机

~ hydropneumatique 液压气动压铆机
~ pneumatique 风动铆接机

riveuse *f* 铆钉机,铆钉枪,压铆机
~ à air comprimé 风动铆钉机,风动铆钉枪,风动压铆机
~ à la main 手持铆钉机
~ à levier articulé 肘节式铆机
~ à vapeur 蒸汽铆钉机
~ automatique 自动铆接机
~ électrique 电动铆接机
~ en fer de cheval 马蹄形铆钉机
~ fixe 固定式压铆机
~ hydraulique 液压铆钉机
~ hydropneumatique 液压一气动式压铆机
~ mécanique 机械铆钉机
~ pneumatique 风动铆钉机,气动式压铆机
~ portative 铆枪

rivière *f* 河,川,江(大河支流)
~ à faisceau de rigoles 多分支河流
~ à marée 潮汐河
~ à méandres 曲流河,蛇曲河
~ allogène 外源河
~ alluviale 冲积河,滞留河
~ alluvionnaire 冲积河,滞流河
~ alluvionnante 加积河
~ anaclinale 逆斜河
~ antécédente 先成河
~ antécédente conséquente 先成顺向河
~ antéconséquente 顺向先成河
~ antérieure au relief 先成河
~ anticlinale 背斜河
~ appauvrie 干枯河,枯水河
~ canalisée 渠化河道,通航河道,梯级化河道,运河化河道
~ captée 夺流河,断头河
~ cataclinale 顺斜河
~ conquérante 夺流河
~ conséquente 顺向河
~ côtière 沿海河流
~ de dérivation 改道河流,分流的河道
~ de la goutte 溶洞河
~ de montagne 山溪
~ de plaine 平原河段
~ détournée 改道河流

~ diaclinale 横向河,横切(褶皱)河
~ en régime 稳定河,平衡河流
~ encaissée 深切河
~ endoréique 内陆河
~ epigénétique 上层遗留河,遗传河
~ exoréique 外流河,入海河流
~ haute 高水位河流
~ homoclinale 单斜河
~ inférieure 下游河段,河口
~ inséquente 斜向河,非顺向河
~ intermittente 季节性河流,间歇性河流
~ interséquente 扇间河
~ jeune 幼年河
~ longitudinale 纵向河
~ maîtresse 主流,干流
~ marchande 通航河流
~ maritime 河口,下游段,下游河段
~ monoclinale 单斜河
~ moyenne 中游河段
~ mure 成年河
~ navigable 通航河流
~ obséquente 逆向河
~ opposite-conséquente 逆向河
~ pérenne 常年河,常流河,终年流水的河
~ plaine 平原河流
~ principale 主流,干流
~ prolongée 延伸河
~ rajeunie 回春河,复活河
~ ranimée 回春河,复活河
~ régularisée 整治河,适应河,平行走向河
~ remblayante 河床不断淤高的河
~ reséquente 再顺河,复活顺向河
~ secondaire 小河,支流,次要河
~ souterraine 地下河
~ stable 稳定河,平衡河流
~ submergée 沉没河
~ subséquence 后生河
~ subséquente 次成柯,后成河
~ supérieure 河源段,上游河段
~ surimposée 叠置河,上层遗留河
~ synclinale 向斜河
~ syngénétique 同生河,原生河
~ torrentielle 湍急河流
~ torrentueuse 急流,湍流

~ transversale 横向河
~ vieille 老年河
rivoir m 铆钉锤,铆钉机,铆钉枪
~ à main 手力铆接机
~ pneumatique 风动铆接机
rivotite f 杂黄锑孔雀石
rivure f 铆缝,铆合,铆接,铆钉排
~ à chaîne 铆钉排
~ à chaud 热铆
~ à couvre-joint 单垫铆接缝,夹板对接铆钉排
~ à couvre-joint double 双垫铆接缝,双夹板对接铆钉排
~ à double couvre-joint 双夹板铆接缝
~ à froid 冷铆
~ à la main 手铆
~ à plusieurs rangs 多行铆接,多行铆钉排
~ à simple couvre-joint 单夹板铆接
~ alignée 成行铆钉,成行铆接
~ bicisaillée 双剪铆缝
~ croisée 交互铆缝,十字形铆接
~ de chantier 现场铆接
~ de la chaudière 锅炉铆接,锅炉铆缝
~ double 双行铆接,双行铆钉排
~ en quinconce 交错铆缝,错列铆接,错列铆钉排
~ en zigzag 交错铆接,Z字形铆缝
~ longitudinale 纵向铆接,纵向铆缝
~ monocisaillée 单剪铆接,单剪铆缝
~ par files 成行铆接,成行铆钉
~ polycisaillée 多剪铆缝,多剪层铆接
~ simple 单行铆接,单行铆钉排
~ transversale 横向铆接
rizalite f 黎刹玻陨石(菲律宾)
rizière f 稻田,水田
rizopatronite f 绿硫钒石,绿硫钒矿
rizzonite f 玻基辉橄岩
road-oil m 铺路沥青,路用沥青
robe f 涂层,外套,包覆,敷层,覆盖物
robellazite f 黑钒铌铁矿
robertsite f 水磷钙锰石
robertstonite f 闪锌矿,纤锌矿,丝光沸石(发光沸石)
robinet m 阀,阀门,龙头,闸门,旋塞,开关,气门嘴
~ à aiguille 针形阀

~ à air　气阀
~ à bec-courbe　小水龙头
~ à bille　浮球阀
~ à boisseau　直通阀，直通旋塞
~ à bouton-poussoir　按钮式水龙头
~ à clapet　闸阀，截止阀
~ à commande électrique　电动阀，电动活门
~ à débit limité　节流阀
~ à deux temps　二位置开关
~ à deux voies　双桶龙头
~ à feu　消火栓，防火开关
~ à flotteur　浮筒阀
~ à membrane　膜片阀
~ à moteur　电动阀
~ à pédale　踏板开关
~ à pointeau　针阀
~ à poussoir　按钮阀，自动复原阀
~ à pression constante　恒压阀
~ à quatre positions　四通[四位置]阀
~ à quatre voies　四通阀[栓、塞门]
~ à rappel automatique　自动复原阀
~ à soupape　阀，汽门
~ à trois branches　三通塞门
~ à trois voies　三通塞门，三通闸门
~ à vanne　闸门，闸板截门
~ à vis　螺旋开关
~ automatique à eau　自动水门
~ carburant　燃油开关
~ commandeur　总开关
~ d'arrêt général　总截门
~ d'incendie　消防栓
~ d'accouplement　连通开关
~ d'admission　进气开关，输入开关
~ d'aération　排气开关
~ d'alimentation en air　供风阀门
~ d'alimentation en carburant　燃油开关
~ d'angle　角阀
~ d'arrêt　截门，止水阀，节流阀，停车开关，锁闭开关，折角塞门
~ d'arrêt à main　手动关闭阀
~ d'arrêt de frein　制动机止气塞门，折角塞门
~ d'arrêt général　总截门
~ d'arrivée　进气开关
~ d'arrosage du charbon　润煤洒水塞门

~ d'échappement　排泄阀，排气阀
~ d'équerre　角阀
~ d'essai　试验旋塞
~ d'étranglement　节流阀
~ d'évacuation　排泄阀，放泄阀
~ d'évacuation d'air　排气开关，放气开关
~ d'incendie　消防栓
~ d'injection de liquide　液体喷射阀
~ d'isolement　隔离阀，截断塞门，隔离开关
~ d'isolement aérotherme　空气加热隔离开关
~ d'isolement de niveau de gas-oil　柴油油位隔离开关
~ d'isolement de non compensation de fuite　无补偿漏泄隔离开关
~ d'isolement des avertisseurs de route　路线警报器绝缘开关
~ d'isolement gas-oil réchauffeur　柴油加热隔离开关
~ d'isolement niveau d'eau　水位隔离开关
~ d'urgence　非常阀，紧急制动阀
~ de changement de régime (frein)　转换阀(制动机)
~ de charge　加油阀，加载阀
~ de commande des essuie-glaces　雨刮器控制开关
~ de commande du frein de manœuvre　调车机车的制动控制阀
~ de communication HT-BT　高压—低压转换开关
~ de décharge　减压阀(汽)，喷油阀(燃油)
~ de démarrage　启动阀，启动开关
~ de distribution d'eau　给水阀
~ de frein automatique　自动制动阀
~ de frein direct　直接制动阀
~ de frein du mécanicien　司机制动阀
~ de fuite　排泄阀
~ de jauge　仪表阀
~ de mise sous vide　抽空阀
~ de non compensation de fuite　无偿补漏泄开关
~ de prise de vapeur　蒸汽阀
~ de puisage　汲水龙头
~ de purge　放空阀，放水旋塞，放水[气]阀，汽缸排泄旋塞排泄阀
~ de purge d'huile　放油阀
~ de purge de conduite principale　主风管的排风开关

～ de quatre positions　四通[四位置]阀
～ de réglage　调节阀
～ de remplissage　供水阀
～ de remplissage d'huile　加油阀
～ de secours　紧急塞门
～ de service　检修阀
～ de soutirage　排气阀,放气开关
～ de sûreté　安全阀
～ de verrouillage　缩闭旋塞
～ de vidange　排泄[空、水]阀
～ de vidange de niveau d'eau　水位排空阀
～ de vidange sur diesel　柴油机排泄阀
～ décompresseur　减压阀[开关]
～ détendeur　膨胀阀,减压开关,减压器阀门
～ droit　直流阀[开关]
～ du frein de secours　紧急制动阀
～ du mécanicien　司机阀,司机制动阀
～ du souffleur　鼓风机调解阀
～ électromagnétique　电磁阀
～ général　主阀,总阀
～ inverseur　器,转换阀,变换器,转换连接器
～ isolement de start-pilote　起动—导向隔离开关
～ manuel　旋塞
～ mécanique　机械手柄,机械旋塞
～ modulant　调幅阀
～ motorisé　电动阀
～ pour isolement de réchauffage de batterie de gas-oil　柴油加热器隔离阀
～ pressostatique　压力控制阀
～ purgeur　排泄旋塞
～ purgeur d'air　气阀,空气阀
～ purgeur du cylindre　汽缸排泄阀
～ réducteur de pression　减压阀
～ sans garniture　无填料阀
～ sur trop-plein　溢流阀
～ thermostatique　恒温阀

robinetterie　f　开关,龙头
～ pour haute pression　全套高压开关

robinet-valve　m　水龙头,气门开关

robinet-vanne　m　闸阀,泄水阀,楔形闸阀
～ à bride　带法兰的闸阀
～ à lunette　附环阀,附环移滚阀

robinia-pseudo-accacia　m　刺槐,洋槐

robinsonite　f　纤硫锑铅矿

robot　m　机器人,遥控装置,机械手自动机
robuste　a　强的,牢固的,坚固的
robustesse　f　强度,坚固性,坚强性,机械强度,耐疲劳性
～ du matériel roulant　机车车辆结构强度
～ mécanique　机械强度

roc　m　岩石,峻岩
～ broyé　碎石
～ querelleux　砂质页岩
～ vif　坚石,秃岩

rocade　f　环形道,环形道路
rocaille　f　转石,假山,小碎石,假石洞,砂砾地
rocailleux, euse　a　石质的,多石的,多石子的,多砂砾的

roche　f　石,岩石,石块
à ～ nue　裸露岩石
～ à bâtir　基岩,本生岩,建筑石材
～ à diaspores　硬水铝岩
～ à diatomées　硅藻岩
～ à éléments anguleux　角砾岩
～ à grain fin　细粒岩
～ à grands éléments　粗粒岩
～ à kérogène　油母岩
～ à la côte　海滨岩石
～ à macropores　大孔隙岩石
～ à olivine　纯橄榄岩
～ à réaction acide　酸性岩
～ à réaction basique　碱性岩
～ à structure feuilletée　叶片状岩石
～ à structure foliacée　薄叶岩
～ à tête de clous　圆砾岩
～ abattue　采下的岩石,崩下的岩石
～ abrasive　磨料岩,研磨用岩
～ abyssale　深成岩
～ abyssique　深成层
～ acide　酸性岩
～ afeldspathique　无长石岩类
～ agglomérée　集块岩
～ agrégée　碎屑岩
～ alcaline　碱性岩
～ alcalino-calcique　钙碱性岩
～ alcalino-terreuse　碱土岩石
～ alferrique　铝铁质岩浆岩
～ allochémale,～ allochème　异化岩,他化岩

~ allochimique 异化岩,他化岩
~ allochtone 异地岩,移置岩
~ allotistéréomorphe 碎屑岩
~ altérable 风化岩石,蚀变岩石
~ altérée 风化岩,蚀变岩石
~ amorphe 玻质岩,非晶质岩
~ amygdaloïde 杏仁状岩
~ aphanitique 隐晶质岩
~ aquifère 水成岩,沉积岩,含水岩
~ archéenne 太古岩
~ arénacée 砂质岩
~ arénacée lapidifiée 砂岩
~ argileuse 泥质岩,黏土质岩,细粒碎屑岩
~ aschistique 未分岩,未分异岩
~ asphaltique 未分异岩,非片状岩,地沥青岩
~ athrogène 火成碎屑岩
~ atmoclastique 沥青石,地沥青岩,大气碎屑岩
~ atmogénique 气生岩
~ autochtone 原地岩,原地岩体,原生岩体
~ autoclastique 自碎岩
~ azoïque 无生物岩石
~ basaltique 玄武岩
~ basique 碱性岩,基性岩
~ biochimique 生物化学岩
~ bioclastique 生物碎屑岩
~ biogène 生物岩
~ branlante 栖石,摇石,坡栖岩块
~ brûlée 烧焦岩
~ brute 粗岩,粗石
~ calcaire 石灰岩,石灰石,碳酸盐岩
~ calcoalcaline 钙碱性岩
~ calco-magnésienne 钙镁质岩
~ carbonatée 碳酸盐岩,有机灰岩
~ carbonée 碳质岩
~ carbonifère 含碳岩石,石炭纪岩石
~ cassante 脆性岩,易碎岩
~ caverneuse 多孔穴的岩石
~ champignon 茸状石,蘑菇石
~ charbonneuse 碳质岩
~ chimique 化学岩
~ clastique 碎屑岩
~ cohérente 黏合岩
~ compacte 密实岩,坚质岩石
~ compétente 强岩石,坚硬岩石

~ complexe 复杂岩石,复成分岩
~ composée 复成岩
~ concassée 碎石,石渣
~ conglomératique 砾岩
~ conglomérée 砾岩
~ continentale 陆相岩石
~ coquillière 介壳灰岩
~ s cornéennes 角岩类
~ couverture 盖层,冠岩
~ crayeuse 白垩岩
~ crétacée 白垩
~ cristalline 结晶岩,火成岩,岩浆岩,结晶岩石
~ cristallophyllienne 复质岩,叶结晶岩
~ d'agrégation 碎屑岩,正片麻岩,火成片麻岩
~ d'anatexie 深熔(混合)岩
~ d'eau douce 淡水沉积岩
~ d'épanchement 火成岩,溢流岩,火山岩
~ d'évaporation, ~ évaporitique 蒸发岩,蒸发盐沉积物
~ d'intrusion 侵入岩
~ d'origine 基岩,原岩,母岩
~ d'origine aqueuse 水成岩
~ d'origine biochimique 生物化学沉积岩
~ d'origine chimique 化学沉积岩
~ d'origine détritique 碎屑沉积岩
~ d'origine interne 内生岩
~ d'orthométamorphisme 正片麻岩,火成片麻岩
~ de bade 基岩,原岩,底岩,硬岩,本生岩
~ de boue 泥岩,泥石
~ de consolidation, ~ consolidée 固结岩
~ de construction 建筑石材
~ de contact 接触带岩石
~ de corne geuilletée 角岩
~ de demi-profondeur 半深层岩
~ de départ 母岩,源岩,原生岩
~ de différenciation, ~ différenciée 分异岩
~ de filon 岩脉岩
~ de fond 基岩,底岩,本生岩,基底岩石
~ de fondation 基岩,底岩,硬岩,本生岩
~ de fraîche 新鲜岩石,未变质岩石
~ de la croûte terrestre 地表岩石
~ de limon 粉砾岩
~ de massif 基底,基岩
~ de mélange 混染岩,混浆岩

~ de métamorphisme 变质岩,变成岩
~ de paramétamorphisme 副片麻岩,水成片麻岩
~ de précipitation 水成岩,沉积岩
~ de profondeur 深成岩
~ de quartz, ~ quartzique 石英岩
~ de segmentation 分化脉岩
~ de soubassement 底岩,基岩,下伏岩石
~ de surface 喷出岩,火成岩
~ de vase 粉砂岩
~ décomposée 风化岩石
~ décorative 饰面石
~ demi-dure 半坚硬岩石
~ dépourvue de fossiles 无化石岩
~ désagrégée 破碎岩,风化岩,风化岩石,蚀变岩石
~ détritique 碎屑岩,正片麻岩,火成片麻岩
~ détritique à grain très fin 细粒碎屑岩
~ détritique cohérente 胶结碎屑岩
~ deutogène 碎屑岩,次生岩
~ diaschiste 二分脉岩
~ diaschistique 二分岩
~ disjonctive 碎裂岩
~ dolomitique 白云岩,白云石
~ du toit 顶板岩石,盖层岩石
~ dure 坚硬岩石
~ ébouleuse 松散岩石,风化岩石
~ écailleuse 鳞片状岩,叶片状岩
~ écrasée 压碎岩
~ effusive 喷出岩
~ s effusives 喷出岩,溢流岩
~ en décomposition 风化岩石
~ en fusion 岩浆
~ en masse 岩体,块体
~ en place 基岩,原岩,岩体,原生岩石,实质岩石
~ en plaquettes 铺路石,薄层砂岩
~ encaissante 围岩,原岩
~ enclavante 围岩
~ endogène 内成岩,深成岩
~ endomorphique 内变质岩,内接触变质岩
~ englobante 围岩
~ éolienne 风成岩,火山岩,风化岩石
~ éolisée 风磨岩
~ erratique 漂岩
~ éruptive 喷发岩,火成岩,火山喷发岩
~ éruptive d'épanchement 喷出岩

~ éruptive effusive 喷出岩
~ éruptive profonde 深成岩
~ éruptive superficielle 火山岩,喷出岩
~ étanche 隔水岩石,屏蔽岩层
~ exogène 外生岩,外成岩
~ exogénétique 外生岩,外成岩
~ extraterrestre 陨石,地外岩石
~ extrême molle 极软岩石
~ extrusive 喷出岩
~ favorable 围岩
~ feldspathique 长石岩
~ feuilletée 片状岩石
~ filonienne 脉岩
~ filonienne différenciée 分异脉岩
~ filonienne non différenciée 未分异脉岩
~ fissile 易剥裂岩石
~ fissurée 裂缝岩石
~ foliée 片状岩
~ fracturée 断裂岩石,裂隙性岩石
~ fragmentaire 碎屑岩
~ fragmentée 破碎岩石
~ fraîche 新露出岩石
~ franche 易切石
~ friable 疏松岩石,松软岩石
~ frittée 烧变岩,熔合岩
~ gélive 冻结岩石,冻结岩层
~ gneissique 片麻岩质岩石
~ granitique 花岗岩
~ granitoïde 似花岗石的岩石
~ grenue 粒状岩石,显晶岩石
~ gréseuse 砂岩
~ grossière 粗粒岩
~ guide 标志层
~ hétéromorphe 异象岩
~ humique 残留生物岩,残留有机岩
~ hyaline 玻质岩
~ hydride 混染岩,混浆岩
~ hydroclastique 水碎岩
~ hydrogénique 水生岩,水成岩,沉积岩
~ hydrothermale 热液蚀变岩,水热成因岩类
~ hypabyssale[hypoabyssale] 浅成岩,半深层岩
~ ignée 火山岩,火成岩
~ imperméable 不透水岩石
~ imprégnée 浸染岩

~ incohérente 疏松岩石，未固结岩石
~ incompétente 弱岩石，不坚固岩石
~ injectée 贯入岩
~ intacte 原状岩石
~ intermédiaire 夹层，中性岩
~ intra-corticale 地内生成岩，壳内深成岩
~ intrusive 侵入岩
~ isotrope 均质岩
~ kaolinique 瓷土石，高岭土岩
~ laminée 薄层状岩石，纹层状岩石
~ lavique 熔岩
~ leucocrate 淡色岩，细晶岩，红晶岩
~ litée 层状岩，成层岩石，层状岩石
~ lithique 微晶岩，致密岩
~ lumaire 月岩
~ lutacée 泥质岩，黏土质岩
~ macro-clastique 粗屑岩
~ macrocristalline 粗晶岩，显晶岩
~ mafique 镁铁质岩
~ magasin 储集岩层
~ magmatique 岩浆岩
~ magmatogène 岩浆成因岩石
~ marine 海相岩石
~ marmoréenne 大理岩
~ massive 深成岩，硬岩块，块状岩石
~ maternelle 基岩，母岩
~ mélanocrate 暗色岩，深色岩
~ mère 母岩，基岩，源岩，原生岩
~ mère cristalline 结晶母岩
~ mère d'origine 原生母岩
~ mère gneissique 片麻石母岩
~ mère sédimentaire 沉积母岩
~ mésocrate 中色岩
~ métamorphique 变质岩，变成岩
~ méta-sédimentaire 变质沉积岩
~ métasomatique 交代岩
~ météorique 陨石
~ météorique holosidère 铁陨石
~ meuble 易碎岩石，松散岩石
~ microcristalline 微晶岩
~ microlitique 微晶玢岩
~ microphirique 微斑状岩
~ migmatique 混合岩
~ minéralisée 矿化岩石

~ minérogène 含矿岩石
~ mixte 混积岩，混合(沉积)岩
~ molle 软岩石
~ molle sensible à l'eau 对水敏感的软质岩石
~ monogène 单成岩
~ monogénique 单矿岩
~ monominérale 单矿岩，单成分岩
~ mouchetée 斑点状岩石
~ moutonnée 羊背石
~ mouvante 表土，流沙，浮沙，熔化土，覆盖层，风化层
~ mylonitique 糜棱岩
~ naturellement imprégnée de bitume 沥青岩
~ néovolcanique 新火山岩
~ neutre 中性岩
~ non cimentée 未胶结岩，松散岩石
~ non consolidée 疏松岩石，未固结岩石
~ non stratifiée 非层状岩
~ noyée 暗礁岩
~ nue 裸露岩石
~ ophitique 辉绿岩
~ organique 生物岩，有机岩
~ organodétritique 生物碎屑岩
~ organogène 有机岩，生物岩，有机碎屑石
~ originaire 源岩，原生岩
~ originale 基岩，原岩
~ orthométamorphique 正变质岩，火成变质岩
~ orthomorphique 正变质岩，火成变质岩
~ paléovolcanique 古火山岩
~ para 副变质岩，沉积变质岩
~ paramétamorphique 副变质岩，沉积变质岩
~ paramorphique 副变质岩，沉积变质岩
~ pédonculaire 石蘑菇
~ pélitique 泥质岩，细粒碎屑岩
~ perchée 坡栖石
~ périplutonique 近深成岩
~ perlitique 珍珠岩
~ perméable 透水岩
~ pétrolifère 含油岩层
~ pétroligène 油气母岩
~ peu cohérente 弱胶结岩
~ phosphatée 磷块岩，含磷岩石
~ phytogène 植物岩
~ phytogénétique 植物岩

~ plastique 塑性岩石
~ plutonienne 深成岩
~ plutonique 深成岩
~ poreuse 透水岩石,孔隙岩石,多孔岩石
~ porphyrique 斑岩,斑状岩
~ porphyroïde 残斑岩
~ porteuse 容矿岩石,载矿岩石
~ pourrie 松软岩石,风化岩石,蚀变岩石
~ primaire 原生岩
~ primitive 原生岩石,古老岩石
~ productive 含矿岩层,含油岩层
~ profonde 基岩
~ protectrice 遮挡岩层,屏蔽岩层
~ protogène 原生岩石
~ psammitique 砂岩,砂屑岩
~ pséphitique 砾质岩
~ puante 臭灰岩
~ pulvérulente 细尘岩,粉状岩石,松散岩石
~ pyroclastique 火成碎屑岩,火山凝灰岩
~ pyrogène 火成岩,喷出岩,火山岩
~ pyrométamorphisée 高温变质岩
~ quartzifère 含有石英的岩石
~ rebelle 极硬岩石
~ récalcitrante 极坚硬岩石
~ récifale 礁岩,生物礁岩
~ récuite 火烧岩
~ réelle 中性岩
~ régénérée 再生岩
~ réservoir 储集岩,储热岩石,储油岩层
~ résiduelle 残积岩石
~ résistante 坚硬岩石,抗蚀岩石,稳定岩石
~ roulante 滚石
~ rudacée 砾状岩,砾屑岩
~ sableuse 砂质岩
~ saine 新露出的岩石,未风化的岩石
~ salifère 含盐岩石
~ saline 含盐岩石,盐类岩石
~ salique 硅铝质岩
~ sapropélienne 腐泥岩
~ saturée 饱和岩
~ schisteuse 片岩,薄岩片,叶片岩
~ scoriacée 渣状岩石
~ secondaire 次生岩石
~ sédimentaire 水成岩,沉积岩

~ sédimentaire clastique 碎屑岩,正片麻岩,火成片麻岩
~ silicatée 硅酸盐岩,硅化岩石
~ siliceuse 硅质岩
~ silicifiée 硅化岩石
~ silicique 硅质岩
~ silico-calcique 钙硅质岩
~ similaire 同生岩
~ solide 基岩,底岩,硬岩,本生岩,坚固岩石
~ source 矿源岩
~ sous-jacente 基岩,母岩,下伏岩石,下邻岩石
~ stérile 废石,夹石,无矿岩石
~ stratifiée 水成岩,沉积岩,成层岩石,层状岩石
~ striée 具冰川擦痕的岩石
~ subvolcanique 亚火山岩
~ suintante 渗水岩石
~ super-corticale 地面生成岩
~ supercrustale 上壳岩
~ superficielle 火成岩,溢流岩,表层岩石
~ support 岩石地基
~ supra-corticale 外生岩,地面生的成岩
~ surjacente 上邻岩石
~ tenace 韧性岩石
~ tendre 软岩,松软岩石
~ terrigène 陆源岩,陆屑岩
~ transformée 过渡性岩石
~ transition 过渡岩石
~ trappéenne 暗色岩
~ truitée 橄榄岩
~ tufogène 凝灰岩,凝灰岩类
~ ultrabasique 超基性岩,高碱性岩石
~ unitaire 单成岩,单性岩,罩矿岩
~ verte 绿岩,蛇绿岩
~ vitreuse 玻璃岩
~ vive 可采矿石,新露出的岩石,有工业价值的岩石
~ volcanique 火成岩,火山岩,岩浆岩
~ zoogène 动物岩
roche-hôtesse[**roche-hôte**] *f* 主岩,围岩,容矿岩,宿主岩体
roche-magasin *f* 储集岩
roche-mère *f* 母岩,原生岩石
~ à gaz 产(天然)气母岩,含(天然)气母岩
~ à huile 含油母岩,产油母岩

~ de pétrole 含油母岩，产油母岩
rocher *m* 岩石，悬岩，峭壁
  ~ à fleur d'eau 暗礁
  ~ altéré 风化岩石
  ~ branlant 摇摆石
  ~ compact 密实岩石，坚质岩石
  ~ de fondation 基岩，岩床
  ~ décomposé 风化岩
  ~ en place 基岩，岩床，原生岩石
  ~ en surplomb 悬崖
  ~ fissuré 裂隙岩
  ~ fracturé 裂隙岩石
  ~ isolé 孤残层
  ~ primitif 坚岩，原生岩
  ~ ruiniforme 城堡状崖
  ~ sain 基岩，坚质岩石
roche-réservoir *f* 储集岩，储油层，油储岩层，热储岩层
roche-support *m* 围岩，容矿岩石，岩石底盘
rochet *m* 线轴，线盘，链轮
rocheux, euse *a* 陡峭的，岩石的，多岩石的，岩石重叠的
rockallite *f* 钠辉花岗岩
rockbridgéite *f* 绿铁矿
roctage *m* 岩石开凿
rod *m* 杆，棒，钻杆，标杆，棒状颗粒，长条颗粒
rodage *m* 磨，研磨，磨合，磨光
  ~ des coquilles 轴瓦壳研磨
  ~ des soupapes 阀的研磨，阀的磨合，阀的修整
rodalquilarite *f* 氯碲铁石
roder *v* 磨，研磨，磨合，磨光
  ~ un assemblage 新车磨合，新车试运转，溜车（新车出厂后的）
  ~ un véhicule 新车磨合，溜车（新车出厂后的）
rodeur *m* 磨床，研磨机
rodingite *f* 异剥钙榴岩
rodite *f* 角砾古橄无球粒陨石
rodochrosite *f* 菱锰矿
rodoir *m* 砂轮，磨石，磨床，研磨器，研磨工具
  ~ à main 手动磨合器
rœblingite *f* 硫硅钙铅石（铅蓝方石）
rœddérite *f* 罗镁大隅石
rœmérite *f* 粒铁矾
roentgen *m* 伦琴（辐射能单位）

rœntgénite *f* 伦琴石（碳氟钙铈矿）
rœppérite *f* 锌锰铁橄榄石，钙菱锰矿（锰方解石）
rœsslérite *f* 砷氢镁石
rogersite *f* 六水铁矾，针磷钇铒矿
roggianite *f* 水硅铝钙石
rogner *v* 切边，切去，剪去，截短，削成圆形
rognon *m* 肾状石，矿结核，肾形结核
  ~ de minerai 肾状矿石
  ~ de pyrite 黄铁矿结核
  ~ de silex 燧石结核
rognonneux *a* 含结核的
rognure *f* 断片，小片，切屑，削屑
  ~ d'acier 钢屑
rohaïte *f* 硫锑铜铊矿
roide *a* 坚硬的
roideur *f* des minéraux 矿物硬度
roisse *f* 陡倾岩层（倾角大于400°）
roisse-pendage *m* 陡倾斜
rokuhnite *f* 罗水氯铁石
rôle *m* 作用，任务，角色
  à tour de ~ 依次，轮流
  ~ déterminant 决定性作用
  jouer un ~ 起……作用
  ~ mécanique 力学作用，机械作用
rolledasphalt 碾压式地沥青（即沥青混凝土）
roller-bit *m* 牙轮钻头
romanéchite *f* 钡硬锰矿
romanite *f* 杂色琥珀，含硫琥珀
romanzovite *f* 褐钙榴石，钙铝钙榴石（桂榴石）
romarchite *f* 黑锡矿
roméine [roméite] *f* 锑钙石
rompre *v* 折断，打碎，破碎，冲毁
  ~ une communication 中断通信，中断交通
  ~ un plomb 开封，拆开铅封
rompu, e *a* 破坏的，断裂的，破碎的
rond *m* 圆，圆圈，圆钢，圆形物，圆钢筋
  ~ à béton 光面钢筋
  ~ à haute adhérence 竹节钢筋，（混凝土）变形钢筋
  ~ d'acier 钢筋，（混凝土）加强筋
  ~ lisse 光面钢筋，螺纹的圆钢
rond, e *a* 圆的，圆形的，整数的
ronde *f* de garde-voie 巡道工巡道
rondeau *m* 滚筒，滚柱，滚轴，压路机，滚筒滚柱

rondelle *f* 圈,环,垫板,垫片,垫圈,圆盘,隔离环
～ à collerette 凸缘垫圈
～ à dents 梅花垫圈
～ à dents de six 六槽垫圈,梅花垫圈
～ à ressort 弹簧垫圈
～ biaise 斜垫圈
～ contre rivure 铆钉垫圈
～ cuvette 碗形垫片
～ d'écrou 螺帽垫圈
～ d'épaisseur 调整垫圈
～ d'étanchéité 防水垫圈,密封垫圈
～ de boulon 螺栓垫圈
～ de bout d'arbre 轴端垫圈
～ de brides 法兰垫圈
～ de butée 挡圈,止推圈
～ de calage 垫片,垫圈,填隙片
～ de choc 缓冲环
～ de garniture 密封垫圈
～ de redresseur 校正垫圈
～ de retenue 挡圈,锚定板,止推垫圈
～ de sécurité 安全垫圈,安全垫片
～ de sûreté 安全垫圈,安全垫片
～ de tampon 缓冲圈
～ découpée 花垫圈
～ du boulon 螺栓垫圈
～ élastique 弹簧垫圈
～ en caoutchouc 橡皮垫圈
～ en cuir 皮垫圈
～ en feutre 毡圈
～ en feutre bitumé 油毡垫圈
～ en liège 软木垫[圈]
～ en plastique 塑料垫圈
～ en plomb 铅垫圈
～ en zinc 锌垫圈
～ entretoise 间隔垫圈
～ éventail 扇形垫圈
～ fendue 开口垫圈
～ filtrante 过滤圆盘
～ Grower 弹簧垫圈
～ Grower à rebord 凸边弹簧垫圈
～ intercalaire 缩紧垫片,定位垫片
～ obturatrice 密封垫圈
～ tailladée 开口垫圈
rondelle-frein *f* 制动垫片,止动垫圈,锁紧垫片

～ étroite 窄止动垫片,窄锁紧垫片
rondeur *f* 圆,圆形,圆形物,球形物
rondin *m* 原木,滚子,垫板,棒材,圆棒,树干,钢筋
rond-point *m* 点圆,半圆形,环岛,（环形交叉的）中心岛
ronfleur *m* 汽笛,蜂音器
rongé, e *a* 熔蚀的,侵蚀的
rongement *m* 侵蚀
ronger *v* 熔蚀,侵蚀,腐蚀
rongstockite *f* 碱辉闪长岩
röntgénite *f* 碳氟钙铈矿（伦琴石）
roof-pendant *m* 顶坠体,顶垂体
rooseveltite *f* 砷铋石
rooter *m* 路犁,除根机,除荆机,拔根器
ropperite *f* 钙菱锰矿
roquesite *f* 硫铟铜矿
rosasite *f* 锌孔雀石
roschérite *f* 水磷铍锰石
roscoélite *f* 钒云母
rose *f* 玫瑰,玫瑰图
～ de désert 沙漠玫瑰（石膏结壳）
～ de mer 海百合
～ des sables 沙漠玫瑰（石膏结壳）
～ des vents 风徽,风向图,风玫瑰图,罗盘方位标
roseau *m* 芦苇
rosée *f* 露,露水,点滴
roséite *f* 蛭石,硫铱俄矿
roselière *f* 芦苇湖,芦苇塘
rosélite *f* 砷铬钙石（玫瑰砷钙石）
rosémaryite *f* 磷铝高铁钠锰石
rosenbuschite *f* 锆针钠钙石（罗森布什石）
rosenite *f* 斜硫锑铅矿,硫铜锑矿
rosette *f* 插座,焊片,接线盒,灯线盒（天花板）玫瑰花式
rosickyite *f* 斜自然矿（γ硫）
rosicle *m* 红银矿
rosiérésite *f* 磷铝铅铜石
rosine[rosite] *f* 硫铜锑矿,钙长形块云母
rosolite *f* 蔷薇[钙铝]榴石
rossite *f* 水钒钙石
rösslerite[rœsslérite] *f* 砷氢镁石
rosso ammonitico 菊石玫瑰（红）大理岩
rosstrévorite *f* 绿帘石

rostérite *f* 铯绿柱石
rostite *f* 斜方铝矾
rostornite *f* 低氧树脂石
rotacteur *m* 波段转换开关,转换开关
rotateur, trice *a* 旋转的,回转的
rotatif, ive *a* 旋转的,转动的,回转的
rotation *f* 自动,转动,旋度,涡流,漩涡,周转,周转时间
　～ des locomotives 机车周转,机车周转时间
　～ des machines 机车周转,机车周转时间
　～ des wagons 车辆周转,车辆周
　～ du levier 扳动握柄
　～ du matériel 车辆周转,车辆周转时间
　～ du personnel 人员轮班
　～ en sens inverse d'horloge 逆时针旋转
　～ en sens d'horloge 顺时针旋转
　～ sur place 原地回转
rotationnel *m* 旋度,旋转量
rotationnel, elle *a* 旋转的,转动的
rotative *f* 旋转钻机
rotatoire *a* 回转的,旋转的,转动的
rotavator *m* 松土机,转轴式松土拌和机
rotenburgite *f* 正钠中长闪长岩
rothoffite *f* 粒榴石,锰钙铁榴石
rôtissage *m* 焙烧
Rotomagien *m* 罗托马格阶(K_2)
rotonde *f* 圆亭,圆顶建筑物,圆形建筑物,圆形机车库
　～ à locomotives 圆形机车库
rotopercutant *a* 冲击旋转的
rotor *m* 叶轮,动片,转轮,转动体
　～ à palette 叶轮式,叶轮
　～ contre-rotatif 反向旋转叶轮
röttisite *f* 绿镁镍矿,镍叶蛇纹石
Rottorfien *m* 罗托尔夫组(J_1)
rotule *f* 关节,铰链,球窝,球节,球形铰,球窝关节
rouage *m* 齿轮传动机构
　～ s d'un gouvernement 政府各机构
roubaultite *f* 铜铀矿
roubschite *f* 菱镁矿
roue *f* 定轮,车轮,齿轮
　～ à aubes 叶轮,涡轮
　～ à bandage 带轮箍车轮

～ à bandage rapporté 带压装轮箍的车轮
～ à bandage serré à chaud 带热压装轮箍的车轮
～ à bandages jumelés 双轮胎轮
～ à bogies 转向架车轮
～ à bras 辐条轮
～ à centre plein 实心轮
～ à cliquet 棘轮,齿轮
～ à déclic 棘轮
～ à denture 齿轮
～ à denture à chevrons 人字齿轮
～ à denture hélicoïdale 斜齿齿轮,螺旋齿轮
～ à disque 实心轮,辐板车轮
～ à disque laminée en acier doux 轧质软刚辐板车轮
～ à diviser 分度齿轮
～ à frein 制动轮
～ à gorge 槽轮,滑车轮,缆绳轮,双突缘车轮
～ à noix 链轮
～ à rayons 辐条轮
～ à rochet 棘轮,制动轮
～ à toile 辐板车轮
～ à toile nervurée 带加强金辐板车轮
～ à toile pleine 实心车轮,辐板车轮
～ à vent 风轮,风扇,通风机,送风机
～ à vis sans fin 涡轮
～ accouplée 联动轮
～ arrière 后轮
～ arrière de direction 后转向轮
～ s automatrices électriques 电动车阻
～ avant 前轮
～ bandagée 装箍车轮
～ bloquée 锁紧轮
～ caisson d'about 轮箱,装设定轮用的轮架
～ caoutchoutée 橡胶轮
～ centrifuge 离心轮
～ commandée 从动轮,从动齿轮
～ conductrice 驱动轮,主动轮
～ conique 锥形齿轮,伞形齿轮
～ correctrice 校正轮
～ couplée 联动轮
～ cylindrique 圆柱形齿轮
～ d'angle 伞形轮
～ d'arrêt 止动轮,锁闭轮
～ d'avant motrice 前驱动轮

~ d'engrenage 齿轮
~ d'entraînement 传动轮，主动轮
~ d'essai 试验轮
~ de commandé 主动轮
~ de compte 计算轮，读数轮
~ de division 分度齿轮
~ de friction 摩擦轮
~ de guidage 导轮
~ de locomotive 机车车轮
~ de rechange 备用轮
~ de renvoi 中间轮，传动轮
~ de turbine 涡轮
~ de wagon 货车轮
~ dentée 齿轮
~ dentée conique 伞齿轮，圆锥齿轮
~ dentée du différentiel （汽车的）差动轴齿轮
~ dentée élastique 弹性齿轮
~ dentée motrice (locomotive à crémaillère) 驱动齿轮（齿轨机车）
~ directrice 导轮，导向轮
~ droite 正齿轮，直齿齿轮
~ élastique 弹性轮，橡胶弹性轮
~ élastique mi-usée 半磨损弹性轮
~ en acier moulé 铸钢车轮
~ en fonte coulée en coquille 冷铸铁轮
~ en une seule pièce 整体轮
~ excentrique 偏心轮
~ fixe de turbine 涡轮机固定导向器
~ folle 空转轮
~ fondue en coquille 冷铸铁轮
~ hélicoïdale 涡轮，斜齿齿轮，螺旋齿轮
~ intermédiaire 中间轮
~ intermédiaire de commande des pompes à huile 滑油泵中间传动齿轮
~ s jumelées 双轮
~ Kaplan 卡普兰转轮，轴流式转轮
~ libre 惰轮，游滑轮
~ menante 动轮，主动轮
~ menée 从动轮，从动齿轮
~ monobloc 整体轮，整铸轮
~ monobloc en acier non allié 非合金钢的整体轮
~ motrice 驱动轮，主动轮
~ non bandagée 无箍车轮
~ non motrice 惰轮，空转轮

~ non ondulante 正齿轮，非摆动轮
~ ondulante 摆动轮
~ oscillante 摆动轮
~ palpeuse 驾驶轮，方向轮（平整度量测仪）
~ partiellement glissante 滞后轮（滑溜量测仪）
~ Pelton 皮尔敦式轮
~ phonique 音轮，发音轮
~ planétaire 行星齿轮
~ pleine 实心轮，辐板轮
~ pleine avec bandage rapporté 辐板带箍车轮
~ pneumatique 气胎轮
~ porteuse 从轮，导轮，承重轮
~ porteuse arrière 从轮
~ porteuse avant 导轮
~ rail de roulement 定轮轨道
~ s sur pneumatiques 胶轮车阻
~ tangente 涡轮，正弦轮
~ tangentielle 涡轮
~ tractée 牵引轮
~ tractée oblique 偏角轮（滑溜量测仪）
~ turbine 转轮体
~ vibrante du cylindre 振动压路机，振动武路碾

roue-pelle *f* 转轮式多斗挖土机
roue-rail *m* 履带轮
rouge *m* 红色；*a* 红的，红色的
~ partout （交叉口的所有信号）全红灯
rougeâtre *a* 淡红色的
rougemontite *f* 橄钛辉长岩
rougir *v* 染红
rouillage *m* 生锈，锈蚀
rouille *f* 锈，铁锈，锈层，腐蚀
rouillé, e *a* 生锈的，锈蚀的
rouillement *m* 锈蚀
rouiller *v* 生锈
rouilleux, euse *a* 生满锈的
rouillure *f* 锈，铁锈，生锈
roulage *m* 滚，旋转，滚动，滚压，碾压，运输
~ d'essai 试验行程
~ secondaire 二次碾压
roulant, e *a* 滚动的，转动的，传送带式的
roulé *a* 滚圆的
rouleau *m* 卷，卷起，碾子，滚筒，圆筒，滑轮，滚柱，滚轴，路碾，（圆）辊，压路机，（闸门）圆柱体
~ à bandages lisses 光轮压路机

rouleau

~ à boucharde 槽纹路碾，槽纹压路机
~ à bras 人力路碾，手拉滚筒
~ à brosser 旋转路刷，旋转式路帚
~ à caoutchouc avec double fusé oscillante 摆动式轮胎压路机
~ à cylindres vibrants lourde 重型振动压路机
~ à deux axes 双轴压路机，双轮压路机
~ à dresser 矫直轧辊
~ à grille 方格碾，方格压印路碾（修筑水泥人行道用），方格铁板压路机
~ à jantes lisses 光轮压路机
~ à jantes pleines 平碾
~ à main 手拉滚筒，人力压路机
~ à patins 夯实压路机
~ à pied dameur 凸块碾
~ à pied de mouton type à fouloirs élargis 弯脚羊蹄压路机
~ à pied tronc de pyramide 羊蹄滚筒，羊蹄压路机
~ à pieds de mouton 羊蹄滚筒，羊脚路碾，羊蹄压路机
~ à pieds de mouton à fouloirs élargis 直角羊足碾，扩底羊蹄压路机
~ à pieds de mouton type à fouloirs effilés 直角羊足碾，直角羊蹄压路机
~ à pieds de mouton type à fouloirs élargis 弯脚羊蹄压路机，扩底式羊蹄压路机
~ à plaque 活动板式压路机
~ à plaques vibrantes 振动板压路机
~ à pneumatique 气胎压路机
~ à pneumatique tracté 牵引式气胎路碾，牵引式气胎压路机
~ à pneus 轮胎压路机，轮胎式路碾
~ à pneus automoteurs 自行式轮胎压路机
~ à pneus lourds 重型轮胎路碾，重型轮胎压路机
~ à rainure 槽纹路碾，槽纹压路机
~ à rambour 滚筒式压路机
~ à secousses 振动压路机
~ à segments 分割式压路机
~ à tambour 滚筒式路碾，滚筒压路机
~ à trains de pneumatique tracté 牵引式轮胎压路机
~ à trois cylindres 三轮压路机
~ à trois essieux 三轴压路机，串联式三轮压路机
~ à trois roués 三轮压路机
~ à vapeur 蒸汽压路机
~ arrière 后辊，压路机后滚筒
~ automoteur 自动路碾，自行式压路机
~ automoteur à main 手扶自行式压路机
~ automoteur à pneus 自行式轮胎压路机
~ automoteur pour tranchée 沟槽路碾，沟槽压路机
~ avant 前辊，压路机前滚筒
~ balayeur 扫路机
~ bouchardeur 槽纹路碾，槽纹压路机
~ brosse 旋转路刷
~ cannelé 带槽辊，槽纹路碾，槽纹压路机
~ compacteur 路碾，路辊，滚筒，夯击式压路机
~ compresseur 光轮碾，光轮压路机
~ compresseur à bras 人力压路机
~ compresseur à pneus 轮胎式压路机
~ compresseur de ballast 道床碾压机
~ compresseur tandem 双轮压路机，串联式压路机
~ compresseur vibrant automoteur 自行式振动压路机
~ compresseur vibrant tracté 牵引式振动压路机
~ d'appui 支承辊
~ d'avancement 输送带滚动轴
~ d'eau 滚进波，滚动波
~ dameur 压土碾，夯击式碾，夯实压路机
~ de balayeuse 旋转式路刷
~ de compactage 夯击式压路机
~ de compactage tracté 牵引式夯击压路机
~ de concasseur 破碎机棍子
~ de convoyeur 滚轴，皮带轮，皮带运输机
~ de cylindrage 路碾，压路机
~ de cylindrage à bandages d'acier 钢轮碾压机
~ de cylindrage à deux axes 双轮串联式压路机
~ de cylindrage à trois essieux 三轮串联式压路机
~ de cylindrage tricycle 三轮压路机
~ de dilatation 伸缩辊轴，活动支承辊柱
~ de feuillard 板材卷，板材捆
~ de friction 摩擦滚柱
~ de grille 卷网
~ de mise en forme 成型辊
~ de support 支承轮，支承辊柱

~ de surface　表面旋滚
~ de tension　紧线滑轮
~ s de transporteur　输送机辊子，滚道输送机的滚筒
~ denté　槽纹路碾，槽纹压路机
~ des tranchées　沟槽压路机，沟槽路碾（滚压狭条路面用）
~ diesel　柴油碾压机
~ directeur　导辊，导向辊筒
~ en pierre　石碾，石辊筒
~ guide　导轮，惰轮
~ incliné　倾斜轮（滑溜量测仪）
~ léger　轻型压路机
~ lisse　平碾，光轮压路机，平轮压路机
~ lisse à vibrateur　振动式光轮压路机
~ lisse tracté　牵引式光轮压路机
~ lourd　重型路碾，重型压路机
~ mixte　混合式压路机
~ monoroue　单轮压路机
~ moteur　机动压路机
~ motorisé　自行式压路机
~ pieds-de-mouton　羊脚碾，羊足碾，羊蹄压路机
~ pinceur　压辊
~ pneumatique lourd　重型轮胎式压路机
~ pneu-tracté　牵引式轮胎压路机
~ porteur　导滚轮，随动轮，支承滚轮
~ s porteurs　承载滚筒，承载辊子（输送机用的）
~ pour trottoirs　人行道压路机
~ pousseur　推式压路机
~ routier　压路碾，压路机
~ segmenté　分割式压路机
~ statique　光滑路碾，光轮压路机
~ sur pneu　气胎碾
~ tandem　牵引式碾子，牵引式碾压机，串联式碾压机，双轮式碾压机，双轮压路机，串联式压路机
~ tandem à vapeur　蒸汽双轮式压路机
~ tandem de chaîne　链条张紧轮
~ tandem diesel　柴油双轮式压路机
~ tendeur　拉辊，张力惰轮，拉紧滑车
~ tourne pieds　转足碾，变位羊蹄压路机
~ tracté　牵引式压路机
~ tricycle　三轮压路机
~ trijante　三轮路碾，三轮压路机，三轮串联式压路机
~ triroue　三轮压路机
~ type remorque　牵引式压路机
~ unique　光轮路碾，光轮压路机
~ vertical　直轴旋辊
~ vibrant　振动碾，振动压路机
~ vibrant à bandage métallique　钢轮振动压路机
~ vibrant à pneumatiques　轮胎式振动压路机
~ vibrant articulé　铰接式振动压路机
~ vibrant automoteur　自行式振动压路机
~ vibrant automoteur de tranchées　自行式沟槽振动压路机
~ vibrant monocylindre　单轮振动压路机
~ vibrant tandem　双轮振动碾，串联式振动碾
~ vibrateur　振动路碾，振动压路机
~ vibratoire monoroue　单轮振动压路机

roulement *m*　滚，滚动，轴承，轴瓦，运行，行程，循环，周转，轮班，交替，轮班表，滚动轴承，周转时间
~ à aiguille　滚针轴承
~ à billes　滚柱轴承
~ à billes à gorge profonde　深滚道滚珠轴承
~ à brilles de haute précision　高精度滚珠轴承
~ à galets　滚柱轴承
~ à rotule　球面轴承
~ à rouleaux　滚柱轴承
~ à rouleaux articulés　球窝轴承，球窝关节
~ à rouleaux coniques　锥形滚柱轴承
~ à rouleaux en tonneau　球面或鼓形滚柱轴承
~ à tonneaux　滚柱轴承
~ à tonnelets　球面滚柱轴承
~ antifriction　减摩轴承
~ avec cage centrée sur les rouleaux　带导框的滚珠轴承
~ d'une roue　轮的滚动
~ de butée　止推滚动轴承
~ de canon-box　抱轴轴承
~ de fonds　资金周转
~ s de machines　机车周转图
~ de personnel　工作人员轮班表
~ de service　值班表
~ des engins (moteurs)　机车周转，机车轮乘制，机车周转计划
~ des locomotives　机车周转，机车轮乘制，机车

周转计划
~ des rames de matériel à voyageurs 客车车底的周转时间
~ des trains 列车运行
~ du personnel 人员值班表,工作人员轮班表
~ du personnel de conduite 机车乘务组轮乘制,乘务人员轮乘轮班表
~ du pneu 轮胎胎面
~ du véhicule 车辆的行驶
~ orientable 自动滚动轴承
~ pendulaire à rouleaux （自动对位）鼓形滚柱轴承
~ sphérique à billes （自动对位）球形滚珠轴承

rouler v 碾压,转动,运行,旋转,卷起,行驶,使滚动

roulette f 滚球,小轮,卷尺,划线轮,轮状刀,旋轮线
~ d'arpenteur 卷尺,侧尺
~ de guidage 导轮,导辊惰轮
~ pivotante avec bandage 带箍转向轮(小车的)

rouleur m chaud 火碾,热辊(碾压沥青路面用,辊面内部加热的压路机)

rouleuse f 弯曲机
~ de barre 钢筋弯曲机

roulis m 横向摆动(机车),侧滚运动

roulure f 环裂(木材)

roupie f 卢比(印度、巴基斯坦、斯里兰卡、尼泊尔、马尔代夫货币单位)

roussard m 红色砂岩

roussâtre a 近红棕色的,近橙红色的

roussette f 粒状石膏

roussier m 砂质褐铁矿

roussis m 褐铁矿

rousture f 系索

route f 路,道路,公路,进路,路线
~ 《E》(européenne) 欧洲公路
~ à deux, trois, quatre chaussées séparées 具有二、三、四分隔车行道的公路
~ à 4 voies 四车道高速公路
~ à 6 voies 六车道高速公路
~ à accès limité 限制入口公路
~ à chaussée bidirectionnelle 双向车道公路
~ à chaussée rigide 有刚性路面的公路
~ à chaussées séparées 行车车道隔开道路
~ à chaussée souple 有柔性路面的公路
~ à chaussée unique 单幅式道路
~ à circulation libre 无交通指挥的道路,车辆自由行驶的道路
~ à circulation permanente 全天候道路
~ à circulation réglementée 有交通指挥的道路
~ à circulation saisonnière 季节性公路
~ à construire 拟建道路
~ à deux chaussées 双路面道路
~ à deux chaussées distinctes 分隔行驶的道路,有分隔带的道路
~ à deux chaussées séparées 分隔行驶的道路,有分隔带的道路
~ à deux étages 双层公路
~ à deux plate-formes 复式横断面道路(在同一山坡上来往行车分别行驶于高低不同的两条车行道)
~ à deux sens 双向行车道路
~ à deux sens de circulation 双向行车道路
~ à deux voies 双车道公路
~ à double chaussée 双幅式公路
~ à double courant 双向行驶公路
~ à double sent de trafic 双向行车的道路
~ à enduit monocouche 单层表面处治的道路
~ à enduits multicouches 多层表面处治的道路
~ à faible circulation 交通量小的道路
~ à faible trafic 交通量小的道路
~ à flanc de coteau 傍山公路
~ à flanc de montage 山坡线,山腰线
~ à fort trafic 大交通量道路
~ à grand débit 大交通量道路
~ à grand trafic 干道,大交通量道路
~ à grande circulation 干线公路,交通流量大的公路
~ à grande distance 干线
~ à grande vitesse 快速道路
~ à huit voies 八车道道路
~ à l'intérieur de la localité 地方道路
~ à la région 地区道路
~ à N-voies 多车道道路
~ à nombre de voies 多车道公路
~ à nombre impair de voies 单数车道道路

~ à péage　收费道路
~ à plusieurs chaussées　多车道公路
~ à plusieurs voies　多车道道路
~ à priorité　干线道路，主要公路，主要道路，优先通行路（在交叉口可以直接穿过，无须停车）
~ à priorité de passage　优先通行道路
~ à quatre voies　四车道道路
~ à renforcer　加固道路，补强道路
~ à rétablir　重建道路
~ à revêtement de briques　砖铺路面道路
~ à revêtement dur　硬路面公路
~ à sens unique　单行线，单向公路
~ à simple courant　单行线，单向道路
~ à six voies　六车道道路
~ à trafic dense　大交通量道路
~ à trafic lourd　重交通道路
~ à trafic mixte　混合交通道路
~ à travers les montagnes　越岭线
~ à trois voies　三车道道路
~ à voie seule chaussée　单车道公路
~ à voie unique　单车道公路
~ à voies multiples　多车道公路
~ accidentée　高低不平道路
~ aérienne　航空线，高架道路，双车道公路
~ affluente　支路，支线
~ agricole　农用道路
~ alpine　山（区道）路
~ améliorée　改善道路
~ annulaire　环行路，环形道路
~ artérielle　干道
~ asphaltée　柏油路
~ au voisinage des villes　市郊道路
~ autoroute　高速公路
~ axiale　轴向道路，辐射状道路
~ barrée　车阻道路，禁止通行的道路
~ bétonnée　混凝土路
~ bidirectionnelle　双向行车道路
~ bitumée　沥青路
~ blanche　白色路，水泥混凝土路
~ bombée　搓板路
~ cantonale　区道，州道
~ carrossable　马车路，大车道
~ cavalière　马道，大车道
~ Centre Europe Atlantique(RCEA)　大西洋中欧公路
~ circulaire　环形道，环行路
~ classée　分级道路
~ classifiée　等级公路
~ collectrice　集散道路
~ communale　市镇道路
~ concentrique　环行道路
~ côtière　海滨公路
~ couverte　铺装道路，铺面道路
~ creusée de fondrières　泥坑道路
~ d'accès　引道，匝道，支路，便道，进路，进场公路，施工道路，对外交通道（通往工程地点的道路）
~ d'accès de construction　施工进场道路
~ d'approche　引路，引道
~ d'arrêt　停车道
~ d'embranchement　支线公路
~ d'enrobés bitumineux　沥青混合料道路
~ d'entrée　（高速公路的）进入车行道，入口车行道
~ d'évitement　支路
~ d'exploitation libre　自由行驶道路
~ de bouchon　狭窄道路，瓶颈道路
~ de campagne　乡村公路
~ de ceinture　环路，环形道路，带状公路
~ de chantier　工地道路，现场道路
~ de col　通过垭口的公路
~ de commune　市镇道路
~ de course　赛车道
~ de crête　山脊线
~ de dégagement　疏散道路
~ de desserte　便道，连路道路，辅助道路，服务性道路
~ de desserte locale　地方公路
~ de desservante　便道，辅助公路
~ de détournement　迂回道路
~ de déviation　旁路，支路，交替道路，绕行公路
~ de formation　计费经路，制定运价时所采用的经路
~ de goudron　柏油路
~ de jonction　连接道路
~ de l'État　国道
~ de la région　地区道路
~ de liaison　干线公路，连接道路

- ~ de liants bitumineux 沥青结合料道路
- ~ de montagne 山区道路
- ~ de plaine 平原区道路
- ~ de rase campagne 野外公路，乡村公路，郊区道路
- ~ de rétablissement 重建道路
- ~ de rivage 沿岸公路
- ~ de second ordre 次要道路
- ~ de service 便道，地方道路，辅助道路，厂用道路，服务性道路
- ~ de sortie （高速公路）驶出路
- ~ de terre battue 土路
- ~ de tourisme 游览道路，旅游道路
- ~ de trafic à grande distance 长途干线公路
- ~ de transit 干线公路，过境道路
- ~ définitive 固定线，良好路面道路
- ~ défoncée 坑洼不平的道路，受到损坏的道路
- ~ déformée 变形道路
- ~ départementale（R. D.） 省道，省辖道路，省属道路（法国的道路等级）
- ~ dépoussiérée 无尘路
- ~ des crêtes 山脊路
- ~ désertique 沙漠地区道路
- ~ desservante 便道，辅助道路，服务性道路
- ~ divisée 分隔行驶的道路，有分隔带的道路
- ~ douanière 收税道路
- ~ du littoral 海滨道路
- ~ du stade non permanent 非永久性道路
- ~ du stade permanent 永久性道路
- ~ dure 硬路面道路
- ~ économique 低价道路，经济道路
- ~ empierrée 碎石路面道路
- emprunter une ~ 在道路上行驶
- ~ en ballast 石渣路
- ~ en béton 混凝土道路
- ~ en béton armé continu 混凝土连续配筋道路
- ~ en béton d'argile 砂土路，碾压土路
- ~ en béton de ciment 水泥混凝土道路
- ~ en béton précontraint 预应力混凝土道路
- ~ en bitume 沥青路
- ~ en briques cuites 砖铺路
- ~ en caoutchouc 橡胶块路
- ~ en comportant la réglementation de tous les accès（autoroute） 高速公路
- ~ en dehors des agglomérations 郊外公路
- ~ en forêt 森林路，林区道路
- ~ en gravier 砾石路
- ~ en lacet 曲折道路，弯曲道路
- ~ en macadam 碎石路
- ~ en milieu urbain 市区道路
- ~ en montagne 山区道路，山区公路
- ~ en palier 水平的路段，坡度很小的
- ~ en pavés 石块路
- ~ en pente descendante 下坡道路
- ~ en pente montante 上坡道路
- ~ en rade campagne 郊外公路，原野道路
- ~ en rampe 坡道
- ~ en relief 地形起伏的道路
- ~ en rondins 木排路，圆木路
- ~ en sol stabilisé 稳定土路
- ~ en sol-ciment 水泥稳定土路
- ~ en terre 土路
- ~ en zigzag 之字形路，多弯道公路
- ~ enneigée 积雪道路
- ~ et ouvrage linéaire 道路及线性工程
- ~ étranglée 过狭的道路
- ~ existante 现有道路，原有道路
- ~ expérimentale 试验道路
- ~ express 快速道路（部分限制出入）
- ~ express urbaine 城市快速道路
- ~ fédérale 联邦公路
- ~ fédérale de grande communication 联邦干线公路
- ~ fermée 封闭路
- ~ forestière 森林路，林区道路
- ~ gardée 有交通指挥的道路
- ~ glissante 滑溜道路
- ~ goudronnée 柏油路
- grande ~ 大道，干线，主要道路，高级公路
- ~ grasse 滑溜道路
- ~ gravillonnée 砾石路
- ~ grumière 木排路，原木路
- ~ impraticable 不能通行的道路
- ~ interdite aux véhicules automobiles 禁止机动车行驶的道路
- ~ intérimaire 代替道路，临时便道
- ~ interprovinciale 省际道路
- ~ interurbaine 市际道路，城市间连接道路

- ~ labourée 损坏了的道路,高低不平的道路
- ~ libre 自由通行的道路,无交通指挥的道路
- ~ littorale 海滨道路
- ~ locale(RL) 地区道路,地区性道路
- ~ macadamisée 碎石路
- ~ militaire 战略公路,军用道路
- ~ montante 坡道,上坡道路
- ~ mouillée 潮湿道路
- ~ municipale 城市道路
- ~ nationale 国道,国家(级)公路
- ~ nationale primaire 一级国道
- ~ nationale renforcée 补强国道
- ~ nationale secondaire 二级国道
- ~ naturelle 泥路,天然土路
- ~ neigeuse 道路积雪
- ~ non améliorée 未改善的道路
- ~ non divisée 单车道道路,无分隔带道路
- ~ non revêtue 土路,无路面的道路,没有铺装的道路
- ~ non séparée 无分隔带道路
- ~ ondulée 坑洼不平的道路(俗称搓板路)
- ~ pastorale 乡村道路
- ~ pavée 块砌路,铺面路
- ~ payante 收费道路
- ~ pénétrante (通往市中心或前线的)交通干线
- ~ périphérique 环行路,带状公路
- ~ pittoresque 风景区道路,风景优美道路
- ~ policée 有交通指挥的道路
- ~ pour voyageurs et marchandises 客运和货运经路
- ~ préfectorale 省道
- ~ prévue 计划修建的道路
- ~ primaire 干线
- ~ principale 干道,主要公路
- ~ privée 私道,专用道路
- ~ projetée 设计道路
- ~ provinciale 省道,省级公路
- ~ radiale 放射式道路
- ~ régionale(RR) 地区公路
- ~ réservée aux bicyclettes 自行车专用道路
- ~ réservée aux bicyclettes et piétons 自行车和行人专用道路
- ~ réservée uniquement aux véhicules automobiles 机动车专用道路
- ~ rigide 刚性路面公路
- ~ riveraine 沿河线,滨河道路
- ~ rurale 农村道路
- ~ sans issue 尽头路(尽头有回车道),(袋形)死巷,死胡同
- ~ secondaire 二级[次要]公路,支路
- ~ séparée 分隔行驶的道路
- ~ sinueuse 弯曲道路
- ~ spécialisée 专用道路
- ~ stratégique 战略公路
- ~ suburbaine 市郊道路,郊区道路
- ~ sur digue (穿越湿地的)堤道,砌道,高于路面的人行道
- ~ surélevée 高架道路
- ~ touristique 游览道路
- ~ tous temps 全无候道,晴雨通车路
- ~ transsaharienne 横贯撒哈拉大沙漠的公路
- ~ tropicale 热带(地区)道路
- ~ urbaine 城市道路,市区道路,市区高速公路
- ~ urbaine radiale 城市辐射状道路
- ~ verglacée 结冰道路
- ~ vicinale(R.V.) 村道,地方性道路

routhierite *f* 硫砷汞铊矿
routier *m* 长途汽车司机
routier, ère *a* 道路的,公路的
routière *f* 长途汽车
routin *m* 笔直的林荫小道
routine *f* 惯例,常规,过程,程序,例行程序
- ~ d'essai 检验程序,实验程序
- ~ d'exécution 执行程序
- ~ de contrôle 检验程序

routinier, ère *a* 惯例的
routivarite *f* 榴英斜长岩
rouvillite *f* 淡霞斜岩
rouvrir *v* 揭开,重新打开
roux *m* 橙红色; *a* 橙红色的,橙黄色的,红棕色的
rowéite *f* 硼锰钙石
rowlandite *f* 氟硅钇石
royalties *f.pl* 专利权使用费
royite *f* 暗石英
rozénite *f* 四水白铁矾
RQD 岩性指标,岩性符号

rû *m* （侏罗纪的）顺向谷
ru *m* 小溪，冲沟，细涧，沟壑
ruarsite *f* 硫砷钌矿
rubace *f* 红水晶，含赤铁水晶
ruban *m* 带，条，带材，带饰，带状物
　～ adhésif　胶布
　～ collecteur　集料运输带
　～ correcteur　修改带
　～ d'acier　钢卷尺，钢带
　～ d'arpenteur　卷尺
　～ d'arrivée　冲线
　～ de frein　刹车带
　～ de freinage　制动带，刹车带
　～ de mesure　测尺，卷尺
　～ de protection　防护带
　～ de scie　锯条
　～ de toile　布卷尺
　～ de water-stop　止水带
　～ des chaussées　路面行车道
　～ huilé　油布条，黄腊布条
　～ isolant　绝缘带，绝缘胶布
　～ isolé　绝缘带
　～ mètre　卷尺
　～ scotch　胶带
　～ transporteur　输送带
　～ verre　玻璃丝带
　～ verre de poudre mica　粉云母玻璃丝带
rubané *m* 条带状的，条纹状的
rubané, e *a* 带状的
rubanement *m* 条带，带状
rubasse *f* 红水晶，含赤铁水晶
rubble *m* 碎石，转石，角砾
rubéfaction *f* 红化，红壤化作用
rubéfié *a* 发红（色）的，变红的
rubellane *f* 红云母
rubellite *f* 红电气石，红锂电气石
rubescent *a* 淡红的，发红的
rubicelle *f* 橙尖晶石
rubis *m* 红宝石，宝石轴承
　～ astérié　星彩红宝石
　～ balais　浅红晶石
　～ blanc　白色透红刚玉
　～ d'arsénic　雄黄
　～ de Bohême　蔷薇石英
　～ de Brésil　巴西红宝石
　～ de Sibérie　红电气石
　～ étoilé　星彩红宝石
　～ jaune　黄宝石
　～ naturel　天然红宝石
　～ occidental　蔷薇石英
　～ oriental　红宝石
　～ spinelle　浅红尖晶石
　～ spinelle octaèdre　红尖晶石
　～ vert　祖母绿，纯绿宝石
rubislite *f* 美绿泥石
rubrique *f* 栏，专栏，标题，项目
　～ du tarif　运价栏，运价项目
rubrite *f* 镁灰铁矾，方赤铁矾
rucklidgéite *f* 碲铅铋矿
rudace *a* 砾状的，砾屑的
rude *a* 硬的，粗糙的，不平的，生硬的，严厉的，崎岖的
rudesse *f* 粗糙度
　～ de la surface　表面粗糙度
rudimentaire *a* 退化的，雏形的，基础的
rudite *f* 砾屑岩
rudstone *m* 砾状灰岩，粗集粒灰岩，砾屑碳酸盐岩
rudyte *f* 砾屑岩
rue *f* 街（道），马路，城市道路
　～ à deux étages　双层街道
　～ à sens unique　单向交通街道
　～ adjacente　旁路，支路
　～ barrée　交通阻塞街道
　～ collectrice　（交通）集流道路
　～ commerçante　商业街道
　～ d'affaires　商业大街
　～ d'agglomérations　居民区街道
　～ de circulation　交通稠密的街道
　～ de desserte locale　地方街道
　～ de lotissement　住宅区道路，居民点道路
　～ de quartiers résidentiels　住宅区街道，街坊内街道
　～ de traverse　横道，交叉道
　～ des magasins　商业街道
　～ des villes　城市街道
　～ diagonale　对角线街道
　～ étroite　狭窄街道

~ fermée à la circulation 禁止交通的街道
~ industrielle 工业区街道
~ latérale 旁路,支路
~ locale 地方街道
~ municipale 城市街道,城市道路
~ piétonne 行人街道,步行街道
~ piétonnière 人行道,步行街
~ principale 大街,主要街道
~ résidentielle 居住区街道
~ sans issue 尽头街道,死胡同
~ secondaire 次要街道
~ stop 停车道
~ surélevée 架空道,高架道路
~ unidirectionnelle 单行街,单行线

ruelle *f* 小街,小巷
ruffes *f. pl* 红色页岩
ruffite *f* 方锆石,泥岩
rugosimètre *m* 表面光洁度仪,表面粗糙度测量仪
rugosité *f* 糙率,皱纹,脉缩,皱曲性,粗糙性,不平整性,表面粗糙度,表面凹凸不平处
~ absolue 绝对糙率
~ artificielle 人工加糙,人工糙率
~ critique 临界糙率
~ d'usinage 机械加工表面粗糙度
~ de chenal 渠道糙率,河槽糙率
~ de composite 混合糙率,合成粗糙度
~ de grain 砂粒糙率,砂砾糙率
~ de la surface 表面糙度
~ de mur 边壁糙率
~ du revêtement 路面粗糙度
~ naturelle 自然(粗)糙率
~ relative 相对糙率
~ superficielle 表面糙度

rugueux, euse *a* 糙的,粗面的,凹凸不平的
ruine *f* 毁坏,破坏,损坏
ruiné, e *a* 破坏的,毁坏的
ruiner *v* 毁坏,损害
ruineux, euse *a* 毁灭性的,破坏性的
ruiniforme *a* 废墟状的,块结的
ruisseau *m* 溪流,小河,细谷,山涧,水道,泉水小溪(以泉水为源的小溪、小河)
ruisselant, e *a* 流动的,流水般的
ruisseler *v* 流动,淌(水)

ruisselet *m* 小河,溪流,细谷,细流侵蚀
ruissellement *m* 冲蚀,面蚀,流动,径流,径流量,地表径流,地表流失,流水冲刷
~ annuel 年地表径流
~ annuel normal 正常年径流
~ aréolaire 面蚀
~ concentré 细沟冲蚀,集流冲蚀
~ de chenal 河槽径流,渠道径流
~ de crues 洪水径流
~ de la pluie 降雨径流,降雨冲蚀
~ de sédiment 输沙量,固体径流,泥沙径流
~ de surface 地表径流
~ des eaux de pluie 雨水冲蚀
~ différé 延滞径流
~ diffus 片蚀,分散冲蚀
~ embryonnaire 初期冲蚀
~ en filets 细流,溪流冲蚀
~ en nappe 片蚀,层状流
~ local 内水,涝水,当地径流
~ maximum 最大径流
~ minimum 最小径流
~ moyen 平均径流
~ moyen annuel 年平均径流,多年平均径流
~ nival 融冰冲蚀,融雪径流
~ normal 正常径流
~ pluvial 降雨径流,地面径流,雨水径流,雨水冲刷
~ pluvial diffus 溪流冲蚀
~ pluvial éphémère 降雨而蚀
~ saisonnier 季径流量
~ spécifique 径流模数
~ superficiel 地表径流
~ sur le terrain 地面流,地表径流,地表漫流
~ total 总径流量
~ urbain 城市径流

ruisson *m* 小沟,小渠
ruizite *f* 水硅锰钙石
rumanite *f* 含硫琥珀
rumongite *f* 铌铁金红石
rumpfite *f* 淡斜绿泥石,淡绿泥石
runite *f* 文象花岗岩
rupestre *a* 栖岩石的
rupiah *n* 盾(印度尼西亚货币单位)
rupteur *m* 开关,断续器,断流器,接触器,接触断

路器
～ thermique 温度开关

rupture f 折断,断裂,中断,破裂,损伤,破坏
à ～ brusque 突然断裂,突然断开
～ à fissuration progressive 进展型开裂断裂
～ à la flexion 弯曲断裂
～ à traction 拉断
～ brusque 突然断裂
～ d'acier 钢材断裂
～ d'adhérence 失去黏着力
～ d'attelage 脱钩,车钩断裂,连接器折断
～ d'attelages d'un train 列车脱钩,列车分离
～ d'éclisse 鱼尾板折断
～ d'élasticité 弹性破损
～ d'essieu 车轴折断
～ d'une digue 决堤
～ de barrage 溃坝,坝失事,坝决口
～ de base 底塌,坡角塌毁,地基破裂
～ de béton en compression 混凝土压裂
～ de charge 负载中断,行车中断
～ de cisaillement 剪力破坏,剪切破坏
～ de conduite 管网断裂
～ de couche 岩层断裂
～ de courant 断电
～ de fatigue 疲劳断裂
～ de fil 断线
～ de fragilité 脆裂
～ de joint soudé 焊接点断裂
～ de ligne électrique 电线断开
～ de pente 变坡
～ de plombs 铅封损坏
～ de poinçonnement 冲剪破损
～ de rail 钢轨折断,钢轨断裂
～ de remblai 路堤溃决
～ de soudure 脱焊,焊缝脱裂
～ de synchronisme 同步破坏
～ de talus 滑坡,斜坡,毁损
～ de transmission 传动破坏,传输中断
～ de tuyau 管裂
～ de voûte 拱顶开裂
～ des ressorts 弹簧折断
～ des roches 岩石破碎
～ du pneu 轮胎破裂
～ du remblai 路堤溃决
～ du sol 土壤破坏
～ due au mouvement de l'eau 水流破坏
～ en compression 压毁
～ en flexion pure 纯绕曲断裂
～ en traction 拉毁
～ fragile 脆性断裂
～ généralisée 一般破坏,整体破坏
～ interne 内部断裂
～ locale 局部破裂,局部损坏
～ par cisaillement 剪断,剪切破坏
～ par compression 压毁,压坏
～ par fatigue 疲劳破坏
～ par fendage 劈裂
～ par flexion 折断,弯曲破坏
～ par glissement 滑塌,滑动破坏
～ par liquéfaction 液化作用破坏
～ par traction 拉伸破坏
～ plastique 塑性断裂
～ profonde (路基)底坍,底部破坏
～ profonde d'un talus 边坡底塌
～ progressive 逐渐破坏,逐渐损坏

rural, e a 乡村的
ruralisme m 农村规划,地方规划
rusakovite f 水磷钒铁矿
russellite f 钨铋矿
rustenburgite f 等轴锡铂矿
rustique a 乡间的
rustiqué a 表面粗糙的,表面凹凸不平的
rustonite f 钉锇铱矿,钉暗铱锇矿
rustumite f 鲁硅钙石
ruténite f 块硫钴矿
ruthenarsénite f 砷锰矿
rutheniridosmium〔rutheniridosmine〕 m 钌铱锇矿
ruthénium-sulphide m 硫钌矿
ruthénosmiridium m 等轴钌锇铱矿
rutherfordine f 纤碳铀矿
rutherfordite f 褐钇铌矿,纤碳铀矿
rutile f 金红石
rutilohématite f 金红赤铁矿
rutlamite f 鲁特拉姆陨石
ruttérite f 微斜钠长岩,钠长微纹岩
ruz m 溪,小河,细谷,沟壑
ryacolite f 透长石
ryolite f 流纹岩

rysglas *m* 云母
rythme *m* 进度,步伐,节奏,速度,速率
~ annuel 年度效率,年进度
~ de la production 生产进度
~ de variation 变化速率
~ du chantier 施工进度
~ du trafic 运输速度
~ rapide 高速度
rythmé, e *a* 有节奏性的,有规律性的
rythmeur *m* 计时器,定时器,主时钟

S

Saale *f* 萨勒冰期
Saalienne *f* 萨尔造山期(P_1)
saamite *f* 稀土锶磷灰石
sabalite *f* 条带磷铝石
sabarovite *f* 辉斜花岗岩
sabinaïte *f* 碳钛锆钠石
sablage *m* 研磨, 铺[喷、撒]砂, 喷砂清[处]理, (混凝土路面)起砂
　～ à sec　干喷砂
　～ antidérapant　撒砂, 铺砂(以防道路滑溜)
　～ au sable humide　湿喷砂
　～ hivernal　冬季(路面)撒砂(防滑用)
sable *m* 沙, 砂, 砂地, 型砂; *a* 铺砂的
　～ à béton　混凝土用砂
　～ à béton de concassage　混凝土用轧碎细骨料
　～ à béton fin　混凝土用轧石砂
　～ à faire le verre　(制造)玻璃用砂
　～ à filtrer　滤砂
　～ à fins grains　细砂
　～ à gaz　含气砂
　～ à grain fin　细砂, 细粒砂
　～ à grain moyen　中砂, 中颗粒砂
　～ à granulométrie dosée　级配砂
　～ à gros grains　粗砂, 粗粒砂
　～ à l'huile　含油砂
　～ à lapin　细亚砂土, 带土粉砂
　～ à mortier　砂浆用砂
　～ à noyauter　型心砂
　～ aggloméré　砂岩
　～ alluvionnaire　冲积砂
　～ anguleux　有棱角砂, 多角砂, 粗糙砂, 带棱角砂, 棱角状砂
　～ aquifère　浸水砂, 含水砂层
　～ argileux　亚黏土, 泥质砂, 泥质型砂, 黏土质砂, 砂质黏土, 泥质砂岩
　～ arkosique　长石砂, 长英砂
　～ arrondi　圆粒砂, 浑圆砂, 圆化砂
　～ artificiel　人造[碾碎]砂, 碎石砂
　～ asphaltique　沥青砂岩
　～ assez fin　细砂
　～ au laitier granulé　粒状矿渣砂
　～ avide　流沙
　～ bien calibré　分选程度好的砂层
　～ bien perméable　透水性好的砂层
　～ bitumineux　沥青砂
　～ broyé　轧细砂, 碾细砂
　～ brut　未加工砂, 原砂
　～ bulleux　孔穴状砂
　～ caillouteux　砾砂, 砾状砂, 粗粒砂
　～ calcaire　钙质砂, 灰质砂岩, 石灰质砂
　～ calcareux　钙质砂岩
　～ carbonifère　碳质砂岩
　～ cimenté　胶黏砂, 制水泥用砂
　～ classé　经分选的砂子
　～ colmaté　淤砂, 透水性弱的砂层
　～ compact　紧密砂, 密实砂
　～ concasse　粉砂, 细磨砂
　～ consolidé　砂粒, 砂砾
　～ coquillier　介壳砂, 贝壳砂
　～ corallien　珊瑚砂
　～ côtier　海滩[沿海]砂
　～ coulant　流沙, 浮沙
　～ cru　粗(粒)砂
　～ d'alluvion　冲积砂
　～ d'émeri　金刚砂
　～ d'emprunt　取料砂
　～ de ballastière　道砟砂
　～ de bancs　矿层砂
　～ de carrières　原砂, 坑砂, 未筛砂, 料场砂
　～ de complément　填料砂
　～ de concassage　轧石砂, 人工砂
　～ de concassage secondaire　次碎砂, 二次轧石砂
　～ de corindon　金刚砂
　～ de couverture　面砂, 铺面砂
　～ de dune　丘砂, 沙丘沙, 风积沙
　～ de fer　铁砂, 铁矿砂
　～ de filtration　滤砂
　～ de fonderie　型砂, 铸模砂

~ de fouille 原砂,坑砂,未筛分砂
~ de granitique 花岗岩砂
~ de grève 海滨砂
~ de lagune 潟湖砂
~ de laitier 矿渣砂
~ de mer 海砂
~ de moulage 型砂
~ de pavage 铺路面用砂
~ de plage 海滨砂
~ de projection 喷砂
~ de remplissage 填料砂,填缝砂
~ de rivage 岸砂
~ de rivière 河砂
~ de sablière 料坑砂
~ de schistes 页岩砂
~ de surface 型面砂,复面型砂
~ de terrain 坑砂,山砂
~ des crues 汛期
~ désertique 沙漠砂
~ détritique 碎屑砂
~ dolomitique 白云砂,白云石砂
~ dunaire 丘砂,沙丘砂
~ en boulance 流砂
~ enrobé 沥青砂混合料
~ enrobé à chaud 热沥青砂混合料
~ enrobé à froid 冷沥青砂混合料
~ enrobé à froid humide 湿沥青砂混合料
~ éolien 风砂,风成砂,风积砂
~ et gravier à granulométrie dosée 级配砂石
~ farineux 粉砂,粉状砂
~ fauve 黄沙
~ feldspathique 长石砂岩
~ femelle 浅色砂,淡色砂
~ filtrant 过滤砂,过滤用砂
~ fin 细砂
~ fin argileux 黏土质细砂
~ fin lehmeux 细亚砂土
~ flottant 飞沙,流沙,河砂
~ fluent 流沙,漂沙
~ fluvial 河砂
~ fluviatile 河砂
~ fort 粗砂
~ glaciaire 冰川砂
~ glaiseux 亚土,亚砂土,黏土质砂,壤质砂土

~ glauconieux 含海绿石砂
~ glauconifère 海绿石砂
~ gradué standard 标准级配砂
~ gras 肥砂,淤泥砂
~ graveleux 砾砂,砾质砂
~ grenu 粗砂
~ gros 粗砂
~ gros et de graves 以黏土、粗砂、砾石填充
~ grossier 粗砂,粗砂岩
~ gypseux 石膏砂
~ homogène 均质砂
~ huileux 油砂(拌沥青的砂)
~ humide 湿砂,新采砂
~ idéal 理想砂,最佳砂
~ imbibé 饱和砂
~ impalpable 细粒砂,微粒砂,极细砂
~ imprégné 饱和砂,浸染砂岩
~ lacustre 湖砂,湖成砂
~ lamelleux 片状砂
~ lavé 洗净砂
~ lehmeux 亚砂土
~ lenticulaire 透镜状砂层
~ lessivé 漂白砂
~ libre 自由移动砂
~ limoneux 粉砂,粉砂土,垆坶砂,粉质砂,粉土质砂
~ limoneux faiblement argileux 砂壤土,亚砂土,轻黏质亚砂土
~ maigre 瘦砂,低强度砂,无黏土砂
~ mal gradué 分选差的净砂
~ mâle 暗色砂
~ manufacturé 人工砂
~ marin 海砂
~ marneux 泥灰砂岩
~ meuble 松砂,松散砂
~ miliaire 粟粒状砂
~ mobile 流砂,移动砂
~ monogranulaire 等粒砂,均质砂
~ mouvant 流砂,活动沙,漂流沙,流动沙地
~ mouvant volcanique 火山流沙
~ moyen 中砂,中粒砂
~ naturel 天然砂
~ non consolidé 未胶结砂
~ non plastique 非塑性砂

~ normal 标准砂
~ ouvert 透水砂层
~ payant 含矿砂层,含油砂层
~ perméable 透水砂层
~ pétrolifère 油砂,含油砂
~ pissard 流砂
~ plastique 塑性砂
~ ponceux 浮石砂
~ poreux 多孔砂
~ pour alliages ultralégers 超轻合金铸造用型砂
~ pour enduits 抹面[抹灰]砂,粉刷用砂
~ pour essai de ciment 水泥试验用的标准砂
~ pour maçonnerie 圬工用砂,建筑用砂
~ pour moulage 型砂
~ pour pavage 铺路用砂
~ pour verrerie （制）玻璃砂
~ préparé 再生砂
~ propre 净砂,清洁砂
~ propre bien gradué 级配良好的净砂,分选很好的净砂
~ pur 净砂
~ quartzeux 石英砂
~ réel 天然砂
~ réfractaire 耐火砂
~ roulé 圆粒砂,无棱角的砂
~ saturé 饱和砂
~ scoriacé 火山渣砂
~ sec 干砂
~ sédimenté 沉淀砂
~ siliceux 硅砂,石英砂,硅质砂
~ silicocalcaire 硅质石灰砂
~ stabilisé au ciment 水泥稳定砂
~ standard 标准砂
~ tamisé 过筛砂
~ tassé 压实砂层
~ tout-venant 陆地砂,山砂
~ traité 处治砂
~ traité au ciment de classe Ⅰ Ⅰ级水泥稳定砂
~ traité au laitier de classe Ⅰ Ⅰ级矿渣稳定砂
~ traité au laitier prébroyé de classe Ⅰ Ⅰ级矿渣预研磨稳定砂
~ traité au liant hydraulique 水硬性结合料稳定砂
~ très fin 极细砂

~ vasard 淤泥砂
~ vaseu 淤泥砂,黏土质砂
~ vert 绿砂,湿砂,海绿石砂
~ vierge 山砂
~ vitreux 玻璃砂,玻璃状砂
~ volant 流砂,飞砂
~ volcanique 火山砂
sable-bitume m 沥青砂
sable-ciment m 水泥稳定砂
sable-laitier m 矿渣处治砂
sable-pissard m 流砂
sabler v 撒砂,铺砂,翻砂,用砂清洗
sablerie f 型砂制备站,型砂配置
sableur m 砂箱,撒砂管,撒砂机,喷砂工,造型工
sableuse f 砂箱,喷砂机,打砂机,铺砂机,喷砂抛光机
~ à courroie 皮带撒砂机
~ à verglas 道路冰冻防滑的铺砂机
~ centrifuge 离心撒砂机,离心式铺砂机
~ centrifuge antiverglas 转盘式防滑铺砂机
~ portée 离心式铺砂机
~ pour décapage 喷砂机
~ remorquée 牵引式铺砂机
~ tractée 牵引式确砂机
sableuse-saleuse f 砂、盐撒布机
sableux, euse a 砂的,砂石的,掺砂的,砂质的,含砂的
sablier m 砂箱,砂漏,喷砂机,砂计时器
~ à air comprimé 压气喷砂机
sablière f 砂箱,底木,槛木,基石,砂嘴,采砂场,撒砂管
~ de grillage 槛木,排架座木
sablite f 砂岩
sablon m 细砂,极细砂,粗粉砂
~ laitier 炉渣质细砂
sablonneux, euse a 沙的,含沙的,多沙的,掺沙的,细砂的,细砂质的
sablonnier m 砂箱
sablonnière f 砂嘴,砂坑,采砂场,细砂采砂场
sabot m 鞋,靴,柄,垫板,垫块,滑块,套管靴,脱轨器,集流瓦
~ à main 手动止轮器
~ à semelle amovible 活托闸瓦
~ d'appui 承重块,支承垫块

~ de pieu 桩靴
sabotage *m* 破坏,开槽,装桩靴
sabot-cale *m* dévié 脱鞋器
saboter *v* 开槽
saboteur *m* 铁鞋制动员
sabugalite *f* 铝铀云母
sac *m* 袋,包,囊,囊状物
~ à échantillon 标本袋
~ à outils 工具袋
~ à sable 砂袋
~ basal 基囊
~ compensateur 平衡水囊
~ de béton 混凝土袋
~ de ciment 水泥袋
~ de minerai 矿囊
~ de sable 砂袋,砂包
~ en jute 麻袋
~ en papier 纸袋
~ en toile 帆布袋
~ postal 邮袋
saccadé *a* 间歇的,断续的,一阵阵的,不规则的,不定期的
saccale *f* 剧烈摆动
saccharite *f* 糖晶石
saccharoïde *a* 砂糖状的
sacchite *f* 钙镁橄榄石
sacherie *f* 装袋
sachet *m* 袋,包,小袋,小包
sacoche *f* 袋,包,包袋,工具袋
~ cuir pour contrôleur 检察员用的皮制工具袋
sacrofanite *f* 萨钾钙霞石
særnaïte *f* 钙霞正长石
sag *m* 山道
sagénite *f* 网金红石
sagvandite *f* 菱镁古铜岩
sahamalite *f* 碳铈镁石
sahel *m* 撒哈拉沙漠边缘的大草原区
Sahélien *m* 萨埃尔阶(N_1);*a* 沙漠草原区的
sahlinite *f* 萨砷氯铅石
sahlite *f* 次透辉石
saignée *f* 槽,沟渠,水沟,渠道,割槽,掏槽,排水沟,勘探点(土壤调查),刻槽取样
saignement *m* 渗出,泛出,混凝土表面泛出水泥浮浆

saillant *m* 隆起,凸起;*a* 突出的,凸起的,凸出的,伸出的,显著的
~ anticlinal 背斜隆起,背斜凸起
saillie *f* 肩,凸出,突出,凸缘,边缘,轮缘,突出部分
~ de dent 齿顶
~ de profil 轮廓峰
en ~ 突出的,凸出的
~ rocheuse 山嘴,石嘴
~ s 锉纹,刻槽
saillir *v* 突出,伸出,凸出
sain *a* 新鲜的
sainfeldite *f* 水砷钙石
saïnique *m* 萨彦岭褶皱
saipêtre *m* 硝石
~ d'ammonium 硝酸铵,铵硝石
~ de chaux 硝酸钙,钙硝石
~ de Chili,~ cubique 钠硝石,智利硝石
~ de Pérou 钠硝石
~ en roche 天然硝石
~ potasse 硝石,硝酸钾
saisie *f* 扣留,扣押,捕获,获得,采集,查封
~ d'une marchandise 扣留货物
~ de données 索取资料,数据采集
~ de traitement 扣薪
saisie-arrêt *f* de traitement 扣薪
saisir *v* 抢,了解,抓住,卡住,挤住,扣留,得到,占有,擦伤
saison *f* 季,季节,时期,时宜
~ chaude 热季
~ de construction 施工季节
~ de croissance 生长季节
~ de passage des véhicules 车辆通行季节
~ défavorable 不利季节
~ des crues 汛期,洪水期,洪水季节
~ des essais 试验季节
~ des gels 冰冻季节
~ des hautes-eaux 高水位季节
~ des pluies 雨季,雨期
~ fraiche 凉爽季节
~ froide 冷季
~ humide 湿季,雨季
~ morte 冬季,无雨季节
~ pluvieuse 雨季,多雨的季节

~ pluvieuse dite des prunes　多雨季节
~ sèche　干季,旱季,枯季,枯水期
saisonnier, ère　*a*　季节的,季节性的
sakalavite　*f*　玻基安山岩(玻英玄武岩)
sakhaïte　*f*　萨碳硼镁钙石
sakharovaïte　*f*　脆硫铋铅矿
sal　*m*　硅铝带,硅铝层;硅铝质
salage　*m*　撒盐
salaire　*m*　工资,薪金,报酬
~ s différentiels　级差工资
~ s flottants　浮动工资
~ à forfait　承包工资
~ à l'heure　计时工资
~ à la journée　日薪,日工资
~ à la pièce　计件工资
~ à la tâche　计件工资,计工工资
~ à prime　奖励工资,奖金
~ à prix constant　按不变价格计工资
~ annuel　年薪,年工资
~ au rendement　效益工资
~ au temps　计时工资
~ aux pièces　计件工资
~ brut　毛工资
~ d'efficience　绩效工资
~ d'embauche　起薪(雇工新到公司上班时的工资)
~ de base　基本工资
~ de chantier　工地工资
~ de début　最低工资,最低薪金,新就业者工资
~ fixe　固定工资
~ hebdomadaire　周工资
~ horaire　小时工资,计时工资
~ imposable　税前工资
~ journalier　日工资
~ mensuel　月工资
~ minimum interprofessionnel(SMIG)　法定各行业最低保障工资
~ minimum interprofessionnel de croissance (SMIC)　法定各行业最低增长工资
~ moyen　平均工资
~ net　净工资
~ nominal　名义工资
~ réel　实际工资
~ stimulant　激励工资

salaite　*f*　次透辉石
salammoniac[salmiac]　*m*　硇砂
salant　*m*　盐土
salard　*m*　云母花岗岩
salarié　*m*　受薪阶级,领取工资的人,靠工资生活的人
~ col blanc　白领职工
~ col bleu　蓝领职工
salbande　*f*　污物,尘垢,垃圾,污秽,断泥层,脉壁带
saldanite　*f*　毛矾石
salé　*a*　咸的,含盐的
saléeite[saléite]　*f*　镁铀云母
saleté　*f*　岩粉,淤泥,尘垢,污物,污染度
~ de l'eau　水中杂质
~ s　碎屑,碎片,脏物
saleur　*m*　(冰冻或积雪道路上的)撒盐车
saleuse　*f*　撒盐车
saleuse-sableuse　*f*　盐、砂撒布机
salfémane　*f*　硅铝铁镁质
salfémique　*a*　硅铝铁镁质的
Salicales　*f. pl*　杨柳目
salicole　*f*　盐生植物
salifère　*f*　含盐的,盐渍的,盐渍化(的),有盐分的
salification　*f*　盐碱化,成盐作用
salignon　*m*　盐饼,粒状大理岩
salin　*m*　盐田,盐场;*a*　盐的,含盐的,用碱金属形成的
salinage　*m*　盐场,煮盐,盐碱滩,盐碱地
saline　*f*　盐沼,盐湖,盐泉,盐场,盐矿,盐田,盐沼地,盐碱滩
~ à graduation　冷却塔,冷却器,冷却剂
salinifère　*a*　盐土的
salinisation　*f*　盐渍化
salinité　*f*　盐度,咸度,含盐量,盐浓度
salinograde　*m*　盐液比重计
salinomètre　*m*　盐度仪,盐量计,盐液比重计,盐液密度计
salique　*a*　硅铝质的
salir　*v*　弄脏,弄污,沾污,损坏
salite　*f*　次透辉石
salitrite　*f*　榍石霓辉岩
salix-alba　杨柳树
salle　*f*　厅,室,间,大厅,岩洞,山洞,房间,车间,

工段，工作间
~ à manger 饭厅，餐厅
~ climatisée 空气调节室，有空调的房间
~ d'accumulateurs 电瓶间，电瓶充电室
~ d'appareillage électrique 电器间
~ d'échantillonnage 样品室，取样室
~ d'emballage 包装车间
~ d'essai 试验室
~ d'examen 检查室
~ d'exposition 展出厅，展览厅
~ d'informatique 资料室，信息处理室
~ de bains 浴室
~ de commande 控制室，操纵室
~ de commande de l'éclairage 灯光控制室
~ de commande principale 主控室
~ de conditionnement d'air 空调室
~ de connexions 配电室
~ de contrôle 操纵室，控制室
~ de dessin 绘图间，制图室
~ de détente 休息室
~ de distillation 蒸馏室
~ de distribution 配电室
~ de distribution des bagages 行李房
~ de documentation 资料室
~ de douche 淋浴室
~ de garage 停车房，车库
~ de garde 值班室，警卫室
~ de goupe diesel-électrogène 柴油发电机房
~ de mesures (voiture d'essais et mesures) 试验车的测试室
~ de négociation 谈判室，交易厅
~ de police 公安处，派出所
~ de propreté 盥洗室，卫生间
~ de radioscopie X射线透视室
~ de réception 接待室
~ de récréation 食堂，食品店，休息室，文娱室
~ de réunion 会场，会议厅
~ de séchage 烘干室
~ de service 服务间
~ de standard 电话总机室
~ de travail 工作间，发报间，器械间（电报）
~ des accumulateurs 蓄电池室
~ des apareils (de l'automatique) 电话间（自动电话）
~ des archives 档案室，档案馆
~ des chaudières 锅炉房
~ des compresseurs （空气）压缩机房
~ des connexions 配电室
~ des gabarits 放样间
~ des machines 机器房，主厂房
~ des opérations 操作室
~ des relais 机房（电话），继电器室
~ des ventilateurs 通风机房
~ frigorifique 冷藏室

salmare *m* 石盐
salmite *f* 锰硬绿泥石
salmoïte *f* 磷锌矿
salmonsite *f* 杂磷锰铁铝矿
salpêtre *m* 硝石，钾硝
~ de soude 钠硝石，智利硝石
~ du Chili 智利硝石
salpêtrière *f* 硝石矿
salsugineux, euse *a* 适盐的，高盐的，盐渍的
saltation *f* （水中砂粒）跳跃，跃移，跳运，突变，河底滚砂，群落局变，不连续变异
salubrité *f* 卫生，有益于健康，良好的卫生条件
salure *f* 咸度，含盐度，含盐量
~ des terrains 土壤盐渍化
salve *f* 一阵，一圈，一组（炮眼）
samedi *m* 星期六
samirésite *f* 铅钠烧绿石，铅铀烧绿石，铀铅烧绿石
samoite *f* 蒙脱石，拉长石
samuelsonite *f* 羟磷铝铁钙石
sanbornite *f* 硅钡石
sanction *f* 惩罚，制裁，核准，批准，认可，同意，处分
~ économique 经济制裁
~ officielle 正式核准，正式批准
~ pécuniaire 罚款
sanctionner *v* 制裁
sancyite *f* 透长斑流岩，淡磷粗安岩
sandaraque *f* 雄黄，鸡冠石
sand-asphalt 地沥青砂
sandastre *f* 暗绿玛瑙，星彩石英
sandbergérite *f* 钡白云母，锌砷黝铜矿，水砷钡钠云母
sandérite *f* 二水泻盐

sand-mix 沥青砂混合料
sandstone *f* 砂岩
sandur *m* 冰水沉积平原
sandwich *m* 夹层,夹心,夹层材料,夹层结构
　～ au balsa　轻木夹层材料
　～ hydrofuge　防水夹层
　en ～　夹层结构的,夹心结构的
sang *m* de la veine　矿脉渗透水
sangenon *m* 红蛋白石
sangle *f* 带,皮带,帆布带,宽皮带
　～ de levage　起重吊带
　～ de sûreté　安全带(攀登电杆用)
sangler *v* 捆扎
sanguine *f* 赤铁矿,代赭石,土状赤铁矿
sanidine *f* 透长石
sanidinite *f* 透长岩
sanidophyre *m* 透长斑岩
sanitaire *m* (成套)卫生设备; *a* 卫生的,救护的
sannaïte *f* 霞闪正煌岩
sans *prép* 无,不,没有
　～ armature　无钢筋
　～ aucun doute　毫无疑问
　～ aucun travail　不做任何功
　～ aucune raison　没有任何理由
　～ cesse　不停,不断
　～ cohésion　无黏着力,无黏聚性
　～ condition　无条件
　～ contrainte　无应力的
　～ date　无日期
　～ dimension　无单位的,无尺寸的,无因次的
　～ doute　无疑,一定,也许,大概
　～ éblouissement　防眩
　～ emballage　净重,包装在外
　～ escompte　无折扣
　～ étayage　无支撑
　～ exception　毫无例外
　～ fin　不断的,无穷尽的
　～ fond　无底的
　～ garantie　无担保
　non ～　有,不是没有
　～ plus　立即,不再,仅此而已,不会再多
　～ poussière　无尘
　～ préavis　没有预告,无事先通知
　～ projet　无本项目
　～ que　除非,如果不,尽管没有
　～ quoi　否则,要不然
　～ réservé　无保留
　～ tassement　无沉降
　～ tension　不动的,固定的
　～ torsion　无扭力,无扭转
　～ valeur déclarée　未保价,无声明价值
sans-fil *m* 无线电报
santite *f* 水硼钾石
santorine *f* 不纯伊利石
santorinite *f* 紫苏安山岩
sanukite *f* 玻基方辉安山岩
sapanthracon *m* 腐泥烟煤
sape *f* 镐,壕沟,坑道,暗挖,暗掘,侵蚀,基蚀
sapement *m* 侵蚀,基蚀,暗掘,拉底,挖坑道,底部掏槽,崖底侵蚀
saper *v* 拆毁,挖倒,侵蚀,暗挖
sapeur-pontonnier *m* 架桥工程兵
saphir *m* 青玉,蓝宝石
　～ astérié[astérique]　星彩蓝宝石
　～ commun　蓝晶石
　～ d'eau　蓝堇青石
　～ de chat　猫睛蓝宝石
　～ du Brésil　电气石
　～ étoilé　星彩刚玉
　～ femelle　浅蓝宝石
　～ jaune　黄宝石
　～ mâle　深蓝宝石
　～ oriental　蓝宝石
　～ rouge　红宝石
　～ vermeil　朱红宝石
　～ vert　祖母绿,绿宝石
　～ violet　紫刚玉
saphirin *a* 蓝宝石的
saphirine *f* 假蓝宝石
sapin *m* 冷松,杉松,银松,枞树,柏树
　～ blanc　银枞松,白枞木
　～ Douglas　美国枞
sapine *f* 起重塔,起重把杆,起重塔架,轻型塔式起重机
saponifiable *a* 可皂化的
saponification *f* 皂化作用
　～ d'un lubrifiant　润滑剂的皂化

saponite *f* 皂石
sappare[**sapparite**] *f* 蓝晶石,蓝宝石
saprocal *m* 硬腐泥（胶泥）
saprocolle *f* 硬腐泥（胶泥）
saprocollite *f* 胶泥煤,硬腐泥岩
saprodille *f* 低碳腐泥煤,腐泥软褐煤
saprofère *m* 海底淤泥
saprolite *f* 腐岩（残余土）,腐泥土
sapromixite *f* 微腐泥混合煤
sapropel[**sapropèle**] *m* 腐泥,腐殖泥
　~ fossile 古腐泥
sapropélien *a* 腐泥的
sapropélisation *f* 腐泥化
sapropélithe *f* 腐泥岩,腐泥煤
　~ de Potonie 臭煤；碳氢石
sarabauite *f* 硫氧锑钙石
sarazin *m* 灰质铁矿沉积
sarcinite *f* 红砷锰矿
sarcite *f* 白榴石,方沸石
sarclage *m* 锄草,除草
sarcler *v* 锄草,锄除草
sarcleuse *f* 除草器
sarcloir *m* 除草器,除草犁
　~ à disque 圆盘除草器
sarcolite *f* 肉色柱石
sarcopside *m* 斜磷锰铁矿
sardachate *f* 红玉条带玛瑙
Sarde *a* 萨迪褶皱期
sarde *f* 肉红玉髓；*a* 萨迪褶皱期的（加里东旋回）
sardienne[**sardine**] *f* 肉红玉髓
sardiniane[**sardinianite**] *f* 铅矾,硫酸铅矿
sardoine *f* 玛瑙,透红玉髓
sardonyx *f* 缠丝玛瑙,多色玛瑙
sarnaïte *f* 霓辉钙霞正长岩
sarospatakite *f* 伊利石,水白云母
sarospatite *f* 伊利石,水白云母[铝海绿石]
sarrancolin *m* 具白色条带的红大理石
saryarkite *f* 磷硅铝钇钙石
sas *m* 闸室,筛子,水闸,闸门,细眼筛
　~ à air 沉箱气闸,沉箱式船闸
　~ d'écluse 船闸,船闸室
　~ de fonçage à air comprimé 沉箱气闸
　~ de sécurité 安全检查通道
　~ en crin 细孔筛
　~ infirmerie de décompression （沉箱）减压医疗室
　~ médical （沉箱）医疗室
　~ pneumatique 沉箱气闸
sasaïte *f* 多水硫磷铝石
sasbachite *f* 钾沸石,钙十字沸石,钾钙十字沸石
sassage *m* 筛,过筛,过滤
sassement *m* 过筛
sasser *v* 过筛
sasset *m* 小筛子,小滤器
sassoline *f* 天然硼酸
satellite *m* 卫星,行星齿轮；附庸（岩脉、岩体等）
　~ d'études géodésiques 大地测量卫星
　~ d'observation 观测卫星,侦察卫星
　~ de communication 通信卫星
　~ de navigation 导航卫星
　~ de télécommunication 无线电通信卫星
　~ du différentiel 差速器行星齿轮
　~ géodésique 大地测量卫星
satimolite *f* 水氯硼碱铝石
satisfaction *f* 满足,满意,适合
satisfaire *v* 满足,适合
satisfaisant,e *a* 令人满意的
satisfait,e *a* 满意的,得到满足的
satterlyite *f* 六方羟磷铁石
saturabilité *f* 饱和度,饱和性
　~ en eau 水饱和度
saturable *a* 可饱和的
saturant,e *a* 饱和的
saturateur *m* 饱和器,湿度调节器
saturation *f* 饱和(度、状态),浸透[润]
　~ capillaire 毛细饱和
　~ d'amplificateur 放大器饱和
　~ en eau 水饱(度)
　~ en gaz 天然气饱和度
　~ en huile 油饱和
　~ en huile résiduelle 残油饱和度
　~ excédentaire 过饱和
　~ funiculaire 纤维水饱和度
　~ maximale 最大饱和度
　~ partielle 非饱和,局部饱和,不完全饱和
　~ pendulaire 悬着水饱和度
saturé,e *a* 饱和的,充满的；浸透的,渗透的,充

满的
～ de bitume 沥青浸润的
saturer *v* 达到饱和,使饱和,使浸透,使满足
saturite *f* 饱和溶液沉积物
saualpite *f* 黝帘石
saucisson *m* 柴排,柴束,柴褥,捆紧
sauconite *f* 锌皂石
sauf *prép* 只是,除非,……除外,……以外
～ à 除非,有可能
～ accord contraire 除非另有协议
～ avis contraire 除非另有通知
～ bonne fin 以到期付款为条件
～ cas de force majeure 人力不可抗拒情况除外
～ convention contraire 除非有相反协议
～ dispositions contraires 除非有相反规定
～ encaissement 除非付现金
～ erreur 错误除外
～ erreur de notre part 我方错误除外
～ erreur et omission 错误和遗漏除外
～ exception 特例除外
～ imprévu 除非发生意外事故
～ indications contraires 除非有相反规定
～ que 除……以外,只是……
～ stipulation contraire 除非另有规定
～ stipulations espresses 除非另有明文规定
～ vente 有权先售
sauf, ve *a* 平安的,安全的
sauf-conduit *m* 安全通行证
saukovite *f* 含镉黑辰砂
saulaie *f* 柳树林
saule *m* 柳,柳树
～ marsault 黄花柳,山毛柳
～ pleureur 垂柳
saumâtre *a* 半咸的,发咸的,稍咸的,(轻度)盐渍的,碱化的
saumoduc *m* 浓缩盐水输送管
saumon *m* 金属锭,生铁块,测深重锤
saumure *f* 盐水,盐卤,浓缩盐水
saupoudrage *m* 喷粉,撒粉,喷雾,雾化
saupoudrer *v* 喷粉,撒粉,喷雾
saussurite *f* 糟化石,钠黝帘石岩
saussuritisation *f* 糟化,钠黝帘石化
saut *m* 跳,跳动,跳跃,转移,转移指令,倾向剧变

～ conditionnel 条件转移
～ de contrainte 应力突变
～ de fréquence 频率跳跃
～ de la roue sur le joint 车轮经过钢轨接头时的跳动
～ de ski 挑流鼻坎
～ du prix 价格上涨
～ inconditionnel 非条件转移,无条件转移
～ non-conditionnel 无条件转移
～ obligatoire 强迫转移,无条件转移
sautage *m* 爆破(工作),放炮,爆炸
～ à ciel ouvert 表面,裸露,露天爆破,裸露药包爆破
～ à la mine avec avancement préalable 先期爆破
～ à retards fractionnés 延发爆破,间断爆破,短暂延期爆破
～ aux trous humides 湿法爆破
～ contrôlé 定向爆破,控制爆破
～ électrique 电力爆破,电炮
～ en ligne 放排炮
～ profonde 深孔爆破,深层爆炸
～ tournant 转换爆破
saut-de-loup *m* 界沟,防止路人越界的深沟
saut-de-mouton *m* 天桥,跨线桥,上跨交叉路
sauter *v* 跳跃;爆炸
～ à la dynamite 爆破
sauterelle *f* 带式装载机,带式输送机,轻便式皮带输送机,移动式皮带输送机
sautillement *m* 跳跃,颤动,抖动,扰动
sauvage *a* 野的,野生的,荒野的
sauvegarde *f* 保护,防护,保卫,保障
～ des données 数据保存
sauvegarder *v* 保护,保卫,维护
sauvetage *m* 救生,救助,拯救
savage *f* 建筑石料
savane *f* 热带草原,草地平原,(加拿大的)沼泽地,(美国南部)大草原
save *a* 萨夫运动的
savite *f* 钠沸石
savoir *v* 知道,晓得,记住,懂得,善于,能够
à ～ 即,就是,也就是
à ～ que 这就是
c'est à ～ 即,就是,也就是

savoir-faire *m* 专门技能,专门知识,生产经验,技术情报,技术诀窍,技术机密,关键技术,核心技术
~ commercial 商业诀窍
~ technique 技术知识,技术诀窍,技术
savon *m* 肥皂
~ de montagne 皂石
~ de soldat 漂白土
~ des gantiers 滑石
~ des verriers 软锰矿
~ du soldat 漂白土
savonneux, euse *a* 肥皂的,碱质的
saxonite *f* 方辉橄榄岩
sazhinite *f* 硅铈钠石
sborgite *f* 水硼钠石
scabreux, euse *a* 崎岖的,粗糙的,不光滑的
scacchite *f* 氯锰石
scagliola *f* 大理岩状透石膏
scannage *m* 扫描
~ 3D du tunnel 隧道三维扫描
scanner *m* 扫描仪,析像器,扫描设备
~ infrarouge thermique 热红外扫描仪
scanoïte *f* 玻沸碧玄岩
scaphandre *m* 防护衣
scapolite *f* 方柱石(类)
~ calcique 钙柱石
~ sodique 钠柱石
scapolitisation *f* 方柱石化
scarboroughien *m* 斯卡博鲁格灰岩系
scarbroïte *f* 羟碳铝石
scarifiage *m* 松土
scarificateur *m* 松土机,耙土机,翻路机,拖式路犁
~ à dents 齿式松土机
~ de ballast 扒渣机
~ de route remorqué 拖式翻路机
~ monté sur roues 轮式翻路机,轮式松土机
~ monté sur une niveleuse 松土平地机,平地翻路机
~ pour routes 翻路机,路用松土机
~ tournant 旋转式翻路机,旋转式松土机
scarification *f* 翻松,松土,松表土
~ profonde 深翻,深层翻松
scarifier *v* 松土,翻松,松表土

scarn *m* 矽卡岩
~ grenatique 石榴石矽卡岩
scarnifié *a* 矽卡岩化的
scawtite *f* 碳硅钙石
sceau *m* 图章,印鉴
scellable *a* 可密封的,可焊封的
scellement *m* 砌住,密封,蜡封,嵌入,固定,浇牢,嵌固,砌入石块或混凝土内
~ annulaire 环封
~ au mortier 砂浆固定[浇牢]
~ avec coulis 灌浆
~ bitumineux 沥青封层
~ chimique (土的)化学密封法
~ de canalisation 管道密封,管道封口
~ de forages 钻孔的封堵
~ de joints 封缝,嵌缝
~ des barres d'ancrage 打锚杆
~ des vides 密封空隙
~ douanier 海关封印
~ double 双封层
~ du joint 封缝,嵌缝
~ fait le long du contact avec le rocher 沿岩面封闭
~ hermétique 密封,密闭,气密
~ menmbraneux 薄膜封闭
~ par émulsion 沥青乳液封层
sceller *v* 密封,封闭,嵌封,嵌入,固定,嵌固,巩固,盖章
~ les fissures 填缝,封缝
scénario *m* 步骤,程序
~ de surveillance 控制步骤
schairérite *f* 硫卤钠石
schalenblende *f* 块闪锌矿,块纤维锌矿,贝壳闪锌矿
schalstein *m* 硅灰石,辉绿凝灰岩
schanjawskite *f* 胶水铝石
schatzite *f* 天青石
schaumkalk *m* 石膏形霰石(鳞霰石)
schéelin *m* 钨矿
~ calcaire 白钨矿
~ ferruginé 黑钨矿
schéelite *f* 白钨矿
schéelitine *f* 钨铅矿
schéerérite *f* 板晶蜡

schefférite *f* 锰透辉石
scheibenspath *m* 碟状方解石
scheidage *m* 手选,拣选,分选,筛分
scheideur *m* 筛子,筛网,筛分机
schelf *m* 陆架
~ continental 陆棚,大陆架
schéma *m* 方案,计划,提纲,电路,线路,网路,系统,简图,图表,图解,示意图,接线图,岩性图,平面图,流程图,组装图,网络图
~ à《sous-stations concentrées》 集中型变电所方案
~ à《sous-stations réparties》 分散型变电所方案
~ coté 尺寸图
~ d'ambiance 总平面图,总体布置图
~ d'aménagement 整治方案
~ d'auscultation topographique 监测体系,地形监测布置
~ d'eau 水路图
~ d'encombrement 外形尺寸图
~ d'ensemble 总图,系统图
~ d'exécution 实测图,竣工图
~ d'implantation 安装示意图
~ de branchement 接线图,接线法
~ de câblage 接线图,线路图,布线图,通讯图表(电报)
~ de câblage de principe 布线原理图,布线方框图
~ de câblage des circuits 电路,电路接线图
~ de câblage des circuits auxiliaires dans le bloc électrique 电器柜内辅助回路接线图
~ de câblage des circuits de commande et contrôle dans le bloc électrique 电气柜内控制和检查回路接线图
~ de câblage des circuits de contrôle et d'éclairage 主电路及辅助电路接线图,控制电路和照明电路接线图
~ de câblage des circuits principaux dans le bloc électrique 电器柜内主回路接线图
~ de charge 荷载图
~ de circulation des matériaux 流程(流向、作业、程序方框、工艺流程、操作程序)图,生产过程图解
~ de combustible 燃料消耗示意图

~ de composition 元件组装图
~ de conception 设计简图,略图,草图,示意图
~ de connexion 接线图
~ de contrôle des circuits principaux et auxiliaires 主电路和辅助电路接线图
~ de couplage 线路图,接线图
~ de fabrication 作业图,流程图,作业过程图,生产过程图
~ de fonctionnement 操作原理图
~ de forage 钻孔图,炮眼布置图
~ de gravité 自流流程图,自流工程方案
~ de la répartition des masses de terre 土方调配图
~ de mise en tension 应力图,张拉(钢筋)程序图
~ de montage 方块图,原理图,线路图,装配图,布线图,安装图
~ de montage imagé 安装图解,组装图解,装配示意图,接线示意图
~ de principe 原理示意图
~ de procédé 流程图
~ de réparation des étriers 筋分布简图
~ de repérage 平面索引图,位置示意图,分段示意图
~ de ruine 损坏情况,事故情况
~ de sablage 撒砂装置图解
~ de ventilation 通风(管路)示意图
~ des accouplements de signaux 信号选别气接线图
~ des circuits 接线图,电路图
~ des circuits auxiliaires 辅助回路接线图
~ des circuits d'eau 水冷回路图
~ des circuits d'éclairage 照明电路接线图
~ des circuits de commande et contrôle 控制和检查回路接线图
~ des circuits de lancement 启动电路接线图
~ des circuits de voie à courant alternatif 交流轨道电路接线图
~ des circuits des moteurs de signaux 信号驱动接线图
~ des circuits principaux 主回路线路图
~ des connexions 接线图,线路图
~ des électros de rails isolés 绝缘轨道接线图
~ des enclenchements 联锁图

~ des liaisons 框图,方块图
~ des libérations 进路解锁图
~ des rails isolés d'aiguilles 道岔轨道电路接线图(继电器)
~ des voies 线路布置图
~ développé 展视图
~ directeur 总图,总布置图
~ Directeur d'Aménagement d'Urbanisme(SDAU) 城市规划指导方案
~ directeur de qualité 质保指导方案
~ du réseau 系统图
~ du tir 炮眼布置图
~ électrique 电路图,电气线路图
~ en simple coupure 用大地作为回线的接线图;单断电路图
~ équivalent 等效电路,等效电路图
~ fluide 流程图,流量图
~ fonctionnel 作用图解,功能简图,工作图表,工作示意图,工作原理图
~ général 原理图
~ globale 总电路图
~ hydraulique des essais triaxiaux 三轴实验的液压系统图
~ hydroélectrique 水电工程,水电开发计划,水电站系统
~ imagé 图解
~ lithologique 岩性图
~ logique 逻辑框图
~ mécanique 工艺流程图
~ opératoire 工作原理图,工作示意图
~ pneumatique 风管布置图
~ simplifié 简图,方块图,示意图
~ structural 构造纲要图,构造示意图
~ structurel du front d'excavation 开挖面构造素描图
~ synoptique 方块图,方框图,原理图,概略图,合成图,天气图,海况预报图
~ technologique 工艺示意图
~ trifilaire 三线图
~ unifilaire 单线图
schéma-bloc *m* 方框图,块状图,立体图,直方图
schématique *a* 图表的,概略的,图解的
~ lumineux des voies 轨道照明盘
schématisation *f* 概括,简化,图式化,图解化,图示法

schématiser *v* 概略化,作成图表,用图解表示
scherbakovite *f* 硅铌钡钠石
scherbinaïte *f* 钒石
schernikite *f* 红纤云母,白云母
schertélite *f* 磷镁铵石
schetéligite *f* 钨锑贝塔石
schick *m* 裂隙,平移断层
schieffélinite *f* 水硫碲铅石
schillerfels *m* 顽火橄榄石
schillérisation *f* 变彩,变色,闪烁,闪光现象
schillerspath *m* 绢石
schirmérite *f* 块辉铋铅银旷,杂蹄金银铁矿
schiste *m* 页岩,片岩,板岩
~ à aiguiser 磨刀石
~ à amphibole 角闪片岩
~ à biotite 黑云母片岩
~ à chlorite,~ chloriteux 绿泥石片岩
~ à chloritoide 硬绿泥片岩
~ à deux micas 二云母片岩
~ à kérosène 红色页岩
~ à ottrélite 硬绿泥片岩
~ à pétrole (含)油页岩
~ à séricite 绢云母片岩
~ alumineux 明矾片岩
~ aluneux 铝土岩
~ ampéliteux 石墨片岩
~ amphibolique 闪片岩
~ ardoise 板岩,瓦板岩,屋面板岩
~ ardoisier 板岩,瓦板岩
~ argileux 页岩,泥板岩,泥质页岩,黏土质页岩
~ argileux en plaquettes 板岩,板状泥质页岩
~ bigarré 杂色页岩
~ bitumineux 油页岩,沥青页岩
~ brûlé 煅页岩
~ calcaire 灰质页岩,石灰质页岩
~ carboné[carburé] 碳质页岩
~ carbonique 炭质页岩
~ carton 薄页岩,纸状页岩
~ charbonneux 炭质页岩,碳质页岩
~ chloriteux à albite 钠长石绿泥片岩
~ combustible 油页岩
~ commun 泥质页岩
~ conglomératique 砾质页岩
~ corné 角岩,角页岩

~ coticule 磨刀石,硅质页岩
~ cristallin 结晶片岩
~ cuit 煅页岩
~ cuivreux,~ cuprifère 含铜页岩
~ d'alun 明矾片岩
~ de boue 软泥页岩
~ de houille 煤页岩
~ de Tasmanie 塔斯马尼亚煤
~ diabasique 辉绿页岩
~ expansé 膨胀页岩
~ fétide 恶臭页岩,沥青页岩
~ fin 薄层状页岩
~ gazéifère 含汽油页岩,含气沥青岩页岩
~ grauwackeux 杂砂板岩
~ gréseux 砂页岩,砂纸页岩
~ houiller 炭质页岩
~ huileux 油页岩,沥青页岩
~ kérabitumineux 油页岩
~ lie-de-vin 红色页岩
~ lustré 绢云母亮片岩
~ marneux 泥灰页岩,泥灰质板岩
~ métamorphique 结晶片岩
~ micacé 云母片岩
~ mucifère 空晶板岩
~ noduleux 斑点板岩,瘤状片岩
~ noir 黑色页岩
~ noireux 炭质页岩
~ ordinaire 泥质页岩
~ pélitique 黏板岩
~ plat 板状页岩
~ primitif 原生片岩
~ quartzeux 石英板岩
~ rouge 红煤页岩
~ satiné 千枚状页岩
~ siliceux[silicifié] 硅质页岩
~ tabulaire 瓦板岩
~ tacheté 带有斑点的页岩,片岩,板岩
~ talqueux 滑石片岩
~ tégulaire 瓦板岩
~ vert 绿片岩,绿色片岩
schiste-carton *m* 纸状页岩,薄层页岩
schiste-crayon *m* 石笔页岩
schistes bleus(facies des ~) 蓝片岩(相)
schisteux,euse *a* 片状的,片岩的,页状的,薄层状的
~ fin 薄层状
~ grossier 厚层状
~ linéaire 平行线状
~ ondulé 波纹片状
schistifiable *a* 易剥离的
schistification *f* 片理,片理化,撒岩粉(防爆)
schistifié *a* 片理化的
schistofibreux *a* 片状纤维(结构)
schistogranite *m* 片状花岗岩
schistoïde *a* 片状的,片岩状的
schistosé *a* 片理化的
schistosité *f* 片理,劈理
~ à feuillets minces 细层纹状片理
~ d'écrasement 劈理
~ dans la direction 走向劈理
~ de cristallisation 结晶片理
~ de déformation 变形片理
~ de fluage,~ de flux 流劈理
~ de fracture 破劈理
~ de laminage 顺联片理,延压片理
~ de pression 劈理,劈裂性,成层劈理
~ de stratification 顺层片理
~ entrecroisée 交叉片理
~ fibreuse 纤维片理
~ linéaire 线状片理
~ métamorphique 变质片理,次生片理
~ oblique 斜片理
~ parallèle à stratification 顺层片理
~ primaire 原生片理
~ principale 主片理
~ redressée 直立劈理
~ secondaire 次生片理
~ transversale 横劈理,横片理
schizolite *f* 锰纤钠钙石;分异脉岩
schlamm *m* 岩粉,软泥
schlammeux *a* 岩粉的,软泥的
schlamms *m.pl* de minéral lavés 尾渣
schlich *m* 重砂,精矿,岩粉,粉末矿
schlieren *m* 条纹,析离体,异离体
schlot *m* 盐壳,可溶残渣
schmeidérite *f* 羟硒铜铅矿
schmittérite *f* 碲铀矿
schneebergite *f* 铁锑钙石(锑钙石)

schneiderhœhnite *f*	铁砷矿
schoderite *f*	水磷钒铝石
schœnfliesite *f*	羟锡镁石
schoepite *f*	柱铀矿
schoepite-Ⅰ *f*	柱铀矿
schoepite-Ⅱ *f*	脱水柱铀矿
schoepite-Ⅲ *f*	副柱铀矿
schoharite *f*	纤重晶石
schonfelsite *f*	苦橄玢岩
schooppage *m*	金属喷镀,金属保护层
schorenbergite *f*	黝白霓霞斑岩
schorl *m*	黑电气石,黑色含铁电气石
～ apyre	红电气石
～ basaltique	普通辉石
～ blanc	白榴石,钠长石
～ bleu	锐钛矿
～ commun	电气石
～ cristallisé	绿帘石
～ cristallisé opaque	角闪石
～ cruciforme	十字石
～ électrique	电气石
～ en prisme	空晶石
～ fibreux	角闪石
～ lamelleux	角闪石
～ noir	辉石,黑电气石
～ opaque	角闪石
～ pourpré en aiguilles	金红石
～ radié	阳起石
～ rouge	金红石
～ tricoté	金红石
～ vert	绿帘石
～ vert du zillérite	阳起石
～ violet	斧石
schorlacé *a*	含黑电气石的
schorlifère *a*	黑电气石的
schorlite *f*	黑电气石;黄玉,圆柱黄晶
schorlomite *f*	钛榴石
schorl-rock *m*	黑电气石岩
schorlrouge *m*	金红石
schorl-schiste *m*	黑电气石片岩
schorre *m*	沼泽,盐草潮滩,沿海盐碱草地
schriesheimite *f*	辉闪橄榄岩
schriftgranite *m*	文象花岗岩
schrœttérite[schröttérite] *f*	杂铝英磷铝石
schuilingite *f*	碳铜铅钙石
schulténite *f*	透砷铅石
schungite *f*	次石墨,不纯石墨
schutzite *f*	天青石
schwartzembergite *f*	羟氯碘铅石
schweizérite *f*	蛇纹石,纤蛇纹石
schwerspath *m*	重晶石
sciage *m*	锯,锯切,锯开,(岩石)切片机
～ à la main	手工锯切
～ à sec	干锯
～ de joint	(混凝土路面)切缝
～ des rails	锯钢轨
～ des traverses	锯轨枕
～ du béton	混凝土锯切
～ humide	湿锯
～ s	锯材
scialet *m*	灰岩洞穴
sciarre *m*	块熔岩
scie *f*	锯,镙子,锯条
～ à acier	钢锯弓
～ à air	气锯
～ à air comprimé	风动锯
～ à araser	修平锯,薄板锯
～ à arc	弓锯,框锯,弓形锯
～ à archet	弓锯,弓形锯
～ à balance	摆锯
～ à béton	混凝土锯
～ à bois	木锯
～ à bûches	木锯
～ à canneler	开槽锯
～ à chaîne	链锯
～ à chaîne électrique	电动链锯
～ à chantourner	线锯,辇锯,成型锯(用以锯成各种型面)
～ à châssis	架锯,框锯
～ à chaud	热锯
～ à couteau	刀锯
～ à crémaillère	齿条锯
～ à découper	铁丝锯,雕花锯,细工锯
～ à disque	圆盘锯
～ à froid	冷锯
～ à joints	切缝锯
～ à lame	带锯,带式锯床
～ à main	手锯

~ à manche 手锯
~ à métaux 钢锯,金属锯,金工锯,金工用锯
~ à monture 架锯,框锯
~ à moteur 电锯,油锯
~ à pédales 脚蹬锯
~ à pendule 摆锯
~ à pierre 石锯
~ à plaquer 层板锯
~ à plusieurs lames 排锯
~ à rails 钢轨锯
~ à rainures 开槽锯
~ à refendre 解锯,纵切锯,双人大锯
~ à ruban 带锯
~ à tenon 鸠尾锯
~ à tronçonner 横锯,横切锯,切割锯
~ alternative 手锯,弓锯,框局,架锯,锯机
~ articulée 链锯
~ circulaire 圆锯,木工圆盘锯
~ circulaire à lame diamantée 嵌金刚石的圆锯
~ d'horloger 钢丝锯,云形截锯,曲线截锯
~ de long 解锯,纵切锯,双人大锯
~ de maçon 瓦工锯,垢工锯
~ égoïne 手锯,刀锯
~ électrique 电锯
~ hélicoïdale 钢丝锯(锯石料用)
~ hélicoïde 钢丝锯(锯石料用)
~ horizontale 横锯,截锯
~ mécanique 锯床,机械锯
~ oscillatoire 摆锯
~ passe-partout 横锯
~ pneumatique 风动锯
~ portable 轻便锯
~ pour béon et asphalte 混凝土(路面)切缝机,混凝土切割机
~ rotatoire 转锯
~ sans fin 带锯,无端锯
science *f* 科学,学说,学术,学科,学问,学识,技能,技巧,科学研究
　　~ de l'environnement 环境科学
　　~ de l'ingénieur 技术科学,工程科学
　　~ de la gestion 管理学
　　~ de la résistance des matériaux 材料力学
　　~ de pointe 尖端科学
　　~ des fleuves et des rivieres 河川学
　　~ des gîtes miniers 矿床学,矿山地质学
　　~ du sol 土壤学
　　~ électronique 电子学
　　~ et technique 科技,科学技术
　　~ frontière 边缘科学
　　~ hydraulique 水力学
　　~ naturelle 自然科学
　　~ numérique 数值科学
　　~ s appliquées 应用科学
scientificité *f* 科学性
scientifique *a* 科学的,学术的,从事科学的
scier *v* 锯开
scierie *f* 锯木[石]厂,锯木机
　　~ à vapeur 蒸汽锯木机
scierie-raboterie *f* 锯木厂,木料加工厂
scinder *v* 分割,分裂,区分,划分,蜕变,衰变
scintigramme *m* 闪烁图,闪烁曲线,闪烁扫描
scintigraphie *f* 闪烁扫描术
scintillation *f* 闪光,闪烁,发火花
scintillement *m* 闪光,闪烁,发火花
scintiller *v* 闪烁,闪光
scintillomètre *m* 闪烁计数器,闪烁体辐射仪
scissile *a* 易裂开的
scission *f* 切割,分离,裂开
scissomètre *m* 螺旋钻,导叶装置
scissure *f* 裂开,片裂,裂缝
sciure *f* 锯末,锯屑,刨花
　　~ de bois 锯木屑
scléromètre *m* 回弹仪,硬度计,回跳硬度计,肖式硬度计,刻画硬度计
　　~ à rayure 刻痕硬度计
　　~ à rebondissement 回弹硬度计
　　~ pour béton 混凝土硬度计
　　~ shore 肖式硬度计,回跳硬度计
sclérométrie *f* 硬度测定法
scléropélite *f* 硬化黏土岩
scléroscope *m* 硬度计,验硬器,回跳硬度计,肖式硬度计,回跳式验硬器
　　~ photoélectrique 光电验硬计
sclérosphère *f* 硬圈(位于软流圈之下)
sclérotinite *f* 菌类体,硬核体,菌核体
sclérotisation *f* 硬化(作用),骨质形成
sclodowskite *f* 硅镁铀矿
scolécite *f* 钙沸石

scolécitite	f 钙沸石岩	~ convoyeur à chaîne	环链板刮泥器
scolexerose	f 钙柱石	~ de boue	刮泥机
scolopsite	f 变蓝方石	~ de neige	铲雪机
scooter	m 小型摩托车	~ de tube	刮管器
scootériste	m 骑小型摩托车者	~ déversant par le fond	底卸式铲运机

scoriacé, e a 渣状,渣状的,炉渣的,炉渣状的,火山鹰状,金属渣的

scorie f 渣,炉渣,矿渣,熔渣,火山渣,金属渣
~ à souder 焊剂,焊接渣,焊接用渣
~ basique 碱性矿渣,碱性熔渣
~ d'incinération 炉渣
~ de chaux 石灰焦渣
~ de ciment 水泥焦渣
~ de déphosphoration 脱磷矿渣
~ de haut-fourneau 高炉矿渣
~ de plomb 铅矿渣
~ granulée 粒渣,水渣,粒状炉渣
~ industrielle 熔渣,矿渣
~ métallurgique 炼钢矿渣
~ pauvre 炉渣
~ pouzzolanique 火山渣
~ volcanique 火山渣,火山溶渣

scorieux, euse a 含渣的,渣状的,火山渣状
scorification f 渣化,渣化法,铅析法,成渣作用
scorilite f 火山玻璃
scorodite f 臭葱石
scorzalite f 铁天蓝石
scotine f 褐帘石
scotiolite f 暗镁硅铁石,无铝绿脱石
scotopique a 微光的
scoulérite f 杆沸石
scovillite f 磷钇铈矿
scrapage m 铲刮,耙运
scrapedozer m 铲运推土机
scraper m 刮刀,刮具,电耙,耙斗,拖铲,刮泥板,铲运机,耙矿机,(运土)刮土机
~ à câble 缆索拖铲,缆索式铲运机
~ à chenille 履带式刮土机,履带式铲运机
~ à commande par câble 缆索操纵铲运机
~ à roues 轮式铲运机,轮式刮土机
~ à vidage par l'arrière 后卸式铲运机
~ à vidage par l'avant 前卸式铲运
~ automoteur 自动铲运机
~ convoyeur 输送器型刮泥机
~ hydraulique 液压式铲运机
~ motorisé 自动铲运机
~ remorqué 拖式铲运机
~ tracté 牵引铲运机,拖式铲运机
~ transporteur 刮板式运输机

scrapette 小型铲运机
screed m (压实混凝土路面的)整平板,样板
scrubber m 洗涤器,洗涤塔
scrupuleux, euse a 谨慎的,细心的,严格的,认真的,精确的
scrutateur m 扫描仪
scrutateur, trice a 探讨的,探索的
scrutation f 监测,扫描
scruter v 探索,探讨,探测
sculpture f 壳饰,纹饰,刻蚀,雕塑,雕刻,刻蚀,雕刻品
~ antidérapante 防滑胎面花纹
~ boue 泥路(胎面)花纹
~ du pneu 轮胎花纹
~ neige 雪地(胎面)花纹
~ pour sol glissant 路面防滑用胎面花纹
~ pour sol neigeux 积雪路面用胎面花纹

séamanite f 磷硼锰石
séance f 坐,出席,会议,会期
~ conjointe 联席会议
~ de groupe 分组会议,分组讨论
~ du chantier 工地会议
~ plénière 全体会议
~ tenante 当场,即时

searlésite f 水硅硼钠石
seau m 桶,(小)水桶,桶水(油),一桶之量
sébastianite f 黑云钙长岩
sébésite f 透闪石
sébile f 淘洗盘
sec m 干,干燥
sec, sèche a 干的,干燥的,干旱的,脆性的(金属)
~ à l'air 风干的,空气中干燥的
~ au four 烘干的

sécable a 可除的,可切开的,可(切)分割的
sécant a 切割的,相交的
sécession f 分裂,分离,脱离
séchage m 干燥,烘干,晾干,烤干
　～ à air réchauffé 热气干燥
　～ à chaud 烘干,加热干燥
　～ à étuve 烘箱烘干
　～ à l'air 晾干,风干,空气干燥
　～ à l'air chaud (木材的)热风干燥,热空气干燥
　～ à l'étuve 烘干,烤干
　～ à vide du bois 木材真空干燥(法)
　～ adiabatique 绝热干燥
　～ artificiel 人工干燥
　～ artificiel du bois 木材人工干燥法
　～ au soleil 晒干
　～ infrarouge 红外线烘干
　～ naturel 风干,自然干燥,天然干燥法
　～ par centrifugation 离心干燥,离心法脱水,离心法干化
　～ par le vide 真空干燥
　～ par rayon infrarouge 红外线干燥
　～ superficiel 表面干燥
　～ thermique 烘干,加热干燥
　～ ultra-sonique 超声波干燥
sèche f 沙滩
séchée f 干燥,干燥期间
sécher v 烘干,晒干,变干,使干燥
　～ à l'air 风干
sécheresse f 干,干燥,干旱
sécherie f 干旱,干燥箱,干燥器,烘干箱,烘干机,干燥室,干燥炉,干燥装置,化学干燥剂
　～ de bois 木材干燥场,木材干燥设备
sécheur m 烘箱,干燥炉,干燥剂,干燥器
　～ à l'air 空气干燥器
　～ de bois 木材干燥装置
　～ des agrégats 集料干燥器,骨料干燥器
　～ des boues 污泥干化机
　～ infrarouge 红外线干燥器
　～ malaxeur 搅动干燥器
　～ malaxeur pour l'enrobé à chaux 热沥青混合料干燥拌和器
　～ mobile 轻便式干燥器,移动式干燥器
　～ par aspiration 吸湿器
sécheur-séparateur m 干燥—分离器
sécheuse f 干燥机,干燥器,干燥装置
séchoir m 烘箱,干燥机,干燥室,干燥器
　～ à bois 木材干燥室
　～ à sable 烘砂器,干砂炉
　～ à tunnel, ～-tunnel 隧道式干燥室隧洞干燥室,隧道式干燥室
　～ à ventilateur 吹风干燥炉,鼓风干燥机
　～ cylindrique (转)筒形干燥机
　～ rotatif 回转烘干机
　～ ventilateur 风干炉
second m 第二
second,e a 第二的,次要的,二等的,又一次的
secondaire m 副手,中生代,二次式,副线圈,次级线圈,第二产业,二次轧碎机,变压器次级线圈,次边(受原边影响而动作的另一侧); a 副的,第二的,二次的,次要的,次生的,次级的,辅助的,二级的,从属的,中等的,续至的
　～ période 中生代
seconde f 秒(符号 s),瞬间,片刻,一会儿
　～ d'angle 角秒
secondement adv 其次,此外
secouage m 摇动,振动,震动
secouement m 摇动,振动,抖落,震动
secouer v 震动,摇动,振动,摆动,抖落
secoueur m 摇动器,振动器
　～ à tamis 振筛机
secoueuse f 摇动器,振动器
secours m 救援,援助,救助,救护,救生工作,抢救工作
　～ routiers(S.R) 公路援救
　～ appeler 呼救
crier au ～ 呼救
de ～ 紧急的,救援的,备用的,应急的
premiers ～ 急救
secousse f 震,震动,摇动,振动,抖动,冲击
　～ consécutive 余震
　～ de la terre 地震
　～ de terre 地震
　～ s dues au trafic 行车振动
　～ dynamique externe 外动力地震
　～ en sursaut 突然地震
　～ marine 海底地震

~ prémonitoire　前震,前兆地震
~ s telluriques　地震
~ séismique　地震
~ tectonique　构造地震
~ tellurique　地震,震动,地动脉,地颤动

sécrétion　*f*　分泌,离析,分析,析出,分泌物,分凝,空隙充填(构造)(矿脉、杏仁体、晶腺等)

secteur　*m*　区,地段,地区,部门,门扉,门叶,区域,领域,扇形[面],扇形轮,电力网
~ à courant alternatif　交流电网
~ à courant continu　直流电网
~ à gisements douteux　无线电定位不可靠方位区,方位测定不可靠区
~ alimentaire　供电网,电力网
~ alternatif　交流电网
~ alternatif 220V　220伏市电
~ clé　关键地段
~ circulaire　扇形
~ continu　直流电网
~ continu trois fils　三线直流电网,爱迪生配电网
~ d'alimentation　供电电网
~ d'angle　角形,扇形
~ d'éclairage　照明网,照明区
~ de desserte routière　公路运输地区
~ de freinage　制动区
~ de guidage　月牙板
~ de signaux égaux　等强信号区
~ de triangulation　三角测量扇形区
~ denté　扇形齿轮
~ étudié　研究区,已探区
~ exploré　已探区
~ piétonnier　人行道路段
~ primaire　第一产业
~ routier　道路路段
~ secondaire　第二产业
~ tertiaire　第三产业

sectile　*a*　可切的,易处理的,能切削加工的

section　*f*　段,节,组,系,科,室,处,切断,割断,断面,截面,剖面,薄片,部分,分布,分区,区域,隔间,路段,地段,工段,断面图,截面图,自动挂钩区域(自动化驼峰中的)
~ à âme double　双腹板截面
~ à âme simple　单腹板截面
~ à aménager　布置断面
~ à forte pente　陡坡路段
~ à forte volume de terrassement　土方量大的路段
~ à renforcer　补强路段,加固路段
~ active　有效截面
~ adjacente　相邻区段
~ affaiblie　弱断面
~ angulaire　角形截面,角钢截面
~ annulaire　环形断面
~ assemblée　组合截面
~ asymétrique　不对称断面
~ axiale　轴断面,轴向剖面
~ basale　基底副面,基底断面
~ brute　毛截面
~ carrée　方形截面
~ circulaire　圆截面
~ combinée　组合断面,复式断面
~ combinée de la poutre à la dalle　梁板组合截面
~ composée　复式断面,组合截面
~ comptable　会计室
~ comptée　计算断面
~ conique　圆锥曲线,二次曲线,锥形截面,锥体截面
~ constante　等截面
~ courante　一般路段
~ creuse　空心截面
~ critique　临界断面,控制截面
~ d'abattage　掘进面,全断面开挖
~ d'abattage complet　全断面开挖
~ d'about　端面,终截面
~ d'accélération négative　减速路段
~ d'aiguille　尖轨尖端截面
~ d'alimentation　进料段
~ d'approche　临近区段,临近区间
~ d'armature　钢筋截面
~ d'autoroute　高速公路路段
~ d'écoulement　径流断面,水滚断面
~ d'entrecroisement　(道路行车的)交织段
~ d'entrelacement　(道路行车的)交织段
~ d'essais　试验断面,试验部分,试验路段
~ d'étude　研究路段
~ d'évitement　让车路段,避车路段
~ d'induit　电枢截面
~ d'insertion　插入段

~ d'or 黄金分割
~ d'un enroulement à collecteur 换向器绕组线圈(段)
~ d'un enroulement sans collecteur 无换向器绕组线圈(段)
~ d'un profil 断面
~ dangereuse 危险路段,危险地段,危险截面,临界截面,最大应力截面
~ de block 闭塞分区,闭塞区间
~ de block à entente téléphonique 电话闭塞区段
~ de bobinage 线圈分段,绕组元件
~ de câble 钢绞线面积
~ de cantonnement 闭塞分区,闭塞区间
~ de capture 俘获截面
~ de changement de vitesse 变速路段
~ de chaussée glissante 道路滑溜路段
~ de chenal 河槽断面
~ de cisaillement 剪切面积
~ de clé 拱顶截面,拱冠断面
~ de colonne 柱状断面,柱状图
~ de construction 工区,建筑工段
~ de contrôle 控制段,控制断面
~ de convergence (两车流)汇合路段
~ de coupure 横截面
~ de courbe (道路的)平曲线路段,弯道路段
~ de crues (河流的)洪水断面
~ de déblai 挖方路段;挖方断面
~ de départ 始截面,原始截面
~ de distribution 零担货物和行李的选分处(中转)
~ de divergence (交通)分流路段
~ de l'appui 支点截面
~ de l'autoroute 高速公路路段
~ de la chaussée 路面断面
~ de la poutre 梁的断面
~ de la rivière utilisée 开发河段,已利用河段
~ de la route 道路断面
~ de la tranchée 沟槽断面
~ de ligne 线段
~ de lit de rivière 河床断面
~ de marée 潮汐段
~ de mesure 计量段
~ de passage d'eau 过水断面

~ de passage graduel 渐变段
~ de projet 设计路段
~ de raccordement 缓和路段,渐变路段
~ de référence 计算截面,基准截面,(河道)参考断面
~ de remblai 路堤截面,填土截面
~ de réparation 修理组,修理厂,修理所
~ de rivière 河流横断面
~ de route 路段,道路分段
~ de rupture 断面,截面,开关,破坏截面
~ de séparation 隔离段,分相段,中立区段
~ de taxation 计费区段
~ de transformation 换算截面,折算截面,阻抗变换线段
~ de travée médiane 跨中截面
~ de vannage 泄水(孔)坝段
~ de voie 线段
~ de voie en réfection 线路改建区段,线路改造区段
~ de voie horizontale 平道区间
~ déversante 溢流段;溢流段断面
~ s divisées(excavées par ordre 1 à 3) 分部(三步)开挖
~ droite 横剖面,正截面,垂直截面
~ droite totale 总截面面积
~ du fossé 边沟截面
~ du milieu de la portée 跨中断面
~ du poteau 柱子断面
~ du rail 钢轨断面
~ du remblai 路堤断面,填方断面
~ du sol 土剖面
~ du terrassement 土方断面
~ économique 经济截面
~ effective 有效截面,有效断面
~ efficace 有效截面
~ élargie 放大断面
~ elliptique 椭圆截面
~ en caisson 箱形截面
~ en construction 施工断面
~ en déblai 路堑断面,挖方断面
~ en H H形截面
~ en L L形截面
~ en rampe 坡路段,(高速公路)匝道路段
~ en service 通车路段

~ en T　T形截面
~ en travers　横断面
~ en Z　Z形截面
~ endommagée　破坏路段
~ équivalente　等值截面,等量截面
~ évidée　空心截面
~ excavatée　开挖断面
~ expérimentale　实验路段
~ faible de la route　软弱路段
~ frontale　正面截面
~ géologique　地质剖面
~ géométrique　几何截面
~ géotechnique　工程地质分路段
~ homogène　均质截面
~ homogénéisée　换算截面（在钢筋混凝土截面中将钢筋换算成混凝土后的截面）
~ horizontale　地面图,水平投影,平道区间,水平截面,平坡路段,底层平面图
~ hydraulique équivalente　等流截面
~ hydrologique　水文截面
~ hydrométrique　水文测验剖面,测流断面
~ idéale　理想剖面
~ indiquant la teneur en eau du sol　土壤含水量断面（图）,土壤湿度纵剖面
~ initiale　起始段
~ intérieure en fer à cheval　马蹄形断面
~ irrégulière　不规则断面
~ isolée　绝缘线段,轨道电路分区
~ la plus économique　最经济断面
~ latérale　侧截面
~ libre　（桥梁或隧道）净空,空闲区间,净空截面
~ longitudinale　纵断［剖、截］面,走向断面
~ méplate　扁平截面
~ mince　薄片
~ mixte　半填半挖(路)段
~ morte　死线圈,虚设线圈
~ mouillée　湿周,湿断面,浸水面积,受潮面积,湿润面积,过水面积,流体截面
~ nette　净截面
~ nette d'une grille　拦污栅净断面
~ nette d'une pièce　构件净截面
~ nominale　标称面积
~ non déversante　非溢流(坝)段

~ normale　正截面,正剖面,法截面,法截线,法向截面,垂直断面
~ normale de la voie　线路标准轨距区段
~ oblique　斜截面
~ ouverte　开口断面
~ ovale　蛋形截面,椭圆形截面
~ plane　平坦路段
~ pleine　实体断面
~ principale　主截面
~ radiale　径向切面
~ rapide d'une route　道路快速路段
~ rectangulaire　矩形截面
~ remblai-déblai　半填半挖(路)段
~ soumise à un effort tranchant　剪切断面
~ standard　标准断面,标准路段
~ stop　停车路段
~ stratigraphique　地层剖面
~ surbaissée　扁圆截面
~ symétrique　对称断面
~ tangentielle　径向切面,切面断面
~ technique　技术组
~ tournée　转向路段,绕道路段
~ transversale　横断面,横剖面
~ transversale d'écoulement　径流横断面
~ transversale des eaux　过水断面
~ trapézoïdale　梯形截面
~ tubulaire　管状断面
~ type d'auscultation　量测典型断面
~ typique　典型断面,标准断面
~ uniforme　等截面
~ utile　有效截面
~ variable　变截面,可变截面
~ verticale　竖截面,纵断面,竖向截面,铅直截面,铅直断面,垂直断面

sectionné　*a*　分开的,割开的,切断的

sectionnel, elle　*a*　截面的,剖面的,分区的,地段的,章节的

sectionnement　*m*　间隔,切断,划分,切开,割断

sectionner　*v*　划分,切开,切断

sectionneur　*m*　断路器,隔断开关,隔离开关,分段开关
~ à cornes　角式断路开关
~ à huile　油断路开关
~ à perche　拉杆式隔离开关

~ d'aiguillage 分段隔离开关
~ d'entrée 进线开关
~ de masse 地线切断开关
~ de puissance 电源开关,功率开关
~ de terre 接地开关
~ de toiture（locomotives électriques） 车顶主断路器（电力机车）
~ tripolaire 三相隔断开关

séculaire *a* 百年的,世纪的,长期的,百年一度的,每世纪一次的

sécule *f* 期,世代

sécurité *f* 安全,保证,可靠,可靠性,安全性,安全网,安全系数
~ à la fissuration 抗裂安全性
~ à la rupture 抗破坏性,防止破坏的安全性
~ active 主动安全(雇请保安队伍,支出一般由业主报销)
~ au feu 防火安全性
~ au flambage 抗压曲安全性
~ au glissement 抗滑安全性
~ au renversement 抗颠覆安全性
~ autoroutière 高速公路行驶安全性
~ de circulation 行车安全(性)
~ de cisaillement 抗剪切安全性
~ de conduite 驾驶安全性
~ de fonctionnement 安全运转,安全操作
~ de l'exploitation 运营安全(性),行李安全(性)
~ de marche 行车安全,行驶安全性
~ de service 安全操作,使用安全性,工作可靠性
~ de structure 结构安全
~ des mouvements 交通安全性
~ des piétons 行人安全性
~ des véhicules 行车安全性
~ du travail 工作安全
~ intégrée 整体安全性
~ intrinsèque 内在的安全系数,固有安全系数
~ matérielle 物质保障
~ passive 被动安全(自备围墙、岗亭、照明等)
~ personnelle 人身安全
~ positive 故障保险(个别部件发生故障时性能不变仍然可靠)
~ pression d'air de suralimentation 增压空气安全阀

~ publique 治安,公共安全
~ routière 道路交通安全
~ sociale(S.S) 社会保险
~ sociale（employé） 社会保险(个人)
~ sociale（employeur） 社会保险(企业)
~ sociale de base 基本保险
~ technique 技术可靠性

sed *m* 沉积物,沉积岩圈

sedbérite *f* 培苏玄武岩

sédiment *m* 泥沙,沉积,沉渣,沉淀,沉积物,沉淀物,沉积岩,水成岩层沉积物
~ aqueux 水生沉积物
~ binaire 二相沉积物
~ chimique 化学沉积物
~ clastique 碎岩(屑)沉积(岩)
~ de précipitation（chimique） 沉积水成岩
~ de terrasse 阶地沉积
~ détritique 碎屑沉积(岩)
~ éolien 风成沉积物
~ s en suspension 悬浮物,悬胶体
~ fluvial 河流泥沙,河流沉积物,江河沉积物
~ fluviatile 河流沉积物
~ fluvio-glaciaire 冰水沉积
~ glaciaire 冰川沉积
~ gradué 级配沉积物,(地质的)均粒沉积物,(工程的)级配泥沙
~ lacustre 湖沉积
~ marin 海洋沉积
~ mécanique 机械沉积物
~ neptunien 水生沉积物
~ organique 有机沉积
~ potamogène 河口沉积
~ siliceux 硅质沉积
~ stratifié 层状沉积物
~ suspendu 悬浮泥沙,悬移质泥沙
~ terrestre 陆上沉积,陆地沉积,陆相沉积物

sédimentable *a* (可)沉积的

sédimentaire *a* 沉积的,沉积的,水成的,沉积形成的

sédimentation *f* 沉积,沉降,沉淀,沉积作用,沉淀作用,沉积物形成(作用)
~ abondante 大规模沉积
~ abyssale 深海沉积
~ allochtone 外来沉积

~ aquatique　沉积,沉积物形成
~ autochtone　原地沉积
~ bathyale　半深海沉积
~ biochimique　生物化学沉积
~ biologique　生物沉积
~ carbonatée　碳酸沉积
~ chimique　化学沉积,化学沉淀(净水)法
~ clastolitique　碎屑性沉积作用
~ continentale　大陆沉积
~ détritique　碎屑沉积,陆源沉积
~ éolienne　风成沉积
~ épicontinental　陆缘沉积,陆表海沉积
~ fluviatile　河流沉积
~ glaciaire　冰川沉积
~ gradée　均粒沉积,序粒沉积
~ littorale　滨海沉积
~ marine　海相沉积
~ marine épicontinentale　陆表海沉积
~ océanique　海洋沉积
~ organique　有机沉积
~ paralique　近海沉积
~ pétroligène　生油物质的沉积
~ progressive　渐进沉积
~ rythmique　韵律沉积
~ subaérienne　地表沉积
~ successive　连续沉淀法
~ terrigène　陆源沉积
~ torrentielle　洪积沉积,激流沉积
~ volcanogène　火山沉积
~ volcano-sédimentaire　火山碎屑沉积作用

sédimenter *v*　引起沉积,形成沉积物
sédimenteux, euse *a*　沉淀的,沉积的
sédimentogenèse *f*　沉积物形成作用
sédimentomètre *m*　沉淀计,沉积测定仪
sédimentométrie *f*　沉积法,沉积学,沉淀分析
sédiments *m. pl*　沉积物,沉淀物,沉积岩
　~ d'eau douce　淡水沉积物
　~ d'origine chimique　化学沉积物
　~ de grands fonds　深水沉积物
　~ de haute mer　远海沉积物
　~ de mer　海洋沉积物
　~ de précipitation chimique　化学沉积物
　~ de précipitation organique　生物沉积物
　~ de rivière　河流沉积物
　~ euxiniques　静海相沉积物
　~ évaporitiques　蒸发岩,蒸发盐沉积物
　~ fluviatiles　河流沉积物
　~ gorgés d'eau　含水沉积物
　~ gréseux　砂屑沉积物
　~ indurés　沉积岩,固结沉积物
　~ lités　层状沉积物
　~ mal classés　分选性不好的沉积物
　~ marins　海洋沉积物,海相沉积物
　~ mécaniques　机械沉积物,碎屑沉积物
　~ neptuniens　水成岩
　~ non classés　未分选沉积物
　~ organiques　有机沉积,生物沉积物
　~ organiques pétroligènes　生油沉积岩
　~ organogènes　有机沉积物
　~ pétroligènes　生渔岩
　~ phytogènes　植物岩,植物沉积
　~ polydispersés　多相分散沉积物
　~ stratifiés　层状沉积物
　~ superficiels　地表沉积物
　~ terrestres　陆相沉积物
　~ terrigènes　陆源沉积物
　~ tuffogènes　凝灰质沉积物
　~ vaseux　软泥沉积物
　~ volcaniques　火山沉积物
　~ zoogènes　动物岩,动物沉积

sedovite *f*　褐钼铀矿[铀钼矿]
seebachite *f*　碱菱沸石
seebénite *f*　堇长角岩
seeligérite *f*　氯碘铅石
sefströmite *f*　钒钛铁矿,杂钛铁金红石
ségélérite *f*　水磷铁钙镁石
segment *m*　段,节,环节,弧,部分,节片,体节,节段,涨圈,扇形体,细裂片,活塞环,开口环,弓形环,活塞涨圈,球面弓形
　~ à bec　突缘环
　~ à chanfreins de torsion　扭力斜棱活塞环
　~ à chanfreins égaux　等斜棱活塞环
　~ à chanfreins inverses　反向倒角环
　~ à faible tension　低张力活塞环
　~ à lumières　开口环
　~ conique　锥形活塞环
　~ continental　陆块
　~ d'approche　涨前段(过程线起涨前部分)

~ d'appui　垫环,支承环
~ d'étanchéité　密封圈,止水环,活塞涨圈,填密压盖
~ de chenal　河流分支,渠道分支
~ de frein　闸瓦
~ de pente　坡段
~ de piston　活塞环,活塞涨圈
~ de rivière　河流分支,河道分支
~ demi-lune　开口环
~ étanche　密封垫圈
~ faiblement conique　小锥度活塞环
~ linéaire　线段
~ portent　升力线
~ racleur　刮油环
~ racleur d'huile　活塞刮油涨圈,活塞刮油环
~ rectangulaire　矩形活塞环
~ trapèze rectangle　矩梯形活塞环
~ trapézoïdal de deux côtés　双侧梯形活塞环
~ tronconique　喇叭口

segmentation　*f*　分段,分割,分节,分裂,切断,区段,整流子片,分段存储

segmenter　*v*　分割,把……分割成几段或几节
ségrégabilité　*f*　离析性
ségrégatif, ive　*a*　隔离,分离的,分开的
ségrégation　*f*　分结,分离,分隔,分凝,凝离,离析,离散,分层
　　~ de glace　冰的离析
　　~ des eaux usées　废水的离析
　　~ des matériaux　材料的离析
　　~ du béton　混凝土分凝
　　~ granulométrique　颗粒级配离析
ségréger　*v*　分离,分割,分隔,隔离,离析,分层,熔融
seguia　*f*　北非的运河,灌溉渠
seiche　*f*　静震,湖震
　　~ de température　温度湖震,温度静震
　　~ longitudinale　纵向湖震
　　~ transversale　横向湖震,横向静震
seidozérite　*f*　氟钠钛锆石
seif　*m*　纵向沙丘,赛夫沙丘
sein　*m*　深处,内部,中间
　　au ~ de　在……内部,在……中间;在……深处
seinäjokite　*f*　斜方锑铁矿
seindage　*m*　des trains de pleine voie　运行途中列车分离

séisme　*m*　地震;凡以 séism-(地震)为词根的词均与以 sism-为词根的词通用
~ artificiel　人工地震
~ axial　轴向地震
~ catastrophique　灾难性地震
~ continental　大陆地震
~ de base d'exploitation　运行依据地震,运行基本地震,容许运行地震
~ de base de projet　设计基本地震,设计依据地震
~ de dimensionnement(de projet)　设计地震;设计基本地震,设计依据地震
~ de magnitude intermédiaire　中强地震
~ éloigné　远方地震
~ induit　诱发地震
~ induit par la retenue　水库诱发地震
~ insensible　无感地震
~ intense　强烈地震
~ intermédiaire　中源地震
~ le plus grand possible　最大可能地震
~ local　地方震
~ majoré de sécurité　安全停堆地震
~ marin(en mer)　海下地震,海洋地震
~ maximal crédible　最大可信地震
~ maximal historiquement vraisemblable　历史最大可能地震(烈度)
~ naturel　天然地震
~ océanique　海洋地震
plus grand~ possible　最大可信地震
~ plutonique　深源地震
~ précurseur　前兆地震
~ primaire　初(始地)震
~ principal　主震
~ proche　近处地震
~ profond　深震
~ secondaire　次震
~ sensible　有感地震
~ sous-marin　海底地震
~ superficiel　浅源地震
~ tectonique　构造地震
~ terrestre　内陆地震
~ tsunami　海啸地震
~ violent　大地震
~ volcanique　火山地震

séismicité　*f*　地震强度，地震频率，地震现象，地震活动性
～ d'un site　场址地震活动性
～ historique　历史地震活动性
～ horizontale　水平地震频率
～ régionale　区域地震活动性
～ statistique　统计地震活动性
～ verticale　垂直地震频率

séismique　*f*　地震法，地震勘探；*a*　地震的

séismogénique　*a*　地震成因的

séismogramme　*m*　震波图，地震记录，地震波曲线图
～ synthétique　合成地震记录

séismographe　*m*　地震仪，测震仪，地震记录仪
～ à induction　感应式地震仪
～ à pendule　摆式地震仪
～ à ressort　弹簧式地震仪
～ accéléré　加速度地震仪
～ de vitesse　速度式地震仪
～ du déplacement　位移式地震仪
～ électromagnétique　电磁式地震仪
～ horizontal　水平(向)地震仪，地震水平分力仪
～ récepteur　(接收)地震仪
～ triaxial　三轴地震仪
～ vertical　垂向地震仪

séismologie　*f*　地震学
～ appliquée　应用地震学
～ de l'ingénieur　工程地震学
～ régionale　区域地震学

séismomètre　*m*　地震表，地震仪，地震计，地震检波器
～ électrodynamique　电动式地震计
～ lunaire　月震计
～ photoélectrique　光电地震计
～ piezoélectrique　压电式地震计
～ souterrain　地下地震计

séismomicrophone　*m*　地震微音器

séismoscope　*m*　地震计，验震器，地动仪，地震示波仪，地震波显示仪

séismotectonique　*f*　地震构造

séjour　*m*　积，停留，逗留，居住，居住地
～ de wagon　货车停留地点
～ en œuvre　使用年限，使用寿命

séjourner　*v*　积，停滞，停留，居住，旅居

～ à　停留在……地方

sékaninaïte　*f*　铁堇青石

sel　*m*　盐
～ ammoniacal　铵盐
～ antigel　防冻盐
～ bariole　条带状石盐
～ basique　碱性盐
～ biliaire　胆盐
～ blanc　食盐，氯化钠
～ calcaire　钙盐
～ carnallitique　杂光卤石盐
～ commun　石盐，食盐
～ complexe　配位盐
～ d'Epsom　泻利盐
～ d'hiver　芒硝
～ d'iode　碘盐
～ de Bertholet　氯酸钾
～ de carbonate de patassium　碳酸钾
～ de Carlsbad　卡斯巴盐
～ de dégel　化冻盐
～ de déneigement　化雪盐
～ de déverglaçage　防冻盐
～ de fer　铁盐
～ de fusion　熔盐
～ de Glauber　芒硝
～ de Karlovy-Vary　卡斯巴盐
～ de mer　海盐
～ de roche　岩盐
～ de saline　食盐
～ de seignette　赛格列盐，酒石酸钾钠
～ de soude　钠盐
～ de verre　玻璃沫
～ dégivrant　化水盐
～ déliquescent　易潮解盐
～ descendant　再生盐
～ dissous　可溶盐
～ double　复盐
～ dur　石盐
～ fin　精盐
～ fondant　熔盐
～ fossile　石盐
～ gemme　石盐，岩盐
～ s grimpants　蠕流水垢，水垢薄硬壳层
～ hydrazinium　肼盐

~ inorganique 无机盐
~ marin 食盐,海盐
~ minéral 矿盐
~ s obtenus par ébullition 熬煮的盐
~ ordinaire 食盐
~ potassique 钾盐
~ principal 光卤盐
~ réducteur 还原盐
~ sodique 钠盐
~ soluble 可溶性盐

sélaginelles *f. pl* 卷柏类
sélagite *f* 黑云褪面岩
selbergite *f* 黝白霞霓岩
selbite *f* 杂辉银白云石
sélect, e *a* 精选的,优秀的,上等的
sélecteur *m* 选择器,选分机,波段开关,转换开关,调谐旋钮,电话预选器,调度电话振铃选择器
~ à air 气分机,吹气选分机
~ à clavier 按钮开关,按钮式转换开关
~ à coïncidence 重合电路,重合选择器
~ à panneau 面板式选择器
~ à rappel de chercheur 数字吸收选择器
~ à relais 继电系统选择器
~ asservi 选码器
~ d'amplitude d'impulsions 脉冲幅度选择器
~ d'écoute 电话开关
~ d'essai 测试用选择器
~ d'impulsions 脉冲选择器
~ de canal 波段转换开关,波段选择器
~ de chiffres 数字选择器
~ de départ 输出选择器,出中继线选择机(电话)
~ de fréquences audibles 声频选择器
~ de groupe 选群器,选组器
~ de sensibilité 灵敏度选择开关
~ de test 测试用选择器
~ de types de courant (locomotives bicourant) 电流制选择开关(双流制电力机车)
~ des gammes 波段转换开关
~ des ondes 波段开关,波段选择器
~ des programmes 程序转换开关,程序选择器
~ discriminateur 鉴别器
~ en temps 时间选择器
~ entrant 输入选择器,入局选择器
~ final 终接器(电话)
~ pas à pas (téléphonie) 步进选择器(电话)
~ plan 面板式选择器
~ pneumatique 气分机,吹气选分机
~ primaire 预选器
~ principal 主开关,总开关,总选择开关
~ rotatif (téléphonie) 转盘式选择器(电话)
~ secondaire et tertiaire 第二和第三数字选择器
~ sortant 输出选择器,出局选择器
~ unidirectionnel 单向选择器

sélectif, ive *a* 选择的,有选择性的
sélection *f* 选择,挑选
~ d'amplitudes 振幅选择
~ de la situation de l'usine 站址选择,厂址选择
~ de vitesse 速度选择
~ des échantillons 试件选择
~ des soumissions 选标
~ itinéraire 选线
~ sur place 现场选线

sélectionné *m* 选手; *a* 精选的,选择出来的
sélectionner *v* 选择,选分,淘汰
sélectionneur *m* 选线器,选择开关,波段开关,隔离开关
sélectivité *f* 选择性,滤色性
séléniovaesite *f* 硒方硫镍矿
sélénite *f* 透石膏;亚硒酸盐
~ fibreuse 透石膏,纤维石膏

self *f* 自身,自行,电抗器,反应堆,电感线圈,扼流线圈,抗流线圈,平波电抗器
self-inductance *f* 自感系数
self-induction *f* 自感应
selfique *a* 自感应的,电感的
selfmètre *m* 电感测量计
selfsbergite *f* 细碱辉正长岩
self-service *m* 自助餐厅,无人售货商店
~ de gare 车站自助餐厅

sellagnéiss *m* 二云眼球片麻岩
sellaïte *f* 氟镁石
selle *f* 座,(背斜)鞍,垫板,底座,阀座,坐垫,座板,鞍座,弧拱,背斜山,支承座,鞍形物,背斜层,鞍状构造
~ à crochet 钩肩垫板
~ anticlinale 背斜鞍

~ d'appui 支座,梁枕,垫枕,枕座,支承垫块
~ de câbles 索鞍
~ de la ligne de suture 缝合线鞍部
~ de rail 钢轨垫板
~ de rail avec inclination 带轨底坡的垫板,带倾斜面的垫板
~ de rail nervurée 带凸筋的钢轨垫板
~ de repos pour câbles 缆索鞍座
~ en acier pour rails 钢轨垫板
~ fixe 固定支座
~ synclinale 向斜鞍

selle-arrêt f 防爬器
sellette f 板托
selon prép 按照,根据
~ que 根据,按照
~ la nature des sols rencontrés 与开挖土地的土质有关

selwynite f 铬铝石
semaine f 一周,一星期
sémaphore m 信号机,臂板信号机
~ à deux bras 双臂板信号机
~ à lettres 字母臂板信号机
~ à numéros 数字臂板信号机
~ à palette 臂板信号机
~ à un bras 单臂板信号机
~ chandelier 托架式多柱信号机
~ d'entrée 进站臂板信号机
~ de block 闭塞信号机
~ double 双臂板信号机
~ ordinaire 手动壁板信号机

sémaphorique a 信号的,臂板信号的
sémaphoriste n 信号员
semblable a 相似的,相像的,相同的
semblant m 表面,外表,外貌
sembler v 好像,似乎,看采,觉得
séméline f 绿楣石,楣石
semelle f 托,底座,地基,基底,支架,托架,托板,垫板,缘条,翼缘,盖板,岩层底板,坑道底板,塑性底板
~ à crampon 带钩垫板
~ à la compression 受压弦,受压翼缘
~ à tension 受拉翼缘
~ s additionnelles de poutre ou de profilé 加强板
~ carrée 方形基础(板)

~ circulaire 圆行基础
~ composite 合成闸瓦
~ comprimée 受压弦,受压翼缘
~ conique 锥形基础板
~ continue 连续基础(板)
~ d'ancrage 基座
~ d'appui 垫板
~ d'archet de pantographe 受电弓滑履,受电弓滑板
~ d'assemblage 底木
~ de boisage 槛木,垫木,底梁
~ de cadre 垫木,坎木,底木
~ de crosse 滑靴,滑履,十字头滑块
~ de fondation 地梁,护底,基础底板,基(础底)脚
~ de freinage 闸瓦托
~ de la membrure 盖板,翼缘板
~ de pantographe 受电弓滑板
~ de peu profond pieu 低桩承台
~ de pieux à pile et à culée 墩台桩基承台
~ de poutre 梁翼缘
~ de profond pieu 高桩承台
~ de resort 弹簧座
~ de tête 帽木,帽盖,帽梁
~ du pont 桥梁翼缘
~ du rail 轨底,钢轨垫板
~ du sabot de frein 闸瓦瓦片
~ en béton 混凝土基础,混凝土基础板
~ en béton armé 钢筋混凝土基础板
~ en gradins successifs 阶式底座,阶梯式基础
~ en redans successifs 阶式底座,阶梯式基础
~ filante 带形基础
~ finie 有限基础
~ fondée sur pieux 桩顶基座,桩承底脚
~ inférieure 下弦,下翼缘;下盖板
~ isolée 扩大基础
~ large 宽基础
~ monolithe 整体式基础板
~ pesante 挡土墙基础
~ plate 盖板,翼缘板
~ rectangulaire 长方基础板
~ sous mur 墙基脚
~ superficielle 浅底,承台,浅底板,扩大基础
~ superficielle sur pieux bas 低桩承台

~ superficielle sur pieux hauts　高桩承台
~ supérieure　上弦,上翼缘,上盖板
~ tendue　受拉弦,受拉翼缘,受拉盖板
semence *f*　种,种子,根源
~ de diamants　金刚石小颗粒
séménovite *f*　硅铍稀土矿
semer *v*　播种,撒布
~ des gravillons　撒布石屑
semi-　（前缀）半,部分
semi-absolu *a*　半绝对的,不完全绝对的
semi-accouplement *m* du frein　制动软管连接器
semi-annulaire *a*　半环形的,半环状的
semi-anthracite *m*　半无烟煤
semi-argenté *a*　半包银的,半镀银的
semi-aride *a*　半干旱的
semi-artésien *a*　半自流的
semi-automatique *a*　半自动的,半自动化的
semi-autoroute　快速道路,不完全符合标准的高速公路
semi-barrière *f* de passage à niveau　平交道半栏木
semi-basique *a*　中性的,半基性的
semi-benne *f*　半挂自卸车箱
semi-bitumineux *a*　半沥青的,半肥的（煤）
semi-bombé *a*　半凸的,半圈的
semi-brillant *a*　半亮的（煤）
semi-buse *f*　半圆形沟
semi-calme *a*　半镇静的,半脱氧的（钢）
semi-caniveau *m*　边沟,明沟,水槽
semi-cantilever *a*　半悬臂的
semi-captif *a*　半承压的
semi-chenillé *a*　半履带式的
semi-circulaire *a*　半圆的
semi-coke *m*　半焦,半焦炭
semi-concassé,e *a*　半碎的
semi-continu,e *a*　半连续的
semi-dense *a*　半封闭的
semi-direct *m*　半直达快车(车速介于快车与慢车之间)
semi-diurne *a*　半日的,半天一次的
semi-dressant *m*　倾斜岩层;*a* 倾斜的
semi-duplex *m*　半双工
semi-empirique *a*　半经验的
semi-encastré,e *a*　部分嵌固的

semi-encastrement *m*　部分嵌固,部分固定
semi-fermé,e *a*　半封闭的
semi-fini,e *a*　半成的
semi-fixe *a*　半固定的
semi-fluide *m*　半流体;*a* 半液态的,半流体的
semi-fusinite *f*　半丝质体
semi-grenu *a*　半粒状的
semi-hebdomadaire *a*　半周的,每周两次的
semi-infini,e *a*　半无限的
semi-inoxydable au cuivre　半氧化铜的
semi-largeur *f*　半幅度宽,路面半幅度宽
semi-liquide *a*　半液体的,半流体的
semi-lunaire *a*　半月形的
semi-marécageux,se *a*　半沼泽的
semi-mensuel *a*　半月的,每月两次的
semi-métallique *a*　似金属的,半金属的
semi-micro-analyse *f*　半微量分析
séminaire *m*　会议,研究会,讨论会
semi-néphrite *f*　软玉—透闪石
semi-nœud *m*　不全节
semi-noyé *a*　半埋头的
semi-opale *f*　半蛋白石,普通蛋白石
semi-pantellérite *f*　半碱流岩
semi-pegmatitique *a*　半文象的
semi-pénétration *f*　半贯入,浅贯入
~ sur macadam　半贯入沥青碎石路
semi-périodique *a*　半定期的,半周期性的
semi-perméabilité *f*　半渗透性
semi-perméable *a*　半透水的
semi-porte-à-faux *m*　半悬臂
semi-portique *m*　半框架,半龙门架
semi-précieux *a*　次的,次等的
semi-produit *m*　半制品,半成品
semi-profondeur *a*　半深成的,半深的
semi-remorque *f*　拖车,半拖车,半挂车,双轮拖车,铰接式货车
~ 《kangourou》　"袋鼠"式半拖车
~ à benne basculante　翻斗半拖车
~ à plateau basculant　倾斜式半挂车
~ industrielle　工业用半拖车
~ pour terrassement　土方工程用半拖车
~ rail-route　铁路、公路两用半拖车
~ sur pneus　气胎式半拖车
semi-rigide *a*　半硬的,半刚性的

semi-solide *m* 半固体
semi-sphérique *a* 半球形的
semi-tracteur *m* 半拖挂车
semi-transparent, e *a* 半透明的
semivitrophyrique *a* 半玻基斑状(结构)
semoir *m* 种子袋,播种机
sempiternel, elle *a* 不断的,永久的,经常的
sénégalite *f* 水磷铝石
Sénéquien *m* 塞内卡统
sénescence *f* 衰老,老化,老年期
sénestre *a* 左旋的
sénestrorsum *a* 左旋转的,逆时针方向的
sénile *a* 老年的,老年期的
sénilité *f* 衰老,老年期
sens *m* 方向,感觉,感官,意义,含意,方面,观念,见解,意识,看法
　～ antihoraire 反时针方向,逆时针方向
　～ chromatique 颜色识别能力
　～ conducteur 正向,导向
　～ contraire à celui de la marche 逆向,与运行相反的方向
　～ d'écoulement 流向,流动方向,气流方向,径流方向,流水方向
　～ d'enroulement 线圈绕线方向
　～ d'inclinaison 倾向,倾斜方位角
　～ de circulation 运行方向
　～ de conducteur 导电方向
　～ de courant 水流方向
　～ de débranchement 调车方向
　～ de déplacement 移动方向,转移方向,道岔转换方向
　～ de fissures 裂隙方向
　～ de l'eau 水流方向
　～ de l'écoulement 径流方向
　～ de l'inclinaison 倾斜方向
　～ de la circulation 行车方向,运行方向
　～ de la déformation 变形方向
　～ de la direction 走向方向
　～ de la fibre 纤维方向
　～ de la marche 行驶方向,运行方向
　～ de la portée 跨度方向
　～ de la rotation 旋转方向
　～ de la rotation constante 连续旋转方向
　～ de la torsion 扭转方向
　～ de non conduction 反向,回向,不导电方向
　～ de rotation 旋转方向
　～ de serrage 拧紧方向,制动方向,定位方向
　～ de torsion 扭转方向
　～ des aiguilles d'une montre 顺时针方向
　～ descendant 下坡方向,下行方向
　～ direct 顺时针方向,正方向,导通方向
　～ du courant 水流方向,电流方向
　～ du courant d'air 气流方向
　～ du déplacement de faille 断层错动方向
　～ du kilométrage 公里标方向
　～ du mouvement 运动方向,变位方向
　～ du parcours 行车方向
　～ du pendage 倾向,倾斜方位角
　～ du rejet 断层错动方向
　～ du trafic 运输方向,客、货流方向
　～ en-contraire 在相反方向
　～ giratoire (交叉)环形交通方向
　～ horaire 顺时针方向
　～ horizontal 水平方向
　～ impair 下行
　～ interdit 禁止车辆行驶的方向
　～ inverse 反方向,逆时针方向,返回方向,不导电方向
　～ inverse des aiguilles d'une montre 逆时针方向
　～ longitudinal 纵向
　～ montant 上升方向,上行方向,上坡方向
　～ normal 时针方向,正常方向
　～ obligatoire 规定(行车)方向
　～ opposé 相反方向
　～ opposé à la marche 运行反方向
　～ pair 上行
　～ rétrograde 逆向,反方向,逆时针方向
　～ transversal 横向
　～ trigonométrique 正方向,三角方向,逆时针方向
　～ unique 单向(行车),单行线,单方向
sensation *f* 感觉,轰动
　～ d'équilibre 平衡感觉
　～ graveleuse 砾质感
　～ limite 灵敏度限界,灵敏度阀
　～ musculaire 人体感觉
　～ sableuse 砂质感

~ visuelle 视觉

senseur *m* 传感器，扫描仪，敏感元件
~ à balayage multibande 多道扫描仪
~ d'infrarouge par balayage 红外扫描仪

sensibilisateur *m* 敏化剂，感光剂，增感液

sensibilisation *f* 敏化（作用），增感（作用）

sensibiliser *v* 敏化，激活，使敏感，使具有感光性能

sensibilité *f* 感度，灵敏度，敏感性，感光性能，反应性能（仪表的）
à deux ~ s 双灵敏度的
à haute ~ 高灵敏度的
~ à l'eau 对水敏感度
~ à l'eau du sol 土的水稳性，土的亲水性，土对水的敏感性
~ à l'effet d'entaille 切口敏感性，凹口灵敏度
~ à l'entaille 易切割性
~ à la chaleur 热敏性
~ à la corrosion 腐蚀敏感性，易受腐蚀性
~ à la fragilité 易脆裂性
~ absolue 绝对灵敏度
~ au froid 冷感性
~ au courant 电流灵敏度
~ au gel 冰冻敏感性
~ au tungstène à 2854K 2854K 钨灵敏度（光电管）
~ au tungstène à 2854K d'un tube analyseur de télévision 电视析像管在 2854K 色温上的光灵敏度
~ aux chocs 冲击灵敏度，冲撞灵敏性
~ chromatique 感色性，光谱灵敏度，色差灵敏度
~ d'accord électronique 电子调谐灵敏度
~ d'accord thermique 热调谐灵敏度
~ d'un materiau cohérent 黏合材料的灵敏度
~ d'un tube analyseur de télévision 电视析像管的灵敏度
~ de déviation 偏差灵敏度，偏转灵敏度
~ de déviation d'un tube cathodique et de son collier de déviation 阴极射线管连同偏转系统的偏转灵敏度
~ de déviation électrique d'un tube cathodique 阴极射线管的偏转灵敏度
~ de déviation magnétique d'un tube cathodique 阴极射线管的磁偏灵敏度
~ de l'appareil 仪器灵敏度
~ de l'écran 荧光屏灵敏度
~ de la fragilité de revenu 回火脆裂敏感性
~ de référence 基准灵敏度
~ de shuntage du circuit de voie 轨道电路分流感度，轨道电路分路灵敏度
~ des matériaux à l'eau 材料的水稳性
~ différentielle 差动灵敏度
~ du frein 制动机灵敏度
~ du réglage 调整灵敏度
~ du sol 土的敏感度
~ dynamique 动态灵敏度（光电管）
~ élevée 高灵敏度
~ en courant d'un redresseur à cristal 晶体整流器的电流灵敏度
~ extrême 极限灵敏度
~ lumineuse d'un tube analyseur de télévision 电视析像管的光灵敏度
~ lumineuse dynamique 动态光照灵敏度（光电管）
~ lumineuse statique 静态光照灵敏度（光电管）
~ relative 相对灵敏度
~ scissométrique 十字板剪切灵敏度
~ spectrale 光谱灵敏度
~ statique 静态灵敏度（光电管）

sensible *a* 显著的，明显的，敏感的，灵敏的，可感觉的，可感觉到的，具有感光性能的
~ à l'alcali 对碱敏感的
~ à l'eau 对水敏感的
~ au choc 对震动敏感的
~ au frottement 对摩擦敏感的
~ au gel 对冰（霜）冻敏感的

sensitif, ive *a* 敏感的

sensitivité *f* 灵敏性

sensitomètre *m* 感[曝]光表[计]

sensu lato 广义

sensu stricto 狭义

sente *f* 小径，羊肠小道

sentence *f* 裁决书
~ arbitrale 仲裁裁决书

sentier *m* 小道，小路，小径，土路，林间小路
~ aménagé 天然小路
~ piétonnier 行人小道

sentir *v* 嗅到，闻到，意识到，感受到，发出……气味，具有……味道

séparabilité *f* 可分性，可分离性

séparable *a* 可分离,能分开的,可分开的

séparage *m* 分开,分离,分隔,分拣,分级,分选

séparateur *m* 隔板,分离器[装置、池],分选[送、级]机,离析器,沉淀池,分析器,离析剂,(道路)分隔带,分隔符号
- ~ à air 空气分离器
- ~ à air centrifuge 离心式吹气分选机
- ~ à air mécanique 机械式吹气分选机
- ~ à cône 锥形分离器,圆锥分级机
- ~ à tambour 筒式分离器
- ~ automatique 水自动分离器
- ~ centrifuge 离心分离机,离心分离器
- ~ d'air 隔气器,风力选矿机,空气分离器
- ~ d'amplitude 幅度选择器
- ~ d'eau 水分离[分水、油水分离、干燥]器
- ~ d'eau et de sable 沙水分离器
- ~ d'huile 分油器,除油池,油分离器
- ~ d'huile et d'eau 油水分离器
- ~ de boues 泥渣分离器,矿泥分选机
- ~ de goudron 煤沥青抽提器,煤沥青提取器
- ~ de graisse 除油池(器),油脂分离器
- ~ de minéral 矿石分选讥
- ~ de poussière 除尘器,集尘器,灰尘分离器
- ~ de sens 定向交通分隔带
- ~ de vapeur 蒸汽分离器,分汽器
- ~ de voies 分车带,分隔带
- ~ des cendres volantes 飞灰分离器
- ~ des moteurs de traction 牵引电动机的隔离装置
- ~ en saillie 突起的交通分隔带,高出路面的交通分隔带
- ~ hydraulique 水力分选机,液压分离器
- ~ Jone 庄氏分样器
- ~ latéral 外分隔带(限制进入的干道和服务性道路间的分隔带)
- ~ pneumatique 气分机,吹气分选机
- ~ spirale 螺旋分选机,螺旋选矿机

séparatif, ive *a* 分开的

séparation *f* 分离,分裂,分选,分开,分别,区别,分隔,隔离,间隔,间距,距离,离散,切断,离析,释出,区分,幅度差,分隔物,分界线
- ~ à air 吹气选分
- ~ à vent 吹气选分
- ~ centrifuge 离心分选法
- ~ chimique 化学分离
- ~ des données 数据分离
- ~ des sens de circulation 行车方向分隔
- ~ en plaquettes 板状节理
- ~ gravimétrique 重力分离
- ~ hydraulique 淘洗,水力洗选
- ~ magnétique 磁选,磁力分离
- ~ magnétique à basse intensité 弱磁选
- ~ magnétique à haute intensité 强磁选
- ~ mécanique 筛分,筛选,过筛,分级,机械分离
- ~ par tamisage 筛分,分级,筛选,过筛
- ~ par voie humide 湿选,湿法分选

séparé *a* 分离的,分隔的,离析的;裂开的,开裂的

séparer *v* 分离,分开,分隔,隔开,区分,区别

sépia *f* 湿褐煤

sépiolite *f* 海泡石

septa (septum 的复数) *m. pl* 隔壁,梯板

septal *a* 隔膜的,隔壁的

septaria *f* 龟背石(龟甲石),龟甲结核

septarienton *m* 含钙质结核黏土

septarium *m* 龟背石,龟甲结核,裂心结核

septeamésite *f* 七埃镁绿泥石,镁铝蛇纹石

septeantigorite *f* 叶绿纹石(七埃蛇纹石)

septechlorite *f* 七埃绿泥石

septembre *m* 九月

septentrional, e *a* 北方的

septique *a* 腐烂的,腐败性的

septothèque *f* 隔壁板,隔壁外壁

Séquanien *m* 塞库安阶(J_3,英国)

séquelle *f* 一览表,综合表

séquence *f* 连续,顺序,次序,时序,层序,程序,继续,顺序性,连续性
- ~ d'excavation 开挖程序
- ~ d'exécution 执行顺序
- ~ de construction 施工程序
- ~ de contrôle 检查序列
- ~ de couches 岩层层序
- ~ de formations 沉积序列,沉积层序
- ~ de paysage (公路)景观
- ~ de soudage 焊接程序
- ~ de test automatique 自检顺序,自检程序
- ~ des couches 层次,层序,地层次序
- ~ lithologique 层序,地层层序

~ sédimentaire 沉积序列,沉积层序
~ séismique 地震序列
~ stratigraphique 层序,地层序列
séquentiel, elle *a* 次序的,序列的,顺序的,时序的
séquoia *m* 巨杉
sérancolin *m* 大理岩
sérandite *f* 针钠锰石
serbian *m* 铬水铝英石
sérendibite *f* 钙镁非石(蓝硅硼钙石)
serfouissage *m* 松土
~ et compactage 松土及压实
sergéevite *f* 水碳镁钙石
séricite *f* 绢云母
séricitique *a* 绢云母的
séricitisation *f* 绢云母化
séricitolite *m* 绢云岩,绢绿碳酸岩
séricitophyllite *f* 绢云母千枚岩
séricitoschiste *m* 绢云母片岩
séricolite *f* 纤维石膏
série *f* 系,组,群,序,列,族,批,统,系列,岩系,一套,岩群,串联,连续,顺序,批量,等级
de ~ 成批的,批量的,连续的
~ de clés 一套扳手
~ de données 数据组,成套资料,数据顺序,一组数据
~ de godets (多斗挖土机的)斗链
~ de locomotives 机车类型,机车系列
~ de marchandises 货物等级
~ de mesures 测量顺序
~ de prix 单价表,价目表
~ de recherches 调查顺序;研究顺序
~ de roche 岩系
~ de sols 土系
~ de tamis 一组筛子
~ de wagons 货车种类,货车类型,货车系列
~ des couches 岩系,岩群,岩层群
~ des failles 断层系,断层群(或组)
~ des godets (多斗挖土机的)斗链
~ des prix 价格系列
~ des prix unitaires 单价系列表
~ effusive 喷出岩系列
en ~ 成批的,批量的,串连的
~ homologue (机器等的)同系列
hors ~ 特制的,不寻常的,出色的

~ lithologique 层序,地质系统序列
par ~ 分类的,按类别的
~ pétrographique 岩石系列
~ s reconstituées 合成数据,综合数据,人造数据
~ sédimentaire 沉积层序
~ stratigraphique 层序,地层层序
~ volcanique 火山岩系
sériel, elle *a* 成系列的,连续的,一连串的
sérier *v* 分类,分门别类
série-type *f* 标型岩系
sérieux, euse *a* 严肃的,认真的,重要的,重大的,严重的
sérigraphie *f* 系统布置图
seringue *f* 喷枪,喷雾器
seringuer *v* 喷射,注射
serir *m* 砾漠
sernikite *f* 红纤云母
sérozem *m* 灰钙土
serpe *f* 手斧,斧头
serpenteau *m* 夹层,细脉
serpenter *v* 蛇行,蜿蜒
serpentin *m* 蛇形管,盘管;回头弯道,S形曲线;*a* 弯曲的,蜿蜒的,蛇纹石的
~ de chauffage 加热器,加热蛇形管,蛇形加热管
~ de radiateur 散热器盘管
~ de réchauffeur 加热蛇形管
~ de refroidissement 冷却盘管,冷却蛇形管
~ de vapeur 蛇形蒸汽管
~ désurchauffeur 预冷凝器,除过热盘管
~ évaporateur 蒸发盘管
~ plafonnier 顶盘管
~ réfrigérant 螺旋形冷却管,盘管式散热器
~ surchauffeur 过热盘管
~ tubulaire 蛇形管
serpentine *f* 蛇纹石,蛇纹岩,蛇纹石类
~ fibreuse 纤维蛇纹石(温石棉)
~ lamellaire 叶蛇纹石
~ lamelleuse 叶蛇纹石
~ mylonitique 蛇纹大理岩
~ opaque 蛇纹石,蛇纹岩
~ schisteuse 蛇纹片岩
~ translucide 贵蛇纹石
serpentine-jade *f* 蛇纹硬玉

serpentine-ophite *f* 胶蛇纹石
serpentines *f. pl* 蛇纹石类矿物
serpentine-tale *f* 蛇纹滑石
serpentineux *a* 蛇纹石的
serpentinisation *f* 蛇纹岩化
serpentinite *f* 蛇纹岩
serpentinoschiste *m* 蛇纹石片岩
serpophite *f* 胶蛇纹石
serpulite *f* 龙介虫灰岩
serra *f* 山脉
serrage *m* 紧固,拧紧,夹紧,拉紧,压紧,固定,制动,刹车; *m. pl* 紧固件
　～ à fond (frein)　全制动
　～ à l'angle　角度定位
　～ au moyen de charges d'explosifs　爆炸压实法
　～ automatique du frein　自动制动
　～ centrage　定位,对中,拧紧
　～ de l'écrou　拧紧螺母
　～ des bornes　拧紧端子
　～ des joints　封缝,接缝止水
　～ du frein　紧闸
　～ du frein d'urgence　紧急制动
　～ en croix　对向交叉拧紧(指螺丝)
　～ gradué du frein　阶级制动,分级制动
　～ inégal　拧劲松紧不均匀
　～ normal (frein)　常用制动(制动机)
　～ ordinaire　常用制动,正常制动
serrate *a* 锯齿形的
serre *f* 山岭,山地;紧夹,夹子,夹钳,夹紧件,密封垫
serré, e *a* 紧凑的,紧密的,缩紧的,紧束的,夹紧的,狭隘的,严密的,精确的,精炼的
serre-câble *m* 缆索夹,电缆夹,电线线夹
serre-écrou *m* 螺帽扳手
serre-fils *m* 接线夹,接线柱,吊弦线夹,紧线夹,夹紧螺钉,接线螺钉
　～ de jonction (fil de contact)　线夹(接触导线)
　～ de suspension (caténaire)　紧线器
serre-frein *m* 制动员,连接员
serre-joint *m* 夹钳,夹子,卡子,键槽,接缝锲,闭缝器,螺纹夹子
serrer *v* 夹紧,系紧,绑紧,拧紧,紧靠,紧固,固定
　～ à fond　拧紧,锁紧,全制动
　～ le frein　制动
　～ le frein à main　使用手制动机
　～ modérément　适当拧紧,适当锁紧
　～ peu　稍拧一点,略为制动
　～ successivement　逐步拧紧,逐步锁紧
serrure *f* 卡,锁,卡具,锁闭,锁扣,锁栓,闩锁,锁闭元件
　～ d'enclenchement　联锁钥匙
　～ de block　联动锁
　～ de levier de signal　信号握柄锁
serrurerie *f* 钳工作业,钳工车间
serrurier *m* 钳工
sertir *v* 嵌入,镶装,折边襯接
sertissage *m* 嵌入,镶装,弯管,啮合,折弯镶接,折边镶边
　～ de l'agrafe de bandage　把扣环压入轮箍扣环槽
servante *f* 支架,支杆
serveur *m* 服务器
　～ DAI　事故自动检测服务器
　～ enregistrement　录像服务器
　～ GTC　GTC 服务器
　～ RAU　紧急呼叫服务器
　～ rebondant　冗余式
　～ vidéosurveillance　视频监控服务器
service *m* 处,科,部门,服务,工作,业务,机关,职务,寿命,保养,检修,管理(处),工作期限
　～ (des) voyageurs　客运处,旅客业务
　(être) hors de ～　不能使用的,报废的
　～ 《train + auto》　无司机汽车出租处
　～ à domicile　上门服务
　～ achat　采购部门
　～ actif　在职,现职
　～ administratif　管理局,管理处,行政处,管理部门
　～ affluent　支线运输
　～ affrété　租赁业务
　～ annexe　辅助服务
　～ après-vente　售后服务,售出后的使用服务
　au ～ de　为……服务
　～ central du mouvement　车务总局
　～ chargé des décomptes　结算处
　～ commercial　商务处
　～ commun　公用,共同使用
　～ compétent　有关[主管]部门

~ comptable 会计处
~ continu 连续工作,连续服务,连续运行,昼夜值勤,昼夜服务,连续工作制,连续工作方式
~ contractant 业主
~ d'accompagnement des trains 列车乘务组,列车乘务员
~ d'alimentation 供应处
~ d'appels téléphoniques 电话传呼服务
~s d'eau chaude 热水供应
~ d'entretien 维修部,技术保养,保养服务,上门维修服务
~ d'entretien de la voie 养路区
~ d'entretien des routes 公路养护处
~ d'été 夏季作业
~ d'été des trains de voyageurs 夏季列车时刻表,夏季客运业务
~ d'étude 研究室;设计处
~ d'hiver 冬季养护,冬季作业
~ d'hiver des trains de voyageurs 冬季列车时刻表,冬季客运业务
~ d'incendie 消防队
~ d'information 数据源,信息部
~ de banlieue 市郊运输
~ de camionnage 卡车搬运服务所
~ de chargement 装车作业
~ de composition et de décomposition 调车作业,编解作业,编组作业
~ de contrôle et de vérification des marchandises 商检局
~ de déblayage et épandage 挖方和摊铺管理
~ de dépannage 抢修服务
~ de direction 管理局,管理部门,领导工作
~ de documentation 资料室,情报室[处]
~ de domicile rural 乡村接取送达业务
~ de financier 财会处,财务会计处
~ de gare 站务,车站业务
~ de gestion informatique 信息处理服务
~ de grande banlieue 远郊区运输
~ de l'exploitation 运输处
~ de l'exploitation de la région 地区运输管理部门
~ de l'outillage 工具车间
~ de l'urbanisme 城市规划处
~ de la carte géologique 地质图管理局

~ de la comptabilité 会计处
~ de la traction 机务处
~ de la voie 工务处,工务段,线路业务
~ de la voie de la région 地区铁路工务部门
~ de la voie et des bâtiments 线路及房建处
~ de la voirie 道路管理处
~ de ligne 工务处,工务段
~ de manœuvre 调车作业
~ de manutention 装卸事务所;装卸作业
~ de navette 往返运输,循环运输
~ de normalisation(SN) 标准化机构
~ de nuit 夜班
~ de passage à niveau 看守道口
~ de porte à porte 接取送达业务,上门取货及送货上门业务
~ de ramassage 上门收货业务,零担运输业务
~ de réception 接待处
~ de recherche sur la pollution de l'eau 水污染研究所,水污染问题研究部门
~ de recherches 科研处
~ de réexpédition 货物转发送业务
~ de répandage (en hiver) (冬季)铺撒工作
~ de réserve 后备班组
~ de restauration 修复业务
~ de retour 回程,返程
~ de sécurité 安全科室,行车安全监察室
~ de télécommunication 长途通信业务
~ de traduction 翻译室
~ de trains d'été 夏季列车运行时刻表,列车夏季作业
~ de trains d'hiver 冬季列车运行时刻表,列车冬季作业
~ de trains navettes 循环列车运输
~ de transbordement 换装业务
~ de transport 运输处
~ de voitures sans chauffeur 无司机汽车出租处
~ des achats 采购部,采购部门
~ des aiguilles 道岔管理
~ des approvisionnements 供应部门
~ des arrivages 到达货物处
~ des autocars 旅游车服务部,大客车服务部
~ des bagages 行李房,行李托运处
~ des colis-postaux 邮寄包裹处

~ des dérangements 事故处理,故障处理
~ des dimanches 星期日旅客运输
~ des eaux à ville 城市供水
~ des expéditions 发送货物处
~ des jours de fêtes 节日运输
~ des levés topographique 地质测量局[处]
~ des mandats 汇款处
~ des marchandises 货运处,货运业务
~ des messageries 信件、邮包的运送业务
~ des Ponts et Chaussées 道桥管理处
~ des porteurs dans une gare 车站搬运业务,车站搬运工服务处
~ des programmes 计划处
~ des ventes 销售部
~ des voyageurs 旅客服务处
~ direct 直通运输,直达运输
~ divers 杂项业务
~ du bulletin météorologique routier 道路气象预报站
~ du contentieux 法律处
~ du contrôle des recettes 进款检查处
~ du contrôle des sociétés concessionnaires d'autoroutes 高速公路特许公司管理处
~ du matériel et de la traction 机务处
~ du personnel 人事处
~ du portefeuille 投资部
~ du trafic routier(STR) 公路交通处
~ E. W. P. 欧洲直通客车业务
en ~ 在工作中,正在运营,正在使用
~ études 研发部门
~ extérieur 外勤
~ fer-air-fer 铁路—航空—铁路联运
~ géologique 地质部门,地质调查(所)
~ géologique national(SGN) 国家地质局,全国地质调查所
~ géotechnique 工程地质处
~ hivernal 冬季养护
hors ~ 不能工作的,不能使用的
~ ininterrompu 不间断工作方式
~ ininterrompu à charge intermittente 连续负载的连续工作方式
~ intérieur 国内运输,管内运输,内部作业
~ intérieur (entretien des bâtiments) 内部维修(房产)
~ intérieur des gares 站内业务,站内作业
~ intérieur des trains 管内列车运输
~ intérieur des trains voyageurs 馆内旅客列车运输
~ intermittent 断续工作方式
~ intermittent périodique 周期性断续方式
~ intermittent variable 变载继续方式
~ international 国际联运,国际运输
~ interurbain à tarif réduit 城市间的优价运输业务
~ intervilles 城市间运输
~ local 管内运输,管内作业
~ M. T. 机务处,机务部门
~ s marchands (公共团体向消费者提供的)有偿服务,流通业
~ médical 医务处
~ météorologique 气象部门
~ navette 往返运输
~ nominal (d'une machine ou d'un appareil) 额定工作方式(电机或电器的)
~ s non marchands 无偿服务
~ offert 所提供的服务
~ offert aux clients 为旅客服务,为用户服务
~ omnibus 慢车,满运
~ périodique 定期服务
~ permanent 连续工作,连续运行,昼夜服务,昼夜值班
~ postal 邮政
~ prophylactique 保健室
~ public 公用事业
~ questions-réponses 问答服务
~ radiodiffusion 广播业务
~ rail-route 铁路、公路联运业务
~ rapides interurbains 城市间的快速运输
~ régulier 定期运行
~ routier 公路运输,公路服务,公路运输业务
~ routier à grande distance 长途公路运输
~ routier à petite distance 短途公路运输
~ routier hivernal 冬季公路运输
~ saisonnier 季节性运输,季节性旅客列车
~ sanitaire 医务处
~ sinistres 理赔部
~ spécial des autoroutes(S. S. A.) 高速公路特种业务

～ standard 标准化服务
～ technique 技术处,技术室,技术服务,技术作业
～ technique de l'urbanisme(STU) 城市规划处
～ temporaire 短期使用,短时负载
～ temporaire variable 变载短时负载
～ terminaux 收尾工程,终点站作业
～ tous horizon 全方位服务
～ tous temps 全天候服务
～ train autos-jour 小汽车随同旅客列车运送业务
～ type 典型作业,标准作业
～ unihoraire 小时工作制

servir v 工作,服务,供应,接待,有用于,有利于,为……服务
～ à 用于,用作,适用
～ de 作为,当作,用作,充当,担任
～ de support aux moteurs de traction 用以安放牵引电机
se ～ de 使用,利用

servitude f 依赖,从属,相关,维护,限制,使用费,服务费,限制条件,辅助设备
～ technique 技术服务费
～ s électriques 辅助电气设备

servo m 伺服系统,伺服机构,随动系统
servo-amplificateur m 伺服放大镜
servo-commande f 随动系统,随动机构,伺服系统,伺服机构,伺服传动装置,助力传动装置
～ de vitesse 速度伺服机构,速度随动机构
servofrein m 伺服制动机(器)
～ à air comprimé 风动伺服制动机
servo-inclinomètre m 伺服测斜仪
servo-mécanisme m 伺服机构,跟踪机构,随动系统,伺服传动系统
～ à action intermittente 断续动作伺服机构
～ linéaire 线性随动系统,线性伺服机构
～ non linéaire 非线性随动系统,非线性伺服机构
servo-moteur m 接力器,继动器,伺服电动机,随动电动机,辅助电动机
～ à double effet 双作用接力器
～ à l'air comprimé 气动伺服机
～ à mouvement de levier 曲柄式伺服电动机
～ de mise en action 激励器,启动伺服电动机,激励伺服电动机

～ électrique 电动伺服机
～ hydraulique 液压伺服电动机
～ pneumatique 气动伺服机
～ torique 旋转式接力器
servo-piston m 随动活塞,伺服活塞
servo-système m 伺服系统,辅助系统,随动系统,增力系统
servo-valve f 伺服阀
sessèralite f 刚闪辉长岩
sessile a 固着的,无柄的,座生的
session f 会议
Sestien m 塞斯特阶(E_3,早期)
seuil m 阀,门槛,门座,门口,入口,山口,溢口,底槛,底木,基石,岩床,陆基,界限,极限,阈限,限界范围,门坎值,整定值,临界值,第一步,垫底横木
～ bas 底槛
～ d'éblouissement 眩目值,强光值
～ d'écoulement 屈服点,流动点,软化点
～ d'écrêtage 限制界限
～ d'élasticité 弹性极限
～ d'enclenchement 联锁阀
～ d'entrée 进口底槛
～ d'entretien routier 道路养护范围
～ d'imposition 税款起征点
～ d'imposition pour l'impôt sur le revenu 所得税起征线
～ d'instabilité 稳定极限,不稳定范围
～ de changement de pente 变坡点,坡度变化界限
～ de cirque 冰斗坎
～ de congélation 凝固点
～ de déformation 屈服点
～ de détection 探测限度,检出整定值
～ de déversoir 溢流堰堰顶
～ de discrimination 区分阀值,鉴别阀值
～ de filtration 12～15 microns 过滤器规格为12～15微米
～ de fonctionnement 作用点,启动点,启动限
～ de fond 浅滩,底槛,浅水区,人工潜坝
～ de granularité 颗粒范围
～ de plasticité 屈服点
～ de plasticité de roches 骨石塑性极限,岩石塑性极限
～ de porte 门槛,门口

~ de prise 进水闸
~ de prise d'eau 进水口(底槛)
~ de rentabilité 效益极限
~ de résistance 强度界限
~ de rigidité 刚度限度
~ de rupture de roches 岩石破裂点,岩石强度极限
~ de température 温度极限
~ de type Creager 自泄式鼻坎
~ de vitesse 速度极限
~ denté (消力)齿堰
~ déversant 堰,鱼梁
~ différentiel 差动式底槛
~ donné 给定限度,给定范围
~ du lit 沙洲,河床浅滩
~ en bois 木门槛
~ en rivière 堰,鱼梁
~ glaciaire 冰坝
~ hydraulique 地下水坝
~ inférieur 底槛
~ libre 自泄式鼻坎
~ longitudinal 纵槛
~ naturel 天然基石,天然岩床,天然潜坝
~ noyé 潜槛,淹没式底槛
~ raisonnable 合理值,合理的规定
~ rocheux 岩基,石门坎
~ technologique 技术临界值

seul, e *a* 唯一的,单一的,单独的
seulement *adv* 只,仅仅,不过,可是,甚至
  non ~ 不仅
  non ~ ... mais encore... 不仅……而且……
seuwe *f* 排水巷道
sévère *a* 严厉的,严格的,艰巨的
séverginite *f* 锰斧石
sévranite *f* 塑性炸药
sextant *m* 六分仪,六十度弧,手持测角仪
sextet *m* 六重线
seybertite *f* 绿脆云母
shabynite *f* 水氯硼镁石
shackanite *f* 沸歪粗面岩
shannonite *f* 钙镁橄榄石
shanyavskite *f* 胶水铝石
shastaite *f* 玻苏英安岩
shastalite *f* 安山玻璃

shcherbakovite *f* 硅铌钛碱石
shcherbinaïte *f* 钒赭石
shed *m* 库,车库,锯齿形屋顶
sheet-asphalt *m* 片地沥青(混合料),砂质地沥青混凝土
shelf *m* 陆架,大陆架,陆棚,沙洲,暗礁;底岩
  ~ continental 陆棚,大陆架
shellac *m* 虫胶,紫胶,洋干漆,虫胶漆
shentulite *f* 砷钍石
sherghottite *f* 辉玻无球陨石
shéridanite *f* 透绿泥石,无色绿泥石
shérosidérite *f* 煤球
shilling *m* 先令(英国旧货币单位,值 1/20 镑)
shimme *m* 垫片
shonkinite *f* 等色岩
shorlite *f* 黑电气石
shorsuite *f* 铁镁明矾,铁明矾
shortite *f* 碳钠钙石
shubnikovite *f* 水砷钙铜石
shungite *f* 次石墨,不纯石墨
shunt *m* 分路,分流,分流器,分道岔,分流电阻,列车分路
  ~ à la désexcitation d'un circuit de voie 轨道电路继电器释放的车轴短路临界电阻
  ~ d'ampèremètre 电流表分流器
  ~ d'un train 列车分路
  ~ de charge de batterie 蓄电池充电分路器
  ~ de traction 牵引分路器
  ~ inductif 感应分流器
  ~ inductif double 双线圈感应分流器
  ~ inductif multiple 多线圈感应分流器
  ~ inductif simple 单线圈感应分流器
  ~ limite 轨道电路继电器释放的车轴短路临界电阻
  ~ limiteur de charge de batterie 蓄电池充电限制分路器
  ~ limiteur de débit de statodyne 小发电机电量限制分路器
  ~ magnétique 磁分路,磁分路器
  ~ ohmique 分流电阻,无感应分流器
  ~ préventif 防治轨道继电器吸动的临界电阻
  ~ résistif 分路电阻
  ~ résonant 谐振分流器
  ~ superuniversel 超万能分流器

shuntage *m* 分路,分流,分支,分接,磁场削弱
　～ mixte　混合磁场削弱
　～ par prises　磁场分接
　～ par variation du nombre de spires　磁场分接
shunter *v* 分流,分路
shunteur *m* 磁场削弱装置
sial *m* 硅铝层,硅铝带,硅铝质
　～ dioritique　地壳闪长岩层
　～ granitique　地壳花岗岩层
sialique *a* 硅铝质的,硅铝层的
sialite *f* 黏土矿物
sialitique *a* 硅铝(壳)的,硅铝土的
siallite *f* 黏土类,硅铝土
sialma *m* 硅铝镁层,硅铝镁带
sialosimique *a* 硅铝镁层的
sibérite *f* 红碧硒,红电气石
sibirskite *f* 西硼钙石
siccatif *m* 干料,干燥[催干]剂,脱水剂
　～ au cobalt　钴基干燥剂
　～ au manganese　锰基干燥剂
　～ au plomb　铅基干燥剂
　～ au vanadium　钒基干燥剂
　～ de zinc　锌干燥剂
　～ fondu　熔融干燥剂
　～ précipité　沉淀干燥剂
siccativité *f* 可干性
siccité *f* 干燥,干度,干燥状态
　～ de l'air ambiant　空气的干燥度
siche *f* (岩石)夹层,板带层
sicklérite *f* 磷锂锰矿
side-car *m* (摩托车侧的)边车
side-dozer *m* 斜角推土机,万能推土机,侧铲推土机
sidérocalcite *f* 柱白云石(镁铁白云石)
sidéroconite *f* 铁染石灰石
sidérolite *f* 石铁陨石,古橄铁镍陨石
sidérolithique *m* 溶洞砂泥质铁沉积物
sidéronitique *a* 海绵状陨铁的(结构)
sidérophyllite *f* 铁叶云母
sidérosilicite *f* 硅铝铁玻璃
sidérurgie *f* (钢铁)冶金学,钢铁工业,钢铁冶金
sideawasy force coefficient routine investigation machine (量测道路路面横向摩擦系数用的)道路横向力系数测试机

sidorenkite *f* 碳磷锰钠石
siècle *m* 世纪,时代,时期
siège *m* 座,座位,底座,座椅,席位,所在地,支承面
　～ à claire-voie　板条座
　～ amortisseur　减振座
　～ arrière　后座
　～ avant　前座
　～ d'extraction　采区
　～ de soupape　阀座
　～ de soupape de sécurité　安全阀座
　～ de tassement　沉降部位,沉降范围
　～ du conducteur　司机座位
　～ du décollement　滑脱带,挤离带
　～ du garde-frein　制动台,手闸台
　～ du pointeau　阀座,针阀座
　～ du pont　桥位,桥座
　～ du tassement　沉降部分
　～ fauteuil　座椅(指司机的)
　～ inclinable　躺式座椅
　～ pivotant　转移
　～ pliant portatif　轻便折叠椅
　～ principal　总部
　～ rabattable　折叠式座椅
　～ rembourré　软座,软席
　～ réversible　转椅
　～ social　营业所,总公司,办事处,注册地址,公司所在地
　～ supérieur du cadre fixe　顶部埋设止水梁
siège-kilomètre *m* 人公里,客公里
siéger *v* 位于,设在,存在,出席,占有席位
siénischiste *m* 辉绿片岩
siénite *f* 正长岩
siérozem *m* 灰钙土
sierra *f* 山脉,锯齿山脊
sif *m* 纵沙丘
sifema *m* 硅铁镁层
siffler *v* 鸣笛,嘘嘘作响,发出嘘嘘的声音
sifflet *m* 笛,哨子,口哨,汽笛,笛声,响笛,鸣笛
　～ à air　风笛,汽笛
　～ à vapeur　汽笛
　～ d'alarme　警报器,报警汽笛,紧急制动汽笛
　～ de la machine　机车响笛
　～ de manœuvre　调车口笛,调车员口笛

en ~ 斜截,成斜截面
sigle *m* 简称,缩写词
sigmoïde *a* S形的,反曲状
signal *m* 信号,暗号,信令,信息,标志,信号机,信号标志,交通信号
  ~《attention》 "注意"标
  ~《sifflet》 鸣笛牌,司机鸣笛预告标
  ~ à caisson 方箱形信号
  ~ à cataphotes 有反光器的路标,带有反射器的信号机
  ~ à cocarde 圆盘信号
  ~ à commande (par transmission funiculaire) 导线控制的信号机
  ~ à commande multiple 多机牵引时机车间的联络信号
  ~ à disque 圆盘信号
  ~ à disque à damier 方格牌信号
  ~ à distance 预告信号,远距信号
  ~ à éclats 闪光信号
  ~ à fermeture automatique 半自动信号
  ~ à feu 灯光信号,交通信号
  ~ à feu coloré du type à oculaire mobile 探照式色灯信号机
  ~ à feu de couleur 色灯信号,色灯信号机
  ~ à feux de position 灯位式信号机
  ~ à fleur du sol 矮型信号
  ~ à main 手信号,手动信号
  ~ à numéros 顺序标志,数字标志
  ~ à palettes superposéss 多位式臂板信号机
  ~ à panneaux lumineux 光屏信号,发光信号牌,灯光信号牌
  ~ à terre 矮型信号
  ~ à voyant 灯列式信号
  ~ acoustique 喇叭,音响信号,声频信号,听觉信号
  ~ aléatoire 随机信号
  ~ alternatif 交变信号
  ~ analogique 模拟信号
  ~ analogue 模拟信号
  ~ annonciateur 预告信号,预告圆盘
  ~ antagoniste 敌对信号机
  ~ aubiné 自半动信号
  ~ auditif 音响信号,听觉信号
  ~ automatique 自动信号
  ~ automatique de réglementation de la circulation 自动交通管理信号
  ~ automoteur 自动信号
  ~ aux accouplés 联动信号(机)
  ~ aux conjugués 联动信号,共轭信号
  ~ aux coordonnés 联动[协调]信号
  ~ aux d'entrée et de sortie 进出港口信号
  ~ aux de port 港口信号
  ~ aux des locomotives 机车信号
  ~ aux doubles 双重信号
  ~ aux et abréviations 符号及缩写
  ~ aux horaires 时间信号
  ~ aux multiples 多重信号
  ~ auxiliaire 辅助信号
  ~ avancé 预告信号(远方信号),警告信号
  ~ avancé à deux transmissions 双导线预告信号
  ~ avancé de départ 出发预告信号
  ~ avancé de passage 通过预告信号
  ~ avec moteur à acide carbonique 用碳酸驱动的信号
  ~ avertisseur (à distance) 预告信号(远方),警告信号
  ~ avertisseur acoustique 音响预告信号,听觉预告信号
  ~ avertisseur de passage à niveau 道口预告信号
  ~ avertisseur optique 视觉预告信号
  ~ bloqueur 闭塞信号
  ~ brouilleur 干扰信号
  ~ bruit 干扰信号
  ~ carré 方波信号,进站信号牌,停车信号牌
  ~ carré d'arrêt absolu 绝对停车信号
  ~ carré rouge 干线铁路上停车信号牌
  ~ carré violet 调车信号,股道表示器,可作为次要股道的发车信号
  ~ cataphoté 反射式灯光信号机
  ~ clignotant 闪光信号,汽车转向信号
  ~ co-agissant 联动信号
  ~ codé 编码信号,译码[电码]信号
  ~ compensateur 补偿信号
  ~ complémentaire 补充信号,辅助信号机
  ~ complémenté 附加信号,补偿信号
  ~ complexe 合成信号,序列信号
  ~ continu 连续信号
  ~ correcteur 校正信号,修正信号
  ~ couvrant la station 进站信号,进站信号机

~ d'accusé de réception 应答信号
~ d'action 执行信号,行动信号,工作信号
~ d'alarme (frein) 紧急制动信号,报警信号
~ d'alerte 报警信号,紧急信号
~ d'annonce 预告信号,通知信号
~ d'annonce de wagon échappé 车辆溜逸信号
~ d'appel 呼号,识别信号,传呼[呼叫]信号,振铃信号
~ d'appel aux freins 要求制动信号
~ d'appel de manœuvre 调车信号
~ d'approche 接近信号
~ d'arrêt 停车信号,停止信号
~ d'arrêt absolu 绝对停车信号
~ d'arrêt franchissable 停后再开信号
~ d'arrêt non franchissable 绝对停车信号
~ d'arrêt permissif 停后再开信号,容许续行信号
~ d'arrière de train 尾灯,列车尾部信号
~ d'attaque 驱动信号
~ d'avancer 前进信号
~ d'avertissement 注意信号,警告信号,预告信号(仅增加一个臂板)
~ d'avertissement de section neutre (traction électrique) 无电区段预告标(电力牵引)
~ d'effacement 锁闭信号,遮没信号,封闭信号,清除信号
~ d'égalisation 平衡信号
~ d'entrée 进站信号,输入信号
~ d'entrée et de sortie 进站及出站信号
~ d'essai de frein 制动试验信号
~ d'évacuation (de la voie) 腾清股道信号
~ d'horloge 时钟信号
~ d'identification 识别标志,识别信号,编码信号
~ d'identification de routes 道路识别标志
~ d'image 图像[视频]信号
~ d'image complet 合成视频信号
~ d'indication 指示信号
~ d'information 指示标志,信息信号
~ d'inhibition 抑制信号,禁止信号
~ d'interdiction 禁止通行标志
~ d'interruption 击穿信号,故障信号,中断信号
~ d'obligation 指示标志
~ d'obstacle 障碍标志
~ d'occupation 占线信号,电话占用声

~ d'occupation de ligne 线路占用信号
~ d'ordre de départ (fixe) 发车信号(定置式)
~ d'orientation 指路标志,定向标志
~ de base 基波,主信号
~ de bifurcation 分路信号
~ de blocage 封闭信号,禁止通行标志
~ de brouillard 起雾信号
~ de changement de direction 转向信号器
~ de chantier de voie 线路施工地点防护信号,道班工作地点限速信号
~ de chauffeur 司炉用机车信号
~ de chromaticité 彩色信号
~ de chrominance 彩色信号
~ de circulation 交通信号
~ de circulation automatique 自动交通信号
~ de circulation contrôlée à la main 手动交通信号
~ de clôture 话终信号
~ de commande 命令信号,控制信号,监控号,操纵信号
~ de contrôle 控制信号,检验信号,查占用线路信号(电话)
~ de correction 校正信号,修正信号
~ de correction de taches 黑点校正信号
~ de correspondance 通信信号,联络信号
~ de couleur à trois indications 三显示色灯信号机
~ de couleurs complets 合成彩色信号
~ de danger 危险标志,危险信号,警告危险的路标
~ de déblocage 开锁信号,解锁信号,解除封锁的标志,开放交通的信号
~ de débranchement 驼峰信号
~ de début de communication 开始联络信号,开始通话信号
~ de déclenchement 触发信号,驱动信号,标识信号(电报)
~ de départ 出站信号,发车信号,启动信号,出站信号机,车辆出发信号
~ de dépassement 超车信号
~ de dérangement 事故信号,故障信号
~ de détresse 求救信号,呼救信号,遇险信号,故障信号
~ de direction 远距,方向信号,前置交通信号,

联轨站分歧信号
~ de distance 警冲标
~ de fin d'itinéraire 进路终止信号
~ de fin de communication 话终信号,通话终了信号
~ de freinage 制动信号
~ de fréquence étalon 标准频率信号
~ de guidage de vision 视线诱导标志
~ de jalonnement 路标
~ de jour 昼标,日间信号,白昼信号,昼间信号,昼夜信号
~ de la colonne alimentaire 水鹤标志,机车在水鹤旁停车位置标
~ de la voie 线路信号
~ de liberté de passage 准许通行信号
~ de ligne 忙音信号
~ de ligne libre 空线信号,着手拨号信号(电话)
~ de limitation permanente de vitesse 常用限速标
~ de limite de manœuvre 调车界限标
~ de localisation 定位标志
~ de localité 市镇标志
~ de locomotive (lanternes) 机车头灯或尾灯,机车信号灯
~ de luminance 单色信号
~ de manœuvre 调车信号
~ de manœuvre de tirage 驼峰信号机,调车信号机
~ de manœuvre des pantographes 升起受电弓表示标
~ de marche 前进式交通信号设备,前进式交通信号系统
~ de marée 潮位信号
~ de message variable 可变信息标志
~ de modulation 调制信号
~ de navigation 航标,航行号志,航行标志,航行信号
~ de nuit 夜间信号,夜间航标
~ de passage 通过信号
~ de passage à niveau 道口信号机
~ de passage en vitesse ralentie 低速(减速)通行的标志
~ de plaque tournante 转盘信号
~ de pleine voie 线路信号,闭塞分区信号
~ de pont tournant 转盘信号
~ de position d'aiguille 辙尖标志
~ de pré avertissement 外预告信号机,复显预告信号机
~ de pré signalisation 前置指路标志,方向预告标志
~ de préavis 预告标志
~ de prescription 指示标志
~ de ralentissement 减速信号,慢行信号,限速信号
~ de rappel 回铃信号(电话),回收信号(无线电)
~ de rappel de ralentissement 降速到30公里/小时的复式信号
~ de réaction 反馈信号
~ de refoulement 退行信号
~ de remplacement 代用信号,临时信号
~ de répétition 重复信号,复述信号
~ de réplique 回答信号,回铃信号
~ de repos 暂停信号,静止信号
~ de reprise (de marche normale) 慢行区段终止信号,恢复原有速度信号
~ de retour 回铃信号(有线通信),反馈信号,返回信号
~ de retour chariot 回车信号
~ de retour d'appel 回铃信号,对方空闲信号(电话)
~ de route 公路标志
~ de sécurité 安全信号
~ de séparation des luminances 单色图像共现信号
~ de sortie 发车信号,出发信号,输出信息,出站信号机
~ de sortie extérieur 站外发车信号
~ de souterrain 隧道信号
~ de station 测站标志
~ de stop 停车信号
~ de suppression 消隐信号,遮没信号,熄灭信号
~ de télécommande 遥控信号
~ de tempête 风暴信号
~ de triangulation 三角测量砚标
~ de tunnel 隧道信号
~ de vidéofréquence 视频信号
~ de vitesse limitée 限止车速信号

~ de voie　路标
~ de voie barrée　线路遮断信号,线路封锁信号
~ de voie libre　行车信号,线路开通信号
~ dépassable à l'arrêt　允许冒进停车位置的信号
~ désiré　有效信号,所需信号
~ détecté　检波信号
~ devient nul　信号消失,信号无效
~ directionnel　定向信号
~ diurne　白昼信号,昼间信号
~ du mécanicien　机械信号,臂板信号
~ du trafic　交通标志
~ du train　列车标志,列车信号
~ électrique　电信号,电动信号
~ en topographie　地形标志
~ enclenché　联锁信号
~ entre les agents de la voie　养路人员间的联络信号
~ entre stations　站间通信信号,站间用的联络信号
~ est à la fermeture　信号在停车位置,信号在注意位置
~ est à passage vers une voie déviée　信号指示向分歧侧线运行
~ est établi　信号已扳妥,信号已发出,信号已置于规定位置
~ est franchissable par le train　准许列车通过的信号机
~ est masqué　信号被遮蔽
~ explosible　响炖信号
~ explosif　爆炸信号
~ fermé　停车信号,注意信号
~ fixe　固定信号
~ franchissable　准许通过的信号机(例如预告信号机)
~ haut　高柱信号机
~ horaire　时间信号
~ impératif　强制性信号
~ incompatible　敌对信号机
~ indicateur　指示信号
~ indicateur de direction　方向指示信号,进路指示信号
~ inhibiteur　抑制信号,禁止信号
~ initial d'appel　占用信号,占机信号,约束信号(电话)

~ intermédiaire　中间信号机
~ intermédiaire de block　中间闭塞信号,中国闭塞信号机,闭塞分区信号机
~ issue　输出信号
~ itinéraire　进路信号
~ kilométrique　公里桩,公里标志
~ limite de garage　警冲标,停车位置标
~ lumineux　红绿灯,交通信号灯,色灯信号机
~ lumineux à commande manuelle　人工控制交通信号灯
~ lumineux à détection totale　全感应交通信号灯
~ lumineux à feux de couleurs　色灯信号机
~ lumineux à feux de position　灯列式灯光信号机
~ lumineux à oculaire mobile coloré　探照灯式色灯信号机
~ lumineux à plusieurs feux de couleur　多灯式色灯信号机
~ lumineux à semi détection　半感应交通信号灯
~ lumineux à temps fixés　定时交通信号灯
~ lumineux coloré à plusieurs indications　多显示色灯信号机
~ lumineux de jour et de nuit　昼夜色灯信号机
~ manuel　手示信号,手势信号
~ masqué　遮蔽信号
~ mobile　移动信号,临时信号牌
~ mutilé　失真信号
~ nain　矮型信号,矮型信号机
~ nocturne　夜间信号
~ numérique　数字信号
~ optique　色灯信号,视觉信号
~ origine d'itinéraire　进路信号
~ oscillant　挥旗信号
~ ouvert　信号开放,信号显示进行位置
~ par cloche　铃响信号
~ par le drapeau　手旗信号
~ par sonnerie　振铃信号
~ permanent de ligne　线路固定信号
~ permissif　准许信号,准许停车或续行信号
~ pétard　响炖信号
~ pilote　导频信号,引导信号,起动信号,控制信号
~ placé au point d'exécution　置于施工地点的信号

~ pré directionnel 方向预告标志
~ préliminaire 警告标志
~ principal 主体信号，主体信号机
~ protecteur 防护信号，防护信号机
~ provisoire 临时信号
~ réfléchissant 反光标志，反光信号标志
~ répétiteur de quai 站台复示信号
~ routier 路标，公路标志，道路标志，交通信号
~ routier d'information 指路标志
~ routier de passage à niveau 道口信号，平交道口公路信号
~ secondaire 辅助信号机
~ sémaphorique 臂板信号机
~ sémaphorique accouplé 联动臂板信号机
~ sémaphorique de la voie 线路臂板信号机
~ semi-automatique 半自动信号
~ slotté 多机牵引时机车间的联络信号
~ sonore 喇叭，声音信号，音响信号
~ sur la grue d'alimentation (hydraulique) 水鹤标志
~ sur le poteau 柱式信号机
~ synchronisation 同步信号
~ télégraphique 电报信号
~ temporaire (des chantiers de la voie) 临时标志，临时信号（线路施工处）
~ transportable 移动式标志
~ triangulaire 三角形交通标志
~ tricolore 三色信号，三色交通信号灯
~ trigger 触发信号
~ utile 有效信号
~ vert de dépassement 超车绿灯信号
~ vidéo 视频信号，图像信号
~ vidéo couleurs 彩色视频信号，彩色图像信号
~ visuel 色灯信号，视觉信号
~ wig-wag 挥旗信号

signal-bruit *m* 干扰信号

signaler *v* 指出，指示，说明，（用信号）标明，使注意

signal-erreur *m* 误差信号

signaleur *m* 电铃，振频器，信号员，信号器［机、装置］，信号设备

signalisateur *m* 信号员，信号器，信号机，信号装置，信号显示装置

signalisation *f* 信号，路标，标志，信号设备［装置］，信号联系，信号显示，发出信号
~ à bras 手势信号，臂式信号指示装置
~ à deux indications 二显示信号
~ à deux positions 二显示信号
~ à quatre indications 四显示信号
~ à sens unique 单向交通信号
~ à trois indications 三显示信号
~ acoustique 发出音响信号，发出听觉信号
~ alternative de voies 车道交替通行信号
~ au sol 行车道标志
~ automatique 自动发信号，自动信号显示，自动信号装置
~ avancée 出口方向标志
~ axiale 标划道路中线
~ conique de circulation 锥形交通路标
~ continue 连续振铃，信号连续显示
~ coordonnée 联动交通信号系统
~ d'alarme 报警信号装置
~ d'arrêt du trafic 交通管制信号设备
~ d'évacuation 撤离标志
~ d'indication 指示标志
~ d'interdiction 禁止标志
~ d'intersection 交叉标志
~ d'intertube 横通道标志
~ de danger 危险标志
~ de jalonnement 标定信号设备
~ de localisation et de confirmation 城市和距离标志（指路标志的一种）
~ de niche de sécurité 安全洞室标志
~ de police 警示标志
~ de position 地点信号
~ de prescription (panneau d'obligation) 禁令标志（指示）
~ de stationnement 停车标志
~ directionnelle 方向（指路）标志
~ diurne 昼间信号，白昼信号通信
~ donnant le droit de stationnement aux seuls riverains 路边停车标志
~ dynamique 动信号
~ électrique 电气信号，电动信号装置
~ en temps de brouillard, de chute de neige 降雾下雪时的信号显示
~ horizontale 水平信号，路面标志，平面信号装置

signaliste

~ lumineuse 视觉信号，色灯信号（装置）
~ lumineuse coordonnée 联动式交通信号灯
~ lumineuse de la circulation 交通信号灯
~ lumineuse à fonctionnement automatique 自动交通信号灯
~ nocturne 夜间信号通信，夜间信号装置
~ non coordonnée 单独控制交通信号
~ optique 灯光信号装置，发光信号设备
~ par code de cloche 发出振铃信号
~ par son 发出音响信号，发出听觉信号
~ rapprochée 接近标志
~ routière 路标，道路信号装置
~ routière automatique des passages à niveau 平交道口自动公路信号显示设备，列车控制的平交道口公路信号设备
~ sur la chaussée 路面标志，公路交通信号（装置）
~ unifiée 标准信号显示方法
~ urbaine 市内信号装置
~ verticale 垂直信号装置（标牌）

signaliste *m* 信号员

signataire *n* 签字人，署名人，签署者
~ autorisé 授权签名者（银行用语）
~ d'un contrat 合同签字人

signature *f* 签署，签字，签名
~ admise 授权签字（银行用语）
~ du marché 签署合同
~ du titulaire 物主签字
~ manuscrite 亲笔签字
~ non autographe 非亲笔签字
~ par procuration 代签
~ sociale 公司签字
~ témoin 签名范本

signe *m* 记号，符号，特征，标志，标记，迹象，信息开始或终了的标记
~ admissible 允许符号
~ ambigu 岐号，重号
~ avertisseur 警告信号[标志]
~ contraire 异号，反号，相反号
~ contre contact de voitures 防止车辆接触标志
~ conventionnel 图例，暗号，惯用符号，标准图例，通用符号，通用标志
~ conventionnel d'appareil de robinetteries 水管配件符号

~ s conventionnels pour inscriptions sur les vehicules 车辆共同标记，商定的车辆标记
~ d'usure 磨损迹象，磨损标志
~ de danger 险象，危险标志
~ de direction 方向标志，指路标志
~ de la dernière révision et du dernier graissage 最近一次检查和加油日期的记号
~ de limite de domaine de gare 停车站区域标志
~ de stop 停止信号
en ~ de 表示……
~ géothermique 地热显示
~ lumineux 发光标志
~ marquant la hauteur 水准点
~ précurseur 征兆，预兆
~ précurseur du temps 天气预兆，天气预报信号
sous le ~ de 在……的影响下，在……所创造的条件下
~ sur la chaussée 路面交通标志

signer *v* 签署
~ un accord 签署协定

significatif, ive *a* 表明的，示意的，有意义的，表明含意的

signification *f* 意义，含意
~ des signaux 信号显示的形状及意义

signifier *v* 表示，意味着

sigtérite *f* 杂钠长霞石

sil *m* 黄褚石

silane *m* 硅烷，树脂，有机硅，有机硅树脂

silbölite *f* 阳起石

silce *f* 硅氧，硅酸，氧化硅，二氧化硅
~ à haute température 高温石英，高温氧化硅
~ fondue 熔融石英，石英玻璃
~ vitreuse 玻质氧化硅

silcrète *f* 硅结砾岩，硅质壳层

silencieux *m* 消音[消声、静音、静噪]器
~ absorbant 吸收消音器
~ d'entrée 进口消音器

silencieux, euse *a* 寂静的，静悄悄的

silentbloc *m* 减振器，消音器

silésite *f* 杂锡石，杂硅锡石

silestène *f* 硅橡胶

silex *m* 燧石，硅石，火石，石英，坚硬致密岩石
~ à feu 火石，燧石
~ corné 角岩，角石（变蛋白石）

~ de la craie 燧石(结核)
~ ménilite 轻燧石结核
~ meulier 磨石
~ nectique 多孔燧石,浮燧石
~ noduleux 结核状燧石
~ noir 角石,黑硅石
~ pyromaque 打火石,火蛋白石
~ volcanique 黑曜石,火山玻璃
silexite *f* 英石岩
silexoïde *m* 硅质岩类
silfbergite *f* 锰磁铁矿,镁铁锰闪石
silhouette *f* 黑像,黑影,体型,侧影,外形,轮廓(线),轮廓剪影,侧面影像
~ inverse (在无照明的夜晚,打开汽车前灯能看见路面上的障碍物)逆廓影
silhydrite *f* 水硅石
silica *f* 硅土,硅石,燧石,二氧化硅
~ amorphe 非结晶硅石
silicagel *m* 硅胶
silicalite *f* 硅质岩(类)
silicarénite *f* 石英砂岩,硅质砂屑岩
silicaté *a* 硅酸盐的
silicate *m* 硅酸盐
~ à tétraèdres en chaîne fermée 双岛硅酸盐
~ à tétraèdres en chaînes 链状硅酸盐
~ à tétraèdres en édifices 架状硅酸盐,网状硅酸盐
~ à tétraèdres en feuillets 页硅酸盐,层状硅酸盐
~ à tétraèdres isolés 岛状硅酸盐
~ alumineux 硅酸铝
~ calcique 硅酸钙
~ calcique hydraulique 水硬性硅酸钙
~ d'alumine 铝硅酸盐
~ d'aluminium 硅酸铝
~ de calcium hydrate 含水硅酸钙
~ de chaux 硅酸钙
~ de potassium 硅酸钾
~ de sodium 硅酸钠,水玻璃
~ de soude 硅酸钠,水玻璃
~ de zinc 异极矿
~ double 偏硅酸盐
~ en chaîne 链硅酸盐
~ en feuillets 页硅酸盐

~ en rubans 带状硅酸盐,链状硅酸盐
~ hydraté 水合氧化硅
~ hydrothermal 水热硅酸盐
silicatisation *f* 硅化,硅化作用,硅化固结
~ électromotrice 电动硅化法
silicatisé,e *a* 硅化的
silice *f* 硅石,燧石,硅土,氧化硅,二氧化硅
~ activée 活性硅土
~ amorphe 非结晶硅石
silicification *f* 硅化,石化(作用),(土的)硅化作用
silicite *f* 拉长石,硅质岩类
silico-apatite *f* 羟硅钙石
silicomagnésiofluorite *f* 硅镁萤石
silicone *f* 硅酮,硅树脂,聚硅氧
silicophosphaté *a* 硅磷酸盐的
silicophosphate *f* 硅磷酸盐
silico-rudite *f* 硅砾岩
silicoschiste *m* 硅质页岩
sill *m* 岩床,海底山脊
~ intrusif 岩床,侵入岩床
~ post-tectonique 构造期后侵入岩床
~ syntectonique 同构造期侵入岩床
sillimanite *f* 矽线石,硅线石
sillite *f* 辉绿玢岩
sillon *m* 沟,槽,沟谷,沟痕,折痕,车迹,空隙,坳陷,缺口,断层线
~ marginal 边缘坳陷,边缘凹陷
silo *m* 筒仓,料仓,料斗,储仓
~ à agrégat 骨料仓
~ à ciment 水泥仓,水泥罐,水泥筒仓
~ à fond plat 平底储仓
~ à matière crue 原料库,生料库
~ à pierres concassées 碎石库
~ circulaire 圆形储仓
~ de dosage 量斗,称料斗,配料斗
~ de stockage 料仓,储料仓,储存罐
~ doseur 量斗,配料仓
~ en béton 混凝土筒仓
~ en éléments préfabriqués 预制件拼装筒仓
~ souterrain 地窖,地下储仓
silobus *m* 混凝土运输车
silotage *m* 进仓,存仓
silt *m* 粉土,粉砂,泥沙,淤泥

~ argileux 黏质粉土
~ inorganique 矿质泥沙,无机质泥沙
~ organique 有机质泥沙
~ sableux 砂质淤泥,砂质粉土
~ suspendu 悬浮泥沙

silteux *a* 粉砂的
siltite *f* 细粒砂岩,粉砂岩
siltstone *f* 细粒砂岩,粉砂岩
silvialite *f* 硫[钙]柱石
sily *n* 西里(几内亚货币单位)
sima *m* 硅镁圈,硅镁层,硅镁带,硅镁地层
simblosite *f* 蜂窝状结核
similaire *a* 同类的,同种的,类似的,相似的
similarité *f* 同类,类似,相似
similibrique *f* 砌砖
similicuir *m* 人造革
similitude *f* 相似,类似,模拟,相似性
~ cinématique 运动相似性
~ complète 完全相似
~ directe 直接相似,正向相似
~ dynamique 动态相似,动力相似性
~ élastique 弹性相似性
~ géométrique 几何相似,几何相似性
~ hydraulique 水力相似性
~ inverse 逆相似,反向相似
~ mécanique 力学相似性
~ restreinte 部分相似,局部相似,有限相似,不完全相似

simonellite *f* 西烃石
simple *a* 简单的,普通的,单纯的,单一的,唯一的
à effet ~ 单工的,单作用的,单动的
~ apprenti 徒工
~ course 单程
~ surfaçage 简单路面修整,简易路面整修
~ traction 单机牵引

simplex *m* 单体,单缸,单工制,单向通信
simplicité *f* 简单,容易,简易,单一性
simplification *f* 简化,简单化,单一化
~ des calculs 计算简化,简化计算
~ du processus de production 简化工序
~ du travail 工作简化,作业简化

simplifier *v* 简化,简易化,平易化
simpsonite *f* 羟钽铝石

simulacre *m* 模型
simulateur *m* 仿真机,仿真器,模拟器,仿真程序,模拟装置[设备、电路、程序],仿真计算机,模拟计算装置
~ de conduite 驾驶模拟器,行车模拟器
~ de pluie 人工降雨器,降雨模拟装置,人工降雨装置
~ de trafic 交通模拟器
~ de turbine 水轮机仿真器
~ électrique 电仿真仪
~ électronique 电子模拟器
~ séismique 地震模拟器,模拟地震振动台

simulation *f* 模拟,模仿,仿真,仿造,伪装,冒充,模型化,模型试验,模拟试验
~ analogique 模拟仿真,类似模拟,相似模拟,拟态相似
~ conditionnelle 条件模拟
~ de calculateur 计算机仿真
~ de gestion (organisation) 管理模拟装置
~ de phase d'excavation 模拟开挖过程
~ de processus 过程模拟
~ en centrifugeuses 离心装置模拟试验
~ homme-machine 人机仿真
~ mathématique 数学模拟
~ numérique 数值近似
~ statistique 统计模拟
~ temps reel 实时模拟显示

simuler *v* 模拟
simultané,e *a* 同时的,并行的,同时发生的
simultanéité *f* 并存,同时性,同时并行,同时发生
~ d'opérations 操作同时性
~ géologique 地质同时性
~ par partage de temps 分时

simultanément *adv* 同时地,并行地
sinaïte *f* 正长岩
sincosite *f* 磷钙钒矿
singularité *f* 特性,特殊,独一,异常,奇异性,奇异点,特殊性,独特性,异常性
~ non essentielle 非本质奇异点
~ ponctuelle 点奇异性

singulet *m* 单纯,单态,单线,单独
singulier *m* 单数,奇异,奇特,独特
singulier,ère *a* 单的,单一的,奇特的,独特的,单独的,奇异的,奇数的,非凡的,特殊的

sinhalite *f* 硼铝镁石
sinicite *f* 铀易解石
sinistre *m* 灾难,灾害,事故,损失,(水量、水头、能量、电量等的)损耗
　～ maximal　最大损失,最严重损耗
sinistrogyre *a* 左旋的
sinistrorsum *a* 朝左的,逆时针旋转的
sinjarite *f* 水氯钙石
sinoïte *f* 氧氮硅石
sinon *conj* 否则,除了,甚至,不然的话,即使不算
　～ que　除了
sinopite *f* 铁铝英石
sinople *f* 铁英石,含赤铁石英
sinter *m* 结块,锅垢,炉渣,矿渣,熔渣,烧结物,铁锈皮
　～ de chaux　石灰结块
sintérisation *f* 烧结,熔结成块
sintérisé *a* 烧结的,熔结的
sintériser *v* 结块,热压结,粉末冶金,烧结成块
sinueux, euse *a* 曲折的,波状的,弯曲的,蜿蜒的,迂回的
sinuosité *f* 弯曲,弯度,起伏,曲折,蜿蜒
　～ du tracé　路线弯曲
siphoïde *a* 弯管形的,虹吸管形的
siphon *m* 虹吸(器、管、道、瓶),喷砂器,存水弯,U形山道,进排水虹吸设备,倒虹吸涵
　～ à point bas　倒虹吸
　～ à point haut　虹吸
　～ anal　排泄管,排水管
　～ automatique　自动虹吸管
　～ d'amorçage　启动虹吸(管)
　～ d'évacuation　排水虹吸
　～ d'irrigation　灌溉虹吸管
　～ de sécurité　安全虹吸管,放水虹吸管
　～ de sol　地漏
　～ holochoané　全颈管
　～ inverse　倒虹管,倒虹吸管
　～ noyé　倒虹管
　～ renversé　倒虹管
siphonage *m* 虹吸作业(能力)
　～ par capillarité　毛细虹吸(作用)
siphonnement *m* 虹吸作用,用虹吸管排出(吸入)
siphonostèle *m* 管状中柱
sipylite *f* 褐钇铌矿

sirène *f* 警笛,汽笛,警报器
　～ d'alarme (alerte)　警报器
　～ de brume　雾警报
　～ électrique　电笛,电笛警报(器)
sismal *a* 地震的,凡以 sism-(地震)为词根的词均与以 séism-为词根的词通用
sismicien *m* 地震学者
sismicité *f* 地震频率,地震活动(性)
sismique *f* 地震法,地震勘探,地震探测,地震波体察; *a* 地震的
　～ marine　海底地震勘探
　～ par réflexion　反射地震波探测法
　～ réflexion　地震反射波法
　～ réfraction　地震折射波法
　～ stratigraphique　地层地震
sismogramme *m* 地震记录,震波图,地震波曲线
sismographe *m* 地震仪,测震仪
　～ à cadre mobile　动圈型地震仪
　～ à courte période　高频地震仪
　～ à induction　感应式地震仪
　～ à introduction　感应式地震仪
　～ à ressort　弹簧式地震仪
　～ à torsion　扭地震计
　～ de mesure des déplacements　位移地震仪
　～ de mesure des vitesses　速度地震仪
　～ des accélérations　加速度地震仪
　～ électromagnétique　电磁式地震仪,电磁式地震检波器
　～ horizontal　水平地震仪
　～ piézo-électrique　压电地震检波器
　～ pour forte secousse　强震仪
　～ récepteur　(接收)地震仪,地震检波器
　～ vertical　垂向地震仪
sismographie *f* 地震仪器学,描述地震学
sismologie *f* 地震学
sismologiste *n* 地震学家
sismologue *m* 地震学家
sismomètre *m* 地震仪,地震计,地震表,地震检波器
sismométrie *f* 测震术,测震方法
sismondinite *f* 镁硬绿泥石片岩
sismondite *f* 硬绿泥石
sismos *m* 地震,震动
sismoscope *m* 验震器,地震计,地震波显示仪

sismosondage *m* 地震测深
sisúsismique *a* 地震的
site *m* 地址,地点,现场,场所,场地,工地,坝址,(配位)位置,网站,风景,景色,风光,地势,工程地址
~ alternatif 比较工程地址
~ d'emprunt 借土地点,取土地点
~ de construction 施工工地,施工现场
~ de dépôt 弃渣场
~ de pont 桥位
~ des travaux （建筑）工地,施工地点,施工场所,工程地点
~ du chantier 施工地点,施工场所
~ du reservoir 库址,水库位置
~ écarté 隔开工程地址
~ envisage 初选工程地址
~ intéressant 可取工程地址,优越工程地址
~ non rentable 不经济工程地址
~ possible 可能工程地址,潜在工程地址
~ propre （路上划出的）公用交通车辆专用道
~ protégé 防护地点
~ rentable 经济工程地址
~ Web 网址
sitogoniomètre *m* 斜度测量仪,高低角测定器
situation *f* 位置,地点,地势,情况,状况,处境,环境,形势,局面,账单,(承包方的)月工程量结算单
~ accidentelle 偶然工况
~ budgétaire annuelle 年度预算表
~ critique 不良条件,临界状况,紧急状况
~ de barrage 坝址
~ de dimensionnement 设计条件
~ de référence 设计条件
~ des stations d'eau 给水站位置
~ des travaux 工程报表,工程进行情况
~ du temps 天气状况,天气条件
~ durable 永久工况
être en ~ de 能够……
~ exceptionnelle 危急条件
~ financière 财务状况,财政状况
~ générale de l'exploitation 工作状况,营运状况
~ hautement improbable 事故条件
~ s hebdomadaires 周报表
~ mensuelle (ou décompte mensuel) 月报表,月工程量结算单
~ s mensuelles 月报表
~ météorologique 气象形势,气象条件,天气情况,天气条件
~ normale 正常运行条件
~ perturbée 扰动条件
~ provisoire (ou décompte provisoire) 中间结算,按月结算
~ sismique 震情
~ synoptique 天气形势
~ transitoire 临时工况
situé, e *a* 位于
situer *v* 配置,布置,安置;确定位置
sjajbélite *f* 硼镁石
sjögrenite *f* 水碳铁镁石
skarn *m* 矽卡岩
skarnification *f* 矽卡岩化
skarnifié *a* 矽卡岩化的
skavler *m* 雪面波状脊
skédophyre *f* 匀斑岩
skiagite *f* 铁榴石
skiatron *m* 墨迹管,暗迹管
skiba *m* 构造鳞片
skip *m* 桶,斗,料斗,箕斗,料车,翻斗车,翻斗小车
~ à marche automatique 吊斗提升机,自动吊车提升机
~ basculant 翻斗,翻斗车,翻斗小车
~ de chargement 装料斗
skléropélite *f* 硬化黏土岩
sklérosphère *f* 硬圈
skolite *f* 鳞海绿石,富铝海绿石
skomérite *f* 橄辉钠质粗面岩
skorilite *f* 火山玻璃
skorodite *f* 臭葱石
skotine *f* 褐帘石
sky-horse *m* （起重机）上部活动平衡装置
slavyanskite *f* 碳钠钙铝石
slawsonite *f* 锶长石
sleeperette *f* 可卧式座椅
slickolithe *m* 滑痕,直立断续擦痕
slide-mark *m* 滑痕,滑动痕
sliding floor 滑动地板,滑动层面
slikke *f* 潮泥滩,潮浦,滩涂
slime *m* 泥浆,矿泥,煤泥,岩粉

slip form paver 滑模式（混凝土）摊铺机
sloanite *f* 浊沸石
slow-curing 慢凝液体沥青
sluice *m* 流矿槽,水力冲刷开采,水闸,泄水道
slump *m* 坍塌,（混凝土的）坍落度
slumping *m* 滑动,滑坡,滑塌,坍落,崩塌,陷落
slurry *m* 稀（泥）浆,稀砂浆,沥青砂矿浆（乳化沥青、水和石屑的混合物,用于封层）
slurry-seal 胶浆密封；沥青砂浆表面处治
smalite *f* 高岭石
smaltine [smaltite] *f* 少砷方钴矿（砷钴矿）
smalto *m* 流纹玻璃
smaragd *m* 祖母绿,纯绿柱石
smaragdite *f* 绿闪石,角闪石,辉石形阳起石
smectite *f* 绿土,蒙脱石,漂白土,蒙皂石（族）
smegmatite *f* 皂石
s-mètre *m* 信号强度计
smille *f* 碎石锤,琢石锤
smillé,e *a* 修琢的,细琢的
smirgel *m* 刚玉粉
smirnovite *f* 钍金红石
smirnovskite *f* 磷铈钍石
smolmitz *m* 黑黏土
smonite *m* 黑黏土
snarumite *f* 贫锂黝辉石,蚀铝直闪石
soapstone *f* 皂石,滑石,块滑石,寿山石
sobotkite *f* 镁蒙脱石
sobralite *f* 锰铁三斜辉石
soc *m* 犁,铧,齿,叉,犁头,犁刃,除雪犁,推土机
　~ de charrue 犁刃
société *f* 公司,协会,学会,社会,团体
　~ à but lucratif 盈利性公司
　~ à capitaux mixtes 合资公司
　~ à responsabilité limitée (S.A.R.L.) 有限公司,有限责任公司
　~ à succursales multiples 连锁店公司
　~ affiliée 子公司
　~ alliée 挂靠公司
　~ anonyme par actions 股份有限公司
　~ anonyme(SA) 股份有限公司
　~ avec participation majoritaire 掌握多数股权的）控股公司
　~ captive 下属公司
　~ concessionnaire 特许公司

~ concessionnaire d'autoroute 高速公路特许公司
~ coquille 空壳公司
~ cotée 上市公司
~ d'assurance 保险公司
~ d'autoroutes à péage 收费高速公路公司
~ d'économie mixte 合营公司,合资公司,联营公司,混合经济公司
~ d'Énergie et d'Eau du Gabon(SEEG) 加蓬水电公司
~ d'étude （工程）设计公司
~ d'étude technique des routes et des aérodromes 道路与机场技术研究协会
~ d'études et des promotions routières 道路研究发展协会
~ d'ingénieurs conseils 顾问工程师协会
~ de conseils 咨询公司
~ de construction 建筑公司
~ de consultation 咨询公司
~ de financement 融资公司
~ de gérance 资产管理公司
~ de l'Industrie Minérale （法国）矿业协会
~ de la terre armée 加筋土学会
~ de promotion des sous-produits industriels 工业副产品推广使用协会
~ de réalisation de l'autoroute 高速公路修筑公司
~ de recherche 勘探公司
~ de recherches routières 道路研究学会
~ des Ciments Français(SCF) 法国水泥学会
~ des Ingénieurs Civils de France 法国土木工程师学会
~ des Transports et Entrepôts Frigorifiques 法国冷藏和运输公司
~ en non collectif(SNC) 合伙公司（合伙人对公司债务有无限责任）
~ en participation 合资公司
~ Européenne pour le Financement du Matériel Ferroviaire 欧洲铁路设备投资公司
~ familiale 家族公司
~ fantôme 空壳公司,影子公司,皮包公司
~ Ferroviaire Internationale de Transports Frigorifiques 国际铁路冷藏运输公司
~ Française de Géochimie 法国地球化学协会
~ Française de Minéralogie 法国矿物协会

société-bidon

~ Française de Minéralogie et de Cristallographie 法国矿物学、结晶学协会
~ Française de Précontrainte(SFP) 法国预应力结构学会
~ Générale 兴业银行(法国)
~ Géologique de France 法国地质学会
~ holding 持股公司,股权公司
~ industrialisée 工业协会
~ Interfrigo 国际冷藏联运公司
~ Internationale de Mécanique des Sols et des Travaux de Fondations(SIMSTF) 国际土壤力学和基础工程协会
~ multinationale 多国公司,跨国公司
~ Nationale des Chemins de Fer Français(SNCF) 法国国营铁路,法国国营铁路公司
~ Nationale des Chemins de Fer Belge 比利时国营铁路公司
~ offshore 海外公司
~ par actions 股份公司
~ pour l'Union des Transports Ferroviaires et Routiers 铁路、公路运输联合公司
~ préqualifiée (投标)资审通过的公司
~ privée 私人公司
~ transnationale 跨国公司
~ unipersonnelle 个体公司

société-bidon *f* 影子股市,挂名公司
socket *m* 销座,销窝
socle *m* 座,台脚,管脚,柱脚,管底,柱基,石基,基层,基底.基础,底座,下伏地层
　~ de colonne 柱基座
　~ de fixation 定位板,安装基座
　~ de plate-forme 地台基底
　~ de poteau 柱座
　~ de prise 插座
　~ du poteau 柱座
　~ en béton 混凝土基础
　~ en caisson 箱形底座
　~ granitique 花岗岩基底
　~ rigide 刚性基底
　~ rocheux 岩基
soda *m* 苏打,纯碱,碳酸钠
sodaclase *f* 钠长石
sodaclasgranite *m* 钠长花岗岩
sodaîte *f* 中柱石,蓝色方桂石

sodalite *f* 方钠石
sodalithophyre *f* 方钠斑岩
sodalitite *f* 方钠石岩
sodatrémolite *f* 钠透闪石,镁钠钙内石
soddite *f* 硅铀矿
soddyite *f* 硅铀矿
sodico-calcique *a* 钙钠质的
sodium-anthophyllite *f* 钠直闪石
soffite *m* 梁腹,拱腹,天花板,天花板底衬
software *m* 软件,软设备,程序系统,程序设计方法
　~ d'application 应用软件
　~ de base 基本软件,基本程序系统
　~ de gestion 管理软件
sogdianite *f* 锆锂大隅石
soggendalite *f* 多辉粒玄岩
söhngéite *f* 羟镓石
soiement *m* 断口,裂隙,微错动
soigné, e *a* 受照顾的,得到保养的,仔细的
soil-stabilizer 土稳定剂;稳定土路修筑机
soimonite *f* 刚玉
soin *m* 注意,关心;仔细;照顾;保护
　avec ~ 仔细地,细心地
　par ses ~ 由本人
soir *m* 傍晚,晚间,晚上
soit *conj* 即,就是,等于说;假设,没有
　~ ... ou ... 或……或……
　~ ...soit ... 或……或……
　tant ~ peu 或多或少
sokolovite *f* 羟磷铝锶石,磷铝钙矾
sol *m* 地,土(壤、地、料),地面,底板,地基,楼面,污物
　~ à alcalis 碱土
　~ à alcalis noir 黑碱土,碱土
　~ à alcalis sale 盐碱土
　~ à caractère graveleux 砂砾性土
　~ à caractère sableux 砂性土
　~ à carapace calcaire 钙壳土
　~ à concrétions 结核土壤
　~ à croûte 结壳土壤
　~ à cuirasse ferrugineuse 铁质结壳土
　~ à eau de fond 潜水土,潜育土
　~ à fentes de froid 冻裂土壤
　~ à fer pisolitique 铁砂子土

~ à figures géométriques 多边形土
~ à gley 潜育土(排水不良条件下形成的)
~ à grains fins 细粒土
~ à grains moyens 中粒土
~ à gros grains 粗粒土
~ à horizon d'accumulation très net 硬土,坚土
~ à la chaux 石灰稳定土
~ à la stabilisation au ciment 水泥稳定土
~ à lessivage 淋溶土
~ à pseudogley 假潜育土
~ à réseaux de pierres polygonal 多边形结构土
~ à texture fine 细结构土
~ à traiter 处治土
~ à trois couches 三层土层体系
~ absorbant 吸水性土
~ acide 酸性土
~ affouillable 易冲蚀土
~ alcalin 碱性土,碱土
~ alcalin de prairie 碱性草原土
~ allochtone 运积土,移积土,运生土
~ alluvial 冲积土,淤积土
~ alluvial à gley 潜育冲积土
~ alluvial calcaire 钙质冲击土
~ alluvial de prairie 草甸土
~ alluvionnaire 冲积土,表土
~ alpin de praire 高山草原土
~ amélioré 改善土
~ amélioré à la chaux 石灰改良土壤
~ amélioré au ciment 水泥土,水泥改性土,水泥改壤土壤
~ antiacide 耐酸土,耐酸地面
~ aquatique 含水土
~ arable 可耕地
~ arctique 极地土壤
~ argileux 黏质土,黏性土
~ argilo-sableux 黏砂土
~ aride 瘦土,干燥土,干旱土,旱境土壤,干旱区土壤
~ armé 加筋土
~ armé de fibres 纤维加筋土
~ asphalté 地沥青土,地沥青稳定土
~ au ciment 水泥土,水泥稳定土
~ azonal 泛域土,非分带土,非地带性土
~ bariolé 杂色土

~ basique 碱性土
~ bitume 沥青土,沥青稳定土
~ brun 生土,原土,褐土,棕钙土
~ brun clair 浅褐土
~ brun de praire 棕钙土,棕色草原土
~ brun foncé de praire 深褐色草原土
~ brun forestier 棕色森林土
~ brun fortement lessivé 棕色强淋溶土
~ brun noir 暗棕钙土
~ brun podzolique 棕色灰化土
~ brun subaride 褐色草原土
~ caillouteux 多石子土
~ calcaire 含钙土,钙质土,石灰质土
~ calcaire noir 黑钙,黑土
~ calculeux 砾质土,坚隔土
~ cellulaire 细胞状土,蜂窝状土
~ cendreux 灰壤
~ châtain 栗钙土
~ cimenté 胶结土,水泥地(面)
~ cohérent 黏性土
~ cohérent sans poids 轻黏性土
~ cohésif peu porteur 低承载力黏性土
~ colluvial 崩积土
~ compact 压实土,密实土
~ complet 熟土;标准土
~ complexe 复合土,复成土
~ compressible 可压缩土,压缩性土
~ consolidé 团结土
~ constitué 熟土,原生结晶土
~ correctif 改良土
~ couvert 植被土
~ crayeux 白垩土
~ cultivé 熟土,耕作土,种植土
~ d'affaissement 颓积土
~ d'altération 风化土
~ d'écroulement 颓积土
~ d'inondation 洪积土
~ dame 素土夯实地面
~ damé par assises 分层夯实地面
~ damé par couches successives 分层夯实土
~ de colmatage 淤积土
~ de débris rocheux 岩屑土
~ de fondation 基础土,基础土壤
~ de fondation perméable 透水地基

~ de gros gravier 砾石土
~ de limon 壤土,壤质土
~ de lœss 黄土质土
~ de marais 沼泽土
~ de plateforme 路基土
~ de prairie 草原土
~ de remblai 填土,路堤土
~ de remblayage 回填土
~ de surface 表土
~ décalcifié 脱钙土
~ décapé 表土,表层土
~ dégelé 解冻土
~ dense 密实土
~ dérivé 运积土,移积土,踏积布,崩积土
~ désagrégé 松土
~ désertique 沙漠土,荒漠土,漠境土
~ destiné au déblai 挖方土
~ dilatable 膨胀土,剪胀性土,膨胀性土壤
~ diluvial 洪积土
~ dispersif 松散土
~ doué de cohésion 黏性土
~ drainé 排水性土
~ dunaire 沙丘土
~ dur 硬土
~ élastique 弹性土
~ éluvial 残积土,原积土,淋滤土,淋溶土
~ en caoutchouc 橡胶地面
~ en carreaux de grès cérame 瓷砖地面
~ en granito 水磨石地面
~ en granito avec joints en bandes de cuivre 水磨石地面铜条分格
~ en granito de grès cérame 瓷砖地面
~ en mosaïque 锦砖[马赛克]地面
~ en place 原位土,原生土,残积土,定积土,原地土壤
~ en plastique 塑料地面
~ encaissant 围岩
~ enrobé 拌有沥青结合料的土;沥青结合料处治土
~ enterré 埋藏土
~ éolien 风积土
~ excavé 挖方
~ expansif 膨胀性土壤,膨胀土
~ fangeux 沼地土

~ ferme 不透水土
~ ferralitique 铁铝土
~ ferrugineux 铁质土
~ ferrugineux rouge 富铁土,红铁质土
~ fibreux 纤维性土
~ figuré 结构土,龟裂土,龟裂地基,龟裂地面
~ fin 细粒土
~ fini 加工完成表面,修饰完好地面
~ fluent 浮土,泥流
~ fluide 流砂,溶化土
~ foisonné 膨润土,松散土
~ forestier 森林土
~ fossile 古土壤
~ fragile 松散土(壤)
~ frais 新土
~ friable 酥性土
~ gazonneux 生草土,草皮土
~ gelable 易冻土
~ gelé (永)冻土,永久冻土层
~ gelé permanent 永冻土
~ gélif 易冻土
~ géométrique 龟裂地面,龟裂地基
~ glacé 冻土,永久冻土层
~ glaciaire 冰川土
~ gonflant 膨胀土,膨胀性岩土
~ goudron 柏油稳定土,煤沥青稳定土
~ gradué 级配土
~ granulaire 粒状土,粗粒土,颗粒土
~ graveleux 砂质土,砂砾土,坚隔土,含砾土壤
~ graveleux argileux 黏土质砾石土
~ gris désertique 灰钙土,荒漠灰土,灰漠境土
~ gypseux 石膏土,石膏质土
~ halomorphe 盐碱土
~ homogène 均质土
~ humide 湿土,含水土,湿境土,湿润土,潮润土
~ humifère 腐殖土
~ humifère à gley 腐殖质潜育土
~ hydromorphe 水成土
~ imperméable 不透水土,不透水土壤
~ industriel 工业用地基
~ industriel semi-rigide 半刚性工业用地基
~ inondé 淹灌土,洪泛土
~ inorganique 无机土壤
~ intrazonal 隐域土

~ isotropique　各向同性土
~ jamais gelé　不冻土
~ juvénile　新生土
~ lacustre　湖积土
~ latéritique　红土,铝红土,红土状土,红土类土,砖红壤性土
~ léger　砂土,轻质土,轻质地土
~ lessivé　淋溶土
~ liant　胶结土
~ limoneux　壤土,壤质土,淤泥土,垆坶土
~ limono-caillouteux　粉砂质砾石土
~ local　原位土,原生土,定积土,原地土壤
~ lœssique　黄土质土,黄土类土
~ lourd　重黏土,黏重土壤
~ macroporeux　大孔土,大孔性土
~ maigre　瘦土,贫土,瘠薄土壤,不毛之地
~ mal drainé　排水不良土壤
~ marécageux　沼泽土
~ marécageux continental　大陆沼泽土,内陆沼泽土
~ marécageux noir　沼泽黑土
~ marin　海积土
~ marneux　泥灰土,泥灰质土壤
~ mélangé de remblais　杂填土
~ meuble　松土,松散土
~ minéral　生土,无机土,矿质土壤
~ morainique　冰碛土,吹扬土
~ mou　软土,松软土,松散土
~ mouvant　疏松土,移动土,流动土
~ moyen　中性土
~ mûr　熟土,成熟土壤
~ naturel　原土,天然土,天然地面
~ naturel damé　素土夯实(地面)
~ naturel de fondation　天然地基土
~ neuf　生土,新土,处女地,生荒地
~ neutre　中性土
~ noir de praire　暗色草原土
~ noir forestier　暗色森林土
~ noir steppique　草原黑土
~ non aggloméré　无黏性土
~ non consolidé　松散土
~ non gelé　不冻土,非冻胀土
~ non mûr　生土
~ non organique　无机土

~ non plastique　无塑性土
~ non portant　软土,无承重能力土
~ non remanié　原状土,未扰动土
~ non saturé　不饱和土
~ non-cohérent　砂性土,粒状土,无黏性土
~ non-gélif　非冻结性土壤
~ nu　无植被土
~ organique　有机土
~ original　原位土,原生土,定积土,原地土壤
~ parfait　熟土,标准土
~ pauvre　瘠薄土壤,不毛之地
~ perméable　透水土壤
~ perpétuellement gelé　永冻土
~ pesant et doué de cohésion　重黏性土
~ peu épais　浅土,表层土
~ phytogène　植成土
~ pierreux　石质土,含石土
~ planté　耕作土,种植土
~ plastique　塑性土,可塑土
~ plastique lourd　重塑性土
~ plâtreux　石膏质土,石膏性土
~ podzolique　灰壤,灰化土
~ podzolique brun-gris　灰棕色灰化土
~ polygonal　龟裂地面,多边形结构土
~ poreux　多孔性土,多孔隙土
~ portant　承重地基
~ prairie　草原土
~ pré-consolidé　预压固结土,预压固结土壤
~ primaire　原生土
~ primitif　原土,生荒地
~ profond　深层土
~ pulvérulent　粉状土,粉砂土
~ pur de remblai　素填土
~ rapporté　浮土,表土,冲积土,移[运]积土
~ rayé　带状地面
~ réel　天然土
~ régional　地区性土,区域性土
~ remanié　翻动土,扰动土
~ remblai　填土
~ remblai pur　素填土
~ remblais mélange　杂填土
~ remanié　扰动土
~ renforcé de textile　编织品加固土
~ résiduaire　残积土

~ résiduel　残积土,原积土
~ résistant　坚硬土壤
~ réticulé　网状土
~ riche　沃土
~ riche en humus　腐殖土
~ rocailleux　岩床
~ rocheux　石质土,岩质土,岩性土
~ rouge　红壤,红土
~ rouge de savane　热带草原红土
~ rouge latéritique　铁质红壤性土
~ rouge lessivé　淋溶红壤
~ routier　道路用地,修筑道路用土
~ sableux　砂质土
~ sablo-limoneux　壤土,壤质土
~ sablonneux　砂土,细砂质土
~ salin　盐(渍)土,含盐土,盐碱土
~ salin podzolisé　灰壤化碱土
~ sans cohésion　砂性土,粒状土,无黏性土,非黏性土
~ sans consistance　软土,松软土,松散土,疏松土
~ saturé　饱和土,水饱和土
~ saumâtre　盐(渍)土
~ schisteux　片岩质土
~ sec　干燥土
~ sénile　老年土壤
~ siliceux　硅土
~ silteux　粉土,粉质土
~ sodique　钠质土,苏打土,碱性土
~ solodoïde　灰碱土
~ sous-jacent　底土,下层土,下卧土
~ spongieux　松软土,海绵土,弹性土
~ squelettique　粗渍土,粗骨土,石质土
~ stabilisé　稳定土
~ steppique　草原土
~ stratifié　分层土,成层土
~ strié　带状地面,条带状结构土
~ structuré　有结构土壤,结构土
~ subtropical　亚热带土
~ superficiel　表土,面层土
~ support　地基,路基,路基土,承重土
~ sur terre-plein　填[垫]土地面
~ sylvestre　森林土
~ sylvogénétique　森林土
~ tenace　胶结土

~ tendre　软土,松软土,松散土
~ tourbeux　泥炭土,泥沼土,泥沼质土
~ transporté　外运土,运积土,移积土
~ très lessivé de prairie　草原灰化土
~ tronqué　剥蚀土壤
~ tropical　热带土
~ tufeux　凝灰岩土
~ vasard　淤泥土
~ végétal　腐殖土
~ vierge　未垦土壤
~ vivant　腐殖土
~ volcanique　火山土
~ zonal　区域土,地区性土,分区土壤,地带性土壤

solaire　*a*　太阳的
solanite　*f*　索伦石
solarimètre　*m*　阳光辐射计,太阳辐射强度计
solarisation　*f*　暴晒,光致负感作用,光致淀粉减少作用
sol-bitume　*m*　沥青土,沥青处治土,沥青稳定土
sol-chaux　*m*　石灰土,石灰稳定土
sol-ciment　*m*　水泥土,水泥稳定土
　~ plastique　塑性水泥稳定土
solde　*f*　薪水,工资;*m*　余额,差额,结欠,结欠金额
　~ créditeur　贷方差额
　~ de caisse　现款结存
　~ de compte　结账差
　~ débiteur　借方差额
　~ du crédit　贷方差额
　~ en caisse　库存余额
　~ reporté　移下差额,结转差额(会计)
　~ reporté de l'exercice précédent　上年度接转差额(会计)
solder　*v*　清偿,结算,结清,付清
　~ un compte　结账
　~ un découvert　清偿透支
　~ un mémoire　付账
sole　*f*　底板,底面,底部,底座,基底,炉床,基础板,下伏断层面
　~ de la couche　岩层底面
　~ de plancher　地梁,基础梁,连接桩的横木
soleil　*m*　太阳,阳光
solénoïde　*m*　螺管线圈,筒状线圈
　~ d'ampère　理想螺线圈

~ standard 标准螺管线圈
solétard *m* 漂白土
solfare *m* （沥青灰岩中的）硫矿床
solfatare *f* 硫气孔,硫质喷气孔
solfatarien[**solfatarique**] *a* 硫质气孔的
solfatarite *f* 钠明矾,毛矾石,白氯铅矿
solidaire *a* 连带的,连接的,关联的,连成一体的,共同负责的,相互关联的
~ de 与……相关联
solide *m* 固态,实体,固体,立体；*a* 坚硬的,固体的,固态的,坚固的,牢固的,稳固的,立体的,实心的,整体的,结实的,立方体的
~ colloïdal 胶态固体
~ de référence 参比立方试块
~ de révolution 回转体,旋转体
~ élastique 弹性体,弹性固体
~ élastique homogène 均制弹性体
~ élastique semi-infini 半无限弹性固体
~ en suspension 悬浮体
~ homogène 均质体
~ hypothétique 假设固体
~ intégral 集成固体
~ rigide-plastique 硬塑性固体
~ s hétérogènes 非均匀固体
~ s indéformables 刚体
~ suspendu 悬浮固体
~ vitreux 玻璃质固体
solidement *adv* 坚固地,结实地
solidification *f* 凝固,固化,固结,硬化,浓缩,凝固作用,固化作用
~ des sols meubles 松散土固结法
~ du sol 土壤冻结,土壤固化,土壤稳定法
~ répétée 重复凝固
solidifier *v* 凝固,固化,浓缩,使牢固,使凝固
solidité *f* 固态,硬性,强度,坚固性,紧密性,坚硬度,坚固性,固体性,完整性
~ mécanique 机械强度
solidus *m* 固相线,固态点,固相曲线
solifluction[**solifluxion**] *f* 土流,泥流,融冻泥流
~ actuelle 现代泥流
~ en coulées 泥流,泥石流
~ entravée 植被土泥流
~ sous-cutanée 土壤层下泥流
solifluer *v* 泥流

solifluxion *f* 土流,泥流,土滑,融冻作用,泥流作用
~ libre 自由土滑
~ sous-cutanée 土壤下层流动
solin *m* 泛水,弥缝嵌条
solivage *m* 搁栅
~ de plafond suspendu 吊顶龙骨
solive *f* 梁,椽,桁,横梁,搁栅,方木,龙骨,小梁
~ d'enchevêtrure 托梁,承接梁
~ de remplacement 替代方案
~ de remplissage 过梁,托梁
~ du plafond 平顶搁栅
~ en bois 木搁栅
~ principale 主[大]龙骨
~ secondaire 次[小]龙骨
soliveau *m* 底梁,小搁栅
sollicitation *f* 力,外力,应力,加载,荷载,载重,扰动,激励
~ à l'extension 拉应力
~ à la compression 压力,压缩力,压缩应力
~ à la flexion 抗挠曲力,弯曲应力
~ à la pression 压应力,压缩力
~ à la torsion 扭力,扭应力
~ à la traction 拉力,牵引力
~ admissible 容许应力
~ alternée 反复力,交变荷载,交变应力,变向荷载,更迭荷载
~ au battage(pieu) 打入桩冲击应力
~ au choc 冲击荷载,冲击应力
~ au cisaillement 剪应力,切应力
~ composée 合成应力
~ s composées 组合应力,组合荷载
~ cyclique 周期性应力,周期性荷载
~ de calcul 设计荷载
~ de cisaillement 剪切应力
~ de compression 压应力,压缩应力
~ de pointe 高峰荷载,高峰受力,高峰应力
~ de service 工作荷载
~ dynamique 动应力,动力荷载
~ flambage 压曲应力
~ limite 极限应力
~ mécanique 机械力
~ permanente 持续应力,长期荷载
~ réaliste 仿真荷载

~ répétée 脉动荷载,重复荷载,反复荷载,反复应力
~ résultant d'une combinaison d'actions 一个荷载组合下的作用力
~ statique 静应力,静力荷载
~ tangente admissible 允许剪应力
~ tectonique 构造应力
~ totale de charge 荷载总外力

solliciter v 引起,促使,激起
solod m 碱土
soloïde a 脱碱的
solonetz m 碱土
solongoïte f 斜氯硼钙石
solonisation f 碱化
solontchak m 盐土,盐沼
~ marin 海成盐土
soloti m 脱碱土
solotisation f 脱碱
solubilisation f 增溶,溶解,溶液化,可溶性
solubiliser v 溶解,增溶
solubilité f 溶解性,溶解度,可溶性
~ complète 完全溶解
~ dans le tétrachlorure de carbone （沥青在）四氯化碳中的溶解度
~ de solides 固体溶解度
~ limitée 有限溶解度
~ mutuelle 互溶性,互溶度
~ parfaite 完全溶解
~ réciproque 互溶性,互溶度
soluble a 可溶的,可溶解的,可解决的
~ dans l'eau 水中可溶解的
soluté m 溶质,溶液,溶解物
solution f 溶液,溶体,溶解;解法,解答,办法,解决,解决方案,处理方法,具体设计方案
~ à nettoyer 洗涤液
~ acide 酸性溶液
~ alcaline 碱溶液,碱性溶液
~ alternative 比较方案
~ analogique 模拟解法
~ analytique 分析解,分析溶液,分析解法
~ aqueuse 水溶液
~ chimique 化学溶液
~ chloroformique 仿氯溶液
~ colloïdale 溶胶,胶体溶液

~ concentrée 浓溶液
~ d'acide chlorhydrique 盐酸溶液
~ de bitume 沥青溶液
~ de continuité de paecours par fer 需中途换装的铁路运输
~ de gaz 气体溶液
~ de polissage 浸亮剂,电解浸亮液,光泽浸渍液
~ de potasse caustique 苛性钾溶液
~ de référence 对照液
~ de remplacement 替代方案
~ de sel de cuisine 盐水,盐液
~ de Thoulet 杜列重液
~ décapante 酸洗液
~ dense 重液
~ détachante 分解液,萃取液
~ diluée 稀溶液
~ du monocouche 单层体系解（路面设计）
~ électrolytique 电解溶液
en ~ 溶解中的
~ étalon 标准溶液
~ étendue 稀释溶液
~ éthérée 醚溶液
~ faible 弱解,稀溶液
~ fluide 溶液,细砂浆
~ générale 通解,普通解,一般解,总体方案
~ graphique 图解,图解法
~ hydrothermale 热液,热水溶液
~ idéale 理想溶液
~ indicatrice 指示剂,指示溶液
~ interstitielle 隙间溶液
~ liquide 溶液
~ membraneuse pour conservation du béton 混凝土薄膜养护液
~ mercurielle 含汞溶液
~ minérale 矿液
~ minéralisante 成矿溶液
~ minéralisatrice 矿化溶液
~ non saturée 不饱和溶液
~ normale 正常溶液,当量溶液
~ partielle 部分溶解
~ pauvre 稀溶液,淡溶液
~ purement élastique 纯弹性解
~ résiduelle 残液,残余溶液

~ riche 浓溶液
~ saline 盐溶液
~ saturée 饱和溶液
~ solide 固溶体
~ standard 标准解,标准溶液
~ supersaturée 过饱和溶液
~ sursaturée 过饱和溶液
~ synthétique 合成溶液,混合溶液
~ type 标准试验溶液
~ variante 比较方案
~ véritable, ~ vraie 真溶液

solvabilité *f* 支付能力,清偿能力,偿付能力
  s'assurer de la ~ du partenaire 查明合作伙伴的支付能力

solvant *m* 溶剂,溶媒
~ de qualité analytique 具有分析特性的溶剂
~ pour extraction （沥青）抽提试验用溶剂
~ sélectif 萃取液,萃取溶液
~ volatil 挥发溶剂

solvatation *f* 溶剂化,溶合作用
solvate *m* 溶剂化物
solvation *f* 溶剂化(作用),溶剂和溶质的化合
solvatisation *f* 溶化作用
Solvien *m* 索尔夫阶(早寒武纪)
sölvsbergite *f* 细碱长岩
solvus *m* 溶线,固溶体分解线,溶离线
somahr *m* 索马探测器(地震法)
sombre *a* 暗的,暗色的,阴暗的,昏暗的,深暗的,忧郁的
sombrer *v* 下沉,沉没
somervillite *f* 黄长石,硅孔雀石
sommail *m* 浅滩,浅水处
sommaire *m* 概[提]要,简介,梗概;*a* 简短的,扼要的,粗略的,简单的
sommairement *adv* 简单地,简略地,扼要地
sommairite *f* 绿锌铁矾,锌水绿矾
sommaïte *f* 白榴石,白榴透长辉长岩
sommation *f* 总计,总合,相加,累加
somme *f* 和,金额,款项,数额,总数,总额,款额,总和
~ à valoir 备用金,暂设金额,应付款额,预留金额,不可预见费用
~ assurée 保险金额
~ avancée 垫款,垫付金额

~ d'essai 试验和数
~ d'un effet 票据金额
~ des investissements 投资总额
~ des prix 价格总额
~ due 欠款,应付款
~ en litige 有争执的金额
en ~ 总之
~ forfaitaire 总额
~ globale 总额,总价,总计
~ grosse 大宗款项
~ payable 应付金额
~ perçue en moins 欠缴款,少收款额
~ perçue en trop 溢收款额,多收款额
~ restante 尾款,余款,余额
~ totale 总计,总数,总额
~ toute 总之,整个说来

sommet *m* 尖,顶,顶峰,顶点,顶部,峰值,最高点
~ adjacent 邻顶
~ aigu 尖峰
~ d'un angle 角顶,尖顶,顶点
~ d'un banc 上盘,岩层顶板
~ d'un pont 桥顶,桥的最高点
~ d'une crue 洪峰
~ de triangulation 三角点
~ de bosse 峰顶,驼峰顶
~ de cheminement 导线点,导线转向点
~ de côte 最高点
~ de courbe 曲线峰,曲线峰值,曲线最大值
~ de courbures convexes 凸曲线顶点
~ de gîte 矿层顶部
~ de l'arc 拱顶
~ de l'onde 波峰,波顶
~ de la butte 驼峰峰顶
~ de la chaussée 路拱
~ de la montagne 山顶
~ de la voûte 拱顶,拱冠
~ de montagne 山顶,山峰
~ de polygonale 多角点
~ de rampe 坡道顶点
~ de talus 边坡顶
~ de voie 路顶
~ des tangentes 切线顶点
~ du dépôt 沉积层的顶点
~ du diagramme 系统中心,系统枢纽

~ du mur 墙顶
~ du pli 褶皱顶部
~ du pylône 桥塔顶
~ du remblai （路）堤顶，路堤坝
~ du schéma 系统中心，系统枢纽
~ du triangle théorique 理论三角形顶点
~ opposé 对顶

sommier *m* 梁，横木，梁垫，支座，支点，机座，过架，横楣，横档，底座，起拱石
~ d'appui 支承横梁，支撑横木
~ d'arc 拱墩，拱端托，拱基
~ de la voûte 拱脚，起拱点，起拱石
~ de solivure 支顶架
~ en béton 混凝土拱墩
~ longitudinal 纵梁

sommité *f* 极峰，顶点，顶端

sommite *f* 霞石

son *m* 音（频），声音

sonar *m* 声呐，水声测位仪，声波定位仪
~ balayeur 扫描声呐

sondage *m* 探测，测高，测深，钻探，勘探，声探，声测，测试，钻孔，掘凿，水深测量，试坑勘探
~ à carottage, ~ carottant, ~ carotté 岩芯钻探，岩芯钻孔，取芯钻探，钻取岩芯，钻探取样
~ à chute libre 机械冲击钻探
~ à ciel ouvert 开挖探测
~ à grande profondeur 深钻
~ à injection 灌浆孔，湿式凿岩
~ à l'aide d'un plomb 铅锤测深，测深锤探测，用测深锤测深
~ à la Bangka 砂矿钻探
~ à la corde 索钻，钢绳钻探
~ à la couronne 岩芯钻进
~ à la grenaille 钻粒钻进，钢珠钻探
~ à la perche 测深竿测深
~ à la tarière 麻花钻，螺旋钻进
~ à la turbine 透平机钻进，涡轮机钻进
~ à main 人工钻探，手摇钻探
~ à percussion 冲击钻探
~ à tarière 螺钻钻探
~ à tiges 钻杆钻探，长钻杆钻探
~ à trou 坑探
~ abandonné 报废钻孔
~ acoustique 回声探测，声波测深法，回声测深法

~ aérologique 高空探测
~ artésien 自流孔
~ atmosphérique 大气测深
~ au câble 钢绳钻进
~ au diamant 金刚石钻探
~ au marteau d'un bandage 轮箍的锤击检验
~ au pétrole 石油钻探，石油钻井
~ avec circulation d'eau 冲洗钻进，冲洗液钻进
~ carottes 取样探查
~ d'essai 初探，试验钻探
~ d'étude 勘探孔，勘探钻
~ d'exploration 探井测深
~ d'information 控制钻
~ d'information stratigraphique 地层控制钻
~ de congélation 冻结法钻进
~ de contrôle 定向钻进
~ de fortune 普查钻，普查钻孔
~ de pénétration statique （土）静力触探，静力水深测量
~ de production 生产井，采油井，取水井
~ de prospection 勘探孔，勘探钻，勘查钻探，草测时的探查
~ de recherche 普查钻，普查钻孔，勘察钻探
~ de reconnaissance 勘探孔，勘探钻，地质调查钻探
~ de reconnaissance géologique 地质构造钻，填图钻孔
~ de référence 基准孔，控制孔
~ de réfraction 折射波法地震测深
~ destructif 破坏性钻探
~ dévié 斜井，斜孔
~ dirigé 定向钻进
~ du diamant 用金刚石钻探
~ du sol par forage 土壤调查钻探
~ du terrain 土壤钻探
~ du type à échantillon meuble 干取样钻探
~ dynamique 动力探测，动力触探，动力测深
~ électrique 电探，电测深
~ électrique à résistivité 电探，电阻勘探法
~ en cours 施工钻孔
~ exploration 勘探钻孔，控制钻孔
~ foré 钻孔勘探
~ géologique 地层（地质）钻探，（地质）控制钻探
~ horizontal 水平钻孔

~ humide 冲洗钻进
~ in situ 现场钻探，就地钻探
~ incliné 倾斜钻孔
~ mécanique 机械钻探
~ météorologique 气象探测
~ minéralisé 见矿钻孔
~ non-tubé 无套管钻孔
~ par ballon 气球探测
~ par battage 锤击探测
~ par choc 冲击钻探，机械冲击钻探
~ par écho 回声测深
~ par les échos 回声测探，回声探测法
~ par percussion 冲击钻探
~ par rotage,~ au rotary 旋转钻进
~ par ultra-sons 超声波测深
~ par[au] battage 冲击钻探，冲击钻进，冲击式凿岩
~ pennsylvanien 钢绳冲击钻进，宾夕法尼亚钻进法
~ percutant 冲击钻探，冲击钻进
~ piézométrique 观测孔
~ pilote 超前钻孔
~ préalable 先行钻探，超前钻孔
~ profond 测深，深孔，深部钻探，深层钻探
~ rotatoire 旋转钻探，回转钻探
~ vertical (horizontal) 垂直（水平）钻孔
~ séismique 地震探测，地震测深法
~ sismique 地震测井，地震测深，地震钻探法
~ sonore 声波测深
~ statique 静力触探，静力探测
~ supersonique 超声探测法
~ tubé 套管钻进，套管护壁钻孔
~ ultra-sonique 超声波测深（法）
~ ultrasonore 超声探查，超声探测
~ ultrasonoscopique 超声波探测，超声波探深法
~ vertical 垂直钻进，垂直电测深
sonde f 钻（头、机），螺钻，探头［针］，探测器
~ à ailettes 导叶装置
~ à bras 手摇钻
~ à calcaire 灰岩梯度电极系
~ à carotte 取芯钻
~ à densité 测定密度的探针
~ à haute tension 高压探针
~ à incendie 火灾检测器

~ à piston 活塞式取土器
~ à tarière 螺钻
~ acoustique 回声探测，回声测探器，声波探测器
~ au platine 铂探头
~ d'échantillonnage 取样器，取样钻头
~ de battage 打桩探头
~ de battage enregistreuse 打桩记录探头
~ de compression à pointe 顶重车式压力探测器
~ de consistance 稠度计，贯入仪，浓度测定仪
~ de Humm 赫姆仪，测定混凝土工作的探针
~ de mesure 测深杆，测量探头，测量标尺
~ de niveau d'eau 水位探测器，地下水位探测器
~ de prélèvement 取样钻头
~ de pression 压力传感器
~ du détecteur 压力传感器，探测器探头
~ dynamique enregistreuse 动力记录探测器
~ échantillonneuse 岩芯提取器，取样器，取土器，岩芯管
~ électrique 电探头，电探针，电探测器
~ électromagnétique 电磁测高仪
~ électronique 电子探针，探测器探头
~ forttante 摩擦式探测器
~ inclinométrique 测斜仪探头
~ inverse 顶部梯度电极系
~ pédologique 取土器
~ piézométrique 水压传感器
~ pyrométrique 高温探头，温度测量传感器
~ sonore 水深计，回声探测仪
~ thermique 温度传感器
~ thermométrique 温度传感器
sonder v 打钻，钻探，勘探，探测，测量
sondeur m 钻工，勘探，钻探工，探测器，探深器，测深仪，测探员，探测仪，回声探测仪
~ à ultra-sons 超声波测深仪，超声波探测仪
~ acoustique 回声测深仪，声波测位器
~ aérien 绝对高度表，绝对测高仪
~ altimétrique 测高仪，高度表
~ hydrostatique 测深仪
~ pneumatique 气压测深仪
~ sonique 回声测深仪
~ ultrasonore 超声探测仪，超声探深仪
sondeuse f 钻机，钻探机，钻探器，钻探机械
~ à air comprimé 风动凿岩机，风动钻探机
~ à battage 冲击式钻机

~ à carottage 岩芯钻机,取芯钻机
~ à carottes 取芯钻,岩芯钻机
~ à diamants 金刚石钻机
~ à grenaille 钻粒式钻机,钢砂钻进钻机
~ à percussion 冲击式钻机
~ à trou de mine 钻孔机,爆破孔钻机
~ au diamant 金刚石(式)钻机
~ automatique 自动焊接机
~ automatique à deux têtes 双头自动焊机
~ chenillée 履带式钻机
~ d'exploration 勘探用小钻机
~ de reconnaissances 勘探用钻机
~ éléctrique par points 点焊机
~ par battage 冲击式钻机
~ par recouvrement 搭焊机
~ pneumatique 风动钻机,风动凿岩机
~ pour abattages 凿岩机,爆孔钻机
~ pour forage à la percussion 冲击式钻(孔)机
~ rotary sur camion 汽车钻
~ rotative 旋转式钻机
~ type mobile 轻便钻机

songer v 想,考虑,打算
sonner v 振铃,呼叫
sonnerie f 钟,电铃,振铃,铃声,钟声,响声,电铃声,振铃声,铃响信号
~ d'alarme 警铃,警报
~ d'annonce d'un train 列车预告铃声,列车到达通知铃声
~ d'appel 呼叫振铃
~ d'approche 列车预告铃声,通知列车接近打钟警告信号
~ d'avertissement 预报铃声,警告信号
~ de discordance 不相符电铃,事故电铃(指示信号显示与信号握柄位置不符合)
~ de fausse manœuvre 操作未按程序进行的警告铃
~ de quai 站台电铃

sonnette f 铃,铃声,桩架,落锤,打桩机,冲击试验机
~ à action directe 直接作用打桩机
~ à air comprimé 风动打桩机,气压打桩机
~ à bras 人力打桩机
~ à cordes 拉索式打桩机
~ à double effet 双动式打桩机
~ à grue 起重打桩机,吊车式打桩机
~ à main 人力打桩机
~ à trembleur 振铃
~ à vapeur 蒸汽打桩机
~ d'alarme 警铃,警钟,火警振铃
~ d'appel 呼叫铃
~ de battage 打桩机,打桩架
~ de battage à main 手动打桩机
~ de battage de palplanches 板桩打桩机
~ de battage pivotante 旋转打桩机
~ de battage pour file de pieu 排桩打桩机
~ de battage universelle 万能打桩机
~ de palplanches 打板桩机
~ diesel 柴油打桩机
~ électrique 电力打桩机
~ flottante 打桩船,水上打桩机
~ légère 轻型打桩机
~ pivotante 旋转式打桩机
~ pour file de pieux 排桩打桩机
~ tournante 旋转式打桩机
~ universelle 万能打桩机,通用打桩机
~ vibrante 振动打桩机

sonneur m 号手,振铃器,敲钟人,信号员,打桩机手,打桩工人
sonographe m 声谱仪,地震波谱分析仪
sonolite f 斜硅锰石
sonomètre m 弦音计,听力计,振动频率计,噪音测量仪
~ acoustique 声辐射计
sonoraite f 水羟碲铁石
sonore a 声音的,声响的
sonorisation f 振铃,音响,振铃设备,扩音设备,音响系统
~ pour les annonces aux voyageurs 对旅客播音
soppement m 露头
sorbant m 吸收剂,吸着剂
sordavalite[sordawalite] f 玄武玻璃
sorption f 吸着作用
sortance f 输出,展开,扇出
sorte f 品种,种类,方法,方式
~ d'essai 试验种类,试验形式[方法]
sortie f 门,出口,出库,引出,输出,排出,出发,出去,支出,(高速公路)出口,泄水孔,涵洞出水口
~ d'air 排气口,出气管

~ d'autoroute 高速公路出口
~ d'eau 出水口
~ d'égouts 污水管出口
~ d'évacuation 排水口
~ d'usine 工厂下班
~ dans l'ordre d'arrivée 先进先出，按输入次序输出
~ de bretelle 匝道出口
~ de buse 涵洞出水口
~ s de caisse 现金支出
~ de cœur de croisement 辙叉心端部
~ de drainage 排水出路
~ de fabrication 产品出厂
~ de la route 公路出口
~ de la section 闭塞区出口端
~ de wagons 排车，货车排出
~ différée 延迟输出，脱机输出
~ du canton 闭塞区出口
~ du carrefour 交叉点出口
~ du magasin 材料出库
~ du tunnel 隧道口
~ en tunnel 隧道出口
~ synchrone 同步输出
~ vidéo 视频输出

sortir *v* 出发，外出，输出，放出，流出，排出，越出，出自，取出，离开
  au ~ de 在……结束时，在离开……的时候
  ~ de l'autoroute 车辆从高速道路驶出
  ~ de la voie （车辆）驶离道路
  ~ les coussinets 取出轴瓦，卸下轴瓦

sotch *m* 落水洞，石灰坑

soubassement *m* 基岩，基脚，地基，底脚，勒脚，底座，台座，岩基，墙基［裙］，块石基层
  ~ d'étanchéité 散水
  ~ de block 闭塞机底座
  ~ élastique 弹性地基，弹性基础
  ~ en béton 混凝土底座
  ~ en béton damé 夯实混凝土底层

soubresaut *m* （车辆）颠簸，突然跳动

souche *f* 伐根，树桩，残根，根株，存根，残材，根部，基础，活塞根部
  ~ d'un carnet de chèques 支票本存根
  ~ de la feuille de route 运行报单存根
  ~ des tuyaux de ventilation 出顶通风孔

soucoupe *f* 碟，碟形物
soudabilité *f* 焊接性，可焊性
soudable *a* 可焊的
soudage *m* 焊接，熔焊，焊合
  ~ à bords relevés 喇叭形坡口焊接
  ~ à boutons 粒焊，珠焊
  ~ à clin 搭焊
  ~ à droite 右向焊
  ~ à étincelle 闪光焊
  ~ à froid 冷焊，压焊
  ~ à gauche 左向焊
  ~ à l'acétylène 气焊，乙炔焊
  ~ à l'arc 电弧焊
  ~ à l'arc au charbon 自动电弧焊，碳极电弧焊
  ~ à l'arc avec électrode(s) enrobée(s) 电弧焊接，包药焊条电弧焊
  ~ à l'arc électrique 电弧焊，碳弧焊
  ~ à l'arc en argon 氩电弧焊
  ~ à l'arc métallique 金属（焊条）电弧焊
  ~ à l'arc par fusion de l'électrode 包药焊条电弧焊
  ~ à l'arc sous-flux 潜弧焊
  ~ à l'arc-argon 氩电弧焊
  ~ à l'argon 氩弧焊
  ~ à l'argonarc 氩弧焊
  ~ à l'étain 锡焊，低温焊接
  ~ à l'hydrogène atomique 原子氢焊，氢原子焊接
  ~ à la flamme 气焊，火焰焊
  ~ à la forge 锻焊，锻接
  ~ à la machine 机器焊
  ~ à la main 手工焊，手工焊接
  ~ à la main par points 手工点焊，手动焊钳点焊
  ~ à la molette 滚焊，缝焊
  ~ à la thermite 火焊接，铝热焊，铝热剂焊接
  ~ à plat 平焊，俯焊，横焊
  ~ à pression 压焊，加压焊，气压焊，固相压焊
  ~ aéro-gaz 空气—煤气焊接
  ~ aluminothermique 铝热焊，铝热法焊接，铝热剂焊接
  ~ aluminothermique par pression 铝热法压焊
  ~ au chalumeau 气焊
  ~ au chalumeau à plasma 等离子束焊接
  ~ au chalumeau oxhydrique 氢氧吹管焊接
  ~ au chalumeau oxyacétylénique 气焊，氧（乙）炔焊

soudage

~ au crayon de charbon 碳弧焊
~ au galet 滚焊,缝焊
~ au gaz 气焊,瓦斯焊
~ au gaz à l'eau 水煤气焊
~ au plafond 仰焊
~ autogène 氧焊,气焊,氧(乙)炔焊
~ autogène par pression 熔化气焊
~ automatique 自动焊,自动焊接
~ avec fil fusible 闪光焊
~ avec flux séparé 电渣焊
~ avec métal d'apport 堆焊
~ avec pression 压焊,气压焊,加压焊接
~ bout à bout 对接焊
~ chimico-mécanique 化学—机械焊接法
~ continu 滚焊,连续焊
~ continu par résistance 连续电阻焊
~ d'angle 角焊,贴角焊
~ de l'aluminium et de ses alliages en fortes épaisseurs 加厚铝件及其合金件的焊接
~ de montage 安装焊接
~ des rails 钢轨焊接
~ descendant 垂直往下焊接
~ discontinu 间歇[间断]焊
~ double cordon 双道焊,双缝焊
~ électrique 电焊
~ électrique à l'arc 电弧焊
~ électrique à la molette 滚焊,缝焊,辊接电焊
~ électrique par fusion 电熔焊
~ électrique par points 点焊
~ électrique par points multiples 多点焊
~ électrique par résistance 压焊,电阻焊
~ électrique par résistance avec percussion 冲击电阻焊
~ électrostatique 冲击电阻焊
~ en angle 角焊,贴角焊
~ en angle extérieur 外角焊
~ en angle intérieur 内角焊
~ en arrière 退后焊,后退焊接
~ en avant 向前焊,前进焊接
~ en bouchon 塞焊,电铆焊,插头焊接
~ en bout 对焊
~ en bout par étincelage 接触焊,火花对接焊
~ en bout par résistance 闪光对焊,电阻弧花焊接
~ en descendant 立焊(由上向下)

~ en deux passes 双道焊
~ en montant 立焊(由下向上)
~ en plusieurs passes 多道焊
~ en position 定位焊
~ en relief 凸焊
~ en T 丁字焊
~ fort 硬焊料钎焊
~ fractionné 跳焊,分段焊,间断焊
~ haute-fréquence 高频焊接
~ horizontal 平焊,横焊,水平焊接
~ manuel 手焊,手工焊接,人工焊接
~ montant 立焊(由下向上),垂直往上焊接
~ oxhydrique 氢氧焊接
~ oxy acétylénique 气焊,氧乙炔焊
~ par bombardement électronique 电子束焊接
~ par bossages 凸焊,凸台焊接,凸出焊接,多点凸焊
~ par contacts 接触焊
~ par diffusion 扩散焊接
~ par étincelage 静电焊,火花焊
~ par étincelle 火花焊,闪光对焊
~ par fusion 熔焊
~ par fusion et pression combinées 加压熔焊
~ par induction 感应焊接,电感应焊接
~ par percussion 冲击焊接
~ par points 点焊,点焊法
~ par points à impulsions 断续电焊
~ par points à la molette 点缝焊
~ par pression 压焊,加压焊,气压焊,固相压焊
~ par projection 凸焊
~ par rapprochement 对接焊
~ par rapprochement simple 电阻对焊
~ par rechargement 堆焊
~ par recouvrement 搭焊,搭头焊,搭接焊
~ par résistance 电阻焊
~ par résistance pure 电阻对接焊
~ par ultra-son 超声波焊接
~ sans métal d'apport 无填板焊
~ semi-automatique 半自动焊接
~ sous atmosphère d'anhydride carbonique 二氧化碳保护焊
~ sous flux 埋弧焊
~ sous flux continu 埋弧焊
~ sous flux en poudre 埋弧焊

- ～ sous flux solide 埋弧焊
- ～ sous gaz inerte 惰性气体保护焊
- ～ sous l'eau 水下焊接
- ～ sur bords libres 自由边焊接
- ～ sur chantier 工地焊接,现场焊接
- ～ ultra-sonique 超声波焊接
- ～ vertical 竖焊

soudant, e *a* 可焊接的

soude *f* 碱,苏打
- ～ calcinée 纯碱,碳酸钠
- ～ caustique 烧碱,苛性钠,苛性碱
- ～ chaude 热碱

soudé, e *a* 焊接的,熔结的,黏合的
- ～ par rapprochement 对接焊的

souder *v* 焊接,黏合,会合
- ～ à arc 电弧焊
- ～ à l'étain 锡焊
- ～ à la vague 波峰焊接
- ～ au four 热装,烧嵌
- ～ en biais 斜接焊
- ～ par étincelle 闪光焊接
- ～ par friction 摩擦焊
- ～ par point 点焊

soudeur *m* 焊工,电焊工,电焊机,焊接专家

soudeuse *f* 焊机,电焊机,焊接机[设备]
- ～ à gaz 气焊机
- ～ à hydrogène atomique 氢原子焊机
- ～ à l'arc 电弧焊机
- ～ à rail 钢轨焊接机
- ～ au galet 滚焊机
- ～ automatique 自动焊接机
- ～ automatique à l'arc 自动电弧焊机
- ～ automatique à souder en bouts 自动对焊机
- ～ de courant alternatif 交流电焊机
- ～ électrique par points 点焊机
- ～ par étincelage 闪光对焊机
- ～ par recouvrement 搭焊机
- ～ par ultra-son 超声波焊机

soudo-brasage *m* 铜焊,硬钎焊,焊接—钎焊

soudo-brazure *m* 可代替氧气焊的电弧焊法

soudoir *m* 钎焊,烙焊,焊铁,烙铁,钎焊器,电焊烙铁

soudure *f* 焊接,焊缝,焊料,焊剂,熔剂,黏合,会合,连接,焊接法,钎焊剂,焊接法,用焊料焊接
- ～《Oxweld》 氧乙炔压焊
- ～ à bords droits 平焊缝
- ～ à chanfrein 坡口焊
- ～ à chaude suante 红接,锻接,锻焊
- ～ à clin 搭接焊
- ～ à cordon 凸焊缝,填角焊缝
- ～ à double chanfrein 双斜角槽焊,X 形对接焊,双 V 形对接焊
- ～ à droite 右向焊
- ～ à entaille 槽焊
- ～ à fente 槽焊,缝槽焊
- ～ à gauche 左向焊
- ～ à l'acétylène 气焊
- ～ à l'arc 电弧焊
- ～ à l'arc au charbon 碳弧焊缝,炭极电弧焊
- ～ à l'arc électrique 电弧焊
- ～ à l'argon 氩弧焊
- ～ à l'étain 钎料,软焊,锡焊,软焊接,锡焊料,软焊料
- ～ à l'hydrogène atomique 氢原子焊
- ～ à la molette 滚焊
- ～ à la résine 松香芯焊条
- ～ à la thermite 铝热焊
- ～ à la vague 波峰焊接
- ～ à pleine pénétration 全透焊接
- ～ à recouvrement 搭焊
- ～ à simple chanfrein 单斜角槽焊
- ～ affleurée 平焊缝,削平补强的焊缝
- ～ aluminothermique 铝热焊
- ～ autodécapante 自熔剂钎料
- ～ autogène 气焊,氧乙炔焊
- ～ avec caniveaux 铲边焊接
- ～ bimétallique 不同金属的焊接
- ～ bord à bord 对接焊,对接焊缝,对边焊缝
- ～ bout à bout 对头焊缝,对接焊缝
- ～ circulaire 环焊,环焊缝,圆焊缝
- ～ concave 凹焊接,凹焊缝
- ～ continue 连续焊接,连续焊缝
- ～ continue à couvre-joint 桥接焊缝,连续搭接焊缝
- ～ convexe 凸焊缝
- ～ d'angle 对角焊
- ～ d'arêtes 边焊,焊边
- ～ d'atelier 厂内焊接,车间内焊接

~ d'attache 点固焊,定位焊
~ d'étanchéité 填焊
~ de chantier 现场焊接,工地焊接
~ de cordon 凸焊缝,填角焊缝
~ de fond 底焊缝
~ de gaz sous pression 气压焊
~ de montage 安装焊缝,组装焊接
~ de pointage 预焊,点焊,定位焊
~ de profilé en I 工字焊接
~ de recherchement 堆焊
~ défectueuse 虚焊,脱焊,不良焊缝
~ demi-montante 斜接
~ des distances 里程总计
~ des rails 钢轨焊接
~ des tarifs 分段运价的累计
~ des taxes 运费总计
~ discontinue 断续焊接,断续焊缝
~ du thermocouple 热电偶焊合
~ électrique 电焊缝
~ électrique par points 点焊
~ électrode 电焊条
~ électronique 电子焊接
~ en angle 角接,角焊,角焊缝,角焊焊缝
~ en angle extérieur 外角焊缝
~ en arrière 向后焊
~ en avant 向前焊
~ en bout 对焊,对接焊
~ en bout par rapprochement 对焊,对头焊接
~ en congé 内角焊缝,凹形角焊缝
~ en corniche 角焊,角接焊缝
~ en T 丁字接,丁字焊接,丁字焊缝
~ en usine 厂内焊接,车间内焊接
~ enrobée 包芯焊料,管状焊料
~ entrecoupée 断续焊,不连续焊缝
~ étanche 紧密焊缝
~ flashing 闪光焊,火花对焊
~ frontale 正面焊缝
~ inclinée 斜焊缝
~ inférieure 俯焊,平焊
~ latérale 侧面焊缝
~ martelée 嵌缝
~ normale 标准焊缝,正常焊缝
~ oblique 斜焊缝
~ oxyacétylénique 气焊,氧乙炔焊

~ par bombardement électronique 电子束焊接
~ par bossage 凸焊
~ par étincelage 闪光焊接
~ par points 点焊
~ par rapprochement d'un seul côté 单面对焊
~ par recouvrement 叠焊,搭接焊,搭接焊缝
~ pleine 满焊
~ provisoire 临时焊接
sans ~ 无焊缝,无焊接缝
~ sur deux faces 双面焊接
~ surélevée 仰焊
~ témoin 实验性焊接
~ tendre 锡焊缝,软钎焊缝
~ verre-métal 玻璃—金属封焊
~ verticale 立焊,竖焊缝

soufflage *m* 吹气,吹风,吹除,鼓风,垫砂法,放气警告信号(警告区间作业人员)
~ d'air frais 输送新鲜空气
~ des voies 垫砂法
~ mesuré 定量垫砂法
~ mesuré du ballast 道砟定量垫砂法

soufflante *f* 通[鼓、吹]风机,进气管,送风器,送风管,送风装置
~ à gaz 瓦斯鼓风机,燃气送风机
~ blindée 旋转(活塞)式鼓风机
~ de balayage et de refroidissement (moteur diesel) 换气冷却两用通风机(内燃机)
~ électrique à haute pression 电动高压鼓风机

soufflard *m* 鼓风机,(硼酸)喷气孔

souffle *m* 吹风,吹气,气流,噪音,伸缩缝,电子管热噪声

soufflé,e *a* 充气的,膨胀的,鼓起来的,泡起来的

souffler *v* 吹,吹气,鼓风,吹风

soufflerie *f* 风扇,风箱,风洞,通[鼓]风机,送风机,进气管,送风装置
~ à piston 活塞式鼓风机
~ aérodynamique 风洞
~ de Root 罗式鼓风机
essais en ~ 风洞试验
~ rotative 回转式鼓风机

soufflet *m* 风箱,折箱,膜盒,吹灰机,折叠物,防尘套,手用吹风机,车厢铰接折棚,客车过道折叠棚

souffleur *m* 风扇,通风机,鼓风机,送风机,通气

管,吸气管,通气口
~ à ciment 水泥喷枪
~ centrifuge 离心式吹风机
~ d'étincelles 火星熄灭器,防火星装置
~ dans le plafond 车辆顶棚通风气
~ électrique 电动鼓风机
souffleuse *f* à neige 吹雪机,螺浆除雪机
soufflure *f* 气泡,气孔(钢铸件中的)
~ de fonte 气孔,气泡,(玻璃或金属铸件或电焊中的)砂眼
~ en nid d'abeilles 蜂窝气泡
~ périphérique 表面气泡
souffrance *f* (en ~) 不能送达的,无法递送的,无法交付的
souillé,e *a* 脏的,污染的,含杂质的
souiller *v* 弄脏,污染
souillure *f* 污垢,油垢,污点,污迹,污物
soulager *v* 减轻,卸载
~ un wagon 卸车,减轻货物载重量
soulane *f* 阳坡,南坡,山阳
soulevé *a* 上升的,隆起的
soulèvement *m* 提升,上升,升起,升高,隆胀,冻胀,抬起,举起,(土的)隆起
~ de joint 胀胀拱起(拱胀)
~ diapirien 底壁上升
~ dû au gel 冻胀
~ du sol 土壤冻胀,地面隆起
~ du sol par congélation 地面冻胀
~ en dôme 穹状隆起
~ par le gel 冻胀,冰冻隆胀
~ structural 构造隆起
~ tectonique 构造隆起
soulever *v* 抬起,举起,顶起
souligner *v* 着重指出,强调指出,在……下划着重线
~ la variété 强调多样性
soumansite *f* 水磷铝钠石
soumettre *v* 提交,递交
soumis,e *a* 服从的
~ à des efforts alternés 承受交变负载
~ à supplément 应负附加费的
~ au paiement de suppléments 应付附加费的
~ aux droits 必须征税的,必须付费的,应按规定计费的

~ aux droits de douane 应纳海关税的
soumise *f* 提交,送交
soumission *f* 投标,标价,出价,递价,服从,(投)标书
~ à l'adjudication 投标,竞标
~ à l'appel d'offres 投标,竞标
~ cachetée 密封标书
~ compétitive 公开投标,竞争性投标
~ de transit 报关单
~ déposée 投标标书
~ en groupe 联合投标
~ ouverte 公开投标
~ publique 公开投标
soumissionnaire *n* 投标人,投标者,竞标人,递价人,报价人,承包单位
~ accepté 中标人
~ le moins-disant 最低标,最低标投标者
soumissionner *v* 投标,就……投标
~ les travaux hydrauliques 就水利工程投标
soumite *f* 钽土
sounder *m* 探针,发声器,声波探测器,回声探测器
soupape *f* 阀(门),活门,气门,减压阀,空放阀,节流门,整流器,扼流线圈
~ à ampoule de verre 玻璃壳整流阀,玻璃壳汞弧整流阀
~ à arc 弧光放电整流阀
~ à bille 球阀
~ à boue 泥阀
~ à boulet 球阀,球形活门
~ à cathode liquide 汞弧整流器,池式整流管,液体阴极放电器件
~ à champignon 蕈形阀
~ à clapet 瓣形阀
~ à clapet sphérique 球瓣形阀门
~ à cloche 钟形阀
~ à cône 锥形阀
~ à coulisse 滑阀
~ à couronne 钟形阀
~ à cuve d'acier 钢槽汞弧整流阀
~ à décharge luminescente 辉光放电整流阀
~ à deux voies 双通阀
~ à diaphragme 隔膜阀
~ à disque 平阀,圆盘阀

~ à flotteur 浮子阀,浮筒阀,浮球截门
~ à gaz 煤气阀,燃气活门,充气整流管,离子整流阀
~ à gorge 蝶阀,阻塞阀,节流阀
~ à lamelle 叶片阀
~ à languette 簧片阀
~ à multipostions 多通路阀门
~ à plusieurs voies 多通路阀门
~ à pointeau 针阀
~ à ressort 弹簧阀
~ à semi-conducteur 半导体整流阀
~ à siège annulaire 环座阀
~ à siège incliné 斜式阀门
~ à siège plan 圆盘阀,平底阀,盘形阀
~ à tige 杆阀,提升阀
~ à tiroir 滑阀
~ à trois voies 三通阀
~ à vapeur de mercure 汞弧整流管,汞弧整流阀
~ à vide 真空阀
~ à vide entretenu 抽气式整流阀
~ à volet 节流门,节气门,节油门,瓣状单向阀
~ annulaire 环形阀
~ automatique 自动阀[截门]
~ automatique de décharge 自动排水截门
~ bisiégée 双座阀
~ casse-vide 真空安全阀
~ d'admission 进水阀,进气阀,进给阀
~ d'admission d'air 进气阀
~ d'air 空气阀
~ d'alimentation 给水阀,注水阀,进给阀
~ d'amenée 进给阀,进水阀,进气阀
~ d'arrêt 停气阀,截止[关闭、截断]阀
~ d'aspiration （油、汽、气、水）吸入阀
~ d'ébouage 泥阀,清理阀,分选阀
~ d'échappement 排放[放泄]阀,排气阀,排水阀,放泄活门
~ d'embranchement 支管阀
~ d'essai 试验阀
~ d'étranglement 风门,节流阀,节气阀
~ d'évacuation 排气阀,放泄阀
~ d'évent 通风[出气]口
~ de by-pass 旁通阀
~ de commande 控制阀,操纵阀
~ de communication 旁通阀
~ de décharge 减压[载]阀,卸荷[溢流]活门,排泄阀
~ de démarrage 起动阀
~ de détente 膨胀阀
~ de distribution 分配阀,调整阀
~ de distribution principale 主阀
~ de fermeture 断流阀,遮断阀,关闭阀
~ de fond 底阀
~ de lancement 启动阀
~ de mise en marche 启动阀
~ de navire 溢流阀
~ de non retour 止回阀
~ de passage 旁通阀
~ de piston 活塞阀
~ de pompe 水泵阀
~ de pression 减压阀,安全阀,卸压阀
~ de prise de vapeur pour injecteur 注水器进气阀
~ de purge 排泄阀,放泄阀,冲洗阀
~ de ramonage 放水阀;排气阀
~ de réduction 减压阀,减速阀
~ de refoulement 压出阀,出水阀,送风阀,增压阀,给油阀,加压输出阀
~ de réglage 控制阀,调节阀
~ de rentrée d'air 进风阀,进气阀
~ de respiration 吸气阀,吸入阀,呼吸阀
~ de retenue 单向[止回、截断]阀
~ de retour 旁通阀,回动[回行、回油]阀,回动活门
~ de robinet de jauge 验水阀
~ de sécurité type S S形安全阀
~ de sortie 排出阀,排气阀
~ de sûreté 安全[保险]阀
~ de sûreté de cylindre 汽缸安全阀
~ de sûreté en lourd 重捶式安全阀
~ de trop-plein 溢流阀,旁通阀
~ de ventilation 通风阀门
~ de vidange 排泄阀,放水阀,放泄阀,放风阀
~ de vidanges des boues 排泥阀门
disque de ~ 阀盘
~ du frein de secours 紧急制动阀
~ électrique 整流阀
~ électrolytique 电解整流阀
~ électronique 电子阀
~ électropneumatique 电空阀

~ en clinquant 平板[薄片]阀
~ hydraulique 液压阀
~ ionique 离子管,离子整流阀,充气整流管
~ manomètre 压力表气门
~ monoanodique 单阳极整流阀
~ polyanodique 多阳极整流阀
~ principale 主阀
~ réductrice 减压阀
~ régulatrice 调节阀
~ rotative 旋转阀
~ scellée 密封式整流阀
~ sèche 接触整流器
siège de ~ 阀座
~ sphérique 球阀
~ thermoionique 热离子整流阀
tige de ~ 阀杆

soupape-pilote *f* 导向阀
soupe *f* de mortier 水泥浆
soupirail *m* 气眼,出气筒,通风口,通风口,(地下室的)气窗
souple *a* 柔性的,柔软的,柔韧的,易弯曲的,易变形的
souplesse *f* 柔软,机动性,灵活性,灵敏性,柔韧性,适应性
~ d'emploi 多功能性,使用的灵活性,多方面的适应性
souplisso *m* 漆布绝缘管,小型绝缘套管
source *f* 泉,源,泉水,水源,源头,根源,来源,源泉,起源,产地,电源,发源地
~ à température constante 恒温泉
~ à température variable 变温泉
~ à travers la digue 穿堤漏洞
~ artésienne 涌泉,自流井
~ ascendante 上升泉
~ boueuse 泥喷泉
~ bouillante 沸泉
~ calcaire 含钙泉,石灰泉
~ captée 开采泉,取水泉
~ chaude 温泉,热源
~ d'affleurement 含水层露头的下降泉
~ d'air 气源
~ d'alimentation 电源,能源,动力源
~ d'apports 搬运源
~ d'eau 水源

~ d'eau minérale 矿泉
~ d'eau saline 矿盐泉水
~ d'électricité 电源
~ d'électrons 电子源
~ d'émergence 出露泉
~ d'énergie 能源
~ d'énergie hydraulique 水力资源
~ d'excitation 激发源
~ d'exsurgence 涌泉
~ d'huile 油源,油苗
~ s d'impact potentielles 潜在的环境影响源
~ d'infiltration 渗流泉
~ d'information 信息源
~ d'origine fumerollienne 深部热水泉
~ d'une rivière 河源
~ de boue 泥泉
~ de bruit 噪音源
~ de chaleur 热源
~ de contact 接触带泉
~ de contamination 污染源
~ de coteau 坡上泉
~ de courant 电源
~ de courant alternatif 交流电源
~ de courant continu 直流电源
~ de débordement 渗流泉,溢流泉
~ de dépression 低压泉
~ de déversement 溢出泉(盈溢泉)
~ de faille 构造泉,断层泉
~ de feu 高温气泉,天然气喷出口
~ de fissure 裂隙泉
~ de fleuve 河源
~ de force motrice 动力源
~ de fracture 裂隙泉
~ de gaz 气体源,气体震源,天然气露头
~ de gaz carbonique 碳酸气泉
~ de gravitation 重力泉,下降泉
~ de haute tension 高压电源
~ de laser 激光源
~ de lumière 光源
~ de matériel détritique 碎屑物质搬运源
~ de nappe profonde 深部补给泉,深层地下水源
~ de pétrole 油苗
~ de pollution 污染源
~ de profondeur 深部泉

~ de radiation　辐射源，放射源
~ de rayonnement　放射源，辐射源
~ de résurgence　地下河补给泉
~ de revenu　收入来源
~ de ruissellement　渗流泉，径流来源
~ de secours　备用电源
~ de tension ultra-stable　超稳定电压电源，超高稳定电压电源
~ de terrains cristallins　结晶岩区水泉
~ de terrains fissurés　裂隙泉
~ de thalweg　谷泉，河岸泉
~ de trop-plein　溢流泉，盈溢泉
~ de valée　谷泉，山谷泉
~ des données　数据源
~ descendante　下降泉
~ déversante　溢流泉
~ électrique　电源
~ émissive　放射源
~ extérieure d'énergie　外部能源
~ fausse　岩隙泉
~ froide　冷源
~ fumerollienne　深部热水泉
~ gazeuse　气体源，天然气露头
~ géothermale　浅成热水泉
~ geysérienne　喷泉，温水间歇泉
~ hétérotherme　变温泉
~ homotherme　等温泉
~ hydrogène　热水泉
~ hypogène　深部泉，内生泉
~ hypotherme　温泉，低温热泉
~ incrustante　结垢泉
~ intarissable　常年泉
~ intermittente　间歇泉
~ interne　内电源
~ jaillissante　喷泉，上升泉
~ jaillissante intermittente　间歇喷泉
~ juvenile　初生泉，岩浆泉
~ karstique　岩溶泉，喀斯特泉
~ linéaire　线震源
~ lumineuse　光源
~ lumineuse ponctuelle　点光源
~ minérale　矿泉
~ naturelle　天然水源
~ non scellée　非密封源

~ normale　正常电源，匀强辐射源
~ omnidirectionnelle　全向源，无定向源
~ pérenne　常年泉，长流泉
~ périodique　间歇泉
~ permanente　长年性水泉
~ potentielle　潜在震源
~ potentielle de danger　潜在危险源
~ primaire　原光源，一次光源，原始源地
~ radioactive　放射源，辐射源
~ rémittente　间歇泉
~ remontante　上升泉
~ remontée　下降泉
~ saline　盐井，盐泉，盐水泉，咸水泉
~ scellée　密封源
~ secondaire　次光源，二次光源
~ sonore　音源，声源
~ sous-marine　海下泉，水下泉
~ structurale　构泉，断层泉
~ subaquale, ~ subaquatique　水下泉
~ sulfureuse　硫质水泉
~ superficielle, ~ de surface　水泉，地表泉
~ temporaire　临时性泉
~ thermale　温泉
~ thermique　热源
~ thermominérale　热矿泉
~ vadeuse　渗流泉
~ vauclusienne　洞泉，龙潭，沃克吕兹泉（法国著名水泉）
~ vibrante　振源
~ vive　净水水源
~ vraie　多孔岩层的水泉

sourceux[**sourcillant**]　*a*　多泉的
sourd　*a*　聋的，暗的，低沉的
sourdine　*f*　消声器，噪音消音器
sourdre　*v*　（水）涌出，冒出，喷出，喷射，涌现
sous　*prép*　在……底下，在……之下，在……之内，在……时期，从……角度，从……方面
~ comptes usuels　经常项目下科目
~ prétexte de　以……为借口
~ zonation géotechnique　工程地质分亚区
~ tension　带电的，加上电压的
sous　（前缀）次，亚，副；在……之下
sous-alimenté　*a*　在低压情况下工作的
sous-alinéa　*m*　项（文件的）

sous-aquatique *a*	缺水的，水量不足的
sous-assemblage *m*	组装
sous-bassin *m*	次级流域
sous-bief *m*	回水，逆流
sous-bois *m*	小丛树
sous-caissier *m*	助理出纳员
sous-cavage *m*	底切，底部掏槽
sous-cavé, e *a*	暗掘的，潜挖的
sous-centre *m*	分支机构，附属仓库
sous-charriage *m*	俯冲断层
sous-charrié *a*	俯冲的
sous-chef *m*	副职人员，副职主管
～ de gare	副站长
～ de service	副处长
sous-comité *m*	小组委员会，分组委员会
sous-commission *f*	小组委员会
sous-commutateur *m*	副转换器，副转接器，副整流器，副转换开关
sous-compte *m*	细目账，补助账
sous-comptoir *m*	分行，分号
sous-contrainte *f*	应力不足
sous-couche *f*	下层，底层，垫层，底基层，底漆层，基层下层
～ anticapillaire	隔离层，防毛细作用层
～ anticontaminante	防污层
～ antigel	防冻层，防冻底层
～ de fondation	基础底层
～ drainante	排水层，排水底层
～ drainante de sable	排水砂垫层
～ filtrante	滤水层
souscription *f*	签署，认购
～ à une obligation	认购债权
souscrire *v*	签署，认购，捐助
～ à un arrangement	同意一项安排
～ un contrat	签署合同
sous-critique *a*	次临界的
sous-cycle *m*	次旋回
sous-dalle *f*	（接缝下）垫板
sous-delta *m*	前三角洲
sous-détail *m*	明细［细分］表，（价格）分类表，价格分析，价格明细表
～ des prix	单价分析
sous-développé, e	落后的，不发达的
sous-développement *m*	落后状态，不发达状态
sous-dimensionnement *m*	尺寸不足
sous-directeur *f*	副局长，副经理
sous-discipline *f*	分支学科
sous-dosage *m*	配量不足
sous-écoulement *m*	底流，潜流，地下水流
sous-embranché *m*	私人专用线的支线
sous-embranchement *m*	附属专用线
sous-enduit *m*	抹灰打底
sous-ensemble *m*	部件，装置，组合件，子配件，分总成，子程序，辅助系统
sous-entrepreneur *m*	分包人［商、者、单位］
sous-équipé *a*	设备不足的
sous-équipement *m*	工业设备不足
sous-espace *m*	子空间
sous-estimation *f*	低估，估计不足
sous-étage *m*	亚阶；亚期
sous-fluvial *a*	水下的，河底的
sous-fondation *f*	路基，基础下层
～ drainante	排水路基
sous-industrialisation *f*	工业不发达，工业化程度不高
sous-ingénieur *m*	助理工程师
sous-jacent, e *a*	下伏的，下接的，下邻的，下层的，下卧的，隐藏的，在下面的
sous-lacustre *a*	湖底的
sous-marche *f*	梯级下部
sous-marin, e *a*	海底的，水底的，水下的，海面下的
sous-miniaturisation *f*	超小型化，微小型化
sous-modulation *f*	欠调制，调制不足，不完全调制
sous-multiple *m*	分配器，分压器，分谐波
sous-œuvre *m*	基础，底脚，托换，托换基础，托换底座
sous-ordre *m*	下属，部下
sous-période *f*	亚纪，亚期
sous-poids *m*	重量短少
sous-porteuse *f*	副载频，副载波
～ de chrominance	色度副载波
～ de couleur	色度副载频
sous-poutre *f*	梁托，承梁，托梁，小梁，承浆，搁栅
sous-pression *f*	浮力，欠压，负压，扬压力，浮托力，上托力，上升力，反压力，外压力，浮托力
～ de l'eau interstitielle	孔隙水的负压
sous-production *f*	生产不足

sous-produit *m* 副产品,工业废料
sous-province *f* 区,分区
sous-pyrénéen *a* 外比利牛斯的
sous-refroidissement *m* 过冷,低温冷却
sous-saturé *a* 不饱和的
soussigné *m* 签字人,署名者
sous-sol *m* 底土,路基,底层,底岩,基岩,地下室,亚层土,下层土,天然地基,楼房底层,地下建筑物
  ~ de la route 路基土
  ~ dur 硬地基土,硬下层土,硬质底层
  ~ gelé 冻土地基
  ~ indéformable 坚硬底土,硬地基土
  ~ renforcé en pieux 桩基
sous-station *f* 分站,变电站,变电所,配电所,变压站
  ~ à récupération 再生制动变电站
  ~ à redressement 整流变电站
  ~ concentrée (caténaire) 中心变电所(接触网)
  ~ de conversion de fréquence 变频变电所
  ~ de distribution 配[变]电所,配电变电所
  ~ de redressement de courant 整流变电所
  ~ de répartition 变电站,配电变电所
  ~ de traction 牵引变电所
  ~ de transformation 变电所,变压所
  ~ électrique 变电所,变电站,变压器房
  ~ extérieure 露天变电所
  ~ mobile 流动变电所
  ~ répartie (caténaire) 分区变电所(接触网)
  ~ souterraine 地下变电站
  ~ surdimensionnée 大型变电所
  ~ télécommandée 遥控变电所
sous-structure *f* 次级构造
sous-système *m* 亚系,亚体系,分系统,子系统,支系统,辅助系统
sous-tableau *m* 辅助配电盘
sous-tension *f* 欠压,电压降,压力降,电压不足
sous-titre *m* 分目,副标题,小标题
sous-toiture *f* 屋面盖板
soustractif *a* 减法的,应减去的
soustraction *f* 减法
  ~ de fréquence 差频
soustraire *v* 减去,使避免
soustrait *a* 减去的

sous-traitance *f* 代客加工
sous-traitant *m* 分包人,转包人,分包商,分(承)包单位
  ~ désigné 被指定的分包商
sous-traiter *v* 分包,转包
  ~ un projet 分包工程
sous-vibration *f* (混凝土)振荡不足,振捣不够
soute *f* 库房,料斗,斗仓,浅仓
soutenant,e *a* 支持的,支承的,承压的
soutènement *m* 固定,加固,支柱,支护,支挡,加劲,支撑,支架,托架
  ~ chassant 立面平行支撑
  ~ cintré en acier 钢拱支架
  ~ complet 完全支护
  ~ d'une surface verticale 立面支撑
  ~ de galerie 隧洞支护,隧洞支撑
  ~ de la voûte 拱座
  ~ de tunnel 隧道支护
  ~ descendant 沉架,下沉支撑
  ~ en arc 拱式支架
  ~ en bois 木支架
  ~ métallique 金属支撑
  ~ par cadres 框架式支架(撑)
  ~ provisoire 初期(临时)支护
soutenir *v* 支撑,支承,支持,保持,维持
souterrain *m* 地道,隧道,隧洞
  ~ à écoulement libre 无压隧道,自流水隧道
  ~ d'égout 污水隧洞,地下排水沟
  ~ en charge 压力隧洞,压力水道(满流管)
  ~ exécuté à l'aide d'un bouclier 盾构机掘进的隧道
  ~ pour canal 暗渠,地下渠道,地下运河隧道
  ~ pour tuyauterie 地下管沟[道],地下管隧道(供敷设地下管的隧道)
  ~ sous-fluvial 河底隧道,江河下的地下隧道
souterrain,e *a* 地下的,隐蔽的
soutien *m* 支柱,支承,支撑,支点,支座,支架,轴承,支援,支持,支撑物,拥护
  ~ sur trois côtés 三面支承
soutirage *m* 抽取,提取,取出,抽出,提炼,回收,回采
souvenir *m* 纪念品,回忆;*v* 想起,记得,忆及
souvent *adv* 经常,常常
  le plus ~ 通常,往往

souxite　f	偏水锡石(水锡石)
souzalite　f	水磷铝镁石
sövite　f	黑云碳酸岩,粗粒方解碳酸岩
soyé, e　a	弯曲的,曲拐的
soyeux　a	丝绢的(光泽)
spacial　a	空间的
spacieux, euse　a	辽阔的,宽敞的
spaciosité　f	广阔,宽敞
spadaïte　f	红硅镁石
spallation　f	断裂,打碎,分裂,散裂
spalmandite　f	锰铁榴石,铁锰铝榴石
spalt　m	天然沥青
spandite　f	锰钙铁榴石,钙铁锰铝榴石
spangolite　f	氯铜铝矾
spar　m	晶石;磷灰石
sparagmite　f	破片砂岩,风化碎屑岩类
sparite　f	亮晶,亮晶灰岩,亮晶方解石
sparker　m	电火花震源
sparrudite　f	亮晶砾屑灰岩
spartalite　f	红锌矿,锰方解石
spastolit(h)e　f	形变鲕状岩;形变鲕粒
spath　m	晶石

~ adamantin　刚玉
~ amer　白云石
~ brunissant　褐晶石,铁白云石
~ calcaire　方解石,钙质晶石
~ changeant　绢石
~ d'Islande　冰洲石
~ de Bologne　重晶石
~ des champs　长石
~ fluor　萤石
~ fusible　萤石
~ lent　白云岩
~ lourd　重晶石
~ perlé　白云石
~ pesant　重晶石

spathique　a	晶石的,似晶石的
spatial, e　a	空间的
spatule　f	刮刀,刮铲,抹刀,油漆刀

~ pour peintre　油灰刀

spécial, e　a	特别的,特殊的,专门的
spécialement　adv	特殊地,尤其地,专门地
spécialisation　f	专门化,专业化,特殊化,规范化
spécialisé, e　a	专门的,专长的,专业的
spécialiser　v	特别指明,使专业化,使专门从事(某项工作)
spécialiste　m	专家,专业(技术)人员,专门研究者

~ délégué　派驻专家

spécialité　f	专业[科、长],特质[性、色],特制品
spécificatif, ive　a	说明特点的,详细说明的
spécification　f	规范[程],(尺寸)规格,规定,鉴定,分类,标号,目录,清单,列举,详述,说明书,一览表,明细表,技术规格,技术条件,技术要求,详细说明

~ d'essai　试验规范,规程
~ de béton　混凝土规范,强度等级
~ de compactage　压实技术规定,压实技术条件,碾压规程,土壤密实度规范
~ de construction　工程[施工]规范,施工规程
~ de devis　技术标准说明书,带概算的工程说明书
~ de fichier　文件规格,文件说明书
~ de l'opération　操作规程
~ de la marchandise　商品规格
~ de production　生产技术要求
~ de qualité　质量标准[规范]
~ de réception　验收规范
~ s de traitement　处理说明书
~ des matériaux de construction　建筑材料规范
~ des produits　产品规格,规范
~ des tubes　管道明细表
~ du câble　电缆规格,电缆规范
~ du cahier des charges　招标细则技术规范,合同细则技术说明书
~ du dessin　图纸明细表
~ du projet　设计规程,设计说明书
~ générale　总说明书
~ granulométrique　级配标准,级配规定
~ normalisée　标准明细表,标准技术条件
~ provisoire　暂行规范,临时规范
~ technique　技术规定,技术说明书
~ technique détaillée　详细技术规范

spécificité　f	特性,特征,特异性,特效性
spécifier　v	列举,规定,确定,说明,详细说明
spécifique　a	比的,特定的,特殊的,专门的,比率的,单位的
spécimen　m	试件,样品,标本,范本,样本,式样,雏形,典型

~ cylindrique 圆柱形试件
~ d'essai 试件,试样
~ de signature 签字样本
~ de signatures autorisées 印鉴样本
~ de traite 汇票样本
~ du slump 坍落度试样

spectre *m* 谱,波谱,光谱,能谱,频谱

spectrogramme *m* 谱图,光谱图

spectrographe *m* 摄谱仪,频谱仪,波谱仪,光谱仪,分光仪,分光摄像仪,光谱分析仪,光谱摄像管,分光辐射谱仪

spectrographie *f* 摄谱学,摄谱法

spectrographique *a* 光谱的

spectrohéliographe *m* 日光摄谱计

spectromètre *m* 分光计,分谱仪,光谱仪,频谱仪,光谱分析仪,分光光度计
~ à absorption atomique 原子吸收分光光度计
~ à absorption 吸附分光计
~ à lecture directe 直读分光计
~ à rayons X X射线分光计
~ à réseau 光栅光谱仪
~ d'absorption atomique 原子吸收光谱仪,原子吸收分光光度计
~ de déviation 偏向分光计
~ de masse 质谱仪,质谱化
~ de vitesse 速度谱仪
~ des basses frequences 低频光谱仪
~ infrarouge 红外线分光计
~ photoélectrique 光电分光光度计

spectrométrie *f* 光谱法,分光法,分光学,光谱测定法

spectrométrique *a* 光谱测定的

spectrophotométrie *f* 分光光度测定法

spectroradiomètre *m* 分光辐射计,光谱辐射仪,分光辐射普仪

spectroscope *m* 分光镜,光谱仪,分光仪

spectroscopie *f* 光谱学,分光学,频谱学,波谱学,能谱学

spectroscopique *a* 光谱的,频谱的,分光镜的

spéculaire *a* 镜的,镜状的,反射的

spéculateur *m* 投机商

spéculation *f* 投机

spéléologie *f* 洞穴学

spéléologique *a* 洞穴学的

spéléologue *m* 洞穴学家

spérone *f* 黑榴白榴岩

spessartine *f* 锰铝榴石

spessartite *f* 锰铝榴石;闪斜煌岩

spéziaite *f* 角闪石,细铁钙闪石

sphærastilbite *f* 杆沸石

sphaigne *f* 泥炭藓,水苔

sphärite *f* 球磷铝石

sphène *m* 榍石

sphénitite *f* 钛辉榍石岩

sphénochasme 楔形断陷,楔形裂开谷

sphénolithe *f* 岩楔,楔形颗石

sphère *f* 球(体、形、面),范围,区域,领域,界限,地位,天体,天体仪,地球圈层
~ creuse 空心球体
~ d'action 作用范围,活动范围
~ d'activité 业务范围
~ d'air 气界,气圈,空气圈,大气圈
~ d'influence 影响范围,势力范围
~ de référence 参考球面
~ des positions 位置球面
~ métropolitaine 大城市区,大城市圈,大城市范围
~ terrestre 地球

sphéricité *f* 球形,球状,球度,球体,球形度,圆球度,球径率
~ moyenne 平均球度
~ sédimentaire 泥沙球度

sphérique *a* 球(面)的,球状的,球形的,球体的,圆体的

sphérite *f* 球鲕石,球磷铝石,沉积球粒,集结砾岩

sphérobertrandite *f* 球硅铍石,富铍硅铍石

sphérocobaltite *f* 菱钴矿

sphéroïdal, e *a* 球状的,类球状的,类球体的,近球形的,扁球体的,圆球形的

sphéroïde *m* 球体,类球体,扁球体,球状体,似球体,旋转椭圆体,回转椭圆体
~ allongé 长球体,椭圆球体
~ aplati 扁球体,扁球面
~ d'équilibre 平衡球体

sphérolite *f* 球粒

sphérolitique *a* 球粒的

sphéromètre *m* 球径仪,球径计,测球仪,球面曲率计

sphérométrie *f* 曲率测定法
sphérotaxite *f* 球斑杂岩
sphérule *f* 小球位,小球体
sphérulite *f* 球颗,球粒,团球粒
sphérulitique *a* 球粒状的,球颗状的
spiculite *f* 针锥晶,骨针岩,纺锤状集球锥晶
spider *m* 多脚架,多脚撑,星行接头,十字叉
spiegel *m* 镜铁
spilite *f* 细碧岩
spilitisation *f* 细碧岩化
spilosite *f* 绿点板岩
spilositique *a* 绿点板状(构造)
spin *m* 自转,自旋,旋转
spinellane *f* 黝方石
spinelle *m* 尖晶石
　～ bleu　蓝方石
　～ chromifère　铁尖晶石
　～ ferrifère　铁尖晶石
　～ zincifère　锌尖晶石
spinellide *m* 尖晶石族
spinthère *m* 榍石,绿榍石
spinthermètre *m* 球火花隙,球面火花放电器,测量用火花放电器
spiracle *m* 排水口,(熔岩)喷气孔
spiral, e *a* 螺线的,螺纹的,螺旋状的,螺旋形的
spiralé *a* 螺旋的,螺线的,螺旋形的
spirale *f* 螺旋,匝线,游丝,涡线,弯管,螺旋管
spire *f* 尖峰,尖顶,箍环,匝数,螺旋圈,绕组线圈,环箍钢筋,环形钢筋
　～ s antagonistes　去磁匝数
　～ compensatrice　补偿线匝
　～ d'un enroulement　线圈,匝数
　～ de court-circuit　短路环
　～ de fil　线圈
　～ s extrêmes rapprochées et meulées planes　末端抹平的簧环
　～ morte　闲圈,空置线圈
spiroffite *f* 碲锰锌石
spodiophyllite *f* 黝叶石
spodiosite *f* 氟磷钙石
spodumène *f* 锂辉石
spongieux, euse *a* 吸水的,海绵状的,海绵质的,柔软多孔的
spongiolithe *f* 海绵硅灰土

spongolite *f* 海绵岩
spontané, e *a* 自发的,自生的,自然发生的,出于本能的
spontanéité *f* 自发,自生,自发性
sporadique *a* 零星的,突发的,间发的,星散状的,散点状的,单个发生的,时隐时现的,时有时无
sporadosidère *m* 斑点陨石,铁浸染陨石
sporogelite *f* 硬羟铝石(硬水锯石),α胶羟铝矿(α胶铝矿)
spot *m* 点,光点,斑点,亮点,光斑
　～ mobile　飞点
　～ dans un tube cathodique　阴极射线管的亮点
spoutnik *m* 卫星,人造地球卫星(苏联的)
spreader *m* 吊架,吊钩,吊具,(碎石)撒布机,(沥青)喷洒车,(混凝土)摊铺机
　～ à gravillon　石屑撒布机
　～ asphaltique　沥青摊铺机
　～ box　箱式撒布机
　～ d'élargissement　加宽的摊铺机
sprinkler *m* 喷灌机,洒水器,洒水车
　～ automatique　自动喷灌机,自动洒水器
　～ tournant　旋转式喷灌机
sprudel *m* 碳酸矿泉
spumescent, e *a* 多泡沫的,起泡沫的,泡沫状的
spumeux, euse *a* 多泡沫的,泡沫状的
spumulite *f* 白榴透辉板岩(碱性火山岩)
spurrite *f* 灰硅钙石
squameux, euse *a* 有鳞的,鳞状的
square *m* 广场中间(一般有栅栏的)小公园
squelétiforme *a* 骸晶状的
squelette *m* 骨架,框架,构架
　～ à deux travées et un étage　双跨单层结构
　～ à une travée et plusieurs étages　单跨多层结构
　～ du sol　土骨架,土壤骨架
　～ pierreux　石料骨架
squelettique *a* 骨骼的,骸晶的
stabilisant *m* 稳定剂,稳定器
　～ actif　活性加固剂
　～ chimique　化学加固剂
　～ interne　内稳定剂
　～ métallique　金属稳定剂
stabilisateur *m* 稳定器,加固剂,稳定剂,平衡器
　～ à passes multiples　多行程土壤稳定机
　～ antigel　抗冻稳定剂

~ de courant　稳流器
~ de fréquence　稳频器
~ de niveau　电平稳定器
~ de tension　稳压器,稳流器
~ de voltage　稳压器,稳电压器
~ du sol　土的稳定剂,土的加固剂
~ électronique de tension　电子稳压器

stabilisation *f*　加固,稳定(作用),稳定化,稳定法,平稳(机车车辆),筑实(路面,线路),加固处理,(路面)坚实

~ à l'émulsion　(土壤)乳液稳定
~ à l'émulsion de bitume　(土壤)沥青乳液稳定
~ à la chaux　(土壤)石灰稳定
~ au bitume　沥青稳定法(土壤)
~ au ciment　水泥加固,水泥稳定法(土壤)
~ au goudron　(土壤)煤沥青稳定,柏油稳定法(土壤)
~ au liant bitumineux　沥青结合料稳定
~ au sel　(土壤)加盐稳定
~ chimique du sol　土的化学加固,土壤化学稳定法
~ de chenal　河床稳定,渠道抗冲
~ de fondation　地基加固
~ de fréquence　稳频
~ de niveau　电平稳定
~ des berges　堤岸加固,岸坡加固,河岸稳定法
~ des données　数据稳定
~ des matériaux　材料稳定
~ des pentes　斜坡稳定
~ des remblais　路堤稳定
~ des sables　砂土稳定
~ des sols compactés par addition des produits hydrophobants　掺加憎水剂以稳定夯实的土壤
~ des talus　边坡稳定,斜坡加固,边坡的稳定
~ du sable avec de l'argile　砂的黏土稳定,黏土固砂法
~ du sol　土壤筑实,土体稳定,土体加固
~ du sol d'infrastructure　底层土壤稳定法
~ du sol de la surface　地表土体稳定,表层土壤稳定法,路面稳定
~ électro-chimique de l'argile　黏土的电化固化法
~ électronique　电子稳压
~ légère des accotements　路肩薄层稳定
~ mécanique　机械加固法,机械稳定法(土的)
~ membraneuse　薄膜稳定法(土的)
~ mixte ciment-bitume　水泥混合料稳定
~ par chaux-pouzzolane　石灰—火山灰稳定法
~ par le traitement thermique　热稳定法,热处理稳定
~ par osmose électrique　电渗稳定法(土的)
~ physico-chimique　(土壤)物理化学稳定
~ structurale　结构稳定
~ thermique　热加固

stabilisé *a*　稳定的,安定的
stabiliser *v*　平衡,均衡,使稳定,使平稳,使坚固
stabilité *f*　强度,稳固,巩固,坚固(性),安定性,稳定性,稳定度,平稳度,坚固性

~ à chaud　热稳定性
~ à deux dimensions　平面稳定,二维稳定,二度空间稳定
~ à immersion　浸水稳定性
~ à l'eau　水稳性
~ à long terme　长期稳定性
~ absolue　绝对稳定性
~ aérodynamique　空气动力稳定性
~ asymptotique　渐近稳定性
~ au fauchage　倾覆稳定性
~ au flambage　压曲稳定性
~ au glissement　滑动稳定性
~ au renversement　倾覆稳定性
~ aux intempéries　抗风化性
~ aux séismes　地震稳定性
~ cinétique　动力稳定性
~ conditionnelle　条件稳定性
~ contre la corrosion　抗蚀性
~ d'ambiance　环境稳定性
~ d'amplitude　幅度稳定度
~ d'émulsion　乳液稳定性
~ d'un ouvrage　结构物(桥、隧道)的稳固性(稳定度)
~ d'une émulsion　乳液稳定性
~ de ciment　水泥安定性,水泥稳定性
~ de structure　结构稳定性
~ de fréquence　频率稳定性
~ de Hveem　维姆稳定度(一种测定沥青混凝土等强度的指标)
~ de l'équilibre　平衡稳定性

~ de la direction 方向稳定性
~ de la fondation 基础稳定性
~ de marche 运行稳定性
~ de phase 相位稳定性
~ de plasticité 塑性稳定性
~ de route 行车稳定性
~ de route des voitures 车辆行驶于道路的平稳性
~ de stockage 库存材料的稳定性
~ de structure 结构稳定性
~ de talus 边坡稳定性
~ de volume 体积恒定性，体积稳定性
~ des appuis 坝座稳定性，桥台稳定性
~ des berges 河岸稳定性
~ des constructions 结构理论，结构稳定性，工程结构学
~ des déblais 路堑稳定性
~ des fissures 裂缝稳定
~ des fondations 基础稳定性
~ des minéraux 矿物稳定度
~ des pentes 斜坡稳定，坡度稳定性
~ des rails 边坡稳定性
~ des remblais 路堤稳定性
~ des rives de la cuvette 水库岸坡稳定性
~ des talus 边坡稳定性
~ des versants de la retenue 库岸稳定性
~ dimensionnelle 尺寸稳定性
~ du front de taille 掌子面稳定性
~ du réglage 调节稳定性
~ du remblai initiale 路堤初期稳定性
~ du sol 土壤稳定性
~ dynamique 动态稳定性
~ élastique 弹性(力)稳定性
~ en compression 抗压强度
~ en sec 干稳定性，干态稳定性
~ en solutions acides et alcalines 酸碱溶液中的稳定性
~ externe 外部稳定性
~ globale 总体稳定性
~ granulaire 颗粒稳定性
~ Hubbard-Field 哈费氏稳定度（一种测定沥青混凝土强度的指标）
~ hydraulique 水力稳定性
~ hydrodynamique 动水稳定性
~ hydrostatique 静水稳定性
~ initiale 初期稳定性
~ interne 内部稳定性
~ latérale 侧向稳定性，横向稳定性
~ longitudinale 纵向稳定性
~ Marchall 马歇尔稳定度（一种测定沥青混凝土强度的指标）
~ mécanique 机械稳定性
~ mixte 混合稳定性
~ monolithe 整体稳定性
~ naturelle 原有稳定性
~ normale 静态稳定性
~ physique 物理安定性
~ positive 正稳定性
~ probable 大概稳定性
~ propre 内在稳定性
~ relative 相对稳定性
~ résiduelle 残余稳定度，残余稳定性
~ séismique 抗震稳定性
~ statique 静力稳定性
~ structurale 结构稳定性
~ temporaire 暂态稳定性
~ thermique 热稳性，热稳定性
~ transversale 横向稳定性
~ verticale 垂直稳定性

stabilomètre *m* 稳定度仪，稳定性量测仪
~ de Hveem 维姆稳定度仪（测定沥青混凝土及稳定土等稳定度用）

stable *a* 稳固的，稳定的，平稳的，坚固的，安定的

stade *m* 期，阶段，时期，周期
~ consécutif 连续期
~ d'adolescence 少壮期
~ d'état （地槽的）剧变阶段
~ d'étude 研究阶段，设计阶段
~ d'évolution 演变期
~ d'exploration 勘查阶段，勘探阶段
~ de construction 施工[建筑]阶段
~ de début de maturité 早熟期，成熟早期
~ de finition 收尾阶段
~ de genèse 生成阶段
~ de jeunesse,~ juvénile 初期，幼年期
~ de l'avant-projet 初步设计阶段
~ de l'exploitation 使用[运管]阶段
~ de la consolidation 固结时期，固结阶段

- ~ de la préparation de la prise d'essai 试验准备阶段
- ~ de la reconnaissance sommaire 初步勘查[踏勘]阶段
- ~ de la tectogenèse 构造运动阶段
- ~ de maturité 壮年期
- ~ de maturité avancée 壮年早期
- ~ de postmaturité 晚壮年期
- ~ de prématurité 早熟期
- ~ de prospection 勘查阶段,勘探阶段
- ~ de recherche 普查阶段,调查阶段
- ~ de sénilité 老年期
- ~ de vieillesse 衰老期,老年期
- ~ du projet 设计阶段
- ~ glaciaire 冰期,冰冻期
- ~ ultime 老年期

stadia *m* 视距,视距尺
stadimètre *m* 视距仪
stadiomètre *m* 测距仪
stadtbergien *m* 斯塔德贝尔格地层
staff *m* 灰泥,灰浆,灰墁,粉刷灰泥
staffélite *f* 深绿磷灰石(细晶磷灰石)
staffélitoïde *m* 一种细晶磷灰石
stage *m* 实习期,培训期,试验期
- ~ groupé 集体进修,小组进修
- ~ individuel 个人进修

stagiaire *n* 实习生,见习生,培训生
stagmalite *f* 石笋,钟乳石
stagmatite *m* 水铁盐
stagnant, e *a* 停滞的,不流动的
stagnation *f* 停滞,淤塞,滞流,静止,不流动,停止运动(冰川)
- ~ d'eau 水滞流,水停滞
- ~ d'un glacier 冰川停止运动
- ~ générale 全面停滞

stalactite *f* 钟乳石,石钟乳,熔岩钟乳
- ~ de lave 熔岩钟乳石
- ~ vermiculée 虫蛀形钟乳石

stalactitique *a* 钟乳状的
stalagmite *f* 石笋,熔岩笋
stalagmitique *a* 石笋的,石笋状的
stalagmomètre *m* 表面张力仪,表面张力滴量计
- ~ de lave 熔岩石笋

stampe *f* 夹层,薄层

stanceur *m* 支架工
stançon *m* 支柱,支架
stand *m* 台,架,座,摊位,展台,试验台,试验架,(展览会)陈列台
- ~ d'épreuve 试验台,试验架
- ~ d'essai 试验台,试验架

standard *m* 标准,规格,标本,试样,标准样品,电话交换机,电话总机; *a* 标准的,权威的,合规格的,第一流的
- ~ à signalisation lumineuse 色灯信号电话交换机
- ~ accepté 采用标准
- ~ courant 现行标准
- ~ d'études 设计标准
- ~ de fréquence 频率标准
- ~ de qualité 质量标准
- ~ national 国家标准,国际标准
- ~ passager 暂行标准
- ~ pénétration test(S. P. T.) 标准贯入试验
- ~ technique 技术标准
- ~ téléphonique 电话局
- ~ téléphonique manuel 人工电话交换机,人工电话总机
- ~ temporaire 暂行标准

standardisation *f* 标准[规格]化,定规格,统一化
standardiser *v* 使标准化,使统一化,使标准化,制定标准
standolie *f* 熟桐油
stanékite *f* 斯坦尼克树脂,燃琥珀香脂
stanfieldite *f* 磷镁钙矿
stangenspath *m* 柱状重晶石
stannolit(h)e *f* 锡石
stannométrie *f* 锡量测定
stannomicrolite *f* 锡细晶石
stantiénite *f* 黑树脂石,黑琥珀
stanzaïte *f* 红柱石
starkeyite *m* 四水泻盐
starlite *f* 蓝锆石
starolite *f* 星彩石英
start *m* pilote 启动装置
starter *m* 启动器,(自动)启动机,(荧光灯的)启动器,启动装置
- ~ automatique 自动启动装置,自动启动器
- ~ à bilame 双金属启动器,双金属启动装置

stassfurtite *f* 纤硼石

station *f* 站，台，厂，测站，测点，位置，场所，基地，岗位，发电厂，(汽、火)车站，测量点，观测点

~ asservie 辅台，分站，从属站
~ automatique 自动化测站，自动化发电站
~ automatique de dosage 自动配料站
~ automatique hydroélectrique 自动化水力发电站
~ auxiliaire 副厂房，辅助测站
~ auxiliaire d'alimentation 辅助给水站
~ basique hydrométrique 水文基本测站
~ d'enquête (交通量)调查站
~ d'accumulateurs 蓄电池充电站
~ d'acétylène 乙炔站
~ d'air comprimé 压缩空气站
~ d'angle (空中索道的)角点位置
~ d'approvisionnement 供应站
~ d'autobus 公共汽车站
~ d'élévation de l'eau 抽水站
~ d'émission 发射台，发送台，无线电发射台
~ d'enrobage 沥青混合料拌和站
~ d'épuisement 排水站，排灌站
~ d'épuration biologique 污水生物净化厂
~ d'épuration des eaux d'égout 污水净化站(厂)
~ d'essai 试验站，试验台
~ d'essais d'éléments de matériel routier(S. E. M. R.) 筑路机械部件试验站
~ d'essais de laboration des granulats 骨料制备试验站
~ d'essence 加油站
~ d'injection 灌浆站
~ d'interconnexion 互连站，联锁站
~ d'observation 测站，观测站
~ d'oxygène 氧气站
~ de base 基本站，基准站，基地站，基本测站
~ de bétonnage 搅拌站
~ de comptage 计数站
~ de concassage 轧制厂，碎石站
~ de concassage-broyage 轧石—碎石厂
~ de contrôle 控制站
~ de convertisseurs (électricité) 变电站，变电所
~ de criblage-lavage 筛洗站
~ de déchargement 卸料站

~ de départ 发站，出发站
~ de destination 到站，到达战
~ de données 数据站
~ de force motrice 动力站[间]
~ de jaugeage 水文站，测流站，计量站，流量测量站
~ de jonction 枢纽站，中继站
~ de lecture 读站
~ de mesure de débit 测流站
~ de montagne 山地站，高山站
~ de nivellement 水文测站
~ de pompage 泵站，扬[抽]水站
~ de pompage pour eaux usées 污水泵站
~ de poursuite 卫星跟踪站
~ de précipitations 雨量站，降水观测站
~ de raccord 连接点
~ de radiorepérage 无线电信标台，无线电地面雷达站
~ de rebroussement 终点站，回转站
~ de recherche 调查站，科研站
~ de référence (物探)日变站，基准站
~ de rejet 排水站
~ de relèvement des eaux d'égout 污水加压泵站，污水提升泵站
~ de remplissage 加油站
~ de renvoi (funiculaires et téléphériques) 折返站(缆索铁道和架空索道)
~ de service et halte 高速公路上的停车服务站
~ de service(d'essence) 服务站，加油站
~ de télévision 电视发射台
~ de tête 终点站
~ de traitement 水处理厂
~ de traitement complémentaire 补充处理站
~ de traitement d'eau 自来水厂，水处理站
~ de traitement des eaux résiduaires 废水处理厂
~ de traitement des eaux usées 污水处理厂
~ de transfert d'énergie par pompage 抽水蓄能电站
~ de triangulation 三角测量点，三角网测站
~ de vallée (空中索道)谷点
~ de ventilation 通风站
~ demi-fixe d'enrobage 半固定式沥青拌和站
~ des granulats 骨料备制厂，骨料加工厂
~ élévatoire 提升泵站，灌溉泵站

stationnaire

~ émettrice 发射台,呼叫台
~ expérimentale 试验站,开发站
~ fixe 固定台
~ fixe pour la préparation d'asphalte coulé 固定式地沥青砂胶加热厂
~ fondamentale 基准测量点
~ génératrice 发电站
~ génératrice d'énergie 发电厂,动力站
~ hydraulique 扬水站,抽水站
~ hydroélectrique 水电站
~ hydrographique 海洋水文站,海洋观察站
~ hydrologique 水文站
~ hydrométrique 水文站,测流站,水文测量站
~ incendie 消防站
~ inférieure d'une ligne de montagne 山区线路的山底车站
~ intermédiaire 中间站
~ intermédiaire de block 线路所
~ maître 主站
~ mère 主站,中心站,基本站
~ météorologique 气象台,气象站,测候站
~ météo 气象站
~ mobile 活动站,流动站,移动式电台
~ non-surveillée 无人监控台,无人值勤台
~ périphérique 外围设备
~ pilote 主控台
~ pluviométrique 雨量站,降水观测站
~ portable 流动台,可移动台
~ principale 主台,总站
~ satellite 辅助站,备用站,辅助测点
~ semi-automatique 半自动站
~ sismographique 地震台,地震测站
~ supérieure d'une ligne montagne 山区线路的山顶车站
~ sur le territoire 地面车站
~ télécommandée 遥控站
~ terminale 终端站
~ thermométrique routière 路温量测站
~ totale électronique 全站仪
~ s totales 全站仪
~ trigonométrique 三角测点

stationnaire *m* 工作人员;*a* 固定的,稳定的,不动的,常设的,定型的

 ~ du poste sémaphorique 信号员

stationnarité *f* 平稳性

stationnement *m* 停留,锚泊,定位,停置,停车,停车场,站立,直立

~ à air libre 露天停车
~ à durée limitée 限制时间的停车
~ bilatéral 街道两边停车
~ central 路中停车
~ d'un train 列车停站
~ d'un wagon 车辆停留
~ d'un wagon sur une voie de garage 车辆停在停车线上
~ des véhicules 停车
~ diagonal 斜角停车
~ en bataille 垂直停车
~ en double file 两排停车
~ en épi 人字形停车
~ en file 顺列式停车,纵列式停车(与车道平行停放车辆)
~ en oblique 斜角停车
~ gênant 不许停留
~ longitudinal 纵列式停车
~ parallèle 顺列式停车,纵列式停车(与车道平行停放车辆)
~ payant 收费停车场
~ perpendiculaire 垂直向停车
~ temporaire 临时停车
~ transversal 横向停车
~ urbain 城市停车场

stationner *v* 停车,停留

station-relais *m* 中继台,中继站

station-service *f* 汽车加油站,汽车服务站,汽车修理站

~ automobile 汽车加油站,汽车保养站
~ fournissante 加油站

station-wagon *f* 旅行汽车,小型客车,客货两用汽车

statique *f* 静态,静力学;*a* 静态的,静力的,静电的,静止的,不动的,静力学的

~ de travaux 工程统计表
~ des constructions 结构静力学
~ des fluides 流体静力学
~ des voiles 壳体静力分析
~ graphique 图解静力学
~ pluviométrique 降雨量统计

statiquement *adv* 静止地,在静止状态下
　~ déterminable　静定的
　~ indéterminable　不静定的,超静定的
statique-pluviométrique *m* 降雨量统计
statisme *m* 静止(状态)
statisticien *m* 统计学家
statistique *f* 统计,统计表,统计学,统计法,统计数字;*a* 统计的,统计学的
　~ analytique　分析统计
　~ courante　日常统计
　~ d'accidents　事故统计
　~ d'essai　检验统计量,试验统计资料
　~ d'usage　日常统计
　~ de dommage　震害统计,灾害统计
　~ de l'économie nationale　国民经济统计
　~ de rendement　运用统计,质量指标
　~ de travaux　工程统计表
　~ officielle　官方统计,正式统计
　~ sur le trafic　客、货运统计
　~ sur les moyens mis en œuvre　资财使用统计
statodyne *m* 定子式交流感应发电机
　~ à double flux　双通量定子发电机
stator *m* 定子,静子,定片,导叶
　~ alternateur　定子
　~ à pas variable　变距定子
　~ fractionné　分定片
statoscope *m* 高差仪,微动气压计
　~ de hypsométrique　测高仪
　~ Richard　火山口测压表
statuaire *m* 纯白大理岩;*a* 法定的,规定的,合乎章程的,符合条例的
statuer *v* 规定,决定,制定
status *m* 条例,规则,规章,章程,法典,合同,法令(规)
　~ s de la société　公司条例
　~ de l'entreprise　公司章程
　~ juridique　法律章程
staurobaryte *f* 交沸石
staurotide[**staurolite**] *f* 十字石
　~ géminée *f* 双晶十字石
staurotlile *f* 十字云母片岩
stavrite *f* 黑云角闪岩
stawropolite *f* 斯塔夫罗波尔陨石
stéargillite *f* 蜡蒙脱石,杂蒙脱高岭卜

stéarine *m* 硬脂精,硬脂酸,甘油硬脂酸酯
stéaschiste *m* 片滑石,硬滑石,滑石片岩
stéatargillite *f* 滑绿泥石
stéatite *f* 滑石,块滑石
　~ de Chine　冻石,寿山石
stéatiteux *a* 块滑石的
stéatitisation *f* 块滑石化
steeléite *f* 丝光沸石,发光沸石
steenstrupine *f* 磷硅稀土矿
steinheilite *f* 堇青石
steinmark *m* 密高岭土,珍珠陶土
stèle *f* 石碑,石柱
stellarite *f* 土沥青,脉沥青,沥青煤,淡红沸石
stellérite *f* 淡红沸石
stelznérite *f* 块铜矾,羟铜矾
sténonite *f* 碳氟铝锶石
stépanovite *f* 绿草酸钠石
steppe *f* 荒原,草原,干草原,大草原
　~ boisée　长满树丛的草原
　~ désertique　沙漠平原
　~ saline　盐渍草原
stéradian *m* 球面度(立体角单位),立体弧度
stercorite *f* 磷钠铵石
stère *m* 立方米(量木材单位)
stérégrammétrie *f* 立体摄影测量学
stéréo- (前缀)立体
stéréoautographe *m* 立体自动测图仪
stéréobate *m* 立柱基脚
stéréocartographe *m* 立体制图仪
stéréocomparateur *m* 立体坐标仪,立体坐标测量仪
stéréogramme *m* 立体图片,立体相片,三维透视图,极射赤平投影图
stéréographie *f* 立体画法,立体摄影术
stéréographique *a* 极射赤平(投影)的,立体摄影的,球面投影的,立体画法的
stéréomat *m* 自动立体测图仪
stéréomètre *m* 体积仪,视差杆,立体测量仪,体积测量仪
　~ traceur　体积绘图仪
stéréométrie *f* 测体积术,比重测定法,立体几何学,立体测量学
stéréométrique *a* 立体的,体积测量的,测量体积的,立体测量的,立体几何学的

stéréométrographe *m*	精密立体测量仪
stéréomicroscope *m*	实体显微镜，体视显微镜，立体显微镜
stéréonet *m*	赤平投影网
stéréopantomètre *m*	立体量测仪，立体辐射三角仪
stéréophotogrammétrie *f*	立体摄影测量（法、术）
stéréophotographie *f*	立体摄影，立体摄影术，体视照片摄制术
stéréophototopographie *f*	立体摄影地形测量学
stéréoradiographie *f*	立体放射线摄影术，立体 X 射线摄影术
stéréorama *m*	立体地图
stéréorestituteur *m*	立体描绘器，立体测圈仪
stéréoscope *m*	立体镜，体视镜，立体显微镜，立体照相机，双眼照相机
～ à balayage	扫描立体镜
stéréoscopie *f*	体视，体视法，立体镜，实体镜，立体观察，立体观察法
stéréoscopique *a*	立体的，体视的，三维的，体视镜的，立体镜的
stéréosphère *f*	岩石圈，坚固圈，固结圈（地幔最内圈）
stéréostatique *f*	空间静力学，立体静力学
stéréotélémètre *m*	立体测距仪
stérile *m*	脉石；*m. pl* 废石，夹石；*a* 贫瘠的；贫乏的，无矿的，无菌的，灭菌的，不含矿的，不生产的，无效果的
stérilisant *m*	杀菌剂
stérilisateur *m*	消毒器，（杀）灭菌器
～ en haute pression	高压消毒器
～ pour instruments	器械消毒器
stérilisation *f*	杀菌，消毒，灭菌法
～ de l'air	空气消毒
～ de l'eau	水消毒
～ par l'iode	用碘消毒
～ par le chauffage	加热消毒
～ par le chlore	加氯消毒法
sterlingite *f*	红锌矿，白云母，细鳞白云母
sterrettite *f*	水磷钪石
stévensite *f*	斯皂石
stewartite *f*	斯图尔特石
stibérite *f*	三斜钙钠硼石（硼钠钙石）
stibiobetafite *f*	锑贝塔石
stibiomicrolite *f*	（杂）锑细晶石
stiborite *f*	硼钠钙石，三斜钙钠硼石
stichtite *f*	菱水碳铬镁石
stick *m*	棒，杆，炸药棒，火药柱，操纵杆，棒状炸药
stictolite *f*	斑点混合岩
stilb *m*	熙提（表面亮度单位）
stilbance *f*	发射率，辐射率
stilbite *f*	辉沸石
stilpnochlorane *f*	鳞绿脱石，鳞绿云母
stilpnomélane *f*	黑硬绿泥石
stimulateur *m*	起搏器，激励器，刺激品
stimulation *f*	刺激，促进，活化，刺激作用
stimulus *m*	刺激，刺激物
stinkal *m*	臭方解石
stinkstone *f*	臭灰岩，臭方解石
stipulation *f*	条款，规定，项目
～ express	明文规定
～ unilatérale	单方规定，单方面表示
stishovite *f*	斯石英
stock *m*	备品，备料，存货，存储，储存，储备，库房，仓库，岩株，矿株，库存量，储存处
～ à l'extérieur	外部储存
～ d'eau	储水量
～ d'or	黄金储备
～ de matériaux	材料库，储料堆
～ de sécurité	安全裕度
～ en magasin	仓库库存
stockabilité *f*	储存能力
stockable *a*	储存的，库存的，保存的
stockage *m*	库容，蓄水，仓储，囤积，储存，保存，储藏，保管，存放，堆积，入［交］库，储集层
～ à chaud	热料储存，保温储存
～ à ciel ouvert	露天存放，露天货场
～ d'eau	储水层
～ d'éléments nutritifs dans les réservoirs	水库盐分保留
～ de données	数据存储
～ de gaz	储气库
～ de l'eau	积水，蓄水
～ de l'information	信息存储
～ de pétrole	储油库
～ des agrégats par catégories	骨料仓库，骨料储存场，骨料分类堆放，集料分类储存

~ des fourreaux 套管存放
~ des granulats 集料储存
~ des matériaux 材料储存,材料储备
~ du réservoir 库容,水库蓄水量
~ par catégories 分级堆存,分类存放
~ souterrain 地下仓库,地下储存
stocker *v* 存放,入库,储存
stockeur *m* 堆料机,储存机(仓库用)
~ mécanique 机动加料机
stockwerk *m* 网状脉
stoffertite *f* 水钙磷石,透钙磷石
stokes *m* 斯(托克斯)(CGS 制,动力黏度单位,=1厘米^2/秒)
loi de ~ 斯托克斯(沉降速度)定律
stolpénite *f* 铁蒙脱石
stone-dyke *m* 碎屑岩墙
stop *m* 停车,停止,制动信号
~ obligatoire 必须停车的标志
~ mécanique 机械部分停止工作
stop-circuit *m* 回路锁闭
~ de masse B.T. 低压接地回路锁闭
stoppage *m* 停止,停歇,停车
stopper *v* 停止,停车
stop-vite *m* 紧急开关,紧急停车开关
store *m* 窗帘,卷帘,帘子,遮帘
~ en toile 布帘
storm *m* 磁暴,电暴,风暴,暴风雨
stottite *f* 羟储铁石
stoupure *f* 隔风墙
strætlingite *f* 水铝黄长石
straingauge *m* 应变计,应变片,应变量测
strain-slip *m* 应变滑移
strakonitzite *f* 辉石形块滑石,呈辉石假像块滑石
stralite *f* 阳起石,绿帘石
strandfladen *m* 潮间坪,海滨坪
strap *m* 板,片,夹板,垫片,母线,连接板
strashimirite *f* 水砷铜石
stratamètre *m* 地层倾角仪
strataveine *f* 层状脉
strate *f* 层,地层,岩层,岩床
~ aquifère 含水层,蓄水层
~ argileuse 黏土层
~ compétente 硬岩层
~ de couverture 盖层,被层,覆盖层

~ du sol étanche à l'eau 阻水地层,不透水地层
~ du vent 风层
~ herbacée 草本区
~ pétrolifère 含油岩层
~ portante 承重层,持力层
~ redressée 直立岩层,倒转岩层
~ repère 标志层
~ rocheuse 岩层,岩石层
~ superficielle 表层,冲击层
stratégie *f* 战略
~ de marque 名牌战略,品牌战略
straticulation *f* 假层理,岩浆原生层理
straticule *f* 薄层,纹层
stratification *f* 层理,岩层,层叠,分层,层次,成层,成层现象,成层作用,层化作用,分层作用
~ alternée 交互层理
~ chaotique 无序层理
~ concordante 整合层理
~ convolute 卷曲层理
~ croisée 交错层理
~ cyclique 韵律层理
~ d'eau 水的分层
~ de densité 密度分层
~ de marée 潮汐成层,潮汐分层化
~ de roche 岩层,岩石层理
~ de sédiment 泥沙层理
~ de sol 土壤层理,土的分层
~ des dépôts 沉积层理
~ des fumées 烟雾成层
~ diagonale 交错层,斜交层理
~ directs 原生层理
~ du glacier 冰川层理
~ du sol 土层,土壤层理
~ en alternance répétée 韵律层理
~ en arête de poisson 鱼脊式层理
~ entrecroisée 交错层,交错层理
~ fausse 假层理
~ finement foliacée 叶状层理
~ horizontale 水平层理
~ inclinée 倾斜层理
~ initiale 原生层理
~ instable 不稳定层理,不稳定分层
~ isoclinale 等斜层理
~ magmatique 岩浆层

～ multiple　多层次
～ oblique　斜层理
～ originale　原生层理
～ originelle　原生层理
～ parallèle　平行层理
～ périclinale　围斜层理,周围倾斜层理
～ primaire　原生层理,原始层理
～ rebrousée　涡流层理
～ thermique　温度分层
～ torrentielle　急流层理
～ transversale　斜层理,交错层理
～ verticale　垂直层理

stratifié *m*　层状材料,夹层材料
　～ en fibre de verre　玻璃纤维层压材料

stratifié,e *a*　分层的,成层的,层状的,层压的,片状的,有层次的

stratifier *v*　成层,分层,层叠,使成层

stratiforme *a*　层的,成层的,层状的

stratigraphe *m*　地层学家

stratigraphie *f*　地层(学),产状,断层 X 线摄影(术)
　～ analytique　分析地层学
　～ appliquée　应用地层学
　～ isotopique　同位素地层学
　～ paléontolologique　古生物地层学
　～ sismique　地震地层学

stratigraphique *a*　地层的,地层学的

stratilogie *f*　岩层的时空变化

stratofabrique *f*　成层组织,层状结构

stratoide *a*　似层状的

stratopéite *f*　水镁锰辉石,风化蔷薇辉石

stratosphère *f*　平流层,同温层
　～ inférieure　平流层下层
　～ moyenne　平流层中层
　～ océanique　海洋平流层
　～ supérieure　平流层上层

stratotype *m*　层型,标准地层,地层类型,成层类型

stratovision *f*　飞行器转播电视

strato-volcan *m*　成层火山

stratum *m*　层,层次,分层,阶层,地层,岩层
　～ basal　基底层
　～ granulosum　颗粒层
　～ zonal　带状层

strawstone *f*　纤锰柱石

strelite *f*　阳起石,直闪石

stress *m*　应力,定向压力

striage *m*　刻痕,擦痕,加条纹,刻画条痕,形成纹理
　～ du lit fluvial　河床上的流水磨蚀沟槽
　～ de rugosité　凿毛(刺)

striateur *m*　断层擦痕

striation *f*　条纹,条痕,擦痕,条带,冰川刻痕
　～ de paléomagnétisme　古地磁条带

striction *f*　压缩,收缩,收敛,收缩率,狭窄段,管道临界截面
　～ électrique　电致收缩
　～ locale　局部收缩
　～ magnétique　磁致收缩

strie *f*　条痕,擦痕,条纹,裂纹,线条,纹理;*a*　条痕状的,条纹状的,擦痕状的,有齿纹的,有波纹的,锯齿形的
　～ de sable　起砂,砂纹
　～ d'usinage　机械加工遗痕
　～ en guirlande　花环状擦痕
　～ glaciaire　冰川擦痕
　～ de glissement　滑沟

strier *v*　掏槽,滚花,刻花,划条痕,划条纹,加条纹,刻画条痕,形成纹理

stries *f.pl*　划痕,擦伤,条纹组织,带状组织
　～ éoliennes　风蚀沟
　～ de glissement　滑沟
　～ glaciaires　冰川擦痕

strieux *a*　条纹的,斑纹状的

strigovite *f*　铁柱绿泥石,理想绿泥石

stringhamite *f*　水硅钙铜石

strioscopie *f*　风洞试验照相法

striure *f*　条纹,条痕,擦痕

strobofréquencemètre *m*　频闪观测式频率计

stroboscope *m*　频闪仪,频闪观测器

stroboscopie *f* par étincelles　闪光测频法,频闪观测法

stroboscopique *a*　频闪观测的

stroganovite *f*　碳钙柱石

stromatique *a*　层状混合岩的

stromatite *f*　层状混合岩

stromatologie *m*　叠层石

stromite *f*　菱锰矿,杂菱锶重晶石

stromnite *f* 杂菱锶重晶石,碳酸钡锶矿
stronalite *f* 碎云片麻岩
strontianapatite *f* 锶磷灰石,锶砷磷灰石
　～ sulfatée　天青石
strontiane *f* sulfatée　天青石
strontianique *a* 锶的,含锶的
strontianite *f* 碳锶矿
strontianocalcite *f* 锶方解石
strontioborite *f* 硼锶石
strontiodressérite *f* 水碳铝锶石
strontioginorite *f* 锶水硼钙石
strontiohilgardite *f* 锶氯羟硼钙石
strontiohitchcockite *f* 羟磷铝锶石
strontium-anorthite *f* 锶钙长石
strontium-apatite *f* 锶磷灰石
strontium-hydroxyapatite *f* 锶羟磷灰石
strontium-thomsonite *f* 锶镁杆沸石
strophoïde *f* 环索线
　～ droite　正环索线
　～ oblique　斜环索线
stross *m* 中心,中心带;岩芯
strosse *f* 阶梯;前探巷道
　～ inférieure　下台阶
struction *f* 压缩,收缩
structural, e *a* 结构的,构造的,建筑的
structuration *f* 构造,构成,组织化,构造现象,构造作用
structure *f* 结构,构造,组织,机构,构架,构选,框架,骨架,配置,布局,(晶体的)结构,结构物,建筑物
　～ à barres　钢筋构架
　～ à cadres　框架结构
　～ à cadres hyperstatiques　超静定框架结构
　～ à cémentite globulaire　球状渗碳体组织
　～ à couronnes　反应圈构造,反应边构造
　～ à dalles isotrope et orthotrope　各向同性和正交异性板结构
　～ à grain fin　细粒构造,细粒结构
　～ à grain hétérogène　不等粒结构
　～ à gros bancs　厚层状结构
　～ à gros grains　粗粒结构
　～ à grumeaux, ～ grumeleuse　凝结构造
　～ à microrelief accidenté　坑岗构造
　～ à noyau　同心累带状构造(环状构造)
　～ à phénocristaux alignés　线斑状结构
　～ à[en]mortier　碎斑结构
　～ accidentée　断裂构造
　～ aciculaire　针状结构,针状组织
　～ ajustable　调治构造物
　～ algaire　藻丛构造
　～ allomorphe　他形结构
　～ allotriomorphe　他形结构
　～ alvéolaire　蜂窝结构,蜂窝状结构
　～ antisismique　抗[耐]震结构
　～ aphanérique　隐晶质结构
　～ aphanitique　隐晶质结构
　～ aplitique　细晶岩结构
　～ atomique　原子结构
　～ austénitique　奥氏体组织
　～ autoclastique　自碎结构
　～ auxiliaire　辅助结构
　～ bacillaire　柱状结构(组织)
　～ basaltique　柱状结构(组织),玄武岩构造
　～ bicouche　双层结构
　～ bulleuse　泡状结构,气泡结构
　～ caisson　箱式结构
　～ cariée　虫蛀状结构
　～ cataclastique　碎裂构造
　～ cataclastique de friction　摩擦碎裂构造
　～ cataclastique fluidale　碎裂流动构造
　～ cellulaire　格型结构,细胞结构,网格结构,蜂房式结构,粒状结构(组织),细胞状结构(组织)
　～ centrée　向心状结构,球粒结构(放射状或同心状)
　～ chaotique　混乱构造,不规则构造
　～ charpente　格架状构造
　～ charriée　逆掩构造,推覆构造
　～ chimique　化学结构
　～ clastique　碎屑结构
　～ colloïdale　肢体结构
　～ colonnaire, ～ columnaire　柱状构造,柱状节理
　～ compacte　致密结构
　～ complexe, ～ composite　(复式、复杂)结构,复合构造
　～ composée　复合结构,组合结构
　～ concentrique　同心构造

structure

~ concordante 整合构造
~ concrétionnaire 结核状结构，结核状构造
~ cône in cône 叠锥构造
~ construite 礁灰岩结构
~ cornée, ~ cornéenne 角岩结构
~ corrosion 溶蚀构造
~ courante de poutre en caisson 箱梁一般构造
~ cristalline 结晶组织，结晶构造，晶体结构
~ cryptique 隐蔽构造
~ cyclique 环状构造，周期性构造
~ cyclonique 镶嵌状构造
~ d'anneau 圈梁结构，圆环结构
~ d'attaque 侵蚀结构
~ d'écoulement 流动构造
~ d'ensemble 区域构造
~ d'ensemble annulaire 环状火山构造
~ d'ensemble sédimentaire 沉积盖层构造
~ d'epsilon 山字形构造
~ d'équilibre 均衡结构，均衡构造
~ de bloc du sol 土壤块状结构
~ de bourgeonnement 新生结构，重结晶结构
~ de caisson 箱形结构
~ de chaussée 路面结构层
~ de clivage 劈理，片理，解理构造，劈理构造
~ de colonne 柱状结构
~ de contrôle 控制结构
~ de couverture 围岩结构
~ de drainage 排水结构，排水建筑物
~ de foliation 叶理构造，薄片构造，叶片状构造
~ de jointure de dalles 桥面连续构造
~ de l'écorce terrestre 地壳构造
~ de la bande d'énergie 木结构
~ de la chaussée 路面结构
~ de la chaussée souple 柔性路面结构
~ de la construction 工程结构物
~ de maçonnerie 圬工结构
~ de marché 市场结构
~ de masse 团块结构
~ de plissement 褶皱构造
~ de pont extra-stable 超静定桥梁结构
~ de pont stable 静定桥梁结构
~ de portique 框架式结构
~ de précontrainte 预应力构造
~ de réaction 反应构造，反应结构
~ de renforcement d'encorbellement 悬臂加厚构造
~ de rupture 断裂构造
~ de substitution 替代结构
~ de support 支撑结构
~ de torsion 扭动构造
~ de torsion rotative 旋扭构造
~ de tournant 旋卷构造
~ de trafic 交通结构
~ de transposition 转位构造，换位构造
~ de trottoir et allée piétons 人行道结构和步行小道
~ de tunnel et chaussée 隧道结构与路面
~ dendritique 树枝状结构
~ dérangée 紊乱构造
~ des cryptes 隐伏区构造
~ des échanges de trafic 交通转换结构
~ diabasique 辉绿结构
~ diagénétique 成岩结构，成岩构造
~ diapirique 刺穿构造，底辟构造
~ directive 定向构造
~ discordante 不整合构造
~ divergente 辐散构造
~ divisée 分割构造
~ drue 结构较密
~ du gisement 矿床构造
~ du mélange 混合料结构（组成）
~ du motif 构造样式
~ du sol 土壤结构，土壤骨架
~ du terrain 土壤结构
~ du trafic 交通结构
~ écailleuse 鳞片状结构
~ économique 经济结构
~ effondrée, ~ d'effondrement 塌陷构造
~ élancée 流线型结构
~ élastique 弹性结构
~ élémentaire 单体结构，基本结构，单元结构
~ en acier 钢结构
~ en bancs 台阶式结构
~ en bandes 带状结构
~ en béton 混凝土结构
~ en béton armé 钢筋混凝土结构
~ en béton limitement précontraint 有限预应力混凝土结构

~ en béton partiellement précontraint 部分预应力混凝土结构
~ en béton précontraint 预应力混凝土结构
~ en béton totalement précontraint 全预应力混凝土结构
~ en bilboquet 球状节理,球状结构
~ en bois 木结构
~ en boudinage,~ boudinée 香肠构造
~ en chaînes 链状结构(组织),链状构造
~ en chapelet 珠串状构造
~ en cônes emboîtés 叠锥构造,嵌锥构造
~ en coque 薄壳结构
~ en couches 带状构造
~ en crayon d'ardoise 瓦板状构造
~ en croisillons 格形构架
~ en damier 棋盘构造
~ en dents de scie 锯齿状构造
~ en dôme 穹隆构造
~ en écailles 叠瓦构造,(沉积岩)鳞片结构
~ en échelon 雁行构造,阶梯构造
~ en échiquier 棋盘构造
~ en écume,~ écumeuse 多泡结构,多孔结构
~ en émulsion 乳浊状结构
~ en étoile 星状构造,弧形构造
~ en éventail 扇状构造
~ en éventail composé 复背斜构造
~ en éventail composé inversé(renversé) 扇状复向斜构造
~ en feuillets 叶片状构造
~ en forme de colonne 柱状结构
~ en gerbes 束状结构
~ en gradins 阶梯状断层构造
~ en grave-ciment 砾石—水泥结构
~ en grille(s) 晶架构造,格子构造,网格结构
~ en meneaux 窗棂构造
~ en miette 碎屑结构,屑粒状结构
~ en nappes 推覆体,大推覆断层
~ en nid d'abeilles 蜂窝结构,蜂窝状结构
~ en pain d'épice (沉积岩)细胞状构造
~ en pavés 路石结构
~ en pennée 羽毛状构造
~ en plaquette mince 薄板结构
~ en plaquette(s) 片状构造,板状构造
~ en queue de cheval 马尾状构造

~ en saillie 山嘴,构造鼻
~ en sablier 砂钟构造
~ en tamis 网状构造,筛状构造
~ en treillis 桁架,桁构,格构,桁架结构
~ en tuiles 瓦片状构造
~ en voile mince 薄壳结构
~ en zigzag 之字形构造,锯齿状构造
~ eutectique[eutectoïde] 共结结构
~ faillée 断裂构造,断层构造
~ felsitique 霏细结构
~ fermée 密实结构,封闭构造,闭合构造
~ feuilletée 片状结构
~ fibreuse 纤维构造,纤维组织
~ fine (岩石)纹理,微构造,细粒结构
~ finement vesiculaire 微泡结构
~ finement poreuse 微孔隙结构
~ floconneuse 密族结构,絮状结构
~ floculée (土的)絮凝结构,絮状结构
~ fluidale 流状构造,流纹构造
~ fluidale linéaire 流线构造
~ fluidale planaire 流面构造
~ foliaire 叶理构造,薄片构造,叶片状构造
~ fracturée 断裂构造,断层构造
~ gélatineuse 凝胶构造
~ géologique 地质结构,地质构造
~ gneissique 片麻状构造
~ gneissoïde 似片麻状构造
~ granitique 花岗结构
~ granitoïde 花岗状结构
~ granulaire,~ granulée 粒状结构(组织)
~ granulitique 麻粒结构,他形粒状结构
~ grenue 粒状结构
~ gréseuse 砂岩结构
~ holohyaline 全玻质结构
~ homoclinale 同斜构造
~ hyaline 玻质结构
~ hyperfine 超精密结构
~ hyperstatique 超静定结构
~ hypidiomorphe 半自形结构
~ hypohyaline 半玻质结构
~ idiomorphe 自形结构
~ imbriquée 叠瓦构造
~ incrustée 结壳构造,被壳构造
~ initiale 原始构造

structure

~ intersertale 填间结构
~ interstitielle 填隙结构
~ intime 内部构造
~ isoclinale 等斜构造
~ isogranulaire 等粒结构
~ isométrique 等轴粒状结构
~ isométrique grenue 等粒结构
~ kélyphitique 次变边构造
~ l'information 信息结构
~ labile 屑粒状结构,不稳定结构
~ lâche 结构松散
~ lamellaire 层纹构造,片状构造
~ laminaire[laminée] 纹层构造,片状构造,胶合板构造
~ lamprophyrique 煌斑结构
~ légère 轻型结构
~ lenticulaire 透镜状构造
~ lenticulaire-mécanique 动力透镜状构造
~ linéaire 线状构造,线形构造
~ litée,~ en lits 层状构造
~ logique 逻辑结构,逻辑设计
~ macroporeuse 大孔隙结构
~ macroscopique 宏观结构
~ maillée,~ à mailles 网状构造,网状结构,网格结构,树形结构
~ majeure 主要构造
~ martensitique 马氏体组织
~ massive 块状结构,块状构造,大体积结构
~ massive stratifiée 块状成层构造
~ mécanique 机械变形结构
~ méridienne 径向构造
~ métallique 钢结构,金属结构
~ métamorphique 变质构造
~ métasomatique 交代结构
~ microfluidale 微流状构造,微流动构造
~ microgranitique 微花岗结构
~ microgranitoïde 微花岗状结构
~ microgranulaire 微粒结构
~ microscopique 微观结构,显微结构
~ microstratifiée 微层状构造
~ mince 薄层结构
~ minérale 矿物结构
~ mixte 混合结构
~ mixte bois-métal 钢木混合结构

~ monoclinale 单斜构造
~ monocoque 硬壳式结构
~ monolithe 整体式结构
~ monolithe en béton armé 整体式钢筋混凝土结构
~ mosaïque 镶嵌结构,镶嵌构造
~ mosaïque écailleuse 鳞片镶嵌结构
~ nerveuse 纤维组织
~ non stratifiée 非层状构造
~ oblique 斜层理
~ œillée 眼斑结构,眼球构造
~ oolithique 鲕状结构
~ ophitique 辉绿结构
~ orbiculaire 球状构造
~ organogène 有机结构
~ orientée 定向构造
~ originelle 原生构造
~ orogénique 山岳构造,造山构造,褶皱构造
~ ouverture 开放构造
~ parafaitement plastique anisotrope 各向异性全塑性结构
~ parallèle-discordante 平行不整合构造
~ parallèle-linéaire 平行线状构造
~ perlitique 珍珠结构,珠光体组织
~ pétrolifère 含油构造
~ physique 物理结构
~ plane 延展面,平面结构,面状构造
~ pliée 褶皱构造
~ plissée 褶皱构造
~ plissée-faillée 断裂褶皱构造
~ pneumatique 充气结构
~ polygonale 龟裂构造,多边形构造
~ poreuse 多孔结构,多孔隙结构
~ porphyrique 斑状结构
~ porphyroïde 残斑状结构
~ portante 承重结构
~ précontrainte 预应力结构
~ préfabriquée 预制装配式结构
~ primaire 原生构造
~ primaire des sédiments 沉积岩的原生构造
~ primitive 原生构造
~ prismatique 柱状构造,棱柱状构造
~ prismatique columnaire 六方柱状构造
~ prismatique du sol 棱柱状土壤结构

~ prismée 柱状构造
~ profonde 地下构造,深部构造
~ profonde,~ en profondeur 深部构造
~ pseudo fluidale 假流状构造
~ rayonnante 球粒结构,球粒构造
~ régionale 区域构造
~ relique 残余构造
~ résiduelle 残余构造
~ résistante 承力结构,抗力结构,稳定结构
~ réticulaire 网状结构,网状组织
~ rigide 刚性结构,钢架结构
~ rubanée 带状结构,层状结构,层纹构造,加固条板结构
~ salifère 盐丘构造
~ sans joint 无缝结构
~ schisteuse 片状构造,板状结构,页岩结构
~ scoriacée 火山渣状构造
~ secondaire 次要结构,次生构造,辅助结构
~ sédimentaire 沉积构造
~ sédimentaire primaire 原生沉积构造
~ semi-rigide 半刚性结构
~ séquentielle 顺序结构
~ serrée 密集结构
~ simple 简单结构,静定结构,土的单位结构,土壤结构
~ soudée 焊接结构
~ soufflée 多泡状构造,多孔状构造
~ souple 柔性结构
~ souterraine 地下构造
~ spatiale 空间桁架,空间结构
~ sphéroïdale 球状构造
~ sphéroïde 球状构造,同心球状结构
~ sphérolitique 球粒状构造
~ spilositique 绿点板状构造
~ squameuse 鳞片状结构
~ stratifiée irrégulière 不规则层状构造
~ stratoïde 似层状构造
~ superficielle 表面构造,表层构造
~ superposée 叠加构造,重叠构造,上叠构造
~ suspendue 悬吊结构
~ synclinale 向斜构造
~ tabulaire 管子结构,筒体结构,平顶结构,板状构造
~ tectonique 地质构造

~ tectonique régionale 区域地质构造
~ trachytique 粗面结构
~ trachytoïde 似粗面状结构
~ tridimensionnelle 空间结构,空间构架
~ tubulaire 筒状结构
~ type de chaussées 路面典型结构
~ variolitique 玄武球颗构造
~ veinée 脉状构造
~ vésiculaire 细胞构造,多孔构造,多泡构造
~ vitreuse 玻状结构,富玻结构
~ zonale,~ zonée,~ en zones 环带构造,带状构造
structurel a 构造的
structures f. pl 结构,组织;骨架
~ en voile mince 薄壳[壳体]结构,壳式建筑物
~ type de chaussée 路面结构类型
structurologie f 构造学,结构学
structurologique a 构造的
strüvérite[struevérite] f 钽铁金红石
struvite f 鸟粪石
stub m 销,短线,短管,短轴;矮粗支座,矮粗支脚
~ de support 短线支座
stubachite f 蛇异橄榄岩
stuc m 仿云石,仿大理石
stucage m 仿制大理石
stüvénite f 杂钠镁明矾
style m 样式,形式,类型
~ gothique 歌德式,歌德建筑式样
~ romain 罗马建筑式样,罗马式
~ structural 构造形式
stylet m 尖刀,探针,试验杆
~ lumineux 光笔
stylobate m 柱座,连续基脚
stylobite f 钙铝黄长石
stylolithe m 缝合线,缝合面,缝合线构造,柱状构造
stylolitique a 柱状的,缝合线的
styptérite f 毛矾石
stypticite f 纤铁矾
styrène m 苯乙烯
styrien m 施蒂里亚造山运动(N_1),施蒂里亚运动期的
suanite f 遂安石

sub- (前缀)下,低,亚,次,副;近似,大约
subaérien, enne *a* 陆上的,地表的,陆上的,近地面的,地面上的
subaffleurant *a* 浅部的,近地表的
subalcalin *a* 次碱性的,微碱性的
subalpin *m* 亚高山的,次高山的,准阿尔卑斯的
subanguleux *a* 次棱角状的,略带棱角的
subaquatique *a* 水下的,水底的
sub-aride *a* 半干旱的
subarrondi *a* 半滚圆的,半圆化的
subartésien, enne *a* 半自流的,半承压的
subautochtone *m* 副原地岩
subautomorphe *a* 半自形的
sub-bloc *m* 次地块
subcapillaire *a* 次毛细管的
subcarbonifère *m* 亚石炭系,亚石炭系的
subconchoïde *a* 似贝壳状的(断口)
subcontinent *m* 次大陆
subcontinental *a* 次大陆的,大陆之下的
subcrustal *a* 壳下的,底壳的
subcycle *m* 次旋回,次循环
subdélessite *f* 深绿鲕绿泥石
subdésertique *a* 半沙漠的
subdivisé *a* 细分的,再分的
subdiviser *v* 再分,细分
subdivision *f* 亚类,亚层,再分,细分,地层划分
　～ locale　地区地层单位
　～ structurale　构造单元
subduction *f* 消减作用,消亡作用,俯冲作用
　～ précoce　早期消亡,早期俯冲
　～ tardive　晚期消亡,晚期俯冲
subérine *f* 木栓体,木栓质
subfaciès *m* 亚相
subflysch *m* 次复理层,次复理石
subfossile *a* 准化石的,半石化的
subgéoanticlinal *m* 次地背斜
subgéosynclinal *m* 次地槽,次地向斜
subglaciaire *a* 冰川下的,冰川底的;冰期后的
subglaucophane *f* 次蓝闪石,青铝闪石
subgranitique *a* 半花岗质的
subgraphique *a* 半文象的
subgraywacke *m* 亚杂砂岩
subhorizontal *a* 近水平的,似水平的
subhumide *a* 半湿的
subhydrocalcite *f* 三水方解石
subir *v* 遭受,承受,接受,经受
subisoclinal *a* 近等斜的
subit, e *a* 突然的,骤然的
subjacent *a* 下伏的,下面的,下邻的,深部的
subjectif, ive *a* 主观的,主体的
subjectile *m* 油漆底层,供涂油漆的低面
sublacunite *f* 含镍铁陨石
sublimation *f* 升华,次地槽,升华作用
sublithographique *a* 次石印的
sublittoral *a* 潮下的,近海滨的,浅海地带的
submarin *a* 水下的,水底的,海底的
submélilite *f* 钙黄长石
submergé 潜水的,淹没的,潜没的,水下的,水中的,水底的,沉没的
submerger *v* 淹没,浸没,完全占据
submersible *a* 潜水的,淹没的,可淹没的,可沉没的,可潜水的,能在潜水条件下工作的
submersion *f* 淹没,沉没,下沉,潜水,淹没度
　～ continue　持续淹灌
　～ partielle　局部淹没,部分淹没
submétallique *a* 似金属的,半金属(光泽)的
submicroscopique *a* 次显微的,超显微的,亚微观的
subminiaturisation *f* 超小型化
suboolithique *a* 次鲕状的
subordonné *m* 部下,属员,下属人员;*a* 从属的,次要的
subordonner *v* 使从属于,使隶属于,使依赖于,使取决于
subparallèle *a* 近水平的
subpergélisol *m* 准永冻土
subplagioclasique *a* 次含斜长石的
subporphirique *a* 次斑状
subpyrénées *f. pl* 比利牛斯山麓
subrécifal *a* 亚礁相的
subsaturé *a* 半饱和的,近饱和的
subséquemment *adv* 随后,接着
subsequent, e *a* 后来的,随后的,后成的,后继的,连续的
subside *m* 津贴,贷款,御用金
　～ à l'exportation　出口补助
subsidence *f* 下沉,沉降,陷落
　～ postorogénique　造山期后沉陷

subsident *a* 沉陷的,沉降的
subsidiaire *a* 辅助的,补充的,附加的,附属的
subsilicate *m* 基性硅酸盐类
subsister *v* 存在,继续有效
subsolvus *a* 亚溶的,次溶线的,亚溶线的
subsonique *a* 亚音速的
substage *m* 亚阶,亚期,分期,(显微镜)物台下部件
substance *f* 物质,物体,材料,本质,根据,实质,实体,内容,介质,要点,要旨,梗概,养料,媒介物
~ abrasive 磨料,研磨磨料
~ absorbante 吸收剂,吸收性材料[物质]
~ absorbée 掺和物,附加剂
~ active 活性物质,放射性物质
~ amorphe 无定形物质,非晶形物质
~ anisotrope 各向异性物质
~ antiseptique 防腐剂,防腐材料
~ cancérogène 致癌物质
~ chimique à haute énergie 高能化学燃料
~ colloïdale 胶体
~ conductrice 导体
~ contaminante 污染物
~ de trempe 硬化剂,淬火剂
~ diamagnétique 反磁物质,抗磁物质
~ dissoute 溶质,溶解物,溶解质
en ~ 大体上,基本上
~ ferromagnétique 铁磁物质
~ hyfrogénée 含氢物质
~ hygroscopique 吸湿物质
~ inflammable 易燃物质
~ inorganique 无机物质
~ insoluble 不溶物质
~ isolante 绝缘体,绝缘物,绝缘材料
~ lubrifiante 润滑剂,润滑油
~ luminescente 荧光体,发光体,发光物(质)
~ magnétique 磁性物质
~ mère 母体物质
~ modératrice 减速剂,缓和剂,抑制剂
~ non caoutchoutique 非橡胶物质
~ non-métallique 非金属物质
~ nuisible 有害物质
~ organique 有机物质
~ paramagnétique 顺磁体,顺磁物质
~ préservative 防腐剂
~ s pulverulentes 粉体,粉状物质
~ radioactive 放射性物质
~ semi-conductible 半导体
~ solide 固体物质
~ suspendue 悬浮物,悬浮体
substituant *m* 取代物,代用品,取代基
substituer *v* 代入,替代,取代,交换,置换,用……代替
~ A à B 以 A 代替 B
~ sélective 选择性取代
substitutif, ive *a* 代用的,代替的
substitution *f* 代替,代入,代用,代换,置换,做用,取代,置换法
~ circulaire 循环置换
~ identique 恒等置换
~ inverse 回代,倒转代换
~ successive 逐次代换法
substrat *m* 基底,基片,衬底,底层,衬托物,感光胶层,下层(地层)
substratum *m* 下层,底层,地盘,基质,滑床,基岩,基层,基础,根基,基底,下伏地层,岩层,胶层(胶片),下层泥土
~ imperméable 不透水底层,不透水下伏地层
~ rocheux 基岩,下层岩石
substruction *f* 基础,下部结构,下层建筑,建筑物基础
substructural *a* 下部构造的
substructure *f* 下部结构,地下结构,基础结构,下层建筑,建筑物基础
~ de l'usine 电站厂房下部结构
~ du pont 桥墩,桥梁下部结构
subsurface *f* 地下,底面,地下地质
subsystème *m* 分系统,支系统,子系统,辅助系统
subtabulaire *a* 近板状的,很平缓的
subtidal *a* 潮下的
subtil, e *a* 稀薄的,纤细的,微小的,灵敏的,巧妙的,易渗透的
subtilisation *f* 变细,变薄
subtilité *f* 薄,细,稀薄,细小,精细,灵敏,易渗透性
subtranslucide *a* 微透明的
subtropical, e *a* 亚热带的
subtrusion *f* 下层侵入,深部侵入
subunité *f* 次单元,亚单元,次级单位

suburbain, e　*a*　市郊的，郊区的
subvenir　*v*　供给，提供
subvention　*f*　津贴，补助，资助，补贴款，补助金
　～ accordée　津贴
　～ d'habitation　住房补贴
　～ d'investissement　投资补贴
　～ s d'investissement inscrites à produits　收回的投资津贴，特殊产品注册投资津贴
　～ du gouvernement　政府补贴
　～ s reçues　实收补贴
　～ sociale　社会福利津贴
sub-vertical　*a*　近垂直的，陡倾的
subvitreux　*a*　半玻质的
subvolcanique　*a*　次火山的，潜火山的
subvolcanisme　*m*　次火山活动，地下火山作用
suc　*m*　孤山
succès　*m*　成就，成功，胜利
successeur　*m*　继承人，继承者，接班人
successif, ive　*a*　逐次的，逐位的，连续的，相继的，连贯的
succession　*f*　连续，继续，继承，继任，顺序，连贯，连发，续行，序列，演替，层序，程序，系列，继承权，生长顺序
　～ d'intervalles de temps　时间间隔行车制
　～ de parcours　空间间隔法，空间间隔行车制
　～ de travaux　工程顺序，工作的连续性
　～ des espaces　空间间隔行车制
　～ des impulsions　脉冲序列
　～ des signaux　信号系列，信号顺序
　～ inverse　倒转程序
　～ naturelle　自然演替
　～ normale　正常程序
　～ originelle　原始层序
　～ stratigraphique　地层层序，地层次序
succin　*m*　琥珀，密蜡，琥珀色
　～ cristallisé　蜜蜡石
　～ jaune　琥珀，蜜蜡石
succinite　*f*　琥珀，钙铝榴石
succion　*f*　吸，吸入，吸力，吸取，消融，(构造)吸收
　～ capillaire　毛细吸力
　～ du sol　土的吸力，土壤吸收能力
succursale　*f*　分号，分店，分行，分会，连锁店，分公司，分支机构
sucer　*v*　吸入，吸收，吸取

suceur　*m*　吸管，吸入器
suceuse　*f*　吸泥泵，吸泥机，吸扬式挖泥船
　～ pour dragages　吸泥机，吸扬式挖泥船
　～ refouleuse　水力疏浚机，水力冲泥机
suçoir　*m*　小落水洞
sud　*m*　南(方、部、面)，南风
sudburite　*f*　倍苏玄武岩，萨德伯里岩
sud-est　*a*　东南，东南方
sudoïte　*f*　铝绿泥石(须藤绿泥石)
sud-ouest　*a*　西南，西南方
suevite　*f*　陨击角砾岩
suffioni　*m*　硼酸喷气孔
suffire　*v*　足够，满足
　～ à　满足……的需要，足以，足够
　～ pour　足够……，足以……
suffisamment alimenté　全部通电
suffisant, e　*a*　足够的，充分的
suffocant, e　*a*　窒息的
suffosion　*f*　潜蚀，(地下)冻水上胀
suggérer　*v*　建议，提议，暗示，启发
suggestion　*f*　提议，建议，提示，暗示
　～ du personnel　职工提出的建议，职工提出的改良建议
suglinok　*m*　亚黏土
suie　*f*　烟灰，炭黑，油脂，润滑脂
　～ de montagne　地蜡
suif　*m*　油脂，润滑脂
　～ de montagne　地蜡
　～ minéral　地蜡，矿物性油脂
suiffer　*v*　涂抹油脂
suintant　*a*　渗出的，渗漏的
suintement　*m*　漏出，渗流，渗透，渗漏，渗水，渗出(量)
　～ d'eau　水渗出，水露头
　～ d'huile　渗油
　～ de pétrole　油苗
　～ de surface　表面渗流
suinter　*v*　渗出，渗水，渗漏，漏出，渗液
suite　*f*　套，组，接续，层序，顺序，岩套，次序，延长，跟随，随后，连续，后果，继续，一系列
　～ atlantique　大西洋岩套，大西洋岩群
　～ de couche　地层顺序
　～ des bandes　层系，岩层层序
　～ des opérations　操作顺序

~ géologique 地层顺序,地质顺序,地质位置,
　　地层层位
à la ~ de 由于,在……后面
dans la ~ 后来
de ~ 连续地,接连地
par ~ 因而,因此,由此,结果,随着
par ~ de 由于
par la ~ 此后
tout de ~ 立刻,立即
suivant *prép* 沿着,遵循,按照,根据
~ que 按照,随着
suivant,e *a* 其次的,接续的,后面的,随后的,如
　下的,下述的,下列的
suiveur *m* 随动装置,跟踪装置
suivi *m* 观察,监督,检验,测量,量测,跟踪,控
　制,关心,留意；*a* 有连续性的
~ de chantier 工地检验
~ de fabrication 生产程序
~ de production 生产过程控制
~ de terrain 地形跟踪
~ des déplacements 位移观测
~ du tassement 沉降观测
~ géologique 地质跟踪
~ technique 技术的延续性
suivi,e *a* 连续的,经常的,有连贯性的
suivre *v* 跟随,跟踪,追踪,遵照,仿照,沿着……
　走,随着……发生,接着……而来
~ la règle 符合规则
se ~ 连续,一个接一个
sujet *m* 主题,课题,问题,题目,学科,科目,原
　因,理由,对象
~ à déclaration 必须申报的
~ à taxation 必须征税的,必须付费的,应按规
　　定计费的
au ~ de 关于,对于,涉及
avoir ~ de 有理由
~ de recherche 研究课题
sujétion *f* 从属,约束,不便,从属工作,不定实契
　约义务
sukulaïte *f* 锡细晶石
suldénite *f* 闪安岩,花岗辉长玢岩
sulfatation *f* 硫酸化,硫酸盐化,硫酸盐处理
sulfate *m* 硫酸盐,含硫酸盐的
~ acide 酸式硫酸盐

~ acide de potassium 硫酸氢钾
~ acide de sodium 硫酸氢钠
~ basique 碱式硫酸盐
~ d'alumine 硫酸铝
~ d'ammonium 硫酸铵
~ d'antimoine 硫酸锑
~ d'argent 硫酸银
~ de barium 硫酸钡
~ de cadmium de zinc 硫酸锌镉
~ de calcium 石膏,硫酸钙
~ de cuivre 硫酸铜
~ de mercure 硫酸汞
~ de plomb 硫酸铅
~ de potasse 硫酸钾
~ de sodium 硫酸钠
~ de titane 硫酸钛
~ de zinc 硫酸锌
~ ferreux 硫酸亚铁
~ ferrique 硫酸铁
~ stanneux 硫酸锡
sulfinisation *f* 渗硫(表面)处理
sulfo-arséniure *m* 硫砷化物
~ de nickel 硫砷镍矿
sulfobactéries *f.pl* 除硫菌,噬硫菌
sulfoborite *f* 硫硼镁石
sulfohalite *f* 卤钠石
sulfolite *f* 自然硫岩
sulfonation *f* 磺化(作用)
sulfunisation *f* 硫化作用
sulfurable *a* 可形成硫化物的
sulfuration *f* 硫化,硫化作用,硫酸处理,硫化物
　形成作用
sulfure *m* 硫化物；*a* 含硫的
~ alcalin 碱金属硫化物
~ cuivreux 硫化亚铜,辉铜矿
~ cuivrique 硫化铜
~ d'argent 硫化银
~ d'hydrogène 硫化氢
~ d'or 含金硫化物
~ de baryum 硫化钡
~ de carbone 二硫化碳
~ de cuivre 铜蓝,硫化铜
~ de fer 黄铁矿
~ de fer blanc 白铁矿

~ de fer jaune　黄铁矿
~ de galéne　方铅矿
~ de plomb　方铅矿
~ de sodium　硫化钠
~ de zinc　闪锌矿,硫化锌
~ ferreux　硫化亚铁
~ ferrique　硫化铁
~ mercurique　辰砂,硫化汞
~ métallique　金属硫化物
~ molybdène　辉钼矿
~ platine　硫铂矿
~ salin　硫化物
~ stanneux　一硫化锡
~ stannique　硫化高锡
~ uraneux　二硫化铀,硫化亚铀

sulfuré, e *a*　硫化的
sulfuricine *f*　硫蛋白石,杂硫蛋白石
sulfurique *a*　硫的,硫酸的,含硫的,含硫黄的
sulfurisation *f*　硫化,硫化作用,用硫处理,硫酸处理
sulfurisé *a*　加硫的,经硫化处理的
sulfurite *f*　胶硫矿,自然硫
sulfurosite *f*　二氧化硫气
sulinite *f*　变单热水白云母
sulorite *f*　绿辉熔岩
sulunite *f*　碱绿泥石,富铁绿泥石,珍珠绿泥石
sumacoïte *f*　安山碱玄岩
sundiusite *f*　氯铅矾
sundvickite *f*　松德维克石(钙长石)
sunglite *f*　杂蛇纹海泡石
sungulite *f*　蠕蛇纹石,杂蛇纹海泡石
suolunite *f*　索伦石
suomite *f*　钽土
super *v*　塞住,阻住,用水泵抽水
super-　(前缀)过度,超越,高级,特殊,在……之上
superadiabatique *a*　超绝热的
superalliage *m*　超合金,高温合金,高级合金
superantracite *m*　超无烟煤
supération *f*　相对速度
superaudible *a*　超音频的,超音速的,超声波的
superboulevard *m*　收税道路
supercarburant *m*　(mélange essence benzol) 高级燃料(汽油和苯的混合燃料),高辛烷值汽油
supercargo *m*　大型货船

superchargeuse *f*　重型装载机
superciment *m*　快硬水泥,早强水泥,高强水泥
supercompactage *m*　超压实
super-compacteur *m*　重型压实机
~ à pneus　轮式重型压实机
superconducteur *m*　超导体,超导电体
superconductibilité *f*　超导率
superconductivité *f*　超导性,超导电率,超导电性
supercrétacé *a*　白垩纪后的
supercritique *a*　超临界的
supercrustal *a*　上壳的
super-élasticité *f*　高弹性,超弹性,高度弹性
supérette *f*　小型超级市场
superfamille *f*　总科,超科
superficie *f*　表面,面积,表面积
~ couverte　占地面积;(建筑)覆盖面积
~ cultivée　耕种面积
~ d'irrigation　灌溉面积
~ de contact de roue　车轮接触面积
~ de route　道路表面
~ de section d'armature　钢筋截面面积
~ de sections de transit des eaux　过水断面面积
~ de terrain　地表面
~ du bassin tributaire　汇水面积
~ du bassin versant,~ des basins versants　汇水面积,汇水区域面积,水盆地面积
~ du moment　弯矩面积,力矩面积
~ du plan d'eau　水面面积
~ en plan des éléments structurels　结构构件面积
~ irriguée　灌溉面积
~ prouvée　探明区,探明面积
superficiel, elle *a*　表面的,表层的,地面的,外部的,肤浅的
superfin, e *a*　极细的,极精细的
superfinir *v*　研磨,超精加工,超精研磨
superfinition *f*　超精加工,超精研磨
superflu *a*　多余的,过剩的
superfluide *m*　超流体;*a*　超流动的,超流体的
superfluidité *f*　超流动性
supergène *a*　浅生的,浅成的,表生的
supergroupe *m*　超群
supericonoscope *m*　超光电摄像管
supérieur, e *a*　上(部、面、方、游、层)的,高等的,

高级的,顶面的,顶部的
superimposé *a* 重叠的,叠加的,叠置的,叠覆的
superimposition *f* 叠加法
superintensif *a* 超强的,超密集的
supériorité *f* 优势,优越,优越性
super-maille *f* 网,网孔,筛孔
superplastifiant *m* 超塑化剂,高效塑化剂,高效增塑剂,高效减水剂
superposé,e *a* 上叠的,叠加的,重叠的,叠置的,重合的
superposer *v* 重叠,叠加,叠放,重合,叠合
superposition *f* 重叠,叠加,堆积,叠放,合,叠置,上叠,重合
　～ anormale　不整合,不整合产状
　～ concordante　整合产状,整合层理
　～ d'image　图像叠加
　～ de polygones de forces　力多边形叠加
　～ des contraintes　应力叠加
　～ des couleurs　色彩重合,色彩的重叠,分色影像的重合
　～ des courants　电流叠加
　～ des écoulements　流量积累
　～ des moments　力矩叠加
　～ des ondes　波的叠加
　～ discordante　不整合,不整合产状
　～ inverse　逆向层序
　～ modale　模态叠加,振型叠加
　～ normale　原生产状,整合层理
superpression *f* 超压,超高压
superpuissance *f* 超功率,特大功率
superréaction *f* 超再生,强反馈
super-réfractaire *a* 超耐热的
superrésolution *f* 超高分辨率
supersalin *a* 强碱的,超碱的
supersaturation *f* 超饱和,过饱和
supersaturé,e *a* 过饱和的
super-sensible *a* 过敏的,超灵敏的,非常敏感的
supersonique *a* 超声波的,超声速的,超音频的
superstructure *f* 超结构,上层建筑,上部结构,上层构造,外壳构造
　～ d'un pont　桥梁上部结构
　～ d'un wagon　车体上部结构
　～ d'une locomotive　机车上部结构
　～ de l'arc　拱上建筑
　～ de l'usine　电站厂房上部结构
　～ de la voie　线路上部结构
　～ du pont　桥梁上部结构,桥梁上部构造
　～ métallique　钢上部结构
supertension *f* 超电压,过电压,过应力,超高电压,过度紧张
superthermal *a* 超热的
supervibreur *m* 强力振动器
superviser *v* 管理,监督,指导
superviseur *m* 管理者,管理人,检察员,监督人,管理机,监督程序,监控装置
　～ de réseau　网络监视系统
supervision *f* 检查,管理,监督,监视,控制,操纵,指导
　～ de contrat　合同检查,合同管理
　～ des travaux　工程管理,施工监督
superzone *f* 超带
supplanter *v* 取代,排挤
suppléant *n* 助手,代理人
suppléer *v* 补充,填补；代替,代理
supplément *m* 附加,补充,增加,附录,附件,补遗,附加物,追加额,补票收据
　～ au tarif　运价补充,运价规程附录
　～ de capacité électrique　电容补偿
　～ de taxe　运费附加费
　～ de tension autorisée　容许应力增加值
　～ pour wagon couvert　棚车附加费
supplémentaire *a* 补充的,附加的,添加的,辅助的,补角的
support *m* 支撑,支持,支柱,支架,支座,托架,底座,插座,加强,信号灯灯矿支架
　～ à béquille　摇轴支座
　～ à bois　木支架
　～ à fourch　交叉撑
　～ à rouleaux　轴支座,辊轴轴承
　～ adaptateur　座插头
　～ anti-glissant　滑支架,防滑三脚架
　～ anti-vibratoire　橡胶垫,防振支座
　～ articulé　用介质,铰支座,链支座,铰接支座
　～ banalisé　非专用介质
　～ borne de contacteur　触器端子架
　～ bornes　接线端子板
　～ d'accessoires intérieurs de cabine　司机室内部附件支架

support

~ d'accouplement (frein) 动软管托架(制动机)
~ d'acier 钢支座,钢支架
~ d'ancrage 锚座
~ d'arbre de frein 制动轴吊架
~ d'arc 拱座,拱形支架
~ d'articulation 活结式支柱
~ d'électrode 电极座,极支架
~ d'électrovalve 电磁阀座
~ d'électrovalve de substitution et relais multiplicateur 代用电磁阀和放大继电器座
~ d'étanchéité 水封支撑
~ d'extincteurs 灭火器框架
~ d'induit 电枢座,电枢轴
~ d'information 信息载体
~ d'isolateur 绝缘器架
~ d'outil de tour 机夹刀杆
~ d'un compteur 电度表托架
~ d'un dessin 图画纸,图画纸板
~ de balai 电刷架
~ de bobine 线圈架
~ de bulbe 灯泡体支柱
~ de câble 钢束定位
~ de caténaire 接触网电杆
~ de chaudière 锅腰托板
~ de coffrage 模板支撑
~ de cristal 晶体盒,晶体支座
~ de cylindre de frein 制动缸托架
~ de dilatation (chaudières) 膨胀板(锅炉)
~ de données 数据介质
~ de feu 灯柱
~ de fusible 保险丝盒,熔线盒
~ de générateur 发电机支座
~ de glissement 滑动支撑
~ de glissière 滑板托架
~ de grue roulante 移动式吊车底座
~ de joint 钢轨接头承垫
~ de l'antenne 天线支架
~ de l'électro-aimant 电磁铁座
~ de la chaussée 路面承重层
~ de la ferme 桁架托座
~ de la fiche horaire 时刻表框架
~ de lampe 灯插,灯座,管位
~ de lanterne 灯插,灯架,信号灯托架
~ de levage 承吊支座

~ de ligne aérienne 架空导线支柱
~ de ligne téléphonique 电话线支柱,电杆
~ de luminaire 灯柱,路灯柱
~ de machine 底座
~ de main courante 扶手
~ de marchepied 台阶托,踏板托架
~ de montage 组装台,安装支座
~ de palier 轴承座
~ de panne 檩托[座]
~ de patins 止推块支撑
~ de pompe 泵座
~ de ressort 弹簧托
~ de roulement 滚动轴承座,滚动轴承架
~ de semelle 底撑
~ de signal 信号托架
~ de suspension 悬吊支架,弹簧托架
~ de tube 管架,管灯座
~ de tube mobile 活动管子支座
~ de tube plat 饼形管座
~ de tuyau 管支承,管道支座
~ de voûte 拱座
~ des câbles 电缆支架
~ du câble 电缆架
~ du fil 现架,线轴
~ du pont 桥梁支座
~ du ressort 弹簧座,弹簧支撑
~ du tourillon 枢轴支承
~ élastique 弹性支座
~ électrique 电动云台
~ équipé 支撑板,托板
~ filerie ventilateur 通风机过滤网塞
~ fixe 固定支座,固定支架
~ flottant 浮动式承载装置(船式平台)
~ intermédiaire 中间支承,中间支座,中间支撑
~ latéral 横撑,横向支承,侧向支撑
~ mixte 混合支架
~ mobile 活动支座,活动支架
~ oscillant 活节式支柱
~ pendulaire 摇座,式支座,摆动支座,摆式支架
~ permanent 永久支架,永久支护
~ photosensible 光敏器
~ rigide 刚性支撑
sans ~ 无底座的,无支撑的,无支架的,无载体的
~ s soudés mécaniques dans cabine 司机室中机

械部分焊接支架
~ s soudés mécaniques sur ensemble de caisse 车体机械焊接支架总成
~ s soudés pour câblage dans cabine 司机室中线路焊接支架
~ s soudés pour tuyauterie dans cabine 司机室中管道部分焊接支架
~ s soudés pour tuyauterie sur châssis 无底架管道焊接支架
~ sur caisse pour antilacet 车体上的防摆动支架
~ sur cuivre 铜基, 铜座
~ technologique 技术性援助
~ temporaire 临时支护
~ tournant 旋转支架
~ tubulaire (caténaire) 管状支柱(接触网)
~ universel （试验用的)万用支架

support-console *m* 牛腿支座, 托架支座, 悬臂支架, 悬臂式托架
supporter *v* 支持, 支撑, 负担, 经受, 忍受, 承担
support-guide *m* 导向架
support-moteur *m* 发动机架
supposable *a* 假定的, 设想的
supposé, e *a* 假定的, 假设的, 设想的
supposer *v* 假定, 假设, 设想, 必须以……为前提
supposition *f* 假定, 假设, 推测, 设想
suppresseur *m* 抑制器, 消除器
~ d'écho 防冲击器, 抑制冲击器, 回波抑制器, 反射信号抑制电路
~ de brouillage 干扰抑制器
~ de bruit 噪声抑制器
~ de réaction 反馈抑制器, 反作用抑制器
~ du zéro 零点抑制器
~ statique 静电[无电干扰]抑制器
suppression *f* 抑制, 消除, 封锁, 隐蔽, 取消, 废除, 撤销, 删去, 擦去, 熄灭, 抑止缩减
~ d'erreurs 消错
~ d'onde porteuse 抑制载波
~ d'un tarif 废除运价表
~ de bruit 噪声抑制
~ de contrat 合同废除, 合同取消
~ de couches 岩层缺失
~ de courant porteur 载波电流抑制
~ de flottement 颤振抑制

~ de la fréquence porteuse 抑制载频
~ de la pollution d'air 防止空气污染
~ de passage à niveau 消除平面交叉
~ de personnel 精简人员
~ de poussière 消除灰尘
~ des étincelles 熄火花, 消火花
~ des lignes 行回程熄灭, 水平回描消隐
~ des passages à niveau 取消平交道口
~ des taudis 拆除破旧的房屋
~ initiale 预抑制, 初时抑制

supprimer *v* 废除, 取消, 删去, 缩减, 熄灭, 抑止, 废止, 抑制, 消隐
~ l'arrondi 去掉倒角, 防止倒圆, 消除倒圆
~ la liaison 切断联系
~ un contact 断开接点

supputation *f* 估量, 推算, 估计
supputer *v* 估量, 推算, 估计
supra-capillaire *a* 超毛细的, 超毛细管的
supraconducteur *m* 超导体
supraconductibilité *f* 超导性, 超导电率, 超导电性
supraconduction *f* 超导, 超导电性
supraconductivité *f* 超导电性
supracortical *a* 外成的, 沉积的
supracrustal *a* 上壳的, 外壳的
supra-glaciaire *a* 冰上的, 冰表层的, 冰面上的
supragneiss *m* 片麻岩超群
suprastructure *f* 表壳构造, 上壳构造
sur- （前缀)超过, 过分, 在……上
sur *prép* 用, 朝, 向, 将近, 临近, 通过, 根据, 按照, 关于, 在……中, 在……上面, 处于……情况下
~ le champ 立刻, 立即
~ le moment 当时
~ le point de 正要, 即将
~ le terrain 就地, 在原处; 在(施工)现场
~ le tout 总之
~ place 就地, 在原处; 在(施工)现场
~ toute chose 首先, 主要地

sûr, e *a* 确实的, 当然的, 稳当的, 安全的, 可靠的, 有效的
surabondance *f* 多余, 过剩, 凸出, 过多, 极丰富
surabondant, e *a* 多余的, 凸出的, 极丰富的
surabonder *v* 过多, 极为丰富
surajouter *v* 另加, 附加, 再增, 再增加, 再补充

suralimentateur *m* 增压器
suralimentation *f* 增压,压力进气
　～ à double étage 两级增压
　～ du moteur 发动机增压
　～ par surpresseur séparé (moteur diesel) 用单个增压器增压(内燃机)
　～ par turbine à gaz d'échappement 用废气涡轮机增压
　～ par turbocompresseur 用涡轮压气机增压
　～ par turbosoufflante d'échappement (moteur diesel) 用废气涡轮机增压(内燃机)
suralimenté *a* 超载的,超负荷的
suralimenter *v* 增压,超压输送,过重装载,过分供应
suramortissement *m* 超阻尼
suramplification *f* 过分放大,放大过度
surbaissé *a* 平坦的,放低的,低陷的
　arc ～ 扁圆拱
surbaissement *m* (拱,拱顶的)扁圆性,扁圆度,扁圆拱,扁圆拱顶
surbaisser *v* 降低,放低;使成扁圆形
surbaux *m. pl* 缘材,边缘,边缘围板
surcharge *f* 活载,增压,叠载,超[过]载,超负荷,过充电,过充风,过饱和,附加费,充电过度,洪水超高,附加荷载,额外的索价,额外的偿付
　～ à coup 瞬时过充
　～ additionnelle 超载,过载,附加荷载
　～ admissible 允许超载
　～ axiale 轴超载,轴向加载,轴向超载
　～ concentrée 集中活载
　～ d'essai 试验荷载
　～ d'exploitation 运行超载
　～ d'un pont 桥梁活载
　～ de calcul 计算活载,计算过载
　～ de crues 供水超高
　～ de dépenses 超支
　～ de neige 雪载
　～ de stockage temporaire 临时堆放荷载
　～ de trottoir 人行道荷载
　～ de véhicules 汽车荷载
　～ de vent 风(荷)载
　～ des organisations de gestion (traitement de l'information) 计算机超载(信息处理),管理机超载(信息处理)
　～ du frein 制动机过充风
　～ due à l'accumulation des poussières 积灰荷载
　～ due aux actions du vent 风荷载
　～ due aux travaux 施工荷载
　～ électrique 电力过载
　～ exceptionnelle 额外牵引超载
　～ fixe 固定超载
　～ mobile 活载,活超载
　～ normale 正常超载
　～ roulante 活载,活超载
　～ routière 车辆荷载
　～ s climatiques 风[雪]荷载
　～ sismique verticale 垂直地震荷载
　～ statique 静态超载
　～ tolérée 允许的超载
　～ type 标准活载,荷载
　～ uniforme 均匀超负荷(如挡土墙以上的填土)
　～ uniformément répartie 均布活载
　～ unilatérale 单向活载
　～ unitaire 单位超载,单位附加荷载
　～ virtuelle à répartition continue 等代均布荷载
surchargé, e *a* 超载的,超重的,过载的,过充的,超负荷的,过饱和的,负荷过重的
surcharger *v* 加载,超载,过载,超负荷,附加荷载
surchauffage *m* 过热
　～ local 中间过热
surchauffe *f* 过热,中间过热,间隔过热;*a* 过热的,过烧的
　～ intercalaire 中间过热
　～ intermédiaire 过热的,过烧的
　～ locale 局部过热
surchauffement *m* 过热,过烧
surchauffer *v* 过热,加热
surchauffeur *m* 过热器,过热管[器、装置]
　～ à foyer indépendant 独立火室过热器
　～ à gaz perdus 废焰过热器
　～ à tubes de fumée 焰管过热器
　～ à vapeur 蒸汽过热器
　～ de boîte à fumée 烟箱过热器
　～ de tube de flammes 焰管过热器
surchoix *m* 精选,优质,精选品,优质品
surclassement *m* de voyageurs 旅客改换高级座席
surcompactage *m* 过分压实

surcompré, e *a* 再压缩的
surcompresseur *m* 增压器
　～ à deux étages　两级增压器
　～ centrifuge　离心增压器
surcompression *f* 增压,再压缩
surcomprimé *a* 增压的,再压缩的
surcongélation *f* 快速冷冻
surconsolidation *f* 过密,超压实,超固结
surconsolidé, e *a* 过密的,超压实的
surcontrainte *f* 超限应力
surcorrection *f* 过量修正
surcourant *m* 电流过大,超负荷电流
surcoût *m* 额外成本,额外费用
sur-creusage *m* 超挖,多挖
surcreusement *m* 过量下蚀,加深挖掘(掏蚀)
surcritique *a* 极限的,超极限的,过临界的
surcroît *m* 增加
　～ d'énergie　能量增长
surcuits *m. pl* 过烧物质,过烧材料(指水泥、石灰等)
surdimensicnner *v* 超尺寸,超尺寸加工
surdimension *f* 尺寸余量
surdimensionné, e *a* 留有尺寸余量的
surdimensionnement *m* 超尺寸,尺寸余量,加工尺寸余量
surdosage *m* 过量,超量,超剂量,过度配量,配合比偏高
surécartement *m* 线路加宽
　～ en courbe　曲线加宽
surélévation *f* 上升,隆起,升高,加高,上涨,提高,增高,超高,上部建筑,过分提高
　～ axiale　褶皱脊,褶皱顶部
　～ de la courbe　曲线超高
　～ de plan d'eau　水位上升,水位升高
　～ des rails　水位抬高,外轨超高水位上升
　～ du plan d'eau　水位上升
　～ du socle　基底上升运动
　～ due à la crue　供水超高
　～ maximum　最大超高
　～ partielle　部分超高
surélevé, e *a* 上面的,高部位的
surélever *v* 抬高,加高,增高,过分提高
sûrement *adv* 当然,一定,安全地,可靠地,稳定地

surépaisseur *f* 增厚,膨胀,厚度余量,厚度剩余
　～ d'usinage　加工余量
　～ de béton de joint　伸缩缝加厚混凝土
surépaississement *m* 加厚;超厚
surestaries *f. pl* 滞留期,滞期费,车辆延期费,船舶过期停泊费
surestimation *f* 高估,估算过高,估计过高,过高评价
surestimer *v* 高估,过高估计
sûreté *f* 安全,保证,保险,准确度,精密度,可靠性,安全装置,预防措施,安全系数,保险装置安全性; *f. pl* 担保文件
　～ d'emploi　使用可靠性
　～ de détection　探测可靠性
　～ de fonctionnement　运用可靠性,工作可靠性,工作安全性
　～ de la circulation　行车安全
　～ de la mesure　读数准确度,测量准确度
　～ fusible　熔断器,保险丝
　～ technique　技术保证
surévaluer *v* 过高估价
sur-excavation *f* 超挖
surexcitation *f* 过激(励)
surexcité *a* 过激励的
surexpansion *f* 过度膨胀
surexploitation *f* 过量抽取,过量开采,超度开发
　～ des nappes phréatiques　超采地下水资源
surexposé *a* 光过量的,感光过度的
surfaçage *m* 削平,表面修整,表面加工
　～ au balai　清扫路面
　～ de finition　表面精加工
　～ du béton　混凝土表面整修
　～ du tapis　刮平表层,用样板刮平
　～ en dessous　下表面加工
　～ en dessus　上表面加工
　～ plan　平面加工
　～ régulier　(沥青路面)表面整修
　～ renforcé　护层,甲层(即厚的沥青处治层),双层式沥青表面处治
surface *f* 面,表面,地表,(表)面积,地面,水面,面层,外表[观]
　～ à contour fermré　密实面层,闭式表层
　～ à imprégner　透层
　～ à la meule　光平面

surface

~ à souder　焊接面
~ à traiter　表面处治
~ à usiner　磨损面
~ abrasée　磨蚀面
~ active　有效面积,工作表面
~ active de glissement　主动滑动面
~ additionnelle　附加面,附加面积
~ apparente　视表面
~ âpre　熔岩块状表面
~ asphaltée　沥青铺筑面
~ au sol　占地面积
~ au vent　迎风面,锋利吹击面
~ axiale　轴面
~ bâtie　占地面积,建筑面积
~ bombée　弯面
~ boursouflée　熔岩波状(枕状)表面
~ brute　毛面,粗面
~ captante　截流面积,汇水面积
~ chargée　荷载面积
~ circulaire de rupture　圆弧破裂面
~ complexe　复合覆盖面
~ composite de glissement　合成滑动面
~ concave　凹面
~ conique　锥面,锥面圆
~ conique circulaire　锥面
~ convexe　凸面
~ cordée　熔岩绳状表面
~ corrodée　溶蚀面
~ courbe　曲面
~ couverte　建筑面积
~ criblante　筛子有效面积
~ critique　临界面
~ cylindrée　滚压面积,碾压面积
~ cylindrique　圆柱面
~ d'abrasion　面,磨面,磨蚀面,磨损面,腐蚀面
~ d'accumulation　堆积台地
~ d'adhérence　黏附面
~ d'affûtage　研磨面
~ d'alimentation d'une nappe　含水层补给区
~ d'alluvionnement　冲积平原
~ d'aplanissement　均夷面,侵蚀平面
~ d'application　已喷混凝土面
~ d'appui　支承面
~ d'appui d'éclisse　鱼尾板贴面
~ d'appui des joints　关节支承面,接点支承面
~ d'arrachement　撕脱面
~ d'aspect　外观表面
~ d'assise　底座面,支承面
~ d'assise de fondation　基础支承面
~ d'attaque　工作面
~ d'eau　水面,水位
~ d'éboulement　坍滑面(土的)
~ d'échange de chaleur　热交换面积
~ d'éclissage　鱼尾板接触面
~ d'égale pression　等压面
~ d'émergence　浅水面积
~ d'enveloppe　包络面
~ d'équilibre　均衡面,平衡面
~ d'érosion　侵蚀面
~ d'érosion composite　复合侵蚀面
~ d'érosion dégradée　剥蚀夷平面
~ d'érosion enfouie　埋藏剥蚀面
~ d'érosion étagée　阶梯剥蚀面
~ d'érosion exhumée　剥露侵蚀面
~ d'érosion　侵蚀面,准平原,风化面,冲蚀面
~ d'essai　实验层面
~ d'étirement　延伸面,扩张面
~ d'évaporation　蒸发面,蒸发面积
~ d'impact　冲击面
~ d'influence　影响面
~ d'obturation　接触面
~ d'omission　缺失面,沉积暂停面,沉积小间断面
~ d'onde　波面,波阵面
~ d'une nappe　地下水面,潜水面,地下水位
~ d'une nappe libre　地下水面,潜水面,地下水位
~ d'une nappe libre suspendue　上层滞水水面
~ d'une nappe perchée　静止水位
~ d'usure　磨损面,接触导线的磨损面
~ d'usure du fil de contact　面有效面积
~ de base　基础面,支承面,基底[基准]面,侵蚀基准面
~ de bout　端面
~ de captage effectif　有效集水面积,有效汇水面积
~ de captation des eaux　汇水面积,集水面积
~ de cassure　破裂面
~ de charge　受压面,压力面
~ de chargement　加载荷面,装载面积,平板车

的有效面积
~ de charriage 逆掩断层面,掩冲断层面
~ de chauffage 加热面,受热面
~ de chauffe 加[受]热面
~ de chauffe de la boîte à feu 火箱受热面积
~ de chauffe en contact avec l'eau 接触水的受热面积
~ de chauffe totale 总受热面积
~ de chevauchement 逆掩断层面,逆掩冲断层面
~ de choc de tampon 缓冲器冲击面
~ de circulation 交通面积
~ de cisaillement 剪切面,切断面
~ de clivage 劈理面,解理面
~ de compensation isostatique 均衡补偿面
~ de connexion 连接面
~ de construction 建筑面积
~ de contact 接触面,接触表面
~ de contact de la roue 车轮接触面积
~ de contact du pneu 轮胎接触面积
~ de contact eau-huile 油水界面
~ de contact gaz-eau 气水界面
~ de contact huile-gaz 油气界面
~ de contact intergranulaire 颗粒接触面积
~ de continuité 整合层理面
~ de criblage 筛子有效面,筛子有效面积
~ de décollement 分离面,裂开面
~ de déposition 沉积面
~ de dépression 塌陷表面
~ de détachement 滑脱面
~ de discontinuité 间断面,不连续面,不整合面
~ de discordance 不连续面,不整合面
~ de dislocation 位移面
~ de division 分隔面
~ de drainage 排泄区,排水面积
~ de faille 断层面
~ de fissure 裂纹面
~ de foliation 叶理面
~ de foudroyage 崩落面,倒塌面
~ de fracture 断裂面,破裂面
~ de friction 擦痕面,摩擦面
~ de frottement 摩擦面
~ de frottement du fil de contact 接触导线摩擦面

~ de glacier 冰川面
~ de glissement 滑面,滑动面
~ de glissement circulaire 圆形滑动面,圆形破裂面,圆形滑坡面
~ de glissement composite 复式滑动面
~ de glissement critique 临界滑动面
~ de glissement du fil de contact 接触导线的磨损面,接触导线的滑动面
~ de grain 颗粒表面
~ de joint 接合面
~ de l'eau 水面,水位
~ de l'eau au repos 静水面
~ de l'eau phréatique 地下水面,地下水位
~ de l'enveloppe 包络面
~ de la cassure 断裂面,破裂面
~ de la chaussée 路面面层
~ de la couche 岩层面
~ de la fondation 路基表面
~ de la nappe phréatique 地下水水面,地下潜水面,地下水(静止)水位
~ de la retenue 水库面积,水库水面,蓄水水面
~ de la section 截面(积)
~ de la sphère 球面
~ de litage 层理面
~ de meulage 研磨面
~ de Mohorovicic 莫霍面
~ de niveau 水平面,水准面,等位面,等势面
~ de parement 铺面,砌面
~ de pédimentation 山麓夷平面
~ de pied 齿槽底面
~ de portage 承载面,轴颈面,承重面,承载面面积
~ de portée 支承面
~ de positionnement 安装面,定位面
~ de pression 受压面,受压面积,压力面(压头所形成的面)
~ de pression normale 地下水的常压面
~ de raccordement 连接面
~ de référence 参考面,基准面
~ de refroidissement 冷却面,冷却面积,熔岩冷凝面
~ de reprise 施工面,工作面,施工[工作]缝,浇注缝
~ de réservoir 库水面

surface

- ~ de révolution　旋转面
- ~ de rocher　岩面
- ~ de rotation　旋转面
- ~ de roulement　路面面层
- ~ de roulement（roue）　滚动面,车轮踏面
- ~ de roulement de la voie　线路走形面
- ~ de roulement du rail　钢轨踏面
- ~ de rupture　断裂面,破裂面,破坏面
- ~ de rupture potentielle　潜在的断裂面
- ~ de sabotage（traverses）　钢轨与轨枕的接触面,轨枕槽平面
- ~ de saturation　饱和面
- ~ de schistosité　片理面
- ~ de semelle　底面积
- ~ de séparation　分界面
- ~ de strate　层面,层岩面
- ~ de stratification　层理面,层面
- ~ de subsidence　下沉面
- ~ de suintement　渗流面积,渗流面
- ~ de surchauffe　过坡面,坡面过热面积
- ~ de talus　边坡面,坡面
- ~ de terre　地表,地面,地表面
- ~ de tête　齿槽顶面
- ~ de tête du pieu　桩头面积
- ~ de transgression　海侵面
- ~ de travail　工作面
- ~ de vaporisation　竖面,立面,垂直面,蒸发面积
- ~ de Weichert-Gutenberg　韦谢特—古登堡界面,古登堡—韦谢特界面
- ~ décapée　切露面,清理的露头
- ~ décorative　装饰面
- ~ déformée　变形面
- ~ dégagée　暴露面
- ~ dénudative　消减面
- ~ déprimée　亏水地下水面
- ~ des barreaux de la grille　炉算面积
- ~ des bâtiments　建筑物面积
- ~ des eaux souterraines　潜水位,地下水位
- ~ des efforts tranchants　剪切面
- ~ des espaces verts　绿化面积
- ~ des lignes d'eau　水线面积
- ~ des moments　力矩面积
- ~ des planchers　建筑面积
- ~ développée　展开面积,建筑面积
- ~ diffusante　散射面积
- ~ directe　基表面
- ~ du bassin versant　流域,集水区,排水区,积水面积,汇水面积,流域面积
- ~ du champignon　钢轨顶面
- ~ du lit　岩层面
- ~ du névé　积雪区
- ~ du plan d'eau　水面面积
- ~ du plancher（wagon）　底板面积（车辆）
- ~ du sol　地面,地表,土壤表面
- ~ du terrain　地面,地表,地表面
- ~ du terrain occupé par les bâtiments　建筑占地面积
- ~ eau-huile　油水接触面,油水界面
- ~ effective　有效表面
- ~ effective d'évaporation　有效蒸发面积
- ~ en béton d'argile　砂—砂土（混合料）面层,黏土混凝土混合面层
- ~ en blocs　熔岩块状表面
- ~ en plan occupé par les murs et cloisons　结构面积
- ~ en surplomb　倾斜面
- ~ enfouie, ~ ensevelie　埋藏地形
- ~ épicentrale　震中区
- ~ équipotentielle　等势面,等位面,等电位面
- ~ équivalente　等值面
- ~ exhumée　剥露面
- ~ explorée　已探明地区
- ~ extérieure　外表面
- ~ filtrante　过滤面
- ~ finie　精加工面,光制表面
- ~ froncée　熔岩的绳状表面
- ~ frontale　正面,锋面,迎面,正面面积,冷热气界面
- ~ frontière　分界面,边界面
- ~ frottante　摩擦面
- ~ gauche　斜面,扭曲面
- ~ gauchie　翘曲面
- ~ gaz-huile　油气界面,油气接触面
- ~ glissante　滑溜面
- ~ gondolée　波形面,波纹面
- ~ gunitée　已喷混凝土面
- ~ hachurée　影线面
- ~ horizontale　水平面

~ hors œuvre brute（SHOB） 占地面积
~ hors œuvre nette（SHON） 建筑面积
~ humide 湿面
~ hydrostatique 水平面，潜水面，静水位，静水平面
~ imperméable 不透水面，不透水表层
~ inégale 不平整表面，不均匀表面
~ intérieure 内表面，里面
~ interne 内表面
~ irrégulière 不规则表面
~ isobare 等压面
~ isogéotherme 地热等温面，等地温面
~ isopièze 等压力面，等测压水位
~ isopotentielle 等势面，等测压面
~ isostatique 均衡面
~ isotherme 等温面
~ lapiazée 溶沟地形
~ latérale 旁面，侧面
~ libre 自由面，潜水面，自由水面
~ libre de l'eau 自由水面
~ libre des eaux souterraines 地下水水面，地下潜水面，地下水静止水面
~ limite 界面，分界面，极限面
~ limite de l'eau 限制水面
~ limite de résistance 强度极限面
~ limite eau-pétrole 油水界面
~ lisse 光滑面，磨光面，平滑表面
~ lisse hydrodynamique 水动力光滑面
~ listrique 铲状断裂面，凹形断裂面
~ louée 租赁区，租让区
~ mamelonnée 丘形面，乳头状地形，冰川选择侵蚀面
~ mate 粗面，毛面
~ minière 矿区，开采区
~ minimale 最下面积，最小曲面
~ mordancée 酸蚀面
~ morte 矿层下界
~ mosaïque 马赛克饰面
~ mouillée 湿润面，过水半径
~ moutonnée 羊背石地形
~ nettoyée 清基面，表层剥除的地面
~ neutre 中和面
~ non dérapante 防滑面
~ non glissante 防滑面

~ nue 裸露面
~ ondulée 搓板路面，波状路面
~ originelle 原始构造面
~ passive 被动面
~ passive de glissement 被动滑动面
~ phréatique 潜水面
~ picotée 斑坑面
~ piézométrique 测压面，承压面，等测压面，测压管页面
~ piézométrique déprimée 亏水压力面
~ piézométrique négative 负压力面
~ piézométrique normale 正压力面
~ piézométrique positive 正压力面
~ plane 平面
~ plane sans aspérité de joints 接触面，无凹凸不平现象的平面
~ planiforme 修整表面
~ plate 谷底淤积层
~ s pléistoséistes 强震区
~ polie 光片，光泽面，磨光面，光滑面，抛光面，抛光表面
~ polygénique 复成均夷面
~ portante 承压面，支撑面，负载面积，荷载面积
~ potentielle 势面，位差面，电势面，电位面
~ potentielle de glissement 潜在滑动面，可能滑动面
~ potentiométrique 等势面，等测压面
~ poussiéreuse 起尘路面
~ projetée 投影面
~ propre 光洁面，抛光面
~ quelconque de rupture 螺旋曲线破裂面，折线形破裂面
~ réalisée 加工面
~ réfléchissante 反射面
~ réfringente 折射面
~ régulière 平滑表面，规则表面，平整表面
~ revêtue 有铺砌的路面
~ rugueuse 毛面，粗糙面
~ rugueuse hydrodynamique 水动力粗糙面
~ sablée 喷砂表面
~ semée avec des concassés 石屑铺面
~ sensible 感光面
~ spécifique 比表面，比面积，特种面，表面系数

~ spécifique de grains	颗粒比表面
~ spécifique de rupture	破坏比表面
~ spécifique des poudres	粉末细度
~ sphérique	球面
~ striée	条纹表面
~ striée d'une faille	断层擦痕面
~ structurale	构造面
~ supérieure	表面，上表面
~ terrestre	地表，地面，地形面
~ thermique	受热面
~ topographique	地形，地形面，扭曲面
~ tordue	横截面积
~ traitée	已处理过的层面
~ transversale	横截面积
~ travaillante	工作面
~ unie	（熔岩）光滑面，平整表面，已加工面，机械加工面积
~ usée	剥蚀面，风化面，侵蚀面
~ usinée	加工面
~ utile	有效面积，使用面积，蒸发面积
~ verte	绿地
~ verticale	立面，垂直面，表面的，地表的

surfacer *v* 削面，表面加工
surfaceuse *f* 抹面机，修整机
surfacique *a* 优质的
surfin, e *a* 优质的，快速冷冻
surfondu *a* 过冷的，过熔的
surfusion *f* 过冷却，过冷现象，过熔现象
surgélation *f* 快速冷冻
surgir *v* 出现，涌现，产生，发生
surgissement *m* 出现，涌现，产生，发生
surgroupement *m* 过聚束
surhaussement *m* 上升，加高，提高，超出，超高
surhausser *v* 抬高，加高，提高
surimposé *a* 叠加，上叠的，叠覆的
surimposition *f* 叠加，叠放，被覆，附加税
 ~ structurale 构造被覆
surimpression *f* 加上，叠上，叠印，套印，重叠，影像重叠
surinamite *f* 硅镁铝石
surincombant *a* 上覆的，上叠的
surintensité *f* 过（量）电流，过载电流
 ~ de courant 过电流
surite *f* 碳硅铝铅石

surjacent *a* 上覆的，上接的，上邻的
surlargeur *f* 加宽，外加宽度，额外宽度，车道加宽
 ~ dans les virages 弯道加宽
 ~ symétrique 对称加宽
 ~ unilatérale 一侧加宽
sur-le-champ *adv* 立刻，马上
surmicacé *a* 富云母的，含大量云母的
surmodulation *f* 过调制
surmonté *a* 被超覆的，被覆盖的
surmonter *v* 覆盖，上覆
surmultiplication *f* 超速传动，加速传动
surmylonite *f* 超细糜棱岩
surnager *v* 漂浮，浮在水上
suroscillation *f* 非稳定颠覆
suroxydation *f* 过氧化（作用）
surpasser *v* 超过，超出，高过，胜过
surplomb *m* 悬垂，悬臂，伸出，倾斜，偏侧，突出，悬臂头，垂直偏差，（臂突）部分
surplombant *a* 上覆的
surplombement *m* 悬垂，突出
surplomber *v* 悬垂，突出
surplus *m* 过剩，剩余，余额，余款，(加工)余量
 au ~ 此外，再者，加之，而且
surpoids *m* 过重，超重
surpompage *m* 过量抽水，超量取水
surpresseur *m* 增压器
surpression *f* 超压，过压，余压，增压
 ~ de vapeur 过汽压，超汽压，超过规定的蒸汽压力
 ~ hydrostatique 过剩水压力
 ~ interstitielle 岩石间隙余压
surproduction *f* 生产过剩
surprofondeur *f* 超出深度，外加深度
surpuissance *f* 超功率，剩余功率，增加的功率
surrection *f* 隆起，上升，地壳抬升作用
 ~ marginale 边缘隆起
 ~ résiduelle 残丘
 ~ tectonique 构造隆起
surremplissage *m* 过满，过限，溢出
 ~ de crue 供水超高
 ~ du frein 制动机过充气
surréservation *f* 超过预订额
sursalé *a* 高盐分的，含盐度高的

sursalure *f* 水,盐水
sursassite *f* 锰矿石
sursaturation *f* 过饱和
sursaturé *a* 过饱和的
sursaturer *v* 过饱和,使过饱和
sursaut *m* 跳跃,突发,暴发
sursis *m* 延期
～ du paiement 延期付款
surstabilisé, e *a* 高稳定的
surstructure *f* 超结构,上层结构
surtaxe *f* 费,附加费,附加税,过高的收费
～ à l'importation 进口附加税
～ antidumping 反倾销附加税
～ de transport des marchandises 货运附加费
～ de vitesse 加快费
～ fiscale 附加税负
～ locale 地区附加费,地方附加税
～ progressive 累进附加税
～ sur les produits de luxe 奢侈品附加税
surtaxer *v* 征收附加税
surtension *f* 超应力,过电压,超电压,逾期应力
～ atmosphérique 大气过电压
～ de coupure 断电过电压
～ du circuit 线路过电压,电路的品质因数,电压增加谐振系数
～ électrolytique 电解过电压
～ extérieure 室外过电压
surtout *adv* 特别,尤其
surveillance *f* 检查,观察,探测,维护,保养,检验,监督,监视[督],(工程)监理
～ à distance des passages à niveau 平交道口遥控,平交道口远程控制
～ à long terme 长期监测
～ aérienne du trafic routier 道路交通的空中监察
～ atmosphérique 大气监测,大气监视
～ d'acheminement des trains 行车监督,调度监督
～ d'électricité 电力监控
～ d'hiver 冬季养护
～ de chantier 野外观察,现场观察
～ de chaussées 路面检查
～ de l'acheminement d'envois (gestion centralisée du trafic marchandises) 货物运送监督(货运集中管理)
～ de l'environnement 环境监视
～ de la circulation 交通监理,交通监察,交通检查
～ de la marche des trains 行车调度,调度监督
～ de la pollution d'air 空气污染监视
～ de la qualité 质量检查,质量控制
～ de la qualité d'eau 水质监测
～ de la voie 线路管理,线路养护
～ de rivières 河流检测,河流监视
～ de trains en marche (S.T.E.M) 行车监督
～ des fournisseurs 供货监督,货源监督
～ des ouvrages 工程监理
～ des travaux 工程监督(监理),工程管理
～ du compactage 压实检验
～ éloignée des passages à niveau 平交道口遥控
～ en exploitation 运行监督,在役监督
～ géologique 地质监测
～ humaine non permanente 非长期的人工监控
～ humaine permanente 长期的人工监控
～ séismique 地震监测
～ statistique 质量统计监督
surveillant *m* 监督,学监,领工员,监工员,督察员,监督人,检查员,监理人员,值班人员
～ de gare 检票员,客运站值班员
～ de la voie 养路领工员
～ de ligne 线路工区工长
～ de quai 站台值班员
～ de travaux 监工,工程监理师,工程领工员
～ des wagons 车辆领工员
surveiller *v* 观察,探测,监督,检查,监控
survent *m* 风力
surverse *f* 漫出,溢流
survibration *f* 过分振捣(混凝土等)
survitesse *f* 超速,超高速
survoltage *m* 过电压
survolté *a* 过电压的
survolter-déphaseur *m* 增压移相器
survolter-dévolter *m* 调压器,电压调整器,可逆增压器
survolteur *m* 升压器,增压机,增压变压器
～ différentiel 差动升压机
survulganisation *f* 过硫化
susannite *f* 三方硫碳铅石
susceptance *f* 电纳

~ d'électrode 电极电纳
susceptibilité *f* 敏感性，感受性，可能性，灵敏度
  ~ à l'eau 亲水性
  ~ à la température 感温性，温度敏感性
  ~ de cavitation 空化敏感性
  ~ de température 感温性，温度敏感性
  ~ logarithmique à la température 对数温度系数，(沥青)对数感温系数，对温度的对数敏感性
susceptible *a* 敏感的，可能的，易感受的，能感受的
susciter *v* 引起，使产生
sus-jacent, e *a* 搭叠的，上覆的，上邻的，压在上面的
susmentionné, e *a* 上述的
suspendre *v* 悬挂，暂停，推迟，暂缓，中止，中断，耽搁
  ~ l'exécution d'un contrat 中止执行合同
  ~ le trafic 暂停客，货运业务，中止营业
suspendu, e *a* 悬挂的，悬空的，悬浮的，悬着的；耽搁的，暂停的，延期的
suspension *f* 脱空，悬浮，吊挂，悬移，悬置，悬挂，吊架，挂钩，悬浮体，悬浮液；吊杆；缓期，暂停，暂时中止
  ~ à cardan 万向接头吊架
  ~ à lamelle 条式悬挂，片式悬挂
  ~ à ressort 弹簧吊挂，弹簧吊架
  ~ auto-amortie 自动减振悬吊装置
  ~ avant 前悬挂
  ~ arrière 后悬挂
  ~ bifilaire 双线悬吊，双线悬置
  ~ caténaire 磁式吊挂
  ~ caténaire compose 双重悬挂导线
  ~ caténaire double 复式悬挂导线
  ~ colloidale 胶态悬浮
  ~ d'argile 黏土悬液，黏土悬浮体
  ~ d'un véhicule 车辆悬挂装置
  ~ de chaux 悬浮石灰
  ~ de ciment 悬浮水泥
  ~ de l'archet de pantographe 受电弓弓架弹性装置
  ~ de la ligne de contact 接触导线的悬挂装置
  ~ de sédiment 悬移质泥沙
  ~ de trafic 中止营业，停止运输业务
  ~ du câble 电缆悬挂
  ~ du délai de livraison 交付期限中止
  ~ du paiement 止付，停止付款
  ~ élastique 弹性悬挂，减振悬挂，弹簧悬挂，减振装置
  ~ élastique du moteur 电动机的弹性悬吊装置
  ~ en Y Y形悬挂
  ~ flexible de ligne de contact 接触网弹性悬挂装置
  ~ fluide 液态悬浮
  ~ hydraulique 水力悬浮
  ~ par barres de torsion 扭棒悬挂
  ~ par câble transversal (caténaires) 横向吊挂装置(接触导线)
  ~ par le nez 鼻式悬挂，抱轴式悬挂
  ~ par le nez de moteur 电动机鼻式悬挂
  ~ par trois points 三点悬挂
  ~ pendulaire 摆式悬挂，摆动吊杆
  ~ pneumatique 空气弹簧悬挂装置
  ~ primaire 一级悬挂
  ~ rigide 刚性悬挂
  ~ secondaire 二级悬挂
  ~ souple 柔性悬挂
  ~ souple de ligne de contact 接触网弹性悬挂装置
  ~ sur ressorts 弹簧悬挂装置
  ~ transversale 横向吊挂，横向悬吊挂
  ~ transversale par câbles 软横跨悬吊
  ~ transversale par fil 软横跨悬吊
  ~ transversale souple 软横跨，导线横向悬挂
  ~ transversale souple par câble 软横跨悬吊
  ~ unifilaire 单线吊挂，单丝悬吊
suspensoïde *m* 悬胶体
suspente *f* 吊杆，悬索，吊索，副竖杆
sussexite *f* 白硼锰石；亮霞正长斑岩
sussultoire *a* 方向垂直的
sustentation *f* 升力，支持，支撑，支承力
sutural *a* 缝合的，接缝的
suture *f* 缝合线；*a* 缝合的，缝合线的(构造)
svabite *f* 砷灰石
svanbergite *f* 磷锶铝矾
Svécofennide *f* 瑞芬构造带
sveltesse *f* 细小，轻便
svetlozarite *f* 钾丝光沸石

sviatonossite *f* 辉榴正长岩
svidnéite *f* 斯维钠闪石,红闪—钠铁闪石
svitalskite *f* 绿鳞石
swale *f* 洼地
swamp *m* 树沼,沼泽,湿地,木本沼泽
swinefordite *f* 锂蒙脱石
swinestone *f* 臭灰岩,臭方解石
switzérite *f* 水磷铁锰石
sydérolite *f* 陶土
syénischiste *m* 绿片岩
syénite *f* 正长岩,黑花岗石
　~ à augite　斜辉正长岩,斜辉石正长岩
　~ alcaline　碱性正长岩
　~ calco-alcaline　钙碱正长岩
　~ d'éléolite　霞石正长岩
　~ leucitique　白榴正长岩
　~ néphélinique　霞石正长岩
　~ normale　钙碱正长岩
syénitique *a* 正长(岩)的,具有正长岩性质的
syénodiorite *f* 正长闪长岩
syéno-gabbro *m* 正长辉长岩
syénoïde *f* 副长正长岩
sylvane *m* **sylvanite** *f* 针碲金银矿
sylvestre *a* 森林的,森林中生长的
sylvialite *f* 硫方柱石,硫[钙]柱石
sylviculture *f* 林业,森林学
sylvine[**sylvinite**,**sylvite**] *f* 钾石盐
symbole *m* 符号,标志,记号,代号,象征
　~ basique　基本符号
　~ conventionnel　规定符号,通用符号,常用符号
　~ d'approvisionnement　商标
　~ de bâtiment　建筑物符号
　~ de couplage d'un transformateur　变压器矢量组的符号
　~ de l'élément chimique　化学元素符号
　~ de la tension d'essai　试验电压符号
　~ de représentation　通用符号,表示符号
　~ des coupes et des colonnes　断面图及柱状图符号
　~ fonctionnel　函数符号,功能符号,工作符号
　~ général　通用符号
　~ lithologique　地层(或岩性)代号
　~ logique　逻辑符号
　~ normalisé　标准符号
　~ numérique　数字符号
　~ opératif　运算符号
　~ opératoire　操作符号
　~ topographique　地形符号,地图图例,地图符号
symbolique *a* 象征的
symétrie *f* 对称,匀称,调和,对称(性、现象)
　~ axiale　轴对称
　~ bilatérale　两侧对称,左右对称
　~ centrale　中心对称
　~ cristalline　晶系,晶体对称
　~ cristallosraphique　晶系
　~ cubique　等轴晶系,立方晶系
　~ de révolution　轴对称,旋转对称
　~ de type cinq　五辐射状对称
　~ double　双对称
　~ du système　系统对称
　~ géométrique　几何对称
　~ hydrocinétique　流体动力对称
　~ pentaradiée　五辐射状对称
　~ radiale　辐射对称
symétrique *a* 对称的,匀称的,平衡的
　~ par rapport à l'axe　轴向对称的
symétriquement *adv* 对称地
symétrisable *a* 可对称化的
symmyktite *f* 混粒岩,喷出角砾岩,混杂沉积岩,火成混合角砾岩
symplésite *f* 砷铁石
symplex *a* 后成叉生的,后生交织的
symposium *m* 症状,症候,迹象,论文集,座谈会,专题论文集,专题讨论会,学术报告会
symptomatique *a* 标志的,特征的(矿物)
symptôme *m* 征兆,预兆,象征,症状,征候,迹象,座谈会,学术报告会
syn-　(前缀)同,共,当合
synadelphite *f* 辛羟砷锰石
synchro *m* (自动)同步机,同步传送,同步信号,同步传感
synchrocyclotron *m* 稳相加速器,同步(电子)回旋加速器
synchrodyne *m* 同步机;同步检波器
synchrogénérateur *m* 自动同步发送机,自动同步传感器
synchromachine *f* 同步电机
synchromoteur *m* 自动同步接收机,自动同步受感器

synchrone *a* 同时的,同步的,同期的,同对的,一起发生的

synchronique *a* 同时的,同步的,同期的

synchronisateur *m* 同步器

synchronisation *f* 同步,整步,同步化
    à ~ automatique 自动同步的
    ~ à volant 飞轮同步
    ~ compensée 补偿同步,规整同步
    ~ d'image 帧同步
    ~ de couleur 彩色同步
    ~ de générateur 振荡器的同步
    ~ dépendante 强制同步
    ~ des émetteurs 辐射同步
    ~ des feux 信号灯同步
    ~ en volant 规整同步
    ~ extérieure 外同步
    ~ horizontale 行同步,水平同步
    ~ indépendante 独立同步,自主同步
    ~ par le secteur 电力线同步
    ~ par réseau 与交流电网同步
    ~ verticale 垂直同步

synchronisé *a* 同步的

synchroniser *v* 同步,整步

synchroniseur *m* 整步器,同步器,(自动)协调器
    ~ de moteur 发动机同步器

synchronisme *m* 同步,同期,同期型,同时性,同步性
    ~ de dépôt 沉积的同时性

synchronoscope *m* 同步表,同步指示器,同期指示器,同步示波仪,同步测试仪

synchrophasemètre *m* 同步相位差计

synchrophasotron *m* 同步稳相加速器

synchrorécepteur *m* 自动同步接收器

synchro-transmetteur *m* 自动同步发送机,自动同步传感器
    ~ différentiel 微分自动同步发送机,微分自动同步传感器

synchrotron *m* 同步回旋加速器
    ~ à électrons 电子同步加速器
    ~ à particules lourdes 高功率质子回旋加速器,高能质子同步稳相加速器

syncinématique *a* 同构造期的

synclase *f* 干裂纹,同生裂隙,收缩裂纹,收缩裂隙

synclinal *m* 背斜,向斜,单斜;*a* 向斜的
    ~ bordier 边缘向斜
    ~ coffré 箱状向斜
    ~ couché 平卧向斜
    ~ court 短轴向斜
    ~ déjeté 斜歪向斜
    ~ déversé 斜卧向斜
    ~ dissymétrique 不对称向斜
    ~ droit 直立向斜
    ~ faillé 断裂向斜
    ~ faux 假向斜
    ~ fermé 闭合向斜
    ~ en nacette 脊形向斜
    ~ à noyau étranglé 扇形(压紧)向斜
    ~ perché 高地向斜
    ~ renversé 倒转向斜

synclinorial *a* 复向斜的

synclinorium *m* 复向斜

syndiagénétique *a* 同成岩的,同期成岩的

syndicat *m* (同行业的)联合会,企业的联合组织
    ~ national des adjuvants pour bétons et mortiers (SYNAD) 混凝土和砂浆掺合料国家联合会
    ~ national du béton armé et des techniques industrialisées(S.N.B.A.T.I.) 钢筋混凝土和工业化技术国家联合会
    ~ professionnel 联盟,行业工会
    ~ professionnel de l'industrie des goudrons et dérivés(S.P.I.G.E.D.) 煤沥青及副产品工业专业联合会
    ~ professionnel régional de l'industrie routière (S.P.R.I.R.) 道路工业地区专业联合会

synéclise *f* 台洼,台坳,台向斜

synépirogène *a* 同造陆期的

synépirogénie *f* 同造陆作用,宁静期地质作用

synérèse *f* 离浆,凝缩,脱水收缩,胶凝收缩,(胶体)脱水收缩作用

synergie *f* 协同合作,协同作用

synforme *f* 向斜,向斜式构造

syngaz *m* 煤的气化

syngenèse *f* 同生(作用)同生沉积成岩作用

syngénétique *a* 同生的,共生的,原生的

syngénétisme *m* 同生论

syngénite *f* 钾石膏

synmétamorphique *a* 同变质(作用)的

synmorphe *a* 同结构的（包体）

synonyme *m* 同义词，类似物，同物异名；*a* 同义的，近义的，等义的

synonymie *f* 同义词，异名关系

synoptique *f* 框图，方块图，天气学，方块示意图；*a* 简要的，扼要的，一览的，天气的，大纲性的
- ~ corrélative　相关天气学
- ~ d'ensemble　系统方块图

synorogénie *f* 同造山期运动

synorogénique *a* 同造山期的

synschisteux *a* 与片理同期的

synsédimentaire *a* 同沉积的，与沉积同期的

synsomatique *a* 同生的，原生的（结构）

syntagmatite *f* 角闪石，含钛绿钙闪石

syntaxie *f* 体衍生，取向连生，共晶格取向连生

syntaxis *m* 并合，衔接，弧束，山脉束，向心会聚

syntectique *a* 同熔的

syntectonique *a* 同构造期的

syntexie *f* 同熔作用

synthèse *f* 综合，概括，合成
- ~ de crues　洪水组合，洪水综合
- ~ de l'information　信息综合
- ~ des fréquences　频率综合
- ~ des réseaux　电路综合，网络综合
- ~ harmonique　谐波合成
- ~ régionale　区域综合，地区综合
- ~ systématique　系统综合

synthétique *a* 合成的，人造的，假想的，综合的，概括的；同向的（构造）

synthétiser *v* 综合，概括，合成

synthétiseur *m* 综合器，合成仪，合成器
- ~ de fréquence　频率合成器
- ~ numérique　数字式合成器

syntonie *f* 谐振，共振，调谐，两电路调谐至同一频率

syntonisateur *m* 调谐设备
- ~ par bouton-poussoir　按钮调谐装置

syntonisation *f* 调谐，调整，两电路调谐至同一频率

syntoniser *v* 调谐，调整，同步

syntype *m* 共型，同型，共模，共模标本

syphon *m* 虹吸（管）

syssidère *m* 铁硅陨石

systématique *f* 分类学，分类系统；*a* 系统的，成体系的，有秩序的，有计划的

systématisation *f* 系统化，成体系，体系化，计划化

systématiser *v* 使成体系，使系统化

système *m* 系，制，体制，体系，系统，制度，晶系，方式，方法，规律，分类，装置，形式，设备，组织，设施
- ~ à aiguille　单针制，单针系统（电报），单针收报机
- ~ à bande latérale unique　单边带系统，单边带通信系统
- ~ à basse pression　低压系统
- ~ à batterie centrale　共电制，共电系统
- ~ à compression　压缩系统
- ~ à courant constant　常流制，闭路系统（电报）
- ~ à courant unidirectionnel　单流制
- ~ à courants porteurs　载波制，载波系统
- ~ à deux fils　二线制
- ~ à deux tuyaux　双管系统
- ~ à entraînement mécanique　机械传动系统
- ~ à fonctionnement simultané　同步（交通）信号系统
- ~ à hacheur　斩波系统
- ~ à haute pression　高压系统
- ~ à inertie　惯性系，惯性系统
- ~ à ligne de contact aérienne　架空接触网系统
- ~ à plusieurs fils　多线制［系统］
- ~ à programme　程序控制系统
- ~ à pulvérisation　雾化系统
- ~ à pulvérisation de saumure　盐水喷淋系统
- ~ à rail conducteur　接触轨制
- ~ à retour isolé　独立回流制
- ~ à retour par la voie　路轨回流制
- ~ à saumure à canalisation fermée　封闭式盐水系统
- ~ à sonnerie d'appel　呼叫振铃系统
- ~ à treillis　桁架系，桁架系统
- ~ à trois composants　三方体系
- ~ à un tuyau　单管系统
- ~ AASHO de classification des sols　土壤分类法，美国各州公路工作者协会土壤分类法
- ~ absolu　绝对制
- ~ absolu d'unités　绝对单位制
- ~ accélérateur　加速装置，加速系统

~ actif 促动器,促动系统,操作机构
~ actif du glissement 滑动系统
~ actuel 现代,全新世
~ additif pour la télévision en couleurs 彩色电视中帧同时传送制
~ alterné 交替(交通)信号系统
~ amplidyne 放大电机传动系统
~ anoptique 非光学系统
~ anorthique 三斜晶系
~ anthracolithique 大石炭系
~ antidérapant 防滑装置
~ antiéblouissant 防眩设施
~ antigivre 除霜系统
~ anti-parasites 抗干扰系统,抗噪声系统
~ antipollution 防污染系统
~ arithmétique 运算系统
~ asdic 超声波水下探测器,声呐系统
~ asservi (随动、跟踪、自动操纵,自动控制,自动调节)系统
~ asservi à relais 继电器伺服系统
~ asymétrique 不对称系统
~ automatique 自动系统,自动装置
~ automatique de réglage complexe 复式自动调节系统
~ automatique de signalisation 信号自动化系统
~ auxilliaire 辅助系统
~ avec neutre à la terre 中点接地电路系统
~ avec retour par la voie 大地回路系统
~ bi-couche 双层体系
~ bifilaire 二线制,双线系统
~ bilinéaire 双线性系统
~ bivariant 双变系统,双变量体系
~ C.G.S. 厘米,克,秒单位制,C.G.S.制
~ centimètre-gramme-seconde 厘米克秒单位制
~ CGS(centimètre-gramme-seconde) CGS制,厘米—克—秒制
~ changeur de mode 模变换系,波型变换器
~ chronométrique 定时制
~ classique 经典系统,非量子化系统
~ collecteur 汇流系统,汇水系统
~ colloïdal 胶体,胶质,胶态,胶性系统
~ combinatoire 组合系统,组合装置
~ combiné des eaux usées et pluviales 雨污水合流系统,合流污水系统
~ compatible de télévision en couleurs 彩色电视重合系统
~ complexe 多元系统,复合系统,空间多元系统(天线)
~ composé de drainage 复式排水系统,组合排水系统,混合式排水系统
~ condensé 凝聚系
~ conjugué 共轭系(统)
~ continu 直流电力牵引系统
~ cristallin 晶系
~ cubique 等轴晶系,立方晶系
~ d'accidents 破裂带,破裂系统
~ d'accord 调谐器,调音器,调谐设备,频率调整器
~ d'adduction d'eau potable 饮用水供水系统
~ d'admission 进气系统
~ d'aérage 通风系统
~ d'aération 空气调节系统
~ d'air climatisé 空调装置,空气调节系统,空气调节装置
~ d'alarme 警报系统
~ d'alarme séismique 地震警报系统
~ d'alimentation 供给(燃料、水、电)系统
~ d'alimentation en contrebas 下给式系统
~ d'alimentation en eau 给水系统
~ d'alimentation en eau de séparation 分区给水系统
~ d'alimentation moyenne 中分式系统
~ d'alimentation thermique 供热网
~ d'allumage 点火系统
~ d'antenne 天线系统
~ d'appel 呼叫系统,呼叫设备
~ d'appel d'urgence 紧急呼唤系统
~ d'arbre 树枝状管网系统
~ d'argile 黏性土类
~ d'armatures 钢筋系,钢筋网
~ d'arrosage 洒水设备,喷灌系统,喷注系统(油船)
~ d'arrosage automatique 自动洒水系统,自动喷灌系统
~ d'attache 吊点布置
~ d'autoroutes de développement économique (S.A.D.E.) 发展经济的高速公路系统

~ d'autoroutes urbaines(S.A.U.) 城市高速道路系统
~ d'axes coordonnés 坐标轴系
~ d'eau 水系,河系
~ d'eau de retour 回水系统
~ d'échauffement à deux tuyaux 双管供暖系统
~ d'échauffement d'air chaud 热风供暖系统
~ d'échauffement d'eau chaude 热水供暖系统
~ d'échauffement d'eau chaude à mécanique 机械式热水供暖系统
~ d'échauffement de retour direct à deux tuyaux 双管直接回水供暖系统
~ d'échauffement de vapeur 蒸汽供暖系统
~ d'échauffement indirect 间接供暖系统
~ d'éclairage 照明系统
~ d'éclairement 照明系统
~ d'écoulement 水系
~ d'égouts 排水系统,污水系统,沟渠系统,下水道系统,污水道系统
~ d'engagement 聘任制
~ d'entrée 输入系统,进风系统
~ d'entretoisement 联结
~ d'étaiement des écrans 声屏障支撑体系
~ d'étanchéité et drainage 防排水系统
~ d'étanchéité positive 可靠止水系统
~ d'évacuation 排水系统
~ d'excitation harmonique 谐波励磁系统
~ d'exploitation 开采方法,运营方式
~ d'identification des wagons 货车识别系统
~ d'information 信息系统
~ d'information géologique 地质信息系统
~ d'injection d'air 补气系统
~ d'injection d'huile des paliers 轴承注油系统
~ d'intercirculation à bourrelets en caoutchouc 橡胶折棚通过台
~ d'intercirculation à soufflet 带折棚通过台
~ d'irrigation 灌溉系统
~ d'irrigation automatique 自动灌溉系统
~ d'observation mobile 流动观测系统
~ d'opération 操作系统
~ d'opération à temps réel 实时操作系统
~ d'orientation 定向系统,定位系统
~ d'unités 单位制

~ de《commande de traitement》 "处理控制"系统
~ de base 基本系统,基础系统
~ de bielle 杠杆系统,杠杆机构
~ de boîtes de pression 压力盒系统
~ de calcul 计算系统
~ de canal 渠系
~ de canalisation d'eau usée 污水管道系统
~ de canalisation d'interception 截流管道系统
~ de cassures 裂隙系,断裂系
~ de cavernes 洞穴系统
~ de centre de masse 质心系
~ de charge A A系列荷载
~ de charge militaire 军事荷载
~ de chauffage 供暖系统,加热系统
~ de chauffage à air chaud dans les locaux d'habitation 住宅热风采暖系统
~ de chicanes 导流片系统
~ de circulation 循环系统
~ de circulation de l'huile 油循环系统
~ de circulation forcée 强制循环系统
~ de classification 分类方法,分类系统,分级系统,空气调节系统
~ de climatisation 通信系统,空气调节系统
~ de collection 集水系统,集流系统
~ de communication des tubes pneumatiques 风管传输系统
~ de communication multiplex 多路通信系统
~ de compensation 补偿系统
~ de conditionnement d'air 空气调节系统
~ de conduit 疏水系统,涵管系统
~ de conduit des eaux pluviales 雨水管网
~ de construction 结构体系,建筑方式
~ de contrat 合同制,发包制
~ de contreventement 风撑系统
~ de contrôle 控制系统,操纵系统
~ de contrôle actionné par les véhicules 车辆反应控制系统
~ de contrôle d'accès （出）入口控制系统
~ de contrôle de circulation 交通控制系统
~ de contrôle de circulation concentrée 集中交通控制系统
~ de contrôle en cascade 级联控制系统
~ de contrôle hiérarchique 分层控制系统,分级

控制系统
~ de contrôle-commande 测量控制系统
~ de coordonnées 坐标系,坐标系统
~ de coordonnées triangulaires 三角坐标系
~ de coulée 浇注系统
~ de couplage 耦合系统
~ de coussinet 轴套支撑
~ de cyclage à eau 水循环系统
~ de déclenchement 触发装置,启动装置
~ de démarrage électrique 电力启动系统
~ de dénoyage 排水系统
~ de dépoussiérage 除尘方法,除尘系统,除尘装置,集尘装置,捕尘方法
~ de détection 探测系统
~ de détection des véhicules 汽车检测设备
~ de détection linéaire de la chaleur à fibre optique 线性感温光纤检测传感系统
~ de développement 开发系统,研制系统
~ de déviation 偏转系统,扫描装置
~ de diaclases 节理系统
~ de diffusion publique 扩音系统,当众演说扩音系统
~ de direction 转向系统
~ de dispersion 分散体系
~ de distribution 配电制,配电系统,配水系统,配气系统,分配系统
~ de distribution d'intelligence 智能式分布系统
~ de drainage 排水系统
~ de drainage automatique 自动排水系统
~ de drainage de tube 管道排水系统
~ de drainage domestique 室内排水系统
~ de drainage en arête de poisson 人字形排水系统,腓骨式排水系统
~ de drainage extérieur 室外排水系统,外部排水系统
~ de Dywidag 德维达格(德国公司)锚固预应力混凝土粗钢筋的方法
~ de faille(s) 断层系,断层系统
~ de fermeture 关闭系统,停车系统
~ de fermeture automatique 自动闭闸装置
~ de fissure 裂缝系
~ de fléchage 箭头式路标,箭头标记法
~ de forces 力系
~ de fractures médio-océaniques 大洋中脊断裂系
~ de Freyssinet 弗式预应力张拉系统
~ de gestion 管理系统
~ de gestion d'information 信息管理系统
~ de gestion intégrée 成套管理系统
~ de graissage 润滑系统,润滑方式
~ de information géologique 地质信息系统
~ de joints 裂隙系
~ de la surveillance de circulation 交通监视系统
~ de Leonhardt 李氏预应力张拉系统
~ de levage 起吊法
~ de localisation 定位系统
~ de longrines 纵梁系
~ de Magnel 马氏预应力张拉系统
~ de mélange circulatoire 循环拌和制
~ de mesure métrique 米制,公制
~ de mesure technique 工程米制
~ de montagne 山系
~ de multiordinateur 多计算机系统
~ de nappe en réseau 网状水系
~ de notation à base mixte 混基符号,混基基数法
~ de numération 计数法,读书法,命数法
~ de pilotage 副系统,引导系统,试验系统,控制系统,操纵系统
~ de plis 褶皱系,褶皱系统
~ de pompage 水泵网,抽水系统
~ de pompage automatique 自动抽水系统
~ de pont métallique démontable 可拆装的钢桥系统,预制单元组合式架桥法
~ de positionnement global(GPS) 全球定位系统
~ de poste-contrainte (预应力混凝土)后张法
~ de précontrainte 预应力系统
~ de prévision des crues 洪水预报系统
~ de prise de vue 摄影系统
~ de programmation (traitement de l'information) 程序系统(信息处理),程序设计系统
~ de projection 地图投影系统
~ de protection 保护系统
~ de radioconduite 无线电控制行车系统
~ de récupération 回收系统
~ de récupération des données 数据回收系统
~ de référence (auscultation) (声波探测)参照

系,基准系,参考系
~ de référence (d'un plan) （图纸）参照系,参考系
~ de référence absolu 绝对参照系
~ de référence standard 标准参考系
~ de réfrigération d'huile 油冷却系统
~ de refroidissement 制冷[冷却]系统
~ de refroidissement indirect 间接制冷系统
~ de réglage à contre-réaction 反馈控制[调节]系统
~ de réglage automatique 自动调节系统
~ de remplissage 支撑系统,联结系统
~ de repérage radioélectrique 雷达系统,无线电点标系统
~ de représentation triangulaire 三角形表示法
~ de responsabilité 责任制,负责制
~ de responsabilité assumée par le directeur 经理负责制
~ de responsabilité individuelle dans la production 生产责任制,生产岗位责任制
~ de rotation 旋转机械结构
~ de rotation des postes 岗位轮换制
~ de sanction-récompense 奖惩制度
~ de signalisation 信号系统,信号装置
~ de signalisation à trois indications (vert, jaune, rouge) 三色（绿、黄、红）显示信号制
~ de signalisation lumineuse coordonnée 联动色灯信号系统,联动（交通信号）控制系统
~ de signaux 信号系统
~ de stockage 蓄能系统,存储系统
~ de structure variable 变结构系统
~ de support 支持系统
~ de support de tubage 套管支撑系统
~ de support triangulaire 三角形支撑体系
~ de surveillance 监视系统
~ de synchronisation 同步系统,同步装置
~ de tablier 桥面系
~ de tarif par distance 距离计费制
~ de télécommande 遥控系统
~ de télécommande radioélectrique 无线电遥控系统
~ de télécommunication 电信系统,远程通信系统,长途通信系统
~ de télégestion (traitement de l'information) 远程信息处理系统（信息处理）
~ de téléguidage 遥控系统,远距离操纵系统
~ de téléinformatique 远程信息处理系统
~ de télémesure 遥测系统
~ de téléphonie automatique 自动电话系统
~ de télésurveillance par caméra 摄像监视系统
~ de télétransmission 远距离传输系统
~ de terrasses 阶地系统
~ de traction électrique 电力牵引制,电力牵引系统
~ de transfert d'eau 疏水系统
~ de transmission 输电系统,传输系统
~ de transmission à courant porteur 载波电流传输系统
~ de transmission à longue distance 长距离输电系统
~ de transmission de valeurs de mesure 数据传输系统
~ de transmission secrète 保密传输系统
~ de transmission vidéo 视频传输系统
~ de transport 运输系统
~ de transport au moyen de câbles 索道运输方式,索道运输系统
~ de travail 作业法
~ de travail à la chaîne 流水作业法
~ de tube couvert 暗装管网
~ de turbopompes 涡轮泵机组
~ de ventilation 通风系统,通风装置
~ de ventilation vers le haut 向上的通风系统
~ de vidéosurveillance 电视[视频]监视系统
~ de visualisation 观察系统
~ déplaçable 活动系统,非刚性系统
~ des eaux chaudes fermées 封闭式热水采暖系统
~ des eaux de retour à vide 真空回水系统
~ des limites absolues 绝对最大系,绝对极限系统
~ des limites moyennes 平均极限系统
~ des plaques électriques 电气路牌制
~ des puits filtrants （降低地下水位的）井点系统,井点法
~ des réseaux 电网系统,管网系统
~ des ressources d'eau 水资源系统,水力资源系统,水利工程系统

système

~ des transports 运输方式
~ diphasé 两相制,两相系统
~ diversité 分集制,空间多元系统
~ du développement d'application 应用开发系统
~ du laboratoire 实验室系统
~ du saprobionte 污水生物系统
~ dunaire 沙丘带,沙丘系统
~ duplex différentiel 差动式双工系统
~ duplex équilibré 桥式双工制,桥接式双工连接系统
~ dynamique 仿真学,动力系统,系统动力学
~ écologique 生态系统
~ élastique 弹性系统
~ en cadre en bois 木框架系
~ en damier 方格式道路网
~ en espace tridimensionnel 三维空间体系
~ étendu d'autoroutes primaires(S.E.A.P.) 高速干道系统
~ évolué 尖端设备,采用先进技术的设备
~ extérieur de tuyaux 外部管网
~ fermé 封闭式系统
~ filonien 脉系,岩脉系统
~ fluvial 水系,河流系统
~ fonctionne sur le principe du circuit fermé 经常闭路工作制
~ frigorifique 制冷系统
~ frigorifique à éjection de vapeur 蒸汽喷射制冷系统
~ frigorifique hermétique 密闭式制冷系统
~ frigorifique pré-assemblé 制冷机组
~ généralisé de préférences 普惠制
~ géologique 地质系统
~ géosynclinal 地槽系
~ Giorgi 米、公斤、秒、安(培)制,乔吉制
~ giratoire 环行交通方式
~ gyroscopique 陀螺装置
~ hétérogène 非均匀体系,多机种系统
~ horizontal de la signalisation 平面(交通)信号系统
~ hydraulique 液压系统,水利系统
~ hydroécologique 水域生态系统
~ hydropneumatique 液压气动系统
~ hyperstatique 超静定结构,超静定系统

~ idéalisé 理想(控制)系统
~ illuminateur 照明系统
~ important pour la sécurité 安全重要系统,安全相关系统
~ intégré 集中型系统
~ intégré de gestion 集中管理系统
~ intelligent 智能系统
~ international d'unités 国际单位制
~ international des données de sol 国际土壤资料系统
~ interrogateur-répondeur 问答系统
~ inversible 可逆系统,可逆过程
~ isolé 独立系统,隔离系统
~ isostatique 静定结构,静定系统
~ itératif 链形电路,链形线路,重复网络,多节电路,链形滤波器
~ latéral 横支法,横撑法,支渠系统,横向支撑系统
~ Leblanc 勒布朗克接法
~ libre 自由振荡,自由系(向量的),电视的自由系统(帧频取决于行频率,但与电视频率无关)
~ limité par entrée et sortie 出入口限制的系统,受输入、输出限制的系统
~ limité par la vitesse de la machine 受机器运算速度限制的系统(与输入输出设备无关)
~ linéaire 线路程式,直线方式,线性系统,直线性系统
~ linéaire variable 可变线性系数
~ lithologique 岩石体系
~ lumineux 色灯信号系统
~ M.K.S.A 米、公斤、秒、安(培)制
~ maillé 网状结构
~ mécanique 力学体系
~ métrique 公制,米制,十进制
~ modulaire 模数体系,积木式系统,模块化系统,模数量测体系
~ monétaire 货币体系
~ monocouche 单层体系
~ monophasé 单相系统
~ monophasé-continu 单相直流电力牵引制
~ monophasé-triphasé 单相—三相电力牵引制
~ montagneux 山系
~ multicouches 多层体系,多层次系统
~ multiplex 多路制

~ multiprocesseur 多重处理系统
~ multivoies 多路制
~ national de triangulation 国家三角网
~ naturel 自然系统
~ non-linéaire 非线性系统
~ non asservi 自激系统,无监视运转系统,自由振荡系统
~ onde porteuse dit offset 偏移载波系统
~ oscillant 振荡系统
~ ouvert 开放系统
~ ouvert à saumure 敞开式盐水系统
~ par gravité 重力制,自流系统
~ parallèle 平行式布置
~ pas à pas 步进系统
~ plan triaxial （土壤）三角坐标分类法
~ pneumatique 压气系统
~ polaire 极坐标
~ polycyclique 多频制
~ polyphasé 多相体系
~ polyphasé direct 正序多相系统
~ polyphasé direct d'ordre m 阶数为 m 的正序多相系统
~ polyphasé équilibré 平衡多相系统
~ polyphasé inverse 负序多相系统
~ polyphasé inverse d'ordre m 阶数为 m 的负序多相系统
~ polyphasé symétrique 对称多相系统
~ portant 支承系统,支承结构
~ pratique 实用制
~ progressif 推进式（交通信号控制）系统
~ progressif de changement de vitesse 无级变速系统
~ progressif variable 逐渐变化系统,定速进行系统,可变的推进式交通信号系统（联动信号的一种）
~ quadratique 四方晶系
~ radio 无线广播系统
~ rationnel des transports 合理化运输制
~ régulateur 调节系统
~ routier 道路系统
~ Scott T形连接法,斯科特接线法
~ secondaire 中生界,辅助系统,次干道系统
~ sélectif 选择制
~ semi-automatique 半自动式,半自动系统
~ sensible 传感系统
~ séparatif 分流制,离散系统,雨水污水分流系统
~ séparatif d'assainissement 排水管道分流制
~ séparatif d'eaux d'égout 污水分流系统,下水道分流系统
~ séquentiel 序列系统
~ simple 单体系统
~ sous pression 压力系统,受压系统
~ squelch 无噪音调整系统
~ start-stop 起止式,启闭装置,起止装置
~ statiquement déterminé 静定系统
~ stratifié et anisotrope 层状各向异性体系
~ structural 结构系数
~ suiveur 随动[跟踪、伺服]系统
~ superviseur 监视系统,管理系统
~ synchrone de contrôle des véhicules 车辆同步控制系统
~ tectonique cathaysien 华夏构造体系
~ thermodynamique 热力学系统,热力学体系
~ tri-couche 三层体系
~ triangulé 桁架结构,三角形桁架,三角形框架
~ triangulé surabondant non linéaire 非线性超静定三角形构架
~ triaxial 三轴(压力试验)法
~ trichromatique 三色信号系统
~ triphasé 三相制,三相系
~ unifié de classification des sols 统一土壤分类法
~ unifilaire 单线制,单线系统
~ vertical de la signalisation 立式交通信号系统
~ Ward-Léonard 直流发电机—电动机系统,华德—列奥那德系统

systyl *m* 玄武碧石(岩)
szaboïte *f* 紫苏辉石
szaibélyite *f* 硼镁石
széchényiite *f* 镁钠钙闪石
szmikite *f* 锰矾
szomolnokite *f* 水铁矾

T

T *m* "T"字形，T形钢
- ~ de raccordement de tubes 线管T形接头
- ~ en parallèle 波导管并联T形结(其两波道管的导纳是相加的)
- ~ en série 波导管串联T形结
- ~ hybride T T形波导，T形连接
- ~ magique 混合接头，T形波导支路
- ~ shunt 波导管在磁场平面中的T形连接

taaféite *f* 塔菲石(铍镁晶石)

tabatière *f* 天窗，斜[平式]天窗，天窗上的玻璃窗扇

tabbyite *f* 韧沥青

tabergite *f* 杂云母绿泥石

tabétisol *m* 解冻土层

table *f* 台，桌，板，表，表格，地块，露台，台子，台面，平台，图标，图表，平板，护板，台坪，台地，工作台，一览表
- ~ à boutons(poussoirs) 按钮式操纵台
- ~ à calcul 计算台
- ~ à commutateurs 转换开关控制台
- ~ à dessin 制图台，绘图板
- ~ à dessiner 绘图桌
- ~ à itinéraire 经路照明盘，经路内道岔信号集中操纵装置
- ~ à secousse (选矿)摇床，跳汰机，振动台
- ~ à souder 焊接工作台
- ~ analogique électrique 电模拟计算台
- ~ circulaire horizontale 回转台
- ~ d'admission 进料盒，放料盒，进给台
- ~ d'amortissement 折旧表，偿还表
- ~ d'eau 水面，水位，潜水面，地下水面
- ~ d'écoute 监听台
- ~ d'enclenchements 集中联锁台
- ~ d'enclenchements électromécaniques 电—机式集中联锁台
- ~ d'enclenchements mécaniques 机械集中联锁台
- ~ d'essai 试验台，(地震)振动台
- ~ d'étalonnage 校验台
- ~ de basalte 玄武岩陆台，玄武岩台地
- ~ de calcul 计算台，计算图表
- ~ de change 外汇兑换表
- ~ de chargement 装货台，装车台
- ~ de cintrage 弯管(板)台，钢筋成型台
- ~ de commande 操纵台，控制台
- ~ de commande à schéma des voies 照明盘式操纵台
- ~ de concentration 摇床(选矿用的)
- ~ de contrôle 控制台，控制部件
- ~ de conversion 兑换表，换算表
- ~ de conversion programmable 程序转换台
- ~ de corrélation 勘误表，相关系数表
- ~ de déchargement 卸货台
- ~ de diamant 盘形钻石(顶面切平的金刚石)
- ~ de fonction 函数表
- ~ de l'appareil 仪表盘
- ~ de l'atmosphère standard 国际标准大气压表
- ~ de laboratoire 试验台
- ~ de lavage 洗矿槽，清洗台，湿洗摇床
- ~ de levage 起重平台
- ~ de limites 极限表，公差表
- ~ de manœuvre 操纵台，控制台
- ~ de marée 潮汐表
- ~ de mesure 仪表台，仪表盘，测量台
- ~ de paries 汇兑评价表
- ~ de probabilité 概率表
- ~ de rotation 转盘
- ~ de spirale de raccordement 缓和曲线表
- ~ de vente 销售表
- ~ de vibration 振动台，振动试验台
- ~ des cours de change 外汇行市表
- ~ des durées de parcours 波形图
- ~ des fréquences optimales 最佳频率表，通信区指示器，传播频率数值表
- ~ des logarithmes 对数表
- ~ des matières 目录，目录表
- ~ des matières de dessins 图纸目录
- ~ des profits et pertes 损益表

~ élévatrice 升降台
~ élévatrice à ciseaux "X"形机械支撑升降台
~ inférieure de la traverse 轨枕底面
~ phréatique 潜水位
~ ronde 圆桌会议
~ statistique 统计表
~ traçante 绘图桌,自动绘图仪
~ vibrante 振动台

tableau *m* 表,牌,板,图表,表格,仪表盘,仪表板,标志牌,配电盘,信号盘,开关盘,信号编码表,操作台交换面板
~《siffler》 司机鸣笛标
~ à annonciateur 通告牌,应答设备,显示设备,落牌表示器(电话交换机)
~ à basse tension 低压配电盘,低压配电装置
~ à BT 低压配电盘
~ à côté 边屏
~ à distance 30公里/小时以外的限速牌(白底上标黑字,夜间从内部照明)
~ à tension moyenne 中压配电盘
~ central de commande 中央控制屏
~ chronologique 地史年代表,地质年代表
~ circulaire 圆形信号盘
~ commutateur 交换台,电话交换机
~ commutateur multiple 复接式人工交换机
~ comparative 比较表
~ croisé 行列表
~ d'acheminement des trains 行车调度台,列车运行图
~ d'amortissement 分期偿还计划表
~ d'annonce 布告牌,通告板
~ d'appareils 仪表盘,电器板
~ d'aptitude (avancement des agents) 技术专长登记表(人员提升)
~ d'arrivée 集线板,端子板,接线盘,端子箱,出线盒
~ d'assemblage 接合表
~ d'avancement des travaux 工程进度表
~ d'avis 布告牌
~ d'enclenchement 联锁表
~ d'énergie 电力配电盘,电源配电盘
~ d'étalonnage 修正表,校准表
~ d'exécution 入口信号牌(限速区段)
~ d'influence 影响图表
~ d'instruments 工具板,仪表板
~ d'occupation des voies 线路占用标示图
~ d'origine-destination (以矩阵表示起讫点交通量的)OD表
~ de bobinage 绕线图
~ de bord (车内)仪表盘,仪表板
~ de change 汇率表,牌价表
~ de charge 充电配电盘,列车重量标准
~ de chargement 装货表,负荷表,负荷分布定额表
~ de commande 操纵台,控制盘,仪器板,仪表盘
~ de commande centralisée 调度集中操作台
~ de commande d'excitation 励磁控制板
~ de commande manuelle 人工操纵台
~ de compensation des terrassements 土方工程平衡表
~ de connexion 接线板,交换台,插头板,开关盘
~ de contrôle (circuits électriques) 控制盘(电路),控制台,检验台
~ de contrôle électromagnétique 电磁式控制盘
~ de contrôle lumineux 照明轨道模型盘
~ de contrôle optique 照明盘
~ de correspondance 填挖方图表
~ de coupe-circuit 保险丝盘,断路板
~ de démarrage 起动箱(发动机)
~ de démolissage de dispositif électrique 拆迁电力线设施表
~ de dépendance 联锁表
~ de dimensionnement 设计图表
~ de direction 进入线群的指示牌
~ de distance de l'arrêt 制动距离表
~ de distribution 配电板,配电盘
~ de distribution B.T 低压配电盘
~ de distribution d'électricité 配电盘
~ de distribution de force motrice 电源板
~ de distribution mural 墙式配电板
~ de distribution principale 总配电盘
~ de fonctionnement 工作程序表,作用表
~ de haute tension 高压配电盘
~ de limitation de vitesse 限速标,限速表
~ de marche 列车时刻表
~ de mélange 拌和台

~ de pliage 弯钢筋表
~ de rappel 限速标复式牌（30 公里/km 以外的）
~ de réduction 减价表
~ de roulement 轮班表,值勤表
~ de service 作业图,值班表,联锁表,运用表（握柄）,工作进度表
~ de spécification 规格表
~ de statistique 统计表
~ de télécommande 遥控台
~ de transfert 转换指示器板
~ de travail 作业表,工作计划表,工作安排一览表
~ demi-lune 半圆形标志牌（上标运行速度,适合于特快电动车组）
~ des constructions à démolir ou à déplacer 建筑物拆迁表
~ des distances (kilométriques) 里程表（以公里计）
~ des éléments de construction 建筑构建表
~ des indicatifs 电报编写簿,电报编码簿
~ des itinéraires 进路表
~ des mouvements 站内运转图
~ des niveaux d'eau 水位表
~ des ouvrages de franchissement 桥梁工程一览表
~ des principaux indices techniques 主要技术指标表
~ des principaux matériaux 主要材料表
~ des prix 价目表
~ des services européens par voitures directes 欧洲直达客车挂运计划表
~ des sondages 勘探点一览表
~ des stocks 存站车辆状况表
~ des traitements 薪金表,工资登记表
~ descriptif 施工说明书
~ descriptif des modes d'exécution 施工做法说明书
~ dimensionné 多维数组
~ distributeur 配电板
~ divisionnaire 分线箱,分配电盘
~ du score 记分牌
~ efface 可旋转成与线路平行的信号牌
~ électrique 配电盘,配电板,配电表

~ européen des services directs 欧洲铁路联运计划（表）
~ fixe 固定标
~ général 总表,总配电盘
~ général des armatures 钢筋材料总表
~ général quantitatif de l'expropriation des terres 土地征用数量汇总表
~ géographique de commande et de contrôle 有线路图的控制盘
~ granulométrique 级配表
~ graphique 图表
~ indicateur 标志牌,表示器,表示板,检查面板,指示信号盘,落牌表示器面板
~ indicateur de limite de vitesse 限速标
~ indicateur de vitesse 速度标识牌
~ manuel 人工电话交换机
~ monté carrément 方形标志盘
~ monté en losange 尖端朝上的菱形标志牌
~ multiple 多应答电话交换台
~ mural 挂图
~ noir 黑板
~ principal 主开关,主配电盘
~ quantitatif 数量表
~ récapitulatif 摘要表,一览表,汇总表
~ repère 标志,指示牌
~ schématique et géographique des voies 轨道布置地形盘
~ synoptique 一览图,方框图,方块图,模拟系统图版
~ Y 分岔点标识牌（带有"Y"字的四方形表示牌,晚间从内部照明）

tableautin m 小图表
tablette f 搁板,台板,小桌,墙帽,墩帽,小片,小块,小平板,绘图板
~ d'appui （栏杆）扶手,窗台板
~ de solive 梁支承面积

tablier m 桥面,面板,护板,铺面,渡板,跳板,踏板,桥面系,脚踏板
à double ou triple ~ s 带二或三层桥面板（桥梁）
~ auxiliaire 栈桥（隧道临时用桥）
~ avec ballast 铺（碎石）渣桥面
~ ballasté du pont 铺（碎石）渣桥面
~ continu 连续梁桥

～ d'ouvrage d'art 桥面
～ de l'ouvrage 桥面系
～ de locomotive 机车踏板[走板]
～ de pont 桥面板, 桥面系
～ de tender 煤水车踏板[走板]
～ de voie 路基
～ des instruments 仪表板
～ du pont suspendu 悬式桥面
～ en acier coulé 铸钢闸门
～ en béton 混凝土桥面
～ en béton armé 钢筋混凝土桥面
～ en béton précontraint 预应力混凝土桥面板
～ en tôle d'acier 钢板桥面
～ fermé 封闭桥面
～ inférieur 下层桥面, 下承式桥面
～ inférieur du pont 下承式桥面
～ intermédiaire du pont 中层桥面, 中承式桥面
～ léger 轻质桥面
～ métallique 金属桥面
～ orthotrope 正交各向异性板桥面
～ ouvert 明桥面, 无渣桥面
～ ouvert du pont 明桥面, 无渣桥面
～ supérieur 上层桥面, 上承式桥面
～ suspendu 悬式桥面

tablite *f* 累托石
tabouret *m* 绝缘垫
tabulaire *a* 板状的, 台状的, 平顶的, 层状的, 表格式的, 桌子形的
tabulation *f* 制表, 列表, 作表
tabulatrice *f* 制表机(穿孔卡用)
　～ de totaux 总和指标机
tabuler *v* 制表, 列表
tacharanite *f* 易变硅钙石
tâche *f* 任务, 工作
tache *f* 点, 斑, 斑点, 亮点, 黑子, 光斑, 污点
　～ de fer 铁锈
　～ de neige 雪片, 雪花
　～ exploratrice 扫描点
　～ hyperlumineuse 眩目光点
　～ lumineuse 光点, 亮斑
　～ ovale (défaut du métal) 椭圆形斑痕(金属缺陷)
tachéomètre *m* 视距仪, 测速仪, 测距仪, 速度计, 经纬仪, 视距经纬仪
　～ autoréducteur 自动归算视距仪
　～ électo-optique 光电视距仪
　～ électronique 全站仪
tachéométrie *f* 测距术, 快速测量, 视距测量, 视距测量法
tachéométrique *a* 测距的
tâcher *v* 努力, 争取, 力图
　～ de 努力, 力求, 争取
　～ que 努力, 尽力
tacheté, e *a* 瘤状的, 结状的, 斑状的, 斑点状的, 有斑点的
tachistoscope *m* 快速投影机
tachomètre *m* 转速表, 速度表
tachout *m* 砂质河谷
tachyaphaltite *f* 硅钍锆石
tachydrite[tachyhydrite] *f* 溢晶石
tachygraphe *m* 自记转速表, 转速记录表
tachylite *f* 玄武玻璃
tachymètre *m* 转数计, 转速表[计], 速度计, 测速表
　～ à courants de Foucault 涡流式转速表
　～ à force centrifuge 离心式转速表
　～ à impulsions 脉冲转速表
　～ à lames vibrantes 振簧式转速表
　～ à radio détection 雷达测速表
　～ avec compteur d'heures incorporé 带记时器的速度计
　～ de haute précision 高灵敏度转速表
　～ électronique 电子转速表
　～ stroboscopique 频闪式转速表
tachymétrie *f* 转速测定, 转速测定法, 速度测定法
tachytélique *a* 突发现象的, 突然发生的
tacite reconstruction 默契延期(对满限协定继续有效的默认)
taconien *m* 塔康运动(O—S)
taconique *a* 塔康运动的
taconite *m* 铁燧岩
　～ de Lac Supérieur 苏必利尔湖铁燧岩
tactite *f* 接触碳酸岩
tadjérite *f* 塔哲尔陨石
tadzhikite *f* 塔吉克石
tæniolite *f* 带云母
tænite *f* 镍纹石

taf(f)oni *m* 蜂窝洞
taganaïte *f* 砂金石
tahitite *f* 蓝方粗安岩
taïga *f* 泰加林,寒温带针叶林(西伯利亚),泰加群落
tailings *m. pl* 尾矿,尾渣
taillage *m* 切削,削平,裁剪,修琢
taillant *m* 刀口,刀刃,刀片,钻头,刃缘,切削刃
　～ à couronne　顶钻,钻头
　～ amovible　活钻头,可卸钻头,起落钻头,收放钻头
　～ croix　十字钻头
　～ de type Calyx　锯齿形钎头
　～ double　双刃钻头
　～ en couronne　塔形钻头
　～ en croix　X钻头,十字钻头
　～ en rosette　顶钻
　～ en Z　Z形钻头
　～ pour rocher dur　岩石钻头
taille *f* 剪,割,凿,槽,大小,尺寸,规模,切削,削平,裁剪,雕琢,修琢,刀刃,刀片,锉刀纹,开挖面,工作面,掌子面,回采工作面
　à la ～ de　适合于
　～ à magasin　房式回采工作面
　～ à mi-pente　半倾斜刀刃
　～ avançante　导洞,前探工作面,前进工作面
　～ chassante,～ de chassage　顺走向回采工作面
　～ continue　长壁工作面,连续工作面,全面回采工作面
　～ critique　临界尺寸
　～ d'abattage　掌子面,坑道工作面
　～ d'amont　上向回采工作面
　～ d'aval　下向回采工作面
　～ d'exploitation　开采工作面,工作面净空高度
　～ de chantier　工地规模
　～ de Curie　X切割(垂直于X轴的石英晶体截割法),横切割,居里切割
　de la ～ de　适合于
　～ de séparation　切割工作面
　～ de sous-cavement　分段回采工作面,拉底工作面
　～ de verre　玻璃切割
　～ des grains　粒径,颗粒度,颗粒尺寸,晶粒尺寸
　～ des haies　栅栏尺寸
　～ des particules　粒径,粒子的大小,粒子的尺寸
　～ des pores　孔径,孔的大小,孔的尺寸
　～ descendante　俯斜工作面
　～ double croisée　双交叉锉纹
　～ effective　颗粒实际直径
　～ effective des grains　实际晶粒尺寸,颗粒的有效直径
　～ en gradins　梯段式工作面
　être de ～ à　能够胜任,有能力
　～ hélicoïdale　螺旋刀刃
　～ longue　长壁式工作面
　～ montante　上向回采工作面
　～ nominale　公称尺寸
　～ remblayée　充填的回采工作面
　～ rude　粗锉纹
　～ sans remblayage　无充填的回采工作面
　～ simple　单锉纹
　～ unique　单翼工作面
taillé, e *a* 修剪过的,裁剪好的,切割好的
taille-pierre *m* 石工,砖石工,泥瓦工
tailler *v* 切削,削平,裁剪,修琢
tailleur *m* de pierres　砌石工,砖石工
taillis *m* 灌木,采伐林,灌木丛
　～ paraneige　挡雪栅,挡雨障,撑雪障
tailloir *m* 圆柱顶板
taïmyrite *f* 黝方粗面岩
tainiolite *f* 带云母
taiyite *f* 钇易解石
takovite *f* 水铝镍石
takyr *m* 龟裂土
tal *m* 谷地,凹地
talasskite *f* 高铁橄榄石
talc *m* 滑石,滑石粉,爽身粉
　～ bleu　蓝晶石
　～ chlorité　绿泥石
　～ de montmartre　叶片状石膏
　～ de Moscovie　白云母
　～ écailleux　鳞片状岩
　～ endurci　滑石片石
　～ feuilleté　硬滑石,片状滑石
　～ laminaire　叶片状滑石
　～ massif　块滑石
　～ schisteux　滑石片岩
　～ schistoïde　滑石板岩,硬滑石

talcaire *a* 滑石的
talcique *a* 滑石组成的
talcite *f* 块白云母,细鳞白云母;块滑石;滑石片岩
talcite *m* 变白云母,滑石片岩
talc-knebelite *f* 镁铁锰橄榄石
talcosite *f* 似滑石
talcschiste *m* 滑石片石
talissant *m* 稀泥浆,稀砂浆
talkies-walkies *m* 对讲机
talktriplite *f* 镁磷锰矿,铁氟磷镁石
tallalite *f* 电气石
tallingite *f* 铜氯矾
tallite *f* 绿帘石
tallophytes *m.pl* 叶状体植物
talmessite *f* 砷镁钙石
talnakhite *f* 硫铜铁矿
talochage *m* 镘灰,用镘整平
taloche *f* 镘,镘刀,泥刀,粉刷器,修平刀,粉刷器,托泥板镘刀
~ à air comprimé 镘灰器,风动镘刀
~ à enduire 镘刀,镘灰器
~ à garnir 装饰镘刀
~ amovible 可互换镘刀,通用镘刀
~ de lissage 光面镘灰器
~ en bois 木镘,刮灰板,木刮灰板
~ lisseuse électrique 电动镘灰机
~ lissure 镘灰刮平压光板
~ pneumatique 风动镘灰刀
~ pour arêtes 倒棱工具,刻槽工具
talocher *m* 抹灰工
talocheuse *f* 镘灰机
~ vibrante 振动镘灰机
talocheuse-lisseuse *f* 镘灰机
talon *m* 肩,帽,头,盖,端,斜坡,底座,底脚,存根,凸边,凸缘,坡脚,拱脚,突出轮缘
~ de récépissé 票根,存根,收据存根
talonnette *f* 脚蹬(板),脚踏板,后跟部
talourine *f* (煤系中的)火山岩夹层
talquer *v* 涂滑石粉
talqueux *a* 滑石状的,滑石的,含滑石的
taltalite *f* 杂铜电气石
talus *m* 坡,边坡,坡度,斜面,斜[边]坡,斜度,倾角,坡降,比降,坡麓,岩屑堆,山麓堆积

~ à redans 台阶形边坡,梯纵形边坡
~ accore 崖坡
~ alluvial 冲击坡
~ argileux 黏土边坡,黏土边面
~ artésien 承压含水层比降
~ berge 陡峭河岸
~ conique 锥坡
~ conique à 3/2 3/2坡率锥体
~ constant 永久边坡
~ contre l'érosion 防冲刷边坡
~ coulant 滑动面
~ critique 临界比降
~ d'éboulement 陷落角,静止角,安息角,自然倾斜角
~ d'éboulis 递堆,崖堆,岩屑堆,岩屑坡积物
~ d'écoulement 冲积锥,冲积丘
~ d'écroulement 陷落坡
~ d'énergie 能坡,能量比降
~ d'équilibre 休止角,稳定边坡,天然边坡角
~ de banquette 护道边坡
~ de barrage 坝坡
~ de cuesta 单面山陡崖
~ de déblai 开挖边坡,路堑边坡
~ de fossé 水沟边坡
~ de friction 摩擦坡角
~ de la fouille 基坑边坡
~ de la tranchée 路堑边坡
~ de la voie 路基边坡
~ de morts-terrains 覆盖层边坡,弃土堆边坡
~ de pente douce 缓坡边坡
~ de pente inverse à stratiforme 逆层边坡
~ de pente unie à stratiforme 顺层边坡
~ de remblai 填土边坡,路堤边坡
~ de repos 休止角,安息角
~ de rivière 河道坡降,河流比降
~ de surface 地表坡度,水面比降
~ de terrassement 土工坡度
~ de terre 土堤边坡
~ de tranchée 沟渠边坡,路堑边坡
~ doux 缓坡,平缓坡度
~ en roche 岩质边坡
~ en sable 砂堤边坡
~ en terre 土质边坡
~ érodable 侵蚀性边坡

~ extérieur 前坡，外侧边坡
~ frontal 前坡
~ frontal à la tête 洞口仰坡
~ gazonné 铺草皮边坡，铺草皮路面
~ herbé 铺草皮边坡
~ horizontal 平坡
~ hydraulique 水力坡度，水力比降
~ intérieur 内坡，背水坡，内侧边坡
~ latéral 边坡
~ longitudinal 纵向坡度
~ moyen 平均坡度，平均坡降，平均比降
~ naturel 自然坡，天然坡，休止角，安息坡，自然坡度
~ pavé 石砌边坡
~ penté 崖坡
~ projeté 设计边坡
~ provisoire 临时边坡
~ raide 陡坡
~ récifal 礁屑堆，礁麓堆积
~ revêtu 铺砌边坡
~ rocheux 岩石边坡
~ unique 单一边坡

talus-limite m 自然边坡角

talutage m 放坡，成斜面，开挖边坡，修筑边坡，修成斜坡开挖边坡
~ en gradins 挖台阶

taluté a 成斜坡的，倾斜的

taluter v 使倾斜，使成斜边，使成斜坡，建筑边坡，使成斜面，修筑边坡

taluteur m 斜坡平整机，斜坡整修机

taluteuse f 修坡机，斜坡平整机，斜坡修整机

taluteuse-compacteuse f 斜坡成形压实机

talweg m 冲沟，谷道，主泓线，深泓线，河流谷底线，河流深水线，最深谷底线

tamanite f 三斜磷钙铁矿

tamaraïte f 辉闪霞煌岩

tamarite f 红闪石，绿闪石

tamarix-gallica m 圣柳

tamarugite f 斜钠明矾

tambour m 鼓，轮，滚筒，卷筒，圆柱，磁鼓，鼓轮，圆筒，供带盘，圆柱体，鼓形物
~ à câble 电缆盘，电缆滚筒，起重机的缠钢筋轮
~ à courroie 皮带轮
~ à deux compartiments 双拌式（混凝土）拌和筒
~ à mélanger 搅拌筒，鼓筒拌和机
~ à tuyau 软管卷筒，水龙带卷筒
~ avec pieds effilés 直脚羊蹄滚筒
~ avec pieds élargis 扩底羊蹄滚筒
~ basculant 倾斜筒式混凝土拌和机
~ bloqueur 锁闭鼓
~ cribleur 筛鼓，圆筒筛，鼓形格网筛
~ d'annonce 通告圆筒
~ d'enroulement 绕线筒
~ d'enroulement de la corde 塞绳卷筒
~ d'extraction 起重鼓轮，起重卷筒
~ de broyage 碾磨筒
~ de cabestan 绞盘卷筒
~ de câble 电缆盘，钢缆鼓筒，起重机的缠绳轮
~ de calcinage 焙烧筒
~ de calcination 焙烧筒
~ de commande 控制器鼓筒
~ de compactage 路碾，压路滚筒，滚筒压路机，滚筒式路碾
~ de compresseur 压气机鼓筒
~ de curage 抽泥筒
~ de dosage 配料鼓
~ de flèche 起重机鼓轮
~ de forage 索钻鼓轮
~ de frein 闸轮，刹车鼓，制动鼓轮
~ de freinage 制动鼓轮
~ de levage 起重鼓轮，卷扬机滚筒
~ de renvoi 滑轮，滑车
~ de séchage 干燥筒
~ de serrage 路碾，压实滚筒，碾压滚筒
~ de tension 拉紧滚筒
~ de traînage （挖掘机）牵引鼓轮
~ de transporteurs 输送机滚筒
~ de treuil 绞车卷筒，提升机卷筒，卷扬机滚筒
~ débiteur 供料鼓，供带卷盘
~ doseur 配料鼓
~ du micromètre 测微鼓
~ du rouleau à pieds de mouton 羊蹄压路机滚筒
~ du signal 信号机导线驱动圆盘
~ du transmetteur 驼峰调车场峰下线束上调车用的绞盘
~ enregistreur 磁鼓，自记转鼓
~ enrouleur 负载鼓，承重鼓，提升绞筒
~ extincteur de chaux 石灰灭火栓

~ gradué 刻度筒
~ horizontal （混凝土拌和机的）非倾侧式鼓筒
~ magnétique 磁鼓
~ magnétique rapide 快速磁鼓
~ malaxeur 搅拌鼓,鼓筒拌和机
~ malaxeur basculant 倾斜式拌和鼓
~ mélangeur 搅拌鼓,搅拌筒,鼓筒拌和机
~ moteur (funiculaires et téléphériques) 绞车卷筒（架空索道）
~ pour câble 电缆盘
~ pour le papier-bande 电报纸条卷盘,卷纸滚筒
~ récepteur 收带卷盘
~ refroidisseur 冷却筒
~ rotatif 转鼓
~ sécheur *m* 干燥筒
~ sécheur cylindrique 圆筒干燥器
~ sécheur rotatif 旋转式干燥器

tambour-guide *m* 导向辊,导轴

tambour-sécheur *m* 干燥筒

tambour-sécheur-enrobeur(T.S.E.) 沥青混合料干燥拌和筒,沥青混合料干燥拌和鼓

tambour-sécheur-malaxeur(TSM) 干燥拌和鼓,干燥拌和筒

tambour-tamiseur *m* 滚筒筛,圆筒筛

tamis *m* 筛,筛子,筛网,栅网,滤[护]网,筛分机
~ à air 气幕
~ à ballast 渣筛
~ à bande 带条筛
~ à fil 金属丝细网筛
~ à mailles 网筛
~ à mailles carrées 方眼筛
~ à mailles fines 细孔筛
~ à sable 砂筛,筛砂器,筛砂机
~ à sec 干筛
~ à secousses 摇动筛,振动筛
~ à tambour 圆筒筛,转筒筛,滚筒筛
~ antipoussière 防尘滤网
~ centrifuge 离心筛
~ cylindrique 圆筒形格筛
~ d'un véhicule 车辆的摆动
~ de classement 分级筛
~ de contrôle 检验筛,试验筛
~ des eaux d'égout 下水道污水格筛
~ du tuyau de pompe 水泵滤网
~ en crin 细孔筛
~ filtrant 过滤筛
~ fin 细筛
~ métallique 金属丝筛
~ normal 标准筛
~ oscillant 振动筛,摇动筛
~ plan 平格筛
~ pour analyse 试验用套筛
~ rotatif [trommel] 圆筒筛,鼓形筛,滚筒筛
~ secoué 摇动筛,振荡筛
~ standard 标准筛
~ vibrant 振动筛,振动筛分机
~ vibratoire 振动筛
~ vibreur 振动筛

tamisage *m* 过筛,筛选,筛分,筛析,筛滤,筛过的物质
~ fin 细筛分
~ par voie humide 湿筛法

tamisat *m* 过筛（材料）,筛下物料
~ cumulé 累积过筛材料

tamisation *f* 筛,筛滤,筛选,筛分,筛析

tamiser *v* 筛,滤
~ à sec 干筛

tamiseur *m* 摇筛机,振筛机,振动筛分机

tamiseuse *f* 筛分机,筛选装置
~ de laboratoire 实验室用筛分机

tamis-vibrateur *m* 振动筛
~ à excentrique 偏心振动筛

tammite *f* 钨铁

tamourt *f* 间歇河沟

tamper *m* 夯具,夯板,捣棒

tampon *m* 栓,盖,塞子,木楔,布团,插头,堵塞,盖章,缓冲液,缓冲器,缓冲区,缓冲剂,金属盖板
~ à boisseau 柱塞式缓冲器
~ à boisseau ouvert 开式柱塞缓冲器
~ à double ressort 双簧缓冲器
~ à ressort 弹簧缓冲器
~ à ressort-bague 环簧缓冲器
~ à tige 杆式缓冲器
~ amortisseur 减振器,缓冲块
~ autoclave 洗炉堵
~ avec ressort-bague 环簧缓冲器
~ central 中心缓冲器

~ de bois　木塞
~ de choc　缓冲块，减振器
~ de laine de verre　玻璃棉塞
~ de visite　检查口[孔]塞[盖板]
~ en bois　木盖板
~ en fonte　铸铁花纹板
~ Gollot　高氏膨胀锚栓
~ latéral　侧面缓冲器
~ magnétique　磁阻尼器
~ plongeur　柱塞式缓冲器
~ résistant au feu　隔火板（层）
tamponnage　*m*　止水，缓冲，堵住，堵塞，减振
tamponnement　*m*　堵塞，嵌木塞，冲突，碰撞，缓冲装置
~ des voitures　汽车碰撞
tamponner　*v*　碰撞，堵塞，缓冲
tanatarite　*f*　硬羟铝石，硬水铝石
tanbuschite　*f*　暗霞云岩
tancoïte　*f*　羟磷铝锂钠石
tandem　*m*　串联式配置，串列式排列，串联式压路机
tandis que　当……的时候，而，然而
tangage　*m*　俯仰，俯仰角，纵向运动，车辆的点头运动
tangaïte　*f*　铁磷铝石
tangawaïte　*f*　鲍文玉
tangence　*f*　切，切点，相切，切向
tangénite　*f*　铀钛烧绿石，钛贝塔石，杂多钛钙铀矿
tangiwaïte　*f*　鲍文玉，透蛇纹石
tanguaie　*f*　潮水沼泽
tangue　*f*　浅湾贝壳沉积，浅湾钙质泥，潮成钙质沉积
tank　*m*　罐，槽，罐车，槽车
tankite　*f*　含水钙长石
tannin　*m*　丹宁，鞣酸，丹宁酸
tant　*adv*　如此地，那样地，那么多，到这般程度
~ bien que mal　勉强
~ et plus　许许多多，大大地，时常
~ plus que moins　差不多，将近
~ que　只要……（就……），无论是……还是……，……也好，……也好
~ soit peu　稍许一点，稍微
en ~ que　由于，因为，作为

tantalæschynite-(Y)　*f*　钽钇易解石
tantalate　*m*　钽酸盐（类）
tantale　*m*　钽（Ta）
tantalobétafite　*f*　钽铀钛烧绿石，钽贝塔石
tantalocre　*m*　钽土
tantalohatchettolite　*f*　钽铀烧绿石，钽钛铀矿
tantalorutile　*f*　钽铁金红石
tantalpyrochlore　*f*　钽烧绿石，细晶石
tantième　*m*　百分比
~ à payer　支付年度利润额
tantôt　*adv*　马上，立刻，刚才
taosite　*f*　刚玉，钠铝铁钛刚玉，镁铁钛铝石
tapanhoacanga　*f*　（巴西）铁角砾岩
tape　*f*　塞子，堵头，盖子，套筒
taphrogenèse　*f*　断裂（作用），破碎（作用），地裂运动
taphrogéosynclinale　*m*　断裂地槽，地堑式地槽，裂谷地槽
tapis　*m*　层，毯，地毯[毡]，铺盖，毡层，垫子[板]，表层，（公路）面层，覆盖层，磨耗层，处治层，传送带，输送带，衬垫板
~ amont　上游铺盖
~ antidérapant　防滑面层
~ d'argile　黏土铺盖
~ d'asphalte coulé　流体沥青路面测层
~ d'enrochement　堆石层
~ d'enrobés　沥青混合料表面处治层
~ d'étanchéité　防水层，防渗层，防渗铺盖，不透水铺盖
~ d'injection　灌浆铺盖
~ d'usure　磨耗层
~ de caoutchouc　橡胶垫板，铺地橡胶板
~ de chargement　装货传送带
~ de chargement de la bétonnière　混凝土拌和机进料运输带
~ de cure　养护用毡，养护铺盖，（混凝土的）养护保温层
~ de cut-back　轻制沥青面层
~ de drainage　渗水层，滤水层，排水层，排水垫层
~ de drainage horizontal　水平排水铺盖
~ de gabion　石笼护坦
~ de la pose flottante　浮铺地毯
~ de pont　桥面

~ de reprise des sables 输砂带
~ de sable 砂虑层,砂垫层
~ de scellement 封层
~ drainant 排水层,滤水层,排水垫层,排水铺盖,排水褥垫
~ élévateur fixe 固定式提升机,固定式皮带运输机
~ élévateur mobile 活动式提升机,活动式皮带运输机
~ en caoutchouc 橡胶毯,橡胶垫
~ enrobé 沥青混合料表面处治层,沥青混合料毡层
~ enrobé à chaud 热铺沥青混合料毡层
~ enrobé à froid 冷铺沥青混合料毡层
~ étanche 防渗铺盖,不透水铺盖
~ filtrant 滤层,渗透层,滤水垫层
~ hydrocarboné 沥青面层
~ hydrocarboné à chaud 热地沥青面层
~ imperméable 防水层,防渗铺盖
~ non dérapant 防滑面层
~ roulant 传送带,皮带运输机
~ rugueux 粗糙路面
~ sédimentaire 沉积覆盖层
~ superficiel 面层,表层
~ transporteur (传)输送带,皮带运输机
~ végétal 植被

tapis-contact *m* (commande de porte) 地板触器(门的控制)
tapisser *v* 覆盖,充填
tapisserie *f* 挂毡
tapotage *m* 轻击,轻夯实
tap-tap 履带式自动压路机
tapure *f* 裂纹
　　~ capillaire 细纹
　　~ dans le métal 金属中的收缩裂纹
　　~ de trempe 淬火裂纹
taque *f* 铸铁板
taquet *m* 楔,垫块,凸轮,滑轮,挡块,测标,标桩,定位销,伸出部分
tar *m* 潜,焦油
tarage *m* 标定,定口径,称皮重,喷油量
　　~ de ventilation 标定通风机进出风的风量,标定通风机进出风的压差
　　~ des injecteurs 喷油阀的喷油压力

~ du clapet 阀的压力(喷油)
taramellite *f* 纤硅钡高铁石
taramite *f* 绿闪石
taranakite *f* 磷钾铝石
tarantulite *f* 白岗英石岩
tarapacaïte *f* 黄铬钾石
tarasovite *f* 云母间蒙脱石
taraspite *f* 白云石,镍白云泉华,斑点白云岩
taraud *m* 丝锥,螺丝攻
　　~ à écrou 螺母丝锥
　　~ à machine 机用丝锥
　　~ à rainures hélicoïdales 螺旋槽丝锥
　　~ à tubes 管子丝锥
　　~ ajustable 可调丝锥
　　~ conique 锥形丝锥,粗制丝锥
　　~ court à main (钳工用)手用段丝锥
　　~ de rattrapage (钻具的)打捞丝锥
　　~ de T T形螺丝
　　~ ébaucheur 粗丝锥
　　~ fileté 螺塞螺纹
　　~ finisseur 光丝锥
　　~ mère 标准丝锥,标准螺丝攻
　　~ pour les moyeux 长丝锥,套筒丝锥
　　~ rectifié 精磨丝锥,精加工丝锥
taraudage *m* 攻丝,螺孔,攻螺母,内螺纹,套丝扣,车螺纹,车削螺纹
tarauder *v* 攻丝,攻螺母,套丝扣,车螺纹,车削螺纹
taraudeuse *f* 螺丝车床,螺纹铣床,丝锥攻丝机
taraud-mère *m* 标准螺丝攻
tarder *v* 迟缓,耽搁,拖延
tardif, ive *a* 次生的,晚期的,缓慢的,迟来的,后来的
tare *f* 皮重,自重,损失,损耗,缺陷,包装车辆皮重;*a* 损坏的,损伤的
　　~ d'un véhicule 车辆自重
　　~ de la voiture 客车自重
　　~ du wagon 货车自重,货车皮重
　　~ moyenne 平均皮重,平均自重
tarer *v* 腐烂,损坏,损伤,变质;称皮重
targette *f* 闩,键,插销
　　~ de porte 门闩
tar-gravillon 焦油沥青石屑
tar-grenaille 焦油沥青粒料

tari,e *a* 干涸的
tarier *v* 使干燥,变干
tarière *f* 土钻,手摇钻,螺旋钻,麻花钻,钻孔器,木工钻,空心钻
  ~ à augets　勺钻
  ~ à clapet　取土钻
  ~ à cuiller　匙头钻,匙形钻
  ~ à cuillère　勺形土样螺旋钻
  ~ à échantillons　钻孔取样器
  ~ à main　手摇钻
  ~ à moteur　机动钻
  ~ à terre　土钻,地钻,麻花钻,螺旋取土钻
  ~ à tige creuse　空心杆钻
  ~ à vis　螺旋钻
  ~ de montagne　矿山钻孔器
  ~ de pédologue　土钻,麻花钻
  ~ de postforage　柱孔钻,挖柱洞器,柱筒挖掘机
  ~ de recherche　勘探钻孔器
  ~ en hélice　螺旋钻
  ~ hélicoïdale　螺旋钻
  ~ manuelle　手摇钻
  ~ ouverte　勺形钻,匙头钻,匙形钻
  ~ portative　轻便钻孔器
  ~ pour traverses　轨枕钻
  ~ spirale　螺旋钻,麻花钻
  ~ torse à œil　木工钻

tarif *m* 运价,税率,费率,单价,邮资,关税,价目表,运价表,单位造价,运价规程
  ~ à base constante　计程运价,不分等运价
  ~ à base kilométrique　按里程计算的运价
  ~ à dépassement　超重费,超载费率,超重费率
  ~ à fourchette　最低及最高运价
  ~ à gradation　差别运价
  ~ à minimum et à maximum　最低及最高运价
  ~ à tranches　分档税率
  ~ ad valorem　从价运价,从价税率,接货物价格制定的运价
  ~ applicable　现行运价
  ~ avec engagement de fidélité　信用运价,保证执行契约规定的运价
  ~ commercial　营业运价
  ~ commun　普通运价,统一运价
  ~ commun international pour le transport des colis express　国际包裹运送统一运价规程
  ~ commun international pour le transport des voyageurs et des bagages　国际旅客和行李运送统一运价规程
  ~ conventionnel　协议价,协定运价,协定税率
  ~ d'abonnement (marchandises)　货物特定运价
  ~ d'abonnement (voyageurs)　定期客票运价
  ~ d'affranchissement　邮费
  ~ d'annonces　广告费
  ~ d'emballage　包装费率
  ~ d'exportation　出口税率
  ~ d'importation　进口税率
  ~ d'union　联合运价
  ~ de base　基本价格,基本运价
  ~ de camionnage　汽车运货运价
  ~ de chemin de fer　铁路运价
  ~ de concurrence　竞争运价
  ~ de douane　海关规则,海关税率
  ~ de factage et de camionnage　货物接取送达运价
  ~ de faveur　特惠税率
  ~ de grande vitesse　快运运价
  ~ de location d'équipement　设备租用价
  ~ de nuit　夜间税率,额外税率,附加税率
  ~ de petite vitesse　慢运运价
  ~ de pointe　最高税率,最高费率
  ~ de réexpédition　转发运价
  ~ de soudure　组合运价
  ~ de soutien　支援性运价
  ~ de transbordement　换装费
  ~ de transport　运价,运费
  ~ de wagon complet　整车运价
  ~ dégressif　递减运价
  ~ des colis de détail　零担货物运价
  ~ des frais accessoires　杂费价目表,附带费用表
  ~ différentiel　递减运价
  ~ direct　直通运价,联运运价
  ~ douanier　海关税率
  ~ double　双倍运价,双倍费率,双倍费用
  ~ échelonné　分段运价
  ~ exceptionnel　特价,特定运价
  ~ forfaitaire　承包价,包价收费制
  ~ fret-express　快送货物运价
  ~ général　普通运价,普通税率,普通费率

～ intérieur 国内运价
～ international 国际运价,国际联运运价
～ international à coupons 国际客票运价规程
～ le plus réduit 最低运价
～ local 管内运价,地方运价
～ marchandises 货物运价
～ maximum 最高税率
～ minimum 最低税率
～ mixte à deux tranches 两个档次的混合税率
～ mixte à tranches 税率档次混合税率
～ national péréqué 国家调整价
～ normal 正常运价,普通运价
～ nuancé 运费上的微小差异
～ optimum 优待税率,最合理的运价
～ par zones 地区运价,分区运价
～ plein 全价
～ préférentiel 优惠运价,优待税率,优待费率
～ réduit 优待运价,优待税率
～ revendiqué 要求的运价,申请的运价
～ saisonnier 季节性运价
～ scindé 分段运价
～ simple 一般税率,一般费率,普通价
～ soudé 组合运价
～ spécial 特定价
～ spécifique 从量运价,从量税率
～ transit 过境运价,中转运价
～ type 标准运价
～ voyageurs 客运运价
tarification f 制定运价,规定税率,规定价格
～ à la distance 按距离计算运价
～ ferroviaire sur la base kilométrique 按公里规定铁路运价
～ par paliers de distance 按递远递减计算运价
tarir v 干涸
tarissable a 会干涸的
tarissement m 干涸,枯竭
tarmac m 煤沥青碎石,煤沥青碎石路
tarmacadam m 柏油碎石,柏油碎石路,煤沥青碎石,煤沥青碎石路
～ calcaire 石灰石煤沥青碎石,石灰石煤沥青碎石路
～ de laitier 炉渣煤沥青碎石
～ d'enrobés 煤沥青碎石
tarnowitzite f 铅霰石

tarse m 方解石细脉
tartaro m 白色凝灰岩
tartrate m 酒石酸盐(或脂)
tartre m 水垢,水锈
tartufite f 臭方解石,纤方解石
tas m 堆,垛,料堆,渣堆,一堆,小铁钻,堆料场,堆积物,废料场,废石堆,铆接顶把
～ de déblais 泥土堆
～ de matériaux mis en dépôt 储料堆
～ de stockage 储料堆
～ d'ordures 垃圾堆
tascine f 硒银矿
tasmanite f 鳞沥青,塔斯曼煤,塔斯马尼亚煤,辉沸岩
taspinite f 杂块花岗岩
tassé a 压实的,压平的,下陷的,下沉的,扁平的,压紧的
tasseau m 垫木,楔子,拖座,固着楔,木压条,小木条
～ incorporé 预埋木龙骨
tassement m 下沉,下陷,黏结,堆积,夯实,收缩,压缩,沉陷,沉降,地基沉降,压实度,沉淀物,填充度,密度增加
～ après l'exécution 工后沉降
～ d'un ouvrage 构造物沉降
～ d'un remblai 路堤下沉,路堤沉降
～ de consolidation 固结沉降
～ de la fondation 基础沉陷,基础下沉
～ de la plate-forme 土基沉降,路基沉降
～ de la voie 线路下沉
～ des appuis 支座下沉,岸墩沉陷,坝座沉陷
～ des ouvrages 建筑物沉降
～ des remblais 路堤沉降
～ des sédiments 沉积物压实
～ détrimental 有害沉降
～ différentiel 沉降差,差速沉降,不均匀下沉
～ différentiel de la fondation et de l'appareil d'appui 基础及支座不均匀沉降
～ dû à l'infiltration des eaux 浸水下降,因渗水下沉
～ dû à la consolidation 固结沉降
～ dû au dégel 解冻沉降
～ du barrage 坝体沉陷
～ du sol 土陷,地面下陷

~ du sol au cours du dégel 解冻沉泽,解冻时土壤沉陷
~ du sous-sol 地基沉陷,基础沉降
~ du terrain 土壤沉陷,土壤沉降,地面沉降
~ du terrassement 土方沉落
~ durant l'exécution 施工期沉降
~ inégal 不等沉陷,不均匀沉降
~ initial 初始沉陷
~ irréversible 不可逆沉降
~ local 局部下沉,局部沉陷
~ maximal 最大沉降
~ prévisible 预估沉降,预计沉降
~ progressif 逐渐沉降,累积沉陷
~ relatif 相对沉陷
~ résiduel 残余沉降
~ secondaire 二次沉陷
~ total 总沉降
~ uniforme 均匀沉降

tassemètre *m* 沉降测量仪
tasser *v* 下沉,沉陷,压实,堆积,堆起,压缩,下陷
tasseur *m* 夯,具,打夯机
   ~ à explosion 火力夯,内燃机夯
tasseuse *f* 打夯机
tassili *m* 砂岩高原
tassomètre *m* 沉降仪,沉降测定仪
tatarskite *f* 水硫碳钙镁石
tâter *v* 试探,尝试
tâteur *m* 探头,探针,隙片
tatonnement *m* 试验,探索,摸索,化验,索道试运,反复试验
tatonner *v* 探索,试验,摸索,试探,尝试
taupinière *f* 土墩,小山(丘)
tauriscite *f* 七水铁矾
taurite *f* 霓钠流纹岩
tautirite *f* 霞石粗安岩
tautolite *f* 褐帘石
taux *m* 率,比,系数,利率,比率,流率,流量,速率,汇率,比值,税率,百分率,定价,价格,百分比,规定价格
   au ~ de 以……的比率
   ~ concessionel 优惠利率
   ~ d'absorption 吸收系数
   ~ d'absorption d'eau 吸水率
   ~ d'accidents 故障率,事故率

~ d'accidents de circulation 交通事故率
~ d'accroissement 增量,增加率
~ d'accroissement annuel du trafic 年交通增长率
~ d'accroissement du trafic 交通量增长率
~ d'activité 活动率,活度比率
~ d'actualisation 贴现率,折扣率,折现率
~ d'adhérence （车轮和道路间的）附着系数
~ d'affaissement 下沉系数
~ d'alimentation 给料速度,输送速度
~ d'amortissement 耗损率,折旧率,衰减系数
~ d'amplitude 振幅比率
~ d'analyse 扫描速率
~ d'appel 呼叫率
~ d'assurances 保险费率
~ d'échantillonnage 取样率
~ d'écrêtage d'impulsions 脉冲限制率
~ d'enrichissement 浓缩度,浓缩因数
~ d'épuration 净化率,净化因素
~ d'escompte 贴现率
~ d'évaporation 蒸发率,汽化率
~ d'excitation 有效磁场比
~ d'extraction 提取率,锅炉排垢率
~ d'humidité 湿度
~ d'immobilisation 停机率,故障率,趴窝率
~ d'impôt 税率
~ d'impulsions 脉冲占空系数,脉冲占满系数（即脉冲宽度与脉冲重复频率的乘积）
~ d'infiltration 渗透率
~ d'intérêt 利率
~ d'ionisation 电离率,电离速度
~ d'irradiation 辐射率,辐照率,光渗率,剂量率
~ d'occupation 占用率,占有率,占有系数
~ d'oil 含油率
~ d'ondes progressives 行波比,行波系数
~ d'ondes stationnaires 驻波比,驻波系数
~ d'ondes stationnaires minimal 最小驻波比率,驻波电压比
~ d'ondulation 脉动系数
~ d'ondulation d'un courant continu 直流电的波动比,直流电的脉动比
~ d'ondulation résiduelle 波纹百分比,波纹电压比（波纹电压均方根值与平均值之比）
~ d'utilisafion 利用率,利用系数

~ de blocage   阻塞比
~ de bonne route   好路率
~ de capture   俘获率
~ de carottage   毛采芯率
~ de champ résiduel   有效磁场比
~ de change   汇率,兑换率
~ de change associé   联系汇率
~ de charge   负载因数,负载率
~ de charge sociale   福利费率
~ de circulation d'air   空气流量
~ de collision   碰撞率
~ de combustion   燃烧,燃烧率
~ de compactage   压密率,密实程度,压实速率
~ de compression   压缩比,压缩率,压缩速率
~ de comptage   计数率,计数速率
~ de concentration   浓缩比,富集比
~ de consolidation secondaire   次固结度
~ de consommation   消费率
~ de contrainte   应力系数
~ de contre-réaction   负回授系数,负反馈系数
~ de conversion   换算比,转换率
~ de corrosion   腐蚀率
~ de couverture   覆盖比,覆盖度
~ de croissance annuel   年增长率,年增长速度
~ de croissance du trafic   交通量增长率
~ de décantation (dans un réservoir)   (水库)拦沙效率,截淤效率
~ de decomposition   分解速率
~ de décroissance   下降速度,下降速率
~ de défaillance   事故率,缺陷率,消耗率
~ de dégagement de chaleur par volume   放热容积系数
~ de dépassement   过调整系数
~ de dépôt   沉积速度
~ de désadaptation   失配系数,驻波比
~ de désionisation   消电离速度
~ de dessèchement   干燥率
~ de détente   膨胀比,减压比
~ de distorsion   失真系数
~ de distorsion harmonique   非线性失真系数
~ de durée de la phase verte   绿信比
~ de fatigue   疲劳率,疲劳系数
~ de fausses alarmes   误报率
~ de filtrage   过滤效率
~ de fluctuation   波动系数
~ de forage   钻孔进尺
~ de freinage   制动率,制动系数
~ de fret   运价
~ de glissement de la route   道路滑溜系数
~ de gonflement libre   自由膨胀率
~ de groupement   聚束率,群聚系数
~ de la productivité   生产率
~ de modération   缓和能力,减速能力
~ de modulation   整流度,调制率,调制深度,平滑因数(整流器),调制百分比
~ de modulation maximal sans distorsion   无畸变最大调制能力
~ de mortalité annuelle   年死亡率
~ de motorisation   机械化程度
~ de pannes   故障率
~ de pleurage   颤振速率
~ de porosité   孔隙比
~ de production   生产率
~ de radiation   辐射强度
~ de réaction   回授系数,反馈系数
~ de récupération   回收率
~ de refroidissement   冷却比,冷却系数
~ de régénération   再生率,再生系数
~ de remplissage   荷周,工作比(等于脉冲时间乘脉冲重复频率),占空因数,充填密度
~ de rendement   效率
~ de renouvellement d'air   换气量
~ de rentabilité   利润率,内部效益率,内部回收率,内部报酬率
~ de rentabilité économique   经济内部回收率
~ de rentabilité immédiate   第一年利润率
~ de rentabilité interne (IRI)   国内利润率,内部收益率
~ de répétition   重复率,重复频率
~ de répétition des impulsions   脉冲重复频率
~ de ruissellement   流量
~ de rupture   破损率
~ de saturation   饱和度
~ de sécurité   安全率,安全系数
~ de sélection   选择比
~ de shuntage   磁场削弱比
~ de souplesse   伸缩率
~ de statisme   偏移比

~ de subsidence 沉降速率
~ de transfert 传输效率
~ de transfert de chaleur 传热系统
~ de travail 应力,(土壤)承载力,做功系数
~ de travail admissible du sol 土壤允许承载力
~ de vaporisation 蒸发率
~ de variation 改变率
~ de variation de vitesse 变速比,速度变换比
~ de vitesse-limite 限速率,限速值(限速牌上)
~ des précipitations atmosphériques 降雨[雪]密度,大气降水量
~ des véhicules lourds 载重车混入率
~ du change flottant 浮动汇率
~ du profit 利润率
~ du retrait 收缩率,收缩量
~ élevé d'impulsions 脉冲高比,高脉冲系数
~ étalon 准价
~ extrait 抽查率
~ hors banque 市场利率
~ maximal d'évaporation 最大蒸发率
~ moyen 平均率
~ moyen du profit 平均利润率
~ nominal 标称比,标定比率
~ optimum d'humidité 最佳湿度,最佳含水量

tavistockite f 碳氟磷灰石,磷钙铝石,碳磷灰石,羟磷钙铝石
tavolatite f 蓝方白榴岩
tavorite f 羟磷锂铁石
tawaïte[tawite] f 霓方钠岩
tawmawite f 铬绿帘石
taxation f 定价,课税,定费率,计算运费
~ des envois 计算包裹运费
~ des usagers des routes (向)道路使用者征税
~ scindée 分级计算的运费
taxe f 税,定价,计费,运费,捐税,费率,税收[金],费用,手续费
~ à la consommation 消费税
~ à la valeur ajoutée 增值税
~ additionnelle 附加税,附加费
~ bout en bout 全程运费,直通运价
~ d'alimentation en eau 水费
~ d'essence 汽油税
~ d'exportation 出口税
~ d'importation 进口税
~ d'intérêt à la livraison 货物交付延期费
~ d'utilisation 使用费
~ de chargement 装车费
~ de chômage 延期费(车辆装卸)
~ de communication 电话费
~ de consommation 消费税
~ de déchargement 卸车费
~ de dédouanement 验关手续费
~ de location 租金,订座费,租用费
~ de location de bâches 篷布租用费
~ de manutention 装卸费,搬运费
~ de pesage 过磅费
~ de raccordement 专用线使用费
~ de recherche 研究费,科研费,调查费
~ de retour des fonds 代收货价手续费
~ de soudure 分段运费
~ de stationnement (d'un wagon) 停车费用,车辆滞留费
~ de transmission 转运费
~ de transport 运费
~ directe 直通运费,联运运费
~ due sur vente 销售应缴税
~ s et impôts 税款
~ fiscale 税款
~ frigorifique 冷藏费
~ s foncières 土地税
~ s foncières sur terrains bâtis 用于建房土地的土地税
~ s foncières sur terrains non bâtis 不用于建房土地的土地税
~ intérieure 国内消费税
~ kilométrique 每公里费率
~ locale 地方税
~ pour détention d'un wagon 货车停留逾限费,停车留置费
~ s recues et précomptes 税收和预计应收款
~ s spéciales 特殊税
~ s sur l'activité professionnelle 专业税
~ s terminales 货物到达作业费
~ s toutes comprises (TTC) 完税价
~ supplémentaire 附加税
~ sur l'activité professionnelle(TAP) 营业税
~ sur le revient personnel 个人所得税
~ sur la valeur ajoutée (TVA) 增值税

~ sur le chiffre d'affaires 营业税
~ sur les affaires professionnelles(TAP) 营业税
~ sur les loyers 房租，租用费[金]
~ téléphonique 电话通话费
taxi *m* 出租汽车
taximètre *m* 计费表，计程器，出租汽车计价表
taxite *f* 斑杂岩
taxitique *a* 斑杂状的
taxito-ophitque *a* 斑杂含长的(结构)，斑杂辉绿的(结构)
taxoïte *f* 蛇纹石
tayaret *m* 河谷
tayert *m* 河沟
taylorite *f* 铵钾矾
taznite *f* 杂铋土
tchernichévite *f* 富铁角闪石
tchernoziom *m* 黑(钙)土
tchernoziome *m* 黑土，黑钙土
té *m* 丁字尺，丁字钢，丁字管，三通管
~ de dessin 丁字尺
~ en fonte pour conduits 管道连接用铸铁三通管
~ inégal 不等直径的三通管，不等角度的三通管
~ magique 双波导管三通接头
technicien *m* 技师，技术员，技术人员
~ arpenteur des mines 矿山测量员
~ mineur 采矿师，矿山技术人员
technicité *f* 技术性
technico-commercial *m* 技术商人
technico-économique *m* 技术经济
technique *f* 技术，工程，技巧，工艺，技能，工程学，技术装备，工艺技术方法
~《fail-safe》 故障保险技术(个别部件发生故障时，设备性能不变，仍然可靠)
~ adoptée 采用技术
~ audiovisuelle 视听技术
~ contructive 土木工程(学)，建筑工程(学)
~ d'aération 通风技术
~ d'aménagement paysager 景观工程(学)
~ d'arpentage 测量技术
~ d'auscultation (路面)检查技术
~ d'émission acoustique 声发射技术
~ d'entretien 养护技术
~ d'essai 试验技术
~ d'utilisation 压实技术，使用方法，操作技术
~ de compactage 压实技术，碾压技术
~ de congélation des sols 冻凝土技术
~ de construction des routes 道路施工技术
~ de contrôle 控制技术
~ de fondation 基础工程
~ de forage 钻探技术，钻孔技术
~ s de gestion 管理技术
~ de haute tension 高压电工学
~ de l'encorbellement 悬臂技术
~ de l'étanchéité 防水技术
~ de l'holographie 全息照相术
~ de l'installation 设备安装技术
~ de la chaleur 热工学
~ de la circulation 交通工程(学)，交通技术
~ de la consolidation 固结技术
~ de la consolidation dynamique 动力固结技术
~ de la construction des routes 道路工程
~ de la stabilisation 稳定技术
~ de mémorisation 存储技术
~ de précision 精密技术
~ de production 生产技术，生产工艺
~ de régénération (沥青混凝土路面的)再生技术
~ de renforcement 加固技术
~ de répandage 摊铺技术
~ de résistivité électrique 电阻探测技术
~ de sécurité 安全技术
~ de systèmes 系统工程
~ de terrassement 土方工程
~ de travail 工作方法
~ des communications électriques 电信技术
~ des courants faibles 弱电工程(学)
~ des eaux usées 污水工程
~ des fondations 基础工程
~ des grains très fins 超细颗粒使用技术
~ des impulsions 脉冲技术
~ des levés 测量技术
~ des routes 道路技术
~ des sols 土工学
~ des télécommandes 遥控技术
~ des terrassements 土工技术
~ des transports de marchandises 货运技术

~ des vibrations à fréquence élevée 高频振动技术
~ du béton précontraint 预应力混凝土设计施工技术
~ du chauffage 供暖技术,采暖工程(学)
~ du chemin de fer 铁路技术
~ du contrôle 监测技术
~ du pilonnage 夯实技术
~ du trafic routier 道路交通工程学
~ frigorifique 冷冻技术
~ hydraulique 水利工程(学),水力工程技术
~ hydro-électrique 水电工程
~ photoélastique 光弹性技术
~ photoélectronique 光电技术
~ radio-électrique 无线电技术
~ recommandée 推荐技术,介绍技术
~ sanilaire 卫生工程
~ séismique 地震预测技术
~ souple 柔性(路面)技术

technocratie f 专家管理,技术管理
technologie f 工艺,技术,术语,工艺学,专门用语,生产技术,工艺规程
~ d'intégration 综合技术
~ de conservation 水土保持技术,自然资源保护技术
~ de pointe 尖端技术,尖端工艺
~ de prélèvement 取样技术和岩芯样品
~ de sols 土工学,土工技术
~ des enclenchements 锁闭技术
~ des métaux 金属工艺学
~ du béton 混凝土工艺学
~ du moteur 发动机制造工艺(学)
~ du soudage 焊接工艺
~ M.O.S. 金属—氧化物,半导体技术,金属半导体技术
~ prospective 前瞻技术
~ routière 道路施工工艺

technologique a 工艺的,科技的,工艺学的
technologue m 工艺学,工艺师
teck m 柚木
tecpléite f 氯硼钠石
tecticite f 铁毛矾石
tectite f 玻陨石,雷公墨,熔融石
tectodynamique f 构造动力学,构造动力的

tectofaciès m 构造相
tectogène m 海渊,深地槽,深拗槽;构造带;构造运动
tectogenèse f 构造作用,构造运动
tectoglyphe f 构造刻痕
tectomorphique a 熔蚀变形的,熔蚀改形的
tectonique f 构造学,地质构造,构造地质学,大地构造学; a (地壳)构造的,建筑的,地质构造的,构造地质学的
tectonisation f 构造运动,构造作用,造山运动
tectonisé a 受构造变动的
tectonisme m (大地)构造作用,区域构造作用
tectonite f 构造岩
tectonoblastique a 构造碎裂的
tectonophysicien m 构造物理学家
tectonophysique f 构造物理学
tectonoplastique a 构造塑变的
tectonosédimentaire a 构造沉积的
tectonosphère f 构造圈
tectosilicate(s) m 网硅酸盐(类),架状硅酸盐(类)
tectotope f 构造境
teetogénétique a 构造运动的,构造成因的
teetosphère f 构造圈,地壳结构层
téflon m 四氟乙烯,聚四氟乙烯,四氟乙烯绝缘塑料
tegmentum m 外层,盖层
tégulaire a 鳞片状,覆瓦状
téguline f 砖黏土,陶瓷黏土
tégument m 表皮,皮层,保护层,固定盖层,(不脱离基底)下部盖层
teinéite f 碲铜石
teint m 染色,涂漆,涂料,油漆,颜色,色泽
teinte f 颜色,油漆,涂色,着色,色彩,色调,特色,外貌
~ blanchâtre 浅白色,微白色
~ bleuâtre 浅蓝色
~ carmélite 淡褐色
~ de polarisation 干涉色
~ de référence 参考样品
~ jaune rosée 红黄色
~ lie de vin 紫红色(葡萄酒糟色)
~ mauve 淡紫色
~ rougeâtre 淡红色
~ saumon 橙红色

~ séladon　蓝绿色
~ sensible　灵敏色
~ sombre　暗色
~ verdâtre　淡绿色
~ violacée　紫色
teinture *f*　染料,染色,染色工艺,浸剂
tektite *f*　熔融石,玻陨石
tel *a*　这样的,这种的,如此的
~ que　如同,例如
~ quel　原样地
téautographe *m*　传真电报机
télé-　(前缀)远,遥控,电视,远距离
téléalimentatlion *f*　远距离供应(如砂石材料,电、油、水等)
téléalimenter *v*　远距供电
téléampèremètre *m*　遥测安培计,遥测电流表
téléautographe *m*　传真电报机
téléautographie *f*　传真电报学
télécaméra *f*　电视摄影机
téléchimique *a*　早结异质的,早结非硅质的
télécommande *f*　遥控,遥控系统,远距离控制
~ automatique　自动遥控
~ de locomotives　机车遥控
~ des sous-station (traction électrique)　变电所的遥控(电力牵引)
~ par fil　有线遥控
~ par radio　无线电遥控
télécommandé *a*　遥控的
telecommunication *f*　无线电通信,电信,远距通信,长途通信,通信联络
~ s à fréquence porteuse　载频远距通信
~ par fil　远距有线通信
~ par onde porteuse　载波远距通信
~ sans fil　远距无线通信
télécompas *m*　遥控罗盘
téléconduite *f*　遥控,遥控驾驶,远距离操纵
télécontrôle *m*　遥控,远程控制
télécoordimètre *m*　遥控坐标测定仪
télédétection *f*　遥感,遥测,远距离探测
~ aéroportée　机载遥感
~ infrarouge　红外遥感
~ multispectrale　多谱段遥感
télédiaphonie *f*　远端串音,收信端串话
~ entre réel et fantôme　实路与幻路之间的远端串音
~ entre réel et réel　实路对实路的串话
télédiffusion *f*　无线电广播,无线电转播
~ à fréquence porteuse　载频有线广播
télédirection *f*　远程导引
téléférique *m*　架空索道,电动缆车
~ continu　空中索道
~ d'amenée du ciment　水泥输送索道
téléforce *f*　遥控
télegdite *f*　水硫碳石
télégestion *f*　(traitement de l'information) 远程信息处理
télégramme *m*　电报
télégraphe *m*　电报,电报机,电报局
télégraphie *f*　电报,通报,电报学
télégraphiste *m*　电报员
téléguidage *m*　遥控
téléguidé *a*　遥控的,远程控制的
téléguider *v*　遥控,远距离控制
téléiconographie *f*　无线电传真
téléinformatique *f*　(traitement de l'information) 远程信息处理(信息处理)
télémanomètre *m*　遥控压力表,遥测压力计
télémécanique *f*　遥控力学,遥控机械学
télémesure *f*　遥测,遥测学,遥测仪
dispositif de ~　遥测装置
~ par impulsions　脉冲遥测学
~ par radio　无线电遥测学
télémètre *m*　测距仪,遥测计
~ à coïncidence　重合式测距仪
~ à couplage par tension　电压耦合测距仪
~ à deux images　双像测距仪
~ à image en relief　立体像测距仪
~ du type rapport　比例式遥测计(测两种电量之商)
~ électronique　电子测距仪
~ radar　雷达测距仪
~ stéréoscopique　立体测距仪
télémétreur *m*　测距员
télémétrie *f*　测距仪,遥测技术,遥测装置
~ optique　光学测距法
~ par son　声测距法
télémétrique *a*　测距的
téléobjectif *m*　摄远镜头,长焦距镜头

téléphérique *m* 架空索道
- ~ à câble sans fin 单线架空索道,循环式架空索道
- ~ bicâble 双线架空索道,往返式架空索道
- ~ monocâble 单线架空索道

téléphone *m* 电话,电话机
- ~ avec circuit de service 养路电话(装于区间)
- ~ domestique 内部电话
- ~ téléviseur 传真电话

téléphotomètre *m* 遥测光度计
téléprocessing *m* 远程信息处理,远距程序控制
téléprogressing *m* 远程处理
télépyromètre *m* 遥测高温计
téléréglage *m* 遥调,远距调节
télérelais *m* 远距继电器,远距中继线
télescopage *m* (des voitures) 互撞(客车),切冲
télescopique *a* 套选的,伸缩的,套管式的
télésignalisation *f* 遥控信号设备
téléthérapie *f* 远距疗法,放射疗法,暗示疗法
téléthermomètre *m* 遥控温度表,遥测温度计
- ~ d'eau à basse température du moteur diesel 柴油机低温水遥控温度表
- ~ d'eau à haute température du moteur diesel 柴油机高温水遥控温度表
- ~ de pression d'huile du moteur diesel 柴油机遥控油压温度表

télétraitement *m* (traitement de l'information) 远程信息处理
télétransmission *f* des données 远距离信息传输
téléviseur *m* 电视
télévision *f* 电视机,电视接收机
télévoltampèreheuremètre *m* 遥测伏安小时计,遥测全功电度表
télévoltmètre *m* 遥测伏特计,遥测电压表
téléwattmètre *m* 遥测瓦特表
tellurien *a* 地球的,原生的
tellurohmmètre *m* 接地电阻计,接地电阻表
témoin *m* 样品,试样,标准,界标,界石,水准点,证明书
tempérant *a* 适度的,缓和的
température *f* 温度,气温
- ~ absolue 绝对温度
- ~ ambiante 环境温度
- ~ ambiante maximale de fonctionnement 最高工作温度
- ~ annuelle moyenne 年平均温度
- ~ basse 低温
- ~ caractéristique 特性温度
- ~ centésimale 摄氏温度
- chute de ~ 降温
- ~ constante 恒温
- ~ contrôlée 控制温度
- ~ critique 临界温度
- ~ d'air ambiant 环境温度,周围空气温度
- ~ d'allumage 点火温度
- ~ d'aspiration 吸入温度
- ~ d'auto-allumage 自燃温度
- ~ d'ébullition 沸点
- ~ d'essai 试验温度
- ~ d'évaporation 蒸发温度
- ~ d'inflammation 燃点,点火温度
- ~ dans la masse 体温度
- ~ de bruit 噪声温度
- ~ de combustion 燃烧温度
- ~ de condensation 冷凝温度
- ~ de congélation 冻结温度
- ~ de conservation du béton 混凝土养护温度
- ~ de couleur 颜色温度
- ~ de Curie 居里点温度
- ~ de fonctionnement 工作温度
- ~ de fusion 熔点,熔化温度
- ~ de jonction 结温,交界层温度
- ~ de Kelvin 凯氏温度,绝对温度
- ~ de pré-solidification 预固化温度,预凝固温度
- ~ de prise 凝固温度(混凝土)
- ~ de recuit 退火温度
- ~ de refoulement 排出温度
- ~ de rouge 红热
- ~ de saturation 饱和温度
- ~ de solidification 凝固温度
- ~ de souffle 噪声温度
- ~ de stockage 存放温度,物品库存温度
- ~ de surface 表面温度
- ~ de trempe 淬火温度
- différence de ~ 温差
- ~ du blanc soudant 白热焊温度
- ~ du boîtier 壳温
- ~ du mercure condensé 凝汞温度,凝结水银的

温度
~ du point de rosée 露点温度
~ du sol 地温
écart moyen arithmétique de ~ 算术平均温差
écart moyen de ~ 平均温差
écart moyen logarithmique de ~ 对数平均温差
~ effective 有效温度
~ égale 等温
~ électronique 电子温度,噪声温度
~ extérieure 室外温度,车外温度
~ extrême 最大容许温度,最高或最低温度
~ finale 终温,终温度
~ fixe 固定温度
fluctuation de ~ 温度波动
~ haute 高温
~ initiale 初温,起始温度
~ interne 外部温度
~ limite 极限温度,最高容许温度
~ limitée d'emploi 规定使用温度
~ maximum 最高温度
~ minimale 最低温度
~ modérée 中等温度,适度温度
~ moyenne 平均温度
~ moyenne radiante 平均辐射温度
~ neutre 中和温度
~ optimum 最佳温度
~ ordinaire 常温
~ superficielle 表面温度
~ théorique 理论温度
variation de ~ 温度变化

tempéré *a* 适度的,缓和的,温和的
tempête *f* 风暴,烈风,暴风雨
~ de neige 雪暴
~ de pluie 暴雨
~ de poussière 尘暴
~ de sable 沙暴
~ ionosphérique 电离层风暴
~ magnétique 磁暴
~ rude 暴风(11级风)

temporaire *a* 临时的,暂时的,短暂的
temporairement *adv* 暂且,临时地
temporisateur *m* 缓和剂,减速剂,阻化剂,缓凝剂,减速器,定时器,延时器,缓动装置
~ de soudure 焊接计时器

temporisation *f* 定时,记时,持续,持续时间,滞后,延迟,延时,时滞,曝光时间
temporisé *a* 延迟的,缓动的
temps *m* 时间,时期,时代,期间,行程,时机,天气;冲程,行程
~ à averses 雨天
à ~ 及时,按时,准时
à ~ réel 实时的,实际时间的
~ accès minimal 最短存取时间
au ~ de 在……时代,在……的时候
avant le ~ 提前,过早地
~ blocage du courant "间歇"期间,电流闭塞时间
~ brumeux 阴天
~ calendrier 日历天
~ calme 无风天
~ chaud 炎热天气
~ civil 常用时间
~ clair 晴天
~ couvert 多云天气
~ d'accélération 加速时间
~ d'achèvement 完成时间
~ d'admission 吸入冲程(内燃机),进气冲程
~ d'application 应用时间,执行时间
~ d'arrêt 停留时间,停站时间,停机时间,关闭[停止]时间
~ d'arrêt d'un appareil de mesure 测量仪表的阻尼时期
~ d'arrêt programmé à des valeurs fixes 定值程控停车时间
~ d'arrivée 到达时间,到达时间,波至时间
~ d'attente 等待时间
~ d'échauffement 加热时间
~ d'enclenchement 锁闭时间
~ d'établissement du freinage 制动响应时间
~ d'évacuation 车辆疏散时间
~ d'exploitation 操作时间,工作时间
~ d'exploration 扫描时间
~ d'immobilisation 死时间,空转时间,滞后时间
~ d'indisponibilité 停用时间
~ d'inefficacité 失效时间
~ d'insensibilité 不灵敏时间
~ d'orage 风暴天气

~ d'ouverture 打开时间
dans le ~ 从前,当时
de ~ à autre 时而,间或,不时,有时
de ~ en 经常,不时地
~ de base 基本时间,基本时限
~ de blocage 闭塞时间,间断时间,锁闭时间
~ de brouillard 雾天
~ de calcul 计算时间
~ de chargement et de déchargement 装卸时间
~ de chauffage 加热时间,加温时间
~ de circulation 运行时间
~ de commutation 转换时间,换向时间
~ de concentration 集流时间(地面径流)
~ de concentration pluviométrique 雨水集中时间
~ de conduction 导电周期,传导时间
~ de correction 校正时间
~ de coupure 截止时间,断开时间
~ de cycle 周期,循环时间,计算机中重新读出某单词时间
~ de débit 导电期
~ de décélération 减速时间,负加速度时间
~ de décollage 落下时间(继电器),放开时间,起动时间
~ de découplage 切断时间,断开时间
~ de dégel 解冻天气
~ de démarrage 起动时间
~ de demi-refroidissement 半冷却时间
~ de départ 起始时间
~ de déplacement 位移时间,移动时间
~ de déséquipement d'une voiture 客车扣摘时间
~ de desserrage (freins) 松闸时间,缓解时间(制动机)
~ de disponibilité 整备作业时间
~ de fermeture 闭合时间
~ de fin de prise (水泥)终凝时间
~ de fonctionnement 工作时间,使用期限,使用寿命
~ de freinage 制动时间
~ de garage 待避时间
~ de gros 风雨天气
~ de la prise (混凝土或水泥的)凝结时间
~ de machine disponible 机械有效工作时间
~ de maintenance 保持时间,维修时间
~ de malaxage 拌和时间,搅拌时间

~ de mélange 混合[拌和]时间
~ de mise en action (freins) 制动时间
~ de montée 上升时间,前沿时间,波缘上升持续时间
~ de montée de l'impulsion 脉冲前沿时间
~ de montée de température 升温时间
~ de mort 空转时间,非生产时间
~ de mouvement 运动时间
~ de non-opération 停机时间
~ de parcours 旅行时间,走行时间,行程时间,行驶时间
~ de passage 通过时间
~ de pluie 雨天
~ de pompage 抽水时间
~ de pose 曝光时间
~ de prise 混凝土凝结时间
~ de prise (ciment) 凝结时间(水泥)
~ de propagation 走时,旅行时,传播时间
~ de réaction 反应时间
~ de réaction du conducteur 司机反应时间
~ de réchauffage 加热时间
~ de réflexe (驾驶员)反应时间
~ de relaxation 张弛时间,松弛时间
~ de remplissage du réservoir (frein) 制动缸充分时间
~ de réponse 吸合时间,感应时间,反应时间
~ de repos 静止时间,休止时间,休息时间
~ de rétablissement 恢复时间
~ de retard 延迟时间,滞后时间
~ de retour 回扫时间,返回时间,回程时间,复原时间
~ de roulement 行程时间
~ de serrage (freins) 制动时间
~ de service 使用寿命
~ de stabilisation d'un instrument de mesure 测量仪器的稳定时间
~ de stationnement 停车时间,停留时间,停站时分
~ de stockage 存储时间
~ de synchronisation 同步(必须)时间
de tout ~ 从来,一向,总是,始终,经常
~ de traînage 牵引时间,拖曳时间
~ de transfert 转移时间,传输时间
~ de transit 飞跃时间,过渡时间
~ de transmission 传输时间

~ différé	延时
~ disponible	可用时间
du ~ que	当……时候
~ du cycle	循环时间
en ~ de	在……时期
en ~ ordinaire	在平常情况下
en ~ utile	及时地,在适当的时候
en ~ voulu	及时地,在适当的时候
en ~ et lieu	在合适的时间和地点
en même ~	同时
en ~ humidité	含湿量
~ frais	清凉天气
~ froid, ~ à gelée	寒冷天气,冷冻天气
~ fuseau	区时,标准时
~ gagné	赶点时分
~ glacial	冰冻季节
~ Greenwich	格林尼治时间,世界标准时间
~ humide	潮湿天气
~ inactif	无载时间,空闲时间
~ inactif externe	外部空闲时间
~ inactif interne	内部空闲时间
~ inutile dû à une erreur rude la machine	因机器故障而产生的非生产时间
~ inutile non attribuable à la machine	不属于机器故障的非生产时间
la plupart du ~	经常地,几乎总是
~ légal	标准时间,当地时间
~ limite	时限,时间极限
~ local	当地时间,地方时间
~ mort	停工时间,空转时间,滞后时间,在站停留时间
~ nécessaire au dépassement	超车时间
~ nuageux	多云天气
~ perdu	晚点时分,损失时间
~ perdu au démarrage	起动损失时间
~ perdu par le ralentissement	减速损失时间
~ pluvieux	雨季,雨天
~ productif	生产时间
~ réel	实际时间
~ résiduel	剩余时间
~ retardé	延迟时间
~ sec	旱季,干燥天气
~ supplémentaire	附加时间
~ terminal	在终点站停留时间
~ total par pièce	工时定额
tout le ~	总是,老是,永远
~ universel (TU)	世界时间,格林尼治民用时间

tenable *a* 可保持的

tenace *a* 黏性的,韧性的,固着的,有延性的,黏着力强的

ténacité *f* 黏性,韧性,弹性,黏滞性,抗断强度
 ~ au choc 冲击韧性
 ~ de l'acier 钢的韧性,钢的韧度,钢的抗断强度
 ~ du sol 土壤韧性

tenaille *f* 钳子,夹钳,克丝钳,平口钳,钳形物; *f. pl* 钳子,夹子
 ~ à forger 锻工钳
 ~ à vis 螺旋钳
 ~ de forgeron 锻工钳
 ~ pour menuisier 木工钳

tendance *f* 趋向,倾向,趋势,动向力,趋势线
 ~ aux rafales 阵风性,阵风度
 ~ barométrique 气压倾向
 ~ de développement 发展趋势,发展趋向
 ~ des cours 行情走势
 ~ évolutive 演变趋势线
 ~ fragile 趋向脆裂
 avoir ~ à 有……倾向

tendancieux, euse *a* 有倾向性的

tendant *a* 有助于,以……为目的的
 ~ à 倾向于

tender *m* 煤水车

tendeur *m* 拉杆,链钩,伸张器,补偿器,拉线装置,调紧装置,紧线设备,拉紧螺杆,螺栓扳手,轨距拉杆,松紧螺旋,张力调整器
 ~ à contrepoids 平衡重紧线器
 ~ à vis 调整螺丝,拉紧螺钉,扣紧螺杆
 ~ automatique 自动补偿器,自动张力调整器,接触网自动调紧装置
 ~ d'attelage 链钩螺杆,链接螺杆,连接帽杆
 ~ de chenille 履带张紧机构
 ~ de courroie 皮带收紧器,皮带调紧器
 ~ de fil 导线温度调节器
 ~ de freins à main 手闸张紧器
 ~ de ligne 紧线器,紧线夹子,紧线拉杆
 ~ de précontrainte 预应力混凝土钢筋,预应力混凝土拉伸设备
 ~ de suspension 碎石撒布机,混凝土摊铺机

~ indépendant (isolé)　单独导线温度调节器
~ intercalé dans la transmission　导线温度调节器
~ pour cylindre　汽缸用的紧固装置

tendeuse *f* 剪毛机,剪床,剪切机,修边机

tendre *v* 张开,铺开,拉紧,伸出；*a* 软的,疏散的,松散的
~ à　倾向于,有……的趋势,导致
~ vers　趋向

tendu *a* 拉紧的,张紧的

teneur *f* 含量,丰富,品位,成分,内容,浓度,百分率,百分比
~ à l'optimum Proctor　普氏最佳含水量
~ à pince　夹箍
~ actuelle　实际品位
~ d'un accord　协定内容
~ d'admittance　导电系数,导纳参数
~ d'agrégats gros pour un mètre cube de béton　混凝土的单位粗骨料含量
~ d'argiles　黏粒含量
~ d'un accord　协定内容
~ d'un contrat　合同内容
~ de coupure　边界品位
~ de gravier　砾粒含量
~ de limon　粉粒含量
~ de livres　司账员,簿记员,记账员
~ de perméabilité　渗透量
~ de sable　砂粒含量
~ en acide　酸性含量,含酸量
~ en agent stabilisant　稳定剂含量
~ en agrégat fin par un mètre cube de béton　混凝土的单位细骨料含量
~ en air　含气量
~ en air occlus　空隙量
~ en alcali　含碱量
~ en argile　黏土含量
~ en asphalte　沥青含量
~ en bitume　沥青含量
~ en bitume résiduelle　残余沥青含量
~ en brai　硬煤沥青含量
~ en calcaire　石灰石含量
~ en carbonate　碳酸盐含量
~ en carbone　含碳量
~ en cendres　灰分含量,灰分
~ en chaux　石灰含量
~ en chaux éteinte　熟石灰含量
~ en chaux libre　游离石灰含量
~ en chlorure　含氯量,含氯度
~ en ciment　(混凝土单位体积中的)水泥含量,水泥用量,水泥系数
~ en ciment par un mètre cube de béton　混凝土的单位水泥含量
~ en dope　掺合剂含量,添加料含量
~ en eau　含量,内容,成分,湿度,水分,含水量
~ en eau (béton)　(混凝土)湿度,水分,含水量,含水率
~ en eau (sol)　(土壤)湿度,水分,含水量,含水率
~ en eau à saturation　饱和含水量
~ en eau admissible　允许含水量
~ en eau critique　临界含水量,临界水分
~ en eau d'équilibre　平衡含水率(含水量)
~ en eau d'un granulat　集料含水量,粒料含水量
~ en eau d'une émulsion　乳液含水量
~ en eau de l'optimum Proctor　葡氏最佳含水量
~ en eau de limite　临界含水率
~ en eau de limite de liquidité　流限含水量
~ en eau de limite de plasticité　塑限含水量
~ en eau de matériaux　材料含水量
~ en eau de mise en œuvre　施工含水量
~ en eau de saturation　饱和含水量
~ en eau équivalente　含水当量
~ en eau fondamentale　基本含水量
~ en eau initiale　初始含水量(含水率)
~ en eau maximale　最大含水率,最大含水量
~ en eau minimale　最小含水率
~ en eau naturelle　自然含水量,自然湿度,天然含水率
~ en eau naturelle d'un sol en place　天然含水量
~ en eau optimale　最优含水率
~ en eau optimale de compactage　压实最优含水率
~ en eau optimale du Proctor modifié　葡氏修正最佳含水量(国际符号,WOPM)
~ en eau optimale du Proctor normal　葡氏标准最佳含水量(国际符号,WOPN)
~ en eau optimum　最佳含水量
~ en eau relative　相对含水量
~ en éléments fins　细粒含量,细粒百分率

~ en fines 细(填)粒(料)含量,细粒百分率,填充料含量
~ en fluide 含液量
~ en gaz 含气量,气体含量
~ en glace 含冰量
~ en glace relative 相对含冰量
~ en goudron 煤沥青含量
~ en gravier 砾石含量
~ en huile 含油率
~ en humidité 湿度,含水率,含水量
~ en humidité de saturation 饱和含水率
~ en liant 结合料含量,黏结料含量
~ en liant résiduel 乳液的结合料含量
~ en matière organique 有机物含量
~ en matières solides totales 固体滤渣,固体残余物总量
~ en matières volatiles 挥发性物质含量
~ en oxygène 含氧量,氧浓度
~ en paraffine (硬)石蜡含量(地沥青)
~ en poids 重量百分比
~ en poussières 含尘量,粉尘含量
~ en sable 含砂量
~ en sel 盐分,含盐量,矿化度
~ en silice 硅石含量
~ en soufre 含硫量
~ en stabilisant 稳定剂含量
~ en substances sèches 干涸残余物,干残渣
~ en terre 含泥量
~ en vapeur d'eau 水蒸气含量
~ en vides 孔隙含量,孔隙比
~ en volume 容积百分比
~ et forme de la lettre de voiture 货物运单内容与格式
~ faible 低含量
~ forte 高含量
~ moyenne 平均含量,平均品位
~ naturelle en eau 天然含水量
~ payante 工业品位,可采品位
~ ponctuelle 点品位
~ simulée 模拟品位
~ unitaire en eau 单位含水率,天然含水率
~ volumétrique en eau 体积含水率
teneurmètre *m* 含量计,品位测定器
tengérite *f* 水碳钙钇矿

tenir *v* 握着,抓住,握住,系住,掌握,勾住,拥有,占据,保持,支持,支撑,系挂,盛装,经营,开设,信守,容纳
~ à 坚持要,固定于,系于,由于
~ compte de 考虑到
~ de 近乎,与……相像
~ la route 保持行驶方向
ne ~ pas la vitesse 跳挡
~ le vide 保持真空
~ les délais 按期完成,保持施工进度
~ lieu de 代替
~ note 记住,记账
s'en ~ à 坚持,限于……
tennantite *f* 砷黝铜矿
tenon *m* 榫,榫头,榫舌,销子,销钉,凸榫,雄榫
~ à coin 楔榫
~ à épaulement 肩榫,带肩榫头
~ à rainure 企口榫
~ arasé 薄榫,尖榫
~ de centrage 中心销
~ double 双榫
~ droit 直榫
~ en queue d'aronde 燕尾榫
~ oblique 斜榫
~ simple 普通榫头
ténorite *f* 黑铜矿
tenseur *m* 伸张器,收紧器,拉紧螺杆,拉紧装置
tensile *a* 张性的,抗拉的,拉伸的
tensimètre *m* 气体压力计,饱和蒸汽压力表
tensio-actif *m* 表面活化剂,表面活性物质
tensio-activité *f* 表面活性
tensiomètre *m* 应变仪,拉力计,张力计,伸长计,(液体)表面张力计,变形测定仪
~ à vide 真空式张力计
tensiométrie *f* 张力测量
tension *f* 应力,张力,拉力,电压,压强,伸展,拉伸,电[气]压,紧张状态
~ (par rapport à) la terre (接地设备的)对地电压
~ 50% de contournement au choc 50%脉冲最小放电电压
~ à circuit ouvert 断路电压
~ à court-circuit 短路电压
~ à fréquence industrielle 工频电压

tension

- ~ à froid　冷态电压
- ~ à interface　界面张力
- ~ à l'arête　边缘应力
- ~ à l'arrivée　输入电压
- ~ à la caténaire　网压,接触网网压
- ~ à la fibre extrême　最外纤维张力
- ~ à vide　无载电压,空转电压
- ~ absorbée　吸收电压
- ~ accélératrice　加速电压
- ~ acceptable par l'huile　油的容许电压,油的耐压强度
- ~ active　有效电压,有功电压
- ~ adhésive　黏着张力
- ~ admissible　容许电压,容许应力
- ~ affichée　指令电压
- ~ alternative　交替应力,交变应力,交变电压,交流电压
- ~ alernative de crête de la fente d'inter-action　间隙交变峰压
- ~ alternative de grille　栅极交流电压
- ~ alternative de plaque　屏极交流电压
- ~ annulaire　周边张力
- ~ anodique　屏压,屏极电压,阳极电压
- ~ anodique d'amorçage　点火屏压
- ~ anodique d'un tube à modulation de vitesse　速调管屏压
- ~ anodique directe de crête　峰值正向阳极电压
- ~ anodique négative de crête　峰值反向阳极电压
- ~ apparente　视张力,表面应力,表观张力
- ~ appliquée　外加电压,外施张力
- appliquer une ~　通电,加电压,接入电压
- ~ arrière　后张力
- ~ assignée　额定电压
- ~ asymétrique (perturbatrice aux bornes)　不对称电压(在端子上干扰的)
- ~ au collecteur　集电极电压
- ~ au démarrage　启动电压
- ~ au départ　输出电压
- ~ aux bagues　(转子的)滑环间电压
- ~ aux balais　电刷电压
- ~ aux bornes　端(子)电压,终极电压
- ~ auxiliaire　辅助电压,附加应力
- ~ axiale　轴向拉伸,轴向拉力,轴向应力,轴向张力

- ~ baisse　电压降低
- ~ base-émetteur　基极—发射机电压
- ~ basse　低压,低电压
- ~ basse tension　低电压
- ~ capillaire　毛细(管)张力
- ~ carrée　方波电压,矩形波电压
- ~ changée de signe　倒相电压
- ~ collecteur-basse　集电极—基极电压
- ~ critique　电晕电压,临界应力[电压],(电晕的)初始电压
- ~ critique d'anode　阳极临界电压
- ~ critique de grille　临界栅压,栅极临界电压
- ~ croissante　升高的电压
- ~ d'accélération　加速电压
- ~ d'adhérence　黏结应力,附着应力
- ~ d'adhésivité　黏着张力
- ~ d'agitation thermique　热噪声电压
- ~ d'alimentation　馈电电压,供电电压,电源电压
- ~ d'allumage　点火电压,引燃电压
- ~ d'amorçage　点火电压,触发电压
- ~ d'amorçage (tubes TR et pré TR)　放电压,飞弧电压,点火电压,(TR管及前置TR管的)启动电压
- ~ d'écart　失配电压,误差电压
- ~ d'échauffement　允许温升电压
- ~ d'échauffement d'une capacité additionnelle　辅助电容器的允许温升电压
- ~ d'échauffement d'une résistance additionnelle　辅助电抗器的允许温升电压
- ~ d'écho　回波强度,回波电压
- ~ d'éclairement　增光电压
- ~ d'éclatement　击穿电压,放电电压
- ~ d'éclatement dans 50%　50%击穿电压
- ~ d'écrasement　抗压强度
- ~ d'effacement　(录音的)抹音电压,消音电压,消除电压,清零电压,(射线或射束的)熄灭电压
- ~ d'électrode　电极电压
- ~ d'emploi　工作电压
- ~ d'enclenchement　接通电压,启动电压
- ~ d'entrée　输入电压
- ~ d'entrée alternative　摆动电压,周期交变输入电压,交流输入电压
- ~ d'entretien　保持电压,维持电压

~ d'entretien de la décharge 放电维持电压
~ d'épreuve 试验电压
~ d'épreuve diélectrique 绝缘试验电压
~ d'équilibrage 相平衡电压
~ d'équilibre d'une électrode 电极平衡电压，电极平衡电位
~ d'équilibre d'une réaction 反应平衡电势，反应平衡电位
~ d'erreur 误差电压，偏差电压
~ d'essai 试验电压
~ d'essai au choc 冲试验电压
~ d'essai en onde coupée 斩波式试验电压，割截波试验电压
~ d'essai en onde pleine 全波试验电压
~ d'essai sous pluie 湿闪络试验电压，湿飞弧试验电压，湿跳火试验电压
~ d'étalonnage 校准电压，校验电压，标定电压，标准电压
~ d'excitation 励磁电压，激励电压
~ d'excitation de plafond conventionnelle 励磁系统标称最高电压
~ d'exploitation 使用电压，工作电压，运行电压
~ d'exploration 扫描电压
~ d'extinction 熄灭电压，消弧电压
~ d'illumination 点火电压，（气体放电管的）发火电势
~ d'induction propre 自感电动势，自感电势
~ d'induit 电枢电压
~ d'ionisation 电离电压，游离电压
~ d'isolement （电离系统）绝缘水平电压
~ d'ondulation 脉动电压，脉动应力
~ d'ondulation résiduelle 波纹电压，剩余脉动电压
~ d'ondulations 脉动电压，脉动应力
~ d'origine étrangère 外部电压，外部应力
~ d'oscillation 振荡电压
~ d'un fil 线张力
~ d'un ressort 弹簧张力
~ d'une minute 一分钟（试验的）耐压
~ d'utilisation 工作电压，工作应力
~ dam la membrure 翼缘应力
~ dangereuse 危险电压，危险应力
~ dans la barre 钢筋应力
~ dans la membrure 翼缘应力
~ de bain 电解槽电压
~ de balayage 扫描电压
~ de barre 钢筋拉力
~ de biais 偏压
~ de blocage 截止电压，截止电位，极限电压，（荧光屏的）黏着电压
~ de charge au repos 死荷重应力
~ de cisaillement 剪应力，剪切应力
~ de claquage 击穿电压，崩溃电压，破坏电压
~ de collage 工作电压，接通电压
~ de commande 控制电压，操作电压
~ de commande en courant alternatif 交流控制电压
~ de commande en courant continu 直流控制电压
~ de commutation 换向电压，换向电动势
~ de comparaison 基准电压，比较电压
~ de compression 压应力，压缩应力
~ de concentration 聚焦电压
~ de concentration d'image 图像聚焦电压
~ de consigne 额定电压，标称电压，给定电压
~ de contact 接触电压，接触应力
~ de contournement 飞弧电压，放电电压
~ de contournement à sec 干闪络电压，干飞弧电压
~ de contournement d'impulsion 脉冲闪络电压，冲击闪络电压
~ de contournement pour la moitié d'impulsion 50%脉冲闪络电压
~ de contournement sous la pluie 湿闪络电压，湿飞弧电压
~ de contre-réaction 负反馈电压
~ de contrôle 控制电压
~ de correction 校正电压，补偿电压
~ de crête 峰值电压，最大应力
~ de flambage 压屈应力，纵向弯曲应力
~ de flambage par unité de surface 单位面积上的压屈应力
~ de flexion 挠应力，弯曲应力
~ de l'eau 土壤水的负压力，水张力
~ de la chenille 履带张力
~ de montage 架设应力，安装应力
~ de pas 跨步电压，跨距电压

tension

~ de pompe 泵激电压
~ de postaccélération 加速后电压
~ de rallumage 再点火电压,重闪击电压
~ de rappel 重调电压
~ de réamorçage 再点火电压
~ de référence 参考电压,基准电压,比较电压
~ de référence stabilisée et température 温度补偿基准电压
~ de réflecteur （调速管的）反射极电压,反射器电压
~ de régime 使用电压,工作电压,运行电压,工作应力
~ de réglage 调节电压
~ de régulation 调节电压,控制电压,调整电压
~ de relaxation 弛张电压
~ de repos 无载电压,静止电压,开路电压,无载空载电压
~ de rétablissement à fréquence de service 工作频率还原电压,工作频率恢复电压
~ de rétablissement à fréquence industrielle 工作频率恢复电压
~ de retard 滞后电压,延迟电压
~ de retardement 滞后电压,延迟电压
~ de retenue 吸持电压,保持电压
~ de retour 回授电压
~ de retrait 收缩应力
~ de rupture 击穿强度,击穿电压,断裂应力,破坏电压(应力)
~ de saturation 饱和电压
~ de secteur 电压,干线电压,电源电压,相间电压
~ de sécurité 安全电压,允许电压,容许应力
~ de self-induction 自感电势,自感电压
~ de serrage 扭矩
~ de service 工作电压,运行电压,工作应力
~ de seuil 阈电压,临界电压
~ de seuil d'ionisation 电离的临界电压,放电的起始电压,放电的临界电压
~ de sonde （充气管的）试验电压
~ de sortie 输出电压
~ de soudage 焊接电压
~ de soudage à l'arc 焊弧电压
~ de souffle 噪音电压,电磁动电压
~ de suppression 消除电压,熄灭电压
~ de suppression du faisceau 射束抑制电压,射束截止偏压,消隐电压,熄灭电压
~ de surface 表面张力,表面应力
~ de synchronisation 同步电压
~ de tenue 耐持电压,耐持应力
~ de tenue à fréquence industrielle 工频耐持电压,冲击波耐持电压,脉冲波耐持电压
~ de tenue aux ondes de choc 冲击波耐持电压
~ de torsion 扭应力,扭转应力,扭曲应力
~ de torsion par unité de surface 扭应力强度,单位面积上的扭应力
~ de traction 拉应力,受拉应力
~ de traction due à l'effort tranchant 由剪力产生的拉应力
~ de traction due au moment fléchissant 由弯矩产生的拉应力
~ de traction maximum 最大拉应力
~ de traction par unité de surface 拉应力强度
~ de transformation 变压电动势
~ de travail 工作应力,施工应力,工作电压
~ de trempe 淬火应力
~ de vapeur 蒸汽压,蒸汽压力
~ de verrouillage 截止电压,锁闭电压
~ de voilement 屈曲应力
~ des fils 线张力,电线的张力
~ diagonale 斜角拉力,斜拉力
~ diamétrale 对径电压,正负对向电压
~ diamétrale d'un système polyphasé (à nombre de phase pair) 多相系统的对径电压（相数为偶数的）
~ directe 正向电压,简单受压,轴向受拉,直接拉力,直接应力
~ du réseau 网压,电网电压,弹簧张力
~ due au soudage 焊接应力
~ dynamique 动应力,动荷应力
~ efficace 有效应力,有效电压
~ finale de l'acier 有效拉力,有效张力
~ hydrostatique 静水张力
~ induite 感应电压
~ inférieure 低电压,低拉力
~ initiale 初张力,初应力,初电压,起始电压
~ inoffensive 容许电压,容许应力,安全应力
~ instantanée 瞬间电压,瞬时应力
~ interfaciale 界面应力,表面张力,界面电压

~ intergranulaire 粒间应力,晶间应力
~ interne 内应力,内电压
~ inverse initiale 初始反电压
~ latente 初电压,自重应力,应有应力,原有应力
~ limite 极限应力,临界应力,限幅电压
~ longitudinale 纵应力,纵向应力
~ maximum 最大张力,最大应力,最大电压,峰值电压
~ mécanique 机械张力
~ mécanique du câble porteur 承力索的机械张力
~ mécanique du fil de contact 接触导线的机械张力
~ minimale 最小张力,最低电压
~ minimum 最小电压,最小应力
~ moyenne tension 中压,平均电压,平均应力
~ nominale 法向应力,正(常)应力,常态应力,正常电压,标准[额定]电压,额定应力
~ nominale commune 统一额定电压
~ nominale d'isolement 仪表电路的额定绝缘电压,标准电路电压
~ nominale de bague collectrice 集电环标准电压
~ nominale en ligne 线路额定电压
~ nominale primaire 额定初级电压(电压互感器的)
~ nominale primaire d'un transformateur de tension 电压互感器的额定初级电压
~ nominale secondaire 额定次级电压(电压互感器的)
~ nominale usuelle 常用额定电压
~ normale 正常应力,法向应力,正常电压,标准电压
~ normale effective 有效法向应力
~ ondulée 脉动电压,脉动应力,波动电压
~ optimum 最佳电压,最佳应力
~ orogénique 构造应力
~ par charge mobile 动荷载应力
~ par unit de surface 单位面积上的剪应力
~ parasite radio 无线电噪声电压
~ partielle 局部电压,局部应力
~ positive 正电压
~ préalable 偏压,预应力,预加应力
~ primaire 原电压,初应力,初级电压,初始应力,初始电压,原始应力
~ principale 主应力
~ principale de traction 主拉应力
~ principale majeure 大主应力
~ principale mineure 小主应力
~ propre 内应力
~ psophométrique 噪声电压
~ pulsatoire 脉动电压,脉动应力
~ pulsée 脉动电压,脉动应力
~ réelle 有效电压,实际电压,实际应力
~ renversée 相反应力,反向应力
~ résiduelle 残余应力,残余电压
~ résultante 合成电压,总电压,合应力,总应力
~ seuil 阈电压,临界电压
~ simple 相电压,单纯拉伸,单纯张力
~ superficielle 表面张力,表面应力
~ supérieure 高(电)压,高拉力
~ supplémentaire 附加电压,附加应力
~ tangentielle 切向电压,剪切应力,切向应力
~ tangentielle sur l'appui 支点切应力
~ thermique 热应力,温差应力,热电电压
~ totale 总电压,全电压,总应力,满电压
~ tranchante 切应力
~ verticale 垂直应力

tentative *f* 试图,企图
~ de dépassement 试图超车

tenture *f* 裱糊纸,墙饰

tenu, e *a* 细薄的,整齐的,纤细的,细小的

tenue *f* 能力,性能,状态,特性,性质,服装,强度,稳定(性、度),坚固性,耐久性,稳定程度,使用寿命
~ à chaud 耐热性,热稳定性
~ à l'explosion 抗爆力
~ à l'irradiation 耐辐射力
~ à l'usage 使用寿命
~ à l'usure 耐磨性
~ à la corrosion 耐腐力,耐腐蚀性
~ au feu 耐火性能
~ au fluage 蠕变能力,抗蠕变性
~ au gel-dégel 冻融性,冻融状态
~ au givrage 耐冻性,抗结冰性
~ aux chocs 抗冲击性,冲击强度
~ aux efforts répétés 重复载荷强度
~ aux séismes 地震阻力

~ aux vibrations 抗振性
~ d'un véhicule en service 车辆在运用中的状态（性能）
~ de couche 岩体稳定程度
~ de la chaussée 路面状态，路面性能
~ de route 道路状态
~ de route d'un véhicule 车辆走行性能
~ de sol 土壤的稳定性
~ de talus 边坡稳定性
~ de voie d'un véhicule 车辆在线路上的走行性能
~ des attachements 工程量计量单的格式（管理），维修记录（记录用料及用工）
~ des dalles （混凝土路面）板的稳定
~ des épontes 围岩稳定性
~ des essieux 轴的性能，轮对的性能
~ des livres 会计工作，借贷对照表
~ du revêtement 路面状态
~ du toit 顶板稳定性
~ en côte 爬坡能力
~ en service 使用寿命，服务寿命，在役性能，运行特性
~ en virage 弯道状况
~ en voie d'un véhicule 车辆在线路上的走行性能
~ mécanique 机械强度
~ mécanique d'un moteur de traction 牵引电动机的机械性能
~ prolongée 延长使用年限
~ réglementaire 制服
~ thermique 耐热性

ténuité *f* 细度，薄度，稀薄度，清晰度
téphra *m* 火山灰，火山碎屑
téphrine *f* 碱玄岩
téphrite *f* 碱玄岩
téphritique *a* 碱玄岩的
téphritoïde *f* 似碱玄岩
téphrochronologie *f* 火山灰年代学
téphroïte *f* 锰橄榄石
téphrowillemite *f* 锰硅锌矿
Té-pont *m* T形桥路，T形电桥
téra- 太拉（兆兆），10的12次方
terbinaire 斜方的，菱形的
térébenthine *f* 松脂，松节油

térektite *f* 淡色碱流岩
téremkovite *f* 捷辉锑银铅矿
térénite *f* 蚀方柱石（柔块云母）
terlinguaïte *f* 黄氯汞矿
termanite *f* 硫铜铋矿
terme *m* 条，段，限度，术语，期限，条款，界限，条件，分段，终结，终止，日期，结账期
~ d'échéance 付款期限
~ d'un accord 协定期限，协定条文
~ de congélation 冰点，凝固点
~ de l'assurance 保险期限
~ de la gamme d'étalonnage 标定度极限
~ de passage 过渡形式
~ s de référence 授权范围，工作大纲，咨询范围，基准内容，基本条款
~ s de référence des études 设计要求
~ du règlement 规定期限
~ électronique 电子术语
~ lithologique 岩段
~ technique 技术用语，技术术语

termiérite *f* 杂高岭蒙脱土，轻埃洛石
terminaison *f* （褶皱）终端，末端，结束，终点，界限，终止，结束，最终负荷，电极引线，终端设备，终端负载
~ anticlinale 斜端
~ des travaux 竣工
~ tectonique （岩层、矿体的）断错

terminal *m* 码头，端子，接头，接线柱，接线端子，终端，终点，终点站
terminal,e *a* 末端的，终点的，最后的，结尾的，终期的
terminé *a* 结束的，终止的
terminer *v* 结束，完成
termineur *m* 终端变压器
terminologie *f* 术语，专门名词
~ des roches 岩石名称

terminus *m* 终点，界标，界桩，终点站
~ avec boucle 有回转线的终点站
~ avec plaque tournante 有转盘的终点站
~ avec triangle 有三角线的终点站

termonatrite *f* 水碱
ternaire *a* 三元的，三重性，三进制的
terne *m* 回路，单链传输线，（三相电网的）三根输电线的总称；*a* 暗淡的，晦暗的，无光泽的，褪色的

| **ternir** *v* 变暗
| **ternissement** *m* 变暗,失去光泽
| **ternissure** *f* 变暗,暗淡,生锈,失去光泽
| **ternowskite** *f* 镁钠闪石
| **teronnage** *m* 搓,捻,盘绕,缠绕,绞制
| **teroule** *f* 含煤黑土
| **terrain** *m* 土,土壤,土地;地形,地质,地层,岩层,岩石,围岩,地体,矿床;地区,地段,地带,场地,领域,范围
- ~ à bâtir 建筑地面
- ~ à déblayer 挖方地区
- ~ à faible portance 表面松软的土地,承载能力小的土地
- ~ accidenté 崎岖地带,岗峦起伏区,凸凹不平的地区,起伏不平地区(形)
- ~ affouillable 易(受侵)蚀土,易(受侵)蚀材料,易受侵蚀地带
- ~ agricole 农业用地
- ~ alluvial 冲积层,冲积物
- ~ alluvionnaire 冲积层,冲积物,淤积土,沉积地带,冲击土(地带)
- ~ aluneux 明矾黏土,明矾石
- ~ amélioré 改善土,稳定土,改良地层
- ~ aquifère 含水地层,含水岩层,浸透地带
- ~ arasé 地面标高
- ~ argileux 黏土地
- ~ avoisinant 临近地区
- ~ bas 盆地,低地,洼地
- ~ boisé 植树地区,绿化地区
- ~ caillouteux 多石子土,多石地区,多石子地面
- ~ cohérent 黏结土,黏合岩,黏质土壤
- ~ compacté 压实土壤
- ~ compétent 强岩石,坚硬岩石
- ~ compressible 可压缩性土
- ~ consistant 密实土,稳定岩层
- ~ coulant 流沙,松散岩层
- ~ coupé 切割地区,破碎地形,断裂地区
- ~ couvert (森林)覆盖区
- ~ couvert d'herbes 草地,植草地带,铺草皮地区
- ~ crétacé 白垩地
- ~ crevassé 裂隙岩
- ~ cristallin 结晶岩,结晶地块
- ~ cultivé 可耕地
- ~ d'accès difficile 难通行地区
- ~ d'alluvion 冲积层,冲积物
- ~ d'apport 余土
- ~ d'appui 底土
- ~ d'essais 试验区段,实验场地
- ~ d'expériences 试验区段,实验场地
- ~ de camping 施工营地,施工生活营地
- ~ de camping pour caravanes 车队驻地
- ~ de comblement 冲积土,浮土
- ~ de confinement 封闭围岩
- ~ de construction et chantier 建筑场地和工地
- ~ de couverture 硬土,冲积层,覆盖土(层),覆盖岩层,剥离岩层
- ~ de dureté moyenne 中硬地带,中硬地区
- ~ de fondation 坝基,基础,路基
- ~ de parcours faciles 易通过地带
- ~ de recouvrement 表土,覆岩,覆盖土,覆盖层,河漫滩,河漫阶地,河漫滩阶地
- ~ de stockage 露天堆货场
- ~ de transition 过渡地层
- ~ de transport 洪积层
- ~ déboisé 林间开阔地带
- ~ découvert 空地,开阔地
- ~ dégelé 融区
- ~ dégradé 剥蚀地区
- ~ dénivelé 不平地带
- ~ détritique 碎屑岩,残积层,风化地带,分化地带,碎屑地层
- ~ difficicile 困难地区,难通过地带
- ~ diluvien 洪积土(层),洪积物,洪积层,洪水冲积
- ~ ébouleux 松土,疏松土,松土层,崩塌岩层
- ~ écroulé 沉陷地区
- ~ élevé 高地
- ~ émergent 出露区
- ~ en contrebas 洼地
- ~ en pente 斜坡,坡地,斜坡地带
- ~ en place 基岩,底岩,岩床,天然地面
- ~ encaissant 围岩
- ~ enfoncé 洼地,凹地,盆地,溶蚀洼地
- ~ environnant 附近地面
- ~ enzoïque 多化石岩层
- ~ erratique 漂积土
- ~ exploré 已勘探地区
- ~ faillé 断层带,断裂地带

~ ferme 坚实土质,硬质岩层
~ fertile 沃土,肥土
~ flottant 流动土,浮砂地
~ fluide 流动土
~ fluviale 河流沉积层
~ fragmentaire 破碎地带,崩解地带
~ gazonné 草坪,草地
~ gelé 冻土,冻结岩层
~ glaciaire 冰积土,冰川地带
~ gonflant 膨胀地基,膨胀土基
~ gras 沼泽土,沼泽地带
~ graveleux 砾石地带
~ homogène 均质土壤
~ horizontal 平地
~ houiller 含煤地层
~ igné 火成岩,火山岩
~ imperméable 不透水性土,不透水岩层
~ impraticable 不能通过的地带
~ inaffouillable 不易受冲刷土壤,不易受冲刷地区
~ incliné 倾斜地面
~ incompétent 弱胶结岩层,软岩层
~ inconsistant 软弱地带
~ inondable 河漫滩,河漫阶地,河漫滩阶地
~ instable 不稳定地层
~ intermédiaire 过渡地层
~ irrégulier 复杂地形
~ karstique 岩溶区,岩溶地层,喀斯特地形,水蚀石灰岩地区
~ mamelonné 丘陵地带
~ marécageux 沼泽地(带),沼泽土(地区)
~ mauvais 软土地面
~ meuble 松土,松散材料,松散岩层,松散土壤
~ montagneux 山地
~ mort 覆盖层
~ mou 软土地面,松软岩层,疏松地面
~ mouvant 流沙,浮沙,不稳定层
~ mouvementé 位移岩层,断错岩层
~ naturel(TN) 原地面,天然地面,天然地形,地面线
~ nodule 丘陵起伏地带,准平原,波状起伏地带
~ non bâti 未建筑地面
~ non-compacté 未压实土壤
~ ondulé 准平原,丘陵起状地带,波状起伏地带,起伏不平的地面
~ ouvert 开阔地带
~ palustre 沼泽地
~ perméable 透水性土,透水岩层
~ pétrolifère 含油区,含油沉积层
~ pierreux 多石土地,多石地区(带)
~ plastique 塑性土,塑性地带,塑性岩层,塑性土地
~ plat 平地
~ plat soumis à la marée 低潮滩地
~ plein 路基
~ pour voie 线路用地
~ praticable 可通过地带
~ s primaires 原生地层
~ primitif 原成岩层,原状地面
~ productif 含矿层,产油层,生产层
~ pulvérulent 砂性(粉状)土
~ rapporté 填土,填入土
~ réel 天然地面
~ remblayé 回填土,填土地层
~ réservé 预留场地
~ résistant 硬基,坚实土地,坚固地基,坚硬岩层,高阻地区
~ riverain 河滨地
~ rnouvant 流沙,浮沙
~ rocheux 多石地带,坚硬岩层
~ s et indemnité 占地补偿费
~ sableux 砂土,砂质土壤
~ sablonneux 砂土,细砂土,砂质土壤
~ salifère 盐土,含盐地层
~ sans consistance 松土地带
~ schisteux 片狀岩,薄片岩,叶片岩
~ schisto-cristallin 结晶片岩
~ secondaire 二级阶地
~ s secondaires 次生地层
~ sédimentaire 水成岩(层),沉积岩(层)
~ sous-jacent 下伏岩层,底板岩石
~ stérile 不毛地,贫瘠土
~ structural 侵蚀阶地
~ submersible 可潜水岩层,可潜水地层,可淹没的土地
~ superficie 地表
~ sus-jacent 上覆岩层,顶板岩石
~ tectonique 侵蚀阶地

~ tendre 软土,软地层
~ s tertiaires 第三纪地层
~ tourbeux 泥炭田,泥炭沼,泥炭地带
~ traité 处治土壤
~ tufier 凝灰质地层
~ vague 荒地,空地,荒漠,(垃圾)堆积场
~ vallonné 丘陵
~ vaseux 沼泽,泥泞地
~ vierge 荒地,未开垦地
~ voisinant 邻近地带,邻近地区
~ s volcaniques 火山地层

terra-rossa *f* 钙红土,红色石灰土

terrasse *f* 阶地,台地,梯田,地埂,地坪,台阶,露台,土堤,凉台,平顶屋,屋顶平台,平台阶地
~ alluviale 河成阶地,河岸阶地,冲积阶地
~ caillouteuse 海蚀阶地,浪蚀阶地
~ climatique 气候阶地
~ concavitée de méandre 曲流带中的河成阶地
~ concordante 整合阶地,顺向阶地
~ construite 冲积阶地,填积阶地,浪积阶地
~ continentale 大陆台阶,大陆阶地
~ cyclique 旋回阶地
~ d'accumulation 冲积阶地,填积阶地,堆积阶地
~ d'alluvion 冲积阶地,填积阶地
~ d'altiplanation 高山剥夷阶地,冰冻剥夷阶地
~ d'érosion 侵蚀阶地,腐蚀阶地
~ de canon 峡谷阶地
~ de cryoplanation 冰冻夷平阶地
~ de culture 梯田,耕作阶地,梯状耕地
~ de dépôt 冲积阶地
~ de drainage 截水地埂,排水地埂
~ de glissement 滑坡阶地
~ de kâme 冰砾阜阶地
~ de lave 熔岩平台
~ de méandres 弯曲阶地,曲流阶地
~ de pédiments 磺原阶地,山前侵蚀阶地
~ de plage 浪成阶地
~ de recouvrement 河漫滩阶地
~ de remblaiement 内叠阶地,冲积阶地
~ de rivière 河成阶地
~ de travertin 石灰华阶地
~ diastrophique 地壳运动阶地
~ disconcordante 不整合阶地
~ emboîtée 嵌入阶地,内叠阶地
~ en gradin 梯形阶地,倾斜梯田
~ étagée 梯形阶地
~ eustatique 海面变动阶地
~ fluviale emboîtée 内叠阶地,嵌入阶地
~ fluviale(fluviatile) 冲积阶地,河成阶地,河流阶地
~ fluvio-glaciaire 冰(水)川阶地,冰水冲击阶地
~ glaciaire 冰成阶地
~ glacio-eustatique 冰水海面变动阶地
~ haute 上部阶地
~ inférieure 下部阶地
~ irrigable 可灌台地
~ lacustre 湖成阶地
~ littorale 海岸阶地
~ littorale élevée 升岸阶地
~ locale 局部阶地
~ marine 海岸阶地
~ orographique 谷肩
~ s parallèles 平行阶地
~ périglaciaire 冰缘阶地
~ plongeante 倾伏阶地
~ polygénique 多成因阶地
~ principale 主阶地
~ profonde 深海阶地
~ protégée 保护阶地
~ pseudoeustatique 假海面运动阶地
~ rocheuse 岩阶地,岩质阶地
~ secondaire 二级阶地
~ sous-marine 海下阶地,海底阶地
~ stérile 浮盖层,覆盖层
~ structurale 构造阶地
~ tectonique 构造阶地

terrassement *m* 土方,填方,挖[填、运]土,土方工程,土方作业
~ à l'aide mécanique 机械化土方作业
~ à sec de fouilles 开挖方,基坑开挖施工
~ s autocompactés 自动压实土方
~ avec matériel sur pneus 用胶轮车辆施工的土方工程
~ de la terre 土方工程
~ en couches 分层开挖,分层土方作业
~ en couches minces 薄层开挖
~ en déblais 挖方工程

~ en gradins 台阶式挖土
~ en remblai 筑堤,填方工程
~ en souterrain 地下挖土,地下土方工程
~ en terrain ordinaire 普通挖方工程
~ et couches de forme 路基土方与基层
~ mécanisé 机械挖土,机械化挖方
~s meubles 松软土方作业,松软土文工程
~ rocheux 石方工程
~ routier 公路土方工程
~ rudimentaire 初步土方工程
~ sans rails 用胶轮车辆施工的土方工程
~ sous l'eau 水底挖土,水下土方工程

terrasser v 填土,挖土,做土方

terrassette f 小平台,小土阶,土滑小阶坎

terrassier m 开挖,挖土工,挖土机,挖土工人,土方工程承包者

terrasson m 小平台

terrazzo m 水磨石,磨石子

terre f 土,泥,土地,土壤,泥土,大地,地区,地方,陆地,地面,地坪,地球,地线,(电)接地
  ~ à brique 制砖土
  ~ à cassette 火泥,泥箱土,烧箱土,烧钵土,泥质土,黏质土
  ~ à céramique, ~ céramoïde 陶土
  ~ à creuseus 耐火黏土
  ~ à cuire 制砖黏土
  ~ à foulon 漂白土
  ~ à four 耐火黏土
  ~ à grès 砂质黏土
  ~ à pan d'argile 黏盘土
  ~ à porcelaine 高岭土
  ~ à poterie 陶土,瓷土
  ~ à tripoli 板状硅藻土
  ~ absorbante 吸附土
  ~ acide 酸性土
  ~ acre 钙质腐殖土
  ~ activée 漂白土,活性土
  ~ agricole 可耕地,农业土地
  ~ alcaline 碱性土
  ~ alluviale, ~ d'alluvions, ~ alluvionnaire 浮土,表土,冲积层,冲积土
  ~ alumineuse 陶土,漂白土,明矾土,佛罗里达土
  ~ aluneuse 明矾土
  ~ aqueuse 含水土,饱水土,沉积土
  ~ arable 表土,可耕地,上层土
  ~ argileuse 黏土,泥土,亚黏土,砂性土,砂质黏土
  ~ armée 加筋土,加织物的土
  ~ basaltique 玄武土
  ~ basse 低地
  ~ battante 雨作用沉降的硅质土
  ~ blanche 瓷土,高岭土
  ~ bleue 青土,青泥,绿泥砂
  ~ bolaire 胶块土,红土,红玄武土
  ~ brune 棕壤
  ~ calcaire 钙质土,石灰质土
  ~ cimolée 水磨土
  ~ compacte 黏性土
  ~ coulante 流沙
  ~ crayeuse 白垩质黏土
  ~ creuse 砂质黏土,瘦黏土
  ~ crue 生土
  ~ cuite 陶砖,素陶坯,煅烧黏土
  ~ cultivée 耕地,耕种土
  ~ d'alliage 耐火黏土
  ~ d'alumine 矾土,铝氧土
  ~ d'alun, ~ alunée 矾土,明矾黏土
  ~ d'apport 外来土,外运土
  ~ d'emprunt 借土,借土土方
  ~ d'infusoires 硅藻土,硅质土
  ~ d'ombre 棕土,赭土,土状褐煤
  ~ de bois 森林腐殖土
  ~ de couverture 覆土,表土
  ~ de fond 底土,下层土
  ~ de lavage 冲积层
  ~ de pouzzolane, ~ de Pouzzoles 白榴火山灰
  ~ de pré 草甸土
  ~ de ruissellement 冲积层
  ~ de sablon, ~ sablonneuse 亚砂土
  ~ de sienne 黄土,富铁黄土
  ~ de vérone 绿鳞石
  ~ décolorante 漂白土,佛罗里达土
  ~ défrichée 新开荒土
  ~ des cornues 胶土,胶泥
  ~ des déblais 挖方土
  ~ diatomée 硅藻土
  ~ émietée 细粒土
  ~ en friche 原土,荒地,原态土

~ en place 就地土,原状土
~ éolienne 风积土
~ ferme 硬土,大陆,陆地,坚实土
~ ferrugineuse 铁质土壤
~ fine compactée 压实细粒材料,压实细土料
~ flottante 流沙,(电)浮动接地
~ forestière 森林土
~ forte 重土,陶土,板结土,油性黏土
~ franche 熟土,壤土,静区,盲区,腐殖土
~ fusible 可溶黏土
~ gazonnée 种植草皮地面
~ gelée 冻土,冻结地
~ glaise 壤土,瘦黏土,亚砂土,亚黏土,砂质土,壤质黏土,垆姆黏土,黏泥和砂等的混合物(做铸模用)
~ goutteuse 多泉地区
~ grande 大地,大陆
~ granuleuse 粒状土,颗粒土
~ grasse 肥土,沃土,黏土,油性黏土
~ graveleuse 砾石地,砾石土
~ grise 灰钙土
~ haute 高地
~ ingrate 贫瘠土壤
~ jaune 赭土;黄土
~ labourée 耕种地
~ latéritique 红土
~ légère 轻质土,砂性土
~ lemnia 杂褐铁埃洛石(水磨石)
~ limoneuse 淤泥土
~ maigre 瘦黏土,低塑性黏土
~ manutentionnée payante 含矿泥沙
~ marécageuse 泥炭土,沼泽地
~ marneuse 泥灰土
~ martiale 褐铁矿
~ meuble 松土,松散土,壤松散
~ morte 贫瘠土壤,浅水滩
~ noire 黑土,黑钙土
~ s non rapportées 原有土
~ non remaniée 未扰动土,原状土
~ organique 腐殖土,有机质土
~ originale 原生土
~ palustre 沼泽土
~ parfaite 静区,盲区,完全接地
~ pesante 重土,重质土,重晶石(土)
~ pourrie 风化土,硅藻土
~ pourrie d'Angleterre 硅藻土
~ pulvérulente 粉状土
~ putride 腐泥,腐殖土
~ pyriteuse 黄铁矿石
~ rare 稀土
~ rassise 陈年风化土
~ réfractaire 火泥,耐火土,耐火黏土
~ remaniée 扰动土
~ rosée 红土,红壤,红色石灰土
~ rossa 钙质红土
~ rouge 红土,红壤,红色石灰土
~ s rapportées 添加上去的泥土
~ sableuse 砂土,砂质土
~ salée 盐土
~ saline 含盐土
~ sigillée 胶块土,红玄武土
~ siliceuse 硅(质)土,硅藻土
~ solide 硬地,密实土
~ soluble 可溶黏土
~ stérile 荒地,不毛之地
~ support 土质地基
~ susjacente 表土
~ tenable 黏性土
~ tendre 软泥
~ tourbeuse 泥炭土
~ tout-venant 未筛料,坑取材料,未筛选土料
~ trop humide 过腐土,酸性土
~ tuffeuse 凝灰土
~ vague 荒地
~ vaine 生荒地
~ végétale 壤土,表土,腐殖土,熟化土
~ verte 绿石(土),绿泥石(土),绿磷石,镁绿泥石,铁叶绿泥石
~ vierge 生荒地
~ volcanique 火山土

terreau *m* 腐殖质,腐殖土,腐殖土层,腐殖土壤,泥肥(富含腐殖质的)松软沃土

terrées *f. pl* 含黄铁矿泥质的页岩夹层

terre-plein *m* 堤,路基,堤坝,土台,土堤,分隔带,土平台,分车带,岩石阶地

~ central(T.P.C.) 中央分车带,中央分隔带,路中预留地带
~ central gazonné 铺草皮的中央分隔带

terrer

~ circulaire 圆形中心岛
~ latéral （道路）路边分隔带（通常在人行道两边并加以绿化）
~ médian 中央分车带，路中预留地带

terrer v 培土
terrestre a 地的，陆地的，地球的，地上的，地面的
terreux, euse a 土质的，土状的，含泥的，泥土的
terrien, enne a 陆上的，占有土地的
terrigène a 陆源的，陆成的，陆源岩石
terril m 废石堆
territoire m 邻[国]土，境[地]域，领[属]地，管辖地，管辖地区

~ couvert par coupure 图幅范围内的地区

territorial, e a 领土的，国土的
terrivome a 喷出的，涌出的
terrou m 矿井瓦斯
tertiaire m 第三纪，第三系；a 第三的，第三位的，三重的，第三纪的
tertre m 岗，丘陵，小丘，土墩，土堆

~ de toundra 冻原土丘

tertschite f 多水硼钙石
teruelite f 黑白云石
teruggite f 砷硼镁钙石
teschemachérite f 碳铵石
teschénite f 沸绿岩
teshirogilite f 铌铁金红石
tesséral a 等轴的，立方的，立方体的
T/essieu 轴重
test m 试验，测试，化验，检验，研究，试样，样品，测试端子，占线试验（电话）

~ bivalve 介壳，护板
~ calcaire 钙质壳
~ chitineux 角质壳
~ d'Atterberg 阿太堡试验，土的界限含水量试验
~ d'étanchéité 密封试验，防水试验
~ d'occupation du circuit 占线试验
~ de Blaine 布莱恩试验，水泥细度试验
~ de bon fonctionnement 诊断校验，日常故障检查
~ de Charpy 恰佩试验，（摆锤）单梁冲击试验
~ de fatigue 疲劳试验
~ de formation 岩层取样
~ de la charge de pont 桥梁结构承载能力鉴定

~ de pression 耐压试验
~ de qualité 质量检验，质量试验
~ de réactivité à l'eau 水化反应性试验
~ de réception 接收试验，验收试验
~ de routine 例行试验，常规试验
~ de rugosité 表面光洁度检验
~ de sensibilité 敏感性分析
~ de série 例行试验
~ de toxicité 毒性试验
~ de type 型式试验
~ diagnostique 诊断试验
~ électrique en régime stationnaire 直流试验
~ électrique en régime transitoire 交流试验
~ en spire trochoïde 圆锥螺旋式壳
~ labo 实验室测试
~ organe périphérique 外围设备测试
~ par la batterie 蓄电池测试
~ par la terre 接地测试
~ rapide 加速试验，快速试验
~ rapide sur route 强化道路的试验，快速道路试验

tester v 试验，检验，测验，做试验，进行测试
testeur m 测量仪，测量计，试验仪，试验者，测试（仪）器

~ de formation 岩层取样器，地层测试器
~ de terrain 无护壁井筒测试器
~ de tubage 护壁井筒测试器

testibiopalladite f 等轴碲锑钯矿
têt m 碎片，灰皿，坩埚，熔锅
tetalite f 锰方解石
tetartine f 钠长石
tête f 头，帽，端，盖，顶，头部，上部，顶端，开始，水头，落差，闸首，渠首，上游，河源，信号柱帽

~ à haute fréquence 高频端，高频头
~ anticlinale 背斜顶部
~ artésienne （地下水）承压水头，自流水头
~ artésienne négative 负承压水头（井内自由水面低于地下水位时）
~ artésienne positive （地下水）正自流水
~ artificielle 人工头，仿真头
~ autochercheuse 自动导引头
~ capillaire 毛(细)管水头，毛(细)管吸升高度
~ cinétique 流速水头，动力水头
~ critique 临界水头

~ d'accouplement 接头,制动机的软管连接器
~ d'accouplement de frein 制动机软管连接器
~ d'action 有效水头,作用水头,工作水头
~ d'ancrage 锚头
~ d'ancrage vide 中空注浆锚杆锚头
~ d'approche 行进水头
~ d'arrosage 喷头,洒水头
~ d'attelage 钩头,自动车钩钩头
~ d'eau 水头,水位差
~ d'énergie (水流)能头
~ d'entrée 进口水头
~ d'îlot 安全岛后端,(高速道路与匝道相交处的)相交处的夹角尖端
~ d'inertie 惯性水头
~ d'injection 喷嘴,轮轴,选开桥,旋转节,喷头管嘴
~ d'irrigation 灌溉水头
~ d'un épi 穗状支线线端
~ d'une rivière 河源,(河流)上游
~ de barrage 堰前水头,坝前水头
~ de bielle 连杆头,摇杆头
~ de bielle à fourche 叉式摇杆头
~ de bobine 线圈端部
~ de boulon 螺栓头
~ de câble 电缆,电缆头,终端箱,电缆终端,电缆终端套管
~ de canal 渠首
~ de carottier 岩芯钻头
~ de charriage 冲断层前缘,逆断层前锋
~ de chat 钙质砂岩结核
~ de clou 钉头
~ de colonne 柱顶
~ de colonne de production 油管头
~ de corail 珊瑚丘
~ de couche 岩层露头
~ de disjoncteur 开关头,十字头
~ de drainage 排水区内最远或最高点
~ de faille 地垒,断层脊
~ de faisceau de triage 调车咽喉区
~ de fontaine 喷泉水头
~ de forage 钻头,切割头
~ de foreuse 钻头
~ de friction 摩擦(损失)水头
~ de gravité 重心高差(比重不同引起的压力差)
~ de la bielle 连杆头
~ de ligne 首站,终点站,尽头站
~ de mesure électronique 电子测试头
~ de mise en tension 张拉(用的)夹头,试样夹具套
~ de mur 墙端
~ de nappe 推覆体前部
~ de pieu 桩头,桩靴
~ de pile 桩头,桩顶
~ de piston 活塞头
~ de pont 桥头堡
~ de pose 铆钉头,铆钉圆头,圆头铆钉
~ de position 位头,势头,位置水头
~ de poteau 杆稍
~ de poutre 梁端
~ de pression 压头,压力水头
~ de puits 井口
~ de pylône 桥塔顶
~ de reproduction 放音头,再现磁头,读出磁头,重放磁头
~ de rivet,~ conique 锥形铆钉头
~ de rivet en goutte de suif 扁铆钉头,平头铆钉
~ de rivet ronde 圆铆钉头,圆头铆钉
~ de service 工作水头
~ de siphon 负压头,虹吸水头,吸升水头
~ de soupape 阀顶,气阀阀盘
~ de succion 吸(升水)头
~ de talus 边坡顶
~ de test 试验水头,试验用闷头(钢管的)
~ de torsion 扭转头
~ de transmission automatique 自动传动头
~ de traversée 瓷瓶顶盖(电网)
~ de Trolley 集电头
~ de tubage 套管头
~ de tube 管子端头
~ de tunnel 隧道洞门,隧道洞口
~ de vallée 谷源,谷头,谷上游段
~ de vallon 谷首
~ de vibrateur 振捣器头
~ de vibrateur de béton 混凝土振捣器头
~ de vis 螺钉头,螺栓头部
~ de vitesse 速头,流速水头
~ de voûte 拱顶,拱顶石,圆顶顶盖
~ des couches 陡倾岩层露头

~ différentielle 水头差
~ du gisement 矿床上部,矿床露头
~ du gîte 矿体顶部,矿体露头
~ du niveau des eaux 地下水水头
~ du pieu 桩头,桩顶
~ du pointeau 喷针头
~ du rail 抛头
~ dynamique 动力水头
~ effective 有效水头,可用水头
~ électrique 电接点
en ~ 在前头,作前导
~ fixe 死锚,尽头锚
~ fraisée 埋头,沉头(螺钉头)
~ fraiseuse (盾构)切削刀头
~ hydraulique 水(压)头
~ libre 无压水头,自由水头
~ manométrique 测压水头
~ minimum 最低水头,最小水头
~ modérée 中水头
~ moyée 埋头,沉头
~ moyenne 平均水头
~ naissante 源头,发源地
~ naturelle 天然水头
~ nette 净水头
~ nette effective 净有效水头
~ nette nominale 额定净水头
~ orientable 旋转头
~ percée 孔杆,眼铁
~ perdue 料头,废料头
~ piézométrique 测压管水头
~ plongeante 倒转背斜的脊线
~ projetée 设计水头
~ spécifique 比水头
~ statique 势头,位头,静水头
~ totale 总水头
tête-à-queue m 180°转弯
téton m 凸缘,销子,顶盖,小帽,加厚,变粗,回线,短线,引线,轴头,结合销,开槽销,接线柱,凸出部
~ adapteur 匹配线
~ central 中心引线,中心短线,中心调配线段
~ central d'une lame de ressort 弹簧板中心支承窝
~ coaxial 同轴短线,同轴引线,同轴短截线
~ de blocage 固定销,定位销
~ de court-circuit 短路短线,短路短截线
~ de lampe 管帽,管顶阴线,电子管上部引线
~ de mesure de béton 混凝土测量凸头
tétraclasite f 钙柱石
tétradymite f 辉碲铋矿
tétraédral a 四面体的
tétraèdre m 四面体,四面棱棱形,四面棱锥体
tétraèdrique a 四面棱锥体的,四面形的
tétraédrite f 黝铜矿
tétraédrque a 四面体的
tétraferroplatinum m 铁铂矿
tétragonal a 四方的,正方的
tétragone m 四角形,四边形
tétragophosphite f 天蓝石
tétrahexaèdre m 四六面体
tétrakalsilite f 四型钾霞石
tétraklasite f 钙柱石
tétramétrique a 四轴的
tetranatrolite f 四方钠沸石
tétraphyline f 铁磷锂矿
tétratolite f 密高岭土
tétrawickmanite f 四方羟锡锰石
têtu m 锤锥(击石用的),大铁锤
tévertin m 钙华,石灰华
texasite f 羟镁石(水镁石)
texte m 原文,本文,正文
~ d'un contrat 契约文本,合同文本
~ dactylographié 打字稿
~ définitif 定稿
~ du tarif 运价成本
~ s russe, anglais, français font également foi 俄、英、法文本具有同等效力
textile m 编织品,纺织品织物
~ géotechnique 土工用编织品
~ non-tissé 非编织品
~ polyester 聚酯编织品
~ sous remblais 路堤下(使用的)编织品(抛石铁笼)
~ synthétique 合成织品,合成编织品
~ synthétique non tissé 未编织的合成织品
~ synthétique précontraint 预应力合成编织品
~ synthétique tissé 编织的合成织品
~ tissé 编织品

textural *a* 构造的,造构的
texture *f* 地层,纹理,网纹,质地,织物,组织,构造,结构,纺织品,紧密性
- ～ à grains　粒状结构
- ～ à grains fins　细粒结构
- ～ à grains moyens　中粒结构
- ～ à résidu　残余结构
- ～ amygdaloïdale　杏仁状结构
- ～ argileuse　泥质结构,黏土质结构
- ～ boudinage　香肠构造
- ～ cataclastique　结构,构造,地层,纺织品,紧密性,碎裂结构组织
- ～ cataclastique de friction　摩擦碎裂构造
- ～ cellulaire　细胞状结构
- ～ clastique　碎屑结构
- ～ cloisonnée　嵌金属丝花纹结构
- ～ colloforme　胶体结构
- ～ d'écoulement　流动构造
- ～ de bourgeonnement　初生结构
- ～ de la roche　岩石结构
- ～ dendritique　树枝状结构
- ～ des couches　层次结构
- ～ directive　定向结构
- ～ du sol　土壤结构,土壤质地
- ～ en boulettes　球状构造
- ～ en chevrons　人字形构造
- ～ en cocarde　鸡冠状结构
- ～ en coussins　枕状构造
- ～ en damier, ～ en échiquier　棋盘格状结构
- ～ en mosaïque　镶嵌结构
- ～ en pavés　路石构造
- ～ en peigne　梳状构造
- ～ engrenée　齿状结构
- ～ équante　等径结构,等轴结构
- ～ équigranulaire　等粒结构
- ～ eutectique　共结结构
- ～ fibreuse　纤维状结构
- ～ fibreuse-parallèle　平行纤维状结构
- ～ finale　最终结构,最终构造
- ～ fine　细质地
- ～ finement cristalline　细晶结构
- ～ finement poreuse　细孔隙结构
- ～ fluidale　流状构造,流动构造
- ～ foliacée　叶状结构
- ～ franche　壤土质结构
- ～ gneissique　片麻状构造
- ～ granitique　花岗结构
- ～ granitoïde　花岗岩状结构
- ～ granulaire　颗粒状结构
- ～ graphique　文象结构
- ～ grenue　粒状结构
- ～ grillée　栅状构造,格子构造
- ～ grumeleuse　团粒结构
- ～ hétérogène　非均匀结构
- ～ holocristalline　全晶质结构
- ～ holohyaline　全玻质结构
- ～ homogène　均匀结构
- ～ hyaline　玻质结构,玻基结构
- ～ hyalopilitique　玻晶交织结构(玻基流晶结构)
- ～ hypidiomorphe-grenue　半自形粒状结构
- ～ hypocristalline　半晶质结构
- ～ hypohyaline　半玻质结构
- ～ intermédiaire　过渡型结构
- ～ intersertale　填间结构
- ～ interstitielle　填隙结构
- ～ isométrique-grenue　等轴粒状结构
- ～ kélyphitique　次变边构造
- ～ lamellaire　纹层状构造,薄片状构造
- ～ lamelleuse　片状结构
- ～ linéaire　线状构造
- ～ lithographique　石印石结构
- ～ macrographique　宏观组织,宏观结构
- ～ maillée　网状结构
- ～ massive　块状结构,整体结构
- ～ métamorphique　变质结构
- ～ métasomatique　交代结构
- ～ miarolitique　晶洞结构
- ～ microcristalline　微晶结构
- ～ microfelsitique　微霏细结构
- ～ microfluidal　微流状构造
- ～ microgranitique　微花岗状结构,微晶粒状结构
- ～ microgranitoïde　微准花岗岩状结构
- ～ microgranulaire　微粒结构
- ～ micrographique　微观组织,微观结构,文象结构,微花斑状结构
- ～ microgrenue　微粒结构
- ～ micropegmatitique　微文象结构
- ～ mosaïque　镶嵌结构,镶嵌构造

~ oolitique 鲕状结构
~ ophitique 辉绿结构，含长结构
~ orbiculaire 球状结构
~ pegmatitique 伟晶结构，文象结构
~ pegmatoïde 伟晶状结构
~ perthitoïde 条纹构造
~ pilotaxique 交织结构
~ plane 面状构造，板状构造
~ polygonale 多角构造
~ porphyrique 斑状结构
~ porphyroïde 残斑状结构
~ primaire 原生结构
~ propoclastique 原生碎屑结构
~ pseudofluidale 假流状构造
~ rayonnée 放射状构造
~ réticulée 网状组织
~ rubanée 带状结构
~ sableuse 砂土结构
~ silteuse 粉土层，粉土结构
~ sphérolitique 球粒状结构
~ superficielle 表面结构，表面组织
~ treillissée 晶格结构
~ triangulaire 三角结构
~ tuffogène 凝灰结构
~ vacuolaire 泡沫状组织
~ veinée 脉状结构
~ zonaire[zonée] 环带结构，带装结构

thadeuite *f* 磷镁钙石
thalackérite *f* 直闪石
thalassocratique *a* 造海的，海洋克拉通的，造海运动的
thalassogenèse *f* 海成作用，海洋化，基性岩化
thalcusite *f* 硫铊铁铜矿
thalénite *f* 红钇石
thalheimite *f* 毒砂
thalite *f* 皂石
thalweg *m* 谷道，谷地中线，沟（自然的），冲沟，（河流）深泓线，中泓线，主航道中心线，最深谷底线
tharandite *f* 柱白云石
thaumasite *f* 硅灰石膏
thécorétine *f* 菲希特尔石
theermoémission *f* 热电子放电
theermoplastique *a* 热塑的，热塑性的

thelline[**thellite**] *f* 硅钇石
thème *m* 主题，题材，论题
~ général 一般题目，一般论题
thénardite *f* 无水芒硝
theodolite *m* 经纬仪
~ à boussole 罗盘经纬仪
~ à double centre 复测经纬仪，中心经纬仪
~ à l'enregistrement photographique 照相记录经纬仪
~ à laser 激光经纬仪
~ à verniers 游标经纬仪
~ aérologique 测风经纬仪
~ astronomique 天文经纬仪
~ boussole 罗盘经纬仪
~ d'ingénieur 工程经纬仪
~ d'une seconde 1秒经纬仪
~ de direction 方向经纬仪
~ de poche 袖珍经纬仪
~ de précision 精密经纬仪
~ de récapitulation 复测经纬仪
~ électronique 电子经纬仪
~ électro-optique 光学经纬仪
~ enregistreur 自记经纬仪
~ géodésique 大地经纬仪
~ optique 光学经纬仪
~ optique de lecture 光学读数经纬仪
~ pendant 悬式经纬仪，手提式经纬仪
~ photographique 摄影经纬仪
~ pour mines 矿山经纬仪
~ répétiteur 复测经纬仪
~ total électronique 全站仪
~ universel 万能经纬仪
~ universel de Zeiss 蔡司全能经纬仪
théodolite-boussole *m* 罗盘经纬仪
théophrastite *f* 辉镍矿，镍硫钴矿，杂辉钴镍矿
théorématique *a* 定理性的
théorème *m* 定理，原理，原则，法则
~ d'Ampère 安培定理
~ d'approximation 逼近定理
~ d'Archimède 阿基米德定理
~ d'échantillonnage 采样定理，抽样定理，取样理论
~ d'échantillonnage de Shannon 香农采样定理（每个信息周期至少采两次样）

- ~ d'existence　存在定理
- ~ de Bernoulli　伯努利定理
- ~ de Carnot　卡诺定理
- ~ de Castigliano　喀斯底特利亚诺定理(计算位移问题)
- ~ de conservation　守恒定理
- ~ de continuité　连续性定理
- ~ de Gauss　高斯定理
- ~ de limite centrale　中心极限定理
- ~ de membrane　薄膜理论
- ~ de Ménabréa　最小功定理,梅纳勃利亚定理
- ~ de réciprocité　互易定理
- ~ de superposition　叠加原理
- ~ des axes parallèles　平行轴定理
- ~ des Bernoulli　伯努利定理
- ~ des projections　投影定理
- ~ des travaux virtuels　虚功定理
- ~ des trois moments　三矩定理
- ~ du mouvement du centre de gravité　重心运动定理
- ~ du travail minimal　最小功定理
- ~ dualiste　对偶定理
- ~ fondamental　基本定理
- ~ inverse　逆定理

théorie *f*　理论,学说,论
- ~ allochtone　异地成因说
- ~ alluviale　铝土矿冲积成因说
- ~ anticlinale　背斜学说,背斜理论
- ~ cinétique　运动学
- ~ cinétique des gaz　气动理论,气体动力学
- ~ classique　经典理论
- ~ coin de glissement　滑动楔体理论
- ~ complète　完整理论
- ~ convectioniste　对流说
- ~ d'écoulements des fluides　水动力学,流体动力学
- ~ d'infiltrations　下渗理论,入渗理论
- ~ de cisaillement　(材料破坏的)剪切理论,切变理论
- ~ de cisaillement maximum　最大剪力理论
- ~ de condensation　凝结理论
- ~ de consolidation　固结理论,压密理论
- ~ de construction　结构理论
- ~ de Coulomb　(土压力的)库仑理论,楔体理论
- ~ de Coulomb sur la pression active des terres　库仑楔体土压理论
- ~ de courants de convection　对流假说
- ~ de déformation maximum　最大应变理论
- ~ de l'élasticité　弹性理论
- ~ de la consolidation　固结理论
- ~ de la contraction　收缩说,冷缩说
- ~ de la corrosion électrochimique　电化学腐蚀理论
- ~ de la décision statistique　统计判定理论,统计决策理论
- ~ de la mécanique　机械原理
- ~ de la plasticité　塑性理论
- ~ de la poussée des terres　土压理论
- ~ de la résistance　强度理论
- ~ de la résistance des matériaux　材料力学
- ~ de la résonance　共振论
- ~ de la rhexistasie　平衡破坏说
- ~ de la similitude　相似理论
- ~ de la similitude mécanique　力学相似理论
- ~ de la terre　地质学
- ~ de Mohr-coulomb　莫尔—库仑理论
- ~ de multiples couches élastiques　弹性层状体系理论
- ~ de probabilité　概率论
- ~ de Rankine　(土压力的)兰金理论
- ~ de Rankine de la poussée des terres　兰金土压力理论
- ~ de rupture　破坏理论,断裂理论
- ~ de similarité　相似理论
- ~ de solidité　强度理论
- ~ de transport　运输理论
- ~ de Westergaard　(设计水泥混凝土路面的)威士卡德理论
- ~ des articulations plastiques　塑性铰接理论,塑性铰链原理
- ~ des attentes　(交叉口、停车场等计划用)排队论
- ~ des constructions　结构原理,结构理论
- ~ des contraints maximum　最大应力理论
- ~ des équivalences　等效理论
- ~ des erreurs　误差理论
- ~ des files d'attente　排队论
- ~ des files d'attente (recherche optionnelle)　排队论,等候车列理论(运营研究)

~ des graphes (recherche opérationnelle) 图形理论(运营研究)
~ des membranes 薄膜理论
~ des ondulations 波动理论,波浪理论
~ des perturbations 扰动理论,摄动理论
~ des potentiels 势能理论
~ des Rankine 兰金理论(土压力的)
~ des solutions 溶液理论
~ des tensions 张力学说
~ du calorique 热质论
~ du charbon ratio 碳比理论
~ du courant de circulation 交通流理论
~ du coût marginal 边际成本原理
~ du cycle 旋回理论
~ du potentiel 势论,位论
~ du réseau général 广义网论
~ du réseau spécial 狭义网论
~ du transformisme 变成论,花岗岩化论
~ du treillis 格构理论
~ élastique 弹性理论
~ élastique multicouche 多层体系的弹性理论
~ électromagnétique de la lumière 光电磁论
~ électronique 电子论
~ électronique des métaux 金属电子论
en ~ 理论上
~ horizontale 水平运动说
~ hydrothermale 热液成矿理论
~ isotropique 各向同性理论
~ linéaire 线性化理论
~ mobiliste 活动论
~ non linéaire 非线性理论
~ per ascensum 液体上升说
~ per descensum 下降(溶液)说
~ plastique 塑性理论
~ probabiliste 概率论
~ rhéologique 流变理论
~ semi-rigide (半)弹性理论,半刚性理论
~ statistique des communications 通信统计理论
~ structurale 结构理论
~ syngénétique 同生说,同生理论
~ thermodynamique 热力学
~ totale de la plasticité 塑性全量理论
~ tourbillonnaire 涡流理论
~ verticaliste 垂直运动理论

théorétique *a* 理论的,理论性的
théorique *a* 理论的
théralite *f* 霞斜岩
thermal *a* 热的,热力的,热液的,热量的,温泉的,利用温泉的
thermicien *m* 热处理工
thermie *f* 兆卡(等于1000大卡),兆卡(热量单位)
thermique *a* 热的,温的,暖的,热学的
thermiquement isolé 绝热的,隔热的
thermistance *f* 热敏电阻
thermisteur *m* 热控管,热敏电阻,热变阻器,半导体电阻,半导体温度计
thermite *f* 铝热剂
thermo- (前缀)热
thermoampèremètre *m* 热安培表
thermocarottage *m* 热测井,井下测热
thermocinétique *m* 热动力学
thermoclases *m. pl* 热裂隙,热风化裂隙
thermoclastique *a* 热碎屑的
thermoclastisme *m* 冷冻风化
thermocline *m* 斜温层,温跃层,变温层
~ multiple 复斜温层
thermocolorimètre *m* 色温计
thermoconductibilité *f* 热传性,导热率,传热能力
thermoconduit *m* 大气波导管
thermo-couple *m* 热电偶,温差电偶
~ à couches minces 薄膜热电偶
~ à immersion 侵入式热电偶
~ différentiel 差动温差电偶
thermo-courant *m* 温差电流,热电流
thermodialyse *f* 热渗析
thermodiffusion *f* 热扩散
thermo-durcissable *a* 热固性的
thermodynamique *f* 热力学,热动力学; *a* 热力学的,热动力的
thermoélasticité *f* 热弹性学
thermoélectricité *f* 热电,热电性,热电学,温差电
thermoélectrique *a* 热电的,温差电的
thermo-élément *m* 热元件,热电偶,温差电偶
thermoéquilibre *m* 热平衡
thermogalvanomètre *m* 热电电流计,温差电流计,温差电偶电流计
thermogène *a* 发热的,生热的

thermogénérateur *m* 热偶发电机，热偶发电机

thermogramme *m* 热谱，温度图，差热曲线，温度过程线，自记温度图，温度自记曲线

thermographe *m* 热图像，温度记录器，自记温度计，温度过程线

~ du sol 土壤自记温度计，土壤温度过程线

~ électronique 电子温度记录器

thermographie *f* 差热分析，温度记录术，热红外成像，热量测定

thermohygrographe *m* 温湿计，自记温湿度计，温湿度过程线

thermokarst *m* 热岩溶，热喀斯特，冰融作用，热喀斯特作用

thermokarstique *a* 热岩溶的，热喀斯特的

thermolabile *a* 不耐热的

thermoluminescence *f* 热发光，热致发光

thermoluminescent *a* 热发光的

thermolyse *f* 热分解作业

thermomécanique *f* 热力学；*a* 热机的

thermométamorphique *a* 热变质的

thermométamorphisme *m* 热变质作用，热力变质

thermomètre *m* 温度计，温度表，寒暑表

~ à air 气温表，(空)气温(度)计

~ à cadran 指针温度计

~ à contact 接触温度计，接点温度计

~ à déformation 变形温度计

~ à dilatation 接点温度计，(柱状)膨胀式温度计

~ à distance 遥测温度计

~ à gaz 气体温度计

~ à hydrogène 氢温度计

~ à maximum 最高温度计

~ à maximum et à minimum 最高最低温度计

~ à mercure 水银温度计

~ à minimum 最低温度计

~ à poids 重量温度计

~ à pression 测温、湿度变化的电微压计

~ à résistance de platine 铂电阻温度计

~ à tension de vapeur 压力式温度计，蒸汽压力式温度计

~ avertisseur 信号温度计

~ bimétallique 双金属温度计

~ blindé 表面海水温度计

~ Celsius 摄氏温度计[寒暑表]

~ centigrade 摄氏温度计

~ d'eau 水温表，水温计

~ d'huile 油温计，油温表

~ de Celsius 摄氏温度计

~ de Fahrenheit 华氏温度计[寒暑表]

~ de précision 精密温度计

~ de Réaumur 列氏温度计

~ de température 水温表

~ échappement 排出额度计

~ électronique 电子温度计

~ enregistreur 自记温度计，记录式温度计

~ enregistreur à liquide 液体自记温度计

~ Fahrenheit 华氏温度计

~ géologique 地质温度计

~ humide 湿球温度计

~ indicateur 指示温度计

~ infrarouge 红外线温度计

~ métallique 金属温度计

~ mouillé 湿球温度计

~ sec 干球温度计

~ sec et humide 干湿球温度计

~ Six 西克斯温度计，最高最低温度计

~ sonique 声学温度计

thermométrie *f* 计温学，测温法，温度测量，测温技术

thermominéral *a* 热矿质的

thermonatrite *f* 水碱

thermonmétrique *a* 温度计的，测温的，温度计测得的

thermopause *f* 大气热层层顶，热大气层顶部

thermophile *f* 热电堆，热电池，热电偶，电元件，温差电堆；*a* 适热的，喜温的，耐温的

thermophone *m* 热发生器，热致发生器，热线式受话器，传声温度计

thermophyllite *f* 鳞蛇纹石

thermoplaste *m* 热塑性材料

thermoplasticité *f* 热塑性

thermoplastique *m* 热塑的，热塑性，熔塑料；*a* 热塑的，热塑性的

~ renforcé de fibre de verre 热塑性玻璃钢

thermoplongeur *m* 浸没式加热器

thermorégénération *f* 热修补路面(从路面取走旧料，加铺新料)

thermorégulateur *m* 调温器

thermoreprofilage *m* 热整形路面（不挖除旧路面材料，也不加铺新料）

thermorésistant, e *a* 耐热的

thermoscope *m* 验温器，测温器

thermosensible *a* 感温的，热敏的

thermosiphon *m* 热虹吸管，温差环流系统

thermosoudable *a* 可热焊的，可热封的

thermosoudé, e *a* 热密封的，热焊接的

thermosphère *f* 温水圈，大气层（约 80 公里以上），（海洋）温水层，热电离层

thermostabilité *f* 耐热性，热稳定性

thermostable *a* 热稳定的

thermostat *m* 恒温箱，恒温器，恒温槽，定温器，继电器，热动开关，恒温调节器，温度自动调节器
  ～ à air 空气恒温器
  ～ à canne directe 直杆恒温计
  ～ à dilatation 膨胀恒温计
  ～ à distance 遥控恒温器
  ～ à mercure 泵控恒温器
  ～ d'ambiance 室内恒温调节器
  ～ d'eau haute température à deux seuils 二级高温水恒温计
  ～ d'huile avant filtres 过滤器前方滑油恒温器
  ～ d'huile de graissage 润滑油恒温器
  ～ d'huile de graissage avec coupleur complet 带整套连接装置的润滑油恒温器
  ～ de circulation d'eau 水冷却系统节温器
  ～ de gel 冰冻恒温计
  ～ de régulation 温度调节器
  ～ de régulation de chauffage de glace frontale 司机室前窗温度自动调节器
  ～ de régulation H.T./B.T. 高、低温调节器
  ～ de régulation tunnel 隧道温度自动调节器，调节通道温度的恒温器
  ～ de résistance électrique 电阻恒温器
  ～ de sécurité 安全恒温器
  ～ double de sécurité 复式安全恒温计

thermostatique *a* 恒温的

thermotechnique *a* 热工的

thermotphone *m* 传声温度计的，热致发生器，热线式受话器

thermovoltmètre *m* 热电偶电压表，热电偶伏特计

thermowattmètre *m* 热电偶瓦特计

thesaurus *m* 关键字一览表

thibaude *f* 毛毡

thier *m* 顶板，上盘

thierne *f* 斜坑道，倾斜巷道

thierschite *f* 水草酸钙石

thio-élatérite *f* 硫弹性沥青

thiorétinite *f* 含硫树脂

thiorsauite *f* 钙长石

thixopert *a* 触变的

thixotropie *f* 牛毛毡，触变性，摇溶现象
  ～ du béton 混凝土触变性

thixotropique *a* 触变的，摇溶的

tholéiite [thoiéite, tholeyite] *f* 拉斑玄武岩

tholus *m* 背斜转折端

thomaïte *f* 球菱铁矿，锰菱铁石

thomasite *f* 磷硅铁钙石

thomsénolite *f* 汤霜晶石

thoreaulite *f* 钽锡矿

thorianite *f* 方钍石

thorie *a* 加氧化钍的，镀钍的

thorite *f* 钍石
  ～ métamicte 橙黄石

thorogummite *f* 羟钍石

thorosteenstrupine *f* 胶硅钍钙石

thorutile *f* 钍金红石

thorutite *f* 钛钍矿

thraulite *f* 水硅钛矿

threadgoldite *f* 板磷铝铀矿

thrombolite *f* 水锑铜矿，假孔雀石，凝块叠层石

thulite *f* 锰黝帘石，锰绿帘石，玄武皂石

thundite *f* 宗达陨铁

thurésite *f* 钠闪正长岩

thurtngite *f* 鳞绿泥石

thyite *m* 条带状绿色大理石

thyratron *m* 闸流管

tibergite *f* 褐紫闪石

tibir [tibrar] *m* 砂金（非洲）

tiburtine *f* 石灰华

ticker *m* 快速断续器，振动器，振子

tidalite *f* 潮积物，海潮沉积

tiède *a* 微温的

tiédeur *f* 微温，温和

tiédir *v* 变温

tiemannite *f* 硒汞矿

tienshanite *f* 天山石
tiers-point *m* 三角锉刀
tige *f* 杆,轴,棒,钉,销,销钉,毛坯,拉杆,钻杆,套管,导管,梗节,半成品,闭塞机锁闭杆,直角的绝缘子支柱
　à ~ 棒状,杆状,棒式,杆式
　~ à chape 带吊环的螺栓,带扣环的螺栓
　~ à poignée 手柄
　~ actionnée par une poignée 握柄杆
　~ carrée 方钻杆
　~ centrale 阀杆,中心轴
　~ creuse 空心杆
　~ creuse de transmission 空心导杆
　~ d'acier 钢筋
　~ d'ancrage 锚杆,拉条
　~ d'ancrage précontraint 预应力锚杆
　~ d'assemblage 连接杆
　~ d'attache 系杆
　~ d'éjection 顶杆,推钉,起模杆
　~ d'embase en acier 底板支撑钢杆
　~ d'entraînement 传动杆,带动销,驱动杆
　~ d'excentrique 偏心杆
　~ de clou 钉身
　~ de commande 操纵杆
　~ de contact 触杆,触针,接触杆
　~ de crochet de traction 车钩拉杆
　~ de culbuterie 摇臂杆
　~ de culbuteur 摇臂杆,活门拉杆
　~ de fleuret 钻杆,杆子
　~ de forage 钻杆,钻管
　~ de forage creuse 空心钻杆
　~ de frein 制动活塞杆
　~ de guidage 导杆
　~ de jaugeage 测尺,测量杆,水深测量杆
　~ de la console 绝缘子支柱(直角)
　~ de perçage 钻杆
　~ de piston 活塞杆
　~ de piston à réglage automatique(frein) 自动调节的活塞杆(制动机)
　~ de rotation 校准轴(电位器)
　~ de sonde 钻杆,钻管
　~ de soupape 阀杆
　~ de soupape d'échappement 排气阀杆
　~ de suspension 转向架悬挂吊杆
　~ de suspension (de coffrage) (模板的)支撑
　~ de suspension(bogie) 吊杆(转向架)
　~ de tampon 缓冲器杆
　~ de tarière 钻杆,钻棒
　~ de tiroir 气阀杆
　~ de traction 拉杆,牵引杆
　~ de traversée 瓷瓶穿心杆
　~ de vis 螺钉杆部
　~ diagonale 斜拉杆,斜系杆,斜拉条
　~ diélectrique 电介质轴
　~ du boulon 螺栓杆
　~ du crochet 钩颈
　~ du frein 制动杆
　~ du piston 活塞杆
　~ du rivet 铆钉杆
　~ du tiroir 滑阀杆
　~ en fer 铁拉杆
　~ filetée 螺杆,螺纹螺栓
　~ filetée aux deux extrémités 两端有螺纹的系杆
　~ filetée oscillante 操纵螺杆,摇动螺纹杆
tige-guide *f* 导杆
tige-poussoir *f* 推杆,顶杆
tige-support *m* 支撑杆,支杆
tigré *a* 虎斑状的,虎纹状的
tikérodite *f* 杂硒铅砷钴矿
tikhonenkovite *f* 水氟铝锶石
tilaïte *f* 透橄岩
tilasite *f* 氟砷钙镁石
tillé *a* 掀斜的,翘起的
tilleyite *f* 粒硅钙石
tillite *f* 冰碛岩,冰碳岩
tiltdozer *m* 倾斜式推土机
timazite *f* 绿磐闪安岩
timbrage *m* d'une lettre de voiture 货物运单盖戳
timbre *m* 戳子,印章,邮票,印花,最大工作压力,锅炉公称压力
　~ avertisseur 警告铃,信号铃
　~ s des gares de transits 中转站戳记
　~ perforateur 车票日期打印器
timbreur *m* 盖章机,打印机
timon *m* 辕杆,摇杆,牵引拉杆
　~ d'attelage 拉杆,牵引杆
timonerie *f* 拉动系统,拉杆传动系统

~ compensée 平衡杠杆装置
~ de frein 制动机杠杆传动装置
~ de frein à air 空气制动机杠杆系统
~ de frein à main 手制动机传动系统
~ de frein compensée 补偿式制动

tinaksite *f* 硅钛钙钾石
tincal *m* 粗硼砂,原硼砂
tincalcite *f* 三斜钙钠硼石(硼钠钙石)
tincalconite *f* 三方硼砂
tindoul *m* 天然水井
tinguaïte *f* 细霞霓岩
tinkalite *f* 硼砂
tinol *m* 锡焊膏
tinstone *f* 锡石
tintantalite *f* 锡钽铁矿,锡锰钽矿
tinticite *f* 白磷铁矿
tintinaïte *f* 硫铋锑铅矿
tintomètre *m* 比色计
tinzénite *f* 廷斧石
tip *m* 顶,尖,端,倾翻,翻,卸矿场
tir *m* 射击,发射,放炮,轰炸,爆破,红壤(摩洛哥),爆破(作业)崩矿

~ à l'air comprimé 压气爆破
~ aval pendage 上倾放炮
~ avec déport 偏移放炮
~ d'essai 试验爆破
~ dans l'eau 水放炮
~ de corrélation 对比放炮
~ de découpage 光面爆破
~ de mine 放炮,爆破
~ de prédécoupage 预裂爆破
~ de profondeur 深孔爆破
~ de réflexion 反射爆破
~ de réfraction 折射爆破
~ de supermultiplication 高重复性放炮
~ électrique 电炮,电力爆破
~ en arc 弧形排列爆破
~ en bout 端点放炮
~ en éventail 扇形炮孔爆破
~ en ligne 直线放炮
~ en nappe 大面积组合放炮
~ séquentiel 爆破顺序
~ sismique 地震勘探爆破

tiragalloite *f* 硅砷锰石

tirage *m* 拉伸,拔丝,烟道,拉力,张力,牵引,抽出,去除,通风,风流,吸力
~ artificiel 人工通风
~ des dessins 图纸复制
~ forcé 强制通风
~ induit 强迫通风,人工通风
~ mécanique 机械通风
~ naturel 自然通风

tiraillement *m* 拉,曳
tirailler *v* 拖,拉,曳
tirant *m* 牵引,拉杆,拉条,梁系,支撑杆,层锚杆,固定螺栓,拉力构件,岩石锚杆

~ d'air (桥洞的)净空高度
~ d'air d'un pont 桥下净空高度
~ d'amarrage 系留环
~ d'ancrage 锚杆,锚索
~ d'ancrage précontraint 预应力锚索
~ de brancard 构架拉杆
~ de châssis 框架系杆
~ de console 地脚螺栓
~ de frein 制动拉杆
~ de plaque tubulaire 管板掌形螺撑
~ de rails 轨距杆,轨距拉杆
~ de taraudé 地脚螺栓,锚定螺栓
~ diagonal 斜拉杆,对角拉杆
~ en fil de fer 牵索,钢索绳,钢丝拉条(索)
~ longitudinal 纵向拉杆,纵向连杆,锅炉纵撑,纵向联结系
~ oblique 斜拉式联杆,斜拉式杆系
~ taraudé 底脚螺栓,锚定螺栓
~ transversal 锅炉横撑,横向联结系
~ transversal du ciel du foyer 火箱顶横撑

tiré *a* 牵引的
tire-bouchon *m* 起子,起塞器
tire-bourre *m* 螺旋钻,麻花钻
tire-clou *m* 拔钉器,起钉器
tire-fond *m* 螺纹道钉,方头螺钉,吊环螺钉,基础螺栓,扣紧螺栓
tire-hélice *m* 螺旋桨拆卸工具
tire-joint *m* 勾缝
tire-ligne *m* 划线笔,划线器
tirer *v* 拉,牵,拖,伸长,抽出,拖出,射出
~ des coups de mine 炮眼爆破
~ la conclusion de 从……得出结论

tirerie *f* 拔丝机,拔丝车间
tire-sable *m* 泥浆泵,抽泥筒
tirette *f* 拉杆,移动杠杆,联动臂
tireur *m* 爆破工人
tire-vis *m* 螺丝刀
tirodite *f* 锰镁闪石
tiroir *m* 滑阀,抽屉,滑块,进气阀,计算尺,牵出线
~ à coquille D 型滑阀
~ à double admission 双进口阀
~ à piston 活塞阀
~ cylindrique 活塞阀,活塞汽阀
~ d'étranglement 节流阀,节流活门
~ de décharge 喷油阀
~ de distribution 分配阀
~ de distribution du sable 给砂阀
~ de refoulement 牵出阀
~ de régulateur 调整阀,调节阀
~ incliné 坡道牵出线
~ plan 平滑阀
~ pour basse pression 低压滑阀
~ pour haute pression 高压滑阀
~ rond 活塞阀
~ rotatif 转动滑阀
~ tournant 转动滑阀
tirolite *f* 铜泡石
tisinalite *f* 水硅钛锰钠石
tissage *m* 织造,编织
tissé *a* 花纹的,织纹的,交织的,交叉的,紧密结合的
tissu *m* 布,网,结构,网状物,纺织品,编织品
~ à base d'amiante 石棉织品
~ à fibre de verre 玻璃纤维布(编织物)
~ bakélisé 胶布板
~ caoutchouté 浸涂橡胶织物
~ chauffant 电热布,保湿布,混织加热电阻器
~ cortical 树木皮层组织
~ d'amiante 石棉布
~ d'asbeste 石棉编织物
~ de tamis 筛布,筛网
~ de verre 玻璃布,玻璃纤维布(织品)
~ de verre imprégné 玻璃布,玻璃纤维布,渗渍玻璃丝布
~ durci 胶布板
~ filtrant 滤布
~ filtrant-presse 压滤布
~ fusellaire 纺锤层
~ gommé 浸涂橡胶织物
~ isolant huilé 绝缘油布
~ laqué 漆布
~ lignitifié 褐煤化植物组织
~ métallique 金属网,金属编织网,金属编织物
~ non tissé 无纺布,合成纤维塑料
~ polyester 聚酯编织品
~ pour pneus 轮胎帘子布
~ synthétique 合成编织品
~ végétal gélifié 凝胶化植物组织
~ verni 漆布
~ verni jaune 黄漆布
~ verni noir 黑漆布
~ vernissé 漆布
titanaugite *f* 钛辉石
titanbiotite *f* 钛黑云母
titanclinohumite *f* 钛(斜)硅镁石
titandiopside *f* 钛透辉石
titane *m* 钛(Ti)
~ augite 钛辉石
~ oxydé 金红石
~ oxydé chromifère 铬金红石
~ oxydé ferrifère 钛铁矿
~ silicéo-calcaire 楣石
titaneux *a* 钛质的
titangarnète *f* 钛榴石
titanhématite *f* 钛赤铁矿
titanhydroclinohumite *f* 三斜闪石(钛闪石)
titanio-ferrite *f* 钛铁矿
titanite *f* 楣石
titanmaghemite *f* 钛磁赤铁矿
titanmélanite *f* 钛黑榴石
titanoaugite *f* 钛辉石
titanobiotite *f* 钛黑云母
titanocérite *f* 钛铈硅石
titanoélipidite *f* 碱硅钡钛石
titano-lavénite *f* 钛钙钠锰锆石
titanolite *f* 楣石岩,楣磁碱辉岩
titanomagnétite *f* 钛磁铁矿
titanomorphite *f* 白楣石,白钛石,金红石,锐钛矿
titano-olivine *f* 钛斜硅镁石,钛橄榄石

titanpigeonite *f* 钛易变辉石
titanpyrochlore *m* 钛烧绿石
titantourmaline *f* 钛电气石
Tithonique [Tithon] *m* 提通阶(J_3, 南欧)
titrage *m* 纤度测定,成色测定
titration *f* 纤度测定法
titre *m* 度,含量,样品,试样,名称,名义,标题,证书,凭证
  à ~ de 作为,以……名义,以……的资格,以……的身份
  à juste ~ 理所当然地
  ~ alcalimétrique 碱量测定,滴定碱量
  au même ~ que 如同,同……一样
  au même ~ 同样地
  ~ de circulation 运送票据
  ~ de fonction 职称
  ~ de propriété 财产证书,所有权证书
  ~ de transport 路线号,路线指示牌
  ~ du plan 图名
  ~ minier 矿山用地,矿区用地,采矿用地
titulaire *n* 正式职工,持有者,所有人;*a* 正式的,持有的
  ~ d'un wagon 车主,私有车辆所有者
  ~ d'un wagon de particulier 车主,私有车辆所有者
  ~ du marché 合同持有人
titularisation *f* 任用,委派
tiwa *f* 地洼
tjäle *m* 冻土,永冻土
tjosite *f* 斜辉煌岩
tjuiamunite *f* 钒钙铀矿
tlalocite *f* 水氯碲铜石
tlapallite *f* 硫碲铜钙石
Toarcien *m* 托阿尔阶(J_1, 欧洲)
tobermorite *f* 雪硅钙石
toboggan *m* 滑槽,漏斗式斜槽
  ~ de chargement 装料斜槽
  ~ hélicoïdal 螺旋式滑槽
toc *m* 销,销钉,桃形夹,传动拨盘,推杆凸轮
tocharanite *f* 铝硅镁钙石
tochilinite *f* 羟镁硫铁矿
tocornalite *f* 碘银汞矿
toddite *f* 杂铌钇铁矿
todorokite *f* 钙锰矿

tœllite *f* 英云闪玢岩
tœrnebohmite *f* 羟硅铈矿
toiénite *f* 淡英二长岩
toile *f* 布,网,帐篷,帆布
  ~ à voiles 帆布,防水布
  ~ abrasive 砂布
  ~ caoutchoutée 浸涂橡胶织物,浸涂橡胶布
  ~ cirée 漆布,胶布,油布
  ~ d'amiante 石棉布,石棉织物,石棉织品
  ~ d'émeri 砂布,金刚砂布
  ~ de criblage 筛布
  ~ de jute 麻布,黄麻布
  ~ de lin 帆布,亚麻布
  ~ de nylon caoutchoutée 涂橡胶尼龙布
  ~ de roue 轮网,轮辐
  ~ de sac 麻袋布
  ~ de tente 帆布
  ~ émeri 砂布,金刚砂布
  ~ émeri de x grains par pouce 每寸x粒度的砂布
  ~ en fil de cuivre 钢丝布
  ~ filtrante 滤布,滤网
  ~ gommée noire 黑胶布
  ~ goudronnée 柏油布,煤沥青布
  ~ huilée 油布
  ~ isolante 浸漆布,涂黄蜡布,绝缘漆布
  ~ métallique déployée 金属板网,控制网状金属板
  ~ métallique(de tamis) 金属网[丝布],金属织物(筛子)
  ~ naphtabitumée 石油沥青油毡
  ~ transporteuse 输送带
toile-verre *f* 玻璃纤维布
toise *f* 托阿斯(法国旧长度单位,1托阿斯=1.949米)
toisé *m* 丈量,测量,测定
toiser *v* 丈量
toiseur *m* 测量者,测定者
toit *m* 盖,棚,顶,顶板,顶部,上盘,屋顶,屋面,车顶,洞顶,坑道顶,矿层顶部,矿道顶层
  ~ d'une galerie 坑道顶
  ~ de la couche 上盘,岩层顶板
  ~ de la faille 断层上盘
  ~ de protection 遮棚,工棚,风雨棚
  ~ de voiture 车顶

~ de voûte 拱顶
~ de wagon 货车车顶
~ ébouleux 陷落顶板,不稳定顶板
~ en ardoise 页岩顶扳,板岩顶板
~ imperméable 隔水顶板,隔水盖层
~ remonté 上升翼
toiture f 顶,顶篷,车顶,屋顶,屋面
~ coulisante (wagon) 货车滑动车顶
~ de voiture 客车车顶
~ en pavillon 四个斜脊汇集在一起的四坡顶
~ en tuiles 瓦屋顶
~ en verre 玻璃屋面
~ inclinée 坡顶(屋面)
~ mètallique légère 轻金属屋顶
~ romaine 筒瓦屋顶
~ routière 路顶
toiture-terrasse f 平屋顶,屋顶平台
tokéite f 富辉玄武岩
token m 钥匙路签,一种小型路签
tôlage m 镀,钢板,板材,电镀,喷涂,金属涂层
~ extérieur d'un véhicule 车体外壳钢板
tolamite f 炸药
tolard m 路刮,牵引,拖曳,刮路机
tôle f 板材,钢板,铁板,钢皮,薄钢板
~ à bord rabattu 拆边板材,磨边板材
~ à bord tombé 拆边板材
~ à doiges 齿形钢板
~ à réservoirs 槽用钢板,容器用钢板
~ bombée 凹凸板,波纹板,弧形板
~ bossue 凹凸板,弧形板,瓢曲板材(废品)
~ brute 毛坯板材
~ circulaire 圆形钢板
~ d'acier 钢板
~ d'acier galvanisé 镀锌钢板
~ d'acier rayure 花纹钢板
~ d'aluminium 铝板
~ d'arrêt 止动垫板,止动片
~ d'assemblage 连接板,节点板
~ d'enveloppe 包皮用薄钢板
~ d'habillage 盖板,车体钢板,外套钢板
~ d'induit 电枢硅钢板
~ de chassis 车底架钢板
~ de circuit magnétique 冲压板,模冲片(磁路的)
~ de coffrage 模板,模型板用木板

~ de dynamo 硅钢片,电机硅钢板
~ de fer vernissée 涂漆铁皮
~ de fourrure 衬板,垫板,加劲板
~ de l'âme 腹板
~ de rebut 废钢板
~ de recouvrement 盖板,腹面板
~ de renforcement 加劲板,加强板
~ de renfort 加劲板
~ de revêtement 路面板
~ de séchage 干燥板材
~ de semelle 支座底板
~ décapée 酸洗钢板
~ du tablier 面板,桥面板
~ émaillée 搪瓷钢板,涂釉钢板,涂釉铁皮
~ emboutie 冲压钢板
~ en acier doux 软钢板
~ en attente 预埋钢板
~ en fer 铁板
~ en feuille 薄板
~ étamée 白铁皮,镀锡钢皮
~ feuilletée 薄层板材
~ fine 薄钢板
~ formant parquet 箱式结构
~ formée 成型板材
~ forte 厚钢板
~ galvanisée 白铁皮,镀锌铁皮
~ gaufrée 网纹(钢)板,波纹(钢)板
~ grosse 厚钢板
~ intermédiaire 夹板
~ laminée 轧制板材,辊轧钢板
~ laminée à chaud galvanisée 镀锌热轧钢板
~ lisse 平钢板,光滑板材
~ magnétique 磁性钢板
~ martelée 煅制钢板
~ mère 木材
~ métallique 金属板材
~ mince 薄铁皮,薄板材
~ mince à chaud 热轧薄板材
~ moyenne 中板材,中钢板
~ nettoyée 精整板
~ noire 黑铁皮(未镀锌,锡的)
~ ondulée 瓦楞板,瓦楞铁,波纹板,(路面上)呈波纹状,瓦楞[波形]铁皮
~ ondulée cintrée 波纹板,瓦楞薄板

~ pare-fumée 挡烟板
~ perforée 穿孔钢板
~ plaquée 包[镀]金属钢板,复层钢板
~ plate 扁钢,扁钢板
~ pliée 卷板,角铁,波纹板,折钢板,弯钢板
~ plombée 镀铅钢板
~ pour transformateurs 变压器硅钢片
~ profilée 成型板
~ protevtrice 护板
~ rabattue 带凸缘板材
~ raidie 加劲板,加强板
~ rainurée 网纹钢板
~ recuite 退火薄钢板
~ roulée 滚套,滚筒
~ soudée 焊接钢板
~ souple 柔性钢板,柔性止水片
~ striée 网纹板,网纹钢板
~ striée en acier 压花钢板
~ zinguée 镀锌铁皮,镀锌钢板

toléite f 拉斑玄武岩
tolérable a 容许的,允许的
tolérance f 宽容,容许,公差,限度,间隙,忍耐度,配合公差,容许极限,容许误差,容许间隙,容许偏差
  ~ acceptable 容许公差
  ~ admissible 容许公差,公差范围
  ~ bilatérale 双向公差
  ~ d'équilibrage 平衡公差
  ~ d'essai 试验允许误差
  ~ d'usure 磨损公差
  ~ d'usure des rails 钢轨磨损公差
  ~ de convergence 收敛允许值
  ~ de défaut 容错,故障容忍度
  ~ de déformabilité 形变公差,形变容许误差
  ~ de fabrication 制造公差,加工公差
  ~ de finition 精加工公差,成品公差
  ~ de flèche 容许挠度
  ~ de fréquence 频率容限
  ~ s de gauche 歪斜公差,线路变形公差
  ~ de jeu 间隙公差
  ~ de laminage 轧制公差
  ~ de mesure 仪表误差
  ~ de montage 安装公差,安装容许误差
  ~ de nivellement 水平允许误差,水平面容许误差
  ~ de planéité 不平度公差
  ~ de positionnement et de déformation du coffrage 二次衬砌模板变形和安装误差
  ~ de temps 时间限度
  ~ des températures 温度公差
  ~ dimensionnelle 尺寸公差,尺寸容许误差
  ~ en moins 下偏差
  ~ en plus 上偏差
  ~ fondamentale 基本公差
  ~ s maxima et minima 最大、最小公差
  ~ s maximales et minimales 加减公差
  ~ sur brut 粗料公差,毛坯公差
  ~ technique 技术公差

toléré, e a 容许的,许可的
tôlerie f 轧板厂,轧板工艺,轧板车间[厂]
tôlier m 钣金工
tolite f TNT 炸药
tollite f 英云闪玢岩
tolypite f 球绿泥石
tombant a 落下的
tombarthite f 汤硅钇石
tombazite f 辉砷镍矿,黄铁矿
tombée f 落,垂,倒,陷,沉落,崩解,下陷,倾没
tomber v 落下,倒下,跌下,减轻,下降,变得,下垂
  ~ dans 陷入
  ~ en 落到,处于,变成
  ~ en panne 发生故障
  ~ goutte à goutte 滴落
  ~ hors phase 失去同步
  ~ l'angle 去角,把角切掉

tombereau m 敞车,自卸车,翻斗车,运土车,自卸料车,高边敞车,自动卸货卡车
  ~ à chenilles 履带式自卸车
  ~ à déversement arrière 后卸运土车
  ~ à déversement latéral 侧卸卡车,侧卸运土车
  ~ à ouverture par le fond 底卸运土车
  ~ à roues 轮式自卸车
  ~ automoteur 自动运土车
  ~ automoteur articulé 铰接式自动运土车,自行铰接式底卸或后卸车
  ~ basculant latéralement sur trois côtés 三面卸卡车,两侧和后卸运土车
  ~ basculent par l'AR 后卸卡车

tomichite *f* 砷钛钒石
tomite *f* 托姆藻煤
tondeuse *f* 剪草机,刈草机
　～ à gazon　剪草机,刈草机
tonnage *m*　位,吨数,吨位,载重量
　～ brut　总重,总登记吨位
　～ brut moyen des trains　货物列车平均牵引定数
　～ de chargement　载重吨数
　～ de jauge　登记吨位
　～ des marchandises transportées　运送货物吨数
　～ des trains complets pondéreux　堆装货物重量,笨重货物的重量
　～ du minéral　(以吨计)矿石产量
　～ du véhicule　车辆载重量
　～ faible　小吨位
　～ kilométrique brut　总重吨公里
　～ kilométrique utile　有效吨公里
　～ net　净吨位
　～ réel　自重吨数,静重吨数
　～ transporté　运送吨数
　～ utile　有效吨数
tonne *f*　桶,吨(符号 t, 1t = 10^3 kg),浮标,公吨,油桶
　～ américaine　短吨,美吨(美制质量单位,1 美吨 = 907.2kg)
　～ anglaise　长吨,英吨(英制质量单位,1 英吨 = 1016. kg)
　～ chargée　装货吨数
　～ courte(ou américaine)　短吨(或美吨,等于 2000 磅或 907.2 公斤)
　～ de registre　登记吨数
　～ déchargée　卸货吨数
　～ expédiée　发货吨数
　～ forte　长吨,英吨
　～ kilométrique　吨公里
　～ longue(ou anglais)　长吨(或英吨,等于 2240 磅或 1016.05 公斤)
　～ métrique　吨,公吨
　～ non taxée　不计费货物吨数
　～ offerte　规定的吨数
　～ reçue　到达货物吨数
　～ taxée　计费货物吨数
　～ transportée　运送货物吨数
tonneau *m*　桶,槽,箱,筒,滚筒,卷筒,鼓轮,吨数,吨位,载重量
　～ à mortier　搅浆机,灰浆搅拌机
　～ d'arrosage　洒水车
　～ mélangeur　鼓筒拌和机,搅拌机
tonne-kilomètre *f*　吨公里
　～ brute complète(TKBC)　总重吨公里(包括机车),列车牵引定数
　～ brute remorquée(TKBR)　牵引总重吨公里
　～ nette(TKN)　净重吨公里
　～ offerte　有效吨公里
　～ taxée　计费吨公里
　～ utile　有效吨公里
　～ virtuelle complète(TKVC)　换算总重公里
　～ virtuelle remorquée(TKVR)　换算牵引总吨公里
tonne-poids *f*　吨重,吨位
tonsbergite *f*　中长碱性正长岩
tonsonite *f*　杆沸石
tonstein *m*　黏土岩,(煤层的)黏土岩夹矸
tool cast　工具痕,工具铸型
top *m*　头,顶,峰,首位,脉冲,标志,记号,顶部(岩系或构造等),上层
　～ antipatinage　防滑信号
　～ de l'anticlinal　背斜顶部
　～ des anomalies　异常峰值
　～ enregistre du temps(voiture d'essai et de mesures)　时间自动打点记录仪(试验车)
　～ enregistre du travail(voiture d'essai et de mesures)　工作量自动打点记录仪(试验车)
　～ enregistreur du chemin(voiture d'essai et de mesures)　距离自动打点记录仪(试验车)
topanhoancanga *m*　铁质角砾岩
topaze *f*　黄玉,黄晶
　～ brûlée　烟晶,墨晶
　～ enfumée　烟晶,墨晶
　～ gemme　透明黄玉
　～ orientale　黄宝石
topazfels *f*　黄玉岩
topazisation *f*　黄玉化
topazite *f*　黄英岩,黄玉岩
topazolite *f*　黄榴石
topeka *f*　托彼卡
　～ modifiée　改良托彼卡(一种细颗粒沥青混凝土)

～ résistant à l'usure　耐磨托彼卡路面（指粒径1/2英寸以下细粒石英砂级配沥青混凝土路面）

topocart *m*　地形立体测图仪
topofaciès *m*　标型岩相
topofil *m*　测绳
topographe *n*　（地形）测量员，检验员，地形学家
topographie *f*　地形，地志，地势，地貌，地形图，地形学，地形测绘，地形测量，地形测量学
　～ accentuée　岗峦起伏地形
　～ au sol　地面测量
　～ barométrique　气压形势
　～ côtière　海岸地形
　～ d'érosion　侵蚀地形
　～ de fjeld　冰蚀高原地形
　～ des bas-fonds　水下地形
　～ effacée　平坦地形，夷平地形
　～ karstique　岩溶地形，喀斯特地形
　～ molle　长丘地形
　～ morainique　冰碛地形
　～ mûre　成年期地形
　～ photographique aérienne　航空摄影测量
　～ polycyclique　多旋回地形景观
　～ souterraine　矿山测量，地下地形，坑道测量
　～ subaérienne　地表地形，地形
　～ tabulaire　平原地形
　～ terrestre　地表地形，地形
　～ transversale　横断面测量
topographique *a*　地形的，地形学的，地形测量的
topoiogique *a*　地志学的
topologie *f*　拓扑学，地志学，微地形学
topomètre *m*　地形测量仪，地形测量员
topométrie *f*　地形测量
topominéral *a*　标型矿物的
toponymie *f*　地名学，地名录
topopret *m*　地形判读仪
topotype *m*　地方型，地模标本，原地典型标本
topsailite *f*　中辉煌斑岩
topset *m*　（三角洲）顶积层
torbanite *f*　藻烛煤，托班藻煤，富碳油页岩
torbérite *f*　铜铀云母
torbernite *f*　铜铀云母
torche *f*　焊炬，火炬，焊枪
　～ à jet de plasma　等离子喷枪

　～ de soudage　焊接炬，焊接吹管
　～ électrique　手电筒，闪光灯
torcher *v*　抹，涂胶泥（黏土和干草屑合成）
torchis *m*　胶泥（黏土和干草屑合成）
torcin *m*　岩石夹层
tordage *v*　扭绞，扭转，绞丝
　～ à froid　冷扭
tordre *v*　绞，扭，搓，卷，拧，扭转
tordrillite *f*　淡流纹岩
tordu *a*　弯曲的，弯曲变形的，扭曲的
　～ à froid　冷扭的
tore *m*　管环，环面，环形铁芯
　～ de ferrite　环形铁磁芯，铁氧体环形铁芯
　～ magnétique　磁环，磁芯
torendrikite *f*　镁钠闪石，镁铁钠闪石
torique *a*　环形的
törnébohmite *f*　羟硅铈矿
torniellite *f*　胶铝英石，高硅水铝英石
toroïdal *a*　环形的，喇叭口形的，螺旋管形的
toroïde *m*　环行线，环行的电磁块
toron *m*　（绳的）股，绞线，导线束，多股线，绞合线
　～ à quatre brins　四股绞线
　～ central　中心绞合线
　～ de câble　电缆股
　～ de cuivre　铜绞线
　～ sans fin　铜导束线
toronnage *m*　绞合
toronné *a*　多芯的，绞制的，盘绕的，缠绕的，搓制的
toronneuse *f*　电缆成缆机，缆绳绞制机
torpillage *m*　爆破（扩井方法），爆破作业
torque *m*　扭矩，转矩
torrelite *f*　铌铁矿，托勒碧玉
torrensite *m*　杂菱锰矿，杂蔷薇菱锰矿
torrent *m*　流，水流，急流，激流，山洪，湍流，洪流，山溪
　～ à affouillement　侵蚀急流
　～ boueux glaciaire　冰川泥流
　～ de boue,～ boueux　泥流
　～ de boue et de pierre　泥石流
　～ de montagne　山溪，山地急流，山区急流
　～ glaciaire　冰川河
　～ puissant　激流
　～ rapide　急流

~ sous-glaciaire 冰河,冰下河
~ souterrain 地下水流,地下径流
~ subglaciaire 冰下河
~ superficiel 地表径流
torrentiel *a* 水流的,急流的,洪流的,湍急的
torrentueux, euse *a* 湍急的,急剧的
torride *a* 炎热的,酷热的
torsadé *a* 扭转的,扭绞的
torsade *f* 扭转,扭转,绞合
torsader *v* 扭,搓,拧,扭曲
torsin *m* （瓦板岩）裂缝
torsiographe *m* 扭振自记器,扭力计
torsiomètre *m* 扭力计,扭矩计,扭动计
torsion *f* 拧,扭力,扭转,扭矩,扭曲,挠曲,绞合
~ à droite 右捻（钢丝绳）
~ à gauche 左捻
~ de flexion 弯曲扭转
~ élastique 弹性扭转
~ libre 自由扭转
~ plastique 塑性扭转
~ pure 纯扭
~ simple 单扭转
tort *m* 错误,过失,损害,损失
torticône *m* 斜锥,陀螺锥
tortiller *v* 扭,绞,卷,搓
tortu, e *a* 斜的,歪的,扭歪的,弯折的,歪斜的,弯曲的,迂回曲折的
tortueux, euse *a* 曲折的,蜿蜒的
tortuosité *f* 扭度,曲折度,弯曲度,曲折性,扭曲性
toryhillite *f* 多霞钠长岩
toscanite *f* 紫苏流安岩
tosudite *f* 迪开间蒙脱石（羟硅铝石）
totaigite *f* 似蛇纹石
total *m* 总计,全体,总数[和],合计,总额
~ de l'actif 资产总额
~ des dépenses 支出总数
~ des pertes de charge 总水头损失
~ des recettes 收入总和
~ du passif 负债总额
~ général 总计,共计
~ global 合计
~ sous total 小计
total, e *a* 总的,全的,完全的,绝对的,彻底的

totalement *adv* 全部地,完全地,彻底地
totalisateur *m* 全站仪
totalisation *f* 总计,求和,累计,计算总数
totaliser *v* 总计,求和,加出总数
totaliseur *m* 累积雨量计,累积计算器
totalité *f* 总合,总数,全体,完全
~ des dépenses 全部支出
~ des recettes 全部收入
~ des ressources techniques 全部工艺技巧
en ~ 全部地,完全地,总共
touage *m* 拖曳,曳引,拖带,拖船费
touchant *prép* 关于,涉及,有关
touche *f* 碰,键,接触,触点,按钮
~ d'appel 信号按钮,振铃按钮,呼叫按钮
~ d'enclenchement 闩锁杆
~ d'isolant 绝缘[隔热、隔音]层
~ de clavier 控制按钮（调度集中的）
~ de contact 接触按键
~ de libération 缓解按钮
~ de rappel 复原按钮
~ de secours 紧急按钮,事故按钮
toucher *m* 触感,接触,触及,涉及；*v* 接触,涉及,有关,与……邻接
~ à 接近,与……有关,修改
~ à sa fin 将近结束,接近尾声
touches *f. pl* de piano 琴键式（构造）
touée *f* 拖绳,拖曳,牵引,牵引索
touenevis *m* 螺丝刀,改锥
~ cruciforme 十字螺丝刀
touer *v* 拖曳,曳引,拖带
toueur *m* 拖船
touffe *f* 簇,丛,束,绺
toujours *adv* 永远,总是,经常
moins ~ 越来越不
plus ~ 越来越
comme ~ 一如既往,跟往常一样
depuis ~ 历来,一贯
pour ~ 永远,永恒地
presque ~ 几乎老是,几乎经常
toundra *f* 苔原,冻原,冻土,地带,冻土带
~ à monticules 丘陵冻原
~ sèche 干冻原
toupie *f* 线陀,陀螺,回转仪,陀螺仪,木工铣床,混凝土搅拌机

toupillage *m* 用木铣床铣，像陀螺那样旋转
tour *f* 塔，塔楼，钻塔
- ~ à charbon 储煤塔
- ~ à coke 焦炭塔
- ~ atmosphérique 空气塔
- ~ d'absorption 吸收塔
- ~ d'antennes 天线塔
- ~ d'émission 发射台，电话线塔架
- ~ d'enrobage 沥青拌和塔
- ~ d'entrée 控制塔，瞭望塔，指挥塔
- ~ d'évacuation de l'eau décantée 沉淀塔
- ~ d'observation 观测台，观测塔
- ~ de contrôle 控制塔，操纵塔，瞭望塔，指挥塔
- ~ de coulage pour béton 混凝土分配塔，混凝土滑槽输送塔
- ~ de criblage 筛分塔，筛选塔
- ~ de décantation 沉淀塔
- ~ de forage 钻架，钻塔
- ~ de fractionnement 分馏塔
- ~ de glaçage 加冰塔
- ~ de malaxage 拌和楼
- ~ de pompage 抽水塔
- ~ de pont 桥头堡，(悬索桥的)桥塔
- ~ de porte 启门塔
- ~ de prise à pertuis étagés 多级取水塔，多级泄水塔
- ~ de prise d'eau 引水塔，进水塔，泄水塔
- ~ de recriblage 重筛选塔
- ~ de refroidissement 冷却塔
- ~ de réfrigération 冷却塔
- ~ de refroidissement à tirage naturel 自然通风冷却塔
- ~ de refroidissement à ventilation forcée 机械通风冷却塔
- ~ de signalisation 交通指挥亭
- ~ de sondage 钻塔，钻架
- ~ de télévision 电视塔
- ~ des bétonnières 混凝土搅拌塔
- ~ du cardan de manœuvre 调车室
- ~ du pont 桥塔
- ~ élévatoire 升降机塔，电梯塔
- ~ élévatrice à béton 混凝土上升运塔
- ~ météorologique 气象塔
- ~ réfrigérante 冷却塔

tour *m* 转，转数，匝数；顺序；旋床，车床；周围，周长；环绕，环行；旋转一圈；轮流
- à ~ de 轮流地
- ~ à aléser 镗床
- ~ à aléser les bandage 轮箍镗床
- ~ à boulons 螺丝车床
- ~ à cabestan 六角车床
- ~ à charioter 顶针车床，切削车床
- ~ à charioter et à fileter 切削和攻丝车床
- ~ à commande par vis-mère 机动车床
- ~ à copier 仿形车床
- ~ à cycle automatique 自动旋床
- ~ à décolleter automatique 自动旋床
- ~ à dégrossir 粗加工车床
- ~ à ébaucher 粗加工机床
- ~ à essieux montés 车轮旋床，轮对旋床
- ~ à établi 台式车床
- ~ à façonner 成型车床，样板车床
- ~ à fileter 螺丝车床，螺纹车床
- ~ à fraiser 铣床
- ~ à gabarit 仿型车床
- ~ à grande vitesse 高速车床，高速旋床
- ~ à métaux 金工车床
- ~ à outils multiples 多刀车床，加工中心
- ~ à pédale 脚踏车床
- ~ à plateau 平面车床，落地车床
- ~ à recopier 仿形车床
- ~ à réglage hydraulique des vitesses 液压调速车床
- ~ à reproduire 仿型车床
- ~ à revolver 转塔车床，六角车床，六角刀架
- ~ à roues 车轮车床，旋轮机
- ~ à surfacer 平面车床
- ~ à table 台式车床
- ~ à tour 轮流，依次，相继
- ~ à tourelle 六角车床
- ~ automatique 自动车床，自动旋床
- ~ d'éclairage 灯柱
- ~ d'émission 发射台；电话线搭架
- ~ d'établi 台式车床
- ~ d'excavation du pétrole 油井架
- ~ d'horizon (séquence) 顺序，次序
- ~ de main 技巧，诀窍，秘诀，特技
- ~ de polissage 磨片机

～ en fosse 不落轮旋床
～ en l'air 平面车床,落地车床
～ parallèle 普通车床,顶针车床
～ pour les fusées d'essieux 轴颈旋床
～ semi-automatique 半自动车床
～ universel 万能车床
～ vertical 立式车床

touraille f 干燥炉
touranite f 三水钒铜矿
tourbage m 泥炭开采
tourbe f 泥炭,泥煤
～ à bois 木炭,木质泥炭
～ d'herbes 草本泥炭
～ de bruyère 灌木泥炭,欧石楠泥炭
～ de forêt 森林泥炭
～ de montagnes 山地泥炭
～ de racine 纤维泥炭
～ de sphaignes 泥炭藓,水苔泥炭
～ des marais 沼泽泥炭,湿地泥炭
～ émergée 干泥炭沼,泥炭小丘
～ fangeuse 沼泽泥炭
～ feuilletée 纸状泥煤
～ fibreuse 纤维状泥炭
～ franche 土状泥煤
～ grasse 草本沼泽泥炭
～ humide 湿地泥炭
～ immergée 淹没沼炭
～ lacustre 湖成泥炭,湖积泥炭
～ ligneuse 木质泥炭
～ limoneuse 泥质泥炭,泥炭埴姆
～ mousseuse 苔泥炭,纤维泥炭
～ papyracée 纤煤
～ piciforme 沥青质泥炭
～ sèche 干泥炭
～ telmatique 浅沼泥炭,芦苇泥炭
～ terreuse 土状泥炭
～ vaseuse 泥状泥炭

tourber v 挖泥炭,开采泥炭
tourbeux, euse a 泥炭的,含炭泥的
tourbière f 泥炭沼,泥炭田,泥炭层
～ basse 低原沼泽,低位泥炭沼泽
～ bombée 高位泥炭田
～ de pente 山坡沼泽,坡地泥炭沼,山坡泥炭沼泽

～ de plaine 平原沼泽,平原泥炭沼泽
～ de vallée 山谷沼泽,山谷泥炭沼泽
～ exploitée 泥煤窑
～ haute 高地沼泽,高地泥炭沼泽
～ paralique 近海泥炭沼

tourbification f 泥炭化
tourbillonnement n 涡流,涡旋
tourbillon m 涡,旋风,涡流,旋转,漩涡
～ à axe horizontal 水辊,横轴漩滚
～ adjoint 附着涡流
～ de poussière 尘土旋风
～ de sable 砂旋风
～ de vent 旋风
～ en pleine eau 自由旋涡
～ superficiel 表面旋涡
～ sur un obstacle 固定旋涡

tourbillonnaire a 涡流的,漩涡的,旋风的
tourbillonnement m 涡流,蜗旋,涡流运动
tourbillonner v 旋转,形成旋涡
tourelle f 塔,塔架,转动装置,灰岩小丘,岩溶小丘
～ à lentilles 透镜旋转架
～ d'objectifs 透镜回转架,透镜旋转台,旋转塔

touret m 轮,辊轴,滚筒,小轮,线盘,卷筒,线架,电缆盘
～ pour câble 电缆盘

tourillon m 轴,销,枢,轴颈,支轴,枢轴
～ à rotule 球枢轴,球轴颈
～ d'articulation 枢轴,活节螺栓
～ d'aube directrice (tige) 导叶轴
～ de crosse 十字头销
～ de frein 制动机转轴
～ de l'arbre 枢,轴颈
～ de manivelle 曲拐销
～ de pale 叶片枢轴,转轮水斗
～ de piston 活塞销
～ du crochet de traction 车钩销,车钩转轴
～ porteur 支承转轴,支承螺栓

touring-car m 旅行车,游览车
touring-secours m 道路抢险车
tourisme m 游览,旅游(事业)
touriste m 游客,旅游者
tourmaline f 电气石
～ ferrifère 黑电气石

tourmalinifère

~ noire 黑电气石
~ rouge 红电气石

tourmalinifère *a* 含电气石的，电气石的
tourmalinique *a* 电气石的
tourmalinitation *f* 电气石化
tourmente *f* 飓风，暴风

~ de neige 雪暴

tourmenté, e *a* 不规则的，崎岖的，破碎的
tournadozer *m* 轮胎式推土机
tournage *m* 车削，切削，外旋，车工加工

~ des bandages 轮箍的车削，旋轮箍
~ des emboitures 加工两端榫槽
~ transversal 横向切削

tournement *m* 转，转弯，回转
tournant *m* 转弯，曲折，旋涡，转变，转换，曲折处；*a* 转弯的，迂回的，旋转的

~ à angle aigu 急转弯，突然转弯
~ à droite 右转弯
~ à gauche 左转弯
~ de boucle 匝道转弯
~ en épingle à cheveux 回头弯，发针式弯道
~ en siffiet 急转弯，突然转弯

tournapull 双轮拖拉机式刮土机，有两轮牵引车的铲运机
tourne-à-gauche *m* 板牙架，螺丝刀，丝锥扳手，套筒扳手

~ pour tuyaux 管子钳，管子扳手

tournée *f* 巡视，巡查，巡回，巡行

~ d'inspection 现场检查工作，到现场视察
~ de contrôle 现场检查工作，到现场视察
~ de reconnaissance 踏勘路线
~ de voie 巡道

tournet *m* 卷，卷筒，绞盘，卷轴
tourner *v* 旋，转动，翻转，转弯，折转，绕行，旋转

~ à droite 右转弯
~ à gauche 左转弯
~ en 使变为……
~ fou 乱转，无秩序的转动，无规则地转动
~ sur 绕……选转
~ un véhicule 车辆掉头
se ~ en 转化为，变为……

tourneur *m* 车工，旋工，车床工
tournevis *m* 解锥，旋凿，螺丝刀，螺丝起子

~ à lame croisée 十字形螺丝刀

~ dynamométrique 测力解锥，测力扳手

tourniquet *m* 绞盘，绞车，锁键，插销，转杆，旋转装置，车站检查口转门
tournisse *f* 斜撑，支杆
tournoiement *m* 转，旋转，涡流运动
tournoyer *v* 回转，旋转
tours-minute *m. pl* 每分钟转数，转/分
tourtia *m* 海绿砾岩，海绿砂岩，灰泥质砾岩
tous-courants *a* 万能电源的
tous-terrain *a* 越野的
tout *m* 完整，主要，全部，一切，整个；*adv* 很，完全地，十分地，非常地

~ à coup 忽然
~ à fait 完全地
~ à l'heure 等一会儿
~ acier 全钢
après ~ 毕竟，到底
avant ~ 首先，主要
comme ~ 非常
~ d'un coup 一下子
~ de suite 马上
du ~ 一点也不
du ~ au tout 完全
en ~ 总数，总共，全部
hors ~ 总的，全长
pas du ~ 一点也不，一点没有
~ sortant du concasseur （未筛分）机轧碎石

tout, e *a* 总的，全体的，所有的，一切的
tout ou rien *m* "有一无"双位动作，开—关
toutefois *adv* 然而，可是，尽管如此，仍然
toutnée *f* 巡回，兜一圈

~ de présentation 巡回展览
~ d'inspection 巡视

tout-venant(TV) *m* 原煤，原矿，原料，生料，石渣，任意料，未筛分料，天然材料，石场未筛料，未加工粒料

~ concassé 石场碎石料
~ de concassage 未筛分料，石场轧碎料，轧碎的原材料
~ de laitier 矿渣未筛料
~ local 地区石场未筛料
~ naturel 天然石场未筛科

tout-venant-carrière(TVC) *f* 碎石渣（没有级配的）

towanite *f* 黄铜矿

traçage *m* 划线,放样,描图,跟踪,寻迹,选线,掘进,刀割,采准巷道,切割巷道,敷设管路,架设线路,切割加工
- ~ à plat 平面划线
- ~ de l'axe 划中心线
- ~ de l'emplacement des points de soudure 焊点位置划线
- ~ du centre 对中,定(中)心
- ~ en l'air 立体划线
- ~ en rocher 岩石巷道掘进
- ~ préparatoire 开拓平巷掘进,采准巷道掘进

traçant, e *a* 横的,曳光的

trace *f* 图,线,轨,特征,痕迹,轨迹,草图,标记,扫描,微量,交点,跟踪
- ~ d'outil 刻痕
- ~ de caractéristique 特性曲线的描绘
- ~ de clivage 劈理痕迹
- ~ de courants 波痕
- ~s de décalage d'essieu 车轮松动留在车轴上的痕迹
- ~s de déplacement d'une roue sur l'essieu 车轮松动留在车轴上的痕迹
- ~ de faille 断层线,断层形迹
- ~ de fission 裂变径迹
- ~ de fonctionnement dans l'alésage 缸内行程痕迹
- ~ de freinage (车辆)制动痕迹
- ~ de fuel 油迹
- ~ de grippage 卡缸的痕迹(气缸)
- ~ de pluie 雨迹,微量降雨
- ~ de roue 轮辙
- ~ de rouille 锈迹
- ~ de roulement 滚压痕
- ~ du spot 点迹
- ~ du style 记录线
- ~ fossile 印痕,痕迹
- ~ hivernal 冬季(出现的)车辙
- ~ lumineuse 辉迹,亮迹

tracé *m* 定[轮廓、放样、模]线;草图,路线,线路,(河流等)走向
- ~ cartographique 制图,绘图,测图,填图;制图学,绘图学
- ~ conique 圆锥形放样线
- ~ d'excavation 开挖线
- ~ d'un fleuve 河道
- ~ de comparaison 比较线
- ~ de faille 断层形迹,断层线
- ~ de l'itinéraire 控制台上的进路路线
- ~ de la courbe 曲线图,测设曲线
- ~ de la ligne 定线,线路走向
- ~ de la marche des trains 铺划列车运行图
- ~ de profil longitudinal 纵断面设计
- ~ définitif 定测,定线,测定线路
- ~ des itinéraires 排列进路
- ~ des routes 公路路线,路线测量
- ~ du centre 对中,定(中)心
- ~ du profil en long 纵断面设计
- ~ du réseau de distribution d'eau 配水管网线路
- ~ en élévation 纵面线形,线路纵断面图,线路纵断面设计
- ~ en perspective 透视图,透视轮廓线
- ~ en plan 平面线路,线路平面图,线路平面图,线路平面设计,道路平面设计线
- ~ en profil 纵断面线路,线路纵断面图,道路纵断面设计线
- ~ en profil en long 纵断面线形
- ~ en vraie grandeur 翻样[足尺]图
- ~ général 总图,连锁配置,干线配置,股道配置
- ~ implanté 定线
- ~ limite 限界
- ~ permanent d'un itinéraire 自复式进路
- ~ perspective 路线透视图
- ~ photogrammétrique 摄影测图
- ~ polygonal 导线,导线测量线
- ~ projeté 设计路线
- ~ proposé et son odographe 拟建路线及里程
- ~ rapide 草图
- ~ sommaire 简图
- ~ sur le terrain 标定线,现场定线
- ~ technique d'une ligne 技术选线

tracement *m* 划线,定线,放样,描图,示踪,追踪
- ~ des machines 机器描图,机器放样
- ~ sur papier 纸上定线
- ~ sur place 现场定线

tracer *v* 划[定]线,找线,立桩,标出,放样,制图,拟定[标出]路线

traceur *m* 描绘器,指示器,划线笔,描图员,绘图

仪,描迹器,放样工,指示剂,指示元素,绘图装置,故障检寻器,自动记录仪
- ~ automatique de caractéristique　特性曲线自动描迹器
- ~ de courbe　图形显示器,波形记录器
- ~ électrostatique　静电绘图机

traceuse *f*　划线机,路面划线机,路面标线机
- ~ automatique de bandes axiales　自动车道线标线机

trachédolérite *f*　粗面粗玄岩
trachyandésite *f*　粗安岩,粗面安山岩
trachybasalte *f*　粗玄岩,粗面玄武岩
trachydacite *f*　粗面英安岩
trachydiorite *f*　粗面闪长岩
trachydolérite *f*　粗面粒玄岩
trachyliparite *f*　粗面流纹岩
trachylite *f*　玄武玻璃
trachyphonolite *f*　粗面响岩
trachyte *f m*　粗面岩
- ~ à acmite　锥辉岩,绿辉石粗面岩
- ~ quartzifère　流纹岩,石英粗面岩

trachyteux[**trachytique**] *a*　粗面状的,粗面岩的
trachytoïde *a*　粗面状的,似粗面状的
trachytoporphyrique *a*　粗面斑状的
trachyvicoïte *f*　粗面碱玄响岩
traçoir *m*　划线笔,划线器
tracté *a*　拖曳的
tracter *v*　牵引,拖拉,拖拽
tracteur *m*　拖拉机,牵引车
- ~ à bagages　行李搬运车,行李搬运牵引车
- ~ à chenilles　履带式拖拉机
- ~ à chenilles à moteurs jumeaux　双发动机履带式拖拉机
- ~ à pneus　轮胎式拖拉机
- ~ à roues　轮式拖拉机
- ~ à roues pneumatiques　轮胎式拖拉机
- ~ à semi-chenillés　半履带式拖拉机
- ~ à toutes roues motrices　驱动轮式牵引车
- ~ à un seul essieu　双轮拖拉机
- ~ automobile　汽车拖拉机
- ~ avec benne chargeuse　拖拉铲土车,带铲斗的拖拉机
- ~ de déneigement　除雪拖拉机
- ~ de halage　牵引拖拉机
- ~ de halle à marchandises　货场用搬运货物牵引车
- ~ de semi-remorque　半拖车牵引车
- ~ de terrassement　土方工程牵引车
- ~ diesel　柴油拖拉机
- ~ électrique　电力牵引车
- ~ forestier　伐木用拖拉机
- ~ labourier　农用拖拉机
- ~ léger　轻型拖拉机
- ~ miniature　小型拖拉机
- ~ pour semi-remorque　半拖车的牵引车
- ~ pousseur　后推机,推式拖拉机
- ~ routier　牵引车,公路牵引车,牵引拖拉机
- ~ routier à tamponnement　推送调车用牵引车
- ~ routier pour semi-remorque　半拖拉牵引车
- ~ scarificateur　松土拖拉机
- ~ semi-porteur　半拖车牵引车
- ~ sur chenilles　履带式拖拉机
- ~ tous terrains　越野拖拉机
- ~ travaux publics　公共工程用拖拉机
- ~ universel　通用拖拉机,万能拖拉机

tracteur, **trice** *a*　牵引的,拖拉的
tracteur-bulldozer *m*　拖拉机式推土机
tracteur-camion *m*　载重汽车—牵引车
tracteur-chargeur *m*　拖拉—装料机
tractif, **ive** *a*　拖运的,延伸的,拉长的,牵引的
traction *f*　牵引,拖拉,牵力,拉力,张力,拉伸,延伸,拖曳,拖运,牵引力
- ~ à courant (alternatif) monophasé　单相(交流)电流牵引
- ~ à courant (alternatif) triphasé　三相(交流)电流牵引
- ~ à courant continu　用直流电牵引
- ~ à crémaillère　齿条牵引
- ~ à plots　接触式牵引方式,接点式牵引方式
- ~ à vapeur　蒸汽牵引
- ~ animale　兽力拖拉,畜力牵引
- ~ arrière (véhicule routier)　后轴驱动(公路车辆)
- ~ au crochet　车钩牵引
- ~ avant (véhicule routier)　前轴驱动(公路车辆)
- ~ basse　低牵引杆
- ~ basse des locomotives électriques　电力机车低位牵引

～ continue 贯通式链钩,持续牵引
～ de long d'un lit de renforcement 筋带拉力
～ diesel 内燃牵引
～ discontinue 非贯通式链钩
～ électrique 电力牵引
～ en caniveau 管道输送系统
～ excentrée 偏心牵引
～ funiculaire 缆索牵引
～ par accumulateurs 用蓄电池车牵引
～ par accumulateurs électriques 用蓄电池车牵引
～ par adhérence 黏着牵引
～ par câble 缆索牵引
～ par chaîne 链锁牵引
～ par énergie cinétique accumulée 储能牵引
～ par trolley 无轨运输系统
～ par turbines à gaz 燃气轮牵引
～ seule 单机牵引
～ simple 单机牵引
～ sur chenilles 履带牵引
～ thermoélectrique 热电牵引
～ toutes roues motrices (véhicule routier) 全动轴驱动,全动轮驱动(公路车辆)
～ uniaxiale 单轴拉力

traction-avant 前轮驱动
tractionnite *f* 拖曳岩
tracto-chargeur *m* 牵引式装载机
tracto-faucheused(accotement) 路肩修整机,边缘切割机
tractoire *a* 牵引的,拖拉的
tractopelle *f* 拖拉机式铲土机,挖土装载混合机
　～ à chenilles 履带式前端装载机
　～ sur pneus 气胎拖拉机式装载机
tradition *f* 传统,习惯,惯例
traditionnel, elle *a* 传统的,习俗的,惯例的
traducteur *m* 传感器,变能器,变换器,转发送器
　～ de différence du niveau 压降传感器,差动传感器
　～ de signal 信息变换器
trafic *m* 交通,运输,运送,营业,通信,交通量,通信量,信息量,货物周转
　～ 《roll-on/roll-off》 滚上滚下运输系统(汽车连人带货开上船,到达后自行开回岸上)
　～ à contre-courant 逆向运输,空车方向运输

～ à destination 到达交通,终点交通
～ à grande distance 长途运输
～ à l'heure de pointe 高峰小时交通
～ à petite distance 短途运输
～ à sens unique 单向交通
～ à supporter 承受的交通
～ accéléré 快运,加快运输
～ affluent 汇合交通
～ artificiel 参考业务量,仿真报务,仿真通信量
～ avec l'étranger 国际联运,国际运输
～ bilatéral 双向通信,双向交换量
～ bloqué 车流堵塞
～ brut total 总运量
～ brut remarqué 总牵引量
～ circulaire 环形交通
～ combiné 联合运输
～ commercial 商业运输
～ commun 联合运输
～ congestionné 车流缓慢
～ cumulé 累计交通量
～ d'exportation 出口运输
～ d'importation 进口运输
～ d'origine 始发交通量
～ de banlieue 市郊运输
～ de chantier (建筑)工地交通,(施工)现场交通
～ de détail 零担运输
～ de dimensionnement (Td) 高峰小时交通量
～ de fin de semaine 周末交通量
～ de groupage 整装零担货物运输
～ de jour 日交通量
～ de la 30ème heure 第30小时交通量
～ de PL cumulé 重车交通累计量
～ de pointe 高峰交通量
～ de porte à porte 送货到门的运输,接取送达运输
～ de professionnel 通勤运输
～ de référence 参考交通量,标准交通量,设计交通量
～ de service 路运
～ de tourisme 游览交通,旅游交通
～ de transbordement 换装运输
～ de transit 中转交通
～ de va-et-vient 往复行车

~ dense　繁忙运输
~ dérivé　诱增交通量,吸引交通量
~ des abonnées　通勤运输,定期客票旅客运送
~ des autoroutes　高速公路交通量
~ des colis de détail　包裹运送,零担货物运送
~ des cyclistes　自行车交通量
~ des marchandises　货运,货物运输,货运交通量
~ des marchandises à courte distance　短途货物运输
~ des marchandises à longue distance　长途货物运输
~ des messageries　包裹运输
~ des riverains　路侧交通量
~ des véhicules légers　轻车交通量
~ descendant　减少交通量
~ déséquilibré　不平衡交通量
~ dimensionnant　交通量设计
~ direct　联运,直通运输,过境(直达)交通
~ distribué　分布交通量
~ diurne　昼夜交通量
~ du réseau national　国道网交通量
~ du tunnel　隧道交通量
~ élevé　大交通量,增长的交通量
~ en courant　现有交通量
~ en direction　定向交通
~ en milieu urbain　市中心交通
~ en navette　穿梭交通
~ en provenance de la ville　城市交通量
~ en transit　中转运输,过境运输
~ en va-et-vient　往复交通,穿梭交通
~ en véhicules-jour　日行车量
~ entrant　城市范围交通,城市范围运输
~ entre bureau, école et chez-soi　上下班交通,长期车票交通
~ équivalent　等值交通量
~ escompté　预估交通量
~ et évaluation économique　交通量及经济评价
~ faible　轻交通量
~ fictif　假定交通量
~ fluide　车流畅通
~ forestier　伐木运输
~ fret　货运交通,货物运输
~ frontalier　边境交通,边境运输,边贸
~ futur　未来交通量,将来交通量

~ généré　发生交通量(汽车的出发地在交通调查所划分的地区内,它的出车数叫发生交通量)
~ horaire　小时交通量
~ horaire de base　设计小时交通量
~ horaire de la 30ème heure　年第30个最大小时交通量
~ horaire de pointe　高峰小时交通
~ horaire déterminante　设计的每小时交通流量
~ individuel　个体交通(相对公共交通而言)
~ induit　诱增交通量
~ intense　大交通量,繁忙运输
~ interchangé　交替运输
~ intérieur　市内交通,国内运输
~ international　国际运输,国际联运
~ interne　管内运输,市内交通
~ journalier　日交通量
~ journalier maximum de l'année　年最大日交通量
~ journalier moyen par an　年平均日交通量
~ journalier moyen par mois　月平均日交通量
~ léger　轻型交通
~ local　地方运输,区域交通量
~ lourd　重型交通
~ maximum horaire　最大小时交通量
~ modéré　中等交通量,交通量小
~ moderne　现代交通
~ motorisé　机动车交通
~ moyen horaire　小时平均交通量
~ moyen journalier annuel (TMJA)　年每日平均交通量
~ moyen quotidien　平均日交通量
~ ouvrier　通勤运输
~ par expédition (petits colis et détail)　零担运输
~ par sens　定向交通
~ par tube　单洞交通量
~ pendulaire　摆状交通(指有方向性的交通)
~ potentiel　潜在交通量
~ préexistant　原交通量
~ présent　现状交通
~ présumable　假定交通量
~ prévisible　预估交通量
~ prévu　预估交通量
~ prévu horaire　设计小时交通量
~ privé　自用运输

~ public 公共交通
~ quotidien 日交通量，昼夜交通量
~ rapide 快运，快速运输
~ rapide interurbain 城市间快速运输
~ retenu 采用交通量
~ routier 公路运输
~ scindé 分级计费的运输
~ sortant 非市区范围交通
~ suburbain 郊区交通量
~ supplémentaire 辅助交通
~ terminus 终点站交通
~ tout droit 直线行驶交通
~ transit 过境交通量
~ unidirectionnel 单向通信
~ urbain 城市交通量
~ utile 净运输量
~ voyageurs 客运，旅客运输
~ voyageurs et marchandises 客、货运输
trafic-marchandises *m* 货运
trafic-piétons *m* 行人交通
trafic-voyageurs *m* 客运，客运交通
train *m* 列，系，群，组，流，串，车，序列，列车，火车，波列，底架，轧钢机，传动机械
~ bétonneur 灌注混凝土列车
~ d'amenée des pierres 石料供应列车
~ d'engrenages 齿轮系，齿轮组
~ d'engrenages multiplicateur（transmission） 增速齿轮传动装置
~ d'engrenages planétaire 行星齿轮系
~ d'essai（essai des ponts） 桥梁试验列车
~ de bétonnage 浇灌混凝土工程列车
~ de charge 荷载试验列车
~ de chasse-neige 除雪列车
~ de construction 工程列车
~ de galets 辊轴框架，（辊式闸门的）辊架
~ de laminoir 轧钢机机组
~ de machines 施工机械列车
~ de machines de mise en place（le béton）（混凝土）摊铺机械列车
~ de sauvegarde 安全保护回路
~ de service 工程列车，公务列车
~ de service des matériaux 材料列车
~ de tige 钻杆
~ de véhicules 车列

~ des matériaux 路运材料列车
en ~ 在进行中
en ~ de 正在
mettre en ~ 着手进行，动手干
~ planétaire 行星齿轮传动系
~ pneus 一整套轮胎
~ porteur 滚动部分，走行部分
~ roulant 走行部分
~ routier 载重汽车列，公路汽车列
~ semi-continu 半连续式轧机
~ type 桥梁试验列车
traînage *m* 拖运，牵引，运输，余迹，尾部
~ par câbles 缆索牵引
train-bétonnière *m* 混凝土列车
traîne *f* 拖尾，尾部，后部，拖曳
traîneau *m* 雪橇，油标，滑板，滑行器，刮路机
~ à balais 刮路刷
traînée *f* 道，条，带，条痕，传播，带条，减速，间隔，滞后，滞动，阻尼，阻力，后拖量，长条痕迹，迎面阻力，正面阻力
~ d'éboulis 地滑，碎屑堆
~ de houille 煤带
~ de moraine 冰碛垄
~ de roches 冰碛
~ fluvio-glaciaire 冰水沉积带
~ payante 矿带
traînement *m* 拖，曳，拖长
traîner *v* 曳，牵，拖，拉，拖延
train-repère *m* 标定线，标记线
train-type *m*（essai des ponts）试验列车（桥梁试验）
train-vanette *m* 往返列车
trait *m* 拖，拉，牵，线，划线，线条，条痕，定线，特征，原煤，特点，尖锐，细线条
~ continu 实线
~ de lime 锉纹
~ de rappel 设想的（直）线
~ de scie 锯口，锯缝，锯槽
~ de voûte 拱矢
~ discontinu 虚线
~ en pointillé 虚线
~ géologique 地质形迹
~ interrompu 虚线，点线，折线
~ mixte 点画线
~ plein 实线

traite *f* 汇票,票据,行程,路程,旅程
　~ à terme　定期汇票
　~ à vue　即期汇票
　~ bancaire　银行汇票

traité *m* 条约,契约,协定,专著
　~ bilatéral　双边条约
　~ d'arbitrage　仲裁条约
　~ d'embranchement particulier　私有专用线合同
　~ de communauté　联合协定
　~ de réexpédition　转发契约
　~ en vigueur　现行条约,有效条约
　~ supplémentaire　补充条约

traité, e *a* 处治的,处理的,养护的,治疗的

traitement *m* 治,处理,对待,加工,精炼,选矿
　~ à chaud　热处理
　~ à chaux　石灰处理
　~ à chaux + ciment　石灰+水泥处理
　~ à distance　远程处理
　~ à froid　冷处理
　~ à haute humidité　高湿度处理,高湿度养护
　~ à haute température　高温处理
　~ à l'acide　酸洗
　~ à la chaleur　热处理,加热处理
　~ à la chaux　石炭处治
　~ à la vapeur　蒸汽养护
　~ à pression　加压处理(木材防腐)
　~ anticorrosif　防腐处理,防锈处理
　~ antidérapant　防滑处治,抗滑处治
　~ anti-érosion　防腐处理
　~ antipoussière　防尘处治
　~ après durcissement de béton　混凝土硬化后处理
　~ après prise du béton　混凝土凝固后处理
　~ au ciment　用水泥处理
　~ au cut-back　稀释沥青表面处理
　~ au tétrafluorure de silicium　四氟化硅处理
　~ automatique des informations géologiques　地质信息自动处理
　~ aux liants bitumineux　沥青结合料处治
　~ avant durcissement de béton　混凝土硬化前处理
　~ biochimique　生(物)化(学)处理
　~ bitumineux　沥青处治
　~ chimique　化学处理
　~ chimique à froid　化学冷处理
　~ complémentaire　补水处理
　~ conservatif　防腐处理
　~ conservatif des bois　木材防腐处理
　~ d'adoucissement　软化处理
　~ d'eau polluée　污水处理
　~ d'huile　油处理
　~ de béton par le vide　混凝土真空处治法,真空混凝土施工法
　~ de boues　泥浆处理
　~ de détensionnement　清除应力处理
　~ de faveur　优惠待遇
　~ de fichier　文件处理
　~ de fondation　地基处理,基础处理
　~ de formation　造型
　~ de génération　再生处理
　~ de glissement　滑坡治理
　~ de l'eau　水处理,水质处理
　~ de l'eau chimique　化学水处理
　~ de l'eau colloïdale　胶性水处理(加胶质于水中以处理硬水)
　~ de l'information　信息处理,资料处理
　~ de l'informatique　信息处理
　~ de la façade　立面处理
　~ de la nation la plus favorisée　最惠国待遇
　~ de minerais　选矿
　~ de préservation de bois　木材防腐处理
　~ de régénération　再生处理,回收处理
　~ de revenu　回火,人工老化
　~ de sol support　地基处理
　~ de solution saline　盐水处理
　~ de stabilisation　稳定处理,消除应力
　~ de surface　表面处理,路面处治
　~ de surface par pénétration　贯入式表面处理
　~ de talus　边坡处治
　~ de terre　土地处理,土壤改良
　~ dépoussiérage　防尘处治
　~ des alarmes　警报处理
　~ des assises　基层处治,处治基层
　~ des bois　木材防腐处理
　~ des déchets solides　固体废物处理
　~ des données　数据处理,资料处理
　~ des données par ordinateur　用电子计算机进行资料处理
　~ des eaux de chaudière　锅炉水处理

~ des eaux usées 废水处理,污水处理,净水处理
~ des effluents gazeux 废气处理
~ des effluents industriels 工业废水处理
~ des effluents liquides 废液处理
~ des fonctions 基础处理
~ des glissements de terrains 滑坡处理
~ discontinu 分批处理,阶段处理
~ du béton après prise 混凝土后期处理
~ du bois sous pression 木材防腐加压处理
~ du phosphogypses au ciment 水泥处治磷石膏
~ échelonné 分级处理,阶段处理
~ en discontinu 间断处理
~ en place 就地处治
~ en temps réel 实时处理
~ final 最后加工,精整
~ hydrofuge 抗水处理,防水处理
~ judicieux 合理处治
~ mécanique 机械处理
~ mécanique des eaux usées 污水机械处理法
~ par injection 灌浆
~ par inversion 逆处理,反向处理
~ par l'acide 酸(性)处理
~ par la vapeur à haute pression 高压蒸汽处理,高压蒸汽养护(混凝土)
~ par la vapeur haute pression 高压蒸汽养护(混凝土)
~ par lots 分批处理,分批加工,间歇法处理
~ par pénétration 灌浆处理法
~ par pénétration à chaud 加热贯入施工法
~ par pénétration à froid 冷贯入施工法
~ par voie humide 湿选,湿法处理
~ postérieur 后期养护
~ pour rendre rugueux 粗糙处治
~ préalable 初步加工
~ préliminaire 预处理
~ préparatoire 预处治
~ primaire 初级处理,一次处理
~ primaire des eaux usées 废水初级处理
~ secondaire 二级(次)处理,二级污水处理(废水生物处理过程)
~ secondaire des eaux usées 废水二级处理
~ séquentiel 顺序处理
~ simultané 并行处理
~ souple 柔性(路面)处治

~ statistique 统计处理
~ sulfurique 硫酸处理
~ superficiel 表面处理,表面处治
~ superficiel renforcé 表面加固处治
~ superficiel simple 单层表面处治
~ tertiaire 三级处理
~ tertiaire des eaux usées 废水三级处理率
~ thermique 热处理
~ thermique de détente des contraintes 消除应力的热处理
~ thermique des bétons 混凝土热处理
~ thermochimique 热化学处理
~ ultérieur 后处理

traiter *v* 加工,处理,讨论,论述,研究,商议
~ un marché 商议一笔交易

trajectoire *f* 轨迹,轨线,轨道,轨迹线,抛射线
~ compressive 压应力轨迹线
~ courbe 弯道,曲线轨线
~ d'infiltration 渗流,路线,渗径,渗流路线
~ de cisaillement 剪应力轨迹线
~ de l'onde sismique(séismique) 地震波轨迹
~ des efforts 应力轨迹,受力轨迹
~ des tensions 应力轨迹
~ du nœud 交叉枢纽的道路
~ du véhicule 车辆路线
~ orthogonale 正交轨迹线

trajet *m* 路线,路径,路程,行程,通路
~ à vide 空行程
~ d'aller 去程
~ d'aller et retour 往返行程
~ d'essai mixte 具有不同特征路段的试验路线
~ d'infiltration 渗透路线
~ d'une faille 断层长度
~ de forage 钻孔前进方向
~ de l'index 指标途径,索引途径
~ de retour 回程
~ de transit 过境路线
~ de trou 钻孔前进方向
~ des lignes de force 电力线路
~ interzone 区域间路线
~ intrazone 区域内路线
~ parcouru pendant le temps de réaction du conducteur 司机反应距离
~ simple 单程

    ~ voyage　旅程
trame　*f*　网状结构，多孔风化岩体
tramformation　*f*　转变，变换，变形，变质，蚀变，换算，花岗岩化，变成作用
traminot　*m*　有轨电车职工
trammel　*m*　转筒筛，滚筒筛
trammel-classeur　*m*　滚筒分级筛
trammel-sécheur　*m*　滚筒干燥筛
tramway　*m*　有轨电车
    ~ à vapeur　蒸汽轨道车
    ~ électrique　有轨电车
    ~ souterrain　地下有轨电车
tranchant　*m*　（刀）刃，刀口，切割器
tranchant, e　*a*　锐利的，切削的
tranche　*f*　层，板，蓄水，平面，刀口，凿子，单元，薄片，岩片，阶段，部分，剪切，剪力，断［截］面，车组（多组列车的），（电站）机组
    ~ à chaud　热凿
    ~ à froid　冷凿
    ~ à l'avancement　灌浆（自上而下）
    ~ d'alluvionnement　冲积层，冲积物
    ~ d'eau　雨量
    ~ d'essais　系列试验
    ~ de la cale　货舱隔间
    ~ de trafic　行车路段
    ~ en revenant　灌浆（自上而下）
    ~ granulométrique　粒级，粒度等级
    ~ ronde　圆片
    ~ s thermiques de x MW　x 兆瓦热电机组
tranchée　*f*　沟，槽，渠，管沟，堑沟，沟渠，渠槽，探槽，路槽，路堑，狭长河谷
    ~ à boue lourde　泥浆槽
    ~ à gradins　阶梯式挖方
    ~ au câble　电缆沟
    ~ couverte　回填洞（明洞）
    ~ d'approche　交通沟，沟道引进道
    ~ d'assainissement　排污沟，排水沟
    ~ d'écoulement　排水［暗、阴］沟
    ~ d'égout　污水沟
    ~ d'éoulement　暗沟，排水沟
    ~ d'étanchéité　截水槽，防渗槽，隔离槽，分隔槽，防渗隔离槽
    ~ d'infiltration　暗沟，渗水沟
    ~ d'interception　截水槽，截水沟
    ~ de canalisation　沟渠
    ~ de conduite　管沟
    ~ de drainage　排水沟
    ~ de fondation　基坑，基础槽
    ~ de parafouille　截水槽，截水沟
    ~ de pose de câbles　埋设电缆沟
    ~ de pose de conduites　（埋设）管道沟
    ~ de pose de tuyaux　（埋设）管道沟
    ~ de recherche　探槽
    ~ de reconnaissance　（勘测）探测沟，检查沟
    ~ drainante　暗沟，阴沟，排水沟，截水沟
    ~ du parafouille　齿槽，截水槽
    ~ équarrie　方形沟槽
    ~ filtrante　滤水沟
    ~ latérale　侧沟，边沟
    ~ ouverte　明挖，明堑，明沟，明渠
    ~ pour canalisation　沟渠，管道沟
    ~ pour le drainage　暗沟，排水沟
    ~ pour tubes　埋设管道沟
    ~ profonde　深沟
    ~ rebouchée　已填平的沟
    ~ type D3　D3 型管沟
trancher　*v*　切削，砍截，剪切，砍断，解决
trancheuse　*f*　掘石机，采石机，挖沟机，挖土机，切片机，采掘机，挖泥机子，切贴面木板的机器
tranquillityite　*f*　宁静石
trans-　（前缀）跨，横断，贯通，变化，转变，移转
transatlantique　*a*　横渡大西洋的，穿越大西洋
transbordement　*m*　转载，换装，换船，换乘，转换口岸
    ~ d'entreposage　中转货物落地重装的换装法
    ~ de bagages　行李换装
    ~ direct　包裹或零担货物直接换装法
transborder　*v*　换装
    ~ des marchandises　货物换装，转运货物
transbordeur　*m*　渡桥，转运车，换装机，移车台，换装站台
    ~ pour wagon　移车台
transcendant　*a*　超越的
transconteneur　*m*　国际通用大型集装箱
transcontinental, e　*a*　横贯大陆的
transcontrainer　*m*　国际通用大型集装箱
transcription　*f*　抄写，录制，誊写，登记，过账（会计），记录（电报）

~ manuelle 手抄
~ phonétique 语音录制
transductance *f* 直流互感器
transducteur *m* （电功率）变流器,变换器,变频器,换能器,变量器,传感器,发送器,变换全欧,饱和电抗器
~ de mesure 测量传感器
~ de pression 压力传感器
~ différentiel 差动式传感器
~ linéaire 滑线传感器
~ piézoélectrique 压电传感器
transept *m* 交叉通道
transcurrent *a* 横向的,横推的
transferable *a* 可传送的,可传输的
transférer *v* 转移,迁移,切换,转换,移位,输送,传导
transfert *m* 迁移,转移,转换,位移,传输,传送,传递,发送,传动,传导,变换
~ d'eau 水的疏导
~ d'humidité 传湿,水分迁移,水分移动,水分输送
~ de carburant 供油,交叉输油
~ de chaleur 传热,热传导,热传递
~ de charges d'exploitation 营业费用结转
~ de charges de production 产品费用的结转
~ de compétence 技能转让
~ de connaissance 知识转让
~ de données 数据传输
~ de l'énergie non linéaire 非线性能量转移
~ de savoir-faire 技术诀窍转让
~ des calories 传热,散热
~ des charges 荷载传递
~ des contraintes 应力传递
~ des technologies 技术转让
~ des totaux 总数传输
~ massique 质量转移
~ parallèle 并行转移
transfiliste *m* 通信工程师
transfo *m* 变压器,变量器
transformable *a* 可改变的
transformant *a* 转换的（断层）
transformateur *m* 变压器,互感器,变量器,变流器,变频器,转电线圈,中继线圈（电话）,波导变换器

transformation *f* 变化,变换,转化,改变,转变,换算,变压
~ d'une route 道路结构变化
~ de gare 车站改建
~ technologique 技术改造
transformé *a* 被改造的,已变化的,纠正的,变相的（波）
transformée *f* 变换,变式,转换
transformer *v* 变更,改变,改建,变压
~ en 把……交换成,变成,转换成
~ le courant alternatif en courant continu 交流变直流
~ le matériel roulant 使机车车辆现代化,革新机车车辆
~ MT/BT 变成中压或低压
transformisme *m* 花岗岩化论
transfusion *f* 渗流,灌入,过熔,渗透,倾注,移注
transfût *m* 运桶手推车
transgerbeur *m* 搬运堆垛机
transhorizon *m* 在视线外,在水平线外
transient *m* 瞬态,瞬变现象,过渡现象,瞬变脉冲
transistor *m* 晶体管,半导体管,晶体三极管,半导体收音机
transit *m* 通过,过渡,越过,渡越,中转,转口,过境,联运,进路锁闭,中转过境,免税通过,轨道电路锁闭
~ des wagons 货车中转,货车过境
~ en 过境的
~ international 国际免税过境
~ ordinaire 一般过境（海关）
transitaire *m* 货物过境代理人,货物转运人；*a* 过境的,转口的,免税通行的
transitif, ive *a* 传递的
transition *f* 转变,变换,转交,转换,过渡,经过,转折,平移,渐变段,过渡段,换接过程
~ bouton de porte 门钮形转换接头,同轴线与短型波导间的转换接头
~ d'entrée 进口渐变段
~ de canal 渠道渐变段
~ de chenal 渠槽渐变段
~ de l'environnement 环境变迁
~ de siphon 虹吸管渐变段
~ du bord de la chaussée 路面边缘变化
~ en court-circuit 短路转移(控制)

~ gaz-huile　气油过渡带
~ par dérivation　分路过渡过程
~ par pont　桥式换接过程
~ par pont équilibré　平衡桥式过渡过程
~ série-parallèle　串—并联接线变换

transitionneur *m*　换接装置

transitoire *m*　暂态,瞬态,顺便过程,暂态过程,转换过程,过渡过程；*a*　瞬时的,瞬变的,过渡的,暂定的
~ d'attaque　瞬时驱动的

transitron *m*　负互导管,负跨导管

translater *v*　翻译,转化,变换,转移,平移,浮动,再定位

translateur *m*　发射机,转发器,转换器,传送器,中继装置,电话感应线圈

translation *f*　平移,平动,移动,转移,传播,变换,转化,转发,中继,传送,无线电发送
~ d'adresse　地址翻译
~ de chaleur　热转换,热转移
~ de l'onde-marée　潮汐波的推移
~ de propriété　所有权转让
~ des axes　轴线平移
~ des bruits　噪声的传播
~ dynamique　动态转换
~ en excavation　挖掘进程

translucide *a*　半透明的

translucidité *f*　半透明性,半透明度

transmark *m*　转绘图

transmetteur *m*　传送机,发报[射]机,送话器,传感器,路签授受器,发车闭塞机
~ à bande coulissante　活动带信号发射机
~ à bande latérale unique　单边带发射机
~ à distance　遥控传感器
~ à laser　激光发射器
~ à onde courte pour télégraphe et téléphone　短波报话机,短波电报电话机
~ automatique　自动发报机,自动无线电发射机
~ autosyn　自动同步发射机,自动同步传感器
~ d'annonces　通告话筒
~ d'ordres　对讲机,指令发送器,内部对讲机,内部通话机,工作联络专线电话
~ de clés　电键发送器
~ de débit　流量传感器
~ de données　数据传送器,数据传输装置
~ de niveau d'eau　水位传送器
~ de position　位置发送器
~ de pression　压力传感器
~ de signaux　信号发送器
~ de signaux horaires　电控报时器
~ de synchro-détection　同步发射机
~ de télémétrie　遥测发射机
~ de température　温度传感器
~ direct　直接发送器
~ électrique d'ordre　对讲机,内部对讲机,指令发送器,内部通话机,工作联络专线电话
~ magnésyn　磁电式自动同步传感器
~ microphonique　话筒,送话器,传声器
~ par radio　无线电发射机
~ pour télémanomètre après filtres　过滤器后遥控压力计用传感器
~ pour télémanomètre d'huile avec capot protecteur　带保护罩的遥控油压力计用传感器
~ pour téléthermomètre　遥测温度计用传感器

transmetteur-récepteur *m*　H. F. 高频无线电收发机

transmettre *v*　发射,传导,传输,传播,通过,透射,传送,传达,传递
~ un ordre　传达命令

transmissible *a*　播送的,可传递的,可移转的

transmission *f*　传动,传递,传送,发射,传输,输电,输送,播送,传导,通过,透射,变速器,透光度,传动装置
~ à air comprimé　压缩空气传动
~ à arbre　轴传动
~ à arbre creux　空心轴传动
~ à bande asymétrique　非对称传输
~ à bande latérale indépendante　单边带传输
~ à bande latérale unique　单边带传输
~ à cardan　万向(轴)传动,万向关节传动(装置)
~ à chaîne　链传动
~ à convertisseur　液力变扭器传动
~ à convertisseur(s) de couple　变扭器传动(装置)
~ à distance　皮带传动,遥控读数,远距离传输,远距离显示,远距离测量
~ à élément de caoutchouc　橡胶元件传动装置
~ à engrenage　齿轮传动
~ à fil unique　单线传输
~ à friction　摩擦传动

~ à intensité constante   等强传送,恒定电流输送
~ à n vitesse   n 挡齿轮传动
~ à onde courte   短波传输
~ à potentiel constant   定压输送,恒定电压传送
~ à réglage continu   连续调节传动
~ à ressorts   弹簧传动
~ à suppression d'onde porteuse   抑制载波传输
~ à vis   螺杆传动
~ admissible   容许透射比
~ asynchrone   异步传动,异步传送
~ atmosphérique   大气透射,大气传递
~ avec composante continue   直流成分传输
~ bilatérale   双侧传动
~ bivalente   双向通话,双边带通话
~ calorifique   热传,热传递
~ codée   译码传输
~ combinée pour crémaillère et adhérence   齿轨和轮轨联合传动
~ d'énergie   输电,能量传递,能量输送
~ de bruit   声音传到,声音传播
~ de chaleur   传热,热传递,热力传导
~ de deux fils   双导线传输
~ de données   数据传递
~ de force   力传递
~ de la charge   荷载传递
~ de pression   压力传递
~ de signal   信号传输,信息传输
~ des charges   荷载传递
~ des contraintes   应力传递
~ des données   数据传输
~ des efforts   力的传递
~ des informations   信息传输
~ des lectures   读数的传递
~ des renseignements   雷达系统传输
~ des télémesures   遥测数据传感
~ des tensions   应力传递
~ directe   直接传输
~ du couple   力偶传动,转矩传动
~ du courant   输电,电力输送
~ du mouvement   传动
~ duplex   双工传输,双工发送,双工通信
~ élastique   弹性传动,弹力传动
~ électrique   输电,电力输送,电力传动
~ en série   串行传输
~ excentrique   偏心传动
~ s filaires   有线通信
~ flexible   挠性传动
~ funiculaire   缆索传动
~ hydraulique   液压传动,液力传动
~ hydraulique à étages   多级液压传动装置
~ hydraulique automatique   自动液压传动装置
~ hydrocinétique   流体动力传递
~ hydrodynamique   液体动力传动方式
~ hydromécanique à étages   多级液压机械传动装置
~ hydrostatique   静液压传动,静液压传递,流体静力传动,流体静力传动装置
~ indirecte   间接传输
~ individuelle   个别传动,单个传动
~ latérale   侧向传递
~ magnétique   磁耦合器
~ mécanique   机械传动
~ monomoteur   单电机传动
~ multiple   多路传输,多路通信
~ normale   正规传输
~ normalisée   额定传输,有效传输
~ optique   光通信
~ par arbre articulé   活结轴转动,万向关节传动
~ par bielles   连杆传动
~ par biellettes   小连杆传动
~ par chaîne   链传动,链条传动
~ par courant porteur   载波电流传输
~ par courant porteur sur les lignes   线路载波电流传输
~ par courroies   皮带传动
~ par courroies plates   扁皮带传动
~ par courroies trapézoïdales   三角皮带传动
~ par engrenage   齿轮传动
~ par fil   导线传输
~ par ligne   线传输(通过传输线传动)
~ par manivelle   曲柄传动
~ par modulation d'onde porteuse   载波传输
~ par moteur à arbre creux   空心轴电动机传动
~ par roue et vis sans fin   涡轮涡杆传动
~ par selsyn   自动同步传感
~ par tringles rigides   热量传递,刚性杆传动

~ parallèle 并行传输
~ pneumatique 压力传动
~ pneumatique à distance 风动远距离传动
~ polaire 极性传输
~ positive 正调制电视发送
~ powershift 动力变速,传动装置
~ primaire 初级传动,一级传动
~ radiomultiplex 多路无线电通信
~ radiophonique 无线电传输
~ rigide 杆传动,刚性传动
~ rigide compensée 补偿式刚性传动
~ sans porteuse 载波抑制式传输
~ secondaire 二级传动
~ série 串行传输
~ série numérique binaire 二进制数字串行传输
~ simultanée 同时传输,多路传输,多道同时传输
~ simultanée sur plusieurs fréquences 多频同时传输
~ souple 挠性传输
~ souterraine 地下线路传输,地下管道传输
~ successive de signaux 信号连续传输(时间分割多路传输制)
~ synchrone 同步传感
~ thermique 热传,导热,热传递
~ unilatérale 单侧传动

transmissivité *f* 导水率,透射率,透射系数,导水系数,传递系数

transmittance *f* 透明性,透明度,透射比,传递系数,透射系数,导水系数,传输系数

transmodulation *f* 交扰调制,交叉调制

transmuer *v* 变质,变形

transmutation *f* 变质,变化,变形,变换,改变,蜕变,演变,衍变,转变

transpalette *f* 托盘搬运车,托盘运输车
~ à bras 手动式托盘搬运车
~ à main 手动式托盘搬运车
~ électrique à conducteur porté assis 带驾驶员座位的电瓶驱动托盘运输车
~ électrique à conducteur porté de bout 带驾驶员站位的电瓶驱动托盘运输车
~ hydro-manuel 手动液压托盘搬运车
~ manuel 手动式托盘搬运车

transparence *f* 透明,透明度,透明性,能见度

transparent *m* 透明图,幻灯片,透影胶片,透明物体,透明软片(供照射投影放大的)

transparent,e *a* 透明的,透彻的

transpercer *v* 钻通,钻透,贯穿

transpiration *f* 蒸发,散发,蒸散,蒸腾,叶面蒸发
~ de l'humidité 水分蒸发
~ potentielle 可能蒸腾(量),蒸腾能力

transpirer *v* 渗出

transplantation *f* 移植,移栽

transplanter *v* 移植,移栽

transpondeur *m* 转发器,询问机,脉冲收发机,无线电应答机

transport *m* 运输,运送,输送,传送,转移,移位,推移,搬运,传递,(构造)迁移,交通运输
~ 《kangourou》 "袋鼠"式货车运输
~ à charge 重车运输
~ à courroie 皮带传送,无轨运输
~ à courte distance 短途运输
~ à découvert 敞车装运,敞车运输
~ à distance 长途运输
~ à grande distance 远途运输
~ à grande vitesse 快运,高速运输
~ à la décharge 弃土堆运输
~ à longue distance 长途运输
~ à petite vitesse 慢运
~ à vide 送空,空车运输
~ à vitesse modérée 普通速度运输
~ accéléré 加快运输
~ admis 可承运的运输,可接受的运输
~ automobile 汽车运输
~ collectif 公共运输
~ combiné 联运,混合运输
~ combiné rail-route 铁路公路联运
~ s commerciaux 商业运输,货物运输
~ continu 直通运输
~ d'automobiles accompagnées 旅客携带汽车的运输
~ d'électricité 送电,输电线,电力传送
~ d'embranchement à gare 专用线至车站间的运输
~ d'énergie 输电,能量运输,高压输电线
~ de bagages 包裹运输,行李运送
~ de brouettage 手推独轮车运输
~ de ciment en vrac 散装水泥运输

~ de détail saisonnier 季节性零担货物运输
~ de force 能量传输,高压输电线
~ de fret 货物运输
~ de ligne 定线运输
~ de marchandises 货物运输,货运
~ s de marchandises à grande distance 长途货物运输
~ de marée 水产品运输
~ de masse 大宗货物运输
~ de personnes 旅客运输
~ de porte à porte 逐户运送,直达运输,门到门运输,接取送达货物的运输
~ de qualité 服务优良的运输
~ de retour 回程运输
~ de sable 砂的移动
~ de sédiments 泥沙推移
~ de voyageurs 客运
~ des marchandises 货运,货物运输
~ des matériaux 材料运输
~ des pièces longues 长大货物运送,超长货物运送
~ des terres 运土,土方运输
~ du sol 土的运输
~ s en circuit 巡回运送货物(一搬指展览品)
~ en commun 公共运输
~ en service 路用运输,公务运输
~ en service intérieur 国内运输
~ en service international 国际运输
~ en suspension 悬浮搬运
~ en vrac 堆装货物运送,散装货物运送
~ en wagon couvert 棚车运送,棚车运输
~ en wagon découvert 敞车运输
~ exceptionnel 特种运输
~ existant 现有运输
~ s frigorifiques 冷藏运输
~ gratuit 免费运送
~ horizontal 水平运输
~ hydraulique 水力运输,水力输送
~ interurbain 市际运输,城市间的运输
~ longitudinal 纵向运输
~ lourd 重车运输
~ massif de marchandises 大批货物运输
~ s massifs 大宗货物运输
~ mixte 铁路、公路、水陆联运

~ s municipaux 公共运输,城市运输
~ non admis 不能承运的运输,不能接受的运输
~ non taxé 免费运输
~ occasionnel 临时运输
~ solides 河底泥沙推移
~ sous le régime du froid 冷藏运输
~ sous température dirigée 恒温运输
~ s palettisés 托盘运输
~ par air 空运
~ par autocars 大客车运输
~ par bandes 输送带,皮带运输
~ par brouettes 手推车运输
~ par camion 卡车运输
~ par conteneurs 集装箱运输
~ par route 公路运输
~ par suspension (悬浮)搬运(河床砂泥)
~ par terre 陆运,陆路运输
~ par tombereaux 用倾卸车运输
~ par traction 拖运,牵引搬运
~ par voie de terre 陆运,陆路运输
~ par voiture 车运
~ par wagon 货车运输,车皮运输
~ payant 收费运输
~ pneumatique 气压输送,风动输送,压气输送
~ pour compte de tiers 代办货物运输
~ pour compte propre 厂内运输,自有货物运输
~ professionnel 代办货物运输
~ public 公共运输
~ rail-route 铁路—公路运输
~ rapide 快速长途运输(工具)
~ rapide individualisé 快速客运
~ régional 地区性运输
~ routier 公路运输
~ s routiers de marchandises 公路货运
~ rudimentaire 初级运输
~ saisonnier 季节性运输
~ simultané de marchandises semblables en direction opposée 对流运输
~ solide (action) 泥沙输移,固体物质输移
~ solide de fond 推移质输送,底沙输送
~ solide par charriage 底沙输送,推移质输移
~ solide par suspension 悬沙输移,悬移质输移,悬浮质输移

~ sous emballage 包装货物运输,有容器货物运输
~ sous froid 冷藏运输
~ sous température dirigée 恒温运输
~ s suburbains 市郊运输
~ sur wagons spéciaux de véhicules routiers gros porteurs 重型公路车用铁路特种车辆的运送
~ taxé 收费运送
~ taxé au poids 按重量计费运输
~ terrestre 陆运,陆路运输
~ transversal 横向运输
~ urbain 市内交通,市郊运输,城市运输

transportable *a* 可运输的,可迁移的,活动的,可搬运的,便携的

transporter *v* 运输,搬运,移转,运送,传送,传递,转运
~ avec deux wagons accouplés ou plus 跨装在两辆或两辆以上货车运送
~ de marchandises dangereuses（TMD） 危险货物运输

transporteur *m* 运输业,传送带,运输者,搬运工,运输机,输送机,输送带,输送器,传送[转运]装置
~ à air 气压搬运机
~ à air comprimé 压缩空气输送器[机]
~ à augets 多斗式输送器
~ à bande ou à tapis 带式输送机
~ à bandes 输送带,皮带运输机
~ à barrettes 板条输送机
~ à benne preneuse 抓斗式输送机
~ à béton 混凝土输送机,混凝土推铺机
~ à câble 缆车,架空索道,索道运输机
~ à chaîne 链式输送机,刮板输送机
~ à chasse par air comprimé 混凝土摊铺机,混凝土浇注机
~ à ciment 水泥运输机
~ à courroie 输送带,皮带运输机
~ à courroie à mailles métalliques 钢丝网带输送机
~ à courroie d'alimentation 装料皮带运输机
~ à courroie sans fin 环带输送机
~ à disque 圆盘式输送机
~ à écailles 平板输送机,刮板式输送器
~ à galets 辊道,辊轴输送器
~ à godets 斗式输送机,斗式提升机
~ à gravitation 重力输送机
~ à gravité 重力式输送机
~ à palettes 托盘式输送机
~ à palettes métalliques 金属托盘输送机
~ à raclettes 刮板式输送机
~ à racloirs 刮板式输送机
~ à rouleaux 辊道,辊式输送机
~ à rouleaux entaînés 辊道输送机
~ à rouleaux fixes 固定辊道输送机
~ à rouleaux libres 自由辊道输送机
~ à rouleaux mobiles 轻便辊道输送机
~ à secousses 摇式输送,机振动式输送器
~ à tablier 板式输送器（机）
~ à tapis 输送带,皮带运输机
~ à tapis caoutchouc 橡皮带输送机
~ à vis 螺旋式输送机
~ aérien 架空索道,高架输送机
~ aérien à gravité 重力式缆索运输机
~ aérien sur câble 架空索道运输机
~ au sol 地面输送机
~ continu 连续输送带,循环输送带
~ contractant 特约运输者
~ d'alimentation à vis sans fin 螺旋装料机
~ de bande à jumeaux 双带运送器
~ de béton à air comprimé 空气压缩式混凝土输送机
~ de poutres 运梁车
~ en commun 运输业者,公共运输人
~ en section 分段输送机
~ en tapis métallique 金属带输送机
~ fixe à bande souple 固定式皮带输送机
~ hélicoïdal 螺旋式输送机
~ incliné 倾斜输送机
~ magnétique 磁性输送机
~ mécanique 输送机
~ par câble 架空索道,索道运输机
~ par gravité 重力式输送机
~ par inertie 惯力输送机
~ pendulaire 摆式输送机
~ pneumatique 压缩空气输送器
~ pneumatique de béton 气压式混凝土输送车
~ portable 轻便输送机
~ pour wagons 移车台
~ privé 私营运输企业

~ public　国营运输企业
~ routier　公路运输公司
~ sur coussin d'air　气垫式输送机
~ sur monorail　单梁起重机[吊车],单轨输送器
~ vibrant　振动运输带
~ vibrateur　振动输送机

transposer *v* 移置,移项,换位,交叉,迁移,重新布置,调换位置,改变秩序

transposeur *m* de fréquence　变频器

transposition *f* 移,移动,搬运,调换,换位,移置,易位

transsudation *f* 泄,漏,渗出,渗滤

transsynclinal *m* 横向斜,斜交向斜

transtockeur *m* 移动式储存机（仓库用）

transvaalite *f* 不纯羟钴矿,不纯水钴矿

transversal *m* 横跨线,横跨承力索；*a* 横的,横切的,横向的,横截的,横跨的
　~ d'équilibre　接触网软横跨补偿承力索
　~ de réglage　接触网软横跨补偿承力索
　~ porteur　横跨承力索

transversale *f* 横截线,截断线

transverse *f* 横梁；*a* 横的,斜的,横移的,横向的

transverse-profilographe *m* 横断面测量仪

transverseur *m* 晶体管电视接收器

trapèze *m* 梯形,不规则四边形
　~ isocèle　等腰梯形

trapéziforme *a* 梯形的

trapézoèdre *m* 偏方面体,四角三八面体
　~ hexagonal　六方偏方面体
　~ tétragonal　四方偏三八面体
　~ trigonal　三方偏方面体

trapézoïdal, e *a* 梯形的,不规则四边形的

trapézoïde *m* 似梯形的,不规则四边形；*a* 梯形的

trapgranulite *f* 暗色麻粒岩

trapp *m* 暗色岩,离群石,玄武岩层
　~ de basaltes, ~ basaltique　玄武质暗色岩

trappe *f* 门,口,孔,口盖,吊门,陷阱,圈闭,滑窗,油捕,挡板,活动门,暗色岩,(机身下)仪器窗孔,储油构造
　~ d'accès　检查孔,施工人孔
　~ d'accès au générateur (moteur)　发电机[电动机]接入分离器
　~ d'accès au projecteur　前照灯检查孔
　~ d'accès en fonte ductile　可延展性铸铁盖板
　~ de cendrier　灰箱活盖
　~ de chargement　装车窗孔,装车吊门
　~ de chargement de la glace　加冰孔
　~ de déchargement rabattable　翻转式卸货门
　~ de désenfumage　排烟活板门
　~ de plancher　底开门
　~ de réglage　调整阀门
　~ de ventilation côté aide-conducteur　副司机侧的通风风门
　~ de ventilation côté conducteur　司机侧的通风风门
　~ de visite　观察孔,检查孔
　~ étanche aux fumées　挡烟板
　~ latérale (remplissage gas-oil)　侧孔(加柴油用)
　~ latérale centrale　中部侧孔
　~ pantalon　整流片,整流罩
　~ rotative articulée (wagons)　货车旋转式底开门

trappe *m* 暗色岩,离群石,玄武岩层

trappéen *a* 暗色的

trapp-granulite *f* 暗色麻粒岩

trappite *f* 暗色岩

trappoïde *a* 暗色岩状的

trapp-tuf *m* 暗色凝灰岩

traskite *f* 硅钛铁钡石

trass *m* 火山土,粗面凝灰岩,浮石凝灰岩

trassoïte *f* 灰色火山凝灰岩

travail *m* 工作,工程,性能,业务,作业,劳动,加工,应力,生产,作用,工作量
　~ à chaud　热加工
　~ à façon　代加工,来料加工
　~ à froid　冷作,冷加工
　~ à l'extension　拉应力,拉应力功
　~ à la chaîne　流水作业
　~ à la compression　压力,压缩力,压缩功,压缩应力
　~ à la poudre　爆破作业
　~ à la tâche　计件工作
　~ à la torsion　扭转功
　~ à la traction　拉力功
　~ à prix fait　计件工作,包工工程
　~ à vide　虚功,空转

~ absorbé à vide 空转,空行程
~ au cisaillement 剪力功
~ au fond 井下工作
~ au jour 地面工作
~ auxiliaire 辅助工作
~ background 后台作业
~ clé 重点工程
~ complexe 复杂劳动
~ concret 具体劳动
~ concurrent 并行工作
~ d'accélération 加速功
~ d'admission 变形功,进入功
~ d'enrichissement 选矿工作
~ d'exploration 勘探工作
~ de bureau 室内工作,业务工作
~ de campagne 勘查工作
~ de compression 压缩功
~ de finissage 终饰,整修工作
~ de fouille 开挖工作,挖土工程
~ de frottement 摩擦损耗功
~ de génie civil 土建工程
~ de haute charpente 高空作业
~ de précision 精密加工
~ de recherche 研究工作,调查工作,勘探工作
~ de réparation 修缮工作
~ de routine 例行工作,例行作业
~ de terrassement 土方工程,土方工作
~ des eaux 水的（冲刷）作用
~ des matériaux 材料应力
~ des matières plastiques 塑性变形
~ des terrassements 土方工程,土方作业
~ difficile 高难度工作,要求技术水平较高的工作
~ dû au flambage 压屈应力
~ du bureau 内业,室内工作
~ en attente 加工订单
~ en bascule 交替工作
~ en ligne 流水作业
~ en pompe 水泵工作
~ en suspens 中断的工作
~ humain 人力劳动,人工劳动
~ improductif 非生产劳动
~ manuel 体力劳动
~ moyen 普通技术水平的工作
~ offline 脱机工作

~ par équipes 轮班工作
~ par opération 按工序加工
~ par relais 倒班作业
~ plastique 塑性变形功
~ préparé à l'avance 事先准备工作
~ salarié 雇佣劳动
~ sans à coup 无级操作
~ simple 普通工作,简单工作,简单劳动
~ supplémentaire 加班,加班工作
~ sur chantier 现场工作,野外作业,野外工作
~ sur le terrain 外业,野外作业,室外工作,现场作业
~ utile 有效功,有用功
~ virtuel 虚功
travail-clé *m* 关键工程
travaillé *a* 已加工的
travailler *v* 劳动,劳作,工作,干活
~ à 从事,致力于
~ à la flexion 承受弯曲应力
travailleur *m* 工作者,劳动者
~ de choc 突击手
travaux *m. pl* 工程,施工,作业,操作,施工工程
~ à deux ou trois postes 两班或三班工作制
~ à forfait 承包工程,发包工程
~ à l'explosif 爆破作业
~ à la mer 海上工程
~ à la mine 爆破工程
~ accessories 附属工程
~ annexes 附属工程
~ autoroutiers 高速公路工程
~ clés en main 承包工程,交钥匙工程
~ complémentaires 辅助工程
~ confortatifs 配套工程,加固工程,防御工程
~ contre inondations 防洪工程,防洪构筑物
~ d'électrification 电气化工程
~ d'installation 电话安装工程
~ d'adaptation 适用工程
~ d'adduction d'eau et d'irrigation 饮水灌溉工程
~ d'amélioration 改善工程
~ d'aménagement 治理工程
~ d'aménagement fluvial 河道(整治)工程
~ d'aménagement portuaire 港口工程
~ d'aménagement routier 道路(改建)工程,公

路工程
~ d'arpentage 测量工程
~ d'art 工程构造物(公路、铁路、桥梁、运河等),公共工程建筑物,桥隧建筑物,桥隧结构物
~ d'assainissement 排污工程
~ d'ébauchage 粗加工
~ d'électricité 电气化工程
~ d'engazonnement 种植或铺草皮(护坡)工程
~ d'entreprise 承包工程
~ d'entretien 养护[维修、维护]工程
~ d'entretien des routes 道路养护工程
~ d'étanchement 防水工程
~ d'excavation 开挖工程,挖方工程,挖掘工程
~ d'excavation à explosifs 爆破开挖工程
~ d'exécution 施工工程
~ d'exploration,~ de prospection 勘探工程
~ d'explosif 爆破工程,爆破作业
~ d'extension 扩建工程
~ d'hiver 冬季施工
~ d'hydraulique agricole 农田水利工程
~ d'infrastructure 下部结构工程,下部基础工程
~ d'irrigation et de drainage 灌、排水工程
~ d'outre-mer 海外工程
~ d'utilité publique 公益工程
~ dans le roc 石方工程
~ dans le rocher 采石工作
~ de badigeon 抹灰工程
~ de bâtiment 建筑工程
~ de battage 打桩工程
~ de bétonnage 混凝土工程
~ de blocage 填塞工程
~ de canalisation 管道工程
~ de charpentier 木工工程
~ de coffrage 模板工程
~ de consolidation 固结工程,加固工程
~ de construction 施工,建筑工程
~ de construction d'aéroport 机场建筑工程
~ de correction 校准工作
~ de couverture 屋顶工程
~ de cylindrage 碾压工程
~ de déblai 挖方工程
~ de déblaiement 开挖工程,挖方工程,挖土工程,清扫工程

~ de découverte 坑探
~ de démolition 拆除工程
~ de déneigement 除雪工程,除雪作业
~ de dragage 疏浚工程
~ de drainage 排水工程
~ de fascine 梢工,帚工,堆垛柴捆,束柴工程
~ de fermeture 截流工程,合拢工程
~ de finition 整修工作,饰面工程,竣工修整作业
~ de fondation 地基工程,基础工程
~ de forage 基础工程,钻探工程
~ de fouille 挖方工程,挖土工程
~ de génie civil 土建工程,建筑工程
~ de jalonnement 设桩,线路工程,(测设线路)标桩工作,设线路标桩
~ de la construction 建筑工程,土木工程
~ de laboratoire 试验室工作
~ de maçonnerie 砌石工程,砌砖工程
~ de minage 爆破工程
~ de mine 爆破工程
~ de montage 安装工程
~ de nivellement 整平工程,平地工程
~ de pavages 铺面工程,路面工程
~ de percement 掘进工程
~ de perforation 钻孔工程
~ de piquetage (路线)标桩工程
~ de planification 规划工作
~ de préparation du sol 清基工作
~ de projet 计划工程,工程设计
~ de prospection 勘探工程
~ de protection 防护工程
~ de recherche 研究工作,勘探工程,调研工程
~ de reconstruction 重建工程
~ de réfection 翻修工程
~ de réglage 调整工作,校准工作
~ de remblaiement 填土工程
~ de remblayage 填土工程
~ de remise en état 修理工作
~ de renforcement 加固工程
~ de rénovation dans la ville 城市再发展工程
~ de réparation 修缮工程,改善工程,修理工程
~ de rétablissement 重建工程,修缮工程
~ de retranchement 工事
~ de substructure 下部结构工程

~ de terrain 现场工作
~ de terrassement 土方工程
~ de terrassement en souterrain 地下土方工程
~ de traçage 采准,采准巷道
~ de transformation 改建工程,铁道工程
~ de tunnel 隧道工程
~ de viabilité 管线工程（包括道路、人行道、饮水管道、清洁管道等）
~ de voirie 道路工程,道路管理工程
~ définitifs 永久工程,主要工程
~ des routes 道路工程
~ électriques 电气工程
~ en cours 在建工程
~ en descente 向下回采,沿倾斜回采
~ en régie 官办工程,计日工作,实报实销工程,直接成本工程,政府经办工程
~ en saison de pluie 雨季施工
~ en tranchées 挖槽,堑沟掘进
~ explosifs 爆破,放炮
~ forfaitaires 承包工程,发包工程
~ imprévisibles 不可预见工程
les grands ~ 基本建设,大型工程
~ neufs 新建工程
~ pièces 计件工作
~ préliminaires 准备工程,准备工作
~ préparatoires 准备过程,预备工程,施工准备,准备工作
~ préparatoires détaillés 技术设计
~ préparatoires généraux 初步设计
~ productifs 生产性工程
~ prophylactiques 预防工程
~ provisoires 临时工程
~ publics(TP) 市政工程,公共建筑工程,民用建筑工程
~ publics de l'État(T.P.E.) 国家公共工程
~ routiers 公路工程,道路工程
~ souterrains 地下建筑物,地下工程,地下结构物
~ supplémentaires 辅助工程
~ sur plans et devis descriptifs 按图纸和工程说明书施工
~ techniques 技术性工程
~ topographiques 地形测量,地形测量工作
travée *f* 洞,孔,跨,单跨,跨径,跨度,跨距,桥垮,梁跨,开间,通道,间隔,梁间距
~ ancrée 锚定孔,锚定跨
~ articulée 铰梁,铰接跨[梁]
~ basculante 竖旋孔
~ basculée 竖旋孔,桥梁竖旋跨度
~ centrale 中(间)跨
~ s continues 连续孔,连续桥跨结构
~ d'approche 近岸桥孔,近岸桥跨,引桥桥跨
~ de groupe 进组段
~ de montage 装配间,安装间
~ de montage et de démontage 装配拆卸间
~ de pont 桥跨,桥梁跨度
~ de rive 边跨
~ s égales 等跨
~ en cantilever 悬臂,伸臂式悬臂梁
~ en encorbellement 悬臂跨
~ en porte à faux 悬臂跨
~ extrême 端跨,端部跨度
~ indépendance 独立桁架跨度
~ intermédiaire 中间跨,中间跨度
~ isolée 单跨
~ latérale 旁跨,侧跨
~ limitante 限制跨度
~ mobile 活动桥孔,活动桥跨
~ navigable 通航桥孔
~ principale 主跨
~ s solidaires 连续跨,连续桁架跨
~ suspendue 主孔,悬跨,悬桥桥跨
~ unique 单跨,单桥跨
travel-plant *m* 移动式拌和机,移动式拌和设备
travers *m* 宽度,厚度,弯曲
à ~ 横穿,经过,通过
au ~ de 穿过,透过,通过,经过
de ~ 歪曲
en ~ 横着,横向地
en ~ de 横在……,横在……中央
traversable *a* 可横穿过的,可通过的
travers-banc *m* 石门
traverse *f* 枕木,横梁,横臂,横木,撑杆,导线,横穿,横移,测线,横脉,剖面线,横切线,采样线,导线测量
~ basse (门窗的)下槛,下部横挡[梁]
~ blanche d'écartement 警冲标
~ créosotée 油枕,防腐枕木

~ d'attelage　端梁，缓冲梁
~ d'attelage arrière (locomotive)　机车后牵引梁
~ d'échafaudage　脚手架交叉横木
~ d'entretoisement　横梁
~ d'imposte　腰头窗框[楣窗]，横挡
~ de caisse　车厢横梁
~ de ceinture　车体立柱间的横撑
~ de centrage　中心横梁，定心横梁
~ de cornes de plaque de garde　轴箱托板
~ de fenêtre　窗的横挡
~ de paroi d'about　车体端墙的横梁
~ de pivot　枕梁，摇枕，转向架中心盘横梁
~ de plancher　地板梁
~ de police　警冲梁
~ de remplissage　补铺轨枕，更换旧枕时补入的轨枕
~ de sommier (bogie)　转向架中摇枕
~ de tête　缓冲梁，端梁
~ de toiture　穿墙套管
~ du diesel　柴油机横梁
~ entretoise transversale　机车车辆的中间梁或横梁
~ extrême　端梁，缓冲梁
~ inférieure　(门窗的)下槛，下部横挡，下部
~ intermédiaire　主横梁，中间横梁[挡]，闸门上横梁，机车车辆的横梁
~ porte-tampons　端梁，缓冲梁
~ supérieure　(门窗的)上槛，顶梁，上部横挡
~ supérieure à la vanne　上边框梁，闸门上横梁
~ supérieure de bout de caisse　车体端梁上横梁
~ tubulaire　管式横梁

traversée f　交叉，通道，跨度，通过，横穿，横渡，行程，路线，套管，绝缘套管，横向管沟，十字路口
~ à courant de haute intensité　高压电流输入
~ à niveau　平面交叉
~ à revêtement de bois　木铺面道口
~ basse tension　低压穿心瓷瓶，低压绝缘套管
~ combinée　直线与曲线的菱形交叉
~ de chemin　道路交叉
~ de courant　电流输入
~ de haute fréquence　高频输入
~ de la commune　市镇通道
~ de la ville　城市通道
~ de localité　地区通道
~ de murs　穿墙套管
~ de reconnaissance　踏勘路线
~ de route　公路交叉
~ de voie pivotante　转盘
~ de voies　线路交叉
~ du terre-plein central à l'extérieur de la tête du tunnel　洞外横穿中间带的联络道
~ du verre　玻璃封口处
~ en courbe(s)　曲线菱形交叉
~ en porcelaine à H.T pour la sous station　电站用高压穿墙套管
~ haute tension　高压穿心瓷瓶，高压绝缘套管
~ isolée　绝缘套管
~ oblique　菱形交叉，路线斜角交叉
~ oblique de la voie　线路斜角交叉(菱形交叉)
~ ordinaire　普通交叉，菱形交叉
~ par câbles porteurs　载波电缆交叉
~ pavée　辅砌的道口
~ pour bobine auxiliaire　辅助绕组瓷瓶
~ pour courant de force　强电流输入
~ proprement dite　钝角交叉
~ rectangulaire　直角交叉
~ rectiligne　直线菱形交叉
~ sous-fluviale　河底隧道

traversellite f　绿纤透辉石，辉石形闪石
traverser v　通过，越过，贯穿，透过，经历
traversier m　贯穿螺栓
traversier, ère a　横的，横跨的，横渡的
traversière f　横撑，水平连杆，人工阶地
traversin m　横梁
traversine f　排架横梁
traversoïte f　蓝硅孔雀石(杂硅孔雀水铝石)
travon m　(桥的)纵梁
trax m　履带式装卸机
traxcavator　(用于土方工程的)履带式装载机，履带式装卸机
tréanorite f　褐帘石
tréasurite f　特硫铋铅银矿
trechmannite f　三方硫砷银矿
treedozer m　除根机，除荆机，伐木机
tréfilage m　拉丝，拉伸，拉制
tréfilé m　拉丝成品；a　拉伸的，拉丝的
tréfiler v　拉丝，拉制
tréfilerie f　拉丝机，拉丝车间

tréfileuse *f* 拉丝机，拔丝机

trèfle *m* 三叶形，三叶草，车轴草，三叶花样，苜蓿叶形立体交叉
- ~ à quatre 四叶式，四叶形立体交叉
- ~ complet 全苜蓿叶形立体交叉

tréflé, e *a* 呈三叶草的，呈苜蓿状的

tréfonds *m* 基底，褶皱基底，地台结晶基底

treillage *m* 网，格，栅，格子，网状物
- ~ carré 方形格栅
- ~ en losange 菱形格栅

treillis *m* 格，栅，格子，网格，栅极，腹杆，桁架，格构，构架，缩放格，粗麻布，钢筋网，金属网，格形结构，支撑桁架，承重结构，骨架结构，进路集中内安排岔道位置用的滑板
- ~ à deux dimensions 平面桁架
- ~ à membrures polygonales 弓弦桁式架
- ~ à système Howe 豪式桁架
- ~ à système Pratt 普腊桁架，平行弦下向中斜腹杆桁架
- ~ à trois dimensions 立体桁架，三维空间桁架
- ~ articulé 枢接桁架，栓接桁架
- ~ articulé à tourillon 铰接桁架
- ~ avec pièces inclinées 有斜杆的桁架，带斜支撑的构架
- ~ continu 连续桁架
- ~ d'acier (soudé) （焊接）钢桁架
- ~ d'appui 支座钢筋网
- ~ d'armature 钢筋格栅
- ~ dans l'espace 空间网格，空间桁架
- ~ de convertisseur 双线栅变频器（圆波导的）
- ~ de détection 检波栅（波导的）
- ~ de fenêtre 窗格栅，窗格子
- ~ de montage 架设用桁架
- ~ de poutres 格排梁
- ~ en acier 钢构架，钢结构
- ~ en arc 拱形桁架
- ~ en espace 空间网格，空间桁架
- ~ en fil d'armature 钢丝网
- ~ en forme d'auge 矮桁架
- ~ en K K形桁架
- ~ métallique 金属线网，金属桁架
- ~ multiple 复式桁架
- ~ plan 平面网格，平面桁架
- ~ rhomboïdal 偏菱形桁架
- ~ serré 密格腹杆桁架
- ~ simple 单式桁架
- ~ simple en K K式桁架
- ~ simple en N N式桁架
- ~ simple en V V式桁架
- ~ soudé 钢筋网
- ~ soudé (pour soutènement) 焊接桁架，点焊的钢筋网
- ~ soudé inférieur 底部钢筋网
- ~ soudé pour béton armé 钢筋混凝土焊接桁架
- ~ sphérique 格构圆屋架
- ~ supérieur 上层钢筋网

treillissé *a* 格构的，格子状的，网格状的

treillisser *v* 装格子，装网格

trématode *f* 辉石安山岩

tremblante *f* 泽地，湿地

tremble *m* 白杨

tremblé, e *a* 震动的，抖动的

tremblement *m* 地震，震动，振动，抖动
- ~ de forte magnitude 大地震
- ~ de neige 雪陷，雪区突然陷落
- ~ de terre 地震，地颤动，土颤动
- ~ de terre artificiel 人工地震
- ~ de terre assez fort 较强地震
- ~ de terre catastrophe 灾难性地震
- ~ de terre d'éboulement 崩塌地震
- ~ de terre désastreux 破坏性地震
- ~ de terre destructif 毁灭性地震
- ~ de terre éloigné 远源地震
- ~ de terre fort 强烈地震
- ~ de terre instrumental 仪器可感地震
- ~ de terre léger 弱震
- ~ de terre local 局震
- ~ de terre orogénique 造山成因地震
- ~ de terre périphérique 地表地震
- ~ de terre plutonique 深源地震
- ~ de terre rapproché 近邻地震
- ~ de terre ruineux 破坏性地震
- ~ de terre sensible 可感地震
- ~ de terre sous-marin 海底地震
- ~ de terre superficiel 地表地震
- ~ de terre tectonique 构造地震
- ~ de terre très fort 极强地震
- ~ de terre très léger 微震

~ de terre volcanique 火山地震
~ préliminaire 初期微震
~ principal 主震
~ secondaire 次级地震
~ sous-marin 海震,海啸
trembler *v* 抖动
trembleur *m* 振子,断续器,振动器,蜂音器
tremblotant *a* 微微颤动的
tremblotement *m* 颤动,微微颤动
trembloter *v* 微微颤动
trémenheérite *f* 不纯石墨
trémie *f* 斗,槽,料斗,漏斗,料槽,矿槽,喇叭口,留矿槽,明挖基坑(市政工程)
~ à ciment avec dispositif de dosage 水泥计量配料装置
~ à filler 石粉储存斗
~ à froid 冷料储存斗
~ à graviers 砾石漏斗
~ à plusieurs compartiments 多仓料斗
~ collectrice 集料斗
~ d'alimentation 供料斗,进料斗,供料槽,给料漏斗
~ d'alimentation à chaud 热料运料斗
~ d'inspection 入孔,检查孔
~ de bétonnage 铲车,浇灌混凝土料车
~ de chargement 给料斗,装料漏斗,装车漏斗
~ de décharge 卸料斗
~ de dosage 量料斗
~ de gouttières 排水斗,落水斗
~ de jour 日耗库
~ de mesurage 量斗
~ de mesure 量料斗,量料斗
~ de pesage 称料斗
~ de réception 受料斗
~ de service 进入孔
~ de stockage 储藏槽,储藏箱,堆存斗,储料斗仓
~ des agrégats 集料仓,集料储存斗
~ doseuse 计量斗,量料斗
~ doseuse pour agrégats 集料量斗
~ fixe 固定式料斗
~ intermédiaire 装料,装料漏斗
~ peseuse 称料斗
~ réceptrice 受料斗
~ tampon 柱塞式料斗

trémie-tampons *m* 缓冲式料斗
trémolite *f* 透闪石
trémolitite *f* 透闪石岩
trempabilité *f* 可淬性,淬火度,硬化度
trempage *m* 浸,浸渍,湿透,浸湿
~ dans un bain 浸浴
trempe *f* 淬火,硬化
~ à l'air 自硬化,风冷淬火,空气硬化
~ à l'eau 水淬
~ à l'huile 油淬
~ à précipitation 时效硬化
~ en revenue 调质的,经淬火和回火的
~ par induction à haute fréquence 高频感应淬火
~ par radiofréquence 高频淬火
trempé *a* 淬火的,浸透的,浸湿的,经硬化处理的
tremper *v* 浸,浸湿,浸透,硬化,淬火,硬化,使透湿,使浸透,迅速冷却
~ superficiellement par courant de haute fréquence 表面高频淬火
tréolite *m* 透闪石
trépan *m* 钻头,钎头,抓斗,钻孔机,钻孔器,冲击钻头
~ à alliance 合金钻头
~ à carbure 镶钨钢合金片钻头
~ à carotte 岩芯钻头
~ à chaute libre 冲击钻头
~ à cônes 牙轮钻头
~ à cônes dentés 牙轮钻头
~ à couronne 齿冠钻头
~ à croix 十字钻头
~ à cuiller 勺形钻头
~ à dard 偏钻头,角锥钻头
~ à déclic 冲击钻头
~ à deux lames 鱼尾钻头
~ à diamant 金刚石钻头
~ à disque 圆盘钻头
~ à jet 喷射钻头
~ à joues 扩孔器,扩孔钻头
~ à lames 叶板钻头,刮刀钻头,翼状钻头
~ à molettes 牙轮钻头
~ à molettes dentées 牙轮钻头
~ à plaquettes de carbure de tungstème 镶钨钢合金片钻头

~ à queue de poisson 鱼尾钻头
~ à rainures 三牙轮钻头
~ à sonnette 冲击钻头
~ à taillant en croix 十字形钻头
~ à usage multiple 多用[多功能]钻头
~ à vilebrequin 麻花钻,曲把钻头
~ aléseur 扩孔钻头
~ au carbure 硬质合金片钻头
~ au diamante 金刚石钻头
~ benne 冲击式抓斗(用于钻机桩内抓土)
~ carottier 取芯钻头
~ croix 十字钻头
~ d'une lampe 三角灯座
~ de carrotage 岩芯钻头
~ de sondage 钻探用钻头
~ en croix 十字钻头
~ en queue de poisson 鱼尾钻头
~ excentrique 偏心钻头
~ plein 实心钻头
~ pointé 一字钻头
~ pour le découpage de carrottes cylindriques 岩芯钻机
~ pour rocher 抓岩机,岩石钻头
~ pour rocher dur 硬岩钻头
~ rotatif 牙轮钻头
~ rotatif à trois molettes 三牙轮钻头
~ tricône 三牙轮钻头

trépan-élargisseur *m* 扩孔钻头
trépaner *v* 钻孔
trépidation *f* 振动,摆动,抖动,微振动
trépideur *m* 振动器,(混凝土)振捣器
trépied *m* 三脚架,三脚台,三脚支架
　　~ de sondage 钻孔三脚架
　　~ d'une lampe *m* 三角灯座
très *adv* 很,极,甚,非常
　　~ basse fréquence 甚低频
　　~ haute fréquence 甚高频
　　~ haute tension 极高压
trésor *m* 财宝,珍宝,财富;*m.pl* 资源
　　~s de la mer 海洋资源
　　~s de la terre 地产
　　~ public 国库
trésorerie *f* 财政,财务,国库,金库,财政局,会计科,财政情况,财务情况,流动资金

~ de départ 原始现金额
~ de l'entreprise 企业财政,企业现金资金,企业流动资金
~ de l'État 国家财政
~ du chantier 工地流动资金
~ nette 净流动资金
~ publique 国家财政

trésorier *m* 财务官,财务主管
~ d'entreprise 企业财务主管
~ payeur général(TPG) (法国各省)国库主计管

tressage *m* 编织
tressé *a* 编结的,多股绞线,编成辫子的
tresse *f* 塞绳,软线,编织,编织物
~ de blindage 铠装用编织带
~ de câble 多股绞线电缆
~ en matière plastique 塑料绳
~ mécanique 钢筋网

tréteau *m* 支[台]架,台架,底架,四脚长凳
~ de battage 钻塔,钻架
~ de fascine 柴束支架
~ x 脚手架

treuil *m* 绞车,绞盘,卷扬机,提升机,升降机,起重装置
~ à air comprimé 风动绞车
~ à bâti 手摇绞车
~ à battre les pilotis 打桩用绞车
~ à bras 手摇绞车,人力绞车
~ à câble 卷扬机,钢绳绞车
~ à chaîne 链式绞车
~ à commande par courroie 皮带传动绞车
~ à deux tambours 双筒绞车,双鼓轮绞车,双筒卷扬机
~ à double tambour 双筒卷扬机,双鼓轮绞车
~ à friction 摩擦式绞车
~ à main 手摇绞车
~ à manivelle 手摇绞车
~ à marchandises 货物起重绞车
~ à moteur 动力绞车,机动绞车
~ à noix 链轮绞车
~ à poser les câbles 敷设电缆绞车
~ à simple tambour 单鼓轮绞车,单筒卷扬机
~ à vapeur 蒸汽卷扬机,气动绞车
~ à vis 螺旋杆启闭机,涡轮式闸门启闭机
~ arrière 后置绞车

~ automatique　风动绞车,自动绞车,自动升降机
~ de bâtiment　建筑用绞车
~ de battage　打桩用绞车,打桩用卷扬机
~ de block　信号锁闭盘
~ de camion　汽车式绞车
~ de flèche　臂式绞车
~ de forage　绞车,钻机绞车
~ de grue　起重机绞车
~ de levage　卷扬机,起重绞车
~ de levage à bras　手动起重绞车,手动启闭机
~ de muraille　墙式绞车
~ de raclage　铲运绞车,刮斗绞车,电耙绞车
~ de skip　吊斗提升机
~ de travail　牵引绞车
~ derrick　起重绞车
~ des vannes　闸门绞车
~ différentiel　差动绞车
~ double-tambour　双鼓轮绞车,双筒卷扬机
~ électrique　电动绞车,电动卷扬机
~ fixe　固定式绞车,固定式卷物机
~ hydraulique　液力绞车,液力卷扬机
~ motorisé　动力绞车
~ portable　轻便绞车
~ sur colonne　桩式绞车
~ vertical　卷扬机

treuil-scraper　*m*　拖铲,索铲
trévorite　*f*　镍磁铁矿
tri-　(前缀)三,三重
tri　*m*　分类,挑选,拣选
~ des colis postaux　邮包分类
~ modulé (triage)　用不同速度推送车辆(调车)

triac　*m*　解体,分解,调车,选择,滤除,调车场,编组场
~ d'erreur　误差三角形
~ de forces　力三角形
~ de frein　三角形制动梁
~ triangle　三角,三角线,三角形,三角板

triage　*m*　拉伸,拔丝,气道,烟道,筛分,分选,分类,分级,选矿,分粒,富集,通风,抽风,选择,滤除,解体,分解
~ à l'eau　水选
~ à la main　手选
~ artificiel　人工通风
~ de câble　拉钢筋

~ de cheminée　烟筒抽气
~ de fil　拉丝,拔丝
~ de long des rails　钢轨拉长
~ des minerais　矿石的选别
~ forcé　人工通风,强迫通风
~ hydraulique　水选
~ induit　强迫通风,人工通风
~ mécanique　机械通风,机械分类,机械选矿
~ naturel　自然通风
~ par voie humide　湿选,湿法选矿
~ par voie sèche　干选,干法选矿

triangle　*m*　三角,三角形,三角板,三角形立体交叉
~ complet　全三角形(立体交叉)
~ de classification des sols　三角形土壤分类图,土的三角坐标图(分类用)
~ de forces　力三角形
~ de vitesse　速度三角形
~ des courants　电流三角形
~ des tensions　电压三角形
~ fermé de forces　力的闭合三角形
~ isocèle　等腰三角形道路标志
~ lobe　三叶形,三叶花样

triangulaire　*a*　三角的,三角形的
triangulateur　*m*　三角仪
triangulation　*f*　三角网,三角测量
~ à air　空中三角测量
~ à points focaux　等角点,三角测量
~ à points principaux　主点三角测量
~ aérienne　空中三角网,空中三角测量
~ auxiliaire　小三角测量
~ de contrôle　三角高程
~ de détail　细部三角测量
~ de précision　精密三角测量
~ fondamentale　一等三角测量
~ géodésique　大地三角测量
~ graphique　图解三角测量
~ locale　局部三角测量,独立三角测量
~ nadirale　天底的三角测量
~ par satellite　卫星三角测量
~ photogrammétrique　辐射三角测量,摄影三角测量
~ primordiale　一等三角测量
~ principale　一等三角测量

~ radiale	辐射三角测量
~ secondaire	二等三角测量
~ spatiale	空中三角测量，三维大地测量
~ structurale	结构三角测量

trianguler *v* 三角测量
triaxial *m* 三轴(压力试验)仪
triaxiale *a* 三轴的，三向的，空间的
triboélectricité *f* 摩擦电
tribolite *f* 矿物磨料
tribologie *f* 摩擦学
triboluminescence *f* 摩擦发光
tribomètre *m* 摩擦计，摩擦阻力系数测量计
tribométrie *f* 摩擦(力)测定法
tribunal *m* 法院，法庭
　~ administratif 行政法庭
　~ arbitral 仲裁法庭
　~ arbitral mixte 国际仲裁法庭
　~ civil 民事法庭
　~ correctionnel 轻罪法庭
　~ d'arbitrage 仲裁法庭
　~ d'instance 初审法庭
　~ de commerce 商业法庭
　~ de droit commun 普通法庭
tribune *f* 讲台，讲坛；主席台
tributaire *m* 支流；*a* 支流的，从属的
tricâble *m* 三芯线电缆
tricalcite *f* 铜泡石(丝砷铜石)
tricar *m* 三轮(汽)车
trichalcite *f* 铜泡石丝砷铜矿
trichite *f* 发雏晶，丝雏晶；发状骨针；毛矾石
trichloréthylène *m* 三氯乙烯
trichopyrite *f* 针镍矿
triclasite *f* 褐块云母
triclinique *a* 三斜的(晶系)
tricolpites *f. pl* 三槽粉，三沟粉
tricône *m* 三牙轮钻头
tricoté *a* 有花纹的，编织的
tricouche *f* 三层，三层体系，三层沥青表面处治
tricycle *m* 三轮脚踏车
tridimensionnel, elle *a* 三维的，三向的，空间的
tridymite *f* 鳞石英
trié, e *a* 过筛的，选择的，分类的，分选的
trièdre *m* 三面形，三面体，三棱形；*a* 三面的
trier *v* 分级，分选，选择，挑选，筛选，分类，解体

trieur *m* 选矿工，分选机，选矿机，筛分机，分类机，分级器，分选装置，分级装置，分拣装置
　~ à grand débit 大容量分选机
　~ à râteau 耙式选分机
　~ de sable 选砂机
　~ doseur 集料给料机
　~ électromagnétique 电磁分离器
　~ hydraulique 水力选分机
　~ magnétique 磁选机
trieur-doseur *m* 分选配料器
　~ à chaud 热料筛分称料装置
trieur-tobogan *m* 螺旋分选器，螺旋选矿机
trieuse *f* 分选机，筛选机
trifurcation *f* 三面分岔道，三岔口，分成三股
trigatron *m* 触发管，引燃管
trigonite *f* 砷锰铅矿
trigonomagnéborite [macailistérite] *f* 三方水硼镁石
trigonométrie *f* 三角学，三角法
trigonométrique *a* 三角学的，三角法的
trihydrallite *f* 铝铁土岩，三羟铝土
trihydraté *a* 三水的
trihydrocalcite *f* 三水碳钙石
trijante *f* 三轮压路机
trikalsilite *f* 三型甲霞石，钠钾霞石
trilateral, e *a* 三边的，三面的
trilatération *f* 三边测量法
trillion *m* 兆，万亿(10^{12}，旧译法)，百亿亿(10^{18}，新译法)
trimaran *m* 三角钻探平台
trimérite *f* 硅铍钙锰石(三斜石)
trimestre *m* 季度，三个月
trimestriel, elle *a* 三个月的，每季度的
trimontite *f* 白钨矿
tringlage *m* 杠杆系统
tringle *f* 杆，棒，拉杆
　~ creuse 空心导管
　~ de commande 操纵杆
　~ de commande de l'embrayage 离分器操纵杆
　~ de connexion 接连杆
　~ de lanterne 信号灯拉杆
　~ de manœuvre du sablier 砂箱操纵杆
　~ de pression de block 闭塞机闩锁杆
　~ de rappel (freins) 制动机缓解杆

~ de tension 拉杆
~ de verrou de l'appareil de block 闭塞机闩锁杆
~ pleine 实心导管
~ tubulaire 导管
tringlerie *f* （操纵）连杆,杠杆系统,连杆系统,拉杆系统
trinitrotoluène *m* 三硝基甲苯,TNT 炸药
trinkérite *f* 富硫树脂,褐煤树脂质
trinôme *m* 三项式
~ du second degré 二次三项式
trioctaédre *m* 三八面体
trioctaédrique *a* 三八面体的
triode *f* 三极管
~ à basse impédance 低阻抗三极管
~ à cristal 晶体管,晶体三极管,半导体三极管
~ à gaz 闸流管,充气三极管
~ à germanium 锗三极管
~ à jonction p-n-p p-n-p 型面接触式晶体三极管,p-n-p 型面结半导体三极管
~ double 双三极管
~ hyperfréquence 超高频三极管
triode-électromètre *m* 三极管静电计
triode-heptode *f* 三极—七极管
triode-hexode *f* 三极—六极管
triode-penthode *f* 三极—五极管
tripack *f* 三层膜,三合膜
tripartition *f* 分裂成三等份,划分成三等份
tripestone *f* 弯硬石膏,叶重晶石
triphane *m* 锂辉石
triphanite *f* 纤杆沸石,红方沸石
triphyline[irlphylite] *f* 磷铁锂矿
triplage *m* 三倍量,增至三倍
triple *m* 三倍,三层,三重
~ parci 三层隔板
triple-jonction *f* 三联点,三合点,三岔点,三接合点
triple-valve *f* 三通阀
~ à action rapide 快动三通阀
triplement *m* 增至三倍,增加二倍
tripler *v* 三倍,使成三倍,增至三倍,使增加两倍
triplet *m* 三通管,T 形接头
triplite *f* 氟磷锰石
triploclase *f* 杆沸石
triploïdite *f* 羟磷锰石

tripode *f* 三脚架,三角块
tripôle *m* 三极天线,三振子天线
tripoli *m* 硅藻土,风化硅土,松软硅质岩
trippkéite *f* 软砷铜矿
tripuhyite *f* 锑铁矿
tristanite *f* 碱长粗安岩,富钾粗安岩
tristétraèdre *m* 三四面体,三角三四面体
tritochorite *f* 锌铜铅矿,铜锌钒铅矿
tritomite *f* 硼硅铈矿
tritomite-(Y) *f* 硼硅钇矿
triton *m* 氚核,三通,三硝基甲苯,TNT
triturable *a* 可捣碎的,可磨碎的
triturateur *m* 捣碎器,粉碎机,研钵
trituration *f* 捣碎,研磨,研制,研碎
trituré *a* 磨成粉状的
triturer *v* 捣碎,研磨,捣成粉末
tritureuse *f* 松土拌和机
troc *m* 易货,换货,物物交换
trochoïde *f* 摆线,旋轮线,摆线管,枢轴关节
trochotron *m* 摆线管,摆动计
troctolite *f* 橄长岩
trœmélite *f* 磷七钙石
trogtalite *f* 硬硒钴矿
troïlite *f* 陨硫铁
troisième voie 第三车道（即慢车道）
trolite *m* 特罗利特（一种塑胶绝缘材料）
trolitul *m* 特罗利图耳（一种聚苯乙烯塑料的商用名称）
trolléite *f* 羟磷铝石
trolley *m* 台车,小车,跑车,手摇车,受电杆,无轨电车,空中吊运车,杆形受电器,杆形集电器
trombe *f* 旋风,龙卷风
~ d'eau 水落管,龙卷风,倾盆大雨
~ de terre 旋涡
trombolite *f* 水锑铜矿
trombone *m* 可调 U 形波导节
trömélite *f* 磷七钙石
trommel *m* 鼓,卷筒,圆筒,线盘,线轴,转筒,转筒筛,滚筒筛,洗矿滚筒,旋转筒筛
~ classeur 滚筒筛
trompe *f* 管,泵,喙,筒,长鼻,（汽车）喇叭管,突角拱,通风装置
~ à eau 喷水泵,抽水泵
~ à vide 真空泵

～ aspirante　进气管
～ bisonore　双音喇叭
～ d'éléphant　溜管,象鼻管(浇注混凝土用)

trompette　f　喇叭,喇叭形立体交叉
～ d'aspirateur　尾水管,水泵吸水管
～ d'aspirateur d'une pompe　吸水管进口段
～ d'aspirateur d'une turbine　尾水管扩散段

trona　m　天然碱,水碱

tronc　m　干路,干管,柱身,干流,干线,截锥,截头体,洗矿槽,平截头体,平截头墩
～ commun　交织路段,共同的根源,几条铁路公用的区段
～ commun des autoroutes　高速道路交织路段
～ d'arbre　树干
～ de cône　截锥,圆锥台,斜锥台,截头圆锥体,平截头圆锥台
～ de prisme　棱柱台
～ de pyramide　棱锥台,截棱锥,斜截棱锥,截头锥体

tronçage　m　截断,切断,截开

troncature　f　截断,截取,平切,缺棱,截断面
～ basale　刨削,基底削平

tronche　f　原木,圆木头

tronçon　m　段,截,块,节,短管,管段,部分,路段,线路区段
～ à flanc de coteau　山坡路段
～ comprimé　压杆,受压杆件
～ d'adaptation　合适路段
～ d'autoroute　高速公路路段
～ d'entrecroisement　交叉路段,交织路段
～ d'essai　试验路段
～ de caniveau　套管管段(导管用)
～ de conduite　管段
～ de courbe　曲线区段
～ de la faille　断层段,断层直线部分
～ de ligne　线段
～ de répandage　摊铺路段
～ de route　公路路段
～ de vallée　河谷段
～ de voie continue　相接区段
～ en déblai　挖方路段
～ en remblai　填方路段
～ expérimental　实验路段
～ hydrothermal　热液通道
～ mis à la circulation　开放交通路段
～ rectiligne　直线区段,直线路段
～ routier　路段
～ stop　停车路段

tronçonnage　m　切割,切断,截断,下料,切成段
～ de joints　锯切混凝土缝

tronçonné　a　削平的,切去的,截短的,削蚀的,平头的

tronçonner　v　切断,把……切成几段

tronçonneuse　f　切断机,锯木机,截断机,截断器,钢筋切割机
～ à meuble　轮砂切割机
～ de carottage　岩芯提断机
～ à bois　木材切割机

trondhjémite　f　奥长花岗岩

tronquage　m　截取,截断

tronqué　a　平头的,截顶的

tronquer　v　切断,截断,截去,截短

troostite　f　锰硅锌矿,杂铁胶铁,屈氏体

trop　adv　太,过分,过多地
～ ... pour　太……以致不,过于……以致不
～ ... pour que　过于……以致不能
par ～　过度,太甚

tropical, e　a　热带的,炎热的,酷热的,回归线下的,热带地区的

tropicalisé　a　适应热带气候的,抗湿热的,经热带气候处理的

trop-plein　m　溢出,漫出,溢流,漫溢,溢流口,溢流管,溢流系统

trottoir　m　便道,人行道
～ cyclable　自行车道
～ d'un pont　桥的人行便道
～ de refuge　(道路中的)安全分隔带,安全岛
～ en encorbellement　旋臂式人行道
～ roulant　皮带运输机,传送带

trou　m　孔,洞,穴,坑,井,炮孔,炮眼,缺口,空穴,无信号区
～ à injection　注水孔
～ calibré　刻度孔,截留孔
～ carré　网格,筛孔
～ d'abattage　掘进炮眼
～ d'accès　检查孔,交通洞
～ d'aérage　通气孔,交通洞
～ d'aération　气孔,通风口

~ d'affaissement 渗坑,崩落洞,塌陷洞,落水洞,灰岩坑,喀斯特漏斗
~ d'air 通气孔,风眼
~ d'ancrage 地锚孔,地脚螺栓孔
~ d'eau 水洞,冲蚀沟
~ d'échappement 排气口,排水口
~ d'éclissage 鱼尾板螺栓孔
~ d'éclisse 鱼尾板孔
~ d'éclisse allongé 长圆形鱼尾板孔
~ d'écoulement 排水孔,排水口
~ d'égouttage 排水孔
~ d'entraînement 导孔,送料孔,中导孔
~ d'évent 通风孔,排气道
~ d'exploration 探井,探坑,试坑,勘探钻孔,勘探试坑
~ d'homme 人孔,检查口
~ d'huile 油孔,注油孔
~ d'injection 灌浆孔,灌浆钻孔
~ d'inspection de canalisation 管沟检查孔
~ d'une serrure 锁孔
~ s de balayage 扫描孔
~ de boulon 螺孔,螺栓孔
~ de bras 探井,探坑,试坑
~ de coulée 出铁口,出钢口,出渣口
~ de coulis 灌浆口
~ de couplage 通信口,耦合孔,接连孔
~ de drainage 排水孔
~ de fixation 定位孔
~ de fleuret 见矿孔
~ de forage 钻孔
~ de gaz 天然气井
~ de goupille 开口销口
~ de guidage 导向孔
~ de mine 炮眼,爆炸孔,爆破孔
~ de nœud 节孔,木节孔
~ de passage des câbles 穿线孔,穿缆索孔
~ de prospection 探井,探坑,试坑
~ de puits 井孔
~ de racine 根孔,探坑,探孔,试验孔,树根孔
~ de recherche 探坑,试坑,探孔,普查孔,普查钻孔
~ de reconnaissance 试(验)孔,普查孔,普查钻,普查钻孔
~ de regard 检查[观察]口

~ de rivet 铆钉孔
~ de rivet déporté 不同心铆钉孔
~ de sondage 钻孔,井筒,钻探孔,勘探钻孔
~ de sonde 探坑,钻孔,探孔,试验孔
~ de sonde éruptif 喷发钻孔,喷井,喷油井
~ de tarière 螺钻钻孔
~ de tir 爆破孔
~ de tire-fond 道钉孔
~ de tourillon 螺栓孔
~ de transition 过渡孔
~ de vent 通风孔,出气孔
~ de ventilation 通气孔
~ de visite 检查孔
~ faux rond 椭圆孔
~ fraisé pour vis 放埋头螺钉的孔
~ improductif 废孔,废井
~ incliné 斜孔
~ lâche 空炮眼,废炮眼,松螺丝眼
~ oblong 椭圆孔,长圆形孔
~ ovalisé 椭圆孔
~ perforé 穿孔
~ prévue 原孔
~ profond 深孔
~ réservé 预留孔
~ sec 干孔,干井,干炮眼
~ souffleur 虹吸水道
~ taraudé 螺纹孔
~ tronconique 锥形孔
~ tubé 套管护壁钻孔
~ vertical 竖孔,垂直孔

trouble *m* 故障,障碍,事故,干扰,混乱,动乱,紊乱;*a* 混浊的,混乱的,慌张的,被扰动的,被搅混的,模糊不清的
~ d'exploitation 操作故障
~ de la circulation 交通故障,交通事故
~ de fonctionnement 运行故障
~ fonctionnel 机能故障,损坏

troubler *v* 搅浑,搅混,扰乱

trouée *f* 孔,穴,缺口

trouer *v* 打穿,挖通,打洞,穿孔

tr/s 转/秒

trousse *f* 一束,一捆,工具包
~ de dépannage 检修工具,检修工具包
~ à outils 工具包,工具箱

troussement *m*	（陡倾矿层的）上盘
trouver *v*	找到，碰到，发现
se ~	位于，处于

trowlesworthite *f* 萤电花岗岩

truck *m* 平车，小车，拖车，车架，构架，转向架，牵引车，运货车
- ~ à chenilles 履带式牵引车
- ~ articulé 关节式车架
- ~ de la grue 起重机载运车
- ~ de transport 运输小车
- ~ moteur（traction diesel） 动力牵引车（内燃牵引）
- ~ secondaire（engins moteurs） 牵引动车的辅助构架

truck-porteurs *m* 搬运铁路货车的铁路、公路两用拖车

truelle *f* 镘，抹子，泥刀，镘刀，修平刀，平面刮刀，路面清缝铲
- ~ à cœur 圆镘刀
- ~ à jointoyer 勾缝镘刀
- ~ à joints 接缝刮刀
- ~ carrée 方头镘刀
- ~ d'arête 修边器
- ~ de lissure 粉光镘，整平镘，修平刀
- ~ de maçon 瓦工镘，圬工镘刀
- ~ de plâtrier 灰镘，涂灰镘（刀）
- ~ en acier 钢镘刀
- ~ lissure 粉光镘（刀）
- ~ mécanique 机械镘，（混凝土路面）镘平机，机动镘板
- ~ plate 平镘（刀）

trumeau *m* 隔墙，窗间[隔]墙

truquage *m* 特技，技巧

truscottite *f* 特水硅钙石

trusquin *m* 划线盘，划线针，平面规，高度规，（木工）划线规

tschermakite *f* 镁钙闪石

tschernichewite *f* 钠闪石，似钠透闪石，似碱锰闪石

tschirwinskite *f* 贫硫沥青，含硫沥青

T-série *f* 波导管在电厂平面的T形连接

T-shunt *m* 波导管在磁场平面的T形连接

tsilaisite *f* 钠锰电气石

tsounami *m* 烈海啸

tsumcorite *f* 砷铁锌铅石

tsumébite *f* 绿磷铅铜矿

tsumoïte *f* 楚碲铋矿

tsunami *m* 海啸

TTC（toutes taxes comprises） 各种税均包括在内，完税价

tub *m* 盆，桶

tubage *m* 管柱，套管，外壳，下套管，岩芯管，护壁管，铺设管道，套管装置
- ~ crépiné 滤水管
- ~ de forage 钻孔套管，钻探套管
- ~ de protection 护壁套管
- ~ de puits 井筒，井套管，井壁套管
- ~ en bois 木沉井
- ~ non crépiné 井壁管，无滤孔套管
- ~ perforé 滤孔套管
- ~ plein 护壁管，井壁管

tubannulaire *a* 环管形的

tube *m* 筒，管子[路、道]，壳体，导管，套管，套筒，隧道，轮胎，管材，电子管
- ~ à bord rabattu 卷边管
- ~ à boues 排泥管，污水管
- ~ à comptage 计数管
- ~ à décades 十进位计数管
- ~ à décharge 排出管，放电管，排气管
- ~ à déclenchement 触发管
- ~ à disques scellés 盘封管，灯塔管
- ~ à eau 水管，供水管
- ~ à éclats lumineux 闪光管
- ~ à essais 试管
- ~ à faible bruit 低噪声管
- ~ à faisceau radial 径向射束管
- ~ à fluorescence persistante 余辉阴极射线管
- ~ à fond plat 平底管
- ~ à gamme élevé 高对比度显像管
- ~ à gaz 充气管
- ~ à glissement 漂移管
- ~ à mémoire électrostatique 静电存储管
- ~ à mesure la pression statique 静压力测量管
- ~ à modulation de vitesse 速调管，速度调制管
- ~ à onde de retour 回波电子管
- ~ à ondes progressives 行波管
- ~ à ondes rétrogradées 返波管，回波管
- ~ à oxygène 氧气罐，氧气瓶

~ à parcours électronique dirigé 定向电子射线管,射线偏转式电子射线管
~ à pente réglable 变 U 管,变跨导管
~ à pente variable 变 U 管
~ à propagation d'ondes 行波管
~ à sédimentation 沉淀管
~ à sédiments 抽泥筒,汲泥管,汲泥筒
~ à seuil 阈值管,门限管,限幅管,钳位管,削波管
~ à sortie au coulot 单终端管
~ à sortie inductive 感应输出管
~ à télescope 伸缩管
~ à trois branches 三通管,T 形管,T 形管接头
~ à trois voies 三通管,T 形管接头
~ à U U 形管
~ à vapeur 单位管(有单位通量通过的管)
~ à vapeur de mercure 汞气灯管
~ à vide 真空管,电子管
~ à vision directe 普通显像管,直观式显像管
~ abducteur 旁通管
~ absorbeur 吸入管,吸水管,吸气管
~ accordable 调谐管
~ accumulateur 记忆管,存储管
~ adducteur 引入管,引水管
~ afficheur de chiffres 数字显示灯
~ afficheur de symboles 符号显示灯
~ amplificateur 放大管
~ amplificateur de tension 电压放大管
~ analyseur 摄像管,扫描管
~ analyseur à accumulation 电视图像储藏管
~ analyseur de télévision 电视析像管
~ arrière 尾水管
~ aspirant 吸管,抽气管
~ aspirateur ou diffuseur 吸出管,尾水管
~ auto-oscillateur 自振荡管
~ avec entonnoir 带漏斗管
~ avec robinet 带龙头的管,带闸门的管
~ bascule 扫描管,弛张振荡管
~ Bergman 贝克曼管,电缆管道,电线保护用金属套管
~ bloqué 截止管,闭塞管
~ bolométrique 辐射热测量计
~ Braun 布劳恩管,阴极射线管(旧称)
~ capillaire 毛细管

~ carottier 岩芯管,取样器,取土器,岩芯提取器,管式取(土)样器
~ carottier simple 单管岩芯取样
~ cathodique à écran absorbant 暗迹管
~ changeur d'image 电一光图像变换管
~ changeur de fréquence 变频管
~ collecteur 干管,集气[流]管,污水干管
~ commutateur 开关管
~ complexe 复合管
~ compound (变断面的)组合管
~ conique 圆锥管,锥形管
~ coudé 弯管,弯头
~ coulisseau 套管,套筒,轴套
~ crépiné 穿孔管,开槽管子
~ croisé 十字(形)管
~ d'accélération 加速管
~ d'acception 接受管,接液管
~ d'accouplement 连接软管
~ d'acier 钢管
~ d'acier sans soudure 无缝钢管
~ d'acier soudé 焊接钢管
~ d'admission 进入管,进气管
~ d'affichage 指示灯,显像管
~ d'affluence 引入管,注入管
~ d'alimentation 供料管
~ d'alimentation d'air 供气管
~ d'alimentation du cylindre 圆筒给油管,针形阀控管
~ d'ancrage injecté de mortier à vide 中空注浆锚杆
~ d'angle 角弯管
~ d'arrivée 引入管
~ d'ascension 提升管,虹吸管
~ d'aspiration 吸管,进气管
~ d'aspiration d'air 进气管
~ d'attaque 触发管,激励管
~ d'auscultation du pieu 桩基声测管
~ d'eau 水管,供水管
~ d'eau support de voûte 机车拱砖水管,拱砖水管
~ d'échappement 排水管,排气管
~ d'éclairage fluorescent 荧光灯
~ d'émission 发射管
~ d'emmagasinage 储存管,记忆管

tube

~ d'emmanchement 套管,套柄
~ d'enfoncement 沉井,钻孔套管
~ d'entrée 输入管,输入管路
~ d'entretoisement 撑管
~ d'évasement en fonte 喇叭管铸钢
~ d'évent 通风管,排气管
~ d'expansion plastique 塑料胀管
~ d'extrémité 输出管,终端套管,末节电子管
~ d'indicateur 水表,指示管
~ d'injection 灌浆管,喷射管,压浆嘴
~ de Bentzel 本茨尔管(测小流速用的)
~ de Bourdon 波尔顿管,螺旋形管
~ de brûleur 燃烧管
~ de buée 流水孔,水汽管
~ de caméra 电视摄像管
~ de caoutchouc 橡皮管
~ de carottage 岩芯管
~ de carottier simple 单层岩芯管
~ de champ 力管,场管,力线束
~ de charge 加料管
~ de choc 激波管
~ de circulation 循环管
~ de commande 控制管,键控管
~ de commutation 开关管
~ de commutation émission-réception 天线转换器,收发开关管
~ de connexion 连接管
~ de cuvelage 钻管,套管
~ de Dall 多尔管(文德里管的改进)
~ de débit visible 玻璃指示管
~ de déchargement 出水管,泄水管
~ de dégagement 排出管
~ de descente 排水管,落水管
~ de drainage 排水管
~ de drainage en fer 排水铁管
~ de drainage en PVC PVC排水管
~ de droite 右洞
~ de fer 铁管
~ de flux 流量管,场控电子管
~ de forage 钻杆,岩芯管,钻孔套管
~ de force 压力管,测压管,压力受杆器
~ de graissage de l'axe 轴润滑管
~ de guidage 导向管
~ de haute pression 高压管

~ de jonction 焊接管,连接管
~ de Kelvin 开尔文(测探)管
~ de niveau 水准管,气泡管
~ de passage 溢管,旁通[溢流、回油]管
~ de Pitot 毕托管,缩径管,流速测定管,毕托流速测定管
~ de Pitot statique 毕托(静压)管
~ de pompage 抽空管,抽气管
~ de ponceau 涵管
~ de prélèvement 取样管
~ de pression 压力管,传压管
~ de pression statique 静压管,毕托管
~ de prise de vues 电视摄像管
~ de projection 投影管
~ de protection (隧道)拱顶套管掘进法
~ de raccord de raccordement 连接管
~ de rallonge 延长管
~ de réaction 试管,反应管
~ de réchauffeur 加热管
~ de refoulement 增压管
~ de réglage silencieux 可调消音管
~ de remplacement 代用管
~ de revêtement 衬[套]管
~ de sécurité retour 回水安全管
~ de seuil 阈值管,门限管,限幅管,钳位管,削波管
~ de sortie 输出管,功率输出管
~ de stockage 存储管,记忆管
~ de succion 吸管,吸筒
~ de support 套筒(绝缘体的),支撑套
~ de télévision 电视显像管
~ de tige 管柱,套管,下套管
~ de transmission de pression 测压管,压力输送管
~ de traverse 十字管
~ de trop-plein 溢水管,溢流管
~ de Venturi 文氏管
~ de verre 玻璃管
~ de vidage 抽气管
~ de vidange 排水管,排泄管
~ de visée 观测管
~ de Williams 韦氏(阴极射线管)存储器
~ défectueux 报废的管子
~ définitif 永久性井壁管

~ démontable 插入管,可拆管,拼装管,装配管
~ déphaseur 倒相管,反相管
~ détecteur 检波管
~ duplexeur 天线转换器,收发开关管
~ électromètre 静电计管,静电计用电子管
~ électrothermique 电热管
~ émetteur 发射管
~ en acier 钢管
~ en acier sans soudure 无缝钢管
~ en acier soudé 焊接钢管
~ en béton 混凝土管
~ en béton armé 钢筋混凝土管
~ en biscuit 瓷管
~ en caoutchouc 橡皮管,橡胶管
~ en carton 纸板管
~ en fonte 铸管
~ en matière plastique 塑料管
~ en porcelaine 瓷管
~ en PVC PVC 管
~ en T T形管,三通管
~ en terre 陶器管
~ en tôle 铁皮管
~ en trompette 虹吸管
~ en U U形管
~ en verre 玻璃管
~ endosiphonal 内体管
~ épanoui 分岔管
~ étalon de tension 基准电压管
~ étiré 冷拉管,冷拔管,无缝管,拉制的管
~ évaporation 蒸发管,汽化管
~ expansé 伸缩管,收缩管
~ exploseur 引火信管
~ extérieur 外胎,外岩芯管(钻油井用)
~ extrafort 粗管,特强管,非常坚固的管
~ fendu 有裂缝的管子
~ fermé 闭管
~ fileté 螺纹管
~ final 滤管,输出管,末节电子管
~ flexible 软管,挠性管
~ flexible avec raccord à billes 球形接头软管
~ fuyant 漏管
~ galvanisé 镀锌圆管
~ galvanisé à soudure 镀锌焊接钢管
~ galvanisé avec soudure 镀锌焊接钢管

~ gauche 左洞
~ gland 橡实管
~ gradué 量筒
~ guide 导管,导线管,导电管
~ guide fils 电线管
~ image-orthicon 超正摄像管,复式低速电子束摄像管
~ indicateur 水表,指示管
~ indicateur à néon 霓虹灯,氖气指示灯
~ indicateur numérique 数字指示管
~ intensificateur d'image 影像增强器,图像亮度放大器
~ intérieur 内胎
~ intermédiaire 缓冲管
~ isolant 绝缘管
~ isolateur 黄蜡管,绝缘套管
~ jaugeur 测流管,毕托管,计量管
~ laminé sans soudure 轧制管
~ lisse 光滑管
~ luminescent 荧光管
~ mal vidé 漏气真空管,软性真空管(指有残留气体在内)
~ mélangeur 混频管
~ mesureur 量筒,量管,测定管
~ métallique 金属管,金属壳电子管
~ métallique flexible 蛇皮管,金属软管
~ métallique souple 软金属管
~ néon 霓虹灯
~ non rabouté 无缝管
~ ondulé 波纹管
~ oscillateur 振荡管
~ oscillateur-modulateur 变频管
~ oscillographique 示波,示波管
~ ouverture de trou 井口管
~ paroi 薄壁管
~ perforé 穿孔管,滤水管
~ perforé de drainage 多孔排水管
~ pervibrateur 振动器导管
~ photo-électrique 光电管
~ photo-électronique 光电管
~ piézométrique 测压管,竖管式测压计
~ piézométrique ouvert 敞开式竖管测压计
~ plastique 塑料管
~ plongeant 浸没管道

~ pneumatique 气压输送管,压缩空气管道
~ s pneumatiques distributeurs de fiches 压风文件分配管路系统
~ polyéthylène 聚乙烯管
~ polyvinylchlorure 聚氯乙烯硬管
~ porte-carotte 取样器,取土器,岩芯管,岩芯提取器
~ pour branchement 配线管
~ pour essais 试管
~ protecteur 套管,(电缆等)保护管
~ PVC flexible perforé 打孔聚氯乙烯软管
~ PVC(polyvinylique chlorure) 聚氯乙烯管
~ résistance 镇流管,镇流电阻
~ retour 回水管
~ sans joint 无缝钢管
~ sans soudure 无缝(钢)管
~ sans soudure en acier 无缝钢管
~ scellé 焊管,密封管
~ secteur 间接加热式电子管
~ séparateur 缓冲管
~ serpentin 蛇形管
~ soudé 焊接管,焊合管
~ souple 软管,挠性管
~ sous pression 压力管
~ stabilisateur 稳压管
~ stabilisateur de tension 稳压管
~ stabiliseur 稳压管
~ stabilotron 厘米波功率振荡管
~ stabilovolt 稳压器,稳压管
~ surpuissant 特高功率管
~ taraudé 螺纹管
~ téléscopique 伸缩套管,伸缩套筒
~ témoin 标准管
~ tuteur 防护板
~ type M à onde progressive M形行波管
~ type O à onde progressive O形行波管
~ unipolaire 单极管
~ unique 取样管
~ vapotron 水冷功率发射管
~ vortex 涡管,涡流管

tube-bascule *m* 扫描管,弛张振荡管
tube-carottier *m* 管式取(土)样器
tube-éclair *m* 闪光管
tube-guide *f* 导向管

tube-image *f* 显像管
tube-phare *f* 盘封管,灯塔管
tuber *v* 下套管
tuberculé *a* 结状的,瘤状的
tubercule *m* 结节,结子,块茎
tubulaire *a* 管的,管形的,管状的
tubuleux, euse *a* 管形的
tubulure *f* 管,短管,管路,管道,管系,(管)接头,连接管
~ à bride 法兰管口接口
~ à emboîtement 承口速接管
~ d'amission 进气管,输入管
~ d'égalisation 调压管,压力平衡管
~ de sortie 泄水管

tuf *m* 白土,凝灰岩,上水石
~ à bloc 石质凝灰岩
~ à cristaux 结晶凝灰岩,晶屑凝灰岩
~ à diabase 灰绿凝灰岩
~ à lapillis 火山砾凝灰岩
~ à ponces 浮石凝灰岩
~ à scories 火山渣凝灰岩
~ basaltique 玄武凝灰岩,暗色凝灰岩石
~ bréchique 集块凝灰岩
~ calcaire 钙质凝灰岩
~ chaotique 块状凝灰岩
~ cinérite 玻璃凝灰岩
~ clastique 碎屑凝灰岩
~ cristallin 晶屑凝灰岩
~ de cendres 火山灰凝灰岩
~ de porphyre 凝灰斑岩
~ éruptif 火山凝灰岩,喷发凝灰岩
~ fin 细屑凝灰岩
~ lithoïde 石质凝灰岩,致密凝灰岩
~ orthophyrique 正斑凝灰岩
~ sableux 砂质凝灰岩
~ sédimentaire 沉积凝灰岩
~ soudé 熔结凝灰岩
~ trachytique 粗面凝灰岩
~ volcanique 火山凝灰岩

tufacé *a* 凝灰质的
tufaïte *f* 碎晶凝灰岩
tuf-brèche 凝灰角球岩
tufeau *m* 云母白垩,沙质白垩
tuff *m* 统料

tuffeau *m* 凝灰岩,白砂岩,上水石,砂质自垩,白垩凝灰岩

tuffeux *a* 凝灰质的

tuffisite *f* 侵入凝灰岩

tuffite *f* 层凝灰岩

tuffogène *a* 凝灰成因的

tufier, ère *a* 凝灰质(状)的、凝灰岩矿,凝灰岩的,似凝灰岩的

tugarinovite *f* 氧钼矿

tugtupite *f* 硅铍铝钠石

tuhualite *f* 硅铁钠石

tuile *f* 瓦(片),瓦管,转片,瓷[花、面、空心]砖,空心砖,急流槽预制块

~ à canal　槽形瓦,筒子瓦,蝴蝶瓦

~ à crochet　尖头瓦

~ à douille　穿孔瓦,套筒瓦

~ à emboîtement　联锁瓦,嵌锁式屋面瓦

~ à onglet en auge　雨槽瓦,槽形沟瓦

~ à onglet pour tours　塔楼沟瓦

~ à rainure vallonnée　槽形沟瓦

~ acoustique　吸[隔]音贴砖

~ arêtière　脊瓦

~ avec tuyau de ventilation　带有通风管的瓦

~ céramique　陶瓦

~ concave　凹瓦

~ cornière　斜沟瓦

~ courbée　拱波

~ creusée　铜板瓦

~ d'amiante　石棉瓦

~ d'ardoise　石板瓦

~ d'arête　屋脊瓦

~ d'argile　黏土瓦,黏土瓦管

~ d'asbeste　石棉瓦

~ de caoutchouc　橡胶瓦,橡胶制铺地用弹性砖片

~ de céramique　陶瓦

~ de céramique pour revêtement mural　陶瓷墙面砖

~ de ciment　水泥瓦

~ de croupe　(四面坡屋顶)脊瓦

~ de départ de croupe　屋脊底层瓦

~ de drainer　排水瓦管

~ de noue　斜沟瓦

~ de rive　山墙突瓦(檐边)

~ double-ondulatoire　双波瓦

~ en béton　混凝土瓦,混凝土屋面瓦

~ en dos d'âne　(中间隆起,两边有斜坡的)筒瓦,凸形瓦

~ en écaille　塔叠的瓦

~ en faîteau　屋脊瓦

~ en faîtère　脊瓦

~ en S　波形瓦

~ en terre cuite　黏土瓦

~ encaustique　彩瓦,上釉瓦,琉璃瓦

~ faîtière　脊瓦

~ faîtière en amiante-ciment　石棉水泥脊瓦

~ femelle　底瓦(阴瓦)

~ hollandaise　荷兰式炼瓦

~ losangique　菱形平瓦

~ mâte　盖瓦(阳瓦)

~ mécanique　(瓦面有流水槽,瓦边有搭接槽的)机平瓦,机制瓦

~ mécanique en ciment　机制水泥瓦

~ ondulée　波纹瓦

~ plastique　塑料瓦

~ plat　平瓦,平板瓦

~ plat à rebords　槽形平(板)瓦

~ plat pour tourelles　塔用平瓦

~ plat recourbée　F形瓦

~ plate　平瓦

~ romaine　筒板瓦

~ ronde　圆瓦,铜板瓦

~ ronde chinoise　中国筒瓦

~ vernissée　釉面瓦

~ vitrée　玻璃瓦

~ vitrifiée　陶瓦,琉璃瓦

tuileau *m* 碎瓦,瓦片,碎瓦片

tumbler *m* 单头开关,倒板开关,单通开关,拨动式开关

tumulus *m* 冈,丘,熔岩丘,熔岩瘤,钟状火山

tundrite *f* 碳硅钛铈钠石

tunellite *f* 图硼锶石(四水锶硼石)

tungspat *m* 重晶石

tungstate *m* 钨酸盐(类)

~ de calcium　钨酸钙(荧光材料)

~ de chaux　白钨矿

~ de fer　黑钨矿

~ ferrugineux　钨铁矿

tungsténite *f* 辉钨矿

tungusite *f* 硅钙铁石(通古斯石)
tunisite *f* 碳钠钙铝石(突尼斯石)
tunnel *m* 隧洞,隧道,风道,涵洞,石巷,平峒,通道,管道,地道,地沟,风洞
- ~ à air 通气洞,通气隧洞,气挖隧洞(用压缩空气挖与出渣的)
- ~ à ciel ouvert 明挖隧洞
- ~ à deux voies 双车道公路隧道
- ~ à eau 水洞(空化验用),引水隧道,排水隧道
- ~ à écoulement libre 无压隧洞,明流隧洞
- ~ à marchandises 搬运货物、行李用的隧道
- ~ à péage 收通行税隧道
- ~ à point bas(ou en angle rentrant) 凹曲线隧道
- ~ à point haut(ou en angle saillant) 凸曲线隧道
- ~ à poussière 吸尘试验室
- ~ à profil circulaire 圆形隧道
- ~ à section rectangulaire 矩形断面隧道
- ~ à une voie 单线隧道
- ~ à voies doubles 双线隧道
- ~ à voyageurs 行人地道,旅客地道,旅客进出站地道
- ~ aérodynamique 风洞
- ~ alpin 阿尔卑斯山隧道
- ~ artificiel 明洞
- ~ attaqué 暗洞
- ~ au rocher 石质隧道
- ~ avec péage 收费隧道
- ~ bidirectionnel 双向隧道
- ~ court 短隧道
- ~ d'évacuation des eaux 排水隧道
- ~ d'accès 入口地道,交通隧道,施工地道
- ~ d'accès aux quais 旅客站台地道
- ~ d'amenée 进水隧道,引水隧道(水利工程用)
- ~ d'assèchement 泄水洞,排水隧洞,泄水隧洞
- ~ d'égout 下水道,污水隧道
- ~ d'évacuation des eaux 排水隧洞
- ~ d'irrigation 灌溉隧道
- ~ de chemin de fer 铁路隧道
- ~ de dérivation 支路隧道,导流洞,引水隧洞
- ~ de dérivation temporaire 临时导流隧洞
- ~ de drainage 排水隧洞
- ~ de droite 右洞
- ~ de laves 熔岩通道
- ~ de métro 地下铁道
- ~ de montagne 涵洞,山岳隧道,穿山隧洞
- ~ de prise 引水隧洞,取水隧洞
- ~ de reprise (皮带)输送传送巷道
- ~ de retour 折返隧道
- ~ de sortie 出口地道
- ~ de ventilateur 通风巷
- ~ en alignement 直线隧道
- ~ en béton 混凝土隧道
- ~ en charge 压力隧洞
- ~ en courbe 曲线隧道
- ~ en dessous de niveau du sol 地下隧道
- ~ en deux tubes 上下线分离式隧道
- ~ en maçonnerie 石砌隧道
- ~ en rocher 岩石隧道
- ~ en terrain tendre 土质隧道
- ~ en terre 土(质)隧道
- ~ en voussoirs assemblés 拼装式隧道
- ~ en voûte 拱形隧道
- ~ excavé à ciel ouvert 明洞,明挖隧洞
- ~ existant 已建隧道
- ~ faux-tunnel 明洞
- ~ ferroviaire 铁路隧道
- ~ gauche 左洞
- ~ hélicoïdal 螺旋形隧道,环形隧道
- ~ hydraulique 水工隧洞
- ~ immergé 明挖隧道,海底隧道,沉埋式隧洞
- ~ jumelé 双隧道
- ~ long 长隧道
- ~ non revêtu 无铺砌隧道
- ~ non urbain 非城市隧道
- ~ percé au bouclier 盾构隧道,盾构掘进的隧洞
- ~ pilote 试验隧道
- ~ pour automobiles 汽车隧道,公路隧道,通行车辆隧道
- ~ pour câble 电缆廊道
- ~ pour canal 运河隧洞,渠道隧洞
- ~ pour le service de la poste 邮件地道
- ~ pour piétons 人行隧道
- ~ pour voie ferrée 铁路隧道
- ~ revêtu de béton coffré 模筑混凝土隧道
- ~ revêtu de béton projeté 喷混凝土衬砌隧道
- ~ routier 公路隧道
- ~ unidirectionnel 单向隧道
- ~ urbain 市区隧道

~ voûté à deux voies　双线隧道
tunnelier　*m*　隧道掘进机
　~ pour pleine section　（隧洞）全断面掘进机
tunnellite　*f*　四水硼锶石
tunnel-pilote　*m*　调查用坑道，导洞
tunnel-route　*m*　地（下）道
tunnerite　*f*　锌锰土，纤锌锰矿
tunstite　*f*　白钨矿
turanite　*f*　羟钒铜矿
turbide　*a*　浑浊的
turbidimètre　*m*　浊度计，浊度表，浑度计，浊度测定
turbidisonde　*f*　泥沙采样器
turbidité　*f*　浊度，混浊性，含沙量，浑浊性，浊积岩，浊流层，（液体的）浑浊度
turbine　*f*　涡轮，涡轮机，透平机，水轮机，汽轮机
　~ à étages de pression　多压力级式涡轮机
　~ à étages de vitesse　多速度级式涡轮机
　~ à gaz　燃气轮机
　~ à haute pression　高压涡轮
　~ à neige　吹雪机，螺桨式除雪机
turbiner　*v*　（水力带动水轮机）运转（发电）
　~ sous une chute de　在……水头作用下运转
turbith　*m*　minéral　角银矿
turbo　*m*　燃气涡轮发动机
　~ compressé　压缩涡轮发动机
turbo-alternateur　*m*　水轮交流发电机，涡轮交流发电机
　~ à refroidissement direct　直冷式水轮机组
　~ avec rotor et stator à refroidissement intérieur par eau　双水内冷水轮发电机
turbo-alternatrice　*f*　汽转交流发电机
turbocompresseur　*m*　涡轮气压机，涡轮式压缩机
turboconvertisseur　*m*　涡轮变换机组
turbodynamo　*f*　涡轮直流发电机（组）
turboforage　*m*　涡轮钻进，涡轮钻探
turboforeuse　*f*　涡轮钻，涡轮钻机
turbo-fraise　*f*　吹雪切雪机
turbogénérateur　*m*　涡轮发电机组
turbogénératrice　*f*　涡轮发电机组
turbomachine　*f*　涡轮机，涡轮发动机
turbomélangeur　*m*　叶轮式混合器
turbomoteur　*m*　涡轮发动机
　~ à hélice　涡轮螺旋桨发动机

turbo-onduleur　*m*　液力换向器
turbopompe　*f*　涡轮泵
　~ à carburant　涡轮燃油泵
　~ alimentaire（TPA）　汽动给水泵
　~ de secours（TPS）　汽动辅助给水泵
turbo-propulseur　*m*　涡轮螺旋桨发动机
turboréacteur　*m*　涡轮喷气发动机
turbo-soufflante　*f*　涡轮增压机，涡轮压气机，涡轮空气压缩机
turbosuralimentation　*f*　涡轮增压器
turboventilateur　*m*　涡轮鼓风机组
turbulence　*f*　紊流，湍流，涡流，涡漩，扰动，紊流度
turbulent　*a*　紊流的，湍流的，扰动的，涡漩的
turcbo-compresseur　*m*　涡轮增压机
turcie　*f*　河堤，石堤，石阶
turfa　*f*　泥煤，泥炭，草煤，植丛，草皮
turgite　*f*　水赤铁矿，杂水赤铁矿
turite　*f*　水赤铁矿
turjaïte　*f*　云霞黄长石
turkoïte　*f*　绿松石
turmaline　*f*　电气石
turnérite　*f*　独居石
turquoise　*f*　绿松石；*a*　青绿色的，绿蓝色的
　~ d'orient　绿松石
　~ fossile　齿绿松石
　~ osseuse　齿绿松石
turrelite　*f*　沥青页岩
turriculé　*a*　塔锥式的，塔螺式的
turvétite　*f*　钠正长细晶岩
tuscanite　*f*　硫硅钙钾石
tusculite　*f*　辉黄自榴岩
tusèbe　*m*　黑大理石
tute　*f*　地质锤
tuthie　*f*　氧化锌
tuvite　*f*　黄黏上，杂砷钙钴铁矿
tuxtlite　*f*　透硬玉，透辉石硬玉，硬玉
tuyau　*m*　筒，管子，管道，水管，导管
　~ à accouplement rapide　快速连接管
　~ à ailette　翅片管，串片式（圆翼形）散热片
　~ à alimenter l'air du ventilateur　鼓风机供风管
　~ à bride　法兰管，凸缘管
　~ à deux bouts emboîtés　两头承插管

- ~ à deux bouts femelles 双端阴扣管
- ~ à deux courbures 双曲管
- ~ à douille 套管,井管,钻管
- ~ à drainer 排水管,泄水管
- ~ à emboîtement 承口[插、套]管
- ~ à gaz 煤气管,煤气管道,燃气管道
- ~ à haute pression 高压管
- ~ à huile 油管,加油管
- ~ à l'air libre 明管,露天式管道
- ~ à manche 套管,管套
- ~ à manche et bout mâle 承插管(钟栓式接头管)
- ~ à paroi mince 薄壁管
- ~ à pression 压力管
- ~ à pression en béton armé 钢筋混凝土压力管
- ~ à sable 撒砂管
- ~ à T 三通,T形管
- ~ à tôle ondulée 波纹板钢管,瓦楞板钢管
- ~ à trois voies 三通管
- ~ à U U形管
- ~ à vernis de céramique 陶釉管
- ~ à Y 三通管,Y形管
- ~ amenant l'huile sous pression 压力油进给管
- ~ apparent 明管
- ~ apparent souple 软明管
- ~ apparent souple pour incendie 消防管
- ~ armé 加肋管,加劲管,铠装软管
- ~ asphalté 涂沥青的管子
- ~ avec revêtement 衬砌管道,加套管道
- ~ bifurqué 叉(形)管
- ~ brasé 焊接管
- ~ by-pass 旁通管
- ~ centrifugé (en béton) (混凝土)离心管,离心铸管
- ~ céramique 瓦管
- ~ chauffant 暖气管,供暖管
- ~ chimique (测探仪的)试探管
- ~ cintré 弯管头
- ~ collecteur 集水管
- ~ collecteur de vapeur 聚汽管
- ~ combine 复合管道
- ~ compensateur 补偿管,伸缩管
- ~ compound 复式管道
- ~ conique à deux brides 双法兰大小管头
- ~ conique à emboîtement 大小头承插管
- ~ coudé 管子弯头,肘[弯]管
- ~ coudé à bride 带法兰的弯头
- ~ coudé pour dilatation 伸缩弯管
- ~ court 短管
- ~ cylindrique 筒形管
- ~ d'accouplement 连接管
- ~ d'acier 钢管
- ~ d'admission 进入管,进水管,进气管
- ~ d'aérage 通气管,通风管
- ~ d'aération 进气管,通气管,曝气管
- ~ d'air 风管,通风管,空气管
- ~ d'ajustage 喷射管
- ~ d'alimentation (油、气、水的)供给管
- ~ d'alimentation de chaleur 供热管道
- ~ d'amenée 引入管,给水管
- ~ d'amenée de vapeur 蒸汽管
- ~ d'approvisionnement 供给管,输送管
- ~ d'arrivée 进水管,入流管
- ~ d'arrivée de vapeur 进汽管
- ~ d'arrosage 洒水管,浇灌引水管
- ~ d'aspiration 吸入管,吸水管,吸气管
- ~ d'aspiration de boue 吸泥管
- ~ d'eau 水管
- ~ d'eau de réfrigération 冷却水管
- ~ d'eau sous pression 压力水管
- ~ d'échappement 排气管,排水管
- ~ d'écoulement 排水管,放水管,泄水管
- ~ d'égout 污水管
- ~ d'égout en béton armé 钢筋混凝土污水管
- ~ d'égout en fonte 铸铁下水管道
- ~ d'embranchement 支管
- ~ d'émission (仪器)发射管筒
- ~ d'entrée 进水管,送水管,上水管
- ~ d'entrée d'eau 进水管
- ~ d'équilibrage 平压管,压力平衡管,调压管
- ~ d'éternit 石棉水泥管
- ~ d'évacuation 排出管,排泄管
- ~ d'évacuation d'huile 排油管
- ~ x d'évacuation de l'eau décantée 沉淀管
- ~ d'évacuation des eaux pluviales 白铁雨水管
- ~ d'évent 通气管,排气管
- ~ d'évent d'aération 排气管,通气管
- ~ d'expansion 膨胀管
- ~ d'extraction des boues 抽泥管,排污泥管

~ d'incendie 消防水龙
~ d'injection 喷射管,喷浆管,灌浆软管
~ d'irrigation 灌溉水管
~ d'observation 观测管
~ de bague 盘曲管
~ de battage 竖管,打入管,打桩管
~ de branchement 支管,叉管
~ de branchement de radiateur pour retour d'eau 散热器回水支管
~ de branchement jointif 连接支管
~ de canalisation 污水管,下水道,排水管
~ de caoutchouc entoilé 夹布胶管
~ de carburant 燃油管
~ de cheminée 烟道
~ de chute 排水管
~ de circulation d'eau 循环水管
~ de clivage 有缝管
~ de communication 连通管
~ de conduite 水管,导管,引水管
~ de coulage pour le béton 混凝土浇注管,浇注混凝土管道
~ de cuivre 铜管
~ x de décantation 沉淀管
~ de décharge 落水管,排水管,流量管
~ de décharge d'eau 排水管
~ de dégonflage 放气管,排气管
~ de démontage 可卸连接管
~ de descente 落水管,水落管,出料管
~ de descente des eaux pluviales 雨水落水管
~ de descente du chéneau 檐沟下水管
~ de dévasement 排泥管
~ de diffusion à la sortie du ventilateur 风机出口扩散管
~ de distribution d'eau 配水管,供水管
~ de drainage 排水管
~ de fer forgé 熟铁管
~ de fer noir 黑铁管
~ de fond de décharge 地基出水管
~ de forage 钻孔管,钻探管
~ de forte épaisseur 厚壁管
~ de fuite 出水管,排出管,尾水管
~ de minerai 矿筒
~ de montée 压力管,送水管,上水管
~ de plomb 铅管

~ de polyéthylène 聚乙烯管
~ de ponceau 管涵,涵管
~ de pression 压力管
~ de prise 进水管
~ de prise d'air 进气管
~ de prise d'eau 取水管,进水管
~ de protection 套管,电缆保护管
~ de raccord 连接管
~ de raccordement 连接管
~ de raccordement du dîme de vapeur 气泡连接管
~ de recirculation de coulis 灰浆循环汇流管
~ de refoulement 排水管,压送管,增压管,压力输料管
~ de refroidissement 冷却管
~ de relevage d'eau 井点管,提水管
~ de résistance aux acides 耐酸管
~ de retour 回水管,回浆管,再循环管
~ de sondage 钻探管
~ de sortie 排出管,排气管,出水管,泄水管,尾水管
~ de terre 瓦管,陶(土)管
~ de tôle 钢薄板管
~ de trop-plein 溢流管,溢水管
~ de tuyère 喷嘴管
~ de vapeur 蒸汽管(道)
~ de vapeur d'échappement 乏气管
~ de ventilation secondaire 出顶透气管
~ de vidange 排泄管,罐车下面的排出管
~ de vis 螺纹管
~ des eaux d'alimentation 给水管道
~ diffuseur 扩张管
~ distributeur 配水管,分配管
~ du puits 井管
~ élévateur 升管,上水管
~ en acier 钢管
~ en acier à joint hélicoïdal 螺旋形缝钢管
~ en acier avec revêtement extérieur et intérieur en ciment 内外涂衬水泥的钢管
~ en acier coulé 铸钢管
~ en acier inoxydable 不锈钢管
~ en alliage non ferreux 有色合金管
~ en amiante-ciment 石棉水泥管
~ en argile cuite 陶土管

~ en argile vitrifiée 缸管
~ en asbeste-ciment 石棉水泥管
~ en béton 混凝土管
~ en béton armé 钢筋混凝土管
~ en béton faîonné par centrifugation 离心法制混凝土管
~ en béton non armé 无筋混凝土管
~ en béton poreux 多孔混凝土管
~ en béton précontraint 预应力混凝土管
~ en béton tourné 旋制混凝土管, 离心制混凝土管
~ en bronze 紫铜管
~ en caoutchouc 胶皮管, 橡胶管
~ en caoutchouc fibreux 夹布空气胶管
~ en caoutchouc gonflable 可吹胀的橡皮管
~ en charge 压力管
~ en ciment 混凝土管
~ en couronne 弯管头, 管子弯头
~ en croix 十字管头
~ en dérivation 旁通管, 导流管
~ en fonte 铸铁管
~ en fonte à manchon 铸铁套管
~ en grès 陶管, 缸管
~ en grès vernissé 上釉套管
~ en grès vitrifié 琉璃瓦管
~ en grès-cérame 陶瓷管
~ en laiton 黄铜管
~ en plastique 塑料管
~ en plomb 铅管
~ en porcelaine 瓷管
~ en poterie 瓦管, 陶土管
~ en PVC PVC 管, 聚氯乙烯管
~ en siphon 虹吸管
~ en terre cuite 瓦管, 陶管, 陶土管
~ en tôle 钢管, 焊接钢管
~ en toile 帆布管
~ en tôle soudé 焊接管
~ en zinc 镀锌管
~ flexible 软管
~ flexible d'arrosage 浇灌引水软管
~ flexible en caoutchouc 橡皮软管
~ flexible en métal ondulé 金属波纹管
~ flottant 浮式管道
~ force 压力管, 压力水管
~ fort 厚壁管
~ fort sans soudure 厚壁无缝管
~ galvanisé 镀锌管
~ gradué 刻度管
~ horizontal 横管
~ horizontal d'évacuation des eaux pluviales 雨水横管
~ isolé au mur 穿墙套管
~ métallique flexible 金属软[蛇皮]管
~ mince soudé 薄壁焊接管
~ montant 增压管
~ moulé 铸管
~ noyé 预埋管
~ ondulé 波纹管
~ perforé 开孔管, 穿孔管, 多孔管
~ perforé en argile 多孔陶管
~ pleureur 滴水管
~ polyéthylène 聚乙烯管
~ porte-vent 通风管
~ pour air comprimé 风管, 压缩空气管
~ pour bétonnage sous l'eau 混凝土导管, 水下混凝土浇注管
~ pour le transport du béton 混凝土输送管
~ principal 主管, 干管
~ principal d'alimentation en eaux froides 冷水干管
~ principal pour incendie 消防干管
~ principal secondaire 次干管
~ purgeur 排气管, 排水管, 排泄管
~ rectiligne 直管
~ réducteur 缩径管
~ réfrigérant 冷却管
~ restituable de condensation 暖气回水管, 冷凝水回水管
~ sableur AV (avant) 前撒砂管
~ sans couture 无缝管
~ sans soudure 无缝管
~ serpentin 盘管, 蜗形管, 蛇形管
~ soudé 焊接管
~ souple 软管, 挠性管
~ spécial 异形管, 特殊水管
~ submergé 水下管, 浸没管
~ téléscopique 可伸缩管
~ tendre d'air 软质通风管

~ terrestre （挖泥船）岸上排泥管
~ vertical 立管,竖管,垂直管
~ vertical de retour 回水立管

tuyautage *m* 管系,导管系统,套管支护

tuyauté *a* 套管支护的

tuyauterie *f* 管道,管系,管路,管线,轧管厂,管道系统,导管系统,管路系统
~ alimentant le réservoir 水池进水管道
~ by-pass 旁通管
~ d'air 空气管道
~ d'alimentation de chaleur 供热管道
~ d'amenée à la centrale 电站引水管道系统
~ d'arrivée 供（气、水）管道
~ d'aspiration 吸入管道,吸水管道
~ de bloc pneumatique 风动装置管道
~ de bloc réfrigérant 冷却系统管道
~ de cabine 司机室管道
~ de chauffage (réchauffeur et aérotherme) 加热管道,采暖管道（采暖和空气加热）
~ de coffre (remplissage et vidange) 车体管道（供油、水和排出油、水）
~ de combustible et reniflard 燃油管和通气管道
~ de départ 启动管路系统
~ de lancement (diesel) 启动管道系统（柴油机）
~ de liaison 连接管道
~ de prise 取水管道,进入管道
~ de refroidissement 冷却管道
~ de transport de béton 混凝土输送管道
~ des auxiliaires 辅助机组管道
~ des servitudes (bloc radiateurs) 辅助管道（散热器）
~ du by-pass 旁通管,导流管
~ en bouche 环状管路系统
~ en boucle 循环系统管道
~ en charge 压力管道,上水管道系统
~ en pression 压力管道,上水管道系统
~ forcée 压力管道,上水管道系统
~ générale de caisse (nappes prétuyautées faces latérales) 车体管道布置（侧面预铺管道图）
~ graisseur AR (arrière) 后润滑管道
~ graisseur AV (avant) 前润滑管道
~ pneumatique principale 主风管

tuyauteur *m* 装臂工人,管道安装工

tuyère *f* 喷管,喷嘴,喷口,风口,喷气管嘴
~ à deux positions 双位可调喷嘴
~ à diabatique 绝热喷管（燃气与管壁无热交换）
~ à huile 喷油嘴
~ à jet 喷嘴
~ à réaction 喷管,喷口
~ à vapeur 蒸汽喷嘴
~ à volets 可调鱼鳞片喷口
~ annulaire 环形喷嘴
~ d'échappement 排气管喷嘴
~ d'écoulement du sable 撒砂嘴,撒砂管
~ de mesure 量管
~ de refoulement 压力喷嘴,增压管喷嘴
~ jumelée 交叉风口

TVA (taxe à valeur ajoutée) *m* 增值税
~ à décaisser 拟交纳的增值税
~ collectée 合并增值税
~ déductible sur autres biens et services 其他资产和服务方面可扣除的增值税
~ déductible sur investissements 投资方面的可扣除的增值税
~ exigible 可要求退还的增值税
~ reversée 缴纳增值税

tvalchrélidzéite *f* 硫砷锑汞矿

twist *m* 扭转,歪曲,捻度

tychite *f* 硫碳镁钠石

tympan *m* 拱肩,鼓室,鼓膜,拱上空间

type *m* 型,型号,形式,类型,特征,模式,典型,标准,品种
~ s courants de matériaux grenus 颗粒材料的一般类型
~ d'enrobé 沥青混合料类型
~ s d'intersection 交叉类型
~ de changements (d'aiguilles) 道岔类型
~ de construction 建筑类型,结构形式
~ de diffuseur 立体交叉类型
~ de fabrication 生产形式,生产类型,产品型号
~ de fondation 基础类型
~ de frein 制动机类型
~ de la chaussée 路面类型
~ de la route 道路类型
~ de machine 机器型号,机器类型,设备类型
~ de ponts 桥型

～ de sols 土壤类型
～ de sondage 钻探类型
～ de soutènement 支护类型
～ de stratification 岩层类型
～ de structures （路面）结构类型
～ de tablier 桥面类型
～ de temps 天气类型
～ de traitement 处治类型
～ de treillis （城市道路网的）棋盘式
～s de tubes recommandés 所需管子的型号,所需管子的类型
～ de tunnel 隧道类型
～ de véhicule unifié 统一型车辆,标准型车辆
～ de véhicules 汽车分类,汽车类型,车辆名称
～ démontable 可拆卸式
～ des accidents 事故类型
～ des matériaux 材料类型
～ du granulat 粒料类型
～ fermé 封闭式
～ ouvert 开敞式
～ radial et circulaire （城市道路网的）放射环形式

typé, e *a* 典型的,具有代表性的
typhon *m* 台风
typhonique *a* 深源的,深成的
typhons *m. pl* 深源岩体
typification *f* 标准化,典型化
typifié, e *a* 典型化的
typique *a* 典型的,标准的,定型的,有代表性的
typisation *f* 定型的
typologie *f* 类型学
typomorphe *a* 标型的
typomorphie *f* 标型
typomorphique *a* 标型的
tyrolite *f* 铜泡石

U

uddevallite *f* 钛铁矿,杂赤铁钛铁矿
udomètre *m* 雨量计,雨量表
udométrie *f* 雨量测定法,雨量分布学
udométrique *a* 雨量测定法的
ufertite *f* 铈铀铁钛矿,铀钛磁铁矿
ugandite *f* 暗橄白榴岩,乌干达岩
ugrandite *f* 铬钙铁榴石类(钙铬榴石头,钙铝榴石,钙铁榴石头)
uhligite *f* 锆钙钛矿
uigite *f* 杆沸石,杂白钙杆沸石
uintahite *f* 硬沥青
uklonskovite *f* 水钠镁矾
ulexite *f* 钠硼解石
uliginaire *a* 沼泽的,淤泥的,潮湿的,生长在潮湿处的
ulignieux, euse *a* 潮湿的,生长在潮湿处
ullmannite *f* 辉锑镍矿
ulrichite *f* 晶质铀矿(方铀矿、沥青铀矿),碱长霞霓岩
ultérieur, e *a* 今后的,远方的,外侧的
ultérieurement *adv* 今后,以后
ultime *a* 最后的,结尾的
ultra- (前缀)超,极端,过度
ultra audion *m* 超三极管
ultra-accélérateur *m* 超催化剂
ultra-acide *a* 超酸性的
ultra-albanite *f* 超沥青
ultra-argile *f* 极微泥,胶态黏土,胶粒黏土
ultra-basique *a* 超基性的
ultrabasite *f* 超基性岩;辉锑铅银矿,辉银锑铅矿
ultracentrifugation *f* 超离心作用
ultracentrifugeuse *f* 超速离心机
ultrafémique *a* 超镁铁质的
ultrafiltration *f* 超过滤(作用)
ultrafiltre *m* 超过滤器
ultra-fin *a* 最细粒度
ultra-large *a* 超宽的
ultra-léger *a* 轻量的,轻微的,非常轻的
ultra-long, ue *a* 超长的

ultramafique *a* 超镁铁质的
ultra-microporeux-indicateur granulométrie 超微孔指示器颗粒度
ultramicroscope *m* 超倍显微镜,大功率电子显微镜
ultramicroscopie *f* 超显微术
ultra-miniature *a* 超小型的
ultramoderne *a* 尖端化的,最现代化的
ultra-noir *a* 极黑的,深黑的,非常黑的
ultrapores *m. pl* 超微孔隙
ultrapression *f* 超高压
ultra-rapide *a* 超速的
ultra-réfractaire *a* 超耐热的
ultrargile *f* 超细黏土
ultrarouge *m* 红外线
ultra-sensible *a* 高灵敏度的
ultrason *m* 超声波
ultrasonique *a* 超声的,超音速的,超声波的
ultra-sonore *a* 超声的,越声波的,超音速的
ultraviolet *m* 紫外线
ultraviolet, ette *a* 紫外的
ulvite[ulvöspinelle] *f* 钛铁晶石
umangite *f* 红硒铜矿
umite *f* 硅镁石
umohoïte *f* 钼铀矿
umptekite *f* 碱闪正长岩
un, e *a* 一,一个,一次;单独一个(常与 seul 连用)
unakite *f* 绿帘花岗岩
unciforme *a* 钩状的
unciné *a* 有钩的
uncompahgrite *f* 辉石黄长石岩
underclay *m* 底黏土层(煤下层)
undulate *f* 带纹玛瑙,波纹玛瑙
UNESCO (United Nations Educational, Scientific and Cultural Organization/Organisation des Nations Unies Pour l'Éducation, la science et la Culture) 联合国教科文组织
ungaïte *f* 奥长英安岩
unghwarite[ungvarite] *f* 绿脱石

uni *m* 平坦,平整,(纵向)平整度,单调；*a* 平的,平坦的,平滑的,连接的,统一的,联合的,协调的
～ de chaussée 路面平整度
～ des revêtements routiers 路面平整度
uniaxe *a* 单轴的,一轴的
uniaxial *a* 单轴的,一轴的
uniaxie *f* 单轴性
unicolore *a* 单色的
unidimensionnel, elle *a* 一维的,一元的,线性的,单维的,线形的
unidirectionnel, elle *a* 单向的,单方面的
unification *f* 统一,划一,联合,统一化,标准化
～ d'un type de matériel 车辆类型的统一,车辆类型的标准化
～ des tarifs 统一运价,运价标准化
～ specification technique 统一技术规格
unifié, e *a* 统一的,联台的
unifier *v* 结合,统一,划一,统一化,标准化,规格化
unifilaire *a* 单线的,单股的,一致的,均等的,均匀的,匀速的,不变的
uniforme *m* 形状,格式,模型；*a* 均匀的,均一的,均等的,均质的,同源的,一致的,相等的,一律的,不变的,单词的
uniformisation *f* 统一,均匀化
uniformiser *v* 统一,划一,使一致,使均匀
uniformité *f* 同样,统一,均匀性,均一性,一致性
～ de chauffage 加热均匀性
～ statistique 统计的均匀性
unilatéral, e *a* 单边的,单向的,单侧的
uninodal, e *a* 单节点的(指结构)
union *f* 接头,接合,联合,活接头；团结,联合会,协会,联盟
～ de tarifs 运价联盟,运价协定
～ de trafic 交通协会
～ des Services Routiers des Chemins de Fer Européens 欧洲铁路系统公路运输联盟
～ douanière ouest-africaine 西非关税同盟
～ double 直通管接头
～ française des industries exportatrices 法国出口工业联合会
～ Internationale des Architectes 国际建筑师联合会
～ Internationale des Organismes Officiels du Tourisme 国家旅行社国际联盟
～ Internationale des Télécommunications (U.I.T.) 国际电信联盟
～ Internationale d'Association de Propriétaire de Wagons Particuliers 国际车辆私有者协会联盟
～ Internationale des Chemins de Fer 国际铁路联盟
～ Internationale des Poids et Mesures 国际度量衡联盟
～ Internationale des Services Médicaux des Chemins de Fer 国际铁路医务联盟
～ Internationale des Transports Publics (U.I.T.P.) 国际公共运输联合会
～ Internationale des Transports Routiers 国际道路运输联台会
～ Internationale des Voitures et des Fourgons 国际客车和行李车联盟
～ Internationale des Wagons 国际货车联盟
～ Internationale du Transport Combiné Rail-Route (UIRR) 国际铁路—公路联运联合会
～ mâle 端式管接头
～ monétaire ouest-africaine 西非货币联盟
～ Postale Internationale 国际邮政联盟
～ Routière de France 法国道路联合会
～ simple mâle 单螺帽管接头
～ tarifaire 运价联盟
unionite *f* 纯黝帘石
uniphasé, e *a* 单相的
unipolaire *a* 单极的,单端的,单向的
unique *a* 唯一的,独特的,单一的
uniquement *adv* 只,单,只是,仅仅唯一地
unir *v* 虚接,合并,联合
unitaire *a* 单一的,一元的,单式的,个体的,统一的,组合的,单位的,单元的,独一的,比率的
unité *f* 单位,单元,部件,元件,机组,个[整]体,整数,成组,成套,部分,附件,设备,装置,部门,统一,机构
～ administrative de base 基层行政单位
～ biostratigraphique 生物地层单位
～ britannique de chaleur 英国热单位(约等于0.252千卡)
～ calorifique 热量单位

~ centrale 中心设备, 主机, 中央处理机组
~ centrale à microprocesseur 带微处理机的中央机
~ centrale d'une ensemble électronique de gestion 中央处理机
~ centrale de commande 中央控制器
~ centrale de traitement 中央处理机
~ CGS 厘米·克·秒制单位
~ chronostratigraphique 年代地层单位
~ s d'échelle 标度单位
~ d'adaptation 匹配装置
~ d'aire 面积单位
~ d'échauffeur 供暖机组
~ d'entrée 输入装置
~ de capacité 容积单位, 容量单位
~ de chaleur 热量单位
~ de climatisation 分体式空调
~ de communication 通信时间, 通话单位
~ de construction 建筑单元
~ de cotes 尺寸单位
~ de débit 流量单位
~ de force 力的单位
~ de fréquence 频率单位
~ de gravitation 重力单位
~ de longueur 长度单位, 单位长度
~ de manipulation 控制部件
~ de masse 质量单位
~ de mémoire mécanique 机械存储装置, 机械记忆装置
~ de mesure 计量单位, 度量单位
~ de montage 组装单位, 组装组
~ de poids 重量单位
~ de prix 价格单位
~ de production 生产单位
~ de puissance 功率单位, 容量单位
~ de réserve 备用机组, 备件
~ de support 支撑元件, 单体支架
~ de surface 面积单位
~ de taxation 计费单位
~ de temps 时间单位、单位时间
~ de trafic 运量单位
~ de transmission 传输单位
~ de voitures particulière(UVP) 小汽车换算车辆数
~ dérivée 导出单位
~ dynamique 功的单位, 动力单位
~ électrique 电单位
~ élémentaire d'information 基本信息单位
~ figurée 图例
~ fondamentale 基本单位
~ géochronologique 地质年代单位
~ géologique des travaux 工程地质单元
~ hydrogéologique régionale 区域水文地质单元
~ indéformable 整体动力车组
~ internationale 国际单位
~ lithostratigraphique 岩石地层单位
~ lumineuse 信号灯装置
~ lumineuse à oculaire mobile 带活动遮光板的信号灯
~ métrique 公制单位
~ micropétrologique 显微组分, 显微煤岩组分
~ mobile du train 列车乘务组
~ monétaire 货币单位
~ motrice 牵引单位, 动力单位, 动力装置
~ motrice constituée par deux moteurs 双机连挂式动力单元
~ pilote 试验装置
~ pratique 实用单位
~ s pratiques usuelles 常用实用单位
~ prix 价格单位
~ stratigraphique 地层单位
~ structurale 构造单元, 结构单元
~ technique 技术统一组织
~ Technique des Chemins de Fer 铁路技术统一联盟
~ tectonique 构造单元
~ thermique 热量单位
~ véhicule 车辆单位
~ voiture particulière(UVP) （计算通行能力用）私人车辆交通量单位

universalisation *f* 普及, 普遍化
universaliser *v* 普及, 普遍
universalité *f* 全体, 总和, 普遍性, 普及性
universel, elle *a* 万能的, 通用的, 普遍的, 共同的, 一致的, 万能供电的, 交直流混用的, 可调节以适应各种电压的, 可采用任何电源供电的
universitaire *a* 大学的
université *f* （综合性）大学

univibrateur *m* 单稳多谐振荡器，单冲程多谐振荡器，电抗性单稳触发线路

upalite *f* 针磷铝铀矿

upwelling *m* 上涌

uraconite *f* 水铀矾，土硫铀矿，水羟铀矾

uralborite *f* 乌硼钙石

uralite *f* 纤闪石，次闪石

uralitite *f* 纤闪辉绿岩

uralitophyre *f* 纤闪黑玢岩

uralorthite *f* 褐帘石，巨晶褐帘石

uralotite *f* 水磷钙铍石

uramphite *f* 铵铀云母

uranatemnite *f* 方铀矿，晶质铀矿，沥青铀矿

urane *m* 二氧化铀
~ à base de pechstein　云母铀矿
~ micacé　铀云母

uranide *m* 铀矿石

uraninite *f* 晶质铀矿

uranite *f* 铀矿，云母铀矿，铀云母类（钙铀云母、铜铀云母）

urannicrolite *f* 铀细晶石

uranobiotite *f* 铀云母

uranochalcite *f* 钙铀铜矿，铜硅镁铀矿

uranogummite *f* 脂铅铀矿，杂脂铅铀矿

uranolépidite *f* 绿铀矿

uranolite *f* 陨石

uranophane *m* 硅钙铀矿

uranophane-bêta *m* β硅钙铀矿

uranophosphates *m. pl* 铀磷酸盐

uranophyllite *f* 铜铀云母

uranopilite *f* 铀矾

uranopissite *f* 方铀矿，晶质铀矿，沥青铀矿

uranospathite *f* 水铝铀云母

uranosphærite[uranosphérite] *f* 纤铋铀矿

uranospinite *f* 砷钙铀矿

uranotantalite *f* 碳铀矿

uranothallite *f* 铀钙石，碳铀钙石

uranothorianite *f* 铀方钍石

uranothorite *f* 铀钍石

uranotile *f* 硅钙铀矿

uranpyrochlore *m* 铀烧绿石

uranvitriol *m* 铀铜矾

urbain *m* 城市居民

urbain, e *a* 城市的，市内的

urbaïte *f* 红锑铊矿（维尔巴氏矿，硫砷锑铊矿）

urbanisation *f* 城市化，都市化
~ anarchique　城市无计划扩展（现象）

urbanisme *m* 城市规划，都市化
~ fixé par la loi　法定城市规划，政府通过的城市规划

urbaniste *n* 城市规划人员，城市设计人员，城市设计家，城市建筑；*a* 城市规划的

urbanistique *a* 城市规划的

urbanite *f* 金红钛铁岩

urdite *f* 独居石

urée *f* 尿素石

ureilite *f* 橄辉无球粒陨石

ureyite *f* 钠铬辉石

urgence *f* 紧急，迫切

urgent, e *a* 紧急的，急迫的，迫不及待的

urpéthite *f* 石蜡

usable *a* 易磨损的，易用坏的，易耗的

usage *m* 使［利、应］用，习惯，惯例，处理，用法，用途，对待，运用，运用方法
à ~ de　作……用的，用于，供……用的
~ d'eau par personne et par jour　每人每日用水量
en ~　尚在使用的
faire de ~　使用，应用
~ industriel　工业用途
~ international　国际惯例

usagé, e *a* 用旧的，用过的，被使用的

usager *m* 使用人，用户，旅客，乘客

usant, e *a* 磨损的，消耗的

usbékite *f* 水钒铜矿

usé, e *a* 用旧的，用坏的，磨损的

user *a* 使用，消耗，磨损
~ de　使用

usihyte *f* 黄硅铀矿

usinabilité *f* 切削性，机械加工性能，可机加工性
~ à chaud　可热加工性，可热切削性

usinable *a* 可加工的，可切削的

usinage *m* 加工，机械加工，切削加工
~ à chaud　热加工
~ à froid　冷加工
~ chimique　化学加工，化学处理
~ complémentaire　补充加工
~ de haute précision　高精度机械加工

~ de qualité　高质量加工
~ en ébauche　粗加工
~ en finition　精加工
~ par abrasion　磨削加工,研磨加工
~ par electro-érosion　电腐蚀加工
~ par étincelage　电火花加工
~ spécial　特种加工
~ ultra-sonique　超声波加工

usine *f*　工厂,电站,制造厂,大型车间,发电厂,发电房(建筑)
~ à béton　混凝土工场,混凝土配料拌和场
~ à briques　制砖厂
~ à briquettes　煤砖制造厂
~ à chaux　石灰厂
~ à ciment　水泥厂
~ à gaz　煤气厂
~ à tour　拌和楼,混凝土搅拌塔
~ à tour pour mélanges hydrocarbonés　塔式沥青拌和厂
~ d'incinération des ordures　垃圾焚化[处理]厂
~ d'amont　上游水电站,逆流电站,上游工厂
~ d'appareils de mesure　仪表厂
~ d'appareils de précision　精密仪器厂
~ d'appareils sanitaires　卫生器材[设备]厂
~ d'assemblage　组装加工,组装车间
~ d'aval　下游水电站,顺流电站,下游工厂
~ d'eau　水厂
~ d'éclusée　日蓄能或周蓄能电站
~ d'éléments préfabriqués en B. A.　预制钢筋混凝土构件厂
~ d'enrobage　沥青拌和厂
~ d'outils pneumatiques　风动工具制造厂
~ de ballast　道砟厂,石渣厂
~ de barrage　坝式发电站
~ de base　基荷电站,主电站,主动力厂
~ de basse chute　低水头电站
~ de broyage　轧石厂,碎石厂
~ de concassage　碎石厂,轧石厂
~ de construction de wagons　货车制造厂
~ de criblage　筛石厂,筛砂厂
~ de fabrication d'instruments de mesure et de couteaux　量具刀具厂
~ de fabrication de caoutchouc synthétique　人造橡胶厂
~ de feutres bitumés　油毡厂
~ de fibres synthétiques　人造纤维厂
~ de machines et d'appareils électriques　电机厂
~ de machines-outils　机床厂
~ de matières plastiques　塑料厂
~ de peintures　油漆厂
~ de pied de barrage　坝后式水电站,近坝式水电站
~ de pointe　高峰负荷发电厂
~ de pompage　给水所,抽水站,水泵房
~ de préfabrication　预制构件工厂
~ de produits en amiante-ciment　石棉水泥制品厂
~ de roulement à billes　滚珠轴承厂
~ de traitement d'eau　水处理厂,净水厂
~ de tubes en acier sans soudure　无缝钢管厂
~ diesel　柴油机发电厂
~ école　实习工厂
~ électrique　发电厂,发电站
~ électrique à unités génératrices autonomes　自备发电站
~ électrique au gaz naturel　天然气发电厂
~ en cascade　梯级(水)电站
~ en puits　竖井式发电站
~ en rivière　河流水电站,水电站
~ en terrée　地下电站
~ éolienne　风力发电厂
~ frigorifique　冷冻厂,冷库
~ gardiennée　有人值班的遥控电站
~ gaz　煤气厂
~ génératrice　发电站,发电厂
~ horizontale　单层生产建筑,单层厂房
~ hydraulique　水力发电站
~ hydraulique de montagne　山区水电站
~ hydraulique de plaine　平原水电站
~ hydroélectrique　水力发电站
~ hydro-électrique à réservoir　蓄水池式水力发电站
~ marémotrice　潮汐电站
~ mécanique　机械厂
~ mixte diesel et turbine à vapeur　柴油机汽轮综合发电厂
~ mobile de concassage　移动式碎石厂
~ mobile de criblage　移动式筛石厂

~ non gardiennée 无人值班的遥控电站
~ nucléaire 核发电站,原子能发电站
~ out-door 露天式电站
~ pilote 试验工厂,中间工厂
~ semi out-door 半露天电站
~ sidérurgique 冶金厂,钢铁厂
~ solaire 太阳能发电站
~ souterraine 地热发电站
~ thermique 热电厂
~ thermique à base de tourbe 泥煤发电厂,泥炭低能热发电厂
~ thermoélectrique 热力发电站(厂)
~ verticale 多层生产建筑,多层厂房

usiné, e *a* 机械加工的
usiner *v* 加工,制造,生产,机械加工
usité, e *a* 通用的,通常的,经切削的,经机械加工的
usomètre *m* 抗磨损测量仪,矿物硬度测量仪
usovite *f* 氟铝镁钡石
ussingite *f* 紫脆石
ustensile *m* 器具,用具,容器,工具,刀具
ustion *f* 燃烧,氧化
usuel, elle *a* 惯用的,常用的
usuellement *adv* 通常,一般地
usure *f* 研磨,盘剥,磨损,磨耗,损耗,用旧,衰减
~ abrasive due aux véhicules 车辆(对道路的)磨耗
~ admissible 容许磨耗
~ admissible du rail 钢轨磨限
~ de champignon 轨头磨耗
~ de chaussée 路面磨损
~ des revêtements 路面磨损
~ du relief 地形剥蚀
~ éolienne 风力侵蚀
~ locale 局部磨损
~ localisée 局部磨损
~ mécanique 机械破坏
~ ondulatoire 波状磨耗
~ par abrasion 磨耗,磨损
~ par frottement 磨损
~ prématurée 过早磨损
~ superficielle 表面磨损

utahite *f* 钠铁矾,黄钾铁矾
utahlite *f* 氯磷铝石

utile *a* 有用的,有益的,有效的
~ à 对……有用,有益,有益于作……
en temps ~ 在有效期内,在适当的时候
il est ~ de ……是有益的
il est ~ que ……是有益的
utilement *adv* 有用地,有益地,有效地
utilisable *a* 可用的,有用的,有益的,可利用的
~ sans retouche 不改就能用的
utilisateur *m* 用户,使用者,操作者
~ du transport 收货人,发货人
utilisation *f* 使[运、利、应]用,应用,开发,发掘
~ combinée 综合利用
~ de l'énergie hydraulique 水能开发,水能开采,水能利用
~ de l'énergie marémotrice 潮力能开发
~ de la capacité 热量的利用,功率的利用,能量利用
~ de la capacité de charge d'un train 列车载重量的充分利用
~ de la capacité du matériel 车辆容积的利用
~ de la chaleur perdue 废热利用
~ de la charge d'un train 列车载重量的充分利用
~ de la charge offerte d'un train 列车载重量的充分利用
~ de matériaux locaux 地方材料的使用
~ de non-tissé synthétique 合成非编织品材料的使用
~ des boues 污泥的利用
~ des déchets 废物利用
~ des eaux usées 污水利用,废水的(回收)利用
~ des ressources d'énergie renouvelables 再生能源利用,再生能源开发
~ des ressources en eau 水资源利用,水资源开发
~ des terres 土地使用
~ en commun 共用
~ fréquente 重复使用,反复使用
~ partielle de la capacité du matériel (roulant) 车辆载重能力的部分利用
~ pleine de la charge offerte 满载
~ rationnelle 合理利用
~ réciproque des wagons 互用货车
~ totale de la capacité du matériel (roulant) 车辆载重能力的充分利用

utiliser *v* 利用,选用,运用

utilitaire *m* 运输车,载重汽车;*a* 实用的

utilité *f* 用[益]处,作[效]用,功利,有用,有益,应用,用途,公用事业设施(水、电、煤气等)
- ~ du temps 时间效用,时间利用
- ~ espérée 期待效用
- ~ marginale 边际效用,极限效用
- ~ publique 公用事业,公益

uvala *f* 灰岩干谷,岩溶谷地,喀斯特谷地,干宽谷

uvanite *f* 钒铀矿

uvarovite *f* 钙铬榴石

uvite *f* 钙镁电气石

uxporite *f* 针碱钙石

Uzégion *m* 于杰荣阶(E_2 上部)

V

V(volt) 伏(特)(电位、电压、电势国际单位)
vacance *f* 孔,穴,洞
vacillation *f* 闪烁,闪光;振动,颤动
vacillement *m* 振动,跳动;闪烁,摆动;影像抖动
 ～ d'impulsion 脉冲跳动
vaciller *v* 闪烁,闪光;振动,颤动;摆动,跳动
vacuolaire *a* 起泡的,气泡的,多孔的,多孔岩石的
vacuole *f* 孔隙,空隙;气泡,液泡
vacuomètre *m* 真空计,负压计,真空表,低压计
vacuostat *m* 真空计
vacuotechnique *f* 真空技术
vacuum *m* 真空,真空度
 ～ absolu 绝对真空
vacuummètre *m* 真空计,真空表
vadeuse *f* 渗流水
vadeux *a* 渗流的
vadose *a* 渗流的
va-et-vient *m* 往复式架空索道;导架,转换开关,双控开关,双路开关装置;往复运动,往复运动来回
 ～ à triage 双控拉线开关
 ～ unipolaire 单极单联双控开关
vagabond *m* 杂散,迷路的,杂散的,散逸的,飘忽不定的
vague *f* 波,波涛,浪潮,波状波涛,波状运动,(由于黏合料蠕变而产生的)路面波形;*a* 荒芜的
val *m* 山谷,溪谷,小谷,向斜谷
valable *a* 有效的,适用的,有价值的
 ～ jusqu'à 在……前有效,至……有效,有效期到……
valablement *adv* 有效地,正当地
valaïte *f* 黑脂石
valamite *f* 辉磁花斑岩
valbellite *f* 闪古橄榄岩
valcanite *f* 软碲铜矿
valencianite *f* 冰长石
valeur *f* 量,值,数值;价值,估价;意义,有用性;参数;功用,标准

 ～ à mesure 测定值
 ～ absolue 绝对值,绝对量
 ～ actualisée 现值,折扣值,贴税值
 ～ actuelle 现值,真值
 ～ admissible du tassement 容许沉降值
 ～ affichée 标价,显示值,指令值
 ～ ajoutée 增加值
 ～ analogique 模拟值
 ～ antérieure 原有值
 ～ approchée 近似值
 ～ approximative 近似值
 ～ assignée 给定值
 ～ assume 假定值
 ～ assurée 保值,保险价值
 ～ asymptotique 渐进值
 ～ au repos 静态值
 ～ au seuil 阈值,临界值
 ～ auxiliaire 修正系数,校正系数
 ～ CAF 到岸价值
 ～ calculée 计算值,设计值
 ～ caractéristique 特性值,特制值,特性参数
 ～ centrale 中心值,代表值
 ～ comparative 比较值
 ～ complexe 复数值
 ～ comptable 会计值,账面值
 ～ corrigée 修正值,校正值
 ～ courante 市价,时价,通用位,一般值,通用值,现行值
 ～ critique 临界值[量]
 ～ d'achat 买价
 ～ d'acide 酸值
 ～ d'attrition 磨损值
 ～ d'échange 交换价值
 ～ d'équilibre 平衡值
 ～ d'essai 试验值
 ～ d'essai Marshall 马歇尔试验值
 ～ d'étalonnage 标定值
 ～ d'inventaire 盘存价值,账面价值
 ～ d'usage 使用价值

~ d'usure 磨耗值
~ d'utilisation 使用值
~ de base 基期价值
~ de bleu de methylene 亚甲蓝值
~ de C.B.R. CBR值,加州承载比值
~ de calcul 计算值
~ de commutation 转换值
~ de comparaison 比较值
~ de consigne 给定值,已知数
~ de contrainte 极限应力
~ de coupure 极限值
~ de courant 电流值,电流强度
~ de court-circuit 短路值
~ de crête 最高值,峰值
~ de crête à crête 峰—峰值,峰间值
~ de crête à creux 峰—谷值
~ de déclenchement 触发值,启动值
~ de droit de l'eau 水权的价值
~ de facture 发票金额
~ de fatigue 疲劳极限
~ de fluage 蠕变值,流变值
~ de fond 背景值,背景含量
~ de forabilité 岩石可钻性指标
~ de fragment 剩余值,残值
~ de freinage 制动力,制动作用
~ de frottement latéral 侧面摩擦力值
~ de gisement 矿床价值
~ de l'heure de pointe 高峰小时(交通)量
~ de l'inclinaison 倾斜角度
~ de l'optimum Proctor modifié 修正葡氏最佳值
~ de la déflexion 弯沉值
~ de la marchandise 货物价值
~ de la stabilité 稳定度值
~ de maturation 成批度
~ de mise au repos 回动值
~ de mise au travail 始动值,启动值
~ de pic 峰值
~ de pointe 峰值,最高值,峰值
~ de portance 承载值,承载能力,升力值
~ de puissance 额定功率
~ de rapport 比值
~ de rebut 残值
~ de récupération 残余价值,回收价值
~ de référence 参照值,给定值,参考值,基准值

~ de réglage 调整值
~ de remplacement 代用价值,更换价格
~ de rendement 生产率
~ de renouvellement 更新价值,更新费
~ de retour 复归值
~ de saturation 饱和值
~ de service 使用价值
~ de seuil 警戒值,阈值
~ de temps 时间价值
~ déclarée 申报价值
~ déclarée pour la douane 报关价值
~ définie 定值
~ départ-usine 出厂价值
~ des composants 元件参数
~ des paramètres 参数值
~ désirée 期望值,预期值
~ s discrètes 不连续值,间断值
~ s disponibles 流动资产
~ du dévers 超高值
~ du slump-test (混凝土)坍落度试验值
~ du temps d'amorçage 开通时间值
~ économique 经济价值,经济评估
~ économique d'un projet 工程项目经济评价
~ effective 实际价值;有效值
~ efficace 有效值
~ empirique 经验值
~ en espèces 现金
~ en fabrique 成本价,出厂价
~ enregistrée 记录值
~ équivalente 等价,等值,等效值,当量值
~ erronée 错误值
~ estimative 估值
~ extrapolée 外推值
~ extrême 极值,极限值,极端值,最大值
~ extrême de l'échelle 满量程值,表针偏转最大值
~ faciale 票面价值
~ foncière 贷款
~ fournie 贷款
~ frontière 临界值
~ globale 总产值
~ idéale 理想值
~ imaginaire 虚值
~ s immobilisées 固定资产

~ indéterminée 未定值,不定值
~ initiale 初值,初始值,起算值
~ instantanée 瞬时值,瞬时量
~ intermédiaire 中间值
~ intrinsèque 实在价值,固有价值
~ isolante 绝缘[保温]度,绝缘值
~ isométrique 降水百分比(月降水量对年降水量的百分比)
~ jugée nécessaire 所需量
~ la plus probable 最或然值
~ limite 极限值
~ locative 租价
~ lubrifiante 润滑性
~ marchande 市价,售价
~ marginale 临界值,边缘值
~ maximale admissible de lecture 满量程值,指针偏转最大值
~ maximale de l'échelle 最大标度值(仪表)
~ maximum 最大值,最高价值
~ mesurée 测定值,测试值
mettre en ~ 开发,利用,经营
~ minimale de l'échelle 最小标度值
~ minimum 最小值
~ minorée 较小数值
~ momentanée 瞬时值
~ moyenne 中值,平均值
~ moyenne annuelle 年平均(交通)量
~ nette actuelle 净现值
~ nette actuelle économique 经济净现值
~ nette actuelle financière 财政净现值
~ nominale 额定值,标称值,票面值,通称值;额定电流,额定电压,额定频率(电机或电器的);名义价值,票面价值
~ normale 正常值,标准值
~ numérique 数值
~ nutritive 营养值,营养价值
~ objective 客观价值
~ observée 观测值
~ optimale 最佳值,最优值
~ optimum 最佳值
~ particulière 特殊值,特定值
~ permise 容许值
~ pH pH值,氢离子浓度负对数值(表示酸碱度)
~ pointe 峰值,最高价值

~ pour l'angle d'attaque 切割角度值
~ prescrite 已知数,给定值,规定值
~ principale 主值
~ probable 概率值
~ professionnelle du soudeur 焊接工技术水平
~ propre 恰当值,固有值,特征值;固有频率,自然频率
~ propre《forme modale》 模式,形式
~ quadratique moyenne 均方根值
~ quelconque 任意值
~ recommandée 推荐值
~ reçue en marchandises 货款收讫
~ réduite 折合值,折合量,换算值
~ réelle 有效值,实数值,实际价值
~ réglée 整定[调整]值
~ relative 相对值
~ résiduelle 残值,余值,残余价值,收回价值
~ scalaire 标量值
~ seuil 阈(电表灵敏度);临界值
~ spécifique 比值
~ standard 标准值
~ stationnaire 驻值,平稳值
~ usuelle 常用值
~ vénal 市值,售价
~ virtuelle 可能值,虚拟值
~ vraie 真值

valeur-métal f 矿石最低允许含量
validation f 证实,印证,有效
~ de certificat 证书印证,证书生效
valide a 有效的
valider v 确认,使生效
~ un accord 使协定生效
~ un contrat 使合同生效
validité f 有效,效用,有效性;合格,合法性,正确性,确实性,有效期间
~ de contrat 契约的效力,合同的有效性
~ de crédit 信用证有效期
~ de tarif 运价有效期限
~ des billets 客票有效期限
~ limitée à certains trains 仅对某些列车有效
vallat m 小谷
vallée f 谷,河谷,山谷,峡谷,流域,谷地,盆地,凹陷处
~ à coude de capture 死谷(河流已不再流过的

地段)
~ à fond plat 平底谷
~ à méandres 蜿蜒谷
~ à sec 干谷,风口
~ abandonnée 死谷
~ affluente 汇流谷
~ alignée 线形谷
~ alluvionnaire 冲积谷地
~ alpine 高山河谷,阿尔卑斯型谷
~ anaclinale 先成谷
~ antécédente 先成谷
~ anticlinale 背斜谷
~ asymétrique 不对称谷
~ aveugle 地下谷,盲谷(灰岩区分段出现的河谷)
~ cataclinale 顺向谷
~ conséquente 顺向谷
~ d'effondrement 地堑,裂谷,塌陷谷
~ d'érosion 侵蚀谷
~ de direction 走向谷,后成谷
~ de faille 断裂谷
~ de haute altitude 高山谷
~ de la rivière 河谷
~ de ligne de faille 断层谷,断线谷
~ de mort,~ morte 死谷
~ des failles en terrasses 阶地(状)断层谷
~ des lignes de faille 断线谷
~ diagonale 斜交谷
~ emboîtée 谷中谷,叠谷
~ en auge 冰川槽,冰川谷,槽形谷
~ en berceau 发祥谷,箱形谷,凹字形谷
~ en chapelets 珠串状谷
~ en cuvette 盆地,凹地,锅状谷
~ en direction 纵谷
~ en entaille ouverte 宽谷
~ en état de jeunesse 幼年谷
~ en état de sénilité 老年谷
~ en fond de bâteau 槽谷,平底谷;河漫[滩]谷
~ en forme U U形谷
~ en forme V V形谷
~ en gorge 隘谷,嶂谷
~ en gouttière 开旷谷,凹字形谷
~ en méandres 蛇曲河谷
~ encaissée 箱形谷,深切谷,陡壁河谷
~ enfoncée 沉没谷

~ ensevelie 埋藏谷
~ épigène 外成谷
~ étroite 窄谷
~ évasée 宽谷,开旷谷,凹字形谷
~ fermée 盲谷,封闭洼地
~ fluviatile 河谷,冲刷河谷,侵蚀河谷
~ géotectonique 大地构造谷
~ glaciaire 冰川谷,冰蚀谷
~ haute 高谷地
~ homoclinale 单斜谷
~ immergée 沉没谷,沉降谷
~ inclinée 倾斜谷
~ inondée 溺谷,溺河,沉没谷
~ inséquente 乱向谷,任向谷
~ isoclinale 等斜谷
~ jeune 幼年谷,幼年河谷
~ karstique 岩溶谷,喀斯特谷
~ large 宽谷
~ latérale 侧向谷
~ limitée par deux failles de chevauchement 对冲断陷谷
~ longitudinale 纵(向河)谷
~ méandres 蜿蜒河谷
~ monoclinale 单斜河谷
~ morte 干谷,死谷
~ mûre 成年谷
~ noyée 沉没谷
~ obséquente 逆向谷,反向谷
~ ouverte 开阔谷
~ parvenue à la maturité 成年谷,壮年谷
~ perçante 断层谷
~ perchée 悬谷,切断谷
~ périglaciaire 冰缘谷,冰期前河谷
~ principale 主谷
~ profonde 深谷
~ rajeunie 还童谷,再生谷
~ reséquente 复向谷
~ sèche 干谷,风口,伏谷
~ sénile 老年谷
~ sous-marine 海下谷
~ structurale 构造谷
~ submergée 溺谷,沉没谷
~ subséquente 后成谷
~ surimposée 上(层)遗留谷,叠置谷,遗传谷

~ suspendue 悬谷
~ suspendue glaciaire 冰成悬谷,冰蚀悬谷
~ symétrique 对称谷
~ synclinale 向斜谷
~ tectonique 构造谷,裂谷
~ transversale 横谷,侧谷
~ triangulaire V形谷
~ tributaire 岔谷,支谷,汇流谷

valléitte f 钙直闪石,钙锰硅直闪石
vallevarite f 反纹二长岩
vallon m 峪,溪谷,小谷,小山谷
~ à fond plat 平底谷
~ en berceau 小型槽谷,小箱形谷
~ en U 小U形谷
~ périglaciaire 冰缘谷
~ sec 小干谷
~ suspendu 小悬谷

vallonné, e a 起伏的,小山谷状的
vallonnement m 起伏,波伏,丘陵起伏地形,波状起伏地形
~ du terrain 地形起伏

valoir v 值,价值,值得,有价值
valoriser v 使增值,使具有更高价值
value f 价值,价格
valuevite f 绿脆云母
valve f 阀,活门,阀门,开关,闸门
~ à air 气阀,空气阀
~ à balle 浮球阀,浮子控制阀
~ à boulet 球阀
~ à charnière 瓣阀
~ à clapet 瓣阀
~ à cristal 晶体二极管
~ à deux voies 双向阀
~ à flotteur 浮球阀,浮子控制阀
~ à papillon 蝴蝶阀,蝶形阀
~ à pointeau 针形阀
~ à trois voies 三角阀
~ à vide 真空阀
~ aculéiforme 针形阀
~ angulaire 角阀
~ anti-retour 止回阀,逆止阀
~ automatique 自动阀
~ automatique d'air 自动气阀
~ automatique de réglage 自动调节阀

~ auxiliaire 辅助阀
~ biplaque 双频极整流阀
~ cylindrique 圆筒阀
~ d'admission 进入阀,进水阀
~ d'alimentation 给水阀,给风阀,给气阀,供给阀,输水阀,输送阀
~ d'arrêt 截止阀,停止阀
~ d'aspiration 吸入阀,吸风阀,吸水阀
~ d'automaticité 自动阀
~ d'échappement 排气阀
~ d'échappement linéaire 线性排气阀
~ d'entrée 进水阀,进气阀,进油阀
~ d'inversion 换向阀,转换阀
~ de quatre voies 四通阀
~ de by-pass 旁通阀
~ de commande d'urgence du frein automatique 自动制动机紧急控制阀
~ de contrôle 控制阀
~ de coupure 切断阀
~ de croix 十字阀
~ de décharge 泄放[排出、排气、排料、排水]阀,溢流阀
~ de dispositif de desserrage direct avec support 带底座直接缓解阀
~ de distribution 配水阀,节流阀
~ de drainage 排水阀
~ de fermeture 断流阀,节流阀
~ de garde 事故阀,速动阀
~ de glissement 滑动阀
~ de graduation (frein) 阶段缓解阀,分级缓解阀(制动机)
~ de lancement 启动阀
~ de ligne droite 直流阀
~ de non compensation de fuite 无补偿排泄阀
~ de non-retour 止回阀
~ de pilote 导阀,控制阀,先导阀,引导阀,操纵阀
~ de prise de vapeur 蒸汽阀
~ de purge 放泄阀,排水阀,排出阀
~ de redressement 整流管
~ de réglage 调节阀,控制活门
~ de remise de l'air 排气阀
~ de remplissage 冲水阀,进气阀,加油活门
~ de retenue 止回阀

~ de robinet 水龙头阀
~ de sécurité 安全阀
~ de trop-plein 溢流阀,排水阀
~ de tube 管式阀
~ de vapeur 蒸汽阀
~ différentielle 差动阀
~ différentielle et égalisatrice 差动平衡
~ du contrôle automatique 自动控制阀
~ égalisatrice 平衡活门,均压活门
~ électropneumatique 电控阀,电动气阀,电力气动阀
~ hydraulique 液压阀
~ intermédiaire 中间阀
~ ionique 离子阀,离子管
~ libre 上瓣,自由瓣
~ limitant la pression maximum 安全阀,限压阀
~ neutre 无极阀,电动控制的制动阀
~ pilotaire 操纵阀
~ pilotée par thermostat 由恒温器控制的阀
~ régulatrice 控制活门,调节活门
~ régulatrice de débit 流量调节阀
~ rotative 回转阀,旋转阀
~ triple à action rapide 速动三通活门,速动三通阀

vamaïte *f* 高氧树脂,高氧琥珀酸脂
vanadine *f* 钒土
vanadiobronzite *f* 钒透辉石
vanadiolaumontite *f* 钒浊沸石
vanadiolite *f* 杂钒钙辉石
vanadiomagnétite *f* 钒尖晶石
vanadite *f* 锌钒铅矿;氯钒铅矿
vanadium-granat *m* 钒钙铝榴石
vanadium-tourmaline *f* 钒电气石
vanalite *f* 蛋黄钒铝石
vandenbrandéite *f* 绿铀矿
vandendriesschéite *f* 橙黄铀矿
vannage *m* 湿选,阀门系统,节流阀系统,淘砂盘洗选
  ~ éolien 风选
vanne *f* 阀,锁,销,闩,阀门,活门,挡板,开关,闸门,闸板,节流门,节气门
  ~ à abaisser la pression 减压阀
  ~ à air (空)气(阀)门
  ~ à buse mobile 滑动壳针形阀

~ à clapet oscillant 倾倒阀门,舌瓣闸门
~ à coin 角阀,形闸门
~ à cône creux 空心阀
~ à crochet 锥形阀
~ à double corps 沟形闸门(具有使水舌脱离闸门的溢流板)
~ à écluse 闸阀
~ à fermeture automatique 自闭阀
~ à jet creux 空注阀
~ à jet creux cylindrique 空注阀,空心阀
~ à jet creux divergent 锥形阀
~ à jet plein 射流式闸门
~ à papillon 蝶阀
~ à papillon à fermeture 圆盘阀,自闭式蝶阀
~ à pointeau 针形阀
~ à réglage 控制阀,(流量)调节闸门
~ à réglage automatique 自动调节阀门
~ à rouleau 圆辊闸门
~ à secteur 转向阀,扇形闸门,弧形闸门
~ à secteur de fond 底部转向阀
~ à segment 节门,节流阀,弧形[扇形]闸门
~ à trois voies 三通阀
~ à vapeur 汽阀,蒸汽开关
~ abaissante 升降式闸门
au ~ 叠梁闸门
~ automatique 自闭式阀,自动(开启)闸门
~ batardeau 紧急闸门,叠梁闸门,备修闸门
~ by-pass 旁通阀,导流阀
~ chenilles 链轮闸门,履带式闸门
~ cylindrique 圆筒闸门,圆柱闸门,(水轮机的)圆筒阀
~ d'amenée 进气阀,进水阀
~ d'arrêt 闸阀,断流阀,止动[回]阀
~ d'aspiration et de refoulement 吸压阀
~ d'entrée 进入阀,输入阀
~ d'isolement du réfrigérant 冷却器隔离阀
~ de chasse (sur pertuis) 冲沙闸门
~ de conduite forcée 压力管道进水[气、油]阀
~ de contrôle 控制阀
~ de contrôle de hauteur 水龙头控制闸门
~ de décharge 排泄阀
~ de dégazage 放气阀
~ de dérivation 旁通阀
~ de dessablage 砂阱式冲沙闸门

~ de dévasement 砂阱式冲沙闸门
~ de déversoir 堰顶闸门,溢洪道闸门
~ de flux 磁探测器,感应罗盘,地磁感应式传感器
~ de fond 底阀,深水阀,(泄水)底孔闸门
~ de galerie 廊道输水阀门,廊道放水阀门
~ de garde 事故阀,速动阀,防护闸门,安全闸门,检修闸门,抢险截止阀
~ de garde du by-pass (事故检修)备修旁通闸门
~ de glace 泄冰闸门
~ de glissement 滑动闸门
~ de l'évacuateur de crues 溢洪道闸门,防洪闸门
~ de pertuis de fond 泄水底孔闸门,底部泄水闸门
~ de pompe 水泵进水阀,水泵出水阀
~ de prise 进水闸门
~ de purge 排水阀,冲沙阀
~ de réglage 调节阀,调节闸门,控制闸门,可调节的闸门,可半开的闸门
~ de réglage du chauffage 取暖调节阀
~ de remplissage 充水阀,冲水闸门,旁通闸门
~ de restitution 泄水阀,泄水闸门
~ de retenue 止回阀
~ de secours 事故闸门,检修闸门
~ de sécurité 安全阀,事故闸门,检修闸门
~ de service 工作阀,辅助阀,工作闸门
~ de Stoney 提升式平板闸门,斯托尼式闸门(其辊轮是独立的,可沿门槽上下移动,不和闸门或闸墩相连)
~ de tête 首部闸门,渠首闸门
~ de turbine 水轮机进水阀
~ de vidange 排空阀,泄水阀,泄水闸门
~ du barrage 进洪阀
~ du débordage 退水闸门
~ en toit 屋顶式闸门,水坝顶闸
~ équilibre 平衡门,平衡闸门
~ fourreau 圆环阀
~ générale 总闸门,总阀门
~ hydro-automatique 液压自动闸门,液压操作闸门
~ levante 提升式闸门
~ levante à double corps 双叶垂直提升闸门
~ levante verticale 直升(式)闸门
~ maîtresse 主闸门,工作闸门
~ papillon 蝶阀,蝶形[变向]活门
~ plate 平板闸门,平面闸门
~ pointeau 针形阀
~ principale (dans un barrage mobile) (坝的)主控闸门
~ principale d'arrêt 主截止阀
~ régulatrice 调节闸门
~ secteur 扇形闸门,弧形闸门,鼓形闸门,圆筒形闸门
~ secteur de fond 深式弧形闸门
~ segment 节阀,弧形闸门
~ Stoney 滚轮闸门,定轮闸门,斯托尼式闸门,提升式平板闸门
~ sur articulation 回转式闸门,旋开式闸门
~ tiroir 闸阀
~ toit 屋顶式闸门,双瓣卧式闸门
~ wagon 定轮平板闸门

vannelle *f* 小闸板,小闸门,小型闸门
vanne-secteur *f* 扇形闸门
vanne-segment *f* 节阀,门阀,弧形闸门
vantail *m* (门、窗等的)扇
~ amont (门、窗等的)上扉
~ aval (门、窗等的)下扉
vanthoffite *f* 无水钠镁矾
vapeur *f* 汽,蒸气,汽船,轮船,火枪
~ acide 酸雾,酸蒸气
~ chaude 水蒸气
~ condensée 压缩蒸气
~ d'eau 水蒸气
~ d'échappement 废气,乏气
~ de saturation 饱和蒸气
~ humide 饱和蒸气
~ indirecte 间接蒸气
~ non-saturée 不饱和蒸气
~ saturée 饱和蒸气
~ sèche 干蒸气
~ surchauffée 过热蒸气
~ sursaturée 过饱和蒸气
vaporchoc *m* 蒸汽枪
vaporisabilité *f* 挥发性,汽化度,蒸发度
vaporisable *a* 能蒸发的,可汽化的,可雾化的
vaporisateur *m* 蒸发器,喷雾器,汽化器

vaporisation *f* 蒸发,雾化,汽化
　~ échelonnée 分段蒸发,阶段蒸发
　~ par mètre carré de surface de chauffe 每平方米受热面的蒸发量
　~ partielle de carburant 燃油部分汽化
vaporiser *v* 雾化,汽化,蒸发
varenne *f* 砂黏土;荒地
vargasite *f* 辉滑石
variabilité *f* 变率,变化率,可变性
　~ d'onde 波的变化性
　~ hydroclimatique 水(文)气候变异性
　~ moyenne 平均变率
　~ spatiale 空间变异性
variabilité *f* 易变性,不稳定性,变率
variable *a* 能变的,可变的,易变的,不定的
variant, e *a* 不同的,易变的,变化的,不定的,相异的,各种各样的
variante *f* 方案,比较方案,不同类别
　~ du tracé 线路比较方案,选线比较方案
　~ d'emplacement 比较工程地址
variateur *m* 变速器,调节器,变换器;伸缩缝
　~ de tension 可变电压调节器
　~ de timbre 音色变换装置,音频变换装置
　~ de vitesse 变速器
　~ de vitesse électronique 电子调速器
　~ électrique 电线延长器,线耦合装置(波导)
　~ électronique 电子调节器
　~ hydraulique 液力变扭器
　~ mécanique 线拉伸器,线扩展器(波导)
variation *f* 变化,变动,变差,差异,波动,振荡,振动,摆动,偏差,倾斜
　à ~ continue 连续变化的,连续调整的
　à ~ linéaire 线性变化
　~ absolue de vitesse 转速绝对变化
　~ annuelle 年差,年变化
　~ barométrique 气压变化
　~ brusque 急剧变化,突变
　~ s climatiques 气候变化
　~ d'hygrométrie 湿度变化
　~ dans le temps 时间变化
　~ de courant 电流波动,电流变换
　~ de déclivité 变坡
　~ de la teneur en eau 含水量变化
　~ de niveau 水位变化,水面变化,水位涨落
　~ de pente 坡度变化,变坡
　~ de pression 压力变化
　~ de secteur 电流变化
　~ de température 温度变化
　~ de tension 电压变动,电压波动
　~ de volume 音量变化,信号强度变化,响度变化
　~ des contraintes 应力变化
　~ des précipitations (mensuelles, annuelles) (月、年)雨量变化,降水量变化
　~ des rayonnements cosmiques avec le temps 宇宙辐射随时间的变化
　~ diurne 昼夜变化
　~ du dévers 超高变化
　~ du volume 体积变化
　~ hebdomadaire 周变化
　~ horaire 每小时变化
　~ journalière 日变化
　~ journalière de température 温度昼夜变化
　~ mensuelle 逐月变化
　~ paramétrique 参量变化
　~ périodique 周期性变化
　~ périodique de déclinaison 倾向周期变化
　~ s périodiques de la teneur en eau 季节性含水量变化
　~ progressive 逐渐变化
　~ relative de tension 电压相对变化,电压调整率
　~ relative de vitesse 转速变化率,速度相对变化,转速相对变化
　~ réseau 网压波动,网压变化
　~ résiduelle 残余变化
　~ saisonnière 季变化,季节性变化
　~ séculaire 长期变化,多年变化,长期升降作用,长期振荡
　~ spatio-temporelle 空间—时间变化
　~ stochastique 随机变化
　~ temporelle 时间变化
　~ s thermiques 温度变化,温度变化范围
　~ undécennale 十年变化
varié, e *a* 不同的,变化的
varier *v* 变动;变换
　~ dans une large limite 变化范围很大
　~ la résistance 电阻变化

variété　*f*　变态,多样性；品种,种类,变化,多种
　～ d'échantillon　样品种类
　～ nouvelle　新品种
varioles　*f. pl*　球粒,球颗
variolite　*f*　球颗玄武岩
variolitique　*a*　(玄武)球颗状的
variolitisation　*f*　球粒化
variscite　*f*　磷铝石
variscite-alpha　*f*　α磷铝石
variscite-bêta　*f*　β磷铝石(斜磷铝石)
varisque　*a*　华力西的；华力西造山运动的
varistance　*f*　压敏电阻,可变电阻,变阻器
varistor　*m*　变阻器,可变电阻,可调电阻,压敏电阻,变阻二极管
varlamoffite　*f*　水锡石
varulite　*f*　黑磷锰钠石
varvé　*a*　缟状,带状
varve　*f*　纹泥,(冰湖)季候泥
varvicite　*f*　软锰矿；硬锰矿
vasais　*m*　泥沙沉淀池
vasard, e　*a*　含有泥渣的,覆盖淤泥的
vase　*f*　淤泥,泥沙[浆],泥渣,泥沼,残渣,矿渣,岩粉；瓶,壶,槽,桶,容器,器皿
　～ active　活性污泥
　～ aquatique　软泥,淤泥
　～ bleue　青泥,深海泥
　～ clarificatoire　澄清槽
　～ d'absorption　吸收器皿
　～ d'évaporation　蒸发槽
　～ d'expansion　膨胀水箱
　～ de l'élément　电池瓶
　～ de lac　湖泥
　～ de rivière　河泥
　～ de roulage　斗车,料车,运输小车
　～ de transport　运输小车,手推小车
　～ de verre　玻璃水箱
　～ dure　硬泥
　～ feuilletée　纹泥
　～ fluente　软泥,淤泥
　～ gradué　量杯,量筒
　～ molle　软泥,淤泥
　～ pourrie　腐殖泥
　～ riche en humus　肥泥
　～ rouge　红软泥
　～ siliceuse　硅质软泥
　～ verte　绿泥
　～ volcanique　火山泥
vaseline　*f*　矿脂,石油脂
　～ liquide　液体石蜡
　～ neutre　凡士林,矿脂
vaseux, euse　*a*　沾满淤泥的
vashégyite　*f*　水羟磷铝石
vasier, ère　*a*　淤泥的
vasière　*f*　淤泥地,泥滩
vasite　*f*　水褐帘石,不纯褐帘石
vason　*m*　砖瓦黏土
vasque　*f*　浅盆地,湖成盆地,蓄水盆地
　～ de pied　出口,(虹吸管的)出口唇
vaste　*a*　广阔的,宽广的,大规模的,广泛的
vastringues　*f*　刮刨；辅刨
vatérite　*f*　六方碳钙石
vatérite-A　*f*　方解石
vatérite-B　*f*　六方球方解石；球霰石
vaughanite　*f*　细灰泥；灰泥岩,细灰岩
vaugnérite　*f*　暗花岗闪长岩
vaume-filtre　*m*　真空过滤器
väyrynénite　*f*　红磷锰铍石
vé　*a*　V形的
　～ en bois　V形木架
　～ de précision　精确的V形座
veatchite　*f*　水硼锶石
veatchite-A　*f*　三斜水硼锶石
vecteur　*m*　矢,矢量,向量
　～ contrainte　应力矢量
　～ de charge　荷载向量
　～ de vitesse　速度矢量
　～ du champ électrique　电场矢量,电场向量
　～ électrique　电矢量
vectopluviomètre　*m*　风向雨量计(随风旋转,可测量不同方向雨量)
veenite　*f*　维硫锑铅矿
végétal　*m*　植物；*a* 植物的
végétation　*f*　植物,植被,草木
　～ arbustive　灌木
　～ actuelle　现存植被
　～ alpine　高山植物
　～ aquatique　水生植被
　～ arborescente　木本植物,木质植物

~ arbustive 灌木丛
~ cultivée 栽培植物
~ flottante 漂浮植物,浮游植物,沼泽植物
~ herbacée 草本植物
~ naturelle 自然植被
~ tropicale 热带植物
~ xérophile 旱生植物,喜旱植物

végétaux *m. pl* 植物
~ aquatiques 水生植物
~ autotrophes 自营植物
~ chlorophylliens 叶绿植物

véhiculage *m* 运输,运载

véhicule *m* 车辆,飞行器,交通工具,运载工具
~ à bandages métalliques 钢轮车辆
~ à batterie 电瓶车
~ à benne basculante 倾卸车
~ à benne basculante par l'arrière 后卸车
~ à bogies 转向架式车辆
~ à chenilles 履带式车辆
~ à conduite blanche 直通制动管车辆(装有直通制动风管但无制动机的车辆)
~ à cousin d'air 气垫车
~ à déversement 倾卸车
~ à essieux non rigides 弹性轴车辆
~ à gazogène 装有煤气发生炉的车辆
~ à lévitation magnétique 磁浮车辆,磁浮车
~ à poste de conduite 有驾驶室的车辆
~ à sustentation et guidage magnétiques (électro magnétiques électrodynamique) 磁浮车(电磁电动式)
~ à sustentation et guidage pneumatiques 气垫车
~ à sustentation magnétique 磁浮车辆,磁浮车
~ à traction électrique 电传动动车
~ à trois essieux 三轴汽车
~ à usage divers 多用途车
~ à vidage latéral 侧卸车
~ à vidage par le fond 底卸车
~ à vocation urbaine 城市用运输汽车
~ à volant d'inertie 惯轮储能车,飞轮储能车
~ aéré 通风车
~ amphibie 水陆两用汽车
~ articulé 铰接式车辆
~ attelé 挂车
~ automobile 摩托车,机动车,自动车

~ automobile spécial 特种车辆
~ automoteur 机动车辆
~ auxiliaire 辅助车辆
~ basculeur 倾卸车
~ basculeur à trois côtés 三方倾卸车
~ basculeur arrière 后卸车
~ basculeur bilatéral 两侧倾卸车
~ carburant 加油车
~ circulant en sens inverse 逆向行驶车辆
~ citerne 油槽车,油罐车
~ commercial lourd 载重汽车
~ convoyé 押运的车辆
~ d'amenée du béton 混凝土输送车
~ d'exploration 地质勘探用车辆
~ d'inspection des caténaires 接触网检查车
~ d'inspection des ponts 桥梁检查车
~ d'inspection des tunnels 隧道检查车
~ d'observation des caténaires 接触网检查车
~ d'urgence 紧急车辆,应急车辆
~ de base 设计车辆;设计车型
~ de chargement 载重车辆
~ de dosage et d'enrobage 成套拌和设备,拌和楼
~ de forcement (trains) 加挂车辆(列车)
~ de goudronnage 沥青喷洒车
~ de gros terrassement 土方运输车辆
~ de lutte contre l'incendie 消防汽车
~ de particulier 私有车辆
~ de remplacement 代用车辆
~ de renfort 加挂的车辆
~ de répandage 撒布车
~ de service public 公用工程车
~ de traction 牵引车,动力车
~ de transport 运输车辆
~ de transport de marchandises 货运车辆,商用车辆
~ de transport des terres à déversement par le fond 底卸式运土车辆
~ de transport public 公共交通车辆
~ de type courant 标准车辆,定型车辆
~ de type perfectionné 新型的车辆
~ de type unifié 统一型车辆
~ de vidange 污水坑污垢排出汽车
~ déraillé 脱轨车辆

~ différé 摘钩车,摘解的车辆
~ électrique 电动车,电车
~ en dérive 溜逸车辆
~ en ordre de marche 处于运行状态的车辆
~ en service régulier 正常运行列车的车辆
~ extra-lourd 超重型汽车
~ forestier 运木材车
~ frigorifique 机械冷藏车(用制冷机器冷却的绝热车)
~ garé en bon état 状态良好的停放车辆
~ gros porteur 大吨位载重车
~ grue 汽车式吊车
~ hors service 不能使用的车辆
~ immatriculé 登记车辆
~ immobilisé 停驶车辆
~ industriel 载重汽车;商用汽车
~ isolé 单车,不带挂车的车辆
~ isotherme 保温车,恒温车
~ léger(V.L.) 轻型车辆;小车,轿车
~ lent 慢车,慢行车辆
~ lourd 重型车辆
~ malaxeur pour asphalte coulé 移动式地沥青砂胶拌和机
~ militaire 军用车辆
~ moteur 动力车,牵引车,电动车
~ motorisé 机动车,摩托车
~ particulier 特种车辆,私人车辆;小轿车
~ plein 满载车辆
~ polyvalent 各种用途的车辆
~ porteur 搬运车
~ pour charges 货车
~ pour le transport du ciment en vrac 散装水泥车
~ prioritaire 优先通行车辆
~ privé 私有车辆,小轿车
~ rail-route 铁路公路两用车
~ rapide 快车,快行车辆
~ réfrigérant 冷藏车
~ remorqué 拖车
~ routier 公路车辆,公路运输工具
~ s à essieux non rigides 弹性轮对车辆
~ sans voie ferrée 无轨电车
~ semi-remorque 半挂车
~ stationné 停放(中的)车辆
~ sur pneumatiques 胶轮车辆
~ sur pneus 胶轮车辆
~ sur rails 有轨电车
~ tracté 挂车
~ tracteur 牵引车

véhicule-kilomètre *m* 车公里
véhiculer *v* 运输,运送
véification *f* 核实,检验,验证
veille *f* 夜间值班;监视
~ automatique 自动警告器;自动警惕按钮
veilleuse *f* 通宵照明灯
veine *f* 管,管道;细流,气流,射流;脉,木理;石纹,矿层,节理,矿脉,岩脉,煤层
~ à pendage de plateure 缓倾斜矿脉,缓倾斜矿层
~ au toit 顶(矿)层
~ contractée 收缩段断面
~ d'eau 地下水流,潜水流
~ d'eau de fond 地下水流,潜水流
~ d'intrusion, ~ intrusive 侵入脉
~ de charbon 煤层
~ de houille vierge 未开采的煤层
~ de minéral 矿脉,矿层
~ de quartz 石英脉
~ du bois 木纹
~ du placer 富砂矿带
~ en dressant 陡倾矿脉
~ en planeur 平缓脉
~ exploitable 可采矿脉
~ extra-mince 极薄矿脉,极薄矿层
~ liquide 流管;细流,上水管道(信号楼的)
~ métallifère 矿脉,矿层
~ mince 细脉,薄(矿)层
~ parallèle aux banes de terrains 层状脉
~ passée 细脉,薄层
~ puissante 厚脉,厚层
~ réticulée 网状脉
~ rubanée 带状脉
~ secondaire 副脉
~ stratifiée 层状脉
~ télescopée 套叠矿脉
~ vierge 未触动的矿脉,来采的矿脉
veiné,e *a* 有纹理的,脉状的
veinette *f* 细脉
veinite *f* 细脉岩

veinure *f* （木材、石料等)纹理，花纹
vélardénite *f* 钙铝黄长石
vélikhovite *f* 氮硫沥青，维利霍夫沥青
vélo *m* 自行车
　～ à moteur　机动自行车
vélocimètre *m* 速度计，测速表，流速仪
vélocité *f* 迅速，速度，速率，敏捷
　～ absolue　绝对速度
　～ angulaire　角速度
　～ de vent　风速
　～ initiale　初(始)速(度)
vélo-moteur[vélomoteur] *m* 轻便摩托车
velouté *a* 绒状的，光滑的
vénanzite *f* 橄榄黄长白榴岩
vénasquite *f* 环硬绿泥石
vendre *v* 卖，出卖，出售，销售
　～ à commission　委托销售，寄售
　～ à crédit　赊卖，赊售
　～ à FOB　按离岸价格销售
　～ au poids de l'or　以高价出售
　～ au prix coûtant　按成本出售
　～ au rabais　减价出售
　～ comptant　现金交易
　～ en vrac　散装出售
vendredi *m* 星期五
venelle *f* 小街，小巷，小路，里弄，胡同
vénérite *f* 杂铜绿泥石(铜染石)
venir *v* 来到，达到，出现
　～ à　万一，碰巧
　～ à bien　获得成功
　～ de　刚刚
　à ～　未来的
　en ～ à　终于到了，终于能够
vénite *f* 脉状混合岩
vent *m* 风，通风，气流，空气
vente *f* 出售，销售，销路
　～ à l'essai　试销
　～ au détail　零售
　～ avec minimarge　薄利多销
　～ de gros　批发
　～ des billets　售票
　～ difficile　滞销
　～ par lots　捆绑销售
　～ planifiée　计划销售

　～ porte à porte　直销
　～ s jumelées　捆绑销售
ventifact *m* 风棱石，风磨石
ventilateur *m* 通风机[器、设备、装置]，鼓风机；风扇，风箱，电扇，吹风器，增压机，扇风机
　～ (marche en aspiration)　抽风机，吸气机
　～ (marche en refoulement)　鼓风机
　～ à action oblique　离心式通风机
　～ à aération　曝气鼓风机
　～ à ailes　叶轮式通风机，风扇
　～ à air　鼓风机
　～ à air frais　冷风机
　～ à basse pression　低压通风机
　～ à dépoussiérage　除尘通风机
　～ à écoulement axial　轴流式通风机
　～ à force centrifuge　离心式通风机
　～ à haute pression　高压通风机
　～ à hélice　螺旋式通风机
　～ à palettes　翼式通风机，桨轮式风机
　～ à pression　压力鼓风机
　～ à réaction　离心式通风机
　～ à refoulement　吹风机，压风机
　～ à turbine　涡轮式鼓风机
　～ à turbine éolienne　风洞通风机
　～ aspirant　抽风机
　～ aspirateur　抽风机，抽气通风机
　～ au mur　墙壁风扇，排风扇
　～ axial　轴流式通风机，轴向压气机
　～ axial à enveloppe　管道轴流式风机
　～ brasseur d'air　循环风机
　～ centrifuge　离心式通风机[鼓风机]
　～ d'évacuation d'air　排风扇，排风机
　～ d'extraction　排风机，排气通风机
　～ de cabine　司机室通风机
　～ de chauffe　暖风机，热风机，热风鼓风机
　～ de moteur de traction　牵引电动机通风机
　～ de plafond pour voiture　客车顶棚通风机，客车顶棚电扇
　～ de radiateurs　散热器通风机
　～ de soufflerie　风洞风扇
　～ de triage　抽气通风机
　～ du collecteur de poussière　集尘通风机
　～ électrique　电动鼓风机，电扇
　～ exhausteur　吸风机，抽气机

~ forcé 强制通风机
~ foulant 压风级，强压通风机
~ hélico-centrifuge 混流风机
~ hélicoïdal 螺旋式通风机
~ négatif 抽风机
~ positif 吹风机，鼓风机，送风机
~ radial 径向式通风机，离心式通风机
~ réversible 可逆通风机
~ secondaire 二次风机
~ soufflant 鼓风机，吹风机

ventilateur-réchauffeur *m* 热吹风机
ventilateur-souffleur *m* 鼓风机
ventilation *f* 通风，换气，鼓风，通风装置，分摊费用
~ à haute pression 高压通风
~ à trafic 行车通风
~ artificielle 人工[强制]通风
~ ascendante 上升通风
~ aspirante 抽气通风
~ automatique 自动通风
~ axiale 轴向通风
~ d'air éliminé 排气通风
~ d'hiver 冬季通风
~ de croix 十字通风，前后通风
~ de dépense 分摊费用
~ de secours 事故通风
~ des frais généraux 管理费用分摊
~ des mines 矿山通风，矿井通风
~ descendante 下行通风
~ double 双路通风
~ du chantier 现场通风
~ entière 全面通风
~ forcée 强制通风
~ indépendante 独立通风
~ locale 局部通风
~ longitudinale 纵流通风，纵向通风
~ mécanique 机械通风
~ naturelle 自然通风，自然通气
~ normale 压入式通风
~ par aspiration 抽风式通风
~ par dépenses 费用分摊
~ par extraction 抽气通风
~ par refoulement 增压通风，压力通风
~ par soufflage 鼓风，送风
~ par surpression 高压通风
~ radiale 幅向通风，径向通风
~ secondaire 辅助通风
~ semi-transversale 半横流通风，半横向通风
~ séparée 独立通风
~ simple 单路通风
~ soufflante 压入式通风
~ totale 全面通风
~ transversale 横流通风，横向通风

ventilé, e *a* 通风的
ventiler *v* 吹，通风，换气
ventimètre *m* 测风仪，风压表
ventouse *f* 气阀，空气阀，通气孔，出气瓣，出风口，真空杯
~ à dépression pneumatique à main 手动真空吸附器
~ d'air 空气阀
~ pneumatique 气动吸附器（搬运玻璃、铜板等用的），真空吸附器

ventral, e *a* 下面的，腹部的
ventrallite *f* 碱玄响岩
ventre *m* 波腹；腹，腹部，腹点，突起
~ d'intensité 电流波腹
~ d'oscillation 波腹
~ de tension 电压波腹
~ du filon 矿脉突起部

venturaïte *f* 富氮石油
venue *f* 涌入，流入，侵入，进入，喷出（气体）；产生，出现，发生；供给
~ d'eau 涌水，进水，渗漏，渗流，流入水量
~ d'eau souterraine 地下水进入
~ de gaz, ~ gazeuse 喷气；涌气点
~ de la circulation 车辆驶入
~ éruptive 喷发，喷发流

verbaliser *v* 编制记录
verdâtre *a* 浅绿色的
verdélite *f* 绿色电气石
verdissement *m* 变绿，发绿
verdite *f* 不纯绿云母，不纯铬白云母，铬云母黏土
verge *m* 杆，柄，桩，连杆，标桩，细棒
~ de pompe 水泵活塞杆
~ de sonde 钻杆立根

vergelet *m* 软石灰岩（法国建筑石料）

vergence *f* 倾向,指向,倒转方向
verglaçage *m* 结薄冰;结雨凇
verglacé, e *a* 结冰的,覆盖雨凇的
verglas *m* 雨凇,挂冰,冰壳,薄冰层
verglassage *m* 结薄冰;结雨凇
vérificateur *m* 检[校]验机,检验器[仪、装置],检查仪表;检查员,验收员
～ comptable 查账员
vérification *f* 检查,检验,确定,审核,核查,核对[实],鉴定,分析,考证
～ à postériorité 事后检查,施工后检查
～ après exécution 施工后检查
～ au gel-dégel 冻融检查
～ automatique 自动校验
～ avant toute mise en marche 启动前的全面检查
～ contrainte 强制性检查
～ de caisse 现金检查
～ de cartes 验卡
～ de l'envoi 发送货物的检查
～ de l'état du wagon 车辆状态检查
～ de la stabilité dynamique 动稳定检验
～ de la stabilité thermique 热稳定检验
～ de la taxe 运费核对
～ de poids 重量核对
～ de totaux croisés 交叉加法检验
～ des appareils 仪器检验
～ des approvisionnements (locomotives) 机车整备作业的检查
～ des comptes 查账
～ des poids et mesures 度量衡检查,度量衡鉴定
～ des tensions 应力分析
～ détaillée 详细检查
～ du fond de fouille 验槽,基坑检查
～ du schéma 电路检验,电路测试
～ du tarif 运价审核
～ en usine 厂验,厂检
～ intérieure 内部检查
～ mathématique 数学检验
～ par échantillonnage 抽样检查
～ par irradiation 照射检验,透视检验
～ par prélèvement 取样检查,抽查
～ par rayon gamma γ射线检查
～ par ultra-son 超声波检查
～ périodique 定期检查
～ point par point 逐点检验
～ programme 程序检查
～ sommaire 一般检查
～ technique 技术检验
vérificatrice *f* 核对器,核对员,检查仪表,卡片核对机
vérifier *v* 检查,核对,校对,鉴定,分析
～ les écritures 检查票据
vérin *m* 千斤顶,起重机,起重器,(螺旋)起[顶]动力液压[油]缸
～ à air comprimé 压气千斤顶
～ à bouteille 瓶式千斤顶
～ à bras 人力千斤顶,人力起重器
～ à châssis 支点式千斤顶
～ à clavettes 楔入式千斤顶
～ à double effet 双动式起重器,双作用千斤顶
～ à engrenage conique 伞齿轮螺旋千斤顶
～ à huile 油压千斤顶,油压起重器
～ à levier 杠杆式千斤顶
～ à main 手力千斤顶,手力起重器
～ à simple effet 单动式起重器,单作用千斤顶
～ à soulever les rails 起道机
～ à vis 螺杆千斤顶,螺杆起重机,螺旋撑杆
～ capsulaire 扁千斤顶
～ de blocage 制动千斤顶,锁闭千斤顶
～ de levage 起重千斤顶
～ de lavage des rails 起道机
～ de locomotive 机车起重机,机车架车机
～ de mise en tension 张拉千斤顶
～ de précontrainte 预应力千斤顶
～ de voies 起道机
～ de wagon 车辆起重机,车辆架车机
～ différentiel 差动千斤顶
～ en forme de bouteille 瓶状千斤顶,瓶状起重器
～ en voûte 拱圈支撑千斤顶
～ hydraulique 水力千斤顶,液压千斤顶,液压起重器
～ hydraulique à fosse 坑内用的液压起重机
～ mécanique 机械千斤顶,机械起重器
～ mobile 移动式起重器
～ plat 扁千斤顶

~ pneumatique 气压千斤顶,气压起重器
~ sac 扁千斤顶
~ télescopique 套筒式起重机,套筒式千斤顶

véritable *a* 真的,真正的

vérité *f* 真实,真相,真理
à la ~ 的确,说真的
en ~ 肯定地,确实地,真正地

vérlite *f* 异剥橄榄岩,金橄松脂岩

vermiculite *f* 蛭石,轻石

vermillon *m* 朱红石榴石

vernadskite *f* 块铜矾

vernaille *f* 刚玉

vernal, e *a* 春季的

vernette *f* 薄煤层

verni, e *a* 涂漆的;光滑的

vernier *m* 游尺,游标,微动螺钉
~ circulaire 圆形游标,度盘游标

vernire *v* 涂漆,喷漆,刷漆

vernis *m* 漆,釉,油漆,清漆,涂层,涂料
~ à froid 冷喷漆
~ à immersion 浸渍清漆
~ à l'alcool 醇化漆,酒精清漆,挥发清漆
~ à l'asphalte 沥青清漆
~ à l'eau 防水漆,水乳漆
~ à l'huile 油漆,涂漆
~ à l'huile de lin 亚麻籽油清漆,亚麻仁油漆
~ à la gomme-laque 虫胶漆
~ à la nitrocellulose 透明漆,硝化纤维漆
~ à séchage lent 风干漆,慢干漆
~ à séchage rapide 快干漆
~ antiacide 耐酸清漆
~ anti-flash 耐火漆
~ antirouille 防锈漆
~ asphaltique 沥青漆
~ au silicone 硅化漆,有机硅涂层
~ aux acétates de cellulose 醋酸纤维清漆
~ aux résines naturelles 合成树脂油基清漆
~ blanc 透明清漆
~ bronzant 青铜漆
~ cellulosique 纤维素清漆
~ craquelant 脆性涂料
~ d'apprêt 打底漆,头道漆
~ d'asphalte 沥青清漆
~ d'émaillage 釉漆
~ d'imprégnation 浸渍漆,绝缘浸渍漆
~ d'or (挥发性)金色漆
~ de céramique 陶釉
~ de laque 虫胶漆
~ de plomb 铅油
~ doré 金黄色漆
~ du désert 沙漠岩漆,荒漠古色涂料,沙漠色泽
~ enduit 罩光漆
~ frein 防松漆,防缓漆,制动漆
~ isolant 绝缘清漆
~ japon 黑漆,日本漆
~ laque 虫胶清漆,胶漆
~ métallique 金属用漆
~ naturel 生漆
~ nitro-cellulosique 硝化纤维素,透明漆
~ noir 黑(色)漆
~ noir mat fin 无光泽的细黑漆
~ photoélastique 光弹性涂层
~ polychrome 彩色漆
~ polyester 聚酯清漆
~ polyuréthane 聚氨酯漆
~ protecteur 防护漆,保护清漆,清漆保护层
~ réfractaire 耐热清漆,耐热清漆层
~ résistant à la chaleur 耐热漆
~ siccatif 快干漆
~ transparent 清漆
~ volatil 洋干漆
~ zapon 硝化纤维清漆,硝基清漆,透明漆

vernis-émail *m* 烤漆

vernis-laque *m* 清漆,上光漆,中国漆

vernissage *m* 涂漆,上漆,涂油

vernisser *v* 涂漆,喷漆,涂油

vernisseur *m* 漆匠,上釉工人

vérobieffite *f* 铯绿柱石

véronite [**celadonite**] 绿鳞石

verplanckite *f* 水硅钡锰石

verre *m* 玻璃,玻璃制品
~ à chaux 钙玻璃,石灰玻璃
~ à fils de fer 嵌丝玻璃,装甲玻璃
~ à glaces 厚玻璃,镜玻璃,玻璃砖
~ à plusieurs couches 多层玻璃板
~ à primes 三棱镜
~ à silicate 水玻璃,硅酸盐玻璃
~ à strie 条纹玻璃

~ à vitre 窗用玻璃	~ dur 硬质[钢化]玻璃
~ affiné 洁净玻璃	~ durci 硬玻璃
~ alcalin 含碱玻璃	~ émaillé 釉瓷玻璃
~ antique 老式玻璃,旧玻璃	~ en tables 平板玻璃
~ armé 夹丝玻璃,强化玻璃,钢丝玻璃,防弹玻璃,嵌丝玻璃	~ épais 厚玻璃
~ au plomb 铅玻璃,燧石玻璃	~ époxy 环氧玻璃;环氧树脂玻璃丝
~ basaltique 玄武质玻璃,玻质玄武岩	~ étiré 嵌丝[铁丝网、络网]玻璃
~ blanc 普通玻璃,白玻璃	~ feuilleté 叠层玻璃,夹层玻璃
~ bombé 凸形[弯化、弯形]玻璃,凸透镜	~ fondu 熔融玻璃
~ brut 粗制玻璃,毛玻璃	~ fumé 烟色玻璃
~ cannelé 槽纹玻璃,波纹玻璃	~ givré 冰花状玻璃,霜花玻璃
~ cellulaire 多孔玻璃	~ gradué 量杯
~ chauffé 热玻璃	~ gras 不透明玻璃
~ clair 透明玻璃	~ gravé 压花玻璃
~ coloré 色玻璃,彩色玻璃	~ grossissant 放大镜
~ coulé 浇制玻璃	~ homogène 均质玻璃
~ coulé laminé 压延玻璃	~ imprégné 黏结玻璃
~ courant 窗用平板玻璃	~ incassable 不碎[防弹]玻璃
~ creux 中空玻璃	~ incoloré 无色玻璃
~ d'écran 信号眼镜玻璃,显示屏玻璃	~ laiteux 乳白色玻璃
~ d'optique 光(线)束光学玻璃	~ liparitique 流纹质玻璃
~ de bâtiment 建筑用玻璃	~ liquide 水玻璃,硅酸钠
~ de chat 云母	~ matériau 玻璃材料
~ de contact 角膜玻璃	~ métallifère 嵌丝玻璃,装甲玻璃
~ de couleur 有色玻璃	~ mince 薄玻璃
~ de cristal 结晶玻璃	~ mosaïque 拼花[嵌花]玻璃,玻璃马赛克
~ de fossile 火山玻璃	~ moulé 压制玻璃
~ de l'élément 电池瓶,电池缸	~ mousse 泡沫玻璃
~ de Moscovie 白云母	~ ondulé 波纹玻璃
~ de plomb 铅玻璃,燧石玻璃	~ opale 乳白色珐璃,不透明玻璃
~ de protection 不碎玻璃,防护玻璃,防护眼镜	~ opalin 乳白玻璃
~ de quartz 石英玻璃	~ optique 光学玻璃
~ de sécurité 安全玻璃,不碎玻璃,防弹玻璃	~ ordinaire 普通玻璃
~ de sûreté 不碎玻璃,安全玻璃	~ organique 有机玻璃
~ de teinte 色玻璃	~ plan 信号眼镜玻璃,平晶玻璃
~ dégivreur 除霜玻璃,防结冰玻璃	~ plaqué 镶拼色玻璃,双层信号色玻璃
~ dépoli 毛[暗光、磨砂、乳白色]玻璃	~ plat en feuille 平板玻璃
~ difficilement fusible 难熔玻璃,耐火玻璃	~ poli 磨光玻璃
~ dispersif 扩散玻璃	~ potasso-sodique 钾—钠玻璃
~ dosimètre 玻璃量筒,玻璃计量仪	~ pressé 压制玻璃
~ double 双层玻璃(外层为有色玻璃),极厚玻璃,双层玻璃	~ prismatique 折光玻璃,菱形玻璃,车线玻璃
	~ pulvérisé 玻璃粉
	~ Pyrex 派勒克斯(硬质)玻璃
~ doublé 闪光玻璃	~ quartzeux 石英玻璃

~ rayé 雕花玻璃
~ réfractaire 耐热玻璃
~ soluble 水玻璃，可溶玻璃
~ stratifié 叠层玻璃
~ strié 波纹玻璃，条纹玻璃
~ taillé 结晶玻璃，雕花玻璃
~ teinté 染色玻璃，彩色玻璃
~ tendre 软玻璃
~ trempé 钢化玻璃
~ translucide 半透明玻璃
~ travaillé 成形玻璃
~ trempé 钢化[淬火、硬质]玻璃
~ triplex 三层玻璃（中间层为塑料）
~ uviol 透紫外线玻璃
~ volcanique,~ des volcans 火山玻璃，黑曜岩，黑曜石

verrerie f 玻璃工厂，玻璃器皿，玻璃仪器
~ de laboratoire 实验室的玻璃器皿或玻璃仪器

verreux a 玻质的，玻璃的

verrier m 玻璃工人

verrière f 蒸发测定池，大花玻璃窗；大块玻璃板

verrou m 锁，销，栓，插销，锁闭器，插销导叶；弹簧锁舌，止动装置，止推装置；岩坝，峡谷
~ à ressort 弹簧锁，弹簧止动器
~ de nuit 安全锁，保险销
~ de sécurité 安全锁，保险锁
~ de sûreté 安全锁
~ électrique 电锁器
~ électrique à réenclenchement forcé 强制切断的电锁器，强制复位的电锁器
~ électromécanique 电锁器

verrouillage m 锁，锁闭，锁紧，连锁，闭塞，闭塞装置，连锁装置；闭合，闸板，插上插销
~ à crochets 钩式锁定装置
~ à disque 锁闭盘；圆形锁
~ de lame 开关保险销

verrouillé a 缩紧的，制动的；接通的，闭合的

verrouiller v 上闩，上锁，闭锁，封锁，止动
~ un marché 控制市场，垄断市场
~ une situation 控制局面

verrucite f 中沸石

vers prép 向，朝，将近，接近

versant m 山侧，山坡，山谷，斜坡，谷坡，边坡，坡度，山腰，大斜面

~ abrupt 陡坡
~ avalancheux 雪崩坡
~ d'une vallée 谷壁，谷坡，山谷边坡
~ de bout 陡立坡
~ de glissement 滑动坡
~ de l'anticlinal 背斜坡
~ de montagne 山坡，山麓，山腰
~ debout 陡坡
~ du sillon 深谷坡
~ du toit 屋顶斜面，屋顶坡面
~ en pente douce 平缓坡，缓坡
~ plan 斜面
~ vertical 垂直坡，断崖，峭壁

versatile a 易变的，不定的

versatilité f 易变

versé,e a 溢出的，四溢的

versement m 注，注入，支付，付款，缴款
~ à la banque 向银行缴款
~ à la commande 订货付款
~ anticipé 预付款项，提前付款
~ au fonds de réserve 缴公积金，缴储备金
~ compensatoire 补偿支付
~ d'espèces 支付现金
~ de chèque 支票付款
~ différé 延期付款
~ s échelonnés 分期付款
~ en espèces 支付现金，现金支付
~ entier 全部付款
~ par anticipation 预付款项，提前付款
~ partiel 部分付款

verser v 注入，灌进
~ en vrac 散装

Versilien m 维尔西利亚阶（Q，意大利）

version f 方案，种类，译文，文本，版本
~ de marché 合同文本

verso m 反面，背面
~ d'un effet 票据反面

vert m 酸，酸性；a 绿色的，(发)青的；生的，未加工的；新鲜的，未干的
~ antique 古绿石，绿色蛇纹大理岩
~ céladon 天河石
~ de gris 铜绿，孔雀石
~ de montagne 孔雀石

vertantique f 古绿石，杂蛇纹石

vertex *m*	顶点,顶尖,极点,拱顶
～ d'un arc	拱顶,拱冠
vertical, e *a*	垂直的,直立的
verticale *f*	垂线,垂直线,垂直仪
verticillaire *a*	涡流的,涡动的,旋转的
vertile *f*	粒绿帘石
vertisol *m*	变性土,转化土
vertu *f*	效能,效力,功效
en ～ de	根据,按照
vertumnite *f*	水羟硅铝钙石
vesbite *f*	辉黄白榴岩
vésicant, e *a*	起泡的
vésiculaire *a*	多泡的,多孔的
vésiculation *f*	多泡化(作用),气泡化(作用)
vésicule *f*	囊,泡,气泡
vésiculeux, euse *a*	多孔的,多泡的
vessélite *f*	蓝方黑云霞橄玄岩
vessie *f*	囊,泡
vestanite *f*	蚀硅线石
vesterbaldite *f*	碱性辉长玄武岩
vestibule *m*	穿堂,穿廊,连廊,前[门]厅,大厅,过道,候车室,客车通过台,客车出入台
～ d'accès de voiture	客车过道
～ de voiture	客车过道
～ du public (gare)	候车大厅,售票大厅,中央大厅
vésuvianite [**vésuvienne**] *f*	符山石
vésuvite *f*	碧玄白榴岩
veszélyite *f*	荒川石
vêtement *m*	衣服
vétrallite *f*	拉长碱玄响岩
vétusté *f*	无形损耗(器材、装备的)
veule *a*	松散的
viabilité *f*	寿命,生存性,耐久性,服务期限,生活[存]能力,保养程度三通一平,施工前准备工程(水、电、道路、排水管道等),(道路的)可通行状况
～ de la chaussée	路面使用寿命
～ des routes	道路使用寿命
～ économique	经济合理性,经济生命力
～ hivernale	道路的冬季使用能力
viable *a*	可通行的,能生存的
viaduc *m*	旱桥,栈桥,高架桥,跨线桥,高架道路
～ en arc	谷架拱桥
～ surélevé	高架道路
～ en dessus de rails	跨铁路线桥
viagramme *m*	路面平整度曲线
viagraphe *m*	纵断面测量仪(测量路面平整度仪器);平整度量测仪
viandite *f*	海绵状硅华
vibertite *f*	烧石膏
vibétoïte *f*	方解闪辉岩
vibrage *m*	振捣,振动
～ du béton	混凝土振捣
vibrant, e *a*	振动的,颤动的
vibrateur *m*	振子,振动器,振动筛,振捣器(混凝土);断续器,蜂鸣器
～ à aiguilles	棒式振捣器
～ à air	气动振动器,气动振捣器
～ à air comprimé	风动捣固机,风动振捣器
～ à balourd	偏心振动仪
～ à compacter	振动压实机,振动压路机
～ à damer	振动打夯机
～ à haute fréquence	高频率振动器
～ à plaque	平板式振捣器,平板式振动器
～ à plateau	振动板,平板式振捣器,平板式振动器
～ à secousses	振荡器;振动台
～ absorbant	吸附式振捣器,平板式振捣器
～ asymétrique	不对称振子
～ de béton	混凝土振捣器
～ de béton genre brouette	手推车式混凝土振捣器
～ de coffrage	模板(外部)振捣器,附着式振捣器
～ de joints	接缝振捣器
～ de polarité	转极器,转向开关
～ de surface	表面振捣器,附着式振捣器
～ de trémie	振动筛,振动输送器
～ du béton	混凝土振捣器
～ électrique	电动捣固机
～ électro-hydraulique	电动—液压激振器
～ electromagnétique	电磁振动器
～ électromécanique	电力振动器
～ en barre	棒式振动器,插入式振动器
～ externe	表面振捣器,附着式振捣器,外部振捣器
～ flottant	振动板,平板振动器,浮式振捣器,表面振捣器

~ interne 插入式振捣器,内部振捣器
~ magnétique 电磁振动器
~ pneumatique 风动振动器,风动振捣器
~ pour revêtements en béton 混凝土路面振动器
~ superficiel 表面振动器
~ ultrasonique 超声波振捣器,超声波振动器

vibration f 振动,振荡,振捣,颤动,摆动,摇动
~ amortie 阻尼振动
~ artificielle 人工振动
~ asymétrique 非对称振动
~ centrifuge 离心振动
~ climatique 气候振动
~ contrainte 强制振动
~ dans la masse 内部振动,内部振捣
~ de coffrage 模壳振动
~ de flexion 弯曲振动
~ de l'environnement 环境振动
~ de torsion 扭振
~ des coffrages 模壳振动
~ du béton 混凝土振动
~ élastique 弹性振动
~ entretenue 强制振动
~ erratique 随机振动,无规则振动
~ excessive 剧烈振动
~ externe 外部振动
~ fondamentale 基本振动
~ forcée 强迫振动
~ forcée amortie 有阻尼强迫振动
~ forcée en régime permanent 稳态强迫振动
~ forcée harmonique 强迫谐振
~ giratoire 旋转振动
~ harmonique 谐(和)振(动)
~ horizontale 水平振动
~ instantanée 瞬时振动
~ interne 内部振动
~ libre 自由振动,自由振荡
~ libre harmonique 自由谐振
~ longitudinale 纵向振动
~ mécanique 机械振动,机械振捣
~ naturelle 自然振动,固有振动
~ superficielle 表面振动
~ transversale 横向振动
~ vertical 垂直振动

vibratoire a 振荡的,振动的,摆动的
vibrer v 振动,振荡,摆动
vibreur m 振动[振荡]器,振(动)子,振动筛,断续器,蜂鸣器,变流器,线圈短路测试仪,振动子换流器
~ de coffrage 模板(外部)振捣器,附着振捣器
~ de départ 起动线圈,起动线圈断续器
~ de signalisation 蜂音器,蜂鸣器
~ léger 轻型振动器

vibreuse f 振动机,表面振捣器
vibreuse-finisseuse f (混凝土路面)振动修整机,路面振捣修饰机
vibro-classeuse f 振动筛,振动分级器,振动筛分机
vibro-classification f 振动分级
vibro-compacteur m 振动夯,振动捣固机
vibro-crible m 振动筛,摆筛机
~ du type à excentrique 离心式(偏心式)振动筛
vibro-dameur m 振动夯,振动样板,振动整面机,振动捣固机,振动夯实机
vibro-finisseuse f (混凝土)振动整面机,振动样板
vibroflottation f (地基)振冲(压密)法,振动式地面磨光机
vibro-fonsage m 振动沉桩
vibro-fonceur m 振动打桩机
~ pour palplanches 振动打板桩机
vibroforage m 振动凿岩;振动钻
vibrographe m 示振器,振动记录器
vibrolissage m 振动镘光(混凝土路面)
vibro-lisseuse f 振动镘板
vibro-marteau m 振动打桩机
vibromètre m 振动仪,振动计,测振计
vibropacteur m 振动压实工具
vibropactor 履带压实机
vibroscope m 振动计
vibro-séparateur m 振动分级机
vibroserrage m 振动捣实
vibrosismique f 可控震源地震勘探
vibro-surfaceur m (混凝土)振动整面机
vibro-tamis m 振动筛
vibrotassement m 振动捣实
vibro-transporteur m 振动输送机

～ à couloir 凹槽式振动输送机
～ à couloir en forme d'auge 槽式振动输送机
～ à deux gouttières 双槽式振动输送机
～ tubulaire 管道式振动输送机
vibro-trieur *m* 振动筛分机
～ distributeur 振动筛分机,振动粒度分级器
vice *m* 缺陷[点],毛病,故障,瑕疵
～ apparent 外形缺陷,明显缺陷
～ caché 隐蔽缺陷
～ d'arrimage 缺陷
～ d'emballage 包装缺点,包装不良
～ de chargement 错装,装车缺点,装车不良
～ de conformation 畸形
～ de construction 施工缺陷,结构缺陷,结构缺点
～ de fabrication 制造疵点,生产缺陷
～ de forme 外形缺陷
～ de l'ouvrage 工程缺陷
～ de matière 材料缺陷
～ directeur 副经理;副厂长;副校长
～ inhérent 内在缺陷,固有缺陷
～ latent 潜在缺陷
～ propre 内在缺陷,自身缺陷,固有缺点,本身缺点
～ propre de la marchandise 商品自身缺陷
～ s de l'ouvrage 工程缺陷
vice-versa *a* 相反的,相互的
vicieux *a* 有缺陷的,有毛病的
vicinal *a* 邻接的,邻近的
vicinalité *f* 村间小道,村间交通
vicissitude *f* 变迁,变化,循环
vicoïte *f* 白榴碱玄响岩
vidange *f* 倾出,排出,倒空,卸空,泄水,泄水机,损耗,耗水量
～ de drainage 排水出路
～ de fond 泄水底孔
～ du groupe diesel 柴油机组排空装置
～ du robinet 放水口,放水管
～ gravitatif 重力排水
～ libre 自由出流(口)
～ minima 水库水位最小泄降
～ par gravité 重力排空,重力卸空
～ pour visite 检查用的泄降
vidanger *v* 排出,倒出,排空

vidangeuse *f* 排泄沟,排水沟,排泄装置
vide *m* 空车,缝隙;*a* 空的
à ～ 空载的,空转的;断路的,开路的
～ allant prendre charge 回送空车装货
～ central 楼梯井
～ de dilatation 伸缩缝
～ de dissolution 溶蚀隙
～ s de surface (混凝土)麻面
～ en retour 回送空车
～ karstique 喀斯特现象,溶洞现象
～ s laissés entre les grains 颗粒间空隙
～ rempli d'air 含气空隙,含气孔隙
～ s résiduels 残余孔隙,残留孔隙
～ supra-capillaire 超毛细管间隙
vidéo *m* 视频,图像,电视,影像
vidéophone *m* 电视电话,显像电话
vidéotéléphone *m* 电视电话,显像电话
vider *v* 放水,排空,抽空,倒空,退出,让出
vidigraphe *m* 录像机,录像设备
vie *f* 寿命,生命,活力,耐用度,安全性,使用期限,使用寿命,工作时间
～ d'emmagasinage 储存期限,储存时间
～ d'un produit 产品的寿命
～ de stockage 封存期限,库存期限
～ de travail 使用寿命
～ descriptive 使用期限,使用寿命
～ du barrage 坝的使用年限
～ du matériel roulant 机车车辆使用年限
～ économique 最经济的使用寿命;经济生活
～ effective 有效使用期
～ en pot 储存期限,极限保存期
～ moyenne 平均寿命
～ professionnelle 职业生活
～ utile 有效期,使用期限
vieieux, euse *a* 有缺陷的,有毛病的
vieilles matières 旧器材,旧材料,废旧器材
vieillesse *f* 老化,陈旧
vieilli, e *a* 老化的,衰退的;时效处理的
vieillir *v* 变老;陈旧
vieillissement *m* 老化,陈化,变质;风干(木材的);时效,时效处理
～ accéléré 加速老化
～ après écrouissage 变形后时效处理
～ artificiel 人工时效,人工老化[风干]

viellaurite

~ des boues　污泥老化，污泥变陈
~ du rail　钢轨老化
~ mécanique　损耗，磨损
~ naturel　自然老，自然时效
~ par trempe　淬火时效
~ thermique　热时效，热老化

viellaurite　*f*　杂菱锰橄榄石
vierge　*a*　未精炼的，未用过的，未开垦的
vierzonite　*f*　粉状蛋白石，肝蛋白石，铁铝硅赭土
vieux, euse　*a*　老的，旧的，古的
vieux-grès　*m. pl*　老砂岩（泥盆纪，砂岩）
vieux-grès-rouges　*m. pl*　老红砂岩
vieux-travaux　*m. pl*　废弃坑道
vif, ve　*a*　活泼的，有生命的，尖锐的，强烈的，强壮的，快速的，流动的，鲜艳的
vigezzite　*f*　维铌钙矿，铌钙易解石
vigie　*f*　楼，小房，闸楼，瞭望哨，瞭望间
vigilance　*f*　警戒（按钮）
vignette　*f* de validité　有效戳记
vignette-taxe　*f*　（colis）包裹戳记
vigoureux, euse　*a*　强大的，有力的，猛烈的
vigueur　*f*　力量，强度，效力

~ du relief　地形起伏，地形指数
~ en (disposition, tarif, règlement)　从……起生效（规定、运价、规章等）

viitaniemiite　*f*　氟磷铝钙钠石
vilcinal, e　*a*　村落间的，地方性的
vilebrequin　*m*　曲柄，曲轴，曲柄钻，手摇钻

~ à cliquet　弓摇钻
~ à main　手摇钻

village　*m*　村庄，乡村
villarsite　*f*　变橄榄石
ville　*f*　城市，都市

~ d'origine　中心城市
~ dortoir　（大城市附近的）卫星城
~ linéaire　条形城市，带形城市
~ satellite　卫星城市

villiersite　*f*　镍滑石
vilnite　*f*　硅灰石
viluite　*f*　硼符山石
vimsite　*f*　维羟硼钙石
vincentite　*f*　文砷钯矿
vinogradovite　*f*　白钛硅钠石
vintilite　*f*　闪英粒玄岩

vinyle　*m*　乙烯树脂
vinylite　*f*　聚氯乙烯基树脂
vinyplaste　*m*　硬聚氯乙烯塑料，聚氯乙烯塑料
violacé　*a*　紫色的
violaïte　*f*　铁镁钙辉石
violarite　*f*　紫硫镍矿
violation　*f*　违犯［背、反、章］，不履行

~ d'un accord　违反协定
~ d'(un) contrat　违约，违反合同，违背合同
~ des consignes de sécurité　违反安全技术条例

violence　*f*　猛烈，激烈；（炸药的）猛度；强度，力度

~ de l'explosion　爆炸力
~ des pluies　雨灾，水灾；降雨强度

violent, e　*a*　猛烈的，急剧的
violite　*f*　紫叶绿矾
virage　*m*　盘旋，旋转；掉头，转弯，弯路，拐角，转弯处

~ à grand rayon　大半径弯道
~ contraire　掉头
~ d'entrée　进口转弯道，转入，转弯驶入
~ de la route　弯道
~ de sortie　转出，转弯驶出
~ du moteur diesel　柴油机盘车
~ en dos d'âne　驼峰弯道
~ en épingle à cheveux　发针形曲线转弯道
~ en épingle à cheveux 360°　360°转弯
~ en fer à cheval　马蹄形弯道，急转弯道
~ en S　S形弯道
~ léger　轻微转弯
~ non relevé　不设超高的弯道，大半径弯道
~ prise à grande vitesse　急转弯
~ relevé　设超高的弯道
~ serré　急转弯，小转弯
~ très accentué　急转弯

virement　*m*　转账，划账，挪用，旋转，掉头

~ automatique　自动转账
~ bancaire　银行转账
~ budgétaire　财政拨款
~ de compte　转账
~ de crédits　挪用预算拨款
~ de fonds　现金转账，挪用预算拨款（将某项预算拨款转用于他项）
~ déplacé　对外转账
~ externe　对外转账

～ interne　内部转账
～ par téléphone　电话转账
～ permanent　长期转账
～ postal　邮局转账
～ sur place　当地转账
～ télégraphique　电汇
～ un compte　转一笔账

virer *v* 旋转,掉头
　～ le moteur à la barre　用杠杆盘车

virescite *f* 绿辉石
vireur *m* 盘车扳手
virgation *f* 分支,分叉,褶皱分支
virgilite *f* 硅锂石
virgula *f* 中轴
viridine *f* 锰红柱石
viridite *f* 针铁绿泥石,绿色蚀变产物,岩石中绿色含铁矿物群
virole *f* 箍,环,圈,管节,套管,管接头;金属箍环;钢模
　～ d'entrée　进水套管
　～ de pieu　桩箍
　～ de raccordement　连接环,接合环
　～ de tuble　管箍(环);管节,管接头

virtrain *m* 镜煤,无烟煤
virtualité *f* 实际,可能性,潜在性
virtuel, elle *a* 虚的,可能的,有效的,潜在的,实际上的
vis *f* 螺[钉、丝、栓],螺旋,螺杆,螺纹,螺丝钉,螺旋器
　～ à ailettes　翼形螺钉,元宝螺钉
　～ à bois　木螺钉,木螺丝
　～ à œillet　带眼螺栓
　～ à cheville　双头螺钉
　～ à écrou pour chantier　施工用螺旋千斤顶
　～ à fixer　固定螺钉
　～ à métaux　金属用螺钉
　～ à œil　环首螺钉,带圈螺钉
　～ à œillet　带眼螺栓,带圈螺钉
　～ à oreilles　元宝螺钉,蝶形螺钉
　～ à papillon　翼形螺钉,元宝螺钉
　～ à pas progressif　渐进螺距螺丝钉
　～ à pierre　宝石轴承
　～ à scellement　锚栓,地脚螺栓,基础螺栓
　～ à tête　带头螺丝,有帽螺钉,有头螺钉

～ à tête carrée　方头螺钉
～ à tête cylindrique　圆柱头螺钉
～ à tête fendue　有槽螺钉,槽头螺钉
～ à tête fraisée　埋头螺钉
～ à tête fraisée bombée　半沉头螺钉
～ à tête hexagonale　六角头螺钉
～ à tête moletée　滚花头螺钉,滚花螺帽螺钉
～ à tête noyée　沉头螺栓
～ à tête Philips　十字槽头螺钉
～ à tête plate　平头螺钉,埋头螺钉
～ à tête ronde　圆头螺钉
～ à tête six pan　六角头螺钉
～ auto-fileteuse　自攻螺钉
～ bloquée　锁紧螺钉
～ borne　断接螺钉,接线螺钉
～ bouchon　螺塞
～ calante　定位[地脚]螺钉
～ calée　锁定螺丝
～ calibrée　精致螺钉
～ calmante　地脚螺钉,校平螺钉
～ centrale　中央螺栓,定位螺栓
～ cuvette　无头螺钉
～ d'accord　调整螺钉,调谐螺钉
～ d'adaptation　调整螺钉
～ d'ajustage　调整螺钉
～ d'ancrage　锚固螺钉
～ d'Archimède　螺旋升水器,螺旋输送机
～ d'arrêt　紧定[止动、固定、锁紧、定位]螺钉
～ d'assemblage　连接螺丝
～ d'écartement　支撑螺栓
～ d'extraction du ciment　螺旋式水泥输送机
～ d'Archimède　螺旋输送机
～ de blocage　锁紧螺钉
～ de blocage manuelle　人工锁紧的螺丝
～ de butée　止挡螺钉,止动螺钉
～ de butée mal réglée　未调好的止动螺钉
～ de centrage　定中心螺丝,对中螺丝
～ de changement de marche　回动螺杆
～ de contact　接触螺丝;保安器上放电螺丝
～ de correction　调整螺钉
～ de dosage　螺旋配料输送机
～ de fermeture　螺塞,螺堵
～ de fixation　固定螺钉,定位螺钉,夹紧螺钉
～ de fondation　地脚螺钉

~ de manœuvre　操纵螺杆
~ de montage　组装螺钉,定位螺钉,安装螺钉
~ de rappel　微动螺钉,调整螺钉
~ de réglage　调整螺钉
~ de serrage　反正扣,紧线螺栓,止动螺钉,夹紧螺钉,接线螺钉
~ de tendeur　拉近螺钉,紧线螺钉
~ de vérin　千斤顶螺栓
~ décanteuse　螺旋过滤器,螺旋倾析器,螺旋式喷砂回收装置
~ Edison　爱迪生螺纹
~ estampée　冲压螺钉,铆钉
~ femelle　螺母,螺帽
~ fendue　键槽螺钉
~ filetée à droite　右螺旋螺钉
~ filetée à gauche　左螺旋螺钉
~ fixatrice　固定螺钉
~ fraisée　沉[埋]头螺钉
~ griffée　带钩螺钉
~ guidée　自功螺钉
~ hollandaise　螺旋输送器
~ imperdable de fixation　不松脱定位螺丝
~ laveuse　螺旋式倾析—洗涤输送机
~ mâle　螺杆,丝杠
~ mélangeuse　螺旋式叶浆搅拌机,混合绞刀
~ mère　丝杠
~ métrique　公制螺纹
~ micrométrique　千分丝杠,侧微螺钉,微动螺钉
~ moletée　滚花螺钉,有槽螺钉
~ noyée　埋头螺钉
~ Parker　金属薄板螺钉
~ plate　平头螺丝
~ platinée　铂触头,铂接点
~ pleine　未套丝螺杆
~ pour la terre　螺旋土钻
~ profilée　圆头螺钉
~ régulatrice　调整螺丝
~ sans d'amenée　螺旋进料器
~ sans de classement　螺旋分级器,螺杆式分级装置
~ sans fin　蜗杆,螺杆
~ sans fin alimenteur　螺旋进料器,蜗杆式供料机
~ sans fin d'alimentation　螺旋进料器
~ sans tête　埋头螺钉,无头螺钉
~ sans tête à six pans creux　六角无头螺钉
~ sans tête à six pans creux à bout pointu　六角尖底无头螺钉
~ sans transporteuse　螺旋输送器[机]
~ tangente　蜗杆
~ taraudée　工艺螺丝
~ tête cylindrique haute percée　顶部穿孔的圆柱头螺钉
~ téton　球头螺钉
~ transporteuse　螺旋输送机

visa *m*　签证,检验,同意
~ consulaire　领事签证
~ d'approbation pour exportation　出口批文
~ d'approbation pour importation　进口批文
~ d'entrée　入境签证,进口签证
~ de douane　海关签证,海关检验
~ de séjour　居留签证
~ de sortie　出口签证,出境签证
~ de transit　过境签证,通行签证
~ du consulat　领事馆签证
~ pour timbre　税款付讫章
~ Schengen　申根签证
~ technique　技术签证
~ uniforme　统一签证

vis-à-vis *adv*　面对面地,相对地
visco-élasticité *f*　黏弹性(理论)
viscoélastique *a*　黏弹性的
viscoplasticité *f*　黏塑性(理论)
viscoplastique *a*　黏塑性的
viscosifiant *m*　增黏剂
viscosimètre *m*　黏度计
~ à chute de bille　落球式黏度计
~ à cylindres concentriques　同心圆筒式黏度计
~ à écoulement　流量黏度计
~ à jet　喷射黏度计
~ à rotation　旋转黏度计,转筒式黏度计
~ à tube capillaire　毛(细)管黏度计
~ capillaire　毛细管黏度计
~ d'Ostwald　奥斯托惠尔特黏度计(毛细管黏度计)
~ Engler　恩氏黏度计
~ international standard　国际标准黏度计,标准

　　　　煤沥青黏度计
　　～ rotatif　旋转式黏度仪
　　～ Saybolt　塞波特黏度计
　　～ Technique　工程(用)黏度计
viscosimétrie *f*　黏度测定(法)
viscosité *f*　黏性,黏度,黏滞度,黏性,黏(滞)性,附着性
　　～ absolue　绝对黏滞性
　　～ apparente　表观黏滞性,视黏滞性
　　～ cinématique　运动黏度,黏滞率
　　～ de l'air　空气黏性
　　～ de la roche　岩石黏结度
　　～ de Saybolt-Furol　赛氏厚油黏滞度
　　～ des bitumes　沥青黏滞度
　　～ diélectrique　介质黏度
　　～ du milieu　介质黏度
　　～ dynamique　动力黏度
　　～ élevée　高黏度
　　～ Engler　恩氏黏度
　　～ interne　内黏滞性
　　～ magnétique　磁黏性,磁黏滞性
　　～ moléculaire　分子黏滞性
　　～ relative　相对黏度
　　～ spécifique　比黏度,单位黏度;定位韧性
　　～ turbulente　紊流黏性
visée *f*　瞄准,照准,观测,(地形测量)对准线,视准线
　　～ arrière　后视
　　～ avant　前视
　　～ directe　直视
　　～ inverse　反视
　　～ topographique　地形测量视准线
viséite *f*　沸水硅磷钙石
viser *v*　瞄准,对准,观测
　　～ à　致力于,有志于
viseur *m*　照准器,观测镜,指示器(计算尺的),探测器,取景器,检景器,视测镜
　　～ électronique　电子取景器,电子寻像器(电视摄影机中用)
　　～ optique　光学瞄准器
viseur-redresseur *m*　反向探测器
vis-guide *f*　导向螺杆
vishnevite *f*　硫酸钙霞石
visibilité *f*　视程,视野,清晰度,可见度,能见度,能见距离
　　～ atmosphérique　大气能见度
　　～ au sol　地面能见度
　　～ bilatérale　路两侧视野
　　～ dans le virage　转弯处的视野
　　～ de dépassement　超车视距
　　～ de nuit　夜视,夜间能见度
　　～ en courbe　曲线视距
　　～ en plan　平面视野
　　～ en profil en long　纵断面视野
　　～ en signalisation routière　道路信号标志能见度
　　～ illimitée　无限的能见度;无限视野
　　～ panoramique　全景视野
　　～ réduite　不良视野
　　sans ～　能见度极差的
　　～ sur les voies　在信号楼上的可见范围
　　～ totale　全视野
　　～ unilatérale　路一侧视野
　　～ vers l'avant　前视野,前视能见度
　　～ vers l'arrière　后视野,后视能见度
　　～ verticale　垂直能见度
visible *a*　可见的,明显的,显著的
visière *f*　挡板,遮光板,遮阳板,色灯信号帽檐,锡石双晶;盾构掘进,桥墩尾端
　　～ de défilement　遮光板
vision *f*　视力,能见度,视线,视觉,观察,幻象
　　～ binoculaire　双目视觉
　　～ crépusculaire　黄昏视觉
　　～ diurne　昼间视觉
　　～ exacte des couleurs　辨色力
　　～ indirecte　间接视力,网膜外的中心视力
　　～ nocturne　夜视,夜间视觉,红外线观察
　　～ périphérique　周围视力,网膜视觉
　　～ photonique　白昼视觉
　　～ stéréoscopique　立体影像
visionneuse *f*　观测仪
visiotéléphone *m*　电视电话
visite *f*　检查,检验,考察,踏勘,视察,访问,参观
　　～ amicale　友好访问
　　～ au défilé (wagons)　在运行中的检查(货车),不停车检查
　　～ d'entretien　维护检查,保养
　　～ d'entretien courant　定期保养

visiter

~ d'inspection 检查
~ de chantier （施工）现场查看,现场踏勘
~ de contrôle périodique 定期检查
~ de la douane 海关检查
~ de travail 工作访问
~ des chaudières 锅炉检查
~ des freins 制动机检查
~ des organes de roulement 轮轴检查
~ des ouvrages pour contrôle 工程检查
~ du train 列车检查
~ intermédiaire 中间检查
~ normale de prise et de fin de service 工作前后的常规检查
~ officielle 正式检查,正式访问
~ périodique 定期检查,定检
~ périodique des locomotives électriques 电力机车定期检查
~ sanitaire 健康检查,卫生检查
~ sommaire 一般检查
~ sommaire de la locomotive 机车一般检查
~ sur place 现场考察,现场踏勘
~ technique du matériel remorqué 车辆技术检查

visiter v 检查,视察,访问,参观
visiteur n 来宾,检查员,视察员,访问者,参观者
~ des wagons 检车员
vis-mère f 丝杆
visqueux, euse a 黏的,黏滞的,黏性的,韧性的
vissage m 拧紧,螺钉连接,旋紧螺丝钉
vissé a 用螺钉固定的
~ à fond 拧到底的
visser v 旋紧,用螺钉固定
~ à bloc 拧紧
~ à fond 拧到底
~ à la main 用手拧螺丝
visserie f 螺钉类,螺钉工厂
visseuse f 螺纹车床
visualisation f 目视,观测,用肉眼检查,目视观察;显形,显像
visualiser v 目视,观测
visuel, elle a 眼的,视力的,可见的,直观的
vitalité f 生命力,生活力
vite a 快的,快速的
~ au plus 尽可能快,最快

vitesse f 快,迅速,速度,速率,转速
~ à grande 高速的,高速度的
~ à l'heure 时速
à lente ~ 慢速的,低速的
~ à variable 变速的,可变速的
~ à vide 空载速度（速率）,巡游速度（空车揽客时的速度）
~ absolue 绝对速度
~ accélérée 高速,加速度,加速货运（快运货物）
~ acheminement 运送速度,行车速度
~ admise 容许速度,容许速率
~ admissible 容许速度,许可速度
~ admissible de parcours 容许行车速度
~ affichée 计划速度,恒定速度,指令速度
~ angulaire 角速度
~ annulaire 环状回流速度
~ apparente 视速度,表现速度
~ arrière 后退速度,倒车速度
~ ascendante 增大的速度,增速
~ ascensionnelle 爬升速度,爬升速率
~ assignée 给定速度（转速）,指定速度,规定速度（转速）
~ au régime continu (vitesse continue) 持续制功率下的速度（持续制速度）
~ au régime unihoraire (vitesse unihoraire) 小时制功率下的速度（小时制速度）
~ autorisée 容许速度
~ avant 前进速度,向前速度
~ but (commande automatique de la marche des trains) 目的速度（列车行车自动控制）
~ calculée 计算速度,设计速度
~ cinétique 运动速度
~ circonférentielle 圆周速度
~ commerciale 旅行速度
~ composante 分速度
~ constante 恒速,等速,常速,固定速度
~ corpusculaire 质点速度
~ critique 临界速度,极限速度,运动速度
~ critique d'amorçage 临界启动转速
~ critique d'amorçage en régime de freinage rhéostatique 变阻制动时的临界启动转速
~ critique de refroidissement 临界冷却速度
~ critique minimale 最小临界速度
~ critique secondaire 二阶临界转速

~ croisière 巡航速度
~ d'accès 车辆入口速度
~ d'accostage 车钩碰撞时车行速度(车辆连接)
~ d'action 反应速度
~ d'affaissement 下沉速度,沉降速度
~ d'air 风速;航速
~ d'allumage 点火速度,引燃速度
~ d'allumage d'un moteur thermique 热力发动机的引燃速度
~ d'application de la charge 加载速度
~ d'approche 接近速度,接近目的地的速度,行进速度
~ d'arrivée 接近速度,行进速度
~ d'ascension capillaire 毛细水上升速度
~ d'atterrissage (飞机)着陆速度
~ d'autorégulation 自动调整速度
~ d'avancement 钻进速度;掘进速度
~ d'écoulement 流速
~ d'écoulement d'eau en tuyau 管内水流速度
~ d'écoulement d'eau souterraine 地下水流速度
~ d'écoulement de calcul 设计流速,计算流速
~ d'écoulement des eaux 水的速度
~ d'écurage 冲刷速度
~ d'enroulement (用卷扬机)绞起速度,卷绞速度
~ d'équilibre 均衡速度,稳定速度
~ d'excavation 挖掘速度,掘进速度
~ d'exécution 施工速度,施工进度,运算速度,操作速度,工程进展速度
~ d'explosion 爆炸波传播速度
~ d'infiltration 下渗速度;灌注速度(人工补给)
~ d'inscription 记录速度
~ d'insertion (高速公路)入口速度
~ d'opération 运行转速;运算速度
~ d'usure 磨损速度,磨耗速度
~ de base 设计速度,基本速度
~ de base maximale 最大设计速度
~ de base recommandée 推荐设计速度
~ de battage 打桩速度
~ de changement 装载速度,加载速度;进料率
~ de changement de la portée 旋臂变距速度(起重机)
~ de chargement 装载速度,加载速度;进料率

~ de choc 冲击速度
~ de chute 落下速度,坠落速度,沉降速度
~ de chute des particules en suspension 悬浮颗粒沉降速度
~ de circulation 运行速度
~ de cisaillement 剪切速度
~ de combustion 燃烧速度
~ de congélation 冻结速度
~ de consolidation 固结速度
~ de consommation kilométrique minimale 每公里最小耗油量
~ de convergence 收敛速率
~ de coulée 浇注速度,灌浆速度
~ de courant 流速
~ de course 行驶速度
~ de creusement 掘进速度
~ de débit 流速
~ de déboitement (高速公路)出口速度
~ de débranchement 调车速度,解体速度
~ de décantage 卸载速度;排泄速度,沉淀速度
~ de décharge 运行速度,移动速度,卸载速度;排放速度
~ de déformation 变形速度
~ de déformation linéique relative 相对线性变形速度
~ de démarrage 启动速度
~ de déplacement 移动速度,位移速度
~ de dépôt 沉淀速度
~ de descente 下降速度,下降率
~ de détonation 起爆速度
~ de distorsion 畸变(扭曲)速率
~ de filtration 过滤速度
~ de filtration de Darcy 达西渗透速度
~ de fin de démarrage rhéostatique 变阻启动终了的速度
~ de fluage 蠕变速度,流变速度
~ de fonctionnement 运行速度
~ de forage 钻进速度
~ de givrage 结冰速度
~ de glissement 滑动速度,滑移速度
~ de gonflement 膨胀速度
~ de l'ailure 运行速度,行驶速度
~ de l'eau 水(流)速(度)
~ de la circulation 运行速度,行驶速度

~ de la propulsion 行驶速度
~ de la route 运行速度
~ de lecture 读出速度
~ de levage 提升速度
~ de manipulation 键控速度,工作速率
~ de marche 运行速度,走行速度,运转速度
~ de marche à vue 瞭望行车速度
~ de marche libre 自由运转速度
~ de mise en charge 加荷速率
~ de modulation 调制速度
~ de montée 提升速度,爬升速度
~ de montée de l'eau 水位上升速度,上升速率
~ de montée des eaux 涨水速度
~ de non intersection 交叉口间路段的车速
~ de parcours 行车速度,运行车速
~ de passage 流速;通过速度
~ de pavage （道路）铺筑速度
~ de perforation 穿孔速度
~ de perméabilité 渗透速度
~ de phase 相位速度,相速度
~ de phase d'une onde 相速度
~ de plafond 极限速度,最大速度
~ de pleine marche 全速
~ de pointe (d'un moteur thermique) 最高转速,试验超速（内燃机的）
~ de prise 凝固速度
~ de progression 掘进速度
~ de propagation (frein à air) 制动波传播速度（空气制动机）
~ de ralenti d'utilisation (d'un moteur thermique) 使用空载速度（内燃机）
~ de ralenti minimum (d'un moteur thermique) 最低空载速度（内燃机）
~ de réaction 反应速度
~ de réduction 降低速度,减速
~ de refroidissement 冷却速度
~ de régime 使用速度,工作速度,运转速度,额定速度
~ de régime d'un moteur thermique 内燃机额定工作速度
~ de remorque 牵引速度
~ de répandage 摊铺速度
~ de réponse 反应速度,响应速率
~ de retour （车辆）回程速度
~ de rotation 旋转速度,转速
~ de roulement 行车速度,滚动速度
~ de route 技术速度
~ de rupture 破裂速度,破坏速度,断裂速度
~ de sécurité 安全（行驶）速度
~ de sédimentation 沉降速度,沉淀速度
~ de sortie （高速公路）出口速度；输出速度
~ de synchronisme 碰撞速度,冲撞速度
~ de tamponnement 圆周速率,切向速度
~ de trafic 行车速度
~ de translation 移动速度,平移速度
~ de transmission 传输速度
~ de transport 运送速度
~ de transport de l'énergie 能量传送速度
~ de travail 工作速度
~ décroissante 逐步降低的速度
~ démultipliée 减速速度
~ des tassements 下陷速度
~ des véhicules 行车速度
~ des vents 风速
~ descendante 减速度
~ du courant 流速
~ du flux 流速
~ du mouvement 行驶速度
~ du nœud （道路）交叉点的车速,交叉口的速度
~ du point 瞬时车速（车辆通过某一定点时的速度）
~ du point de jonction （道路）交叉点的车速
~ du projet 设计速度
~ du trajet 运行速度
~ du vent 风速
~ effective (commande automatique de la marche des trains) 有效速度,实际速度（列车行车自动控制）
~ élevée 高速度
~ en avant 向前速度,前进速度
~ en descente 减速度
~ en marche avant 向前速度,前进速度
~ en palier 在平道上的速度
~ en pleine voie 区间运转速度
~ en virage 转弯速度
~ excessive 过高速度
~ finale 终速

~ frontale 迎面风速
~ horaire 时速
~ imposée 制定速度
~ initiale 初速,初始速度
~ instantanée 瞬时速度
~ instantanée autorisée (commande automatique de la marche des trains) 理论速度(列车行车自动控制)
~ interstitielle 孔隙水流速
~ journalière d'écoulement 日流量
~ la plus élevée permise 最大允许速度
~ libre 自由速度
~ limite 极限流速,临界流速
~ limite d'adhérence totale 全黏着极限速度
~ limite de sédimentation 区段最高速度
~ limitée 限制速度,极限速度
~ linéaire 线速,线速度,直线速度
~ maximale d'un véhicule 车辆最高速度
~ maximum 最高速度,最大速度
~ maximum d'un véhicule 车辆构造速度
~ minimale d'amorçage en régime de freinage rhéostatique 变阻制动时最低启动转速
~ minimum 最小速度
~ minimum de réponse (流速仪的)最小反应转速
~ modérée 适中的速度
~ moyenne 平均流速,平均速度
~ moyenne d'infiltration 平均下渗速度(渗入速度)
~ moyenne de courant 平均流速
~ moyenne de débit 平均输出速度
~ moyenne de mouvement 漂移平均速度,运动平均速度
~ moyenne de progression 平均递增速度
~ moyenne de vent 平均风速
~ moyenne des trains 列车平均速度
~ moyenne entre arrêts 站间平均速度,技术速度
~ nominale 正常速度,额定速度
~ nominale d'un moteur thermique 内燃机的额定速度
~ normale 正常速度;额定速度
~ normale de marche 正常运行速度
~ nulle 零速度,速度为零
~ optimum 最佳速度

~ ordinaire 中速
~ par tranche 层速度
passer une ~ 换速,变速
~ périphérique 圆周速度
~ permise 容许速度
~ petite 慢速,低速
~ plafond 最高速度,极限速度
~ pratique d'approche des échangeurs 接近交叉口的实际车速
~ pratiquée 实际速度
~ prévue 设计速度,预计速度
~ raisonnable 合理速度
~ réduite 降低速度,减速
~ réelle (commande automatique de la marche des trains) 实际速度(列车行车自动控制)
~ réelle de parcours de l'eau 实际流速
~ relative 相对速度
~ sismique 地震速度
~ soutenue (en rampe) (在坡道上的)持续车速
~ stabilisée 稳定速度
~ sur route (筑路机械)在道路上的行驶速度
~ sur tronçon 路段车速,区间车速
~ synchrone 同步速度
~ technique 技术速度
~ théorique (commande automatique de la marche des trains) 理论速度(列车行车自动控制)
~ totale 全速
~ transversale de l'eau 水的横向流速
~ uniforme 等速,匀速,恒速
~ unique 单一速度的货运(不分快运、慢运的货运)
~ unitaire (水轮机的)单位转速
~ variable 变(转)速
~ variante 变速度
~ volumique 容积速度
vitrage *m* 玻璃窗,装玻璃,玻璃器具
vitre *f* 玻璃,窗玻璃,玻璃窗,平板玻璃
~ à visibilité directe 风窗玻璃
~ antibuée 保明玻璃,防水汽玻璃
~ de fenêtre 窗玻璃
~ de sécurité 安全玻璃,防碎玻璃,防弹玻璃
~ opaline 乳白玻璃,不透明玻璃板
vitreux, euse *a* 玻璃状的,玻璃质的
vitrier *m* 装玻璃工

vitrification *f* 玻璃化,使成玻璃状物质,使有光泽

vitrifié *a* 镶有玻璃的,玻璃状的,有光泽的

vitrifier *v* 玻璃化,使成玻璃,使成玻璃状物质

vitrine *f* 橱窗,陈列橱,玻璃橱窗,玻璃柜［橱］

vitrinite *f* （煤岩）镜质体,镜质组

vitrite *f* 微镜煤

vitroandésite *f* 玻质安山岩

vitrobasalte *f* 玻基玄武岩

vitroclastique *a* 玻屑状的

vitrofusain *m* 镜丝煤,半丝煤

vitropatique *a* 玻基的

vitrophyre *m* 玻基斑岩

vitrophyrique *a* 玻（基）斑状的

vitroporphyrique *a* 玻基斑状的

vitrosité *f* 玻璃状态

vittingite *f* 多水硅锰矿

vitusite *f* 磷铈钠石

vivace *a* 生命力强的

vivacité *f* 速率,敏捷,迅速,激烈
～ de la poudre 火药燃烧速度

vivant, e *a* 活的,有生命的

vladimirite *f* 针水砷钙石

vlasovite *f* 硅锆钠石

vocabulaire *m* 词汇,词汇表

vœlckérite *f* 氧磷灰石

vogésite *f* 镁铝榴石（红榴石）,闪正煌岩

voglite *f* 碳铜钙铀矿

vogtite *f* 锰硅灰石,锰三斜辉石

voici *prép* 在这儿,这是,这就是,以下就是

voie *f* 道［通、航］路,轨道,车道,线路,路线,股道;管路,电路;手段,方法,途径,母线;平巷,水平巷道;轮距
à deux ～ s 双线的
～ à câble 架空索道
～ à deux étages 双层道路
～ à forte circulation 重交通道路
～ à grand débit 大交通量道路
～ à grande circulation 大交通量道路
～ à longrines 纵向轨枕线路
～ à péage 收税道路
～ à plusieurs usages 多用车道
～ à quai 站台线
～ à sens unique 单向行驶道路
～ à trois files de rails 双轨距线路
～ abordée à plus de 100km/h 能通过每小时100公里以上行车速度的路线
～ accessoire 侧线,越行线,次要线
～ aérienne 航空线,架空线（传输设备）,架空铁道
～ affluante 支路
～ agricole 农村道路,农用道路
～ artérielle 干道
～ au centre de chaussée 中心车道,中央车道
～ automobile 汽车道,汽车路线
～ autoroutière 高速公路,高速道路
～ aux véhicules lents 慢车道
～ auxiliaire 旁道,便道,辅助道路
～ axiale 中间车道,中央车道
～ banalisée 不分上下行的车道,可变向行驶车道（根据高峰车流情况,早上为上行车道,下午为下行车道）
～ s bordant le trottoir 靠旅客站台的线路
～ carrossable 行车线,可通车的路,行车道
～ charretière 手推车路,二轮车路
～ circulaire 环行线,环路,环行道路
～ circulation impaire 下行运行线,下行走行线
～ classée 分级道路
～ collectrice 集散道路
～ collectrice distributrice parallèle 平行布置的集散车道
～ communale 市镇道路
～ commutable 转接线
～ concurrente 竞争性方式,竞争手段,竞争性径路
～ contiguë 邻接线路
～ côtière 滨河道路,海滨道路
～ d'évitement 让车道,避车道（错车道）
～ d'accélération 加速车道
～ d'accélération négative 减速车道
～ d'accès 引线,引道,进口路,专用线,进入路
～ d'accès à la tête de pont 桥头引道
～ d'acheminement 运送经路
～ d'acheminement pour voyageurs et marchandises 客、货运送经路
～ d'aérage 通风管道,通风巷道
～ d'affectation (triage) 调车编组线
～ d'amenée 入口引道

~ d'approvisionnement en charbon 上煤线
~ d'approvisionnement en sable 上砂线
~ d'arrêt 备用车道,路侧停车处,超车或避车车道
~ d'arrêt d'urgence 紧急停车道
~ d'arrivée 到达线,接车线
~ d'attente 停车道,避车道,避让道,停车线
~ d'attente au départ 发车线
~ d'eau 水道,水路
~ d'eau artificielle 人工水路,人造运河
~ d'écart 集结线
~ d'échange 交接线
~ d'échange des wagons à laisser 交车线(专用线)
~ d'échange des wagons à prendre 接车线(专用线)
~ d'écoulement 溜放线
~ d'embranchement 岔线,联络线,连接线,衔接线
~ d'enroulement 支路(电枢绕组的)
~ d'entrée 进站线,到达线,接车线
~ d'évacuation 列车机车到站后的回库线
~ d'évitement 越行线
~ d'évitement provisoire 临时交会线
~ d'extraction 出渣坑道,出渣线路
~ d'insertion 插入车道
~ d'une moins bonne géométrie 断面不良线路
~ d'usine 工厂专用线
~ de base 运输巷道,下部平巷,下承式公路
~ de bosse (triage) 峰下调车线
~ de branchement 支线
~ de ceinture 环路,带状道路
~ de changement de vitesse 变速车道
~ de chantier 施工道路
~ de chargement 装车线
~ de chargement et de déchargement 装卸线
~ de chemin de fer surélevé 高架铁道
~ de circulation 车道,行车道,行车线
~ de circulation auxiliaire 辅道,辅助车道
~ de circulation des machines 机车走行线
~ de circulation lourde 重车车行道
~ de circulation paire 上行运行线,上行走行线
~ de circulation rapide 快车道
~ de classement 调车线,编组线,选分线
~ de collection 集散道路
~ de communication 交通道路
~ de concentration des vides 空车集结线
~ de contournement 迂回线,绕行线
~ de convergence 合流车道
~ de croisement 会车线
~ de déboitement 分向车道
~ de débord 沿街面道路
~ de décélération 减速车道
~ de dégagement 辅助道路;间道
~ de départ 发车线,出发线
~ de dépassement 超车车道;超车线
~ de dérivation 间路,支路
~ de desserte 服务线(通向设有装卸设备的线路),专用线,沿街道路
~ de desserte côté cour 通向货场方向设有装卸设备的线路
~ de dessertes 专用道路,专用线
~ de dessertes permanentes 常年专用道路
~ de détournement 迂回线
~ de déviation 支路
~ de distribution 支路
~ de division 分流车道
~ de domaniale 公有道路
~ de droite 第一车道,右车道
~ de formation 编组线
~ de freinage 制动车痕
~ de garage 侧线,停车线,备用线,会让线,停车道
~ de garage《médiane》 位于两正线间的会让线
~ de garage actif 越行线
~ de garage pour trains complets 整列车停车线
~ de gare 站线
~ de gauche 左车道
~ de la chaussée 车行道
~ de lavage 洗车线
~ de liaison 联络线,连接道路
~ de locomotive 机车走行车
~ de migration 迁移通路
~s de nettoyage 清洗线
~ de passage 通过线
~ de pénétration (道路行车的)交织路段
~ de pied 下承式公路
~ de protection 安全线

~ de raccordement　连接道路
~ de ralentissement　减速车道
~ de relation　连接线
~ de remisage　停车线,备用线
~ de remise　存车线,停车线
~ de réparation　修车线,检修线,编组线
~ de report（triage）　临时代用(调车)
~ de rocade　环形道路
~ de roulage　运输巷道,运输平巷
~ de secours　备用出口道,安全道
~ de sécurité　安全线,避难线
~ de sens impaire　下行方向线路
~ de sens oppose　反方向线路
~ de service　辅路,便道,站线,调车线,辅助道路,服务性道路
~ de sortie　发车线,出发线,出站线
~ de stationnement　停车道,停车带
~ de sûreté　安全线,避难线
~ de taille　工作面通道,掘进平巷
~ de terre　土路
~ de tête　上承式公路,上部平巷,通风巷道
~ de tiroir　牵出线
~ de tramway　电车道
~ de transfert　中转线
~ de transit　过境道路
~ de triage　编组线,调车线
~ déclive　倾斜线路
~ dédoublée　会让线
~ démontable　施工道路,临时道路,轻便铁道
~ des wagons à charger　装车线
~ descendante　下行线
~ déviée　侧线,支线,岔线,支路
~ d'exploitation　车间距;乡村道路
~ directe　正线,直通线路
~ distincte　专用线
~ double　双线,双通道
~ s doubles　复线,双线
~ élevée　高架道路
~ empruntée　经过的线路,使用的线路
en ~ de　正在……
~ en《goulot》　瓶颈道路(即局部狭窄路段)
~ en alignement　直线线路
~ en avance sur la taille　超前工作面通道,超前掘进平巷

~ en chaussée　铺设路面的轨道
~ en courbe　曲线线路,弯道
~ en déclivité　上下坡线,上下坡道
~ en pente　坡道,上下坡线路
~ en rails soudés　无缝线路
~ en rampe　上坡道,上坡线路
~ en service　快速道路
en ~ d'achèvement　即将竣工
~ et désinfection　消毒线,消毒设备
~ s et installation fixes　线路和固定设备
~ extérieure　路边车道(多车道道路中靠边缘的车道)
~ ferrée　铁路,轨道
~ ferrée de chantier　工地铁路,施工专用铁路
~ forestière　林道,森林道路
~ fréquentée　交通要道
~ hiérarchique　规定程序
~ horizontale　平道,平坡线路
~ humide　湿法,湿式法,湿法试验
~ impaire　下行线
~ impasse　尽头线
~ industrielle　工厂专用线
~ intérieure　内侧车道
~ la moins chargée　轻车车行道
~ la plus chargée　重车车行道
~ latérale　侧线,侧边车道(指三车道路面上的第一、第三车道);沿街道路
~ latérale auxiliaire pour poids lourds　供重车行驶的辅道
~ latérale auxiliaire pour véhicules lents　供慢车行驶的辅道
~ lente　慢车道
~ libre　线路开通
~ libre avec indication de limitation de vitesse　允许限速运行的线路
~ locale　地方道路
~ médiane　中央车道,中间车道
~ métrique　米轨铁路
~ métrique anglaise　英式米轨线路,1.067米距的线路
~ moins armée　不良线路,高低不平的线路
~ monorail　单轨道
~ montante　上行线
~ officielle　正式途径,正式手续

~ paire 上行线
par ~ de 通过……途径,通过……方法
par la ~ de conséquence 因而,所以
~ périphérique 环形道路,带状道路
~ permanente 路面;路基
~ piétonne 人行道
~ pleine 区间线路,开通线路
~ portative 工地便道;轻便铁道
~ pour l'entrecroisement 交汇道路
~ pour les véhicules virants à droite 右转弯车道
~ pour les véhicules virants à gauche 左转弯车道
~ praticable 通车线路
~ préfabriquée 预制轨排
~ primaire 一级道路
~ principale 正线,干线,主要股道(站内)
~ privée 私营道路
~ privilégiée au autobus 公共汽车优先车道
~ profitée à trafic opposé 双向车道
~ provisoire 临时线,便线[道]
~ raccordée 连接道,匝道
~ radiale 辐射路,放射式道路,棋盘辐射线
~ rapide 快车道
~ rapide urbaine 城市快速道路
~ réservée aux autobus 公共汽车专用道
~ réservée aux camions 载重汽车专用道
~ réservée aux piétons 行人专用道
~ résidentielle 住宅区[居住区]街道
~ rurale 农村道路,乡村道路,村镇道路
~ sans ballast 无渣线路
~ saturée 饱和线路
~ sèche 干法,干法试验
~ secondaire 车站侧线,越行线,次要道路
~ secondaire étroite 小路,小巷,胡同,里弄
~ séparée pour tourner 转弯车道
~ s séparées pour tourner 分隔式转弯车道
~ simple 单线铁路
~ soudée 无缝线路
~ souterraine 地下道路
~ suburbaine 郊区道路
~ suivie 经过的线路
~ supplémentaire en rampe 附加爬坡车道
~ surélevée 高架道路
~ suspendue 架空索道,架空线(传输设备)
~ thierne 对角平巷

~ tourne 转弯车道
~ transportable 轻便铁路
~ unique 单通道,单线铁路
~ unique temporaire 临时单线
~ urbaine prioritaire 城市高速道路
~ voisine 邻线

voie-express *f* 快车道
voie-mère *m* d'une roue 车轮变形
voigtite *f* 铁黑蛭石
voilà *prép* 在那儿,那是,那就是,以上就是
voile *f* 幕,罩,帷,幔,帘,壳,壳体,位移,薄膜;废石层
~ atmosphérique 薄雾,雾罩,霾
~ au large 翼形截水墙,翼形齿墙
~ autoportante 自承式薄壳
~ courbe 壳,壳体,薄壳
~ cylindrique 圆柱形薄壳
~ d'injection[écran d'injection, rideau d'injection, voile d'étanchéité] 灌浆帷幕,灌浆截水墙,灌浆齿墙
~ de roue 轮心
~ en béton armé 钢筋混凝土壳体(薄壳)
~ mince 薄壳
~ mince à double courbure 双曲薄壳
~ mince à une seule courbure 单曲薄壳
~ mince cylindrique 圆柱形薄壳
~ mince cylindrique autoportante 自承式圆柱形薄壳
~ mince cylindrique sans nervures 无肋圆柱形薄壳
~ mince en treillis 格构式薄壳
~ synthétique non-tissée 非编织物合成薄膜

voile, é *a* 歪斜的,弯曲的,变形的,翘曲的,扭曲的,被遮盖的
voilement *m* 翘曲,弯曲;变形,位移
~ de l'âme 腹板翘曲
voiler *v* 掩盖;歪斜,弯曲;使变形
voilure *f* 翘曲
voir *v* 看见,观看,经历,领会,明白
voirie *f* 道路,道路网,道路系统,道路管理,道路管理处
~ primaire 主要道路
~ routière 道路系统;道路网
~ urbaine 市内交通网

～s et Réseau Divers（VRD） 道路及各种管线系统

voisin, e *a* 邻近的, 毗邻的, 相似的, 相近的

voisinage *m* 附近, 接近

voisiner avec 与……靠近

voiturage *m* 运输, 汽车运输

voiture *f* 车, 汽车, 车辆, 客车, 轿车

～（à caisse）en bois 木车厢客车, 木车体车辆

～《tous services》 通用客车

～ à deux niveaux 双层客车

～ à accès 中间开门客车

～ à accumulateurs 电瓶车

～ à attelage automatique 装有自动车钩的客车

～ à benne basculante 自卸汽车, 翻斗车

～ à bogies 转向架式客车, 转向架式车辆

～ à caisse basculante 摆式车体客车, 可倾车体客车

～ à caisse inclinable 摆式车体客车, 可倾车体客车

～ à chenilles 履带车

～ à compartiments 包房式客车

～ à couloir central 中间过道式客车

～ à couloir latéral 侧边过道式客车

～ à deux essieux 两轴客车

～ à essieux 轮轴客车, 无转向架客车

～ à étage 双层客车, 双层车

～ à grand compartiment 开敞式客车

～ à impériale 双层客车, 双层车

～ à intercirculation 穿廊客车

～ à malades 卫生车

～ à portières latérales 由侧门上下的包房式客车

～ à sabler 撒砂车

～ à suspension compensée 摆式车体客车, 可倾车体客车

～ à terrasse 带平台的客车, 瞭望车

～ à trois essieux 三轴式客车

～ à vocation autoroutière 适应高速公路的小客车

～ à voyageurs 客车

～ ambulance 救护车, 急救车

～ articulée 车节, 车组

～ automobile électrique 电力自动车, 电（动汽）车

～ avariée 毁损客车, 破损车辆

～ baladeuse 拖车, 附挂车

～ buffet 有小吃部的客车, 客餐混合车

～ citerne 液罐车, 罐车, 油车

～ climatisé 空调客车, 带空调的车厢

～ coach 开敞式客车

～ commerciale 客货两用小汽车

～ couchettes 卧车, 躺椅车

～ cuisine 橱车

～ d'ambulance 救护车, 急救车

～ d'arrosage 洒水车

～ d'automobile de tourisme 旅游汽车

～ d'automobile électrique 电动车

～ d'essais et de mesures 试验车

～ d'inspection 道路检查车

～ d'instruction 教练车

～ d'observation des lignes de contact 接触导线检查车

～ d'observation et de mesure 动力试验车

～ de banlieue 市郊列车客车, 市郊列车车辆

～ de commande 操纵车, 指挥车

～ de construction mixte 混合结构客车

～ de dépannage 紧急修理车

～ de forcement 加挂车

～ de goudronnage 煤沥青喷洒车

～ de grand parcours 长途客车

～ de grandes lignes 干线客车

～ de livraison 送货汽车

～ de louage 出租小汽车

～ de luxe 高级客车, 豪华客车

～ de marchandise 载重汽车

～ de métropolitain 地下铁道客车

～ de particuliers 特种用途车

～ de pompiers 消防车

～ de renfort 加挂车

～ de réserve 备用客车, 备用车

～ de service public 公共工程汽车

～ de terrassement 运土汽车

～ de tête 靠机车的客车

～ de train rapide 快速客车

～ directe 直通客车

～ directe en service intérieur 国内直通客车

～ directe en service international 国际联运直通客车

～ dynamomètre 动力试验车, 测功车

～ électrotechnique 电气质量试验车, 电力试验车

~ en location   出租汽车
~ en métal   轻金属客车
~ en sens inverse   反向行驶车辆
~ en service direct   直通客车
~ facultative   临时加挂的客车
~ foraine   流动客车
~ G. L.   干线客车
~ gravillonneuse   撒砾石汽车
~ kilomètre   客车公里
~ laboratoire pour câbles   电缆试验车
~ légère   轻型汽车
~ lits   卧车, 卧铺车
~ lourde   重型汽车, 大载重汽车, 大吨位汽车
~ métal léger   轻金属客车
~ métallique   全金属车, 全金属客车
~ mi-lourde   中型汽车, 中型货车, 中型载重汽车
~ mixte (1ère et 2ème classe)   头、二等混合躺椅车
~ motrice   动车
~ motrice sans cabine de conduite   无司机室的动车
~ non compartimentée   开敞式客车
~ oscillographe   示波器试验车
~ panoramique   游览车, 瞭望车
~ particulière (vp)   私人汽车, 小车
~ pendulaire   摆式车体客车, 可倾车体客车
~ pilote   操纵车, 指挥车, 巡逻车, 带司机室的客车
~ postale   邮政车
~ pour bois en long   原木运输车
~ privée   私人汽车
~ Pullman   普尔曼客车, 高级卧铺客车
~ sanitaire   卫生车
~ semi-métallique   半钢车, 半钢客车
~ surbaissée   低重心客车
~ télévision   流动电视台
~ tout terrain   越野车
~ tracteur   牵引车
~ transformée   改装的客车
voiturer v   车运, 用车辆运送
voiturette f   小汽车, 微型汽车
voiturier m   运输者, 运输业; 载波, 载流子, 载波电流
~ par eau   水道运输业

voix f   声音
volant m   轮, 飞轮, 手轮, 风车方向盘
~ de changement de marche   驾驶盘, 转向盘
~ de commande   操纵盘, 控制盘
~ de commande du frein à main du bogie situé sous la cabine considérée   司机室下部转向架手制动机操纵轮
~ de conduite   方向轮, 驾驶盘
~ de direction   方向盘, 转向盘
~ de frein à main   手制动机圆盘, 手轮闸
~ de frein à vis   手制动机圆盘
~ de manœuvre   操纵轮, 方向盘
~ de moteur   发动机飞轮
~ de réglage   调节手轮
~ de vanne   闸轮
~ denté   齿轮
volatil, e a   挥发性的; 易变的
volatilisable a   能挥发的, 能蒸发的
volatilisation f   挥发, 蒸发, 汽化
volatiliser v   使变成气态, 使挥发, 使蒸发
volatilité f   挥发性[度], 蒸发度, 使蒸发, 汽化度
volborthite f   水钒铜矿
volcanite f   辉石, 火山岩, 歪辉安山岩, 含硒硫黄
volchonskoïte f   铬绿脱石
volée f   悬臂, 楼梯段, 起重臂, 齐发爆破, 隧洞每次开挖进尺
volet m   百叶窗; (弧形阀门上的)瓣, 护窗板, 遮板, 闸门盖, 节流门, 节油门盖板
~ brisé   折式百叶窗
~ d'admission   进气阀
~ d'aération   通风口, 通风孔
~ de fermeture   闸门板
~ de fourgon   行李车百叶窗
~ de radiateur   调节阀
~ de visite   检查孔, 检查窗
~ de wagon   货车百叶窗
~ pare-feu   挡火板
~ rabattable   舌瓣, 下降式活门
volgérite f   黄锑矿
volhynite f   闪云斜煌岩
volige f   板条, 方条, 方木, 木板挂瓦条
~ de fixation   压条
voligeage m   木望板, 铺屋面板, 铺板条, 装配栅栏

~ jointif 拼接的望板
volknérite f 水滑石
volkovite f 锶水硼钙石(水硼钾锶石)
volkovskite f 沃硼钙石
volnyne f 重晶石
volpinite f 鳞硬石膏
volt m 伏(特)(符号 V,电压单位)
voltafe m 电压(量);电位差,伏(特)数
voltage m 电压,伏特数,伏(特)(符号 V,电压单位),电位差
~ à vide 开路电压,空载电压,无载电压
~ alternatif 交变电压
~ anormal 异常电压
~ aux bornes 端电压
~ baisse 电压降低
~ critique 临界电压
~ d'alimentation 供电电压
~ d'entrée 输入电压
~ d'excitation 励磁电压
~ de charge 充电电压
~ de décharge 放电电压
~ de phase 相电压
~ de pointe 峰值电压
~ de régime 工作电压,额定电压
~ de service 工作电压,运行电压
~ entre phases reliées 相间电压
~ excessif 过电压,超电压
~ maximal 最大电压
~ ratio 电压比
~ référence 基准电压
~ résiduel 残压,残电压
~ secondaire 二次电压,次级电压
voltaïque a 动电的,电流的,电压的,电镀的
voltamètre m 库仑计,库仑表,电量计,伏特表
~ à courant alternatif 交流电压表
~ à courant continu 直流电压表
~ à haute résistance 高阻电压表
~ à lecture directe 指示式[直读式]伏特表
~ à poids 重量库仑计
~ à volume 容积库仑计,体积库仑计
~ alternatif et continu 交直流电压表
~ triphasé 三相电压表
volt-ampère m 伏安
voltampèreheure m 伏安时

voltampèreheuremètre m 伏特安培小时计,全功电度表
voltampèremètre m 伏安计,伏安表,电流电压两用表
volt-électron m 电子伏特计
voltmètre m 伏特计,伏特表[计],电压表
~ à boules 球隙放电高压电压表,球隙电压表
~ à contacts 触点式电压表,触点式伏特计
~ à courant alternatif 交流电压表
~ à courant continu 直流电压表
~ à cristal 晶体检波伏特计
~ à effet couronne 电晕放电电压表,电晕伏特计
~ à fil chaud 热线式电压表
~ à lecture directe 指示式[直读式]伏特表
~ à résistances additionnelles en série 带有倍压器的电压表
~ à tube à rayons cathodiques 阴极射线电压表
~ alternatif et continu 交直流电压表
~ amplificateur 电子管电压表
~ continu digital 数字式直流电压表
~ de batterie 蓄电池电压表
~ de circuit de signalisation 信号电路电压表
~ de comparaison 偏压补偿式电压表
~ de crête 峰值电压表,峰值伏特表
~ de crête à crête 峰值电压表
~ de haute tension 高压电压表
~ de parole 语音伏特计,语音信号伏特计
~ de pointe 峰值伏特计
~ de signalisation 信号电压表
~ de traction 牵引电压表
~ de valeur moyenne 平均值电压表
~ différentiel 差动电压表
~ digital 数字电压表,数字伏特计
~ électronique 电子管伏特计,电子管电压表
~ électronique à indication de pointe 阳极整流电压表
~ électronique à redressement par l'anode 反射电子电压表
~ électrostatique 静电伏特计
~ électrostatique à corde 旋线式静电计
~ enregistreur 记录式伏特计
~ numérique imprimant 印刷数字电表
~ thermique 热线式伏特表

~ thermoélectrique 热电式电压表
volt-ohm-ampèremètre *m* 万能电表, 伏欧安表, 伏欧安计
voltzite *f* 肝锌矿, 杂肝锌矿
volume *m* 体积, 容积; 规模, 范围, 音量, 响度; 空间, 区域
~ absolu 净容积, 绝对体积
~ admissible du trafic 容许交通量
~ apparent 表观体积, 毛体积
~ balayé 活塞排量
~ brut 毛体积
~ constant 等容, 定容
~ correspondant au remous 回水容积
~ critique 临界体积, 临界容量
~ cylindrique 圆柱体
~ d'eau dans le sol 土壤含水量
~ d'eau drainable 可排水量
~ d'eau entrant au flot 小时降雨量
~ d'eau nécessaire 需水[用水]量
~ d'eau pluviale pendant 24h 24 小时降雨量
~ d'écoulement 流量
~ d'écoulement annuel 年径流量
~ d'excavation 挖方体积
~ de boue 污泥容积
~ de chargement 装载量, 荷载量
~ de chemin de câble 电缆通道容量
~ de circulation 交通量, 交通密度
~ de déblais 挖方工程量, 挖方量
~ de granulat 碎石量
~ de l'enroulement 绕组体积
~ de la construction 工程量
~ de la cylindrée 汽缸工作容积, 活塞排量
~ de la découverte 覆盖层方量
~ de la phase solide 实体积
~ de la tranche utile 现场材料方量
~ de matériaux exploitables 可采料的方量
~ de pluie 雨量体积
~ de production 生产量
~ de terrassement 土方量, 调配土方量, 土方工程量
~ de terre remuée 交通量, 运输量
~ de trafic 交通量, 工作量
~ de trafic de projet 设计交通量
~ de transport 运量

~ de transport des marchandises 货物运输量
~ de travail 工程量
~ des crédits bancaires 银行贷款额
~ des déblais 挖方体积
~ des échanges 贸易额
~ des importations 进口额
~ des pleins 实体积
~ des pores 孔隙度, 孔隙率, 孔隙体积
~ des remblais 填方体积
~ des travaux 工作量
~ des vides 孔隙体积
~ du commerce extérieur 对外贸易额
~ du cylindre 汽缸容积
~ du sol 土方
~ du sol [rocher] mis en place 土[石]方填方量
~ du sol en place 填方数量
~ du son 音量
~ du trafic 交通量, 货运量, 运输量, 交通密度
~ du trafic envisagé 预估交通量
~ du transport des marchandises 货物运输量
~ du transport des voyageurs 旅客运输量
~ écoulé 径流量, 径流体积
~ effectif 实际[有效]容积
~ emprunt 借方量
~ engendré 流量, 排出量
~ foisonné 容积, 松散体积, 毛体积
~ global des exportations 出口总额
~ global des importations 进口总额
~ journalier moyen 平均日交通量
~ mensuel de travaux 月工程量
~ moyen journalier du trafic 日平均交通量
~ net 净容积
~ ramené 换算体积
~ réduit 换算体积, 简化体积
~ restreint 定量, 一定范围
~ sonore 音量
~ spécifique 单位体积, 比容
~ total 总容积, 毛体积
~ total d'eau pluviale annuel 年总降雨量
voluménomètre *m* 体积表
volumètre *m* 容积计, 容量计, 音量计, 响度计
volumétrie *f* 容量测定, 容量分析(法)
volumétrique *a* 容量的, 体积的
volumineux, euse *a* 大容积的, 大量的

volumique *a* 单位体积的
volute *f* 涡纹；螺旋；螺旋线
volzidite *f* 富白榴碱性玄武岩，金云白榴碱玄岩
voraulite *f* 天蓝石
vorhausérite *f* 脂纤蛇纹石
vorland *m* 前地，(褶皱区)堤外地
vorobyévite *f* 艳绿柱石
vortex *m* 涡流，旋度，旋风，螺旋管
vorticité *f* 涡旋，涡度，涡流强度
vosgite *f* 蚀拉长石(水柱长石)
vouloir *v* 要，想要，要求，期望，同意，愿意
　～ dire　意味着
vousseau *m* 拱石，拱砖，拱楔块
voussoir *m* 拱石
　～ de clef　拱顶石，拱冠石
　～ de départ　起拱石；拱墩
　～ préfabriqué　预制拱块件
　～ retourné　倒转石，挂钩砖，拱斜楔块
voussure *f* 鞍部，顶部，拱形曲线
　～ anticlinale　背斜褶皱顶部
　～ synclinale　向斜褶皱底部
voûte *f* 拱，背斜，穹顶，鞍部，背斜顶部，拱形构造物
　～ à appareil imbriqué　筒形拱
　～ à nervures　肋拱，天然拱，扇形穹隆
　～ à plein cintre　半圆形拱
　～ à remblais　实体拱
　～ à tonnelle　筒形拱
　～ à triple articulation　三铰拱
　～ à trois centres　三心拱
　～ active　有效拱
　～ annulaire　圆拱，环形拱
　～ anticlinale　隆皱，背斜穹顶
　～ anticlinale dénudée　明拱
　～ aplatie　平拱
　～ autoportante　自承拱
　～ biaise　斜拱
　～ biaise à tonnelle　筒形斜拱
　～ bombée　弓弦拱
　～ circulaire　圆拱
　～ compound　复合拱
　～ cylindrique　圆筒式拱，圆筒形拱
　～ cylindrique autoportante　自承式圆形拱
　～ d'arrête　肋拱，交叉拱穹
　～ de clôture　回廊拱
　～ de décharge　卸载拱
　～ de pont　桥拱
　～ de poussée　推力拱
　～ de pression　压力拱
　～ de toit　顶拱，顶板拱
　～ du tunnel　隧洞洞顶(拱圈)，隧道拱圈
　～ elliptique　椭圆拱
　～ en anneaux　筒形拱
　～ en anse de panier　三心拱
　～ en arc cercle　圆弧拱
　～ en arc de croître　交叉穹，修道院式拱顶
　～ en arceau droite　筒形拱
　～ en auge　槽形拱
　～ en baquet　槽形拱
　～ en berceau　半圆拱，筒拱，筒形平拱
　～ en berceau biais　筒形斜拱
　～ en berceau hélicoïde　螺旋筒形拱顶
　～ en berceau rampant　筒形跛拱顶，倾斜筒形拱顶
　～ en coupole　球拱，穹拱，圆顶式拱顶
　～ en demi-cercle　半圆拱
　～ en étoile　星形拱顶
　～ en limaçon　螺旋筒形拱顶
　～ en miroir　仰拱，反射拱，凹圆拱
　～ en ogive　尖形穹隆
　～ en pierre de carrière　毛石拱
　～ en pierre de taille　琢石拱
　～ en plein cintre　半圆拱
　～ en segment　弓形拱
　～ en terre armée　加筋土拱
　～ mince　薄壳拱
　～ monolithique en béton armé de grande portée　大跨度整体式钢筋混凝土拱
　～ montante à tonnelle　筒形跛拱，筒形高低拱，倾斜筒形拱
　～ naturelle　自然拱，天然拱
　～ ouverte　被剥蚀的穹顶
　～ parabolique　抛物线拱
　～ plate　平拱
　～ renversée　反拱，仰拱，桥拱
　～ sphérique　球拱，穹顶，球形圆顶
　～ surbaissée　弓形拱，扁圆拱
　～ surhaussée　超半圆拱，升高拱

~ triangulaire 三角拱
voûté, e *a* 拱形的,建拱的,盖有拱顶[拱穹]的
~ annulaire 环形拱
~ en pierre de carrière 毛石拱
~ mince 薄壳拱
~ monolithique en béton armé de grande portée 大跨度整体式钢筋混凝土拱
~ sphérique 球拱,穹顶,球形圆顶
voûtelette *f* 小拱,肋拱,小拱顶,分载拱,小型穹隆
~ étanche 防渗护面拱
voûter *v* 建拱,使弯曲,使弯成拱形,用拱覆盖
voûte-tablier *f* 薄壳拱顶,拱形薄壳
voûtine *f* 拱形顶栅
voyage *m* 乘车,行程,航行
~ d'aller 去程
~ d'aller et de retour 往返乘车,往返行程,来回旅程
~ d'essai 试运转,试车
~ de retour 回程
~ d'essai 试运转;试车
~ en amont 上坡行程
~ en aval 下坡行程
~ en service 出差
voyageur *m* 旅客
~ /heure/sens 旅客/小时/方向
~ à courte distance 短途旅客
~ à grande distance 长途旅客
~ de banlieue 市郊旅客
~ expédié 发送的旅客
~ kilomètre 旅客公里,人公里
~ monté dans le train sans titre de réservation 无预定座席的旅客
~ s par heure 旅客小时
~ transporté 运送的旅客
voyant *m* 灯光信号,指示灯,指示器,观测镜,视觉信号;目镜
~ à signalisation 带有信号接点的表示器
~ à trois positions 三位式表示器
~ annonciateur 呼叫信号灯
~ bicolore 双色牌,双色表示器
~ d'alerte 警告信号(灯)
~ gradué 有刻度标
~ lumineux 指示灯

~ répétiteur 复示牌
~ rouge 红灯
~ triangulaire 三角形标志器
voyant, e *a* 能看见的,色彩鲜艳的
voyette *f* 树林小道
vrac *m* 堆装,散装
en ~ 散装
vrai, e *a* 真的,真实的,真正的
vraiment *adv* 真正地,确实地,的确
vraisemblable *a* 像真的,类似的
vraisemblablement *adv* 大概,多半
vreckite *f* 苹绿钙石
vrédenburgite *f* 磁锰铁矿
vreyite *f* 铬辉石
vrillage *m* 扭转,翘曲,扭转度,扭转变形
vrille *f* 螺钻,手钻,钻孔器,螺旋钻,麻花钻
vriller *v* 旋,钻孔,缠绕,绕紧
vu *prép* 鉴于,由于,考虑到
~ que 鉴于,考虑到
vuagnatite *f* 羟硅铝钙石
vudiavrite *f* 水硅钛铈矿
vue *f* 视,看,看见,视力,视角,视野;视图,外观,轮廓;观察,观点;查看,检查
~ à d'œil 肉眼估计,明显地,一瞬间
à la ~ de 看到……
à première ~ 乍一看,初看
~ à vol d'oiseau 鸟瞰图
~ aérienne 鸟瞰,鸟瞰图,航摄照片,空中摄影照片
~ antérieure 前视图,正视图
~ architecturale 建筑透视图
~ arrière 后视,背视
~ avant 正视图,前视图
~ axonométrique 等面透视图
~ côté circuit 电路图
~ coupée 剖面图
~ d'avant 前视图,正视图
~ d'en haut 顶视图
~ d'ensemble 总图;总装图
~ dans toutes les directions 各个方向的视野
~ de côté 侧面图,侧视图
~ de côté A A向视图
~ de coupe 剖面图,断面图
~ de dessous 底视图,仰视图

～ de dessus 仰视图,顶部投影
～ de face 正视图,立视图,立面图,正立面图
～ de profil 侧视图,断面图
～ éclatée 分解图
～ en bout 端视图
～ en coupe 剖面图,剖视图
～ en coupe longitudinale 纵封面图,纵断面图
～ en coupe transversale 横剖面图,横断面图
～ en élévation 正视图,立视图,立面图
～ en haut 顶视图,俯视图,平面图
～ en plan 平面图,俯视图
～ étalée 分解图
～ extérieure 外观
～ fantôme 透视图
～ frontale 正面图,正视图
～ générale 全景,总图,全图,概貌,大纲,综合图,全视图
～ intérieure 内视图
～ latérale 侧视图,侧面图
～ longitudinale 纵视图,纵面图
～ panoramique 鸟瞰图,全景图
～ par ～ 逐个镜头地,逐个图像地
～ perspective 透视图
～ sectionnée 截视图,侧面图
～ verticale 俯视图

vulcanisant *m* 硫化剂
vulcanisateur *m* 硫化器;补胎工
vulcanisation *f* 硫化,红外线硫化;普及,推广
vulcanisé *m* 硫化橡胶; *a* 硫化的,经硫化处理的
vulcaniser *v* 硫化,硫化处理
vulcanité *f* 硬橡胶,火山岩,胶木硫化
vulcanite *f* 硫化橡胶,硬橡皮,硬橡胶,橡胶,火山岩
vulgarisation *f* 普及,推广
vulgariser *v* 使普及,推广
vullinite *f* 长透[辉]云闪帘片岩
vulnérabilité *f* 脆弱性,易损性
～ au brouillage 抗干扰的,抗干扰性
vulnérable *a* 脆弱的,有缺点的,不完善的,易受损坏的
vulpinite *f* 鳞硬石膏
vulsinite *f* 斜斑粗安岩
VU-mètre *m* 容量计,电平计
vuonnémite *f* 磷硅铌钠石
vycor *m* 石英玻璃,(高硼硅酸)耐热玻璃

W

wacke *f* 瓦克岩,玄武土,玄武质砂岩,玄武岩风化物
wackenrodite *f* 铅锰土
wackestone *m* 粒泥灰岩,瓦克灰岩
wackite *f* 玄武土
　～ balsatique 玄武岩
wad *m* 锰土,石墨
wadéite *f* 硅锆钙钾石
wad *m* 干谷,旱谷
wagage *m* 河流淤泥
wagnérite *f* 氟磷镁石
wagon *m* 货车,车辆,车皮,车厢,小斗车,运输车辆,铁路货车
　～ 《bon rouleur》 易行车
　～ 《mauvais rouleur》 难行车
　～ à bagages 行李车
　～ à ballast 道砟车
　～ à banquettes non-rembourrées 硬座客车
　～ à banquettes rembourrées 软座客车
　～ à basculement bilatéral 两侧倾卸,双边倾斜车,双侧倾斜车
　～ à benne basculante bilatérale 双侧倾斜车
　～ à benne levante-basculante 倾斜车
　～ à bennes basculantes 翻斗车
　～ à boggies 转向架式货车
　～ à bords 高边车
　～ à bords bas 敞车,低边车
　～ à charger 待装货车
　～ à conduite blanche 直通制动风管车
　～ à construire 计划要制造的货车
　～ à culbutage automatique 自动货车,自动倾斜车
　～ à déchargement automatique 自卸车辆,自卸式料车
　～ à déchargement bilatéral 两侧倾斜车
　～ à déchargement par le fond 底卸车,底开门车
　～ à décharger 待卸货车
　～ à déchargement bilatéral 两侧倾卸车
　～ à deux planchers 双层底板货车
　～ à déversement latéral 侧卸车
　～ à déversement par le côté 侧卸车
　～ à double plancher pour le transport d'automobile 运送试验车,测功车
　～ à essieux 无转向架的货车,轮轴货车
　～ à essieux interchangeables 可互换轮对的货车
　～ à étage 双层货车
　～ à étage pour transport d'automobiles 运送汽车的双层货车
　～ à fond ouvert 活底货车
　～ à fond ouvrant 漏斗车
　～ à frein 已制动的货车
　～ à frein à vis 带螺杆制动机的货车
　～ à gabarit spécial 特种限界的货车
　～ à guérite 带闸楼的货车,带制动台的货车
　～ à haussettes 高边敞车,高边车
　～ à huit roues 四轴车
　～ à installation calorifique 带供热设备的车辆
　～ à manœuvre avec précaution 调车时应留意的车辆
　～ à marchandises 货车
　～ à minerai 矿石车
　～ à outils 工具车,抢修车,救援车
　～ à parois démontables 活边车顶货车
　～ à parois hautes 高边车
　～ à pétrole 石油罐车
　～ à plan de chargement bas 凹形平车,元宝平车
　～ à plancher en dos d'âne 鞍形底倾斜车
　～ à plate(forme mobile) 高架修理车(接触网用)
　～ à plate-forme 平车
　～ à plate-forme surbaissée 凹形平车
　～ à porteur 运集装箱的特种平车
　～ à porteur d'automobile 装运汽车的平车
　～ à primeurs 装运时鲜货物的货车
　～ à ranchers 有插柱的货车
　～ à réservoir en aluminium 铝制罐车
　～ à tarer les bascules 检衡车,磅秤检查车

wagon

- ~ à toit amovible　活动车顶货车
- ~ à toit coulissant　活动车顶棚车
- ~ à toit et parois latérales coulissantes　活动车顶和活动侧板的棚车
- ~ à toit mobile latéralement　侧向活动车顶棚车
- ~ à toit ouvrant　车顶开启式棚车
- ~ à toit pliant　折叠式车顶货车
- ~ à toiture amovible　活顶车
- ~ à traverse mobile　带转向横木的平车
- ~ à traverse pivotante　带转向横木的平车
- ~ à trémie　漏斗车
- ~ à trémie à déversoirs latéraux　侧斜漏斗车
- ~ à viande　运肉类车
- ~ à vidage par le fond　底卸车
- ~ à vin　运酒车
- ~ accouplé　牵挂货车
- ~ aménagé pour la prévention des avaries　带防护设施的货车
- ~ aménagé spécialement　有特殊装备的车辆
- ~ américain　四轴车
- ~ autodéchargeur　自卸式货车
- ~ avarié　破损车辆, 破损货车
- ~ avec frein à air　装有风闸的货车
- ~ ballastière à trémies　漏斗式砂石车
- ~ basculant　倾卸车, 翻斗车, 自卸车
- ~ basculant sur chenille　履带式倾斜车
- ~ basculeur　倾斜货车
- ~ calorifique　带采暖装置的保温车
- ~ chargé　载货车
- ~ chasse-neige　除雪车
- ~ circulant sur ses propres roues　自轮运转车
- ~ citerne　槽车, 柜车
- ~ colleteur　沿途零担车
- ~ complet　整车
- ~ complet de détail　整零车, 整装零担车
- ~ complet du régime accéléré　快运整车
- ~ complet du régime ordinaire　慢运整车
- ~ conditionnel　不定期零担车, 临时组织的零担车
- ~ couvert　棚车
- ~ couvert avec volet d'aération　装有通风窗的棚车
- ~ couvert pour le transport de denrées périssables　装运易腐食品的棚车
- ~ culbutage automatique　自卸车辆, 自卸货车
- ~ culbuteur　倾斜车
- ~ d'affectation　沿途零担车
- ~ d'auscultation　（线路）检查车
- ~ d'auscultation de la voie　线路检查车
- ~ d'essai　试验车
- ~ d'essai piézo-électrique　压电特性试验车
- ~ d'observation　试验车
- ~ de brouettages　站内搬运车
- ~ de chauffage　供暖车, 供暖锅炉车
- ~ de choc　隔离车, 游车
- ~ de course　沿途零担车
- ~ de grande capacité　大型货车, 重载货车
- ~ de groupage de détail　整装零担车
- ~ de jaugeage　检衡车
- ~ de marinage　（隧道）出土车, 清渣车
- ~ de particulier (W.P.)　私人货车
- ~ de protection　隔离车
- ~ de queue　尾车
- ~ de raccord　游车
- ~ de réserve　备用货车
- ~ de secours　救援车
- ~ de sécurité　隔离车
- ~ de sûreté　安全车, 隔离车
- ~ de transbordement　换装车
- ~ de trappe　落底车, 底开门车
- ~ de type courant　普通货车, 普通类型货车
- ~ de type spécial　特种货车, 特种类型车
- ~ de vitesse　快运车辆
- ~ découvert　敞车
- ~ découvert à bords hauts　高边敞车
- ~ désherbeur　除草车
- ~ dévoyé　误入他线的货车
- ~ différé　摘钩车, 甩下的货车
- ~ disparu　遗失的货车
- ~ distributeur　分卸零担车
- ~ du trafic accéléré　快运货车
- ~ dynamomètre　动力试验车, 测功车
- ~ écarté　甩下的货车, 摘钩车
- ~ étranger　外国车, 路外车
- ~ foudre　运酒车, 运酒罐车
- ~ fourni　分配的货车, 拨给的车辆
- ~ freiné　已制动的车辆, 上闸的车辆
- ~ frigorifique　机械冷藏车
- ~ girafe　石渣车, 漏底车

~ glacé 加冰冷藏车
~ gravement avarié 严重破损的车辆
~ hors d'état de rouler 不能运行的货车
~ hydro-basculant 液压侧面倾斜车
~ isotherme 绝热车,保温车
~ loué 租用车
~ lourd à suspension raide 刚性弹簧式重载货车
~ marche en queue 尾车
~ minéral 矿石车
~ mobile 活动车顶货车
~ navette 循环挂运的车辆,挂在循环列车上的货车
~ oscillographe 示波器试验车
~ ouverture en bout 端开门货车
~ ouvrant 活动车顶货车
~ perdu 遗失的货车
~ plat 平车
~ plat à bogies 转向架式平车
~ plat à essieux 轮轴平车
~ plat aménagé pour le transport de conteneurs 运送集装箱的专用平板车
~ plat de grande longueur 特长平车
~ plat en acier 钢制平车
~ plat porte-remorques 装运半拖车的平车,装运拖车的平车,驮背运输平车
~ plat pour transport de semi-remorques 装运半拖车的平车
~ plate-forme 平车,平板车
~ porte-conteneurs 运送集装箱的专用平板车
~ porte-rails 装轨节平车
~ portique 高架起重车,龙门起重车,桥式起重车
~ pour transport d'autos 装运汽车的车辆
~ pour transport d'essieux 装运轮对的车辆
~ pour transport de lingots chauds 装运热锭车辆
~ pour transport de pondéreux 装运散装或堆装货物的车辆
~ pour transport de semi-remorques 驮背运输平车,装运半拖车车辆
~ pour voie étroite 窄轨货车
~ privé 私有车辆
~ s reçus chargés dans dernières vingt-quatre heures 在最近24小时内到达的重车
~ réformé 破损车,不良车

réformer un ~ 货车检修
~ réfrigérant 冷藏车
~ réfrigérant à bac d'extrémité 端部加冰冷藏车
~ réfrigérant à bac plafonnier 车顶加冰冷藏车
~ régulier 定期挂运的零担车
~ réservoir 槽车,柜车,罐车
~ spécial 特种用途货车
~ spécial pour grands containers 装运大型集装箱的货车
~ spécial pour le transport des produits pulvérulents 装运粉状货物的特种车
~ spécial pour transport des produits gazeux 瓦斯罐车,装运瓦斯的特种货车
~ spécial pour transport des produits liquides 装运液体货物的特种货车,液体罐车
~ spécialisé 专用货车
~ standard 标准型货车
~ super-spécial 元宝车;特种车
~ sur chenilles 履带式货车
~ tombereau 敞车,高边车,无盖货车,底开门车
~ tombereau à coke 装焦炭敞车
~ Transfesa 变距轮对车辆
~ unifié 标准型货车,统一型货车
~ usine 检修车
~ utilisable 可使用的货车
~ vide 空车
~ vide allant prendre charge 待装货的空车
~ vide en retour 回送空车
wagon-atelier m 修理车
wagon-citerne m 罐车
wagon-drill m 钻机车,汽车式钻机
~ pneumatique 气动钻机
wagon-étalon m 检衡车
wagon-jarres m 罐车
wagon-jour m 车日
wagon-kangourou m "袋鼠"式货车
wagon-kilomètre m 货车公里
wagonnage m 车皮运输,用车辆运输,零担车编组的选分作用
wagonnet m 斗车(窄轨车),料车,手推车,运料车,小型翻斗车,小型货车
~ à bascule 翻斗车,自卸车
~ à benne basculante 运煤小车,翻斗车
~ à benne basculante vers l'arrière 后翻斗车

wagonnette

～ à trémie 漏斗车,底开车,底卸式车,工地来料车
～ à voie étroite 窄轨车
～ basculant 翻斗车,自卸车
～ basculant en bout 端卸翻斗车
～ basculeur 翻斗车
～ de remorqueur 拖车
～ de trémie 漏斗车,底开车
～ étroite 窄轨运料车
～ granby 格兰贝型侧卸式出渣车
～ pour chantier 工地斗车,工地料车
～ pour minerai 矿石车

wagonnette f 手推车,载重滑车,四轮小马车,空中吊运车

wagon-tombereau m 无盖货车;倾卸车

wagon-touries m 运酸类货物的货车,装坛装货物的货车

～ à déversoirs latéraux 侧卸漏斗车

wairakite f 斜钙沸石
walaïte f 黑脂石
walchowite f 褐煤树脂,聚合醇树脂
waldheimite f 铁钠透闪石,镁钠钙闪石
walkérite f 蒙脱石,漂白土,镁针钠钙石,杂镁蒙脱钠钙石
walkie-talkie m 对讲机,报话机
walstromite f 瓦硅钙钡石
walthérite f 砷铀铋石
waluewite f 绿脆云母
wapplérite f 毒钙镁石,似基性砷镁石
wardite f 水磷铝钠石
wardsmithite f 瓦硼镁钙石
wargasite f 辉石形滑石
warikahnite f 瓦水砷锌石
warp m 翘曲,弯曲,反卷;放淤,淤填;淤积物,沉积物;融冻堆积物
warwickite f 硼钛镁石
wasite f 水褐帘石,不纯褐帘石
water-drive m 水驱
waterman m 水底挖掘机
waterproof a 防水的
waterstop m 止水,水封,止水条,止水带
wathlingenite f 水镁矾,杂镁硬石膏
watt m 瓦(特)(符号 W,功率和热流量单位)

～ crête 峰值功率

～ heuremètre 火表,电度表,瓦(特小)时计
～ heuremètre à induction 感应式电度表
～ heuremètre monophasé 单相电度表
～ heuremètre triphasé 三相电度表

wattage m 瓦特数,瓦数
watté a 有功的(电流)
wattevillite f 灰芒硝
watt-heure m 瓦(特)小时
watt-heuremètre[wattheuremètre, wattmètre] m 电表,功率表,电度表,瓦(特)表,瓦特小时计

～ à compensation 补偿式瓦特表
～ à induction 感应式瓦特计,感应式电度表
～ à lampe 电子管瓦特计,真空管瓦特计
～ à palette 翼式功率计
～ à pression de radiation 辐射压力瓦特计
～ à tête de torsion 扭头瓦特计(偏转到 0 值)
～ à triphase quatre fils 三相四线电度表
～ à triphase(triphasé) 三相电度表
～ astatique 无静差瓦特表
～ de sortie 输出功率计
～ dynamométrique 功率计
～ électro-dynamique 电动式瓦特表
～ électronique 电子瓦特计
～ enregistreur 瓦特记录表
～ équilibré 混合线圈瓦特表
～ monophasé 单相电度表
～ réflecteur 反射式瓦特计
～ thermionique 热离子瓦特计,电子管瓦特计

waveforme f 波形
wavellite f 银星石
WC 厕所,卫生间

～ à l'anglaise 设有(坐式)大便器的卫生间
～ à la turque 设有蹲式大便器的卫生间

webérite f 氟铝镁钠石
webskyite f 黑纤蛇纹石
webstérite f 矾石;二辉岩
weddellite f 草酸钙石
weeksite f 多硅钾铀矿
wegscheiderite f 碳氢钠石
wehrlite f 异剥橄榄岩;叶蹄铋矿
weibullite f 硒硫铋铅矿
weigélite f 闪顽橄榄岩
weightmètre m 磅秤,重量计
weilérite f 砷钡铝矾

weilite	*f*	三斜砷钙石	wightmanite	*f*	韦硼镁石
weinbergérite	*f*	陨球纤石	wiikite	*f*	杂铌矿
weinschenkite	*f*	水磷钇矿	wilkéite	*f*	硅硫磷灰石,氧硅磷灰石
weisbachite	*f*	钡铅矾,铅重晶石(北投石)	wilkinite	*f*	胶膨润土
weiselbergite	*f*	拉辉玻玄岩	wilkmanite	*f*	斜硒镍矿
weissigite	*f*	淡红正长石	willémite	*f*	硅锌矿
weissite	*f*	黑碲铜矿	willemséite	*f*	镍滑石
weldite	*f*	白硅铝钠石	williamsite	*f*	硅锌矿;片叶蛇纹石,纤蛇纹石
welinite	*f*	硅钨锰矿	willyamite	*f*	辉锑钴矿
wellingtonia	*m*	红杉(木)	wilsonite	*f*	蚀方柱石
wellingtonie	*f*	巨形红木树	wiltshireite	*f*	双砷硫铅矿
weloganite	*f*	水碳锆锶石	wiluite	*f*	硼符山石,钙铝榴石,淡绿符山石
wenérite	*f*	方柱石	winchellite	*f*	杆沸石;中沸石
wenkite	*f*	钡钙霞石	winchite	*f*	蓝透闪石
wennebergite	*f*	云英安粗岩,绿基云英斑岩石	windsorite	*f*	淡英二长岩
wentzélite	*f*	红磷锰矿	winebergite	*f*	羟块铝矾,七水基矾石
wermlandite	*f*	羟铝钙镁石	winklérite	*f*	水钴镍矿,杂钴镍矿
wernérite	*f*	钙钠柱石	winkworthite	*f*	杂硼钙石膏
wernéritite	*f*	方柱石岩	winstanleyite	*f*	钛碲矿
weslíenite	*f*	锑钠钙石,氟锑钙石	wisaksonite	*f*	铀钍石
westanite	*f*	水硅线石	wischnéwite	*f*	硫酸钙霞石
Westergaard		威士卡德板试验(测量刚性路面下土的承载能力);威士卡德公式(设计混凝土路面厚度)	wisérine	*f*	锐钛矿,磷钇矿
			wisérite	*f*	羟硼锰石
			withamite	*f*	锰红帘石
westerveldite	*f*	砷钴镍铁矿	wittichénite	*f*	硫铋铜矿
westerwaldite	*f*	含霞粒玄岩	wittingite	*f*	蚀蔷微辉石(多水硅锰矿)
westgrenite	*f*	铋细晶石(威烧绿石)	wittite	*f*	威硒硫铋铅矿
wetherilite	*f*	锌黑锰矿,硫弹沥青(难熔沥青)	wodanite	*f*	钛黑云母
wharf	*m*	黑钨矿,锰铁钨石	wœhlérite[wöhlérite]	*f*	硅铌锆钙钠石
whartonite	*f*	含镍黄铁矿	wœrthite	*f*	蚀硅线石
Wheelerien	*m*	惠勒阶(N_2,北美)	wolchonskoïte	*f*	富铬绿脱石(铬蒙脱石)
wheelerite	*f*	淡黄树脂,黄色琥珀	wolféite	*f*	羟磷铁石,羟磷铁锰矿
wherryite	*f*	氯碳铜铅矾	wolfram	*m*	钨(W),黑钨矿(锰铁钨矿)
whewellite	*f*	水草酸钙石	wolframine	*f*	黑钨矿
whitéite	*f*	磷铝镁铁钙石	wolframite	*f*	黑钨矿,锰铁钨矿
whitlockite	*f*	白磷钙矿	wolfsbergite	*f*	硫铜锑矿;脆硫锑矿
whitmanite	*f*	镁钛矿	wolftonite	*f*	水锌锰矿
whitmoréite	*f*	褐磷铁矿	wolgidite	*f*	金云闪辉白榴岩
whitnéyite	*f*	淡红砷铜矿(淡砷铜矿)	wollastonite	*f*	硅灰石
wiborgite	*f*	奥长环斑花岗岩	wollastonite-bêta	*f*	假硅灰石
wichtisite	*f*	玄武玻璃,玻基粒玄岩	wollongongite	*f*	乌龙岗油页岩,乌龙岗藻煤
wickenburgite	*f*	铝硅铅石	wölsendorfite[wœlsendorfite]	*f*	红铅铀矿
wickmanite	*f*	羟锡锰石	woodfordite	*f*	钙矾石
widenmannite	*f*	碳铅铀矿	woodhouséite	*f*	磷钙铝矾

woodruffite	*f*	纤锌锰矿		
woodwardite	*f*	水铜铝矾		
workabilité	*f*	工作度（混凝土）		
worobieffite	*f*	铯绿柱石		
wörthite	*f*	蚀硅线石		
wrœwolféite	*f*	斜蓝铜矾		
wuestite	*f*	方铁矿		
wurtzilite	*f*	韧沥青		
wurtzite	*f*	纤锌矿,纤维锌矿		
wüstite	*f*	方铁矿,沙漠砂		
wyartite	*f*	黑碳钙铀矿		
wylliéite	*f*	磷铝铁锰钠石		

X

xalostocite	*f*	蔷薇钙铝榴石
xantharsénite	*f*	黄砷锰矿
xanthiosite	*f*	砷镍石
xanthitane	*f*	锐钛矿
xanthite	*f*	黄符山石
xantholite	*f*	粒榴石,不纯蓝晶石,铝钙铁榴石
xanthopyllite	*f*	黄绿脆云母
xanthopyrite	*f*	黄铁矿
xanthorthite	*f*	黄褐帘石
xanthosidérite	*f*	褐铁矿,黄针铁矿
xanthotitanite	*f*	黄榍石,锐钛矿
xanthoxénite	*f*	黄磷铁钙矿
xénolite	*f*	重硅线石
xénothermal	*a*	浅成高温热液的
xénothermique	*a*	外热的,浅成高温热液的
xénotime	*f*	磷钇矿
xérasite	*f*	隐晶岩
xeuxite	*f*	针电气石
xiphonite	*f*	剑闪石,低铁角闪石
X-moteur	*m*	X 型发动机
xocomecatlite	*f*	绿碲铜石
xonotlite	*f*	硬硅钙石
xylinite	*f*	木煤体(显微组分),木煤
xylite	*f*	铁石棉,木质煤,硝基(二)甲苯(炸药)
xylochlore	*f*	鱼眼石
xylocryptite	*f*	木晶蜡(板晶蜡)
xyloïdine	*f*	木炸药
xylorétinite	*f*	针脂石
xylotile	*f*	铁石棉,海泡石棉
xylovitrite	*f*	镜煤
xytolite	*f*	硝化甘油炸药

Y

yagiite	*f*	陨钠镁大隅石
yamaguchilite	*f*	山口石(稀土锆石)
yamaskite	*f*	玄闪钛辉岩,钛辉闪玄岩
yamatoïte	*f*	锰钒榴石
yanite	*f*	红软绿脱石
yard	*m*	码(英国尺度名,1 码=0.914 米);英亩
~ cube		立方码
yardang	*m*	风蚀土脊,风蚀脊槽地形
yarosite	*f*	黄钾铁矾
yaroslavite	*f*	水氟铝钙石,钙冰晶石(斜方钙铝氟石)
yarroshite	*f*	镁七水铁矾,镁水绿矾
yatalite	*f*	钠长纤闪伟晶岩
yavapaiite	*f*	斜钾铁矾
yeatmanite	*f*	硅锑锌锰矿
yedlinite	*f*	氯铅铬矿
yenite	*f*	黑柱石
yenshanite[Pt-vysotskyite]	*f*	铂硫钯矿(燕山矿)
yentnite	*f*	方桂闪长岩
yftisite	*f*	氟硅钛钇石
ylvaïte	*f*	黑柱石
ylyn	*m*	绿岩
yodérite	*f*	紫硅镁铝石
yofortiérite	*f*	锰坡缕石
yogoïte	*f*	等辉正长岩
yoshimuraïte	*f*	硅钛锰钡石(吉村石)
youngite	*f*	硫锰锌铁矿,杂疏铅锌矿
youyou	*m*	交通艇
ypoléime	*m*	假孔雀石
ypréau	*m*	白杨,阔叶榆
Yprésien	*m*	伊普雷斯阶(E_2,欧洲)
ytterbite	*f*	硅铍钇矿,水碳钇矿
yttergrenat	*m*	钇褐榴石
yttrialite	*f*	硅钛钇矿
yttrique	*a*	钇的(三价),含钇的
yttrite	*f*	硅铍钇矿,水碳钇矿
yttro-alumite	*f*	钇铝石
yttro-apatite	*f*	钇磷灰石
yttrobetafite	*f*	钇贝塔石
yttrocalcite	*f*	钇磷灰石,稀土萤石,钇萤石(铈钇石)
yttrocérite	*f*	钇萤石(铈钇矿),稀土萤石
yttrocolombite	*f*	钇铌铁矿
yttrocrasite	*f*	铍钇钛矿
yttrofluorite	*f*	钇萤石
yttrogummite	*f*	钇铅铀矿
yttro-ilménite	*f*	铌钇矿,钇钽铁矿
yttromicrolite	*f*	钇细晶石
yttro-orthite	*f*	钇褐帘石
yttroparisite	*f*	氟碳钙钇矿
yttropyrochlore	*m*	钇铀烧绿石
yttrotantalite	*f*	钇钽铁矿
yttrotitanite	*f*	钇铈楣石(钇楣石)
yuan	*m*	元(中国货币单位)
yugawaralite	*f*	汤河原沸石
yukonite	*f*	水砷钙铁石;英闪细晶岩
yuksporite	*f*	针碱钙石
yxolite	*f*	地蜡

Z

zahérite　*f*　水羟铝矾
zaïrite　*f*　磷铁铋石
zamboninite　*f*　软绿脱石,杂氟钙镁石
zapatalite　*f*　水磷铝铜石
zaratite　*f*　翠镍矿
zavaritskite　*f*　氟氧铋矿
zéagonite　*f*　水钙沸石,钙十字沸石
zéasite　*f*　蛋白石,火蛋白石
zebedassite　*f*　皂石
zébré　*a*　条纹状的,有斑纹的
zébrure　*f*　线条,条纹,斑纹
zeïlanite　*f*　铁镁尖晶石
zektzérite　*f*　硅锆钠锂石
zélestine　*f*　天青石
zellérite　*f*　碳钙铀矿
zellige　*m*　瓷砖,琉璃瓦
zemannite　*f*　水碲锌矿
zemermane　*m*　铁丝(防护)网
zener　*m*　稳压器
zénith　*m*　顶点,极点,最高点
zéolite　*f*　沸石
　～ artificielle　人造沸石
　～ calco-potassique　鱼眼石
　～ dure　方沸石
　～ eubique　菱沸石
　～ fibreuse　纤维沸石
　～ leucitique　方沸石
　～ nacrée　辉沸石
zéolitique　*a*　含沸石的
zéolitisation　*f*　沸石化
zéophyllite　*f*　叶沸石,叶羟硅钙石
zépharovichite　*f*　银星石
zèphyr　*m*　和风,微风
zermattite　*f*　叶蛇纹石
zéro　*m*　零,零度,零点,零位,原点,零点地带
　～ absolu　绝对零度(-273.15℃)
　～ absolu de la température　温度绝对零度
　～ automatique　自动调零
　～ d'échelle　度盘的零(确定位置)
　～ de cote　高程零点
　～ défaut　零瑕疵
　～ des sondes　深度零点,零位测量深度
　～ directif　前导的零(确定位置)
　～ électrique　电中位,电中心,电零点,电零位
　～ mécanique　机械零点
　～ normal　基准面,水准面,零电平
　～ stock　零库存
zéro-isopaque　*f*　零等厚线,零厚度等值线
zérotage　*m*　调零,定零点,(温度计的)零点标定
zeugite　*f*　白磷钙矿
zeugogéosynclinal　*m*　配合地槽,连隆地槽
zeunérite　*f*　铜砷铀云母
zeuxite　*f*　针电气石
zeylanite　*f*　铁镁尖晶石
zeyringite　*f*　霰石,绿铜锌斑霰石
zhemchuzhnikovite　*f*　草酸铝钠石
ziegélite　*f*　瓦铜矿(赤铜矿),杂褐铁赤铜矿;含辰砂白云石
ziegélite　*f*　赤铜矿(瓦铜矿)
ziesite　*f*　β氧钒铜矿
zigzag　*m*　曲折,折线,之字形线,之字形道路;交错,锯齿形,蛇形运动
zigzaguer　*v*　画之字形线条,成之字形前进
zillérite　*f*　阳起石;石棉
zimapanite　*f*　氯钒矿
zinalsite　*f*　硅锌铝石
zincaluminite　*f*　锌矾石,锌明矾
zincaragonite　*f*　锌霰石
zinc-cupromélanterite　*f*　锌铜水绿矾
zinc-fausérite　*f*　锌七水锰矾(锌锰泻盐)
zincite　*f*　红锌矿
zinc-mélantérite　*f*　锌水绿矾
zincobotryogène　*m*　锌赤铁矾
zincocalcite　*f*　锌方解石
zincocopiapite　*f*　锌叶绿矾
zincoferrite　*f*　锌铁尖晶石
zinconise　*f*　羟碳锌矿
zincorhodochrosite　*f*　锌菱锰矿

zincosite *f* 锌矾
zincrosasite *f* 羟碳铜锌石
zinc-schefférite *f* 锌锰镁透辉石
zincsilite *f* 无铝锌皂石
zincspinelle *m* 锌尖晶石
zinc-zippéite *f* 水锌铀矾
zingage *m* 镀锌,加锌层
zingué, e *a* 镀锌的
zinguer *v* 镀锌,加锌
zinkénite *f* 辉锑铅矿
zinkosite[zincosite] *f* 锌矾
zinkphyllite *f* 磷锌矿
zinkspath *m* 菱锌矿
zinnia *m* 百日草
zinnstein *m* 锡石
zinnwaldite *f* 铁锂云母
zippéite *f* 水钾铀矾
zircon *m* 锆石
　～ métamicte　水锆石
zircone *f* 锆土,氧化锆
zircon-hyacinthe *m* 红锆石
zirconite *f* 锆石
zircon-jargon *m* 黄锆石
zirconolite *f* 钛锆钍矿
zircophyllite *f* 锆星叶石
zircosulfate *m* 锆矾
zirkélite *f* 钛锆钍矿
zirkite *f* 杂锆石,斜锆石
zirklérite *f* 氯铁铝石(铁镁氯铝石)
zirkophyllite *f* 锆星叶石
zirlite *f* γ三羟铝石(三水铝矿)
zirsinalite *f* 硅锆钙钠石
zittavite *f* 脆褐煤,弹性沥青
Zn-augite *f* 锌—普通辉石
Zn-blödite *f* 白钠锌矾
Zn-hornblende *f* 锌角闪石
Zn-spinelle *f* 锌尖晶石
zoblitzite *f* 铝蛇纹石,不纯蛇纹石
zobténite *f* 纤闪辉长片麻岩
zodite *f* 锑碲铋矿
zoésite *f* 纤硅石
zoïsite *f* 黝帘石
zonage *m* 分区,分带,分带性,地带性,带状分布,区域布局,城市划区
　～ d'affection　使用分区
　～ de sensibilité　敏感区划分
　～ sismique　地震分区
zonaire *a* 带状的,分区的,分带的,区域的,地带的
zonal *a* 分带的,分区的,区域的,地带的,成带的,带状的
zonalité *f* 分带性,分区性,地带性,地域性,成带分布
　～ géologique　地质分带现象
　～ géomorphologique　地貌分带现象
　～ horizontale　水平分带现象
　～ latérale　侧向分带性
　～ localisée　局部分带性
　～ thermique　温度的分带性
　～ verticale　垂直分带性
zonation *f* 分区,分带,分带性,地带性,成带现象,带状排列
　～ géotechnique　工程地质分区
　～ sismique　地震分区
zoné *a* 带状的,条带状的
zone *f* 层,带,段,区,区域,地带,地层,地区,范围,环带,球带,球面带
　～ à aménagement différé　(城市规划)从缓发展区
　～ à bord de route　公路用地区域,沿路区域
　～ à climat humide　潮湿气候带,潮湿气候区
　～ à climat sec　干燥气候区
　～ à construire　施工区
　～ à eau　含水区,含水地段
　～ à écoulement abondant　大径流区
　～ à écoulement exoréique　外流区
　～ à entrepôt de douane　保税区
　～ à faible peuplement　人口稀少地区
　～ à faible trafic　运量小的地区
　～ à haute teneur　富矿带
　～ à huile　含油区
　～ à l'abri du vent　防风地带
　～ à urbanisation　城市规划区
　～ à urbaniser en priorité　拟优先发展区,优先城市化地区,城市住房优先建造区
　～ accidentée　事故地区,断裂带,(矿体的)破碎带
　～ active　冻土活动层,活动带,活动范围
　～ active sismique　活动地震带

~ affectée 影响区,影响范围
~ affectée par la chaleur 热影响区,温度影响区域
~ allongée 条带,狭长带
~ alluviale 冲积料区
~ altérée 风化带
~ altérée superficielle du gisement 矿床地表风化带
~ anamorphique 合成带
~ anticlinale 背斜带
~ apicale (岩体)顶部,顶端
~ après-feu 防火区,防火隔离区
~ aqueuse 水层,含水层,含水地带
~ aquifère 含水区,含水层,含水地带
~ aride 干旱区,干燥区
~ ascendante 上升区,隆起区,隆起带,上升带
~ aséismique 无震区
~ asséchée 排水区,疏干区
~ auréolée de dispersion des minéraux 成矿元素分散晕
~ aveugle 盲区,隐蔽区,屏蔽区
~ axiale 轴部带
~ basse 低洼地区
~ bathyale 半深海域;海盆地带
~ bâtie 市区,已建区
~ bleue 蓝色地带(指法国城市白天停车不得超过1小时的地区)
~ bordière 边缘带,边缘地区
~ briançonnaise 布里昂松(含煤)带
~ broyée 角砾化带,破碎带
~ calédonienne 加里东褶皱带
~ capillaire,~ de capillarité 毛细作用带,毛细上升带
~ captive 承压水区
~ carottée 岩芯取样地段
~ cassée 断裂带,破裂带,破碎带
~ cata 深变质带,深带
~ catagénétique 退化带
~ catamétamorphique 深变质带
~ catathermale 低温区(200℃～300℃)
~ cavée 孔隙发育区,空洞发育区
~ cible 目标区域
~ clastique 断裂带,破裂带,破碎带
~ clé 关键区

~ climatique 气候区,气候带
~ climatique agricole 农业气候带
~ commerciale 商业区,贸易区
~ comprimée 挤压带,受压区,压缩带,受压范围
~ construite 市区,建成区
~ contiguë 毗连区,相连地区
~ convective 对流层
~ côtière 海岸带,沿海带
~ courante 基本段
~ couverte 覆盖区,覆盖面
~ critique 临界区
~ d'abondance 富集带
~ d'accès 接近隧道区
~ d'accrochage 结合区,连接区
~ d'accumulation 堆积区,聚集区
~ d'action 管辖区,作用范围,信号楼控制范围
~ d'action du poste d'aiguillage 信号楼管辖区
~ d'action du poste de régulateur 调度所管辖区
~ d'adaptation 适应区
~ d'aération 曝气层,曝气区,掺气区,通气区,通气带,掺气层,含气层,充气带
~ d'aération(s) 活动范围,业务范围
~ d'affaires 商业地区
~ d'affaissement 沉陷区,沉降带,沉陷带,拗陷区,出露区,露头区
~ d'affaissements miniers 矿山沉陷区
~ d'affleurement 出露区,露头区
~ d'agglomération 居民区
~ d'agitation 波及区,(地震)干扰区
~ d'alimentation 补给区,补给水面积,受水面积
~ d'alimentation des nappes aquifères 含水层补给水
~ d'altération 风化区,风化带,蚀变带
~ d'amarrage 锚固区
~ d'aménagement concerté (城市规划)商定发展区
~ d'aménagement différé 从缓发展区
~ d'anamorphisme 深带合成变质带,深带复合变质带
~ d'ancrage 锚固区
~ d'appel 下降漏斗,抽水影响区
~ d'application 使用范围,适用范围
~ d'apport 淤积层,不活动层
~ d'approche 接近区段

zone

~ d'approvisionnement 供应区
~ d'arrêt d'autobus 公共汽车停车区
~ d'artésianisme 承压水区
~ d'attaque de la roche-mètre 母岩扰动层，母岩风化层
~ d'avant mont 山前地带
~ d'avertissement （交通）预告信号区
~ d'eau capillaire 毛细水带
~ d'eau du sol 土壤含水带
~ d'eau suspendue 悬着水带，上层滞水带
~ d'éblouissement 眩目范围
~ d'éboulement 地堑，崩塌带，塌陷带
~ d'ébranlement 地震区，震动区
~ d'écoulement 绕流区，缓流区，径流带
~ d'écroulement 地堑，崩塌带，塌陷带
~ d'élargissement 加宽部分，加宽地区
~ d'élasticité 弹性区，弹性范围
~ d'émission 泄水区，排水区
~ d'emprunt 取土坑，土料场，取土地区，借土地区
~ d'emprunt d'alluvion 冲击料料场
~ d'emprunt d'argile 黏土料场
~ d'ennoyage 浸侵带，倾没带，褶皱倾没带；淹没区，洪泛区
~ d'enracinement d'une nappe 推覆体根部带
~ d'enrichissement 富集带，淤积层，淋积层
~ d'enrichissement secondaire 次生富集带，次生硫化物富集带
~ d'ensablement 沙丘带，沙滩带，沙洲带，淤沙地区
~ d'entrecroisement 车流汇合区
~ d'environnement protégé 环境保护区
~ d'épandage （人工补给）漫灌区
~ d'équipement tendeur (caténaire) 锚段，锚定区段（接触网）
~ d'équisignaux 等信号区
~ d'érosion 侵蚀带
~ d'essai 试验区
~ d'étreinte 挤压带
~ d'évacuation 地下水排泄区（带）
~ d'évaporation 蒸发带
~ d'exclusion 禁区，隔离区
~ d'exploration 普查区
~ d'habitation 居住区

~ d'habitation à haute densité 人口密集区
~ d'imbibition 饱和带
~ d'induration 硬化带
~ d'infiltration 渗入带，渗透带，渗滤带
~ d'influence 影响区，势力范围，影响范围
~ d'influence du projet 工程影响区
~ d'inondation 泛滥区，洪泛区，淹没地带
~ d'interdiction de dépassement 禁止超车路段
~ d'intérêt 远景地区
~ d'interférence 干扰区
~ d'intervalle 间断带
~ d'intumescence 上升区，隆起区，隆起带，上升带
~ d'irrigation 灌溉区
~ d'observation 观察区
~ d'ombre 阴影区，阴影范围
~ d'un soulèvement éventuel 潜在隆起区
~ d'urbanisme 城市规划区域
~ d'utilisation 使用范围，使用地区
~ dangereuse 危险地带，险区
~ de brèche 角砾化带，破碎带
~ de brouillage 干扰区，干扰范围，接收不良区域，防波堤区
~ de broyage 破碎带，角砾化带，震裂带，破碎断层区
~ de broyage de très haute perméabilité 透水性极强的破碎带
~ de captage 引水工程区
~ de captage d'eau 引水区，汇流区
~ de captivité de la nappe 承压水带
~ de carte perforée 中心部分
~ de cassures 裂隙带，节理带
~ de chalandise 客源区
~ de changement de dévers 超高变化区
~ de chargement 加载区域
~ de chevauchement 重叠区，逆掩断层带
~ de cimentation 胶结带
~ de circulation 行车区域
~ de cisaillement 剪切带，断层带，切变区
~ de combustion 燃烧层，燃烧地带
~ de compensation 补偿带，补偿区
~ de compression 压缩区，压力区
~ de compression de béton 混凝土受压区
~ de concentration 富集带

~ de concentration d'eau 积水区
~ de concentration du trafic 交通汇集地区
~ de concentration supergène 表生富集带
~ de conurbation 人口密集区,人口稠密区
~ de convergence 汇流面积
~ de corrosion 腐蚀区
~ de culmination 隆升区,褶隆区,褶皱顶点
~ de décantation 沉淀区,环流区,径流带
~ de décharge 减压区,地下水排泄区(带)
~ de déchirement 断裂带,撕裂带
~ de déflexion critique 临界弯沉区,临界弯沉范围
~ de départ 丙层土
~ de dépassement 超车地区
~ de dépassement de capacité 溢出区;超出能力范围
~ de dépilée 空洞,空穴,采空区
~ de dépôt 堆料场;沉淀区
~ de dépression 减压区,下降区,沉降地区
~ de desserte 公用设施,生活服务区
~ de détection 探测区
~ de développement économique 经济开发区
~ de diaclases 裂隙带,节理带
~ de diffusion (淡水与咸水)混合带,扩散带
~ de digestion 冲积层沉积区
~ de dislocation 断层带
~ de dislocation des glaces 冰面[层]断裂带
~ de disturbance tectonique 构造影响带
~ de divergence 扩张带
~ de dortoir 宿舍[住宅]区
~ de dragage 疏浚水域
~ de drainage 排泄区
~ de faiblesse 脆弱带,软弱带
~ de failles 断层带
~ de fissures 裂隙带,节理带
~ de flexure 挠曲带 褶皱带
~ de fluage en profondeur 深层蠕变区
~ de fluctuation (水位)波动带
~ de flux (构造)软流圈,岩流圈
~ de flysch 复理层,厚砂页岩夹层
~ de forêt claire 疏林区
~ de forêt dense 密林区
~ de fosse 地堑,断裂带,破裂带,破碎带
~ de foudroyage 崩落区,开采区

~ de fraction 破裂带,断裂带
~ de fracturation 断裂带,破裂带,破碎带
~ de fracture 断裂带,破裂带,破碎带,断层破碎带
~ de freinage 制动距离
~ de garage 停车区
~ de glissement 滑动区,滑动带,滑塌区
~ de haute pression 高压带
~ de haut-fond 基底隆起带
~ de illuviation 洪积带
~ de katamorphisme 碎裂变质带,浅层变质带
~ de l'eau d'infiltration 渗透带
~ de l'eau soutenue 潜水带
~ de l'intersection (车辆)交汇地区
~ de la roche-mère en voie d'altération 母岩开始风化层,丙层土
~ de lessivage 淋滤带,溶滤带
~ de libre-échange 自由贸易区
~ de libre-échange des Caraïbes 加勒比自由贸易区
~ de limitation 限制范围
~ de limitation de vitesse 车速限制路段
~ de livraison (货物)到达区
~ de loisirs (sans construction) (没有建筑物的)休闲区,旅游中心
~ de marnage 泄降区,泥灰岩化带;溅湿带(近海建筑物被浪溅湿部分)
~ de microrelief 微起伏地区
~ de migmatite 混合岩带
~ de moment constant 等弯矩区
~ de montagne 山区
~ de neige 雪带
~ de neiges éternelles 永久积雪带,万年积雪带
~ de névé 积雪区,永久冰雪区
~ de nivation 雪蚀带
~ de parcage 停车区
~ de pénétration 渗水带
~ de percolation 渗入带,渗透带,渗滤带
~ de piedmont 前麓区,山麓区
~ de plateau 高原地区
~ de plate-forme 地台区
~ de plissement 褶皱带,褶皱地带
~ de préchauffage 预热区
~ de précipitations 降雨区,降水带

~ de préférences douanières 关税优惠区
~ de pression 压力区
~ de pression de culée 桥台压力区,拱脚受压区
~ de protection 防护区,保护区
~ de protection des eaux souterraines et superficielles 地下水和地表水保护地区
~ de raccordement 缓和段
~ de racine,~ radicale 根部带
~ de recouvrement 重叠部分,重叠区,覆盖范围
~ de refoulement 压缩段
~ de refroidissement 冷却范围
~ de relief 起伏带
~ de résidence 住宅区
~ de resserrement 压缩带
~ de rétention 淤积带,淋积带
~ de ruissellement 漫流带
~ de rupture 断裂带,破裂区,破裂带
~ de saturation,~ saturée 饱和层,饱和区
~ de sécurité 安全地带,安全区
~ de sédimentation 沉积区
~ de services 服务区
~ de seuil 入口区
~ de silence 盲区,静风区,平静区
~ de sinistre 事故现场
~ de sol gelé perpétuellement 永久冻土带
~ de soulèvement 隆起带,上升带,隆起区,上升区
~ de stationnement 停车场
~ de subduction 消减带,消亡带,俯冲带
~ de subsidence 沉陷区,沉降带,拗陷区,沉陷地区,下陷地带
~ de subtropicale 亚热带
~ de suintement 渗流面积
~ de surélévation,~ surélevée 隆起区,地垒
~ de temps 天气区;时间范围
~ de tourbillon 涡流区,漩涡区域
~ de traction de béton 混凝土受拉区
~ de trafic 营业区,办理运输业务的地区,运输范围
~ de transition 渐变区,过滤带;半透水区,转变区,缓和区,过渡区域
~ de transition eau-huile 水—油过渡带
~ de transition entre la section type courante et la section élargie 正常段与加宽段过渡段
~ de transition huile-gaz 油—气过渡带
~ de travail 工作面,施工区
~ de végétation 植被区
~ de veille 控制区,管制地带
~ de verdure 绿化区,绿化带
~ de visibilité 视野
~ de wagonnage 零担货车到达区
~ défavorable 无远景区
~ dépilée 采空区
~ des basses températures 低温带
~ des brisants 破浪带,岩礁区
~ des calmes 无风带
~ des dunes 沙丘带
~ des eaux suspendues 绕流区,环流区,悬浮水层
~ des hautes températures 高温带
~ des méandres 曲流区,曲流地段
~ des prairies 草原带
~ des tremblements de terre 地震带
~ des vitesses 速度范围
~ désertique 探测区,荒漠区
~ desservie 服务区,通达地区
~ disloquée 断层带
~ douanière 海关地区,关境
~ drainante 排水区
~ drainée 排泄区
~ du carrefour 道路交叉地区
~ du croisement （车辆）交汇地区
~ du filtre 反滤带
~ du gel annuel 年冻层
~ du karst 岩溶区
~ du poste d'aiguillage 信号楼管辖区,信号楼控制范围
~ dynamique 动水（位）带
~ économique exclusive 特区,专属经济区
~ économique spéciale 经济特区
~ écoulement 径流带
~ écrasée 断裂带,破裂带,破碎带
~ effondrée 地堑,崩塌带,塌陷带
~ élastique 弹性区,弹性范围
~ éluviale 淋溶带,淋滤带
~ embatholitique 上基岩带
~ en activité 开采区,活动带
~ endobatholitique 内基岩带

~ entraînement 拖曳带
~ envahie 侵入带,泛滥区
~ épi 浅变质带
~ épibatholithique 浅岩基带
~ épicentrale 震中区
~ épicontinentale 陆缘带
~ épimétamorphisme 浅变质带
~ épithermale 浅成热液带,低温热液带
~ étirée 拉伸带
~ eumagmatique 多岩浆带,岩浆活动强烈带
~ euro 欧元区
~ évaporée-transpiration 蒸发蒸腾带
~ exclusive des véhicules pour piétons 步行区,行人专用地区
~ extérieure 厂外区域
~ faible,~ de faiblesse 脆弱带,软弱带
~ faille 断裂带,破裂带,破碎带
~ faillée 断层地带,断层带
~ failleuse 断层带
~ fissurée 断裂带
~ florale,~ floristique 植物带
~ forestière 林带,森林地带
~ fortement altérée 强风化带
~ fracture 断裂带,破裂带,破碎带
~ fracturée 破碎带,断裂地区,断裂地带
~ franc 法郎区
~ franche 免疫区,免税区
~ froide 寒带,寒冷地区
~ frontale 前缘带,前锋带
~ frontière 国境地带,边境地区
~ gelée 冻结层
~ gelée dans le sol 冻土层,冻土区
~ géosynclinale 地槽区
~ glissante 滑溜地区
~ granulométrique 颗粒级配范围
~ hachurée 影线带,晕线带;阴影面积,阴影地区
~ houillère 含煤带
~ humide 湿润区,潮湿区
~ hybride 混杂带
~ hydrodynamique 水动力带
~ hydrographique 水网区
~ hydrothermale 水热区,水热活动区
~ hypobatholitique 深成岩基带,岩基深部带
~ hypogène 深成带

~ hypothermale 深成热液带,高温热液带
~ imprégnée d'huile 油饱和带
~ industrielle 工业区
~ inexploitable 无工业价值地段
~ inexplorée 未勘探地段
~ infectée 污染区
~ injectée de la fondation 灌浆区,基础灌浆区
~ inondable 涝原,泛滥区,泛洪区
~ inondée 洪泛区,淹没区,洪水区
~ instable 活动带,不稳定带
~ intéressée par le remous 回水区
~ intermédiaire 过渡层
~ isopique 同相带
~ isotherme 等温带
~ jetée 防坡堤区
~ latérale 路缘带
~ lavée 冲刷带
~ libre 自由区
~ limite 限制区,限制范围
~ marécageuse 沼泽区
~ marginale 边缘带
~ mate 暗褐煤层
~ méso 中带,中深(变质)带
~ mésométamorphisme 中深变质带
~ mésothermale 中温带,中温热液带,中深热液带
~ métallogénique 成矿带
~ métamorphique 变质带
~ métropolitaine 大城市,首都地区
~ minéralisée 矿化带
~ mobile 活动带
~ mobile médio-océanique 大洋中脊活动带;大洋中脊
~ molassique 磨拉石发育区
~ montagneuse 山区
~ morainique 冰碛层发育区
~ morte 盲区,无人区,屏蔽带
~ mouvante 活动带
~ naturelle de route 公路自然区划
~ négative 负向构造带
~ neutre 中和区,中间区
~ noyée 淹没带,洪泛区,淹没区,洪泛区
~ occupée 居住地区,已占地区
~ ombrée 阴影区,阴影范围
~ opératoire 操作区,已占地区

~ orogénique 造山区
~ paré de feu 防火区
~ pénéséismique 几震区,准震区
~ pennique 彭奈恩构造带,彭奈恩褶皱系
~ percolation 渗透带,渗滤带
~ péridotite 壳下层,橄榄岩带
~ perturbée 扰动区,扰动带
~ pétrolifère 含油区,含油地带
~ peu industrielle 工业化程度,工业不发达地区
~ phréatique 浅水层,潜水带,地下水层
~ piétonnière 步行区
~ pilonnée 夯实区
~ plastique 塑性区,塑性范围
~ pléistoséismique 强震区
~ s pléistoséistes 强震区,强震带
~ pliomagmatique 优地槽区,多岩浆带,岩浆活动强烈带
~ plissée 褶皱(地)带
~ pluviale 丰雨区
~ polaire 寒带
~ poreuse 孔隙带,多孔带
~ portuaire 港区
~ positive 正向构造带
~ primaire 原生带
~ productive 采油区
~ productrice 生产层段,生产层厚度
~ projetée 设计范围
~ prometteuse 远景区
~ protégée 设防区,防护区,保护区,保护地带
~ prouvée 已探明的地区
~ raccourcie 收缩带
~ remblayée 回填区
~ résidentielle 住宅区
~ riveraine 路侧地带
~ rouge 禁区,红区
~ saturée 饱和层,饱和区
~ séismique 震区,地震带,地震活动区
~ séismique de Benioff 毕乌夫(贝尼奥夫)地震带
~ semi-aride 半干旱区
~ semi-désertique 半沙漠区
~ sensible 敏感区
~ sismique 地震带
~ sommitale 鞍部,(大洋中脊)裂谷带

~ sous contrôle douanier 海关监管区
~ sous douane 保税区
~ sous-cortical (地球)壳下带
~ sphérique (地球)圈层
~ stabilisée 稳定区
~ stagnante 滞流区
~ statique 静水带,静压带
~ stérile 无矿带
~ sterling 英镑区
~ striée 斑马纹,安全地带(路面上涂黑黄或黑白间花纹的,禁止车辆驶入的安全地带)
~ subsidente,~ de subsidence 沉降带,沉陷带,沉陷区,拗陷区
~ suburbaine 郊区
~ superficielle 地表带
~ supergène 表生带
~ surélevée 高地,地垒
~ tampon 缓冲区
~ tectonique 地质构造带
~ téléthermale 远温带,远成热液带
~ témoin 验证区
~ test 试验区
~ thermique 高温区
~ triangulaire 三角形地带
~ turbulente 紊流区,湍流区
~ urbaine 市区,城市地区
~ urbaine dense 人口密集区
~ utile 有效范围,工作范围,稳定接收区
~ vadeuse 渗流区,滞水区
~ verte 绿区,安全工作区
~ vierge 未侵入带

zonéographie *f* 地层的,质岩分带学
zonéographle *f* 地层学
zone-tampon *f* 缓冲地带
zonier, ère *a* 区域的,地带的
zoniforme *a* 带状的
zoning *m* 分区,区划
~ d'après l'usage 使用分区
zonite *f* 花碧玉,燧石
zonochlorite *f* 绿纤石
zonolite *f* 金蛭石,钛水蛭石
zopissa *f* 松香
zorgite *f* 铝硅钾士,杂硒铜铅汞矿
zorite *f* 佐硅钛钠石

zostérite *f* 工蕨，含海草化石岩
zurlite *f* 绿黄长石，不纯黄长石
zussmanite *f* 菱硅钾铁石
zvyagintsévite *f* 等轴铅钯矿
zwiesélite *f* 氟磷铁石
zygadite *f* 钠长石（双晶钠长石）
zykaïte *f* 水硫砷铁石
zylonite *f* 赛璐珞